Pierre G. Bergeron

LA GESTION DYNAMIQUE

Concepts, méthodes et applications

4e édition

La gestion dynamique
Concepts, méthodes et applications, 4e édition

Pierre G. Bergeron

Édition : Pierre Frigon
Coordination : Danièle Bellehumeur
Révision linguistique : Annick Loupias
Correction d'épreuves : Viviane Deraspe et Isabelle Roy
Conception graphique : Pomme Z – Jocelyne Cantin
Infographie : Édiflex – Serge Proulx

Catalogage avant publication de Bibliothèque et Archives Canada

Bergeron, Pierre G.

La gestion dynamique : concepts, méthodes et applications

4e éd.

Comprend des réf. bibliogr. et un index.

ISBN 2-89105-936-0

1. Gestion. 2. Gestion d'entreprise. I. Titre.

HD33.B473 2006 658 C2006-940492-5

CHENELIÈRE ÉDUCATION

7001, boul. Saint-Laurent
Montréal (Québec)
Canada H2S 3E3
Téléphone : (514) 273-1066
Télécopieur : (514) 276-0324
info@cheneliere.ca

ISBN 2-89105-936-0

Dépôt légal : 2e trimestre 2006
Bibliothèque et Archives nationales du Québec
Bibliothèque et Archives Canada

Imprimé au Canada

2 3 4 5 ITG 10 09 08

Nous reconnaissons l'aide financière du gouvernement du Canada par l'entremise du Programme d'aide au développement de l'industrie de l'édition (PADIÉ) pour nos activités d'édition.

Gouvernement du Québec – Programme de crédit d'impôt pour l'édition de livres – Gestion SODEC.

L'Éditeur a fait tout ce qui était en son pouvoir pour retrouver les copyrights. On peut lui signaler tout renseignement menant à la correction d'erreurs ou d'omissions.

Tableau de la couverture :
Scène de rue
Œuvre de **John Walsh**

John Walsh est né à Brighton (Angleterre). Ingénieur, il s'établit à Montréal après la Seconde Guerre mondiale.

L'artiste a visité les diverses régions du Canada où il a travaillé à saisir sur le vif des centaines de scènes urbaines, de petites rues à l'écart, de mouvements de foules et de promeneurs solitaires. Quoiqu'il ait peint aux États-Unis, au Mexique, en Amérique centrale, en Europe et en Extrême-Orient, la vaste majorité de ses œuvres ont été produites à Montréal et à Québec.

Walsh est attiré et fasciné par les éclairages fantomatiques qui trouent la nuit ainsi que par les ombres mystérieuses qui se détachent de l'obscurité opaque. Il se plaît également à capter ses sujets du haut des grands édifices qui surplombent des quartiers entiers.

Ses toiles sont présentées à la Galerie Michel-Ange de Montréal.

Dans cet ouvrage, le masculin est utilisé comme représentant des deux sexes, sans discrimination à l'égard des hommes et des femmes, et dans le seul but d'alléger le texte.

Plusieurs marques de commerce sont mentionnées dans cet ouvrage. L'Éditeur n'a pas établi de liste de ces marques de commerce et de leur propriétaire, et n'a pas inséré le symbole approprié à chacune d'elles puisqu'elles sont nommées à titre informatif et au profit de leur propriétaire, sans aucune intention de porter atteinte aux droits de propriété relatifs à ces marques.

À mon épouse, Pierrette, pour son amour indéfectible,
sa compréhension et son appui à tous mes projets ;
à nos enfants, Anne-Marie, Josée et Danièle,
et à nos petits-enfants, Vincent, Takara et Hannah,
qui animent notre vie et nous donnent chaque jour amour,
joie et bonheur

AUTRES PUBLICATIONS DE PIERRE G. BERGERON

Au Canada

Chez Gaëtan Morin Éditeur

- *La gestion moderne : une vision globale et intégrée*, 4e édition
- *Introduction aux affaires* (avec Alfred. L. Kahl)

Chez d'autres éditeurs

- *Modern Management in Canada*, 2e édition
- *Finance for Non-Financial Managers*, 4e édition
- *Planification, budgétisation et gestion par objectifs*
- *Capital Expenditure Planning for Growth and Profit*

Aux États-Unis

- *Survivor's Guide to Finance*

REMERCIEMENTS

Un volume de cette ampleur nécessite un travail d'équipe. Je veux tout d'abord remercier l'équipe de Gaëtan Morin Éditeur qui a joué un rôle important dans la réalisation de cet ouvrage : c'est une équipe dynamique, innovatrice, dévouée et toujours à la hauteur des exigences de la profession. Mes remerciements vont en particulier à Pierre Frigon, éditeur délégué, secteur administration, qui m'a soutenu tout le long du processus de réédition, et à Danièle Bellehumeur, chargée de projet qui, par magie, a dirigé l'ensemble du processus en veillant à ce que tout se passe promptement et en douceur. Je remercie aussi Annick Loupias, linguiste, qui avec zèle et enthousiasme, m'a grandement aidé à préciser mes pensées ; son apport a été inestimable. Merci également aux correctrices d'épreuves Viviane Deraspe et Isabelle Roy. Je tiens aussi à saluer le travail infographique de Jocelyne Cantin, directrice de Pomme Z, pour la création d'une superbe maquette intérieure. Merci au producteur Serge Proulx, directeur de la maison Édiflex, qui a su mettre tout son talent et son savoir-faire à la mise en pages de cet ouvrage.

J'exprime également ma reconnaissance aux professeurs des différentes universités pour leurs suggestions, leurs remarques et leurs commentaires sur les trois premières éditions. Leur apport m'a été d'un grand secours pour la restructuration des textes, qui visaient à répondre le plus adéquatement possible aux besoins des professeurs et des étudiants tout en améliorant la communication entre eux.

Je remercie plus particulièrement les professeurs et professeure : Lise Bessette – Université du Québec à Montréal, Jean-Bernard Carrière – Université du Québec à Trois-Rivières, Luc Desaulniers et André Gagné – Université du Québec à Rimouski, Alain Dupuis – Télé-Université, Pierre Durand et Yvan Gauthier – Université de Montréal, Roch Gaudet – Université du Québec à Hull, Gilles Levasseur et Ameur Boujenoui – Université d'Ottawa, Tom Shea et Gilles St-Pierre – Université de Sherbrooke.

Je remercie les gestionnaires de différentes organisations qui ont bien voulu témoigner dans ce manuel afin d'expliquer comment un concept ou une technique particulière de gestion se mettent en pratique dans leur organisation. Merci à : Anne-Marie Bergeron – Allegro, Josée Bergeron – Postes Canada, François Bouchard – The Country Grocer, Pierre de Varennes – Royal LePage Performance Realty, Kathy Enright – Mitel Corporation, Jean-Paul Gagné – le journal *Les Affaires*, Deborah Jardine – Banque de développement du Canada, Guy Laflamme – Commission de la capitale nationale, Mario Lalande – Votre Épicier Indépendant, Marcel Leclerc – Société canadienne du sang, Nathalie Samson – Aéroport international d'Ottawa, Paul Shimon – Bel-Air Lexus Toyota, Gaby St-Pierre – Université d'Ottawa.

Par l'intermédiaire de ce manuel, consacré au gestionnaire et à la gestion, je tiens aussi à exprimer ma plus profonde gratitude à ceux et celles, de tous les niveaux de différentes organisations, qui se sont confiés à moi à titre d'experts-conseils, toujours très naturellement et ouvertement, avec franchise et confiance. Les « retombées » de ces rencontres infiniment privilégiées se multiplient sans cesse et enrichissent plusieurs parties de ce manuel de même que l'esprit de tous ceux et celles qui l'ont adopté.

Finalement, un gros merci à mon épouse Pierrette, qui a supporté les exigences et accepté les sacrifices que ce travail implique. Sa patience et son dévouement ont fréquemment été mis à l'épreuve. Je me suis lancé dans la rédaction de livres à maintes reprises et, comme avec les ouvrages précédents, elle a été une aide inestimable pendant cette tâche longue et ardue. Je la remercie de sa ténacité, de son encouragement et de l'empathie dont elle a fait preuve avec tant de constance.

Pierre G. Bergeron

AVANT-PROPOS

Si vous circulez dans la section affaires de votre librairie (ou naviguez dans la section Affaires d'Amazon.com), vous trouverez des centaines de livres qui expliquent, d'une façon assez précise, ce que doivent faire les dirigeants d'entreprise pour bien réussir. Dans bien des cas, les concepts qu'expliquent ces différents auteurs portent sur une approche de gestion que l'on peut classer comme étant « éphémère ». Par exemple, les livres récents abordent des sujets tels que la technologie de l'information, le « six Sigma », la globalisation et le décloisonnement, alors qu'une dizaine d'années auparavant, les sujets du temps portaient sur les fusions, les partenariats, l'habilitation des employés et la redéfinition d'une organisation.

Toutefois, ce qui n'a pas changé et qui n'est certainement pas sur le point de le faire, c'est l'importance de mettre en place une *gestion efficace* afin de rendre les organisations performantes. Les gestionnaires actuels, qui sont appelés à travailler dans un monde complexe, doivent faire face à leurs concurrents dans un vaste réseau interdépendant de nations. En fait, une révolution touche actuellement la structure et la gestion des organisations au Canada. Les défis auxquels celles-ci doivent faire face n'ont jamais été plus grands, en particulier à cause d'enjeux liés à la gestion internationale, à la concurrence mondiale, à la qualité des produits et à la qualité de la vie au travail, ainsi qu'à la productivité organisationnelle. Cet ouvrage met justement l'accent sur la nécessité pour les gestionnaires de garder constamment à l'esprit la nature de ces défis et d'adopter des pratiques de gestion qui leur permettront de les relever avec brio.

Le monde se transforme en une société sans frontières. En effet, les séparations entre les pays s'estompent alors qu'un marché mondial voit le jour. Il est donc essentiel de privilégier, en tant que gestionnaire, un esprit de concertation et de collaboration afin d'assurer un processus de gestion efficace. Ainsi, la mondialisation croissante de la concurrence, la prédominance de l'esprit d'entreprise et des organisations de services ainsi que l'évolution des milieux de travail ont obligé les gestionnaires à restructurer leur organisation et à se montrer plus innovateurs.

Gérer une organisation exigera, au XXIe siècle des aptitudes et des compétences différentes de celles d'autrefois. J'ai donc tenté, en rédigeant cet ouvrage, de créer des conditions propices à l'apprentissage de ces habiletés professionnelles qui s'avèrent essentielles aux gestionnaires de la nouvelle génération.

Ce manuel s'adresse aux étudiants qui envisagent de faire carrière comme gestionnaires dans un domaine quelconque. Par l'intermédiaire de cet ouvrage, je leur transmets le fruit de mes années d'expérience à titre de gestionnaire au sein d'organisations des secteurs privé et public. Il y a plus de 30 ans que j'enseigne la gestion à l'École de gestion de l'Université d'Ottawa et à l'occasion de séminaires spécialisés en management. En qualité de consultant auprès d'entreprises privées et d'organismes publics, j'ai formé des gestionnaires, contribué au perfectionnement de cadres supérieurs et fait connaître les techniques ainsi que les concepts les plus récents en matière de gestion. Dans l'ensemble, cette aventure s'est révélée stimulante et gratifiante. Cet ouvrage reprend en partie le contenu de mes cours et de mes séminaires, sous une forme différente.

Il ne s'agit pas d'un manuel « adapté » à la réalité québécoise ou canadienne, mais bien d'un ouvrage conçu, élaboré et rédigé entièrement ici. Voici donc un ouvrage « bien de chez nous » puisqu'il reflète fidèlement la société dans laquelle nous vivons et évoluons ensemble. Ce fait est important pour les étudiants qui veulent en apprendre davantage sur la manière dont fonctionnent les entreprises au Québec et au Canada. Après tout, il existe une différence entre ce qui se passe à Wall Street et ce qui se passe à Montréal, entre ce qu'on lit dans le *Wall Street Journal* et ce qu'on lit dans les *Affaires* ou le *Financial Post*, entre les nouvelles issues de Washington et celles provenant d'Ottawa, entre les réalisations de Michael Dell chez Dell et celles de Jean Coutu du Groupe Jean Coutu. De même, les réalités sociale, politique, économique et culturelle qui règnent aux États-Unis diffèrent de celles que l'on observe chez nous. Les étudiants désirent pouvoir établir un lien entre le contenu d'un manuel ou des cours donnés par un professeur et ce qu'ils connaissent du monde, y compris ce qu'ils lisent dans *Les Affaires*, *La Presse*, *Le Devoir*, et ce qu'ils entendent à la télévision au cours de chroniques ou d'émissions consacrées aux affaires. On trouve donc dans cet ouvrage beaucoup de faits et d'exemples tirés de la réalité d'ici, en plus de nombreuses références à des organisations québécoises et canadiennes.

La gestion dynamique: concepts, méthodes et applications présente d'une façon plus complète aux étudiants de niveau universitaire les principaux concepts et techniques de gestion et illustre, en particulier, comment ceux-ci peuvent être mis en application. Le rythme auquel évoluent les divers environnements des entreprises s'accélère constamment, ce qui contraint les gestionnaires à adapter rapidement ces dernières à des circonstances sans cesse changeantes. Dans ce contexte, les dirigeants doivent garder à l'esprit non seulement l'interdépendance des différentes fonctions de la gestion (planification, organisation, leadership et contrôle) — les grands thèmes abordés dans le présent manuel —, mais aussi l'importance d'une structure organisationnelle appropriée, de relations harmonieuses entre les individus et les groupes qui y œuvrent ainsi que de procédés de fabrication de produits et de modes de fourniture de services répondant aux besoins des consommateurs.

LES OBJECTIFS DE L'OUVRAGE

Sur le plan professionnel, mon objectif à long terme consiste à préparer des étudiants de tous les domaines à devenir de bons gestionnaires et à les aider à relever les défis que les entreprises affronteront au XXIe siècle. J'espère améliorer les chances de réussite de ces gestionnaires potentiels en leur communiquant un ensemble d'idées, de suggestions, de méthodes et de concepts pratiques et utiles. Mon but est qu'ils soient mieux préparés à relever les défis qui les attendent, à contribuer au succès de leur organisation, à réaliser leurs aspirations professionnelles, et à aider les entreprises québécoises et canadiennes à accroître leur compétitivité sur le marché mondial.

Je me suis fixé quatre objectifs au moment d'écrire cet ouvrage. Le premier consistait à établir un *bon équilibre entre l'étendue des divers sujets et l'attention qu'on leur prête*. En effet, tout en voulant donner un aperçu de la gestion dans son ensemble, je souhaitais m'attarder sur certains points m'apparaissant particulièrement utiles. En raison du large éventail de sujets que renferme le domaine de la gestion, j'ai choisi de me concentrer sur les éléments susceptibles de fournir une base solide et sur ceux qui décrivent le mieux les fonctions et les rôles des gestionnaires dans notre monde en évolution rapide.

Mon deuxième objectif était de *démythifier le rôle des gestionnaires et la nature de leur travail*. La gestion déborde le cadre des activités fonctionnelles touchant la production, les finances, la commercialisation et les ressources humaines, et ce, malgré l'importance de ces activités pour assurer le succès de tout organisme. Elle constitue l'élément qui permet d'animer une organisation, de la stimuler, d'y créer une synergie et de lui fournir l'impulsion nécessaire aux nombreuses activités visant à en accroître la productivité et la compétitivité.

Je voulais, dans un troisième temps, *clarifier ce qui fait l'excellence d'une organisation*. On attribue souvent l'échec d'une entreprise à de mauvaises méthodes administratives, à un manque de capitaux, à des réseaux de distribution inefficaces, au bas moral des employés, à des procédés de fabrication déficients, à une faible productivité ou à une concurrence féroce. Pourtant, il ne s'agit là que de symptômes. Tous les succès observés dans le monde des affaires ont une même origine : une gestion efficace.

Enfin, je désirais faire de la lecture de ce manuel d'introduction à la gestion une *expérience enrichissante*. Dans cette optique, j'ai adopté un style soutenu et parsemé le texte d'anecdotes animant la présentation des concepts.

PRÉSENTATION DU CONTENU DE L'OUVRAGE

Le thème central de l'ouvrage est le *rôle du gestionnaire* dans l'organisation moderne. Pour assurer une production accrue, celui-ci doit tout à la fois reconnaître l'importance de l'élaboration des objectifs, être capable de déléguer l'autorité dont il dispose et de faire effectuer le travail par d'autres personnes œuvrant notamment au sein de groupes ou d'équipes. Il doit aussi utiliser efficacement son temps, apprécier la valeur de la communication, soutenir et motiver ses subordonnés, prendre des décisions éclairées à la lumière de l'information pertinente, gérer les changements et se montrer créateur et innovateur.

Or, un gestionnaire désireux de bien remplir ce rôle doit avant tout comprendre ce que sont les principales fonctions de la gestion et comment celles-ci peuvent être mises en application. C'est pourquoi cet ouvrage, divisé en six parties, s'articule autour de ces quatre fonctions : la planification, l'organisation, le leadership et le contrôle.

La première partie, *Le défi de la gestion au XXIe siècle*, présente certains concepts fondamentaux de la gestion, notamment les fonctions de gestion, les rôles du gestionnaire selon Mintzberg et les compétences en matière de gestion. Les écoles et courants principaux de la pensée concernant la gestion font également l'objet d'un examen en annexe.

La deuxième partie, *Les organisations et leurs environnements*, porte sur les composantes des environnements (interne et externe) qui influent sur les pratiques de gestion. On y aborde les questions posées par l'éthique et les valeurs auxquelles adhèrent les individus et les organisations ainsi que la notion de responsabilité sociale des entreprises et de leurs gestionnaires, et les défis qui en résultent.

La troisième partie, *La prise de décision et la planification*, montre un aspect essentiel du travail des gestionnaires, et fait ressortir le rôle de l'information dans ce processus, ainsi que l'importance de la conception et de la mise en place d'un système d'information pour une gestion efficace. Dans cette partie, on examine aussi le processus de la planification et on passe en revue les différents types d'objectifs et de plans. Cette partie du manuel offre également un aperçu du processus de planification stratégique et de la manière dont on utilise les stratégies comme des outils de gestion pour adapter une organisation à un environnement compétitif mondial en évolution rapide. Cette partie présente aussi en annexe les plans auxiliaires, c'est-à-dire les plans durables et les plans à application unique.

Dans la quatrième partie, *La gestion de la structure organisationnelle*, on étudie les principaux concepts liés à la fonction d'organisation et les différentes structures organisationnelles, en particulier l'aménagement organisationnel, les structures fonctionnelles et divisionnaires (départementalisation) ainsi que les structures centralisées et décentralisées. En outre, on y présente divers éléments nécessaires pour accroître la flexibilité et la capacité de réaction d'une entreprise, soit la culture, la promotion du travail en équipe, les alliances stratégiques, la structure modulaire et la structure décloisonnée. Enfin, on y découvrira, en annexe, la gestion des ressources humaines, c'est-à-dire les moyens grâce auxquels un organisme s'assure de disposer du personnel le plus qualifié possible. Les principaux thèmes abordés sont la planification, le recrutement, la sélection, l'accueil et la socialisation, la formation et le perfectionnement ainsi que l'évaluation du rendement et la rémunération.

La cinquième partie, *La gestion des individus, des groupes et des équipes*, est consacrée, premièrement, à l'importance du travail d'équipe et à la possibilité de promouvoir ce travail d'équipe ainsi qu'aux principales façons de gérer les conflits et le stress. Deuxièmement, on examine la nature de la motivation et les diverses théories nées de ce phénomène, ainsi que les caractéristiques et le fonctionnement des groupes, leur dynamique et les moyens d'accroître leur efficacité. Enfin, on y étudie le leadership, ses différents styles et les principales théories élaborées à ce sujet.

Enfin, la sixième partie, *La gestion du contrôle organisationnel*, présente deux thèmes principaux : le contrôle organisationnel et la communication. Le *contrôle* y est envisagé comme une fonction permettant non seulement de fournir des produits et des services de qualité, mais aussi d'améliorer la communication, la productivité et le rendement dans l'entreprise. Y sont également présentés les responsables du contrôle, le système, les types et les outils de contrôle s'appliquant à un aspect défini de l'organisme. Le deuxième thème passe en revue les compétences en matière de *communication* que les gestionnaires doivent acquérir et utiliser efficacement, ainsi que la *gestion de l'information*.

ÉLÉMENTS PÉDAGOGIQUES DE L'OUVRAGE

La quatrième édition de *La gestion dynamique : concepts, méthodes et applications* est un ouvrage unique en son genre. En premier lieu, la gestion y est présentée d'un *point de vue général*. Étant donné qu'elle se pratique dans différents organismes, avec ou sans but lucratif, publics ou privés, au sein de petites, moyennes ou grandes entreprises, l'étudiant pourra mieux voir comment ses techniques et ses fonctions peuvent y être mises en application, qu'il s'agisse de banques, de magasins de détail, d'hôpitaux, d'institutions d'enseignement, d'agences gouvernementales, de sociétés de la Couronne, de municipalités ou de multinationales. En deuxième lieu, on a voulu rendre compte, d'une manière équilibrée, des aspects les plus importants de la gestion tout en mettant *l'accent sur la clarté et la précision*, et ce, pour faciliter l'apprentissage. En troisième lieu, les techniques et les *concepts de gestion les plus récents* font l'objet d'un examen. En dernier lieu, et c'est là peut-être l'une des caractéristiques les plus remarquables de cet ouvrage, on s'est efforcé de faire *l'exposé des théories et des méthodes de façon à ce qu'elles soient facilement assimilables*.

Le contenu de cet ouvrage est accessible au débutant car, à titre de professeur de gestion et d'animateur de séminaires, j'ai pensé d'abord et avant tout aux étudiants en l'écrivant. J'ai donc utilisé le découpage pédagogique suivant.

OBJECTIFS DU CHAPITRE ▶ Chaque chapitre débute par l'énumération d'objectifs bien définis indiquant ce que les étudiants devraient retenir après la lecture de son contenu. Ces objectifs sont importants parce qu'ils permettent de reconnaître les principaux sujets traités. Ces objectifs sont liés : 1) à la section « Défi lancé aux gestionnaires » dans l'introduction, 2) à l'énoncé de l'objectif dans la marge du chapitre correspondant aux principaux thèmes (ou sections) et 3) au résumé du chapitre.

PLAN DU CHAPITRE ▶ Le plan sert de guide et fait ressortir les principaux thèmes et sous-thèmes du chapitre.

DÉFI LANCÉ AUX GESTIONNAIRES ▶ En introduction, chaque chapitre présente une situation réelle tirée d'un périodique et à laquelle ont dû faire face des gestionnaires. Il s'agit toujours d'une situation qui se rapporte directement aux thèmes principaux traités dans le chapitre. Ces textes, qui proposent une mise en situation, ont pour but de stimuler l'intérêt des étudiants et d'établir un lien entre la théorie de la gestion et les pratiques actuelles dans les entreprises québécoises et canadiennes. Dans certains cas, on revient sur la situation décrite afin d'assurer une meilleure compréhension des méthodes, des théories ou des concepts de gestion étudiés dans le chapitre.

SURVOL DU CHAPITRE ▶ Le début de chaque chapitre présente un résumé des principaux concepts de gestion et thèmes couverts dans le chapitre. Ce survol permet donc à l'étudiant de faire le lien entre la situation réelle tirée d'un périodique, présentée dans la rubrique « Défi lancé aux gestionnaires », et le détail du chapitre.

OBJECTIFS DU CHAPITRE EN MARGE ▶ La référence de l'objectif du chapitre et son énoncé sont présentés dans la marge, face au thème principal.

NUMÉROTATION DES SECTIONS ET DES SOUS-SECTIONS ▶ Les sections et les sous-sections sont numérotées. L'étudiant pourra établir des liens ou des références rapides, s'il y a lieu.

OBJECTIFS DES SOUS-SECTIONS ▶ Dans l'introduction de chaque section, on énumère les objectifs bien définis des sous-sections en indiquant ce que les étudiants devraient en retenir. Par exemple, voici comment se présente la première partie du premier chapitre dont le sujet est « Les fonctions de gestion et d'organisation ».

Après avoir lu les trois prochaines sous-sections, vous devriez pouvoir :

- *distinguer entre les fonctions d'organisation et les fonctions de gestion ;*
- *décrire les quatre grandes caractéristiques de l'organisation ;*
- *expliquer la raison d'être des les organismes.*

CONCEPTS CLÉS DÉFINIS EN FIN D'OUVRAGE ▶ Une courte définition des concepts exposés dans le texte est présentée en fin d'ouvrage. Regroupés par chapitre selon leur première occurrence, les concept clés et leur définition permettront à l'étudiant de bien saisir le sens de certains termes de gestion employés dans cet ouvrage.

CONCEPTS CLÉS À LA FIN DU CHAPITRE ▶ Une liste des concepts clés exposés dans le chapitre permet à l'étudiant d'en retenir les points essentiels. Chaque concept clé est traduit en anglais (entre parenthèses) et suivi du numéro de la page où il est expliqué. L'ouvrage comporte plus de 500 concepts clés.

FIGURES, TABLEAUX ET SCHÉMAS ▶ L'ouvrage comporte plus de 100 figures, tableaux et schémas étroitement liés au contenu et ayant pour but de faciliter la compréhension de la matière. Ces éléments aident à la compréhension et à l'établissement de rapports entre les concepts étudiés.

SITES WEB ▶ Les adresses Internet d'entreprises, d'organismes et de chercheurs présentées dans la marge correspondent à des sites qui fournissent des compléments d'information. Ainsi, les étudiants pourront effectuer une recherche plus approfondie sur les entreprises ou les chercheurs. Les adresses seront mises à jour (sur le site Web de Chenelière Éducation) durant le cycle de vie de cette 4e édition. L'ouvrage comporte plus de 250 sites Web.

RUBRIQUES ▶ Le corps du chapitre présente une rubrique intitulée *Témoignage*. Il s'agit d'un texte rédigé par un gestionnaire et décrivant brièvement la façon dont un concept, une technique ou un thème particulier étudié dans ce chapitre est mis en application, au sein de son organisme. Les étudiants apprendront des gestionnaires de petites, moyennes et grandes entreprises telles que Postes Canada, Royal LePage, la Commission de la capitale nationale, la Banque de développement du Canada, la Société canadienne du sang et Mitel Corporation.

ÉVOLUTION ET TRANSITION ▶ À la fin de chaque chapitre, on fait une rétrospective des principaux thèmes de gestion appliqués par le passé au sein d'organismes pour tracer un portrait de l'évolution et des nouvelles tendances (transition).

NOTES ET RÉFÉRENCES ▶ Certains sujets particuliers font l'objet de notes bibliographiques à la fin de l'ouvrage. On y trouve plus de 550 références.

RÉVISION DU CHAPITRE ▶ Le chapitre comporte toujours un résumé qui permet à l'étudiant de réviser rapidement la matière étudiée. Chaque objectif révisé correspond au numéro de l'objectif et de la section.

QUESTIONS DE RÉVISION ▶ Tous les chapitres comprennent des questions de révision offrant à l'étudiant la possibilité de vérifier sa compréhension des sujets traités. On indique la page de renvoi de la réponse à chacune de ces questions.

SUJETS DE DISCUSSION ▶ On trouve aussi en fin de chapitre des thèmes de discussion qui débordent du cadre de la matière présentée afin de susciter la réflexion. Ces sujets se rapportent à des problèmes de gestion et ont pour but d'aider les étudiants à intégrer les divers éléments abordés (thèmes, concepts, méthodes et techniques) en un tout élaboré de manière logique. Ces sujets exigent une réponse réfléchie s'appuyant sur une très bonne compréhension de la matière présentée dans le chapitre et peuvent faire l'objet soit de recherches plus poussées, soit de discussions en petits groupes ou en groupe classe.

NAVIGUER DANS INTERNET ▶ Cette section est divisée en deux parties. Premièrement, un *exercice pratique* traite d'un thème précis au sujet d'une entreprise telle qu'Hydro-Québec, Domtar, Bombardier et Rona que l'on peut trouver dans Internet (ce site est précisé dans l'exercice) afin d'effectuer une analyse critique sur le thème en question. Deuxièmement, on y trouve une rubrique *Recherche sur un site Web d'un thème ou d'un concept* de gestion couvert dans le chapitre. L'exercice permettra aux étudiants de faire une recherche pour approfondir davantage un ou plusieurs thèmes étudiés dans le chapitre.

EXERCICES ▶ À la fin des chapitres, des exercices permettent l'examen de certains aspects de l'application des concepts étudiés. Ces exercices conviennent particulièrement à la préparation de travaux pratiques et amènent les étudiants à réfléchir et à partager leurs idées au cours de discussions en classe.

ÉTUDE DE CAS ▶ Les chapitres présentent aussi des cas ou des mises en situation qui permettent à l'étudiant de jouer le rôle d'un gestionnaire aux prises avec des problèmes semblables à ceux auxquels doivent faire face les experts-conseils au service d'une entreprise. Près de la moitié des cas présentés s'inspirent de situations réelles : les autres, purement fictifs, servent à illustrer les points essentiels du chapitre. Les cas sont conçus et utilisés de manière à ce que l'étudiant mette en application le contenu théorique du texte, et ce, à partir d'une situation réaliste, et éclaire le processus logique à suivre dans l'analyse de problèmes liés à la gestion de l'entreprise.

ÉTUDE DE CAS ▶ EN MANCHETTE Tous les chapitres se terminent par l'exposé d'une situation réelle à laquelle doivent faire face des gestionnaires québécois et canadiens. Les situations se rapportent directement aux thèmes essentiels traités dans le chapitre. À la fin de l'exposé, on trouve quelques questions établissant un lien entre, d'une part, la théorie et les concepts de gestion décrits dans le texte et, d'autre part, des situations réelles vécues par les gestionnaires. L'analyse de ces situations exige une réflexion approfondie en même temps qu'une très bonne compréhension de la matière présentée dans le chapitre, et elle peut donner lieu à des recherches poussées sur la manière dont la gestion est pratiquée dans les entreprises modernes.

INDEX ▶ Les index, situés à la fin de l'ouvrage, permettent de trouver rapidement l'information voulue. Ainsi, l'index des auteurs, l'index général et l'index des entreprises et des organismes permettent de retracer les sujets abordés, les auteurs, les entreprises et les organismes cités dans cet ouvrage. Quant à l'index Web, il répertorie tous les sites Internet mentionnés et ce, par catégories : entreprises, organismes, individus et sujets.

Pierre G. Bergeron

GESTION DYNAMIQUE, 4e ÉDITION

TOUR DE PISTE

Caractéristiques distinctives de l'ouvrage

L'esprit de cette nouvelle édition est d'établir un lien plus étroit entre les théories et les concepts de gestion expliqués en classe et leurs modalités d'application par les gestionnaires dans la « vraie vie ». Les concepts et les théories de gestion présentés dans cette nouvelle édition montrent clairement comment les gestionnaires relèvent les défis contemporains tels que la gestion des nouvelles structures organisationnelles, les nouvelles technologies et les stratégies de gestion d'une main-d'œuvre diversifiée.

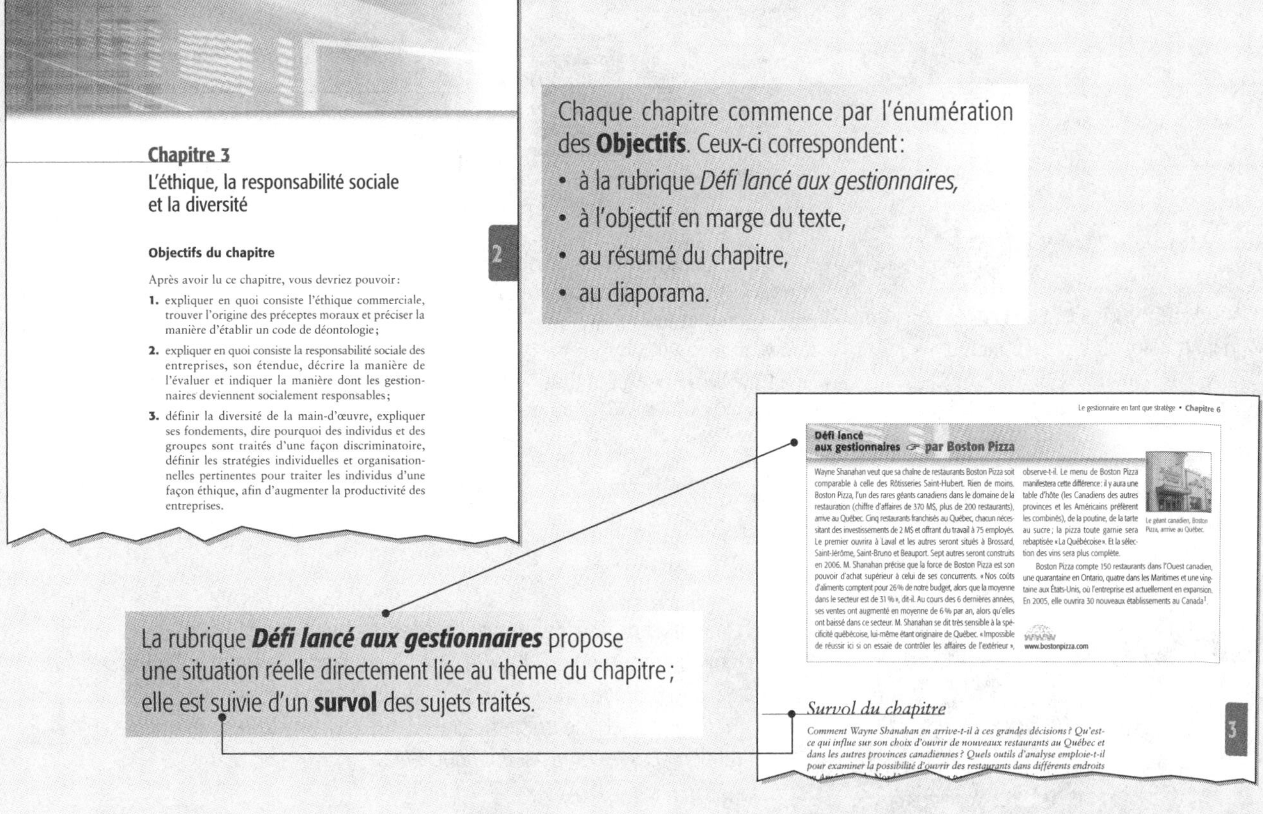

Chapitre 3

L'éthique, la responsabilité sociale et la diversité

Objectifs du chapitre

Après avoir lu ce chapitre, vous devriez pouvoir :

1. expliquer en quoi consiste l'éthique commerciale, trouver l'origine des préceptes moraux et préciser la manière d'établir un code de déontologie ;
2. expliquer en quoi consiste la responsabilité sociale des entreprises, son étendue, décrire la manière de l'évaluer et indiquer la manière dont les gestionnaires deviennent socialement responsables ;
3. définir la diversité de la main-d'œuvre, expliquer ses fondements, dire pourquoi des individus et des groupes sont traités d'une façon discriminatoire, définir les stratégies individuelles et organisationnelles pertinentes pour traiter les individus d'une façon éthique, afin d'augmenter la productivité des entreprises.

Chaque chapitre commence par l'énumération des **Objectifs**. Ceux-ci correspondent :

- à la rubrique *Défi lancé aux gestionnaires,*
- à l'objectif en marge du texte,
- au résumé du chapitre,
- au diaporama.

Le gestionnaire en tant que stratège • **Chapitre 6**

Défi lancé aux gestionnaires ☞ par Boston Pizza

Wayne Shanahan veut que sa chaîne de restaurants Boston Pizza soit comparable à celle des Rôtisseries Saint-Hubert. Rien de moins. Boston Pizza, l'un des rares géants canadiens dans le domaine de la restauration (chiffre d'affaires de 370 M$, plus de 200 restaurants), arrive au Québec. Cinq restaurants franchisés au Québec, chacun nécessitant des investissements de 2 M$ et offrant du travail à 75 employés. Le premier ouvrira à Laval et les autres seront situés à Brossard, Saint-Jérôme, Saint-Bruno et Beauport. Sept autres seront construits en 2006. M. Shanahan précise que la force de Boston Pizza est son pouvoir d'achat supérieur à celui de ses concurrents. « Nos coûts d'aliments comptent pour 26 % de notre budget, alors que la moyenne dans le secteur est de 31 % », dit-il. Au cours des 6 dernières années, ses ventes ont augmenté en moyenne de 6 % par an, alors qu'elles ont baissé dans ce secteur. M. Shanahan se dit très sensible à la spécificité québécoise, lui-même étant originaire de Québec. « Impossible de réussir ici si on essaie de contrôler les affaires de l'extérieur », observe-t-il. Le menu de Boston Pizza manifestera cette différence : il y aura une table d'hôte (les Canadiens des autres provinces et les Américains préfèrent les combinés), de la poutine, de la tarte au sucre ; la pizza toute garnie sera rebaptisée « La Québécoise ». Et la sélection des vins sera plus complète.

Le géant canadien, Boston Pizza, arrive au Québec.

Boston Pizza compte 150 restaurants dans l'Ouest canadien, une quarantaine en Ontario, quatre dans les Maritimes et une vingtaine aux États-Unis, où l'entreprise est actuellement en expansion. En 2005, elle ouvrira 30 nouveaux établissements au Canada[1].

www.bostonpizza.com

La rubrique ***Défi lancé aux gestionnaires*** propose une situation réelle directement liée au thème du chapitre ; elle est suivie d'un **survol** des sujets traités.

Survol du chapitre

Comment Wayne Shanahan en arrive-t-il à ces grandes décisions ? Qu'est-ce qui influe sur son choix d'ouvrir de nouveaux restaurants au Québec et dans les autres provinces canadiennes ? Quels outils d'analyse emploie-t-il pour examiner la possibilité d'ouvrir des restaurants dans différents endroits

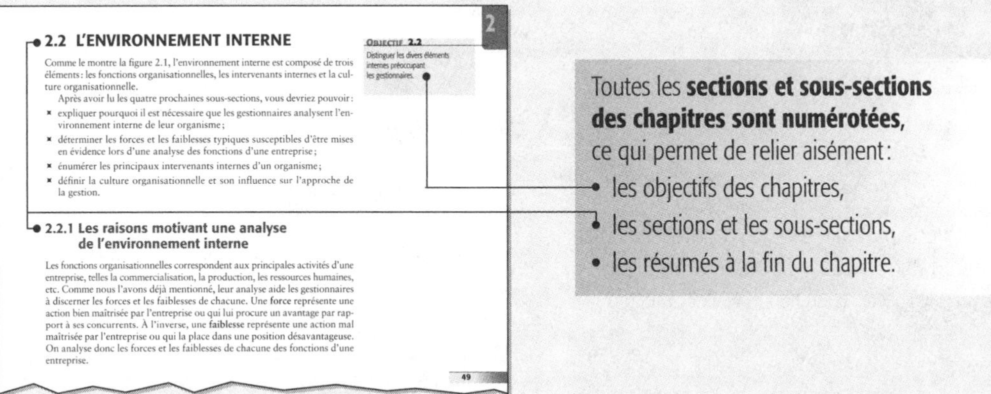

2.2 L'ENVIRONNEMENT INTERNE

Comme le montre la figure 2.1, l'environnement interne est composé de trois éléments : les fonctions organisationnelles, les intervenants internes et la culture organisationnelle.

Après avoir lu les quatre prochaines sous-sections, vous devriez pouvoir :

- expliquer pourquoi il est nécessaire que les gestionnaires analysent l'environnement interne de leur organisme ;
- déterminer les forces et les faiblesses typiques susceptibles d'être mises en évidence lors d'une analyse des fonctions d'une entreprise ;
- énumérer les principaux intervenants internes d'un organisme ;
- définir la culture organisationnelle et son influence sur l'approche de la gestion.

OBJECTIF 2.2

Distinguer les divers éléments internes préoccupant les gestionnaires.

2.2.1 Les raisons motivant une analyse de l'environnement interne

Les fonctions organisationnelles correspondent aux principales activités d'une entreprise, telles la commercialisation, la production, les ressources humaines, etc. Comme nous l'avons déjà mentionné, leur analyse aide les gestionnaires à discerner les forces et les faiblesses de chacune. Une **force** représente une action bien maîtrisée par l'entreprise ou qui lui procure un avantage par rapport à ses concurrents. À l'inverse, une **faiblesse** représente une action mal maîtrisée par l'entreprise ou qui la place dans une position désavantageuse. On analyse donc les forces et les faiblesses de chacune des fonctions d'une entreprise.

49

Toutes les **sections et sous-sections des chapitres sont numérotées,** ce qui permet de relier aisément :

- les objectifs des chapitres,
- les sections et les sous-sections,
- les résumés à la fin du chapitre.

1.2 LES FONCTIONS DE GESTION ET D'ORGANISATION

Deux termes ressortent des paragraphes qui précèdent: *organisation* et *gestionnaire*. Ils renvoient à deux types de fonctions distincts, les fonctions organisationnelles et les fonctions de gestion (voir la figure 1.2). Les sections qui suivent donnent un aperçu général de ce que l'on entend par ces deux types de fonctions.

Après avoir lu les trois prochaines sous-sections, vous devriez pouvoir:

- distinguer entre les fonctions d'organisation et les fonctions de gestion;
- décrire les quatre grandes caractéristiques de l'organisation;

OBJECTIF 1.2
Distinguer entre les fonctions d'organisation et les fonctions de gestion, discerner les caractéristiques des organismes et expliquer la raison d'être d'une organisation.

Le **numéro des objectifs** du chapitre est mis en évidence dans la marge.

Plus de **250 sites Web** sont proposés afin de permettre l'approfondissement du sujet traité. Toutes ces adresses Web se trouvent également sur le site Chenelière Éducation qui offre un accès instantané. Rien à écrire au clavier!

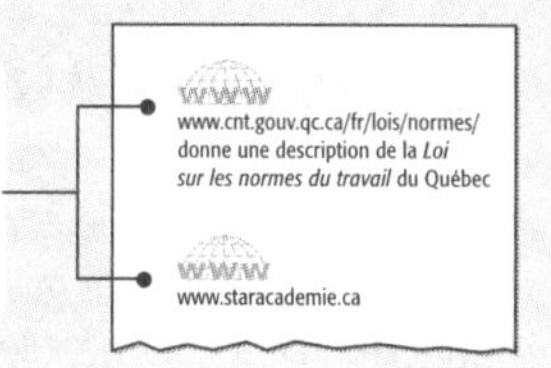

WWW
www.cnt.gouv.qc.ca/fr/lois/normes/
donne une description de la *Loi sur les normes du travail* du Québec
WWW
www.staracademie.ca

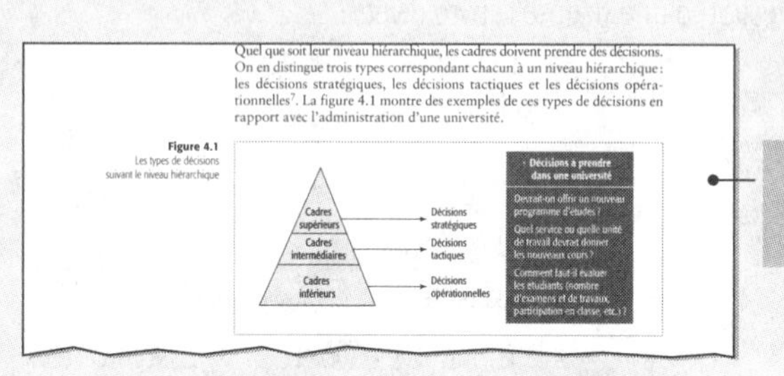
Quel que soit leur niveau hiérarchique, les cadres doivent prendre des décisions. On en distingue trois types correspondant chacun à un niveau hiérarchique: les décisions stratégiques, les décisions tactiques et les décisions opérationnelles[7]. La figure 4.1 montre des exemples de ces types de décisions en rapport avec l'administration d'une université.

Figure 4.1 Les types de décisions suivant le niveau hiérarchique

Plus de **190 figures, tableaux et schémas** pour appuyer le propos ou le synthétiser.

Plus de **550 notes et références** pour approfondir le sujet traité.

- «Les 500 plus grandes entreprises du Québec», *Revue Commerce / Les Affaires*, juin 2005, p. 94.
- Louis Lafortune, «Rona ne veut pas en rester là», *Le Droit*, 10 février, 2005, p. 45.
- Brent Schlender, «How Big Can Apple Get?», *Fortune*, 21 février 2005, p. 67.

Une **quarantaine de photographies** donnent vie au texte. Généralement, dans l'introduction du chapitre, une photographie illustre la rubrique *Défi lancé aux gestionnaires,* une autre, au cœur du chapitre, éclaire la rubrique *Témoignage* et une troisième, tirée d'une revue d'affaires, agrémente la rubrique *Étude de cas* ▶ *En manchette.*

Chaque objectif présenté dans le chapitre fait l'objet d'une introduction mettant en évidence les sujets traités dans les sections en lien avec cet objectif.

1.2 LES FONCTIONS DE GESTION ET D'ORGANISATION

Deux termes ressortent des paragraphes qui précèdent: *organisation* et *gestionnaire*. Ils renvoient à deux types de fonctions distincts, les fonctions organisationnelles et les fonctions de gestion (voir la figure 1.2). Les sections qui suivent donnent un aperçu général de ce que l'on entend par ces deux types de fonctions.

Après avoir lu les trois prochaines sous-sections, vous devriez pouvoir:

- distinguer entre les fonctions d'organisation et les fonctions de gestion;
- décrire les quatre grandes caractéristiques de l'organisation;
- expliquer la raison d'être des organisations.

On dit souvent que notre société se compose d'un ensemble d'organi-

OBJECTIF 1.2
Distinguer entre les fonctions d'organisation et les fonctions de gestion, discerner les caractéristiques des organismes et expliquer la raison d'être d'une organisation.

L'ouvrage présente des **témoignages de gestionnaires** de différents niveaux hiérarchiques (directeur, vice-président), qui illustrent comment ils résolvent certains problèmes ou relèvent les défis exposés dans le chapitre. Ces textes sont rédigés par des gestionnaires de PME (*Bel-Air Lexus Toyota*) ou de grandes entreprises (*Postes Canada*), appartenant à différents secteurs comme la technologie (*Mitel*) ou l'alimentation (*Votre Épicier Indépendant*), et relevant de statuts différents : privé (*Royal LePage*) ou public (*Société canadienne du sang*).

PARTIE 4 La gestion de la structure organisationnelle

Témoignage

La structure matricielle permet un fonctionnement efficace au journal *Les Affaires*

www.lesaffaires.com/

Jean-Paul Gagné, éditeur, le journal *Les Affaires*

«La mission du journal *Les Affaires* est de demeurer la plus importante publication traitant du milieu des affaires au Québec. Le journal sert deux clientèles nous dit Jean-Paul Gagné. Premièrement, les lecteurs, c'est-à-dire, les entrepreneurs, les gestionnaires, les investisseurs et les décideurs, à qui il fournit de l'information pertinente pour suivre l'actualité économique, financière, et prendre des décisions d'affaires, de gestion et de placement. Deuxièmement, les annonceurs, à qui il fournit un auditoire de qualité de gens d'affaires, de décideurs et d'investisseurs.

«Le journal est dirigé par un directeur général (éditeur dans le jargon journalistique) et comprend quatre services principaux: la rédaction, la vente de publicité, la diffusion (abonnés et kiosques) et la production. L'impression est impartie à deux directeurs de service (le rédacteur en chef et le directeur des ventes publicitaires) dépendant directement de l'éditeur. Par contre, celui-ci est un client interne pour les directeurs de la diffusion et de la production. Le premier relève directement du directeur général de la diffusion pour l'ensemble des magazines de Médias Transcontinental et le second, du directeur du Centre de production partagé, qui prépare les pages de tous les magazines de Médias Transcontinental à Montréal, explique M. Gagné.

«La structure de gestion du journal est matricielle : ainsi, des lignes continues relient l'éditeur au rédacteur en chef et au directeur de la publicité, et des lignes en pointillé le relient aux services de la diffusion et de la production, ainsi qu'aux autres services de soutien (finances et comptabilité, technologie, ressources humaines, marketing et promotion, communications) de Médias Transcontinental. L'efficacité de fonctionnement de l'organisation repose sur des interrelations soutenues entre les responsables des différents services et leurs équipes. Le travail d'équipe est une réalité quotidienne, mais il s'exerce dans le respect des rôles de chacun. Par exemple, la planification des dossiers spéciaux est faite en collaboration avec les services de la rédaction (pour le contenu) et des ventes (pour l'évaluation du marché potentiel), mais, en aucun cas, les représentants publicitaires n'interviennent dans le contenu de ces dossiers.»

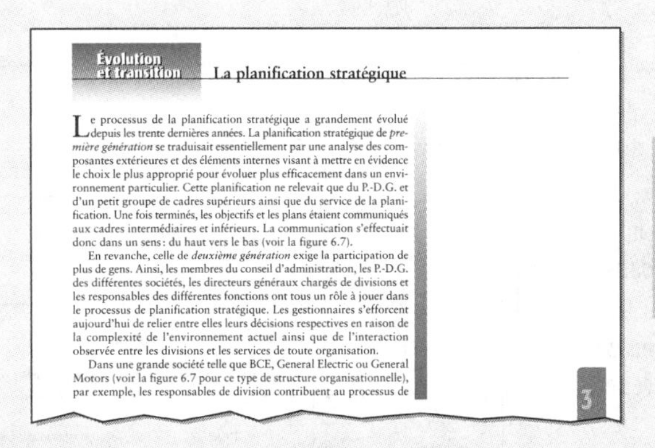

Évolution et transition La planification stratégique

Le processus de la planification stratégique a grandement évolué depuis les trente dernières années. La planification stratégique de *première génération* se traduisait essentiellement par une analyse des composantes extérieures et des éléments internes visant à mettre en évidence le choix le plus approprié pour évoluer plus efficacement dans un environnement particulier. Cette planification ne relevait que du P.-D.G. et d'un petit groupe de cadres supérieurs ainsi que du service de la planification. Une fois terminés, les objectifs et les plans étaient communiqués aux cadres intermédiaires et inférieurs. La communication s'effectuait donc dans un sens: du haut vers le bas (voir la figure 6.7).

En revanche, celle de *deuxième génération* exige la participation de plus de gens. Ainsi, les membres du conseil d'administration, les P.-D.G. des différentes sociétés, les directeurs généraux chargés de divisions et les responsables des différentes fonctions ont tous un rôle à jouer dans le processus de planification stratégique. Les gestionnaires s'efforcent aujourd'hui de relier entre elles leurs décisions respectives en raison de la complexité de l'environnement actuel ainsi que de l'interaction observée entre les divisions et les services de toute organisation.

Dans une grande société telle que BCE, General Electric ou General Motors (voir la figure 6.7 pour ce type de structure organisationnelle), par exemple, les responsables de division contribuent au processus de

3

La rubrique ***Évolution et transition*** traite du sujet abordé dans le chapitre selon une perspective de changement historique et prépare la mise en place des outils de synthèse.

▶▶▶ Concepts clés

À la fin du chapitre, une liste des concepts clés étudiés permet à l'étudiant de se rappeler les points essentiels du chapitre. Chaque concept clé est **traduit en anglais** et suivi du **numéro de la page** où se trouve la définition.

Art (*art*) page 5
Avantage concurrentiel (*competitive advantage*) page 26
Cadre inférieur (*first-level managers*) page 16
Cadre intermédiaire (*middle-level managers*) page 15

Dans le manuel et sur le site Web, à la rubrique ***Naviguer dans Internet***, vous trouverez :

- un ***Exercice pratique*** sur un sujet précis. Par exemple, un thème particulier traité dans le chapitre et à commenter grâce au site d'une organisation (ex. : Banque Nationale du Canada).
- une ***Recherche sur le thème*** nécessitant une recherche dans Internet afin d'illustrer l'application d'un concept de gestion.

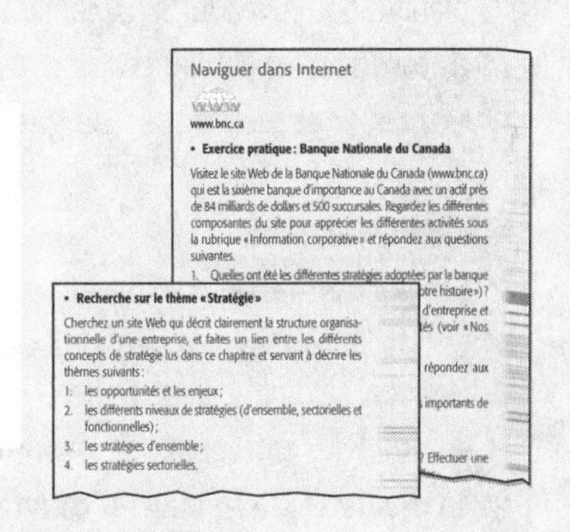

Naviguer dans Internet

www.bnc.ca

- **Exercice pratique : Banque Nationale du Canada**

Visitez le site Web de la Banque Nationale du Canada (www.bnc.ca) qui est la sixième banque d'importance au Canada avec un actif près de 84 milliards de dollars et 500 succursales. Regardez les différentes composantes du site pour apprécier les différentes activités sous la rubrique «Information corporative» et répondez aux questions suivantes.

1. Quelles ont été les différentes stratégies adoptées par la banque

- **Recherche sur le thème «Stratégie»**

Cherchez un site Web qui décrit clairement la structure organisationnelle d'une entreprise, et faites un lien entre les différents concepts de stratégie lus dans ce chapitre et servant à décrire les thèmes suivants :

1. les opportunités et les enjeux ;
2. les différents niveaux de stratégies (d'ensemble, sectorielles et fonctionnelles) ;
3. les stratégies d'ensemble ;
4. les stratégies sectorielles.

PARTIE 3 La prise de décision et la planification

Développer vos compétences en gestion

Questions de révision

1. Donnez la signification des termes suivants : «esprit stratégique», «vision stratégique», «stratégie projetée» et «planification stratégique». (page 209)
2. Qui sont les stratèges d'une société ? Discutez du rôle de chacun d'entre eux. (page 212)

Naviguer dans Interne

www.bnc.ca

- **Exercice pratique : Banque N**

À la rubrique ***Développer vos compétences en gestion***, vous trouverez :

- ***225 Questions de révision*** permettant de vérifier la compréhension des sujets traités dans le chapitre, suivies du numéro de la page où se trouve la réponse à chacune de ces questions.
- ***40 Sujets de discussion*** environ afin de susciter une réflexion sérieuse débordant le cadre de la matière présentée dans le chapitre.

Ensuite, à la rubrique ***Développer vos compétences en gestion***, vous trouverez :

- un **exercice théorique** visant l'aspect technique des sujets traités dans le chapitre et permettant au professeur ou aux étudiants d'échanger leurs points de vue sur leur approche d'une situation problématique donnée ;
- une étude de **« cas hypothétique »** afin de mettre en évidence les principaux thèmes traités dans le chapitre ;
- une analyse d'un cas réel à la rubrique ***« Étude de cas ▶ En manchette »***, tiré de la revue *Les Affaires*, illustrant une situation particulière en milieu de travail.

Le gestionnaire en tant que décideur • **Chapitre 4**

Étude de cas

▶ EN MANCHETTE : TOURBIÈRES BERGER[40]

Claudin Berger, président, Tourbières Berger

www.bergerweb.com

Le Québec est bien connu pour ses mines, ses forêts et ses ressources hydrauliques. Mais il possède aussi une autre ressource naturelle en abondance, mais méconnue : la tourbe de sphaigne. Claudin Berger, président de Tourbières Berger, compte bien transformer cette ressource en or.

Tourbières Berger offre une gamme complète de produits à base de tourbe de sphaigne, tant pour le jardinier amateur que pour les producteurs et serristes de fleurs et de légumes. La tourbe se compare avantageusement au compost pour ce qui est de l'aération des sols, de la rétention de l'eau et des engrais.

Ces produits servent de substrats pour la culture de fleurs et de légumes au Canada et aux États-Unis, pour les variétés qui poussent en Amérique centrale, en Amérique du Sud et en Asie. « La majorité de nos marchés sont en croissance », note M. Berger. Et pour être certain de répondre à la demande avec une tourbe de qualité, il veut participer, dès l'année prochaine, à l'exploitation

pour empotage et pour plantes vivaces ainsi que des granules de tourbe. Un laboratoire est également créé en 1985 pour offrir différents types d'analyses. « Cela nous a permis de créer des mélanges spéciaux. Nous allons rencontrer les clients, nous regardons avec eux quels sont leurs besoins et nous leur offrons un produit et un service sur mesure », explique M. Berger. Le marché des substrats connaît une expansion très rapide. L'entreprise Berger, consciente de l'importance d'un approvisionnement constant en tourbe, se tourne vers de nouveaux territoires. Elle obtient des droits d'exploitation au Nouveau-Brunswick, où deux sites sont en exploitation et l'un est encore à l'état vierge. L'entreprise y possède deux usines de transformation. En 1998, elle ouvre une quatrième usine, cette fois au Texas. L'entreprise a également créé une division de solutions environnementales, Berger Environnement, qui a conçu des dispositifs de biofiltration des eaux usées.

L'expérience de la dimension internationale

Par ailleurs, Tourbières Berger profite du courant de mondialisation pour pénétrer de nouveaux marchés, principalement en Asie – Japon, Corée, Chine –, qui représente 15 % de ses bénéfices. Dans ce marché, l'entreprise doit tailler sa place entre des multinationales comme Vapo Oy, une société d'État finlandaise du secteur de l'énergie qui produits 85 % de la tourbe en Finlande et emploie 1 700 personnes. Claudin Berger a une bonne expérience des marchés internationaux grâce à ses fonctions de président du Groupement des chefs d'entreprise du Québec, où son mandat de deux ans vient de prendre fin. « Le Groupement permet de progresser rapidement en discutant des expériences de chacun

Dans les **pages de fin de l'ouvrage,** vous trouverez :

- **environ 800 notes et références** portant sur des sujets particuliers, des auteurs et des sites Internet faisant l'objet de notes bibliographiques regroupées par chapitre ;
- une définition sommaire des **concepts clés** regroupés par chapitre. Les étudiants peuvent ainsi revoir les principaux termes utilisés dans cet ouvrage ;
- quatre index qui se présentent comme suit : un **index des auteurs** cités dans cet ouvrage, un **index général** des sujets et des concepts clés (en caractères gras), un **index des entreprises et des organismes** et, finalement, **un index des sites Web** qui répertorie tous les sites Internet mentionnés et ce, par catégorie : entreprises, organismes, individus et sujets.

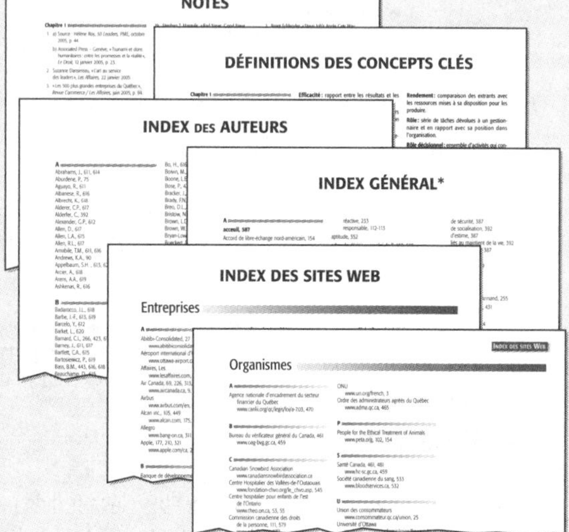

Nouveaux contenus

✔ **Introduction des chapitres :** on y explique le lien entre les différentes fonctions de la gestion (planification et organisation, planification et leadership, planification et contrôle) pour montrer l'application des fonctions de la gestion en tant que « processus ».

✔ **Références et citations** des quotidiens ou journaux d'affaires : mises à jour les plus récentes (2005).

✔ **Concepts et techniques de gestion :** mis à jour et expliqués plus en détail.

Nouvelles sections

✔ Les **gestionnaires, désirs et réalité**.

✔ Les **défis contemporains des gestionnaires** (le maintien des standards éthiques, accroître l'avantage concurrentiel, la globalisation, la diversité de la main-d'œuvre, une meilleure utilisation du réseau Internet et de la technologie).

✔ Le profil des **différents environnements** (rythme, degré de complexité, etc.).

✔ La **diversité de la main-d'œuvre** (responsabilité légale et approche responsable, fondements de la diversité, stratégies de gestion de la diversité, etc.).

✔ Profil de la **bonne information**.

✔ Les **structures intra-organisationnelles** (équipes pilotes, structure par réseaux).

✔ Les **structures interorganisationnelles** (structure modulaire, virtuelle ou décloisonnée).

✔ La **gestion du temps** et la **diminution du stress**.

✔ La **gouvernance**.

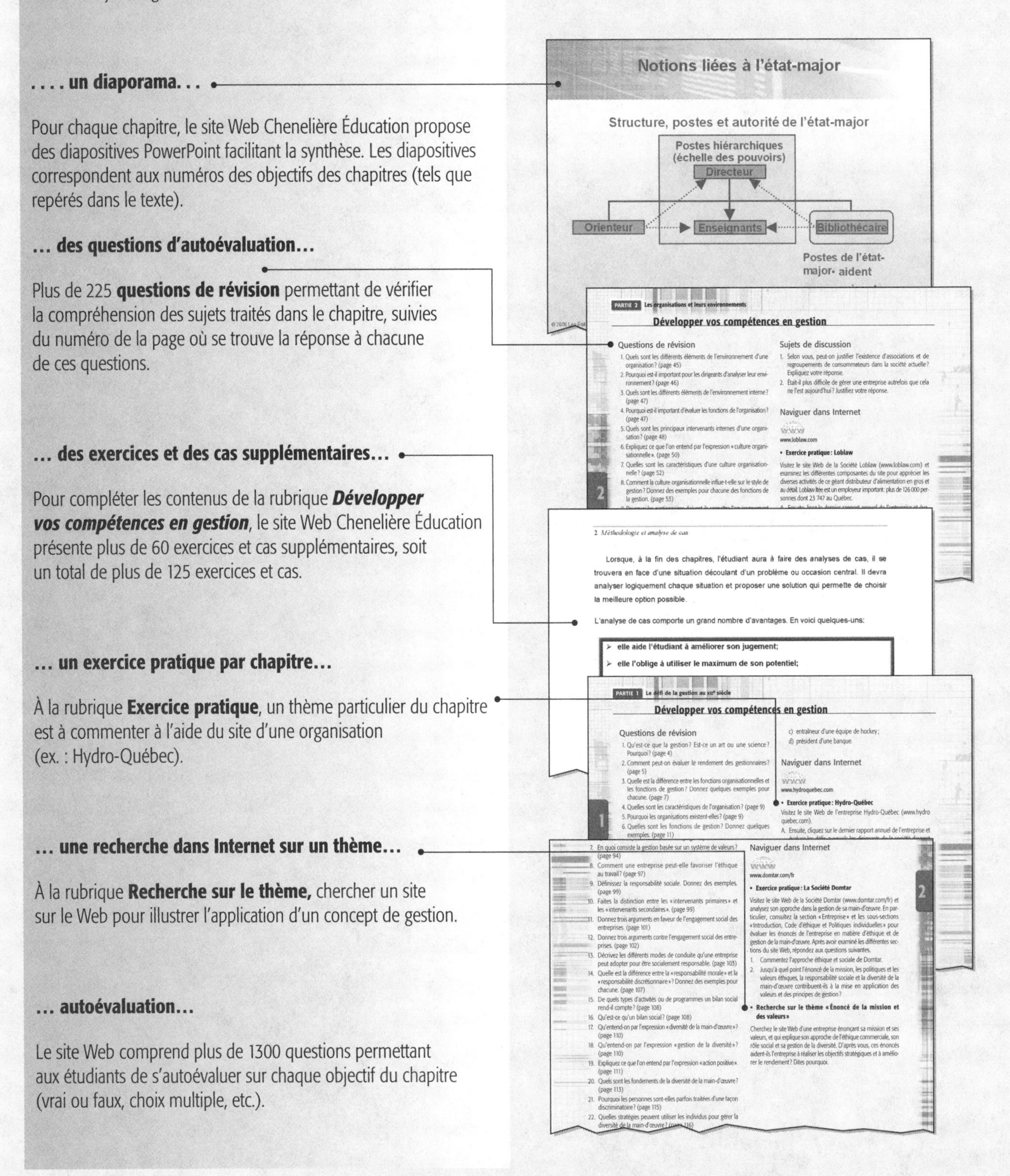

... des liens Internet...

Accès direct aux sites Web cités dans le manuel. De plus, ces liens sont mis à jour régulièrement!

.... un diaporama...

Pour chaque chapitre, le site Web Chenelière Éducation propose des diapositives PowerPoint facilitant la synthèse. Les diapositives correspondent aux numéros des objectifs des chapitres (tels que repérés dans le texte).

... des questions d'autoévaluation...

Plus de 225 **questions de révision** permettant de vérifier la compréhension des sujets traités dans le chapitre, suivies du numéro de la page où se trouve la réponse à chacune de ces questions.

... des exercices et des cas supplémentaires...

Pour compléter les contenus de la rubrique ***Développer vos compétences en gestion***, le site Web Chenelière Éducation présente plus de 60 exercices et cas supplémentaires, soit un total de plus de 125 exercices et cas.

... un exercice pratique par chapitre...

À la rubrique **Exercice pratique**, un thème particulier du chapitre est à commenter à l'aide du site d'une organisation (ex. : Hydro-Québec).

... une recherche dans Internet sur un thème...

À la rubrique **Recherche sur le thème,** chercher un site sur le Web pour illustrer l'application d'un concept de gestion.

... autoévaluation...

Le site Web comprend plus de 1300 questions permettant aux étudiants de s'autoévaluer sur chaque objectif du chapitre (vrai ou faux, choix multiple, etc.).

TABLE DES MATIÈRES

CHAPITRE 3

L'ÉTHIQUE, LA RESPONSABILITÉ SOCIALE ET LA DIVERSITÉ 81

PARTIE 3

CHAPITRE 4

CHAPITRE 6

PARTIE 4

ANNEXES

PARTIE

1

LE DÉFI DE LA GESTION AU XXIe SIÈCLE

Chapitre 1

La gestion, les gestionnaires et les défis contemporains

Nstein Technologies, PME montréalaise du domaine de la gestion de l'information multilingue, afficha en 2004 la croissance du nombre d'employés la plus impressionnante. Un signe de vitalité qui en dit long sur la santé globale de l'entreprise. Mais ce qui la distingue est la façon dont les dirigeants, à tous les niveaux de la structure organisationnelle, gèrent leur entreprise très justement qualifiée de « performante ». L'un des rôles les plus importants d'un leader d'entreprise est de créer une atmosphère de travail qui motive les employés à réaliser une performance extraordinaire. Un tel concept de gestion est très souvent prêché mais rarement appliqué. Toutefois, cette philosophie est prise au sérieux par Mario Girard, P.-D. G. de Nstein Technologies[1.a].

WWW
www.nstein.com

La première partie de ce manuel explique comment un leader applique les concepts fondamentaux de gestion et relève les grands défis contemporains. Au chapitre 1, « La gestion, les gestionnaires et les défis contemporains », nous examinerons comment évaluer l'efficacité et le rendement d'une organisation et comment la rendre performante. Le chapitre décrit en particulier les fonctions et les rôles des gestionnaires et leurs compétences indispensables pour réussir. Les gestionnaires de Nstein Technologies ne fonctionnent pas en vase clos : ils doivent relever des défis propres à leur secteur d'activité. Aussi, dans ce chapitre, nous présenterons les défis contemporains des gestionnaires et nous montrerons pourquoi il est important de bien gérer une organisation. L'annexe au chapitre, « La gestion : hier, aujourd'hui et demain », traite des techniques et des méthodes de gestion utilisées plus de cent ans auparavant, mais toujours appliquées : celles du courant scientifique, de l'école classique, des relations humaines, des sciences de la gestion et du courant lié à l'intégration. Toutefois, ces modes de gestion ont été adaptés afin de répondre aux conditions environnementales actuelles (économiques, sociales, etc.) et aux structures organisationnelles modernes tant interorganisationnelles qu'intra-organisationnelles.

1

Chapitre 1

La gestion, les gestionnaires et les défis contemporains

Objectifs du chapitre

Après avoir lu ce chapitre, vous devriez pouvoir:

1. décrire la gestion et la façon d'évaluer les gestionnaires;
2. distinguer entre les fonctions d'organisation et les fonctions de gestion, discerner les caractéristiques des organismes et expliquer la raison d'être d'un organisme;
3. expliquer les fonctions de gestion: la planification, l'organisation, le leadership et le contrôle;
4. identifier les échelons hiérarchiques des organismes et les compétences des gestionnaires;
5. expliquer pourquoi les organismes contemporains utilisent des équipes autonomes et interfonctions;
6. préciser les rôles des gestionnaires selon Mintzberg;
7. décrire les défis contemporains lancés aux gestionnaires;
8. discerner les désirs des aspirants gestionnaires et la réalité des gestionnaires;
9. expliquer pourquoi il est important d'étudier la gestion.

Défi lancé aux gestionnaires ☞ par l'ONU

Face à l'afflux record de dons après le tsunami en Asie, l'ONU a réuni hier à Genève une conférence pour tenter de répertorier l'ensemble de ces aides et convaincre les donateurs de tenir leurs promesses et de fournir sans délai les sommes nécessaires aux besoins. Plus de 80 pays et institutions étaient représentés à cette conférence. Quinze jours après le raz-de-marée dévastateur du 26 décembre, plus de 60 pays ont promis un total de 4 G$ US pour venir en aide aux 5 millions de victimes. Le séisme de magnitude 9 au large de l'île indonésienne de Sumatra, suivi de raz-de-marée sur les côtes des pays riverains de l'océan Indien a fait au moins 152 397 morts, selon un bilan provisoire. L'ONU espère que cette catastrophe marquera un tournant dans l'histoire des aides internationales qui, par le passé, se sont souvent révélées insuffisantes et tardives. Autre écueil à éviter : que les dons versés pour le tsunami ne soient pas prélevés sur l'aide promise à d'autres crises. Cette crainte a été exprimée par Oxfam, mais aussi par Jan Egeland, coordinateur des opérations d'urgence de l'ONU[1.b].

www.un.org/french/

L'ONU
L'après tsunami, en Asie, exige une gestion efficace de la part de tous les gestionnaires.

Survol du chapitre

L'ONU et plusieurs autres organismes doivent mettre en place un processus de gestion afin de répondre aux besoins des milliers de victimes dans de nombreux pays : Indonésie, Sri Lanka, Inde, Thaïlande, Somalie, Birmanie, aux Maldives, Malaisie, Tanzanie, Bangladesh et Kenya. Ces centaines d'organisations doivent donc réagir rapidement, d'une façon coordonnée et efficace, aux différents besoins immédiats (logement, nourriture, soins médicaux, conseils, recherche des corps, sécurité, identification des corps, etc.), pour ensuite passer à la phase suivante, le développement et la reconstruction. Les milliers de personnes représentant 80 pays, institutions et organismes non gouvernementaux (ONG) qui ont apporté leur aide doivent donc travailler ensemble pour réaliser un objectif commun : réduire autant que possible la souffrance et reconstruire.

Voici donc une situation qui demande la mise en œuvre des différentes fonctions de la gestion. Premièrement, il est important que l'ONU élabore des objectifs et des plans (à court et à long termes). Aussi, il faut mettre en place une structure organisationnelle qui permettra à toutes les organisations d'assurer la coordination et l'intégration efficace des ressources. Il est également important que les multiples activités et projets soient administrés par des personnes compétentes possédant les qualités appropriées pour être en mesure de mobiliser les milliers de bénévoles, de les motiver et de répondre à leurs besoins. Finalement, il faudra mettre en place un système de contrôle qui permettra de voir jusqu'à quel point les objectifs et les plans se réalisent.

Pour atteindre les objectifs de l'ONU, la gestion doit donc jouer un rôle important tant sur le plan des secours immédiats que sur le plan de la reconstruction. Ce chapitre met en évidence :

- *les fonctions que doivent assumer les gestionnaires pour bien mener les organismes modernes;*
- *les façons d'évaluer le rendement des gestionnaires;*
- *les différents types et les compétences requises des gestionnaires de ces organisations;*
- *les divers rôles joués par les gestionnaires tels que Mintzberg les détermine;*
- *les défis contemporains des organisations modernes et de leurs gestionnaires;*
- *l'utilité d'étudier la gestion.*

OBJECTIF 1.1
Décrire la gestion et la façon d'évaluer les gestionnaires.

1.1 QU'EST-CE QUE LA GESTION?

La **gestion** peut se définir comme l'intégration efficace de la planification, de l'organisation, du leadership et du contrôle des ressources humaines, financières et matérielles en vue d'atteindre des objectifs précis. Ces fonctions de gestion sont brièvement décrites à la section 1.3 et seront étudiées en détail dans d'autres chapitres de cet ouvrage. Le tableau 1.1 montre comment la structure de cet ouvrage englobe ces quatre fonctions.

Tableau 1.1
Les fonctions de gestion et l'organisation de ce manuel

Fonction	Parties et chapitres
	Première partie: Le défi de la gestion au XXIe siècle
	Chapitre 1: La gestion, les gestionnaires et les défis contemporains
	Deuxième partie: Les organisations et leurs environnements
	Chapitre 2: Les environnements et les cultures organisationnelles
	Chapitre 3: L'éthique, la responsabilité sociale et la diversité
Planification	**Troisième partie: La prise de décision et la planification**
	Chapitre 4: Le gestionnaire en tant que décideur
	Chapitre 5: Le gestionnaire en tant que planificateur
	Chapitre 6: Le gestionnaire en tant que stratège
Organisation	**Quatrième partie: La gestion de la structure organisationnelle**
	Chapitre 7: L'organisation, les structures organisationnelles et l'autorité
	Chapitre 8: Les structures organisationnelles et le changement
Leadership	**Cinquième partie: La gestion des individus, des groupes et des équipes**
	Chapitre 9: La gestion des individus et des groupes
	Chapitre 10: La motivation, mobilisatrice de l'énergie
	Chapitre 11: Le leadership et l'exercice de l'influence
Contrôle	**Sixième partie: La gestion du contrôle organisationnel**
	Chapitre 12: Le contrôle organisationnel
	Chapitre 13: La communication et la gestion de l'information

Notons qu'il est important d'envisager la gestion à la fois comme un art et comme une science. La gestion est un art puisque plusieurs des compétences qu'elle requiert ne peuvent pas s'acquérir uniquement à l'aide d'un manuel ou dans une salle de classe. Dire que la gestion est un **art** signifie que, pour accomplir les tâches qui lui sont propres, on doit mettre à profit son expérience, ses connaissances et ses observations. Les principes de la gestion se révèlent faciles à apprendre (en classe, par exemple), mais difficiles à appliquer avec succès. Un gestionnaire ne peut donc s'en remettre entièrement aux théories et aux principes : il doit aussi puiser dans son expérience. Il faut donc qu'il développe son savoir-faire s'il veut réussir à communiquer efficacement et à mobiliser ses subordonnés. Un nouveau cours de M.B.A. de l'*Université McGill* fait le parallèle entre la démarche artistique et le leadership. Le programme a pour but d'aider les futurs gestionnaires à relever les défis qui se présenteront lorsqu'ils dirigeront une entreprise et de leur permettre d'être des leaders plus inspirés, plus audacieux, plus visionnaires, donc mieux adaptés aux défis de demain[2].

La gestion est aussi une **science** puisqu'elle amène à appliquer d'une façon méthodique et objective un ensemble de concepts et de techniques dans l'exercice des quatre fonctions de gestion. Le gestionnaire doit en effet recourir à certains principes de base de gestion pour résoudre les problèmes qui se posent à lui. Comme le fait le médecin ou l'avocat, il doit, dans l'exercice de sa profession, s'inspirer des connaissances acquises à l'université : une pratique basée uniquement sur l'intuition et l'expérience ne garantit pas le succès. Assimiler les concepts et les techniques de la gestion dans un environnement d'apprentissage formel est donc un facteur important de réussite pour le gestionnaire. Bref, la gestion doit combiner le savoir théorique au savoir pratique.

1.1.1 L'efficacité et le rendement : objectifs essentiels des gestionnaires

Les gestionnaires ont pour première responsabilité de réaliser les objectifs de leur organisation en utilisant ses ressources de manière ingénieuse et sage. C'est sur ce point qu'on les évalue. Ainsi, les gestionnaires ont à cœur de prendre les bonnes initiatives et de s'assurer que toutes les tâches sont bien exécutées à l'intérieur de leur organisation. Il suffit de penser à Jean Coutu, fondateur de la Société Groupe Jean Coutu, qui est parvenu à conquérir l'industrie pharmaceutique. Ce groupe est en importance la quatrième entreprise dans son secteur en Amérique du Nord avec un chiffre d'affaires de 4,1 milliards de dollars et un total de 8 859 employés[3]. Nul doute que Jean Coutu compte parmi les chefs d'entreprise efficaces, car beaucoup de ses décisions étaient assurément « bonnes ». Il a mis au point une ligne de produits et des services adaptés, il a recruté les bons collaborateurs, il a adopté des stratégies financières et commerciales efficaces, et plus encore. On associe à l'**efficacité** le fait de prendre les bonnes initiatives, d'atteindre les objectifs établis, d'obtenir les résultats voulus et de viser les bonnes fins. Par conséquent, lorsqu'on qualifie un gestionnaire d'efficace, on indique qu'il vise les bonnes fins[4].

www.jeancoutu.com/

Les gestionnaires doivent viser les bons objectifs, et en outre s'assurer que l'on fait une utilisation économique et judicieuse des ressources permettant d'obtenir les résultats voulus. Le terme **rendement** désigne la mesure des extrants produits avec les ressources dont on dispose. Il s'agit donc de l'autre aspect que l'on prend en considération pour évaluer le travail des gestionnaires. En effet, à quoi sert de viser les bons objectifs si l'on emploie mal ses ressources ? Le rendement concerne ainsi la manière de procéder ou d'utiliser les ressources disponibles, les gestionnaires devant s'assurer de la bonne marche des entreprises. On peut déterminer le rendement d'une entreprise en comparant ses bénéfices à son chiffre d'affaires (rendement du chiffre d'affaires) ou à son actif (rendement de l'actif). On peut ainsi mesurer le rendement en établissant le rapport entre les biens ou les services produits (extrants) et les ressources ayant servi à leur production (intrants).

Il existe deux manières de garantir une utilisation intelligente des ressources. La première consiste à viser l'**économie**, c'est-à-dire à choisir les méthodes de travail les moins coûteuses pour réaliser les objectifs visés. Ainsi, une entreprise peut décider d'acquérir ses propres camions afin de distribuer elle-même ses produits au lieu de faire appel aux services d'une autre firme. De même, il arrive que le responsable de la comptabilité réduise ses coûts en adoptant un système informatisé. Le second moyen de garantir une bonne utilisation des ressources consiste à favoriser le rendement, de sorte que les tâches soient accomplies rapidement.

L'économie et le rendement peuvent donc se résumer en ces termes : s'y prendre de la bonne façon. Voici quelques exemples qui montrent comment mesurer le rendement et l'efficacité de gestionnaires qui travaillent dans différentes organisations.

Schéma 1.1

	RENDEMENT	EFFICACITÉ
Entreprise	Retour sur investissement (12 %)	Part du marché (15 %)
Production	Coût unitaire (0,75 $)	Proportion d'unités défectueuses (0,055 %)
Service	Durée moyenne d'un appel téléphonique (20 minutes)	Temps d'attente au téléphone (12 secondes)

Tout organisme s'efforce assurément de réaliser au mieux ses objectifs (efficacité) avec un minimum de ressources (économie et rendement). Lorsqu'on note qu'une organisation utilise ses ressources adéquatement et aux fins voulues, on peut dire qu'elle les emploie de façon optimale. La figure 1.1 décrit le lien existant entre l'efficacité et le rendement de la gestion. On y voit qu'un gestionnaire peut atteindre son objectif (être efficace), mais gaspiller malgré tout une bonne part des ressources de l'organisme (avoir un faible rendement). À l'inverse, il arrive qu'un gestionnaire utilise les ressources d'une manière très circonspecte (économique et judicieuse) tout en ne les employant pas aux bonnes fins (d'où un manque d'efficacité). La situation idéale se caractérise par l'atteinte des objectifs établis (l'efficacité) et une utilisation prudente des ressources de l'organisme (l'économie et le rendement).

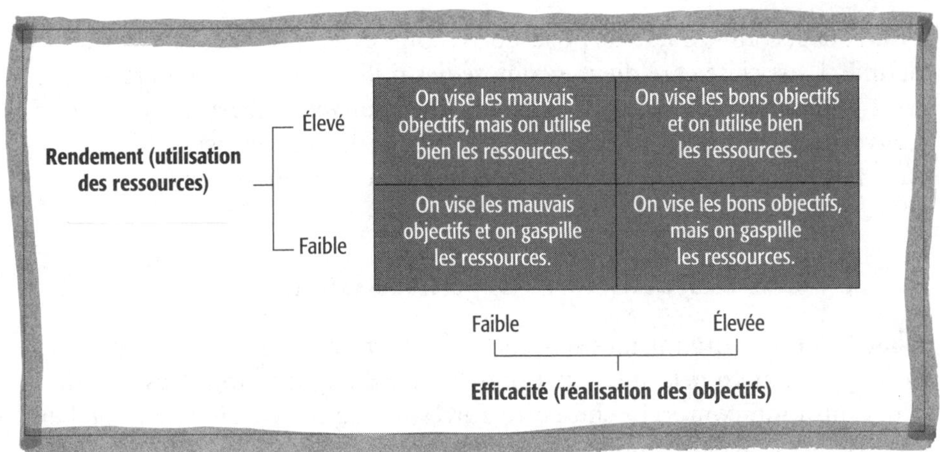

Figure 1.1
Comment évaluer le rendement et l'efficacité des gestionnaires

Pour illustrer la manière d'évaluer le rendement et l'efficacité d'un organisme gouvernemental, prenons l'exemple du système de santé au Canada. Selon une étude fédérale, la stratégie des compressions de personnel appliquées dans les années 1990 par les gouvernements et les entreprises a alourdi le fardeau supporté par le système de santé canadien, engendrant des coûts supplémentaires allant jusqu'à 14 G$ par an. Selon l'Agence de la santé publique du Canada, l'accroissement de la charge de travail qui a résulté de ces compressions est le principal responsable de la hausse des coûts de la santé. Selon l'Agence, les consultations médicales pourraient être réduites de 25 % et les séjours à l'hôpital, de 17 % si l'on s'attaquait à ce problème[5]. Voici donc une situation où la stratégie de compression de personnel qui avait pour objectif d'améliorer le rendement à court terme a eu des effets néfastes sur le rendement et l'efficacité à plus long terme : les coûts des consultations médicales et des séjours à l'hôpital ont augmenté tout en affaiblissant le service. En se référant à la figure 1.1, le rendement et l'efficacité du programme de santé peuvent donc se situer au niveau « faible ».

1.2 LES FONCTIONS DE GESTION ET D'ORGANISATION

OBJECTIF 1.2

Distinguer entre les fonctions d'organisation et les fonctions de gestion, discerner les caractéristiques des organismes et expliquer la raison d'être d'une organisation.

Deux termes ressortent des paragraphes qui précèdent : *organisation* et *gestionnaire*. Ils renvoient à deux types de fonctions distincts, les fonctions organisationnelles et les fonctions de gestion (voir la figure 1.2 à la page 8). Les sections qui suivent donnent un aperçu général de ce que l'on entend par ces deux types de fonctions.

Après avoir lu les trois prochaines sous-sections, vous devriez pouvoir :

- distinguer entre les fonctions d'organisation et les fonctions de gestion ;
- décrire les quatre grandes caractéristiques de l'organisation ;
- expliquer la raison d'être des organisations.

On dit souvent que notre société se compose d'un ensemble d'organisations. Dans cet ouvrage, le terme **organisation** fait double emploi : il peut faire référence à une fonction de gestion tout comme il peut désigner un **organisme** ou une entité sociale composée de deux personnes ou plus, qui poursuit certains buts, dispose de ressources et présente une structure définie. La société canadienne compte des milliers d'entités indépendantes de ce genre: universités, cégeps, hôpitaux, communautés religieuses, organismes gouvernementaux, syndicats, petites et grandes entreprises, organismes sans but lucratif, associations commerciales, coopératives, etc.

1.2.1 Les fonctions d'organisation

Chacun de ces organismes assume des fonctions organisationnelles que l'on appelle aussi activités fonctionnelles ou d'exploitation. Ces **fonctions d'organisation** comprennent, entre autres, les activités principales de l'entreprise liées aux ressources humaines, à la production, aux finances et à la commercialisation. Comme le montre la figure 1.2, chaque fonction ou principale activité d'une organisation est dirigée par un gestionnaire (vice-président) et se rattache à la structure de base de l'entreprise, autrement dit à des divisions, à des services ou à des secteurs d'activité.

Figure 1.2
Les fonctions d'organisation par rapport à celles des gestionnaires

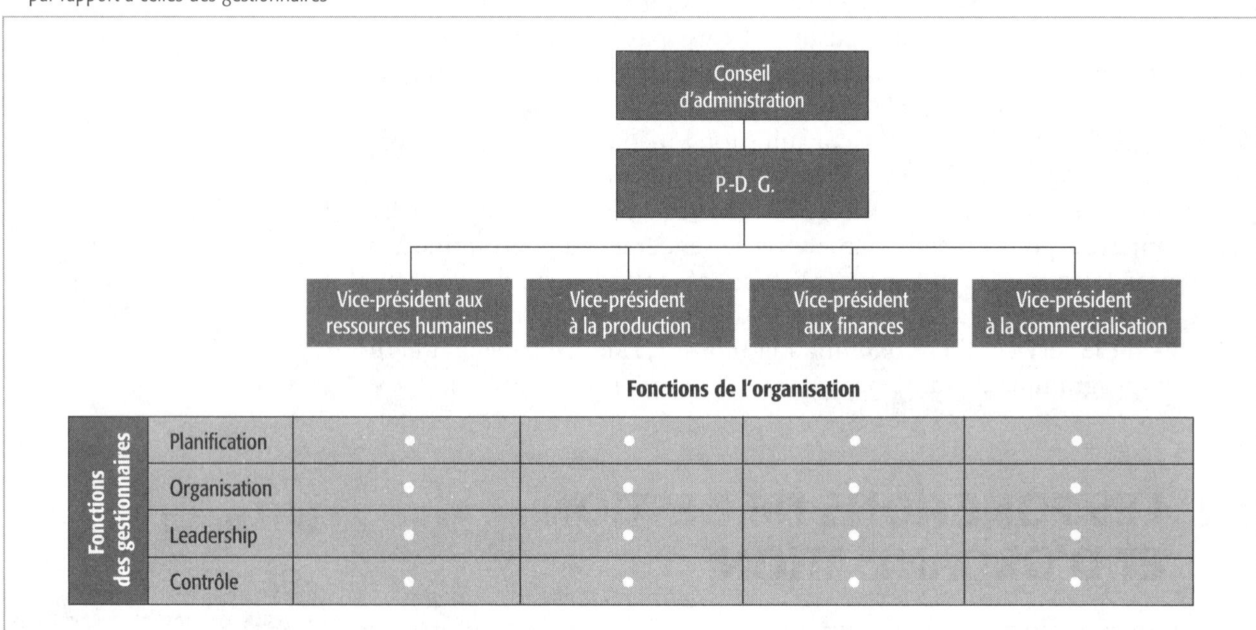

On peut affirmer que tout organisme remplit des fonctions de ce genre, sa nature en déterminant le type dans une large mesure. Ainsi, une grande ville compte, entre autres, des fonctions ou des services tels que la police, les loisirs, l'habitation et la protection contre les incendies. Un hôpital compte divers services tels que l'urgence, la psychiatrie, la radiologie, la pédiatrie et la gynécologie. Par ailleurs, une université se compose de différentes facultés auxquelles s'ajoutent des services tels que la bibliothèque, la sécurité et l'administration.

Chaque vice-président se voit donc confier une fonction organisationnelle particulière. Qu'il soit cadre supérieur, cadre intermédiaire ou cadre inférieur, tout gestionnaire remplissant une fonction organisationnelle (génie, crédit, vente, approvisionnement ou entretien, par exemple) assume aussi les fonctions de gestion que constituent la planification, l'organisation, le leadership et le contrôle, qui seront décrites brièvement dans ce chapitre.

Examinons maintenant ce qui caractérise les organisations ainsi que leur raison d'être.

1.2.2 Les caractéristiques d'une organisation

Comme l'indique la figure 1.3, toute organisation — qu'elle soit de grande ou de petite taille, de propriété publique ou privée, et à but lucratif ou sans but lucratif — possède quatre grandes caractéristiques. Premièrement, elle dispose de *ressources* (humaines, matérielles et financières) pour produire des biens ou fournir des services. Deuxièmement, il lui faut des *gestionnaires* qui assurent la coordination, la supervision et l'intégration adéquate et efficace de ces ressources: les organismes doivent être dirigés par des gestionnaires compétents et avoir recours à des personnes ayant les compétences et les qualités appropriées afin de faire un bon usage de leurs ressources et travailler à la réalisation de leurs objectifs. Troisièmement, tout organisme a une *mission*, puisqu'il existe dans un but précis. General Motors du Canada, par exemple, produit et vend des véhicules automobiles; une université effectue des recherches et offre des programmes de formation; un hôpital fournit des services médicaux; Disney World apporte une forme d'amusement et Air Canada assure le transport de passagers. Enfin, l'organisation a une *clientèle cible* qu'elle doit définir au préalable afin de se doter de la structure et du mode d'organisation qui permettront à tous ses employés de poursuivre un même but, c'est-à-dire de satisfaire les besoins de la clientèle visée.

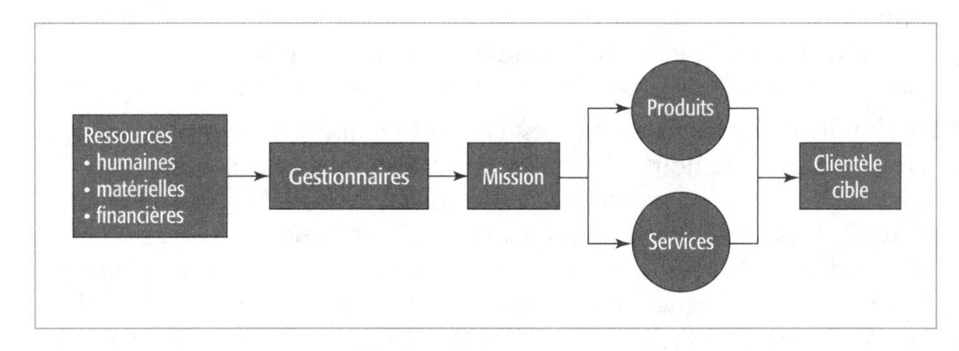

Figure 1.3
Les caractéristiques de l'organisation

1.2.3 Pourquoi existe-t-il des organisations?

Les gestionnaires responsables d'entreprises visent principalement à donner le plus de valeur possible aux biens et aux services fournis aux consommateurs. Ils y parviennent en assurant la transformation des matières premières en produits finis, puis en veillant à rendre ces produits accessibles aux consommateurs à l'endroit et au moment opportuns. Le fait de transformer des matières premières en produits finis que l'on achemine ensuite vers le marché cible pour satisfaire les besoins de la clientèle est souvent associé au concept de **valeur ajoutée** ou d'**utilité**. Ces activités de transformation et de vente (ou de production et de commercialisation) représentent, comme on l'a vu, des fonctions d'organisation.

www.elran.com/

Par exemple, la prospérité de l'entreprise québécoise El Ran, considérée comme l'un des plus grands fabricants de meubles articulés en Amérique du Nord, s'explique avant tout par sa réussite dans la transformation de certaines matières premières (velours, bois et métal) en fauteuils inclinables élégants que les consommateurs veulent acheter. Peu importe, en effet, la beauté du velours, celui-ci n'a pas de valeur intrinsèque pour les acheteurs de fauteuils. De même, les consommateurs n'accorderont aucune valeur aux fauteuils produits s'ils ne peuvent pas les examiner dans un magasin avant d'en faire l'acquisition. La mission d'El Ran consiste ainsi à accroître la valeur de matières et de produits qui satisfont les besoins d'une clientèle cible.

Figure 1.4
Comment la production et la commercialisation créent diverses formes d'utilité (valeur)

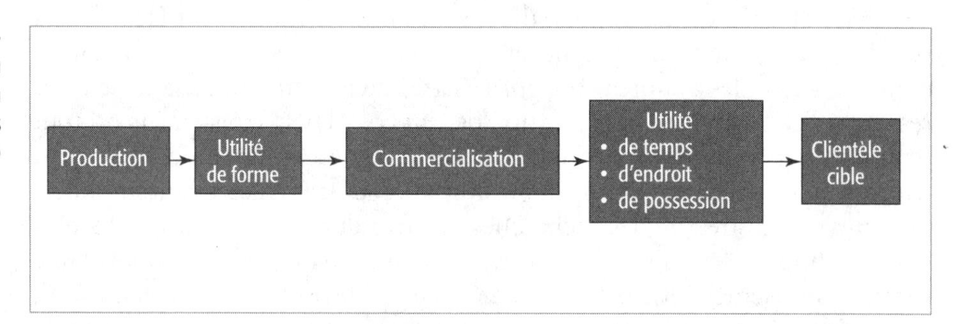

Comme le montre la figure 1.4, la fonction de production et la fonction de commercialisation accroissent la valeur des produits aux yeux des consommateurs. La valeur ajoutée lors de la production résulte de la transformation de matières premières en biens finis et représente ce qu'on appelle l'**utilité de forme**. El Ran, par exemple, obtient des fauteuils inclinables en combinant du velours, du métal, du bois, des clous et d'autres éléments.

L'utilité de forme ne peut cependant pas répondre aux besoins des gens par elle-même. On doit en effet rendre accessibles aux consommateurs les biens ou les services produits, et c'est là qu'entre en jeu la fonction de commercialisation. Dès que les gens peuvent voir un produit, il en résulte une utilité additionnelle qui satisfait leurs besoins: si les fauteuils que fabrique El Ran n'ont pas beaucoup de valeur pour les consommateurs lorsqu'ils se trouvent dans l'entrepôt de l'entreprise, il en va autrement lorsqu'ils sont exposés dans un magasin.

Comme l'indique la figure 1.4, la commercialisation est à l'origine des utilités de temps, d'endroit et de possession. Il y a **utilité de temps** lorsque les produits ou les services sont offerts aux consommateurs au moment où ceux-ci en ont besoin. Divers biens ne sont en fait utiles qu'à certaines périodes de l'année. C'est le cas, entre autres, des souffleuses à neige, des tondeuses à gazon, des pelles et des maillots de bain. Nul doute, par exemple, que les gens accordent plus de valeur à un maillot de bain au courant de l'été. C'est pourquoi le secteur de la commercialisation veillera à offrir ce produit aux acheteurs potentiels durant la saison appropriée.

Un maillot de bain demeurera toutefois sans valeur pour les clients éventuels s'ils n'y ont pas accès, d'où l'importance de l'**utilité d'endroit**. On crée cette dernière en offrant un produit ou un service en divers endroits bien situés. El Ran, par exemple, fait en sorte que l'on puisse acheter ses produits dans quelque 2 000 magasins aux quatre coins du Canada, dont ceux des chaînes Wal-Mart, Sears et La Baie.

Les utilités de temps et d'endroit ne mènent cependant à rien si les consommateurs ne peuvent acquérir les biens ou les services offerts. Ces biens ou ces services doivent par conséquent également avoir une **utilité de possession** (ou de propriété), c'est-à-dire qu'ils doivent être transférables d'un vendeur à un acheteur. Par exemple, la personne qui achète un fauteuil El Ran dans un magasin en devient légalement propriétaire, ce qui lui donne le plaisir de pouvoir l'installer chez elle.

1.3 LES FONCTIONS DE GESTION

OBJECTIF 1.3

Expliquer les fonctions de gestion : la planification, l'organisation, le leadership et le contrôle.

Comme nous l'avons mentionné auparavant, les quatre principales fonctions relevant des gestionnaires sont la planification, l'organisation, le leadership et le contrôle (voir la figure 1.5). Elles sont brièvement décrites dans les sous-sections qui suivent et seront étudiées en détail dans d'autres chapitres de cet ouvrage.

Figure 1.5
Les fonctions de gestion

Planification
Identification des objectifs organisationnels et élaboration des plans permettant de réaliser les objectifs.

Organisation
Identification des tâches et des liens d'autorité permettant aux employés de travailler ensemble afin d'atteindre les objectifs organisationnels.

Leadership
Motivation, coordination et mobilisation des individus et des équipes de travail pour œuvrer ensemble afin d'atteindre les objectifs organisationnels.

Contrôle
Création des normes de rendement liées aux objectifs et d'un système d'évaluation pour déterminer jusqu'à quel point les objectifs ont été atteints.

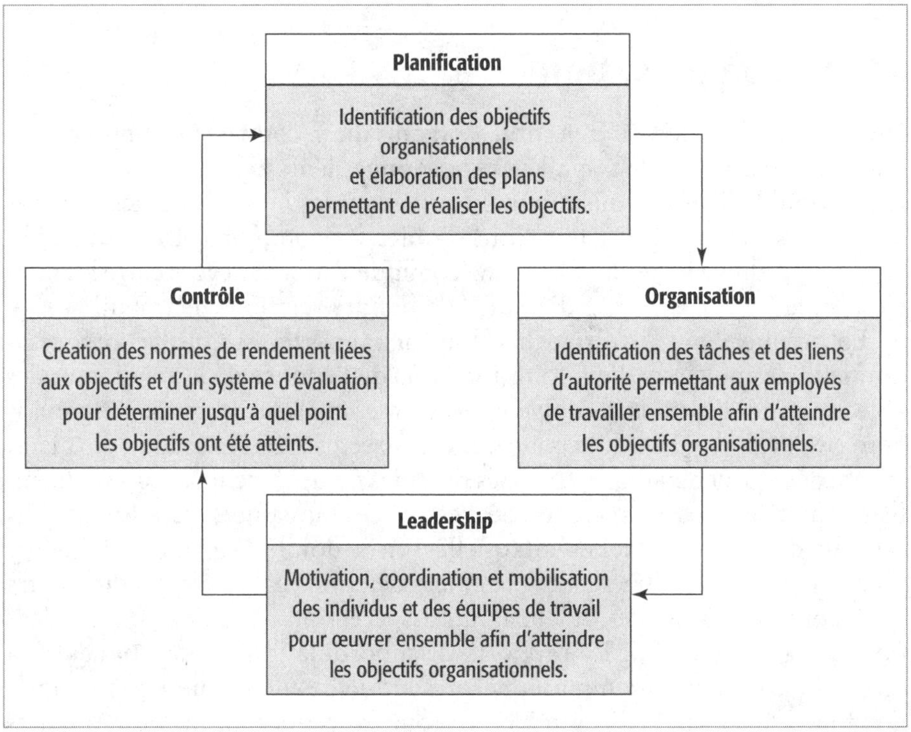

Après avoir lu les quatre prochaines sous-sections, vous devriez pouvoir :

- définir la fonction de planification ;
- préciser l'importance et les étapes de la fonction d'organisation ;

- expliquer que la communication et la motivation représentent les principales tâches de la fonction de leadership;
- décrire les principales opérations de la fonction de contrôle.

1.3.1 La planification

La **planification**, la première fonction de gestion, se définit comme le processus par lequel le gestionnaire fixe les objectifs à atteindre et dresse les plans de travail devant mener à leur réalisation. La planification se fonde en général sur une analyse du chemin parcouru par l'entreprise, des ressources à sa disposition, de sa situation actuelle et des buts à atteindre. Premièrement, la planification aide les gestionnaires à s'interroger sur les points forts et les points faibles de l'entreprise, ce qui leur permettra d'évaluer consciencieusement et judicieusement les objectifs que celle-ci peut atteindre. Deuxièmement, à s'orienter dans la meilleure direction, à calculer les chances de succès et les risques d'échec de tel ou tel programme, à analyser l'impact éventuel des facteurs ambiants tels que les environnements économique, social, technologique, éthique et légal sur l'entreprise, à connaître la valeur réelle de leur secteur d'activité, à connaître leurs concurrents, leurs fournisseurs, leurs clients, et les conditions de l'offre et de la demande du marché. Troisièmement, à déterminer les moyens à utiliser pour atteindre les objectifs.

1.3.2 L'organisation

La deuxième fonction de la gestion, l'**organisation**, consiste à définir la composition des groupes de travail et à coordonner leurs activités. Elle entraîne la création de liens organisationnels qui aident les individus et les groupes à travailler de concert à l'atteinte d'objectifs communs. L'organisation suppose l'établissement de réseaux de communication efficaces entre les individus et les groupes en vue d'assurer de bonnes relations de travail.

En premier lieu, les dirigeants doivent rapporter aux unités organisationnelles les objectifs d'exploitation issus de l'énoncé de la mission et des objectifs généraux. Puis, ils doivent déterminer quels membres de l'organisation seront responsables de la poursuite des objectifs et de l'exécution des plans, et par conséquent définir la nature des divisions ou des fonctions requises (commercialisation, finances, recherche, ressources humaines, etc.). Ensuite, ils doivent désigner les tâches auxquelles on a donné la priorité à l'étape précédente et les distribuer à des personnes déterminées au sein des différentes unités organisationnelles. Il leur faut aussi créer un réseau de communication, c'est-à-dire définir les rapports de subordination des personnes et la façon dont les unités communiqueront entre elles de manière à assurer le bon fonctionnement de l'ensemble. Au cours de cette étape, les gestionnaires délimitent les pouvoirs et les responsabilités, puis les répartissent entre les individus. Ainsi, ils établissent une hiérarchie (qui relève de qui), le degré de subordination (le nombre de personnes obéissant à un même supérieur), les responsabilités et l'obligation de rendre des comptes (imputabilité).

1.3.3 Le leadership

Le **leadership** consiste à diriger les employés chargés d'exécuter le travail et à faire progresser les choses, c'est-à-dire à exercer sur eux une influence positive. Après avoir opté pour la ligne de conduite jugée la meilleure pour le mode d'organisation le plus efficace, les gestionnaires doivent diriger leurs équipes de travail pour arriver à un résultat. Ainsi, quel que soit le temps qu'un chef d'orchestre met à planifier et à organiser un concert, les premières notes ne se feront entendre qu'au moment où il abaissera sa baguette.

Les bons gestionnaires font partager leur manière de voir à leurs employés et les motivent à travailler pour atteindre les objectifs de l'entreprise. La fonction de leadership s'applique donc presque exclusivement aux relations interpersonnelles. La tâche est parfois ardue. En effet, certaines personnes n'acceptent pas toujours les décisions prises à un échelon supérieur ou se plaignent d'une situation donnée ou de leurs relations avec un autre employé. Les gestionnaires doivent donc s'attaquer à ces problèmes. Parfois, en cas de conflit entre des employés par exemple, les cadres doivent mettre tout leur soin à faire accepter certaines de leurs idées. Les gestionnaires doivent aussi veiller à former les personnes dont ils ont la charge pour qu'elles accomplissent bien leur travail.

La formation, la communication et la motivation représentent les principales tâches liées au leadership. Les bons gestionnaires sauront quelles conditions créer pour amener les employés à travailler avec ardeur. Le gestionnaire qui ne sait pas mobiliser ses subordonnés ressemble à l'entraîneur d'une équipe de hockey qui s'assoit dans les gradins au lieu de se tenir derrière le banc des joueurs. C'est en facilitant leur travail et en les stimulant que les gestionnaires peuvent motiver les subordonnés à devenir plus productifs, à atteindre leurs objectifs et à travailler dans un esprit de collaboration.

1.3.4 Le contrôle

Le **contrôle**, quatrième et dernière fonction de gestion, se définit comme l'examen par lequel on s'assure que les résultats obtenus sont conformes aux buts et qui permet d'apporter, au besoin, les corrections nécessaires pour réorienter l'entreprise vers ses objectifs.

Un système de contrôle efficace comporte les opérations suivantes :

- la définition, au moment de la planification, des normes de rendement de chaque activité au sein de l'organisation. Ces normes peuvent être relatives au nombre d'unités vendues, au coût de production par unité et au temps nécessaire à la fabrication d'une unité ;
- la mesure du rendement ou la comparaison avec les normes établies, puis la communication des résultats aux intéressés par l'entremise d'un système de rapports (système de rétroaction) ;
- la recherche de la cause des écarts observés ;
- l'adoption des mesures permettant de réorienter les activités de l'entreprise vers les objectifs fixés.

OBJECTIF 1.4

Identifier les échelons hiérarchiques des organismes et les compétences des gestionnaires.

1.4 LES ÉCHELONS HIÉRARCHIQUES DES ENTREPRISES ET LES COMPÉTENCES DES GESTIONNAIRES

Les gestionnaires ne remplissent pas tous les mêmes tâches. Par exemple, les responsabilités du P.-D. G. d'Hydro-Québec diffèrent de celles d'un chef de service responsable des comptes clients de l'entreprise. Aussi, pour être en mesure de bien remplir leurs rôles et leurs fonctions respectives, les gestionnaires doivent posséder des compétences bien précises.

Après avoir lu les deux prochaines sous-sections, vous devriez pouvoir :

- distinguer les différentes catégories de cadres : les cadres supérieurs, les cadres intermédiaires et les cadres inférieurs ;
- décrire les compétences requises pour la conceptualisation, aux relations interpersonnelles, à la motivation et au domaine technique afin d'être un gestionnaire efficace aux différents échelons hiérarchiques.

1.4.1 Les échelons hiérarchiques

Examinons d'abord les différents niveaux hiérarchiques d'un organisme. Comme le montre la figure 1.6, la structure organisationnelle typique comprend trois catégories de cadres (structure verticale) : les cadres supérieurs, les cadres intermédiaires et les cadres inférieurs. Chaque catégorie de cadres remplit des responsabilités différentes.

Figure 1.6
Les titres et les responsabilités des trois catégories de cadres

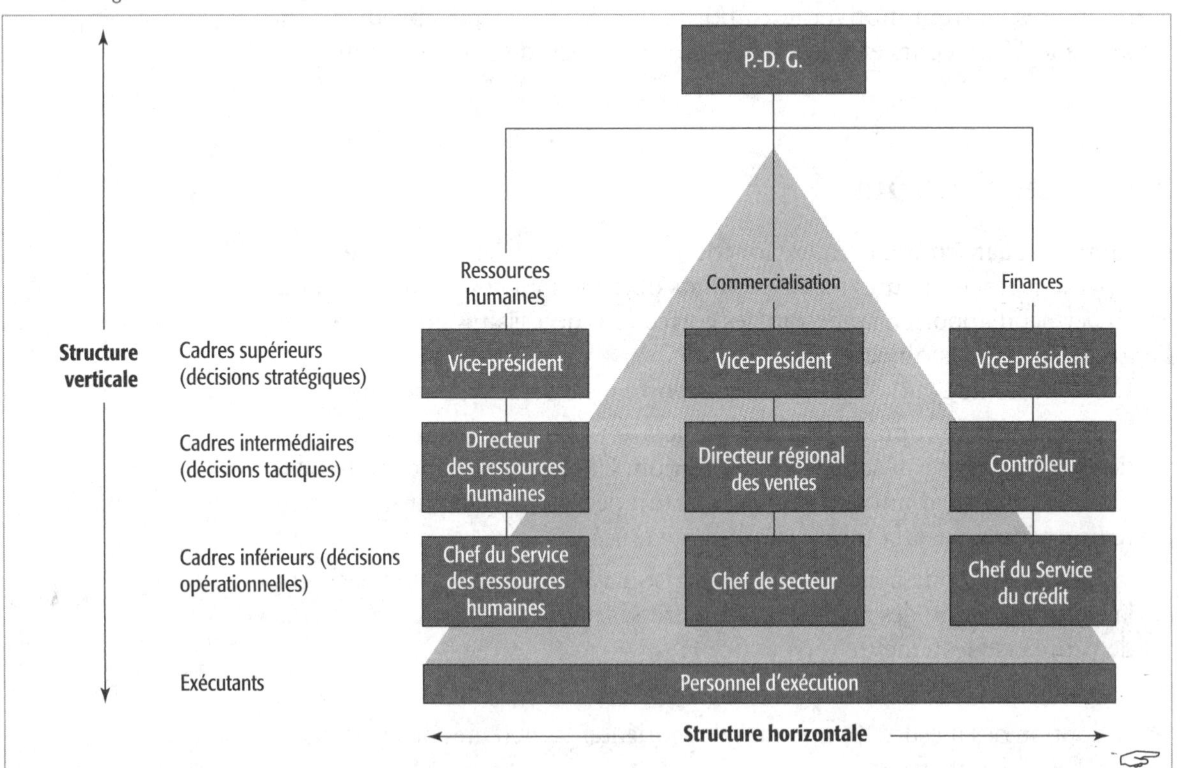

Figure 1.6 (*suite*)
Les titres et les responsabilités des trois catégories de cadres

Note : Nous parlons de décisions stratégiques, tactiques et opérationnelles pour, respectivement, les cadres supérieurs, intermédiaires et inférieurs, puisque, dans les prochains chapitres, nous ferons référence aux objectifs et aux plans stratégiques, tactiques et opérationnels. Nous voulons ainsi mettre en évidence le fait que les cadres supérieurs ont la responsabilité d'élaborer les objectifs et les plans stratégiques alors que les cadres intermédiaires et inférieurs ont la responsabilité d'élaborer, respectivement, les objectifs et les plans tactiques et opérationnels.

Voici quelques titres et responsabilités des différents cadres :

NIVEAUX	TITRES	RESPONSABILITÉS
Cadres supérieurs	• P.-D. G. • Directeur général • Vice-président	Vision, mission, orientation générale (objectifs et plans stratégiques), culture organisationnelle, environnement, changement, engagement.
Cadres intermédiaires	• Surintendant d'usine • Directeur régional • Directeur de division	Objectifs et plans tactiques, mise en œuvre des stratégies, coordination, rendement des unités organisationnelles, ressources.
Cadres inférieurs	• Chef d'usine • Chef de service • Chef d'unité organisationnelle	Objectifs et plans opérationnels, formation, distribution des tâches, supervision.

A. Les cadres supérieurs

Les **cadres supérieurs**, c'est-à-dire le P.-D. G., le directeur général et les vice-présidents forment la direction générale de l'entreprise. Ils ont pour rôles de prendre les décisions importantes, de coordonner les principales activités de l'organisation (structure horizontale) et de veiller à ce que les responsables des diverses fonctions (ressources humaines, commercialisation, finances) travaillent en harmonie et poursuivent les mêmes objectifs (orientation générale). Leurs tâches principales consistent à définir les objectifs stratégiques, les priorités et les plans à long terme de l'entreprise, et à s'assurer que des individus compétents et responsables obtiennent des postes de cadres aux échelons intermédiaire et inférieur. La partie inférieure de la figure 1.6 montre les titres typiques que l'on assigne souvent aux différents cadres dans un organisme ainsi qu'une liste de responsabilités effectuées par les gestionnaires qui occupent des postes à différents niveaux.

B. Les cadres intermédiaires

Les **cadres intermédiaires** sont essentiellement représentés par les surintendants d'usine, les directeurs régionaux et les directeurs de division. Ces gestionnaires supervisent le travail des cadres inférieurs et relèvent d'un vice-président. Dotés de responsabilités et de pouvoirs plus étendus que ceux des cadres inférieurs, ils ont aussi un rôle différent : ils assurent la mise en œuvre des moyens permettant d'atteindre les objectifs, des politiques et des plans tactiques de l'entreprise. Étant donné qu'ils travaillent avec les exécutants et les cadres inférieurs, ils apportent une contribution importante sur les plans de la créativité et de l'innovation.

C. Les cadres inférieurs

Les **cadres inférieurs** coordonnent et dirigent le travail du personnel chargé de l'exécution. Ils s'occupent de tâches répétitives ou de nature technique: tenue de livres, traitement des comptes clients, création de programmes informatiques, suivi téléphonique auprès des clients, etc. Ils ont pour fonctions d'accomplir des tâches spécialisées et de satisfaire la clientèle. Ils doivent connaître l'aspect technique du travail de leurs employés pour être capables de les superviser. Les cadres inférieurs portent en général un titre tel que chef de section ou contremaître, chef de service ou chef d'unité organisationnelle.

1.4.2 Les compétences essentielles des gestionnaires liées aux différents échelons hiérarchiques

Après avoir parlé des différents niveaux hiérarchiques occupés par les gestionnaires dans un organisme, examinons les compétences dont ils ont besoin pour bien faire leur travail. Le terme **compétence** désigne ici les habiletés intellectuelles et motrices et les attitudes que doivent avoir les cadres pour bien s'acquitter de leurs fonctions et jouer pleinement leur rôle. Il faut aussi mentionner que la nature et l'importance relative des compétences dont a besoin un gestionnaire pour accomplir son travail varient dans une large mesure selon ses fonctions, ses responsabilités et sa position hiérarchique. Les quatre types de compétences sont la compétence en matière de conceptualisation, l'habileté dans les relations interpersonnelles, l'efficacité au niveau de la communication et l'ingéniosité sur le plan technique[6].

A. Les compétences liées à la conceptualisation

Les **compétences liées à la conceptualisation** correspondent à la capacité d'envisager une organisation dans son ensemble et de manier des abstractions. Les cadres supérieurs doivent avoir une vision globale et être capables de prévoir les effets qu'une décision stratégique aura tant sur leur organisation que sur l'ensemble de la société. Il leur faut examiner les causes et les effets de nombreux éléments se rattachant à une question précise. Les joueurs d'échecs manifestent une telle aptitude. En effet, ils analysent chaque coup, prévoient les actions de leur adversaire et refondent divers scénarios en une suite logique de déplacements.

B. Les compétences liées aux relations interpersonnelles

Les **compétences liées aux relations interpersonnelles** correspondent à la capacité de former des équipes, de stimuler les membres d'une organisation et de motiver un individu ou un groupe. Ainsi, il est plus important pour un entraîneur d'une équipe de hockey de savoir stimuler ses joueurs que d'être un bon patineur. On sait en outre qu'un excellent joueur de hockey n'est pas nécessairement capable d'être un bon entraîneur. Le même principe vaut dans le domaine des affaires. Il arrive en effet qu'un employé qualifié qui a reçu une excellente formation technique ne veuille pas acquérir les compétences qui feraient de lui un gestionnaire. Inversement, certains employés peu attirés par le domaine technique font parfois de très bons gestionnaires et des dirigeants efficaces, capables de mobiliser leurs troupes, de communiquer avec les autres et de coordonner les actions de plusieurs groupes ou de plusieurs individus.

Tout gestionnaire devrait avoir de l'entregent, quels que soient son secteur d'activité (commercialisation, production, finances ou autre) et sa position dans la hiérarchie (vice-président, chef d'usine ou autre). Les cadres les plus habiles à cet égard peuvent accomplir davantage du fait qu'ils ont la confiance des individus. Ils parviennent en effet à faire participer les employés à la prise de décision et se font respecter de leurs subordonnés.

C. Les compétences liées à la communication

Les **compétences liées à la communication** réfèrent à la capacité d'une personne à communiquer avec les autres. Le gestionnaire doit pouvoir recevoir et transmettre de l'information. Il est donc essentiel qu'il maîtrise totalement l'art de la communication. Étant donné qu'un gestionnaire passe beaucoup de temps à discuter avec ses supérieurs, ses collègues et ses subordonnés, les responsables du recrutement doivent s'assurer que tout candidat à un poste de cadre possède une grande facilité à communiquer.

Les compétences liées à la communication deviendront de plus en plus importantes à l'avenir en raison de la complexité accrue des organismes, de la disparition de certains échelons hiérarchiques par suite de la réduction du personnel (d'où une augmentation du nombre de personnes placées sous l'autorité d'un même cadre) et de la diversification des compétences des employés, laquelle entraînera une plus grande flexibilité.

D. Les compétences liées au domaine technique

Les gestionnaires, surtout ceux qui sont au bas de la hiérarchie, ont besoin de **compétences liées au domaine technique** pour exécuter certaines tâches spécialisées. Ainsi, le directeur du Service de la comptabilité doit avoir une formation dans le domaine. Le gestionnaire responsable des agents d'approvisionnement doit être capable d'utiliser les catalogues, d'évaluer la fiabilité des fournisseurs ainsi que la qualité des produits et leurs prix. Les cadres intermédiaires et supérieurs ne sont pas obligés d'avoir une connaissance approfondie de ces matières puisqu'ils n'ont pas à s'en occuper chaque jour.

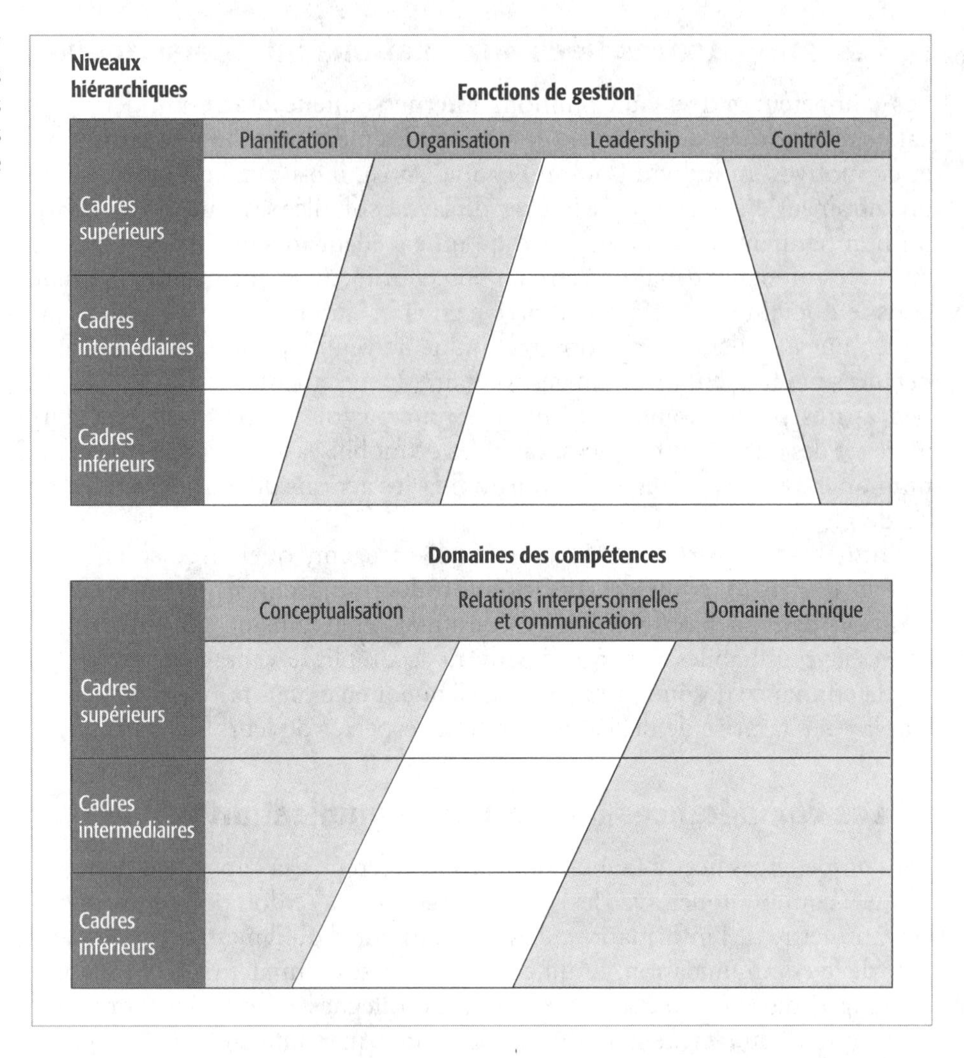

Figure 1.7
L'importance relative des fonctions de gestion et les compétences requises des gestionnaires à chaque niveau hiérarchique

La figure 1.7 indique l'importance relative des quatre fonctions de gestion et des quatre catégories de compétences requises des gestionnaires à différents échelons. Comme on peut le voir dans cette figure, les fonctions de planification et de contrôle jouent un rôle important pour les cadres supérieurs alors que la fonction organisation est d'une importance égale pour tous les cadres et que le leadership est plus important pour les cadres inférieurs.

Mentionnons aussi que tous les cadres doivent manifester ces compétences dans une certaine mesure, quel que soit leur niveau hiérarchique. Toutefois, comme on peut le voir dans la figure, les compétences techniques se révèlent plus importantes pour un gestionnaire subalterne que pour un cadre intermédiaire ou un cadre supérieur. Par contre, tous les gestionnaires doivent posséder des compétences poussées en matière de relations interpersonnelles et de communication. Quant aux compétences liées à la conceptualisation, elles s'avèrent essentielles à l'échelon supérieur.

1.5 VERS UNE NOUVELLE STRUCTURE ORGANISATIONNELLE

OBJECTIF 1.5

Expliquer pourquoi les ... contemporains utilisent ... autonomes et interfoncti...

Durant les quelques dernières années, les tâches et les responsabilités des gestionnaires à différents niveaux organisationnels ont considérablement changé. Les cadres supérieurs encouragent les gestionnaires aux niveaux intermédiaires et inférieurs à ne pas se concentrer seulement sur les objectifs de leurs propres unités organisationnelles, mais aussi, sur celles des autres, ce qui permettra d'améliorer le rendement et l'efficacité de l'ensemble de l'organisme. Afin de faire face à la concurrence plus accrue, les cadres supérieurs donnent maintenant plus d'autorité aux cadres intermédiaires et inférieurs concernant la prise de décision et le travail d'équipe, dit autonome. Cette nouvelle approche de gestion a donc amené deux nouveaux concepts de gestion : l'habilitation des employés et les équipes interfonctions.

Afin de favoriser le travail d'équipe, les cadres supérieurs délèguent de plus en plus leur pouvoir décisionnel aux cadres qu'ils dirigent et même au personnel chargé de l'exécution : c'est ce qu'on appelle l'**habilitation des employés.** De nos jours, en effet, beaucoup rejettent la gestion de type bureaucratique parce qu'elle fait obstacle à la créativité et affaiblit l'esprit d'innovation chez les travailleurs. Les employés d'une équipe investis d'une partie du pouvoir décisionnel donnent en général un meilleur rendement. Il en résulte donc une augmentation de la productivité au sein de l'organisation. Souvent, les groupes ainsi formés se gèrent eux-mêmes et peuvent à leur gré modifier leur horaire, recruter ou congédier des individus, acheter des matières premières, de l'outillage ou du matériel et se fixer un objectif en ce qui concerne les bénéfices à réaliser.

Les ouvrages traitant de gestion soulignent maintenant l'importance du travail en équipe, et notamment du travail en équipe autonome. Une **équipe interfonctions** se définit essentiellement comme un groupe de personnes travaillant ensemble en vue d'assurer à chacun de ses membres le plus de succès possible et d'atteindre plus aisément les objectifs fixés[7].

L'équipe interfonctions peut être considérée comme l'une des plus importantes découvertes des 10 dernières années en matière de productivité et d'innovation. D'après une étude menée par l'Association des entreprises privées de formation, environ 44 % des organismes sondés au Québec appliquent un programme de gestion des activités faisant appel à des équipes de travail[8]. Aujourd'hui, on parle même d'« équipes virtuelles », un phénomène en pleine expansion du fait du développement des technologies de l'information, un sujet que nous traiterons au chapitre 8 (voir la sous-section 8.7.3, à la page 322). Les pressions qui s'exercent dans l'environnement de travail favorisent ainsi le mode de gestion virtuel. Les membres des équipes virtuelles ne se connaissent généralement pas et travaillent dans des lieux éloignés les uns des autres. Souvent, même, ils sont de nationalités diverses[9].

Il est évident que les membres d'un organisme doivent travailler de concert pour que le projet en cours puisse être mené à bien. Il en va d'eux comme des joueurs d'une équipe de hockey qui, s'ils veulent accéder aux séries éliminatoires, ont intérêt à marcher la main dans la main. Dans une entreprise, lorsque les gestionnaires et les employés ne font pas équipe, le travail laisse le plus souvent à désirer.

OBJECTIF 1.6

Préciser les rôles des gestionnaires selon Mintzberg.

1.6 LES RÔLES DES GESTIONNAIRES SELON MINTZBERG

Décrire les quatre grandes fonctions liées à la gestion ne donne qu'un aperçu général de ce qu'elle implique et ne révèle rien sur les tâches particulières dont s'acquittent les cadres au jour le jour.

www.henrymintzberg.com/

Après avoir côtoyé des cadres à leur travail pendant un certain temps, Henry Mintzberg a écrit un ouvrage intitulé *Le manager au quotidien: les dix rôles du cadre*, dans lequel il décrit les caractéristiques du travail des gestionnaires, leurs rôles et leur emploi du temps[10]. Par ses recherches, Mintzberg a levé le voile sur ce qu'il appelle le « vrai » travail des cadres — ce qu'ils font réellement. Son livre confirme que les gestionnaires sont des gens occupés qui ne semblent jamais au bout de leurs peines. Ils prennent des décisions, font continuellement face à des situations difficiles et consacrent de longues heures à leur travail le soir et la fin de semaine.

Le **rôle** se définit comme une série de tâches attribuées à un gestionnaire du fait de sa position dans la hiérarchie de l'organisme. Après avoir observé et analysé leur travail, Mintzberg en a conclu que l'on peut rattacher leurs activités à trois principaux types de rôles: les rôles associés aux relations interpersonnelles, les rôles informationnels et les rôles décisionnels (voir la figure 1.8).

Figure 1.8
Les rôles des gestionnaires

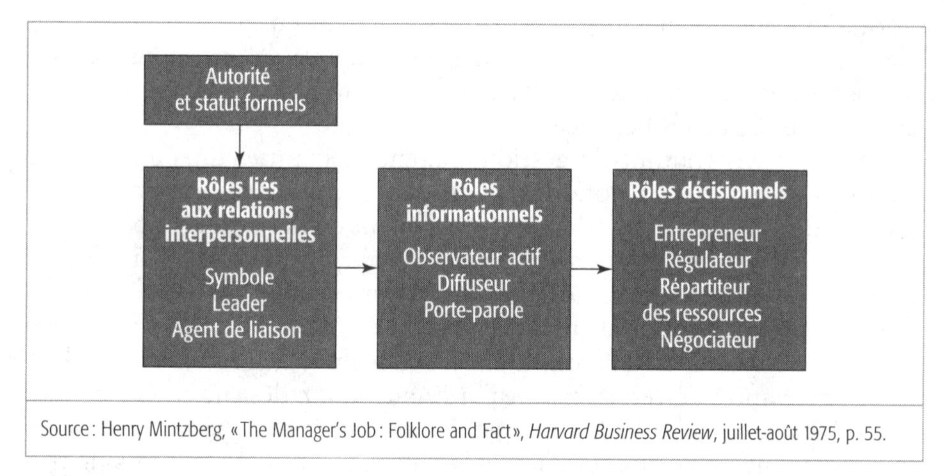

Source: Henry Mintzberg, «The Manager's Job: Folklore and Fact», *Harvard Business Review*, juillet-août 1975, p. 55.

Après avoir lu les quatre prochaines sous-sections, vous devriez pouvoir:

- expliquer les rôles associés aux relations interpersonnelles, c'est-à-dire, le rôle de symbole, le rôle de leader et le rôle d'agent de liaison;
- décrire les rôles informationnels qui comprennent le rôle d'observateur, le rôle de diffuseur et le rôle de porte-parole;
- définir les quatre rôles décisionnels: le rôle d'entrepreneur, le rôle de régulateur, le rôle de répartiteur des ressources et le rôle de négociateur;
- distinguer entre les fonctions de gestion et les rôles des gestionnaires.

1.6.1 Les rôles associés aux relations interpersonnelles

Les **rôles associés aux relations interpersonnelles** sont essentiels au bon fonctionnement d'un organisme. En effet, le gestionnaire doit être en mesure de coordonner et de concerter l'action des membres, et d'assurer une bonne supervision de ses subordonnés et de l'ensemble de l'organisation. On peut lier les activités qui s'y rattachent à trois rôles différents:

1. Le *rôle de symbole* se traduit par des gestes à caractère cérémoniel comme le fait de remettre une plaque à l'employé du mois.
2. Le *rôle de leader* touche à la mobilisation des employés, la communication et la coordination des activités des subordonnés.
3. Le *rôle d'agent de liaison* se rapporte aux relations que les gestionnaires entretiennent avec des membres de leur organisation et des personnes de l'extérieur (représentants du public en général, fournisseurs, fonctionnaires et clients d'importance).

1

1.6.2 Les rôles informationnels

Les **rôles informationnels** ont trait à la collecte et à la diffusion de l'information nécessaire, à la création de relations stratégiques et d'un réseau de renseignements. Ils sont d'une importance capitale pour les gestionnaires désireux d'avoir accès à l'information utile à la prise de décision. On peut associer les activités qui s'y rattachent à trois rôles distincts.

1. Le *rôle d'observateur* actif amène un gestionnaire à examiner attentivement toutes sortes de renseignements susceptibles d'avoir de l'importance pour certains membres de son organisation.
2. Le *rôle de diffuseur* est à l'opposé de celui d'observateur actif, puisque le gestionnaire transmet des renseignements à des membres de son organisation ou à des personnes de l'extérieur. L'information circule dans les deux sens au sein d'un organisme. Les renseignements diffusés revêtent parfois beaucoup d'importance aux yeux de cadres de l'extérieur appelés à prendre des décisions.
3. Le *rôle de porte-parole* se caractérise par la transmission de renseignements officiels à des personnes de l'extérieur.

1.6.3 Les rôles décisionnels

Les **rôles décisionnels** sont ceux qui font avancer les choses, qui conduisent à choisir un mode d'action pour atteindre les objectifs de l'organisme. On distingue quatre rôles à l'intérieur de cette catégorie.

1. Le *rôle d'entrepreneur* implique qu'un gestionnaire mette en œuvre de nouvelles activités et suscite des changements dans l'organisation.
2. Le *rôle de régulateur* exige qu'un gestionnaire réagisse aux situations qui échappent à son pouvoir. Il arrive en effet que survienne une « crise »,

notamment lorsque le gouvernement adopte une nouvelle politique ou une réglementation qui influe directement sur les activités de l'organisme.

3. Le *rôle de répartiteur des ressources* concerne les décisions ayant trait à la distribution des ressources humaines et matérielles entre les différentes unités organisationnelles. Il peut s'agir, entre autres choses, de fixer la somme à consacrer aux activités de recherche et de développement, ou de décider s'il faut ajouter une période de travail à la suite d'une augmentation de la demande.
4. Le *rôle de négociateur* suppose la participation à des négociations structurées avec des personnes de l'extérieur. Ce rôle est ardu, mais il est d'une grande importance, surtout lorsqu'un gestionnaire doit traiter avec des représentants syndicaux ou des groupes défendant des intérêts particuliers.

1.6.4 La dynamique des fonctions de gestion et des rôles des gestionnaires

Les recherches de Mintzberg ont mis en lumière la nature et l'ampleur du travail accompli par les cadres au cours d'une période donnée. Mais en quoi les fonctions et les rôles des gestionnaires sont-ils reliés entre eux ? Prenons l'exemple d'Anne-Marie, une femme d'affaires qui possède deux boutiques. Après mûre réflexion, Anne-Marie a décidé de fermer ses deux commerces et d'ouvrir un magasin plus grand. Elle doit s'acquitter en même temps de ses fonctions et de ses rôles de gestionnaire. Il nous faut maintenant décrire les actions qu'elle doit accomplir, car elle va devoir planifier et organiser avec soin le fusionnement et le transfert des opérations de son entreprise.

Anne-Marie devra notamment :

- déterminer la date de fermeture de ses deux boutiques et la date d'ouverture du nouveau magasin ;
- commander une étude de marché pour fixer l'emplacement du nouveau commerce ;
- planifier la publicité devant servir à annoncer l'ouverture de son commerce ;
- négocier un bail ;
- obtenir éventuellement du financement supplémentaire ;
- définir l'aspect du nouveau magasin ;
- concevoir l'aménagement des lieux ;
- déterminer le genre de marchandises qui sera vendu et la quantité à commander ;
- renégocier les ententes avec les fournisseurs et, à terme, en chercher de nouveaux ;
- décrire les travaux à faire exécuter par les menuisiers, les électriciens, les peintres et les autres ouvriers ;
- recruter de nouveaux commis, les former et définir leurs tâches.

En même temps qu'elle s'occupe de planification et d'organisation, Anne-Marie doit continuer d'exploiter ses deux boutiques existantes et d'accomplir différentes tâches. L'emploi du temps qui suit donne un aperçu de son travail en tant que propriétaire et gestionnaire de magasins. Notons la diversité, la brièveté et l'aspect fragmentaire des activités auxquelles elle se livre dans un court laps de temps.

7 h 45 Avant de se rendre à l'une de ses boutiques, Anne-Marie examine les reçus accumulés pendant les deux derniers mois, puis les classe.
8 h 05 Pendant qu'elle les classe, elle reçoit un appel de Jean, son comptable. Ils fixent un rendez-vous pour examiner les résultats du mois précédent.
8 h 45 Sur le chemin la menant à son lieu de travail, Anne-Marie passe prendre de la marchandise à son entrepôt.
9 h 35 Elle s'arrête ensuite chez un graphiste pour discuter avec lui du matériel publicitaire devant servir à annoncer la fermeture de ses deux boutiques et l'ouverture de son nouveau commerce.
10 h 15 Anne-Marie arrive à l'une de ses boutiques (qui ouvre habituellement à 11 h).
10 h 20 Elle dépouille son courrier.
10 h 25 Elle lit ses courriels et répond aux plus importants.
10 h 30 Anne-Marie reçoit un appel d'un organisme local de charité qui sollicite un don.
10 h 32 Elle reçoit un appel du journal local au sujet d'une annonce à insérer dans deux jours.
10 h 40 Elle téléphone à un fournisseur qui ne lui a pas encore livré certains articles.
10 h 50 Elle s'entretient par téléphone avec le directeur de son autre boutique. Ils parlent surtout du prix et de l'étalage des marchandises reçues la veille.
11 h 00 Anne-Marie rencontre ses employés pour parler avec eux du travail de la journée. Paul se plaint que le système de climatisation n'a pas encore été réparé. Jenny propose à Anne-Marie de refaire les étalages et la vitrine.
11 h 17 Anne-Marie appelle son propriétaire au sujet du système de climatisation.
11 h 25 Elle passe le reste de la matinée et le début de l'après-midi à rencontrer des clients.
13 h 15 Elle prépare son dépôt bancaire.
13 h 30 Elle court à la banque, puis va manger un morceau sur le pouce.

1.7 LES DÉFIS CONTEMPORAINS LANCÉS AUX GESTIONNAIRES

OBJECTIF 1.7
Décrire les défis contemporains lancés aux gestionnaires.

Les conditions de l'environnement dans lesquelles les organismes modernes œuvrent ont obligé les gestionnaires à relever de nouveaux défis. La société elle-même est en période de transformation et le changement lui-même est toujours de plus en plus rapide. Les dirigeants font face à des réalités et à des incertitudes insoupçonnées, qui forcent leurs organisations à s'adapter à de nouvelles modalités. Tout le long de ce manuel, nous allons faire référence à ces changements et aux défis auxquels doivent faire face les dirigeants. Les prochaines sous-sections donnent un aperçu général de ces défis.

Après avoir lu les cinq prochaines sous-sections, vous devriez pouvoir :

- expliquer l'importance pour les entreprises de maintenir les standards éthiques ;
- décrire comment les entreprises peuvent accroître leur avantage concurrentiel sur les marchés internationaux ;
- expliquer pourquoi les dirigeants d'entreprise s'intéressent davantage à l'environnement global ;
- décrire le profil de la main-d'œuvre canadienne et pourquoi elle représente un nouveau défi en matière de gestion ;
- préciser pourquoi Internet a eu des effets considérables sur les entreprises.

Témoignage

François Bouchard, propriétaire, The Country Grocer

La gestion efficace chez The Country Grocer permet d'atteindre l'excellence.

www.thecountrygrocer.com

« The Country Grocer est un supermarché en croissance rapide situé à Ottawa, raconte le propriétaire François Bouchard. Nous offrons à nos clients une grande sélection de produits : boulangerie, charcuterie, viande, fruits et légumes, et même un service de traiteur. En 1997, nous avons introduit un service d'achats en ligne qui inclut les territoires aussi loin qu'Iqaluit et le Nunavut.

« C'est en 1995 que je me lançai en affaires. Au cours des dernières années, plusieurs associations professionnelles nous ont témoigné leur admiration : le Regroupement des Gens d'Affaires pour la PME de l'année, la Fédération des Épiciers Indépendants du Canada pour six années consécutives avec mention mérite, les Chevaliers de la route pour notre contribution envers la communauté, la Chambre économique de l'Ontario pour la catégorie technologie et le Ottawa Board of Trade dans sa "catégorie jeune entrepreneur".

« Nous œuvrons dans un secteur envahi de supermarchés géants, caractérisé par une concurrence très féroce. La formule magique du succès de The Country Grocer comprend deux facteurs : ma passion pour mon travail et une gestion efficace qui s'apprête bien à la culture de notre entreprise.

« Tout d'abord, c'est un travail que j'adore et je m'assure qu'il en est de même pour tous mes employés. Il serait juste de dire que l'industrie de l'alimentation fait partie de moi-même. Mon grand-père, mon père dans son jeune âge et mes deux oncles œuvraient dans ce secteur. J'ai commencé à travailler dans le domaine de l'alimentation à 15 ans. C'est à 19 ans que j'ai obtenu mon premier poste de gérant dans un IGA pour ensuite occuper le poste de gérant chez Steinberg, National Grocers, Sobeys et Farm Boy. Lorsque j'ai décidé d'ouvrir mon propre supermarché, je ne voulais pas imiter les autres. J'ai donc décidé de cibler une clientèle particulière et d'offrir un service haut de gamme.

« Chez nous, la gestion est simple, transparente, informelle et efficace. Notre philosophie de gestion est basée sur les principes suivants : une vision qui se traduit par une liberté d'action avec des objectifs et des plans précis ; le bien-être des employés ; une ambiance familiale et un esprit de camaraderie ; une culture d'entreprise basée sur le respect mutuel, l'initiative personnelle, la liberté et la confiance ; une gestion participative ; des employés motivés, compétents, créateurs, enthousiastes, loyaux et engagés qui partagent les mêmes valeurs ; des employés qui savent ce qu'ils doivent faire et qui ont les compétences et les outils pour le faire ; la redistribution aux gérants et aux employés d'une part des profits de l'entreprise sous diverses formes basée sur le rendement ; une gestion décentralisée et une autonomie individuelle ; et une communication fréquente et en tous les sens.

« Les affaires vont tellement bien chez nous que nous sommes encouragés à bientôt ouvrir un deuxième supermarché. »

1.7.1 Le maintien des standards éthiques

Durant les quelques dernières années, les quotidiens ont rapporté des histoires scandaleuses au sujet de plusieurs entreprises nord-américaines. Nous avons été témoins des scandales de WorldCom, d'Enron, de Norbourg et de beaucoup d'autres. Nous avons lu au sujet de plusieurs P.-D. G. s'enrichissant aux dépens de leurs actionnaires. De nombreux groupes sont d'ailleurs sérieusement préoccupés du déclin de l'éthique dans les organismes privés et publics. Un sondage américain mené par le Kennedy Information et dont les résultats ont été publiés dans la revue *Shareholder Value* indique que 46 % des scandales récents ont nui à la confiance des investisseurs et que 43 % des entreprises étaient sur le point de changer leur manière de faire des affaires[11].

Au Canada, le scandale fédéral des commandites et la commission d'enquête dont il a été l'objet ont été choisis « événements de l'année 2004 » par *La Presse Canadienne* et *NTR* dans le cadre d'un sondage annuel réalisé auprès de ses rédacteurs et radiodiffuseurs membres[12]. En Ontario, l'équipe de McGuinty a été accusée d'avoir tenté de faire oublier ses faux pas de l'année 2004 alors qu'il avait promis, lors de sa campagne électorale, qu'il ne hausserait pas les impôts. Au contraire, il imposa une « prime » pour les soins de santé de 40 à 900 $ par année. Cette initiative a valu notamment au gouvernement d'être traîné devant les tribunaux par la Fédération canadienne des contribuables[13]. D'après un sondage effectué auprès des électeurs canadiens de la firme GPC Research, la corruption au niveau des agences gouvernementales est devenue une préoccupation aussi importante que la santé[14]. Et voici qu'en septembre 2004, l'Union des consommateurs demandait à la Cour supérieure d'autoriser un recours collectif contre la chaîne Future Shop, accusant l'entreprise de ne pas respecter le « service à domicile » qui serait inscrit dans la garantie prolongée.

www.taxpayer.com/

www.consommateur.qc.ca/union/

Presque tous les jours, nous lisons et entendons dans les médias de sérieux problèmes d'ordre moral dans différentes entreprises privées, dans les organismes religieux ou gouvernementaux, les cabinets (par exemple, les cabinets de comptables), et en politique. Plusieurs semblent avoir perdu confiance dans les dirigeants d'entreprises et dans leurs élus, concernant les valeurs personnelles, la conduite morale et l'éthique professionnelle.

Les dirigeants des organismes privés et publics doivent donc regagner la confiance de la population dans le domaine de l'éthique personnelle et l'éthique organisationnelle. *Grosso modo,* l'**éthique** peut se définir comme l'ensemble des règles ayant pour objet l'établissement de normes de conduite.

Un sondage national réalisé par Léger Marketing en 2004 montre que les Canadiens souhaitent que le respect d'autrui soit transmis en priorité aux enfants, les leurs et ceux des autres. Ils sont 26 % à avoir placé cette valeur au premier rang de leurs préoccupations[15].

Une autre étude conduite en 2000 par l'entreprise KPMG révèle que les deux tiers des entreprises canadiennes s'efforcent d'encourager les comportements conformes à la morale et prônent le respect des valeurs organisationnelles. Elle montre que plus de la moitié des entreprises ont demandé à un cadre supérieur de mettre sur pied un programme visant l'encouragement du comportement éthique[16]. Les efforts déployés en ce sens revêtent

www.kpmg.ca/

deux formes. Tout d'abord, les collèges et les universités incluent dans leurs programmes de plus en plus de cours sur la morale. Ainsi, l'organisme canadien chargé de l'accréditation des cours d'administration exige des diplômés qu'ils aient suivi des enseignements de morale. Deuxièmement, plusieurs entreprises tracent des lignes de conduite bien définies à leurs employés. Au chapitre 3 « L'éthique, la responsabilité sociale et la diversité » (voir la section 3.1, à la page 83), nous traiterons en détail des valeurs partagées, de la nature de l'éthique commerciale et de l'importance d'avoir un code de déontologie.

1.7.2 Accroître l'avantage concurrentiel

Si les gestionnaires et les entreprises québécoises et canadiennes veulent continuer d'être concurrentiels sur les marchés internationaux, ils devront accroître leur avantage concurrentiel. L'**avantage concurrentiel** comprend les capacités d'une entreprise à être supérieure aux autres grâce à une offre de biens et de services plus efficaces et d'un meilleur rendement. Les quatre facteurs qui aident à accroître l'avantage concurrentiel sont l'efficacité et la qualité totale, le rendement et le dégraissement des effectifs, l'innovation et le développement, et le service à la clientèle.

A. Accroître l'efficacité et la qualité totale

La **qualité totale** comprend la reconnaissance des normes de performance d'un produit ou d'un service exigées par les clients et l'application de mesures permettant de les atteindre à cent pour cent tout en augmentant la productivité et en réduisant les pertes matérielles et les coûts. La gestion intégrale de la qualité ne représente pas une idée nouvelle. W. Edwards Deming[17] la proposa aux fabricants américains en 1950, mais sans succès. Elle fut par contre accueillie avec enthousiasme au Japon, pour ensuite être introduite dans plusieurs usines nord-américaines.

WWW
www.deming.org/

Dans un contexte de gestion intégrale de la qualité, les cadres supérieurs mettent l'accent sur l'intégration des structures organisationnelles, à l'intérieur desquelles des équipes interfonctions sont libres d'agir et de prendre leurs propres décisions. Elle implique en outre que l'on récompense les employés plutôt que de les punir lorsqu'ils découvrent des problèmes en matière de qualité. Toutefois, avant d'implanter un tel système interfonctions, les gestionnaires consacrent beaucoup d'argent à des programmes de formation et de perfectionnement pour aider leurs employés à modifier leurs habitudes de travail ainsi que pour leur fournir les outils leur permettant d'améliorer leurs aptitudes à la prise de décision et à la communication[18].

L'habilitation des employés et la promotion des équipes interfonctions ont donné naissance au concept de gestion intégrale de la qualité. Toute entreprise qui veut offrir des produits et des services de qualité supérieure peut y parvenir grâce au processus de gestion intégrale de la qualité. Il lui faut alors satisfaire pleinement les attentes de ses clients, c'est-à-dire élaborer des produits et des services qui soient en tout point conformes aux exigences reconnues de la clientèle.

B. Accroître le rendement et le dégraissement des effectifs

Les emplois des cols bleus ne sont pas les seuls à être menacés dans les organismes d'aujourd'hui. Durant les 15 dernières années, des milliers de dirigeants, de gestionnaires et de professionnels ont perdu leur emploi à la suite d'un **dégraissement des effectifs**. Au début des années 1980, à l'époque de la récession, les entreprises utilisaient l'approche *demassing* qui était essentiellement un procédé dont les dirigeants se servaient pour « aplanir » leur organisation. Le but de l'opération était de supprimer au siège social des postes considérés comme inutiles ou superflus.

Durant les années 1981-1982, plus d'un tiers des cadres intermédiaires ont perdu leur emploi. Certaines entreprises ont eu recours au dégraissement au début des années 1990. Celui-ci a alors reçu le nom de *downsizing* ou *right sizing*. Au début des années 1990, environ 85 % des entreprises de *Fortune 1000* ont dégraissé leurs effectifs[19]. Le dégraissement se pratique encore dans plusieurs organismes. Chez Abitibi-Consolidated, par exemple, le P.-D. G., John Weaver, annonça, en août 2005, la fermeture de deux usines pour des raisons économiques et de rentabilité. La première, située à Stephenville à Terre-Neuve, employait 300 personnes et la seconde, située à Kenora en Ontario, employait 360 personnes[20]. Quelques jours plus tard, la Société Smurfit-Stone décida de fermer son usine de caisses en carton de New Richmond, une fermeture qui ajouta 295 sans-emploi. Pour expliquer sa décision, le fabricant de produits d'emballage basé à Chicago blâma le déclin du taux de croissance du carton d'emballage et l'offre excédentaire dans le nord-est du marché nord-américain[21]. Le dégraissement des effectifs consiste à réduire le nombre de postes et de niveaux hiérarchiques afin de rendre l'organisation plus *efficace* et plus *productive*.

Pourquoi le dégraissement des effectifs ? L'un des plus célèbres gourous en management, Tom Peters, explique que les changements technologiques et la mondialisation ont transformé de façon permanente le monde du travail et que les vieilles règles qui nous paraissent évidentes ne tiennent plus. D'après lui, l'idéal pour l'entreprise est d'être la plus légère et la plus agile possible. Les entreprises auront recours à l'intelligence artificielle pour effectuer des tâches routinières, mais aussi stratégiques. Dans son nouvel ouvrage, *Re-imagine : Business Excellence in a Disruptive Age*[22], l'auteur encourage les entreprises à se remettre en question si elles veulent réussir à l'avenir, c'est-à-dire, à se réinventer. Voici quelques conseils qui les aideront à se réinventer :

www.tompeters.com

- fixer à chaque division une date à laquelle vous allez la vendre ;
- modifier les mandats ou affectations de vos cadres tous les 36 mois ;
- recruter le meilleur personnel et lui donner le meilleur traitement ;
- démarrer un fonds de capital de risque ;
- s'assurer que votre conseil d'administration sera composé de gens bizarres. Courir après des clients et des fournisseurs qui le sont aussi ;
- réduire le nombre de cadres intermédiaires de 90 % ;
- embaucher, pour constituer vos 100 meilleurs employés, des gens de l'extérieur ainsi que des gens provenant d'autres secteurs d'activité[23].

C. La recherche de l'innovation et du développement

À l'époque de Taylor, de Gilbreth, de Fayol et de Weber (l'annexe à ce chapitre, « La gestion: hier, aujourd'hui et demain », décrit les pensées de ces différents auteurs), l'environnement du travail du monde des affaires différait beaucoup de celui d'aujourd'hui. Les dirigeants d'entreprise actuels font face à des changements environnementaux très rapides. Souvent, les quotidiens nous informent de la naissance de nouvelles entreprises et de la disparition de certaines autres, du lancement de nouveaux produits et de la disparition de marques bien connues, et aussi de la fusion de grosses entreprises. Les dirigeants d'entreprises nées à une époque où l'environnement pouvait être considéré comme « stable » doivent maintenant se doter de pratiques et de principes de gestion « modernes ». Les organismes du XXIe siècle sont donc appelés à faire preuve de flexibilité et à changer leur mode de gestion. Les changements radicaux survenus dans l'environnement ainsi que la mondialisation ont obligé les gestionnaires à trouver de nouvelles façons d'exécuter le travail, de lancer des produits, d'offrir des services et d'introduire de nouvelles technologies dans leurs entreprises. L'enquête sur les enjeux de gestion réalisée en 2004 auprès de 834 entreprises canadiennes, dont 133 du Québec, démontre que l'innovation est au cœur de ces enjeux. Être plus productives, commercialiser de nouveaux produits et services, investir dans de nouvelles technologies, accéder à de nouveaux marchés et accroître les compétences de leurs employés, voilà les principaux défis de gestion que devront relever les entreprises au cours des mois et des années à venir. L'innovation est le maître mot pour y parvenir[24].

La créativité et l'innovation sont essentielles pour les entreprises qui veulent améliorer leur rentabilité et leur efficacité. Le colloque tenu par le groupement des chefs d'entreprise du Québec et ayant pour thème « Innover pour se démarquer », auquel ont participé quelque 500 présidents et cadres de PME, s'est conclu sur les mots suivants: « La créativité et l'innovation dans les entreprises viennent des employés. Or, ceux-ci ne peuvent être créatifs et innovateurs que si on leur donne de l'espace à cette fin et si on crée une atmosphère propice[25]. » Ainsi que nous l'avons déjà dit, les deux ingrédients essentiels du succès dans l'environnement d'aujourd'hui sont la créativité et l'innovation.

La **créativité** peut se définir comme l'art de grouper des idées de façon originale ou d'établir des liens entre différentes idées[26]. Elle est indispensable aux entreprises modernes qui veulent conquérir les marchés internationaux. Les entreprises créatrices sont capables de mettre promptement en place des manières de procéder qui répondent aux besoins du marché. Aujourd'hui, on considère que les connaissances sont la principale ressource des entreprises de la nouvelle économie. Au XIXe et au XXe siècle, c'étaient les investissements dans l'actif corporel tels que les terrains, les bâtiments, la machinerie et les installations qui étaient importants. De nos jours, le capital intellectuel est de plus en plus considéré comme la ressource essentielle[27].

L'**innovation** est le processus créatif consistant à mettre sur pied des produits, des services ou des procédés nouveaux. L'innovation est l'art de réunir les nouvelles idées en vue d'une opération déterminée. Les gestionnaires capables de rendre leur entreprise plus créatrice sont aptes à introduire des innovations. Référons-nous à l'exemple d'Apple, qui a été capable d'innover en offrant des produits et des services nouveaux, conformes à la stratégie de l'entreprise et à ses valeurs de même qu'à celles de ses clients et des différents partenaires, y compris les actionnaires. Apple a su rentabiliser l'entreprise avec de nouveaux produits (par exemple, le iMac) et créer de nouveaux procédés en matière d'exploitation. La nouvelle mission de Steve Jobs, P.-D. G. d'Apple, a été d'associer le iMac au réseau Internet en utilisant un procédé simple et efficace, et en offrant en même temps des services sans frais comme la production de photos et la création d'une page sur le site Web. Des entreprises telles que Microsoft et AOL, qui croyaient qu'Apple était sur le point de disparaître, sont maintenant forcées de marcher sur ses traces. En 2003, Apple a signé avec cinq grandes entreprises spécialisées en musique, Universal, Warner, EMI, Sony et BMG, une entente en vertu de laquelle les utilisateurs d'ordinateurs (dans le cas d'Apple, la boîte à musique iTunes) peuvent acheter dans Internet des chansons au prix de 0,99 $ chacune. C'est là une innovation qui a été favorablement accueillie par plusieurs[28].

1

D. Améliorer le service afin d'accroître la fidélisation de la clientèle

La **fidélisation de la clientèle** est une technique de marketing visant à établir une relation privilégiée avec ses clients en vue de s'assurer leur fidélité en décelant les causes principales et leur insatisfaction. Celle-ci repose sur un énoncé de l'objectif premier de l'entreprise : satisfaire ses clients en tenant compte d'une vision claire et d'un ensemble de valeurs bien définies.

Ce point s'avère tout particulièrement essentiel, car les employés doivent voir de quelle manière leurs efforts quotidiens bénéficieront à l'entreprise et serviront leur propre intérêt. Voici quelques-uns des aspects auxquels on accorde le plus d'importance : le service, le respect des personnes, la qualité des produits, la capacité d'innover, la compétence, la fiabilité, la valeur ajoutée, la confiance et la réussite.

1.7.3 La globalisation

Il y a un certain nombre d'années, la plupart des dirigeants d'entreprise ne considéraient pas l'environnement global, mondial ou international comme une source d'occasions favorables ou de menaces, car chacun de leur pays d'appartenance constituait un marché fermé, borné par les frontières nationales. Par conséquent, les dirigeants ne se préoccupaient pas de la concurrence internationale, des exportations, des achats de matières à l'étranger et même de l'introduction d'une culture différente dans la gestion. Ils se souciaient uniquement de la concurrence nationale.

Aujourd'hui, les dirigeants d'entreprise s'intéressent davantage à l'environnement global, c'est-à-dire aux occasions d'affaires et aux divers obstacles présents dans le monde. La **globalisation** se définit comme l'établissement de liens réciproques entre les économies nationales associé à une interdépendance croissante des producteurs, des fournisseurs, des consommateurs et des gouvernements des différents pays. Les dirigeants d'entreprise reconnaissent l'importance de l'environnement mondial et jugent l'ouverture des marchés essentielle à leur réussite. Toutefois, les entreprises québécoises et canadiennes doivent miser sur l'originalité et la spécificité de leurs produits si elles veulent réussir à l'exportation. Tout un défi ! Aux yeux d'André Coutu, directeur général du Club export agro-alimentaire, les marchés étrangers resteront indifférents et impénétrables si nos produits ne se distinguent pas par leur spécificité. « Si nous proposons des produits semblables, un “me too”, nous n'avons aucune chance. Il faut être novateur. Les marchés étrangers recherchent des produits nouveaux, intéressants et originaux[29]. »

1.7.4 La diversité de la main-d'œuvre

Le profil de la main-d'œuvre canadienne a considérablement changé au cours des trente dernières années. Cette transformation a amené un nouveau défi en matière de gestion. Les gestionnaires ont dû s'assurer que cette nouvelle main-d'œuvre était traitée équitablement. Dans le passé, la grande majorité des travailleurs canadiens étaient dirigés par des hommes de race blanche. Le travailleur typique devait travailler à temps plein pour pouvoir entretenir sa famille. En 1986, des statistiques révélaient que 25 % des Canadiens étaient d'origine britannique, 25 % étaient d'origine française et 38 % venaient d'autres pays d'Europe. Aujourd'hui, la moitié de la main-d'œuvre est composée de femmes.

De plus, la main-d'œuvre est très différente. La main-d'œuvre d'aujourd'hui se distingue par sa diversité : les travailleurs sont très hétérogènes du point de vue du sexe, de la race et de l'ethnie. La main-d'œuvre est constituée de différentes catégories de personnes : handicapés, personnes âgées, personnes obèses, lesbiennes et gais. Les gestionnaires doivent reconnaître cette **diversité de la main-d'œuvre**, respecter autant que possible les différents groupes en ce qui concerne les styles de vie, les besoins familiaux et la façon de travailler, afin de maintenir un rendement organisationnel élevé. Le travailleur actuel ne désire pas être assimilé, surtout dans son lieu de travail. Il espère plutôt que ce qui fait sa particularité sera bien accueilli, respecté et reconnu. Ce sujet sera traité en détail au chapitre 3, « L'éthique, la responsabilité sociale et la diversité » (voir la section 3.3, à la page 109).

1.7.5 Une meilleure utilisation d'Internet et de la technologie

Internet, aussi appelé « autoroute électronique », consiste en un réseau quasi infini de fibres optiques interreliées, permet à un organisme de mieux communiquer avec l'extérieur (clients, fournisseurs, main-d'œuvre, etc.). Le réseau a eu des répercussions sur la façon de communiquer, de prendre des décisions, sur les relations entre les individus et même sur la gestion des organismes.

Internet a eu des effets considérables sur les organismes. Tout d'abord, il a accru le rendement et l'efficacité. Des entreprises telles que Wal-Mart, la Banque Royale du Canada et Shoppers Drug Mart admettent que ce mode de communication a contribué grandement à leur succès, même si les coûts d'installation des systèmes ont été onéreux. La faculté de l'Université Laval offre une gamme de programmes en ligne tels que : M.B.A. en affaires électroniques, M.B.A. en gestion agroalimentaire, M.B.A. en gestion pharmaceutique, diplôme en administration des affaires, microprogramme en gestion des connaissances, et formation en entreprise par Internet[30].

L'utilisation d'Internet en tant que mode de communication a eu aussi pour conséquence de changer les structures organisationnelles. Plusieurs organisations ont introduit dans leur structure un cadre supérieur responsable de la gestion de l'information (*chief information officer* — CIO). Ce cadre ainsi que son équipe ont la charge de gérer l'information, de la rendre plus efficace et de former le personnel. Internet a amené un aplanissement des structures organisationnelles, car les cadres communiquent désormais plus rapidement avec leurs subordonnés.

Internet a eu aussi pour effet de changer le comportement des gens dans les organismes. Certains effets ont été positifs et d'autres, négatifs. D'un côté, Internet a amené une amélioration du rendement des employés. Certaines personnes aiment désormais mieux leur travail parce qu'elles n'ont pas à gérer des centaines de documents et à chercher longuement dans des paperasses. Le courriel permet aux employés de communiquer plus rapidement.

Les sites Web permettent aux organismes de transmettre des messages de toutes sortes à leurs clients, à leurs employés, à leurs fournisseurs, etc. À l'aide d'un navigateur (Netscape ou Explorer), un individu peut visualiser des dizaines et même des centaines de textes, de photos, de films et entendre des paroles ou de la musique. Le Web est sans doute le segment du réseau informatique qui se développe le plus rapidement. Cette situation est due à sa facilité de l'utiliser, de l'organiser et de recourir à l'interface graphique.

Internet peut être utilisé de maintes façons et être mis à contribution par plusieurs groupes. Par exemple, un responsable de la commercialisation ou des ventes peut obtenir rapidement des renseignements sur le chiffre des ventes par client, sur le représentant des ventes, les territoires, les districts, etc. Du point de vue de la gestion du projet, le chef d'équipe peut communiquer avec les membres de son équipe pour leur rendre compte des progrès accomplis, des problèmes observés, etc. Le Service des ressources humaines peut aussi renseigner les employés sur les nouvelles orientations de l'organisation.

1.8 DEVENIR GESTIONNAIRE : DÉSIRS ET RÉALITÉ

OBJECTIF 1.8

Discerner les désirs des aspirants gestionnaires et la réalité des gestionnaires.

Lorsqu'un nouveau diplômé commence dans une entreprise comme simple exécutant, il lui arrive parfois de vouloir devenir gestionnaire. Ce qui le pousse vraiment à accéder à ce poste est la soif de prestige et de pouvoir, et le salaire élevé. Le travail réel ne répond cependant pas toujours aux attentes. Dans *Becoming a Manager: Master of a New Identity*, Linda Hill, professeure à la Harvard Business School, a examiné la question[31]. La recherche qu'elle a menée auprès de 16 personnes qui venaient d'obtenir un poste de gestionnaire fait état de leur déception. Le tableau 1.2 met en parallèle les pensées exprimées initialement et celles qui ont été formulées six mois et un an après l'obtention du poste de gestionnaire.

Tableau 1.2
Les désirs des aspirants gestionnaires et la réalité des gestionnaires

DÉSIRS INITIAUX	SIX MOIS APRÈS AVOIR OBTENU LE POSTE DE GESTIONNAIRE	UN AN APRÈS AVOIR OBTENU LE POSTE DE GESTIONNAIRE
• Devenir patron. • Définir une autorité officielle. • Exécuter des tâches de patron. • Ne pas avoir nécessairement à motiver les employés.	• Irréalisme des désirs • Rapidité du travail • Volume de travail important • Tâche centrée sur les gens et la motivation	• N'est plus « l'auteur de l'action ». • Communication, écoute, renforcement positif • Centré sur la résolution de problèmes

Source : L.A. Hill, *Becoming a Manager : Mastery of a New Identity*, Boston, Harvard Business School Press, 1992.

Les nouveaux s'étaient imaginé qu'ils allaient devoir exercer une autorité formelle et administrer des tâches, c'est-à-dire être un « patron », donner des ordres, prendre des décisions et faire avancer le travail. L'auteure rapporte les propos d'un gestionnaire : « Je croyais qu'à titre de gestionnaire, je ferais exécuter les tâches conformément au plan dressé et prévaloir mes idées. » Il est étonnant que les nouveaux gestionnaires n'aient pas vu que leur rôle principal était un rôle d'entraîneur et qu'ils devaient avant tout motiver leurs subordonnés.

OBJECTIF 1.9
Expliquer pourquoi il est important d'étudier la gestion.

1.9 POURQUOI LA GESTION EST-ELLE IMPORTANTE ?

Il est important d'étudier la gestion pour trois raisons principales. Premièrement, parce que les entreprises canadiennes doivent faire face à la concurrence internationale. En effet, elles vendent de plus en plus leurs biens et services sur les marchés internationaux, allant même jusqu'à les produire à l'étranger. Les frontières disparaissent les unes après les autres et, si nos entreprises veulent réussir sur les marchés internationaux, elles doivent être gérées de manière à améliorer la rentabilité et à augmenter les économies d'échelle. Nos gestionnaires doivent donc posséder des compétences de gestion et techniques ainsi que les ressources et le savoir-faire pour soutenir efficacement la concurrence des entreprises américaines, asiatiques et européennes.

Deuxièmement, il est important d'étudier la gestion parce que la façon dont les organismes modernes sont gérés influe sur chacun de nous : tous les Canadiens traitent avec une multitude d'organisations (banques, restaurants, universités, commerces de détail, transports en commun, hôpitaux, organismes gouvernementaux, etc.). Il va sans dire que personne n'aime recevoir un service médiocre ou acheter un mauvais produit. Ce sont là les résultats typiques d'une mauvaise gestion. Par contre, une entreprise qui offre des services et des produits de qualité représente un actif pour la société dans laquelle nous vivons. Elle contribue à soutenir l'économie canadienne en offrant des emplois, en enregistrant des profits qui serviront au développement et en payant des dividendes aux actionnaires. Les entreprises qui se distinguent montrent qu'une gestion saine aide grandement à garantir les entreprises de la faillite et à les rendre fortes, rentables et productives. Au contraire, une mauvaise gestion s'accompagne presque toujours de services et de produits médiocres, et peut même acculer une entreprise à la faillite.

Une troisième raison d'étudier la gestion est le fait que le nouveau diplômé d'un établissement d'enseignement est appelé soit à gérer, soit à être géré. Le nouveau diplômé qui veut travailler dans une entreprise privée se verra d'abord offrir un poste de « technicien professionnel » : comptable, analyste, infirmier, informaticien, etc. Après avoir fait un stage de formation, relativement court, il occupera un emploi exigeant des compétences techniques dans un domaine particulier. Il aura ensuite le choix entre deux plans de carrière : conserver son poste de technicien professionnel ou accéder à des postes de niveau supérieur tels que chef de section, directeur de service, superviseur ou vice-président de division.

Le diplômé en gestion a la possibilité de travailler dans différentes entreprises et de remplir diverses fonctions. On croit souvent, bien à tort, que ses seuls employeurs possibles sont de grandes entreprises comme BCE, Bombardier, Canadien National et Air Canada. Ainsi que nous l'avons déjà vu, la gestion se pratique au contraire dans toutes sortes de domaines : entreprises de produits et de services, administration publique, sociétés de la Couronne, organisations sans but lucratif, etc.

Dans tous ces organismes, les ressources (humaines, financières et matérielles) doivent être utilisées à bon escient. Ces organisations ont également un ou plusieurs objectifs communs, et tous les membres doivent participer à leur réalisation. L'élément de base qui permet d'assurer l'utilisation optimale des ressources et de fournir des services de qualité est la gestion. Si un jeune diplômé obtient un poste de gestionnaire, l'étude de la gestion lui permettra d'accroître ses compétences. S'il n'a pas l'intention de devenir gestionnaire, l'étude de la gestion peut tout de même l'aider à mieux comprendre le travail des gestionnaires et, par là, lui faire mieux évaluer la part qui leur revient dans le succès de l'organisme. Il n'est donc pas nécessaire de se destiner à la gestion pour tirer profit d'un cours de gestion.

Évolution et transition

1

La gestion

Notre époque est caractérisée par des changements excessivement rapides qui obligent et obligeront les gestionnaires à faire preuve d'adaptabilité, sinon ils risquent d'être déroutés et devancés par les nouvelles approches de gestion. Il peut sembler impossible de gérer les entreprises de demain. Vouloir plaire à tout le monde, répondre aux exigences et aux aspirations de tous signifiera des responsabilités additionnelles pour les dirigeants d'entreprise. Ils doivent donc apporter des modifications importantes à leurs structures organisationnelles et offrir à leurs employés la possibilité d'acquérir de nouvelles habiletés.

Les structures organisationnelles de demain devront être plus légères, plus agiles et plus minces afin de s'adapter plus facilement aux contrecoups des changements. Il a donc une tendance à s'éloigner de la structure administrative très bien définie et plutôt immuable. La structure sera donc moins rigide. Cette tendance reflète le passage de « l'autorité basée sur la domination » à « l'autorité basée sur la compétence ». Pour les futurs gestionnaires, l'expertise dans le domaine de la gestion et du comportement organisationnel sera non seulement une qualité « intéressante à posséder », mais un « outil de travail essentiel » afin d'être en mesure d'administrer efficacement les entreprises dotées d'employés hautement qualifiés. Des théoriciens et certains chercheurs en gestion estiment que les employés sont tellement importants que les organismes devraient être structurés comme une pyramide inversée.

La *planification* continuera à jouer un rôle important dans le processus de gestion. Cependant, elle évoluera : premièrement parce que plus de variables seront intégrées lors de son processus ; deuxièmement, les points de vue des groupes de pression seront pris en considération et fusionnés avec les autres éléments.

En raison des changements technologiques et sociaux, les *structures organisationnelles* devront être plus légères, plus agiles et plus flexibles. Les entreprises seront plus décentralisées et, parallèlement à la décentralisation, l'autorité sera davantage déléguée, et plus de décisions seront prises par des gestionnaires de niveaux intermédiaire et inférieur. On se préoccupera d'enrichir les postes et de développer davantage des techniques qui favorisent le travail d'équipe.

Les gestionnaires de tous niveaux utiliseront un *leadership* différent, une approche de gestion systématique basée sur un style qui s'adaptera aux effets du hasard et aux situations inattendues. La tendance vers l'approche humaniste encouragera les gestionnaires à se préoccuper de promouvoir un climat de travail ouvert, générateur de confiance mutuelle et d'effort commun ; à utiliser la gestion basée sur la réalisation d'objectifs et les mesures de rendement. Ils apprendront à mieux organiser leur temps et celui de leurs employés, ils développeront leurs aptitudes à la créativité dans le but d'améliorer leur esprit d'analyse, leur capacité de réalisation et leur méthodologie de travail. Le tableau 1.3 montre la différence fondamentale entre la manière traditionnelle de gérer l'unité organisationnelle et celle qui fera appel à un chef d'équipe dans les années à venir.

Tableau 1.3
Approche de gestion – évolution et transition

GESTIONNAIRE TRADITIONNEL (ÉVOLUTION)	CHEF D'ÉQUIPE DE TRAVAIL SEMI-AUTONOME (TRANSITION)
• Sermonne.	• Écoute.
• Absorbe de l'énergie.	• Fournit de l'énergie.
• Dirige.	• Poursuit un objectif commun.
• Absorbe de l'information.	• Fournit de l'information.
• Contrôle.	• Influence.
• Exige le risque.	• Partage le risque.
• Cherche la gloire.	• Partage la gloire.
• Oriente verticalement.	• Oriente horizontalement.
• Reconnaît ce qui est mal.	• Reconnaît ce qui est bien.
• Valorise la ressemblance.	• Valorise la différence.
• S'engage.	• Évolue.

Source : Donna Deeprose, *The Team Coach : Vital New Skills for Supervisors & Managers in a Team Environment*, New York, AMACOM, 1995, p. 47.

En raison de la complexité des organismes et de l'importance grandissante de la collaboration entre les groupes, les modalités de *contrôle* seront difficiles à appliquer. L'évaluation des situations et l'élaboration des plans de relève seront basées sur l'analyse des conditions économiques, technologiques et sociales. La pratique du « contrôle proactif » (orienté vers l'avenir) remplacera celle du « contrôle rétroactif » (passé). Le contrôle implicite (de type individuel) remplacera le contrôle explicite (de type policier). Les systèmes de contrôle seront des outils de motivation et c'est en ce sens qu'ils deviendront des éléments positifs au sein des organismes et perdront leur côté répressif.

Révision du chapitre

1.1 Qu'est-ce que la gestion ? La gestion se définit comme un processus faisant intervenir quatre fonctions : la planification, l'organisation, le leadership et le contrôle. Les gestionnaires doivent veiller à utiliser de façon économique, judicieuse et efficace les ressources de l'entreprise.

1.2 Les fonctions de gestion et d'organisation. Toute organisation présente des fonctions de gestion et des fonctions organisationnelles (celles-ci étant associées à des divisions, à des services, à des sections, etc.) relatives à une entité particulière. Tous les organismes ont quatre points en commun : des *ressources* (humaines, matérielles et financières), des *gestionnaires* (chargés de planifier, d'organiser, de diriger et de contrôler l'emploi de ces ressources), une *mission* et une *clientèle cible*. Les organisations ont pour but premier de conférer, au profit des consommateurs, un maximum d'utilité ou de valeur aux biens et aux services qu'elles produisent.

1.3 Les fonctions de gestion. Le processus de gestion suppose un effort constant dans des activités interdépendantes. Les principales fonctions d'un gestionnaire sont 1) la *planification*, qui consiste à rechercher, à choisir, à préparer et à élaborer des objectifs et des plans; 2) l'*organisation*, qui permet de faire la répartition fonctionnelle et équitable des tâches individuelles et le regroupement des activités; 3) le *leadership*, qui a pour but d'influencer positivement les membres d'un groupe de travail; et 4) le *contrôle*, processus d'évaluation des progrès réalisés en vue de les comparer aux objectifs établis à la phase de planification.

1.4 Les échelons hiérarchiques des entreprises et les compétences des gestionnaires. Les fonctions de gestion s'exercent à tous les échelons de l'organisme: les *cadres supérieurs*, les *cadres intermédiaires* et les *cadres inférieurs*. Les gestionnaires doivent posséder des compétences principalement dans le *domaine technique* (surtout lorsqu'ils occupent un emploi subalterne), dans les *relations interpersonnelles* (quel que soit le niveau hiérarchique), dans la *conceptualisation* (en particulier, les cadres supérieurs) et dans la *communication* (tout gestionnaire doit être capable de communiquer d'une façon efficace).

1.5 Vers une nouvelle structure organisationnelle. Afin de faire face à la concurrence plus accrue, les cadres supérieurs accordent maintenant plus d'autorité aux cadres intermédiaires et inférieurs. Afin de favoriser le travail d'équipe, les cadres supérieurs délèguent maintenant une partie de leur autorité et de leur pouvoir décisionnel aux cadres qu'ils dirigent et même au personnel chargé de l'exécution — c'est ce qu'on appelle l'*habilitation des employés* — et encouragent le travail des *équipes interfonctions* qui comprennent un groupe de personnes de différentes unités organisationnelles travaillant ensemble.

1.6 Les rôles des gestionnaires selon Mintzberg. Dans *Le manager au quotidien: dix rôles du cadre*, Henry Mintzberg répartit les rôles d'un gestionnaire en trois grandes catégories: *rôles interpersonnels* (symbole, leader et agent de liaison); *rôles informationnels* (observateur actif, diffuseur et porte-parole); et *rôles décisionnels* (entrepreneur, régulateur, répartiteur des ressources et négociateur).

1.7 Les défis contemporains lancés aux gestionnaires. Les dirigeants font face à des réalités et des incertitudes insoupçonnées, qui exigent l'adaptation de leur organisation à des modalités nouvelles. Les défis auxquels doivent faire face les dirigeants sont: le maintien des standards éthiques, l'accroissement de l'avantage concurrentiel, la globalisation, la diversité de la main-d'œuvre et une meilleure utilisation d'Internet et de la technologie.

1.8 Devenir gestionnaire: désirs et réalité. Il est étonnant que les nouveaux gestionnaires n'aient pas vu que leur rôle principal de gestionnaire était de jouer un rôle d'entraîneur et qu'ils devaient avant tout motiver leurs subordonnés.

1.9 Pourquoi la gestion est-elle importante? Il est important d'étudier la gestion pour trois raisons. Premièrement, pour permettre aux entreprises canadiennes de devenir plus concurrentielles sur les marchés internationaux. Deuxièmement, pour améliorer la qualité des biens et des services et la productivité des organismes. Troisièmement, pour fournir des connaissances de base sur les concepts et les techniques de gestion aux nouveaux diplômés désireux de devenir gestionnaires.

1

▶▶▶ Concepts clés

Art (*art*) page 5
Avantage concurrentiel (*competitive advantage*) page 26
Cadre inférieur (*first-level managers*) page 16
Cadre intermédiaire (*middle-level managers*) page 15
Cadre supérieur (*top-level managers*) page 15
Compétence (*skills*) page 16
Compétence liée à la communication (*communication skills*) page 17
Compétence liée à la conceptualisation (*conceptual skills*) page 16
Compétence liée au domaine technique (*technical skills*) page 17
Compétence liée aux relations interpersonnelles (*interpersonal skills*) page 17
Contrôle (*control*) page 13
Créativité (*creativity*) page 28
Dégraissement des effectifs (*demassing* ou *downsizing*) page 27
Diversité de la main-d'œuvre (*diverse workforce*) page 30
Économie (*economy*) page 6
Efficacité (*effectiveness*) page 5
Équipe interfonctions (*cross-functional team*) page 19
Éthique (*ethics*) page 25
Fidélisation de la clientèle (*customer loyalty*) page 29
Fonction d'organisation (*organizational function*) page 8
Gestion (*management*) page 4
Globalisation (*globalization*) page 29
Habilitation des employés (*employee empowerment*) page 19
Innovation (*innovation*) page 28
Internet (*Internet*) page 30
Leadership (*leadership*) page 13
Organisation (*organization*) pages 7, 12
Organisme (*organization*) page 7
Planification (*planning*) page 12
Qualité totale (*total quality*) page 26
Rendement (*efficiency*) page 6
Rôle (*role*) page 20
Rôle associé aux relations interpersonnelles (*human relations role*) page 21
Rôle décisionnel (*decisional roles*) page 21
Rôle informationnel (*informational roles*) page 21
Science (*science*) page 5
Utilité (*utility*) page 10
Utilité d'endroit (*place utility*) page 11
Utilité de forme (*form utility*) page 10
Utilité de possession (*ownership utility*) page 11
Utilité de temps (*time utility*) page 10
Valeur ajoutée (*value added*) page 10

Développer vos compétences en gestion

Questions de révision

1. Qu'est-ce que la gestion? Est-ce un art ou une science? Pourquoi? (page 4)
2. Comment peut-on évaluer le rendement des gestionnaires? (page 5)
3. Quelle est la différence entre les fonctions organisationnelles et les fonctions de gestion? Donnez quelques exemples pour chacune. (page 7)
4. Quelles sont les caractéristiques de l'organisation? (page 9)
5. Pourquoi les organisations existent-elles? (page 9)
6. Quelles sont les fonctions de gestion? Donnez quelques exemples. (page 11)
7. Distinguez entre les cadres inférieurs, les cadres intermédiaires et les cadres supérieurs. (page 15)
8. Quelle est la différence entre les compétences en matière de relations interpersonnelles et les compétences en matière de communication? (page 17)
9. Qu'entend-on par habilitation des employés et équipes interfonctions? (page 19)
10. Quelles sont les principales caractéristiques du travail des gestionnaires selon Henry Mintzberg? (page 20)
11. Présentez les trois grandes catégories de rôles que Mintzberg associe aux gestionnaires. (page 21)
12. Expliquez les défis contemporains portant sur les thèmes suivants:
    a) le maintien des standards éthiques; (page 25)
    b) l'accroissement de l'avantage concurrentiel; (page 26)
    c) la globalisation. (page 29)
13. Expliquez la différence entre les désirs et la réalité pour les personnes intéressées à devenir gestionnaires. (page 31)
14. Pourquoi est-il important d'étudier la gestion? (page 32)

Sujets de discussion

1. Un représentant se voit nommé au poste de directeur régional des ventes. À la suite de cette promotion, en quoi son travail sera-t-il différent?
2. Selon vous, la productivité d'un employé dépend-elle surtout de son supérieur immédiat? Justifiez votre réponse.
3. À l'aide d'exemples, expliquez pourquoi il existe plus d'une bonne manière de gérer une organisation.
4. Indiquez en quoi le travail de chacun des postes énumérés ci-dessous ressemble à celui des autres et en quoi il en diffère:
    a) doyen d'une faculté;
    b) directeur général d'un hôpital;
    c) entraîneur d'une équipe de hockey;
    d) président d'une banque.

Naviguer dans Internet

WWW

www.hydroquebec.com

- **Exercice pratique: Hydro-Québec**

Visitez le site Web de l'entreprise Hydro-Québec (www.hydroquebec.com).

A. Ensuite, cliquez sur le dernier rapport annuel de l'entreprise et évaluez les défis auxquels les dirigeants de la société devront faire face dans les domaines suivants:
- l'innovation technologique;
- l'environnement;
- le marché international;
- la réglementation;
- la technologie de l'information;
- les ressources humaines.

B. En vous référant aux figures 1.3 et 1.4, analysez l'entreprise Hydro-Québec en ce qui à trait aux:
- caractéristiques de l'entreprise;
- diverses formes d'utilité de l'entreprise.

- **Recherche sur le thème « Gestion »**

Cherchez le site Web d'une entreprise qui présente les objectifs et les plans de différents gestionnaires (vice-président, directeur) et donnez votre appréciation sur les différents rôles et fonctions de gestion. En lisant les commentaires des différents gestionnaires, pouvez-vous déterminer:

- la façon d'évaluer les gestionnaires?
- le niveau hiérarchique des gestionnaires?
- les compétences essentielles des gestionnaires leur permettant de bien remplir leurs fonctions?
- les trois défis contemporains auxquels doivent faire face certains gestionnaires?

EXERCICE

Fonctions et rôles des gestionnaires

Pensez à un poste que vous avez occupé en tant qu'employé à temps plein ou à temps partiel et faites vos commentaires sur les fonctions remplies et les rôles joués par votre patron. Votre patron était-il un gestionnaire efficace ou non? Dites pourquoi.

Étude de cas

▶ ENTREPRISE

Micro-Com

Robert Legris a été employé pendant 20 ans par une grande chaîne nationale de magasins. Il a décidé de s'établir à son compte. En septembre 1992, avec l'aide de sa conjointe et de son fils Alain, âgé de 21 ans, il a ouvert son premier magasin de produits électroniques en plein cœur de Montréal. Un faible investissement initial et sa grande expérience dans le domaine de l'électronique lui ont permis de lancer son entreprise sans éprouver de difficultés. Son fils exécutait divers travaux dans le magasin, tandis que sa conjointe se chargeait des relations publiques et des ressources humaines.

Dix ans plus tard, Robert Legris exploitait sept magasins situés dans différentes villes de la province, notamment Montréal, Québec et Sherbrooke. Son succès était avant tout attribuable à son travail acharné et à ses connaissances dans le domaine. Ses magasins avaient un chiffre d'affaires moyen de 2 500 000 $, le plus grand de ses commerces affichant des ventes de 4 500 000 $, et le plus petit, de 1 850 000 $. L'entreprise employait au total 160 personnes dont 60 à temps plein et les autres, à temps partiel. Chacun de ses établissements était dirigé par un gérant qu'il avait lui-même engagé.

En février 2005, en examinant les états financiers de son entreprise avec son comptable, Robert Legris a découvert que celle-ci avait de sérieuses difficultés. Son comptable lui a alors expliqué que les choses avaient commencé à se détériorer trois ans plus tôt. Le chiffre d'affaires de l'entreprise avait constamment augmenté, mais ses bénéfices avaient été ramenés de 12 % à 5 % par rapport aux ventes. Robert Legris mit cette baisse sur le compte du peu d'expérience de ses gérants de magasin dans le domaine de l'électronique. Il était résolu à parler de cette situation avec eux et à leur allouer six mois pour réduire leurs frais d'exploitation et améliorer leur rendement financier.

Le jour suivant, Robert Legris discuta de la situation avec sa conjointe et son fils, leur demandant à quoi ils attribuaient cette baisse de rendement. Alain ne cacha pas sa surprise en examinant les états financiers. Il remarqua néanmoins un signe positif : une faible diminution du rapport entre le coût des marchandises et le total des ventes. Alain profita de l'occasion pour dire à son père qu'il en faisait trop dans l'entreprise. Celui-ci achetait lui-même toutes les marchandises, indiquait à chaque gérant quoi faire et comment diriger son magasin, et expliquait aux commis de quelle façon accomplir leur travail.

Mme Legris révéla à Robert qu'elle avait reçu, au cours des six derniers mois, plusieurs plaintes de clients de longue date insatisfaits du service et des produits. Plusieurs gérants de magasin avaient été informés de ces plaintes, mais aucun d'eux n'avait donné suite à ce mécontentement.

Robert Legris était convaincu que ses gérants ne faisaient pas bien leur travail. Il était déterminé à parler sérieusement avec chacun d'entre eux.

Question

Si Robert Legris vous demandait conseil, que lui recommanderiez-vous pour remédier à la situation?

Étude de cas

▶ EN MANCHETTE, LE GROUPE THIBODEAU INC.[32]

Sur cette photographie apparaissent dans l'ordre : Marc Thibodeau et Pierre Thibodeau.

WWW

www.groupe-thibodeau.com

Le transporteur de Portneuf, Groupe Thibodeau, fête en 2005 son 60e anniversaire. Au même moment s'amorce le passage du flambeau à la troisième génération de Thibodeau, un processus qui s'étendra sur quelques années.

L'exercice est périlleux : seulement 10 % des entreprises réussissent cette transition. Marc Thibodeau, adjoint au vice-président à l'exploitation, aux ventes et au marketing, se dit prêt à prendre un jour la place de son père Pierre, président de l'entreprise, âgé de 59 ans, qui a lui-même succédé en 1988 à son père Lucien, fondateur de l'entreprise en 1945.

« C'est un beau et gros défi », dit l'homme de 27 ans. Pour ce faire, il sera épaulé par Aldor Alain, vice-président à l'exploitation, aux ventes et au marketing, qui se retirera graduellement pour devenir son mentor à temps plein à compter de l'été. « On prépare cette transition depuis longtemps », dit M. Alain.

Employé par le Groupe Thibodeau depuis 50 ans, il a pratiquement tout fait, de la conduite de camions à la gestion en passant par l'ouverture de nouvelles succursales. À 67 ans, sa vaste expérience est primordiale pour la réussite de la transition et la poursuite de la croissance de la société au chiffre d'affaires de 70 M$.

Par exemple, Groupe Thibodeau investira de 4 à 5 M$ ce printemps pour construire à Trois-Rivières un terminal intermodal relié au chemin de fer. Le bâtiment permettra dès cet été d'entreposer la marchandise des clients et, au besoin, de la faire transiter par train vers une autre destination.

« Cela évitera à nos clients de traiter avec trois ou quatre intermédiaires », dit Marc Thibodeau. Groupe Thibodeau veut ainsi rendre service à de gros clients comme Abitibi-Consolidated, Kruger et Alcan. Alcan a d'ailleurs remis son titre de Fournisseur de l'année au transporteur routier, en 2004.

Avec ce nouveau terminal, le groupe veut aussi se démarquer de concurrents importants comme Robert Transport et TransForce. Ce secteur d'activité devrait d'ailleurs poursuivre sa consolidation amorcée il y a quelques années, selon Marc Brouillette, président de l'Association du camionnage du Québec.

« Ce secteur se refait une santé. Le camionnage québécois a beaucoup souffert de la déréglementation (survenue à partir de 1988). Elle a réduit les marges bénéficiaires et hypothéqué le secteur au point où des entrepreneurs ont manqué de capital pour remplacer leurs véhicules. »

Une pénurie de chauffeurs qui nuit à tout le secteur d'activité

Groupe Thibodeau exploite 12 terminaux au Québec, 1 au Labrador (Labrador City) et 1 en Ontario (Pickering). Le transporteur possède une flotte de 357 camions.

Il compte trois bannières : Thibodeau (transport dans le corridor Gatineau, Montréal, Québec et Rivière-du-Loup), Saguelac (Abitibi-Témiscamingue, Saguenay–Lac-Saint-Jean et Côte-Nord) et Marcan (Ontario et États-Unis).

Mais le groupe n'arrive pas à percer, comme il le désire, le lucratif marché américain. Où est le problème ? Le manque de chauffeurs prêts à subir les nouvelles mesures de sécurité à la frontière. « Récemment, on avait une commande pour huit camions à destination des États-Unis, mais pas de chauffeur pour les conduire », ajoute Marc Thibodeau. L'entreprise a exécuté le contrat, mais cela a été plus long et plus compliqué que prévu. Cette pénurie limite la progression des revenus, qui se situe tout de même entre 8 et 10 % par année. Plusieurs autres transporteurs québécois doivent résoudre le même problème.

Des acquisitions en vue

Malgré tout, Groupe Thibodeau tentera quand même d'accroître sa présence aux États-Unis, car c'est là que le potentiel de croissance est le plus élevé, estime Marc Thibodeau. L'entreprise s'est d'ailleurs fixé l'objectif de faire progresser ses revenus au-delà des 100 M$ dans les prochaines années. Pour y arriver, elle envisage d'acquérir d'autres transporteurs. « On négocie actuellement », dit Marc Thibodeau, sans donner plus de détails.

Ce ne serait pas une première dans l'histoire de l'entreprise. Par exemple, en 1987, le transporteur a acheté A. Proulx afin de s'implanter en Outaouais. Avant la déréglementation du transport, en 1988, en prévision de l'Accord de libre échange (ALE), Groupe Thibodeau a aussi élargi son territoire en achetant des permis, notamment en mettant la main sur ceux de Roberval Express, en 1984.

Question

Selon vous, pour que Groupe Thibodeau inc. connaisse un succès durable, quel mode de gestion les dirigeants de l'entreprise devront-ils adopter ?

PARTIE 2

LES ORGANISATIONS ET LEURS ENVIRONNEMENTS

Chapitre 2

Les environnements et les cultures organisationnelles

Chapitre 3

L'éthique, la responsabilité sociale et la diversité

La société du XXIe siècle est en pleine mutation et les dirigeants des grandes sociétés font face à des réalités et à des incertitudes insoupçonnées qui exigent l'adaptation de leurs organisations à de nouvelles modalités. Par exemple, les scandales provoqués par des entreprises ont ébranlé la confiance des investisseurs, des consommateurs et du grand public. Plusieurs groupes de pression se posent des questions sur les pratiques administratives des grands détaillants. Aussi, la mondialisation a des effets sérieux sur le déplacement des centres de production vers les nouveaux marchés émergents comme la Chine.

Au chapitre 2, « Les environnements et les cultures organisationnelles », nous traiterons de la manière dont diverses composantes des environnements externe et interne influent sur les décisions prises par les dirigeants d'entreprise. Nous y étudierons également les stratégies que les dirigeants sont susceptibles d'adopter pour assurer le bon fonctionnement de leur entreprise dans un système ouvert.

Au chapitre 3, « L'éthique, la responsabilité sociale et la diversité », nous explorerons trois grands thèmes. Dans le premier, nous aborderons la conduite morale, l'éthique commerciale et comment gérer une organisation basée sur un système de valeurs. Dans le deuxième, nous décrirons la responsabilité sociale des entreprises. Enfin, nous montrerons la diversité de la main-d'œuvre, ses fondements et comment elle est gérée afin d'établir une organisation dite « multiculturelle ».

Chapitre 2

Les environnements et les cultures organisationnelles

2

Objectifs du chapitre

Après avoir lu ce chapitre, vous devriez pouvoir :

1. expliquer les divers aspects de l'environnement d'une organisation et montrer pourquoi il est important de les évaluer ;
2. distinguer les divers éléments internes préoccupant les gestionnaires ;
3. énumérer les diverses composantes de l'environnement externe importantes pour les gestionnaires ;
4. décrire de quelle façon les dirigeants d'entreprise s'adaptent à leur environnement.

Défi lancé aux gestionnaires ☞ par la Compagnie minière Québec-Cartier

Sauvée par Québec en 2003 après les années difficiles de 2001 et 2002, la Compagnie minière Québec-Cartier a étudié le potentiel minier qui permettrait d'exploiter la mine jusqu'en 2026. Depuis sa restructuration financière, bouclée en décembre 2003, la société a mis en œuvre un plan minier de 12 ans prévoyant un investissement de 350 M$ destiné au déblaiement de la roche stérile. Avec ses 2 280 salariés, le plus important employeur de la Côte-Nord, l'entreprise produit chaque année une moyenne de 13 millions de tonnes (Mt) de concentrés de minerai de fer, dont 9 Mt sont transformés en différents types de boulettes.

La direction se réjouit de la vigueur de la demande mondiale en acier, en particulier celle provenant de la Chine. Elle reste prudente quant à l'avenir, notamment en raison de l'appréciation rapide du huard par rapport au billet vert américain. De plus, Québec-Cartier doit composer avec un minerai brut à teneur en fer de 30 % seulement, alors que certaines mines brésiliennes ont une teneur de 65 %. « Dans un marché favorable, il faut garder une vision à long terme. Cela nous oblige à maintenir nos efforts concernant la réduction des coûts et le contrôle de la qualité, avec l'objectif de maintenir des emplois à très long terme », dit Alain Cauchon, directeur général des ressources humaines, du développement organisationnel et des relations publiques. Cette philosophie teinte d'ailleurs les discussions avec le Syndicat des métallos au sujet du renouvellement de la convention collective, qui arrivera à échéance en février[1].

Québec-Cartier doit s'adapter à son environnement.

WWW
www.qcmines.com

Survol du chapitre

Des milliers d'entreprises, petites et grandes, subissent les fluctuations de leur environnement et doivent réagir rapidement aux changements. Les entreprises du secteur minier subissent aussi des modifications identiques et les dirigeants de Québec-Cartier ne sont certainement pas responsables de la demande mondiale en acier, de la fluctuation du huard par rapport au billet vert américain, des coûts de la main-d'œuvre qui seraient négociés avec le Syndicat des métallos, et des coûts inférieurs de production des concurrents, en particulier, les mines brésiliennes. Toutefois, elles doivent prendre en considération les effets de ces phénomènes lorsqu'elles élaborent leurs objectifs et leurs plans stratégiques. Afin que leur planification soit efficace, les gestionnaires doivent examiner avec soin leur environnement avant de définir leurs objectifs et leurs plans stratégiques.

Cette deuxième partie, « Les organisations et leurs environnements », comprend deux chapitres. Le chapitre 2 examine les environnements de l'organisation (interne et externe) ainsi que la gestion de l'environnement. Le chapitre 3, « L'éthique, la responsabilité sociale et la diversité », traite de trois sujets distincts liés à l'environnement : l'éthique (l'éthique commerciale, le code de déontologie et le système de valeurs), la responsabilité sociale des entreprises et la diversité de la main-d'œuvre.

Quels sont donc les principaux intervenants avec lesquels une entreprise telle que Québec-Cartier doit traiter ? Quels sont les éléments des environnements (interne et externe) qui influeront sur les stratégies que les entreprises doivent mettre en œuvre afin d'assurer d'être sur la bonne voie ? Dans ce chapitre, nous tenterons de répondre à ces questions et nous examinerons en particulier quatre grands thèmes :

- *la nature des éléments de l'environnement qui influent sur les décisions des dirigeants d'entreprise ;*
- *l'importance de l'environnement interne d'une organisation, formé, en particulier, des intervenants internes et de la culture organisationnelle ;*
- *la structure de l'environnement externe (général et immédiat) et le milieu livré à la concurrence dans lequel les entreprises doivent évoluer, ainsi que l'influence directe ou indirecte exercée par les individus et les groupes de l'extérieur sur les activités d'une organisation ;*
- *les stratégies susceptibles d'être mises en œuvre par les gestionnaires pour les aider à gérer leur environnement.*

OBJECTIF 2.1

Expliquer les divers aspects de l'environnement d'une organisation et montrer pourquoi il est important de les évaluer.

2.1 LES ENVIRONNEMENTS DE L'ORGANISATION

Certains dirigeants d'entreprises telles qu'Apple commettent de graves erreurs lorsqu'ils négligent de répondre aux besoins spécifiques de leur clientèle cible et qu'ils ne tiennent pas compte de leur environnement en constante évolution. Le P.-D. G., Gil Amelio, qui a remplacé Steve Jobs chez Apple au début des années 1990, a adopté des stratégies de commercialisation ayant presque conduit l'entreprise à la faillite. En 1997, Steve Jobs a repris en main l'entreprise pour en faire de nouveau un rude concurrent sur le marché des ordinateurs grâce à ses iMacs, ses iBooks colorés et sa boîte à musique iPod. Désormais, les idées de Steve Jobs ne s'arrêtent pas à la « petite boîte ». Tous espèrent que la nouvelle orientation de l'entreprise concernant les logiciels, le système informatique et en particulier Internet fera augmenter rapidement le chiffre des ventes[2]. En 2005, Steve Jobs élabora encore une fois des objectifs et des plans afin d'adapter son entreprise à son secteur et à l'environnement des utilisateurs de PC en introduisant sur le marché le Mini Mac. Selon le *Wall Street Journal*, une minorité non négligeable d'utilisateurs de Windows en a « ras-le-bol » des virus et des logiciels espions, et penchera vers le Mini Mac qui s'intégrera facilement à leur système PC[3].

www.apple.com/ca

À la suite de l'analyse de son environnement, Steve Jobs décida d'introduire de nouveaux produits afin qu'Apple aille chercher une nouvelle clientèle et augmente sa part du marché. À la fin de l'année 2004, le iPod détenait 59 % du marché MP3 et iTunes, 62 % de la musique téléchargée sur Internet, et les bénéfices de l'entreprise pour la même année avaient triplé par rapport à l'année précédente[4].

À l'annexe au chapitre 1, nous avons vu que les organismes évoluent à l'intérieur d'un système ouvert, qu'ils subissent l'influence d'éléments internes et de leur environnement extérieur (voir la figure A.1.2 à la page 560). Par **environnement de l'organisation**, on entend l'ensemble des éléments internes et externes à cette entreprise qui influent de manière directe ou indirecte sur les décisions de ses gestionnaires. De ce point de vue, il importe que les gestionnaires rectifient leur tir suivant les circonstances, qu'ils examinent régulièrement leurs objectifs, leurs stratégies et leurs gammes de produits et de services, afin que l'entreprise demeure concurrentielle sur les marchés intérieurs et internationaux. N'est-ce pas la situation décrite dans les paragraphes précédents concernant les entreprises Québec-Cartier et Apple Computer ?

Étant donné l'évolution rapide du marché national et des marchés internationaux, toutes les entreprises québécoises et canadiennes doivent sans cesse se repositionner, ce qui oblige leurs dirigeants à s'adapter constamment à leur environnement.

On peut comparer un dirigeant d'entreprise à un automobiliste. Comment un automobiliste pourrait-il circuler pendant une forte tempête s'il ne sait rien des conditions de la route, de la distance et du parcours ? De même, les dirigeants d'entreprise doivent connaître les éléments de l'environnement afin d'être en mesure de formuler d'une façon précise leurs objectifs ainsi que leurs stratégies. Pour être efficaces, les dirigeants doivent donc composer avec l'environnement interne en augmentant ses forces et en éliminant les faiblesses constatées, et avec l'environnement externe en exploitant les possibilités offertes tout en contournant les obstacles.

Après avoir lu les trois prochaines sous-sections, vous devriez pouvoir :

- décrire les principales composantes de l'environnement interne telles que les fonctions de l'entreprise, les intervenants internes et la culture organisationnelle ;
- présenter les principales composantes de l'environnement externe telles que les intervenants externes, l'environnement général et l'environnement immédiat ;
- expliquer pourquoi il est important pour les gestionnaires d'analyser l'environnement de leur entreprise.

Figure 2.1
Les éléments constitutifs de l'environnement d'une organisation

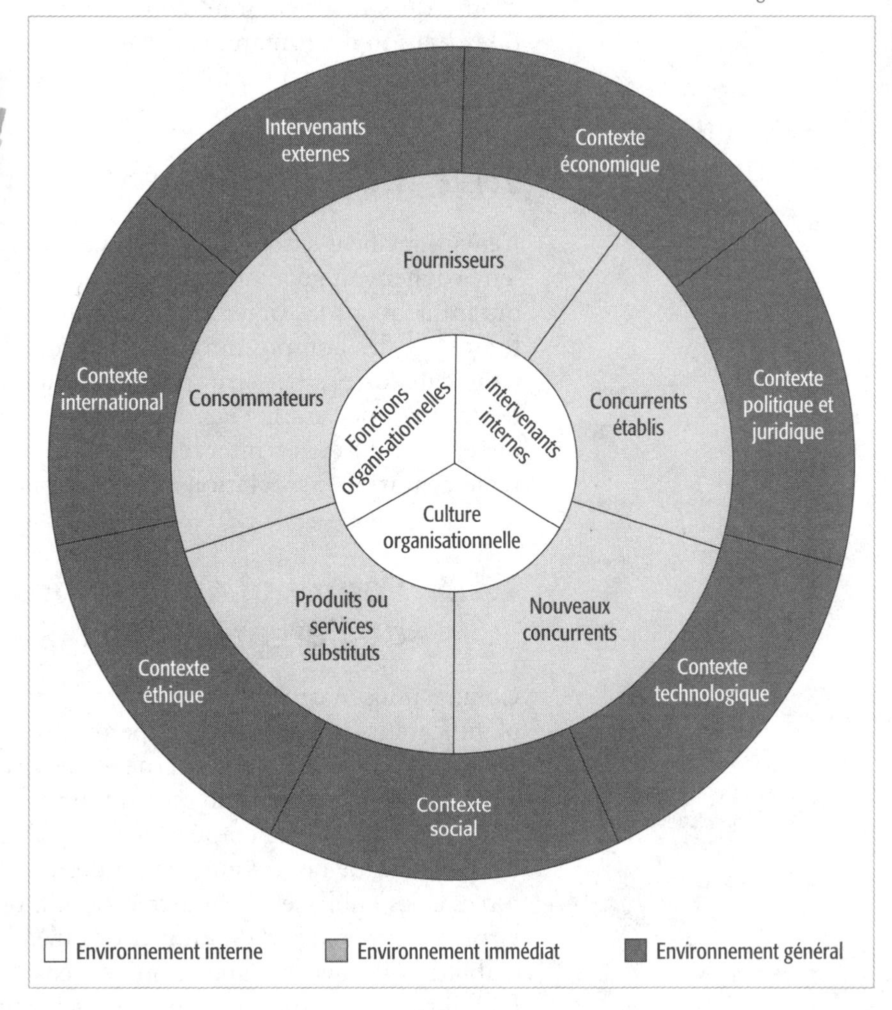

2.1.1 L'environnement interne

L'**environnement interne** désigne l'ensemble formé par les éléments internes et par la culture organisationnelle (valeurs) qui permettent aux membres et aux équipes de travail d'une organisation d'œuvrer en harmonie. Comme l'indique la figure 2.1 (voir la page 45), les principaux éléments de l'environnement interne sont les fonctions de l'entreprise ou secteurs d'activité (commercialisation, production, etc.), les intervenants internes (actionnaires, gestionnaires, syndicats, etc.) et la culture organisationnelle (croyances, normes, valeurs, etc.). Évidemment, l'importance de ces éléments peut varier d'un organisme à l'autre. Ces éléments évoluent constamment sous l'effet de l'environnement externe et des objectifs et plans stratégiques adoptés par les gestionnaires.

WWW
www.canadapost.ca

Le propriétaire d'un petit dépanneur où il n'existe pas de syndicat ne se préoccupera pas de ce type d'intervenant, alors que les dirigeants d'un organisme comme la Société canadienne des postes, qui compte plus de 60 000 employés et syndiqués, doivent traiter avec les chefs des différents syndicats. De même, un organisme sans but lucratif tel que l'Association des industries de l'automobile, qui reçoit des cotisations de ses membres, se soucie moins de son environnement externe qu'une organisation telle que l'Association des armateurs canadiens, qui dépend des subventions du gouvernement et des souscriptions du grand public pour survivre.

2.1.2 L'environnement externe

L'**environnement externe** est constitué des éléments extérieurs à l'organisation (environnement général, environnement immédiat et intervenants externes) qui influent sur les objectifs et les plans stratégiques. Comme le montre la figure 2.1, les composantes de l'environnement externe se répartissent en trois catégories : l'environnement général (environnement économique, technologique, etc.), l'environnement immédiat (consommateurs, fournisseurs, etc.) et les intervenants externes (communauté, organismes de réglementation, associations professionnelles, etc.).

2.1.3 Pourquoi analyser les environnements de l'organisation ?

Comme nous le verrons au chapitre 5, intitulé « Le gestionnaire en tant que planificateur », la première étape du processus de planification consiste à analyser l'environnement interne et l'environnement général de l'entreprise ainsi que les conditions du secteur auquel elle appartient (voir la figure 5.7 à la page 189). Cette étape est celle de l'**analyse de la situation**. L'examen des éléments de l'environnement interne amène les dirigeants à analyser les forces et les faiblesses de ce dernier, tandis que l'examen des éléments de l'environnement externe conduit à dégager les possibilités ou les occasions d'affaires ainsi que les dangers ou les menaces que présente cet environnement. La figure 2.2 résume sous forme de schéma ce qui vient d'être énoncé.

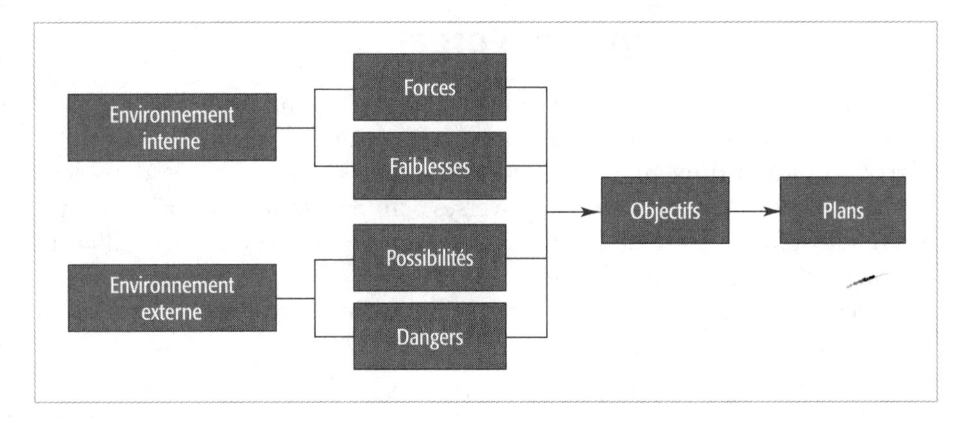

Figure 2.2
Les raisons motivant une analyse des éléments de l'environnement d'une organisation

Comme la planification oblige les gestionnaires à prendre des décisions, il est logique d'examiner tout d'abord la situation. N'est-ce pas ce que fait un mécanicien avant de réparer une automobile, ou un médecin avant de prescrire un médicament ? La figure 2.2 montre que cette analyse préliminaire, qui fait partie du processus de planification, débouchera sur une définition des objectifs et des plans, aussi bien stratégiques que tactiques.

2.2 L'ENVIRONNEMENT INTERNE

OBJECTIF 2.2
Distinguer les divers éléments internes préoccupant les gestionnaires.

Comme le montre la figure 2.1 (voir la page 45), l'environnement interne est composé de trois éléments : les fonctions organisationnelles, les intervenants internes et la culture organisationnelle.

Après avoir lu les quatre prochaines sous-sections, vous devriez pouvoir :

- expliquer pourquoi il est nécessaire que les gestionnaires analysent l'environnement interne de leur organisme ;
- déterminer les forces et les faiblesses typiques susceptibles d'être mises en évidence lors d'une analyse des fonctions d'une entreprise ;
- énumérer les principaux intervenants internes d'un organisme ;
- définir la culture organisationnelle et son influence sur l'approche de la gestion.

2.2.1 Les raisons motivant une analyse de l'environnement interne

Les fonctions organisationnelles correspondent aux principales activités d'une entreprise, telles la commercialisation, la production, les ressources humaines, etc. Comme nous l'avons déjà mentionné, leur analyse aide les gestionnaires à discerner les forces et les faiblesses de chacune. Une **force** représente une action bien maîtrisée par l'entreprise ou qui lui procure un avantage par rapport à ses concurrents. À l'inverse, une **faiblesse** représente une action mal maîtrisée par l'entreprise ou qui la place dans une position désavantageuse. On analyse donc les forces et les faiblesses de chacune des fonctions d'une entreprise.

2.2.2 Les fonctions de l'organisation

Pour bien analyser les forces et les faiblesses d'une organisation, les dirigeants doivent évaluer les compétences distinctives que les gestionnaires et les autres employés doivent posséder de manière à être efficaces dans leur secteur. Celles-ci se rattachent aux diverses actions qu'une entreprise accomplit remarquablement bien lorsqu'on la compare avec ses rivales[5]. Elles lui donnent un avantage sur ses concurrents.

Voici quelques exemples de forces typiques susceptibles d'être mises en évidence par cette analyse :

- des ressources financières abondantes ;
- une équipe de gestion efficace ;
- des bonnes relations avec les fournisseurs ;
- l'avantage lié à des économies d'échelle ;
- le coût peu élevé des matières premières.

Voici quelques exemples de faiblesses typiques susceptibles d'être mises en évidence par cette analyse :

- le service après-vente laissant à désirer ;
- la protection insuffisante des droits de propriété intellectuelle ;
- l'adaptation insuffisante aux besoins des consommateurs ;
- le système d'information de gestion déficient ;
- l'injection de sommes élevées dans le fonds de roulement.

Ainsi que nous l'avons vu plus haut, l'analyse des forces et des faiblesses (comme celle des possibilités et des dangers, que nous examinerons à la section 2.3, « L'environnement externe ») facilite l'examen des facteurs importants qui influent sur les stratégies adoptées par les dirigeants d'une entreprise.

2.2.3 Les intervenants internes

On peut définir l'**intervenant interne** comme un groupe en relation suivie avec une entreprise et se préoccupant des décisions prises par les gestionnaires, susceptibles d'avoir des effets notables sur les objectifs et les plans. Les intervenants internes ont un intérêt matériel direct dans l'entreprise. Leur avenir, leur survie, leur réputation et leur santé financière dépendent fortement des décisions prises par les dirigeants. Le syndicat est un bon exemple d'intervenant interne. En 2004, le regroupement de travailleurs déclenchait un mouvement de syndicalisation au Wal-Mart du Plateau, à Gatineau. « La syndicalisation aurait ses avantages », estime M. Chenier, président du local 486 des Travailleurs unis de l'alimentation et du commerce (TUAC) soulignant que la plupart des employés de Wal-Mart sont payés au salaire minimum de 7,45 $, tandis que des travailleurs d'autres magasins, comme Loblaw, reçoivent en moyenne de 10 à 12 $[6].

Le tableau 2.1 donne la liste des intervenants internes et externes d'une organisation alors que le tableau 2.2 donne une brève description des intervenants internes suivants: actionnaires, gestionnaires, personnel d'exécution, syndicats, scientifiques et spécialistes, alliances stratégiques, sociétés filiales et bailleurs de fonds.

Tableau 2.1
Les intervenants internes et externes

INTERVENANTS INTERNES	INTERVENANTS EXTERNES
• Actionnaires • Gestionnaires • Personnel d'exécution • Syndicats • Scientifiques et spécialistes • Alliances stratégiques • Sociétés filiales • Bailleurs de fonds	• Communauté • Organismes de réglementation • Associations professionnelles • Groupes défendant des intérêts particuliers • Groupes minoritaires • Médias • Organismes religieux

Tableau 2.2
Le profil des intervenants internes

Actionnaires	La société par actions est une entité juridique établie par un acte constitutif. Du fait des titres qu'ils détiennent, les actionnaires d'une entreprise en sont les propriétaires légitimes. Lors d'une assemblée annuelle, ceux qui possèdent des actions leur conférant le droit de vote (actions ordinaires) élisent les membres du conseil d'administration.
Gestionnaires	L'une des responsabilités des cadres supérieurs est de rendre compte au conseil d'administration et aux actionnaires. Il leur faut présenter un rapport aux administrateurs à intervalles réguliers et un autre aux actionnaires, au moins une fois l'an. Les gestionnaires assument deux grands types de responsabilités, l'un d'ordre financier et l'autre d'ordre social: ils doivent s'assurer que les actions de l'entreprise rapportent suffisamment à leurs détenteurs. Il leur faut aussi s'assurer que toute décision intéressant certains groupes particuliers est prise d'une manière responsable et est conforme à l'éthique.
Personnel d'exécution	Le personnel d'exécution d'une entreprise, constitué par les employés autres que les gestionnaires, contribue aussi dans une large mesure au rendement de l'entreprise. Du fait de leurs compétences et de leurs connaissances, ces employés s'attendent à recevoir une rémunération équitable et à être traités loyalement. Dans beaucoup d'entreprises, l'habilitation des employés est devenue courante. Les cadres acceptent de plus en plus de partager leurs pouvoirs avec les autres employés. Ils ont compris que plus les employés sont maîtres de leur travail, plus l'efficacité de l'entreprise et la satisfaction de chacun augmentent.
Syndicats	Un syndicat est une association de travailleurs habilitée à être représentée officiellement par des négociateurs professionnels dans les négociations avec les représentants d'une entreprise. Si une entreprise ne prend pas soin des intérêts de ses employés, un syndicat le fera à sa place. Le syndicat et la direction doivent se faire mutuellement confiance pour que l'entreprise puisse réussir. Les deux parties gagnent à coopérer puisque la satisfaction des employés a des répercussions heureuses sur la rentabilité de l'entreprise.

Tableau 2.2 (*suite*)
Le profil des intervenants internes

Scientifiques et spécialistes	Les organismes comptent non seulement des opérateurs, des techniciens et des commis, mais également des scientifiques et des spécialistes, eux aussi syndiqués. Dans les administrations fédérale, provinciale et municipale, par exemple, on trouve des ingénieurs, des comptables, des avocats, des médecins, des travailleurs sociaux et des scientifiques, groupés en syndicats. De même, le personnel enseignant confie à ses représentants syndicaux le soin de négocier les salaires et les avantages sociaux.
Alliances stratégiques	L'alliance stratégique se définit comme un accord de coopération par lequel deux ou plusieurs entreprises sont amenées à entretenir des rapports plus étroits, sans toutefois que le rapprochement entre elles aille jusqu'à la fusion ou à l'association pleine et entière. Il s'explique par la nécessité de grouper des expertises communes en vue d'obtenir un effet synergique.
Sociétés filiales	Une filiale est une société à part entière contrôlée en tout ou en partie par une autre société appelée « société mère ». Celle-ci constitue l'actionnaire qui contrôle les orientations stratégiques et les activités financières de la filiale.
Bailleurs de fonds	À l'instar des actionnaires, les bailleurs de fonds apportent des capitaux à l'entreprise. Les prêts hypothécaires, les obligations, les débentures, etc., représentent des capitaux que l'entreprise utilise pour ses immobilisations et ses fonds de roulement. Il peut être risqué de prêter des fonds à une entreprise, aussi les investisseurs, de même que les actionnaires, s'efforcent-ils de protéger leurs intérêts.

2.2.4 La culture organisationnelle

L'infrastructure d'une entreprise implique pour le groupe l'observation d'un code de comportement, des interactions, des sentiments, des valeurs, des activités et divers processus. L'examen de cette infrastructure nous conduit à la notion de culture organisationnelle. On peut définir la **culture organisationnelle** comme l'ensemble des valeurs et des traits caractéristiques (langue, religion, situation sociale, etc.) communs aux membres d'une organisation[7]. Les valeurs qu'on préconise, au sein d'un organisme, correspondent à des normes, à des croyances, à des traditions et à des convictions partagées par les membres du personnel, et qui déterminent la manière dont fonctionne l'entreprise. Elles influent sur presque tous les aspects du comportement du personnel de l'organisation : expression de jugements moraux, conduite à l'égard d'autrui, recherche de buts personnels et collectifs, etc.[8]. Prenons les habitudes de consommation des groupes de sympathisants à différents partis politiques (voir le tableau 2.3) pour montrer jusqu'à quel point les traits caractéristiques et les valeurs peuvent différer d'un groupe à un autre.

Tableau 2.3
Les principales différences entre les électeurs

Les habitudes de consommation des libéraux

- utilisent les banques pour leurs transactions financières (au lieu des caisses populaires) ; participent à des évènements culturels comme le Festival international de jazz de Montréal et le Gala Juste pour rire ;
- visitent le Biodôme et le Vieux-Port ;
- voyagent pour faire du tourisme ;
- ont consommé des produits végétariens dans les six derniers mois ;
- lisent habituellement la rubrique « Voyage » dans le journal ;
- détiennent plus de deux cartes de crédit ;
- ont fait un don pour le développement international ;
- voyagent en Europe en classe économique et utilisent les programmes de fidélisation des compagnies aériennes ;
- ont acheté des médicaments sans ordonnance chez Pharmaprix.

Les habitudes de consommation des bloquistes

- utilisent une caisse populaire (au lieu d'une banque) pour leurs transactions financières, leur prêt hypothécaire, leurs placements (REER) ;
- font eux-mêmes des rénovations dans leur résidence principale ;
- utilisent un camping ou une roulotte lors de leurs voyages ;
- consultent toujours les brochures ;
- détiennent un prêt gouvernemental étudiant ;
- pratiquent la pêche au moins une fois par mois ;
- regardent Super Écran ;
- sont des manuels et des bricoleurs (possèdent une tondeuse à essence, une souffleuse, une scie à chaîne, etc.).

Les habitudes de consommation des conservateurs

- détiennent personnellement une hypothèque ;
- ont acheté des médicaments pour enfants dans les trois derniers mois ;
- achètent des produits chez Rona L'entrepôt pour rénover ;
- font eux-mêmes l'aménagement paysager de leur résidence principale ;
- voyagent en Ontario et dans le nord-est des États-Unis ;
- possèdent ou louent un véhicule tout-terrain ;
- possèdent un barbecue au gaz à la maison ;
- détiennent une assurance vie ;
- ont acquis une assurance vie par l'entremise d'un agent ou d'un courtier ;
- possèdent un foyer à la maison.

Tiré de : « Les principales différences entre les électeurs », *Les Affaires,* 19 juin 2004, p. 7. Résultat d'une recherche effectuée par OPTIMA.

Différentes caractéristiques comportementales des groupes d'employés travaillant dans diverses entreprises peuvent aussi avoir des traits distincts et spécifiques. La prospérité des sociétés nord-américaines les plus célébrées, telles que Dell Computer, General Electric, Starbucks, Wal-Mart et Soutwestern Airlines est souvent mise sur le compte de leur culture, et donc de leurs valeurs propres[9]. Les valeurs de ces entreprises diffèrent considérablement de celles des entreprises les moins admirées.

La culture organisationnelle constitue en quelque sorte la personnalité de l'organisation; elle représente son style propre[10]. Elle peut se définir plus précisément comme un ensemble complexe de valeurs, de croyances, de prémisses et de symboles qui déterminent la manière d'agir d'une entreprise[11]. Ce sont les valeurs partagées par les membres qui lui confèrent sa personnalité. Comme nous l'avons mentionné auparavant, la culture organisationnelle influe sur la façon dont l'entreprise gère ses affaires et traite ses employés, ses clients, ses fournisseurs, etc.[12]. Le plus souvent, les valeurs fondamentales défendues par les organismes se rapportent au service, à la conduite envers les personnes, à la qualité des produits, à la capacité d'innover, à l'honnêteté, à la compétence, à la fiabilité, à la valeur ajoutée, à la confiance et à la quête de la réussite[13].

A. Les caractéristiques de la culture organisationnelle

Dans *Values-Based Leadership*, Kuczmarski et Kuczmarski affirment que si une entreprise ne partage pas les normes et les valeurs de ses employés, elle ne parviendra pas à obtenir d'eux le maximum de performance et de productivité[14]. Les objectifs fondamentaux révèlent souvent la culture d'une entreprise. Voici un exemple. Après avoir bénéficié de la protection de la *Loi sur les arrangements avec les créanciers* pendant une période de 17 mois et opéré une restructuration financière et opérationnelle, le plus grand défi d'Air Canada sera un défi d'exécution qui exigera un changement de culture. L'entreprise, ancienne société d'État (43 % de ses actions furent vendues au privé en 1988, et le reste, en 1989), a hérité d'une structure bureaucratique lourde et de conventions collectives coûteuses. L'acquisition de Canadian Airlines a ajouté à sa lourdeur, car Air Canada a dû gérer l'épineuse question de l'ancienneté, après avoir promis qu'elle ne ferait pas de mises à pied[15].

www.aircanada.ca

Selon les auteurs de l'ouvrage intitulé *Managerial Behavior, Performance, and Effectiveness*, la culture d'une organisation comporte sept caractéristiques distinctes:

1. l'*autonomie individuelle* qui reflète le degré d'indépendance, de latitude et de responsabilité que l'on accorde aux employés dans l'exercice de leur jugement, de leur esprit d'initiative et de leur créativité;
2. la *structure* qui est le fruit des règles, des règlements et de la supervision établis pour harmoniser la conduite des employés;
3. le *soutien* qui correspond aux liens d'amitié unissant les cadres des différents échelons ainsi qu'à leur disposition à assister leurs subalternes, à les aider, à les former et à les conseiller;
4. l'*identité* qui se rapporte à la capacité des membres à s'identifier à leur entreprise dans son ensemble plutôt qu'à une fonction, à une tâche ou à un champ de compétence particuliers;
5. la *récompense liée aux résultats* qui consiste dans la rémunération versée aux employés pour leurs accomplissements et leur rendement; l'augmentation de salaire, les primes et les promotions sont autant de moyens de récompenser une personne de ses efforts et de son ardeur au travail;

6. la *tolérance à l'égard des conflits* qui indique la mesure dans laquelle une personne est disposée à collaborer avec ses collègues, ses subordonnés ou divers groupes même si elle ne partage pas leur opinion ; de bonnes relations de travail supposent que les personnes puissent respecter les points de vue opposés aux leurs ;
7. la *capacité d'accepter les risques* qui est fonction de la motivation et de l'encouragement apportés aux membres d'une entreprise pour qu'ils soient innovateurs, sûrs d'eux et audacieux[16].

Les objectifs fondamentaux révèlent souvent la culture d'un organisme. Le tableau 2.4 présente un énoncé des valeurs du Centre hospitalier pour enfants de l'est de l'Ontario. Cet établissement se distingue par des valeurs liées aux soins, à la recherche et à l'enseignement. Ces valeurs essentielles, à savoir le respect, la sensibilité, le dévouement, la responsabilité et l'engagement, guident l'ensemble des employés. Tous les membres du personnel contribuent au succès de l'hôpital en respectant la dignité de chaque enfant, en se montrant sensibles aux besoins des familles et en cherchant à se développer sur les plans professionnel et personnel.

www.cheo.on.ca

Tableau 2.4
L'énoncé des valeurs du Centre hospitalier pour enfants de l'est de l'Ontario

Notre mission repose sur certaines valeurs fondamentales :

- le respect de la dignité de chaque enfant dans un milieu bilingue et multiculturel ;
- la sensibilité aux besoins de la famille de chaque malade et la volonté de favoriser son bien-être général ;
- le dévouement à l'innovation et à l'amélioration ;
- la responsabilité de garantir une saine gestion de nos ressources financières limitées ;
- l'engagement d'assurer le développement professionnel et personnel de nos employés, de notre personnel médical et de nos bénévoles.

Source : Énoncé de mission et de valeurs, Centre hospitalier pour enfants de l'est de l'Ontario.

B. L'influence de la culture organisationnelle sur le style de gestion

De plus en plus, la culture organisationnelle est liée à la performance des employés, à la structure générale de l'entreprise et au système de contrôle, ce qui a des effets sur le code comportemental. Elle détermine largement les méthodes, les moyens et les procédés utilisés par les cadres supérieurs. Il est certain que la culture organisationnelle émane du plus haut niveau d'une entreprise, c'est-à-dire du P.-D. G. et des membres du comité de direction. Songeons ici aux parents qui croient fermement à certaines valeurs fondamentales comme le respect, l'honnêteté, la franchise, la confiance, la politesse, l'ouverture d'esprit, la loyauté, la justice et l'intégrité. Le comportement de ces adultes et de leurs enfants différera considérablement de celui des personnes qui se laissent envahir par la malhonnêteté, la méfiance, la déloyauté ou l'hypocrisie.

Les cadres intermédiaires et inférieurs peuvent aisément savoir quelles sont les convictions des dirigeants de leur organisation; il leur suffit d'examiner:

- leur capacité à prendre des risques;
- le degré de discipline qu'ils s'imposent;
- leur capacité à laisser les cadres prendre part à la planification et au processus décisionnel;
- la liberté d'action qu'ils laissent aux autres personnes;
- leurs méthodes de contrôle (implicites ou explicites);
- les critères d'attribution des promotions ou des augmentations de salaire (le rendement et les accomplissements ou l'ancienneté et les intrigues).

On peut conclure que la manière employée par les cadres supérieurs pour planifier, organiser, diriger et contrôler les activités de leur entreprise dépend en grande partie de la culture de cette dernière. Le tableau 2.5 indique la manière avec laquelle la culture organisationnelle peut influer sur les variables liées aux quatre fonctions de la gestion: la planification, l'organisation, le leadership et le contrôle.

Tableau 2.5
Les effets respectifs d'une culture organisationnelle autocratique et d'une culture organisationnelle démocratique sur les fonctions de gestion

EFFETS	CULTURE AUTOCRATIQUE	CULTURE DÉMOCRATIQUE
Sur la planification		
Risques	Faibles	Élevés
Plans	À court terme	À long terme
Participation	Cadres supérieurs	Tous les gestionnaires
Communication	Descendante	Verticale dans les deux sens
Responsables	État-major	Cadres hiérarchiques
Sur l'organisation		
Autorité	Détenue par les cadres supérieurs	Déléguée
Structure	Centralisée	Décentralisée
Promotion	Personnes de l'extérieur	Personnes de l'intérieur
Tâches	Définies par les cadres	Définies par le personnel d'exécution
Lignes de conduite et marche à suivre	Respectées à la lettre	Appliquées avec une certaine latitude
Évaluation du rendement individuel	Basée en partie sur des préjugés	Fondée sur le rendement
Sur le leadership		
Motivation	Crainte	Objectifs fixés
Style de gestion	Autocratique	Démocratique
Créativité	Étouffée	Encouragée
Liberté d'action	Négligeable	Favorisée
Travail	Individuel	En groupe
Sur le contrôle		
Méthode	Explicite (gendarme)	Implicite (autodirection)
Critères	Activités	Résultats

C. Comment gérer la culture organisationnelle

Dans *Managing by Values*[17], Ken Blanchard et Michael O'Connor distinguent trois phases dans la mise en place d'une gestion basée sur un système de valeurs.

La première phase consiste à définir la mission et les valeurs de l'organisation. Tout comme un individu, une entreprise a des caractéristiques et une philosophie qui déterminent un comportement. Pour donner une identité à l'organisation, il est important que les dirigeants précisent sa mission, c'est-à-dire sa raison d'être, son mandat, son intention et ses objectifs de valeurs[18]. Le fait d'énoncer clairement les valeurs préconisées par cet organisme permet :

- d'augmenter l'efficacité au travail ;
- d'accroître le sentiment de loyauté ;
- de définir avec toute la rigueur souhaitable les objectifs de l'organisation et de faire en sorte qu'ils satisfassent les attentes des intervenants externes et internes ;
- de tracer avec plus de facilité une ligne de conduite commune ;
- d'établir un code de conduite favorisant l'application au travail et la satisfaction des clients ;
- de réduire le stress ;
- d'alimenter le sentiment d'appartenance à l'entreprise ;
- de préciser ce que l'on attend des employés ;
- d'encourager le travail en équipe et l'esprit de coopération[19].

Décrivons les six étapes importantes à franchir pour définir les valeurs d'une organisation :

1. l'explication aux membres du conseil d'administration du mode de gestion basé sur des valeurs partagées ;
2. l'énoncé par le P.-D. G. de ses propres valeurs ;
3. l'énoncé verbal par les dirigeants de leurs propres valeurs, sans la présence du P.-D. G. ;
4. la formation de groupes de travail chargés de déterminer les valeurs essentielles partagées ;
5. l'examen des valeurs partagées par les clients et les autres intervenants ;
6. l'élaboration d'une synthèse des opinions et des suggestions formulées, et présentation au conseil d'administration de l'énoncé de la mission et des valeurs de l'organisation, pour approbation[20].

La deuxième phase consiste à faire connaître la mission et les valeurs organisationnelles. Le tableau 2.4 (voir la page 53) présente un énoncé de certaines valeurs du Centre hospitalier pour enfants de l'est de l'Ontario. La mission et les valeurs doivent être communiquées à tous les membres de l'organisation, par des affiches, notes ou autres moyens.

La troisième et dernière phase, celle de la mise en œuvre, est la plus difficile à réaliser. Les membres de l'organisation doivent appliquer les décisions mises par écrit. Les dirigeants doivent s'assurer que les valeurs prônées par l'entreprise sont respectées à tous les niveaux de la hiérarchie et par tous les employés. Les dirigeants, en particulier, doivent donner l'exemple. Leur

2

rôle premier est en effet de traduire par des actes la mission et les valeurs de l'organisation. C'est par leur comportement que les dirigeants gagnent le respect des employés. Il leur faut être des modèles[21], et pour cela, il est nécessaire qu'ils croient fermement dans les valeurs et les principes directeurs énoncés, et qu'ils donnent l'exemple.

Témoignage

L'analyse de l'environnement, une évaluation critique par la Banque de développement du Canada avant de consentir un prêt.

Deborah Jardine, directrice des comptes, Banque de développement du Canada

« La Banque de développement du Canada (BDC) est une société de la Couronne ayant comme mission de favoriser la création et la croissance des petites et moyennes entreprises canadiennes, en leur offrant des services financiers et de consultation, explique Deborah Jardine, directrice. En 2004, la BDC a dépassé la somme de 2 milliards de dollars d'autorisations nettes. La responsabilité du Service des comptes de la BDC est de promouvoir les services de la banque, d'exécuter l'analyse diligente, de définir les besoins des clients et de leur répondre en leur proposant des solutions innovatrices.

« Avant de consentir un prêt à une PME, la BDC évalue son environnement externe et interne. La BDC prend en compte les facteurs suivants pour rendre ses décisions en matière de prêts. Concernant l'environnement externe, elle considère la position concurrentielle de l'entreprise, les débouchés des produits ou services offerts, l'existence d'un créneau de marché viable, et l'aptitude de l'entreprise à s'adapter aux changements dans les marchés et aux fluctuations de la devise canadienne.

« La BDC examine aussi l'environnement interne, incluant la force de l'équipe de direction, la solidité financière de l'entreprise, les perspectives de l'entreprise, la politique environnementale, et la capacité innovatrice. Cette analyse est critique, car elle permet d'atténuer les risques reconnus.

« Voici un exemple de projet : Euro Ceramics (1991) ltd. de Vancouver vend au détail et en gros des carreaux de céramique européens. Reconnue pour sa vaste sélection et ses produits innovateurs, la compagnie détient une bonne part du marché local. Cette position enviable et la qualité de l'équipe de gestion ont une incidence favorable sur la performance financière de l'entreprise. Ces éléments de l'environnement ont été déterminants dans la décision d'octroyer le financement. »

www.eurotile.ca/
www.bdc.ca/

OBJECTIF 2.3

Énumérer les diverses composantes de l'environnement externe importantes pour les gestionnaires.

2.3 L'ENVIRONNEMENT EXTERNE

Comme le montre la figure 2.1 (voir la page 45), l'environnement externe de l'organisation est constitué de l'environnement général, de l'environnement immédiat et des intervenants externes. L'environnement général exerce un effet plus ou moins appréciable sur les entreprises ; il regroupe des éléments économiques, politiques et juridiques, technologiques, sociaux, éthiques et internationaux, et compte également des intervenants externes. L'environnement immédiat (ou micro-environnement), pour sa part, touche plus directement certaines activités d'une organisation et est formé des consommateurs, des fournisseurs, des concurrents établis, de nouveaux concurrents, ainsi que des produits ou des services substituts.

Après avoir lu les quatre prochaines sous-sections, vous devriez pouvoir:

- expliquer pourquoi il est important pour les gestionnaires d'analyser l'environnement externe de l'organisation;
- décrire le profil des différents types d'environnements externes des organismes;
- expliquer comment les éléments constitutifs de l'environnement externe influent sur une organisation en matière de planification;
- distinguer les principaux intervenants de l'environnement externe;
- définir les principaux éléments de l'environnement immédiat d'une entreprise.

2.3.1 Les raisons motivant une analyse de l'environnement externe

L'analyse et l'examen de l'environnement externe aident les gestionnaires à évaluer ses possibilités et ses dangers (voir la figure 2.2 à la page 47).

Les **possibilités** sont des actes ou des événements possibles qui fournissent à une organisation l'occasion de se développer. On peut les classer en deux groupes. Celles du premier groupe se rattachent à une entreprise en particulier et ont essentiellement un rapport avec les forces de cette dernière. Les différentes entreprises appartenant à un même secteur ne sont pas également capables de tirer avantage des occasions qui se présentent. Dans le cadre de l'ALENA, par exemple, certaines entreprises canadiennes pouvaient, mieux que d'autres, soutenir la concurrence américaine et mexicaine parce qu'elles offrent un produit de qualité supérieure ou une structure de coûts avantageuse. Les entreprises qui ont une structure de coûts déficiente et une gamme de produits peu attrayante envisageaient la mise en application de l'ALENA avec appréhension. Les possibilités du second groupe se rapportent à l'ensemble d'un domaine donné et sont également favorables à toutes les entreprises lui appartenant.

Voici quelques exemples de possibilités typiques susceptibles d'être mises en évidence par cette analyse:

- la baisse des taux d'intérêt;
- la reprise économique;
- la mise au point de nouveaux procédés et de nouvelles techniques de fabrication;
- l'abolition des barrières au commerce interprovincial;
- l'augmentation rapide du taux de croissance du marché.

Les **dangers** se définissent comme des éléments de l'environnement externe qui menacent la stabilité d'une organisation. Par exemple, un concurrent étranger pénètre sur un marché ou une entreprise rivale lance un nouveau produit ou un nouveau service. Au moment d'analyser l'environnement général, on évalue les dangers potentiels contenus dans les divers aspects économiques, politiques et juridiques, technologiques, sociaux et éthiques. Il est essentiel de faire cette évaluation parce que la croissance, le déclin et les diverses situations que connaissent les entreprises dépendent plus de l'action de l'environnement externe que de celle des éléments internes[22].

Voici quelques autres exemples de dangers typiques susceptibles d'être mis en évidence par cette analyse:

- l'évolution des goûts et des besoins des consommateurs;
- l'adoption d'une loi défavorable à l'entreprise;
- la fusion de deux concurrents importants;
- l'acquisition d'un fournisseur par une entreprise rivale;
- les pressions exercées par des regroupements de consommateurs.

2.3.2 Le profil des différents types d'environnements externes

L'environnement externe d'une organisation, qu'il soit général ou immédiat peut être décrit sous trois angles: son rythme de changement, sa complexité et sa richesse.

A. Le rythme du changement de l'environnement

Le **changement de l'environnement** externe peut être défini comme le rythme auquel le changement se produit dans l'environnement général et l'environnement immédiat. Dans un **environnement stable**, les changements se manifestent lentement. Les organisations qui œuvrent dans de tels environnements sont les organismes gouvernementaux, les universités, les écoles et les hôpitaux. Un environnement stable influe de façon négligeable sur le travail des individus évoluant au sein des organismes, de sorte que les activités de ceux-ci ne se modifient pas rapidement. Cependant, un **environnement dynamique** évolue rapidement. Les organismes connaissant ce type d'environnement œuvrent dans les domaines de la technologie de pointe, de l'informatique, des communications et de l'automobile.

Cette brève introduction portant sur le changement de l'environnement semble indiquer que certaines entreprises évoluent, parfois dans un environnement stable et parfois dans un environnement dynamique. La **théorie d'équilibre soudain** basée sur des recherches récentes montre que certains organismes évoluent dans un environnement stable (équilibré) pendant une longue période, vivent ensuite des changements rapides et radicaux (périodes révolutionnaires) pour ensuite retrouver un environnement stable[23].

B. Le degré de complexité de l'environnement

Le **degré de complexité de l'environnement** est le nombre de facteurs externes qui peuvent influencer les décisions stratégiques des dirigeants d'une entreprise. Les **environnements simples** sont caractérisés par un nombre limité de facteurs externes alors que les **environnements complexes** en comprennent un grand nombre.

Prenons l'exemple de l'industrie laitière. Les entreprises qui évoluent dans ce secteur bénéficient d'un environnement considéré comme simple. Il est certain que de nouvelles méthodes technologiques sont apparues dans la transformation et la production du lait. Malgré l'arrivée de quelques nouveautés dans les produits laitiers, nous rencontrons toujours les mêmes : le lait homogénéisé, le lait 2 % et le lait 1 % ou écrémé.

En revanche, les entreprises du secteur technologique œuvrent dans un environnement plutôt complexe. Si l'on compare les ordinateurs des années 1980 à ceux d'aujourd'hui, des modifications significatives ont eu lieu tant dans les composants que dans les logiciels.

C. La richesse de l'environnement

La **richesse de l'environnement** indique soit l'abondance, soit la pénurie des ressources critiques pour les entreprises d'un secteur donné. Par exemple, il peut être difficile d'embaucher du personnel qualifié pour effectuer une tâche donnée. Même si plusieurs entreprises congédient des employés dans un secteur particulier, dans d'autres secteurs, les personnes qualifiées sont plutôt rares. Prenons l'exemple du Groupe Thibodeau (voir la page 40) qui éprouve des difficultés à percer le lucratif marché américain à cause d'un manque de chauffeurs prêts à subir les nouvelles mesures de sécurité à la frontière. Cette pénurie limite la progression des revenus de l'entreprise[24].

2.3.3 L'environnement général

Nous avons vu plus haut que les éléments constitutifs de l'**environnement général** influent sur l'ensemble des priorités, des objectifs et des plans stratégiques de l'organisation. Chaque élément de l'environnement externe est placé dans une conjoncture qui peut influencer l'entreprise. Comme le montre la figure 2.1 (voir la page 47), cet environnement est constitué, d'une part, par des éléments économiques, politiques et juridiques, technologiques, sociaux, éthiques et internationaux, et, d'autre part, par les intervenants externes.

A. L'environnement économique

L'**environnement économique** représente l'ensemble des éléments externes (concurrents, consommateurs, fournisseurs, etc.) ayant un effet direct sur le chiffre des ventes de produits ou de services d'une entreprise. La prospérité d'une entreprise ou d'une industrie dépend dans une large mesure des conditions économiques. C'est pourquoi un grand nombre de dirigeants lisent les pages économiques des grands quotidiens et des magazines spécialisés (*Les Affaires*, *La Presse*, *The Globe and Mail* et *The National Post*). Ces périodiques les renseignent sur la situation des marchés québécois et canadien, et sur les prévisions à court ou à moyen terme.

Les conditions économiques déterminent le niveau d'activité dans le milieu des affaires. Ainsi, une hausse des impôts sur les sociétés et sur le revenu des particuliers entraîne une diminution des bénéfices des entreprises et du revenu disponible des contribuables, ce qui peut avoir un impact négatif sur les dépenses d'investissement et de consommation. Autre exemple : une meilleure appréciation du dollar canadien par rapport au dollar américain a pour effet une baisse des exportations canadiennes.

Tout ralentissement de l'économie, comme celui connu par le Canada au début des années 1980 et 1990, a des effets négatifs sur les décisions des gestionnaires. Il peut, par exemple, amener les entreprises à limiter leurs activités et à réduire leur personnel, provoquant une hausse du taux de chômage. Les consommateurs perdent du pouvoir d'achat et acquièrent moins de biens et de services. Il s'ensuit une nouvelle baisse de l'activité, qui a pour effet de réduire davantage les dépenses d'investissement et le nombre des emplois offerts. L'indice de confiance des consommateurs peut être mesuré. Une recherche conduite par Decima Research en 2003 auprès de 2 017 personnes au Canada montrait que l'indice de confiance des consommateurs canadiens atteignait 88,4 points, comparativement à 80,4 points un mois plus tôt[25]. Un indice de confiance aussi élevé correspond donc à une économie que l'on peut qualifier de « prospère ». Tous les secteurs de l'économie sont étroitement dépendants les uns des autres et s'influencent d'une manière positive ou négative. C'est cette interaction entre les diverses sphères d'activité que les gestionnaires doivent analyser quotidiennement avant de prendre des décisions.

Parmi les principaux éléments qui renseignent sur la situation économique figurent le produit intérieur brut (PIB), le produit national brut (PNB), l'indice des prix, l'indice de confiance, la demande intérieure, l'indice des prix à la consommation (IPC), la main-d'œuvre disponible, l'offre d'emplois, le taux de chômage, le taux d'appauvrissement (somme du taux de chômage et de la hausse de l'IPC), le nombre de mises en chantier dans le secteur résidentiel, le solde commercial, le niveau des salaires, les bénéfices des sociétés après impôts, le taux préférentiel, le taux d'inflation, l'état des marchés financiers, la valeur du dollar canadien et les dépenses d'investissement.

B. L'environnement politique et juridique

L'**environnement politique et juridique** se définit comme l'ensemble des facteurs liés aux politiques et aux programmes gouvernementaux qui influent sur le milieu des affaires et des entreprises. Les gouvernements de tous ordres jouent un rôle déterminant dans l'économie. Ils peuvent stimuler l'activité économique et le milieu des affaires au moyen de politiques monétaire et fiscale.

La *politique monétaire* est relative à l'offre de monnaie. C'est à un organisme indépendant, la Banque du Canada, qu'il appartient d'élaborer cette politique et de déterminer l'offre de monnaie en abaissant ou en haussant le taux d'escompte. Par exemple, pour stimuler l'économie, la Banque du Canada réduira son taux d'escompte, ce qui fera baisser le taux préférentiel que les établissements bancaires accordent à leurs meilleurs clients. Ainsi, il circulera une plus grande quantité de monnaie, et les entreprises comme les consommateurs auront tendance à dépenser davantage. Les entreprises investiront, par exemple, dans la modernisation, l'agrandissement ou la construction d'usines et dans les activités de recherche et de développement. Les consommateurs, quant à eux, emprunteront sans doute davantage pour acquérir des biens durables comme une maison ou des meubles. De faibles taux d'intérêt favorisent la croissance, créent des emplois, réduisent le chômage et même la concurrence internationale.

La *politique fiscale* intéresse les dépenses gouvernementales, les taux d'imposition et l'ampleur des déficits ou des excédents budgétaires. Si les gouvernements veulent investir davantage dans les programmes sociaux ou améliorer les infrastructures économiques nationales ou provinciales, ils ont le choix entre hausser les impôts sur les bénéfices des sociétés et le revenu des particuliers ou emprunter davantage. Or, une augmentation des impôts entraîne une baisse de la somme que les entreprises et les consommateurs peuvent dépenser : les entreprises versent alors une plus grande portion de leurs bénéfices à l'État et, par le fait même, ont moins d'argent à réinvestir dans l'économie sous forme de dividendes et d'immobilisations (expansion ou modernisation d'usines, etc.). De leur côté, les consommateurs ont moins d'argent pour acheter des biens, ce qui peut affecter la croissance économique.

Une augmentation des emprunts a pour effet d'accroître le déficit. Elle a aussi des conséquences négatives à long terme, puisque l'État doit verser des intérêts plus élevés et réduire d'autant la part de ses recettes qu'il réinjecte dans l'économie par ses dépenses d'investissement ou ses programmes sociaux.

Les gouvernements exercent une influence directe sur l'économie lorsqu'ils la réglementent. Les lois qu'ils adoptent ont un effet positif ou négatif sur les décisions des entreprises. C'est le cas des lois qui avaient pour objet la déréglementation des services financiers et la privatisation de sociétés d'État. Voici un exemple. En janvier 2005, le ministre fédéral de l'Environnement, Stéphane Dion, avertissait les fabricants d'automobiles qu'Ottawa imposerait une réglementation sur la consommation d'essence des voitures si l'industrie ne réduisait pas d'elle-même de 25 % l'émission de gaz à effet de serre. Cette réglementation aurait donc des effets importants sur les profits des vendeurs de voitures et l'industrie dans son ensemble. La vente des voitures énergivores luxueuses, ainsi que des gros véhicules utilitaires sport pourrait même être suspendue au Canada au cours des prochaines années si le gouvernement exécute sa menace d'imposer des normes sur la consommation d'essence des véhicules[26].

C. L'environnement technologique

L'**environnement technologique** désigne l'ensemble des techniques nouvelles susceptibles d'accroître l'efficacité des activités de production (robotisation), du travail de bureau (échange de documents informatisés) et des moyens de communication. Depuis une vingtaine d'années, des industries, des produits et des procédés de fabrication nouveaux sont apparus à la suite des nombreuses améliorations apportées aux ordinateurs, aux lasers, aux photocopieurs, aux semi-conducteurs et aux circuits intégrés. Ainsi, certaines usines d'automobiles disposent aujourd'hui d'une chaîne de montage presque entièrement robotisée.

Le progrès technique a transformé certains secteurs, dont ceux de l'énergie, du transport, des explorations spatiale et sous-marine et des communications (surtout la télévision). En juillet 2003, grâce à de nouvelles technologies, Info-Courriel de Cyberpresse a commencé à offrir aux internautes un accès direct et rapide aux manchettes des nouvelles locales, nationales et internationales. Ce réseau est alimenté par les salles de rédaction de 7 quotidiens qui groupent 500 journalistes, chroniqueurs, éditorialistes, photographes et collaborateurs: *Le Droit* (Ottawa-Gatineau), *La Presse* (Montréal), *Le Soleil* (Québec), *Le Nouvelliste* (Trois-Rivières), *La Voix de l'Est* (Granby), *La Tribune* (Sherbrooke) et *Le Quotidien*, *Progrès-Dimanche* (Saguenay). Le réseau alimente le site de nouvelles et le garde constamment à jour[27]. Mentionnons une autre innovation qui met à profit la nouvelle technologie. D'après une étude effectuée par Ipsos-Reid, près de 3,5 millions de Canadiens ont acheté au moins un cadeau des Fêtes par Internet, ce qui représentait une augmentation de 59 % par rapport à l'année 2003, soit 44 % des Canadiens adultes[28].

WWW
www.cyberpresse.ca

Le gouvernement canadien accorde une aide financière aux entreprises qui veulent moderniser leur équipement, innover davantage, et améliorer la productivité et la qualité de leurs produits. Il leur permet ainsi de concevoir de meilleurs produits et d'accroître leurs exportations. Il offre, notamment, le Programme d'aide à la recherche industrielle (PARI), dont les objectifs sont les suivants:

- aider l'entreprise canadienne à accroître ses capacités techniques (la technologie pouvant augmenter sa productivité, sa rentabilité et sa compétitivité internationale);
- aider les secteurs de la fabrication, des ressources, de la construction et des services;
- servir de lien vital entre les entreprises et les sources de technologie et d'expertise.

D. L'environnement social

L'**environnement social** se définit comme l'ensemble des valeurs morales et sociales, des coutumes et des caractéristiques propres à la société à laquelle appartient une entreprise. Les phénomènes sociaux influent considérablement sur la manière dont les dirigeants d'entreprise gèrent leurs effectifs, sur le choix des produits et des services à offrir, et sur l'analyse des effets de leurs actions sur la société en général. Parmi les principaux éléments dont les gestionnaires doivent se préoccuper, citons:

- l'égalité en matière d'emploi;
- le harcèlement sexuel au travail;
- les droits des handicapés et des homosexuels;
- la diversité ethnique susceptible d'engendrer des tensions.

L'environnement social englobe aussi des paramètres démographiques comme le taux de natalité, le nombre de nouvelles familles, la pyramide des âges et la répartition des classes sociales. Les changements démographiques et sociaux peuvent amener l'apparition de nouveaux produits et de nouveaux services, favoriser la croissance des entreprises ou, au contraire, entraîner leur fermeture. Ainsi, avant d'acquérir des biens immobiliers, un fabricant d'aliments pour bébés doit prévoir le nombre des naissances ; un constructeur d'habitations doit établir à l'avance la répartition géographique et le modèle de croissance de la population ; un fabricant d'appareils électroménagers doit évaluer le nombre de nouvelles familles qui se formeront ; un fabricant de jouets doit faire des projections concernant la répartition des jeunes par groupes d'âge ; et une entreprise pharmaceutique doit tenir compte du vieillissement de la population. L'augmentation du nombre de familles monoparentales, par exemple, a entraîné la naissance des garderies. De même, les résidences pour personnes âgées se sont multipliées et de nouveaux produits sont apparus pour répondre au vieillissement de la population.

E. L'environnement éthique

L'**environnement éthique** se définit comme l'ensemble des attitudes morales des individus et des groupes. Lorsqu'ils prennent leurs décisions, les gestionnaires doivent être capables de discerner le « bien » du « mal ». Les règles éthiques déterminent en somme ce que l'on doit faire et ce que l'on ne doit pas faire. Dans une organisation, les règles éthiques sont le reflet des valeurs et des croyances des cadres supérieurs. Ce sujet sera discuté en détail au chapitre 3 intitulé « L'éthique, la responsabilité sociale et la diversité ».

Soucieuses d'améliorer leurs normes éthiques, un nombre croissant d'entreprises expliquent dans leur rapport annuel les mesures prises pour rester conformes à la morale et assumer leurs responsabilités sociales. Parmi les mesures adoptées, mentionnons celles-ci :

- former les employés désavantagés et offrir au personnel des services de garderie subventionnés ;
- prêter une plus grande attention à l'environnement ;
- améliorer l'apparence des usines et des terrains ;
- offrir une aide financière aux organismes religieux ainsi que des bourses dans le domaine des arts et dans celui de l'éducation ;
- faire de la recherche sur le recyclage des produits.

La revue *Corporate Knights* publie annuellement la liste des 50 entreprises qui assument le plus leurs responsabilités sociales à l'égard de la communauté, des relations de travail, de l'environnement, de produits et de la gouvernance. Les entreprises qui ont obtenu le plus de points pour l'année 2005 sont : Banque de Montréal (finance), Shoppers Drug Mart Corporation (produits de consommation), IGM Financial (finance), Banque Laurentienne du Canada (finance) et Husky Injection Moldings Systems (produits industriels)[29].

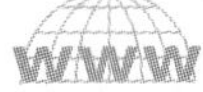

www.corporateknights.ca pour voir la liste du palmarès des 50 entreprises qui assument le plus leurs responsabilités sociales

F. L'environnement international

En ce début du XXIe siècle, les entreprises sont l'objet d'une plus grande intégration partout dans le monde. On est en train d'abolir les barrières au commerce international, et il en résulte une plus libre circulation des biens et des services d'un pays à l'autre. Ce phénomène de mondialisation où d'**environnement international** exerce de nouveaux types de pressions sur les gestionnaires canadiens, les incitant à planifier, à organiser et à diriger leur entreprise en fonction du marché mondial et non pas seulement du marché de leur pays. La concurrence internationale est féroce dans tous les secteurs y compris chez les fabricants de meubles. Ainsi, il y a une décennie, à peine 2 % des meubles importés au Canada provenaient de la Chine. Aujourd'hui, ce pourcentage atteint 27 %. En quelques années, les ventes chinoises en Amérique du Nord sont passées de 2,1 milliards de dollars à 6 milliards de dollars, sur un marché de 25 milliards de dollars[30].

D'après le réputé magazine *The Economist*, le Canada se positionne très bien sur le marché international et il sera le meilleur pays du monde où brasser des affaires pendant les cinq prochaines années. Le Canada se démarque par ses infrastructures, son ouverture au commerce international et au capital étranger, et aussi par ses occasions d'affaires[31]. La 15e livraison du *World Competitiveness Yearbook* publiée par l'École de commerce suisse IMD montre que le Canada s'est classé au troisième rang du palmarès (après les États-Unis et Singapour). Ce palmarès, publié chaque année, s'appuie sur 323 critères touchant aussi bien la performance économique que l'efficacité gouvernementale[32].

La gestion pratiquée dans un environnement international oblige les entreprises dites multinationales à réaliser des opérations beaucoup plus complexes, puisque les gestionnaires de ces entreprises doivent tenir compte de la langue, des coutumes et des lois des pays où elles sont établies. Sur le plan de la fabrication, par exemple, l'approvisionnement et la fabrication à l'échelle mondiale sont les deux principaux éléments qui influent sur les stratégies de production d'une société multinationale.

La mondialisation a eu trois effets principaux. Premièrement, une quantité beaucoup plus grande de biens et de services circule maintenant entre les pays. Deuxièmement, l'investissement direct étranger (IDE) a une importance plus grande, car les dirigeants d'entreprise investissent davantage hors de leur pays. Une étude réalisée par les Nations Unies révèle que la plupart des pays industriels avancés injectent encore beaucoup de capitaux dans les pays en développement malgré le ralentissement économique qu'ils connaissent. Troisièmement, à la suite de la mondialisation et de la croissance continue des sociétés multinationales ainsi que de l'IDE, les grandes et les petites entreprises voient leur marché intérieur menacé. Ainsi, GM, Ford et Chrysler ont vu une portion importante du marché canadien passer aux mains de concurrents japonais tels que Toyota, Nissan et Honda. En 1986, la part du marché de l'automobile de Toyota était de 6,4 %, elle est maintenant de 12,2 %[33]. On peut dire la même chose des entreprises canadiennes du secteur de l'électronique.

G. Les intervenants externes

Les gestionnaires doivent non seulement analyser l'environnement général de l'organisation, mais également tenir compte de l'opinion de certains groupes particuliers susceptibles d'avoir une influence sur la réalisation des objectifs et des plans organisationnels. Les gestionnaires savent qu'ils travaillent à l'intérieur d'un système social complexe donnant lieu à des interactions multiples. Une **société pluraliste** comporte des groupes autonomes ou semi-autonomes détenant chacun certains pouvoirs. Ceux-ci sont toutefois relatifs, car les décisions d'un groupe peuvent l'emporter sur celles d'un autre. Dans ce type de société, le pouvoir est partagé entre plusieurs groupes.

Les groupes défendant des intérêts particuliers, également appelés groupes de pression, sont des **intervenants externes** parce qu'ils se préoccupent de l'effet des décisions de gestion sur la cause qu'ils servent et parce qu'ils peuvent infléchir la ligne de conduite des gestionnaires. Ceux-ci prennent leurs interventions au sérieux, s'efforcent de rapprocher leurs objectifs de ceux de ces groupes et d'établir une communauté d'intérêts. Les intervenants externes peuvent s'opposer non seulement à certains objectifs et à certains plans qui les touchent directement, mais aussi à la manière dont une organisation s'acquitte de ses responsabilités à l'égard de la société en général. Prenons l'exemple des négociations visant la répartition des coûts des soins de santé entre le gouvernement fédéral et les provinces qui ont eu lieu en 2004. Les associations de médecins, d'infirmières et de pharmaciens se sont invitées dans le débat alors que leurs membres étaient unanimes à dire que les fonds fédéraux remis aux provinces pour la santé devraient être accompagnés d'objectifs à atteindre et de contrôles sur la manière de dépenser l'argent. Et si les provinces refusaient de telles conditions, le gouvernement fédéral devrait abandonner les négociations, c'est du moins ce qu'affirmait la présidente de l'Association des infirmières et infirmiers du Canada[34]. Voici un autre exemple. En 2005, les compagnies de téléphone titulaires telles que Bell Canada et Telus devaient réduire les tarifs imposés à de plus petits concurrents pour leur permettre l'accès à leurs réseaux numériques, conformément à une décision rendue par le Conseil de la radiodiffusion et des télécommunications (CRTC). La société d'État a dû agir de la sorte afin de permettre aux compagnies concurrentes telles que CallNet Enterprises « d'élargir leur clientèle», ce qui se traduira par une augmentation de leurs bénéfices et « facilitera l'expansion de leurs propres réseaux »[35].

Tableau 2.6
Le profil des intervenants externes

Communauté	Les organismes d'une communauté peuvent être influencés d'une façon positive ou négative par les décisions des gestionnaires d'entreprise. Ils exercent leurs activités dans de petites ou de grandes villes et peuvent être pour celles-ci une source de croissance en offrant des emplois, en versant des impôts et en améliorant le bien-être général de la population. Lorsqu'une entreprise est prospère, la communauté en bénéficie. En revanche, si une entreprise fait faillite, beaucoup de citoyens s'en ressentent.
Organismes de réglementation	Divers organismes de réglementation, tant aux niveaux fédéral que provincial ou municipal, appliquent des lois et des règlements qui influent sur la ligne de conduite des dirigeants d'entreprise. Parmi les organismes de réglementation fédéraux, citons: Agriculture et Agroalimentaire Canada, le Bureau du surintendant des institutions financières, Transports Canada, Développement des ressources humaines Canada, Ressources naturelles Canada, Industrie Canada, Environnement Canada et le CRTC.

Ces intervenants, qui n'ont pas nécessairement un intérêt pécuniaire direct dans l'entreprise, veulent voir les dirigeants de celle-ci assumer pleinement leurs responsabilités sur les plans social et moral. Comme le montre le tableau 2.6, les intervenants externes sont la communauté, les organismes

Tableau 2.6 (*suite*)
Le profil des intervenants externes

Associations professionnelles	Les travailleurs ne sont pas les seuls à se regrouper; les entreprises appartenant à un même secteur et ayant des intérêts communs en font autant. Les entreprises d'un même secteur défendent leurs intérêts communs au moyen d'associations professionnelles. Par exemple, lorsqu'une banque veut protester contre une politique gouvernementale ou faire connaître son point de vue à un ministère ou à un politicien, l'Association des banquiers canadiens lui sert de porte-parole. Mentionnons un certain nombre d'associations formées dans l'industrie au Québec et au Canada: l'Association canadienne de la construction, l'Association canadienne des distributeurs d'équipement, l'Association des brasseurs du Québec, l'Association des distributeurs aux services alimentaires du Québec. Même les médecins et les avocats sont groupés en association. Signalons, entre autres, l'Association du Barreau canadien, l'Association dentaire canadienne, l'Association des ingénieurs-conseils du Canada et l'Association canadienne des physiciens.
Groupes défendant des intérêts particuliers	Certains groupes défendant des intérêts particuliers font pression sur des entreprises ou des organismes gouvernementaux pour qu'ils modifient leurs politiques et leurs pratiques. Ils cherchent habituellement à faire valoir certains droits ou à faire modifier la réglementation des affaires. Figurent aussi parmi les groupes d'intérêts l'Association féminine d'éducation et d'action sociale, l'Association québécoise pour la défense des droits des retraités et préretraités, l'Association des consommateurs du Canada, le Conseil québécois pour l'enfance et la jeunesse, et la Fédération des ACEF du Québec.
Groupes minoritaires	Comme elle se diversifie de plus en plus, la main-d'œuvre canadienne sera pour les dirigeants d'entreprise l'occasion, dans les années à venir, de montrer leur savoir-faire. On y trouve en effet des groupes distincts à divers points de vue: religion, orientation sexuelle, niveau d'instruction, mode de vie, sexe, origine raciale ou ethnique et nationalité. Chacun de ces groupes, appelés ordinairement groupes minoritaires, a une personnalité, des valeurs, des expériences, des perceptions, des attitudes qui lui sont propres. Les gestionnaires devront connaître les particularités et les attentes de ces divers groupes. Plusieurs lois adoptées récemment concernent, par exemple, l'égalité des sexes ainsi que les droits des immigrants, des déficients intellectuels, des handicapés physiques et des homosexuels.
Médias	Beaucoup considèrent les médias comme des protecteurs du citoyen. Les médias se donnent pour tâche de renseigner les citoyens sur diverses questions qui les concernent. Les journaux et les magazines, les émissions télévisées et les tribunes téléphoniques traitent de sujets qui intéressent un large public. Les éditorialistes des journaux donnent leur opinion sur diverses questions liées à la vie sociale et aux affaires.
Organismes religieux	Divers organismes religieux prennent position sur certaines questions sociales qui touchent les citoyens. Ils font ainsi connaître leur opinion sur l'avortement, les heures de travail, l'ouverture des commerces le dimanche ainsi que les droits des handicapés physiques, le mariage gai et des déficients intellectuels.

2

de réglementation, les associations professionnelles, les groupes défendant des intérêts particuliers, les groupes minoritaires, les médias et les organismes religieux. Les gestionnaires doivent tenir compte des effets de leurs décisions sur ces divers groupes. Toute décision préjudiciable à l'un d'eux pourrait avoir de fâcheuses répercussions sur les activités de l'entreprise. Le tableau 2.6 donne une brève description de ces intervenants externes.

2.3.4 L'environnement immédiat

Comme l'influence à long terme exercée par l'environnement général est difficile à cerner, les dirigeants d'entreprise attachent une attention particulière aux divers éléments de l'**environnement immédiat** qui touchent plus directement certaines de leurs opérations. Bien que l'examen soit assez difficile à faire, il est important que les dirigeants étudient les éléments de l'environnement immédiat, car ceux-ci ont un effet direct sur les objectifs et les plans stratégiques de leur organisation. S'ils veulent assurer la croissance et la survie de leur entreprise, les dirigeants doivent être capables de prévoir les actions des intervenants présents dans cet environnement[36]. Le tableau 2.7 présente une analyse type des principaux éléments de l'environnement immédiat, conduite par un supermarché.

Tableau 2.7
L'analyse de l'environnement immédiat

- **Le syndicat :** ce supermarché emploie 150 personnes (dont 70 à temps partiel), et toutes sont membres du Syndicat des travailleurs unis de l'alimentation et du commerce affilié.
- **Les organismes de réglementation :** les principaux organismes qui ont droit de regard sur les activités de l'entreprise sont la Commission de la santé et de la sécurité du travail, le ministère de l'Agriculture (hygiène alimentaire), Ressources humaines Canada (assurance-emploi), Main-d'œuvre, sécurité du revenu et formation professionnelle, et l'Office de la langue française.
- **Les fournisseurs :** près de 98 % de la marchandise offerte provient d'un même fournisseur (Loeb), ce grossiste collaborant avec le supermarché pour établir la quantité requise de chaque produit.
- **Les consommateurs :** presque 80 % des clients du supermarché demeurent dans la communauté ou dans les environs (60 % de femmes et 40 % d'hommes).
- **Les concurrents :** l'entreprise compte deux grands rivaux (un supermarché Loblaw de 2 300 mètres carrés et un magasin Provigo de 1 950 mètres carrés) ainsi que plusieurs concurrents de moindre importance (petites épiceries de quartier).
- **La communauté :** le propriétaire-directeur doit obtenir un permis pour faire des rénovations. Il participe par ailleurs à la vie de la communauté (en s'associant au carnaval d'hiver, en faisant don de trophées qui sont remis lors d'événements sportifs et en aidant certains organismes, telles l'Église catholique, la Société de Saint-Vincent-de-Paul, les écoles primaires et secondaires ainsi que la Sûreté municipale).

Il est relativement facile d'analyser les éléments de l'environnement immédiat de ce supermarché. Il en est parfois autrement pour les organismes de plus grande taille. C'est le cas, par exemple, d'une entreprise qui traite avec cinq syndicats, qui est soumise à des centaines de normes gouvernementales, qui s'approvisionne en biens et en services auprès de dizaines de fournisseurs, qui offre un large éventail de produits à des groupes de consommateurs différents, qui lutte avec cinq ou six concurrents pour s'approprier différents marchés dans diverses régions, qui possède des usines dans une douzaine de villes (dont quelques-unes dans d'autres pays) et qui appartient à une société de portefeuille à la tête d'une organisation complexe.

WWW
www.quickmba.com/strategy/generic.shtml pour une explication du modèle de Michael Porter

Selon Michael Porter, les éléments de l'environnement immédiat sont: les consommateurs, les fournisseurs, les concurrents établis, les nouveaux concurrents ainsi que les produits et les services substituts, tous sont liés à la concurrence[37] (voir le cercle intermédiaire de la figure 2.1 à la page 45).

A. Les consommateurs

Les **consommateurs**, ceux qui achètent des produits ou des services, sont l'un des principaux agents de la prospérité d'une entreprise. Aujourd'hui, ils demandent des produits de qualité, lisent les étiquettes des marchandises pour en connaître la composition et veulent à tout prix protéger l'environnement. Ils sont certainement devenus exigeants et difficiles à satisfaire.

Considérons, par exemple, ce qui s'est produit lorsque les assureurs ont voulu augmenter considérablement les primes d'assurance automobile au Canada il y a quelques années. Ce problème est devenu un enjeu électoral dans certaines provinces de l'est du Canada. Les consommateurs ontariens ont fait pression sur leurs gouvernements pour qu'ils adoptent une série de mesures visant à annuler les hausses des primes d'assurance automobile de 19 % en 2003 et de 40 % au cours des quatre dernières années.

Mentionnons à ce propos que la pression exercée par les consommateurs sur différents groupes (compagnies d'assurance automobile, avocats, médecins de famille) peut avoir beaucoup d'effets. En voici des exemples:

- un gel immédiat des primes d'assurance;
- une réduction de 10 % des primes dans les 90 jours après l'élection;
- des économies additionnelles de 10 % grâce à une couverture plus personnalisée et plus flexible;
- des réductions de primes pour les bons conducteurs;
- des mesures pour limiter le coût sans cesse croissant des poursuites devant les tribunaux;
- des mesures de lutte contre la fraude;
- des réformes qui permettraient de réduire les coûts de 650 millions de dollars (par exemple, l'élimination des centres d'évaluation désignés);
- des médecins de famille habilités à coordonner le traitement des victimes d'accidents;
- la création d'un poste de surveillant de l'assurance automobile pour enquêter sur les conflits avec les compagnies[38].

B. Les fournisseurs

Les **fournisseurs** sont des entreprises qui vendent des produits et des services à d'autres entreprises. Les fournisseurs ont la charge d'approvisionner leurs clients en ressources matérielles et financières. Air Canada, par exemple, se procure des avions chez Boeing et McDonnell Douglas, du carburant, des huiles de graissage et des graisses chez Petro-Canada, Shell Canada et Esso. Elle achète des services de protection, de restauration et de traitement informatique à d'autres entreprises. En janvier 2005, Airbus dévoila à Toulouse-Blagnac, en France, le plus gros avion de l'histoire avec deux étages sur toute sa longueur et une capacité de 555 sièges, le A380. Airbus compte vendre à terme 750 exemplaires de l'appareil, concurrent direct du Boeing 747 jusqu'à présent seul sur le créneau des très gros porteurs[39].

WWW
www.airbus.com/en/

Les gestionnaires doivent choisir les fournisseurs avec soin, car ils peuvent influencer la rentabilité d'une entreprise. Lorsqu'une entreprise paie trop cher ses matières premières, ses biens immobiliers ou ses fournitures, elle a le choix entre, d'une part, ajuster son prix de vente en conséquence et devenir moins concurrentielle ou, d'autre part, absorber la différence et réduire sa rentabilité. La qualité d'un fournisseur se mesure à la rapidité de la livraison, à ses prix, à la qualité de ses produits, à la compétence de ses représentants, à sa capacité d'offrir des services, à sa fiabilité et à sa stabilité financière.

Le progrès technique a amené l'apparition de produits plus complexes, plus difficiles à comprendre et à utiliser, d'où l'importance accrue du travail des fournisseurs. De nos jours, ceux-ci ne peuvent se contenter de vendre des biens d'équipement, il leur faut aussi s'assurer que les produits sont utilisés comme il faut et que leurs clients en sont satisfaits. Souvent, les fournisseurs envoient un technicien chez le client pour l'aider pendant quelques jours ou même quelques semaines. Plus une entreprise dépend d'un fournisseur en particulier, moins il est probable qu'elle l'abandonne pour un autre.

C. Les concurrents établis

La rivalité entre des **concurrents établis** ou des vendeurs qui se disputent les mêmes clients représente en général l'élément le plus puissant de la concurrence. Chaque entreprise s'efforce d'obtenir une plus grande part du marché et de dépasser ses concurrents. Toutes les entreprises qui vendent sur un marché donné veulent s'assurer la fidélité d'un même groupe de clients. Les sociétés Boeing, Lockheed, Rockwell International et McDonnell Douglas, par exemple, désirent toutes vendre des avions aux transporteurs aériens. Pareillement, Coca-Cola, Pepsi-Cola et Seven Up offrent leurs produits au même groupe de consommateurs, tandis que la Banque Nationale, la Banque Royale du Canada, la Banque de Montréal et les caisses populaires s'efforcent d'attirer les personnes à la recherche de services bancaires. La concurrence s'intensifie lorsque des entreprises cherchent à améliorer leur position sur le marché en réduisant leurs prix, en faisant plus de publicité, en lançant de nouveaux produits ou de nouveaux services et en modifiant ceux qu'elles offrent déjà.

L'intensité de la concurrence dépend presque essentiellement du nombre et de la taille des entreprises, de la structure de leurs coûts d'exploitation (importance relative des coûts fixes et variables), du rythme de croissance du secteur et de la différenciation de leurs produits. En situation de concurrence, c'est la loi de la jungle qui règne et seules les entreprises solides peuvent survivre.

D. Les nouveaux concurrents

La concurrence implique non seulement la présence d'entreprises rivales, mais aussi la possibilité que de **nouveaux concurrents** pénètrent sur le marché. Toute nouvelle entreprise voudra obtenir une part du marché en offrant des prix réduits. Or, ce genre de situation peut entraîner une baisse de la rentabilité du secteur dans son ensemble. Songeons, par exemple, à l'arrivée sur le marché canadien des grandes chaînes américaines telles que Home Depot, Costco, Business Depot et Chapters. Évidemment, la probabilité que de nouvelles entreprises pénètrent le marché varie suivant les barrières à l'entrée et la réaction des concurrents établis.

E. Les produits et les services substituts

Il arrive que des entreprises d'un autre secteur offrent des **produits ou des services substituts** aux clients d'un concurrent établi. Les produits et les services substituts peuvent satisfaire les besoins du consommateur. Ainsi, Petro-Canada, Imperial Oil, Shell et des centaines d'autres entreprises ont lutté entre elles dans le domaine du chauffage au mazout jusqu'à ce que des produits substituts, tels le gaz naturel et l'énergie hydroélectrique, prennent le pas sur ce combustible. L'énergie nucléaire fait aujourd'hui peser à son tour une sérieuse menace sur le mazout. Dans le domaine du transport, les services des entreprises de camionnage peuvent aujourd'hui remplacer ceux des sociétés ferroviaires. En matière de divertissement, enfin, les téléprojecteurs HD avec grand écran et les systèmes de cinéma maison avec lecteur DVD se substituent aux films présentés en salle.

Avec la venue du commerce électronique, de plus en plus de consommateurs payent leurs factures par courriel plutôt que par la poste. Une recherche menée par Forrester Research révèle que 9 % des consommateurs canadiens obtiennent leur état de compte par courrier électronique alors que 46 % des répondants se disent intéressés à changer leur façon de payer. La Banque de Montréal offre le service de paiement direct à ses 320 000 clients, de même que 65 autres firmes incluant La Baie, Canadian Tire, Bell Canada, Gaz Métropolitain, etc. Ce nouveau type de service est donc appelé à se généraliser et il remplacera tôt ou tard le service postier offert par la Société canadienne des postes[40].

OBJECTIF 2.4

Décrire de quelle façon les dirigeants d'entreprise s'adaptent à leur environnement.

2.4 LA GESTION DE L'ENVIRONNEMENT

Les dirigeants d'entreprise se soucient de plus en plus de l'environnement et considèrent avec attention les opinions exprimées par les intervenants internes et externes. C'est pourquoi ils élaborent des stratégies visant à modifier l'environnement de l'entreprise de façon à satisfaire tous les besoins et à concilier leurs objectifs avec ceux des groupes particuliers qui font partie de ce dernier.

La **gestion de l'environnement** consiste dans l'utilisation de stratégies proactives ayant pour but de modifier le contexte dans lequel évolue une entreprise afin que celle-ci puisse satisfaire ses besoins. Une entreprise peut gérer son environnement en collaborant avec une autre entreprise, en demandant aux gouvernements fédéral ou provinciaux d'adopter ou de modifier certaines lois, en se préoccupant de son image et de ses relations avec le public, et en engageant au besoin des poursuites judiciaires contre ses concurrents.

Ainsi que le montre la figure 2.3, la gestion de l'environnement comporte deux types de stratégies : les stratégies commerciales et les stratégies politiques.

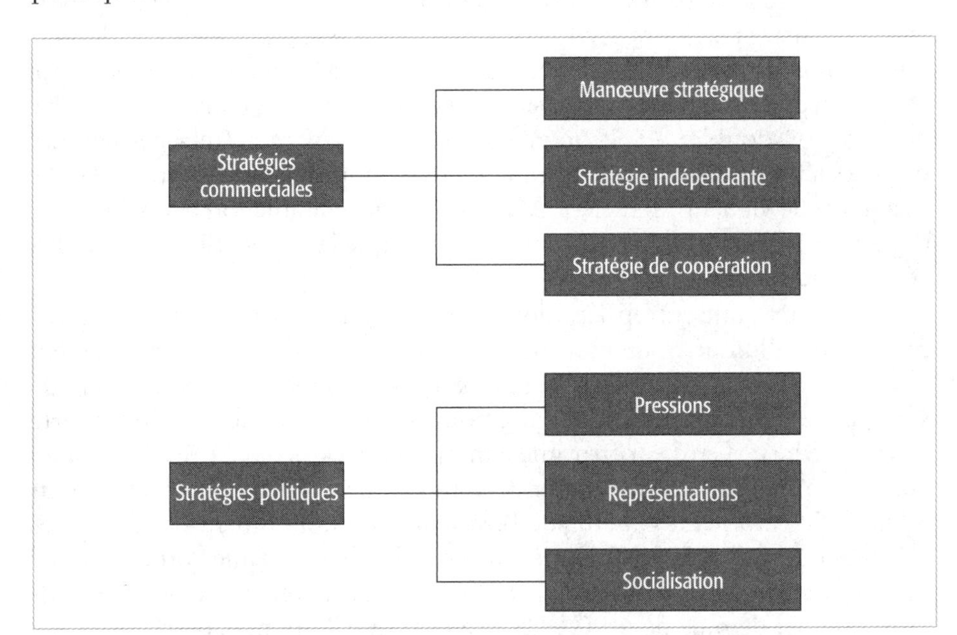

Figure 2.3
La gestion de l'environnement

Après avoir lu les deux prochaines sous-sections, vous devriez pouvoir :

- décrire les principales stratégies commerciales utilisées par les gestionnaires pour influencer leur environnement, c'est-à-dire les manœuvres stratégiques, les stratégies indépendantes et les stratégies de coopération ;
- décrire les principales stratégies politiques utilisées par les gestionnaires pour influencer leur environnement, c'est-à-dire les pressions, les représentations et la socialisation.

2.4.1 Les stratégies commerciales

La gestion de l'environnement requiert souvent la mise sur pied de **stratégies commerciales.** Celles-ci sont un ensemble ordonné d'opérations permettant à une entreprise de redéfinir les limites de son environnement immédiat ou de s'allier avec une autre entreprise en vue de modifier certains aspects de leur environnement, ou même de réduire les coûts d'exploitation. On distingue trois types de stratégies commerciales : les manœuvres stratégiques, les stratégies indépendantes et les stratégies de coopération[41].

L'opération de l'entreprise consistant à redéfinir les limites de son environnement immédiat constitue un exemple de *manœuvre stratégique* commerciale[42]. Une entreprise peut ainsi décider :

- de lancer de nouveaux produits ou de nouveaux services sur le marché ;
- de pénétrer de nouveaux marchés ;
- de diversifier ses activités ;
- de fusionner avec d'autres entreprises.

Ces dernières années, plusieurs entreprises ont fusionné pour occuper un plus grand segment de leur secteur. Par exemple, en 2005, Molson annonçait sa fusion avec la brasserie américaine Adolph Coors. Comme beaucoup de leurs concurrents, Coors et Molson ont décidé de se marier afin de devenir plus compétitifs. Selon Benj Steinman, de Beer Marketer's Insights, cette fusion qui créera le cinquième acteur brassicole au monde constitue une sorte de quitte ou double : « Soit on grossit, soit on disparaît. Cela permet aux deux sociétés de rester sur le terrain et de devenir plus imposantes ». Grâce à sa nouvelle vigueur financière, Molson-Coors peut améliorer son efficacité et envisager l'expansion dans les marchés tels que la Chine, l'Europe de l'Est et l'Amérique du Sud[43].

Par ailleurs, une entreprise adopte une *stratégie indépendante* lorsqu'elle prend seule l'initiative de modifier certains aspects de son environnement immédiat pour qu'ils répondent mieux à ses besoins. Ainsi, Sears Canada s'est lancée sur le marché monétaire pour pouvoir posséder sa propre carte de crédit MasterCard et offrir une gamme de services bancaires[44]. Voici un autre exemple. En 2005, Procter & Gamble, de Cincinnati, achetait pour 57 G$ US le fabricant Gillette, de Boston, connu notamment pour ses piles et lames de rasoirs. La transaction placera P&G au premier rang mondial dans le créneau des articles de consommation courante, avec un chiffre d'affaires annuel de plus de 60 G$ US et elle aura encore plus de poids face à de grands détaillants comme Wal-Mart, qui font pression à la baisse sur les prix de leurs fournisseurs[45].

La *stratégie de coopération* est la stratégie par laquelle deux entreprises décident de s'unir afin de réduire leurs coûts et leur part de risque, et d'accroître leur puissance. En 2003, Bell Canada (Sympatico) et Microsoft Corp. (MSN.ca) ont décidé de s'unir pour simplifier l'utilisation d'Internet. Cette fusion apportera beaucoup d'avantages aux deux entreprises, notamment une baisse de leurs coûts d'exploitation[46].

2.4.2 Les stratégies politiques

Les lois et les règlements adoptés par les gouvernements sont souvent le résultat de pressions exercées par des groupes défendant des intérêts particuliers. En effet, l'action conjuguée des médias, des syndicats, des regroupements de consommateurs, des actionnaires, des groupes de pression, des associations de gens d'affaires et des entreprises amène fréquemment les autorités politiques et les organismes de réglementation à proposer ou à modifier divers règlements et lois. L'adoption ou la modification d'une loi peut influer énormément sur le fonctionnement des entreprises. C'est pourquoi leurs dirigeants mettent en œuvre certaines **stratégies politiques** pour faire valoir leur point de vue sur des questions qui les touchent, auprès des autorités politiques. Ces stratégies consistent à faire des pressions, des représentations et de la socialisation.

Les *pressions* ont pour but d'influencer les organismes fédéraux ou provinciaux de réglementation. Dans bon nombre de cas, les entreprises font appel à des lobbyistes, des personnes capables de faire pression et de modifier l'environnement politique, c'est-à-dire de changer l'opinion des législateurs et des membres des organismes de réglementation sur diverses questions liées au monde des affaires et au domaine social (usage du tabac, pollution, libre-échange, mariage entre personnes du même sexe, télécommunications, heures d'ouverture des commerces, etc.). Ces spécialistes jouent deux rôles. D'une part, ils établissent le contact avec les organismes de réglementation, les législateurs et leur personnel. D'autre part, ils surveillent les procédures législatives, rédigent des comptes rendus préliminaires sur divers sujets, renseignent les députés sur les préoccupations des gens d'affaires, les informent sur certaines questions d'importance et sur les effets positifs ou négatifs que pourraient avoir diverses lois sur la société.

Les petites entreprises n'ont pas les moyens de charger des lobbyistes de les représenter à Ottawa, mais il en va autrement des grandes sociétés. Le lobbying est courant dans les entreprises et dans certaines professions. Prenons l'exemple du docteur William Easton de Toronto, président de la National Professional Association Coalition on Tuition. Celle-ci regroupe huit associations professionnelles (architectes, dentistes, médecins, vétérinaires, etc.) et fait pression sur le gouvernement fédéral pour l'amener à aider financièrement les étudiants. Elle s'oppose à une nouvelle hausse des droits de scolarité qui sont montés en flèche depuis les dix dernières années à la suite d'une déréglementation[47].

La *représentation* consiste à défendre les intérêts d'une entreprise à l'extérieur. Par exemple, des cadres adhèrent souvent à certains organismes sans but lucratif (Chevaliers de Colomb, Club optimiste, Chambre de commerce, Centraide, etc.) qui soutiennent d'une manière quelconque les intérêts de leur entreprise. De même, le président d'une entreprise peut représenter celle-ci au conseil d'administration de plusieurs autres.

La *socialisation*, enfin, est le processus par lequel on fait partager aux employés les valeurs et les croyances fondamentales de l'entreprise. Plus les employés acceptent les orientations de leur entreprise, plus ils sont portés à contester les critiques formulées par des groupes de l'extérieur. Dans beaucoup d'entreprises, une liste des valeurs privilégiées est affichée dans divers endroits ou est remise aux employés pour qu'ils la conservent dans leurs dossiers. On voit aussi différentes entreprises socialiser avec la population afin de s'attirer des sympathies ou de la gagner à leur cause. Il n'y a qu'à penser aux nombreuses annonces publicitaires qu'un gouvernement publie dans les quotidiens lorsqu'il est en guerre contre un syndicat !

Évolution et transition

L'environnement de l'organisation

La société des années 1980 était en période de transformation ; le changement lui-même était de plus en plus rapide. Les dirigeants faisaient face à des réalités et des incertitudes insoupçonnées qui exigeaient une adaptation de leurs entreprises à des modalités nouvelles.

Lorsque les futurologues discutent de l'environnement de demain, il est évident qu'ils tiennent compte des points suivants : la technologie, la structure sociale des institutions, les styles de vie, les changements démographiques, sociaux et éthiques ainsi que les valeurs morales. Pensons qu'un humain est allé sur la Lune il y a une quarantaine d'années à peine ; qu'il existe maintenant dans nos usines des milliers de robots provoquant des modifications considérables dans la fabrication ; que les produits alimentaires synthétiques sont maintenant bien acceptés des consommateurs ; que la micro-électronique et les micro-ordinateurs sont grandement utilisés par les entreprises dans la résolution de problèmes complexes et pour effectuer des travaux répétitifs.

WWW
www.skypoint.com/members/mfinley/toffler.htm

Il y a un peu plus de 30 ans, le futurologue Alvin Toffler mentionnait que si l'on divisait les 50 000 dernières années en 800 vies de 62 ans chacune, la race humaine devrait passer proportionnellement 650 de ces vies dans des cavernes. Selon ce calcul, les moteurs électroniques n'existent que depuis deux vies et presque toute la technologie dont nous bénéficions et que nous tenons pour acquise, depuis une seule vie ou moins[48].

www.peter-drucker.com/

Dans son ouvrage *Managing in Turbulent Times*, Peter Drucker cite trois facteurs qui influeront sur les modes de gestion à l'avenir : l'interdépendance économique, le pluralisme et la société dite d'employés[49].

L'économie mondiale devient de plus en plus globalisée et interdépendante. Le concept de « souveraineté économique » est dépassé. La notion d'« unité monétaire clé » a été remplacée par celle de « taux d'échange fluctuant ». Presque tous les pays, incluant le Canada, élaborent leur politique économique intérieure et en se basant sur ces faits.

Au plan social, les entreprises des pays industrialisés s'intéressent de plus en plus au bien-être de leurs employés[50]. Aujourd'hui, nos grandes sociétés embauchent des travailleurs possédant de plus vastes connaissances plutôt que de simples techniciens. Cette transformation empiète sur l'autonomie des gestionnaires.

Sur le plan politique, presque tous les pays développés sont devenus des conglomérats d'institutions que l'on nomme « société pluraliste ». Cette forme de groupement fait que le processus décisionnel des gouvernements est davantage basé sur les débats entre les groupes intéressés, ce qui oblige les dirigeants d'entreprise à prendre une part plus active dans l'arène politique. De plus, ceux-ci doivent non seulement répondre aux demandes des groupes sociaux, mais réagir aux préoccupations sociales et coopérer avec différentes institutions concernées. Ils doivent participer activement à l'élaboration des objectifs de la société et structurer des programmes qui vont améliorer la qualité de la vie au travail.

La pendule qui oscille du côté de la société pluraliste oblige les dirigeants à pencher du même côté et à être plus indulgents, car il leur faut empêcher les groupes de pression de les rejeter et de s'opposer opiniâtrement à tous leurs projets, ce qui pourrait leur rendre la vie insupportable.

Prenons l'exemple de la fermeture du magasin Wal-Mart à Jonquière. Les syndicats sont maintenant à l'offensive alors que des centaines de milliers d'Américains recevaient par courriel un message les appelant à dénoncer le géant du détail. En plus, Wal-Mart Canada s'attendait à ce qu'un boycott de ses magasins soit organisé par les syndicats en raison de sa décision[51].

Le fondement de la société pluraliste n'est pas d'amener tous les groupes intéressés à prendre les meilleures décisions, c'est-à-dire à évaluer les bénéfices par rapport aux risques et à choisir l'option qui maximise les ressources de la communauté, mais plutôt d'arriver à une « solution satisfaisante ». Une telle solution est celle qui prend le mieux en compte les besoins de tous les membres de la communauté et que l'on qualifie d'« assez bonne ».

On trouvera le futurologue John Naisbitt à l'adresse suivante : www.naisbitt.com

Dans ses ouvrages sur les tendances de la société, le futurologue américain John Naisbitt décrivait comment la société nord-américaine d'aujourd'hui évolue et transforme la nature même des activités quotidiennes. Le but de ses recherches était de déterminer les véritables tendances de la société nord-américaine, que Naisbitt appelle les « mégatendances ». Leur évaluation permet aux dirigeants des grandes entreprises de prendre des décisions plus éclairées et en harmonie avec l'orientation de la société en général. Le tableau 2.8 présente la liste des dix « mégatendances » énoncées par Naisbitt.

Tableau 2.8
Les dix « mégatendances » selon Naisbitt

ÉVOLUTION	TRANSITION
• Société industrielle	• Société d'information
• Technologie industrielle	• Haute technologie
• Économie nationale	• Économie mondiale
• Économie à court terme	• Économie à long terme
• Structures centralisées	• Structures décentralisées
• Assistance institutionnelle	• Effort personnel
• Démocratie représentative	• Démocratie participative
• Structure hiérarchisée	• Réseaux de communication
• Concentration du nord des États-Unis	• Concentration du sud des États-Unis
• Choix restreint	• Choix multiple

Source : John Naisbitt, et Patricia Aburdene, *Ten New Directions for the 1990's*, New York, William Morrow and Company Inc., 1990 ; John Naisbitt, *Global Paradox*, New York, William Morrow and Company Inc., 1994.

Révision du chapitre

2.1 Les environnements de l'organisation. Pour être efficaces, les dirigeants d'entreprise doivent pouvoir composer avec deux types d'environnements : l'environnement interne et l'environnement externe. On étudie l'environnement interne pour déterminer les forces et les faiblesses des fonctions organisationnelles de l'entreprise, et l'environnement externe pour évaluer ses possibilités et les dangers qui la menacent. Après avoir analysé l'environnement, les dirigeants seront en mesure d'élaborer efficacement leurs objectifs et leurs plans stratégiques.

2.2 L'environnement interne. L'environnement interne d'une entreprise compte trois éléments. Le premier est constitué par les *fonctions organisationnelles*, c'est-à-dire la commercialisation, la production, les ressources humaines, etc. On analyse chacune de ces fonctions afin de connaître les forces et les faiblesses de l'environnement interne. Le deuxième élément est constitué par les *intervenants internes*. Un intervenant interne est un groupe ayant un lien direct avec une organisation, et qui peut influencer les objectifs et les plans stratégiques de cette dernière. Les principaux intervenants internes sont les actionnaires, les employés, les syndicats, les scientifiques et les spécialistes, les alliances stratégiques, les filiales et les bailleurs de fonds. Le troisième élément, la *culture organisationnelle*, est l'ensemble des traits caractéristiques d'un groupe tels que les normes, les croyances et les valeurs. La culture organisationnelle influe grandement sur la façon de gérer les méthodes, les moyens et les fonctions de gestion (planification, organisation, leadership et contrôle).

2.3 L'environnement externe. De nos jours, les dirigeants d'entreprise sont plus conscients des effets de leurs décisions sur la société. Ils examinent les éléments de l'environnement externe pour deux raisons. Premièrement, l'examen leur permet d'élaborer de meilleures stratégies et, deuxièmement, ils peuvent mieux évoluer à l'intérieur d'un système social complexe, comportant de multiples interactions. Toutefois, il existe différents types d'environnements externes : l'environnement stable, l'environnement dynamique, l'environnement simple, l'environnement complexe et la richesse de l'environnement. L'entreprise a des relations avec l'*environnement général* (économique, politique et juridique, technologique, social, éthique et international) et avec des *intervenants externes* (communautés, organismes de réglementation, associations professionnelles, groupes de pression, groupes minoritaires, médias, organismes religieux). Il leur faut donc composer avec de nombreux groupes qui défendent des intérêts particuliers et poursuivent des objectifs distincts. Une organisation ne fonctionne pas en vase clos. Elle a aussi un *environnement immédiat*, qui influe plus directement sur ses activités. Les aspects concurrentiels de cet environnement sont la rivalité entre les concurrents établis dans son secteur, l'existence de produits ou de services substituts, l'arrivée possible de nouveaux concurrents, le pouvoir de négociation et l'influence des fournisseurs de matières premières et de produits de base ainsi que le pouvoir de négociation et l'influence des acheteurs des produits ou des services offerts.

2.4 La gestion de l'environnement. La gestion de l'environnement consiste à mettre en œuvre des stratégies proactives dans le but de modifier le contexte environnemental. On distingue deux types de stratégies : les stratégies commerciales (manœuvre stratégique, stratégie indépendante et stratégie de coopération) et les stratégies politiques consistant en pressions, en représentations et en socialisation. Pour être en mesure de bien gérer l'environnement, les gestionnaires doivent évaluer le milieu dans lequel ils travaillent, apprécier différents pouvoirs et mettre en œuvre les stratégies préalablement définies.

Concepts clés

Analyse de la situation (*situational analysis*) page 46
Changement de l'environnement (*environmental change*) page 58
Concurrent établi (*competitors*) page 69
Consommateur (*consumers*) page 68
Culture organisationnelle (*organizational culture*) page 50
Danger (*threats*) page 57
Degré de complexité de l'environnement (*degree of environmental complexity*) page 58
Environnement complexe (*environmental complexity*) page 58
Environnement de l'organisation (*organizational environment*) page 45
Environnement dynamique (*environmental dynamics*) page 58
Environnement économique (*economic environment*) page 59
Environnement éthique (*ethical environment*) page 63
Environnement externe (*external environment*) page 46
Environnement général (*general environment*) page 59
Environnement immédiat (*specific environment*) page 67
Environnement international (*international environment*) page 64
Environnement interne (*internal environment*) page 46
Environnement politique et juridique (*political and legal environment*) page 60
Environnement simple (*simple environment*) page 58
Environnement social (*social environment*) page 62
Environnement stable (*stable environment*) page 58
Environnement technologique (*technological environment*) page 61
Faiblesse (*weaknesses*) page 47
Force (*strengths*) page 47
Fournisseur (*suppliers*) page 68
Gestion de l'environnement (*environmental management*) page 71
Intervenant externe (*external stakeholders*) page 65
Intervenant interne (*internal stakeholders*) page 48
Nouveau concurrent (*competing sellers*) page 70
Possibilité (*opportunities*) page 57
Produit ou service substitut (*substitute products and services*) page 70
Richesse de l'environnement (*environmental munificence*) page 59
Société pluraliste (*pluralistic society*) page 65
Stratégie commerciale (*business strategies*) page 71
Stratégie politique (*political strategies*) page 73
Théorie d'équilibre soudain (*punctuated equilibrium theory*) page 58

Développer vos compétences en gestion

Questions de révision

1. Quels sont les différents éléments de l'environnement d'une organisation ? (page 45)
2. Pourquoi est-il important pour les dirigeants d'analyser leur environnement ? (page 46)
3. Quels sont les différents éléments de l'environnement interne ? (page 47)
4. Pourquoi est-il important d'évaluer les fonctions de l'organisation ? (page 47)
5. Quels sont les principaux intervenants internes d'une organisation ? (page 48)
6. Expliquez ce que l'on entend par l'expression « culture organisationnelle ». (page 50)
7. Quelles sont les caractéristiques d'une culture organisationnelle ? (page 52)
8. Comment la culture organisationnelle influe-t-elle sur le style de gestion ? Donnez des exemples pour chacune des fonctions de la gestion. (page 53)
9. Pourquoi les gestionnaires doivent-ils connaître l'environnement externe ? (page 57)
10. Faites la distinction entre l'environnement stable et l'environnement dynamique. Donnez un exemple pour chacun. (page 58)
11. Qu'entend-on par l'expression « théorie d'équilibre soudain » ? (page 58)
12. Faites la distinction entre l'environnement simple et l'environnement complexe. Donnez un exemple pour chacun. (page 58)
13. Énumérez les principaux éléments de l'environnement général et décrivez deux d'entre eux. (page 59)
14. Décrivez les fondements conceptuels de l'environnement immédiat. (page 67)
15. Qu'entend-on par les expressions « produits et services substituts » et « nouveaux concurrents » ? (page 70)
16. Pourquoi les dirigeants doivent-ils s'efforcer de comprendre le point de vue des divers intervenants externes ? (page 64)
17. Qu'est-ce que la gestion de l'environnement ? (page 71)
18. Expliquez la différence entre les stratégies commerciales et les stratégies politiques. Donnez des exemples. (page 71)
19. Qu'entend-on par le terme « socialisation » ? (page 73)

Sujets de discussion

1. Selon vous, peut-on justifier l'existence d'associations et de regroupements de consommateurs dans la société actuelle ? Expliquez votre réponse.
2. Était-il plus difficile de gérer une entreprise autrefois que cela ne l'est aujourd'hui ? Justifiez votre réponse.

Naviguer dans Internet

www.loblaw.com

- **Exercice pratique : Loblaw**

Visitez le site Web de la Société Loblaw (www.loblaw.com) et examinez les différentes composantes du site pour apprécier les diverses activités de ce géant distributeur d'alimentation en gros et au détail. Loblaw ltée est un employeur important : plus de 126 000 personnes dont 23 747 au Québec.

A. Ensuite, lisez le dernier rapport annuel de l'entreprise et évaluez les possibilités et les dangers qu'envisagent les dirigeants de la société en ce qui a trait à l'environnement :
   - économique ;
   - politique et juridique ;
   - technologique ;
   - social ;
   - international.

B. En vous référant à la figure 2.1, page 45, analysez l'environnement immédiat de Loblaw .

C. En vous référant au tableau 2.1, page 49, dressez une liste des intervenants internes et des intervenants externes de Loblaw.

- **Recherche sur le thème « L'environnement d'une organisation »**

Cherchez le site Web d'une entreprise qui évolue dans un environnement complexe et qui change rapidement. Déterminez les forces de l'environnement qui semblent être les plus grands défis pour les dirigeants en termes de possibilités et de dangers. Expliquez comment les dirigeants y réagissent.

EXERCICE

Profil d'une organisation

Choisissez une organisation que vous connaissez, dont vous avez déjà fait partie ou pour laquelle vous avez déjà travaillé et décrivez :

1. sa culture organisationnelle ;
2. ses intervenants internes ;
3. ses intervenants externes ;
4. les éléments de son environnement général ;
5. les éléments de son environnement immédiat.

Étude de cas

▶ ENTREPRISE

La voix des Canadiens qui passent l'hiver en Floride[52].

www.canadiansnowbirdassociation.ca

En 1985, les retraités et les gens du troisième âge ont pris conscience de leur énorme influence politique lorsqu'ils ont forcé le gouvernement fédéral à revenir sur sa décision de désindexer les pensions. Un autre groupe de personnes âgées se mobilise aujourd'hui. Il se veut le porte-parole du grand nombre de retraités canadiens qui passent l'hiver sous des cieux plus cléments et reviennent au pays durant la saison estivale.

Quelque 1 100 personnes ont ainsi assisté à la première assemblée de la Canadian Snowbird Association, tenue à Lakeland, en Floride. La hausse du coût des soins de santé aux États-Unis est le principal sujet de préoccupation de ce groupe, aux dires de l'un de ses membres fondateurs. Celui-ci a d'ailleurs publié un répertoire des services médicaux à l'intention des Canadiens séjournant en Floride. Selon lui, entre 250 000 et 350 000 Canadiens effectuent un séjour prolongé en Floride chaque année, sans compter ceux qui se rendent en Arizona, au Texas, en Californie ou à Hawaï. « Beaucoup de Canadiens commencent à se sentir négligés et à avoir l'impression qu'on apprécie peu la contribution qu'ils ont apportée à la société canadienne par leur travail, déclare l'un des membres de l'association. Ils s'inquiètent de la manière dont on les considère collectivement du point de vue politique, du fait qu'ils passent de quatre à cinq mois par année à l'étranger. Notre association leur fournira une tribune où s'exprimer sur certaines questions précises, du moins nous l'espérons. »

Au cours des dernières années, la plupart des provinces ont limité la protection de l'assurance maladie accordée aux Canadiens qui séjournent un certain temps à l'étranger. Autrefois généreuse, l'Ontario n'offre plus aujourd'hui que 400 $ par jour pour les soins médicaux et chirurgicaux. Or, selon les membres de l'association, cette somme est loin de couvrir les frais quotidiens moyens d'un séjour dans un hôpital de Floride, qui peuvent dépasser 1 200 $ US. « Le coût des soins de santé aux États-Unis augmente de façon vertigineuse. La plupart des Canadiens n'ont aucune idée de ce qu'il en coûte d'être malade ici. »

La Canadian Snowbird Association n'est pas encore officiellement constituée. Toutefois, l'un de ses fondateurs affirme que l'une de ses principales tâches sera vraisemblablement de faire pression sur les provinces pour qu'elles réduisent les limites établies. Certains membres de l'association croient que ces limites ne devraient pas les brimer puisqu'elles ont été adoptées en réaction à d'autres décisions politiques, comme celle qui vise à accroître l'assistance offerte aux toxicomanes qui suivent une cure de désintoxication aux États-Unis.

Les membres de l'association craignent également que certains critères provinciaux d'admissibilité à l'assurance maladie ne soient modifiés. On pourrait en effet exiger que les Canadiens passant l'hiver à l'étranger aient une adresse permanente et un numéro de téléphone au Canada. Or, selon un membre fondateur de l'association, une telle mesure pourrait être discriminatoire à l'égard des nombreux retraités qui trouvent plus pratique de vivre dans une roulotte ou une maison motorisée qu'ils peuvent ramener au Canada chaque été que d'avoir un domicile permanent au pays. Il espère que l'association se prononcera également sur des questions telles que le régime fiscal, les règlements de douane et l'exercice du droit de vote par les Canadiens à l'étranger.

Nombre de Canadiens qui gèrent leur portefeuille de placements pendant qu'ils séjournent aux États-Unis ne savent pas dans quels cas ils doivent verser des impôts. « Beaucoup de Canadiens ne sont pas renseignés sur le sujet. Nous espérons que l'éducation sera l'une des fonctions premières de l'association », déclare un membre fondateur de l'association.

Questions

1. Quelle devrait être la structure (propriétaires et gestionnaires) de cette organisation ?
2. Quels sont les éléments de l'environnement qui ont poussé les retraités à former cette association ?
3. Décrivez l'environnement immédiat de cette association.
4. Quels sont les principaux intervenants internes et externes dans ce cas ?
5. Quelles stratégies commerciales et politiques suggéreriez-vous à cette association ?

Étude de cas

▶ EN MANCHETTE, LE GROUPE 3-SOFT[53]

www.3-soft.com

Serge Beauchemin, président, Le Groupe 3-SOFT

Comme bien d'autres entreprises, Le Groupe 3-SOFT est né dans le sous-sol d'une résidence, à Saint-Constant, sur la Rive-Sud de Montréal. C'était en 1987, avec 40 $ en poche et du financement obtenu par cartes de crédit, deux jeunes entrepreneurs alors au début de la vingtaine, Serge Beauchemin et André Morissette, avaient la volonté de réussir.

Déménagé depuis à Brossard, Le Groupe 3-SOFT se présente aujourd'hui comme premier revendeur de logiciels au Québec et l'un des plus importants au pays. Il occupe aussi le premier rang au Canada dans le marché des logiciels destinés au secteur de l'éducation.

L'entreprise, qui assurait déjà sa rentabilité au terme de la première année grâce à un chiffre d'affaires de 600 000 $, puis de 1,5 M$ l'année suivante, devrait afficher des revenus de 70 M$ en 2004. L'entreprise entend poursuivre sur sa lancée. « Il y a de la place pour accroître nos parts de marché et notre clientèle », affirme M. Beauchemin, président de 3-SOFT, qui possède aussi des bureaux à Ottawa, à Toronto et, depuis 18 mois, à Calgary.

Le marché de la revente de logiciels au Canada ne sera pas en forte croissance au cours des prochaines années, soit environ de 3 à 4 % par an. Mais, souligne M. Beauchemin, c'est un secteur d'activité évalué à quelque 1 milliard de dollars (G$) et dont 3-SOFT ne détient que 8 % des parts. « Nous allons travailler à prendre une plus grande part de la tarte », assure le président.

Au pays, Le Groupe 3-SOFT occupe une place dominante dans la vente de licences Microsoft au secteur de l'éducation : 40 % des ventes canadiennes du géant de Seattle dans ce domaine passent par 3-SOFT. L'entreprise compte Symantec, Adobe, Novell et Lotus parmi ses partenaires d'affaires. En plus du gouvernement du Québec, elle a pour clients de grandes entreprises comme la Banque Nationale, Métro et Loblaw.

La gestion à distance

Même si sa division Logiciels 3-SOFT fournit près de 95 % de ses bénéfices, le Groupe mise aussi sur deux autres filiales pour assurer sa croissance. Lancée en 2001, sa division Noxent « œuvre dans le marché le plus prometteur des prochaines années », estime M. Beauchemin. Spécialisée dans l'impartition en matière de gestion des infrastructures à distance, y compris la surveillance et la sécurisation des réseaux, la mise à niveau des applications et la maintenance des systèmes, Noxent vise le marché des PME. Son chiffre d'affaires pourrait doubler en 2005.

« Les PME utilisent de plus en plus les technologies de l'information, comme les intranets et les extranets ou des sites de commerce électronique, mais elles n'ont pas les ressources pour assurer la gestion de leurs infrastructures », affirme M. Beauchemin. Enfin, sa division Formation 3-SOFT assure la formation des professionnels en technologies de l'information. Elle offre entre autres une formation accréditée pour les produits Microsoft. La croissance de 3-SOFT passe aussi par des alliances stratégiques. « Nous allons regarder toutes les occasions de partenariats ou d'acquisitions qui se présenteront », dit M. Beauchemin.

L'une des sociétés les mieux gérées

Même si elle n'est pas une entreprise publique, 3-SOFT a un conseil d'administration. « Pour le président d'une entreprise, c'est la meilleure façon de valider ses idées, de gérer avec rigueur et de tenir ses engagements pour ce qui est de la croissance et des objectifs », croit l'entrepreneur.

Son CA regroupe des noms bien connus : Luc Beauregard, fondateur de National, Christian Chagnon, ancien vice-président de Vidéotron, Pierre Ducros, cofondateur de DMR, Gérard-Antoine Limoges, ancien président de Caron Bélanger chez Ernst Young, et André Forest, fondateur de Jobboom.com.

« Serge Beauchemin a un esprit d'équipe très positif au conseil d'administration », souligne M. Ducros, qui dit tenir un rôle d'entraîneur auprès du président de 3-SOFT. Tous les mois, l'entreprise présente ses résultats financiers. Les dirigeants réunissent annuellement tous les employés et leurs conjoints pour leur présenter les résultats et les objectifs de l'entreprise. Deux fois l'an, elle sonde ses quelque 80 employés pour mesurer leur satisfaction.

Voilà qui explique en partie pourquoi l'entreprise figure régulièrement au tableau des 50 sociétés privées les mieux gérées, établi annuellement par Samson Belair Deloitte & Touche. En 2002, elle a remporté le prix Entrepreneurship de l'Association de la recherche industrielle du Québec.

Question

Que suggériez-vous à M. Beauchemin si vous devriez élaborer un programme pour assurer la croissance continue et une plus grande part du marché ? En particulier, faites une analyse détaillée des environnements interne et externe de l'entreprise 3-SOFT.

Chapitre 3

L'éthique, la responsabilité sociale et la diversité

2

Objectifs du chapitre

Après avoir lu ce chapitre, vous devriez pouvoir:

1. expliquer en quoi consiste l'éthique commerciale, trouver l'origine des préceptes moraux et préciser la manière d'établir un code de déontologie;
2. expliquer en quoi consiste la responsabilité sociale des entreprises, son étendue, décrire la manière de l'évaluer et indiquer la manière dont les gestionnaires deviennent socialement responsables;
3. définir la diversité de la main-d'œuvre, expliquer ses fondements, dire pourquoi des individus et des groupes sont traités d'une façon discriminatoire, définir les stratégies individuelles et organisationnelles pertinentes pour traiter les individus d'une façon éthique, afin d'augmenter la productivité des entreprises.

Défi lancé aux gestionnaires ☞ par McDonald's

Le groupe McDonald's devra verser 8,5 millions de dollars pour mettre fin à une procédure judiciaire. On lui reprochait son retard dans l'implantation de son plan visant à réduire certains acides gras dans son huile de friture. En 2003, BanTransFats.com Inc., un organisme de défense des consommateurs, a engagé des poursuites contre le géant de la restauration rapide, en Californie. En septembre 2002, McDonald's s'était engagé à diminuer en moins de cinq mois son utilisation d'huile hydrogénée, mais en février 2003, il annonçait que le délai serait plus long que prévu.

L'accord annoncé prévoit que McDonald's versera notamment 7 millions de dollars à l'Association américaine pour le cœur, qui consacrera cette somme à l'éducation du public sur les conséquences de la présence d'acides gras trans artificiels dans l'alimentation. McDonald's devra aussi débourser 1,5 million de dollars pour informer le public qu'il n'a pas tenu sa promesse faite en 2002[1]. Cependant, en 2004, la revue *Fortune* a félicité l'entreprise McDonald's en la classant au premier rang pour son efficacité en matière de gestion de la diversité de la main-d'œuvre, pour la faible rotation de son personnel qui compte des minorités visibles, et pour l'achat de ses produits géré aussi par des membres de minorités visibles. Plus de 53 % de la main-d'œuvre chez McDonald's fait partie de minorités visibles[2].

WWW

www.mcdonalds.ca
www.bantransfats.com

McDonald's honore ses engagements.

2

Survol du chapitre

McDonald's a été obligé de payer une somme extraordinaire parce qu'il n'avait pas informé « correctement » ses clients du retard de la mise en œuvre de son plan portant sur les acides gras. Ce n'est pas la première fois que des dirigeants d'entreprise et des politiciens (municipal, provincial et fédéral) ne sont pas fidèles à la réalisation de leurs objectifs et plans. Toutefois, McDonald's s'est engagé à verser des millions de dollars pour une bonne cause : informer le public sur les conséquences de la présence d'acides gras trans artificiels dans l'alimentation. On peut donc se poser la question : McDonald's peut-elle être classée comme une entreprise « éthique et responsable » envers la société ?

Pour être en mesure de répondre à ces questions, il nous faut examiner trois grands thèmes : l'éthique, la responsabilité sociale et la gestion de la diversité de la main-d'œuvre. L'éthique se définit comme l'ensemble des règles fondamentales qui régissent le comportement des êtres humains ; elle englobe des principes permettant de distinguer la bonne et la mauvaise conduite. Grâce à eux, on peut déterminer les cas où telle conduite est acceptable et telle autre, condamnable[3]. L'éthique commerciale est une branche de l'éthique appliquée et met en lien les notions de bien et de mal et le monde des affaires. Comment les employés d'une entreprise devraient-ils se conduire ? Quelles valeurs les dirigeants d'une entreprise devraient-ils favoriser à l'intérieur de celle-ci ?

La responsabilité sociale des entreprises est le deuxième thème à examiner. Comme nous l'avons vu au chapitre 2, « Les environnements et les cultures organisationnelles » (voir la page 42), les cultures organisationnelles évoluent dans une société régie par des règles, des codes et des attentes émanant de nombreux interlocuteurs ou de la population en général. Le processus interactif qui en découle constitue un système ouvert (voir la figure A.1.2 à la page 560). Nous avons également établi que les entreprises évoluent dans un environnement formé de nombreux groupes appelés les intervenants (par exemple, BanTransFats.com Inc.) : actionnaires, employés, membres de la communauté, organismes de réglementation, associations, bailleurs de fonds et divers groupes d'intérêts (voir le tableau 2.1 à la page 49). Nous verrons donc dans ce chapitre comment une entreprise peut répondre aux attentes de ces différents intervenants.

La gestion de la diversité de la main-d'œuvre est le troisième thème et l'on y examine la façon dont une entreprise s'y prend pour gérer une entreprise constituée de personnes possédant différents profils (race, âge, orientation sexuelle, niveau de scolarité, sexe, origine ethnique, etc.). Comme nous le verrons dans ce chapitre, différentes stratégies tant sur le plan individuel que sur le plan organisationnel peuvent être utilisées pour gérer efficacement une main-d'œuvre diversifiée.

Ce chapitre met en évidence :

- *la nature de l'éthique des employés et de l'éthique commerciale, les écoles de pensée s'y rattachant, l'origine des préceptes éthiques et la manière de favoriser l'éthique du travail et les valeurs professionnelles ;*
- *la nature et l'étendue de la responsabilité sociale des entreprises, la manière dont elles se montrent socialement responsables, la façon d'évaluer si les gestionnaires assument leurs responsabilités sociales et enfin les avantages et les inconvénients liés au rôle des entreprises en tant qu'agents sociaux ;*
- *les fondements de la diversité de la main-d'œuvre, pourquoi les personnes sont parfois traitées d'une façon discriminatoire et les stratégies qui peuvent être utilisées par les dirigeants d'entreprise pour gérer cette main-d'œuvre afin d'en faire une entreprise multiculturelle.*

2

3.1 L'ÉTHIQUE

OBJECTIF 3.1

Expliquer en quoi consiste l'éthique commerciale, trouver l'origine des préceptes moraux et préciser la manière d'établir un code de déontologie.

Les questions d'ordre moral que se posent les gestionnaires se sont multipliées au cours des dernières années. Souvent, les dirigeants d'entreprise sont convaincus d'avoir pris de bonnes décisions, mais des groupes d'intérêts objectent que celles-ci visent seulement à satisfaire leurs actionnaires. Certains jugent qu'il est très difficile pour des gestionnaires de faire des choix moraux, car ils sont fréquemment enfermés dans un dilemme : veiller principalement aux intérêts de leurs actionnaires ou satisfaire aux exigences de la société en général. D'autres considèrent même que l'avidité est, dans une certaine mesure, nécessaire parce qu'elle est l'aiguillon de la libre entreprise[4].

Après avoir lu les huit prochaines sous-sections, vous devriez pouvoir :

- définir les conditions d'une conduite morale ;

- distinguer les différentes écoles de pensée en matière d'éthique;
- préciser ce que l'on entend par éthique commerciale;
- trouver l'origine des préceptes éthiques;
- décrire ce qu'est un code de déontologie;
- expliquer comment le gestionnaire peut décider ce qui est conforme aux normes éthiques;
- expliquer en quoi le personnel d'exécution contribue à la création d'un climat organisationnel;
- décrire un mode de gestion basé sur un système de valeurs.

3.1.1 La nature de la conduite morale

www.kpmg.com

L'éthique peut être définie comme l'ensemble des règles régissant la conduite des individus. Une étude menée par la firme KPMG auprès de 800 entreprises et 200 organismes publics révèle qu'un grand nombre de problèmes de gestion sont de nature morale. Il semble que les difficultés d'ordre moral qui occuperont le plus les dirigeants à l'avenir sont: la sécurité de l'information, le respect de la vie privée des employés et des clients, l'environnement, la gouvernance d'entreprise et les conflits d'intérêts[5].

www.iit.edu/departments/csep/PublicWWW/codes donne une explication détaillée sur le code d'éthique

Il est certain que les valeurs personnelles des gestionnaires influent énormément sur leur conduite et leurs décisions. À cet égard, comparons WorldCom à Wal-Mart considérée comme l'une des entreprises les plus admirées en Amérique du Nord. Autrement dit, valeurs et éthique sont étroitement liées. Comme nous l'avons déjà mentionné, les valeurs morales sont des convictions profondes qui revêtent une importance pour les individus qui les possèdent, et elles sont demeurées relativement inchangées à travers les âges[6].

L'**éthique** peut être définie comme l'ensemble des règles de conduite qui déterminent une personne à agir d'une façon donnée[7]. Il est important de bien comprendre cette définition, indiquant que l'éthique est liée à une personne mais aussi à l'ensemble des individus (collectivité) qui œuvrent au sein d'un organisme. Ainsi, la conduite morale du moment de la prise d'une décision peut varier d'une personne à une autre. Par exemple, certains peuvent trouver tout à fait moral de prendre des articles du bureau pour leurs enfants, alors que d'autres peuvent juger cet acte malhonnête. Tous les ans, entre la mi-août et la mi-septembre, les entreprises font face à une augmentation de la consommation des fournitures de bureau. Celle-ci varie entre 40 et 100 % et coïncide étrangement avec la période de la rentrée scolaire[8]. Il importe aussi de souligner que la valeur morale d'un comportement varie souvent selon la structure sociale.

Les gestionnaires qui se préoccupent avant tout de résultats concrets tendent à prendre des décisions favorisant la croissance et la rentabilité de leur entreprise. Ceux qui visent surtout le bien commun peuvent attacher plus de valeur au bien-être de leurs subordonnés et de la société en général qu'à la rentabilité de leur entreprise. Voici un exemple. Les virus et autres menaces à la sécurité de Windows ont fait réagir Microsoft, qui craint de perdre de gros clients comme General Motors — qui utilise 125 000 ordinateurs de bureau — et de se voir remplacé par Appel ou Linux. Principale raison invoquée: la faiblesse de Windows face aux attaques de pirates informatiques et à certains virus tels que Code Red et Nimda[9]. On peut donc en conclure que la conduite des gestionnaires de General Motors, en se préoccupant de la sécurité des employés, des fournisseurs et de tous les autres intervenants qui traitent avec leur compagnie, dépend à la fois de leur éthique personnelle et de celle de leur entreprise.

www.gmcanada.com

L'**éthique personnelle** représente l'ensemble des règles de conduite que se fixe une personne. Les valeurs que défend celle-ci varient selon sa formation morale. Les membres d'une entreprise peuvent avoir des valeurs différentes et les défendre avec plus ou moins de force. Songeons ici à l'honnêteté, que certains associent au fait de ne pas mentir de façon éhontée et d'autres, au fait d'éviter tout genre de mensonge. Songeons aussi aux décisions du dirigeant qui doivent satisfaire à la fois les intérêts des actionnaires et les siens propres.

L'**éthique organisationnelle** se définit comme l'ensemble des règles de conduite internes définies par une entreprise. Toutes les associations professionnelles doivent se conformer à des règles morales. Ainsi, les ordres ou les associations d'avocats, de médecins, d'infirmiers, de comptables, de politiciens, d'ingénieurs, de publicitaires, etc., doivent respecter un code de conduite. Toutefois, les codes de ces différentes professions sont-ils respectés par leurs membres ? Ou, comment faire pour améliorer l'efficacité du système mis en place il y a 30 ans, avec le Code des professions ? C'est ce que 45 ordres professionnels qui regroupaient quelque 300 000 personnes ont examiné à la loupe en novembre 2004 à Montréal[10].

www.is.cityu.edu.hk/research/resources/isworld/ethics/ donne des définitions de codes d'éthique professionnels

On peut donc considérer l'éthique organisationnelle comme un système de valeurs reposant sur un ensemble de convictions s'appuyant les unes sur les autres. À titre d'exemple, voici un aperçu du code de déontologie de la Société Costco, qui compte plus de 100 000 employés. Chaque nouvel employé participe à une séance d'accueil et d'orientation qui comporte le visionnement d'une vidéo portant sur le code. Il signe aussi un guide de l'employé expliquant le code. Sur certains points du code, le P.-D. G. de Costco fait les commentaires suivants.

www.costco.com/

- *Obéir à la loi.* On doit l'observer en toutes circonstances, et on peut aussi aller au-delà de ce qu'elle exige.
- *Se préoccuper des membres.* Pas de promotions injustifiées, garder une marge minimale et offrir une double garantie. Les produits sont garantis et si le membre est insatisfait des avantages procurés par sa carte, l'entreprise rembourse les frais d'adhésion.
- *Bien traiter les employés.* Le départ volontaire d'un employé est vécu comme un échec. L'entreprise s'efforce d'offrir des salaires élevés, d'excellents avantages sociaux et des occasions de se développer, aujourd'hui comme à l'avenir. La diversité de la main-d'œuvre, en affaires, est une nécessité dont tous les employés tirent profit.
- *Respecter les fournisseurs.* Les membres de l'entreprise sont fidèles à leur parole, l'entreprise paie ses factures à temps et elle ne menace pas ses

fournisseurs. Les dirigeants tiennent à conserver leur réputation de négociateurs coriaces mais justes. Les relations avec les fournisseurs sont des relations de partenariat, non de rivalité.

- *Récompenser les actionnaires*. Comme le précise le code, le fait de se plier aux autres règles conduit naturellement à la réussite et à l'accomplissement ultime, qui est de satisfaire les actionnaires[11].

De nos jours, les gestionnaires jugent essentiel d'expliquer à leurs subordonnés comment résoudre les problèmes d'ordre éthique. Ils reconnaissent que les intervenants (internes et externes) présents dans la société ont des attentes diverses et que leurs propres décisions risquent d'être avantageuses pour certains intervenants et de nuire à d'autres. De nos jours, les gestionnaires doivent non seulement avoir une attitude morale irréprochable, mais aussi créer une culture organisationnelle qui sache respecter certains principes moraux dans l'accomplissement de ses opérations courantes[12].

WWW
www.corporateknights.ca

Voici un certain nombre d'entreprises considérées comme de « bons citoyens » d'après la Bourse de Toronto et l'éditeur torontois Corporate Knights, et voici pourquoi :

- Shell Canada a fait don de 1,7 million de dollars à des écoles ;
- la Banque de Montréal s'efforce constamment de promouvoir la diversité et l'équité au sein de son entreprise ;
- Telus travaille ardemment avec différents groupes sociaux pour mettre sur pied des stratégies ayant des effets sur l'environnement ;
- l'entreprise forestière Tembec verse 1 % de ses bénéfices avant impôts à différents organismes sociaux[13].

Pour le gestionnaire, l'application de la notion d'éthique entraîne, en pratique, qu'il doit accepter l'existence d'une tension permanente dans les relations entre l'individu, l'entreprise et son environnement. Pour surmonter cette tension, le gestionnaire doit examiner la relation elle-même, c'est-à-dire les termes de l'échange entre les intervenants, les pouvoirs respectifs des différents acteurs, les normes et les valeurs établies ainsi que les effets concrets de la relation.

3.1.2 Les écoles de pensée en matière d'éthique

L'éthique étant issue de la philosophie, il est nécessaire de considérer les doctrines morales suivies couramment dans le monde des affaires. La conduite des gestionnaires peut être tributaire de trois grandes écoles de pensée, prônant respectivement l'utilitarisme, les droits moraux et la justice[14].

A. L'école prônant l'utilitarisme

WWW
www.utilitarianism.com/bentham.htm

L'école prônant l'**utilitarisme** met l'accent sur les actions et non sur la conduite. Selon cette école de pensée, le gestionnaire doit, dans sa prise de décision, tenir compte de l'intérêt de tous les intervenants en cause, même si la décision peut avantager certains groupes plus que d'autres. Selon Jeremy Bentham (1748-1832), en général considéré comme le fondateur de cette doctrine utilitariste, au moment de préparer une action ou de prendre une décision, il faut examiner non seulement les répercussions de la décision proprement dite, mais aussi les conséquences qu'elle entraînera pour tous les intéressés[15]. L'utilitarisme se fonde sur l'idée que les gestionnaires ont pleinement conscience que certaines décisions profiteront à divers groupes et nuiront à d'autres. Si un gestionnaire est persuadé que les effets de sa décision seront positifs dans l'ensemble, il est alors en droit de conclure que sa décision est conforme à l'éthique. Pour le gestionnaire, le choix repose sur le calcul. Il doit donc déterminer quel acte représente le plus grand bien pour le plus grand nombre de personnes. Cet acte sera alors moral.

L'école de pensée utilitariste définit des normes éthiques générales pour les gestionnaires sous trois aspects : les objectifs organisationnels, le rendement et les conflits d'intérêts[16].

Concernant les *objectifs organisationnels*, l'utilitarisme considère que les gestionnaires doivent pourvoir aux besoins de tous les intervenants : actionnaires, fournisseurs, bailleurs de fonds, employés, consommateurs, etc. (voir le tableau 2.1 à la page 49). En satisfaisant les besoins de ces différents groupes, les gestionnaires accumulent les bénéfices. Aussi, en fixant un prix convenable pour leurs produits, ils répondent à la fois aux besoins des actionnaires et à ceux des consommateurs.

Selon l'école utilitariste, le *rendement* exige la production de biens au plus bas coût possible pour l'entreprise (coûts de main-d'œuvre, du capital, etc.) et pour la société (utilisation de ressources non renouvelables, etc.). De nos jours, beaucoup d'entreprises se préoccupent des problèmes environnementaux, de la conduite des affaires et des relations avec les employés.

Pour éviter les *conflits d'intérêts*, les gestionnaires ne doivent pas viser le gain personnel au moment de décider. Un ministre, par exemple, se place dans une situation de conflit d'intérêts s'il accorde un contrat de construction de plusieurs millions de dollars à un entrepreneur établi dans sa circonscription électorale même s'il n'est pas le plus bas soumissionnaire.

B. L'école prônant les droits moraux

Cette école a pour fondateur le philosophe allemand Immanuel Kant (1724-1804), qui établit sa doctrine sur la liberté et la rationalité des individus. Deux principes permettent de déterminer si une action est morale : le principe d'universalité et celui de dignité humaine. L'**école prônant les droits moraux** veut que les gestionnaires respectent les droits et les privilèges fondamentaux établis dans la Constitution canadienne. Il faut donc que leur conduite obéisse à certains principes.

WWW
www.philosophypages.com/ph/kant.htm

Premièrement, la vie et la sécurité des employés, des consommateurs et du public en général doivent être protégées. Ce principe vaut pour les normes de santé et de sécurité du travail. Deuxièmement, les consommateurs, le personnel d'exécution et le public en général ont le droit d'être correctement informés. Troisièmement, la vie privée des citoyens doit être protégée contre toute utilisation abusive des renseignements personnels par des organismes gouvernementaux. Quatrièmement, tout individu a le droit de refuser d'exécuter un acte contraire à ses convictions morales ou

www.canadianembassy.org/government/constitution-fr.asp

religieuses. Cinquièmement, tout employé a droit à la liberté d'expression et peut donc critiquer la conduite de son employeur. Sixièmement, tout individu jouit du droit à la propriété, ce qui veut dire qu'il peut acquérir, utiliser et vendre des biens.

C. L'école prônant la justice

L'**école prônant la justice** défend la répartition équitable des ressources et des coûts entre les divers groupes sociaux. Elle fait appel aux concepts d'intégrité, d'équité et d'impartialité. La notion de justice économique intervient lorsque des personnes rivalisent pour l'obtention de ressources (richesse, revenu, emplois, nourriture et logement). Quand les ressources sont insuffisantes, la société doit déterminer la manière de les distribuer. La théorie élémentaire de la justice économique se fonde sur l'idée qu'un partage équitable des ressources doit s'établir sur le mérite et le travail.

3.1.3 L'éthique commerciale

Selon Manuel Velasquez, l'**éthique commerciale** se définit comme la manière d'appliquer des règles morales à la politique, aux institutions et à la conduite dans le milieu des affaires[17]. Elle porte sur les fins de la décision (résultat escompté) et sur les moyens pris pour les exécuter (processus).

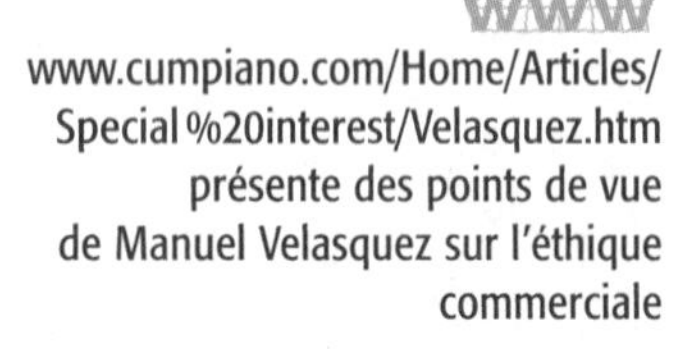

www.cumpiano.com/Home/Articles/Special%20interest/Velasquez.htm présente des points de vue de Manuel Velasquez sur l'éthique commerciale

Au cours de l'année 2002, leur mauvaise conduite a mené à leur perte des entreprises comme WorldCom, Enron, ImClone Systems, Anderson Consulting. À la suite de leur faillite, on s'est interrogé sur la moralité de leurs cadres supérieurs et de leurs administrateurs. Certains d'entre eux, accusés d'avoir enfreint la loi, ont reconnu leur culpabilité.

Il revient aux tribunaux de déterminer ce qui est socialement acceptable du point de vue légal. Les lois reflètent les valeurs d'une société et prescrivent des normes que les tribunaux doivent faire respecter. Signalons qu'un acte légal n'est pas nécessairement moral. Ainsi, durant les années 1960, les banques et les autres institutions prêteuses n'indiquaient pas clairement les taux d'intérêt annuels effectifs qu'elles exigeaient de leurs clients, bien que ces taux fussent élevés. Des associations de consommateurs ont alors dénoncé ce procédé qualifié par elles de malhonnête et d'irresponsable du point de vue social. La loi oblige maintenant les institutions prêteuses à indiquer clairement le taux d'intérêt effectif dans tout contrat de prêt.

Il apparaît donc nécessaire de concevoir un modèle de décision en matière d'éthique des affaires. Dans ce modèle, le gestionnaire aurait à rassembler les faits et à déterminer si la décision prise répond à quatre critères comportant des éléments sociaux: les critères d'utilité, de dignité, de justice et de sollicitude. Le critère d'*utilité* est relatif à la satisfaction des personnes et des groupes concernés. Le deuxième, celui de *dignité*, exige le respect des droits et des devoirs des individus touchés. Le troisième critère, celui de *justice*, impose que la décision soit conforme aux exigences de la justice. Enfin, le critère de *sollicitude* exige le respect des besoins d'autrui.

Si ces critères sont respectés, la décision peut être considérée comme conforme à l'éthique[18].

3.1.4 L'origine des préceptes éthiques

Divers éléments déterminent le comportement du personnel d'une entreprise. Ces éléments représentent un ensemble de convictions liées les unes aux autres et ayant leur source dans la société en général, les lois, les entreprises et l'individu. Ils influent à la fois sur la conduite du personnel d'exécution et sur les décisions des gestionnaires.

A. La société

Les éléments qui permettent de distinguer une conduite morale d'une conduite immorale varient suivant les normes sociales. Deux sociétés peuvent avoir des systèmes de valeurs totalement différents, et il peut être impossible d'affirmer que l'un est meilleur que l'autre. Dans certains pays arabes, par exemple, la loi interdit aux femmes de conduire une automobile. Comment accueillerait-on pareille loi au Canada ? Que se passerait-il si des femmes se mettaient à conduire une automobile dans un pays arabe ? Un Nord-Américain dira que l'on a tort d'interdire aux femmes de conduire, mais un Arabe affirmera le contraire.

B. Les lois

On traduit bien souvent les valeurs d'une société par des lois. Elles reflètent plus ou moins fidèlement les valeurs et les normes de la société, et les précisent de façon à ce que les tribunaux puissent juger si elles sont respectées. Ainsi, comme aucune loi ne régit les prix fixés par une entreprise, les effets sur l'environnement, la discrimination envers certains employés, la sécurité des produits, etc., il serait impossible aux individus qui estiment leurs droits lésés de s'adresser aux tribunaux en cas de litige. Pensons, par exemple, au cas des téléphones cellulaires dont il est démontré qu'ils menacent la santé. On continue malgré tout à vendre ces produits au Canada, et les fabricants et les opposants à leur utilisation défendent leurs points de vue respectifs avec véhémence. En revanche, s'il y avait une preuve juridique que les téléphones cellulaires engendrent des tumeurs au cerveau, la société établirait de nouvelles normes éthiques et les fabricants qui y contreviendraient s'exposeraient à payer des amendes considérables.

Au Canada, de multiples débats opposaient des groupes d'intérêts et des politiciens au sujet de la légalisation de l'union de personnes de même sexe alors qu'en 2004, les neuf juges de la Cour suprême du Canada interprétaient de façon libérale, le mot « mariage » en n'excluant pas le mariage entre personnes du même sexe. Ce projet de loi légalisant les mariages homosexuels aura un effet profond sur les valeurs et les normes fondamentales de la société canadienne. À cet égard, le gouvernement canadien a adopté une loi qui va certainement influer sur la conduite des entreprises et des individus.

C. Les organismes

Les entreprises définissent un ensemble de valeurs qui doivent guider la conduite de leurs employés. En général, la direction fait connaître ses valeurs au moyen, entre autres, de la publication de ses lignes de conduite, de règles, de règlements, d'exposés, de publications internes et de notes de service. Vers la fin des années 1990, une étude réalisée auprès de 63 entreprises révèle qu'environ 47 % d'entre elles sont victimes de fraudes et prennent des mesures pour corriger la situation : établissement d'un meilleur système de contrôle interne (16 %), séparation des responsabilités critiques (11 %), interrogatoire des employés (11 %), passation d'un contrat avec chaque employé (4 %), formation des gestionnaires (19 %) et enseignement du code de déontologie (19 %)[19]. L'étude menée en 2004 par le Business Council of British Columbia montre que l'honnêteté et le comportement éthique étaient considérés comme les critères les plus importants pour les entreprises lors de l'embauche de nouveaux employés[20].

Dans le cadre d'une autre étude menée à la fin des années 1980, les dirigeants de 10 entreprises réputées pour leur rendement financier et leurs normes éthiques ont énoncé huit principes directeurs devant assurer l'adhésion du personnel à des normes morales rigoureuses. Le tableau 3.1 énumère ces huit principes.

Tableau 3.1
Les principes directeurs servant à assurer l'adhésion à des normes morales élevées

Cohérence du leadership	Advenant la nécessité de remplacer un ou plusieurs cadres, le système de valeurs, les convictions et la conduite morale devraient rester inchangés. Il faut donc planifier la relève des postes supérieurs, et en particulier celui de P.-D. G., en tenant compte des préceptes éthiques et des valeurs.
Tradition	L'établissement d'une tradition d'intégrité permet d'assurer le maintien des normes.
Code de conduite	Tous les employés d'une entreprise devraient avoir un exemplaire des normes éthiques et du code de conduite. Lorsqu'une personne entre au service d'une entreprise, son supérieur immédiat devrait lui lire ce code et lui en remettre un exemplaire.
Formation	Une partie du programme de formation de l'entreprise devrait porter sur l'éthique de l'entreprise et le comportement des employés.
Récompenses	En récompensant les actes moraux, les entreprises favorisent le respect de leur code de conduite. On peut remettre des récompenses aux employés à l'occasion de l'évaluation annuelle, d'une réunion ou d'un autre événement public.
Climat d'ouverture	Toute opinion ou toute question concernant les codes de conduite devraient être exprimées ouvertement au cours du processus décisionnel.
Contrôle	Il convient de mettre en place des mesures de vérification qui apportent un complément à la supervision.
Sanctions	Tout employé qui enfreint le code de conduite écrit de l'entreprise doit faire l'objet d'une réprimande.

Source : K.A. Andrews (dir.), *Ethics in Practice : Managing the Moral Corporation*, Cambridge (Mass.), Harvard Business School Press, 1989.

D. L'individu

La conduite de l'individu est déterminée par sa conception du bien et du mal. Chaque individu diffère par son éducation, sa culture d'origine, sa religion et son association à des groupes sociaux. Certaines convictions personnelles sont à la source des préceptes éthiques. Elles sont déterminées par les croyances religieuses, le milieu social et familial, l'éducation reçue et le cercle d'amis.

Les *croyances religieuses*, fondées sur la révélation divine, prônent l'amour, la charité, la justice et l'harmonie entre les êtres. Elles servent de base aux principes sur lesquels s'appuient les gestionnaires au moment de prendre une décision. L'ensemble de ces principes se résume dans la formule suivante : « Ne faites pas aux autres ce que vous ne voudriez pas qu'ils vous fassent. »

L'*environnement social* contribue aussi grandement à modeler les valeurs de l'individu. Une personne qui vit dans une société où règnent la confiance, le souci des autres, le respect et la loyauté agira différemment d'un individu élevé dans un milieu qui enseigne la méfiance, l'indifférence, l'irrespect et la déloyauté. La culture d'une société, ou environnement social, est l'expression des valeurs de cette société. Ainsi, si on compare les États-Unis avec le Japon, le Canada avec l'Italie et le Royaume-Uni avec la Russie, on observe de grandes différences de valeurs. Les valeurs d'une société influent sur la conduite des personnes et des entreprises qui en font partie.

Le *milieu familial* apprend très tôt aux individus la différence entre le bien et le mal. Par leur exemple et leur enseignement, les parents déterminent la conduite que leurs enfants auront à l'âge adulte. Si les parents vivent en harmonie, se font confiance l'un l'autre et font preuve d'honnêteté, de justice et de respect, il y a de fortes chances que leurs enfants agissent de la même façon plus tard.

L'*instruction reçue* à l'école pèsera aussi d'un grand poids sur la conduite future de l'individu. En effet, ce que celui-ci apprend à l'école peut aisément influencer ses règles morales, d'autant plus qu'un grand nombre d'écoles, de cégeps et d'universités offrent des cours de morale.

Les *amis* peuvent également influencer le développement moral de l'individu. Il y a une certaine part de vérité dans le proverbe qui dit qu'on reconnaît une personne à ses amis. Ainsi, un élève qui s'entoure de personnes travailleuses, avides d'apprendre et désireuses de se surpasser sera certainement marqué par leur influence, tandis que l'élève qui se tient loin de telles personnes, les jugeant assommantes et peu sympathiques, ne sera certes pas porté à les imiter.

3.1.5 Le code de déontologie

Un **code de déontologie** est un texte énonçant l'ensemble des règles morales qui régissent l'exécution des différentes opérations d'une entreprise ou de ses membres. Ce code traite habituellement de la conduite des employés et fait référence aux actionnaires, à la communauté et à l'environnement, aux clients, aux fournisseurs et aux sous-traitants, aux activités politiques et à la technologie. Un code de conduite renferme des principes généraux auxquels on associe d'ordinaire certaines mesures et que l'on précise à l'occasion de réunions ou par la voie de communiqués et de publications.

Le code de déontologie est un signe manifeste de la volonté d'une entreprise de bien se conduire. De plus en plus d'entreprises se dotent d'un code de conduite en accord avec leur philosophie. Ce code sert en général à définir la raison d'être d'une entreprise et à établir des principes du processus décisionnel. Certains affirment que les normes de conduite adoptées par les entreprises sont à peu près les mêmes, tandis que d'autres soutiennent qu'elles comportent des différences importantes. Toute entreprise a une personnalité qui lui est propre, et son code de déontologie en est le reflet. Le tableau 3.2 reproduit le code de déontologie de Ressources naturelles Canada. Il est important que les entreprises fassent connaître leur code de conduite à leurs employés. Toutefois, l'étude menée par KPMG sur l'éthique et la responsabilité sociale des entreprises en 2002 montre que 20,2 % de celles-ci n'appliquaient pas leur code ou leur ligne de conduite en matière d'éthique à tous leurs employés. De plus, seulement 30,3 % mettaient, sur demande, le document à la disposition du public[21].

WWW
www.osfibsif.gc.ca/app/DocRepository/1/fra/directrices/saines/directrices/f11_f.pdf présente les lignes directrices d'un code de pratiques commerciales préparées par le Bureau du surintendant des institutions financières du Canada

Tableau 3.2
Le code de déontologie de Ressources naturelles Canada

Les valeurs suivantes sont à la base des rapports que nous entretenons avec les citoyens canadiens et nos clients et entre nous :

- le respect,
- la justice,
- l'équité,
- l'honnêteté,
- l'intégrité.

Notre ministère jouit d'une réputation mondiale pour sa contribution sur le plan du savoir, d'une part, et son dévouement à l'égard des services, d'autre part. Cette contribution repose sur bon nombre de valeurs fondamentales, dont les principales sont :

- le respect des autres et de leurs différences ;
- le professionnalisme et l'excellence qui en découle ;
- la confiance et la transparence dans notre façon de faire ;
- le dévouement pour créer un milieu de travail favorable où les gens sont valorisés et où leurs idées comptent.

Ces valeurs sont déterminantes pour le plus grand défi auquel est confrontée la fonction publique du Canada : créer un milieu de travail qui a les plus grands égards pour les idées, un milieu de travail où les idées peuvent prendre forme, se développer et se répandre.

Source : Ressources naturelles Canada.

Le code de déontologie revêt une importance toute particulière pour les grandes entreprises qui comportent des fonctions distinctes et des divisions réparties dans diverses régions et reliées entre elles par un réseau de communication complexe. Il a évidemment pour but de faire partager la même éthique professionnelle par tous les membres de l'organisation, quels que soient leur secteur d'activité, leur division et la région où ils travaillent. Pensons, par exemple, à la Banque de Montréal et à Burger King, qui comptent des centaines de succursales au pays, dirigées chacune par un gérant. Ces entreprises se sont dotées d'un code de déontologie pour protéger leur image et leur réputation, et elles s'assurent que tous leurs employés savent l'importance qu'elles y attachent.

www.shell.ca./code/values/commitments/ethics_f.html qui présente le code de conduite de la Société Shell

3.1.6 La prise de décision et l'éthique

Il nous paraît à propos de formuler certaines recommandations à l'intention des gestionnaires qui ont une décision à prendre et veulent respecter les normes éthiques[22]. En premier lieu, il est important de tracer un *portrait complet de la situation*. Quels intervenants seront touchés par la décision ? Ne devrait-on pas s'entretenir avec eux pour obtenir un supplément d'information ? Les décideurs qui négligent de le faire s'exposent à se mettre à dos certains groupes de la société. Souvent, ils sont forcés de revenir sur leur décision à cause des pressions qui s'exercent sur eux.

WWW

www.businessethics.ca pour des précisions sur l'éthique des affaires

En deuxième lieu, il faut *chercher les valeurs pertinentes* dans le contexte. Comme les intervenants ne possèdent pas tous les mêmes valeurs, une description claire des attentes des divers groupes sociaux peut aider les gestionnaires dans leur examen des différents aspects moraux.

En troisième lieu, il faut *savoir discerner les valeurs qui s'opposent* entre elles et opter pour une solution, en donnant la priorité aux plus importantes. Les gestionnaires doivent donc déterminer quelles sont les valeurs dont il faut tenir compte en priorité. Les entreprises qui ont clairement défini leurs orientations et leurs valeurs se référeront à leur code de conduite. Les autres risquent de prendre des décisions fâcheuses et de ne pas parvenir à établir un équilibre entre les valeurs.

En quatrième lieu, *la décision qui a été prise est mise à exécution*. Cette étape est facile à franchir pour peu qu'on ait suivi les recommandations énoncées plus haut. L'entreprise peut ensuite annoncer une décision qui ne surprendra pas les groupes d'intérêts puisqu'on a déjà tenu compte de leurs opinions.

3.1.7 Le personnel d'exécution et l'éthique

Les membres du personnel d'exécution contribuent grandement à l'établissement d'un bon climat à l'intérieur de l'entreprise par leurs valeurs et leur éthique du travail.

L'**éthique du travail** réfère aux convictions qui animent un employé dans l'exécution de ses tâches quotidiennes. Les gens n'envisagent pas tous le travail de la même façon. Certains sont des bourreaux de travail, tandis que d'autres le considèrent comme un fardeau et disent qu'il ne procure ni plaisir ni compensation.

Les valeurs professionnelles sont directement liées à l'éthique du travail. La manière de considérer le travail varie selon l'âge, comme en témoignent les résultats d'une étude réalisée par David Cherrington[23].

Selon cette étude, les éléments les plus importants pour les jeunes travailleurs sont:

- l'argent et les avantages sociaux;
- l'avancement rapide;
- le caractère enrichissant de leur emploi;
- l'amitié de leurs collègues de travail;
- les loisirs et le temp libre.

Pour les travailleurs plus âgés, toujours selon cette étude, les éléments qui comptent le plus sont:

- la fierté tirée d'un travail bien fait;
- le travail assidu;
- la loyauté à l'égard de l'entreprise;
- le fait d'être au service des autres;
- le rôle actif de l'entreprise au sein de la communauté.

3.1.8 La gestion basée sur un système de valeurs

Comme nous l'avons indiqué au chapitre 2, l'environnement interne d'une entreprise influe directement sur la façon dont ses membres travaillent ensemble et sur la façon dont les fonctions de gestion sont accomplies. Parmi les éléments de cet environnement, on compte l'attitude et la philosophie des employés, le style de gestion, le système de rémunération, l'aménagement des bureaux, etc.

Rappelons que les valeurs, le comportement et les rituels partagés par les employés déterminent le caractère d'une culture organisationnelle[24]. Certains chercheurs ajoutent qu'une entreprise peut avoir une culture dominante et diverses sous-cultures[25]. Les sous-cultures peuvent correspondre aux différentes unités organisationnelles, puisque celles-ci ont chacune des fonctions distinctes. Par exemple, la culture organisationnelle des employés du Service des ventes peut différer de celle des employés à la comptabilité ou aux achats.

A. Le rôle du système de valeurs dans un organisme

Comme l'illustre la figure 3.1, à la page suivante, les valeurs déterminent en grande partie les croyances, les attitudes et la conduite des employés et, par là, la culture organisationnelle. Le gestionnaire doit s'attacher à comprendre les valeurs et la culture de son entreprise s'il veut contribuer à son développement. La culture organisationnelle représente le côté invisible de l'organisation, le côté visible étant la structure organisationnelle.

Les **valeurs** représentent les normes, les croyances ou les convictions adoptées par une personne et qui influent sur la façon dont elle accomplit ses tâches quotidiennes. Les individus peuvent différer entre eux par les valeurs auxquelles ils adhèrent (respect de l'autre, de son environnement, honnêteté, intégrité, ouverture d'esprit, etc.). Pour les membres d'un groupe, le fait de défendre des valeurs précises est souvent une cause de conflit.

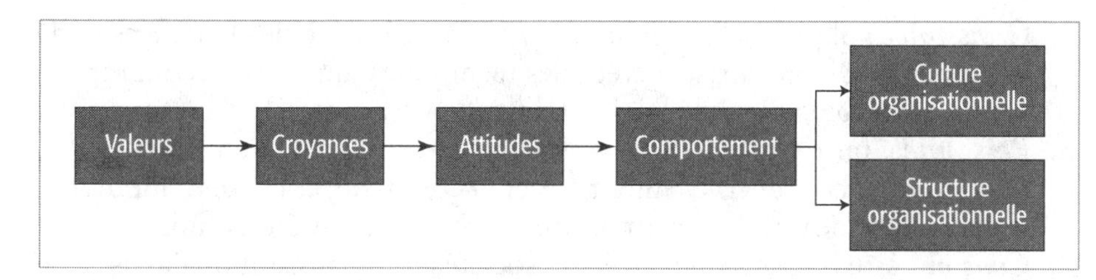

Figure 3.1
L'émergence de la culture organisationnelle

Les valeurs d'une personne peuvent se changer en **croyances**, c'est-à-dire en convictions. Ainsi, une personne qui travaille au Service des ventes peut croire que les employés du Service de la comptabilité sont des personnes moins créatives, moins compétentes et moins dynamiques. Une autre personne peut croire qu'un employé qui est d'une autre race ou d'une autre religion, ou qui est peu instruit est moins doué que d'autres. Les employés quadragénaires peuvent penser que les débutants sont paresseux, négligents, voire malhonnêtes et égoïstes.

La conduite d'une personne ou d'un groupe correspond souvent à ses convictions, ce qui peut se traduire par une *attitude* rigide face à une autre personne ou à un groupe. Le *comportement* d'un groupe a des effets sur la culture d'une entreprise, c'est-à-dire sur la façon dont ses membres travaillent ensemble.

Étant donné le lien qui existe entre les valeurs et le comportement, les gestionnaires doivent pouvoir caractériser les valeurs défendues dans leur organisation. S'ils sont incapables de reconnaître les valeurs des différents groupes de personnes qui forment l'organisation, la culture organisationnelle risque de s'effriter et de provoquer des conflits individuels ou collectifs.

B. L'importance des valeurs partagées

La gestion fondée sur des valeurs partagées se recommande à plusieurs points de vue.

Premièrement, elle *permet aux dirigeants et aux exécutants de prendre des décisions de façon plus efficace*[26]. Considérons le cas de Hewlett Packard, une entreprise qui préconise le partage des valeurs, donc qui incite les employés à planifier, à organiser, à diriger et à contrôler les différentes activités. Hewlett Packard a adopté un style de gestion démocratique. En 1952, cette entreprise a publié un énoncé des valeurs dégageant sept objectifs considérés comme réalisables, compréhensibles par tous les membres de l'entreprise et adaptés au caractère et à la personnalité de l'organisation. Les objectifs formulés dans l'énoncé se rapportent à sept éléments importants; ils sont destinés à servir de guides aux employés dans la prise de décision et la détermination des plans d'action:

1. *Bénéfices:* réaliser des bénéfices suffisants pour assurer la croissance de l'entreprise et fournir les ressources nécessaires à la réalisation des objectifs.
2. *Clientèle:* offrir à la clientèle les meilleurs produits et les meilleurs services possible, de manière à s'assurer sa faveur.
3. *Champs d'intérêt:* n'exploiter de nouveaux champs d'intérêt que lorsque les idées et les techniques de conception, de fabrication et de commercialisation sont parfaitement au point.

www.hp.com/hpinfo/abouthp/corpobj.html
pour les énoncés des valeurs de la Société Hewlett Packard

4. *Croissance*: planifier la croissance en tenant compte des bénéfices et de la capacité de l'entreprise à créer des techniques innovatrices qui répondent aux besoins réels de la clientèle.
5. *Personnel*: faire profiter le personnel de la réussite de l'entreprise.
6. *Direction*: encourager les initiatives et la créativité, et laisser à l'individu le choix des moyens pour atteindre les buts qui ont été définis.
7. *Civisme*: être responsable envers la société en fournissant de l'assistance aux pays et aux communautés avec lesquels on travaille[27].

www.canadapost.ca

Deuxièmement, la gestion fondée sur les *valeurs partagées fournit aux employés une ligne de conduite et les renseigne sur les attentes de l'entreprise à leur égard*[28]. Au cours des années 1990, la Société canadienne des postes a formulé des principes directeurs concernant les valeurs de l'entreprise et la conduite de ses employés. L'énoncé des principes précise les attentes de l'entreprise sur le leadership, le travail en équipe et la gestion des ressources humaines. Le tableau 3.3 présente un certain nombre d'énoncés de valeurs (il y en a une cinquantaine en tout) de cette organisation.

Tableau 3.3
Les énoncés des valeurs de la Société canadienne des postes

Les principes directeurs: je m'implique, je les applique!

- Nous acquitter de notre obligation première, soit de traiter l'autre avec respect, courtoisie, justesse et prévenance, peu importe sa fonction ou son ancienneté.
- Respecter nos engagements et tenir nos promesses. Pareille attitude engendre un climat de confiance et de dévouement que ce soit dans l'entreprise, dans notre famille ou dans notre entourage.
- Reconnaître et faire valoir la contribution des autres. Il est toujours gratifiant et motivant de recevoir spontanément des éloges pour un travail bien fait.
- Accorder aux conventions collectives et aux syndicats la part qui leur revient et reconnaître leur contribution à la réussite de l'entreprise.
- Concevoir des politiques et des méthodes pour que le milieu de travail soit fonctionnel, sain et sécuritaire. Un contexte de travail bien structuré favorise le sentiment de bien-être des employés.
- Partager l'information en temps voulu avec les employés. Ceux-ci ont besoin de connaître la situation de l'entreprise, de savoir où ils se situent et de comprendre comment ils seront touchés par les changements éventuels.
- Chercher les occasions de parfaire ses connaissances et d'améliorer le milieu de travail. Les systèmes plutôt que les personnes sont souvent la cause des problèmes.
- Faire confiance à nos collègues. En croyant sincèrement que les autres sont fiables et soucieux de bien travailler, on fait ressortir le meilleur d'eux-mêmes.

Source: La Société canadienne des postes.

Troisièmement, la gestion fondée sur le partage des valeurs *permet de mettre sur pied des équipes de travail efficaces et d'améliorer la performance de l'organisation*. Une étude menée durant plus de quatre ans par John Kotter et John Heskett montre que les entreprises basées sur des valeurs partagées ont de meilleurs résultats que les autres[29]:

- le produit d'exploitation augmente 4 fois plus rapidement;
- la croissance du nombre des employés est 7 fois plus élevée;
- la valeur des actions en Bourse augmente 12 fois plus vite;
- le bénéfice après impôts a augmenté plus rapidement pour atteindre 750 %.

C. L'établissement d'une éthique du travail

De nombreux dirigeants d'entreprise estiment qu'il est essentiel de promouvoir l'éthique organisationnelle. Ainsi, Thomas Watson Jr., fondateur de la société IBM, affirmait qu'une bonne entreprise « doit sa capacité de réaction non pas à son mode d'organisation ou aux aptitudes de ses gestionnaires, mais plutôt à la puissance de ce que l'on appelle ses convictions et à l'attrait que celles-ci exercent sur les gens ». Le P.-D. G. des hôtels Quatre Saisons, Isadore Sharp, juge pour sa part qu'il est primordial d'avoir et de défendre des valeurs morales, celles-ci étant, selon lui, le « noyau psychique » d'une entreprise[30].

De nombreuses études ont porté sur la recherche de moyens de promouvoir les valeurs professionnelles à l'intérieur des entreprises. Dans *Work Ethics*, David Cherrington recommande ce qui suit:

- établir dans l'entreprise un climat qui favorise les valeurs professionnelles et la recherche de l'excellence;
- indiquer clairement aux employés ce que l'on attend d'eux en matière de productivité et de qualité du travail;
- mettre sur pied des programmes destinés à renseigner les employés sur l'importance des valeurs professionnelles, de la dignité du travail et du service à la clientèle;
- faire en sorte que tous les employés aient des comptes à rendre, et donner à chacun le pouvoir nécessaire;
- encourager la participation et la libre expression des employés;
- fournir aux employés une évaluation périodique de leur rendement;
- proportionner les récompenses au rendement;
- encourager les employés à développer leurs talents et leurs capacités[31].

Le tableau 3.4 présente huit principes directeurs pouvant être adoptés par une entreprise soucieuse de définir des valeurs morales.

Tableau 3.4
Les principes directeurs pouvant être adoptés par une entreprise soucieuse de définir des valeurs morales

- Recruter, sélectionner et favoriser les bonnes personnes, c'est-à-dire celles qui font preuve de courage, d'équité, de prudence et d'intégrité.
- Organiser des ateliers pour aider les gens à prendre des décisions conformes à la morale.
- Établir des normes élevées et faire connaître les principes moraux de la direction et le type de conduite auquel l'entreprise assigne de la valeur.
- Établir des voies de communication permettant de découvrir facilement toute conduite contrevenant à la morale.
- Revoir fréquemment la politique pour s'assurer que la pratique concorde avec les valeurs énoncées.
- Contrôler directement la conduite par l'entremise d'un examen relevant de la direction ou des superviseurs, ou à l'aide de mesures de vérification.
- Favoriser l'atteinte de certains objectifs moraux en établissant des comités, des marches à suivre, des programmes ou des charges.
- Présenter une conduite exemplaire.

Source : Tiré de Jeffrey Gandz, « Designing Ethical Organizations », *Business and Ethics,* London (Ontario), University of Western Ontario, 1991, p. 14-18.

Témoignage

Mario Lalande, copropriétaire, Votre Épicier Indépendant

La communauté, une priorité chez Votre Épicier Indépendant

WWW
www.cfig.ca/ est le site de Votre Épicier Indépendant

« Nous avons ouvert notre supermarché dans le secteur est d'Ottawa en 1992, raconte Mario Lalande. Grâce à une grande sélection de produits de marques nationales et diversifiés (incluant les vins, un bureau de poste, des vêtements pour enfants, un laboratoire photo, etc.) et à notre participation active à la vie communautaire, nous nous sommes rapidement hissés au rang de chef de file de l'alimentation au détail dans notre secteur.

« Des activités de BBQ pour aider le sport amateur au programme coopératif en collaboration avec différentes écoles et associations, notre entreprise entend toujours rendre la pareille à notre communauté qui nous a aidés à devenir un des supermarchés les plus prospères de notre région.

« Chez nous, redonner à la communauté va bien au-delà de l'alimentation ; l'engagement de notre entreprise envers différentes associations est d'une grande envergure. Pour les équipes de sports amateurs et d'écoles dans notre région, nous organisons des BBQ le samedi à l'extérieur de notre supermarché. Cette activité nous permet de remettre 50 % des recettes à une équipe qui peut facilement récolter plus de 300 $ en moins de 5 heures de bénévolat. Nous préparons aussi pour les groupes scouts et guides, qui partent pour un camp de fin de semaine ou un camp d'été, une commande d'épicerie. Nous offrons les mêmes services à des écoles de notre région et offrons des bourses aux élèves des écoles secondaires.

« Nous sommes également fiers de notre contribution au bien-être de quelques paroisses de notre région qui reçoivent un pourcentage du total des factures de nos clients. Nous participons aussi au programme coopératif avec les écoles et les associations de notre région en ce qui a trait à l'embauche de personnes déficientes.

« Chez nous, participer à la vie communautaire en appuyant diverses activités est une tradition depuis le début et nous sommes fiers de notre engagement envers la communauté. »

OBJECTIF 3.2

Expliquer en quoi consiste la responsabilité sociale des entreprises, son étendue, décrire la manière de l'évaluer et indiquer la manière dont les gestionnaires deviennent socialement responsables.

3.2 LA RESPONSABILITÉ SOCIALE DES ENTREPRISES

Comme le montre la figure 3.2, il existe un lien étroit entre les forces de l'environnement social, les valeurs, les croyances et la culture des dirigeants et le choix des stratégies et des priorités d'une entreprise. En général, l'environnement d'une entreprise, qui est constitué de divers intervenants, incite les dirigeants à devenir socialement plus responsables.

Après avoir lu les sept prochaines sous-sections, vous devriez pouvoir :

- expliquer la structure organisationnelle des groupes affectés par les décisions d'une entreprise ;
- apporter des arguments en faveur ou contre la responsabilité sociale des entreprises ;

- définir la nature de cette responsabilité;
- décrire les stratégies qu'une entreprise doit mettre en œuvre pour s'acquitter de ses responsabilités sociales;
- expliquer ce que l'on entend par système social;
- décrire comment il est possible d'évaluer la responsabilité sociale des entreprises;
- expliquer ce que l'on entend par l'expression « bilan social ».

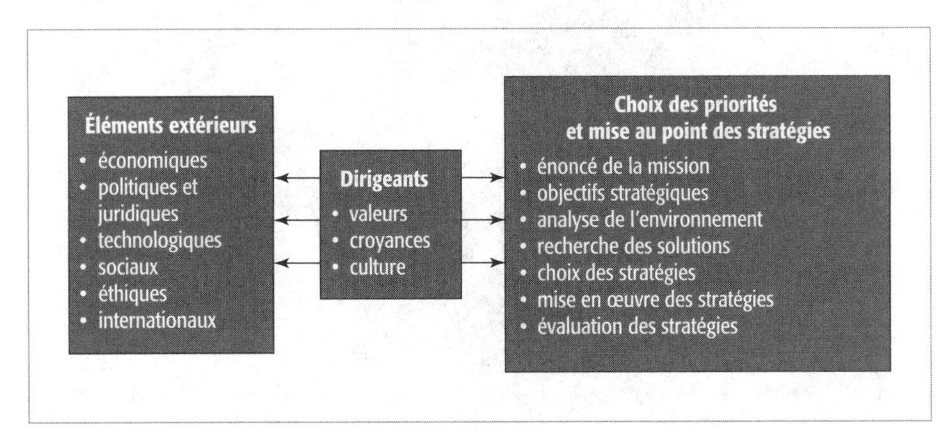

Figure 3.2
Les relations entre l'entreprise et l'action sociale

3.2.1 La structure organisationnelle des groupes affectés par les décisions d'une entreprise

Dans l'étude de l'éthique commerciale et de la responsabilité sociale, les éléments les plus importants sont les intervenants défendant les intérêts particuliers, c'est-à-dire les groupes qui sont affectés par les décisions d'une entreprise ou qui pèsent sur elles[32]. Il est évident qu'une entreprise a l'obligation de satisfaire les besoins financiers de ses actionnaires. Toutefois, la notion de responsabilité sociale implique que l'entreprise réponde aux attentes justifiées de tous ses intervenants, qu'ils soient internes ou externes (voir le tableau 2.1 à la page 49). On peut définir la **responsabilité sociale** comme l'obligation morale pour une entreprise d'aider à la résolution de problèmes sociaux ou de pourvoir à certains besoins de la société.

La figure 3.3 (voir la page 100) dresse la liste des groupes d'intervenants susceptibles d'être affectés par les décisions des dirigeants d'entreprise. Ces intervenants peuvent être classés en deux catégories. Les **intervenants primaires** sont liés à une entreprise par une entente formelle, officielle ou contractuelle. À la figure 2.1 du chapitre 2, ces intervenants, à l'intérieur du cercle, sont désignés comme des intervenants internes. Ce groupe comprend les propriétaires, les clients, les employés et les fournisseurs. Les **intervenants secondaires** sont indirectement liés à l'entreprise et sont également affectés par les décisions prises par les dirigeants. À la figure 2.1, ces groupes sont désignés comme des intervenants externes. Ils sont constitués notamment par les différents groupes de défense des consommateurs, de l'environnement, de la liberté civile et de la société en général.

Figure 3.3
La façon dont les intervenants envisagent l'entreprise

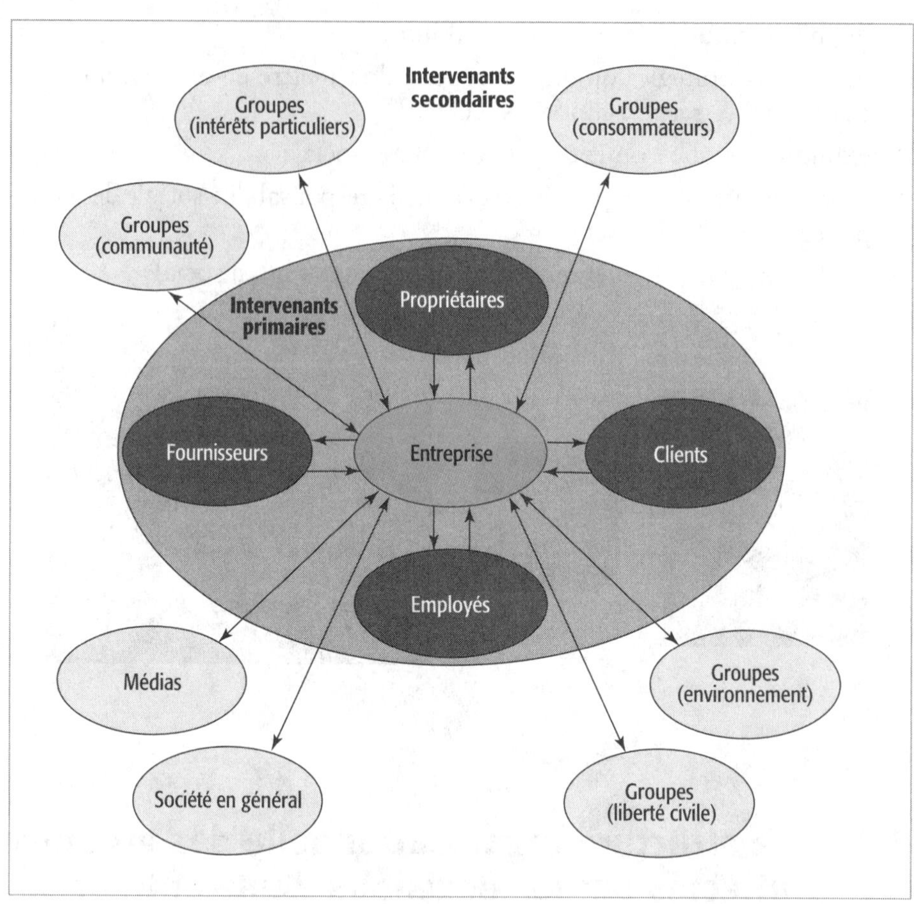

Source : A.B. Carroll, *Business & Society: Ethics and Stakeholder Management*, Cincinnati, Southwestern Publishing, 1989, p. 60.

Une entreprise ayant des activités dans différents pays négocie avec des intervenants aux intérêts très variés. Elle doit donc être à l'écoute de ceux appartenant à divers environnements et à différents niveaux (social, économique, politique, juridique et technologique). Une multinationale doit répondre aux exigences de clients, d'actionnaires et d'employés ayant des besoins différents. Pour satisfaire aux exigences, la multinationale doit donc connaître leurs attentes afin de définir des objectifs et des stratégies efficaces.

Avant de passer en revue les différentes stratégies que les entreprises peuvent mettre en œuvre pour répondre aux besoins particuliers de leurs différents intervenants, et de déterminer si une entreprise s'acquitte de ses obligations en matière de responsabilité sociale, il convient d'examiner le débat sur la nécessité pour ces entreprises d'assumer des responsabilités sociales.

3.2.2 Le débat sur la responsabilité sociale des entreprises

Les entreprises devraient-elles s'intéresser aux problèmes sociaux ? Dépasser le cadre de leur mission économique ? Agir à la manière d'agents sociaux ?

Si oui, dans quelle mesure ? Ces questions ont fait l'objet de nombreux débats au cours des dernières décennies. La controverse autour de l'action sociale des entreprises porte avant tout sur des aspects comme l'égalité des chances, la préservation des ressources énergétiques et naturelles, la lutte contre la pollution ainsi que la protection des consommateurs et des travailleurs. Apparaissent aux tableaux 3.5 et 3.6 (voir la page 102) les arguments avancés respectivement par les défenseurs de la responsabilité sociale des entreprises et par ses critiques[33].

Tableau 3.5
Les arguments en faveur de la responsabilité sociale

Les attentes du public	Le public en général s'attend à ce que les entreprises s'occupent des questions sociales, estimant que leur principale raison d'être consiste à satisfaire les besoins de la société.
La viabilité à long terme	Si les entreprises ne remplissent pas leur rôle social, d'autres entités le feront à leur place. Ces entreprises perdront ainsi beaucoup de leur pouvoir et de leur influence dans la société.
L'image	L'entreprise qui s'acquitte de ses responsabilités sociales est considérée comme une bonne citoyenne par les autres intervenants (consommateurs, gouvernements, fournisseurs, employés, groupes de pression, associations, etc.) et projette une bonne image, ce qui peut avoir un effet positif sur ses relations avec d'autres groupes sociaux (syndicats, communauté, investisseurs, etc.).
L'amélioration de l'environnement	Si les entreprises prennent soin de l'environnement, il en résultera une plus grande prospérité à long terme. Les programmes relatifs à la qualité de la vie au travail, par exemple, permettront aux employés de travailler dans un milieu plus agréable, et il s'ensuivra une augmentation de la productivité et une réduction des taux de rotation et d'absentéisme du personnel.
L'intervention réduite de l'État	Plus les entreprises aideront à la résolution des problèmes sociaux, moins l'État interviendra en adoptant des réglementations qui restreignent leur liberté et celle de la société dans son ensemble.
L'équilibre entre la responsabilité et le pouvoir	Comme elles jouissent déjà d'un pouvoir considérable dans la société et que leurs décisions ont une incidence importante, notamment sur les groupes minoritaires, l'environnement et la situation de la collectivité, les entreprises devraient assumer une responsabilité sociale proportionnelle à leur crédit et à leur influence.
La possibilité de réussir là où d'autres ont échoué	Beaucoup d'institutions ont tenté en vain de remédier à certains maux de la société. Les entreprises sont les seules à n'avoir pas encore essayé de le faire. On devrait par conséquent leur donner l'occasion de démontrer leurs capacités à cet égard.
La disponibilité des ressources	Les entreprises disposent de ressources financières, humaines, techniques et professionnelles considérables. Leurs dirigeants devraient en consacrer une partie à la résolution des problèmes sociaux.
La rentabilité possible	Les difficultés sociales pourraient devenir une source de profits pour les entreprises. Celles-ci gagneraient à utiliser les compétences, l'esprit d'innovation et la créativité de leurs employés pour résoudre les problèmes sociaux. Certains fabricants de produits chimiques, par exemple, augmenteraient leurs profits s'ils récupéraient les déchets. Le recyclage de produits pourrait également se révéler lucratif.
Le fait qu'il vaut mieux prévenir que guérir	Si les entreprises ne s'occupent pas de faire disparaître les malaises sociaux, ceux-ci risquent de s'aggraver considérablement. Il se pourrait qu'un jour, étant donné leur refus d'agir, elles-mêmes soient obligées d'affronter ces problèmes, et que les coûts à assumer soient très élevés.
L'intérêt des actionnaires	Lorsqu'on consacre du temps et de l'argent à la formation d'un employé et que celui-ci se met ensuite au service d'une autre entreprise, c'est celle-ci qui profite de ses capacités et de ses connaissances. Si un actionnaire a investi dans les deux entreprises en cause, les frais liés à la formation de ce travailleur n'auront pas été inutilement pris en charge. Les personnes qui diversifient leurs investissements font des gains à long terme.

Tableau 3.6
Les arguments contre la responsabilité sociale

La perte de bénéfices	Si les entreprises affectaient la majorité de leurs ressources financières et humaines à la résolution de problèmes sociaux, leur rendement et leur compétitivité en souffriraient certainement. Il s'ensuivrait aussi une hausse des coûts et des prix. Or, la baisse du rendement économique (bénéfices) représente une perte sociale beaucoup plus importante que n'importe quel gain tiré d'une action sociale de l'entreprise.
L'élément coût	Les entreprises ont des ressources limitées. Si elles en affectent trop à des programmes sociaux, le rendement de leurs opérations à long terme pourrait en souffrir. Elles auraient alors moins d'argent à dépenser pour l'agrandissement de leurs usines, la modernisation de leurs installations, et la recherche et le développement. De plus, si les entreprises ont à débourser de l'argent pour de tels programmes et refusent de le soustraire de leurs bénéfices, elles doivent hausser le prix de leurs produits, de sorte qu'au bout du compte ce sont tous les membres de la société qui paient la note.
Le manque de compétence dans le domaine social	Les dirigeants d'entreprise ont reçu une formation axée sur la résolution de problèmes commerciaux et économiques. Ils ne possèdent ni les connaissances ni les capacités requises pour s'occuper de questions sociales.
La dilution de la mission première des entreprises	Si les dirigeants d'entreprise étaient appelés à assumer une autre responsabilité importante, ils devraient partager leurs efforts entre deux mandats, l'un économique et l'autre social. Ils ne pourraient concentrer leur attention sur les deux en même temps, et les entreprises se trouveraient alors dans une situation chaotique et le capitalisme serait en péril.
Le pouvoir trop grand	Les entreprises jouissent déjà d'un pouvoir considérable sur le plan social. En leur confiant plus de responsabilités, la société accroîtrait encore davantage ce pouvoir.
La non-obligation de rendre compte	Les entreprises ne rendent pas compte à la population en général. Il serait donc inconcevable qu'elles aient encore plus de pouvoir et d'autorité, tout en n'ayant pas à justifier leurs actions.
Le manque de soutien	Les groupes sociaux ne s'entendent guère sur l'étendue du pouvoir à accorder aux entreprises dans le domaine social. Si l'on conférait plus de pouvoir à ces dernières, les divers groupes s'y opposeraient ouvertement et avec véhémence.

3.2.3 La nature de la responsabilité sociale

Une entreprise qui assume ses responsabilités sociales est, d'une part, capable de discerner les besoins et les objectifs prioritaires des différents intervenants sociaux, et d'évaluer les conséquences d'une action menée sur le plan social et qui vise à améliorer le bien-être de la population en général. D'autre part, cette entreprise doit veiller à ses intérêts et à ceux de ses actionnaires. Considérons l'exemple suivant. En 2005, le regroupement People for the Ethical Treatment of Animals (PETA), un organisme de protection des animaux, demanda à la Ville de Gatineau d'interdire sur son territoire le cirque des Shriners. PETA, une association qui aurait, dans le monde, 850 000 membres, disait détenir des preuves tangibles démontrant que les entraîneurs des bêtes

www.peta.org/ pour d'autres exemples d'activités de PETA

du cirque traitent mal les animaux et les battent régulièrement[34]. Pour le Cirque des Shriners, cette demande visant à lui refuser l'accès à la ville ainsi que les commentaires parus dans les médias entachèrent sans doute sa réputation.

Les transformations du système de valeurs survenues au cours des dernières décennies ont eu pour effet de mettre au premier plan :

- la fabrication de biens d'une meilleure qualité plutôt que la production de masse ;
- la préservation des ressources naturelles plutôt que leur gaspillage ;
- la notion d'interdépendance (des communautés, des régions et des pays), qui a remplacé celle d'indépendance ;
- les méthodes axées sur la participation, qui se sont substituées à celles fondées sur l'autorité ;
- la satisfaction tirée de la réponse apportée aux besoins de la société plutôt que celle tirée de l'usage des biens matériels ;
- le pluralisme plutôt que la centralisation.

3.2.4 L'étendue de la responsabilité sociale

Il est assez facile de comprendre ce que signifie la responsabilité sociale. Cependant, on n'est pas parvenu à formuler une définition qui ferait l'unanimité. Certains affirment que les entreprises doivent résoudre l'ensemble des problèmes sociaux, tandis que d'autres soutiennent que leur rôle en tant qu'agents sociaux ne peut être que limité. La figure 3.4 présente les quatre modes de conduite que peuvent adopter les entreprises à cet égard, à savoir le mode classique, le mode réactif, le mode axé sur l'interaction avec les intervenants et le mode proactif.

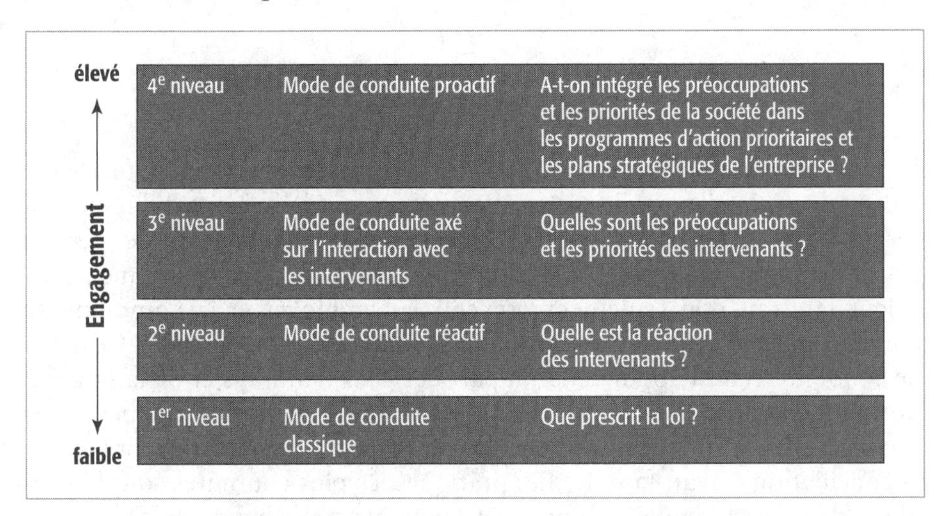

Figure 3.4
Les divers niveaux de responsabilité sociale des entreprises

A. Le mode de conduite classique

Le **mode de conduite classique** consiste à faire un usage économique et judicieux des ressources de la société dans la fabrication des produits et la fourniture des services. Lorsqu'il est correctement appliqué, tous les membres

WWW
www.adamsmith.org/friedman/

de la société y gagnent. Les actionnaires obtiennent des bénéfices raisonnables et les consommateurs, des produits et des services de qualité. L'économiste Milton Friedman, lauréat du prix Nobel de sciences économiques, en 1976, apparaît comme l'un des plus ardents partisans de ce mode de conduite[35]. Il affirme que si les dirigeants d'une entreprise utilisaient les fonds des actionnaires pour autre chose que la maximisation des bénéfices, ils le feraient sans leur permission. Toutes les décisions des gestionnaires doivent être axées sur l'amélioration des résultats nets, laquelle est considérée comme la mission première d'une entreprise. Le mode de conduite classique se fonde également sur l'idée que ce sont les gouvernements, non les entreprises, qui sont le plus aptes à résoudre les problèmes sociaux.

B. Le mode de conduite réactif

Avec le **mode de conduite réactif**, les gestionnaires jouent un double rôle. D'une part, ils doivent exercer leurs fonctions économiques et, d'autre part, satisfaire aux exigences sociales (préservation de l'environnement, équité en matière d'emploi, attentes des consommateurs, etc.). Les entreprises qui pratiquent ce mode de conduite se conforment aux normes et aux réglementations gouvernementales, et répondent aux exigences des divers groupes d'intérêts. En 2004, l'Union européenne s'était entendue avec Coca-Cola pour mettre un terme à ses accords d'exclusivité avec des magasins ou des restaurants, permettant donc à des boissons rivales d'y être présentées et vendues. L'objectif de l'entente était donc de permettre aux consommateurs de choisir ce qu'ils voulaient acheter « en fonction du prix et des préférences personnelles, au lieu de choisir un produit Coca-Cola parce que c'était le seul à être proposé ». Cette pratique avait permis au géant américain de gagner la moitié du marché des sodas en Europe[36].

C. Le mode de conduite axé sur l'interaction avec les intervenants

Le **mode de conduite axé sur l'interaction avec les intervenants** se fonde sur l'idée selon laquelle les dirigeants d'entreprise ont la responsabilité de discerner les préoccupations et les priorités des intervenants avant de prendre des décisions. Par exemple, si les dirigeants décidaient de fermer une usine, il leur faudrait non seulement prévenir les employés et la communauté plusieurs mois à l'avance, mais aussi les dédommager financièrement. Ce mode de conduite reçoit l'appui de la plupart des gens d'affaires et de la population en général. Beaucoup d'entreprises le privilégient actuellement. Par exemple, plus de 90 % des PME ont adopté au moins une mesure pour faciliter la conciliation travail-famille. Les pratiques les plus courantes sont la souplesse dans les choix des vacances, l'accumulation des heures et les horaires flexibles (par exemple, pour aller conduire et chercher les enfants à l'école ou à la garderie). Citons d'autres mesures, comme l'octroi de temps pour les obligations personnelles, les horaires dynamiques, la réduction volontaire du temps de travail et du salaire, les heures supplémentaires rémunérées et récupérées, la semaine comprimée, de même que le travail à la maison[37].

D. Le mode de conduite proactif

Le **mode de conduite proactif** exige des entreprises qu'elles prévoient les besoins et les préoccupations de la société, et planifient des actions précises afin d'y répondre. Les dirigeants d'entreprise qui l'adoptent ne se contentent pas de réagir aux réglementations gouvernementales et aux pressions sociales, ils intègrent aussi des objectifs, des stratégies et des éléments prioritaires sociaux à leur planification (voir la figure 3.2 à la page 99). Leurs entreprises sont des chefs de file en matière de responsabilité sociale et vont même jusqu'à suggérer aux gouvernements des politiques sociales. La revue *Corporate Knights* publie annuellement la liste d'entreprises canadiennes qui se distinguent au chapitre des responsabilités communautaires et sociales.

Mentionnons quelques entreprises figurant parmi les 300 meilleurs citoyens canadiens: Alcan (matériaux), Banque Royale du Canada (finance), Suncor Energy (énergie), MTS (télécommunications), Enbridge (gaz), SNC-Lavalin (génie et construction), Fairmont Hotels & Resorts (hôtels et restaurants), Gognos (logiciels) et George Weston (produits alimentaires)[38].

www.corporateknights.ca/

Bon nombre de gens d'affaires affirment que le code de conduite des dirigeants de Johnson & Johnson influence leurs décisions. Le cas des capsules de Tylenol empoisonnées survenu en 1982 témoigne de l'importance que Johnson & Johnson accorde aux consommateurs. Ces capsules, qui ont entraîné le décès de plusieurs personnes, ont tout de suite fait partie des priorités de l'entreprise. Le P.-D. G. de Johnson & Johnson, James Burke, a, sans tarder, rappelé toutes les capsules de Tylenol et a offert de rembourser ceux qui en avaient acheté. Il a ensuite conçu un nouvel emballage offrant un maximum de protection. Cette décision a entraîné une perte de 100 millions de dollars[39]. Son action rapide lui a valu une réputation d'intégrité et a fait de lui un chef de file en matière de préoccupations sociales.

2

3.2.5 Les entreprises et le système social

L'entreprise constitue en elle-même un système social. Elle fait cependant partie d'un système social plus vaste formé de nombreux groupes d'intérêts qui ne cessent d'interagir ensemble. Les écoles, les hôpitaux, les organismes religieux, les regroupements de consommateurs et même des groupes comme Greenpeace et les clubs Richelieu constituent aussi des systèmes sociaux. Ils visent chacun des objectifs sociaux ou humanitaires distincts. Si les gens d'affaires se préoccupent des priorités et des objectifs sociaux de ces groupes, ceux-ci tenteront de les amener à se montrer plus responsables à cet égard.

Un sondage mené par Environics auprès de 25 000 personnes dans 23 pays confirme que la responsabilité sociale « est en train de devenir le sujet de préoccupation du XXIe siècle dans le domaine des affaires », suivant les termes du Rapport canadien sur le développement. D'après l'étude, la tendance est mondiale: plus de deux citoyens sur trois aimeraient voir l'entreprise faire plus que créer de la valeur pour les actionnaires, payer ses taxes et créer de l'emploi[40].

www.environics.net/

Pour qu'un système social fonctionne bien, les groupes qui le composent doivent travailler en harmonie. Or, ce n'est pas chose facile, car certains ont des objectifs contraires (songeons aux travailleurs et aux entreprises, à Greenpeace et aux syndicats). De nos jours, une des plus grandes difficultés que les dirigeants d'entreprise ont à résoudre consiste à harmoniser le plus possible les orientations et les objectifs de leur entreprise avec ceux de la société, et à offrir des produits, des services et des programmes contribuant au bien-être de celle-ci dans son ensemble. D'après un sondage effectué au Québec en 2004, une grande entreprise sur deux (44 %) affirme être plus ou moins soucieuse de la protection de la biodiversité. Parmi les autres données marquantes du sondage, 48 % des entreprises ont adopté une politique environnementale ou une politique de développement durable[41].

3.2.6 L'évaluation de la responsabilité sociale des entreprises

Comment peut-on mesurer la réceptivité des gestionnaires aux besoins sociaux ? Il existe certains principes directeurs qui aident à déterminer la conduite sociale appropriée. On peut répartir ces principes en quatre catégories selon leur caractère économique, légal, moral ou discrétionnaire[42].

A. La responsabilité économique

Les gestionnaires ont la **responsabilité économique** de maximiser les bénéfices des actionnaires. Cette thèse est depuis longtemps défendue par Milton Friedman[43]. Elle implique simplement que la principale fonction des dirigeants d'une entreprise est de générer des bénéfices pour ses actionnaires. Adam Smith a été le premier à soutenir cette idée : pour lui, les entreprises profitent à la société lorsqu'elles peuvent améliorer le rendement et accroître au maximum les bénéfices. En effet, une entreprise qui enregistre des bénéfices demeure active et fournit de l'emploi.

Par ailleurs, même si les gestionnaires cherchent avant tout à accumuler les bénéfices, leurs concurrents les amènent à agir dans l'intérêt du public en les obligeant à réduire à long terme leurs coûts et leurs prix. Ainsi, lorsque la chaîne Wal-Mart a annoncé il y a 11 ans qu'elle allait acquérir 122 magasins Woolco au Canada, on a accueilli cette nouvelle avec stupéfaction, et les entreprises de détail appelées à soutenir la concurrence de ce géant américain (dont La Baie, Zellers, Sears Canada et Canadian Tire) ont vu baisser la valeur de leurs actions. L'établissement de Wal-Mart au Canada a entraîné une élévation des normes sur les plans suivants :

- le rendement des ventes au mètre carré (40 $ chez Wal-Mart (alors que chez Woolco, c'était 10 $) contre 11 $ chez K-Mart et 14 $ chez Zellers) ;
- la marge qui a augmenté à la suite de la réduction des stocks ;
- la culture de l'entreprise, mise au point par son défunt fondateur, Sam Walton, met l'accent sur le besoin de motiver, de former et de récompenser les employés[44].

Au bout du compte, tout le monde y gagne : les actionnaires, les consommateurs, les fournisseurs et les employés.

B. La responsabilité légale

Les entreprises ont la **responsabilité légale** de se conformer aux règles et aux règlements établis par les organismes gouvernementaux. Ceux-ci définissent un ensemble de normes auxquelles tous les citoyens et toutes les entreprises doivent se plier. Les règles gouvernementales sont conçues à des fins économiques et sociales. Un gouvernement peut, notamment, légiférer en matière de discrimination raciale ou de sécurité du travail. Il peut aussi faire adopter des lois pour empêcher les consommateurs d'acheter des produits de mauvaise qualité et pour éliminer le plus possible la pollution de l'air et de l'eau.

Plusieurs dirigeants commencent à réaliser que l'application de lignes de conduite respectueuses de l'environnement n'occasionne pas toujours des dépenses supplémentaires pour leurs entreprises. Dans certains cas, ces dépenses peuvent même générer des profits, selon une étude menée auprès de 10 entreprises industrielles du Québec. C'est ce que les chercheurs de cette étude appellent la rentabilité verte, observée dans des entreprises aussi diverses que Baxter, Bonar, Ciment St-Laurent, la Fromagerie d'Oka, la Fromagerie Agropur Coopérative, la Coopérative fédérée du Québec, Kimberly-Clark, Genpak, QuéNord et Polissage et Placage G. C.[45].

C. La responsabilité morale

La **responsabilité morale** porte sur ce que l'on juge « bon » ou « approprié ». Elle va au-delà de la loi et conduit les gestionnaires à fonder leurs décisions sur ce qu'il convient de faire. Les employés d'une entreprise s'appuient sur la ligne de conduite et les normes écrites de leur entreprise, qui leur indiquent la « bonne » manière d'agir. Cette ligne de conduite et les normes traduisent l'éthique de l'organisation, c'est-à-dire un code de conduite valable pour tous les membres. Il peut arriver, par exemple, qu'une entreprise trace une ligne de conduite en matière de recrutement de membres de groupes minoritaires, mais que plusieurs cadres ne la respectent pas. Il incombe aux dirigeants de sévir contre les manquements, de faire connaître clairement leur position sur le sujet et d'inciter tous les membres de l'entreprise à suivre ce qui a été prescrit. C'est l'attitude adoptée par les entreprises que l'on peut qualifier de « championne ».

En juin 2004, la revue *Fortune* a publié un article intitulé « 50 Best Companies for Minorities », qui met en évidence la forte performance économique d'entreprises telles que McDonald's, Fannie Mae, Denny's, Sempra Energy, Union Bank of California. L'article présente des statistiques sur la diversité ethnique observée dans ces entreprises, et indique notamment les pourcentages des membres des minorités ethniques du conseil d'administration et dans les catégories « meilleures rémunérations », « gestionnaires », « exécutants » et « nouveaux employés »[46].

D. La responsabilité discrétionnaire

On parle de **responsabilité discrétionnaire** lorsque des dirigeants d'entreprise prennent des décisions discrétionnaires relativement au bien-être économique et social de la population en général. On considère alors que ces entreprises ont une véritable conscience sociale. Leurs dirigeants font fonction de mandataires et s'efforcent réellement d'améliorer la société. Les buts sociaux n'ont pas seulement un caractère accessoire, ils les intègrent aux objectifs, aux lignes d'action et aux stratégies de leur entreprise. Citons quelques exemples de décisions sociales discrétionnaires. Les 1 800 camions d'UPS n'utilisent pas des énergies fossiles. FedEx a annoncé récemment qu'elle convertirait bientôt tous ses camions au système diesel-électrique. Nike vient de supprimer l'emploi du vinyle dans la fabrication de chaussures, un produit qui causerait le cancer. Starbucks a commencé à acheter des produits organiques afin de protéger les forêts[47].

3.2.7 Le bilan social

WWW
www.microsoft.com/Canada/fr/ican/default.mspx pour voir le bilan social de l'entreprise Microsoft Canada

Les groupes d'intérêts mettent actuellement différents moyens en œuvre pour que les entreprises rendent compte de leurs activités ayant pour but le bien-être de la collectivité. Le **bilan social** fait partie de ces comptes rendus. C'est un rapport qui indique dans quelle mesure une entreprise est sensible aux préoccupations sociales et écologiques. Par la comptabilité sociale, on vise à mesurer de façon systématique les effets des actions concrètes accomplies en ce sens par les entreprises. Ce type de comptabilité a pour principal objet d'évaluer le rendement social d'une entreprise.

www.lexinter.net/Legislation5/bilan_social.htm présente le bilan social du Code du travail

Quel genre d'information le bilan social fournit-il ? Quels critères utilise-t-on pour évaluer l'efficacité des programmes à caractère social ? On distingue trois formes de bilan social. La première consiste en une description qualitative des activités ou des programmes de l'entreprise visant à améliorer la qualité de la vie sociale. La deuxième forme est constituée par une liste de programmes sociaux et une évaluation des coûts des mesures spéciales. La troisième consiste en une analyse des coûts sociaux du programme.

www.mjra-jsi.com/ pour les critères utilisés pour évaluer la performance sociale des organisations

La Société Michael Jantzi Research Associates (MJRA) se spécialise dans l'évaluation des programmes sociaux des entreprises citoyennes[48]. Fondée il y a 10 ans par un analyste financier, MJRA évalue pour le compte de gestionnaires de portefeuilles les performances sociales et environnementales des entreprises inscrites à la Bourse de Toronto. En collaboration avec l'éditeur torontois Corporate Knights, MJRA a établi le palmarès des 300 meilleures et des 300 plus mauvaises entreprises citoyennes du Canada. Pour ce faire, elle a utilisé un modèle d'évaluation comportant sept critères énumérés au tableau 3.7 présenté à la page suivante.

www.globalreporting.org

Le *Globe Reporting Initiative* (GRI) est une entreprise ayant pour mandat d'élaborer des lignes directrices pour mesurer la performance sociale, économique (à ne pas confondre avec financière) et environnementale d'une entreprise. Le GRI est au développement durable ce que les « principes comptables généralement acceptés » sont aux rapports financiers. Il s'agit en fait d'un guide destiné aux entreprises afin qu'elles harmonisent leur reddition de comptes sur les plans social et environnemental. Publié en 2001, ce guide est aujourd'hui utilisé dans plus de 500 entreprises, situées principalement au Japon, en Europe et aux États-Unis, mais aussi dans plusieurs pays en développement en Afrique et en Amérique du Sud. D'après Julie

Tableau 3.7 Les critères d'évaluation des performances sociales et environnementales des entreprises cotées à la Bourse de Toronto

1. **Sécurité du produit et pratiques d'affaires (pondération de 25 %)**
   Votre produit est-il bénéfique pour la société ? Mauvais pour la santé ? Pollue-t-il ? Est-il controversé ? Avez-vous été déclaré coupable de pratiques d'affaires inappropriées ou illégales ? Avez-vous un code de conduite pour vos employés ?

2. **Environnement (17,5 %)**
   Avez-vous une politique de gestion de l'environnement comprenant des cibles et des objectifs ? Avec une supervision des indicateurs environnementaux ? Les vérifications sont-elles externes ? Avez-vous des critères environnementaux pour le choix de vos fournisseurs ? Faites-vous une analyse du cycle de vie des produits ? Utilisez-vous des ressources alternatives dans votre production ? Faites-vous de la conservation d'énergie ?

3. **Performances internationales (17,5 %)**
   Vos activités internationales sont-elles respectueuses des droits humains ? Avez-vous une politique, un code sur cette question ? Faites-vous des affaires avec des régimes répressifs ou des zones en guerre ? Respectez-vous les droits des travailleurs ? Laissez-vous les enfants travailler dans vos usines sises à l'étranger ou chez vos fournisseurs ? Quels mécanismes assurent le respect des droits ?

4. **Relations avec les employés et équité (15 %)**
   Avez-vous été condamné pour pratiques antisyndicales, employez-vous des *scabs*, accumulez-vous les griefs ? Avez-vous une politique claire de gestion des ressources humaines ? Avez-vous un système de partage des profits avec les employés ? Les consultez-vous dans vos décisions ? Les employés à temps partiel ont-ils des avantages sociaux ? Combien trouve-t-on de femmes à la direction ? Êtes-vous ouvert au temps partagé, aux horaires flexibles ? Remboursez-vous la formation de vos employés ? Offrez-vous des bourses d'études pour leurs enfants ? Le système de pension de vos employés est-il sous-financé ?

5. **Performance financière (12,5 %)**
   Votre entreprise est-elle profitable ? Comment se comporte l'action de votre entreprise depuis cinq ans ? On regarde ici le retour total sur l'investissement, incluant les dividendes.

6. **Relations avec la communauté (17,5 %)**
   Abordez-vous les préoccupations de cette communauté ? La consultez-vous ? Si vous êtes situé sur un territoire autochtone, travaillez-vous avec eux ? Profitent-ils eux aussi des actions de votre entreprise ?

7. **Régie d'entreprise**
   La rémunération des patrons est-elle excessive ? Est-elle plus de 200 fois supérieure à la médiane canadienne ? Y a-t-il un vote par procuration confidentiel ? Quelle est la performance sociale et environnementale de vos filiales ?

Source : Tiré de Suzanne Dansereau, « Évaluer la responsabilité sociale », *Les Affaires*, 23 novembre 2002, p. 7.

Pezzack de l'entreprise Stratos qui se spécialise dans la vérification externe des rapports de développement durable révèle qu'une centaine d'entreprises s'inspirent du GRI, dont 25 au Québec. Plusieurs s'entendent pour dire qu'il serait souhaitable que le GRI soit intégré à la législation canadienne encadrant les entreprises inscrites en Bourse[49] ?

www.stratos-sts.com/index.htm

3.3 LA DIVERSITÉ DE LA MAIN-D'ŒUVRE

OBJECTIF 3.3

Définir la diversité de la main-d'œuvre, expliquer ses fondements, dire pourquoi des individus et des groupes sont traités d'une façon discriminatoire, définir les stratégies individuelles et organisationnelles pertinentes pour traiter les individus d'une façon éthique, afin d'augmenter la productivité des entreprises.

L'un des plus grands défis auxquels font face les dirigeants d'entreprises est celui de la gestion de la main-d'œuvre diversifiée. La population canadienne devient de plus en plus hétérogène. Le recensement de l'année 1996 montrait que la proportion des « groupes minoritaires » représentait près de 11 % du total de la population canadienne. Dans les grandes villes telles que Vancouver et Toronto, ce pourcentage s'élevait à plus de 30 %. Ce pourcentage représentait essentiellement la même proportion de la « main-d'œuvre » canadienne qui comprend beaucoup plus de femmes, de personnes handicapées, ainsi que de gais et de lesbiennes qu'auparavant et tout indique que cette diversité continuera d'augmenter.

Après avoir lu les six prochaines sous-sections, vous devriez pouvoir:

- définir ce que l'on entend par diversité de la main-d'œuvre;
- expliquer pourquoi la gestion de la diversité de la main-d'œuvre n'est pas seulement une responsabilité légale, mais aussi une approche responsable et logique;
- trouver les fondements de la diversité de la main-d'œuvre;
- préciser pourquoi des personnes sont parfois traitées d'une façon discriminatoire;
- décrire les stratégies individuelles et organisationnelles pertinentes pour gérer la diversité de la main-d'œuvre;
- décrire le profil de l'entreprise multiculturelle.

3.3.1 Que veut dire l'expression « diversité de la main-d'œuvre » ?

L'expression « **Diversité** de la main-d'œuvre » veut dire la ressemblance ou la différence entre plusieurs groupes dont les membres peuvent être caractérisés par l'âge, la race, le sexe, l'origine ethnique, la couleur, la religion, l'orientation sexuelle, le handicap, le niveau de scolarité et le milieu socio-économique[50]. La diversité est un phénomène variable et en perpétuelle mouvance; ainsi, on peut noter une « diversité totale » au sein d'une entreprise contre une « absence de diversité » dans une autre.

3.3.2 La gestion de la diversité de la main-d'œuvre

WWW
www.pch.gc.ca/pc-ch/sujets-subjects/divers-multi/index_f.cfm qui traite de différents sujets concernant le multiculturalisme

La **gestion de la diversité** de la main-d'œuvre consiste à mettre en application des procédés de gestion basée sur une main-d'œuvre diversifiée et capable de réduire au maximum les conflits nés de la diversité et de transformer une entreprise en « entreprise multiculturelle». Une **entreprise multiculturelle** est en mesure de tirer avantage de sa diversité et de faire face à toutes les situations liées à la diversité. La diversité est favorisée pour les raisons suivantes: le respect des valeurs éthiques, l'amélioration de l'efficacité organisationnelle, l'encouragement d'opinions et d'idées différentes, ainsi qu'une approche équilibrée dans la façon dont tous les employés sont traités (sélection, promotion, formation, salaires, etc.).

La gestion de la diversité n'est pas seulement une responsabilité légale, elle doit aussi être considérée comme une approche responsable et logique.

A. La responsabilité légale

Il existe des lois importantes concernant la gestion des ressources humaines. Les principaux éléments qui régissent cette activité sont les suivants : (1) les lois portant sur les droits de la personne et (2) les lois et les réglementations gouvernementales (par exemple, l'action positive, l'équité en matière d'emploi, l'égalité d'accès ou l'égalité des chances d'emploi).

www.http ://lois.justice.gc.ca/fr/H-6/texte.html décrit la *Loi canadienne sur les droits de la personne*

Les lois sur les droits de la personne. Des lois fédérales et provinciales particulières régissent la sélection, l'emploi et le remplacement des travailleurs. En matière d'emploi, les **lois sur les droits de la personne** visent à empêcher que certains individus reçoivent un traitement discriminatoire en raison de leur religion, de leur sexe, de leur race, de leur état matrimonial ou de leur origine ethnique.

La Commission canadienne des droits de la personne jouit des pleins pouvoirs pour faire respecter la *Loi canadienne sur les droits de la personne*. Toute entreprise qui contrevient à cette loi s'expose à des poursuites. Le concept d'égalité des chances représente le droit de toute personne d'améliorer sa situation professionnelle par son mérite, ses aptitudes et ses capacités, sans faire l'objet de pratiques discriminatoires. Les lois sur l'équité en matière d'emploi entraînent plusieurs conséquences pour le Service des ressources humaines. En voici quelques-unes :

- on ne peut inclure dans une description de poste des exigences non pertinentes ayant pour seul but d'exclure certaines personnes ;
- on doit affirmer, dans les plans des ressources humaines, l'engagement de l'entreprise en matière d'action positive ;
- on ne peut évaluer le rendement en fonction de critères qui pourraient être discriminatoires à l'égard de certains employés ;
- on doit établir un processus de recrutement qui attire tous les candidats possibles et n'en exclut aucun ;
- on ne peut utiliser de mécanismes de sélection n'ayant aucun lien avec le poste à pourvoir ;
- on doit associer la rémunération au rendement, aux aptitudes et à l'ancienneté, et faire en sorte qu'elle ne présente pas un caractère discriminatoire à l'égard de certaines catégories d'individus ;
- on doit offrir à chacun la possibilité de recevoir une formation, sans tenir compte d'éléments non liés au travail[51].

Les lois et les réglementations gouvernementales. Les **lois et les réglementations gouvernementales** en vigueur déterminent en grande partie la politique de recrutement adoptée concernant les droits de la personne. Les lois établissant des normes du travail fournissent une certaine protection aux employés. Les droits de la personne en matière d'emploi touchent trois éléments : l'action positive, l'équité en matière d'emploi et l'égalité des chances d'emploi.

www.cnt.gouv.qc.ca/fr/lois/normes/ donne une description de la *Loi sur les normes du travail* du Québec

Le premier élément est l'**action positive**, c'est-à-dire l'application de mesures visant à compenser les effets de la discrimination. Une entreprise peut ainsi créer des programmes de formation et de recrutement particuliers à l'intention des femmes et des membres de minorités visibles pour améliorer les possibilités d'emploi de ces catégories de personnes[52].

www.femmes-politique-et-democratie.com/ecole_theme2.html décrit des mesures d'action positive

2

Le deuxième élément auquel on s'intéresse est l'*équité en matière d'emploi* pour les femmes, les membres de minorités visibles, les Autochtones et les personnes handicapées[53]. La politique s'y rattachant garantit aux employés un traitement équitable en ce qui a trait au recrutement, à la formation, à la promotion, au congédiement et à tous les autres aspects de la gestion des ressources humaines. Par les mesures d'équité en matière d'emploi, on cherche à ce que le personnel de toute entreprise soit comparable à la main-d'œuvre existant sur le marché de l'emploi.

Le troisième élément est l'*égalité d'accès* ou l'*égalité des chances d'emploi*, qui se traduit par l'adoption « d'un processus détaillé et complet visant à assurer une représentation équitable de certains groupes en milieu de travail ainsi qu'à éviter les effets de toute discrimination intentionnelle et systématique[54] ». L'égalité des chances fait en sorte que chacun ait accès à tous les emplois disponibles.

B. Une approche responsable et logique

Même si les entreprises doivent respecter différentes lois canadiennes, la diversité de la main-d'œuvre peut en elle-même devenir une « force » pour les entreprises qui veulent devenir plus efficaces et plus concurrentielles[55].

WWW
www.orse.org/fr/hl'ome/index.html
site de l'Observatoire
sur la Responsabilité Sociétale
des Entreprises (ORSE)

Depuis les quelques dernières années, l'Observatoire sur la responsabilité sociétale de l'entreprise (ORSE) a pris beaucoup d'importance à la suite des avalanches de scandales financiers. Selon le Conference Board of Canada, plusieurs entreprises canadiennes demeurent toujours fidèles aux attentes de la société en ce qui a trait au « développement durable », c'est-à-dire, à l'engagement dans la responsabilité sociale. Les mesures utilisées par l'ORSE pour évaluer leur performance en responsabilité sociale sont : la gouvernance, la gestion des ressources humaines, l'investissement et l'engagement dans la communauté, la santé et la sécurité du travail ainsi que les droits humains. Il existe environ 60 indicateurs, comme le nombre d'emplois créés (économique), la proportion de femmes occupant un poste de cadre (social) ou la quantité émise de gaz à effet de serre (environnemental).

www.conferenceboard.ca/

D'après le Conference Board of Canada, « les risques s'accroissent pour les entreprises canadiennes qui ne répondent pas adéquatement aux responsabilités sociales ». Voici quelques avantages que peut exploiter une entreprise lorsqu'elle répond adéquatement aux besoins de la société.

- *Réputation et image de l'entreprise :* les normes de l'ORSE comptent pour le quart de l'image qui influe sur la satisfaction de la clientèle.
- *Gestion du risque :* inclure les aspects non financiers des activités d'une entreprise dans le processus décisionnel peut aider à déterminer et à gérer le risque.
- *Recrutement et rétention du personnel :* près des trois quarts des employés désirent travailler pour des entreprises qui s'engagent socialement.
- *Accès au financement :* les investisseurs tiennent de plus en plus compte des normes de l'ORSE. En 2002, le marché canadien de « l'investissement responsable » s'élevait à 51,4 milliards de dollars.

- *Avantage concurrentiel*: les consommateurs canadiens veulent connaître davantage les méthodes de fabrication des produits et des biens qu'ils achètent. Répondre à ces exigences est une occasion unique pour une entreprise de se différencier de ses concurrents[56].

3.3.3 Les fondements de la diversité de la main-d'œuvre

Comme le montre la figure 3.5, une entreprise multiculturelle reconnaît les fondements de la diversité et les effets négatifs qu'ils peuvent avoir sur son organisation. Les dirigeants de ces entreprises élaborent des stratégies (individuelles et organisationnelles) pouvant empêcher les préjugés et la discrimination.

Dans les prochains paragraphes, on explique les fondements de la diversité basée sur l'âge, la race, le sexe, l'orientation sexuelle, les handicaps, la langue et d'autres éléments tels que l'appartenance à un groupe religieux et à une classe sociale.

Figure 3.5
Vers l'entreprise multiculturelle

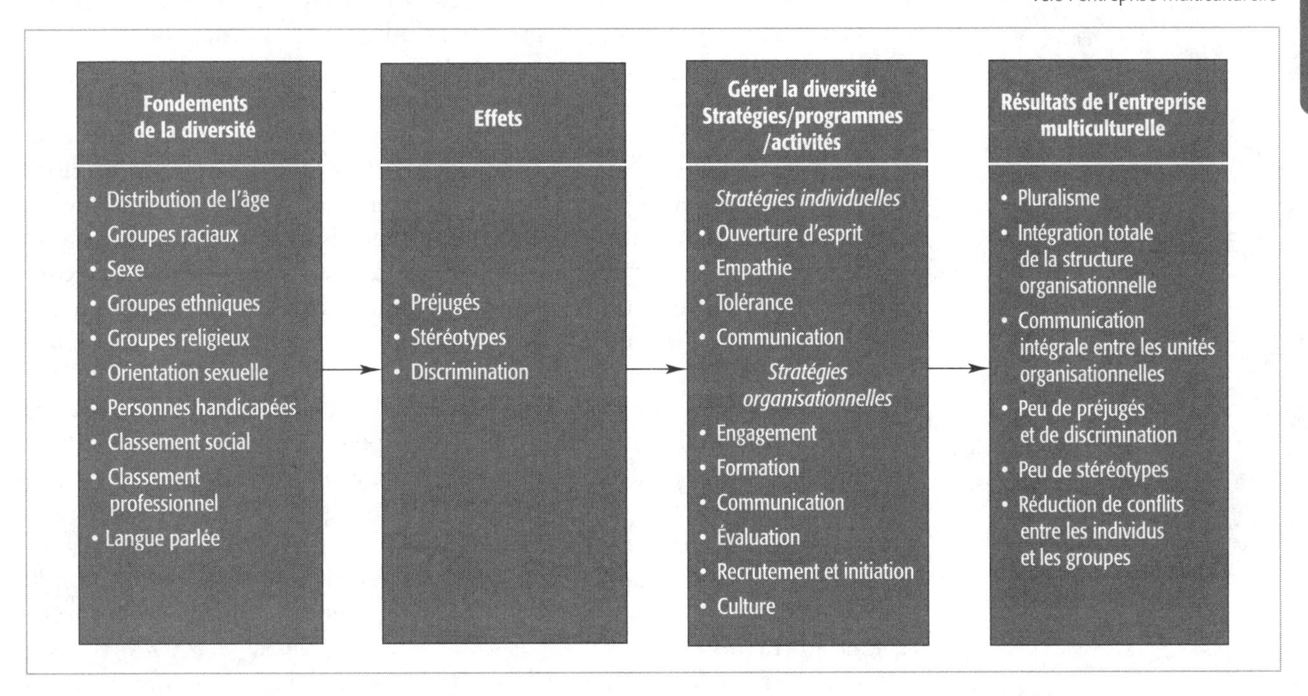

L'âge. Certains individus peuvent être traités d'une façon différente à cause de leur âge (par exemple, l'embauche, la cessation d'emploi, les promotions, la rémunération, etc.). Certains estiment que les personnes plus âgées:

- sont incapables de travailler d'une façon efficace;
- sont maladroites dans l'apprentissage de nouvelles méthodes de travail (par exemple, l'utilisation des ordinateurs et de la nouvelle technologie);
- résistent aux changements;

www.phac-aspc.gc.ca/seniors-aines/pubs/vignette/vig03_f.htm présente des statistiques concernant le vieillissement de la population canadienne

- sont souvent malades ;
- doivent avoir un salaire plus élevé que les travailleurs plus jeunes.

La race. La discrimination existe envers certains groupes de race ou d'origine ethnique différente. Pour certains, ils sont « différents » et même « étranges ». La proportion de la population canadienne d'origines asiatique, africaine, hispanique et arabe est plus importante que celle d'origine britannique ou française. Cette proportion grandissante de ces ethnies est due en grande partie aux changements des lois et des politiques concernant l'immigration. La proportion des minorités visibles est particulièrement plus importante dans les grands centres tels que Toronto, Vancouver et Montréal.

Le sexe. Il existe aussi des tendances discriminatoires envers les femmes. Elles représentent un peu plus de la moitié de la population canadienne. Les femmes constituent 45 % de la main-d'œuvre canadienne ; toutefois, une faible proportion d'entre elles (environ 15 %) occupe des postes de cadres supérieurs dans les grandes sociétés et un tiers (environ 34 %), des postes de cadres intermédiaires. Une minorité de femmes occupent des postes de vice-présidentes ou de P.-D. G. Pour plusieurs, la cause principale est que les hommes cadres résistent encore de nos jours à offrir des postes supérieurs aux femmes. On observe que de nombreuses femmes possédant des habiletés et des compétences extraordinaires abandonnent les grandes sociétés pour se lancer en affaires en tant qu'entrepreneures.

L'orientation sexuelle. Les personnes ayant une orientation sexuelle différente comme les gais et les lesbiennes représentent une proportion grandissante de la population canadienne. Aujourd'hui, un grand nombre de gais et de lesbiennes se sentent de plus en plus à l'aise, et annoncent publiquement leur orientation sexuelle. Même si une plus grande proportion de la population canadienne accepte cette orientation sexuelle, il existe toutefois une discrimination envers ces groupes car les gens considèrent les gais et les lesbiennes comme ayant des points de vue « différents » et des comportements « bizarres ».

Les personnes handicapées. Une personne handicapée doit vivre avec des déficiences physiques ou mentales, ce qui peut l'empêcher d'accomplir facilement certaines tâches. Les personnes ayant pour handicap la cécité, la surdité, une déficience intellectuelle ou physique, ou même souffrant d'alcoolisme peuvent être victimes d'exclusion au travail. On empêche souvent ces personnes d'occuper un poste dans une entreprise pour une simple raison : on les croit — souvent à tort — incapables de fournir un bon rendement au travail.

WWW
www.njc-cnm.gc.ca/doc.php?lang=f&DocID=101
donne des renseignements au sujet de personnes handicapées dans la fonction publique fédérale

WWW
www.ged-gol.gc.ca/ol-lo/ol-lo_f.asp
présente les principes directeurs et certaines publications des langues officielles

La langue parlée. Même si le Canada est considéré comme un pays « bilingue », plusieurs individus se sentent toutefois « obligés » d'apprendre une deuxième langue et semblent même menacés s'ils ne le font pas (empêchement d'obtenir un emploi ou une promotion). Les lois sur les langues officielles et sur le bilinguisme sont souvent une source de difficultés et de menaces. Certaines lois portant sur le bilinguisme semblent être à l'origine de division entre les groupes francophones et les groupes anglophones, et mènent même à la violence. Au début de l'année 2005, les employés de la ville de Clarence-Rockland près d'Ottawa ont dû évacuer l'hôtel de ville à la suite d'une troisième alerte à la bombe après que la municipalité a imposé l'affichage bilingue dans le milieu du travail[57].

Les autres groupes. La diversité ne se limite pas à l'âge, à la race, à l'ethnicité, à l'orientation sexuelle, aux handicaps et à la langue parlée. Il existe aussi des différences sur les plans de la religion, des classes sociale et professionnelle, de l'orientation politique.

3.3.4 Raisons pour lesquelles des groupes sont traités de façon discriminatoire

Même si une grande majorité d'individus sont d'accord pour que tout le monde soit traité d'une façon équitable et qu'il existe des lois pour assurer l'impartialité, de nombreuses personnes sont encore traitées injustement. Comme le montre la figure 3.5 (voir la page 113), on distingue trois principales raisons : les préjugés, les stéréotypes et la discrimination.

Les préjugés. Un **préjugé** est une croyance ou une opinion préconçue se fondant sur une perception inexacte. Souvent, ceux qui ont des préjugés ne sont pas conscients que leur perception de certaines personnes ou groupes de personnes est fausse ou tout simplement « inventée ». Ils perçoivent souvent des caractéristiques erronées et qui les poussent à traiter les autres différemment. Ils jugent donc avec mépris certains individus ou groupes d'individus tels que les personnes plus âgées ou handicapées. Prenons l'exemple d'une personne qui, lors d'une réception, est présentée à deux individus du même âge, l'un étant vice-président d'une grande société et l'autre, superviseur des livraisons. En se basant sur ces quelques renseignements, le nouvel arrivant pourrait préjuger que le vice-président est supérieur, plus intelligent et plus compétent que le superviseur.

Les stéréotypes. Un **stéréotype** est l'« opinion toute faite » sur une personne et fondée sur son appartenance à un groupe particulier tel que la race, l'âge, l'orientation sexuelle, etc.[58]. Les stéréotypes faussent la réalité puisque l'on « suppose » que tous ceux qui appartiennent à un certain groupe possèdent des traits, des compétences et des aptitudes similaires. Voici comment il est facile de stéréotyper un individu appartenant à un groupe particulier. Les gestionnaires perçoivent « les employés membres d'un syndicat » comme des personnes exigeant plus de salaire tout en travaillant moins alors que les « gestionnaires » sont perçus par les travailleurs comme des individus qui demandent le plus de travail possible pour offrir moins de rémunération. D'autres personnes perçoivent les personnes mariées comme étant plus stables que les célibataires.

La discrimination. La discrimination peut inciter certaines personnes à traiter les autres d'une façon injuste. La **discrimination** est un acte particulier pouvant être favorable ou défavorable envers une personne selon le groupe auquel elle appartient. Cette situation se produit lorsqu'un gestionnaire, par exemple, empêche « intentionnellement » une personne de recevoir une promotion, une augmentation de salaire ou un emploi quelconque. La discrimination n'est pas seulement injuste, elle est illégale. Même si certaines décisions stéréotypées sont interdites par la loi, plusieurs maintiennent ces pratiques — de manière intentionnelle ou non — en raison de certains préjugés.

www.chrc-ccdp.ca/discrimination/default-en.asp
présente un site de la Commission canadienne des droits de la personne sur la discrimination et le harcèlement

La discrimination inclut aussi le **harcèlement** qui comprend des gestes ou propos inappropriés considérés comme indécents ou humiliants. Le harcèlement est une action illégale. En 2004, le gouvernement du Québec introduisait une nouvelle réglementation sur le harcèlement psychologique. On prévoit que cette loi entraînera annuellement près de 3 000 plaintes et que les honoraires d'avocats dépasseront 30 millions de dollars pour les employeurs. L'article interdisant spécifiquement le harcèlement psychologique ajouté à la *Loi sur les normes du travail du Québec* est entré en vigueur le 1er juin 2004[59]. Une recherche effectuée par le Centre d'étude des interactions biologiques entre la santé et l'environnement à l'UQAM précise que le harcèlement psychologique se pratique de différentes façons, telles que : insinuations, regards négatifs, discussions sournoises, empêchement par un supérieur d'exprimer des opinions, remise en question d'un jugement exprimé par quelqu'un, interruption constante de la parole, menaces verbales, performance évaluée sur de fausses constatations[60].

3.3.5 Les stratégies pour gérer une main-d'œuvre diversifiée

Les dirigeants d'entreprise doivent mettre en place des stratégies pour gérer la diversité, particulièrement lorsque des groupes de travail sont constitués de personnes ayant des profils différents (niveau de scolarité, âge, religion, sexe, origine ethnique, etc.). Tel que le démontre la figure 3.5 (voir la page 113), il existe des stratégies sur le plan individuel et sur le plan organisationnel.

A. Les stratégies individuelles

Les quatre principales approches adoptées pour gérer la diversité sont : l'ouverture d'esprit, l'empathie, la tolérance et la volonté de communiquer[61].

Premièrement, il est important de connaître les différentes cultures et ce qu'elles entraînent sur le comportement des personnes. L'*ouverture d'esprit* aide à la compréhension.

Deuxièmement, l'*empathie* est une attitude qui rend la compréhension encore plus facile. L'empathie est la capacité de se mettre à la place d'une autre personne et d'éprouver ce qu'elle ressent. Celui qui comprend vraiment les sentiments d'autrui possède un esprit plus ouvert.

Troisièmement, faire preuve de *tolérance*. La tolérance, c'est le respect de la liberté d'autrui, de ses manières de penser, d'agir, et même de ses opinions politiques et religieuses. Une personne peut comprendre la réalité de la diversité culturelle ainsi que les besoins de ses collègues de travail, toutefois, elle peut avoir de la difficulté à accepter leur comportement.

Enfin, la *volonté de communiquer*. Souvent, les problèmes liés à la diversité culturelle s'aggravent lorsqu'une personne refuse catégoriquement d'en discuter ouvertement ou avec civilité.

Malgré les efforts déployés par les employeurs, on peut constater encore aujourd'hui que les minorités ethniques font toujours l'objet de discrimination en milieu de travail.

B. Les stratégies organisationnelles

La gestion de la diversité de la main-d'œuvre peut aussi s'effectuer par des stratégies organisationnelles. Les six principales approches incluent : l'engagement de la haute direction, la formation sur la diversité, l'assistance dans la communication, l'évaluation de la discrimination, le recrutement, l'initiation et la transformation de la culture organisationnelle.

Premièrement, l'*engagement de la haute direction* est primordial. Lorsque les cadres supérieurs s'engagent personnellement à gérer la diversité et sont capables de donner l'exemple en matière d'intégrité, de tolérance et d'empathie, les possibilités de réussir sont plus assurées. Les dirigeants doivent agir en tant que « modèles de comportement ». Ils doivent aussi mettre à la disposition des gestionnaires, à différents échelons de l'organisation, les ressources nécessaires pour les aider à mettre en place les programmes qui faciliteront la gestion de la diversité. Ils doivent aussi rédiger et faire circuler un code de conduite expliquant l'importance et les effets qu'une gestion efficace de la diversité peut avoir sur le bon fonctionnement de l'entreprise et comment cette approche peut être bénéfique pour tous, c'est-à-dire les employés, les clients et les fournisseurs. Les politiques doivent aussi inclure les procédures à suivre lorsque des actes discriminatoires sont commis. Par exemple, les politiques doivent indiquer d'une façon claire comment la haute direction réagira à un cas de harcèlement sexuel. La mission et les énoncés des valeurs de l'entreprise devront préciser clairement l'importance de la diversité et l'engagement de la haute direction.

Deuxièmement, les sessions de *formation sur la diversité* sont des moyens efficaces pour réduire les préjugés et la discrimination. Ces sessions peuvent être bénéfiques. Par exemple, elles peuvent démontrer les avantages de travailler dans un milieu où il existe la diversité et, comment les similitudes et les différences des différents groupes de personnes sont perçues. Les personnes d'origine ethnique différente peuvent être « encouragées » par leurs employeurs à travailler ensemble d'une façon efficace et harmonieuse. Il peut y avoir aussi des sessions de formation exposant comment certains commentaires xénophobes peuvent être offensants.

Troisièmement, les gestionnaires responsables des unités organisationnelles doivent être *encouragés à mieux communiquer* entre eux. Les obstacles à la communication existent tant chez l'émetteur d'un message que chez le destinataire. Si la communication « efficace » est encouragée au niveau des individus et des unités organisationnelles, les perceptions sélectives, les statuts et intérêts différents et la force des sous-entendus tels que la physionomie, l'expression, l'orientation sexuelle, etc., pourraient être considérablement restreints.

Quatrièmement, il est important d'effectuer une *évaluation* ou un sondage périodique afin de déterminer les degrés de discrimination et de préjugés qui existent dans l'entreprise. Il est important pour les cadres supérieurs d'être au courant des comportements discriminatoires et de l'intensité des préjugés qui se pratiquent à différents niveaux de leur entreprise.

Cinquièmement, l'approche utilisée pour recruter et *initier* les nouveaux employés dans l'entreprise joue un rôle important. Les meilleurs employeurs savent comment recruter et choisir les candidats possédant les qualités essentielles, surtout en matière de valeurs. Il existe des programmes d'initiation à l'entreprise qui montrent l'importance de la diversité. Par exemple, quatre entreprises qui ont fait partie du palmarès des meilleurs employeurs de la revue *Affaires Plus* au cours des dernières années révélaient quelques-uns de leurs secrets[62].

www.dlgl.com/

- D.L.G.L. cherche des gens heureux, c'est-à-dire possédant une propension au bonheur. Jacques Guénette, fondateur de l'entreprise, mentionne que ces gens sont « généralement des personnes qui trouvent du plaisir dans ce qu'elles font et qui sont capables de s'engager ».
- André Cohen, vice-président à l'administration de 3-SOFT, mentionne que la liste des critères de sélection porte sur les valeurs. Il cherche « les personnes qui adhèrent aux valeurs qu'ils se sont données ».
- L'entreprise Boa-Franc cherche des personnes ayant une bonne attitude, c'est-à-dire des employés qui ont à cœur de participer au développement de l'entreprise. D'après Guillaume Jacques, directeur des ressources humaines, « Boa-Franc favorise les discussions ouvertes et examine sérieusement les valeurs personnelles de l'individu ».
- Les dirigeants de l'Industrielle Alliance cherchent des personnes « faisant preuve de créativité, et capables de s'engager dans ce qu'elles font ». Tel que le mentionne Christine Hébert, directrice des ressources humaines, « les individualistes cadrent mal dans notre entreprise puisqu'ils n'ont pas toujours l'intérêt de partager l'information et de travailler dans un mode de collaboration ».

Sixièmement, l'entreprise qui veut mettre en place une gestion efficace de la diversité doit avoir une *culture organisationnelle*[63] appropriée. Comme nous l'avons indiqué au chapitre 2 (voir la sous-section 2.2.4 à la page 50), la culture organisationnelle constitue la personnalité de l'entreprise; elle représente son style propre et détermine son fonctionnement. Ce sont les valeurs partagées par les membres qui lui confèrent sa personnalité et qui influencent le comportement de ses membres. Indépendamment des énoncés écrits des principes, des lois et des codes de conduite, si la diversité n'est pas « louangée » par tous, elle aura de la difficulté à faire partie intégrante du fonctionnement de l'entreprise. Une entreprise qui promeut la diversité doit avoir une culture qui prend intégralement en charge tous les aspects de la diversité.

Avec l'engagement des cadres supérieurs et des politiques écrites et clairement communiquées, la gestion efficace de la diversité peut devenir une réalité.

3.3.6 Vers une entreprise multiculturelle

L'entreprise multiculturelle atteint un degré de diversité élevé lorsqu'elle est en mesure de tirer avantage de la diversité de sa main-d'œuvre et de faire face aux moindres problèmes liés à cette diversité[64]. Tel que le montre la figure 3.5 (voir la page 113, colonne de droite), une entreprise multiculturelle dispose des caractéristiques suivantes : pluralisme, intégration totale de la structure organisationnelle, communication intégrale entre les individus et les unités organisationnelles, peu de préjugés et de discrimination, peu de stéréotypes et peu de conflits entre les individus et les groupes[65].

La première caractéristique d'une entreprise multiculturelle est son *degré de pluralisme*. Ce type d'entreprise est donc constitué d'individus et de groupes d'employés prêts à connaître les autres individus ou groupes et qui ont pour but de mieux travailler ensemble. Aussi, tous les membres des différents groupes influencent la culture, les valeurs et les normes de l'entreprise.

La deuxième caractéristique est l'*intégration totale de la structure organisationnelle* c'est-à-dire la composition des employés qui reflète essentiellement la même composition que la main-d'œuvre sur le marché du travail. Par exemple, si la moitié de la main-d'œuvre comprend des femmes, ainsi, la moitié des membres de l'entreprise sera composée de femmes. Cette proportion doit aussi être favorisée à tous les échelons de la structure hiérarchique.

La troisième caractéristique est la *communication intégrale entre les individus et les unités organisationnelles*, c'est-à-dire l'absence de barrière tant à la sélection des candidats qu'au choix des employés lors du recrutement que sur le plan de leur participation dans l'entreprise. Par exemple, on trouverait à tous les paliers des groupes informels et formels de personnes d'origines ethniques différentes. Ces groupes comprendraient des personnes de tout âge, de classe sociale et de qualification variées.

La quatrième caractéristique concerne la *faiblesse des préjugés et de la discrimination entre les membres* de différents groupes à tous les niveaux hiérarchiques. Il n'existerait donc pas de discrimination, non pas parce que c'est illégal, mais plutôt par absence de préjugés.

La cinquième caractéristique est le *peu de stéréotypes*. Les individus sont perçus pour ce qu'ils sont et non pour la couleur de leur peau, leur sexe ou leur âge. Tous seront donc traités de la même façon.

La dernière caractéristique consiste en l'*absence presque totale des conflits* entre les individus et les groupes. L'une des causes de conflit que l'on trouve dans les grandes sociétés est la diversité de la main-d'œuvre (sexe, âge, etc.). L'entreprise multiculturelle évolue donc au-delà de ces types de conflits. On observera peu de rivalités entre les membres des différents groupes. Il existera donc un haut niveau de tolérance, d'empathie et d'ouverture d'esprit. Les valeurs, les attitudes et les perceptions seront tellement bien comprises par tous les membres de l'entreprise que les conflits du travail seront causés par des problèmes générés par les « activités » et non par l'origine ethnique.

Évolution et transition — L'éthique et la responsabilité sociale

Il y a une soixantaine d'années, les gestionnaires se préoccupaient plus des aspects économiques de leur entreprise que des questions sociales, et leurs décisions visaient en général à améliorer la rentabilité. De nos jours, ils s'intéressent davantage aux besoins et aux aspirations des personnes et des institutions. Avant de prendre une décision, ils évaluent les effets potentiels (économiques, sociaux, éthiques, etc.) sur les différents groupes sociaux, car ils tiennent compte de leurs attentes toujours croissantes à l'égard des entreprises.

La figure 3.6 met en évidence le fait que les entreprises et les différents groupes d'intérêts travaillaient en harmonie au début du XXe siècle. Ils partageaient alors à peu près les mêmes objectifs et les mêmes orientations sociales. Les entreprises étaient en mesure de répondre aux attentes des divers intervenants ou groupes d'intérêts, de sorte qu'il n'y avait qu'un faible écart entre leurs degrés de sensibilisation sociale. Les entreprises avaient toutes une mission économique, c'est-à-dire qu'elles voulaient réaliser des bénéfices et créer des emplois de manière à pourvoir aux besoins de l'ensemble de la société. Depuis les 40 dernières années, toutefois, les différents intervenants demandent aux entreprises une plus vaste gamme de services, non nécessairement limités au domaine économique, et un engagement concernant diverses questions sociales (par exemple, aide à la communauté ou aux groupes minoritaires et élimination des problèmes écologiques et d'équité).

Figure 3.6
La responsabilité sociale des entreprises : évolution et transition

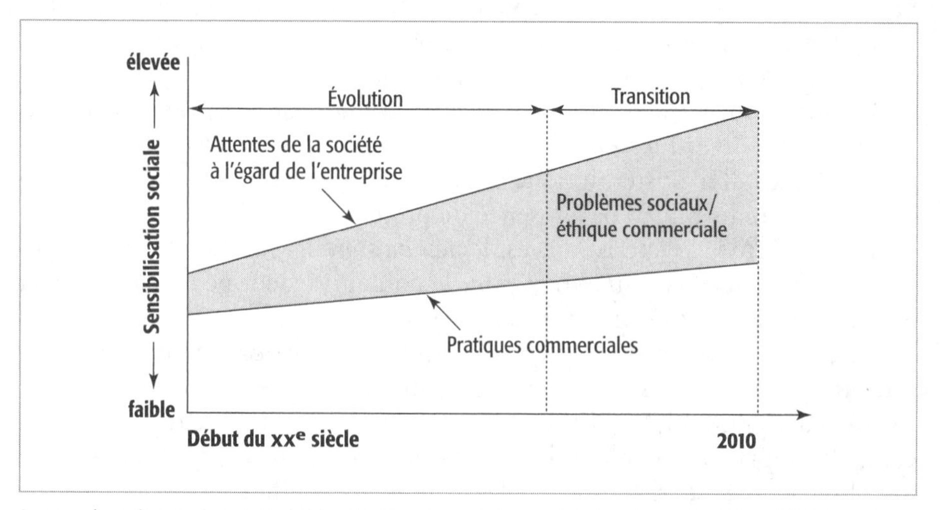

Source : Adapté de K. Davis, W.C. Frederick et R.L. Blomstrom, *Business and Society*, New York, McGraw-Hill, 1980, p. 61.

Comme le montre la figure 3.6, il existe un lien étroit entre les forces de l'environnement social, les valeurs, les croyances, la culture des dirigeants et le choix des stratégies et des priorités d'une entreprise. En général, l'environnement d'une entreprise, qui est constitué de divers intervenants, incite les dirigeants à devenir socialement plus responsables.

WWW
www.cascades.com

La recette du succès phénoménal de Cascades inc., un leader nord-américain, est sa philosophie innovatrice de gestion des ressources humaines fondée sur le respect, l'ouverture et le partage des profits. Cascades inc. fabrique, transforme et commercialise des produits d'emballage, des papiers fins et des mouchoirs en papier. La société compte plus de 15 000 employés répartis entre 150 unités d'exploitation situées au Canada, aux États-Unis, en France, en Angleterre, en Allemagne et en Suède. Comme l'explique Claude Cossette, vice-président, aux ressources humaines de l'entreprise, « Cascades a été bâtie avec des gens. Pour nous, chaque employé a un rôle important à jouer. Si chacun le remplit bien, cela se traduit par le succès. Nous nous efforçons donc de choisir des gestionnaires qui sont capables de reconnaître l'apport de leurs collègues et de les valoriser[66]. »

Révision du chapitre

3.1 L'éthique. L'éthique peut être définie comme l'ensemble des règles de conduite qui déterminent une personne à agir d'une façon donnée. L'*éthique personnelle* représente l'ensemble des règles de conduite que se fixe une personne alors que l'*éthique organisationnelle* se définit comme l'ensemble des règles de conduite internes que se fixe une entreprise. La conduite des gestionnaires peut être tributaire de trois grandes écoles de pensée, prônant respectivement l'utilitaire, les droits moraux et la justice. Divers éléments déterminent le comportement du personnel et d'une entreprise ; ces éléments sont un ensemble de convictions liées les unes aux autres et prenant leur source dans la société en général, les lois, les organismes et l'individu. Le *code de déontologie* est un texte énonçant l'ensemble des règles morales qui régissent l'exécution des différentes opérations d'une entreprise ou de ses membres. Lorsque les gestionnaires doivent prendre une décision tout en respectant les normes éthiques, ils doivent : tracer un portrait complet de la situation, chercher les valeurs pertinentes dans le contexte, discerner les valeurs qui s'opposent et finalement, prendre la décision. L'*éthique du travail* réfère aux convictions qui animent un employé dans l'exécution de ses tâches quotidiennes. L'environnement interne d'une entreprise détermine directement la manière dont les personnes travaillent ensemble et la nature des fonctions de gestion exercées. Les valeurs déterminent en grande partie les croyances, les attitudes et le comportement du personnel, ainsi que la culture organisationnelle. La gestion axée sur des valeurs partagées comporte différents avantages. Elle aide les dirigeants à prendre de meilleures décisions. Elle leur permet aussi de faire comprendre aux employés la manière dont ils doivent se comporter et ce que l'entreprise attend d'eux. Enfin, elle aide à mettre en place des équipes de travail productives et permet à l'entreprise d'accroître son rendement.

3.2 La responsabilité sociale des entreprises. Il y a une centaine d'années, les dirigeants d'entreprise cherchaient avant tout à satisfaire leurs investisseurs, leurs clients et leurs employés. De nos jours, il leur faut collaborer avec des groupes d'intérêts ayant chacun leurs propres objectifs. Une entreprise ne peut vivre en vase clos. On distingue quatre modes de conduite en matière de responsabilité sociale : le mode classique, le mode réactif, le mode interactif avec les intervenants et le mode proactif. La responsabilité sociale d'une entreprise peut être envisagée sous quatre aspects : économique, légal, moral et discrétionnaire. La comptabilité sociale comporte l'établissement d'un bilan social, c'est-à-dire d'un rapport qui indique dans quelle mesure une entreprise répond aux préoccupations sociales et écologiques de la collectivité.

3.3 La diversité de la main-d'œuvre. L'un des plus grands défis auxquels font face les dirigeants d'entreprise depuis les quelques dernières décennies est la gestion de la diversité de la main-d'œuvre. Par diversité, on entend la dissemblance ou la différence entre plusieurs groupes dont les membres peuvent être distingués en se fondant sur des caractéristiques comme l'âge, la race, le sexe, etc. La gestion de la diversité consiste à mettre en place des procédés de gestion capables de profiter des forces d'une telle main-d'œuvre et de réduire au maximum les conflits dus à la diversité. Les dirigeants d'entreprise doivent gérer d'une façon responsable une main-d'œuvre diversifiée pour deux raisons principales : la responsabilité légale et une approche responsable et logique. Les critères de la diversité de la main-d'œuvre sont : l'âge, le sexe, la race, l'orientation sexuelle, les handicaps, la classe sociale, la langue parlée et l'appartenance religieuse. Les personnes sont parfois traitées d'une façon discriminatoire pour trois raisons principales : les préjugés, les stéréotypes et la discrimination. Les stratégies de gestion d'une main-d'œuvre diversifiée peuvent être de deux ordres : les *stratégies individuelles* (connaître les différentes cultures, l'ouverture d'esprit, l'empathie, la tolérance et la volonté de communiquer) et les *stratégies organisationnelles* (l'engagement de la haute direction, la formation concernant la diversité, la communication entre les groupes, et l'évaluation de l'efficacité des programmes visant la diversité). Une structure *organisationnelle multiculturelle* se réalise lorsque l'entreprise peut tirer avantage de la diversité de sa main-d'œuvre et de sa capacité à résoudre les problèmes dus à la diversité.

▶▶▶ Concepts clés

Action positive (*affirmative action*) page 111
Bilan social (*social audit*) page 108
Code de déontologie (*code of ethics*) page 91
Croyance (*beliefs*) page 95
Discrimination (*discrimination*) page 115
Diversité (*diversity*) page 110
École prônant la justice (*justice approach*) page 88
École prônant les droits moraux (*moral rights approach*) page 87
Entreprise multiculturelle (*multicultural corporation*) page 110
Éthique (*ethics*) page 84
Éthique du travail (*work ethics*) page 93
Éthique commerciale (*business ethics*) page 88
Éthique organisationnelle (*corporate ethics*) page 85
Éthique personnelle (*individual ethics*) page 85
Gestion de la diversité (*managing diversity*) page 110
Harcèlement (*harassment*) page 116
Intervenant primaire (*primary stakeholders*) page 99
Intervenant secondaire (*secondary stakeholders*) page 99
Loi et réglementation gouvernementale (*government laws and regulations*) page 111
Loi sur les droits de la personne (*Human Rights Act*) page 111
Mode de conduite axé sur l'interaction avec les intervenants (*stakeholder interactive approach*) page 104
Mode de conduite classique (*classical approach*) page 103
Mode de conduite proactif (*proactive approach*) page 105
Mode de conduite réactif (*reactive approach*) page 104
Préjugé (*biases*) page 115
Responsabilité discrétionnaire (*discretionary responsability*) page 107
Responsabilité économique (*economic responsability*) page 106
Responsabilité légale (*legal responsability*) page 107
Responsabilité morale (*moral responsability*) page 107
Responsabilité sociale (*social responsability*) page 99
Stéréotype (*stereotype*) page 115
Utilitarisme (*utilitarism*) page 86
Valeur (*values*) page 94

Développer vos compétences en gestion

Questions de révision

1. Indiquez en quoi l'éthique personnelle diffère de l'éthique organisationnelle. (page 85)
2. Du point de vue de la prise de décision, qu'est-ce qui distingue l'école de pensée prônant l'utilitarisme de l'école prônant les droits moraux? (page 86)
3. Qu'est-ce que l'éthique commerciale? (page 88)
4. Quelle est l'origine principale des préceptes éthiques? (page 89)
5. Qu'est-ce qu'un code de déontologie? (page 91)
6. Qu'entend-on par le mot «valeur»? (page 94)
7. En quoi consiste la gestion basée sur un système de valeurs? (page 94)
8. Comment une entreprise peut-elle favoriser l'éthique au travail? (page 97)
9. Définissez la responsabilité sociale. Donnez des exemples. (page 99)
10. Faites la distinction entre les «intervenants primaires» et les «intervenants secondaires». (page 99)
11. Donnez trois arguments en faveur de l'engagement social des entreprises. (page 101)
12. Donnez trois arguments contre l'engagement social des entreprises. (page 102)
13. Décrivez les différents modes de conduite qu'une entreprise peut adopter pour être socialement responsable. (page 103)
14. Quelle est la différence entre la «responsabilité morale» et la «responsabilité discrétionnaire»? Donnez des exemples pour chacune. (page 107)
15. De quels types d'activités ou de programmes un bilan social rend-il compte? (page 108)
16. Qu'est-ce qu'un bilan social? (page 108)
17. Qu'entend-on par l'expression «diversité de la main-d'œuvre»? (page 110)
18. Qu'entend-on par l'expression «gestion de la diversité»? (page 110)
19. Expliquez ce que l'on entend par l'expression «action positive». (page 111)
20. Quels sont les fondements de la diversité de la main-d'œuvre? (page 113)
21. Pourquoi les personnes sont-elles parfois traitées d'une façon discriminatoire? (page 115)
22. Quelles stratégies peuvent utiliser les individus pour gérer la diversité de la main-d'œuvre? (page 116)
23. Quelles stratégies peuvent utiliser les entreprises pour gérer la diversité de la main-d'œuvre? (page 117)
24. Qu'entend-on par l'expression «entreprise multiculturelle»? (page 118)

Sujets de discussion

1. Pourquoi les gouvernements participent-ils davantage aux activités économiques de la société actuelle?
2. Selon vous, peut-on justifier l'existence d'associations de consommateurs dans notre société? Pourquoi?
3. Les dirigeants d'entreprise sont-ils plus à l'écoute des groupes minoritaires aujourd'hui que par le passé? Pourquoi?
4. Êtes-vous d'avis que les bilans sociaux aident à déterminer dans quelle mesure les entreprises assument leur responsabilité sociale? Expliquez votre réponse.

Naviguer dans Internet

www.domtar.com/fr

- **Exercice pratique: La Société Domtar**

Visitez le site Web de la Société Domtar (www.domtar.com/fr) et analysez son approche dans la gestion de sa main-d'œuvre. En particulier, consultez la section «Entreprise» et les sous-sections «Introduction, Code d'éthique et Politiques individuelles» pour évaluer les énoncés de l'entreprise en matière d'éthique et de gestion de la main-d'œuvre. Après avoir examiné les différentes sections du site Web, répondez aux questions suivantes.

1. Commentez l'approche éthique et sociale de Domtar.
2. Jusqu'à quel point l'énoncé de la mission, les politiques et les valeurs éthiques, la responsabilité sociale et la diversité de la main-d'œuvre contribuent-ils à la mise en application des valeurs et des principes de gestion?

- **Recherche sur le thème «Énoncé de la mission et des valeurs»**

Cherchez le site Web d'une entreprise énonçant sa mission et ses valeurs, et qui explique son approche de l'éthique commerciale, son rôle social et sa gestion de la diversité. D'après vous, ces énoncés aident-ils l'entreprise à réaliser les objectifs stratégiques et à améliorer le rendement? Dites pourquoi.

EXERCICE

La Société Viteck

La Société Viteck fabrique des instruments électroniques. L'une de ses usines est située dans une municipalité d'environ 150 000 habitants et compte près de 1 000 employés. En activité depuis quelques années, elle s'est établie à cet endroit, parce qu'on y trouve un important bassin de travailleurs non spécialisés et que l'entreprise pouvait y louer plusieurs bâtiments à un prix très raisonnable.

L'entreprise ayant récemment découvert une nouvelle façon de produire ses instruments électroniques, ses dirigeants jugent qu'il serait plus rentable de créer une nouvelle usine dans une autre ville offrant un bassin de travailleurs plus spécialisés. Cependant, cette décision les obligerait à fermer l'usine existante, à investir des sommes considérables dans de nouvelles installations et à recruter près de 400 personnes.

Questions

1. Analysez la situation.
2. Indiquez les options qui s'offrent à la Société Viteck.
3. Selon vous, quelle décision les dirigeants de l'entreprise devraient-ils prendre? Énumérez les éléments qui influent sur votre choix.

Étude de cas

▶ ENTREPRISE

Conflit d'intérêts

Dans le cadre d'un cours de commercialisation, on a demandé aux étudiants de réaliser, en équipe, une recherche sur le comportement des consommateurs. Un groupe de cinq étudiants prit contact avec une société d'État afin d'obtenir la permission de travailler dans l'un de ses services. Les cinq étudiants voulaient que leur travail scolaire soit utile à l'organisme.

Au cours de leur première rencontre avec un représentant de la société, les étudiants ont obtenu de l'information sur celle-ci. Ils ont expliqué la nature de leur travail (une recherche sur le comportement des consommateurs) et la méthode qu'ils utiliseraient (une étude de marché poussée).

Les entreprises privées eurent connaissance de leurs recherches. Un cadre se mit en rapport avec l'un des étudiants, car son entreprise s'intéressait vivement aux travaux de son groupe. Voulant absolument connaître les résultats de leur étude, il offrit de payer pour en obtenir une copie. L'étudiant fit part de la proposition alléchante aux membres de son équipe. Il était persuadé que tout le monde en bénéficierait. La rémunération leur permettrait de payer leurs droits de scolarité, d'assurer la réussite économique de l'entreprise et, par conséquent, la sauvegarde des emplois. La société d'État, quant à elle, disposait d'un rapport complet, probablement destiné aux oubliettes. Après de longs débats entre les étudiants, les avis demeuraient partagés. Ils décidèrent de demander conseil et de parler de cette offre avec d'autres étudiants. Quelque temps après, un employé de la société d'État s'aperçut que des informations confidentielles incluses dans le rapport circulaient sur Internet. Il en informa les membres du groupe qui en furent très surpris.

Questions

1. Qu'est-ce qui a engendré cette situation? Quels éléments expliquent ce comportement des étudiants?
2. Si vous aviez été le chef du groupe en question, comment auriez-vous abordé la situation?
3. Quelles sont les conduites qui contreviennent à l'éthique?
4. Pour chacun des intervenants en cause, précisez les effets de la décision de vendre et de celle de ne pas vendre le rapport.

Étude de cas

▶ EN MANCHETTE : CQEA[67]

Marthe Bureau, directrice générale des Projets Part

Le Conseil québécois des entreprises adaptées (CQEA) regroupe des PME qui fabriquent des produits ou offrent des services dans différents secteurs d'activité. Elles emploient une forte proportion de personnes (en moyenne 70 % de leur personnel) qui présentent différentes limitations physiques ou mentales. En plus de faire des affaires, ces entreprises visent la réinsertion au travail en fournissant un emploi régulier à des gens qui trouvent difficilement leur place au sein d'autres entreprises. Le CQEA compte 44 entreprises membres qui emploient 3 800 travailleurs.

Stagem est l'une des entreprises d'insertion sociale au Québec. Sa mission est de donner une expérience de travail à des personnes qui ont connu de sérieuses difficultés d'intégration au marché de l'emploi. « On les accompagne, on les forme et, après six mois, quand ils deviennent performants, ils s'en vont vers l'entreprise privée », explique André Potvin, directeur général de l'entreprise de Roberval, au Lac-Saint-Jean, qui produit des pièces de bois entrant dans la fabrication de sommiers et de caissons d'emballage.

C'est là un des défis de management commun aux entreprises d'insertion. Chaque année, elles accueillent 2 500 travailleurs en formation. Ils passent en moyenne 27 semaines dans ces entreprises « passerelles » qui leur permettent d'acquérir des habiletés et des connaissances transférables à d'autres types de métiers. Mais pour que cette expérience puisse être appliquée ailleurs, il faut qu'elle se déroule dans une vraie entreprise. « On produit des biens qui doivent répondre à des normes de qualité élevées et on doit respecter les délais de livraison. Concilier formation et production est un défi de tous les jours », ajoute M. Potvin.

Une obligation de résultat

L'obligation de résultat, c'est aussi une des réalités auxquelles doit faire face la Part du Chef, une entreprise d'insertion de Montréal, qui produit des repas surgelés pour des personnes en perte d'autonomie, en plus d'offrir un service de traiteur. « On accueille parfois plusieurs nouveaux participants en même temps. Il faut donc les former tout en maintenant le rythme de production », explique Marthe Bureau, directrice générale des Projets Part, qui regroupe trois organisations, dont la Part du Chef.

« Part » est l'acronyme pour Programme d'apprentissage de retour au travail. Les travailleurs de la Part du Chef ont été éloignés du marché du travail à cause de divers problèmes de santé mentale. Pour assurer le succès de la démarche, l'entreprise doit leur fournir un encadrement spécifique pour les aider à vaincre leurs difficultés. « Régulièrement, ils doivent interrompre leur travail pour rencontrer leur partenaire psychosocial afin de faire le point sur ce qu'ils vivent. Cela ajoute aux difficultés de production, mais on s'arrange plutôt bien », explique Steeve Perron, directeur des services alimentaires.

Gérer des profils particuliers

Stagem, cité plus haut, embauche elle aussi des gens qui présentent différents profils. Certains ont des problèmes de toxicomanie. D'autres, un casier judiciaire. D'autres encore sont peu ou pas diplômés. Les participants ont parfois à modifier des attitudes qui, jusque-là, ont nui à leur chance de décrocher un emploi. La cohabitation de ces différentes personnes est-elle source de conflits ? « On ne connaît pas plus de situations conflictuelles entre employés qu'une autre entreprise, assure M. Potvin. On s'est toutefois demandé souvent pourquoi il n'y en avait pas plus. Un élément de réponse, c'est que les gens se sentent valorisés de travailler dans une vraie entreprise. Ils se considèrent comme des travailleurs et modifient leur comportement en conséquence. Cela fait toute la différence. »

Il existe peu de problèmes d'assiduité au travail. Certaines entreprises d'insertion sociale, comme les services adaptés Transit, ont dû établir un règlement interdisant aux travailleurs d'arriver plus de 30 minutes… à l'avance ! « Beaucoup de personnes vivent isolées, explique Daniel Berthiaume, directeur général de Transit. Au travail, elles ont la possibilité d'établir des liens avec d'autres personnes. Ces gens souffrent parfois d'anxiété et craignent d'arriver en retard. Mais il y a aussi que ces personnes sont tellement contentes d'avoir un travail qu'elles démontrent un très grand enthousiasme. »

Faire face à la concurrence

Membre du CQEA, Transit compte trois secteurs d'activité : des services d'entretien ménager dans le secteur commercial, une usine d'emballage de produits de consommation courante et une agence de sécurité. Elle emploie au total 120 personnes.

Les entreprises adaptées, comme les entreprises d'insertion, doivent se positionner sur le marché aux côtés de concurrentes qui, elles, n'ont pas à remplir de mission sociale. « C'est difficile de diversifier sa clientèle, admet M. Berthiaume. Il faut convaincre les entreprises qu'on est en mesure d'offrir un service parfois meilleur que nos concurrents. Notre objectif est d'établir un partenariat à long terme avec nos clients. » Autre difficulté à laquelle se heurtent les entreprises adaptées : trouver le financement adéquat pour les dépenses d'immobilisation.

☞

Étude de cas

Le CQEA travaille à relancer un outil de capitalisation afin d'aider ses membres à mener à terme leurs projets d'agrandissement ou d'amélioration. Le Fonds d'investissement pour l'expansion et la recherche sur le travail adapté devait être relancé en 2005, précise Denise Leblanc, directrice de la promotion au CQEA. Les projets de développement des entreprises sont aussi souvent contrecarrés par le fait qu'elles ne peuvent embaucher tout le personnel dont elles ont besoin. « Nos postes sont subventionnés par le gouvernement. Or, depuis quelques années, les subventions sont plafonnées. On doit refuser des contrats, faute de personnel. On en autofinance un certain nombre, mais il y a une limite qu'on ne peut dépasser. »

Questions

1. À l'aide des tableaux 3.5 et 3.6 (voir les pages 101 et 102), analysez les arguments présentés en faveur ou contre le programme d'insertion sociale au Québec?
2. À l'aide des figures 3.2 et 3.5 (voir les pages 99 et 113), dites comment les entreprises d'insertion sociale, au Québec, pourraient améliorer la formation des travailleurs afin de les aider à mieux s'intégrer au monde du travail.

WWW

www.cqea.qc.ca/fr
pour une description de l'organisme, Conseil québécois des entreprises adaptées

PARTIE

3

LA PRISE DE DÉCISION ET LA PLANIFICATION

En 2005, Lowe's, le numéro deux mondial des matériaux de rénovation, annonçait son intention d'ouvrir une centaine de magasins au Canada, dès 2007. Ce détaillant compte actuellement 1 125 magasins et 16 centres de distribution, répartis dans 48 États. Son chiffre d'affaires s'élevait à 36,5 milliards de dollars américains en 2004, contre 3,7 milliards de dollars pour Rona et 73 milliards de dollars pour Home Depot[1. a)].

www.lowes.com

Comment les cadres de Lowe's doivent-ils élaborer leurs objectifs et leurs plans stratégiques afin que leur entreprise pénètre les marchés canadien et québécois avec succès ? Dans cette troisième partie, nous tenterons de répondre à cette question. Au chapitre 4, « Le gestionnaire en tant que décideur », nous examinerons les étapes du processus décisionnel ainsi que les modèles de prise de décision et la prise de décision en groupe.

Au chapitre 5, « Le gestionnaire en tant que planificateur », nous expliquerons la façon d'élaborer les objectifs, les différents plans, les étapes de la planification ainsi que les moyens pour rendre ce processus efficace.

Au chapitre 6, « Le gestionnaire en tant que stratège », nous définirons la stratégie, désignerons les responsables de la planification stratégique et montrerons les différents niveaux de la stratégie et les types de stratégies.

Chapitre 4

Le gestionnaire en tant que décideur

Objectifs du chapitre

Après avoir lu ce chapitre, vous devriez pouvoir :

1. expliquer la nature et l'importance des décisions, le profil de la bonne information, distinguer les décideurs et les éléments qui les influencent, enfin, expliquer les modèles de prise de décision ;
2. décrire les trois phases du processus décisionnel : les phases de l'analyse, de la décision et de la mise en œuvre ;
3. préciser brièvement les méthodes de prise de décision en groupe, puis leurs avantages et leurs inconvénients ;
4. énumérer les restrictions dont les gestionnaires doivent tenir compte lorsqu'ils décident ;
5. expliquer comment on peut améliorer la prise de décision ;
6. désigner les différents types d'outils qui aident à décider.

Défi lancé aux gestionnaires ☞ par la Ville de Gatineau

Deux nouveaux ponts, l'un dans l'est et l'autre dans l'ouest, devraient enjamber la rivière des Outaouais d'ici sept à dix ans. C'est du moins l'espoir qu'entretiennent les gouvernements du Canada, du Québec et de l'Ontario, qui ont sorti l'artillerie lourde afin de donner le feu vert à une nouvelle étude environnementale de 3 millions de dollars, financée à parts égales. Les experts se pencheront sur six scénarios – trois dans l'est et trois dans l'ouest – de façon à déterminer les deux meilleurs de chaque région. L'emplacement des nouveaux ponts a toujours été une pomme de discorde entre les deux rives. Le maire d'Ottawa, Bob Chiarelli, a, par contre, dit remarquer une nouvelle attitude de coopération, motivée en partie par un sentiment d'urgence. Son homologue gatinois, Yves Ducharme, continue à souhaiter que l'option du corridor de l'île Kettle ne soit pas écartée. Le président de la Commission de la capitale nationale (CCN) a lui aussi martelé que l'objectif de sept à dix ans est réalisable « en supposant que tout fonctionne normalement[1. b)] ».

www.ville.gatineau.qc.ca

Les dirigeants de la Ville de Gatineau analysent avant de décider.

Survol du chapitre

Cette brève introduction montre la façon dont une décision importante peut être prise. Les deux maires et le président de la CCN doivent évaluer tous les aspects du problème afin de s'assurer que le choix du site des deux ponts soit fidèle aux attentes des résidents des villes de Gatineau et d'Ottawa. Le processus est long et les décideurs doivent franchir des étapes importantes avant de faire leur choix. Les décisions que l'on peut qualifier d'importantes, comme celle-ci, sont réservées aux cadres supérieurs et requièrent la consultation de plusieurs personnes. Les décisions peuvent être également courantes ou routinières et résulter de la réflexion d'une seule personne.

Cette troisième partie, « La prise de décision et la planification », comprend trois chapitres et une annexe. Ce chapitre traite de la prise de décision. Nous expliquerons tout d'abord pourquoi il est important pour les gestionnaires de prendre de bonnes décisions, et lesquels seront désignés pour les prendre. Ensuite, nous étudierons les principales phases du processus décisionnel — à savoir les phases de l'analyse —, de la décision et de la mise en œuvre. Nous décrirons aussi les différentes méthodes de prise de décision en groupe ainsi que leurs avantages et leurs inconvénients. Nous serons ainsi conduits à examiner les facteurs que les gestionnaires doivent considérer lorsqu'ils ont à décider. Le chapitre précise aussi les différents outils qui les aident à décider de façon judicieuse. Le chapitre 5, « Le gestionnaire en tant que planificateur », expliquera pourquoi il est important de planifier, puis comment élaborer les objectifs, enfin, la hiérarchie et les types d'objectifs. Ce chapitre expliquera aussi ce que sont les différentes étapes de la planification et les types de plans. L'annexe au chapitre 5 donnera une brève explication des plans auxiliaires, c'est-à-dire les plans durables et les plans à application unique. Le chapitre 6, « Le gestionnaire en tant que stratège », expliquera la nature de la planification stratégique, précisera qui sont les responsables de ces plans, puis les niveaux et les types de stratégies, enfin, les modèles d'analyse stratégique.

3

Ce chapitre met en évidence:

- *la nature et l'importance des décisions, du profil de l'information nécessaire pour prendre une décision éclairée, de distinguer les décideurs et les éléments qui les influencent, enfin, les modèles de prise de décision;*
- *trois phases du processus décisionnel, soit la phase de l'analyse, la phase de la décision et la phase de la mise en œuvre;*
- *des méthodes de prise de décision en groupe, leurs avantages et leurs inconvénients;*
- *les restrictions dont les gestionnaires doivent tenir compte lorsqu'ils prennent les décisions;*
- *des approches pour améliorer la prise de décision;*
- *des outils d'aide à la prise de décision.*

OBJECTIF 4.1

Expliquer la nature et l'importance des décisions, le profil de la bonne information, distinguer les décideurs et les éléments qui les influencent, enfin, expliquer les modèles de prise de décision.

4.1 LE CONTEXTE DE LA PRISE DE DÉCISION

La prise de décision fait partie intégrante du travail des gestionnaires. Comme nous l'avons vu dans la deuxième partie de ce manuel, « Les organisations et leurs environnements », les gestionnaires doivent tenir compte de leur environnement extérieur et de l'opinion de divers intervenants lorsqu'ils ont à choisir. Leurs fonctions de planification, d'organisation, de leadership et de contrôle les conduisent également à décider. En fait, la prise de décision est si étroitement liée au travail des dirigeants d'entreprise que certains auteurs estiment qu'elle constitue l'essence même de la gestion. Le tableau 4.1 fournit une liste de questions types que se posent les gestionnaires lorsqu'ils doivent décider en matière d'analyse de l'environnement, de planification, d'organisation, de leadership et de contrôle.

Avant d'examiner le processus décisionnel, l'efficacité de la prise de décision en groupe et les contraintes qui s'exercent souvent sur les gestionnaires au moment d'arrêter leurs choix, nous tenterons de répondre aux questions suivantes: Qu'est-ce que la prise de décision? Qui sont les décideurs? Qu'est-ce qui influe sur les décisions prises?

Après avoir lu les six prochaines sous-sections, vous devriez pouvoir:

- expliquer la nature de la prise de décision;
- énumérer le profil de la bonne information nécessaire pour prendre une décision éclairée;
- désigner les catégories de personnes qui ont le pouvoir de décision;
- décrire le contexte de la prise de décision;
- expliquer les choix appropriés permettant de décider;
- décrire les modèles de prise de décision.

Tableau 4.1 La prise de décision et les fonctions de gestion

L'analyse de l'environnement (chapitres 2 et 3)
• Quelle attitude faut-il adopter devant une modification des règlements en matière de pollution? • Que devrait faire l'entreprise à la suite du lancement d'un nouveau produit par une entreprise rivale? • Quelle attitude faut-il adopter devant les commentaires formulés par des groupes de consommateurs au sujet du produit fabriqué par l'entreprise? • Que convient-il de faire lorsqu'un important fournisseur de l'entreprise a déclaré faillite?
La planification (chapitres 5 et 6)
• Quel domaine devrait-on exploiter? • Quels objectifs faut-il poursuivre à court et à long termes? • Quelle politique devrait-on adopter? • Quelles stratégies convient-il d'appliquer?
L'organisation (chapitres 7 et 8)
• Comment les divisions, les unités organisationnelles et les services de l'entreprise devraient-ils être organisés? • Quels pouvoirs décisionnels devrait-on accorder aux différents cadres de l'entreprise? • De quelle manière va-t-on recruter et sélectionner le personnel? • Quelles procédures allons-nous utiliser pour évaluer les employés?
Le leadership (chapitres 9 à 11)
• Comment peut-on accroître la productivité? • De quelle manière pourrait-on former les cadres inférieurs et les employés de l'entreprise? • Comment pourrait-on satisfaire les besoins des employés? • Comment peut-on résoudre tout conflit opposant des personnes ou des groupes?
Le contrôle (chapitres 12 et 13)
• Quels types de systèmes d'information de gestion faudrait-il mettre en place? • Quels genres de rapports devrait-on produire et à qui devraient-ils être remis? • À quels intervalles convient-il d'examiner les activités de l'entreprise? • Quel rôle les cadres hiérarchiques et les cadres de l'état-major devraient-ils jouer au moment de la revue mensuelle des activités?

4.1.1 La nature de la prise de décision

La prise de **décision** est l'action de privilégier une option parmi plusieurs en vue d'atteindre un objectif donné. Le processus de décision comporte quatre éléments: 1) la détermination de l'objectif; 2) les options; 3) l'examen des conséquences; 4) le choix.

Lorsqu'on prend une décision, c'est toujours en vue d'atteindre un *objectif*. Ainsi, on achète une machine (décision) pour accroître la productivité (objectif), et l'on modifie un produit (décision) afin d'occuper une plus grande part du marché (objectif). De même, les dirigeants d'une banque peuvent fermer des succursales (décision) afin de réduire les frais d'exploitation (objectif). Toute décision suppose un but.

La prise de décision suppose l'existence d'*options* sur lesquelles on délibère. Le cégépien qui veut suivre des études à l'université doit procéder par étapes et examiner diverses possibilités. Dans un premier temps, il lui faut choisir le champ d'études (sciences administratives, arts, génie, etc.). S'il opte pour les sciences administratives parce qu'il veut devenir comptable, il doit choisir une université. Enfin, s'il décide de s'inscrire à l'Université de Montréal, par exemple, il lui reste à déterminer son programme de cours.

Toute décision entraîne des *conséquences* (positives ou négatives) que l'on doit évaluer. Chacun des choix (domaine d'études, université et cours) à faire par le cégépien comporte des conséquences déterminées. Ainsi, le choix de telle ou telle université comporte des avantages (par exemple, excellence du corps professoral, étudiants qui obtiennent tous des notes très élevées, réputation exceptionnelle, bon climat, possibilité d'obtenir un plus grand nombre de bourses, etc.) et des inconvénients (droits de scolarité élevés, établissement dans une grande ville, programme exigeant, activités sociales réduites à cause d'un horaire chargé, etc.).

Enfin, la décision suppose également un *choix* à faire. S'il n'y a pas de choix à faire, il n'y a rien à décider. Ainsi, après avoir examiné toutes les options possibles, considéré les conséquences de chacune d'entre elles et pesé le pour et le contre avec d'autres personnes (parents, amis, enseignants), le cégépien de l'exemple donné arrêtera son choix, c'est-à-dire sa décision.

4.1.2 Le profil de l'information

La décision que doivent prendre les maires des villes de Gatineau et d'Ottawa concernant le choix des sites pour les ponts est importante. C'est une décision coûteuse qui doit satisfaire les besoins des résidents des deux villes. Le manque d'information empêche les deux maires de prendre une décision et c'est pour cette raison qu'il est important d'effectuer des analyses plus poussées. Une « bonne » information doit être de qualité, ponctuelle, complète et pertinente.

3

A. La qualité

Deux éléments essentiels qualifient la qualité de l'information : sa précision et sa fiabilité[2]. Plus l'information est fiable, plus la qualité de l'information est élevée. Afin que l'information soit de bonne qualité, il faut que le système d'information de gestion soit lui-même efficace. Si les renseignements fournis par le système d'information sont douteux, les gestionnaires perdront confiance et décideront d'obtenir d'autres données par des moyens différents. Ce n'est pas la première fois que les maires font appel à des consultants pour effectuer une étude afin de déterminer les meilleurs endroits où construire les deux ponts. La première étude fut achevée en 1994 et, comme l'a indiqué M. Marcel Beaudry, président de la CCN : « Quand on a laissé passer 10 ans après un rapport, ça nécessite une nouvelle étude, parce que les données ont changé[3]. » Si la décision est basée sur une information « périmée », les risques de faire un mauvais choix sont élevés et les décideurs peuvent être contestés par les résidents des villes de Gatineau et d'Ottawa.

B. La ponctualité

Une information ponctuelle est disponible au moment où une décision est prise, pas après. Aujourd'hui, les éléments de l'environnement d'une entreprise changent tellement vite qu'il est crucial d'obtenir les renseignements en temps réel. L'**information en temps réel** représente les « conditions les plus récentes ». Voici donc l'une des raisons pour lesquelles les responsables du choix de l'emplacement des ponts ne voulaient pas utiliser les renseignements des études précédentes (par exemple, celle de 1994). Il est donc nécessaire pour les gestionnaires de mettre leur banque de données à jour. Prenons un autre exemple. Il y a quelques années, le prix de l'essence demeurait stable durant des mois. Aujourd'hui, le prix de l'essence peut varier de 10 cents le litre en l'espace d'une heure, et ces fluctuations rapides et élevées semblent désormais être la norme. Les dirigeants des compagnies pétrolières doivent donc utiliser l'information en temps réel pour ajuster leurs prix en fonction des fluctuations des marchés mondiaux.

C. La complétude

L'information ne doit pas seulement être fiable et ponctuelle, mais aussi complète. Aujourd'hui, il est facile de recueillir de l'information par les réseaux informatisés. Les entreprises qui décident en se basant sur une information complète démontrent un rendement et un degré d'efficacité supérieurs. Prenons l'exemple de Wal-Mart qui a réalisé un chiffre d'affaires de 288,2 milliards de dollars et des bénéfices de 10,3 milliards de dollars en 2005[4]. Cette entreprise a investi des centaines de millions de dollars dans la construction d'un système informatique et d'un réseau de communication par satellite lui permettant de communiquer de façon ultra rapide le détail des opérations intra-entreprise. Ses gérants de succursale reçoivent ainsi toutes sortes de renseignements par satellite, ce qui leur permet d'avoir à tout instant une idée précise de la situation[5]. Wal-Mart possède le système informatique le plus puissant au monde après celui du Département de la défense nationale des États-Unis. L'information est devenue tellement importante dans le processus décisionnel que plusieurs entreprises introduisent dans leurs structures organisationnelles un poste de vice-président responsable de la gestion de l'information.

www.walmartcanada.ca

D. La pertinence

Une information est pertinente lorsqu'elle est utilisée dans le processus décisionnel. N'est-ce pas le cas du processus décisionnel que doivent suivre les deux maires de Gatineau et d'Ottawa ? Une information périmée peut être dommageable lors d'une décision importante. Étant donné la quantité extraordinaire des renseignements qui doivent être analysés par les gestionnaires lors d'une décision importante, les spécialistes en système d'information de gestion doivent s'assurer que les décideurs reçoivent une information non seulement complète mais aussi pertinente. Il existe aujourd'hui des sociétés de services dans le domaine de la technologie de l'information telles que CGI (9 150 employés au Québec), IBM Canada (6 000), DMR Conseil (900) et CSC Canada (780) qui offrent des services dans les domaines suivants : conseils en intégration de systèmes, gestion de fonctions informatiques et d'affaires, conseils stratégiques et technologiques[6].

www.cgi.com/web/fr/accueil.htm pour visiter le site CGI, un cabinet en intégration de systèmes

4.1.3 Les décideurs

Quel que soit leur niveau hiérarchique, les cadres doivent prendre des décisions. On en distingue trois types correspondant chacun à un niveau hiérarchique : les décisions stratégiques, les décisions tactiques et les décisions opérationnelles[7]. La figure 4.1 montre des exemples de ces types de décisions en rapport avec l'administration d'une université.

Figure 4.1
Les types de décisions suivant le niveau hiérarchique

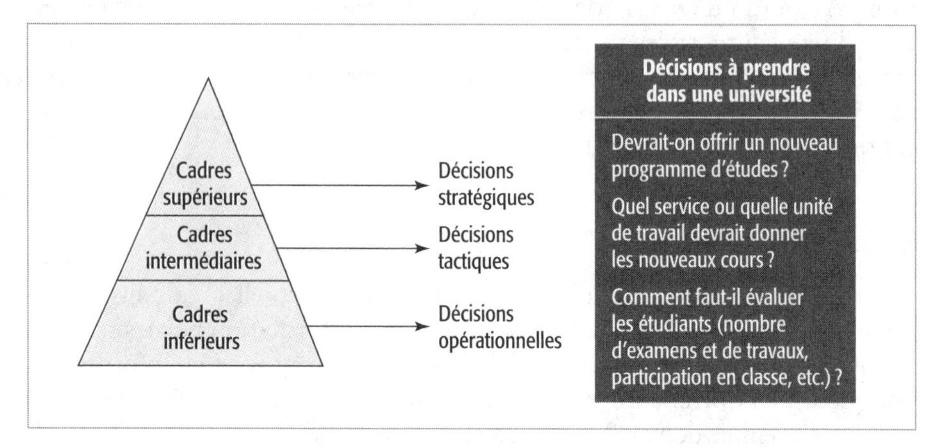

Les **décisions stratégiques**, parfois appelées « décisions institutionnelles », appartiennent aux cadres supérieurs (comme dans le cas des deux maires), très influencés par leur environnement extérieur. Étant donné leur importance, ces décisions comportent des risques sérieux. Elles touchent non pas une seule fonction, mais l'entreprise dans son ensemble. L'établissement de la mission de l'organisme fait partie des objets de la décision stratégique. Pour définir cette mission, les dirigeants doivent déterminer le secteur d'activité de l'entreprise, ses marchés d'exploitation et les produits ou les services qu'elle offrira. La décision prise par le Mouvement Desjardins de s'étendre dans le reste du Canada afin d'offrir à plus de Canadiens une « véritable alternative aux banques » peut être considérée comme stratégique. En 2005, le P.-D. G. Alban D'Amours affirma que l'entreprise avait réalisé 17 % de son chiffre d'affaires grâce à des activités hors Québec, alors que son objectif était d'augmenter cette proportion à 25 % d'ici quelques années et finalement à 50 %[8]. Cette décision stratégique aura certainement un impact à long terme important sur tous les services de l'entreprise.

www.desjardins.com/

Les **décisions tactiques**, parfois appelées « décisions de gestion », sont ordinairement prises par les cadres intermédiaires. À l'instar des décisions stratégiques, elles ont surtout pour objet d'harmoniser les opérations de l'entreprise avec l'environnement extérieur. Ainsi, le directeur de la commercialisation du Mouvement Desjardins devra donc adopter une stratégie en matière de prix ou de publicité pour accroître la part de l'entreprise dans les différents marchés au Canada. Avant de prendre une décision, il examinera les divers éléments de l'environnement extérieur, tels que les préférences des consommateurs, le nombre de clients potentiels, les activités des principaux concurrents de l'entreprise (dans ce cas, les banques), ainsi que les réglementations concernant la commercialisation et les services offerts par l'entreprise. En règle générale, les décisions tactiques se rapportent à une fonction précise de l'organisme (la production, la commercialisation, la distribution, etc.).

Les **décisions opérationnelles**, aussi appelées « décisions techniques », sont du ressort des cadres inférieurs. Elles correspondent à une activité bien précise de l'organisme et touchent la transformation des intrants (ressources) en extrants (produits ou services). Par exemple, le responsable du Service à la clientèle du Mouvement Desjardins peut décider d'informatiser un service donné pour l'améliorer. C'est là une décision opérationnelle, car ce responsable et le directeur du Service d'analyse des systèmes devront choisir un logiciel, puis déterminer la manière d'enregistrer les transactions et de présenter, dans les différents rapports, l'information obtenue.

4.1.4 L'univers de la prise de décision

Si tous les problèmes d'organisation étaient bien définis, les gestionnaires trouveraient facilement une solution en suivant une procédure simple. Par exemple, si un gestionnaire doit choisir entre deux entreprises celle qui imprime au meilleur prix 5 000 dépliants publicitaires, il utilisera une calculatrice pour fixer son choix. Toutefois, les gestionnaires sont souvent placés dans des situations complexes qui commandent l'évaluation de plusieurs choix comportant chacun des avantages et des inconvénients.

L'**univers de la prise de décision** représente l'ensemble des faits et des événements (par exemple, la concurrence, le climat économique et politique) que les gestionnaires doivent prendre en compte avant de prendre une décision définitive. Au chapitre 2, nous avons décrit les intervenants et les éléments de l'environnement qui influent sur les décisions des dirigeants d'entreprise. Les conditions économiques et sociales à considérer dans la prise de décision peuvent varier énormément. Elles peuvent entraîner trois types de situations : les décisions prises en état de certitude, celles prises en état de risque et celles prises en état d'ignorance[9]. La figure 4.2 met en lien ces types de situations avec le genre de décision qu'elles comportent.

Figure 4.2
Le caractère des décisions selon la situation

Niveaux hiérarchiques	Cadres supérieurs	Cadres intermédiaires	Cadres inférieurs
Types de situations (ou d'univers)	État d'ignorance (univers incertain)	État de risque (univers aléatoire)	État de certitude (univers déterminé)
Probabilités	Évaluation subjective		Évaluation objective
Décisions	Novatrices	Adaptatives	Courantes

3

A. La décision prise en état de certitude (univers déterminé)

Un gestionnaire qui décide en fonction d'un **univers déterminé** dispose d'une information complète sur les diverses options ou stratégies possibles, sur l'ensemble des faits et des événements liés au problème à résoudre (type de situation ou univers) et sur les gains associés à chacune de ces options ou stratégies. Les problèmes sont alors généralement réglés par des décisions de type courant. Par exemple, il est relativement facile d'opter pour l'achat d'une imprimante au laser si l'on dispose de renseignements précis tels que le coût de l'appareil, la durée de la garantie du fabricant, la capacité de chargement, l'alimentation automatique, etc. L'information obtenue se révèle parfois suffisante, de sorte que la décision peut être prise assez facilement. Comme l'indique la figure 4.2 (voir la page 135), les décisions liées à des conditions déterminées incombent aux cadres inférieurs parce que l'environnement extérieur influe peu sur elles.

B. La décision prise en état de risque (univers aléatoire)

Les décisions portent le plus souvent sur des événements aléatoires et cette part de risque crée un **univers aléatoire**[10]. Le gestionnaire connaît alors les options et les avantages associés, ainsi que le contexte du problème. Il peut attribuer une probabilité mathématique à chaque contexte ou à chaque événement. Le calcul des probabilités permet en effet d'évaluer combien de fois sur 100 une expérience donnée produira le même résultat. Il y a autant de chances qu'une pièce de monnaie lancée en l'air, par exemple, retombe sur un côté que sur l'autre. De même, il existe une chance sur six d'obtenir le nombre 2 en jetant un dé sur la table. Le gestionnaire peut calculer la probabilité de gain liée à chaque option et choisir la meilleure. Bien sûr, la décision comporte une part de risque, car le décideur évalue seulement les conséquences probables des diverses options envisagées; il ne peut prédire avec certitude ce qui arrivera. Il évalue les risques, c'est-à-dire qu'il attribue à chaque résultat possible une probabilité ou un facteur de pondération. Il obtiendra une image fidèle de l'environnement de la prise de décision en mesurant les effets de facteurs quantitatifs et qualitatifs. Prenons l'exemple du journal électronique qui menace les producteurs de papier journal nord-américains. Certains croient que cette nouvelle technologie, qui n'est pas encore au point, pourra d'ici 5 à 10 ans faire chuter la consommation de papier journal de 50 à 60 % par rapport au niveau actuel[11]. Plusieurs sont d'accord pour dire que le journal électronique est une menace au papier journal. Toutefois, jusqu'à quel point le nombre d'abonnés des journaux diminuera-t-il ? En quelle année la menace sera-t-elle dangereuse ?

Les principaux outils servant à la prise de ce type de décision sont:

- l'arbre de décision,
- la théorie des files d'attente,
- les modèles de simulation,
- la technique d'évaluation et de révision des programmes (TERP).

WWW
www.netmba.com/operations/project/pert/
pour une description du diagramme PERT, ses avantages et ses limites

Pour une explication détaillée et des exemples de ces différents outils de prise de décision, voir l'annexe au chapitre 12, « Outils d'aide à la planification et au contrôle », à la page 593.

C. La décision prise en état d'ignorance (univers incertain)

Le gestionnaire est parfois appelé à prendre une décision en état d'ignorance ou dans un **univers incertain.** Sa situation est telle qu'il ne dispose pas des renseignements qui lui permettraient de déterminer les options possibles et de leur attribuer un coefficient de probabilité. Il croit qu'une possibilité se réalisera, mais le fait qu'il ne dispose pas de toute l'information utile l'empêche d'évaluer les conséquences de chaque option. Même en supposant qu'il connaisse toutes les options et tous les gains possibles ainsi que les différents types de situations susceptibles de se présenter, il lui serait difficile de mesurer les chances que ces situations se produisent.

Voici un exemple de décisions prises dans un univers incertain. En janvier 2005, les États-Unis envoyaient au Canada une équipe d'experts en agriculture pour évaluer un second cas de maladie de la vache folle qui remettait en question le projet de rouvrir les frontières au bétail canadien. À la suite de la confirmation du deuxième cas de maladie, les États-Unis considéraient toujours le Canada comme une région à risque et interdisaient donc l'importation des bovins canadiens[12]. Les éleveurs canadiens encaissèrent un nouveau coup dur. Dans cette situation, les éleveurs canadiens de bovins peuvent-ils prévoir le retour à la normale de leurs opérations ? Si oui, quand ?

3

4.1.5 Le choix de la solution

Ainsi qu'on peut le voir à la figure 4.2 (voir la page 135), les décisions peuvent être novatrices, adaptatives ou courantes. Ces décisions se prennent respectivement dans des conditions incertaines, aléatoires et déterminées. Chaque type de décisions se rapporte à un niveau hiérarchique et à un univers décisionnel :

- les cadres supérieurs prennent des décisions novatrices dans un univers incertain ;
- les cadres intermédiaires prennent des décisions adaptatives dans un univers aléatoire ;
- les cadres inférieurs prennent des décisions courantes dans un univers déterminé.

A. Les décisions novatrices

Les **décisions novatrices** ont un caractère exceptionnel. On considère que les fusions et les acquisitions résultent de ce genre de décision. Elles marquent un changement d'orientation de l'entreprise. Elles comportent une part d'incertitude et échappent à l'application de règles déterminées. Peuvent figurer parmi les décisions novatrices les décisions de construire une usine, de lancer une nouvelle gamme de produits, d'automatiser une chaîne de montage ou de changer de réseau de distribution. Pour que ce genre de décision ait des suites positives, il faut avoir un jugement solide, une imagination fertile et un esprit analytique, et faire usage de méthodes quantitatives dans l'examen des diverses possibilités.

www.globalwinespirits.com/

Citons l'exemple de Global Wine & Spirits (GWS) de Longueuil qui a franchi, il y a quelques années, une étape importante de son développement en obtenant des Grands Chais de France, le deuxième producteur de vins et spiritueux en importance de ce pays, le mandat de mettre sur pied un portail transactionnel. D'après les dirigeants de GWS, les Grands Chais de France veulent devenir un « Microsoft des vins et spiritueux ». Voilà une décision novatrice de la part de ces dirigeants. En fait, il s'agit de la première décision novatrice de cette entreprise, considérée comme l'une des plus traditionnelles qui soient, et qui s'était jusqu'à présent opposée à l'idée d'utiliser les technologies de l'information[13].

B. Les décisions adaptatives

Les **décisions adaptatives** sont élaborées en réaction aux changements observés sur le marché. À la différence de celui qui doit prendre une décision novatrice, le cadre appelé à prendre une décision adaptative a peut-être déjà observé les mêmes circonstances dans le passé. Ce qui arrive lui est donc relativement familier, de même que les effets potentiels de sa décision. Les risques d'échec demeurent toutefois sérieux, et c'est pourquoi plusieurs cadres prennent en général part au processus décisionnel.

www.rona.ca

Les gestionnaires de Rona ont investi près de 23 millions de dollars dans l'ouverture d'un magasin de 12 000 mètres carrés à Gatineau, au début de l'année 2005. Cette entreprise est spécialisée dans la vente d'articles de quincaillerie, de rénovation et d'horticulture, elle compte 537 magasins et ses ventes atteignent 4 milliards de dollars[14]. Les dirigeants de Rona connaissaient bien la procédure pour mettre ce magasin sur pied. Cependant, la ville de Gatineau leur était peu familière. Ce n'était évidemment pas la première fois que Rona explorait de nouveaux marchés, mais le fait d'être placé dans une situation nouvelle (concurrents, consommateurs et communauté) pouvait rendre plus difficile l'exécution de la décision.

On associe également les décisions adaptatives à l'*amélioration continue*. Isadore Sharp, par exemple, a travaillé pendant de nombreuses années à faire des hôtels Quatre Saisons une chaîne d'hôtels élégants. Dans tous les domaines de son entreprise, il a dû apporter plusieurs modifications légères mais successives. Isadore Sharp savait exactement ce qu'il voulait. Il a su transmettre sa vision à ses employés et, en 35 ans, il a créé une chaîne qui suscite l'envie de toute l'industrie hôtelière. Les centaines de cadres qui se sont succédé au cours des ans ont dû prendre des milliers de décisions adaptatives pour réaliser le rêve de Sharp. Aujourd'hui, les hôtels Quatre Saisons jouissent d'une excellente réputation et, malgré les problèmes actuels du secteur hôtelier, ils dégagent une rentabilité très élevée[15].

www.fourseasons.com/

Pour améliorer sans cesse la qualité du service à la clientèle et la fiabilité des produits, des groupes de personnes travaillant dans différents secteurs de l'entreprise doivent prendre une succession de petites décisions adaptatives liées les unes aux autres.

C. Les décisions courantes

Les **décisions courantes** apportent une solution à des problèmes simples et récurrents, tels que le choix d'un plat, d'un vêtement ou d'un film à visionner.

Évidemment, les décisions courantes sont innombrables et, le plus souvent, elles respectent un ensemble de règles et de programmes. Une politique administrative facilite la prise des décisions courantes. Une entreprise peut adopter un règlement stipulant, par exemple :

- que tout employé qui produit un rendement satisfaisant verra son salaire augmenter de 5 % ;
- que les cartes de crédit ne seront attribuées qu'aux clients ayant au moins une cote de 60 points ;
- qu'on renouvellera les stocks dès qu'ils auront atteint un niveau donné ;
- que le choix des élèves admis dans une université ou un cégep reposera sur cinq critères.

Les marches à suivre et les programmes d'action écrits aident les individus à choisir rapidement, car ils fournissent une analyse détaillée. Comme la plupart des décisions courantes reviennent fréquemment et sont le fait de différentes personnes, il est important d'établir des directives et des marches à suivre, et de s'assurer que tous les comprennent.

4.1.6 Les modèles de prise de décision

Dans cette section, nous étudierons trois modèles servant à prendre des décisions : le modèle rationnel, le modèle comportemental et le modèle politique. Avant de les examiner, considérons brièvement les principaux facteurs humains qui déterminent les décisions, à savoir l'intuition, l'expérience, les valeurs personnelles et le jugement.

La décision vient parfois d'une *intuition*, c'est-à-dire du sentiment non raisonné d'avoir trouvé la solution. Le décideur qui procède par intuition n'étudie pas tous les avantages et tous les inconvénients des diverses options possibles. Il arrête son choix en se fiant à son flair. Ainsi, des cadres disent parfois : « Je ne sais pas pourquoi, mais je sens que nous devrions faire ça. »

On peut aussi prendre une décision en s'appuyant sur son *expérience*. En effet, l'expérience, bonne ou mauvaise, peut aisément faire pencher la balance. Par exemple, une personne qui a déjà placé des capitaux dans une entreprise, sans grand succès, ne sera disposée à recommencer que lorsque les conditions du marché ou de l'économie auront changé. D'autre part, un cadre qui voit un employé prendre un café avec des amis à 9 h 30 peut le juger paresseux, indifférent ou même improductif. Il se rappellera peut-être le fait au moment de décider s'il faut accorder à cet employé une augmentation de salaire au mérite. Les valeurs d'un individu sont souvent le fruit de son expérience.

Les *valeurs personnelles* d'un gestionnaire jouent également un rôle capital lors de la prise de décision. Elles déterminent sa manière de juger et influent sur son comportement. Ainsi, lorsque son principal but est de réaliser des bénéfices, un dirigeant d'entreprise se préoccupe avant tout de rendement, de productivité et de rentabilité. Si, par contre, il assume ses responsabilités sociales et souhaite l'avènement d'une société sans pollution, il pourrait sacrifier la rentabilité de son entreprise et acquérir du matériel qui limitera les dommages causés à l'environnement.

Les décisions d'une personne dépendent également de son *jugement* (autre fruit de l'expérience), lequel se rattache à sa connaissance des problèmes en cause. Le gestionnaire appelé à faire un choix se référera aux cas identiques observés dans le passé pour évaluer les conséquences possibles de chaque option. Ainsi, il pourrait conclure qu'il s'expose à perdre tel client s'il hausse le prix de vente de son produit. Bien qu'elles aient une certaine valeur, les décisions fondées sur le jugement ne donnent pas toujours de bons résultats. Les circonstances peuvent paraître identiques à première vue, mais elles ne le sont pas nécessairement. Aussi faut-il éviter de s'en remettre à son seul jugement pour prendre une décision dans une situation complexe.

Considérons maintenant plus en détail les trois modèles de prise de décision mentionnés précédemment.

A. Le modèle rationnel

Le **modèle rationnel** exige que le décideur parcoure une suite d'étapes logiques nécessitant chacune une analyse rigoureuse. Ce modèle exige aussi que le gestionnaire possède une information presque complète et traitant en totalité l'ensemble des éléments liés aux options possibles et au choix à opérer (par exemple, le choix des lieux de construction des ponts entre Gatineau et Ottawa). Lorsqu'il prend une décision de manière rationnelle, le gestionnaire accomplit successivement les quatre actions suivantes :

1. il cerne avec précision le problème ;
2. il définit les options possibles ;
3. il en examine les avantages et les inconvénients ;
4. il fixe son choix.

La figure 4.3 décrit les étapes à suivre dans l'application de la méthode rationnelle de prise de décision, que nous verrons plus en détail à la section suivante. Le modèle rationnel porte sur la manière de prendre une décision et fournit aux gestionnaires des indications quant à la meilleure façon d'atteindre leur objectif (pour le directeur d'une succursale bancaire, il peut s'agir, par exemple, d'améliorer la qualité du service).

B. Le modèle comportemental

Le **modèle comportemental** repose sur l'hypothèse que la masse de renseignements à traiter au moment de décider excède les capacités du cerveau humain. Ce modèle a donc un rapport avec les aptitudes intellectuelles du gestionnaire.

3

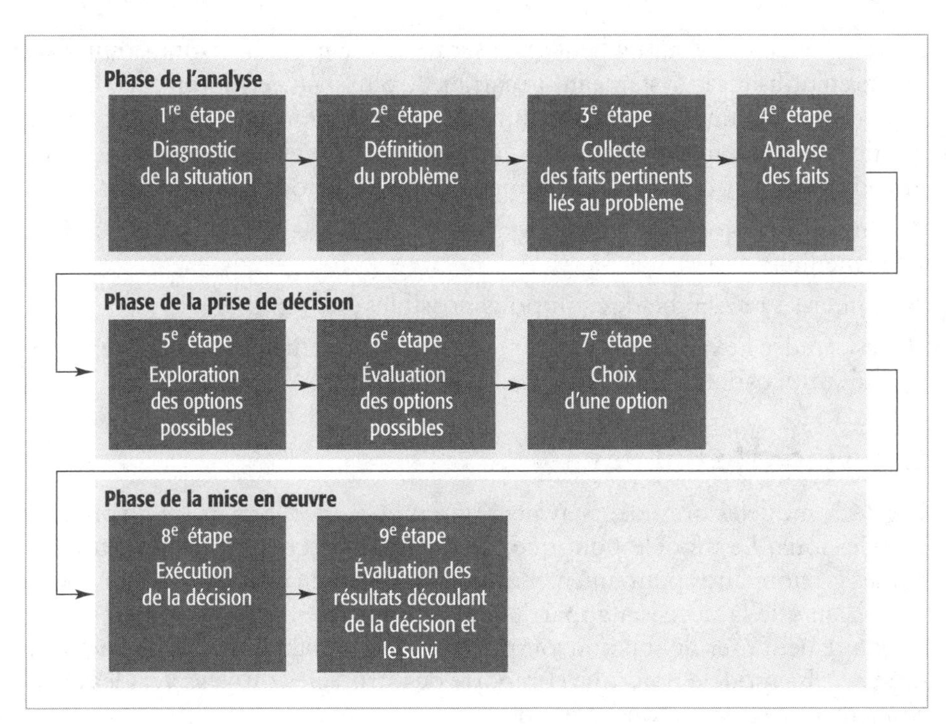

Figure 4.3
Le modèle rationnel de prise de décision

La théorie comportementale se base sur les concepts de satisfaction et de rationalité limitée. Le **concept de satisfaction** implique que le décideur espère obtenir les résultats les plus satisfaisants, et pas nécessairement les meilleurs.

Herbert Simon élabora le modèle fondé sur la satisfaction, au milieu des années 1950. En 1978, il reçut le prix Nobel d'économie pour ses recherches sur le processus décisionnel. Le concept de satisfaction élaboré par Simon s'oppose à la thèse des économistes classiques selon laquelle un individu appelé à prendre une décision, professionnelle ou personnelle, reconnaît d'une quelconque manière ou se voit indiquer un ensemble d'options parmi lesquelles il choisira la meilleure. Ce concept implique avant tout que le décideur ne connaît pas toutes les options possibles, qu'il doit s'efforcer de les découvrir et que les moyens d'évaluation qu'il peut mettre en œuvre lorsqu'il les trouve laissent fortement à désirer. En conséquence, le décideur cherchera diverses options jusqu'à ce qu'il en découvre une qui lui apportera des résultats qui, selon ses prévisions, seront satisfaisants[16].

www.nobelprize.org/economics/laureates/1978/simon-autobio.html pour l'autobiographie d'Herbert A. Simon

Selon Charles Lindblom, la méthode fondée sur le concept de satisfaction relève d'une science de l'à-peu-près, car elle n'entraîne pas une analyse fouillée de toutes les possibilités[17]. Les dirigeants d'entreprise se fixent souvent des objectifs en matière de bénéfices et de part du marché, par exemple celui de porter le rendement de leur capital investi à 10 % et leur part du marché à 8 % au cours de la prochaine année. Bien qu'ils sachent qu'ils pourraient faire mieux, ils se satisfont parfois de ces résultats.

Alors que le concept de satisfaction suppose un choix délibéré de la part des gestionnaires qui cherchent seulement une option viable, celui de **rationalité limitée** suppose que la capacité de traiter l'information est essentiellement limitée. Selon cette théorie, l'emploi de modèles simplifiés aide les gestionnaires à trouver l'information « essentielle » et à rationaliser leur action. Aucun décideur ne peut analyser totalement une situation complexe, même en utilisant le système informatique le plus avancé. Comme ils ne peuvent traiter qu'une quantité réduite de renseignements, les gestionnaires auraient beaucoup de difficulté à analyser de nombreuses possibilités. Le modèle fondé sur la rationalité limitée suppose que tout gestionnaire tend à:

- choisir un objectif ou une option qui le satisfait sans nécessairement être le meilleur choix;
- limiter sa recherche des solutions possibles;
- restreindre l'examen des éléments de l'environnement interne ou externe qui influeront sur le résultat de ses décisions[18].

C. Le modèle politique

Les deux modèles précédents avaient un rapport avec la manière de prendre les décisions. Le modèle politique, quant à lui, réfère aux moyens utilisés par les gestionnaires pour amener une personne ou un groupe à prendre position. Bien que la décision appartienne en fait à une autre personne, le gestionnaire peut user de son pouvoir pour infléchir la ligne de conduite de cette dernière. Le modèle politique comporte des stratégies dirigées vers les environnements extérieur ou intérieur.

Les stratégies politiques extérieures. Nous avons vu au chapitre 2 que les organismes sont en contact avec des groupes autonomes ou semi-autonomes appelés les intervenants (associations de consommateurs, actionnaires, employés, communauté, etc.) et qui se partagent des pouvoirs bien définis (voir le tableau 2.1 à la page 49). Dans une société pluraliste, le pouvoir est réparti entre de nombreux groupes. Les **stratégies politiques extérieures** sont un type de stratégie important pour les gestionnaires, car ils doivent influencer par divers moyens (pressions, représentation et socialisation) des groupes ayant des priorités et des objectifs différents. Ainsi, en 2005, le gouvernement ontarien a incité GM Canada à investir 2,5 milliards de dollars en Ontario. Cet immense projet baptisé Beacon, réalisé sur une période de cinq ans, représentait l'investissement le plus important dans l'industrie automobile de toute l'histoire du Canada[19].

Les stratégies politiques intérieures. Il arrive également que les gestionnaires d'une même entreprise poursuivent des objectifs opposés et recourent à des **stratégies politiques intérieures** en vue d'inciter leurs collègues à se prononcer pour ou contre certains modes d'action. Le personnel d'une entreprise prend des centaines de décisions qui touchent plus d'une fonction ou d'une division; les gestionnaires peuvent, lorsqu'ils s'efforcent d'infléchir la décision des autres, servir leurs propres intérêts.

OBJECTIF 4.2

Décrire les trois phases du processus décisionnel: les phases de l'analyse, de la décision et de la mise en œuvre.

4.2 LE MODÈLE RATIONNEL DE PRISE DE DÉCISION

Comme nous l'avons vu, il existe trois modèles de prise de décision: les modèles rationnel, comportemental et politique. Cette section décrit les étapes de la méthode rationnelle. Comme le montre la figure 4.3 (voir la page 141), ces neuf étapes se répartissent en trois phases distinctes : les phases de l'analyse, de la décision et de la mise en œuvre.

www.mindtools.com décrit différentes techniques de résolution de problèmes

Voici un exemple qui aidera à comprendre la différence entre ces trois phases. Un automobiliste confie son véhicule défectueux à un mécanicien. Celui-ci constate que le démarreur est la source du problème (phase de l'analyse, étapes 1 à 4). Il conseille au client de le faire remplacer (phase de la prise de décision, étapes 5 à 7). Le mécanicien a découvert la cause du mauvais fonctionnement, il a proposé une solution, mais le problème n'est pas encore résolu. S'il suit le conseil, l'automobiliste fera réparer le démarreur (exécution de la décision, étape 8). Le travail terminé, le mécanicien et l'automobiliste essayeront la voiture (évaluation et suivi, étape 9) pour s'assurer qu'elle fonctionne bien.

Dans la prise de décision, soit anodine (comme celle d'acheter un stylo) soit sérieuse (comme celle de construire une nouvelle usine), il convient de procéder de façon systématique. On peut évidemment décider sans réfléchir et sans consulter d'autres personnes. En revanche, certaines décisions exigent des semaines ou même des mois de réflexion. Dans l'un ou l'autre cas, le décideur, qui saute certaines des étapes énumérées plus haut, risque de faire un mauvais choix.

Le processus rationnel présenté ci-après s'inspire de différents modèles conçus au cours des 15 dernières années. Aux sections suivantes, le lecteur pourra, afin de mieux s'orienter, se reporter à la figure 4.3 (voir la page 141) qui présente sous forme de tableau la méthode rationnelle de prise de décision.

Après avoir lu les trois prochaines sous-sections, vous devriez pouvoir :

- décrire les étapes de la phase de l'analyse : le diagnostic de la situation, la définition du problème, la collecte des faits pertinents liés au problème et leur analyse ;
- décrire les étapes de la phase de la prise de décision : l'exploration des options, leur évaluation et le choix d'une option ;
- décrire les étapes de la phase de la mise en œuvre : l'exécution de la décision, son évaluation et le suivi.

4.2.1 La phase de l'analyse

La phase de l'analyse a pour principal objet de définir avec précision le problème ou la possibilité en cause. Un *problème* est une situation dans laquelle il est impossible d'atteindre les objectifs fixés (dépassement des coûts, diminution de la part du marché, perte de plusieurs clients importants, etc.). À l'opposé, une *possibilité* (ou une occasion) se rapporte à une activité permettant d'améliorer le rendement actuel (le lancement d'un nouveau produit ou l'adoption d'une méthode augmentant la productivité des employés).

La phase de l'analyse est plus facile à franchir dans une décision courante (décision opérationnelle prise par un cadre inférieur) que dans une décision novatrice (décision stratégique relevant d'un cadre supérieur). Ainsi, il est relativement aisé d'approuver ou non la cote de crédit d'un client éventuel, surtout lorsqu'on se conforme à certaines directives. La phase de l'analyse comporte quatre étapes : le diagnostic de la situation, la définition du problème, la collecte des faits liés au problème et leur analyse.

Première étape: le diagnostic de la situation. La première étape du processus décisionnel de type rationnel consiste à reconnaître la nécessité de faire un choix. En règle générale, c'est un problème ou un écart entre les résultats et le but recherché qui révèle le besoin de prendre une décision. Ce besoin se manifeste parfois inopinément comme à la suite d'un bris d'équipement. Dans d'autres cas, les gestionnaires sont amenés à opérer un choix parce qu'ils prévoient un changement dans l'environnement ou le secteur (comme la déréglementation des services financiers et du transport aérien ou la signature de traités dans le cadre de l'ALENA). Avant de définir le problème ou d'apporter une solution, le décideur doit se familiariser avec les conditions de l'environnement et obtenir le maximum de renseignements de manière à faire le meilleur choix possible.

Deuxième étape: la définition du problème. Un **problème** est un obstacle empêchant une entreprise de bien fonctionner ou d'atteindre son objectif. Lorsque celle-ci ne peut exécuter ses opérations, il se crée un écart entre les conditions réelles et l'état recherché. Le gestionnaire qui veut corriger cet écart devra au préalable circonscrire le problème: un problème défini avec précision est à moitié résolu. En fait, la définition du problème constitue l'étape la plus importante du processus décisionnel. Lorsqu'on ne connaît pas tous les aspects d'un problème, on formule des hypothèses hasardeuses qui peuvent conduire à prendre une mauvaise décision. Par exemple, si un mécanicien attribue le mauvais fonctionnement d'un véhicule à une défectuosité du démarreur, alors qu'il s'agit du carburateur, les conséquences pourraient être fâcheuses pour le propriétaire de l'automobile.

Par ailleurs, il y a lieu de faire la distinction entre un problème et un symptôme. Un **symptôme** indique l'état d'une situation. Ainsi, le médecin qui veut soigner les maux de tête d'une personne ne lui prescrira rien sans avoir déterminé au préalable la cause de la douleur. Celle-ci peut en effet être due à la fatigue ou à un stress excessif, à l'hypertension, à l'hypotension ou à une tumeur. Évidemment, le traitement différera selon que le malade aura une tumeur ou de l'hypertension.

Troisième étape: la collecte des faits liés au problème. Après avoir cerné correctement le problème, il faut recueillir le plus de renseignements possible à son sujet. Ils permettront de définir les différentes options et d'en étudier les avantages et les inconvénients. On a notamment posé les questions suivantes: Qui est responsable de ce problème? Qui pourrait fournir l'information sur ce problème? Qui aurait le temps de dresser la liste des options possibles et de chercher des éléments de solution? Nos clients pourraient-ils nous aider à circonscrire le problème ou nous fournir des renseignements utiles? Quelqu'un d'autre a-t-il déjà vécu une expérience semblable? Si oui, cette personne pourrait-elle être d'une aide quelconque?

Quatrième étape: l'analyse des faits. La quatrième étape consiste essentiellement à effectuer une brève analyse des données et des renseignements obtenus à l'étape précédente. Cette étape est essentielle, car elle permet de repérer les renseignements utiles et de séparer les faits des opinions et des hypothèses. De plus, elle permet au décideur de trier et de classer les renseignements de manière à faciliter son analyse.

4.2.2 La phase de la prise de décision

La phase de la prise décision a pour but de résoudre la difficulté observée ou de considérer les divers avantages que présente une possibilité donnée. Elle consiste à chercher et à évaluer les options possibles. La phase de la prise de décision comporte trois étapes : l'exploration des options possibles, leur évaluation et le choix d'une option.

Cinquième étape : l'exploration des options possibles. Le bon décideur évite de se débarrasser du problème en s'en tenant à la première ou à la deuxième option. À cet égard, la prise de décision en groupe est avantageuse, car elle permet de découvrir une multitude d'éléments liés aux différentes options possibles.

Sixième étape : l'évaluation des options possibles. On pèse les avantages et les inconvénients de chaque option, et on en examine la faisabilité. Parmi les éléments à considérer, mentionnons le caractère réaliste et pratique de chaque option. Le dirigeant d'une petite entreprise, par exemple, aurait peut-être tort de vouloir vendre ses produits sur des marchés étrangers pour accroître son chiffre d'affaires de 30 % au cours de la prochaine année. Il pourrait en effet manquer de capitaux ou être incapable d'obtenir le financement nécessaire à court et à long termes. En outre, son entreprise n'a peut-être pas à son service des gestionnaires qualifiés pour réaliser un projet aussi ambitieux en si peu de temps. Après avoir examiné la faisabilité et les avantages de chaque option, on doit évaluer les inconvénients et les risques relatifs. Qu'entraînerait l'exécution d'une décision donnée sur le plan de l'exploitation ? Quelles en seraient les conséquences financières, juridiques et politiques ? On évalue chaque possibilité en comparant les coûts et les avantages et, surtout, en tenant compte de l'objectif.

Septième étape : le choix d'une option. Le décideur qui a mené une analyse rigoureuse ne devrait guère avoir de peine à choisir. Au moment d'arrêter sa décision, un gestionnaire doit comparer toutes les options en tenant compte de leur faisabilité, de leurs avantages et de leurs inconvénients, et ensuite adopter celle qui paraît la plus profitable et qui répond le mieux aux objectifs établis.

4.2.3 La phase de la mise en œuvre

La phase de la mise en œuvre a pour but premier de résoudre concrètement le problème. Il s'agit d'exécuter la décision prise et de vérifier si elle a effectivement permis de résoudre le problème ou de tirer tout le parti possible de l'occasion qui se présentait. Cette phase comprend deux étapes : l'exécution de la décision et l'évaluation des résultats découlant de la décision et le suivi.

Huitième étape : l'exécution de la décision. Souvent, la décision est assez facile à exécuter. Par exemple, après avoir pris la décision d'acquérir un bien d'équipement, la personne chargée de l'achat n'a qu'à se conformer aux directives concernant l'approvisionnement. Dans le cas du lancement d'un nouveau produit, l'étape de la mise en œuvre exige le concours de plusieurs employés. La décision prise par Global Wine & Spirits de Longueuil de concevoir le portail transactionnel d'un producteur vinicole de France entraîne la mobilisation de toute l'entreprise. Dans une situation semblable, il est nécessaire d'avoir des plans d'action qui décrivent toutes les étapes à franchir.

Neuvième étape : l'évaluation des résultats découlant de la décision et le suivi. Le problème demeure intact tant que l'on ne s'est pas assuré par une évaluation et un suivi rigoureux que la situation a bel et bien été corrigée. Cette étape comporte l'utilisation de procédés et de systèmes de contrôle administratifs. Le gestionnaire doit tout d'abord établir si l'exécution de la décision suscitera des difficultés. Dans l'affirmative, il lui revient de prendre les mesures nécessaires pour les résoudre. Au besoin, il peut même modifier certaines étapes de l'exécution de la décision pour en provoquer le succès. Il veillera ensuite à ce que la décision soit exécutée point par point. Au cours de l'exécution, il peut aussi mettre son expérience à profit. Faire le suivi lui permet de voir quelles sont les actions accomplies avec succès et celles n'ayant pas donné les résultats attendus, et de tirer les conclusions qui s'imposent. Cette étape du processus se rattache au contrôle de gestion et revêt une importance particulière pour les décisions du même ordre que les cadres auront à prendre ultérieurement.

Témoignage

Une décision stratégique à l'Aéroport international d'Ottawa

Nathalie Samson, directrice, Aéroport international d'Ottawa

WWW
www.ottawa-airport.ca/

« En 1997, l'administration de l'Aéroport international MacDonald-Cartier prenait une décision importante : aménager et agrandir l'aéroport construit au début des années 1960, déclare Nathalie Samson, qui est à la direction de l'Aéroport international d'Ottawa.. Il fallait apporter des correctifs à différents niveaux à cause d'une capacité limitée, des systèmes mécaniques désuets, de la détérioration de l'infrastructure, des difficultés d'obtenir des pièces de remplacement et des besoins de respecter des lois gouvernementales. Le nouvel emplacement devait être de type aérogare mixte sur le plan technologique et présenter une infrastructure de pointe capable d'accueillir 5 millions de passagers annuellement. Cet emplacement devait aussi permettre d'accueillir 15 compagnies aériennes offrant des vols réguliers vers plus de 30 villes en Amérique du Nord et au Royaume-Uni.

« La construction de l'aérogare ultramoderne de plus de 60 000 mètres carrés s'est étendue sur une période de 28 mois pour un coût de 310 millions de dollars. L'aérogare devait respecter trois critères : 1) des installations abordables et sécuritaires, 2) le respect de l'échéancier, 3) une efficacité opérationnelle dotée d'une technologie avant-gardiste. Les membres du conseil d'administration ont toutefois décidé de poursuivre avec prudence leur plan d'expansion, même après l'événement du 11 septembre 2001, journée qui a durement frappé l'industrie aéronautique. Ils trouvaient important de ne pas se laisser immobiliser par des fluctuations passagères et de guider à long terme le développement de l'aéroport afin d'assurer que les infrastructures appropriées répondent aux besoins immédiats et futurs du voyageur de la région d'Ottawa–Gatineau.

« Plusieurs intervenants internes et externes ont joué un rôle dans cette décision importante. En priorité, ce fut l'obtention d'un service de prédédouanement pour les États-Unis qui permit des vols directs vers 11 destinations transfrontalières. Cette initiative donna l'occasion d'une multitude de consultations auprès des principaux partenariats.

« Le 12 octobre 2003, l'aéroport fut inauguré. Il est considéré par plusieurs comme étant un moteur économique important pour la région d'Ottawa : création de plus de 4 200 emplois directs et de 4 900 emplois indirects. Globalement, l'aéroport génère plus d'un milliard de dollars en retombées économiques chaque année et joue un rôle important dans le soutien des entreprises et du tourisme autour de la capitale nationale. Cette décision importante a eu des effets positifs et nous en sommes très fiers. »

4.3 LA PRISE DE DÉCISION EN GROUPE

OBJECTIF 4.3

Préciser brièvement les méthodes de prise de décision en groupe, puis leurs avantages et leurs inconvénients.

Le gestionnaire est souvent appelé à prendre seul une décision, surtout dans les affaires courantes. Dans d'autres cas, cependant, les collègues ou les subordonnés sont mis à contribution, la décision se prenant alors par consensus. On procède de la sorte lorsque la décision est complexe ou que son exécution requiert la participation de plusieurs cadres.

Si la décision doit être collective, on demande à ses subordonnés ou à des spécialistes de définir le problème, d'examiner diverses options et de fournir toute l'information utile à l'analyse du problème et des solutions proposées. Il faut plus de temps pour une prise de décision collective que pour une prise de décision individuelle. Par contre, cette dernière est plus rapide à exécuter, car toutes les personnes concernées savent déjà pourquoi on la met en place et de quelle manière il convient de le faire. La durée du processus — depuis la définition du problème jusqu'à sa résolution —, si la démarche est démocratique, est donc plus courte.

La prise de décision collective ne convient pas à toutes les situations. Comme nous le verrons plus loin, les techniques utilisées par les gestionnaires en vue de faire participer les membres de l'entreprise peuvent varier selon les situations. Le degré de participation à la prise de décision varie selon le gestionnaire, les employés, l'entreprise et la nature de la décision elle-même.

Après avoir lu les trois prochaines sous-sections, vous devriez pouvoir:

- expliquer le modèle de prise de décision en groupe;
- distinguer les différentes méthodes de prise de décision en groupe;
- déterminer les avantages et les inconvénients de la prise de décision en groupe.

3

4.3.1 Le modèle de prise de décision en groupe

Victor H. Vroom et Philip W. Yetton ont élaboré un modèle de prise de décision en groupe pouvant aider les gestionnaires à décider du moment le plus approprié pour faire participer un groupe au processus décisionnel[20]. Ce modèle a été révisé en 1988 par Victor H. Vroom et Arthur G. Jago afin qu'il reflète davantage l'environnement dans lequel les gestionnaires doivent décider[21]. Ce modèle explique de façon précise comment les décisions devraient se partager entre un leader et ses subordonnés. Il met en évidence que les décisions peuvent être prises soit par le gestionnaire lui-même (autocratie), soit au moyen de la consultation, ou encore par les subordonnés disposant de toute la latitude voulue (démocratie).

www.changingminds.org/disciplines/leadership/theories/vroom_yetton.htm donne une explication détaillée de la théorie de Vroom et Yetton

Le degré de participation du leader et des membres de son groupe varie suivant le type d'activités en cause (activités structurées ou non structurées). En fait, tout gestionnaire doit définir le style de prise de décision à privilégier; il doit ensuite agir en conséquence afin de faire les meilleurs choix. Le tableau 4.2 (voir la page 148) décrit cinq styles décisionnels, les plus pertinents à adopter lorsqu'on occupe un poste cadre. Parmi ces styles, deux ont un caractère autocratique (AI et AII), deux autres préconisent la consultation (CI et CII) alors que le dernier privilégie le sens de la collectivité (GII)[22].

Tableau 4.2
Les styles décisionnels

STYLE DÉCISIONNEL	DÉFINITION
AI	Le gestionnaire résout tout problème par lui-même en s'appuyant sur l'information dont il dispose.
AII	Le gestionnaire examine l'information des membres de son équipe, puis choisit seul une solution.
CI	Le gestionnaire fait part du problème à certains membres de son équipe, les consulte individuellement pour recueillir leurs idées et leurs suggestions, puis prend seul une décision.
CII	Le gestionnaire explique le problème aux membres de son équipe, les rassemble pour connaître leurs idées et leurs suggestions, puis décide seul.
GII[a]	Le gestionnaire fait part du problème aux membres de son équipe. Ils évaluent ensemble les options possibles et choisissent de concert une solution.
A = style autocratique ; C = style consultatif ; G = style collectif (de groupe).	
a. La mention GI a été omise parce qu'elle s'applique à des modèles plus détaillés.	

Source : Adapté de Victor H. Vroom, « A New Look at Managerial Decision Making », *Organizational Dynamics*, vol. 1, n° 4, printemps 1973, p. 67.

Suivant ce modèle décisionnel, on peut déterminer le style de leadership à privilégier dans une situation particulière en répondant, dans l'ordre, à huit questions. Les quatre premières concernent la qualité de la décision et les quatre suivantes, la manière dont un style de prise de décision donné pourrait influer sur l'attitude des subordonnés à l'égard de ce choix. Voici les éléments examinés :

1. L'importance de la décision (ID) : Quelle est l'importance de la décision ?
2. L'acceptation de la décision (AD) : Jusqu'à quel point faut-il que les membres de mon équipe acceptent la décision ?
3. L'information à la disposition du gestionnaire (IG) : Est-ce que je possède assez de renseignements pour prendre une bonne décision ?
4. La nature du problème (NP) : Le problème est-il bien défini ?
5. La probabilité d'acceptation (PA) : Si je prends moi-même la décision, jusqu'à quel point mes subordonnés seront-ils intéressés à sa mise en œuvre ?
6. La concordance des buts (CB) : Les membres de mon équipe partagent-ils les objectifs organisationnels à atteindre pour résoudre ce problème ?
7. Les désaccords entre les subordonnés (DS) : Les membres de mon équipe s'entendront-ils sur le choix d'une solution ?
8. L'information à la disposition des subordonnés (IS) : Les membres de mon équipe possèdent-ils assez de renseignements pour prendre une bonne décision ?

En répondant à ces huit questions, un gestionnaire peut déterminer quel style de leadership il devrait adopter (voir la figure 4.4).

Figure 4.4 Le diagramme de cheminement du processus décisionnel

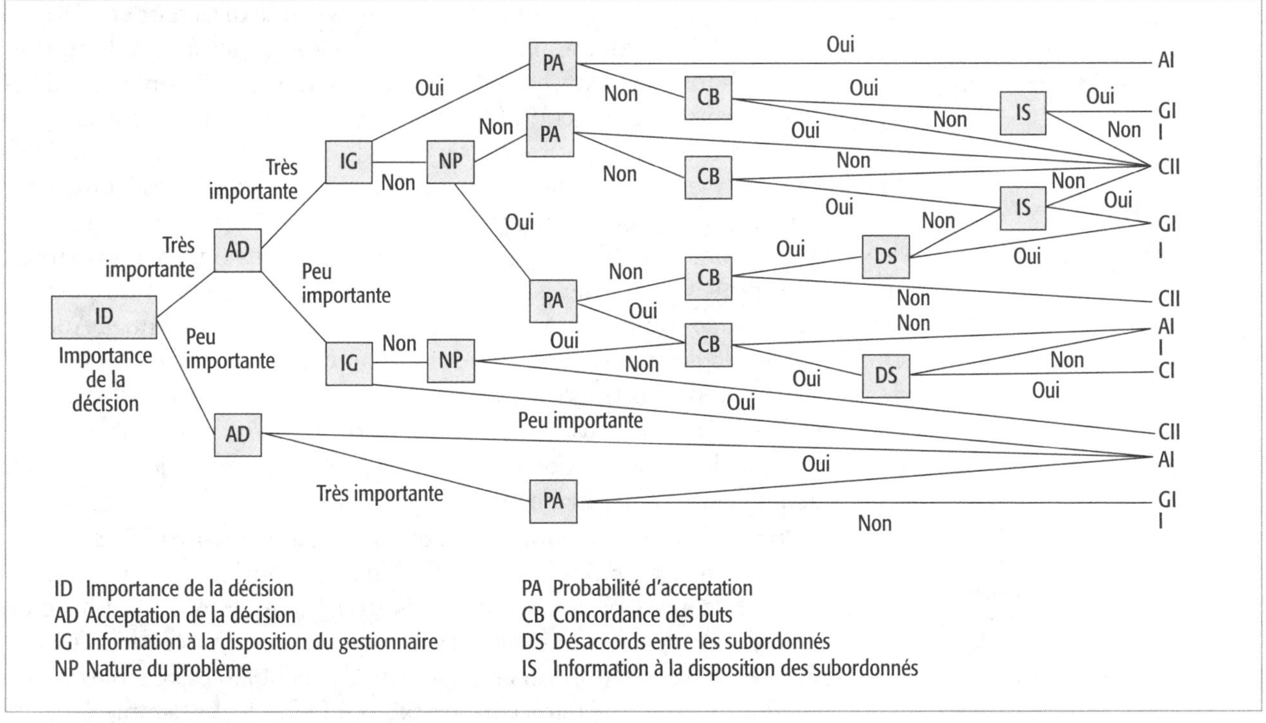

Source : V.H. Vroom, et A.G. Jago, *The New Leadership : Managing Participation in Organization,* Englewood Cliffs (New Jersey), Prentice-Hall, 1988.

4.3.2 Les méthodes de prise de décision en groupe

Les gestionnaires qui veulent faire participer plusieurs personnes à la prise de décision recourent à différentes méthodes. On distingue la méthode Ringi, la méthode du remue-méninges, la méthode synectique, la méthode Delphi, la méthode du groupe nominal, la méthode de l'avocat du diable et la méthode de l'enquête dialectique.

La méthode Ringi. Dans la **méthode Ringi**, les décisions se prennent à la base et sont ensuite transmises de proche en proche jusqu'aux échelons supérieurs de la hiérarchie. Les membres de l'entreprise font leurs propres choix et chaque employé prend part à la préparation de la décision. Ce sont des entreprises japonaises qui ont créé cette méthode. Bien que toute décision soit prise collectivement, les cadres supérieurs ont le pouvoir de la rejeter. La méthode Ringi convient surtout pour prendre des décisions courantes et adaptatives concernant les opérations courantes. Elle implique la création d'équipes autogérées ; tous les membres ont alors un pouvoir décisionnel.

Au début des années 1990, époque où la prise de décision en groupe est devenue de plus en plus populaire, plusieurs entreprises ont adopté ce processus décisionnel. Par exemple, l'usine de General Electric de Durham, en Caroline du Nord, comptant 170 travailleurs, avait décroché un mandat peu banal : concevoir les moteurs de l'avion présidentiel, le fameux Air Force

WWW
www.decouvrez.qc.ca/indexz.htm montre le site du Groupe Adecco Québec

One. Cette usine de production se caractérisait par son organisation : elle comptait seulement deux niveaux hiérarchiques soit le directeur et 169 travailleurs ! Ce mode de fonctionnement était possible grâce à l'implantation d'équipes semi-autonomes. Ce sont elles qui décidaient de la manière d'atteindre les objectifs de production [23]. Le Groupe Adecco Québec, qui se classe second dans sa catégorie (petites entreprises de 50 à 199 employés) au Défi Meilleurs Employeurs, prône la gestion décentralisée. La société est considérée comme un réseau de petites entreprises, et chaque succursale est un centre de profit autonome. En 2004, de 33 % à 35 % des profits ont été redistribués entre les employés permanents. Afin de favoriser l'engagement du personnel, les différentes équipes de travail déterminent un objectif annuel. Adecco Québec prône la gestion décentralisée et la hiérarchie n'existe pas. Les jeux de pouvoir ne sont pas tolérés et les gens adorent les œuvres collectives[24].

La méthode Ringi s'est toutefois révélée inefficace dans les décisions novatrices du fait de leur complexité, des impondérables entrant en jeu et de leurs conséquences sur le plan stratégique.

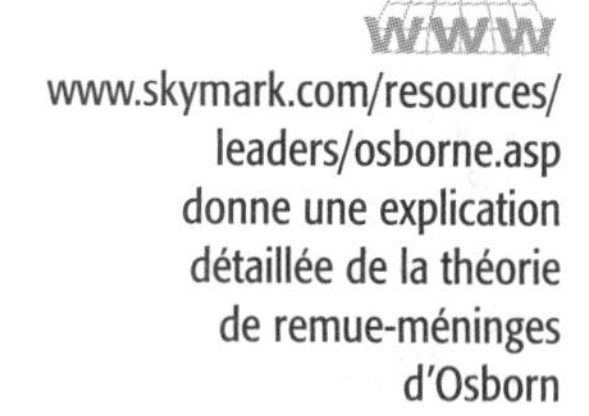

www.skymark.com/resources/leaders/osborne.asp donne une explication détaillée de la théorie de remue-méninges d'Osborn

La méthode du remue-méninges. La **méthode du remue-méninges** (*brainstorming*) a été mise au point par Alex F. Osborn, propriétaire d'une agence de publicité. Elle avait pour but de faire surgir des idées dans la phase de préparation des campagnes publicitaires[25]. Aujourd'hui, on y recourt surtout pour créer de nouveaux produits et résoudre des problèmes complexes. La méthode est utile pour amener les participants à formuler des solutions sans se laisser arrêter par les préjugés ou la censure. Le remue-méninges permet à un groupe de 6 à 10 personnes d'émettre des idées et de découvrir des solutions ingénieuses. Au début de la séance, le chef du groupe expose le problème à résoudre, puis demande aux participants d'exprimer toutes les idées qui leur viennent à l'esprit. Lorsqu'on utilise cette méthode, il faut :

- interdire toute forme de critique ;
- laisser les membres du groupe s'exprimer librement ;
- permettre à tout participant de reprendre l'idée d'un autre et de la développer ;
- limiter la séance à 50 ou 60 minutes.

La méthode synectique. La **méthode synectique** ressemble à celle du remue-méninges à cette différence près que l'on ne doit pas indiquer aux membres du groupe la nature du problème à résoudre. C'est William J. Gordon, de la Société d'experts-conseils Arthur D. Little, qui élabora cette méthode. Il était convaincu que les participants à une séance de remue-méninges perdent assez rapidement de leur intérêt pour le sujet traité[26]. Lorsque, par exemple, un membre du groupe croit avoir trouvé la bonne solution, il a tendance à se tenir dans une attitude passive pendant le reste de la séance.

Dans la méthode synectique, seul le chef du groupe connaît la nature exacte du problème et la séance porte sur les éléments qui s'y rattachent. Ainsi, personne ne peut apporter d'entrée de jeu la « meilleure solution possible ». Le sujet traité a un caractère plus général, ce qui favorise la créativité. Prenons l'exemple d'une entreprise qui veut lancer un jeu vidéo à la fois éducatif et divertissant. Un groupe appelé à parler de ce projet en suivant la méthode synectique pourrait tout d'abord fixer son attention sur la signification des termes « éducatif », « amusant » et « divertissant », puis dresser une liste des types de jeux qui réunissent ces qualificatifs. Leurs interventions étant dirigées par un animateur, les participants en viendraient à parler des caractéristiques du jeu à concevoir.

La méthode Delphi. Conçue par la Société Rand, la **méthode Delphi** devait servir à faire des prévisions en matière de technologie[27]. Elle comporte plusieurs étapes. Premièrement, on doit choisir de 10 à 15 experts connaissant le produit et le marché en question. Deuxièmement, il faut recueillir par écrit leurs commentaires et leurs évaluations chiffrées concernant les événements futurs liés à la concurrence et aux conditions du marché. Troisièmement, on compile leurs remarques et leurs prévisions, ensuite on leur communique les résultats. Tout le long du processus, on garde secrets les noms des personnes consultées afin qu'aucune ne se laisse influencer par celles qui ont une plus vaste expérience ou un grand prestige. Quatrièmement, on donne à chaque expert la possibilité de discuter les opinions et les évaluations des autres. On répète plusieurs fois ce processus jusqu'à ce que les opinions soient suffisamment développées et qu'elles convergent vers un même point. Les résultats sont ensuite transmis aux dirigeants de l'entreprise.

www.iit.edu/~it/delphi.html
donne une explication détaillée
de la méthode Delphi

La méthode du groupe nominal. Pour trouver des solutions novatrices, on peut aussi recourir à la **méthode du groupe nominal**[28]. Cette méthode ressemble sur certains points à celle du remue-méninges ; elle ne comporte cependant aucun échange verbal entre les participants. Elle est particulièrement utile lorsque les membres du groupe craignent d'être critiqués (comme cela peut arriver au cours d'une séance de remue-méninges). Elle limite les échanges interpersonnels au cours des rencontres, et surtout, elle permet d'éviter les affrontements et les discordes. Les membres du groupe sont tenus d'assister aux réunions, mais forment leurs idées chacun de leur côté.

www.joe.org/joe/1984march/iw2.html
donne une explication détaillée
de la méthode du groupe nominal

3

La méthode de l'avocat du diable. La **méthode de l'avocat du diable** consiste à confier à l'un des membres du groupe le rôle de critiquer les hypothèses et les stratégies bâties par les autres[29]. On veut ainsi favoriser un échange constructif débouchant sur la meilleure prise de décision.

La méthode de l'enquête dialectique. La **méthode de l'enquête dialectique** consiste à envisager sous différents points de vue les questions relatives à la planification stratégique[30]. Elle s'apparente à la méthode de l'avocat du diable, mais la démarche est plus structurée. Elle convient particulièrement aux problèmes complexes réclamant une solution novatrice. On se tourne vers cette méthode lorsque les participants :

- sont en désaccord sur la façon de concevoir un plan ou une stratégie ;
- ne s'entendent pas sur les objectifs à atteindre et sur ce qui fera l'objet d'un contrôle ;
- doivent tenir compte de certaines questions soulevées par les intervenants (clients, fournisseurs, employés, etc.) ;
- doivent prendre une décision dans une conjoncture incertaine[31].

4.3.3 Les avantages et les inconvénients de la prise de décision en groupe

Les méthodes de prise de décision en groupe ont pour principal but de stimuler la créativité individuelle et collective. Elles doivent aussi permettre d'éviter certains obstacles comme :

- des difficultés perceptuelles, c'est-à-dire au fait de ne pas pouvoir discerner les événements importants des événements anodins, et d'examiner les aspects immédiats d'une situation plutôt que les éléments de portée plus générale et méritant l'attention ;
- des préjugés d'ordre culturel, qui peuvent aisément déteindre sur la décision des participants ;
- la crainte d'être critiqué si l'on formule des suggestions ou si l'on propose des solutions ;
- une mauvaise compréhension des termes ou des signes employés.

En outre, comme nous l'avons déjà mentionné, les personnes qui ont pris une décision en groupe ont à cœur de l'exécuter. Sur onze études indépendantes portant sur le sujet, sept indiquent que la gestion participative améliore considérablement la productivité et le rendement collectifs, alors qu'on n'observe dans les autres études aucune différence marquée[32].

Le tableau 4.3 énumère les avantages et les inconvénients de la prise de décision en groupe.

Tableau 4.3
Les avantages et les inconvénients de la prise de décision en groupe

AVANTAGES	INCONVÉNIENTS
• Au moment de l'analyse du problème et des solutions proposées, on obtient une plus grande quantité de renseignements utiles. • Les problèmes peuvent être analysés de différentes façons. • Les opinions des membres de divisions ou de services divers liés aux différentes fonctions de l'organisation sont prises en considération lorsqu'on dresse la liste des options. • Les membres d'un groupe évaluent les options possibles sous un plus grand nombre de points de vue. • Ayant participé au processus décisionnel, les membres du groupe seront motivés à appliquer la solution choisie.	• Il en coûte plus cher pour prendre une décision en groupe (temps et ressources). • Il arrive que des facteurs personnels des membres du groupe prennent une trop grande importance par rapport aux objectifs visés. • La méthode collective convient peu lorsqu'on doit arriver rapidement à une décision. • Une décision collective résulte parfois d'un compromis entre les différents membres du groupe. • Lorsque des supérieurs hiérarchiques prennent part aux rencontres ou qu'un membre du groupe possède une forte personnalité, il arrive que la décision prise ne soit pas vraiment collective.

4.4 LA PRISE DE DÉCISION DANS LES FAITS

OBJECTIF 4.4

Énumérer les restrictions dont les gestionnaires doivent tenir compte lorsqu'ils décident.

On pourrait croire que le processus décisionnel est simple et logique et qu'il suffit d'adopter une approche collective pour résoudre un problème complexe. Dans les faits, cependant, il peut s'avérer très difficile d'en arriver à une décision. Toute entreprise dispose en effet d'un budget limité. En outre, des groupes de pression contraignent les entreprises à faire des choix qui profitent à la société en général, mais pas nécessairement à leurs actionnaires. Les dirigeants d'entreprise doivent aussi tenir compte de réglementations gouvernementales. Dans d'autres cas, ils ont à affronter une crise résultant, par exemple, du lancement d'une nouvelle gamme de produits par une entreprise rivale ou d'une réduction importante des prix adoptés par leurs concurrents. En pareille situation, les gestionnaires doivent réagir promptement et sans connaître tous les faits utiles, ce qui rend la décision très difficile à prendre. Les difficultés qu'éprouvent les dirigeants d'entreprise à prendre des décisions s'expliquent par divers éléments : quantité limitée de ressources, réalités politiques, contraintes sociales et crises.

Après avoir lu les quatre prochaines sous-sections, vous devriez pouvoir :

- expliquer ce que l'on entend par quantité limitée de ressources ;
- décrire pourquoi les réalités politiques jouent un rôle dans la prise de décision ;
- expliquer comment les contraintes sociales peuvent influer sur le processus décisionnel ;
- décrire comment les crises obligent les gestionnaires à prendre une décision rapide.

3

4.4.1 La quantité limitée de ressources

Aujourd'hui, les dirigeants de différentes organisations prennent leurs décisions en ayant beaucoup moins de ressources qu'il y a 10 ans. Depuis le début des années 1990, les grands quotidiens ne cessent de faire mention d'entreprises de tout genre et de toute envergure qui ont dû réduire leur budget d'exploitation et leur taille. Les entreprises nord-américaines ne sont pas les seules à devoir réduire leurs coûts. On observe ce phénomène partout dans le monde et même au Canada. Durant les quelques dernières années, des sociétés telles que Nortel, Bombardier et Air Canada, aux prises avec un manque de liquidités et faute de réaliser les revenus et bénéfices auxquels elles s'attendaient, devaient donc restructurer leurs activités, ce qui entraîna des milliers de mises à pied. Aussi, les dirigeants des sociétés commerciales aimeraient prendre des décisions concernant la formation, les investissements en matière d'expansion, de modernisation, de sécurité, de construction d'une nouvelle usine, et même la recherche et le développement. Les dirigeants doivent donc faire des choix et se borner aux ressources « limitées » à leur disposition.

4.4.2 Les réalités politiques

Les gestionnaires sont également appelés à négocier et à faire des compromis avant de prendre une décision finale. Ainsi, ils doivent tenir compte de certaines décisions politiques et du point de vue de divers groupes de pression. Par exemple, il existe depuis quelques années le conflit du bois d'œuvre entre les États-Unis et le Canada. Ce conflit engendre des difficultés sérieuses pour les exportateurs concernés. Il afflige tellement les exportateurs canadiens qu'en 2005, le Canada poursuivait ses recours auprès de l'Organisation mondiale du commerce (OMC) et d'un tribunal de l'Accord de libre-échange nord-américain (ALENA). Le Canada demandait la permission d'imposer aux États-Unis des sanctions commerciales pouvant atteindre plus de 4 milliards de dollars. Ces sommes représentaient les droits compensateurs et antidumping prélevés depuis mai 2002 sur les exportations canadiennes de bois d'œuvre[33]. Voici donc une situation dans laquelle les dirigeants d'entreprise du secteur du bois d'œuvre sont à la merci des conflits politiques entre organismes internationaux.

Tout en agissant de manière logique et en faisant participer de nombreux membres de leur entreprise au processus décisionnel, les dirigeants doivent faire des choix qui tiennent compte des recommandations de groupes de l'extérieur défendant des intérêts particuliers. Ces gestionnaires ont conscience qu'ils vivent dans une société complexe où il leur faut examiner la position de tous les groupes ayant des intérêts précis. Ils ne croient pas nécessairement que le processus décisionnel politique ou la négociation ont un caractère néfaste. En fait, ils y voient plutôt un défi constituant une réalité de la vie et un processus caractéristique d'une société pluraliste auxquels ils doivent s'adapter lorsque des décisions importantes s'imposent.

4.4.3 Les contraintes sociales

Les dirigeants d'entreprise se préoccupent également des intérêts et de l'opinion des différents intervenants, internes ou externes. Ils savent que si ceux-ci n'ont pas leur mot à dire au moment de prendre des décisions influant sur la situation de la société en général (intervenants externes), sur les conditions de travail ou sur les procédés à utiliser (intervenants internes), ils y réagiront de manière défavorable et témoigneront leur mécontentement.

WWW
www.unitedcrueltyofbenetton.com/

www.peta.org

Voici deux exemples. Le premier exemple met en évidence une décision prise par l'entreprise Bennetton d'Ottawa sans prendre en compte des opinions d'un intervenant externe, People for the Ethical Treatment of Animals (PETA). Les défenseurs des droits des animaux menèrent leur campagne de boycott dans les magasins Benetton. Quelques membres de PETA manifestèrent en mars 2005 en sous-vêtements affriolants afin d'attirer l'attention des passants sur le traitement cruel réservé aux moutons en Australie. PETA s'oppose à la méthode mulesing utilisée par les éleveurs de moutons. Cette méthode consiste à couper la peau dans le dos du mouton, ce qui expose directement la chair à l'air libre et occasionne des maladies souvent mortelles causées par des insectes. D'après M. Rice, porte-parole de PETA, plusieurs compagnies répondaient à la demande en cessant d'importer de la laine australienne, mais Benetton ne voulait rien entendre. Les pressions sociales vont-elles influencer les dirigeants de Benetton de cesser leur importation de produits australiens[34] ?

Le second exemple concerne une décision prise par les dirigeants de Blue Line et Capital Taxi d'Ottawa, et son effet sur les 1400 chauffeurs. Ceux-ci dénonçaient les hausses des frais sur les plaques d'immatriculation qui passeraient de 142 $ à 340 $ par mois, tandis que le coût du service de réparation augmenterait de 230 $ à 320 $. La décision de changer unilatéralement les coûts a provoqué un conflit dans le secteur du taxi à Ottawa, un conflit qui, pour plusieurs, pourrait être long et difficile[35].

4.4.4 Les crises

Les gestionnaires doivent aussi faire des choix sous la pression des circonstances. En effet, il survient parfois des problèmes graves qui les obligent à prendre une décision rapide. C'est le cas, notamment, lorsqu'on découvre un défaut de fabrication dans un modèle d'automobile, lorsque des produits toxiques s'échappent d'un train ayant déraillé, lorsqu'un pétrolier coule près d'une région peuplée ou lorsque des employés mécontents altèrent un bien de consommation.

En 2005, Wal-Mart annonça la fermeture de son magasin à Jonquière, à la suite de la décision des employés de se syndiquer. Cette fermeture suscita la colère, le désarroi et l'inquiétude non seulement chez les travailleurs du magasin, mais chez tous les travailleurs syndiqués. C'est la première fois que les employés d'un magasin Wal-Mart rejoignaient les rangs d'un syndicat en Amérique du Nord. Après cette décision, Wal-Mart connut quelques alertes à la bombe dans deux magasins de Gatineau. Immédiatement, le gérant prit la décision d'évacuer le magasin dès la réception de l'appel anonyme[36]. Dans cette situation, il n'était donc pas question de choisir le modèle rationnel, comportemental, politique ou même prendre une décision en groupe. La crise imposait l'évacuation immédiate de plusieurs dizaines de clients et d'employés du magasin.

3

4.5 LES APPROCHES AMÉLIORANT L'EFFICACITÉ DU PROCESSUS DÉCISIONNEL

OBJECTIF 4.5

Expliquer comment on peut améliorer la prise de décision.

Comme les entreprises deviennent de plus en plus complexes, les gestionnaires actuels s'appliquent constamment à améliorer l'efficacité du processus décisionnel. Plus souvent que dans le passé, les gestionnaires font face à des problèmes auxquels il est impossible d'apporter des solutions simples et ils doivent examiner un grand nombre de variables avant de prendre une décision. Tout le personnel de l'entreprise participe maintenant au processus décisionnel, depuis le P.-D. G. jusqu'au personnel d'exécution. Deux principaux éléments permettent dès lors d'arriver à de meilleures décisions : la créativité et l'innovation.

www.thinksmart.com
s'applique à promouvoir l'innovation

La créativité est un des éléments moteurs de l'entreprise. À notre époque, la concurrence est rude, et les ressources de plus en plus rares; les gestionnaires doivent par conséquent être plus créatifs et trouver de meilleurs moyens pour exécuter leur travail. Si elle parvient à utiliser ses ressources d'une manière judicieuse et efficace, une entreprise aura beaucoup plus de chances de prospérer. « La créativité n'est plus seulement l'affaire des artistes et des publicitaires. Elle est à la portée de tous, et elle peut faire avancer une entreprise, une équipe et une carrière[37]. »

Il faut cependant distinguer la créativité de l'innovation. La **créativité** se définit comme la capacité à former de nouvelles idées, tandis que l'**innovation** réfère au processus qui consiste à appliquer ces idées (produits, services, procédés de fabrication, etc.). Comme le fait remarquer Lawrence B. Mohr, la créativité permet d'inventer une chose nouvelle, et l'innovation de l'utiliser[38]. Toute entreprise doit avoir à son service des personnes à la fois créatives et innovatrices, car à quoi sert-il d'avoir des idées nouvelles si l'on est incapable de les concrétiser ? Dans une entreprise, la créativité et l'innovation devraient aller de pair.

www.vkitech.com/

Voici un exemple. Depuis 37 ans, VKI Technologies ne cesse de séduire les amateurs de torréfaction. Le secret de ce succès : l'innovation. Cette entreprise située à Saint-Hubert fabrique et commercialise des machines à café pour une seule tasse. VKI a conçu cette machine en 1967 et aujourd'hui, elle demeure un des chefs de file dans son domaine avec un chiffre d'affaires de 25 millions de dollars. VKI est le cas typique d'une entreprise qui a réussi à percer les marchés internationaux grâce à l'innovation. En effet, selon une enquête réalisée par le ministère du Développement économique et régional et de la Recherche (MDERR) en 2002, 79,8 % des entreprises innovantes ont exporté une part de leur production, alors que cette proportion est de 52,2 % chez les entreprises non innovantes[39].

On peut aussi améliorer la qualité des décisions en fournissant une meilleure information aux gestionnaires et en la transmettant plus rapidement. De ce point de vue, les systèmes informatiques de gestion facilitent à coup sûr la prise de décision. Récemment, des ensembles complexes de logiciels et de matériel informatique appelés « systèmes d'aide à la décision » sont apparus sur le marché. Ils permettent d'analyser, de manipuler, d'afficher ou d'imprimer des données, et cela, de multiples façons. Ils sont utiles aux gestionnaires, car ils peuvent mettre différentes sources à contribution pour répondre à des questions telles que : Que se passerait-il si l'on réduisait les coûts fixes de 4 % ? Qu'arriverait-il si l'on intégrait les procédés de fabrication des produits A et B ? Dans quelle mesure les bénéfices augmenteraient-ils si l'on ajoutait deux robots à la chaîne de montage ? S'ensuivrait-il une baisse des coûts fixes et variables ?

On peut présenter l'information donnée par ces systèmes soit sous forme de graphiques, soit sous forme d'états financiers. Les graphiques peuvent apporter plus d'information aux gestionnaires et leur permettre d'établir, entre les éléments, des liens qui passeraient peut-être inaperçus autrement. Il existe un large éventail de logiciels fournissant en tout une douzaine de types de graphiques, les plus répandus étant les graphiques à barres, les graphiques linéaires, les histogrammes à barres empilées, les graphiques aréolaires, les graphiques à secteurs et les graphiques à colonnes.

4.6 LES OUTILS DE LA PRISE DE DÉCISION

OBJECTIF 4.6

Désigner les différents types d'outils qui aident à décider.

Les gestionnaires ne se fient pas uniquement à leur intuition, à leur jugement et à leur expérience pour arriver à une décision. De même, ils ne se contentent pas de suivre une démarche rationnelle; ils recourent également à différents outils aidant à faire des choix. On peut répartir ces outils en trois catégories selon la nature des décisions: courantes, adaptatives ou novatrices.

Comme nous l'avons vu plus haut dans ce chapitre, le gestionnaire observe souvent des règles ou des marches à suivre établies lorsqu'il prend une *décision courante*. Il parcourt alors une suite d'étapes bien définies.

Divers outils peuvent aussi aider un cadre à prendre une *décision adaptative* lorsqu'il a à résoudre un problème embrouillé et que plusieurs options s'offrent à lui. Mentionnons, entre autres, les concepts de valeur espérée et de calcul matriciel, les techiques d'évaluation et de révision des programmes, l'ordonnancement des activités, l'analyse du seuil de rentabilité et les méthodes servant au choix des investissements. Les gestionnaires peuvent en outre utiliser des logiciels de calcul.

Quand se présente un problème complexe qui exige une analyse créative devant aboutir à une *décision novatrice*, les dirigeants d'entreprise peuvent avoir recours à un arbre de décision et aux méthodes de recherche opérationnelle.

Les gestionnaires disposent de plusieurs outils pour décider. Le tableau 4.4 en présente plusieurs. Comme le montre ce tableau, les gestionnaires considèrent trois facteurs dans leur analyse des besoins des clients: le prix, la qualité des services et la qualité des produits. Le fait de réduire les frais d'exploitation permet aux dirigeants de mettre sur pied des politiques de prix et de qualité fructueuses. Plusieurs de ces outils seront expliqués en détail et avec des exemples à l'annexe au chapitre 12, « Les outils d'aide à la planification et au contrôle ».

Tableau 4.4 Les outils servant à la prise de décision

	DESCRIPTION
Concepts de valeur espérée et de calcul matriciel	Permet d'évaluer l'ampleur d'un risque grâce à une probabilité exprimée en pourcentage, qui indique la probabilité qu'un événement ou un résultat particulier se produise (par exemple, le lancement d'un nouveau produit).
Technique d'évaluation et de révision des programmes (TERP)	Permet de planifier et de contrôler la réalisation de projets complexes, et met en évidence les liens entre les diverses activités nécessaires à l'exécution (par exemple, la construction d'une usine).
Ordonnancement des activités	Diagramme à bâtons illustrant l'ordre séquentiel ainsi que le moment du début et de la fin des activités requises de différentes commandes qui doivent être remplies dans une usine de production (par exemple, la fabrication de cinq chaises différentes).
Analyse du seuil de rentabilité	Permet de déterminer le niveau d'activité qui donne lieu à un produit d'exploitation (revenu total) correspondant aux charges d'exploitation (coût total), d'où un bénéfice nul ou un objectif de profit (par exemple, l'ouverture d'un magasin de détail).
Méthodes de choix des investissements	Permet de justifier la rentabilité d'un investissement, c'est-à-dire le rapport entre le coût initial d'un projet et les bénéfices générés (par exemple, la construction d'une nouvelle usine de production).

Tableau 4.4 (*suite*) Les outils servant à la prise de décision

	DESCRIPTION
Méthode de l'arbre de décision	Permet de prendre des décisions en matière d'investissements et fait ressortir les conséquences probables de plusieurs lignes de conduite et d'un certain nombre d'événements indépendants et imprévisibles influant alors sur les résultats (par exemple, la construction de cinq usines de production sur une période de trois ans).
Modèle de simulation	Modèle informatique reproduisant les principales composantes d'un système (imitant la réalité) et permettant d'évaluer diverses options (par exemple, le mode de fonctionnement d'un aéroport).
Jeux d'entreprise	Méthode d'apprentissage où l'on donne aux participants la possibilité (par le moyen d'un programme d'ordinateur) d'analyser et de prévoir les conséquences de leurs décisions (par exemple, les stratégies en matière de prix, de publicité, de recherche et de développement).
Théorie des files d'attente	Permet d'établir un équilibre entre le nombre optimal de files d'attente nécessaire pour assurer le service à la clientèle et les coûts qu'entraîne la perte de clients attribuable au nombre limité des files (par exemple, le nombre de guichets à ouvrir).
Quantité économique de commande	Permet de déterminer les stocks nécessaires à l'exploitation d'une entreprise aux coûts les moins élevés et d'établir un équilibre entre les frais de commande (coûts de la réception d'une commande) et les frais de possession (coûts des assurances). Permet de répondre à deux questions: Combien d'unités devrait-on commander? À quel moment les stocks devraient-ils être commandés?
Prix de revient	Permet de répartir des frais d'exploitation entre différents produits afin de déterminer un prix qui réalisera un bénéfice satisfaisant (par exemple, la répartition des frais fixes entre cinq types d'ordinateurs fabriqués dans une usine).
Délai de récupération	Permet d'évaluer le risque temporel plutôt que les conditions du risque en mois ou en années nécessaires pour reconstituer le capital initial investi dans un projet (par exemple, le lancement d'un nouveau logiciel).
Programmation linéaire	Modèle mathématique permettant d'utiliser au mieux des ressources limitées (temps, financières, matérielles et humaines) en tenant compte de diverses options pour arriver à la production optimale de deux ou plusieurs produits (par exemple, déterminer la production optimale de divers types d'appareils photo numérique).
Budget mensuel de trésorerie	Permet de prendre des décisions concernant le contrôle des liquidités qui doivent être conservées à la banque en permanence.
Valeur actuelle nette (VAN)	Permet d'évaluer la différence entre la somme de toutes les rentrées de fonds d'un projet d'investissement et les sorties de fonds actualisées à un taux préétabli, lequel correspond parfois au coût pondéré du capital, en vue de déterminer si un projet a un rendement qui excède le coût des fonds empruntés (par exemple, VAN positive de 500 000 $ pour un projet qui a une durée de 10 ans).
Taux de rendement comptable	Permet de déterminer les résultats économiques d'un projet d'investissement grâce à certains renseignements tirés des états financiers (par exemple, un rendement de 12 % pour la modernisation d'une usine).
Taux de rendement interne (TRI)	Sert à évaluer les avantages économiques d'un projet et aide à comparer son rendement à d'autres indicateurs financiers tels que le coût pondéré du capital (par exemple, le TRI pour l'expansion d'un projet est de 15 % alors que le coût pondéré du capital est de 9 %).
Budget d'exploitation	Expression quantitative d'un plan d'action envisagé pour une division, un service ou l'ensemble d'une entreprise, et devant servir à l'évaluation des résultats.
Ratios financiers	Rapport entre deux valeurs tirées des états financiers servant à évaluer la liquidité, la dette et la couverture des charges financières, la gestion de l'actif et la rentabilité d'une entreprise.
Valeur économique ajoutée (VÉA)	Permet d'établir un lien entre le bénéfice net d'exploitation après impôts et le coût du capital; il est un assez bon indice de la richesse créée pour les actionnaires et favorise la responsabilité en matière de gestion.

Les méthodes quantitatives mentionnées au tableau 4.4 comportent un certain nombre d'avantages. Les principaux sont les suivants:

- Elles favorisent une analyse et un examen plus rigoureux du problème. Les décideurs peuvent ainsi déterminer clairement l'objectif à atteindre, préciser tous les éléments à considérer et mieux évaluer les risques.
- Elles apportent plus de renseignements aux gestionnaires. Grâce à l'informatique, on peut conserver une quantité illimitée de données d'une grande importance pour les décideurs.
- Elles permettent de résoudre des problèmes complexes par le moyen de l'informatique. On peut ainsi décomposer une situation et, de la sorte, mieux cerner le problème.
- Elles aident les décideurs à évaluer plus facilement la part de risque, les conséquences et les difficultés qui se rattachent aux diverses options.

Les principaux inconvénients tiennent aux faits suivants.

- Beaucoup de gestionnaires ont de la difficulté à saisir les principes et les applications de ces méthodes. Nombre d'entre eux n'aiment pas recourir à celles-ci. Ils les laissent fréquemment à des techniciens ou à des spécialistes qui savent très bien les utiliser, mais qui, souvent, connaissent peu les activités de l'entreprise.
- De nombreux modèles mathématiques ont un caractère général, de sorte qu'on peut difficilement les appliquer à une situation particulière.
- Dans une entreprise, il faut souvent effectuer une évaluation qualitative pour résoudre un problème (le moral des employés, par exemple).
- Beaucoup de gestionnaires s'opposent au changement. Certains préfèrent examiner eux-mêmes la situation avant de prendre une décision, plutôt que de se fier aux résultats obtenus à l'aide d'un ordinateur.

Évolution et transition — La prise de décision

Les problèmes et les occasions d'affaires auxquels font face les dirigeants d'entreprise continueront à surgir, mais étant donné l'émergence de nouvelles technologies, les problèmes concernant les opérations seront résolus plus rapidement et ingénieusement. Aussi, la prise de décision continuera à jouer un rôle important dans le processus de la planification, de l'organisation, du leadership et du contrôle. Cependant, elle changera pour deux principales raisons. Premièrement, il y aura *plus de variables* à intégrer lors du processus de décision. On ne se basera pas seulement sur les intervenants internes de l'entreprise; les points de vue des intervenants externes seront pris en considération et fusionnés dans le processus décisionnel. Deuxièmement, les décisions à court terme et à long terme seront intégrées par le biais d'*outils plus raffinés*. À cause des changements rapides qui affecteront tous les secteurs de la société, particulièrement ceux que connaîtra inévitablement la haute technologie, les dirigeants d'entreprise seront davantage occupés à prendre des décisions à plus long terme, à trouver des

Tableau 4.5 La prise de décision : évolution et transition

	ÉVOLUTION	TRANSITION
Contenu de la décision		
Environnement	• Stable • Simple • National	• Changement rapide (général, secteur, concurrents) • Complexe (intervenants internes et externes) • International (globalisation)
Nombre de variables	• Négligeable	• Considérable
Types de facteurs	• Quantitatifs	• Quantitatifs (économiques) et qualitatifs (responsabilité sociale, valeurs, éthique, réglementation)
Opérations internes	• Fonctionnelles (verticale)	• Stratégiques (interfonctions, horizontale)
Contexte relatif aux produits et aux services	• Loyauté à la tradition	• Créativité et innovation relatives aux produits, aux services, aux marchés et aux procédés
Processus décisionnel		
Décision elle-même	• Satisfaction individuelle	• Liée à la culture de l'organisation
Procédé	• Individuel	• Collectif (méthode Delphi, groupe nominal, etc.)
Emphase	• Intuition, expérience	• Créativité, innovation, imagination
Outils	• Jugement, valeurs personnelles	• Méthodes quantitatives (simulation, TERP, arbre de décision, jeux d'entreprise)
Intervenants	• Cadres supérieurs	• Tous les cadres et experts / spécialistes externes
Fonctionnement	• Centralisation, autocratique	• Décentralisation, démocratique
Solution visée	• Satisfaire les besoins économiques (rentabilité).	• Jumeler les besoins économiques aux exigences des intervenants (internes et externes).
Information touchant la décision		
Sources	• Internes (fonctions)	• Externes (sites Web, etc.)
Circulation de l'information	• Du haut vers le bas	• Verticale (dans les deux sens), horizontale
Objectifs	• Résoudre un problème.	• Résoudre un problème et tirer profit d'une occasion.
Gestion des données	• Gestion de la base de données	• Gestion de l'information (utile aux gestionnaires)
Moyens de communication	• Imprimés	• Autoroute électronique, sites Web, Internet, intranet, téléconférence
Traitement des données	• Manuel	• Systèmes intégrés de gestion informatisés

occasions favorables, à diminuer les frais d'exploitation en s'y prenant différemment ; les décisions qu'ils devront prendre devront les amener à la fine pointe du progrès.

Le tableau 4.5 montre une comparaison entre le processus décisionnel du passé par rapport à celui d'aujourd'hui. Tel qu'il est indiqué, les futurs dirigeants embaucheront des experts, mettront à l'unisson les décisions à court terme et les décisions stratégiques, et utiliseront des systèmes d'information plus sophistiqués. Les trois éléments de cette comparaison sont le contenu de la décision, le processus décisionnel lui-même et l'information portant sur la décision.

Révision du chapitre

4.1 Le contexte de la prise de décision. Parmi les tâches des gestionnaires figure la prise de décision, qui consiste à faire un choix entre deux ou plusieurs options. Toute décision comporte quatre éléments fondamentaux : un objectif, les diverses options, les conséquences et un choix. Pour que l'information soit utile aux décideurs, il faut qu'elle soit exacte et fiable en plus d'être ponctuelle, complète et pertinente. Les décisions peuvent être classées en trois catégories : les décisions stratégiques prises par les cadres supérieurs ; les décisions tactiques prises par les cadres intermédiaires ; et les décisions opérationnelles prises par les cadres inférieurs.

Les gestionnaires peuvent avoir à décider dans un contexte déterminé (ils ont brossé un tableau complet de la situation), aléatoire (ils peuvent évaluer la probabilité de chaque option) ou incertain (ils n'ont aucune expérience ou connaissance de la situation). La nature du problème à résoudre détermine le type de décision à prendre (décision novatrice, adaptative ou courante).

Il existe trois modèles de prise de décision : 1) le modèle classique qui implique un processus rationnel de la part des gestionnaires pour fixer un choix ; 2) le modèle comportemental qui suppose que les cadres soient incapables de traiter systématiquement une grande quantité de renseignements et qu'ils tendent à adopter une option satisfaisante sans nécessairement être la meilleure ; 3) le modèle politique impliquant qu'une personne cherche à peser sur les décisions individuelles ou collectives d'autres personnes. La décision du gestionnaire peut avoir comme point de départ son intuition, ses valeurs personnelles, son jugement ou une méthode rationnelle.

4.2 Le modèle rationnel de prise de décision. Le processus décisionnel de type rationnel comprend trois phases : l'analyse, la prise de décision et la mise en œuvre. La phase de l'analyse comporte quatre étapes : 1) le diagnostic de la situation ; 2) la définition du problème ; 3) la collecte des faits liés à celui-ci ; et 4) leur analyse. La phase de la prise de décision correspond aux trois étapes suivantes : 5) l'exploration des options possibles ; 6) leur évaluation ; et 7) le choix de l'option. Enfin, la phase de la mise en œuvre correspond aux deux dernières étapes : 8) l'exécution de la décision et 9) l'évaluation et le suivi.

4.3 La prise de décision en groupe. La prise de décision peut être individuelle ou collective. Le modèle décisionnel de Vroom et Jago précise dans quelles circonstances un cadre peut faire participer ses subordonnés au processus décisionnel. Les méthodes de décision collective les plus employées sont : la méthode Ringi, la méthode du remue-méninges, la méthode synectique, la méthode Delphi, la méthode du groupe nominal, la méthode de l'avocat du diable et la méthode de l'enquête dialectique. La prise de décision en groupe comporte des avantages et des inconvénients.

4.4 La prise de décision dans les faits. Divers éléments influent sur les décisions des gestionnaires, à savoir la disponibilité des ressources, les réalités politiques, c'est-à-dire, la position des organismes de réglementation et des groupes défendant des intérêts particuliers, les contraintes sociales,

3

c'est-à-dire, les intérêts et l'opinion du personnel d'exécution ou des membres de la société, de même que les crises ou la pression des circonstances.

4.5 Les approches améliorant l'efficacité du processus décisionnel. On peut améliorer la qualité de la décision en stimulant la créativité et l'innovation au cours du processus décisionnel, et en transmettant une information détaillée aux gestionnaires et aux employés.

4.6 Les outils de la prise de décision. Il existe de nombreux outils servant à la prise de décision: 1) le concept de valeur espérée et le calcul matriciel qui s'y rapportent; 2) la technique d'évaluation et de révision des programmes (TERP), conçue pour aider à la planification et au contrôle des programmes complexes; 3) l'ordonnancement des activités, qui permet de déterminer le moment propice à l'amorce d'un travail, le temps qu'il faudra pour l'exécuter et le moment où il sera terminé; 4) l'analyse du seuil de rentabilité, utilisée pour évaluer les effets sur les bénéfices de décisions relatives au prix, au volume et aux coûts; 5) les méthodes de choix des investissements, telles que les procédés comptables et le calcul du délai de récupération, qui permettent d'apprécier les avantages économiques d'un projet d'investissement; 6) la méthode de l'arbre de décision, employée pour ranger dans un ordre rationnel les diverses possibilités d'investissement; 7) la recherche opérationnelle, qui comporte différents outils pour résoudre des problèmes complexes (la programmation linéaire, la théorie des files d'attente, les modèles de simulation, les modèles de contrôle des stocks et les jeux d'entreprise).

▶▶▶ Concepts clés

Développer vos compétences en gestion

Questions de révision

1. Expliquez les éléments du processus de décision. (page 131)
2. Quels facteurs permettent aux renseignements utiles à la décision éclairée d'être jugés importants ? (page 132)
3. Distinguez les décisions stratégiques, les décisions tactiques et les décisions opérationnelles. (page 134)
4. Décrivez les trois univers ou contextes dans lesquels on peut avoir à prendre une décision et fournissez un exemple pour chacun d'entre eux. (page 135)
5. Quelle différence y a-t-il entre une décision novatrice et une décision adaptative ? Donnez un exemple de ces deux types de décisions. (page 137)
6. En quoi la méthode rationnelle de prise de décision diffère-t-elle de la méthode comportementale ? (page 140)
7. Expliquez ce qu'est le modèle décisionnel politique et décrivez son fonctionnement. (page 142)
8. Décrivez les différentes étapes du processus décisionnel rationnel. (page 142)
9. Faites une distinction entre la phase d'analyse et la phase de décision. (page 143)
10. Décrivez le modèle décisionnel de prise de décision de Yetton et Jago. (page 147)
11. Décrivez les méthodes de prise de décision suivantes :
    a) la méthode Ringi ; (page 149)
    b) la méthode du remue-méninges ; (page 150)
    c) la méthode Delphi ; (page 151)
    d) la méthode du groupe nominal. (page 151)
12. Le fait que des employés autres que les gestionnaires participent au processus décisionnel présente des avantages. Quels sont-ils ? (page 152)
13. Pourquoi est-il difficile pour les gestionnaires de prendre toujours de bonnes décisions ? (page 153)
14. Comment peut-on améliorer la qualité des décisions ? (page 155)

Sujets de discussion

1. Quelle différence faites-vous entre une décision dans le domaine de la gestion et une décision dans la vie personnelle ?
2. Êtes-vous d'avis que la prise de décision représente la tâche la plus importante d'un gestionnaire ? Justifiez votre réponse.
3. Selon vous, pourquoi les gestionnaires éprouvent-ils des difficultés à distinguer un problème de ses causes ?
4. À quelles étapes du processus décisionnel vaut-il mieux travailler en groupe ? Expliquez votre réponse.

Naviguer dans Internet

www.bombardier.com

• Exercice pratique : Bombardier

Cet exercice examine des décisions prises par des gestionnaires de la Société Bombardier concernant, par exemple, les avions Challenger, les nouveaux contrats pour la vente de trains ou des projets d'investissement. Visitez le site Web de l'entreprise Bombardier (www.bombardier.com) et consultez la rubrique « Les nouvelles » à la page « Plan du site » pour ensuite visionner les récents communiqués de presse de Bombardier. Choisissez un communiqué et lisez un reportage qui décrit une décision importante prise par les dirigeants de la société, faites-en un résumé et répondez aux questions suivantes.

1. La décision a-t-elle été prise dans un état déterminé de risque ou d'ignorance ? Dites pourquoi.
2. Était-ce une décision novatrice, adaptative ou courante ? Dites pourquoi.
3. Expliquez ce qui a motivé les dirigeants de Bombardier de prendre cette décision ?

• Recherche sur le thème « Prise de décision »

Cherchez un site Web décrivant une décision stratégique prise par les dirigeants de l'entreprise.

1. Décrivez la nature de la décision.
2. Dans quel contexte la décision a-t-elle été prise : état de certitude, état de risque ou état d'ignorance ?
3. Décrivez l'univers de la décision.
4. Était-ce une décision novatrice, adaptative ou courante ?
5. Quelles raisons motivèrent les dirigeants de l'entreprise ?
6. Les résultats de la décision ont-ils été favorables ou défavorables ?

EXERCICE

Une décision collective efficace

Une décision efficace

Indiquez les principaux faits dont vous tiendriez compte au moment de prendre une décision sur un changement d'emploi, l'achat d'un ordinateur ou des cours à suivre. Quelles sont les méthodes, présentées dans ce chapitre, qui pourraient vous aider à prendre une décision éclairée? Quels sont les avantages et les inconvénients de ces méthodes?

Une décision collective

Vous êtes président de l'association des élèves de votre faculté et vous êtes sur le point de prendre une décision importante: créer un nouveau club. Votre faculté en a déjà agréé plusieurs (clubs de comptabilité, de finances, des ressources humaines, de marketing). Le nouveau club s'appellera «Les jeux du commerce». Quelle méthode de prise de décision collective décrite dans ce chapitre serait la plus efficace? Dites pourquoi.

Étude de cas

▶ ENTREPRISE

La Société Cronos ltée

Manon Fortin, vice-présidente à la production de la Société Cronos ltée débattait avec quelques dirigeants de l'entreprise d'un problème sérieux relatif à la productivité. Au cours de cette rencontre, Manon déclara: «Je ne comprends absolument rien. Il y a déjà six mois que nous avons introduit dans l'entreprise un nouvel équipement et une procédure plus simple pour effectuer le travail. Les objectifs étaient de faciliter la tâche des employés et d'augmenter la productivité. Les rapports des trois derniers mois indiquent qu'il n'y a pas eu d'amélioration. Au contraire, la productivité a diminué ainsi que la qualité de la production, et le taux de rotation des employés dans l'usine s'est élevé.»

Manon est persuadée que le nouvel équipement est très efficace. Elle a étudié cet aspect avec le fabricant. Il lui a montré des statistiques démontrant que la productivité et la qualité de la production avaient grandement augmenté dans quatre entreprises dotées du même système. En outre, les ingénieurs qui ont conçu et installé l'équipement de la société en ont testé le fonctionnement. Les résultats indiquent que le système fonctionne très bien.

Certains gestionnaires présents à la rencontre ont désigné, comme cause probable des problèmes, la façon dont le nouvel équipement avait été installé dans l'entreprise. Un gestionnaire a affirmé que certains employés lui avaient dit qu'ils n'en comprenaient pas bien le fonctionnement. D'autres ont alors indiqué que leurs subordonnés ne s'étaient plaint de rien.

Quelques semaines plus tard, un gestionnaire a téléphoné à Manon pour l'informer que, dans son unité organisationnelle, la productivité était encore à la baisse. Manon lui a répondu sèchement qu'elle ne voulait pas entendre parler de problèmes mais plutôt de solutions. Elle lui a demandé de lui rédiger un rapport à déposer lors de la prochaine rencontre du comité de gestion.

Deux autres gestionnaires ont affirmé que la productivité avait baissé et que la qualité de la production avait encore diminué au cours des dernières semaines. Après une discussion d'environ une heure, Manon a compris qu'il était urgent de trouver une solution.

Question

En utilisant le modèle de prise de décision de Vroom et Jago (voir le tableau 4.2 et la figure 4.4 aux pages 148 et 149), décrivez la démarche que Manon devra suivre pour installer convenablement son nouveau système et ainsi régler les problèmes de productivité.

Étude de cas

▶ EN MANCHETTE : TOURBIÈRES BERGER[40]

Claudin Berger, président, Tourbières Berger

WWW

www.bergerweb.com

Le Québec est bien connu pour ses mines, ses forêts et ses ressources hydrauliques. Mais il possède aussi une autre ressource naturelle en abondance, mais méconnue : la tourbe de sphaigne. Claudin Berger, président de Tourbières Berger, compte bien transformer cette ressource en or.

Tourbières Berger offre une gamme complète de produits à base de tourbe de sphaigne, tant pour le jardinier amateur que pour les producteurs et serristes de fleurs et de légumes. La tourbe se compare avantageusement au compost pour ce qui est de l'aération des sols, de la rétention de l'eau et des engrais.

Ces produits servent de substrats pour la culture de fleurs et de légumes au Canada et aux États-Unis, pour les variétés qui poussent en Amérique centrale, en Amérique du Sud et en Asie. « La majorité de nos marchés sont en croissance », note M. Berger. Et pour être certain de répondre à la demande avec une tourbe de qualité, il veut participer, dès l'année prochaine, à l'exploitation des nouveaux gisements de l'Ouest canadien et du Minnesota, en plus de ceux qu'il exploite déjà dans le Bas-Saint-Laurent, en Côte-Nord et au Nouveau-Brunswick. M. Berger prévoit investir de 4 à 5 M$ pour exploiter ses terrains de l'Ouest canadien. Il collabore aussi pour trouver des méthodes innovatrices pour la régénération et la culture des tourbières.

« L'industrie de la tourbe connaît une belle croissance. Le défi se trouve maintenant dans la restauration des tourbières et dans le souci du respect de l'environnement. On se dirige même vers la culture de la tourbe pour que nos gisements durent le plus longtemps possible et qu'ils se renouvellent », dit M. Berger.

Une entreprise diversifiée

L'entreprise, qui compte 300 employés en haute saison de production, a été fondée en 1963 à Saint-Modeste, dans le Bas-Saint-Laurent. À ses débuts, l'entreprise vendait la tourbe en vrac à des courtiers canadiens et américains. Avec la croissance, alors que la récolte mécanique supplante la récolte manuelle, l'entreprise commence, en 1980, à vendre sa tourbe sous sa propre étiquette.

Puis, en 1984, elle fonde Berger Mix, spécialisée dans la production de substrats de culture. Elle offre entre autres des mélanges pour empotage et pour plantes vivaces ainsi que des granules de tourbe. Un laboratoire est également créé en 1985 pour offrir différents types d'analyses. « Cela nous a permis de créer des mélanges spéciaux. Nous allons rencontrer les clients, nous regardons avec eux quels sont leurs besoins et nous leur offrons un produit et un service sur mesure », explique M. Berger. Le marché des substrats connaît une expansion très rapide. L'entreprise Berger, consciente de l'importance d'un approvisionnement constant en tourbe, se tourne vers de nouveaux territoires. Elle obtient des droits d'exploitation au Nouveau-Brunswick, où deux sites sont en exploitation et l'un est encore à l'état vierge. L'entreprise y possède deux usines de transformation. En 1998, elle ouvre une quatrième usine, cette fois au Texas. L'entreprise a également créé une division de solutions environnementales, Berger Environnement, qui a conçu des dispositifs de biofiltration des eaux usées.

L'expérience de la dimension internationale

Par ailleurs, Tourbières Berger profite du courant de mondialisation pour pénétrer de nouveaux marchés, principalement en Asie – Japon, Corée, Chine –, qui représente 15 % de ses bénéfices. Dans ce marché, l'entreprise doit tailler sa place entre des multinationales comme Vapo Oy, une société d'État finlandaise du secteur de l'énergie qui produits 85 % de la tourbe en Finlande et emploie 1 700 personnes. Claudin Berger a une bonne expérience des marchés internationaux grâce à ses fonctions de président du Groupement des chefs d'entreprise du Québec, où son mandat de deux ans vient de prendre fin. « Le Groupement permet de progresser rapidement en discutant des expériences de chacun et en offrant une ouverture sur le monde. Seulement au conseil d'administration du Groupement, il y a 12 entrepreneurs qui ont actuellement des rapports avec la Chine », dit-il.

Le Groupement a été une école qui a permis à M. Berger d'acquérir beaucoup d'outils de gestion courants, tels que les tableaux de bord et la planification stratégique. « Comme les membres d'un club ne sont pas en concurrence, ils peuvent partager un problème ouvertement sans avoir peur des concurrents. Souvent d'autres membres ont déjà vécu la même situation et partagent leur expérience », ajoute-t-il. Et présider le Groupement a permis à M. Berger de se tenir au courant de tout ce qui se passe au Québec, grâce aux 900 chefs d'entreprise qui en sont membres. « Pour un entrepreneur en région, cela permet d'échanger des idées avec des personnes qui ont des contacts un peu partout dans le monde. »

Question

Sur le plan de la prise de décision, quelle ligne de conduite Claudin Berger doit-il adopter s'il veut réaliser son rêve de pénétrer les nouveaux marchés ?

Chapitre 5

Le gestionnaire en tant que planificateur

Objectifs du chapitre

Après avoir lu ce chapitre, vous devriez pouvoir :

1. décrire brièvement la planification ;
2. expliquer pourquoi il est important pour les gestionnaires de planifier ;
3. expliquer pourquoi les gestionnaires doivent élaborer des objectifs et en décrire les différents types ;
4. décrire les étapes du processus de planification et les différents types de plans d'une entreprise ;
5. énumérer les principaux obstacles à la planification et expliquer comment mettre en place un tel processus.

Défi lancé aux gestionnaires ☞ par le réseau TVA

On planifie pour réussir à *Star Académie*.

En 2001, Pierre Karl Péladeau, P.-D. G. du conglomérat Quebecor, et Julie Snyder, la reine des talk-shows au Québec, voulaient créer pour le réseau TVA une émission de 90 minutes appelée *Star Académie*. Les coûts de la publicité étaient élevés, mais ils visaient un auditoire de 900 000 personnes. La première émission a attiré plus de 1 800 000 spectateurs et la cote d'écoute a progressivement augmenté pour atteindre 3,2 millions de personnes. Le retentissement était considérable puisque près de 80 % des Québécois regardaient *Star Académie*. Toutefois, ce succès a été planifié. Mme Snyder avait une vision claire de ce que devait être l'émission québécoise, et elle savait que celle-ci devait se démarquer des émissions françaises, *Star Academy*, et américaine, *American Idol*. Disposant d'un budget de 15 millions de dollars, ils ont dressé un plan d'action très détaillé. C'est en 2005 que *Star Académie* est devenue l'émission canadienne la plus populaire au pays. Même diffusée seulement en français, *Star Académie* a eu plus de succès au pays que les grandes productions canadiennes et américaines *The Apprentice, CSI* et *Canadian Idol*. Karl Péladeau et Julie Snyder ont dû prendre des décisions importantes. Il leur a fallu notamment choisir :

- le directeur musical ;
- le lieu d'enregistrement de l'émission (l'ancienne résidence de Pierre Péladeau à Sainte-Adèle) ;
- le directeur artistique ;
- le comité d'évaluation des candidats (plus de 4 000 se sont présentés) ;
- les responsables de la production ;
- le comité chargé de dresser le plan de promotion ;
- la marche à suivre dans la réalisation de chaque émission[1].

www.staracademie.ca

Survol du chapitre

La mise en train de Star Académie *ne fut pas improvisée. Un plan directeur destiné à orienter les gestionnaires dans leur planification des ressources financières, humaines et matérielles a été réalisé. Toutes les décisions prises par les concepteurs de l'émission étaient en fait des choix planifiés et jugés déterminants pour le succès du projet.*

La fonction de planification joue un rôle de premier plan dans l'entreprise et elle peut même parfois être plus importante que les autres fonctions (organisation, leadership et contrôle). Les objectifs et les plans établis à l'étape de la planification influent largement sur les autres fonctions. Il est inutile d'investir du temps et de l'argent dans la création d'une entreprise si des priorités, des objectifs et des stratégies ne sont pas au préalable clairement définis. De même, les cadres et leurs subordonnés ne peuvent être motivés s'ils n'ont aucun but précis à atteindre et si les diverses unités de l'entreprise ne coordonnent pas leurs opérations. Enfin, il est impossible au gestionnaire d'assurer le contrôle d'une activité s'il ignore ce qu'il doit vérifier. La planification est essentielle parce qu'elle oblige à formuler des objectifs, à définir les programmes ou les actions à réaliser, ainsi que le moment et la manière de le faire. Elle permet d'éviter des actions inutiles, voire nuisibles, aux intérêts de l'entreprise.

Pour comprendre le processus de planification, il est d'abord nécessaire de connaître les liens qui unissent les objectifs, les plans et le contrôle (voir la figure 5.1). En règle générale, un ***objectif*** *est une fin ou un résultat qu'une entreprise se propose d'atteindre. Un* ***plan*** *est un projet élaboré en vue d'atteindre un objectif. La planification consiste à organiser rationnellement les actions permettant d'arriver au but. Le contrôle est, quant à lui, une série d'actions par lesquelles les gestionnaires mesurent le travail selon les résultats et, le cas échéant, rectifient la manière d'agir.*

Figure 5.1
Les liens entre les objectifs, les plans et le contrôle

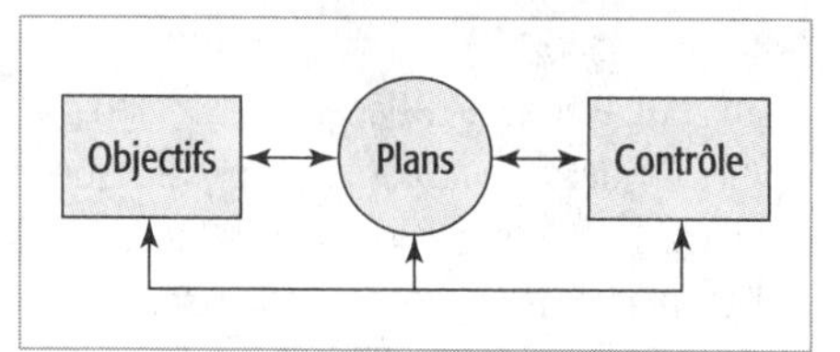

Figure 5.2
Le contexte des objectifs et des plans organisationnels

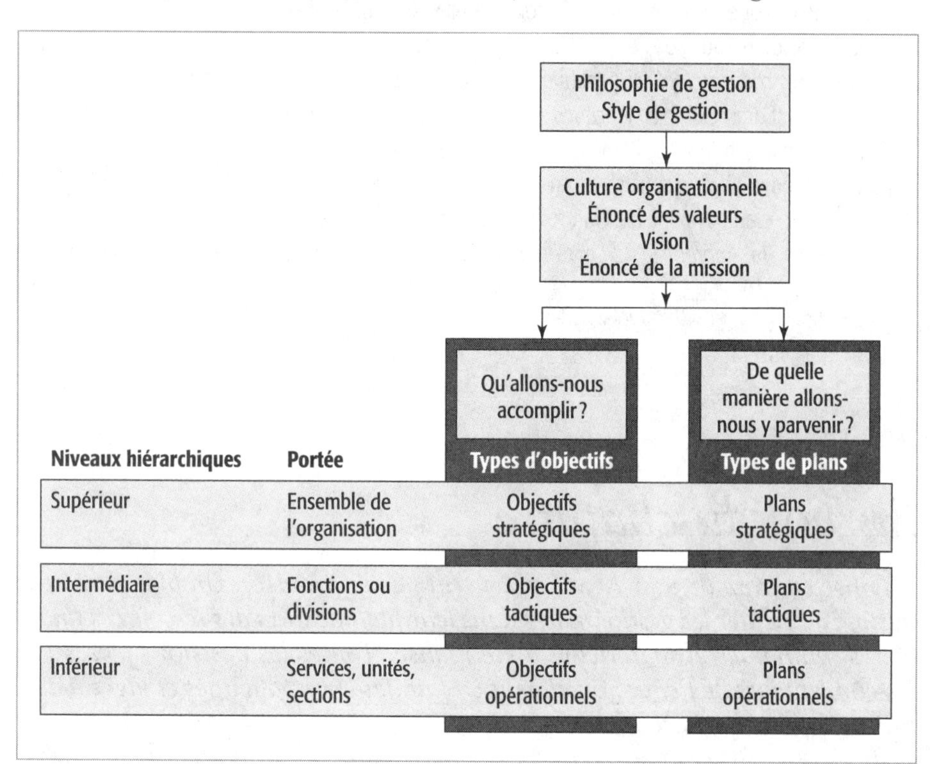

Dans ce chapitre, nous considérerons la manière dont les objectifs et les plans s'insèrent dans la planification en général. Comme le montre la figure 5.2, la nature des objectifs et des plans d'une entreprise dépend étroitement de la philosophie et du style de gestion des dirigeants. En effet, si ceux-ci sont ordonnés dans leurs actions, ils adopteront une méthode de planification rationnelle. Si au contraire ils suivent leur intuition, leur planification sera en accord avec leur manière d'agir habituelle. Par ailleurs, s'ils agissent d'une façon autocratique, ils définiront seuls les objectifs et les plans, et en confieront la mise en œuvre à leurs subordonnés. Enfin, si les cadres supérieurs favorisent un style de gestion démocratique, tous les gestionnaires de l'organisation contribueront à la définition des objectifs et des plans. La philosophie des dirigeants influe également sur la culture, les valeurs, la vision et la mission de l'entreprise.

Comme on peut le voir en observant la figure 5.2, la portée des objectifs et des plans formulés par les gestionnaires est différente selon le niveau hiérarchique de ces derniers dans l'entreprise. Ainsi, les cadres supérieurs adoptent des objectifs et des plans qui touchent l'ensemble de l'entreprise, et qui en définissent l'orientation générale. Les cadres intermédiaires élaborent des objectifs et des plans tactiques se rattachant aux fonctions d'organisation (commercialisation, production, finances, etc.) ou à ses divisions (produits, services). Quant aux cadres inférieurs, ils adoptent des objectifs et des plans opérationnels précis qui concernent les activités d'une section, d'une unité organisationnelle ou d'un service particulier (comme les services des comptes clients, de la recherche commerciale ou du contrôle de la qualité et la section responsable des ventes dans telle région).

Voici ce que met en évidence le présent chapitre, où il est question :

- *de définir ce qu'est la planification ;*
- *d'expliquer les raisons pour lesquelles les gestionnaires doivent planifier ;*
- *de la hiérarchie des objectifs organisationnels, des divers types d'objectifs, des objectifs liés au secteur de services, des caractéristiques d'un objectif valable et de la gestion par objectifs ;*
- *des étapes de la planification et des différents types de plans ;*
- *des obstacles à l'élaboration des objectifs et des plans, et comment les surmonter.*

5.1 QU'EST-CE QUE LA PLANIFICATION ?

OBJECTIF 5.1
Décrire brièvement la planification.

La planification est le processus qui permet de déterminer les objectifs à atteindre et la manière d'y parvenir (voir la figure 5.1). Comme nous l'avons vu plus haut, elle se fonde sur deux éléments, soit les fins (l'état futur dans lequel un individu ou une entreprise veut se trouver) et les moyens (les plans et les ressources nécessaires pour obtenir les résultats voulus). Ce processus permet aux dirigeants de préparer logiquement et systématiquement l'exécution des diverses tâches à effectuer pour passer d'un point A (la situation actuelle) à un point B (l'état futur). Ainsi, les gestionnaires peuvent plus facilement choisir parmi plusieurs options celle qui leur permettra de réaliser les objectifs de leur entreprise de la manière la plus rentable. La planification aide également à déterminer les ressources nécessaires pour atteindre les objectifs fixés.

Il est à noter que la planification n'est pas seulement l'apanage des dirigeants de grandes entreprises comme Hydro-Québec, Quebecor, Alcan Aluminium ou Air Canada. En effet, les visionnaires, les entrepreneurs et les gestionnaires ambitieux à la tête de plus petites entreprises se préoccupent aujourd'hui, davantage qu'autrefois, d'en préparer l'avenir[2].

Comme les plans adoptés influent sur la quantité de ressources nécessaires pour réaliser les objectifs, les gestionnaires de toute entreprise doivent se poser les questions suivantes : Possédons-nous suffisamment de ressources pour atteindre nos buts ? Sinon, quelles ressources faudrait-il acquérir ? Combien coûteront-elles ? Avons-nous les moyens de nous les procurer ?

Ces questions résument ce que l'on appelle l'**analyse de l'écart**. Lorsqu'une entreprise ne possède pas toutes les ressources nécessaires pour appliquer ses plans et atteindre ses objectifs, il lui faut combler cet écart. L'analyse de l'écart, composante importante du processus de la planification, amène particulièrement à se poser les questions suivantes.

Quelle est notre situation actuelle? Cette question amène les gestionnaires à analyser les forces et les faiblesses de leur entreprise, de même que les dangers et les possibilités que recèle son environnement. Elle joue un rôle clé dans le processus de planification, car l'étude de la situation permet de voir les choses sous leur vrai jour et d'appuyer la prise de décision sur une base solide.

Que voulons-nous accomplir? La planification permet d'élaborer des plans réalistes échelonnés dans le temps afin d'atteindre les buts établis. Elle entraîne la formulation de l'énoncé de la mission ainsi que la détermination des objectifs à long terme (stratégiques), à moyen terme (tactiques) et à court terme (opérationnels). Les gestionnaires sont ainsi amenés à étudier les questions d'intérêt, les priorités et les objectifs propres à l'entreprise, afin de préparer un calendrier logique et réaliste de mise en œuvre.

Quel écart existe-t-il entre notre situation actuelle et celle que nous voulons atteindre? La planification aide à déterminer objectivement la nature des ressources et l'ampleur du travail que nécessitera l'exécution des plans dressés. Elle oblige les dirigeants à évaluer ce qui doit être fait pour amener celle-ci de la situation actuelle à la situation souhaitée (par exemple, améliorer les produits offerts ou en créer de meilleurs, obtenir des capitaux, discerner les fournisseurs les plus fiables et analyser les conditions du marché ainsi que les environnements économique, technologique et social). Bref, la planification permet de voir l'écart à combler pour transformer une idée en réalité.

Qui se chargera d'exécuter toutes les activités définies à l'étape précédente? De quelle manière et à quel moment faudra-t-il les réaliser? Ces deux questions font ressortir les différentes étapes à franchir pour atteindre les objectifs et pour mettre en œuvre les plans et les programmes élaborés. Elles permettent également de préciser la manière de répartir les ressources entre les divers services ou divisions concernés.

OBJECTIF 5.2

Expliquer pourquoi il est important pour les gestionnaires de planifier.

5.2 POURQUOI LES GESTIONNAIRES DOIVENT-ILS PLANIFIER?

La planification a plusieurs avantages. En premier lieu, elle incite les gestionnaires à examiner différentes lignes de conduite avant de prendre une décision. Il leur faut ainsi se montrer *créatifs*, *innovateurs* et *ingénieux* pour déterminer la manière de répartir les ressources et d'accomplir leurs futures activités.

En deuxième lieu, la planification aide à *harmoniser les plans opérationnels à court terme avec les plans stratégiques à long terme*[3]. Elle assure de fait la concordance des buts, car elle permet d'établir un lien entre les plans opérationnels, d'une part, et les plans tactiques et stratégiques, d'autre part.

En troisième lieu, la planification fournit une *raison d'être* et une *orientation*[4]. Grâce à elle, les gestionnaires peuvent prévoir l'avenir et déterminer la ligne de conduite à adopter pour garantir à leur entreprise un rendement supérieur, au lieu de se limiter à réagir aux circonstances. Alors que les objectifs indiquent ce qui doit être fait, la planification met en évidence toutes les étapes à réaliser et la manière de les franchir, et elle facilite l'assignation des tâches ainsi que la coordination de leur réalisation. Elle améliore en outre le processus décisionnel. Comme elle fait ressortir toutes les activités requises avant qu'on les entreprenne, elle permet d'éviter un gaspillage des ressources. Celles-ci servent alors aux activités importantes et à la poursuite de l'objectif commun.

En quatrième lieu, la planification permet à une entreprise de *composer avec le changement*. Les entreprises évoluent à l'intérieur d'un environnement qui se transforme rapidement. Grâce à la planification, leurs dirigeants peuvent discerner l'état futur de cet environnement et peuvent plus facilement élaborer des plans raisonnables et logiques. Les entreprises qui parviennent à bien s'adapter au changement et à saisir les occasions offertes atteindront une position dominante. À l'inverse, celles qui tardent à s'adapter sont condamnées à se débattre frénétiquement pour reprendre le terrain perdu, ou à disparaître.

En dernier lieu, la planification contribue à *simplifier le contrôle de gestion* (voir la figure 5.1, p. 168). Après qu'ils ont établi les objectifs à viser et les plans nécessaires pour les atteindre, les gestionnaires peuvent en effet beaucoup plus facilement surveiller et évaluer les progrès réalisés. La planification permet de déterminer ce qui doit être fait, par qui et à quel moment, tandis que le contrôle révèle ce qui a été accompli ou non et ce qu'il convient de faire pour remédier à la situation, au besoin.

Explorons maintenant plus en détail les deux grands thèmes de ce chapitre, soit les objectifs et les plans.

5.3 L'ÉLABORATION DES OBJECTIFS

OBJECTIF 5.3

Expliquer pourquoi les gestionnaires doivent élaborer des objectifs et en décrire les différents types.

Le premier grand thème de ce chapitre traite des objectifs. Un but, ou objectif[5], représente un principe directeur qui incite un individu, un groupe ou une entreprise à s'engager dans une voie déterminée. Il apporte des indications qui aident à élaborer des stratégies et à répartir les ressources. Il est également possible d'envisager un objectif comme une situation ou un état auquel on aspire. En l'absence d'objectifs bien définis, on peut difficilement se concentrer sur les résultats à obtenir. Comme le faisait remarquer le chat du Cheshire dans l'œuvre de Lewis Carroll, *Alice au pays des merveilles*, lorsqu'on ne sait pas où l'on s'en va, n'importe quelle route permet d'arriver à destination.

Les objectifs revêtent de l'importance parce que ce sont eux (non les activités) qui fournissent une motivation aux gens. Voici quelques exemples illustrant ce point :

- une équipe de la Ligue nationale de hockey veut remporter la coupe Stanley ;
- un athlète participant aux Jeux olympiques cherche à gagner une médaille d'or ;
- un étudiant en médecine veut obtenir son diplôme ;
- un auteur a pour but de faire connaître ses pensées et ses idées à d'autres ;
- une personne qui se rend au cinéma souhaite se détendre et se divertir.

Ainsi, qu'est-ce qui incite un étudiant à passer de longues heures à revoir ses notes et à faire des travaux, sinon le but qu'il veut atteindre (obtenir son diplôme, trouver un bon emploi) ? En outre, tout objectif détermine le type de plans nécessaires pour atteindre le résultat souhaité. Un objectif s'accompagne en général d'un plan d'action, d'un calendrier et d'un énoncé précis des activités qui expliquent de quelle manière on compte atteindre le but recherché.

Après avoir lu les six prochaines sous-sections, vous devriez pouvoir :

- expliquer pourquoi il est important d'élaborer des objectifs ;
- établir la hiérarchie des objectifs (stratégiques, tactiques, opérationnels) ;
- décrire les différents types d'objectifs (officiels, effectifs, quantitatifs, qualitatifs, à court terme, à moyen terme, à long terme) ;
- commenter les objectifs liés au secteur des services ;
- décrire les caractéristiques d'un objectif valable ;
- expliquer la manière dont les objectifs sont définis et communiqués au sein d'une entreprise.

5.3.1 Pourquoi élaborer des objectifs ?

Les objectifs fournissent à l'entreprise une orientation et une raison d'être en fonction desquelles on peut évaluer les résultats obtenus. Grâce à la définition d'objectifs, on sait ce qu'il convient de faire, c'est-à-dire quelles sont les « bonnes » fins à viser — ce qui est un gage d'*efficacité*. Les plans indiquent pour leur part les initiatives à prendre et la manière d'utiliser les ressources de l'entreprise pour bien faire les choses — ce qui assure l'*économie* des moyens et le *rendement*.

Voici les principaux avantages que procure l'élaboration d'objectifs.

Elle aide à déterminer exactement ce que l'on veut accomplir. Citons ici le cas de *Star Académie*. Pierre Péladeau et Julie Snyder avaient pour objectif, entre autres, de mettre sur pied une émission de 90 minutes et visaient un auditoire de 900 000 personnes. En élaborant des objectifs, on ne laisse rien au hasard : après qu'on les a formulés et communiqués aux autres membres de l'entreprise, chacun sait ce qu'il faut atteindre et ce qu'il y a à faire.

Elle facilite la coordination des activités. Des liens se tissent entre les individus et les groupes qui visent un même but, ce qui engendre un climat d'harmonie, d'unité et de coopération. Ainsi, les objectifs définis par les dirigeants de *Star Académie* permettront à cette entreprise d'établir une meilleure collaboration avec toutes les personnes responsables de différentes activités.

Elle fournit au personnel une importante source de motivation. Les gens sont moins motivés par leurs activités que par les buts qu'ils cherchent à atteindre. Ainsi, un élève doit assister à plusieurs cours, participer à des rencontres, faire des travaux, revoir ses notes et préparer des exposés. Cependant, il se peut qu'il ne retire aucune motivation de ces activités à moins qu'il ne sache ce que lui rapporteront ses efforts. Voici ce qu'affirme à ce sujet Elaine Sigurdson, fondatrice de Peak Performance in High School: « Un élève non motivé renonce à faire des efforts et il éprouve alors des difficultés même s'il est très doué. C'est la motivation qui fait toute la différence entre l'élève qui se contente d'une note "passable" et celui qui déploie des efforts additionnels pour obtenir un rendement "maximal". Tout élève devrait examiner ses buts et ses priorités pour mieux connaître ses motifs — ce qui le pousse à agir[6]. »

WWW
www.audaxcorporation.com/sigurdson.cfm

Elle fournit des normes qui permettent l'évaluation du rendement. En l'absence d'objectifs, il s'avère difficile d'orienter les efforts et le comportement des individus. C'est ainsi que les dirigeants des émissions de *Star Académie* évaluent régulièrement les progrès réalisés par rapport aux objectifs fixés et choisissent leur ligne de conduite d'après les résultats de cet examen.

Elle réduit l'ampleur et le nombre des conflits entre les unités et les individus qui forment une entreprise. À mesure qu'une entreprise se développe, un nombre croissant de groupes et d'individus ont tendance à s'engager dans des voies différentes, ce qui peut engendrer des conflits. Les unités spécialisées ont chacune des priorités et des intérêts distincts. Elles se préoccupent souvent davantage de leurs propres objectifs que de ceux de l'entreprise dans son ensemble.

3

5.3.2 La hiérarchie des objectifs

Comme nous l'avons déjà vu, les objectifs établis sont issus des différents niveaux hiérarchiques d'une entreprise (voir la figure 5.2, p. 168). Ainsi, l'énoncé des valeurs, de la vision, de la mission et des objectifs stratégiques provient du comité de gestion, tandis que l'élaboration des objectifs tactiques est le fait des vice-présidents responsables d'une fonction ou d'une division et que celle des objectifs opérationnels relève des chefs de service. Les cadres supérieurs fixent des objectifs de croissance et doivent s'assurer que les responsables des différentes fonctions ou divisions organisationnelles (commercialisation, production, finances, ressources humaines, etc.) ainsi que les cadres inférieurs (des services ou des centres de responsabilités) adoptent des buts subordonnés venant appuyer les objectifs de croissance. Cette manière de procéder garantit la concordance des objectifs de même que la cohérence des plans stratégiques et opérationnels.

Imaginons que le comité de gestion d'une entreprise adopte l'objectif stratégique d'accroître le rendement du capital investi de 3 % en cinq ans,

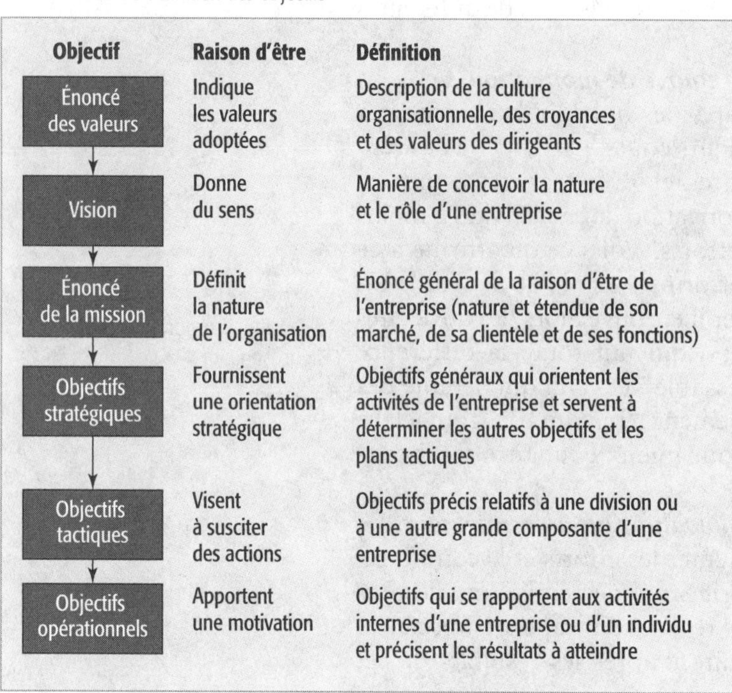

Objectif	Raison d'être	Définition
Énoncé des valeurs	Indique les valeurs adoptées	Description de la culture organisationnelle, des croyances et des valeurs des dirigeants
Vision	Donne du sens	Manière de concevoir la nature et le rôle d'une entreprise
Énoncé de la mission	Définit la nature de l'organisation	Énoncé général de la raison d'être de l'entreprise (nature et étendue de son marché, de sa clientèle et de ses fonctions)
Objectifs stratégiques	Fournissent une orientation stratégique	Objectifs généraux qui orientent les activités de l'entreprise et servent à déterminer les autres objectifs et les plans tactiques
Objectifs tactiques	Visent à susciter des actions	Objectifs précis relatifs à une division ou à une autre grande composante d'une entreprise
Objectifs opérationnels	Apportent une motivation	Objectifs qui se rapportent aux activités internes d'une entreprise ou d'un individu et précisent les résultats à atteindre

Figure 5.3
La hiérarchie, leur raison d'être et une brève définition des objectifs

afin de l'amener à 18 %. Pour parvenir à ce résultat, il faudra que les vice-présidents établissent à leur tour leurs objectifs respectifs (objectifs tactiques) et que les chefs de service fassent ensuite de même (objectifs opérationnels). La figure 5.3 présente la hiérarchie des objectifs qu'ils pourraient se fixer, la raison d'être de ces objectifs et une brève description de chacun.

La figure 5.4 permet d'observer comment les objectifs organisationnels se rattachent les uns aux autres. Ainsi, les vice-présidents formulent des objectifs tactiques liés aux objectifs stratégiques (part du marché, rentabilité, rendement du capital investi) pour ensuite les faire connaître aux chefs de service. Chacun de ces derniers adopte à son tour des objectifs opérationnels conformes aux objectifs tactiques du vice-président dont il relève. Ce processus se répète jusqu'aux exécutants pris individuellement. (Nous expliquerons de quelle manière on communique les objectifs d'un niveau hiérarchique à un autre lorsque nous traiterons de la gestion par objectifs à la sous-section 5.3.6, p. 186).

La transformation, par des subordonnés situés à différents échelons, des objectifs établis à un niveau supérieur s'appelle le *processus d'enchaînement*. Celui-ci fait en sorte que les objectifs opérationnels soient compatibles avec ceux des unités énumérées plus haut et viennent les appuyer. Il revêt donc une importance capitale pour les cadres supérieurs qui veulent assurer la cohérence des actions de toutes les unités de leur entreprise.

Nous venons d'étudier les objectifs du point de vue de leur hiérarchie. Examinons maintenant les différents types d'objectifs propres à chaque échelon de la hiérarchie, c'est-à-dire l'énoncé des valeurs, la vision, l'énoncé de la mission, les objectifs stratégiques, les objectifs tactiques et les objectifs opérationnels.

A. L'énoncé des valeurs

La première catégorie d'objectifs donne à l'entreprise une orientation générale. On distingue les énoncés des valeurs, la vision, l'énoncé de la mission et les objectifs stratégiques.

Comme nous l'avons mentionné au chapitre 2, les valeurs représentent des normes, des croyances et des convictions étendues fermement ancrées dans l'esprit des gestionnaires et des exécutants, et qui se rapportent à la manière d'exploiter leur entreprise. Elles influent sur presque tous les aspects des activités d'une entreprise : jugements moraux, réactions face aux autres, engagement à atteindre des objectifs individuels et collectifs[7]. Les valeurs d'une entreprise fournissent des indications générales sur la philosophie de gestion qu'on y applique et sur la manière dont cette entreprise devrait fonctionner ; elles déterminent aussi en partie les décisions et les stratégies que l'on y adopte (voir la figure 5.2, à la page 168).

Un **énoncé des valeurs**[8] est un texte qui décrit les croyances et les valeurs des membres d'une entreprise. Il s'agit d'un énoncé qualitatif expliquant les valeurs que défendent ces derniers. Le comportement d'un individu qui a le sens de la justice et de l'honnêteté, par exemple, différera sans aucun doute de celui d'une personne ne possédant pas ces valeurs. (Voir les tableaux 2.4, 3.2 et 3.3 respectivement aux pages 53, 92 et 96, pour des exemples d'énoncés des valeurs, de codes de déontologie et de principes directeurs, et le tableau 3.4 à la page 97 pour voir comment introduire des énoncés des valeurs dans une entreprise.)

www.alcan.com/web/publishing.nsf/Content/About+Alcan+-+Our+values_FR pour des exemples d'énoncés des valeurs

Figure 5.4
Les liens de subordination entre les objectifs et les plans

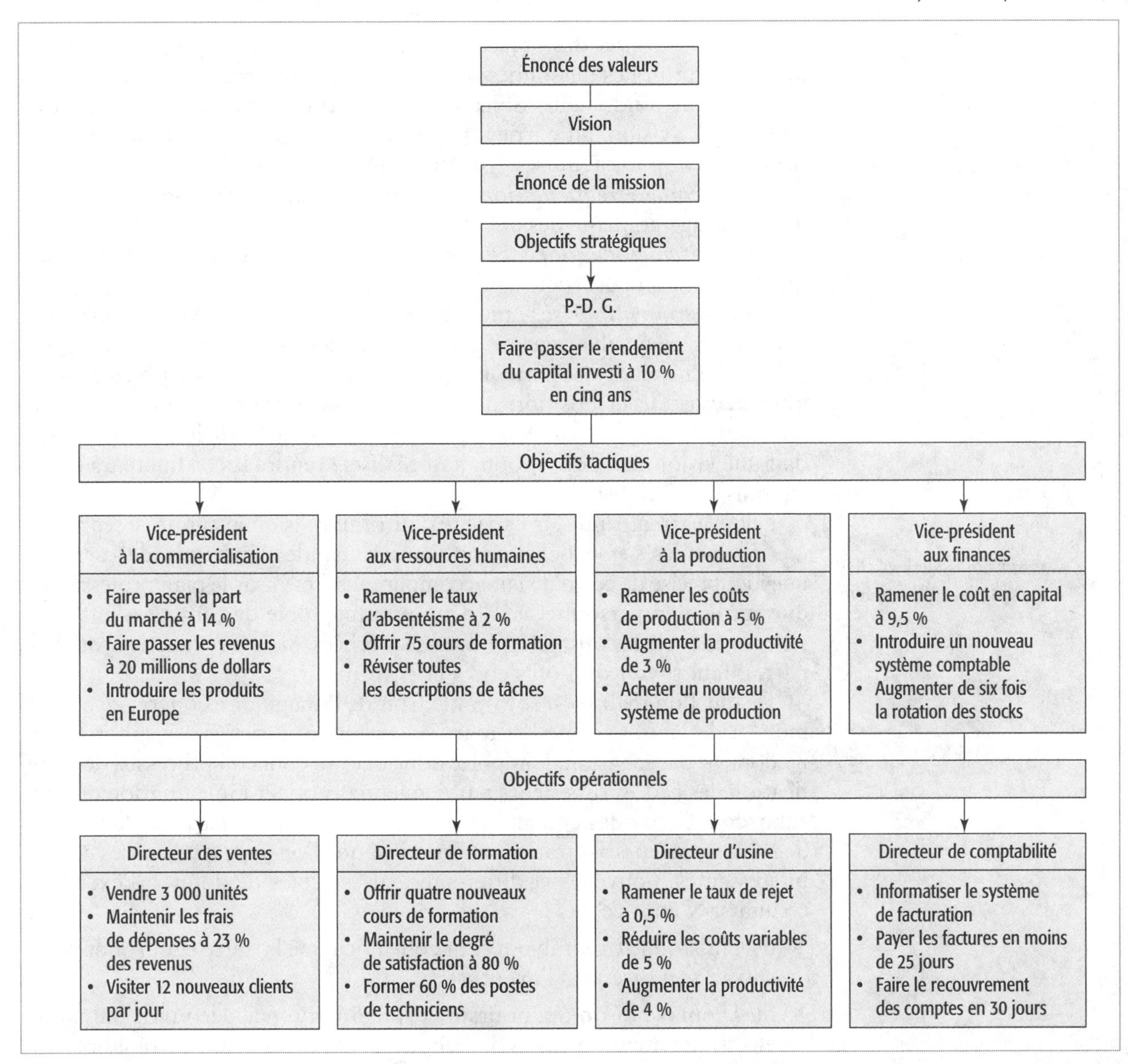

WWW
www.hp.com/hpinfo/abouthp/corpobj.html
pour les sept énoncés généraux des valeurs à la société Hewlett-Packard

John A. Young, de la société Hewlett-Packard, déclara un jour que l'on doit envisager l'énoncé des valeurs comme un adhésif, c'est-à-dire comme une philosophie de base, une orientation fondamentale, un ensemble de valeurs rassemblant tous les individus d'un groupe. Hewlett-Packard possède sept énoncés généraux des valeurs qui se rattachent à divers éléments: bénéfices, clientèle, champs d'intérêt, croissance, personnel, direction et civisme[9].

B. La vision

Pour qu'une entreprise prospère, il faut que ses dirigeants se forment une image de la position qu'ils désirent lui faire atteindre sur le marché. On peut décrire une telle **vision** comme « le fruit d'un voyage mental où l'on part du connu pour explorer l'inconnu, élaborant ainsi une représentation de l'avenir qui tient compte de faits, d'espoirs, de rêves, de dangers et de possibilités »[10].

Avant d'élaborer des objectifs et des plans, il importe de se former une image du futur. Les personnes qui obtiennent ainsi une vision précise sont en mesure de fondre leurs objectifs et leurs stratégies en un tout logique et cohérent. La vision fait partie intégrante de nos activités courantes que l'on tient souvent pour acquises. Voici quelques exemples:

Une première fréquentation. Rêver d'une relation sérieuse à long terme, d'un mariage et même des enfants.

Notre premier emploi. Rêver de ce que l'on espère réaliser et les postes que l'on souhaite décrocher.

Lancer son entreprise. Émettre des idées pour faire réussir l'entreprise et imaginer ce qu'elle pourrait être dans quelques années.

Lorsqu'un cadre supérieur envisage l'avenir, il se fait diverses idées intéressantes de la position que devrait occuper son entreprise et de ce qu'il veut accomplir. Nul doute que Steven Jobs, de la Société Apple, possédait une vision de ce qu'il souhaitait réaliser: rendre les ordinateurs faciles et amusants à utiliser.

WWW
www.pfdf.org/leaderbooks/l2l/spring99/bennis.html

Selon Warren Bennis, la capacité d'offrir une vision inspiratrice représente une des habiletés essentielles pour bien commander. Un bon leader a en effet une idée précise de ce qu'il veut accomplir (aussi bien sur le plan professionnel que sur le plan personnel) et il démontre une force de caractère suffisante pour surmonter les obstacles et même les échecs. Si l'on veut arriver quelque part, il faut savoir où l'on s'en va et pourquoi[11].

Ce que l'on réalise est souvent le fruit de l'imaginaire concrétisé par des mots et des actions. Un chef n'arrive cependant à rien si ses subordonnés n'adoptent pas sa vision. Il importe donc que, au cours du processus de planification, les cadres supérieurs parviennent à captiver l'imagination de leurs subordonnés par des énoncés éloquents et à leur faire partager leurs rêves de même que leurs aspirations. C'est ainsi que l'on peut amener des actions intéressantes, nouvelles et différentes, susceptibles de donner d'excellents résultats. N'était-ce pas le cas:

- de Christophe Colomb qui était convaincu que la Terre était ronde poursuivait son rêve vers l'aventure ?
- de Thomas Edison qui poursuivit son ambition de découvrir l'ampoule électrique même après avoir échoué 10 000 fois avant de réussir ?

- d'Alexander Bell qui était convaincu que l'on pouvait communiquer par téléphone et de Ted Turner qui élaborait un poste de télévision par satellite (CNN) ?

Rien ne les a empêchés de poursuivre leurs rêves même s'ils étaient traités de « fous » par leurs contemporains.

C. L'énoncé de la mission

www.quebecor.com
présente son énoncé de la mission

Tout organisme a une raison d'être, nommée mission, qui peut faire l'objet d'un énoncé formel écrit. L'énoncé de la **mission** d'une entreprise est une description générale mais durable de sa raison d'être, indiquant les marchés et les produits concernés par ses activités[12]. Tout énoncé de la mission formulé en des termes qui inspirent et stimulent peut susciter l'engagement des employés, ce qui en fait une importante source de motivation[13].

www. bombardier.com/
pour des exemples d'énoncés des valeurs, de la mission et de codes d'éthique

Un énoncé de la mission provoque deux questions importantes auxquelles doivent répondre les cadres supérieurs.

- Pourquoi sommes-nous en affaires ?
- Quel domaine faut-il exploiter ?

www.tandy.com.au/
cgi-bin/tandy.storefront

Toutes les stratégies d'une entreprise s'articulent autour d'une mission. Celle-ci justifie l'existence de l'entreprise et la distingue de toutes les autres. Apple, par exemple, a certainement une mission différente de celle de Tandy. On pourrait décrire sa raison d'être comme suit : concevoir, mettre au point, fabriquer, vendre et entretenir des micro-ordinateurs aux États-Unis et dans d'autres pays. Par opposition, Tandy se définit comme un fabricant et un détaillant américain de produits de consommation électroniques.

Il arrive que la mission d'une entreprise évolue au fil du temps, à la suite, par exemple, d'une modification du type de produits qu'elle offre ou d'un élargissement de ses marchés. Songeons ici à Canadien National (CN) et à Canadien Pacifique (CP). Lorsque ces entreprises virent le jour, leurs dirigeants jugeaient qu'ils travaillaient dans le secteur du rail. La manière dont ils envisageaient leur mission s'est toutefois graduellement transformée à mesure qu'ils ont pris conscience du fait que non seulement ils rivalisaient entre eux, mais aussi que le CN et le CP devaient soutenir la concurrence d'autres entreprises à l'œuvre dans le secteur du transport (sociétés aériennes, entreprises de camionnage, sociétés de transport par autobus et sociétés maritimes). La mission des entreprises ferroviaires a d'ailleurs encore changé, car celles-ci évoluent de nos jours dans le secteur des communications.

D. Les objectifs stratégiques

Les **objectifs stratégiques** ou généraux d'une entreprise se présentent sous la forme d'énoncés écrits lui donnant une orientation plus précise. De nature qualitative ou quantitative, ils indiquent ce que l'entreprise se propose d'accomplir et concernent divers éléments : produits, marchés, savoir technique, méthode de vente, ressources naturelles, procédés de distribution, taille, croissance, rentabilité et bénéfices. Voici quelques exemples d'objectifs stratégiques souvent adoptés :

- occuper une position plus importante et plus solide dans le secteur;
- accroître la compétitivité de l'entreprise sur les marchés internationaux;
- offrir une gamme de produits plus vaste ou plus attirante;
- bénéficier d'une plus grande réputation auprès des clients;
- réduire les coûts de l'entreprise par rapport à ceux de ses principaux concurrents.

WWW
www.peter-drucker.com/

Selon Peter Drucker, les organismes à but lucratif doivent se fixer des objectifs portant sur les domaines ou les éléments clés suivants : la part du marché, l'innovation, la productivité, les ressources physiques et financières, la rentabilité, le rendement et le perfectionnement des gestionnaires, le rendement et l'attitude du personnel ainsi que la responsabilité publique[14]. Il importe de considérer les actions d'une entreprise sur le plan social et la manière dont elle réagit aux différents groupes qui défendent des intérêts particuliers.

E. Les objectifs tactiques

Les **objectifs tactiques** ont un caractère plus précis et concernent une division qui relève d'un vice-président, comme la commercialisation, la production, les finances ou les ressources humaines. Ils indiquent ce que doit accomplir une fonction de l'entreprise.

On peut établir des objectifs tactiques au sujet des produits, du service, de la stimulation des ventes, de l'approvisionnement, de la fabrication, de la publicité, des marques de commerce, des réseaux de distribution, des méthodes de contrôle, des installations, de la vente, de la recherche et du développement ou du savoir technique. Ces objectifs doivent venir appuyer les objectifs stratégiques et s'accompagner de plans détaillés qui expliquent la manière dont on compte les réaliser. Voici quelques énoncés d'objectifs de ce type :

- augmenter la part du marché de l'Ouest canadien à 14,5 % ;
- réduire les frais généraux de production de 10 % ;
- vendre tout le matériel de production désuet ;
- accroître le taux d'utilisation de l'usine de 2 % ;
- améliorer les programmes de formation et de perfectionnement à l'intention des cadres inférieurs ;
- faire baisser le taux d'unités défectueuses à 0,3 %.

F. Les objectifs opérationnels

Il revient aux cadres inférieurs d'établir les **objectifs opérationnels**. Ceux-ci sont aussi liés aux objectifs tactiques et agissent à la manière de principes directeurs qui amènent les gens à fournir des résultats concrets, à concentrer leurs efforts sur les priorités de l'entreprise et à mieux comprendre leurs rôles ainsi que leurs responsabilités.

Les objectifs opérationnels sont axés sur le rendement, ont un caractère précis et donnent lieu à des résultats mesurables ; aussi les utilise-t-on pour assurer le contrôle des ressources internes d'une entreprise. Ils peuvent consister, par exemple, à réduire les coûts, à faire baisser le taux de renouvellement du personnel, à accroître le chiffre d'affaires ou à améliorer la production, le moral des employés ou les communications internes.

Ce sont les chefs de service, les chefs de centre de responsabilité ou les chefs de section qui déterminent les objectifs opérationnels. Ceux-ci peuvent même être le fait de simples exécutants.

G. Le processus de formulation des objectifs opérationnels

Dans son ouvrage intitulé *Management by Objectives and Results for Business and Industry*, George Morrisey déclare qu'il faut réaliser six étapes pour bien élaborer des objectifs opérationnels (voir la figure 5.5)[15].

WWW
www.morrisey.com/

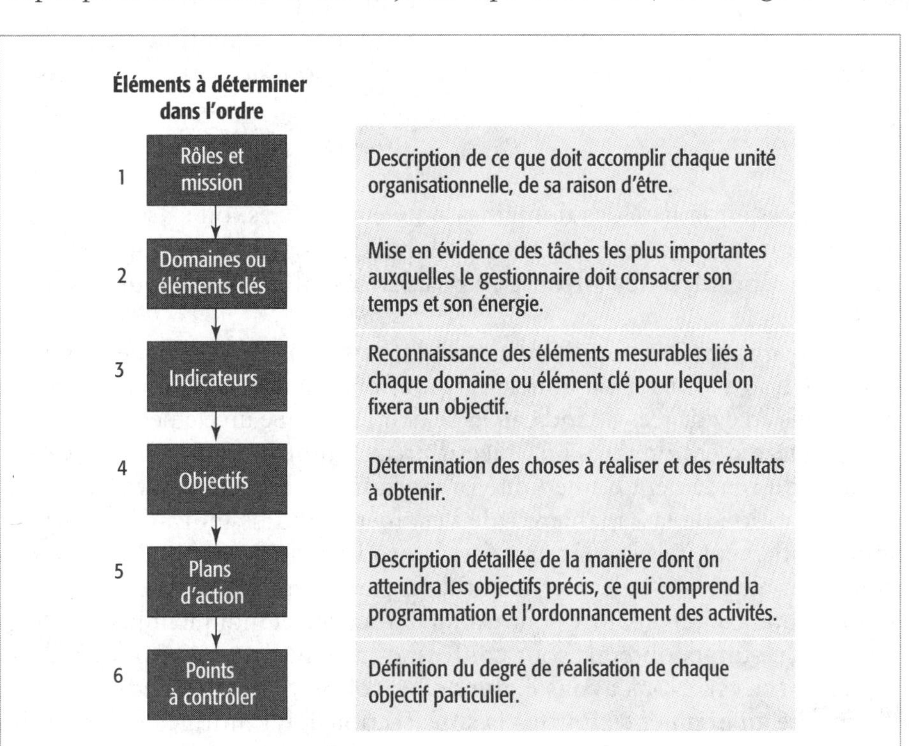

Éléments à déterminer dans l'ordre
1
Rôles et mission
Description de ce que doit accomplir chaque unité organisationnelle, de sa raison d'être.
2
Domaines ou éléments clés
Mise en évidence des tâches les plus importantes auxquelles le gestionnaire doit consacrer son temps et son énergie.
3
Indicateurs
Reconnaissance des éléments mesurables liés à chaque domaine ou élément clé pour lequel on fixera un objectif.
4
Objectifs
Détermination des choses à réaliser et des résultats à obtenir.
5
Plans d'action
Description détaillée de la manière dont on atteindra les objectifs précis, ce qui comprend la programmation et l'ordonnancement des activités.
6
Points à contrôler
Définition du degré de réalisation de chaque objectif particulier.

Figure 5.5
Le processus de formulation des objectifs opérationnels

Première étape: définir les rôles et la mission. Dans un premier temps, le gestionnaire en cause doit clarifier et expliquer en termes précis les rôles et la mission de son unité, de même que les liens les unissant à l'intérieur de l'ensemble de l'entreprise. Établir les rôles et la mission d'une unité organisationnelle aide à déterminer la nature et l'étendue du travail qu'elle doit effectuer. Le responsable doit ici se poser des questions: Quelle est la raison d'être de mon unité ? Que sommes-nous censés faire ? Quel est notre principal mandat ? Qui sont nos clients ? Quels produits et services offrons-nous ?

Deuxième étape: dresser la liste des domaines et des éléments clés. L'une des étapes importantes pour en arriver à définir des objectifs opérationnels consiste à reconnaître les domaines ou éléments clés auxquels les gestionnaires devraient consacrer plus de temps et d'énergie. Un **domaine clé de succès** se définit comme les tâches les plus importantes réalisées au sein d'une unité organisationnelle. Par exemple, un service d'évaluation de bâtiments pourrait inclure (1) la confection du rôle d'évaluation, (2) la réinspection des bâtiments, (3) la mise à jour du rôle.

Ces domaines ou éléments clés font essentiellement ressortir les tâches (non les activités) qui s'avèrent les plus importantes et qui méritent une attention particulière. Il convient de fixer des objectifs opérationnels pour chacun d'entre eux. Les domaines clés de succès dépendent des principales activités d'une unité. En voici d'autres exemples :

Unités organisationnelles	*Domaines ou éléments clés*
Usine de fabrication	Produit X
Service de comptes clients	Comptes clients
Services des ressources humaines	Sessions de formation
Service de la recherche et du développement	Innovation, nouveaux produits
Entrepôt	Stocks

En dressant la liste des domaines ou éléments clés, on s'assure : 1) que les gestionnaires se concentreront sur les points les plus importants, 2) qu'ils devront répondre des principaux résultats obtenus, lesquels seront mesurables.

Troisième étape : reconnaître les indicateurs à considérer. Le gestionnaire en cause doit y trouver un indicateur pour chaque domaine ou élément clé qu'il a mis en évidence. Un **indicateur** se définit comme un élément mesurable dont on fera mention dans un objectif précis. Il fournit non pas une valeur absolue du rendement d'une unité organisationnelle, mais plutôt une simple description de la « manière » de l'évaluer. Certains indicateurs portent sur le rendement, tels le coût unitaire, la productivité (nombre d'unités produites par employé) et le coefficient de travail (temps nécessaire à la réalisation d'une tâche). D'autres ont trait à l'efficacité et indiquent jusqu'à quel point les résultats obtenus sont conformes aux buts (qualité des produits ou des services). Nous avons examiné les concepts liés au rendement et à l'efficacité au premier chapitre à la sous-section 1.1.1 intitulée « L'efficacité et le rendement : objectifs essentiels des gestionnaires », à la page 5.

Suivent quelques exemples d'indicateurs s'appliquant à certains domaines ou éléments clés.

Domaines ou éléments clés	*Indicateurs*
Comptes clients	Délai moyen (règlement en jours)
Ventes	Valeur des ventes réalisées auprès de nouveaux clients
Stocks	Rotation des stocks
Ressources humaines	Taux de renouvellement des employés
Production	Pourcentage d'unités défectueuses

3

Quatrième étape: énoncer les objectifs opérationnels. Les trois étapes précédentes servent d'outils de travail pour formuler en termes simples les actions à accomplir et les expliquer clairement. Voici quelques exemples de tels objectifs:

- réduire le délai de règlement des comptes clients de 45 jours à 42 jours en six mois;
- accroître le volume des ventes de la quincaillerie de 6 % d'ici le 6 juin;
- établir et mettre en application un contrat de service avant le 1er mars;
- traiter au moins 98 % des plaintes des clients le jour même de leur réception.

Les objectifs opérationnels portent soit sur des activités continues, soit sur des projets particuliers.

Les activités continues. On appelle **activités continues** les actions que répète sans cesse une unité organisationnelle. Il peut s'agir, entre autres, de fabriquer des biens, de vendre des produits, d'offrir des programmes de formation, de réagir aux plaintes des clients, d'assurer la dotation, de prendre contact avec les clients, de traiter des comptes ou de fournir des services d'une manière continue. Les commis aux comptes clients, par exemple, ne cessent de traiter des factures, de communiquer avec des clients et d'inscrire les transactions effectuées. Or, il importe de reconnaître ces activités continues et répétitives pour définir la nature et l'ampleur des ressources nécessaires à leur réalisation (budget) et déterminer la qualité du service offert.

Tout objectif particulier se rapportant à une activité continue fait en général mention:

- d'*extrants*, c'est-à-dire de ce que génère l'unité en cause;
- de *mesures de rendement*, c'est-à-dire des ressources nécessaires à la production de chaque bien ou service;
- de *mesures d'efficacité*, c'est-à-dire de la qualité des services offerts.

Voici un exemple d'objectif opérationnel touchant des activités continues: Traiter 50 000 dossiers (extrants) durant l'année en utilisant en moyenne 25 minutes (rendement) et en respectant un délai de 30 jours (efficacité).

Les projets. Un **projet** se définit comme une activité particulière qu'une unité organisationnelle ne réalise qu'une seule fois. Il se caractérise par un début et une fin. Le lancement d'une campagne publicitaire, l'instauration d'un nouveau système comptable, l'installation d'un système informatique, l'offre d'un nouveau service à la clientèle et la mise en œuvre d'un programme de formation présentent ainsi trois points communs. En effet, toutes ces activités (1) résultent d'un mandat particulier; (2) ont un début et une fin; (3) exigent des ressources. En règle générale, un objectif opérationnel se rapportant à un projet particulier indique:

- le résultat à obtenir;
- l'échéance fixée pour la réalisation de ce projet;
- l'évaluation des coûts à engager;
- le nombre de jours/personne requis pour effectuer le travail.

Voici un exemple d'objectif opérationnel touchant un projet:

Développer et mettre en marche avant le 31 octobre 2007 (date d'échéance) un nouveau processus de planification dans 80 % des centres de responsabilités (résultat à obtenir); le coût d'implantation ne dépassant pas la somme de 75 000 $ (coûts) et de 200 jours/personne (ressources humaines requises).

Cinquième étape : préparer des plans d'action. Au cours de cette étape, il faut programmer et organiser toutes les sous-activités qui découlent d'un objectif particulier. La programmation consiste essentiellement à établir l'ordre séquentiel des actions à entreprendre afin d'atteindre cet objectif et l'organisation — ou l'ordonnancement — à déterminer le temps nécessaire pour accomplir chacune d'entre elles.

Sixième étape : déterminer les points sur lesquels portera le contrôle. Cette dernière étape permet de boucler la boucle en faisant le lien entre l'élaboration des objectifs et leur réalisation. Elle consiste à mettre en place les mécanismes qui aideront à poursuivre les objectifs choisis et qui permettront d'évaluer jusqu'à quel point on les a réalisés, ainsi que de reconnaître les mesures à prendre pour remédier à tout écart.

5.3.3 Les types d'objectifs

Nous venons d'étudier les objectifs du point de vue de leur hiérarchie. Il existe toutefois différents types d'objectifs à chaque niveau de cette hiérarchie. Nous ferons donc la distinction entre (1) les objectifs officiels et les objectifs effectifs, (2) les objectifs quantitatifs et les objectifs qualitatifs, (3) les objectifs à long, à moyen et à court termes.

A. Les objectifs officiels et effectifs

Charles Perrow a établi une distinction entre un objectif officiel et un objectif effectif[16]. Un **objectif officiel** représente un but qui découle de la mission d'une entreprise et que celle-ci indique dans sa charte, ses rapports annuels, ses publications ou ses sites Web. Les objectifs de ce type reflètent ce que les gens attendent d'une entreprise. Il peut s'agir, notamment, de viser à fournir des produits sûrs et de qualité ou à faire preuve de sens civique. (Se reporter aux tableaux 2.4, 3.2 et 3.3 respectivement aux pages 53, 92 et 96 pour des exemples d'objectifs officiels de différentes entreprises.)

Un **objectif effectif** ou directement lié à l'exploitation porte sur les activités internes d'une entreprise et peut avoir un caractère stratégique, tactique ou opérationnel. Certains objectifs de ce type visent des résultats à long terme (par exemple, obtenir une part de 20 % du marché dans un délai de 10 ans) et d'autres, des résultats à court terme (par exemple, ramener le délai de règlement des comptes clients à 30 jours).

B. Les objectifs quantitatifs et qualitatifs

Les objectifs formulés peuvent être de nature quantitative ou qualitative. En principe, un objectif doit être énoncé en termes précis pour permettre l'évaluation des résultats. Il faut cependant reconnaître que les objectifs définis en termes plus généraux, soit les objectifs qualitatifs, jouent un rôle important dans le processus de détermination des buts à atteindre (voir ceux des tableaux 3.2 et 3.3).

Les objectifs quantitatifs et les objectifs qualitatifs se révèlent complémentaires. Par exemple, un enseignant annonce à ses étudiants qu'ils feront un voyage à Ottawa. Il s'agit là d'un énoncé d'objectif qualitatif qui les oriente. Ceux-ci pourraient toutefois élaborer des objectifs plus précis tels que se rendre à Ottawa au cours de la première semaine de février ou passer trois jours dans cette ville, y visiter le Centre national des arts ainsi que le parlement et aller patiner sur le canal Rideau.

En règle générale, les objectifs à long terme s'avèrent plus abstraits que ceux que l'on adopte à court terme. On peut toutefois formuler les uns et les autres en termes quantitatifs ou qualitatifs. De même, les objectifs stratégiques, tactiques et opérationnels peuvent aussi faire l'objet d'un énoncé quantitatif ou qualitatif. Voici des exemples d'objectifs qualitatifs:

- améliorer la qualité du service à la clientèle;
- contribuer davantage aux activités communautaires.

Les objectifs de ce type peuvent être formulés par des cadres aussi bien du niveau supérieur que d'autres échelons.

Voici, d'autre part, des exemples d'objectifs quantitatifs:

- réduire les coûts de production de 0,25 dollar à 0,22 dollar l'unité;
- accroître le chiffre d'affaires de 13 %.

On peut aisément vérifier et mesurer la réalisation d'objectifs de ce type. Ceux-ci peuvent constituer des objectifs stratégiques, tactiques ou opérationnels de même que des objectifs à court ou à long terme. Par exemple, le deuxième objectif quantitatif pourrait avoir été adopté par le vice-président à la commercialisation ou par un représentant commercial et s'appliquer à court terme (sur une période de 30 jours) ou à long terme (sur une période de 5 ans).

C. L'horizon temporel des objectifs

Pour ce qui est du délai de réalisation, on distingue les objectifs à court, à moyen et à long termes. Il importe ici de reconnaître que le délai de réalisation de chaque objectif doit être lié aux plans organisationnels, qui se divisent eux aussi en trois catégories suivant leur horizon temporel.

Peu importe leur nombre et le temps alloué à leur réalisation, tous les objectifs doivent être intégrés. Prenons l'exemple d'une entreprise qui adopte pour objectif stratégique (à long terme) d'obtenir un rendement de 18 % sur le capital investi (résultat qu'elle pourrait enregistrer dans un délai de cinq ans). Les cadres supérieurs devront se poser quelques questions fondamentales, parmi lesquelles: En combien de temps devrions-nous atteindre cet objectif? Est-il réaliste? Sommes-nous capables de le réaliser à l'intérieur du délai fixé?

Après que l'on a établi les objectifs à long terme, il faut choisir les objectifs à court et à moyen termes. Déterminés par les responsables des diverses fonctions, les objectifs à moyen terme se rattachent aux buts à long terme et présentent un délai de réalisation de deux à cinq ans. Le vice-président à la commercialisation, par exemple, fixera peut-être des objectifs échelonnés sur une période de cinq ans en ce qui a trait à la part du marché. De même, le vice-président à la production pourrait définir des objectifs associés aux programmes de réduction des coûts, à l'acquisition de biens d'équipement plus rentables, à un accroissement de la productivité ou à une amélioration de la qualité des gammes de produits offertes.

Le même processus s'applique aux objectifs à court terme, lesquels ont un délai de réalisation de 12 mois. De type opérationnel, ces objectifs sont élaborés dans les services et portent sur certains aspects particuliers de l'exploitation. Ils peuvent consister, par exemple, à faire baisser le niveau des stocks, à raccourcir le délai de règlement des comptes clients, à accroître le chiffre d'affaires d'un certain pourcentage dans des régions données ou à réduire le coût de fabrication de certains produits.

5.3.4 Les objectifs liés au secteur des services

Par le passé, on associait surtout les objectifs aux entreprises de production, c'est-à-dire à celles fabriquant des biens (automobiles, ordinateurs, téléphones, calculatrices, etc.). Il se révèle en effet plus facile d'évaluer le rendement d'une entreprise de production que celui d'une entreprise de services.

De nos jours, cependant, les entreprises de services (banques, hôpitaux, universités) occupent une place toujours plus importante dans l'économie nord-américaine et la qualité des services qu'elles offrent déçoit de plus en plus les consommateurs. C'est pourquoi leurs gestionnaires se préoccupent davantage de mesurer la qualité de leurs services. Il n'est pas facile d'effectuer une telle évaluation, mais les dirigeants d'entreprises de services ont trouvé divers moyens d'y parvenir. Ils examinent ainsi plusieurs éléments pour évaluer le processus de prestation des services, ses résultats et la satisfaction des clients[17].

L'évaluation du processus. Chez American Express, par exemple, on détermine le temps que prennent les téléphonistes pour répondre à un appel et donner au client les renseignements qu'il cherche à obtenir. On vérifie également si ces employés parviennent à résoudre le problème d'un client sans transmettre son appel à quelqu'un d'autre. Dans les banques, par ailleurs, on évalue la rapidité et la précision des caissiers. De même, chez un transporteur aérien, on calcule le temps nécessaire aux équipes d'entretien pour nettoyer un appareil et celui qui est nécessaire aux préposés aux réservations pour répondre à un appel téléphonique.

L'évaluation des résultats. Elle permet de reconnaître les effets que produit le processus sur les clients et de déterminer le degré de satisfaction de ces derniers. La norme adoptée chez Federal Express, par exemple, consiste à livrer tout colis le jour suivant son expédition, avant 10 h 30.

L'évaluation de la satisfaction. On effectue des sondages et des études pour déterminer la réaction des clients à la qualité du service fourni. Chez American Express, des analystes de l'assurance de la qualité écoutent les échanges téléphoniques pour vérifier la politesse, le ton, la précision, le respect, etc., dont font preuve les employés. La chaîne hôtelière Marriott a établi, pour sa part, un indice de service à la clientèle; il est affiché dans toutes les unités afin que les employés puissent en prendre connaissance.

Il existe également d'autres systèmes d'évaluation. Ainsi, la firme texane d'experts-conseils A & M a mis en évidence cinq éléments que l'on peut toujours lier à la qualité des services offerts et à la satisfaction des clients. En voici la liste :

- la *fiabilité*, c'est-à-dire la capacité de fournir exactement ce que l'on a promis et de respecter ses engagements;
- l'*assurance*, c'est-à-dire la compétence et la courtoisie des employés de même que leur aptitude à inspirer confiance;
- l'*empathie*, c'est-à-dire le fait de s'intéresser à chaque client et de lui prêter une attention individuelle;

Tableau 5.1
Les caractéristiques d'un objectif valable

Viser des résultats précis et, si possible, mesurables. Dans la mesure du possible, tout objectif doit être énoncé en termes précis, comme dans l'exemple ci-après : Augmenter notre part du marché québécois du produit A de 1 % au cours des 12 prochains mois pour l'amener à 13 %. Non seulement cet énoncé indique clairement le produit et le territoire en cause, mais encore il permet de savoir à qui il revient d'assurer l'atteinte de l'objectif établi.

Présenter une dimension temporelle. Un énoncé stipulant que l'on doit vendre 100 000 unités d'un produit A est précis, mais il n'indique pas à quel moment il faut avoir atteint ce but. Il importe de faire la distinction entre les objectifs établis sur une base quotidienne et ceux établis sur une base hebdomadaire, mensuelle et annuelle.

Avoir un caractère réaliste et stimulant. Les objectifs irréalistes n'apportent aucune motivation. Au contraire, ils nuisent au moral et peuvent être une source de découragement, de frustration et d'inquiétude. Tout objectif devrait inciter à agir. Il ne sert à rien, par exemple, de demander à un jeune d'obtenir une note de 90 % à tous ses tests s'il n'est guère doué pour les études et s'y intéresse peu. Une note de 75 % constituerait alors un objectif plus réaliste, que l'on pourrait ultérieurement réviser à la hausse si l'étudiant démontrait plus d'enthousiasme et souhaitait travailler davantage. D'autre part, les objectifs qui ne posent aucun défi entraînent également des résultats médiocres parce que les employés fournissent alors un rendement et un effort minimaux.

Être établi par la ou les personnes devant assurer sa réalisation. Lorsqu'un individu est chargé de réaliser un objectif qu'il n'a pas contribué à établir ou qu'il rejette, il n'a pas à cœur de l'atteindre. Il pourrait déclarer qu'il s'agit de l'objectif de son patron et non du sien.

S'harmoniser avec les autres objectifs. La concordance verticale nécessite que tout subordonné adopte des objectifs en accord avec ceux de son supérieur (voir la figure 5.4, à la page 175). La concordance verticale implique que les objectifs adoptés par les différentes unités d'une organisation doivent s'avérer cohérents. Ainsi, dans le cas où le Service de la commercialisation voudrait accroître ses ventes de 20 %, ou de deux millions d'unités, il lui faudrait en aviser d'autres unités de l'entreprise. Les responsables de la production, entre autres, devraient en être informés et lier leurs objectifs à ceux du Service de la commercialisation. De plus en plus, les entreprises qui veulent offrir des produits et des services de qualité supérieure accordent beaucoup d'importance à la communication horizontale entre leurs diverses unités. La promotion du travail d'équipe, par exemple, favorise la communication interfonctions entre les groupes ayant la responsabilité de fournir des produits ou des services d'excellente qualité.

Servir à l'évaluation du rendement. Il convient de récompenser les employés et les équipes de travail d'après ce qu'ils accomplissent. Le document d'évaluation d'une personne ou d'une équipe devrait ainsi mentionner les objectifs particuliers associés à ses activités continues et aux projets auxquels elle participe. On devrait ensuite récompenser les individus en fonction de leur productivité.

Être flexible. Comme l'environnement extérieur (économique, politique, technologique, concurrentiel, etc.) évolue et qu'une entreprise peut modifier ses priorités, il importe d'adapter un objectif aux circonstances. Prenons l'exemple de dirigeants d'une entreprise voulant accroître leur chiffre d'affaires de 10 % en une année grâce à trois programmes de commercialisation, en tenant pour acquis que les conditions du marché n'évolueront guère (prémisses de la planification). Advenant l'abandon, six mois plus tard, de deux de ces programmes afin de réduire leur budget de commercialisation, il leur faudrait modifier leur objectif pour qu'il soit plus réaliste.

Définir les résultats plutôt que les activités. Un objectif doit indiquer les résultats attendus, non les activités à accomplir. En effet, tout objectif vise à ce que les gestionnaires et les exécutants se concentrent sur les résultats à obtenir.

- la *sensibilité*, c'est-à-dire la volonté d'aider les clients et de leur offrir un service rapide;
- les *aspects tangibles*, c'est-à-dire les installations et le matériel utilisés ainsi que l'apparence des employés[18].

5.3.5 Les caractéristiques d'un objectif valable

Il est à noter que, pour être valable, un objectif doit posséder certaines caractéristiques essentielles, et ce, quel que soit le type d'objectif. Le tableau 5.1, à la page 187, présente les principales caractéristiques d'un objectif valable.

5.3.6 La gestion par objectifs

Jusqu'à présent, dans ce chapitre, nous avons examiné les différents types d'objectifs, leur hiérarchie et les caractéristiques d'un objectif valable. Nous allons maintenant nous intéresser au processus de détermination des objectifs qui contribue grandement à la mise en œuvre d'un processus de planification efficace.

Figure 5.6
Le processus de la gestion par objectifs

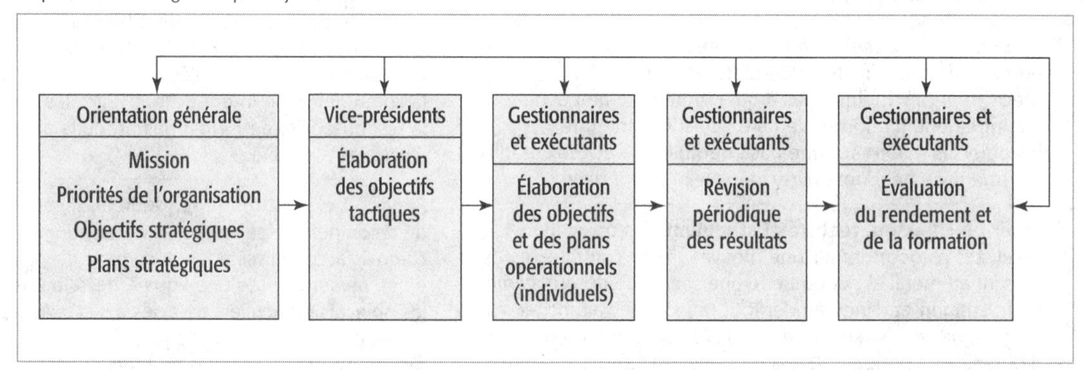

Comme l'indique la figure 5.6, il existe un lien étroit entre les objectifs fixés par le comité de direction et ceux que définissent les cadres subalternes. Dans un premier temps, les cadres supérieurs doivent établir les objectifs de l'ensemble de l'entreprise de manière à fournir des indications générales aux diverses unités. Il revient ensuite aux cadres subordonnés de formuler leurs propres buts en s'assurant qu'ils concordent avec les objectifs généraux de l'entreprise.

WWW
www.1000ventures.com/business_guide/mgmt_mbo_main.html

WWW
www.findarticles.com/p/articles/mi_m1038/is_n6_v39/ai_19125129/pg_2 qui décrit les ouvrages de G.S. Odiorne

On attribue souvent à George S. Odiorne le mérite d'avoir fait connaître la **gestion par objectifs** (GPO), qu'il définit comme suit:

« Un processus qui permet à un supérieur et à un subordonné — grâce à un énoncé clair et précis des priorités et des buts communs rédigé par les dirigeants de l'entreprise — de déterminer ensemble les principales responsabilités de chacun quant aux résultats que l'on attend d'eux et d'utiliser ces indications afin d'orienter les activités de l'unité concernée ainsi que d'évaluer la contribution de chacun de ses membres[19]. »

La gestion par objectifs doit sa popularité aux faits suivants.

- Elle oblige les cadres à se concentrer sur les objectifs à réaliser, ce qui les empêche de se perdre dans un tourbillon d'activités dont ils oublient le but. La GPO a comme avantage de rendre chaque personne consciente de ce qu'elle doit accomplir.
- Elle aide tout supérieur et ses subordonnés à déterminer d'une manière claire et précise leurs rôles respectifs ainsi que les résultats que l'on attend de chacun d'eux. Les objectifs stratégiques de l'entreprise guident les cadres subalternes et leur permettent d'élaborer plus facilement leurs propres objectifs.
- Elle incite tous les gestionnaires à formuler leurs propres objectifs et encourage la participation.
- Elle a pour but de définir les responsabilités de chaque employé et de fournir une orientation à l'entreprise au moyen d'objectifs définissant des résultats mesurables à obtenir dans un délai déterminé.

A. Le processus de la GPO

Comme on peut le voir en observant la figure 5.6, le processus de la GPO consiste principalement dans l'élaboration d'objectifs, la préparation de plans d'action (opérationnels), l'établissement de mesures de contrôle efficaces et l'évaluation périodique des résultats. Il se subdivise en étapes qui sont, dans l'ordre :

- l'élaboration des objectifs stratégiques et des plans stratégiques (analyse de l'environnement, analyse des forces, des faiblesses, des possibilités et des dangers, préparation de l'énoncé de la mission, etc.) ;
- la communication des objectifs stratégiques aux cadres des différentes unités organisationnelles ;
- la formulation d'objectifs organisationnels et individuels réalistes définissant des résultats mesurables à obtenir et qui serviront à évaluer le rendement des gestionnaires et des exécutants, et l'établissement de plans d'action indiquant qui devra agir, ce qu'il fera et à quel moment ;
- la comparaison des résultats obtenus avec les objectifs visés ;
- l'évaluation du rendement des cadres et des exécutants, mettant leurs forces et leurs faiblesses en évidence, et la recommandation d'instaurer certains programmes de formation et de perfectionnement pour aider les gestionnaires et les exécutants à mieux accomplir leur travail actuel ou à se préparer à occuper d'autres postes à l'avenir.

B. L'efficacité de la GPO

La gestion par objectifs est efficace pour les raisons suivantes.

- Elle révèle exactement aux employés ce que l'on attend d'eux.
- Elle leur permet de comprendre les objectifs et les priorités de l'entreprise, de telle sorte qu'ils peuvent plus facilement élaborer un plan d'action qui les aidera à atteindre leurs propres buts et ceux de l'entreprise.

3

- Elle fait participer les exécutants à la détermination des objectifs, ce qui les encourage à réaliser ceux-ci parce qu'il s'agit alors de leurs propres buts et non de ceux de leurs patrons.
- Elle améliore la communication à tous les échelons de l'entreprise.
- Elle permet aux employés d'obtenir une rétroaction au sujet de leur rendement; elle met l'accent sur les résultats plutôt que sur les activités.
- Elle contribue à un meilleur moral chez les employés[20].

Témoignage

Gaby St-Pierre, directeur associé, Université d'Ottawa

Une planification efficace permet de maximiser le placement des étudiants à l'Université d'Ottawa

WWW
www.uottawa.ca/academic/coop/francais/employeurs/index_programmes.htm

« L'Université d'Ottawa occupe le deuxième rang en importance parmi les universités ontariennes ayant des programmes d'enseignement coopératif, et se classe au troisième rang au Canada pour son nombre d'étudiants et l'offre de ses programmes, affirme Gaby St-Pierre. Nos quelque 3 400 étudiantes et étudiants « coop » peuvent jouir d'une vaste gamme de programmes dans des domaines traditionnels tels que la science et la technologie, et non traditionnels tels que l'histoire et la sociologie. Les programmes d'enseignement coopératif de l'Université d'Ottawa répondent aux critères et aux normes nationales en fait de qualité de service pour les programmes coopératifs d'éducation tels qu'approuvés par l'Association canadienne pour l'éducation coopérative (ACDEC).

« La planification joue un rôle important au Bureau d'enseignement coopératif. Une bonne gestion de notre temps et un processus de planification efficace nous permettent de maximiser l'utilisation de nos ressources (humaines, physiques et financières) et d'adopter un mode proactif (plutôt que réactif) dans la prise de décision et dans la résolution de problèmes.

« La planification est cruciale au bon déroulement de nos opérations. Deux cycles d'admission par année, trois cycles de placement qui se chevauchent, une multitude de dates butoirs pour nos 3 400 étudiants et étudiantes et nos 1 500 employeurs, il est donc primordial que le tout soit bien planifié afin de minimiser les erreurs, de maximiser le placement et ainsi de maintenir un haut taux de satisfaction de notre clientèle.

« Bien déterminer le flux de nos opérations ainsi que nos cycles de travail nous permet de planifier qui devrait faire quoi et quand. Des calendriers d'action sont établis et utilisés quotidiennement par les étudiants, les employeurs et le personnel du bureau. Hebdomadairement et mensuellement, les gestionnaires du bureau consultent ces calendriers pour bien attribuer leurs ressources selon les priorités à venir. Ce mode proactif nous permet donc d'anticiper plusieurs situations et nous permet d'agir plus efficacement. »

OBJECTIF 5.4

Décrire les étapes du processus de planification et les différents types de plans d'une entreprise.

5.4 LA PLANIFICATION

Étant donné le lien étroit entre les objectifs et les plans, examinons maintenant le deuxième grand thème de ce chapitre, les concepts et les techniques de la planification. Nous explorerons particulièrement les étapes de planification et les différents types de plans. Comme nous l'avons expliqué au premier chapitre, les plans décrivent les actions que comptent exécuter les gestionnaires afin d'atteindre leurs objectifs. Ceux-ci seront en effet impossibles à réaliser si leur élaboration ne s'accompagne pas, pour chacun, d'un plan de travail détaillé. C'est donc à l'aide de plans que l'on s'efforce d'atteindre les objectifs adoptés. Essentiellement, la planification répond aux questions suivantes : Qui ? Quand ? Quoi ? Comment ? Pourquoi ? Où ?

Après avoir lu les deux prochaines sous-sections, vous devriez pouvoir :

- expliquer les étapes de planification ;
- décrire les différents types de plans, c'est-à-dire les plans stratégiques, les plans tactiques, les plans opérationnels, les plans auxiliaires et les plans de rechange.

5.4.1 Les étapes de planification

Voyons maintenant les étapes de planification résumées à la figure 5.7. L'étape 1 comprend les diverses étapes – décrites au chapitre 2 – du processus de planification, de l'analyse de l'environnement général et des conditions régnant dans le secteur, et de l'analyse des éléments internes. Nous avons décrit l'étape 2 qui correspond à la formulation de l'énoncé de la mission et des objectifs dans la section 5.3 de ce chapitre. L'étape 3 qui consiste dans la définition des stratégies (stratégies d'ensemble, stratégies sectorielles et stratégies fonctionnelles) sera discutée en détail au chapitre 6. L'étape 4 correspond à la mise en œuvre des stratégies alors que l'étape 5 concerne la préparation des plans opérationnels. L'étape 6 porte sur l'évaluation des résultats et le contrôle qui seront discutés en détail au chapitre 12.

Figure 5.7
Les étapes du processus de planification

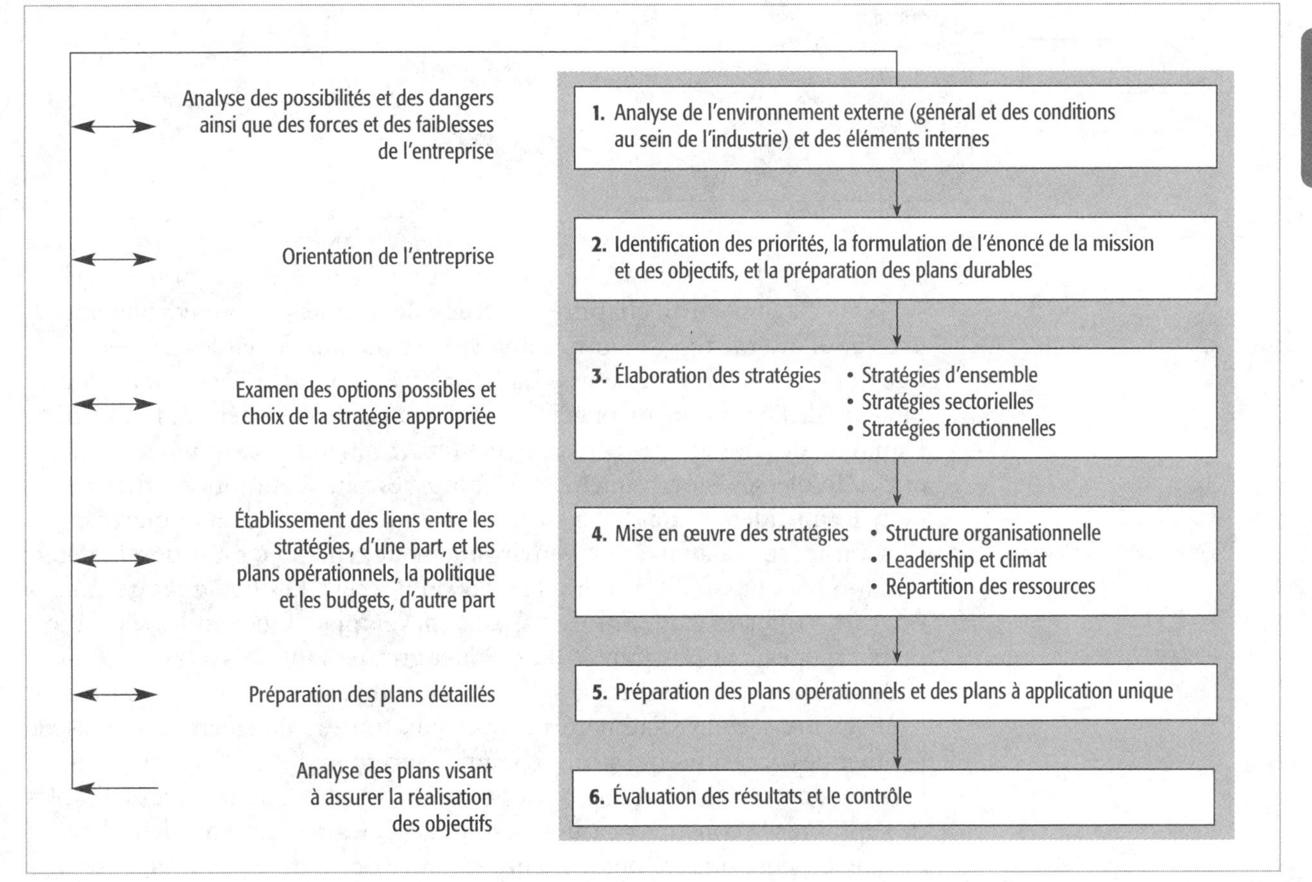

3

Étape 1 : l'analyse de l'environnement externe (général et des conditions au sein de l'industrie) et des éléments internes. Comme le montre la figure 5.7 à la page 189, la première étape du processus de planification consiste à diagnostiquer les éléments externes et internes d'une entreprise. On étudie les possibilités et les menaces entrevues par l'entreprise ainsi que les forces et les faiblesses internes de celle-ci. Comme la planification débouche sur une prise de décision, il est logique d'évaluer tout d'abord la situation. C'est ce que fait, rappelons-le, un mécanicien avant de réparer une automobile ou un médecin avant de rédiger une ordonnance.

Figure 5.8
L'évaluation de la situation

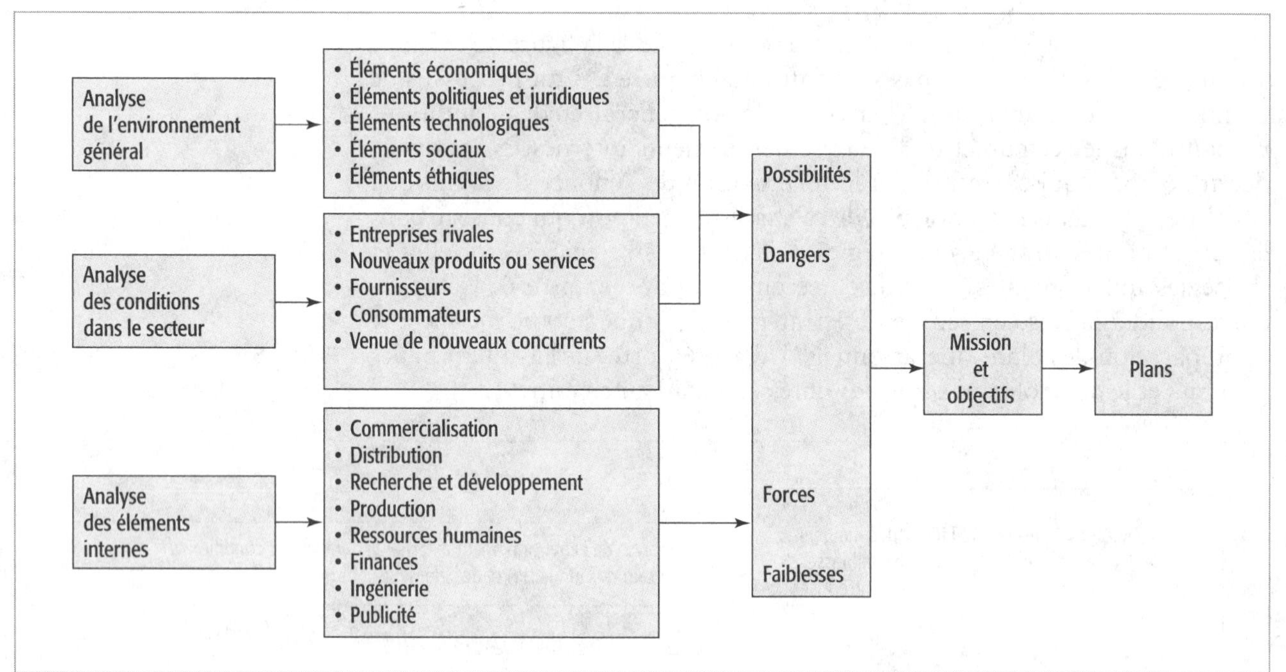

Nous l'avons vu au chapitre 2, l'étude des éléments des environnements externe et interne repose sur une analyse des possibilités et des dangers ainsi que des forces et des faiblesses. La figure 5.8 indique les éléments externes (analyse de l'environnement général et des conditions au sein de l'industrie). L'analyse des possibilités, des dangers (environnement externe), des forces et des faiblesses (environnement interne) les plus courants permet de les mettre en évidence et aide les dirigeants à mieux cibler leurs objectifs.

Considérons l'analyse de l'environnement général, c'est-à-dire la détermination des possibilités et des dangers qu'il recèle. Les *possibilités* sont des occasions offertes à une entreprise de se développer. On peut les séparer en deux groupes. Les possibilités du premier groupe sont liées à une entreprise et découlent essentiellement de ses forces. En effet, les entreprises appartenant à un même secteur d'activité ne sont pas toutes également capables de profiter des occasions qui se présentent. Concernant l'ALENA, par exemple, certaines entreprises canadiennes peuvent être plus que d'autres capables de supporter la concurrence américaine et mexicaine parce que leur produit est d'excellente qualité ou que leur structure de coûts est avantageuse. Les possibilités du second groupe se rapportent à l'ensemble d'un secteur de l'activité et constituent pour les entreprises de ce secteur de bonnes occasions de se développer.

Les *dangers* se définissent comme les éléments de l'environnement extérieur qui menacent une entreprise. Le danger peut être, par exemple, un concurrent étranger qui s'établit sur le marché ou une entreprise rivale qui lance un nouveau produit ou un nouveau service. Dans l'analyse de l'environnement général, on en considère les aspects économiques, politiques et juridiques, technologiques, sociaux et éthiques. Une telle étude est importante parce que la croissance, le déclin et les autres grands changements que subissent les entreprises sont dus surtout à l'action de leur environnement extérieur, et non à des éléments internes. Le gestionnaire devra donc installer un système de veille qui permet la détection des dangers et des risques, la planification des actions à entreprendre en priorité, et il s'assurera aussi que ce système a une certaine flexibilité.

L'analyse des conditions du secteur doit tenir compte des entreprises rivales, des nouveaux concurrents, des produits ou des services substituts, des fournisseurs et des clients. On trouvera ci-dessous une liste des principaux éléments pris en compte par les gestionnaires lorsqu'ils étudient les caractéristiques de leur secteur d'activité. Ces éléments ne seront pas d'égale importance. Il incombera au gestionnaire de déterminer le niveau de risque de chacun :

- les variations du taux de croissance à long terme du secteur d'activité ;
- les changements relatifs à la clientèle et à l'usage qu'elle fait du produit ;
- le progrès technique ;
- les innovations en matière de commercialisation ;
- l'arrivée ou la disparition d'entreprises importantes ;
- la mondialisation de l'industrie ;
- les réglementations et les changements apportés à la politique gouvernementale ;
- l'évolution des besoins, des attitudes et du mode de vie ;
- la diminution du degré d'incertitude et des risques courus par l'entreprise[21].

L'analyse et l'évaluation des activités internes permettent aux gestionnaires de discerner les forces et les faiblesses de l'entreprise. Comme nous l'avons vu au chapitre 2, une *force* est une action que l'entreprise accomplit bien ou qui lui fait prendre un avantage sur ses concurrents et, à l'inverse, une *faiblesse* représente une action que l'entreprise ne maîtrise pas ou qui la place dans une position désavantageuse. On analyse les forces et les faiblesses de chacune des fonctions d'une entreprise (commercialisation, production, finances, fabrication, recherche et développement, ingénierie, distribution, gestion, etc.).

L'analyse des forces et des faiblesses de l'entreprise repose principalement sur l'évaluation des compétences. Celles-ci sont constituées par les actions qu'elle effectue remarquablement bien comparativement à ses rivales[22].

L'analyse des forces, des faiblesses, des possibilités et des dangers facilite l'examen des questions importantes qui influeront sur les stratégies des dirigeants d'entreprise. Comme le montre la figure 5.7 à la page 191, cette analyse débouche sur la formulation d'un énoncé de la mission et sur la définition des objectifs et des plans (aussi bien stratégiques que tactiques).

Étape 2: la formulation de l'énoncé de la mission et des objectifs. L'orientation stratégique comporte la formulation de l'énoncé de la mission ainsi que la définition des priorités et des objectifs de l'entreprise. Nous avons examiné les éléments qui s'y rattachent dans la section 5.3. Cette étape comprend aussi la préparation des plans durables. Ceux-ci seront discutés à la sous-section 5.4.2 D, « Les plans auxiliaires », à la page 197.

Étape 3: l'élaboration des stratégies. L'élaboration des stratégies se définit comme le processus consistant à préciser un ensemble de moyens propres à mettre en œuvre ou à maintenir une entreprise dans la bonne voie. Au chapitre 6, nous décrirons les différents types de stratégies adoptées dans l'ensemble de l'entreprise, dans les unités sectorielles et dans les fonctions assumées à l'intérieur de ces dernières. Comme nous le verrons plus loin, les dirigeants d'une société commerciale ne sont pas les seuls à construire des stratégies. Les directeurs généraux des diverses entreprises qui la composent et les cadres chargés de fonctions précises (telles la commercialisation et la production) en préparent eux aussi.

Il existe plusieurs types de décisions stratégiques. Certains concernent la pénétration du marché, d'autres, la diversification et la mise au point de produits, et d'autres encore, le désinvestissement, la liquidation ou l'intégration, soit verticale (vers l'amont ou l'aval), soit horizontale. Les décisions stratégiques influent à long terme sur la viabilité financière d'une entreprise.

Étape 4: la mise en œuvre des stratégies. L'étape suivante du processus de planification stratégique consiste à convertir les stratégies en plans d'action qui aboutissent à des résultats. Cette étape est celle de la mise en œuvre des stratégies.

Pour que leurs stratégies aient du succès, les dirigeants d'une entreprise doivent:

- mettre en place une structure organisationnelle répondant aux besoins de l'entreprise;
- adopter un style de gestion adapté à l'environnement et créer un climat favorable;
- fournir à chaque unité organisationnelle les ressources nécessaires pour réaliser les plans établis;
- dresser des plans durables qui aident à la mise en œuvre des stratégies.

La structure organisationnelle. Il importe d'adapter la structure organisationnelle aux stratégies. Les dirigeants doivent se demander si la structure de leur entreprise est compatible avec les stratégies qu'ils se proposent d'appliquer. La bonne organisation de l'entreprise suppose une juste répartition des tâches et des responsabilités entre les groupes et les individus chargés de réaliser les plans. Les questions permettant d'évaluer l'efficacité de la structure organisationnelle sont les suivantes.

- Cette structure est-elle compatible avec le profil et la stratégie générale de l'entreprise?

- La structure en place dans l'ensemble de l'entreprise s'accorde-t-elle avec celle de ses différentes unités stratégiques sectorielles ?
- Y a-t-il trop ou trop peu d'échelons hiérarchiques dans l'ensemble de l'entreprise ou dans ses unités stratégiques sectorielles ?
- La structure en place favorise-t-elle la coordination des opérations ?
- Permet-elle la centralisation (ou la décentralisation) de l'autorité ?
- Donne-t-elle la possibilité de regrouper les activités comme il convient[23] ?

Le leadership et le climat. Il est impossible de réaliser les objectifs et les plans établis si le style de leadership et le travail laissent à désirer. Même les plans les plus raffinés échoueront si les dirigeants n'adoptent pas le style de leadership qui convient et ne créent pas un climat propice à la réalisation des objectifs et des plans. On peut reconnaître un bon style de leadership au degré de succès que remportent les cadres supérieurs lorsqu'ils apportent des changements à leurs stratégies. Il existe le style transactionnel et le style transformationnel.

Le **style transactionnel** est le lot de dirigeants inefficaces. Ceux-ci influencent le comportement de leurs subordonnés en tirant avantage de leur situation d'autorité. Ainsi, le leader transactionnel se fie trop souvent sur la discipline ou les menaces pour obtenir un rendement souhaitable. C'est une approche qui peut fonctionner à court terme mais qui est peu efficace à long terme.

Le **style transformationnel** consiste à amener les subordonnés à participer à la réalisation de la mission et des objectifs de l'entreprise. Il en résulte une plus grande satisfaction au travail ainsi que l'apparition d'éléments positifs : engagement, loyauté, esprit de corps, bonne compréhension des valeurs de l'entreprise, fierté de lui appartenir, augmentation de la productivité et volonté de se surpasser[24]. Les dirigeants parviennent à « transformer » les membres de leur entreprise en les rendant plus conscients de l'importance de leur travail et en les encourageant à transcender leurs intérêts personnels[25].

Les cadres supérieurs doivent également créer un climat propice à la réalisation de la mission, des objectifs et des divers plans. Ce climat favorable représente en quelque sorte la culture de l'entreprise. Les principales questions à se poser à ce sujet sont les suivantes.

- Les employés ont-ils confiance en leurs chefs ?
- Communiquent-ils entre eux ?
- Les cadres supérieurs sont-ils curieux de connaître l'opinion ou le point de vue de leurs subordonnés ? Les font-ils participer au processus décisionnel ?
- Quelle est l'étendue des pouvoirs délégués aux cadres inférieurs ? Ceux-ci ont-ils un pouvoir de décision ?
- Les membres de l'entreprise travaillent-ils en équipe ?
- Comment les contrôles se font-ils ?
- Accorde-t-on de l'importance à la formation et au perfectionnement des cadres ainsi que des employés ?

Nous traiterons davantage des styles de leaderships transactionnel et transformationnel à la sous-section 11.3.4 du chapitre 11, à la page 443.

3

Les ressources. Le comité de gestion peut, s'il le juge à propos, déléguer certains pouvoirs aux cadres subordonnés et leur fournir les ressources nécessaires à la réalisation de leurs objectifs et de leurs plans. Il y a lieu ici de mentionner que les gestionnaires des différentes unités organisationnelles doivent disposer des ressources leur permettant de mettre en œuvre leurs plans, quelle que soit, par ailleurs, la nature de ces derniers.

Étape 5 : la préparation des plans opérationnels. L'étape de la préparation des plans opérationnels comporte deux phases : la définition des plans opérationnels (plans détaillés) et la définition des plans à application unique. Ces plans seront discutés en détail aux sous-sections 5.4.2 C, « Les plans opérationnels », à la page 196, et 5.4.2 D, « Les plans auxiliaires », à la page 197.

Étape 6 : l'évaluation des résultats et le contrôle. Une fois les résultats évalués, les gestionnaires peuvent recourir à diverses méthodes pour déterminer si les stratégies ont réussi. Les membres du conseil d'administration et les cadres supérieurs (le P.-D. G. et le comité de gestion) évaluent leur entreprise en tenant compte de points de contrôle stratégiques. Ceux-ci leur permettent d'apprécier le rendement de l'entreprise d'une manière plus globale et ils s'appliquent aussi bien à l'environnement extérieur qu'aux activités internes[26].

Les dirigeants surveillent ainsi les variations importantes des facteurs externes ayant un effet appréciable sur le fonctionnement de leur entreprise. Le contrôle suppose aussi que l'on examine la situation du secteur d'activité en vue de reconnaître les possibilités et les dangers que renferme l'environnement. Les mesures de contrôle utilisées à l'intérieur d'une entreprise dans son ensemble s'appliquent également aux diverses activités internes de celle-ci.

5.4.2 Les types de plans

Comme le montre la figure 5.2 à la page 168, tous les cadres préparent des plans, peu importe leur niveau hiérarchique. Ainsi, les cadres supérieurs conçoivent des plans stratégiques ayant une orientation générale à l'image des objectifs stratégiques. Par ailleurs, il revient aux cadres intermédiaires de dresser des plans tactiques associés aux objectifs du même type. Ce sont en fait les responsables des diverses fonctions ou divisions (tels les vice-présidents) qui préparent ce type de plans. Les cadres inférieurs établissent pour leur part des plans détaillés dits opérationnels. Ceux-ci doivent permettre la réalisation des objectifs opérationnels et résultent des efforts des gestionnaires responsables d'un service, d'une section ou d'une petite unité organisationnelle.

On peut comparer la planification des activités futures d'une entreprise avec celle d'un projet de construction résidentielle. Dans un premier temps, l'entrepreneur chargé de ce projet détermine le nombre et le type de maisons qu'il construira au cours d'une période donnée (cinq ans, par exemple). Il établit ensuite un plan d'ensemble qui indique, notamment, l'emplacement futur des maisons, des rues, des câbles électriques, des égouts, des écoles, des parcs et des commerces. Des sous-traitants et d'autres personnes contribuent parfois eux aussi à l'élaboration de ce plan.

À supposer que l'entrepreneur ait décidé de construire 100 maisons au cours de la première année, les sous-traitants doivent faire en sorte que l'on réalise les travaux requis dans le délai fixé, c'est-à-dire au cours des 6 à 12 mois suivants. Pour ce faire, ils dressent des plans à moyen terme, qu'il leur faut harmoniser avec le plan d'ensemble.

Les spécialistes recrutés à forfait préparent à leur tour des plans qui se rapportent à la construction de chaque maison. Ainsi, les entrepreneurs en plomberie, en électricité et en menuiserie déterminent les tâches quotidiennes à effectuer, le nombre de travailleurs nécessaire ainsi que l'endroit et le moment où leurs services seront requis. Ils planifient dans le détail les activités à accomplir durant les mois, les semaines et même les jours à venir. En faisant cela, ils établissent des plans à court terme, qui doivent être compatibles avec les plans à moyen et à long termes.

Les gestionnaires d'une entreprise planifient l'avenir de celle-ci d'une manière semblable. En effet, certains d'entre eux envisagent la situation dans son ensemble (et préparent des plans stratégiques), tandis que les autres élaborent des plans plus détaillés s'appliquant à une plus courte période (tels les plans tactiques et opérationnels).

On distingue cinq catégories de plans : les plans stratégiques, les plans tactiques, les plans opérationnels, les plans auxiliaires et les plans de rechange.

A. Les plans stratégiques

Les **plans stratégiques** découlent de la planification stratégique, qui se traduit par l'analyse et la formulation de l'énoncé de la mission et des objectifs d'une entreprise, puis l'examen des différents moyens d'atteindre ces objectifs et la répartition des ressources nécessaires. Elle aide les gestionnaires à harmoniser leur entreprise avec son environnement. En effet, l'analyse leur permet : 1) de composer avec l'environnement extérieur (en tirant avantage des possibilités offertes et en neutralisant les dangers observés) ; 2) de gérer les éléments internes de leur entreprise (en accentuant ses forces et en éliminant ses faiblesses).

Le mot « stratégie » vient du grec *stratêgia* qui désignait, à l'origine, l'art du général. Dans le contexte des affaires, on peut définir une **stratégie** comme un plan qui permet à une entreprise de s'adapter à ses environnements. Nul doute que la planification stratégique ne s'effectue pas en vase clos, car elle concerne l'interaction entre l'entreprise et son environnement extérieur.

La planification stratégique, partie intégrante et élément clé du processus de planification, sera examinée plus en détail au chapitre 6.

B. Les plans tactiques

Les **plans tactiques** doivent aider les cadres des sous-unités à appliquer les grandes stratégies de l'entreprise. Tout plan tactique s'inspire d'une stratégie. Ainsi, on livre une guerre en élaborant des stratégies et une bataille en adoptant diverses tactiques. C'est en appliquant une série de bons plans tactiques que l'on remporte une guerre. Un général peut perdre plusieurs batailles et sortir malgré tout vainqueur d'un conflit. Un trop grand nombre d'erreurs tactiques augmente cependant le risque d'un échec final. Il en va de même en affaires.

Les cadres supérieurs établissent des stratégies à caractère général, et les responsables des différentes fonctions (vice-présidents à la commercialisation, à la production, aux finances, aux ressources humaines) élaborent ensuite des plans tactiques (à moyen et à court termes) pour mettre en œuvre ces stratégies. Les plans tactiques permettent aux cadres supérieurs de déterminer la quantité de ressources qui sera attribuée à chaque division. Si certaines divisions ne réussissent pas à appliquer efficacement les stratégies d'ensemble, il faut songer à répartir autrement les ressources de l'entreprise.

C. Les plans opérationnels

Les **plans opérationnels** s'avèrent encore plus détaillés et portent sur une plus courte période. Ils indiquent qui fera quoi, à quel moment, de quelle manière et à quel endroit. La conversion des stratégies en programmes d'action à court terme, appelés plans opérationnels, représente un autre élément clé du processus de planification.

La répartition des ressources entre les diverses unités organisationnelles s'effectue lors de l'élaboration des plans opérationnels. Ceux-ci doivent avoir un caractère très détaillé et indiquer qui fera quoi, à quel moment et de quelle manière au cours de chacun des mois de l'année à venir. Pour que la planification se révèle efficace, il importe de bien coordonner les efforts des différentes unités organisationnelles de manière à assurer la réalisation de leurs objectifs opérationnels communs.

3

Même un étudiant qui entre à l'université doit préparer un plan opérationnel pour chaque mois, chaque semaine ou même chaque jour de son année scolaire. En prenant la décision stratégique de décrocher un baccalauréat en administration des affaires, par exemple, il a tracé la voie qu'il suivra (à moyen terme) au cours des quatre années à venir. Il lui faut maintenant élaborer un plan de travail détaillé pour la première de ces années. Durant ses cours, il prendra note de toutes les dates auxquelles il devra passer un test ou remettre un travail. Le plan opérationnel de cet étudiant indiquera :

- la décomposition mensuelle des revenus de travail et des autres sommes d'argent qu'il recevra au cours de l'année ;
- les frais de subsistance qu'il devra assumer durant cette même période ;
- la note qu'il souhaite obtenir pour chaque travail à remettre et chaque test à passer dans ses divers cours ;
- l'horaire de ses cours (les heures qu'il aura à passer en classe) ;
- l'horaire des heures qu'il devra consacrer à chacun des sujets qu'il étudie.

À mesure qu'approche le moment où il doit remettre ses travaux ou passer des tests, cet étudiant dressera une liste hebdomadaire ou même quotidienne de toutes les tâches qu'il juge prioritaires. Il partagera ensuite son temps entre ces activités de plus grande importance.

La même chose s'applique dans le domaine des affaires. Imaginons que les dirigeants d'une entreprise décident de s'implanter dans un nouveau marché. Il revient alors aux cadres opérationnels d'établir comment mettre en œuvre cette décision stratégique. Plusieurs unités organisationnelles prendront part à ce projet, entre autres :

- le Service de la commercialisation, qui précisera quels commerces de détail vendront les produits concernés ;
- le Service des ventes, qui définira le rôle de ses représentants, dressera la liste des clients à approcher et énoncera les objectifs à atteindre ;
- le Service de la distribution, qui cherchera comment assurer la livraison des produits des entrepôts de l'entreprise aux points de vente ;
- le Service de la stimulation des ventes, qui établira les tactiques à appliquer aux divers points de vente pour inciter les consommateurs à se procurer ces produits ;
- le Service de la publicité, qui choisira les médias les plus efficaces pour faire connaître au grand public les caractéristiques de ces produits ;
- le Service de la production, qui déterminera quelle usine fabriquera ses produits, à quel moment et à quel rythme hebdomadaire ;
- le Service du crédit, qui évaluera la stabilité financière des grossistes et des détaillants capables de servir d'intermédiaires à l'entreprise ;
- le Service des ressources humaines, qui aidera toutes les unités de l'entreprise à recruter puis à former de nouveaux employés.

Le mode de présentation et le contenu des plans opérationnels varient beaucoup d'une unité organisationnelle à une autre. Il arrive ainsi que le plan du Service de la commercialisation apporte des renseignements précis sur la part du marché, sur le volume des ventes de même que sur le budget de publicité et de stimulation des ventes, alors que celui du Service de la production touche les coûts de production unitaires, les charges variables et fixes, le pourcentage d'unités défectueuses et la capacité.

D. Les plans auxiliaires

Les plans auxiliaires présentent un caractère détaillé et ont pour but d'aider les gestionnaires à élaborer leurs plans tactiques et opérationnels. Certains d'entre eux sont durables, tandis que les autres ont une application unique (voir la figure A.5.1, à la page 564). Les *plans durables* — politique, marches à suivre, méthodes, règles, règlements, etc. — s'appliquent aux activités répétitives et facilitent la prise de décision. Par opposition, les *plans à application unique* — budgets, programmes, calendriers, projets et normes — servent à réaliser un objectif particulier et deviennent inutiles sitôt qu'il est atteint.

L'annexe 5 à ce chapitre fournit une brève description des divers plans auxiliaires durables et à application unique.

E. Les plans de rechange

Les **plans de rechange** offrent la possibilité de remplacer rapidement le plan principal adopté si l'on observe une transformation importante des forces de l'environnement. Lorsque l'environnement évolue, il arrive qu'un plan soit périmé un ou deux mois seulement après sa création. En pareil cas, les gestionnaires doivent réagir rapidement aux conditions nouvelles. Imaginons, par exemple, qu'une association étudiante organise un barbecue en début d'année scolaire pour accueillir tout un chacun. On prévoit que des centaines d'étudiants assisteront à cette activité, qui doit avoir lieu dans un parc de stationnement. Les plans élaborés pour mener ce projet à bien supposent qu'il fera beau. Que feront les organisateurs du comité d'accueil s'il pleut ? Un plan de rechange leur fournira diverses options à adopter suivant les conditions atmosphériques.

De nos jours, les conditions dans l'environnement général et dans chaque secteur évoluent à un rythme tel que les dirigeants d'entreprise devraient toujours être prêts à changer rapidement de cap en cas d'imprévu. Les diverses conditions ou situations futures envisagées se traduisent par des scénarios qui exigent chacun un plan de rechange. Beaucoup de dirigeants d'entreprise recourent aujourd'hui à la méthode des scénarios. Ils élaborent ainsi divers plans et raisonnent de la manière suivante :

- Si tout se déroule suivant le scénario n° 1, nous adopterons le plan A.
- Si tout se déroule suivant le scénario n° 2, nous adopterons le plan B.
- Si tout se déroule suivant le scénario n° 3, nous adopterons le plan C.

OBJECTIF 5.5

Énumérer les principaux obstacles à la planification et expliquer comment mettre en place un tel processus.

5.5 LA GESTION DES OBJECTIFS ET DE LA PLANIFICATION

Dans une entreprise, il est évident que la mise en œuvre efficace des objectifs et d'une planification structurée doit s'effectuer au moyen de systèmes et de procédés. Il arrive souvent que des gestionnaires affrontent des obstacles qui les empêchent de mettre efficacement en œuvre leurs objectifs et leurs plans. Il est donc important pour les dirigeants d'entreprise de savoir comment contourner ces obstacles.

Après avoir lu les deux prochaines sous-sections, vous devriez pouvoir :

- décrire les principaux obstacles à l'élaboration des objectifs et des plans ;
- expliquer comment il est possible de surmonter ces obstacles afin de rendre efficace le processus de planification.

5.5.1 Les obstacles à l'élaboration des objectifs et des plans

On trouvera ci-dessous une liste des situations les plus courantes qui remettent en cause l'efficacité de l'élaboration des objectifs et du processus de planification :

- les dirigeants de l'entreprise (soit le P.-D. G. et ses vice-présidents) ne participent en rien au processus et ne fournissent aux cadres subordonnés ni encouragement ni soutien pour qu'ils s'acquittent de leurs tâches de planification;

- le Service de la planification ne relève pas directement d'un vice-président principal ou du P.-D. G.;
- les voies de communication entre les cadres hiérarchiques et les cadres de l'état-major laissent à désirer;
- les objectifs particuliers autour desquels s'articulent les plans ne sont pas clairement établis;
- le processus de planification et les diverses activités concernées ne font pas l'objet d'examens périodiques en vue d'en vérifier l'efficacité;
- les cadres hiérarchiques n'ont pas assez de temps pour se montrer créatifs et innovateurs;
- les services opérationnels ne reçoivent pas, notamment, le soutien technique, le matériel informatique et les renseignements nécessaires;
- la formation donnée aux cadres pour les aider à accomplir leurs tâches de planification s'avère très limitée.

5.5.2 Comment surmonter les obstacles

Nombre d'entreprises ont adopté un processus de planification ayant pour but de résoudre instantanément tout problème. Dans beaucoup de cas, leurs dirigeants n'avaient pas pris conscience du fait que la planification structurée n'est pas un outil technique, contrairement à un ordinateur, mais plutôt une *philosophie*, une *méthode*, un *style de gestion* que tous les cadres doivent apprécier et comprendre. Il faut du temps à une entreprise pour en venir à utiliser efficacement une planification structurée. La mise en place des mécanismes administratifs ne peut se faire dans un délai de quelques semaines ou de quelques mois. Il faut compter plusieurs années avant que les gestionnaires d'une entreprise comprennent pleinement la philosophie appropriée ainsi que l'importance de la communication et de la rétroaction.

Voici certaines suggestions qui peuvent être adoptées pour rendre efficace un processus d'élaboration d'objectifs et de planification.

L'engagement de la haute direction. Il est important de s'assurer que l'engagement des cadres supérieurs est inconditionnel à toutes les étapes du processus de planification. Il s'agit en effet de l'élément le plus important pour faire accepter un processus de planification par les cadres intermédiaires et subalternes. Un engagement artificiel n'est pas suffisant. La participation active de la haute direction dans l'élaboration des objectifs et des plans stratégiques est un moyen efficace de donner de la visibilité à l'engagement des cadres supérieurs. Il est aussi d'une importance capitale de produire un document stratégique et de communiquer les priorités et les objectifs aux cadres subalternes. Ce sont des tâches réservées aux cadres supérieurs. Abdiquer ces responsabilités pourra vraisemblablement neutraliser les effets bénéfiques du procédé de gestion et même faire obstacle à sa mise en application.

3

L'insistance à faire comprendre à tous l'importance d'élaborer des objectifs et des plans. Une façon d'agir très efficace dans une entreprise est de faire comprendre à tous ceux qui sont concernés par le processus de planification pourquoi il est important d'élaborer des objectifs et des plans.

L'adoption d'une stratégie d'implantation. Le succès d'un processus de planification efficace repose, en grande partie, sur la façon dont il est mis en œuvre dans une entreprise. Cette mise en œuvre exige une stratégie d'implantation. Plusieurs étapes doivent être franchies pour mener à bien chaque phase du processus. Il est donc essentiel de bien planifier et de suivre de près chaque phase.

L'évaluation du rendement. Les gestionnaires et les exécutants doivent être conscients du fait que leur participation à la réalisation des objectifs et des plans sera prise en considération pour évaluer leur rendement. Il est donc important de récompenser le personnel si les objectifs et les plans sont réalisés. Il doit aussi y avoir des rencontres fréquentes entre le supérieur et le subalterne pour évaluer le rendement, de manière que l'employé reçoive une rétroaction.

Évolution et transition

La planification

Il existe deux manières d'élaborer et de communiquer des objectifs et d'élaborer les plans. La *méthode autocratique* existait auparavant dans plusieurs entreprises. Toutefois, cette approche est encore utilisée dans certaines entreprises où les cadres supérieurs ne croient pas à l'approche de gestion participative. Cette approche faisait appel à la gestion par direction, par laquelle les cadres supérieurs se chargeaient d'élaborer tous les objectifs et même les plans pour ensuite les faire connaître aux gestionnaires de l'échelon intermédiaire, qui les transmettaient à leur tour aux cadres inférieurs. La communication s'effectuait donc à sens unique, du haut vers le bas. Lorsqu'on appliquait cette méthode, les cadres subalternes ne contribuaient pas à l'élaboration des objectifs. On leur indiquait plutôt quoi faire, à quel moment et même de quelle façon. Tel que le montre la figure 5.9, il s'agit là d'une approche autocratique.

Figure 5.9
Élaboration des objectifs et des plans : évolution et transition

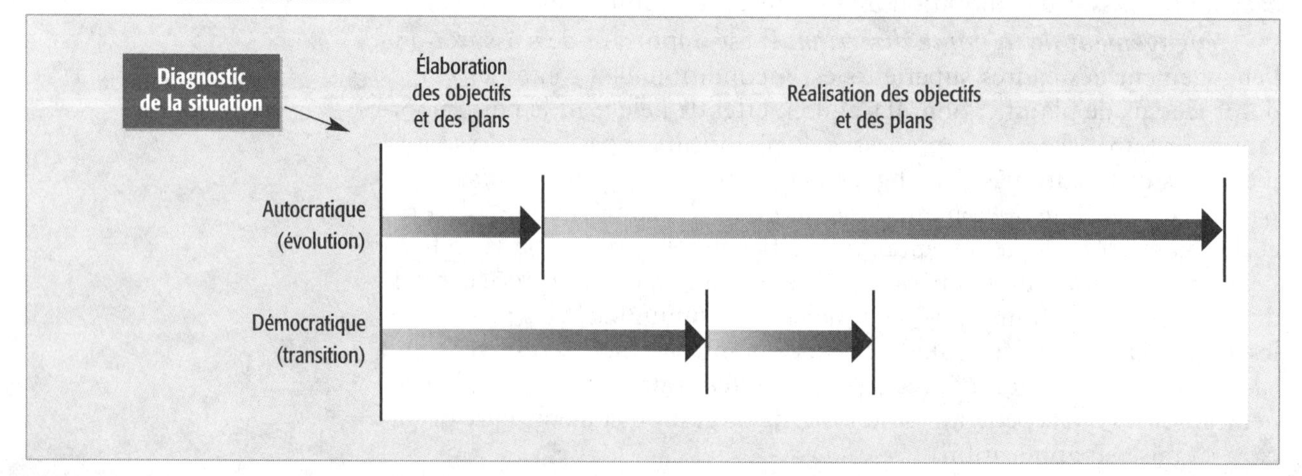

Aujourd'hui, de plus en plus d'entreprises favorisent l'*approche participative*. Cette approche consiste à faire participer les gestionnaires des échelons intermédiaire et inférieur à la détermination des objectifs et des plans. Avant de dresser leurs plans d'action, les cadres supérieurs prennent alors les mesures nécessaires pour que leurs subordonnés jouent un rôle actif lors de l'établissement, de la révision et de l'approbation des divers objectifs. Cette approche de gestion représente aussi bien une philosophie qu'une méthode de gestion. C'est une approche qui a commencé à être populaire au début des années 1980. Elle reflète une attitude positive de la part des cadres supérieurs, qui veulent faire participer les gestionnaires sous leur autorité au processus d'élaboration des objectifs et des plans. La figure 5.9 montre une approche démocratique.

Comme l'indique la figure, en utilisant l'approche démocratique (participation des subalternes), le délai entre l'évaluation de la situation et la réalisation des objectifs et des plans est plus court parce que les subalternes se sont engagés, lors de l'élaboration des objectifs, à participer à l'élaboration des objectifs et des plans. L'approche démocratique accélère la mise en application des objectifs parce que les personnes impliquées ont collaboré à l'élaboration des objectifs et des plans : il s'agit donc de « leurs » objectifs et de « leurs » plans.

Révision du chapitre

5.1 Qu'est-ce que la planification ? La planification représente le processus par lequel on détermine la manière d'utiliser les ressources d'une entreprise pour atteindre certains objectifs. Grâce à elle, les gestionnaires peuvent plus facilement choisir, entre plusieurs options, celle qui les aidera à atteindre les objectifs de leur entreprise de la manière la plus rentable.

5.2 Pourquoi les gestionnaires doivent-ils planifier ? Un processus de planification structuré permet aux entreprises d'obtenir de meilleurs résultats. Il incite tous les cadres à se montrer créatifs, innovateurs et ingénieux. En outre, il assure la concordance des objectifs, car il aide à créer un lien entre les objectifs et les plans opérationnels, d'une part, et les objectifs et les plans stratégiques, d'autre part. Enfin, il fournit également une raison d'être et une orientation à l'entreprise, tout en lui permettant de composer avec le changement.

5.3 L'élaboration des objectifs. L'objectif oriente l'action d'un individu, d'un groupe ou d'une entreprise dans une direction donnée. Les objectifs peuvent aider à définir des stratégies et des plans, et à répartir les ressources de l'entreprise.

Les objectifs offrent plusieurs avantages : 1) ils définissent ce qu'une entreprise doit accomplir ; 2) ils aident à coordonner les activités de divers groupes et individus ; 3) ils apportent une motivation ; 4) ils fournissent des normes pour l'évaluation du rendement ; 5) ils contribuent à limiter les conflits entre différentes personnes ou unités au sein d'une entreprise.

3

Il existe plusieurs types d'objectifs: l'énoncé des valeurs, la vision, l'énoncé de la mission, ainsi que les objectifs stratégiques, tactiques et opérationnels. Les cadres de tous les échelons hiérarchiques établissent des objectifs. Il existe aussi différents types d'objectifs: les objectifs officiels et effectifs, les objectifs quantitatifs et les objectifs qualitatifs, et les objectifs à court terme, à moyen terme et à long terme. Les entreprises de services élaborent aussi des objectifs afin d'être plus efficaces.

Les objectifs valables doivent: 1) viser des résultats précis et, si possible, mesurables; 2) avoir une dimension temporelle; 3) avoir un caractère réaliste et stimulant; 4) être établis par la ou les personnes devant assurer leur réalisation; 5) s'harmoniser avec les autres objectifs; 6) servir à l'évaluation du rendement; 7) être flexibles; 8) définir les résultats plutôt que les activités.

La gestion par objectifs est un outil grâce auquel un subordonné et son supérieur déterminent ensemble les résultats à obtenir en s'appuyant sur une définition claire et précise des priorités et des buts communs. Les étapes du processus de formulation des objectifs sont: 1) définir les rôles et la mission de l'unité organisationnelle; 2) déterminer les domaines clés de l'unité organisationnelle; 3) préciser les indicateurs; 4) formuler les objectifs et les résultats à obtenir; 5) décrire la manière dont on atteint les objectifs (les plans); 6) évaluer jusqu'à quel point les objectifs ont été réalisés.

5.4 La planification. Les étapes du processus de planification sont les suivantes: 1) l'analyse de l'environnement général et des conditions dans le secteur et des éléments internes; 2) la formulation de l'énoncé de la mission et des objectifs; 3) l'élaboration des stratégies; 4) leur mise en œuvre; 5) la préparation des plans opérationnels et des plans à application unique; 6) l'évaluation des résultats et le contrôle. Il existe différents types de plans: les plans stratégiques, les plans tactiques, les plans opérationnels, les plans auxiliaires et les plans de rechange.

5.5 La gestion des objectifs et de la planification. La planification offre plusieurs avantages, mais les dirigeants d'une entreprise doivent parfois affronter certains obstacles qui compromettent la mise en place d'un processus de planification structuré.

▶▶▶ Concepts clés

Activités continues (*on-going activities*) page 181
Analyse de l'écart (*gap analysis*) page 170
Domaine clé de succès (*key success factor*) page 180
Énoncé des valeurs (*value goal*) page 175
Gestion par objectifs (*management by objectives*) page 186
Indicateur (*indicator*) page 180
Mission (*mission*) page 177
Objectif (*objective*) page 168
Objectif effectif (*operative goal*) page 182
Objectif officiel (*official objective*) page 182
Objectif opérationnel (*operational goal*) page 178
Objectif stratégique (*strategic goal*) page 177
Objectif tactique (*tactical goal*) page 178
Plan (*plan*) page 168
Plan de rechange (*contingency plan*) page 197
Plan opérationnel (*operational plan*) page 196
Plan stratégique (*strategic plan*) page 195
Plan tactique (*tactical plan*) page 195
Projet (*project*) page 181
Stratégie (*strategy*) page 195
Style transactionnel (*transactional leadership*) page 193
Style transformationnel (*transformational leadership*) page 193
Vision (*vision*) page 176

Développer vos compétences en gestion

Questions de révision

1. Expliquez en quoi un objectif se distingue d'un plan. (page 168)
2. Selon vous, pourquoi la planification est-elle importante dans une entreprise ? (page 170)
3. Quels sont les principaux avantages d'un objectif ? (page 172)
4. Qu'est-ce qu'un énoncé des valeurs ? Donnez-en plusieurs exemples. (page 174)
5. Quelle différence y a-t-il entre une vision et une mission ? (page 176)
6. Indiquez en quoi les objectifs stratégiques, tactiques et opérationnels diffèrent les uns des autres. (page 177)
7. Quelle est la différence entre un objectif officiel et un objectif effectif ? (page 182)
8. Énumérez les plus importantes caractéristiques d'un objectif valable. (page 185)
9. Expliquez dans vos mots ce qu'est la gestion par objectifs (GPO). (page 186)
10. Quels sont les principaux avantages de la GPO ? (page 187)
11. Décrivez les principales étapes du processus de planification. (page 189)
12. Quelle différence y a-t-il entre un plan stratégique et un plan opérationnel ? (page 195)
13. Quelle est la différence entre un « plan durable » et un « plan à application unique » ? Donnez des exemples. (page 197)
14. Examinez les raisons les plus courantes faisant qu'il est difficile de mettre en place un processus de planification structuré dans une entreprise. (page 198)
15. Comment est-il possible de surmonter les obstacles à l'élaboration des objectifs et des plans ? (page 199)

Sujets de discussion

1. Quel lien existe-t-il entre la planification structurée et la structure organisationnelle ?
2. Décrivez les activités de planification de chacune des entreprises énumérées ci-après, puis expliquez en quoi elles diffèrent :

   a) une entreprise multinationale ;

   b) une municipalité ;

   c) un hôpital.
3. Croyez-vous que les gestionnaires puissent établir des plans stratégiques et opérationnels sans avoir des plans auxiliaires ? Justifiez votre réponse.
4. Selon vous, une entreprise peut-elle survivre sans avoir des objectifs ? Croyez-vous que la GPO est un outil de gestion qui peut aider à motiver les employés ? Expliquez vos réponses.

Naviguer dans Internet

www.cascades.com

- **Exercice pratique : Cascades**

Visitez le site Web de l'entreprise Cascades (www.cascades.com) et regardez ses différentes composantes pour apprécier les différentes activités de ce leader nord-américain des domaines de la fabrication, de la transformation et de la commercialisation de produits d'emballage, de papier fin et de papier hygiénique. La société compte plus de 15 000 personnes réparties entre 150 unités d'exploitation modernes et flexibles situées au Canada, aux États-Unis, en France, en Angleterre, en Allemagne et en Suède. Lisez le dernier rapport annuel de l'entreprise qui élabore ses objectifs et ses plans.

1. Quels sont la vision de l'entreprise et ses principaux objectifs et plans (stratégies) ?
2. Quelles sont les principales activités de la société ?
3. Quelles sont les principales préoccupations des dirigeants de la société (gestion des risques) concernant leur environnement ?
4. Quels sont les principaux indicateurs de l'entreprise ?

- **Recherche sur le thème « Vision, mission et objectifs »**

Cherchez un site Web qui décrit la vision, la mission et les objectifs d'une entreprise. Faites un lien entre les différents concepts de gestion vus dans ce chapitre, qui peuvent servir à décrire les grandes orientations de la société.

EXERCICE

L'adoption d'objectifs personnels

Paul J. Meyer, président du Success Motivation Institute, déclara, il y a plusieurs années, que les individus qui connaissent du succès dans la vie ont des objectifs bien définis. En effet, la réussite n'est pas le fruit du hasard. Toute personne peut formuler ses propres objectifs et élaborer un plan d'action afin de les atteindre.

Questions

A) La détermination des objectifs

1. Quelle carrière avez-vous choisie?
2. Pourquoi l'avez-vous choisie?
3. Quels sont les autres domaines auxquels vous vous êtes intéressé et pourquoi n'avez-vous pas opté pour l'un d'eux?

B) La préparation d'un plan d'action

1. Dressez un plan d'action qui indique ce que vous désirez accomplir:
   a) d'ici deux ans; b) d'ici cinq ans; c) d'ici dix ans.
2. Énumérez les étapes précises que vous comptez franchir pour réaliser vos objectifs.
3. Quels sont les principaux obstacles qui pourraient vous empêcher d'atteindre votre but et que ferez-vous pour les surmonter?
4. Quels motifs seraient suffisants pour vous amener à abandonner vos projets de carrière?

www.pauljmeyer.com/

Étude de cas

▶ ENTREPRISE

Aqua-Service inc.

En novembre 2004, Lise Durocher accepta le poste de directrice générale des ventes de la Société Aqua-Service inc. Alors âgée d'environ 45 ans, elle avait passé les 20 années précédentes au service d'une grande entreprise pionnière dans la fabrication de piscines. Au moment de son départ, Lise Durocher y était directrice régionale des ventes.

Chez Aqua-Service, Lise Durocher devint responsable de 3 directeurs régionaux, de 9 directeurs de district et de 36 vendeurs. Le marché de l'entreprise englobait les Maritimes, le Québec et l'Ontario. Toutefois, le président et actionnaire principal de la société, Yvon Bordua, envisageait alors d'étendre ses activités dans l'Ouest canadien. Son entreprise avait pris rapidement de l'expansion et l'on s'attendait à ce que le marché des piscines se développe considérablement au cours des années à venir. Pour ces raisons, Yvon Bordua avait recruté une experte en commercialisation qui pourrait, selon ses propres termes, «prendre le taureau par les cornes» et réaliser un programme ambitieux qui aiderait l'entreprise à maintenir son taux de croissance des années précédentes.

Yvon Bordua reconnaissait en outre que la concurrence devenait de plus en plus féroce. Plusieurs éléments contribuaient à ce phénomène: les prix, la publicité, le lancement de nouveaux produits, la venue de nouvelles entreprises et l'amélioration des exigences concernant le service à la clientèle. Il croyait fermement à la nécessité d'adopter une nouvelle manière d'agir pour éviter que son entreprise ne perde sa part du marché et sa rentabilité.

Lorsque Yvon Bordua recruta Lise Durocher, il lui expliqua que sa tâche première consisterait à fixer des objectifs pour le Service des ventes. «Il y a 10 ans que nous sommes en affaires, lui déclara-t-il. Jusqu'à présent, l'expansion rapide du marché et la faible concurrence nous avaient permis d'enregistrer des bénéfices substantiels, mais les temps changent. Je m'inquiète surtout du fait que nous n'avons pas vraiment d'objectifs et que mes directeurs ne semblent pas convaincus de l'importance d'en adopter. J'ai demandé deux fois à mes directeurs régionaux d'élaborer des objectifs pour eux-mêmes ainsi que pour les cadres et les vendeurs sous leur autorité. Ils ont tous réagi d'une manière plutôt négative en me disant que tout allait très bien et qu'il n'était pas vraiment nécessaire d'élaborer des objectifs. L'un d'eux a répliqué: " Pourquoi devrions-nous fixer des buts à nos vendeurs lorsque nous savons très bien que chacun d'eux fait tout son possible et plus encore? " Sur le coup, je me suis rallié à ce point de vue et j'ai renoncé à leur faire établir des objectifs.»

Lise Durocher fut renversée d'entendre de tels propos, car l'entreprise qui l'employait auparavant fonctionnait à l'aide d'objectifs. Tout le personnel du Service des ventes devait y atteindre certains buts. Yvon Bordua expliqua à Lise Durocher que son travail consisterait à convaincre les directeurs régionaux et les responsables de district de l'importance d'établir des objectifs précis, pour ensuite mettre sur pied un programme structuré devant permettre la réalisation de ces objectifs.

Lise Durocher voulut instaurer un tel programme avant que commence la période où les ventes sont en général les plus fortes (mars et avril). Elle savait que ce ne serait pas une tâche facile, mais elle demeurait convaincue de pouvoir la mener à bien.

Questions

1. À la place de Lise Durocher, que feriez-vous pour convaincre les directeurs régionaux que la prospérité future de l'entreprise repose sur l'établissement d'objectifs?
2. Quels avantages l'adoption d'objectifs procurerait-elle à la Société Aqua-Service inc.?

Étude de cas

EN MANCHETTE : LES MANTEAUX MACKAGE[27]

Elisa Dahan et Eran Elfassy, copropriétaires, Mackage

Hiver 2003. Le quartier montréalais de la mode est dans tous ses états. La star d'Hollywood Andie MacDowell est entrée au 7e étage du 555, rue Chabanel. L'objet de sa visite ? Les manteaux Mackage. Elle en avait vu un dans une boutique branchée du Vieux-Montréal. On n'avait pas sa taille. On l'a envoyée directement chez le fabricant. Puis, ce fut le tour de Halle Berry. On lui a fait un Mackage sur mesure pour son rôle dans le film *Gothika*.

L'hiver dernier, à New York, la griffe s'est affichée parmi DKNY, Marc Jacobs, Oscar de la Renta et autres lors du célèbre défilé de mode Olympus. C'est Nicky Hilton qui l'arborait sur la passerelle. En moins de cinq ans, Mackage a connu une ascension vertigineuse, notamment grâce à un battage médiatique, dont l'importance est cruciale dans ce milieu. Elle a un chiffre d'affaires – secret, mais d'environ 5 M$ – rarement observé chez les designers d'ici, surtout pas après seulement cinq ans d'existence.

Le rêve d'établir une marque internationale

Derrière Mackage se profilent deux designers montréalais d'à peine 25 ans ! Tous deux d'origine marocaine, Elisa Dahan et Eran Elfassy se sont connus à 12 ans. Ils ont étudié ensemble en design de mode et partagent depuis l'ambition de bâtir une aussi grande marque que Gucci.

En 1999, Eran Elfassy a fondé Mackage avec le soutien de ses frères Ilan et Michel, qui possèdent le manufacturier de cuir À propeaux. Elisa Dahan s'est jointe à eux un an plus tard. Aujourd'hui, les frères s'occupent de la comptabilité tandis qu'Elisa et Eran font le reste : la conception des manteaux, la vente, le marketing et les relations publiques. « On veut suivre de près l'évolution de notre marque et on aime être proches de nos clients », explique Mme Dahan.

« C'est difficile de trouver des gens avec qui on est sur la même longueur d'onde. Notre vision, c'est de créer non seulement des manteaux, mais tout un *lifestyle* Mackage. » Leurs manteaux sont très cintrés pour des vêtements d'hiver. Ils se distinguent par leur mélange de laine, de fourrure (parfois) et de cuir, ce dernier étant souvent apposé sur les poches, les coudes et les ceintures.

Il y a donc un *look* Mackage, une authenticité. Tellement que la marque est de plus en plus copiée, se plaint M. Elfassy. « Leurs manteaux sont très bien dessinés, les tissus sont d'excellente qualité et nos clients les adorent », dit Betty-Renda, propriétaire de Betty's Bazaar.

À l'aube d'une phase critique

Depuis 2004, Mackage offre une collection pour hommes. Durant les cinq prochaines années, qui constitueront la seconde phase de leur plan, elle s'étendra aux accessoires. Elle est maintenant distribuée dans 98 magasins au Canada et aux États-Unis. L'an dernier, la marque a réussi une percée en Italie et au Japon.

L'important, c'est de bien choisir ses points de vente en fonction de l'image que l'on veut projeter, dit M. Elfassy. Ce positionnement – haut de gamme, élégant, urbain, sexy, mais abordable – a donc été réalisé dans plusieurs marchés clés, bien qu'il reste encore à peaufiner. Par exemple, à Montréal, les propriétaires de Mackage se sont aperçus qu'ils ont trop inondé le marché. Ils se promettent donc de viser plus de rareté l'an prochain.

Ils seront aussi plus sévères sur les écarts de prix qui nuisent à la marque. Le manteau vendu moitié prix en janvier, tout comme celui qui est trois fois plus cher à New York, sont à éviter, disent-ils. Les manteaux Mackage se vendent entre 450 $ et 800 $. La prochaine étape, qui consiste à faire passer les revenus de 5 à 10 M$, est très critique. Les deux jeunes designers en sont conscients : « Nous devons avoir autour de nous les personnes clés qui pourront conserver notre façon de faire. Parce que nous ne pourrons pas continuer à tout faire, seuls », admet Mme Dahan, qui vient de déménager à Toronto pour suivre son époux.

Mais, d'entrée de jeu, ils écartent l'idée de vendre la société. « Nous avons eu plusieurs offres au cours des deux dernières années, mais nous ne sommes pas intéressés. Nous ne voulons par faire de l'argent, nous voulons réaliser notre rêve », dit M. Elfassy.

Chose certaine, ils ont beaucoup de temps devant eux.

Questions

Quels types d'objectifs et de plans Elisa Dahan et Eran Elfassy doivent-ils élaborer ? En ce qui concerne le processus de planification, quelles étapes devraient-ils franchir pour assurer autant que possible la réalisation de leurs rêves ?

www.mackage.com

3

Chapitre 6

Le gestionnaire en tant que stratège

Objectifs du chapitre

Après avoir lu ce chapitre, vous devriez pouvoir:

1. définir la planification stratégique, décrire son contexte et nommer les principales personnes qui contribuent à son élaboration;
2. exposer les principales étapes de la planification stratégique;
3. décrire les trois niveaux hiérarchiques de l'entreprise où sont élaborées les stratégies (stratégies d'ensemble, sectorielles et fonctionnelles);
4. exposer les différents types de stratégies d'ensemble et de stratégies sectorielles;
5. expliquer les différents modèles d'analyse stratégique;
6. énumérer les avantages de la planification stratégique.

Défi lancé aux gestionnaires ☞ par Boston Pizza

Wayne Shanahan veut que sa chaîne de restaurants Boston Pizza soit comparable à celle des Rôtisseries Saint-Hubert. Rien de moins. Boston Pizza, l'un des rares géants canadiens dans le domaine de la restauration (chiffre d'affaires de 370 M$, plus de 200 restaurants), arrive au Québec. Cinq restaurants franchisés au Québec, chacun nécessitant des investissements de 2 M$ et offrant du travail à 75 employés. Le premier ouvrira à Laval et les autres seront situés à Brossard, Saint-Jérôme, Saint-Bruno et Beauport. Sept autres seront construits en 2006. M. Shanahan précise que la force de Boston Pizza est son pouvoir d'achat supérieur à celui de ses concurrents. « Nos coûts d'aliments comptent pour 26 % de notre budget, alors que la moyenne dans le secteur est de 31 % », dit-il. Au cours des 6 dernières années, ses ventes ont augmenté en moyenne de 6 % par an, alors qu'elles ont baissé dans ce secteur. M. Shanahan se dit très sensible à la spécificité québécoise, lui-même étant originaire de Québec. « Impossible de réussir ici si on essaie de contrôler les affaires de l'extérieur », observe-t-il. Le menu de Boston Pizza manifestera cette différence : il y aura une table d'hôte (les Canadiens des autres provinces et les Américains préfèrent les combinés), de la poutine, de la tarte au sucre ; la pizza toute garnie sera rebaptisée « La Québécoise ». Et la sélection des vins sera plus complète.

Le géant canadien, Boston Pizza, arrrive au Québec.

Boston Pizza compte 150 restaurants dans l'Ouest canadien, une quarantaine en Ontario, quatre dans les Maritimes et une vingtaine aux États-Unis, où l'entreprise est actuellement en expansion. En 2005, elle ouvrira 30 nouveaux établissements au Canada[1].

www.bostonpizza.com

Survol du chapitre

Comment Wayne Shanahan en arrive-t-il à ces grandes décisions ? Qu'est-ce qui influe sur son choix d'ouvrir de nouveaux restaurants au Québec et dans les autres provinces canadiennes ? Quels outils d'analyse emploie-t-il pour examiner la possibilité d'ouvrir des restaurants dans différents endroits en Amérique du Nord ? Qui d'autre participe à ces décisions importantes ? Comment M. Shanahan choisit-il ses franchisés et établit-il ses restaurants dans certains quartiers d'une ville particulière ? Comment peut-il s'assurer que tous fonctionnent efficacement ? Pour quelles raisons le taux de croissance de Boston Pizza augmente-t-il à un rythme de 6 % par année alors que le secteur montre une baisse ? Pour quelles raisons les coûts d'aliments de Boston Pizza, qui sont moindres que la moyenne du secteur, permettent-ils à l'entreprise de progresser plus rapidement que ce dernier ?

Ce chapitre tente de répondre, entre autres, à ces questions et traite en particulier de l'élaboration de stratégies, des principales activités liées au processus de planification stratégique, de la différence entre les diverses stratégies adoptées par les gestionnaires afin d'étendre les activités de leur organisation et d'en améliorer le rendement, des méthodes utilisées par les cadres pour prendre des décisions stratégiques.

La figure 5.7 (page 191) présente en six étapes le modèle global du processus de planification et montre un aperçu des principales activités s'y rattachant. La première activité d'ordre stratégique consiste dans l'analyse de l'environnement extérieur et des éléments internes. La deuxième concerne l'orientation de l'entreprise, c'est-à-dire l'élaboration des objectifs généraux (détermination des priorités, énoncés des valeurs, de la mission et des objectifs stratégiques). La troisième consiste dans l'élaboration des stratégies, sujet de ce chapitre. La quatrième étape comprend la mise en œuvre des stratégies et l'examen de la structure organisationnelle, du leadership et du climat, les ressources requises et les plans durables. La cinquième étape concerne la préparation des plans opérationnels et vise à déterminer qui va faire quoi et quand. La dernière activité d'ordre stratégique consiste à effectuer le contrôle stratégique visant à déterminer si les objectifs et les plans sont réalisés.

Cependant, ces activités ne se déroulent pas toujours distinctement en suivant un ordre logique comme celui qui apparaît à la figure 5.7 (voir la page 189). En effet, elles sont si étroitement liées les unes aux autres que plusieurs d'entre elles ont lieu simultanément. La détermination des objectifs, par exemple, empiète souvent sur la formulation de l'énoncé de la mission. Lorsqu'ils préparent leurs stratégies, les dirigeants doivent s'assurer d'élaborer des plans compatibles avec l'analyse de l'environnement et avec la mission, les objectifs et les priorités de leur organisation. Au moment d'apporter la touche finale à l'élaboration de leurs stratégies, ils doivent aussi vérifier que les cadres subordonnés disposeront des ressources nécessaires pour les mettre en œuvre.

Aussi, l'élaboration de stratégies ne se fait pas annuellement, mais de façon continue. En effet, après qu'ils ont préparé leurs plans stratégiques, les gestionnaires n'ont pas à attendre le cycle de planification de l'année suivante pour les revoir. Une évaluation courante des résultats (contrôle stratégique) leur permet de modifier leurs stratégies pour s'adapter aux changements qui transforment l'environnement. Il arrive que l'on puisse modifier rapidement une stratégie. Dans d'autres cas, cependant, on peut devoir consacrer des semaines ou même des mois à une analyse et à un examen détaillés avant de pouvoir la modifier. Pour tout dire, il faut beaucoup d'habileté pour savoir à quel moment il convient de modifier une stratégie et de quelle façon[2].

Peu importe la méthode privilégiée, la planification stratégique vise surtout à déterminer comment une organisation, telle que Boston Pizza, peut le mieux s'harmoniser avec son environnement. Un dirigeant d'entreprise et un général ont plusieurs points en commun. En effet, tous deux ont un objectif (sortir vainqueur), adoptent des plans (stratégies) orientant leur organisation sur la bonne voie et fournissent des ressources suffisantes aux personnes responsables de la mise en œuvre des plans.

Voici ce que met en évidence le présent chapitre :

- *définir la planification stratégique, décrire son contexte et nommer les principales personnes qui contribuent à son élaboration ;*
- *exposer les principales étapes de la planification stratégique ;*
- *décrire les trois niveaux hiérarchiques de l'entreprise où sont élaborées les stratégies, c'est-à-dire les stratégies d'ensemble, les stratégies sectorielles et les stratégies fonctionnelles ;*
- *exposer les différents types de stratégies d'ensemble (diversification, intégration, retrait, restructuration du portefeuille et combinaison) et de stratégies sectorielles (stratégies concurrentielles, stratégies d'adaptation) ;*

- *expliquer les différents modèles d'analyse stratégique tels que : le modèle du portefeuille, la comparaison de l'attrait des différents domaines d'activité, la comparaison du degré de compétitivité des unités sectorielles, le cycle de vie des produits et l'analyse de l'écart stratégique ;*
- *énumérer les avantages de la planification stratégique.*

6.1 LA NATURE DE LA PLANIFICATION STRATÉGIQUE

OBJECTIF 6.1

Définir la planification stratégique, décrire son contexte et nommer les principales personnes qui contribuent à son élaboration.

La **planification stratégique** vise surtout à déterminer la façon dont une organisation peut être le plus en harmonie avec son environnement. En outre, les dirigeants ont besoin d'avoir une vue d'ensemble de l'environnement.

Comme nous l'avons expliqué au chapitre 5, une stratégie peut être envisagée comme « un vaste plan unifié et intégré qui relie les avantages stratégiques d'une organisation aux défis que lui pose son environnement et qui a pour but d'assurer la réalisation des objectifs premiers de cette organisation lorsqu'on l'exécute de la manière appropriée[3] ». Elle constitue donc un outil de gestion servant à atteindre les objectifs stratégiques adoptés. En termes simples, elle représente un moyen (plan) que l'on adopte pour réaliser une fin (objectif).

Après avoir lu les trois prochaines sous-sections, vous devriez pouvoir :

- expliquer les aptitudes indispensables aux responsables de l'élaboration des stratégies, telles que l'esprit stratégique, la réflexion et la vision stratégiques ;
- définir certains concepts clés de la planification stratégique tels que la stratégie projetée et la stratégie réalisée, les décisions stratégiques et la planification stratégique ;
- déterminer les responsables de la planification stratégique, c'est-à-dire les membres du conseil d'administration, le P.-D. G., les directeurs généraux et le personnel du Service de la planification.

6.1.1 Les préalables à l'élaboration des stratégies

Les responsables de l'élaboration des stratégies tels que Wayne Shanahan de Boston Pizza doivent posséder des aptitudes importantes à cet égard, c'est-à-dire qu'elles doivent se distinguer par un esprit stratégique, une réflexion et une vision stratégiques.

A. L'esprit stratégique

Les personnes qui contribuent à l'élaboration de stratégies ou appelées à réfléchir doivent posséder un esprit stratégique. Il s'agit d'une des aptitudes liées à la conceptualisation que mentionne le chapitre 1 (voir la sous-section 1.4.2, «Les compétences essentielles des gestionnaires liées aux différents échelons hiérarchiques», page 16).

Un **esprit stratégique** permet de reconnaître et de bien comprendre tous les éléments qui influent sur une situation donnée pour ensuite s'appliquer à les remodeler de la façon la plus avantageuse. Les joueurs d'échecs manifestent une telle aptitude. En effet, ils analysent chaque coup, prévoient les actions de leur adversaire et refondent divers scénarios en une suite logique de déplacements. Un esprit stratégique ne se montre créatif que si on le stimule au moyen d'une analyse valable et pénétrante. Or, pour effectuer une telle analyse, il faut se poser les bonnes questions et les énoncer d'une manière axée sur les solutions, ce qui nécessite un esprit stratégique et curieux[4].

B. La réflexion stratégique

En plus de posséder un esprit stratégique, les gestionnaires doivent également être capables de réfléchir comme un stratège. La réflexion stratégique est le processus mental par lequel :

1. on met en évidence les principales questions liées à un problème, à une possibilité, à une situation ou à un événement donné ;
2. on se fait une idée précise de la nature de chacun de ces éléments ;
3. on remodèle ceux-ci de manière à obtenir une vue d'ensemble pour faciliter la découverte d'une solution (par exemple, sous la forme de meilleurs marchés, de produits ou de services différents ou améliorés, ou d'une meilleure utilisation des ressources humaines et matérielles).

Au sens large du terme, la **réflexion stratégique** est un processus permettant de déterminer comment toutes les composantes individuelles et collectives d'une organisation peuvent le mieux s'adapter à son environnement. Ainsi, lorsque les dirigeants d'une entreprise comprennent toutes les options qui s'offrent à eux et en évaluent les coûts ainsi que les avantages respectifs, ils sont en mesure de s'adapter à l'évolution inévitable de l'environnement. Or, cette flexibilité augmente leurs chances de succès[5].

C. La vision stratégique

Toute stratégie a pour but de définir la nature véritable et l'orientation future d'une entreprise. C'est pourquoi les cadres supérieurs doivent posséder une **vision stratégique**, c'est-à-dire, être capables de se créer une image mentale précise de la situation dans laquelle ils aimeraient voir leur organisation. Il leur faut également pouvoir décrire cette vision à tous ceux qui participeront à la mise en œuvre des plans au jour le jour.

Ainsi, Steven Jobs et Stephen Wozniak, les fondateurs de la Société Apple, possédaient une vision et savaient comment la transformer. Au lieu de s'en tenir à ce qui était probable, ils ont envisagé le possible : une situation qu'ils désiraient engendrer et à laquelle ils croyaient. Ayant trouvé leur place, ils se sont imposés. En prenant des initiatives pour concrétiser leur vision du possible et atteindre un but précis, ils ont créé un environnement de travail où d'autres pouvaient se dévouer à la même cause, ce que firent la plupart. Isadore Sharp, entre autres, P.-D. G. des hôtels Quatre Saisons, possédait une vision lorsqu'il ouvrit son premier hôtel à Toronto au début des années 1960. Il voulait alors devenir un chef de file dans l'industrie hôtelière et il réussit à faire en sorte que des centaines d'employés s'engagent à transformer cette vision en réalité par leurs actions quotidiennes. Aujourd'hui, les hôtels Quatre Saisons jouissent d'une excellente réputation et malgré tous les problèmes du secteur de l'hôtellerie, ils ont une rentabilité très élevée[6].

6.1.2 La définition de certains concepts stratégiques

Le mot « stratégie » est l'un de ceux que l'on emploie le plus souvent en gestion. Examinons quelques-uns des principaux termes ou concepts qui lui sont associés : stratégie projetée et stratégie réalisée, décisions stratégiques et planification stratégique.

A. La stratégie projetée et la stratégie réalisée

Toute **stratégie projetée** traduit un choix initialement fait par les dirigeants d'une organisation (ou modifié d'une manière quelconque) et visant à assurer la réalisation d'objectifs[7]. Pour une grande entreprise, cela peut consister, par exemple, à obtenir une part importante du marché. On ne peut évidemment atteindre un objectif aussi ambitieux qu'à long terme. Les vrais leaders ont néanmoins une image de ce qu'ils veulent accomplir et peuvent consacrer jusqu'à 20 ou 30 ans à en faire une réalité. Le dessein stratégique d'un leader témoigne de son engagement ferme à réussir dans le secteur où il évolue, à demeurer ensuite un chef de file fort de cette aventure. Par exemple, Bell Canada dévoila en 2005 son service de téléphonie résidentielle par Internet (ou téléphonie IP pour *Internet Protocol*) afin de faire concurrence à Vidéotron, à Vonage Canada et à la montréalaise BabyTel. Le but de cette stratégie était de limiter les pertes d'abonnés que Bell pourrait subir à cause de ses concurrents[8]. Il s'agit donc là d'une stratégie projetée.

www.bell.ca/

Par opposition, la **stratégie réalisée** constitue ce que l'on a réellement accompli. Dans certains cas, il arrive qu'elle ne se distingue en rien de la stratégie projetée, mais, dans d'autres cas, elle apporte des résultats différents de ceux escomptés. Il est évident que les stratégies projetées ne se réalisent pas toujours. N'est-ce pas le sort de General Motors qui avait la mainmise sur près de la moitié du marché américain à la fin des années 1970 et n'en contrôlait plus que le quart en février 2005 ? Encore récemment, la société a annoncé qu'elle produirait 300 000 automobiles et camions de moins en Amérique du Nord au premier semestre de 2005, soit un recul de 10 % par rapport à 2004[9].

B. Les décisions stratégiques

Les **décisions stratégiques** indiquent les moyens que les cadres supérieurs se proposent d'utiliser pour obtenir les résultats souhaités. Les décisions stratégiques se rattachent à trois éléments clés.

Les *marchés* sur lesquels une entreprise désire évoluer (par exemple, les chaînes de distribution à privilégier). Wayne Shanahan de Boston Pizza, par exemple, doit choisir avec prudence les provinces, les villes et les emplacements de ses restaurants.

Les *produits* ou les *services* que l'entreprise veut offrir (par exemple, l'élimination ou l'ajout de produits ainsi que la détermination de l'étendue et de la profondeur de la gamme à proposer). N'est-ce pas le cas de Boston Pizza qui introduira un menu (produit) très différent pour les restaurants de la province de Québec (table d'hôte, non les combinés, la poutine, la tarte au sucre et une pizza rebaptisée « La Québécoise »).

La *manière d'utiliser des ressources* qui ajoutent de la valeur aux produits ou aux services (par exemple la construction de nouvelles usines, l'adoption de techniques et de procédés nouveaux ainsi que l'intégration vers l'aval ou vers l'amont). Dans le cas de Boston Pizza, Wayne Shanahan bénéficie d'un avantage concurrentiel avec ses coûts d'aliments qui sont de 5 % moindres que la moyenne du secteur.

C. La planification stratégique

Comme nous l'avons indiqué, la planification stratégique est un processus structuré de planification à long terme qui amène les cadres de différents niveaux d'une structure organisationnelle à élaborer des stratégies. La planification stratégique se distingue par les caractéristiques suivantes :

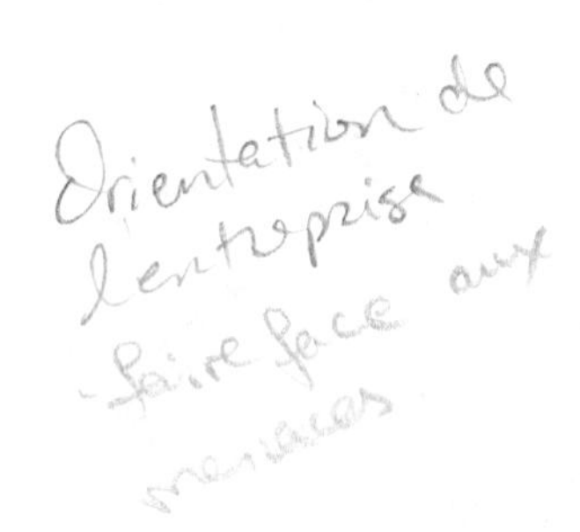

- elle porte sur une longue période ;
- elle concerne la manière dont on utilisera les ressources de l'entreprise ;
- elle relève des cadres supérieurs (P.-D. G., directeurs généraux, responsables d'une division ou d'une fonction) ;
- elle fournit un cadre qui permet d'assurer l'intégration de tous les plans détaillés (plans opérationnels et budgets) à l'intérieur d'un ensemble cohérent ;
- elle suscite une analyse qui présente une étendue d'importance, car elle se rapporte aux marchés, aux produits, aux services et aux ressources.

6.1.3. Les responsables de la planification stratégique

La planification stratégique relève principalement des membres du conseil d'administration, du président-directeur général, des directeurs généraux et du personnel du Service de la planification.

A. Les membres du conseil d'administration

Tout plan stratégique a pour but de réaliser les objectifs de l'organisation qui présentent des aspects non seulement financiers, mais aussi économiques, sociaux et touchant le personnel. C'est pourquoi les membres du conseil d'administration doivent faire en sorte qu'on tienne compte de tous ces éléments divers et parfois opposés. Il est logique qu'ils agissent ainsi, car le conseil d'administration (qui représente les actionnaires) forme, selon la loi, la plus haute autorité d'une entreprise. Les membres de ce conseil n'ont pas à élaborer les stratégies, mais plutôt à les examiner et à les approuver. Leur responsabilité consiste à partager avec le comité de direction les risques inhérents aux décisions stratégiques. En comité, ils participent à la révision des priorités, de la mission, des objectifs et des plans stratégiques de l'entreprise, puis ils sont appelés à les approuver. De la même façon, ils s'assurent de la concordance entre les attentes des actionnaires, les plans de l'entreprise et le rendement[10].

B. Le président-directeur général

C'est avant tout au P.-D. G. d'une organisation qu'il appartient d'en tracer la voie. On le considère comme le stratège le plus important et le plus en évidence. En tant que capitaine de son navire, il assume la pleine responsabilité de l'élaboration et de la mise en œuvre des plans stratégiques pour l'ensemble de son organisation, et ce, bien que d'autres cadres participent à ces activités. Le P.-D. G. d'une entreprise est le principal responsable de l'orientation de l'organisation, de la détermination de ses objectifs ainsi que de l'élaboration et de la mise en œuvre de ses stratégies[11]. L'absence d'une orientation, d'une politique et de stratégies claires remet en cause l'avenir d'une organisation. Lorsqu'un P.-D. G. se décharge de la responsabilité importante de les établir pour la confier à des cadres subalternes ou au personnel du Service de la planification, il arrive que l'organisation se trouve à la merci d'éléments extérieurs (gouvernements, concurrents, syndicats ou autres groupes de pression).

C. Les directeurs généraux

Les chefs de division d'une société cloisonnée jouent eux aussi un rôle clé dans le processus de gestion stratégique. D'ordinaire, un directeur général assume la responsabilité d'une fonction ou d'une division. Par exemple, il revient aux dirigeants de chacune des entreprises affiliées de BCE d'en assurer le succès. Ces gestionnaires doivent établir la stratégie de leur entreprise, concevoir les structures requises, mettre en œuvre leurs plans stratégiques et évaluer les résultats obtenus. Bien que les directeurs généraux respectent certaines directives globales émises par le P.-D. G., l'unité sectorielle dirigée par chacun d'entre eux se distingue par un environnement et un milieu de concurrence qui lui sont propres. Les directeurs généraux sont chargés de traduire les objectifs de l'organisation en un ensemble de plans opérationnels concrets. D'une certaine façon, ils doivent établir une concordance entre les objectifs de leurs subordonnés et ceux du comité de direction.

D. Le personnel du Service de la planification

Dans une grande société, le P.-D. G. et les directeurs généraux se font le plus souvent aider par un groupe de planification stratégique (ou par des spécialistes) responsable de la coordination des nombreuses activités de planification. L'intervention du personnel du Service de la planification consiste non pas à diriger l'élaboration ou la mise en œuvre des stratégies, mais plutôt à seconder les stratèges en :

- effectuant des études économiques et des études de marché ;
- coordonnant toutes les activités de planification ;
- contribuant activement au processus de planification ;
- préparant des plans opérationnels et des plans financiers consolidés ;
- évaluant les coûts et les avantages de tout projet de fusion, en analysant la possibilité d'acquérir des entreprises, en mesurant les tendances du marché, en collaborant au lancement de nouveaux produits ou services et en réalisant des études portant sur des liquidations.

OBJECTIF 6.2

Exposer les principales étapes de la planification stratégique.

6.2 LES ÉTAPES DU PROCESSUS DE PLANIFICATION STRATÉGIQUE

La figure 6.1 présente les étapes de la planification stratégique. Puisque nous avons discuté en détail les différentes étapes de la planification dans le chapitre 5 (voir la sous-section 5.4.1 et la figure 5.7 à la page 189), cette section résume ces étapes dans le contexte de la planification stratégique.

Figure 6.1
Les étapes de la planification stratégique

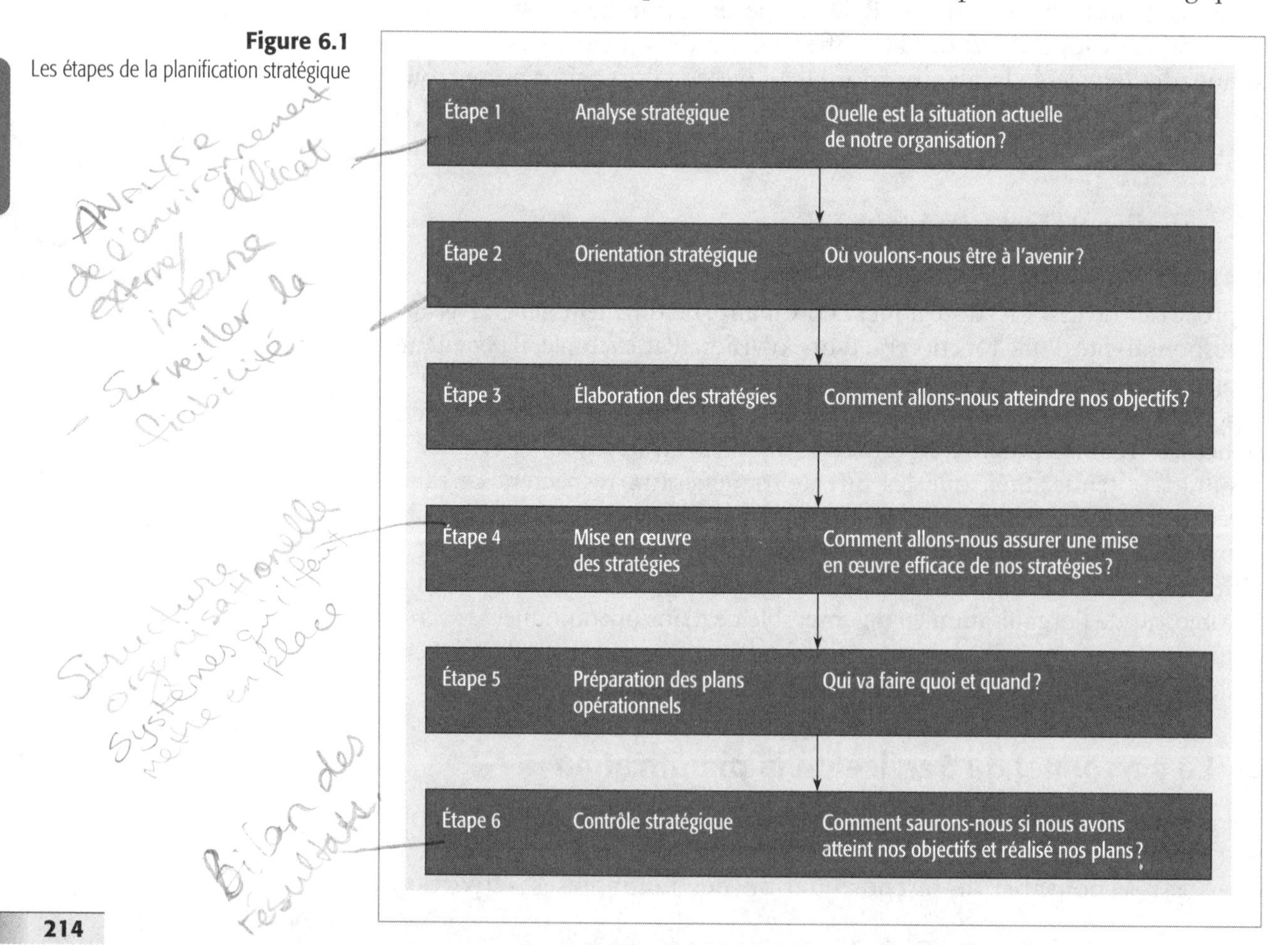
Étape 1
Analyse stratégique
Quelle est la situation actuelle de notre organisation ?
Étape 2
Orientation stratégique
Où voulons-nous être à l'avenir ?
Étape 3
Élaboration des stratégies
Comment allons-nous atteindre nos objectifs ?
Étape 4
Mise en œuvre des stratégies
Comment allons-nous assurer une mise en œuvre efficace de nos stratégies ?
Étape 5
Préparation des plans opérationnels
Qui va faire quoi et quand ?
Étape 6
Contrôle stratégique
Comment saurons-nous si nous avons atteint nos objectifs et réalisé nos plans ?

L'étape 1, l'*analyse stratégique*, permet aux cadres supérieurs de se poser la question suivante : Quelle est la situation actuelle de notre organisation ? Pour répondre à cette question, les dirigeants doivent donc effectuer un diagnostic de l'environnement général et des conditions régnant dans le secteur. Ils étudient donc les possibilités et les dangers entrevus par l'organisation ainsi que les forces et les faiblesses internes de celle-ci.

L'étape 2, l'*orientation stratégique*, permet aux cadres supérieurs de se poser la question suivante : Où voulons-nous être à l'avenir ? C'est lors de cette étape qu'ils élaborent l'énoncé de la mission ainsi que la définition des priorités et des objectifs stratégiques de l'organisation.

L'étape 3, l'*élaboration des stratégies*, permet aux cadres supérieurs de se poser la question suivante : Comment allons-nous atteindre nos objectifs ? C'est donc à cette étape que les moyens, les plans ou les stratégies sont élaborés. Ce chapitre décrit les différents types de stratégies adoptées dans l'ensemble de l'entreprise, dans les unités sectorielles et dans les fonctions assumées à l'intérieur de ces dernières (voir la figure 6.2 à la page 216).

L'étape 4, la *mise en œuvre des stratégies*, permet aux cadres d'une organisation de se poser la question suivante : Comment allons-nous assurer une mise en œuvre efficace de nos stratégies ? Pour que leurs stratégies aient du succès, les dirigeants doivent donc :

- mettre en place une *structure organisationnelle* répondant aux besoins de l'entreprise ;
- adopter un *style de gestion* adapté à l'environnement et créer un climat favorable ;
- fournir à chaque unité organisationnelle les *ressources nécessaires* pour réaliser les plans établis.

L'étape 5, la *préparation des plans opérationnels*, permet aux cadres intermédiaires et inférieurs de se poser la question suivante : Qui va faire quoi et quand ? La préparation des plans opérationnels comporte deux phases : la préparation des plans détaillés et la définition des plans à application unique.

L'étape 6, le *contrôle stratégique*, permet à tous les cadres de l'organisation de se poser la question suivante : Comment saurons-nous si nous avons atteint nos objectifs et réalisé nos plans ? Une fois les résultats évalués, les gestionnaires peuvent recourir à diverses méthodes pour déterminer si les stratégies ont réussi. Les membres du conseil d'administration et les cadres supérieurs (le P.-D. G. et le comité de gestion) évaluent leur organisation en tenant compte de points de contrôle stratégiques.

Les administrateurs et les dirigeants d'une entreprise surveillent ainsi les variations importantes des éléments économiques, sociaux, technologiques ou politiques qui ont un effet marqué sur le fonctionnement de leur organisation. Les mesures de contrôle sont de nature qualitative ou quantitative.

Le *contrôle qualitatif* concerne des questions générales telles que : Remplissons-nous notre mission ? Avons-nous atteint nos objectifs d'ensemble ? Appliquons-nous efficacement nos stratégies ? Nos clients réagissent-ils bien à nos produits ? à nos services ? Notre campagne de publicité porte-t-elle des fruits ? Avons-nous un bon système de planification ? Nos cadres accomplissent-ils bien leur travail ? Le moral est-il bon dans l'organisation ?

Jouissons-nous d'une solide réputation sur le plan technique ? Prenons-nous un risque important en réalisant de grands projets d'investissement ?

Le *contrôle quantitatif* porte sur des résultats plus précis. Il permet de comparer les aspects quantifiables des objectifs d'une organisation avec sa part du marché, son produit d'exploitation, sa rentabilité et ses coûts. On peut ainsi mettre en parallèle le taux de rentabilité obtenu (par exemple 11 %) et celui que l'on visait (10 %) ou la part de marché conquise (par exemple 13 %) et celle que l'on voulait accaparer (14 %).

La revue *Fortune* publie annuellement la liste des entreprises les plus admirées en Amérique du Nord. Elle évalue leur performance selon les critères énumérés ci-après :

- la qualité de leurs produits et de leurs services ;
- la qualité de leur gestion ;
- leur caractère novateur ;
- leur valeur à long terme ;
- leur stabilité financière ;
- leur engagement dans la communauté et pour l'environnement ;
- l'utilisation de leurs biens ;
- leur capacité d'attirer des gens talentueux, de les former et de les garder à leur service[12].

OBJECTIF 6.3

Décrire les trois niveaux hiérarchiques de l'entreprise où sont élaborées les stratégies (stratégies d'ensemble, sectorielles et fonctionnelles).

6.3 LES DIFFÉRENTS NIVEAUX DE STRATÉGIES

À l'exemple des objectifs et des plans, les stratégies peuvent voir le jour à différents niveaux hiérarchiques d'une organisation (voir la figure 6.2). En effet, certaines s'appliquent au tout que forme une société commerciale telle que Metro inc.[13] (stratégies d'ensemble). D'autres se rattachent aux différentes unités sectorielles de Metro inc. telles que Loeb, Brunet et Cini Plus (stratégies sectorielles). D'autres encore se rapportent à une fonction précise à l'intérieur d'une unité sectorielle (stratégies fonctionnelles).

www.metro.ca

Figure 6.2
Les niveaux de stratégies

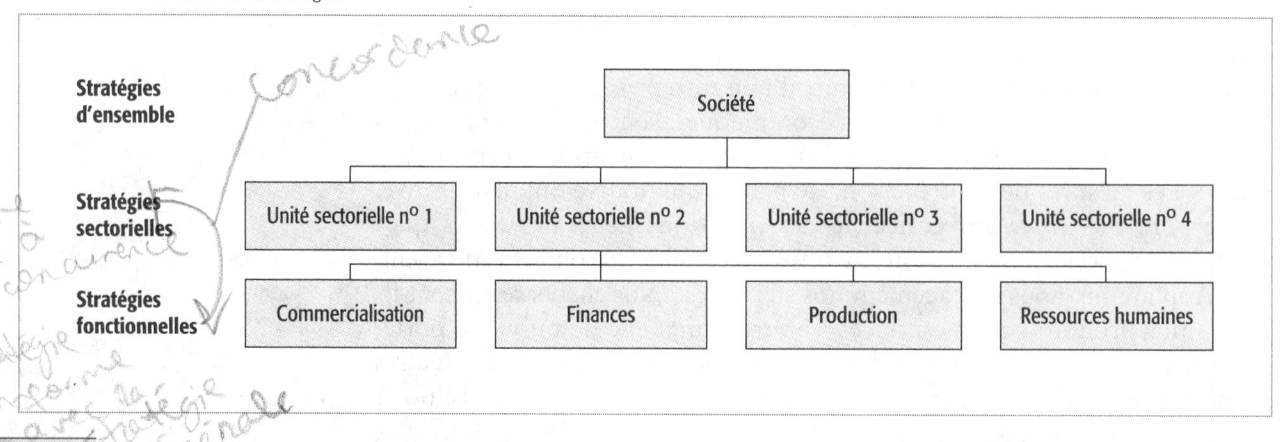

Après avoir lu les trois prochaines sous-sections, vous devriez pouvoir :

- expliquer ce que l'on entend par stratégies d'ensemble et à quels types d'entreprises ces stratégies conviennent ;
- décrire qu'un conglomérat se compose de plusieurs unités sectorielles et que chacune est responsable d'élaborer des stratégies sectorielles ;
- préciser que les stratégies fonctionnelles s'appliquent aux activités d'une unité sectorielle quant à la commercialisation, à la production, aux ressources humaines et aux finances.

6.3.1 Les stratégies d'ensemble

Les **stratégies d'ensemble** concernent les décisions prises par le P.-D. G. et le comité de gestion quant à l'efficacité du tout que forme une organisation. Elles s'appliquent à des entreprises évoluant dans divers secteurs. L'énoncé de toute stratégie de ce type présente les domaines d'activité dans lesquels souhaitent travailler les dirigeants d'une société et indique quelles sont les entreprises qui doivent faire l'objet d'une transformation, d'une vente ou d'une acquisition. Songeons, par exemple, à la grande société diversifiée BCE. Les P.-D. G. respectifs responsables des unités sectorielles de BCE (Bell Mobilité, Bell ExpressVu, Bell Distribution, etc.) passent beaucoup de temps à élaborer des stratégies en matière de diversification, de désinvestissement ainsi que de vente et d'acquisition d'entreprises. Les stratégies d'ensemble visent principalement à assurer la bonne intégration de différents types d'entreprises à l'intérieur d'une société.

www.bce.ca

Pour élaborer une stratégie d'ensemble s'appliquant à une organisation diversifiée, il faut suivre les principes suivants.

Prendre des décisions en matière de diversification. Ces décisions visent à établir s'il convient d'opter pour une diversification étroite ou étendue. Les dirigeants d'une grande société se préoccupent en effet de déterminer dans quelle mesure ils doivent en améliorer la position dans un secteur donné pour en faire un chef de file. Ils se demandent aussi dans quels secteurs ils devraient diversifier leurs activités en lançant de nouvelles entreprises, en acquérant des entreprises existantes ou en rentabilisant certaines organisations qui éprouvent des difficultés.

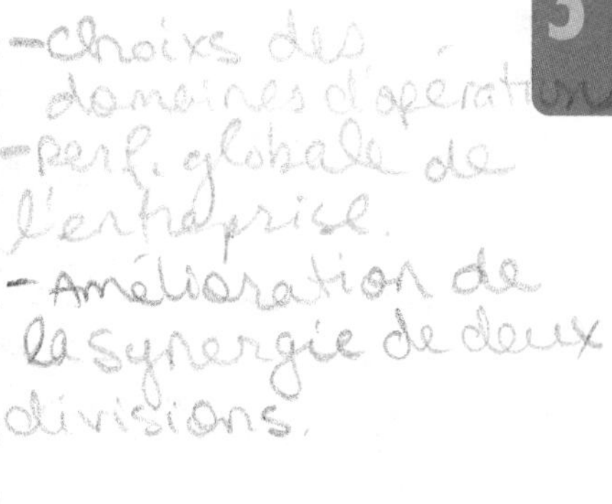

Mettre en branle certaines actions pour améliorer le rendement combiné des entreprises faisant partie de l'organisation. En effet, certaines décisions s'imposent pour rendre les entreprises existantes plus solides. Ainsi, les dirigeants doivent s'efforcer de trouver des ressources additionnelles pour accroître la capacité de production de certaines de ces entreprises et le rendement des autres. Il leur faut avant tout maintenir la prospérité de leurs entreprises les plus importantes, se débarrasser de celles qui sont moins prometteuses et découvrir le moyen de rentabiliser celles qui présentent un potentiel.

Trouver diverses façons d'améliorer la synergie entre les unités sectorielles connexes afin de les rendre plus compétitives. Lorsque les entreprises sont efficacement reliées les unes aux autres, la possibilité de créer une synergie au sein de toutes les unités de l'organisation devient beaucoup plus grande. On peut arriver à ce résultat en adaptant bien les entreprises connexes les unes aux autres et en s'assurant que toutes les unités produisent davantage par un effort collectif qu'elles ne le feraient en agissant indépendamment. L'adoption d'une telle stratégie améliore le rendement, la productivité et les résultats de l'organisation.

Déterminer les dépenses d'investissement prioritaires et attribuer les ressources de l'organisation aux unités sectorielles les plus attrayantes. En effet, les dirigeants doivent acheminer des fonds vers les entreprises capables de générer les bénéfices les plus importants. Ils y parviennent en vendant certaines entreprises et en injectant les capitaux obtenus dans des unités plus productives.

Aujourd'hui, il existe plusieurs méthodes d'analyse servant à évaluer l'efficacité des entreprises, dont le modèle d'analyse du portefeuille, le modèle de comparaison de l'attrait des différents domaines d'activité, le modèle de comparaison du degré de compétitivité des unités sectorielles, le modèle du cycle de vie des produits, le modèle d'analyse de la contribution stratégique et le modèle d'analyse de l'écart stratégique. Nous les examinerons dans la section 6.5 intitulée « Les modèles d'analyse stratégique ».

6.3.2 Les stratégies sectorielles

Un conglomérat se compose en général de plusieurs unités que l'on pourrait appeler **unités stratégiques sectorielles** ou unités sectorielles. La **stratégie sectorielle** est un plan d'action établi pour une seule entreprise, c'est-à-dire pour une unité évoluant dans un secteur particulier. Elle vise avant tout à rendre une entreprise plus compétitive sur son marché. Bien que la stratégie d'ensemble fournisse une ligne directrice aux unités sectorielles, celles-ci doivent avoir chacune une stratégie unique appropriée à l'environnement où elles évoluent. Toute unité stratégique sectorielle présente de grandes caractéristiques :

- elle possède une mission différente de celle des autres ;
- elle évolue dans un environnement distinct et a ses propres concurrents ;
- elle se suffit à elle-même et relève d'un directeur général capable d'élaborer et de mettre en œuvre des stratégies totalement indépendantes de celles des autres unités de l'organisation.

www.ge.com

Par exemple, General Electric compte plus de 200 unités stratégiques sectorielles, notamment dans les domaines des appareils électroménagers (cuisinières, réfrigérateurs, lave-vaisselle, laveuses et sécheuses), des ampoules électriques, des moteurs à réaction, des locomotives et des centrales électriques. Cette grande société possède également des avions commerciaux et un réseau de télévision (NBC). Comme chaque unité sectorielle évolue sur un marché distinct, affronte des concurrents particuliers et répond aux besoins de consommateurs différents, elle doit avoir une mission, des objectifs et des stratégies qui lui sont propres. Les deux catégories de stratégies le plus souvent adoptées par les responsables d'une telle unité sont :

- les stratégies concurrentielles (analyse du climat de la concurrence et stratégies universelles) ;
- les stratégies d'adaptation (stratégies prospectives, stratégies défensives, stratégies analytiques et approche réactive).

Nous reviendrons sur ces deux types de stratégies à la sous-section 6.4.2 de ce chapitre (voir la page 228).

6.3.3 Les stratégies fonctionnelles

Les **stratégies fonctionnelles** s'appliquent aux fonctions d'une unité sectorielle quant à la commercialisation, à la production, aux finances, aux ressources humaines ainsi qu'à la recherche et au développement. Toute entreprise utilise de telles stratégies. Celles-ci définissent plus clairement la manière dont on réalisera la stratégie sectorielle adoptée. Elles ont pour but premier de soutenir cette stratégie et d'indiquer comment une entreprise peut améliorer sa compétitivité.

Il revient aux cadres responsables des diverses fonctions d'établir les stratégies devant s'y appliquer. L'important est de bien les coordonner et de vérifier qu'elles tendent chacune vers un même objectif. Lorsqu'ils élaborent leurs stratégies, les cadres responsables des différentes fonctions doivent éviter de chercher à se bâtir un empire et s'efforcer plutôt de déterminer ce qui bénéficiera le plus à l'organisation dans son ensemble.

Au tableau 6.1 figurent quelques-unes des questions que doivent examiner les cadres responsables de la commercialisation, de la production, des finances, des ressources humaines et de la recherche et du développement.

Tableau 6.1
Quelques exemples de questions servant à orienter les stratégies fonctionnelles

Stratégies de commercialisation

Ces stratégies portent sur la combinaison de produits à offrir, les méthodes de distribution et de détermination des prix, la position à occuper sur le marché, la publicité et les programmes de stimulation des ventes.

- De quels types de modèles avons-nous besoin pour nous démarquer par la durabilité, la qualité, les couleurs et les formats offerts?
- Existe-t-il d'autres produits connexes que nous pourrions lancer afin de compenser les variations cycliques de la demande?
- Quelles décisions liées au prix devrions-nous prendre quant aux conditions de paiement?

Stratégies de production

Ces stratégies se rattachent à la planification de la production, à l'accroissement de la productivité, aux coûts, à la qualité des produits, à l'emplacement des usines et aux réglementations gouvernementales.

- Devrions-nous acheter tel ou tel produit ou le fabriquer nous-mêmes?
- Faut-il songer à une intégration vers l'aval ou vers l'amont?
- Comment devrions-nous éliminer nos rebuts et nos déchets?

Stratégies financières

Ces stratégies touchent divers aspects liés à la gestion de l'actif à court et à long termes, à la structure du capital, à la ligne de conduite en matière de dividendes et aux contrôles financiers.

- Quel niveau de liquidité faut-il maintenir?
- Comment devrions-nous utiliser tout excédent de caisse?
- Quelle devrait être l'ampleur de la dette par rapport aux capitaux propres?

Stratégies concernant les ressources humaines

Ces stratégies ont pour but de combler les besoins en main-d'œuvre ainsi que d'améliorer les compétences techniques et professionnelles liées à chacune des fonctions de l'entreprise. Elles se rapportent aux relations de travail, à la politique de gestion des ressources humaines, aux réglementations gouvernementales de même qu'aux programmes de formation et de perfectionnement des cadres et du personnel d'exécution.

- Quelle politique devrions-nous appliquer en matière de sélection et de recrutement?
- Quelle gamme de services faut-il offrir aux employés?
- Quelle importance faut-il accorder au perfectionnement des cadres?

Stratégies en matière de recherche et de développement

Ces stratégies empiètent à l'occasion sur les stratégies de commercialisation et de production. Toutefois, la recherche et le développement ont un caractère unique et revêtent beaucoup d'importance pour une entreprise, de sorte que l'on y voit souvent une fonction indépendante. Les stratégies en matière de recherche et de développement concernent la mise au point de produits, les brevets, les permis et les études de marché.

- Quelle politique devrions-nous établir en matière de recherche commerciale?
- Quelle politique devrions-nous adopter quant aux brevets et aux permis?
- Aurions-nous avantage à effectuer nos propres recherches ou à payer pour avoir le droit d'exploiter les découvertes d'autrui?

Témoignage

Guy Laflamme, vice-président, Commission de la capitale nationale

L'application innovatrice des principes de planification stratégique donne des résultats impressionnants à la CCN

WWW
www.canadascapital.gc.ca/

La Commission de la capitale nationale (CCN) est une société d'État du gouvernement canadien dont le mandat consiste à : planifier, développer, animer et promouvoir la région de la capitale nationale. Son rôle est de faire en sorte que la région d'Ottawa–Gatineau soit le reflet des régions du pays et de l'identité canadienne. La CCN s'assure que la capitale soit une source de fierté pour les citoyens et une vitrine de la culture canadienne. Cela implique la réalisation d'événements d'envergure tels que la célébration de la fête du Canada et le Bal de neige, la gestion de la patinoire du canal Rideau, la gestion d'environ 10 % du territoire de la capitale, la protection d'espaces verts dont le parc de la Gatineau et l'aménagement de 140 kilomètres de pistes cyclables.

« À titre de vice-président au marketing, à la communication et aux relations extérieures de la CCN, raconte Guy Laflamme, la première responsabilité de notre équipe était de rédiger le premier plan de marketing et de communication intégré de l'organisation dans le but d'accroître le degré d'appui envers la société et la visibilité de la capitale dans l'ensemble du pays.

« Comme bien d'autres organisations, la CCN a dû modifier ses modes de gouvernance et faire preuve d'une plus grande transparence dans le contexte d'une crise de confiance envers les institutions publiques tant sur le plan privé que sur le plan gouvernemental. La planification stratégique mise en œuvre reposait sur une analyse exhaustive de l'environnement et sur l'identification des tendances en matière de marketing social. Les sondages bi-annuels de l'opinion publique ont permis d'établir un diagnostic de la situation et de faire le « monitoring » de l'impact des actions.

« Un bon dosage de créativité et de rigueur dans la planification stratégique a eu pour résultats d'améliorer l'image de l'organisation, son degré d'appui des citoyens, en plus de permettre le repositionnement de la capitale comme un haut lieu culturel et de protection de l'environnement. Par exemple, une nouvelle image de marque a été conçue, la capitale a accueilli le prestigieux gala des prix Juno, l'accent a été mis sur des communications « proactives » et sur la tenue de nombreuses consultations publiques, un nouveau site Web riche en contenu a été développé et des alliances majeures ont été créées avec des médias nationaux. En conséquence, 77 % des citoyens disent profiter de la présence de la CCN et le degré de fierté envers la capitale s'est accru de 30 % malgré un contexte politique volatile. C'est grâce à ces résultats qu'on m'a nommé en 2004, stratège Communication marketing de l'année par l'Association marketing de Montréal, le volet franco-canadien de l'« American Marketing Association ». Cela démontre que l'application innovatrice des principes de planification stratégique, même dans un contexte bureaucratique, peut donner des résultats fort impressionnants. »

OBJECTIF 6.4

Exposer les différents types de stratégies d'ensemble et de stratégies sectorielles.

6.4 LES TYPES DE STRATÉGIES

Après que les cadres ont analysé l'environnement extérieur de leur organisation de même que les éléments internes (voir la figure 6.1, étape 1, à la page 214), et que les responsables des différents niveaux (entreprise, unités sectorielles et fonctions) ont reçu l'information nécessaire pour prendre leurs décisions sur l'élaboration des objectifs stratégiques (étape 2), l'étape suivante du processus de gestion stratégique consiste à élaborer les stratégies (étape 3) qui permettront d'obtenir un avantage par rapport à la concurrence.

Or, différentes stratégies s'offrent aux gestionnaires. Ceux-ci peuvent choisir, par exemple :

- de lancer un produit de grande qualité ou une gamme de biens étendue ;
- de fournir un excellent service ;
- de concentrer leurs efforts dans une région particulière en servant le mieux possible les consommateurs ;
- de concevoir des produits plus durables qui remplissent mieux leur rôle ;
- de vendre leurs produits et leurs services à un prix bien moindre ;
- de combiner plusieurs de ces actions.

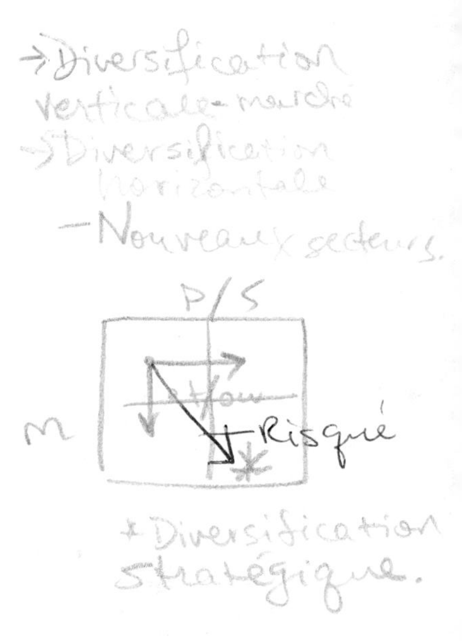

La section qui suit donne un aperçu des moyens stratégiques qui s'offrent aux gestionnaires pour accroître la clientèle de leur organisation, améliorer sa position sur le marché ou lui permettre de résister aux pressions de la concurrence. Comme l'indique le tableau 6.2, on peut regrouper ces actions en deux grandes catégories, les unes relevant des stratégies d'ensemble et les autres, des stratégies sectorielles.

Après avoir lu les deux prochaines sous-sections, vous devriez pouvoir :

- expliquer que les stratégies d'ensemble utilisées par les conglomérats peuvent être regroupées en six catégories : les stratégies de diversification, les stratégies d'intégration, les stratégies de coopération, les stratégies de retrait, la restructuration du portefeuille et les stratégies combinées ;

Tableau 6.2
Les types de stratégies

STRATÉGIES D'ENSEMBLE	STRATÉGIES SECTORIELLES
A. Stratégies de diversification	**A. Stratégies concurrentielles**
• Pénétration du marché	• Analyse du climat de la concurrence
• Création de marchés	• Stratégies universelles
• Mise au point de produits	– Différenciation
• Diversification concentrique	– Domination par les coûts
• Diversification horizontale	– Concentration
• Diversification par conglomérat	**B. Stratégies d'adaptation**
B. Stratégies d'intégration	• Stratégies prospectives
• Intégration vers l'amont	• Stratégies défensives
• Intégration vers l'aval	• Stratégies analytiques
• Intégration horizontale	• Approche réactive
C. Stratégies de coopération	
D. Stratégies de retrait	
• Retournement de la situation	
– Réduction des coûts	
– Accroissement du produit d'exploitation	
• Désinvestissement	
– Liquidation	
– Retrait	
E. Restructuration du portefeuille	
F. Stratégies combinées	

3

- décrire les différents types de stratégies sectorielles pouvant être regroupées en deux catégories : les stratégies concurrentielles (analyse du climat de la concurrence et stratégies universelles) et les stratégies d'adaptation (stratégies prospectives, stratégies défensives, stratégies analytiques et l'approche réactive).

6.4.1 Les stratégies d'ensemble

Les sous-sections qui suivent expliquent les types de stratégies que peuvent utiliser les conglomérats tels que BCE, Bombardier, General Electric et General Motors. On peut répartir les stratégies d'ensemble en six catégories : les stratégies de diversification, les stratégies d'intégration, les stratégies de coopération, les stratégies de retrait, la restructuration du portefeuille et les stratégies combinées.

A. Les stratégies de diversification

Les **stratégies de diversification** se rapportent à l'éventail de biens et de services produits par une entreprise et au nombre de marchés différents qu'elle dessert. Certaines entreprises, à l'instar de Volkswagen et de Porsche, offrent des biens ou des services destinés à un segment restreint d'un marché particulier (celui des véhicules motorisés), tandis que d'autres, comme General Motors, Toyota et Honda, proposent une gamme de produits étendue (automobiles et camions variés, par exemple) à différents segments de ce marché. De même, certaines entreprises vendent un large éventail de produits aucunement reliés entre eux sur des marchés différents. Mentionnons, par exemple, Westinghouse, qui évolue dans les secteurs du matériel de production, de transmission et de distribution d'électricité, de la radiodiffusion et de la télédiffusion, de l'embouteillage, de la production d'ascenseurs et d'escaliers roulants ainsi que de la location d'équipement.

www.westinghouse.com

On distingue six stratégies de diversification : pénétration du marché, création de marchés, mise au point de produits ainsi que diversification concentrique, horizontale ou par conglomérat.

La pénétration du marché. Toute entreprise qui adopte cette stratégie s'efforce d'accroître sa part du marché où elle offre déjà des biens ou des services. Pour y parvenir, il lui faut :

- commercialiser ses produits d'une manière plus dynamique au moyen de programmes de publicité et de stimulation des ventes efficaces ;
- mieux employer son système de distribution ;
- améliorer la qualité de son service ;
- utiliser son personnel de vente plus efficacement.

Une entreprise détenant une faible part du marché peut gagner à appliquer une telle stratégie lorsque ses concurrents se montrent peu dynamiques, lorsqu'il est possible que la consommation de ses produits ou de ses services augmente et lorsqu'elle peut accroître sa compétitivité en améliorant ses économies d'échelle. Par exemple, en 2005, la Société Canadian Tire ltée dévoila un ambitieux plan stratégique d'une durée de cinq ans visant à

www.canadiantire.ca

augmenter ses ventes, en construisant ou en remplaçant des magasins. Cette stratégie comprend : 1) l'ouverture de 285 nouveaux magasins et magasins de remplacement, 2) la poursuite de la croissance de l'entreprise avec 100 projets associés aux magasins dont la plupart intégreront le Concept 20/20, 3) l'ajout d'environ 70 magasins au réseau Mark's Work Wearhouse, 4) l'ajout de postes d'essence et l'amélioration des ventes de produits autres que l'essence, 5) l'augmentation de la taille de la chaîne PartSource[14].

La création de marchés. Cette stratégie encourage une entreprise à offrir ses produits ou services existants sur de nouveaux marchés, lorsque ceux qu'elle exploite déjà se révèlent saturés et qu'il en existe d'autres non encore explorés. Les entreprises qui recourent à une stratégie de création de marchés excellent dans leurs activités (fabrication ou commercialisation) et disposent des ressources tant financières qu'humaines requises pour prendre de l'expansion. Mentionnons, par exemple, Fruits & Passion, spécialisée dans les produits de soins corporels, qui décida, en 1993, d'exporter ses premiers produits aux États-Unis. À ce jour, l'entreprise compte un nombre impressionnant de points de vente aux États-Unis (1 400), au Canada (450), en France (100) et dans d'autres pays (100)[15].

WWW
www.fruits-passion.com

La mise au point de produits. Cette stratégie consiste soit à modifier des produits déjà vendus, soit à en offrir de nouveaux à la clientèle existante ou à d'autres consommateurs. Elle s'avère la plus appropriée lorsque les produits ont atteint leur phase de maturité et que les concurrents font preuve de dynamisme en lançant de nouvelles versions des biens qu'ils offrent déjà ou en mettant sur le marché des produits tout à fait différents. Par exemple, l'entreprise de fabrication de meubles et d'abris de jardin, Jardin de Ville située à Mirabel, décida d'introduire des meubles d'extérieur tressés à la main par des artisans employant une fibre synthétique qui ressemble au rotin traditionnel, mais qui résiste aux rayons ultraviolets, à la décoloration, à l'humidité et au gel[16].

www.jardindeville.com

La diversification concentrique. Une entreprise applique ce type de stratégie lorsqu'elle lance des produits ou des services nouveaux ayant un lien avec ceux qu'elle offrait déjà, et ce, à l'intention de sa clientèle établie ou de nouveaux consommateurs. Cette option s'avère intéressante pour les entreprises qui vendent une gamme de produits parvenus à maturité et qui veulent inciter des clients satisfaits à se procurer des biens ou des services nouveaux. Elle peut aussi aider les entreprises qui évoluent dans un secteur caractérisé par des progrès techniques rapides et par la présence d'entreprises rivales en mesure d'offrir des produits de meilleure qualité à un prix comparable. Il arrive ainsi qu'un fabricant de mobilier de chambres à coucher commence à vendre des meubles de salle à manger. Ce type de diversification rend une entreprise plus solide et plus flexible, ce qui lui permet de réagir plus rapidement à l'évolution du marché, d'établir une meilleure synergie (quant à la vente ou à la production) et d'obtenir un meilleur créneau. Par exemple, l'entreprise Bell, qui voit une baisse de son revenu d'environ 15 à 20 % d'ici quatre ans au profit des câblodistributeurs et de ses parts de marché dans la téléphonie locale et interurbaine, un domaine d'activité qui a contribué à ses revenus pour 2 milliards de dollars, soit 47 % de ses revenus, misera davantage sur d'autres services tels Internet à haute vitesse, le cellulaire et la télévision par satellite[17].

www.bell.ca/

La diversification horizontale. Cette stratégie entraîne le lancement de nouveaux produits ou de nouveaux services n'ayant aucun lien avec ceux déjà offerts et destinés à une clientèle établie. Elle se révèle particulièrement utile lorsque l'ajout de nouveaux biens ou de nouveaux services pourrait accroître sensiblement les revenus tirés des gammes existantes, lorsqu'il y a peu de chances de voir augmenter les ventes des produits déjà offerts et lorsqu'on peut utiliser les réseaux en place pour assurer la distribution des nouveaux produits. La *Loi sur les banques* a permis aux six grandes institutions bancaires canadiennes d'offrir directement à leurs clients des services de conseil en gestion de portefeuille et en placement. Par exemple, Apple a été capable d'innover en offrant des produits et des services nouveaux en associant son entreprise à Internet grâce à un procédé simple et efficace, et en offrant en même temps des services sans frais comme la production de photos et la création d'une page Web. Aussi, en 2003, Apple signait avec cinq grandes entreprises spécialisées dans le domaine de la musique, Universal, Warner, EMI, Sony et BMG, une entente en vertu de laquelle les utilisateurs d'ordinateurs (dans le cas d'Apple, la boîte à musique iTunes) peuvent acheter par Internet des chansons au prix de 0,99 $ chacune[18].

WWW
www.apple.com/ca/

La diversification par conglomérat. Une entreprise applique une telle stratégie en lançant des produits ou des services tout à fait différents de ceux qu'elle offre déjà, et ce, pour attirer de nouveaux clients. La diversification par conglomérat s'avère efficace lorsqu'une entreprise craint que sa gamme ne soit désuète ou qu'il n'y ait une saturation de son marché. Cette stratégie peut aider à maintenir un taux de croissance raisonnable du volume des ventes, des produits d'exploitation et des bénéfices. Certaines entreprises l'adoptent aussi parce qu'elles ont un excédent de liquidités qu'elles ne peuvent consacrer de manière utile à leurs gammes de produits existantes. Par exemple, en 2005, Bell faisait l'acquisition de Nexxlink pour la somme de 67 M$ afin de créer une nouvelle division baptisée Bell Solutions d'affaires qui incorpora avec Charon Systèmes des services-conseils aux PME[19].

www.nexxlink.com

B. Les stratégies d'intégration

Une **stratégie d'intégration** est un plan d'action qui a un effet vers l'amont, vers l'aval ou sur le plan horizontal et un effet de coopération.

L'intégration vers l'amont. Une entreprise effectue ce type d'intégration lorsqu'elle veut gérer son approvisionnement en matières premières. Cette stratégie lui permettrait de réduire ses coûts dans le cas où il lui serait plus rentable de fabriquer certains biens que de les acheter à des fournisseurs. Un constructeur automobile pourrait ainsi décider de produire lui-même les pièces dont il a besoin ou d'acquérir une entreprise spécialisée dans leur fabrication. L'intégration vers l'amont constitue une stratégie valable lorsque les fournisseurs d'une entreprise demandent des prix trop élevés, ne satisfont pas aux exigences en matière de qualité ou de production et se fixent une marge bénéficiaire importante. Une entreprise pourrait aussi adopter cette option pour être moins dépendante de certains fournisseurs advenant une augmentation de leurs prix à la moindre occasion.

L'intégration vers l'aval. Cette stratégie permet à une entreprise de se rapprocher de ses clients (les utilisateurs finals de son offre) et d'influer davantage sur la distribution de ses produits. Elle représente un choix approprié lorsque les chaînes de distribution d'une entreprise s'avèrent trop coûteuses, peu fiables et mal adaptées à ses besoins. En pareilles circonstances, elle peut décider d'établir son propre réseau de vente en gros ou au détail afin de mieux présenter ses produits à leurs utilisateurs potentiels. Lorsqu'un fabricant choisit d'effectuer une intégration vers l'aval, il lui faut établir des franchises ou des points de vente au détail lui appartenant. Une entreprise peut aussi décider de recruter son propre personnel de vente au lieu de s'en remettre à des représentants ou à des distributeurs indépendants. Par exemple, en 2005, Hewlett-Packard Canada redoublait ses efforts pour développer le marché des PME, évalué à quelque 9 milliards de dollars, en misant sur la proximité des revendeurs et la relation qu'ils entretiennent avec leurs clients. C'est au cours d'une rencontre annuelle avec ses partenaires et revendeurs que l'entreprise HP dévoila, devant 145 partenaires canadiens, une stratégie de marketing, appelée PowerTools, qui leur donnait accès à des outils de promotion et proposait des rabais immédiats sur certains produits[20].

WWW
www.freeshoppings.com/powertools.htm

L'intégration horizontale. On parle d'intégration horizontale lorsqu'une entreprise acquiert certains de ses concurrents pour étendre son pouvoir sur le marché. Une entreprise peut recourir à cette stratégie lorsqu'elle veut ajouter des produits ou des services complémentaires à ceux qu'elle offre déjà, lorsqu'elle fait concurrence à d'autres dans un secteur en expansion ou lorsqu'elle souhaite réaliser des économies d'échelle pour mieux rivaliser avec les autres vendeurs sur le marché. C'est le cas du géant pharmaceutique suisse Novartis AG qui a l'intention de créer des alliances avec des entreprises québécoises ou d'acheter des droits sur les molécules qu'elles mettent au point afin d'enrichir son portefeuille dans les domaines de la cardiologie, de la neurologie, de l'oncologie, de la dermatologie et du métabolisme[21].

WWW
www.novartis.com

C. Les stratégies de coopération

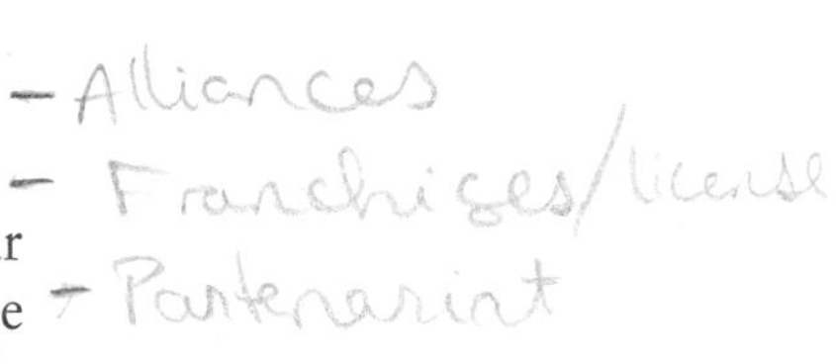

Une **stratégie de coopération** conduit deux entreprises à unir leurs forces par un accord de licence, une alliance, une association stratégique ou une entente de collaboration dans les domaines du savoir-faire technique ou de la recherche et du développement. Les deux organisations s'engagent à gérer ensemble leur entreprise conjointe. L'entente conclue peut faire en sorte qu'elles mettent en commun leur personnel de vente, leurs installations de production, leur expertise en matière de gestion ainsi que leurs activités de recherche et de développement. Lorsqu'une entreprise veut s'établir sur un marché étranger, une stratégie de coopération lui permet d'acquérir l'expertise de gestion nécessaire et de se familiariser avec l'environnement local (à savoir les conditions économiques, technologiques, culturelles, sociales et politiques existant dans le pays en question). Deux entreprises dont le savoir-faire se complète en matière d'exploitation, de ressources financières et de marché peuvent aussi y gagner à collaborer.

Beaucoup d'entreprises japonaises et nord-américaines ont ainsi conclu une alliance avec des entreprises européennes afin de se préparer à la création de l'« Europe des Douze » et de faire accepter leurs produits sur les marchés de l'Europe de l'Est. Parmi les exemples d'application d'une stratégie de coopération, citons l'entente signée entre Air Canada et Air France ; l'alliance entre IBM, la société allemande Siemens et l'entreprise japonaise Toshiba pour mettre au point une nouvelle génération de puces de mémoire vive dynamique ; l'entente intervenue entre la Société T.G. Bright & Co. de Niagara Falls et l'entreprise torontoise Cartier & Inniskillin Vintners, laquelle en fit le huitième producteur de vin en importance en Amérique du Nord.

D. Les stratégies de retrait

Les stratégies ne sont pas toutes axées sur la croissance. Ainsi, une entreprise qui a recours à une **stratégie de retrait** peut décider de réduire ses activités, de liquider une partie de ses éléments d'actif ou de se retirer de certains domaines pour accroître sa productivité. Il arrive que des entreprises choisissent d'être moins diversifiées et de concentrer plus efficacement leurs efforts dans un nombre restreint de secteurs. Lorsqu'une société se départit de certains avoirs, elle peut utiliser les capitaux ainsi obtenus pour rembourser en partie une dette existante ou pour financer l'expansion des entreprises auxquelles la direction s'intéresse davantage.

Le retournement de la situation. Une entreprise recourt à ce type de stratégie lorsqu'une de ses composantes enregistre des pertes et qu'elle veut améliorer le rendement de ses activités. La Société Chrysler en fournit un exemple classique dans ce domaine. À la fin des années 1970, alors que cette société se trouvait presque en faillite, Lee Iaccoca adopta des mesures draconiennes en mettant à pied un certain nombre d'ouvriers et d'employés de bureau, et en obtenant des autres qu'ils renoncent à une partie de leur salaire et de leurs avantages sociaux. En outre, Chrysler cessa ou regroupa quelques activités dans une vingtaine de ses usines.

Les *stratégies de réduction des coûts* incitent une entreprise à diminuer le nombre de ses cadres et de ses exécutants grâce à certaines méthodes de gestion (telles la réduction des effectifs et la suppression de niveaux hiérarchiques), ce qui lui permet de rationaliser son organisation. Elles étaient courantes au début des années 1980 et 1990, alors que la situation économique difficile obligeait les entreprises à réduire leurs charges d'exploitation. Ces mesures engendrèrent une réduction des frais de personnel (employés ou cadres). Les entreprises nord-américaines utilisèrent des stratégies de réduction des coûts lorsqu'elles découvrirent que leur pyramide hiérarchique présentait un renflement qui les empêchait de supporter la concurrence sur les marchés mondiaux. Ce renflement était attribuable à la prospérité des décennies antérieures, qui avait encouragé les entreprises à prendre de l'ampleur en se diversifiant et en se décentralisant, et avait conduit l'État à adopter plus de réglementations. Une entreprise peut se remettre sur la bonne voie en réduisant ses coûts ou en baissant ses prix afin d'accroître son produit d'exploitation. C'est ce qui a eu lieu lorsque Bell décida de réduire ses coûts de

1,5 milliard de dollars en 2006 afin de maintenir son chiffre d'affaires et baissa le prix de certains forfaits[22]. Cette stratégie fut également utilisée par General Motors, qui emploie actuellement 111 000 personnes, lorsqu'elle annonça en 2005 l'élimination de 25 000 postes aux États-Unis d'ici 2008, ce qui devrait engendrer des économies d'environ 2,5 G$ US[23].

Les *stratégies d'accroissement du produit d'exploitation* se traduisent par une publicité ou une stimulation des ventes plus intensive, par des activités de vente et même par une diminution des prix permettant à une entreprise de hausser son chiffre d'affaires. Elles ont un maximum d'efficacité lorsque l'entreprise ne peut réduire son budget d'exploitation et lorsqu'une augmentation des ventes engendrerait de plus grandes économies d'échelle.

Le désinvestissement. Une entreprise applique cette stratégie lorsqu'elle vend une de ses unités sectorielles. Une telle initiative peut s'expliquer par le fait que l'unité en cause présente de mauvais résultats et ne figure plus dans les plans stratégiques de l'organisation. Elle peut aussi résulter tout simplement du fait qu'une société veut se départir de certains avoirs pour obtenir des capitaux additionnels lui permettant de soutenir d'autres entreprises qu'elle exploite. N'est-ce pas le cas de la Société Bombardier qui a vendu, il y a quelques années, sa division des produits récréatifs ?

Les *stratégies de liquidation* conduisent une entreprise à vendre certains de ses éléments d'actif (tels que terrains, immeubles, matériel et outillage) lorsqu'ils ne sont plus rentables ou qu'ils n'offrent plus un rendement satisfaisant.

Une entreprise applique une *stratégie de retrait* lorsqu'elle présente une marge brute d'autofinancement déficitaire, lorsqu'elle a besoin de liquidités pour accroître le rendement de certaines de ses unités ou lorsque ses gestionnaires ne possèdent pas les compétences requises pour travailler dans le secteur concerné.

3

E. La restructuration du portefeuille

La **restructuration du portefeuille** implique une réorganisation de tous les domaines d'activité dans lesquels les dirigeants d'une entreprise souhaitent évoluer. Une société commerciale pourrait ainsi vendre six entreprises, en acheter quatre, en fermer deux et offrir sept nouvelles gammes de produits à la suite d'acquisitions ou d'une croissance interne. La restructuration du portefeuille constitue un choix valable pour la direction d'une société lorsque les résultats à long terme de l'ensemble de cette dernière laissent beaucoup à désirer parce que plusieurs des entreprises qui la composent ne prennent plus d'expansion, coûtent trop cher et n'apportent pas la synergie recherchée.

F. Les stratégies combinées

Une **stratégie combinée** est le produit de l'application simultanée ou successive de deux ou plusieurs des stratégies décrites précédemment.

6.4.2 Les stratégies sectorielles

Examinons maintenant les différents types de stratégies que peuvent utiliser les gestionnaires responsables des unités sectorielles. Comme nous l'avons vu auparavant, une stratégie sectorielle est un plan d'action établi pour une « unité organisationnelle » (division) particulière évoluant dans un seul secteur d'activité. On peut répartir les stratégies sectorielles en deux catégories : les stratégies concurrentielles et les stratégies d'adaptation (voir le tableau 6.2, à la page 221).

A. Les stratégies concurrentielles

Les **stratégies concurrentielles** s'appliquent dans des situations où une organisation doit se mesurer à ses concurrents dans un secteur donné. Les stratégies plus populaires ont été avancées par Michael Porter, de la Harvard Business School. Elles comprennent l'analyse du climat de la concurrence et les stratégies universelles.

WWW
www.quickmba.com/strategy/porter.shtml

L'analyse du climat de la concurrence. Au chapitre 2 (voir la sous-section 2.3.5, « L'environnement immédiat », et la figure 2.1 à la page 45), le modèle d'analyse du climat de la concurrence de Porter illustre que cinq composantes de l'environnement immédiat aident une entreprise à discerner les possibilités et les dangers, ce qui lui permet de choisir une stratégie plus efficace. Les composantes sont les suivantes[24].

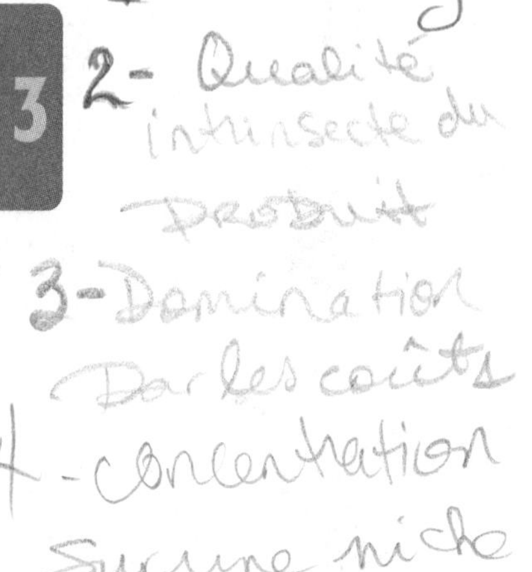

La rivalité entre les concurrents. Des facteurs tels que la croissance du secteur, l'augmentation ou la diminution de la demande et la différenciation des produits déterminent largement le niveau de la concurrence entre les vendeurs du secteur (par exemple, Coke versus Pepsi).

L'existence de produits ou de services substituts. La fidélité des acheteurs dans le secteur concerné détermine jusqu'à quel point les clients achèteront des produits ou des services substituts (par exemple, les lunettes versus les verres de contact ou les opérations au laser).

La venue possible de nouveaux concurrents. Des facteurs tels que l'économie d'échelle, la fidélité des acheteurs et le niveau d'investissement requis pour pénétrer le marché déterminent dans quelle mesure il est facile, ou difficile, pour une nouvelle entreprise de s'installer dans un secteur (Boston Pizza qui vient s'installer au Québec pour faire concurrence aux restaurateurs existants tels que les Rôtisseries Saint-Hubert).

Le pouvoir des fournisseurs. Des facteurs tels que le nombre de fournisseurs et la disponibilité de produits substituts déterminent le pouvoir qu'exercent les fournisseurs sur les entreprises du secteur.

Le pouvoir des consommateurs. Des facteurs tels que le nombre de consommateurs dans le secteur, l'information et la disponibilité de produits substituts déterminent le pouvoir qu'exercent les consommateurs sur les entreprises du secteur.

Ces cinq forces, représentées par la figure 6.3, déterminent le degré de rentabilité des entreprises en activité dans un secteur et indiquent dans quelle mesure elles peuvent influer sur le prix, la structure des coûts et les investissements requis.

www.quickmba.com/strategy/generic.shtml

Les stratégies universelles. Les stratégies universelles représentent des plans d'action applicables dans plusieurs domaines d'activité. On les qualifie d'universelles parce que toutes les organisations aussi bien de production que de services peuvent y recourir, qu'elles soient grandes ou petites et à but lucratif ou sans but lucratif. Le modèle des stratégies universelles élaboré par Michael Porter met trois stratégies de ce type en évidence, que les gestionnaires peuvent utiliser pour composer avec les cinq éléments liés à la concurrence: la stratégie de différenciation, la stratégie de domination par les coûts et la stratégie de concentration[25]. Il est possible d'appliquer ces trois stratégies de différentes manières selon la clientèle visée et l'avantage recherché.

L'*axe horizontal* à la figure 6.4 indique dans quelle mesure les dirigeants d'une entreprise comptent rivaliser avec les autres vendeurs sur le marché. En effet, une entreprise peut offrir des produits ou des services à un créneau très particulier du marché ou à l'ensemble de ce dernier. On peut définir un créneau comme un groupe très particulier de consommateurs que les concurrents négligent ou qu'ils ont de la difficulté à servir. Il arrive que ces consommateurs habitent une région éloignée (à l'extérieur de la province ou du pays) ou forment un groupe particulier (personnes âgées, étudiants ou personnes handicapées).

Figure 6.3
L'analyse des pouvoirs dans un secteur

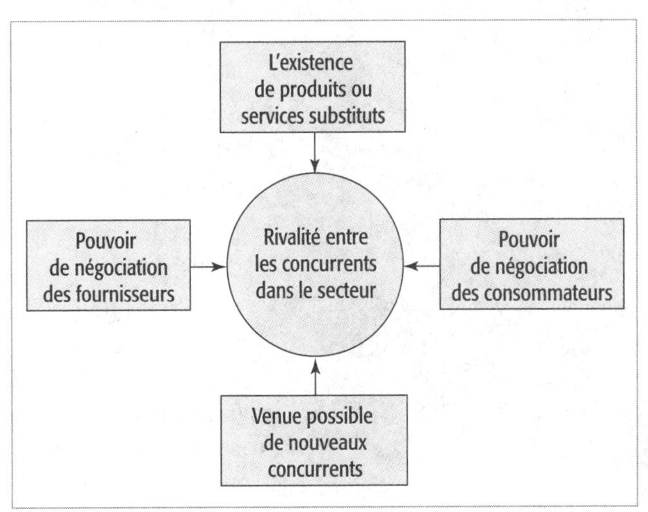

L'*axe vertical* présente l'avantage stratégique recherché et se rapporte au type de produits ou de services que les dirigeants veulent mettre sur le marché. Il est possible d'obtenir ce genre d'avantage par une offre moins coûteuse, très différente ou à caractère unique.

Il arrive aussi que les dirigeants d'une entreprise cherchent à la fois une clientèle et un avantage stratégique particuliers. Voyons les trois stratégies qu'ils peuvent adopter.

La stratégie de différenciation. La **stratégie de différenciation** permet à une entreprise de concurrencer les autres en différenciant ses produits ou ses services. Toute entreprise qui adopte cette stratégie s'efforce d'amener les consommateurs à percevoir son offre comme « distinctement différente ». Elle s'intéresse alors à l'ensemble du marché et commercialise un produit ou un service qui satisfait les préférences et les besoins particuliers de cette clientèle. L'application d'une telle stratégie suscite la création d'un avantage unique que les consommateurs jugent différent. Elle se traduit par des campagnes de publicité et des programmes de stimulation des ventes axés sur la qualité et le style.

Une stratégie de ce type se révèle particulièrement efficace, d'une part, lorsque les consommateurs présentent des besoins très divers que ne peuvent satisfaire des produits ou des services uniformisés et, d'autre part, lorsqu'une entreprise a la capacité:

Figure 6.4
Le modèle des stratégies universelles

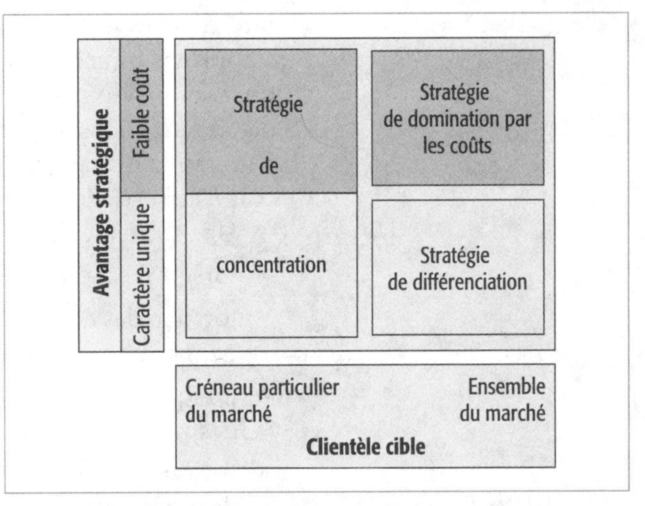

Source: Adapté de Porter M.E., *Competitive Strategy: Techniques for Analyzing Industries and Competitors,* New York, Free Press, 1980, p. 39.

- d'offrir ses produits à un meilleur prix (en raison d'un savoir-faire technique supérieur) ;
- de vendre un plus grand nombre d'unités parce que les caractéristiques distinctives de celles-ci plaisent à beaucoup de consommateurs ;
- de s'assurer la fidélité des consommateurs très attirés par les caractéristiques distinctives de son produit ou son service.

Les entreprises qui veulent obtenir des clients en appliquant une stratégie de différenciation doivent offrir des produits ou des services supérieurs, se créer une image de marque unique, présenter des qualités techniques exceptionnelles, fournir un meilleur service et démontrer clairement aux consommateurs qu'elles leur en donnent plus pour leur argent.

Parmi les entreprises qui offrent leurs produits ou leurs services en adoptant une stratégie de différenciation figurent :

- Ralph Lauren, qui associe à ses vêtements une image, une qualité et un style incomparables ;
- Maytag, qui souligne la durabilité de ses laveuses et sécheuses ;
- Rolex, qui présente ses montres comme un gage de prestige et de distinction ;
- Mercedes-Benz, qui insiste sur la conception technique, l'élégance, le rendement et la valeur de revente de ses automobiles ;
- les hôtels Quatre Saisons, qui mettent l'accent sur le service, le dévouement, la satisfaction et le professionnalisme.

La stratégie de domination par les coûts. La **stratégie de domination par les coûts** amène une entreprise à réduire ses coûts pour vendre ses produits ou ses services à un prix moins élevé que celui de ses concurrents. Cette stratégie s'avère tout particulièrement efficace lorsque beaucoup de consommateurs attachent de l'importance au prix.

Les entreprises qui recourent à une telle stratégie offrent des biens ou des services « sans fioritures » destinés à plaire aux consommateurs soucieux de payer moins cher. La stratégie de domination par les coûts repose sur une politique fonctionnelle efficace compatible avec la situation économique existant dans le secteur. Toute entreprise qui adopte cette stratégie tentera de s'approvisionner en matières premières au plus bas coût possible, de fabriquer ses produits de la manière la plus rentable et d'élaborer une stratégie de commercialisation en accord avec une politique de maintien des coûts à un faible niveau (axée, par exemple, sur les économies d'échelle ou sur le contrôle serré des frais généraux et des coûts de production).

Une stratégie de domination par les coûts fournit les meilleurs résultats :

- lorsqu'il est difficile d'obtenir qu'un produit qui se distingue des autres ;
- lorsque des entreprises rivales livrent une concurrence féroce en matière de prix ;
- lorsque les consommateurs cherchent le meilleur prix et se tournent vers des produits faciles à obtenir et quelque peu uniformisés ;
- lorsque la plupart des produits offerts satisfont les besoins des acheteurs, de sorte que le prix devient un important critère de choix ;

- lorsque les consommateurs peuvent aisément délaisser un vendeur au profit d'un autre;
- lorsqu'il existe un nombre suffisant d'acheteurs qui accordent de l'importance au prix.

Nombre de constructeurs automobiles ont adopté une telle stratégie, dont Toyota (Echo), GM (Vibe), Nissan (Sentra) et Ford (Focus).

Au nombre des entreprises reconnues pour leurs stratégies de domination par les coûts, on note:

- les entreprises Wal-Mart et Costco dans le secteur de la vente au détail;
- Timex dans l'industrie des montres;
- BIC sur le marché des stylos à bille;
- Black & Decker dans le domaine des outils.

La stratégie de concentration. Les entreprises qui adoptent la **stratégie de concentration** s'intéressent aux besoins d'un segment précis du marché et offrent des produits ou des services soit différenciés, soit peu coûteux. Elles répondent aux besoins particuliers d'un créneau déterminé et ne prêtent absolument aucune attention aux autres consommateurs.

Toute stratégie de concentration repose sur deux éléments: la fixation de prix moins élevés que ceux des entreprises rivales et la fourniture de produits différents des leurs. Cette stratégie constitue un choix approprié lorsqu'un segment particulier du marché présente un excellent potentiel de croissance, a une ampleur suffisante pour générer des bénéfices intéressants et ne contribue pas de manière essentielle à la prospérité d'un ou de plusieurs concurrents. Voici quelques exemples d'entreprises qui appliquent une stratégie de concentration en commercialisant des produits uniques: Toyota, Nissan et Honda, qui construisent chacune des automobiles de luxe (Lexus, Infinity et Acura) pour faire concurrence à BMW, à Audi et à Mercedes-Benz.

3

B. Les stratégies d'adaptation

Les **stratégies d'adaptation** ont été mises en évidence grâce à des études effectuées par Raymond Miles et Charles Snow[26]. Ces auteurs ont distingué quatre stratégies pouvant être utilisées dans les unités sectorielles: les stratégies prospectives, défensives et analytiques et l'approche réactive. Ils démontrent qu'une organisation peut être efficace si elle utilise correctement l'une des trois premières stratégies. Leurs études illustrent que l'utilisation de la quatrième stratégie (si l'on peut utiliser ce mot pour l'approche réactive) peut amener l'entreprise vers une rentabilité médiocre.

www.haas.berkeley.edu/faculty/miles.html

Les entreprises qui adoptent une *stratégie prospective* sont considérées comme innovatrices. Elles sont toujours à la recherche de nouveaux marchés et de nouvelles occasions d'affaires. Leur stratégie repose sur le principe suivant: La meilleure défense est l'attaque. Ces entreprises sont disposées à prendre des risques. Leurs gestionnaires sont habiles à évaluer les conditions, les tendances et les événements des marchés. La flexibilité dans la prise de décision est considérée comme primordiale pour bien réussir. Des entreprises telles que Federal Express, 3M et General Electric sont considérées comme très innovatrices. Elles ont instauré des procédés de gestion tels que

Tableau 6.3
Les stratégies d'adaptation de Snow et Miles

TYPE DE STRATÉGIE	DÉFINITION	ENVIRONNEMENT	STRUCTURE APPROPRIÉE
Stratégie prospective	Stratégie innovatrice orientée vers la croissance et de nouveaux marchés, qui amène à faire face au risque.	Dynamique	Structure innovatrice, dénouée
Stratégie défensive	Stratégie qui protège le marché actuel, maintient la stabilité et vise à protéger la clientèle.	Stable	Structure efficace, contrôle serré, coûts d'exploitation minimes
Stratégie analytique	Stratégie qui vise à conserver le marché actuel et à satisfaire les clients en faisant peu d'innovations.	À changements modérés	Contrôle efficace et structure flexible, innovatrice
Approche réactive	Stratégie non claire, qui réagit au changement de l'environnement et risque d'emporter l'entreprise avec les changements.	Offrant tous genres de conditions	Structure non définie

l'habilitation des employés et des équipes de travail afin d'encourager leurs employés à devenir plus créateurs et plus innovateurs, ce qui leur a permis de concevoir de nouveaux produits et de nouveaux services, et de réagir rapidement aux besoins des marchés.

Les entreprises qui utilisent une *stratégie défensive* cherchent la stabilité. Elles sont en activité dans un secteur bien défini. Il s'agit généralement d'entreprises assez bien établies qui cherchent à se défendre. Leur stratégie repose sur le concept suivant: Armons-nous et défendons-nous. Tout en exerçant leurs activités dans un secteur défini, les entreprises sur la défensive essaient d'empêcher, d'une façon combative, la venue de concurrents sur leur « territoire ». Elles travaillent donc beaucoup pour sauvegarder leurs clients, leur part du marché et leur rentabilité. Avec les années, ces entreprises sont en mesure de s'« agripper » à une niche, ce qui rend la pénétration du secteur difficile pour les nouveaux concurrents. Elles investissent dans la publicité et la promotion pour annoncer leurs produits et leurs services; elles étendent davantage la gamme de leur offre; elles maintiennent leurs prix bas et leur qualité élevée; elles accroissent leur capacité de production et trouvent des moyens efficaces pour réduire au maximum leurs coûts d'exploitation. Bell Canada est un exemple d'entreprise qui adopte cette stratégie.

Les entreprises qui utilisent une *stratégie analytique* combinent des éléments des approches prospective et défensive. En général, toutes les sociétés importantes (par exemple IBM, General Electric, Proctor & Gamble, Westinghouse, Matsuhita) utilisent cette approche puisqu'elles sont toujours à la recherche de nouveaux marchés et visent à se défendre. Elles effectuent des analyses détaillées avant de s'aventurer et de saisir une occasion.

Enfin, les entreprises qui utilisent l'*approche réactive* n'ont pas nécessairement une planification structurée. Elles réagissent plutôt aux conditions des marchés et vivent donc souvent des situations de crise. Elles préfèrent une approche qui ne provoquera pas les concurrents et tendent plutôt vers la différenciation. En général, les dirigeants de ces entreprises ne s'engagent pas à élaborer des stratégies. Ces entreprises sont généralement peu rentables.

6.5 LES MODÈLES D'ANALYSE STRATÉGIQUE

OBJECTIF 6.5

Expliquer les différents modèles d'analyse stratégique.

On peut utiliser divers modèles d'analyse au moment d'élaborer des stratégies, notamment les modèles d'analyse du portefeuille, de comparaison de l'attrait des différents domaines d'activité, de comparaison du degré de compétitivité des unités sectorielles, du cycle de vie des produits et d'analyse de l'écart stratégique.

Les **modèles d'analyse stratégique** offrent chacun des outils différents mis à la disposition des gestionnaires responsables d'une entreprise dans son ensemble, d'une unité sectorielle ou d'une fonction pour les aider à choisir les stratégies les plus appropriées.

Après avoir lu les cinq prochaines sous-sections, vous devriez pouvoir:

- expliquer le modèle d'analyse du portefeuille qui aide à évaluer une unité sectorielle en termes d'efficacité en matière de part du marché et de taux de croissance;
- décrire le modèle de comparaison de l'attrait des différents domaines d'activité qui évalue une unité sectorielle: (1) en fonction de son importance dans son secteur d'activité, (2) par rapport à d'autres unités sectorielles, (3) en fonction de l'ensemble de l'entreprise;
- expliquer le modèle de comparaison du degré de compétitivité des unités sectorielles en vue d'évaluer ses chances de succès;
- décrire le modèle du cycle de vie des produits qui indique les différentes étapes de l'existence d'un bien ou d'un service;
- expliquer le modèle d'analyse de l'écart stratégique qui permet de déterminer s'il faut modifier les stratégies en place afin de réaliser les objectifs.

6.5.1 Le modèle d'analyse du portefeuille

Le **modèle d'analyse du portefeuille** s'applique aux entreprises qui comptent plusieurs divisions. Or, deux éléments clés influent sur les stratégies de ce type d'entreprises, soit la part du marché et le taux de croissance. C'est au Boston Consulting Group (BCG) que l'on doit le modèle d'analyse du portefeuille le plus connu[27]. Sa version originale élaborée en 1967 occupe la partie supérieure de la figure 6.5 et sa version révisée, la partie inférieure (voir la page 234). Dans le modèle original, le taux de croissance du marché de l'entreprise figure en ordonnée et la part détenue, en abscisse. Chaque unité sectorielle y est représentée par un cercle proportionnel aux bénéfices

www.bcg.com

générés par le portefeuille. Tous les cercles se trouvent à l'intérieur de l'une ou l'autre des quatre cases intitulées « Vedettes », « Vaches à lait », « Cas incertains » ou « Poids morts ». La partie supérieure du schéma regroupe les unités sectorielles qui prennent rapidement de l'expansion et sa partie inférieure, celles qui ont un faible taux de croissance. On juge qu'une unité stratégique sectorielle connaît une expansion rapide lorsqu'elle présente un taux de croissance plus élevé que celui du PNB, par exemple. Un faible taux de croissance indique, par ailleurs, qu'une unité a atteint son plein développement, avance en âge ou décline.

Le schéma du BCG indique également la part du marché de chaque entreprise par rapport à celle de son principal concurrent. Cette part est plus ou moins importante suivant l'abscisse du cercle représentant l'unité en question. La valeur médiane s'établit à 1. Imaginons, par exemple, que la part du marché d'une unité sectorielle atteigne 40 % et celle de son principal concurrent, 30 %. On obtiendrait alors un coefficient 1,33 (40 ÷ 30). Une unité détenant 10 % du marché tandis que sa plus grande rivale en occupe 40 % présenterait quant à elle un coefficient 0,25 (10 ÷ 40).

Ce modèle d'analyse aide les dirigeants d'une société à évaluer la combinaison des entreprises (unités) qu'ils détiennent et à reconnaître celles qu'ils devraient acquérir pour posséder un ensemble solide. Voici une brève description des quatre catégories d'unités sectorielles représentées dans le schéma.

Les vedettes. Les unités figurant dans le coin supérieur gauche du schéma vendent leurs produits sur un marché en expansion rapide dont elles détiennent une part relativement importante. Ces divisions comptent parmi les chefs de file dans leur domaine respectif. Il faut en général investir des sommes considérables dans les jeunes vedettes pour soutenir leur croissance rapide et faire en sorte qu'elles continuent de se développer à long terme. Les vedettes établies peuvent toutefois se suffire à elles-mêmes et n'ont pas besoin de l'aide financière de leur société mère.

Les vaches à lait. On appelle ainsi les divisions occupant une part importante d'un marché dont le taux de croissance est faible ou nul. Comme elles évoluent dans un secteur qui se développe peu, ces divisions génèrent plus de capitaux qu'elles n'en ont besoin à des fins d'expansion. Les dirigeants de l'organisation peuvent utiliser ailleurs les fonds excédentaires que leur procurent ces unités.

Figure 6.5
Le modèle d'analyse du portefeuille d'activités élaboré par le BCG

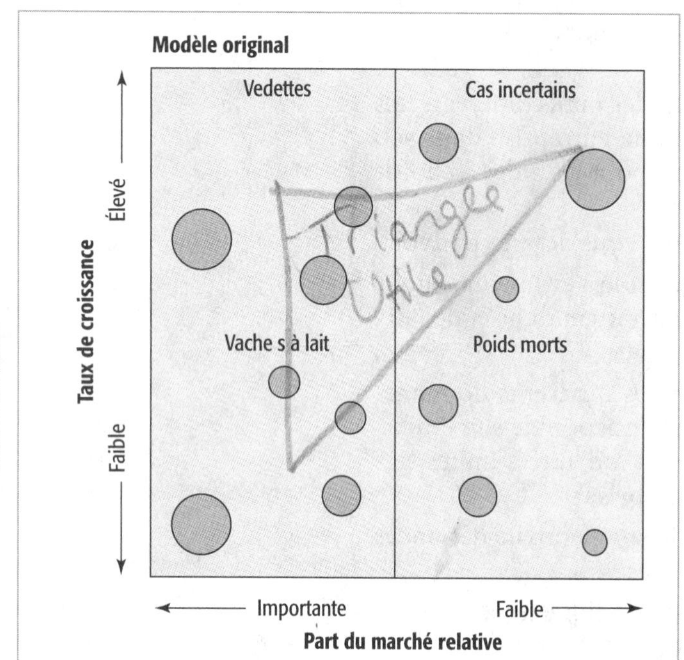

Modèle révisé

Conservation et soutien	Désinvestissement
Volume (mettre l'accent sur la part du marché et la position de chef de file)	**Impasse** (peu importe la part du marché relative)
Spécialisation (mettre l'accent sur le maintien et la détention d'une faible part du marché)	
Morcellement et rentabilité (éviter de mettre l'accent sur la part du marché)	**Morcellement et manque de rentabilité** (peu importe la part du marché relative)

Source : Ces modèles s'inspirent de ceux élaborés par le Boston Consulting Group.

En règle générale, les vaches à lait d'aujourd'hui ne sont que les vedettes d'hier dont le marché est parvenu à maturité. Ces unités stratégiques sectorielles représentent des éléments d'actif de valeur pour une société puisqu'elles lui fournissent des capitaux excédentaires pouvant servir à financer des acquisitions, à rentabiliser d'autres entreprises et à verser des dividendes aux actionnaires. La stratégie d'ensemble adoptée aura pour but d'aider les vaches à lait à maintenir leur rendement.

Les poids morts. Ces unités stratégiques sectorielles vendent leurs produits sur un marché qui se développe peu et dont elles ne détiennent qu'une faible part. Elles enregistrent des bénéfices marginaux. On les qualifie de poids morts parce qu'aucune possibilité de croissance ne s'offre à elles. Il leur est impossible de générer des capitaux, de sorte qu'elles ne peuvent subvenir à leurs propres besoins. Ces unités sont incapables de se défendre, surtout lorsque de puissantes entreprises rivales appliquent des stratégies de commercialisation énergiques. Il arrive que les stratèges souhaitent se débarrasser des poids morts.

Les cas incertains. Appelées parfois « enfants à problèmes », les entreprises de cette catégorie détiennent une faible part d'un marché en expansion rapide. Ces unités sectorielles présentent un attrait du point de vue du secteur où elles évoluent. Toutefois, on peut difficilement prévoir leur avenir en raison de leur faible part de marché. Peuvent-elles réellement supporter la concurrence ? Si les stratèges souhaitaient voir ces entreprises se développer, il leur faudrait y injecter beaucoup de capitaux. Ces unités pourraient ainsi se tailler une place importante sur le marché. Toutefois, il est également possible que leur rendement ne donne pas satisfaction, même après la réalisation de dépenses d'investissement substantielles, et que l'on choisisse alors de se départir de ces « enfants à problèmes ». Par rapport aux unités de cette catégorie, les gestionnaires sont incités à se poser deux questions : Devrions-nous leur consacrer plus de capitaux et en faire des vedettes ? Combien d'argent faudra-t-il y investir pour les rendre prospères ?

En règle générale, les dirigeants d'une société désirent avoir le plus possible de vedettes et de vaches à lait, auxquelles s'ajouteront un certain nombre de cas incertains (car ces entreprises pourraient se transformer en vedettes) et quelques poids morts.

Une version révisée du modèle du BCG figure dans la partie inférieure de la figure 6.5. Les catégories que nous venons de décrire cèdent ici la place à d'autres : volume, spécialisation, impasse et morcellement.

Les unités sectorielles qui se distinguent sur le plan du *volume* enregistrent des bénéfices substantiels parce qu'elles détiennent une part importante du marché et réalisent des économies d'échelle. Celles qui appartiennent à la catégorie *spécialisation* génèrent également des bénéfices élevés, car, bien qu'elles n'occupent qu'une faible part du marché, elles parviennent à se démarquer de leurs rivales. Pour les unités du premier groupe, la meilleure stratégie consiste à conquérir une portion encore plus grande du marché et pour celles du second, à conserver la faible part qu'elles en détiennent. Les unités stratégiques sectorielles placées dans une *impasse* se distinguent quant à elles par des bénéfices peu élevés ou inexistants en raison des difficultés qu'éprouve l'ensemble de leur secteur. Les dirigeants d'une société

3

voudront se défaire de toute unité se trouvant dans une telle situation. Les unités sectorielles qui font partie de la catégorie *morcellement* évoluent dans un secteur où l'on trouve des centaines ou même des milliers d'entreprises (comme celles de la restauration et de la vente au détail de vêtements). Elles peuvent être rentables ou non, peu importe leur part du marché. Il arrive ainsi qu'un restaurant Harvey's ou une boutique Ralph Lauren enregistre des bénéfices en ne détenant qu'une faible part d'un marché fractionné. Il est évident que les stratèges garderont les entreprises rentables de cette catégorie et se départiront des autres.

La direction conservera et soutiendra les unités sectorielles appartenant aux catégories représentées dans la partie gauche du modèle révisé de la figure 6.5 (volume, spécialisation et morcellement [s'il est rentable]) (voir la page 234). Toutefois, elle se départira des unités se trouvant dans une impasse ou évoluant dans un secteur morcelé sans qu'elles soient rentables (partie droite du modèle).

6.5.2 Le modèle de comparaison de l'attrait des différents domaines d'activité

On peut aussi déterminer la stratégie d'une entreprise diversifiée en considérant l'attrait des différents domaines dans lesquels évoluent ses unités sectorielles. Le **modèle de comparaison de l'attrait des différents domaines d'activité** est utile pour les entreprises qui comprennent plusieurs divisions et qui considèrent l'unité sectorielle comme stratégique : 1) en fonction de son importance dans son secteur d'activité ; 2) par rapport à d'autres unités sectorielles ; 3) en fonction de l'ensemble de l'entreprise. On peut aussi déterminer la stratégie d'une entreprise diversifiée en considérant l'attrait des différents domaines dans lesquels évoluent ses unités sectorielles. Il existe trois manières de considérer cet attrait (une approche mise en avant par General Electric avec l'aide de la firme d'experts-conseils McKinsey). On peut ainsi examiner :

- *l'attrait de chaque domaine d'activité de l'entreprise*. Il faut alors se demander avant tout si l'on y gagne à évoluer dans chacun de ces secteurs. Idéalement, la réponse obtenue devrait être positive pour chaque domaine dans lequel une entreprise a étendu ses activités ;
- *l'attrait de chaque domaine par rapport à celui des autres*. Il convient ici de reconnaître les secteurs d'activité les plus et les moins attrayants. Les dirigeants d'une entreprise dressent ainsi la liste de tous leurs domaines d'activité par ordre d'attrait, ce qui les aide à déterminer comment ils répartiront leurs ressources ;
- *l'attrait de tous les domaines d'activité dans leur ensemble*. On veut ici établir dans quelle mesure cette combinaison de domaines d'activité est attrayante. Les dirigeants n'apporteront ultérieurement aucune modification aux entreprises qui présentent le chiffre d'affaires et les bénéfices les plus importants, mais elle restructurera celles qui évoluent dans les secteurs peu attrayants[28].

Voici une liste d'éléments à considérer lorsqu'on évalue l'attrait d'un domaine d'activité :

- le taux de croissance du secteur ;
- l'effet des principales forces agissant dans le secteur ;
- la possibilité que de nouveaux concurrents s'y implantent ;
- l'intensité avec laquelle la concurrence augmentera ou diminuera ;
- la demande dans le secteur (cycles économiques, produits substituts, variations saisonnières) ;
- l'ampleur des risques et le degré d'incertitude dans l'industrie ;
- l'attrait des bénéfices que l'on y obtient.

Le modèle de comparaison de l'attrait des domaines d'activité permet aux gestionnaires de classer les secteurs dans lesquels ils progressent compte tenu de leur attrait.

6.5.3 Le modèle de comparaison du degré de compétitivité des unités sectorielles

On peut aussi comparer les forces et la position concurrentielle de chaque unité avec celles des autres pour ensuite évaluer ses chances de succès. En effectuant une telle analyse, le **modèle de comparaison du degré de compétitivité des unités sectorielles** tente d'établir jusqu'à quel point une unité sectorielle est à même de devenir une concurrente solide sur le marché. On peut à cette occasion revoir les éléments examinés lors de l'analyse des forces, des faiblesses, des possibilités et des dangers pour mieux évaluer la compétitivité de chaque unité.

Lorsqu'on adopte la méthode de classement quantitatif, on attribue une valeur à toutes les forces d'une unité sectorielle et on les représente par un schéma attrait-forces. Voici la liste des facteurs clés de réussite que l'on examine pour évaluer la compétitivité relative de chaque entreprise :

- l'habileté des cadres ;
- la qualité du personnel ;
- la qualité des produits ou des services offerts ;
- le coût des matières premières ;
- l'efficacité de la publicité et des programmes de stimulation des ventes ;
- le savoir-faire technique ;
- la capacité d'innovation ;
- les chaînes de distribution ;
- les ressources financières ;
- les capacités de production ;
- la capacité d'offrir des prix compétitifs.

On effectue ce genre d'analyse en quatre étapes. Ainsi, on dresse tout d'abord une liste des facteurs clés de réussite qui déterminent la position occupée par une entreprise par rapport à ses concurrents. On attribue ensuite à chacun de ces éléments une valeur de 1 à 10 (10 dénotant une force importante et 1, une faiblesse marquée). Ensuite, on fait la somme de toutes ces valeurs. Pour terminer, on classe toutes les entreprises étudiées suivant leur degré de compétitivité, puis on examine chaque facteur de réussite selon les forces et les faiblesses notées.

6.5.4 Le modèle du cycle de vie des produits

Le **modèle du cycle de vie des produits** indique les différentes étapes de l'existence d'un bien ou d'un service. Comme on peut le voir en observant la figure 6.6, le cycle de vie d'un produit comporte plusieurs phases: lancement, croissance, maturité, déclin et disparition. L'axe vertical du graphique traduit la demande d'un produit ou d'un service donné (laquelle peut être à la hausse, stable ou en baisse), alors que son axe horizontal en représente la durée de vie.

Les conditions de l'environnement extérieur d'une entreprise (en général et dans le secteur où elle évolue) influent considérablement sur le cycle et la durée de vie de ses produits. Certains biens demeurent ainsi longtemps sur le marché, mais d'autres ne tardent pas à disparaître. Ceux qui ont une popularité éphémère (pensons au cube Rubik et aux tortues Ninja) peuvent traverser les cinq phases de leur existence en deux ans ou moins. En revanche, d'autres semblent être établis à demeure, comme les automobiles, les téléphones et les téléviseurs.

Le cycle de vie des produits d'une entreprise influe sur ses choix stratégiques, car les dirigeants peuvent vouloir lancer, modifier, améliorer ou abandonner certaines gammes de biens ou de services. Ainsi, le point atteint par chaque produit détermine la stratégie adoptée. Imaginons une entreprise dont la gamme de produits se trouve encore dans sa phase de lancement ou de croissance. Ses dirigeants pourraient bien décider de consacrer plus d'argent à la recherche et au développement s'ils veulent:

- modifier ces biens;
- en lancer d'autres;
- modifier leurs chaînes de distribution;
- conquérir de nouveaux clients et de nouveaux marchés.

Figure 6.6
Le modèle du cycle de vie des produits

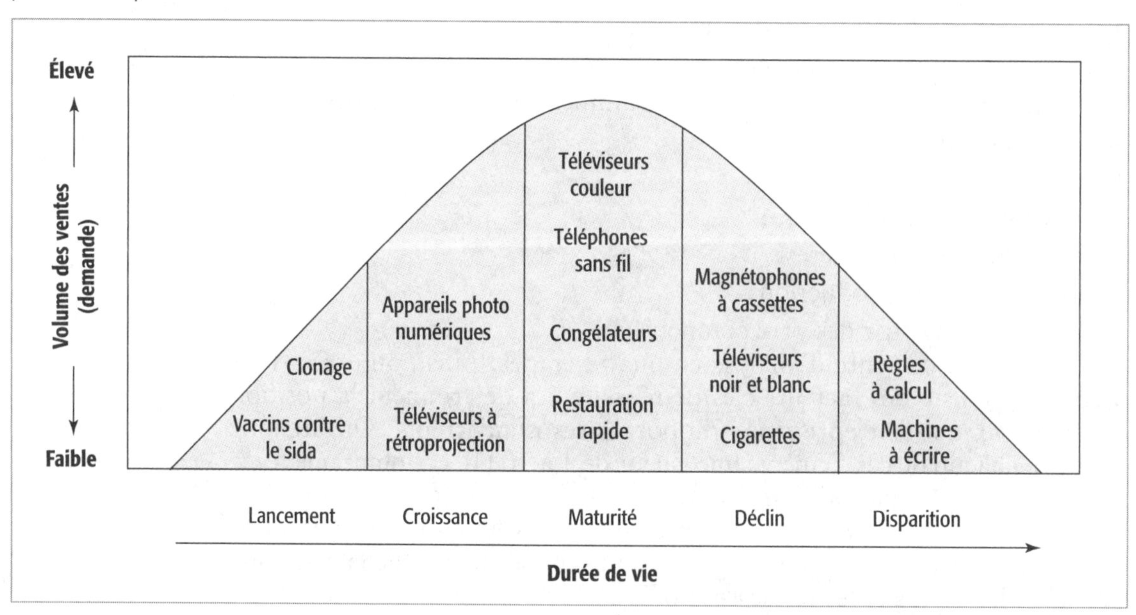

Par opposition, lorsque leurs produits ont atteint la phase de maturité, les stratèges examineront la possibilité de réduire leurs coûts ou bien de se doter d'installations de production offrant un meilleur rendement. Leur but sera alors d'améliorer la rentabilité de leur organisation et d'en réduire les coûts de production unitaires. Au cours de la phase de déclin, ces mêmes gestionnaires voudront réduire leurs coûts et se défaire de certains produits ou de divers biens immobilisés non productifs. Des fusions, des acquisitions et des regroupements viennent souvent accélérer le déclin d'un produit. C'est au cours de la phase de disparition que les dirigeants d'une entreprise appliquent des stratégies de désinvestissement.

6.5.5 Le modèle d'analyse de l'écart stratégique

Une autre méthode utilisée lors de l'élaboration des stratégies est l'analyse de l'écart. Le **modèle d'analyse de l'écart stratégique** permet de déterminer s'il faut modifier les stratégies en place. Les dirigeants d'une entreprise appliquant ce modèle examinent tout d'abord l'orientation dans laquelle les stratégies appliquées entraîneraient leur organisation si elles demeuraient inchangées, pour ensuite déterminer la position qu'ils souhaitent lui faire atteindre. La différence entre les résultats souhaités et ceux que devraient engendrer les stratégies en application si elles demeuraient inchangées représente l'écart. Après qu'ils ont établi l'ampleur de ce dernier, les gestionnaires chercheront à déterminer dans quelle mesure ils devraient le réduire en adoptant des stratégies nouvelles ou révisées. La méthode employée pour faire une telle évaluation se nomme l'analyse de l'écart stratégique.

La première étape à franchir consiste à reconnaître la voie dans laquelle est engagée l'entreprise en examinant certains éléments clés, dont le chiffre d'affaires, les bénéfices, le rendement des capitaux propres et la part du marché. Dans une deuxième étape, les dirigeants doivent définir les résultats qu'ils souhaitent idéalement obtenir. La troisième étape du processus consiste à déterminer dans quelle mesure les gestionnaires peuvent combler l'écart observé grâce à de nouvelles stratégies, et ce, en révisant, au besoin, la mission et les objectifs stratégiques de leur organisation. En présence d'un écart très important, les cadres supérieurs pourraient devoir adopter des objectifs et des stratégies à caractère plus ambitieux. Il est évident que ces stratégies devront toutefois tenir compte des ressources dont dispose l'entreprise.

6.6 LES AVANTAGES DE LA PLANIFICATION STRATÉGIQUE

OBJECTIF 6.6
Énumérer les avantages de la planification stratégique.

Aujourd'hui, les gestionnaires doivent examiner la compétitivité de leur entreprise, son environnement et sa position sur le marché en adoptant le point de vue d'un stratège. Il leur faut bien connaître le secteur dans lequel ils travaillent et les forces des entreprises rivales pour être à même d'apporter des changements qui donneront à leur organisation un avantage par rapport aux autres[29]. Dans cette optique, la planification stratégique procure divers avantages.

Premièrement, elle permet aux dirigeants d'évaluer *différentes options* avant de prendre une décision importante. C'est en se référant à la mission et aux objectifs stratégiques de leur entreprise que ces gestionnaires pèsent alors le pour et le contre de chaque option.

Deuxièmement, la planification stratégique fournit aux gestionnaires la possibilité d'envisager les choses d'une manière plus *proactive* au lieu de simplement réagir après coup. Leur réflexion tente alors de répondre à la question suivante: Qu'essayons-nous d'accomplir?

Troisièmement, elle favorise la *planification systématique et logique* chez tous les gestionnaires. Les cadres responsables des différentes fonctions (telles la commercialisation et la production) élaborent un éventail de plans qui englobent chacun une multitude de tâches, de rôles et d'activités. La planification stratégique permet aux cadres supérieurs de relier entre elles toutes les pièces de ce casse-tête et d'obtenir une vue d'ensemble.

Quatrièmement, elle oblige les dirigeants à énoncer une *mission* et des *objectifs à long terme* en ce qui a trait à divers éléments comme le volume des ventes, les bénéfices, la part du marché et les dépenses d'investissement de leur entreprise. Les cadres appelés à dresser des plans opérationnels pourraient difficilement le faire en l'absence d'une orientation, d'une politique et d'objectifs stratégiques.

Cinquièmement, la planification stratégique aide à évaluer les *forces* et les *faiblesses* d'une entreprise ainsi que les *possibilités* et les *dangers* que recèle son environnement extérieur. Grâce à elle, les gestionnaires peuvent plus facilement choisir les actions à accomplir afin de résoudre un problème ou de tirer avantage d'une occasion et ils se montrent plus attentifs à ce qui se passe dans leur environnement.

Sixièmement, les plans qu'elle amène à établir fournissent des *points de repère pour l'évaluation des résultats*. Ceux-ci peuvent être de nature soit qualitative (réputation, qualité du service, modification de la gamme de produits ou de services), soit quantitative (part du marché, bénéfice par action, volume des ventes).

Septièmement, la planification stratégique aide à regrouper les projets, les activités, les programmes et les budgets en un *tout cohérent* (concordance des objectifs et des plans). Grâce à elle, les cadres subordonnés auront plus de facilité à viser les mêmes objectifs que l'entreprise s'est fixés. Elle permet d'harmoniser les nombreuses décisions liées aux stratégies employées par différents membres de l'organisation. Ainsi, il arrive que le Service de la recherche et du développement examine certains produits auxquels s'intéressent les responsables de la commercialisation. De même, il se peut que le Service de la production, qui exploite déjà une usine à Montréal, envisage d'en ouvrir une autre à Rimouski ou Trois-Rivières pour mieux satisfaire les besoins de l'entreprise en matière de commercialisation.

Évolution et transition La planification stratégique

Le processus de planification stratégique a grandement évolué depuis les trente dernières années. La planification stratégique de *première génération* se traduisait essentiellement par une analyse des composantes extérieures et des éléments internes visant à mettre en évidence le choix le plus approprié pour évoluer plus efficacement dans un environnement particulier. Cette planification ne relevait que du P.-D. G. et d'un petit groupe de cadres supérieurs ainsi que du Service de la planification. Une fois réalisés, les objectifs et les plans étaient communiqués aux cadres intermédiaires et inférieurs. La communication s'effectuait donc dans un sens : du haut vers le bas (voir la figure 6.7).

En revanche, celle de *deuxième génération* exige la participation de plus de gens. Ainsi, les membres du conseil d'administration, les P.-D. G. des différentes sociétés, les directeurs généraux chargés de divisions et les responsables des différentes fonctions ont tous un rôle à jouer dans le processus de planification stratégique. Les gestionnaires s'efforcent aujourd'hui de relier entre elles leurs décisions respectives en raison de la complexité de l'environnement actuel ainsi que de l'interaction observée entre les divisions et les services de toute organisation.

Dans une grande société telle que BCE, General Electric ou General Motors (voir la figure 6.7 pour ce type de structure organisationnelle), par exemple, les responsables de division contribuent au processus de

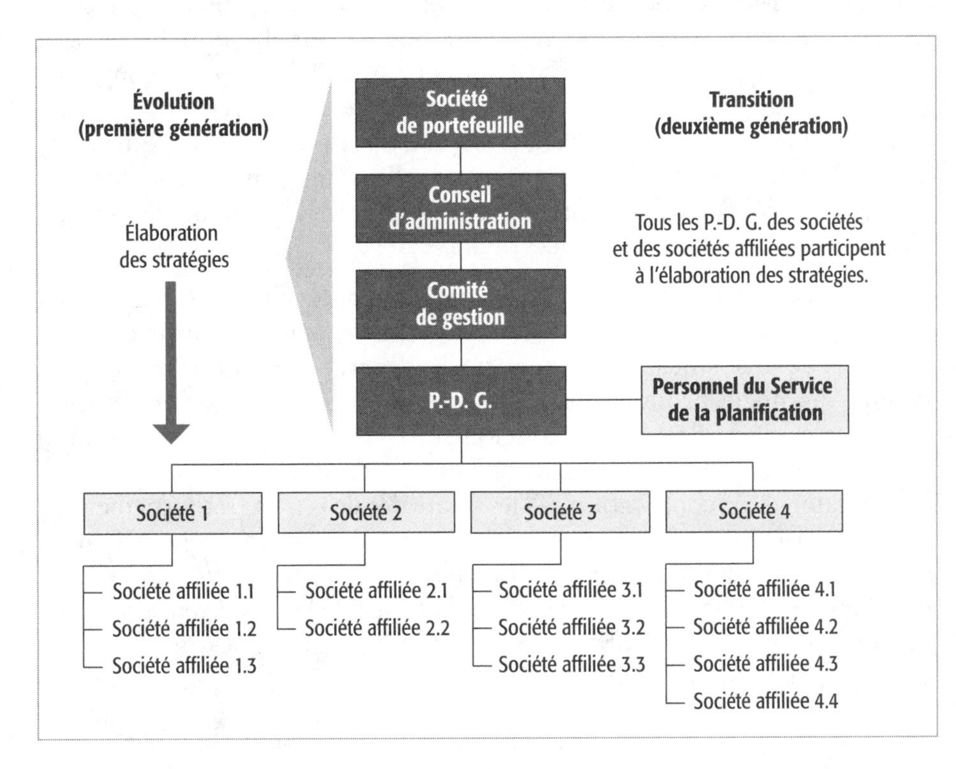

Figure 6.7
Planification stratégique : évolution et transition

planification en élaborant leurs propres stratégies et déterminent dans quelle mesure leurs décisions respectives influent les unes sur les autres. Ce mode de planification intégré vient appuyer la position de Lawrence Jauch et de William Glueck, qui définissent la gestion stratégique comme « le flot de décisions et d'actions qui amène l'élaboration d'une ou de plusieurs stratégies efficaces devant contribuer à la réalisation des objectifs généraux »[30].

Révision du chapitre

6.1 La nature de la planification stratégique. La planification stratégique est le processus par lequel on détermine comment réaliser les objectifs stratégiques. Les personnes responsables d'élaborer les stratégies doivent posséder des aptitudes importantes telles qu'un esprit stratégique, une réflexion stratégique et une vision stratégique. Certains concepts clés liés à la planification stratégique comprennent la stratégie projetée, la stratégie réalisée et les décisions stratégiques. La planification stratégique relève du conseil d'administration, du P.-D. G., des directeurs généraux et du personnel de la planification.

6.2 Les étapes du processus de planification stratégique. La planification stratégique amène essentiellement : (1) à effectuer une analyse stratégique, (2) à définir l'orientation de l'entreprise, (3) à élaborer des stratégies, (4) à mettre en œuvre ces stratégies, (4) à préparer des plans opérationnels, (6) à procéder au contrôle stratégique.

6.3 Les différents niveaux de stratégies. Il existe trois niveaux de stratégies. La *stratégie d'ensemble*, c'est-à-dire un plan d'action qui s'inscrit dans le prolongement des décisions prises par le P.-D. G. et le comité de gestion et ayant un rapport avec l'efficacité de l'organisation dans son ensemble. La *stratégie sectorielle* est un plan d'action conçu pour une unité sectorielle. Finalement, la *stratégie fonctionnelle* est un plan d'action qui s'applique à une fonction particulière d'une organisation (commercialisation, production, ressources humaines, finances).

6.4 Les types de stratégies. On peut regrouper les choix stratégiques en deux grandes catégories. Celle des *stratégies d'ensemble* comprend : 1) les stratégies de diversification (pénétration du marché, création de marchés, mise au point de produits, diversification concentrique, diversification horizontale, diversification par conglomérat) ; 2) les stratégies d'intégration (intégration vers l'amont, intégration vers l'aval, intégration horizontale) ; 3) les stratégies de coopération ; 4) les stratégies de retrait (retournement de la situation et désinvestissement) ; 5) la restructuration de portefeuille ; 6) les stratégies combinées. La catégorie des *stratégies sectorielles* comprend : 1) les stratégies concurrentielles (analyse du climat de la concurrence et stratégies universelles) ; 2) les stratégies d'adaptation (stratégies prospectives, défensive, analytique et approche réactive).

6.5 Les modèles d'analyse stratégique. Parmi les méthodes d'analyse stratégique figurent le modèle d'analyse du portefeuille, le modèle de comparaison de l'attrait des différents domaines d'activité, le modèle de comparaison du degré de compétitivité des unités sectorielles, le modèle du cycle de vie des produits et le modèle d'analyse de l'écart stratégique.

6.6 Les avantages de la planification stratégique. Un processus de planification stratégique efficace offre divers avantages. Il permet notamment d'examiner diverses options stratégiques avant de faire un choix et d'harmoniser toutes les activités de planification dans une organisation.

3

▶▶▶ Concepts clés

Décision stratégique (*strategic decision*) page 211
Esprit stratégique (*strategic mind*) page 210
Modèle d'analyse de l'écart stratégique (*strategic gap analysis model*) page 239
Modèle d'analyse du portefeuille (*portfolio analysis model*) page 233
Modèle d'analyse stratégique (*analytical strategic model*) page 233
Modèle de comparaison de l'attrait des différents domaines d'activité (*comparing industry attractiveness model*) page 236
Modèle de comparaison du degré de compétitivité des unités sectorielles (*comparing business units strength model*) page 237
Modèle du cycle de vie des produits (*products life cycle model*) page 238
Planification stratégique (*strategic planning*) page 209
Réflexion stratégique (*strategic thinking*) page 210
Restructuration du portefeuille (*portfolio restructuring*) page 227
Stratégie combinée (*combination strategies*) page 227
Stratégie concurrentielle (*competitive strategy*) page 228
Stratégie d'adaptation (*adaptive strategy*) page 231
Stratégie d'ensemble (*corporate-level strategy*) page 217
Stratégie d'intégration (*integration strategy*) page 224
Stratégie de concentration (*focus strategy*) page 231
Stratégie de coopération (*cooperative strategy*) page 225
Stratégie de différenciation (*differentiation strategy*) page 229
Stratégie de diversification (*diversification strategy*) page 222
Stratégie de domination par les coûts (*costs leadership strategy*) page 230
Stratégie de retrait (*retrenchment strategy*) page 226
Stratégie fonctionnelle (*functional-level strategy*) page 219
Stratégie projetée (*intended strategy*) page 211
Stratégie réalisée (*realized strategy*) page 211
Stratégie sectorielle (*business-unit level strategy*) page 218
Unité stratégique sectorielle (*strategic business unit*) page 218
Vision stratégique (*strategic vision*) page 210

Développer vos compétences en gestion

Questions de révision

1. Donnez la signification des termes suivants : « esprit stratégique », « vision stratégique », « stratégie projetée » et « planification stratégique ». (page 209)
2. Qui sont les stratèges d'une société ? Discutez du rôle de chacun d'entre eux. (page 212)
3. Décrivez les étapes du processus de planification stratégique. (page 214)
4. Quelle est la différence entre une stratégie d'ensemble, une stratégie sectorielle et une stratégie fonctionnelle ? (page 218)
5. Appliquez différentes stratégies de diversification. (page 222)
6. Faites la distinction entre l'intégration vers l'amont, l'intégration vers l'aval et l'intégration horizontale, puis donnez un exemple illustrant chacun de ces concepts. (page 224)
7. Présentez les différents types de stratégies de retrait que peuvent adopter les entreprises, puis fournissez un exemple de chacun d'entre eux. (page 226)
8. Quelle différence y a-t-il entre la restructuration du portefeuille et les stratégies combinées ? (page 227)
9. Qu'est-ce qu'une unité stratégique sectorielle ? (page 228)
10. Expliquez les différents types de stratégies concurrentielles. (page 228)
11. Expliquez en quoi consistent les stratégies universelles décrites par Michael Porter. (page 229)
12. Expliquez les types de stratégies d'adaptation avancées par Miles et Snow. (page 232)
13. Décrivez les méthodes d'analyse stratégique énumérées ci-après :
    a) le modèle d'analyse du portefeuille ; (page 233)
    b) le modèle de comparaison de l'attrait des différents domaines d'activité ; (page 236)
    c) le modèle du cycle de vie des produits ; (page 238)
    d) le modèle d'analyse de l'écart stratégique. (page 239)
14. Quels sont les principaux avantages de la planification stratégique ? (page 239)

Sujets de discussion

1. Selon vous, la planification stratégique deviendra-t-elle plus importante à l'avenir ? Justifiez votre réponse.
2. Pourquoi faut-il préparer un énoncé de la mission après que l'on a analysé les forces, les faiblesses, les possibilités et les dangers ?
3. Si le P.-D. G. d'une entreprise vous interrogeait sur le processus de planification stratégique à instaurer au sein de son entreprise, quelles étapes lui recommanderiez-vous d'y incorporer ?

Naviguer dans Internet

www.bnc.ca

- **Exercice pratique : Banque Nationale du Canada**

Visitez le site Web de la Banque Nationale du Canada (www.bnc.ca) qui est la sixième banque d'importance au Canada avec un actif près de 84 milliards de dollars et 500 succursales. Regardez les différentes composantes du site pour apprécier les différentes activités sous la rubrique « Information corporative » et répondez aux questions suivantes.

1. Quelles ont été les différentes stratégies adoptées par la banque depuis les quelques dernières années (voir « Notre histoire ») ?
2. Déterminez les différentes unités stratégiques d'entreprise et commentez les activités de trois de ces unités (voir « Nos filiales »).

Lisez le dernier rapport annuel de la banque et répondez aux questions suivantes :

1. Quels sont les objectifs et les stratégies les plus importants de la banque ?
2. Commentez les facteurs clés de succès.
3. Quels sont les secteurs d'activités sectorielles ? Effectuer une analyse comparative de deux activités sectorielles.
4. Quels sont les opportunités et les enjeux de la banque ?
5. Quelles stratégies la banque doit-elle mettre en place pour exploiter au maximum son rendement ?

- **Recherche sur le thème « Stratégie »**

Cherchez un site Web qui décrit clairement la structure organisationnelle d'une entreprise, et faites un lien entre les différents concepts de stratégie lus dans ce chapitre et servant à décrire les thèmes suivants :

1. les opportunités et les enjeux ;
2. les différents niveaux de stratégies (d'ensemble, sectorielles et fonctionnelles) ;
3. les stratégies d'ensemble ;
4. les stratégies sectorielles.

EXERCICE

La Société Célestica

La Société Célestica fabrique et vend aussi bien en gros qu'au détail des centaines de produits différents. Aujourd'hui de taille moyenne, cette entreprise a pris rapidement de l'expansion en étendant ses activités existantes et en faisant des acquisitions. On remarque cependant que la planification y est faite au petit bonheur. Les cadres des différentes divisions et fonctions prêtent en effet peu d'attention à cette activité en soutenant qu'ils doivent consacrer tout leur temps à résoudre les problèmes courants. La présidente de la société, Louise Drouin, a récemment indiqué au conseil d'administration qu'il fallait instaurer dans l'entreprise un processus de planification stratégique plus efficace. Selon elle, certaines divisions ne sont pas très rentables, tandis que d'autres rapporteraient encore davantage si elles étaient agrandies et mieux exploitées. En outre, les concurrents de ces unités sectorielles ne se développent pas tous au même rythme, certains ayant un taux de croissance élevé et d'autres, modéré.

Chaque division de la Société Célestica englobe un petit groupe de planification formé surtout de comptables rattachés au Service du contrôle. Celui-ci a pour tâche première d'établir les budgets à moyen terme (triennaux) de sa division ainsi que la ventilation mensuelle de son budget pour le prochain exercice financier. Ces planificateurs préparent ainsi chaque année le budget de leur division respective, puis le transmettent au vice-président responsable. Une copie de chaque budget est également remise à Louise Drouin par mesure de courtoisie.

La Société Célestica compte également sur les services d'un conseiller en planification stratégique et d'un analyste en économie. Ceux-ci aident la présidente à évaluer tout programme d'investissement ou d'acquisition et à préparer les rapports devant être présentés au conseil d'administration.

Louise Drouin est convaincue qu'il faut adopter une façon de faire plus structurée et plus professionnelle pour planifier, et ce, tant dans l'ensemble de l'entreprise que dans ses divisions. « Nous avons besoin de plans stratégiques et de plans opérationnels, affirme-t-elle. Pour bien utiliser les ressources de notre organisation, nous devons absolument planifier l'avenir. Il faut vendre toute division non rentable. À l'inverse, lorsqu'une division offre des possibilités illimitées, il importe de lui accorder la priorité et d'essayer d'en tirer le maximum. Toutefois, pour être capables d'agir de la sorte, nous devons instaurer un processus de planification stratégique plus efficace à l'intérieur de l'entreprise. »

Questions

1. Comment implanteriez-vous un processus de planification stratégique dans l'ensemble de l'entreprise et dans ses différentes divisions ?
2. Quelle structure donneriez-vous à ce processus ?
3. Qui nommeriez-vous responsable :
   a) des plans stratégiques ;
   b) des plans des divisions ?
4. Que feriez-vous pour rendre la planification efficace ?

3

Étude de cas

▶ ENTREPRISE

Centre de nettoyage inc.

En mars 1994, Benoît et Suzanne Martin fondèrent une entreprise d'entretien ménager à Sherbrooke. Ils s'efforçaient alors de répondre aux besoins des couples dont les deux conjoints travaillent, parce qu'ils étaient convaincus que ce marché prenait rapidement de l'expansion. Après 10 ans passés au service de sociétés variées, Benoît et Suzanne en avaient assez de remettre leur sort entre les mains d'employeurs. Ils voulaient se lancer en affaires, mais ne savaient pas exactement quel type d'entreprise conviendrait le mieux à leurs aptitudes et à leurs compétences.

Ils consacrèrent plusieurs mois à analyser la situation, à consulter différentes personnes et à réfléchir pour en arriver à la décision de fonder leur entreprise. Quatre entreprises offraient à l'époque des services d'entretien ménager dans la région de Sherbrooke. Trois appartenaient à des entrepreneurs locaux indépendants, tandis que l'autre portait la bannière d'une grande chaîne. Benoît et Suzanne demandèrent à une firme d'experts-conseils d'évaluer le potentiel du marché de l'entretien de résidences dans la région de Sherbrooke, d'examiner la qualité des services fournis par les entreprises existantes et de déterminer s'il y avait place pour un autre concurrent. Ils furent surpris des résultats de cette étude qui révéla un niveau de satisfaction des clients atteignant à peine 2,6 sur une échelle de 1 à 10. L'enquête réalisée démontra aussi que, en raison de la faible qualité du service, la fidélité des clients n'était pas acquise.

Benoît et Suzanne décidèrent alors de saisir l'occasion qui s'offrait à eux en créant leur entreprise avec un capital initial de

275 000 dollars. La moitié de cette somme provenait de leurs économies et le reste, d'un emprunt. Ces fonds servirent notamment à acheter deux petits véhicules, des aspirateurs, des fournitures de nettoyage, des uniformes, du matériel publicitaire et des annonces. Benoît et Suzanne avaient conscience que, pour établir la réputation de leur entreprise, ils devaient offrir un service d'une qualité supérieure à la moyenne, ce qui ne leur paraissait pas très difficile. Pour atteindre ce but, ils allouèrent beaucoup de temps et d'argent à la formation des employés qu'ils venaient d'embaucher comme aides ménagers.

Onze ans plus tard, en 2005, le Centre de nettoyage inc. détenait 75 % du marché des services d'entretien de résidences dans la région de Sherbrooke. Ses tarifs étaient plus élevés que ceux de ses concurrents, mais ses clients acceptaient de payer plus cher pour un service de qualité supérieure. Au cours des 11 années d'existence de leur entreprise, Benoît et Suzanne avaient accumulé une somme importante dont ils ne savaient trop quoi faire. Tous deux songeaient maintenant à étendre les activités de l'entreprise, mais ils hésitaient entre plusieurs options.

Ils savaient que, en continuant à exploiter leur entreprise sur son marché actuel, ils gagneraient bien leur vie jusqu'à ce qu'ils se retirent, et qu'ils pourraient alors vendre le Centre de nettoyage inc. ou le céder à leurs enfants. Benoît et Suzanne voulaient cependant relever un défi de plus grande envergure. C'est pourquoi ils envisageaient divers moyens d'étendre leurs activités. Suzanne déclara qu'ils pourraient aisément prendre de l'expansion en ouvrant des filiales dans d'autres villes comme Magog, Granby, Saint-Hyacinthe et Montréal. Quant à Benoît, il voyait plus grand et rêvait d'établir des franchises partout au Canada et même aux États-Unis.

Suzanne suggéra également de commencer à offrir des services pour l'entretien d'immeubles commerciaux dans la région de Sherbrooke et même ailleurs. Son mari jugea l'idée bonne et affirma qu'ils pourraient même acquérir des entreprises existantes. Il avait conscience qu'il leur en coûterait plus cher de faire des acquisitions que d'étendre leurs propres activités, mais cette option avait l'avantage de leur permettre de s'établir immédiatement sur de nouveaux marchés et dans de nouveaux secteurs ainsi que de réduire le nombre de leurs concurrents.

Benoît fit aussi valoir qu'ils pourraient se lancer dans d'autres domaines d'activité. Il songeait, en particulier, à celui des services de garde, étant convaincu que la demande augmentait rapidement dans ce secteur. Advenant l'exécution d'un tel projet, ils limiteraient toutes leurs activités à la seule région de Sherbrooke. Suzanne croyait toutefois qu'ils ne devraient pas évoluer sur trop de marchés différents. Elle était d'avis qu'il leur fallait plutôt concentrer leurs efforts dans le domaine de l'entretien ménager parce qu'ils le connaissaient bien et y remportaient déjà du succès.

Reconnaissant la validité des objections de Suzanne, Benoît proposa qu'elle continue d'exploiter le Centre de nettoyage inc., pendant que lui assumerait la direction d'une nouvelle entreprise qu'ils créeraient dans le domaine des services de garde.

Benoît et Suzanne avaient chacun des rêves ambitieux. Ils voulaient tous deux étendre les activités de leur société, mais ils ne savaient pas exactement de quelle manière. Les possibilités ne leur manquaient pas. Cependant, il leur fallait décider dans quel domaine ils y gagneraient à travailler.

Questions

1. Dressez la liste des options stratégiques s'offrant à Benoît et à Suzanne.
2. À votre avis, laquelle ou lesquelles de ces options auraient-ils dû choisir ?
3. Comment chacune de ces options aurait-elle influé sur l'énoncé de la mission, les objectifs, la répartition des ressources, la structure organisationnelle et le mode de gestion de leur entreprise ?

Étude de cas

▶ EN MANCHETTE : JARDIN DE VILLE[31]

Johanne Bourque, présidente, Jardin de Ville

Le mobilier de jardin a acquis ses lettres de noblesse. Chez Jardin de Ville du moins, où les chaises en résine verte ou en lanières en imitation de bois ont depuis longtemps fait place au mobilier en teck. Le design y rivalise avec des meubles d'intérieur parmi les plus chics. Comme en témoignent ce récamier, cette causeuse et cette table aux lignes stylisées ou d'influence asiatique, installés dans un décor soigneusement présenté. Et que dire de cet îlot câlin, une sorte de *love seat* arrondi avec auvent pliant en tissu particulièrement original et... invitant !

Vous l'aurez compris : chez Jardin de Ville, on fait dans le haut de gamme. La clientèle, pour la plupart bien nantie, devra débourser au moins 1 000 $ pour un ensemble comprenant une table et quatre chaises. D'autres chaises, fabriquées par les entreprises de renom Cane Line, Dedon, Gloster ou Brown Jordan, se vendent aussi 1 000 $... l'unité !

« Les gens veulent prolonger l'été et profitent de plus en plus de l'extérieur. Ils veulent un mobilier de jardin design et de qualité », dit la présidente de la PME, Johanne Bourque. Mais inutile de courir à la grande surface la plus proche : Jardin de Ville ne fait que de la vente directe au Québec.

Mobilier tressé à la main

Il y a près de 50 ans, la famille Bourque de Saint-Antoine-des-Laurentides, près de Saint-Jérôme, vendait sa première chaise de jardin. Installée en bordure de la route 11 – devenue la 117 –, Patio Rama Bourque s'est d'abord fait connaître auprès de centaines de touristes qui se rendaient ainsi dans le Nord, avant la construction de l'autoroute des Laurentides.

Depuis, Carmen Bourque a passé le flambeau de l'entreprise familiale à ses deux filles, Johanne et Marcelle, auxquelles s'est joint en 1988 leur frère Jean, peu de temps avant que son père vende le commerce de pièces d'automobiles usagées où il travaillait. Cette année-là, l'entreprise déménagée à Blainville crée la Division Cuscini Design et se lance dans la fabrication de coussins, de parasols et, trois ans plus tard, d'auvents. En 1996, Cuscini Design développe l'abri de jardin, un nouveau produit auquel on peut aujourd'hui ajouter des moustiquaires, des rideaux et même un système de chauffage électrique.

Croître grâce à l'innovation

« Nous innovons constamment afin de répondre aux besoins des clients », souligne Mme Bourque, qui pour tâter le pouls de la clientèle justement, passe plusieurs heures à la boutique Jardin de Ville de Montréal, ouverte en 1995 sur le boulevard Décarie. Pour voir les tendances et les nouveautés, mais aussi pour exposer ses abris de jardin, Mme Bourque participe également aux importantes foires de Chicago et de Cologne consacrées aux mobiliers et accessoires de jardin. En 2000, Jardin de Ville s'associe au fabricant de meubles d'extérieur Cana Line, du Danemark. « Je cherchais une gamme de meubles, et Cane Line n'avait pas de représentant en Amérique du Nord », souligne Mme Bourque.

Les meubles d'extérieur de la collection Cane Line Outdoor sont tressés à la main par des artisans qui utilisent la fibre synthétique Hularo, produite en Europe. « C'est une fibre qui ressemble au rotin, mais qui est beaucoup plus résistante », explique Mme Bourque. À la différence du rotin traditionnel, cette fibre résiste aux rayons ultraviolets, à la décoloration, à l'humidité et au gel, assure-t-elle.

L'été dernier, pour répondre à la croissance de ses activités, la famille Bourque a investi 3 M$ dans la construction d'un nouveau bâtiment, à Mirabel, aux abords de l'autoroute 15 et voisin de Bell Hélicoptère. Cela lui a permis de rapatrier toutes ses activités de fabrication d'abris de jardin et de confection de coussins pour meubles dans un même immeuble de 50 000 m^2. Une boutique de 700 m^2 a aussi été aménagée au rez-de-chaussée de l'édifice. L'entreprise en a également profité pour agrandir sa boutique de Montréal.

Jardin de Ville se dit ainsi prête à lancer une offensive sur les marchés américain et européen. Elle est déjà présente depuis plus de cinq ans aux États-Unis, notamment en Floride, en Géorgie et en Californie, mais elle veut s'y faire mieux connaître. Elle a d'ailleurs fait paraître une publicité dans le magazine réputé *Architectural Digest* pour promouvoir ses produits.

La PME entend aussi profiter de son association avec Cane Line pour percer davantage le marché européen, où elle est présente depuis 2002. Les ventes de Jardin de Ville ont progressé de 46 % depuis cinq ans pour atteindre 7 M$ l'an dernier. L'entreprise compte une cinquantaine d'employés permanents auxquels s'ajoutent une vingtaine de personnes pendant les saisons de pointe.

Questions

Quels types d'objectifs et de plans Mme Bourque devrait-elle élaborer ? En ce qui concerne le processus de planification stratégique, quelles étapes Mme Bourque devra-t-elle franchir pour assurer autant que possible la réalisation de ses objectifs ? Quelles sont les stratégies qui pourraient être efficaces ?

PARTIE 4

LA GESTION DE LA STRUCTURE ORGANISATIONNELLE

Chapitre 7

L'organisation, les structures organisationnelles et l'autorité

Chapitre 8

Les structures organisationnelles et le changement

www.sephora.com

Sephora, le supermarché français des cosmétiques, promet une véritable bataille aux pharmacies et aux grands magasins du Québec. Sephora compte 1 190 magasins en France et 521 ailleurs dans le monde, notamment en Chine. Certains croient qu'il pourrait devenir champion toutes catégories. L'entreprise prévoit ouvrir une cinquantaine de magasins dans des centres commerciaux, surtout dans les grandes agglomérations urbaines du Canada.

Après avoir élaboré leurs objectifs et plans stratégiques, les dirigeants de Sephora doivent donc passer à l'étape suivante du processus de gestion : l'organisation. Au chapitre 7, « L'organisation, les structures organisationnelles et l'autorité », nous examinerons les concepts fondamentaux de l'organisation, les divers types et la conception de structures organisationnelles, et présenterons les structures intra-organisationnelles les plus récentes. L'annexe au chapitre 7, « La gestion des ressources humaines », traite quatre thèmes: l'environnement de la gestion des ressources humaines, comment recruter et sélectionner le personnel, comment le former et comment le conserver.

Au chapitre 8, « Les structures organisationnelles et le changement », nous examinerons comment les organisations actuelles parviennent à s'adapter à leur environnement toujours en évolution rapide et comment elles se restructurent afin de relever les défis lancés par les marchés nationaux et mondiaux[2, a].

Chapitre 7

L'organisation, les structures organisationnelles et l'autorité

Objectifs du chapitre

Après avoir lu ce chapitre, vous devriez pouvoir :

1. expliquer la nature et l'importance de la fonction d'organisation, et la manière d'aménager une organisation, de concevoir un organigramme et de distinguer une structure mécaniste d'une structure organique ;
2. énumérer et décrire les principales formes de départementalisation, c'est-à-dire la départementalisation fonctionnelle et la départementalisation divisionnaire ;
3. définir l'autorité, expliquer pourquoi elle est basée sur l'acceptation et énumérer les avantages de la délégation, signaler les problèmes que suscite la délégation de l'autorité et indiquer des moyens d'accroître son efficacité ;
4. expliquer comment les différentes unités d'une organisation peuvent être regroupées (structures hiérarchique, d'état-major et fonctionnelle), et préciser la nature et l'importance de la centralisation et de la décentralisation ;
5. décrire les nouvelles structures intra-organisationnelles.

Défi lancé aux gestionnaires ☞ par Canadian Tire

La Société Canadian Tire limitée a dévoilé à Toronto, hier, un ambitieux plan stratégique d'une durée de cinq ans visant à augmenter ses ventes, dans le cadre duquel elle construira ou remplacera 285 magasins. Le très populaire détaillant entend également ajouter quelque 70 magasins à son réseau Mark's Work Wearhouse – appelé L'Équipeur au Québec –, qui en a déjà 333, et tripler la taille de la chaîne de magasins de pièces de véhicules automobiles PartSource, qui comptera environ 130 points de vente à la fin de 2009.

Ce plan stratégique, qui devrait coûter entre 350 et 400 millions de dollars par année d'ici à 2009, verra aussi l'entreprise accroître sa présence dans le secteur des activités financières. « Canadian Tire a atteint l'an dernier un niveau de rentabilité record », a affirmé Wayne Sales, président et chef de la direction de la chaîne de grandes surfaces. « Notre plan est conçu afin de nous permettre de croître en exploitant nos forces et en développant de nouvelles, en mettant en valeur et en améliorant les choses que nous faisons le mieux », a-t-il ajouté. Les principales aspirations financières de la société sont la croissance des ventes de 3 à 4 % par année dans les magasins comparables, celle des produits bruts d'exploitation de 7 à 9 %, ainsi qu'une hausse de 12 à 15 % du bénéfice de base par action, a précisé M. Sales[1].

Canadian Tire se réorganise en fonction de sa planification.

www.canadiantire.ca

Survol du chapitre

Même si Canadian Tire planifie bien l'ouverture de ses 285 nouveaux magasins, le succès de ces derniers dépendra non seulement de la façon dont les gestionnaires élaborent leurs objectifs et plans stratégiques, mais aussi de l'efficacité de leur structure organisationnelle. Il faudra donc que les dirigeants de Canadian Tire élaborent des structures organisationnelles pour chacun des magasins et définissent les attributions des gestionnaires des différents magasins. Ce sont là des questions dont nous traiterons dans cette partie, « La gestion de la structure organisationnelle ».

Tel que nous l'avons vu au chapitre 5, à la sous-section 5.4.1, « Les étapes de la planification », il est important pour une organisation de réussir la mise en œuvre de ses stratégies (voir la figure 5.7, à l'étape 4 à la page 189) et de mettre en place une structure organisationnelle efficace. Tel qu'indiqué dans le chapitre, « il importe d'adapter la structure organisationnelle aux stratégies. Les dirigeants d'une entreprise doivent se demander si la structure de leur organisation est compatible avec les objectifs et les plans stratégiques qu'ils se proposent d'appliquer. » N'est-ce pas le cas de Canadian Tire ? La bonne organisation de l'entreprise suppose une juste répartition des tâches et des responsabilités entre les groupes et les individus chargés de réaliser les plans. Les dirigeants doivent donc se poser plusieurs questions telles que : Cette structure est-elle compatible avec les objectifs et les stratégies de l'entreprise ? La structure en place dans l'ensemble de l'entreprise s'accorde-t-elle avec celle de ses différentes unités stratégiques sectorielles (par exemple, les 285 nouveaux magasins de Canadian Tire) ? La structure en place favorise-t-elle la coordination des opérations (par exemple, entre les unités de services (entrepôts) et les points de vente (magasins) ?

Cette quatrième partie comprend deux chapitres et une annexe. Dans ce premier chapitre consacré à la fonction de l'organisation, nous examinerons cinq grands thèmes ayant un rapport avec la fonction de l'organisation et aux structures organisationnelles. L'annexe au chapitre 7 examine la gestion des ressources humaines. Même s'il est important de regrouper des activités et des unités organisationnelles ainsi que préciser les types d'autorité exercés tels que nous le verrons dans ce chapitre, il est aussi important d'amener des individus potentiellement qualifiés à demander un emploi, de faire en sorte que les bons employés demeurent dans l'organisation, d'aider les employés à se développer et à s'épanouir pleinement, et d'améliorer la qualité de vie au travail. C'est ce que présente l'annexe à ce chapitre.

Le second chapitre de cette partie, le chapitre 8 intitulé « Les structures organisationnelles et le changement », expliquera la façon dont les organisations doivent s'adapter à leur environnement extérieur. Dans le cas de Canadian Tire, nous voyons que les dirigeants font des changements majeurs dans les structures organisationnelles (285 nouveaux magasins dans différents secteurs d'activité). Ce second chapitre répondra donc à des questions telles que : De quelle manière les entreprises peuvent-elles adapter leurs effectifs aux nouvelles réalités économiques et technologiques ? Quel type de structure organisationnelle permettrait de livrer une concurrence efficace sur le marché ? Comment les entreprises peuvent-elles devenir plus innovatrices ? Comment les dirigeants peuvent-ils gérer ce processus de changement ?

Comme l'indique la figure 7.1, voici ce que met en évidence ce chapitre, où il est question :

- *des principaux concepts liés à la fonction de l'organisation et aux principes fondamentaux qui doivent être pris en compte dans l'aménagement d'une structure organisationnelle ;*
- *des différentes façons dont les tâches peuvent être assignées aux individus dans une organisation et à la manière de grouper les unités organisationnelles de façon à assurer une bonne communication et le meilleur fonctionnement d'ensemble possible ;*
- *de ce que l'on entend par le terme « autorité », aux avantages de la délégation, aux raisons pour lesquelles certains gestionnaires ne délèguent pas leur autorité et à la bonne manière de déléguer ;*

4

Figure 7.1
La gestion de l'organisation

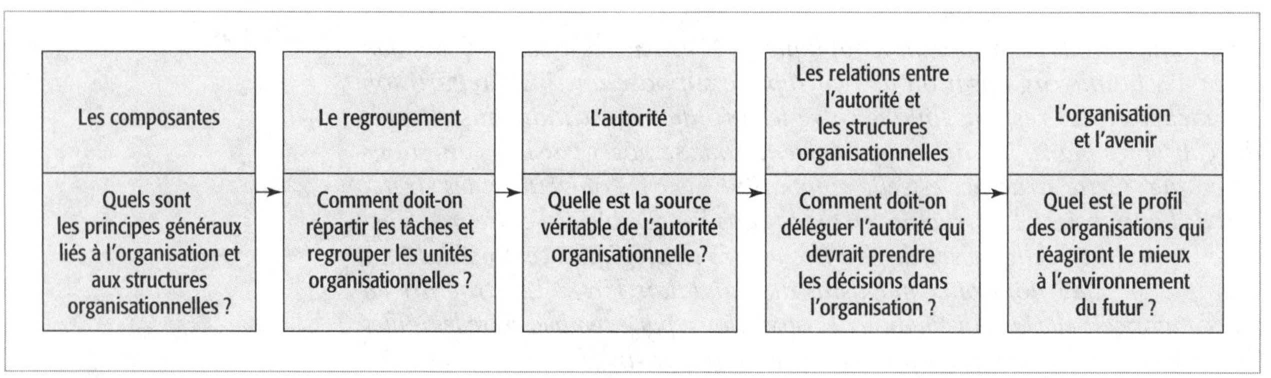

Les composantes
Quels sont les principes généraux liés à l'organisation et aux structures organisationnelles ?
Le regroupement
Comment doit-on répartir les tâches et regrouper les unités organisationnelles ?
L'autorité
Quelle est la source véritable de l'autorité organisationnelle ?
Les relations entre l'autorité et les structures organisationnelles
Comment doit-on déléguer l'autorité qui devrait prendre les décisions dans l'organisation ?
L'organisation et l'avenir
Quel est le profil des organisations qui réagiront le mieux à l'environnement du futur ?

- *des différentes façons de regrouper les unités organisationnelles, c'est-à-dire les structures hiérarchique, de l'état-major et fonctionnelle, et du lien qui existe entre l'autorité et ces diverses structures ainsi que les structures centralisée et décentralisée;*
- *des structures intra-organisationnelles le plus souvent mises en place actuellement par les gestionnaires.*

7.1 L'ORGANISATION ET SES STRUCTURES

OBJECTIF 7.1

Expliquer la nature et l'importance de la fonction d'organisation, et la manière d'aménager une organisation, de concevoir un organigramme et de distinguer une structure mécaniste d'une structure organique.

Si un étudiant est chargé d'organiser seul un bal des finissants, il n'a nul besoin, bien sûr, de définir des rôles et de répartir des tâches. Si, par contre, deux ou plusieurs étudiants forment un comité organisateur, ils devront alors définir leurs tâches, leurs responsabilités et leurs rôles respectifs, puis distribuer les ressources disponibles.

Il en va de même dans une organisation. Ainsi, lorsque deux ou plusieurs employés font partie d'un groupe se rattachant à une unité organisationnelle chargée de réaliser des objectifs précis, ils ont besoin de structures et de réseaux de communication bien définis. Il leur faut également avoir une idée claire et précise des rôles et des attributions des membres de leur groupe et de tous les autres groupes à l'œuvre dans l'organisation, ainsi que des relations qui existent entre eux.

Après avoir lu les cinq prochaines sous-sections, vous devriez pouvoir:

- expliquer ce qu'est la fonction d'organisation;
- définir les notions essentielles se rattachant à la fonction de l'organisation et aux structures organisationnelles;
- décrire les étapes à suivre pour aménager une organisation;
- expliquer le profil d'un organigramme;
- faire la distinction entre une structure mécaniste et une structure organique.

7.1.1 L'organisation et la structure organisationnelle

On peut définir la **fonction d'organisation** comme l'ensemble des opérations permettant de combiner et de distribuer de manière rationnelle les ressources humaines, matérielles et autres nécessaires à la réalisation des plans et des objectifs. Cette fonction exige: 1) que l'on définisse les structures de l'organisation ainsi que les pouvoirs, les responsabilités et la position de chacun dans la hiérarchie; 2) que l'on établisse un ensemble de règles portant sur l'attribution des tâches et les réseaux de communication.

Comme la fonction d'organisation a pour principal objet de combiner et de coordonner différentes opérations, il importe de l'aménager de façon méthodique. Une **structure organisationnelle** est ainsi un cadre définissant les liaisons hiérarchiques entre les individus et entre les différentes unités de l'organisation. Il est évident qu'une grande organisation exige des structures plus étendues, ce qui, par le fait même, complique l'harmonisation, la coordination et la communication. Comparons, pour illustrer notre propos, la structure organisationnelle d'un magasin employant une douzaine de personnes avec celle de Bombardier, de la Société canadienne des postes ou d'Hydro-Québec, qui comptent chacune des milliers d'individus travaillant dans différentes régions du pays. La structure organisationnelle du magasin est simple. En effet, on peut supposer que tous les employés travaillent dans un même immeuble et relèvent directement du gérant. Les trois grandes entreprises ont, quant à elles, une structure plus imposante, les voies de communication y étant plus étendues et la coordination plus complexe.

7.1.2 Les notions essentielles liées à l'organisation et aux structures organisationnelles

Puisque ce chapitre traite des structures organisationnelles, il convient d'abord d'expliquer quelques notions clés qui seront abondamment utilisées dans les deux chapitres portant sur la structure organisationnelle. De plus, il importe de mettre en évidence certains principes fondamentaux qui doivent être pris en compte pour que les structures organisationnelles fonctionnent de façon efficace. Le tableau 7.1 donne une brève description des diverses notions liées à l'organisation : objectif, spécialisation, coordination, autorité, responsabilité, définition, concordance entre l'autorité et la responsabilité, éventail de subordination et continuité.

Tableau 7.1
Les notions clés liées à l'organisation et aux structures organisationnelles

Objectif

Chaque unité comprise dans une structure organisationnelle a sa propre raison d'être. Pour que tous les employés qui y travaillent poursuivent les mêmes buts, les cadres responsables de chaque unité organisationnelle doivent formuler un énoncé de la mission et des objectifs.

Spécialisation

Une organisation peut comprendre des unités dont chacune est responsable d'un type d'opération : comptes clients, ventes, comptabilité générale, recherche commerciale, systèmes d'information de gestion, approvisionnement, publicité, comptes fournisseurs, etc. Les individus travaillant au sein de chacune de ces unités ont une formation spécialisée. C'est ce que l'on appelle la « division du travail ».

Coordination

Pour que tous les membres d'une organisation travaillent bien ensemble, les tâches réalisées par chacun d'entre eux doivent s'harmoniser avec celles qu'accomplissent les autres. La coordination permet d'établir un lien entre toutes les personnes travaillant dans une organisation. Elle est un gage de synergie, de travail en équipe et de coopération.

Autorité

L'autorité est le pouvoir légitime qui permet à quelqu'un d'agir ou de prendre des décisions. On peut dire qu'elle représente le droit d'un cadre à utiliser des ressources pour accomplir certaines tâches sans avoir à demander l'autorisation d'un supérieur. Or, c'est par le moyen de la délégation de l'autorité que l'on répartit les ressources et que l'on attribue à d'autres le droit de prendre des décisions.

(suite du tableau 7.1)

Responsabilité Le concept de responsabilité réfère à l'obligation qu'a une personne d'effectuer certaines tâches pour réaliser les objectifs fixés. Lorsqu'un employé acquiert certains pouvoirs, il devient responsable de l'exécution des tâches qui lui ont été assignées.	**Éventail de subordination** Aussi appelé l'« étendue de contrôle » ou l'« étendue des responsabilités », l'éventail de subordination réfère au nombre de personnes qui sont placées sous l'autorité directe d'un cadre et est fonction de la capacité de concentration d'un individu.
Définition Il convient de rédiger une description d'emploi pour tout poste occupé ou à pourvoir dans une organisation. On pourra ainsi connaître exactement les fonctions, les tâches et les responsabilités de chaque employé, les relations d'autorité associées à chaque poste de même que les connaissances et les aptitudes requises pour l'occuper.	**Continuité** La continuité implique que l'on s'assure qu'une organisation demeurera efficace à long terme. Elle comporte deux éléments. En premier lieu, toute organisation devrait avoir à son service des individus ayant la formation requise pour occuper un poste clé à pourvoir. En second lieu, les organisations doivent pouvoir s'adapter à leur environnement. Comme nous l'avons vu à l'annexe au chapitre 1 (voir la figure A.1.2, à la page 560), elles évoluent à l'intérieur d'un système ouvert. Ainsi, les gestionnaires doivent noter tout changement observé dans leur environnement et ensuite, s'il y a lieu, modifier la mission, les objectifs, les priorités ou la structure de l'organisation.
Concordance entre l'autorité et la responsabilité L'application du concept de concordance entre l'autorité et la responsabilité vise à harmoniser la première avec la seconde. Chaque individu doit exercer pleinement son autorité sans toutefois l'outrepasser. Comme il a le pouvoir d'utiliser des ressources, il lui faut aussi endosser la responsabilité des résultats obtenus (réussites ou échecs).	

7.1.3 L'aménagement d'une organisation

À la différence d'un immeuble, une organisation n'est pas immobile, car divers facteurs extérieurs l'incitent à se transformer. Songeons à tous les changements survenus chez Bombardier depuis sa création, il y a plus d'une soixantaine d'années. Cette entreprise ne comptait à ses débuts qu'un seul membre, Joseph-Armand Bombardier. De nos jours, l'entreprise emploie près de 60 000 personnes dans divers pays et enregistre un chiffre d'affaires annuel de 20,6 milliards de dollars, ce qui en fait l'une des plus grandes entreprises industrielles du Canada[2. b)].

www.bombardier.com

Les sociétés multinationales comme Bombardier présentaient initialement une structure simple, mais leurs dirigeants la modifièrent au fil des années pour tenir compte des possibilités et des dangers que présentait leur environnement. J.-A. Bombardier, par exemple, se lança en affaires avec l'idée de construire des véhicules pouvant se déplacer sur la neige. L'entreprise qu'il fonda prit graduellement de l'expansion. À ses débuts, elle avait une structure informelle peu complexe, et ses opérations se limitaient à la fabrication et à la vente de motoneiges. Lorsqu'une entreprise est petite, le propriétaire exploitant est souvent un homme-orchestre, car il est au centre de toutes les activités et qu'il définit, selon ses compétences et ses besoins, le mode relationnel qui répond le mieux aux attentes des clients. Mais lorsque l'entreprise est en phase de croissance, des signes indiquant un mauvais état de santé apparaissent et le propriétaire constate habituellement que la structure peu complexe ne satisfait plus aux exigences de l'organisation.

4

Au cours de la deuxième étape de développement de l'entreprise, qui correspond à l'époque où la demande de motoneiges augmenta beaucoup, J.-A. Bombardier jugea nécessaire de définir la structure avec plus de précision. Il confia alors à des vice-présidents, à des directeurs et à des chefs de service la responsabilité de différentes fonctions ou divisions (commercialisation, production, recherche et développement, comptabilité, ressources humaines, etc.). Pour établir la nouvelle structure sur des bases solides, J.-A. Bombardier adopta certains outils de gestion tels que budgets, plans, contrôle des stocks, contrôle de la qualité et prévisions financières. À cette étape, une hiérarchie et une bureaucratie furent donc installées chez Bombardier. Les dirigeants de l'entreprise laissèrent le soin des affaires courantes aux employés subalternes.

À l'étape suivante de son développement, Bombardier continua à prendre de l'expansion et commença à fabriquer du matériel de transport en commun (trains à grande vitesse, voitures de métro et de monorail, et avions rapides). Ses dirigeants créèrent alors des centres de profit, c'est-à-dire qu'ils décentralisèrent leur organisme (en aménageant les fonctions et les divisions suivant les produits offerts et les territoires desservis). Ce faisant, ils voulaient accroître la flexibilité et l'efficacité de l'entreprise, et éliminer les problèmes liés à la bureaucratie. Pour harmoniser les différentes unités organisationnelles, le P.-D. G. actuel de Bombardier dut restructurer l'organisation de manière à ce que les décisions soient prises par les responsables des diverses fonctions et divisions, et qu'elles tiennent compte de la mission et des objectifs stratégiques de l'entreprise.

Comme Bombardier était devenu une entreprise de grande taille, on jugea bon de recruter des spécialistes qui devaient aider les cadres supérieurs du siège social et des différentes divisions à accomplir leur travail. Des experts en publicité, des avocats, des comptables spécialisés en coût de revient, des ingénieurs et des planificateurs entrèrent ainsi dans l'organisation.

Les dirigeants de Bombardier se montrent aujourd'hui résolus à conserver leur position de chef de file mondial dans le domaine du matériel de transport. À l'exemple de dirigeants d'autres entreprises canadiennes, ils réduisent la taille de leur organisation, en augmentent la flexibilité, favorisent le travail en équipe, redéfinissent les orientations, réduisent les coûts et améliorent la coordination entre les diverses unités organisationnelles.

Chaque fois qu'ils apportent des changements à la structure de leur organisation, les gestionnaires doivent franchir un certain nombre d'étapes. Comme le montre la figure 7.2, il leur faut :

1. définir les objectifs et préparer les plans de l'organisation ;
2. définir les principales tâches à accomplir ;
3. les diviser en sous-tâches ;
4. affecter des ressources à des unités organisationnelles ou à des individus ;
5. évaluer l'efficacité de la nouvelle structure organisationnelle.

Figure 7.2
L'aménagement de l'organisation

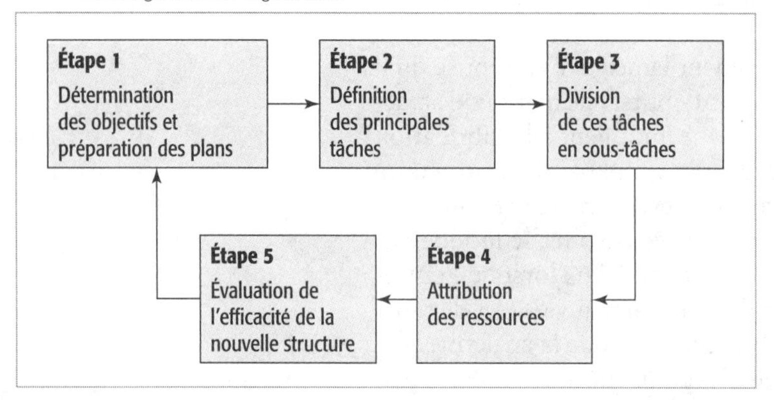

7.1.4 L'organigramme

L'**organigramme** est une représentation graphique des rapports de subordination existant entre les fonctions, les divisions, les services et les membres d'une organisation. Il fournit des indications concernant :

- les structures organisationnelles (manière dont les divers éléments d'une organisation se rattachent les uns aux autres) ;
- la taille de l'organisation (c'est-à-dire le nombre de ses unités organisationnelles) ;
- les liaisons hiérarchiques entre ses différentes unités ;
- les comités existants (conseil d'administration, comité de direction et comité de gestion) ;
- la nature du travail exécuté par les diverses unités ;
- les niveaux hiérarchiques.

La figure 7.3 présente un organigramme classique. Au sommet de la hiérarchie se trouve le président-directeur général (P.-D. G.), suivi des trois vice-présidents responsables de certains directeurs de service. Le vice-président à la commercialisation, par exemple, a trois directeurs de service sous son autorité. L'un de ces directeurs, celui du Service des ventes, supervise trois directeurs régionaux. Si tous les postes existant dans l'entreprise figuraient dans l'organigramme, celui-ci aurait une forme pyramidale. Comme le montre la figure, un organigramme met en évidence les liens entre les diverses unités, et indique ce que fait chacun et qui le dirige.

À la figure 7.3, on peut distinguer une structure verticale et une structure horizontale. La *structure verticale* correspond aux niveaux de subordination (P.-D. G., vice-présidents, directeurs de service et directeurs régionaux), tandis que la *structure horizontale* se rapporte aux responsabilités et aux fonctions des différentes unités organisationnelles. On remarque ainsi que chaque vice-président s'occupe d'une fonction distincte (finances, commercialisation, production) et que le champ d'activités des directeurs

www.hydroquebec.qc.ca pour consulter l'organigramme d'Hydro-Québec qui compte près de 21 000 employés. Sous la rubrique Corporatif, il faut cliquer d'abord sur « Profil de l'entreprise » puis sur « Organigramme de la haute direction »

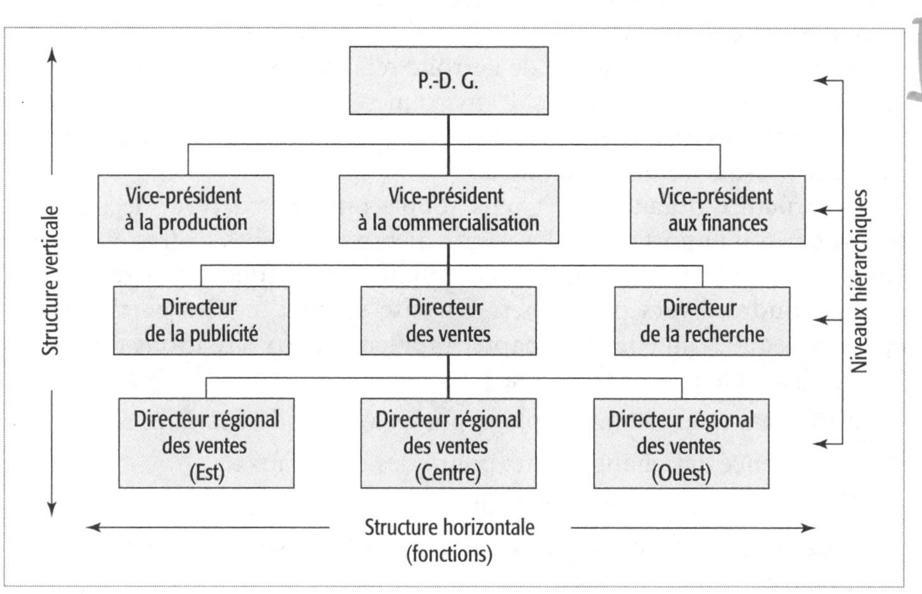

Figure 7.3
Un organigramme classique

de service est plus restreint que celui des vice-présidents (vente, publicité ou recherche commerciale, par exemple). Au niveau inférieur de l'organigramme, les ramifications s'étendent encore plus, car chaque directeur régional des ventes a la responsabilité d'un territoire précis (Est, Centre ou Ouest).

L'examen de l'organigramme de la figure 7.3 (voir la page 257) peut nous amener à nous poser les questions suivantes.

- Pourquoi l'organisation est-elle structurée de cette manière ?
- Pour quelle raison y a-t-il trois vice-présidents et non pas six ?
- Quels sont les pouvoirs et les responsabilités des diverses unités organisationnelles ?
- Quels sont les objectifs de chacune d'entre elles ?
- Qu'est-ce qui rend cette organisation efficace ?
- Qu'est-ce qui l'amènera à évoluer au fil du temps ?
- Comment peut-on modifier cette organisation ?

7.1.5 La structure mécaniste et la structure organique

Comme l'organisme subit l'influence de son environnement, les gestionnaires doivent le structurer de manière qu'il puisse s'adapter aux éléments extérieurs. Tom Burns et Gene Stalker ont mené une étude sur 20 entreprises industrielles en Angleterre et en Écosse[3]. Ils ont découvert que l'environnement extérieur est l'élément déterminant dans le choix de la structure organisationnelle dont ils distinguent deux catégories : la structure mécaniste et la structure organique. Le tableau 7.2 (voir la page 259) décrit ces deux catégories et indique les divers facteurs qui amènent à choisir l'une plutôt que l'autre.

WWW
www.valuebasedmanagement.net/methods_burns_mechanistic_organic_systems.html donne une brève description des structures mécaniste et organique

La **structure mécaniste** favorise la circulation verticale de l'information, les fonctions, l'exercice de l'autorité. Les responsabilités et l'obligation de rendre des comptes sont alors bien établies du fait de la transmission des ordres vers le bas, c'est-à-dire de l'étroite relation de subordination qui lie les cadres et leurs subordonnés. L'environnement extérieur influe rarement sur le travail des membres de ce type d'organisations, de sorte que celui-ci demeure presque toujours le même.

La **structure organique** est plus souple que la structure mécaniste et accorde peu d'importance à l'autorité hiérarchique. Les cadres et les exécutants travaillent en équipe et communiquent fréquemment entre eux pour résoudre divers problèmes. On vise surtout à faire participer les employés et à les amener à s'adapter rapidement aux situations nouvelles. Son environnement se caractérise par :

- la fréquence des changements apportés aux produits et aux services ;
- la fréquence des changements politiques et sociaux ;
- l'importance du savoir et des innovations techniques ;
- l'existence de lois et de règlements qui influent sur la manière de créer et de commercialiser les produits et les services[4].

* 5 éléments

Tableau 7.2
Les caractéristiques des structures mécaniste et organique du point de vue de l'organisation de l'entreprise

CARACTÉRISTIQUE ORGANISATIONNELLE	STRUCTURE MÉCANISTE	STRUCTURE ORGANIQUE
Influence des éléments de l'environnement	Elle est relativement faible, car on tente de choisir les éléments environnementaux importants, d'en limiter les effets au minimum et de réduire le degré d'incertitude.	Elle est relativement importante, car une structure organique est conçue pour s'adapter à l'environnement et pour vivre avec l'incertitude.
Caractère formel des activités	Cette structure donne aux activités un caractère formel.	Cette structure donne aux activités un caractère moins formel.
Différenciation et spécialisation des activités	Certaines fonctions et unités sont mutuellement exclusives.	Certaines activités de nature générale se regroupent parfois.
Coordination	Elle procède surtout de la hiérarchie et de règles administratives bien définies.	Elle s'obtient par divers moyens et repose sur les interactions entre les personnes.
Structure de l'autorité	L'autorité est concentrée et hiérarchique.	L'autorité est dispersée et se revêt de formes multiples.
Source de l'autorité	L'autorité est attachée au poste.	L'autorité provient des connaissances ou de l'expertise, ou des deux à la fois.
Responsabilités	Elles se rattachent à des postes ou à des rôles particuliers, ou aux deux à la fois.	Elles se partagent entre de nombreux participants.
Tâches, fonctions et rôles	Ils sont définis de façon claire et précise (organigrammes et descriptions de postes).	Leurs définitions sont extensives et varient suivant les circonstances, les attentes de chacun, etc.
Modèles d'interaction et d'influence	Ils sont de type hiérarchique : supérieur → subordonné.	Ils sont de types horizontal et diagonal : supérieur ⇄ subalterne.
Règles et marches à suivre	Nombreuses et précises, elles sont le plus souvent énoncées par écrit et revêtent un caractère officiel.	Peu nombreuses et d'ordre général, elles sont souvent non écrites.
Stratification (suivant le pouvoir, le poste, la rémunération, etc.)	Il existe des écarts importants d'un niveau à l'autre.	Il existe très peu de différences entre les niveaux.
Prise de décision	Elle est centralisée et relève le plus souvent des cadres supérieurs.	Elle est décentralisée, le pouvoir décisionnel étant partagé entre les différents échelons.
Permanence de la structure	Une structure mécaniste a tendance à demeurer immobile.	Une structure organique s'adapte rapidement aux nouvelles situations.

Source : E. Kast Fredmont, et James E. Rosenzweig, *Organization & Management : A System of Contingency Approach,* 4e éd., New York, McGraw-Hill, 1985.

Après que l'on a défini la structure de l'organisation (mécaniste ou organique) et la nature de l'environnement (stable ou changeant), l'étape suivante consiste à déterminer quelle structure est la plus appropriée à la situation de l'entreprise. On choisit celle qui s'accorde le mieux avec l'environnement, le type de personnel, les opérations et la culture de l'organisation.

4

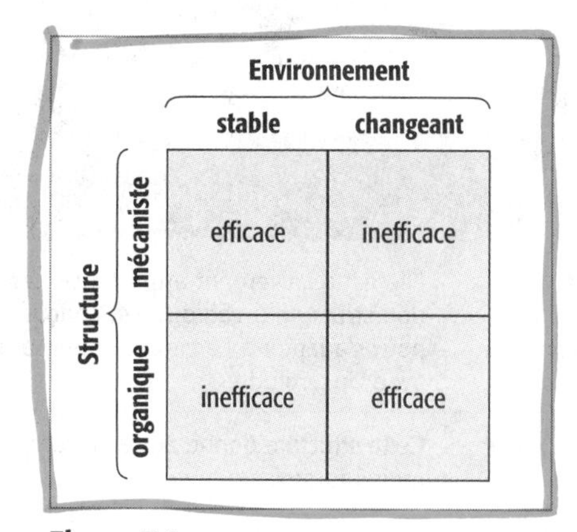

Figure 7.4
Le choix d'une structure adaptée à l'environnement

La figure 7.4 illustre la relation entre une structure organisationnelle et l'environnement. On y voit qu'une entreprise qui évolue dans un environnement stable obtient de meilleurs résultats avec une *structure mécaniste*. Comme la survie de l'organisation en question ne dépend pas de sa capacité à coordonner ses opérations, à faire circuler rapidement l'information et à réagir promptement à une situation nouvelle, une structure traditionnelle de type fonctionnel aurait été appropriée. Une structure mécaniste convient bien à une banque, à une compagnie d'assurances ou bien à un organisme relevant de l'administration municipale, ou d'un gouvernement provincial ou fédéral.

La *structure organique* donne de bons résultats dans un environnement sans cesse en évolution, car celui-ci nécessite une décentralisation du processus décisionnel relatif à l'exploitation, la mise à contribution de la créativité et de l'innovation, la transmission rapide de l'information aux cadres inférieurs et la capacité d'adaptation à l'environnement. Parmi les organisations évoluant dans un environnement changeant, citons IBM Canada, Microsoft et Apple. En revanche, une structure organique serait inefficace dans un environnement stable.

Que la structure adoptée soit mécaniste ou organique, l'entreprise doit suivre quelques principes ou règles élémentaires, comme nous l'avons vu à la sous-section 7.1.2, « Les notions essentielles liées à l'organisation et aux structures organisationnelles ».

OBJECTIF 7.2

Énumérer et décrire les principales formes de départementalisation, c'est-à-dire la départementalisation fonctionnelle et la départementalisation divisionnaire.

7.2 LA DÉPARTEMENTALISATION

Il existe différentes manières de répartir les activités et les membres d'une organisation à l'intérieur des unités. Que la fonction concernée soit située sur l'axe vertical ou sur l'axe horizontal (voir la figure 7.3, page 257) d'un organigramme, le regroupement d'activités correspond à une unité, à une division, à une section ou à un service.

Les éléments suivants figurent au nombre des unités organisationnelles :

- le service des urgences et les services de radiologie, de maternité, de chirurgie et de psychiatrie d'un hôpital ;
- les rayons des fruits, des viandes et des produits surgelés d'un supermarché ;
- les services de la protection publique, du génie, des travaux publics, des loisirs et des relations communautaires d'une municipalité.

On appelle **départementalisation** le regroupement des divers postes d'une organisation et des unités organisationnelles dans des unités en vue d'améliorer la gestion.

Après avoir lu les deux prochaines sous-sections, vous devriez pouvoir :

- expliquer ce que l'on entend par départementalisation fonctionnelle ;

- expliquer ce qu'est la départementalisation divisionnaire, qui peut prendre l'une ou l'autre des formes suivantes:
  - départementalisation par gammes de produits,
  - départementalisation géographique ou territoriale,
  - départementalisation basée sur la clientèle,
  - départementalisation basée sur les procédés ou l'équipement,
  - départementalisation basée sur les chaînes de distribution,
  - départementalisation basée sur les services,
  - départementalisation combinée.

7.2.1 La départementalisation fonctionnelle 

La **départementalisation fonctionnelle** est une forme de départementalisation traditionnelle qui fait appel à une structure basée sur les fonctions (commercialisation, production, ressources humaines, finances, etc.). C'est la forme de départementalisation la plus couramment adoptée, car elle permet de grouper les fonctions de façon homogène. On peut ainsi répartir les opérations d'une entreprise industrielle entre quatre grandes fonctions: la production (opérations relatives à la fabrication d'un produit), la commercialisation (opérations relatives à la mise en vente des produits), les finances (activités relatives à l'obtention de capitaux) et les ressources humaines (activités relatives au recrutement, à la dotation et à la formation). Beaucoup d'organisations adoptent de nos jours une structure fonctionnelle, car cette manière de grouper les membres est avantageuse à divers points de vue[5].

La départementalisation fonctionnelle est un mode de fonctionnement à la fois logique et naturel, car elle permet à un supérieur et à ses subordonnés de partager des connaissances et des expériences. Elle favorise la spécialisation et aide à la résolution des problèmes techniques. Toutefois, comme elle suppose une formation spécialisée des cadres, elle donne souvent lieu à des conflits entre les services à propos des objectifs à atteindre, et rend la coordination plus ardue, car les gens se soucient davantage des questions touchant leur service que de celles qui concernent l'organisation dans son ensemble[6].

7.2.2 La départementalisation divisionnaire 

Bon nombre de grandes entreprises offrant de nombreux services ou produits, comme la Société canadienne des postes, Quebecor et Wal-Mart Canada, auraient de la difficulté à gérer leurs opérations si elles tenaient uniquement compte des fonctions à accomplir. D'où le recours à une **départementalisation divisionnaire**, qui suppose une structure composée d'unités autonomes ayant chacune une clientèle, un territoire ou une gamme de produits distincts. Ces unités sont appelées des divisions ou, plus rarement, des unités divisionnaires[7]. Nous décrivons maintenant les différentes structures divisionnaires, ainsi que les avantages et les inconvénients qu'elles comportent. La figure 7.5 (voir la page 262) montre les différentes formes de départementalisation divisionnaire.

Figure 7.5
Les structures divisionnaires

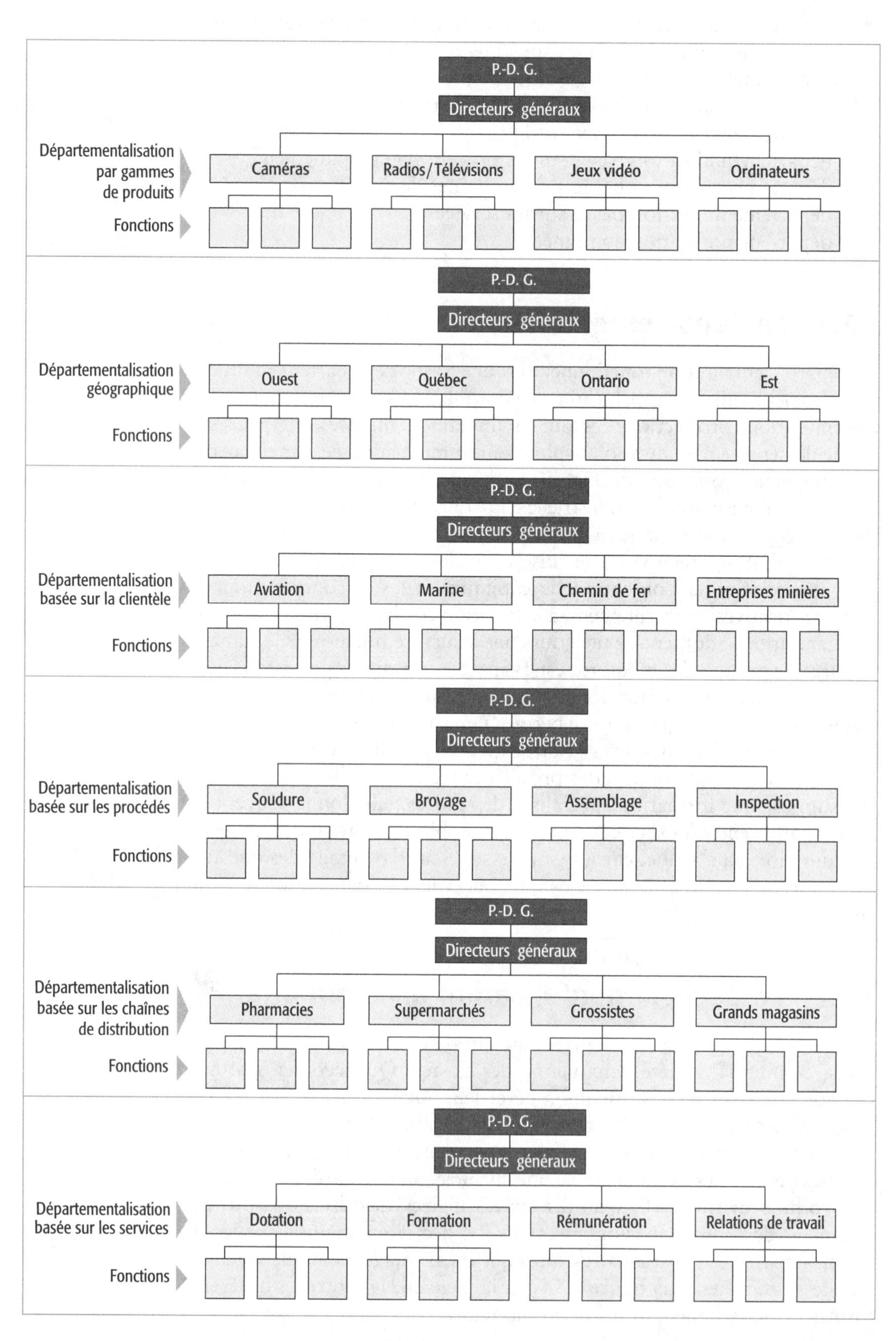

A. La départementalisation par gammes de produits

Beaucoup d'entreprises industrielles, de grands magasins et d'entreprises de services adoptent la **départementalisation par gammes de produits** qui conduit à un groupement des activités suivant les gammes de produits ou de services offerts[8]. General Electric du Canada, par exemple, a divisé ses activités en fonction de trois grandes catégories de produits : les appareils et le matériel lourd ; les matériaux de construction et les fournitures industrielles ; et les produits de consommation. Chacune des entités ainsi créées se subdivise en unités chargées de divers ensembles de sous-produits.

www.ge.com/
pour consulter les différentes gammes de produits et de services, suivre le chemin : produits domestiques, services financiers et industries

Les grands constructeurs de véhicules automobiles gèrent de nombreuses divisions ayant chacune leur propre gamme de produits et leur propre structure fonctionnelle. Ainsi, General Motors administre les divisions Chevrolet, Saturn, Pontiac et Cadillac. La départementalisation par gammes de produits implique la création d'unités autonomes en mesure de concevoir, de fabriquer et de commercialiser un produit.

Ce type de départementalisation permet d'établir des centres de profit dans les différentes divisions et de concentrer son attention sur la gestion des différentes gammes de produits, de manière à ce que l'organisation puisse s'adapter rapidement à l'évolution des marchés et aux nouveaux besoins des consommateurs. De plus, il amène une meilleure coordination des diverses fonctions. Toutefois, avec ce type de structure, la gestion des gammes de produits est plus difficile à coordonner du fait de la grande diversité des intérêts, des marchés et des clients. De plus, le contrôle des divisions pose parfois un problème, car chacune d'entre elles se rapporte à une seule gamme de produits.

B. La départementalisation géographique ou territoriale

Lorsque les activités d'une organisation sont réparties dans un vaste espace géographique, il convient de créer des territoires ou des régions. La **départementalisation géographique** consiste à rattacher les unités à une province, à une région, à un secteur ou à une ville. Lorsque l'organisation a atteint une certaine taille, elle gagne, du point de vue pratique et économique, à distribuer de cette manière les activités de production, de commercialisation, de distribution, etc. Ce sont en général les grandes chaînes de magasins comme La Baie, Sears Canada, Costco Canada et Wal-Mart Canada qui ont recours à ce type de départementalisation.

La mise en place de la départementalisation géographique a pour effet d'accroître les responsabilités des cadres inférieurs, de rendre les gestionnaires plus sensibles aux conditions locales et de faciliter l'intégration des nouveaux employés à l'organisation (du fait de la présence d'un environnement de type communautaire). Par contre, elle rend plus difficile aux dirigeants du siège social le contrôle des activités et elle peut rendre les employés indifférents à l'égard de ce qui se passe dans les régions autres que la leur.

C. La départementalisation basée sur la clientèle

La **départementalisation basée sur la clientèle** donne une place prépondérante au service à la clientèle et les dirigeants partagent donc leur organisation en unités chargées de s'occuper chacune d'une clientèle précise. Ce type de départementalisation permet aux membres d'une organisation de satisfaire les besoins ou aux exigences d'un type de clients particulier. Ainsi, une entreprise pétrolière peut diviser ses activités en fonction des catégories de clients qu'elle sert: entreprises aériennes, entreprises maritimes, entreprises de chemins de fer et autres entreprises industrielles.

Les grands magasins, par exemple, répartissent leurs activités en fonction du sexe, de l'âge et du niveau de revenus de leur clientèle. Certains ont deux services d'approvisionnement, l'un chargé d'acquérir les articles offerts au rayon des soldes et l'autre, le reste de la marchandise. Ils visent ainsi à satisfaire deux clientèles à revenus distincts. Les institutions bancaires commerciales, pour leur part, ajustent leur service des prêts en fonction de leur clientèle: entreprises de fabrication, grossistes et détaillants. Les universités font aussi l'objet d'une départementalisation basée sur la clientèle, puisqu'elles offrent des programmes de premier et de deuxième cycle. Il arrive en outre qu'un programme universitaire comporte plusieurs options s'adressant à des groupes d'étudiants distincts. Ainsi, un programme de baccalauréat en administration peut comprendre de nombreuses options: comptabilité, finances, commercialisation, systèmes d'information de gestion, etc.

Le principal avantage de ce type de départementalisation est de donner la priorité aux besoins des clients. Toutefois, cela peut amener à sous-estimer l'importance d'autres éléments et peut aussi rendre difficile la coordination des activités.

D. La départementalisation basée sur les procédés ou l'équipement

La **départementalisation basée sur les procédés ou l'équipement** consiste à disposer le matériel ou l'équipement de production de la manière la plus avantageuse sur le plan économique. On groupe les personnes qui utilisent ce matériel ou cet équipement selon leur spécialité et leurs compétences. L'organigramme d'une usine papetière ainsi structurée comprendrait, selon toute probabilité, des unités responsables d'activités distinctes telles que la réduction en copeaux, la cuisson, le lavage, l'épuration, le blanchiment de la pâte, le séchage, la fabrication du papier, le surfaçage, le bobinage, le découpage, la finition et l'expédition.

E. La départementalisation basée sur les chaînes de distribution

La **départementalisation basée sur les chaînes de distribution** s'apparente à celle qui se fonde sur les catégories des clients, car elle vise également à satisfaire certaines clientèles. Toutefois, elle concerne les moyens utilisés pour prendre contact avec ces dernières, alors que la départementalisation basée sur la clientèle a presque uniquement un rapport avec un groupe particulier de consommateurs (femmes, hommes ou enfants). Prenons l'exemple d'une entreprise qui fabrique des détersifs et qui commercialise ses produits grâce à des épiceries indépendantes, des supermarchés et des pharmacies. Dans le contexte de la départementalisation basée sur les chaînes de distribution, chaque chaîne de magasins utilise des méthodes de vente et de commercialisation qui lui sont propres, pouvant ainsi différer des autres sur le plan de la stimulation des ventes, de l'usage de la publicité, des revues spécialisées, de la distribution des produits et du mode de détermination des prix.

Cette structure organisationnelle est conçue en fonction d'un groupe particulier de consommateurs servi par une chaîne de distribution donnée et elle amène les cadres à établir des stratégies adaptées à une situation précise. Toutefois, elle ne permet pas de bien distinguer la croissance et les bénéfices directement liés à la fabrication des produits, et rend malaisée la répartition des coûts, en particulier entre les divers groupes de produits.

F. La départementalisation basée sur les services

On peut aussi aménager les fonctions d'une organisation en se basant sur les services qui s'y rattachent. Cette manière courante de grouper des activités analogues accroît la spécialisation et améliore le rendement, l'efficacité, ainsi que le contrôle. La **départementalisation basée sur les services** à l'intérieur d'une fonction relevant du directeur des ressources humaines peut comprendre quatre services chargés respectivement de la dotation, de la formation, de la rémunération et des relations avec le personnel. La départementalisation basée sur les services comporte les mêmes avantages et les mêmes inconvénients que la départementalisation par gammes de produits.

G. La départementalisation combinée

Il existe plusieurs manières de structurer une organisation. Ainsi, une même entreprise peut recourir à plus d'une forme. La **départementalisation combinée** regroupe divers postes selon différentes structures. Une société multinationale, par exemple, segmentera peut-être son organisation selon des fonctions, puis selon ses produits et, enfin, suivant les territoires qu'elle dessert. D'autres entreprises mettront d'abord en place une départementalisation par gammes de produits, puis une départementalisation fonctionnelle et, enfin, une départementalisation par territoires.

General Motors offre un exemple de départementalisation combinée. Un directeur général adjoint y a la charge d'unités responsables de divers produits (groupe des automobiles et des camions, groupe des divisions de la carrosserie et de l'assemblage, groupe des composantes électriques et groupe des composantes mécanistes). Le vice-président à la tête du groupe des automobiles et des camions s'occupe, pour sa part, de la division des moteurs Chevrolet, de celle des moteurs Cadillac, etc.

OBJECTIF 7.3

Définir l'autorité, expliquer pourquoi elle est basée sur l'acceptation et énumérer les avantages de la délégation, signaler les problèmes que suscite la délégation de l'autorité et indiquer des moyens d'accroître son efficacité.

7.3 L'AUTORITÉ DANS L'ORGANISATION

Nous n'avons jusqu'ici qu'effleuré la question de l'autorité, c'est-à-dire du droit que possède un individu de se faire obéir à l'intérieur d'une structure donnée. La présente section a pour but de définir la nature et l'importance de l'autorité organisationnelle. Celle-ci joue un rôle déterminant dans le monde actuel parce que les membres d'une organisation communiquent entre eux plus fréquemment et d'une autre manière que par le passé, et comme nous le verrons à la section 7.5, « Les structures intra-organisationnelles », les structures sont de plus en plus changeantes.

Il semble également que l'on délègue aujourd'hui plus d'autorité et plus de pouvoirs décisionnels aux individus et aux groupes chargés d'exécuter un plan ou un programme (par exemple, les structures matricielles et les équipes semi-autonomes, des structures qui seront discutées en détail à la fin de ce chapitre, à la section 7.5).

Après avoir lu les quatre prochaines sous-sections, vous devriez pouvoir :

- indiquer la source véritable de l'autorité ;
- décrire les avantages de la délégation de l'autorité ;
- indiquer les principales raisons pour lesquelles les cadres hésitent à déléguer leur autorité et expliquer pourquoi les subalternes refusent d'acquérir plus d'autorité ;
- indiquer des moyens d'améliorer la délégation.

7.3.1 La source de l'autorité

Au début de ce chapitre, nous avons défini l'**autorité** comme le droit légitime d'une personne à donner des ordres à d'autres. Précisons tout de suite que l'autorité déléguée dans une organisation s'attache à la fois à un poste et à la personne qui l'occupe. Pourquoi obéit-on aux ordres d'une personne, et non à ceux d'une autre ? Quelle est la source réelle de l'autorité ? Comment se fait-il que certains enfants respectent l'opinion de leurs parents et que d'autres s'en moquent ? Comment expliquer qu'un groupe d'étudiants accepte sans rechigner les travaux que leur impose tel professeur, mais qu'il refuse ceux qui leur sont imposés par un autre ? Les deux professeurs concernés n'exercent sûrement pas la même influence sur les étudiants puisque ceux-ci reconnaissent l'autorité de l'un, mais non celle de l'autre. L'autorité revêt ainsi un caractère complexe, car elle dépend non seulement de la fonction occupée par une personne, mais aussi de sa reconnaissance par les individus.

Certaines personnes affirment que l'autorité ne provient pas du sommet, mais plutôt de la base, c'est-à-dire des exécutants. Ainsi, l'autorité effective d'un professeur aurait sa source dans la « volonté » de ses étudiants de s'y soumettre. C'est ce qu'on appelle « l'acceptation de l'autorité », un concept créé par Chester Barnard[9]. Selon cet auteur, l'autorité d'un cadre n'existe que si ses subordonnés la reconnaissent. Comme le montre la figure 7.6 (voir la page 267), un professeur a de l'autorité lorsque ses étudiants se conforment à ses volontés. Son autorité est nulle s'il ne peut pas amener ses étudiants à faire ce qu'il leur demande. Tout professeur a, bien sûr, le pouvoir de prendre des sanctions contre les étudiants récalcitrants, ce qui n'oblige toutefois pas ces derniers à se rendre à ses exigences.

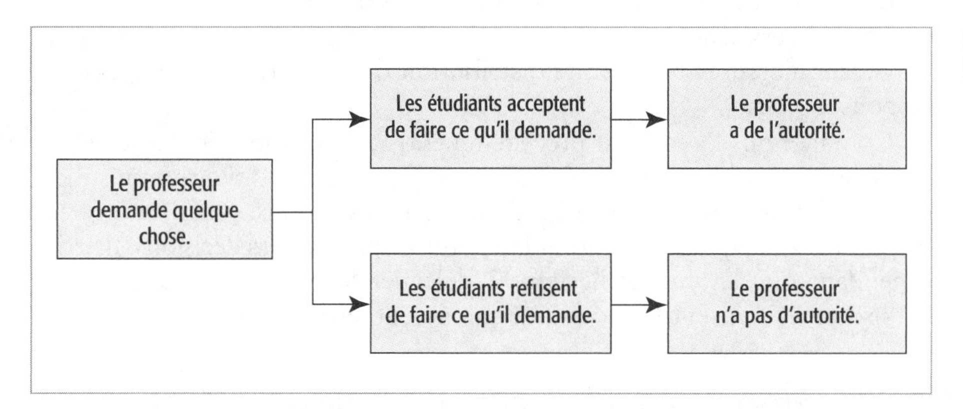

Figure 7.6
Le concept d'acceptation de l'autorité

Le concept d'acceptation de l'autorité présente un grand intérêt en raison de la vogue des structures matricielles et des équipes semi-autonomes, de la suppression des niveaux hiérarchiques et de la multiplication des organisations de grande taille. En effet, comment une organisation matricielle ou des équipes semi-autonomes pourraient-elles fonctionner si, dans leur travail, les employés se soustrayaient à l'autorité ?

L'idée de créer des équipes efficaces et la notion de l'acceptation de l'autorité ne datent pas d'hier. Elles ont été mises au premier plan dès le début du XXe siècle. La nouveauté, c'est qu'un grand nombre de gestionnaires affirment aujourd'hui que la délégation de pouvoirs et l'acceptation de leur autorité par leurs subordonnés sont des éléments qui influent sur la productivité.

7.3.2 Les avantages de la délégation de l'autorité

La délégation de l'autorité comporte de nombreux avantages. Tout d'abord, elle permet aux gestionnaires de se concentrer sur des questions importantes telles que la définition des priorités et des objectifs ou la coordination des opérations de l'entreprise. Il est de l'intérêt des cadres d'admettre qu'ils n'accomplissent qu'une partie de leurs tâches lorsqu'ils ne délèguent pas leur autorité. En effet, plus ils confieront de pouvoirs à leurs subordonnés, plus ils arriveront à bien gérer une organisation[10]. La délégation de l'autorité donne aux employés le sentiment qu'ils participent pleinement au processus décisionnel ; lorsque sa pratique est établie dans une entreprise, les cadres doivent s'assurer que leurs employés ont les compétences requises pour communiquer et prendre des décisions. Les compétences nouvellement acquises conduisent l'individu à assumer des tâches plus importantes, donc à supporter de plus grandes responsabilités, ou à accéder à des fonctions plus élevées.

7.3.3 Les raisons de la non-délégation de l'autorité

La délégation de l'autorité est essentielle dans une organisation décentralisée. Aux divers échelons, il doit y avoir transmission d'une partie des pouvoirs afin d'assurer une bonne distribution de la charge de travail et des responsabilités.

Comme nous l'avons vu précédemment, la délégation de l'autorité est le processus par lequel un supérieur transmet certains pouvoirs à un subordonné. Elle joue un rôle clé à l'intérieur d'une structure organisationnelle décentralisée et permet aux cadres inférieurs de prendre des décisions. Il arrive cependant que les cadres hésitent à déléguer leur autorité ou que leurs subordonnés refusent les pouvoirs qu'on veut leur confier.

A. Les raisons pour lesquelles les cadres hésitent à déléguer leur autorité

Les cadres hésitent fréquemment à déléguer leur autorité pour des raisons psychologiques et organisationnelles[11]. Le plus souvent, leur réticence tient à l'une ou l'autre des raisons suivantes:

- ils croient pouvoir obtenir de meilleurs résultats et un rendement plus élevé que leurs subordonnés. Ils sont persuadés que le travail sera mieux fait s'ils s'en chargent eux-mêmes;
- ils se sentent plus importants lorsqu'ils s'abstiennent de déléguer des pouvoirs, car ils cherchent à avoir l'œil à tout. Ces cadres veulent prendre part à toutes les opérations de leur organisation, qu'elles soient importantes ou non. Ils désirent voir tous les documents reçus ou envoyés par leur unité, assister à toutes les réunions et être informés sur tous les projets, quels qu'ils soient;
- ils n'ont pas la capacité ou les aptitudes nécessaires pour gérer une organisation décentralisée;
- ils n'ont pas confiance en eux et, par le fait même, en leurs subordonnés;
- ils se sentent plus responsables lorsqu'ils ne délèguent pas leurs pouvoirs. Souvent, ils n'ont le sentiment d'assumer pleinement leurs responsabilités que lorsqu'ils exécutent eux-mêmes la tâche;
- ils veulent prendre toutes les décisions. Le supérieur qui refuse de déléguer des pouvoirs et qui se charge de toutes les responsabilités veut prouver aux autres ainsi qu'à lui-même qu'il est capable de prendre des décisions;
- ils ont le sentiment qu'on a absolument besoin d'eux et qu'ils sont irremplaçables. Ces cadres sont persuadés que l'organisation fait face à des complications chaque fois qu'ils s'absentent de leur bureau;
- ils ne disposent d'aucun moyen de contrôler les opérations de leur unité organisationnelle;
- ils craignent de perdre leurs subordonnés s'ils leur donnent trop de liberté et trop de pouvoirs (en les autorisant, par exemple, à assister à des

réunions et à faire des comptes rendus au comité de direction). Ils pensent que d'autres cadres pourraient reconnaître le potentiel de leurs subordonnés et leur offrir un poste dans une autre unité organisationnelle.

B. Les raisons pour lesquelles les subordonnés refusent d'acquérir plus d'autorité

Certains employés se montrent peu disposés à prendre plus d'autorité, et ce, pour diverses raisons:

- ils préfèrent voir leur supérieur leur dire quoi faire et de quelle façon plutôt que de prendre une initiative;
- ils ont peur qu'on leur reproche leurs erreurs;
- ils n'ont pas confiance en eux;
- le milieu dans lequel ils travaillent ne favorise pas la prise de nombreuses responsabilités;
- ils se disent qu'il ne sert à rien de faire preuve d'initiative et d'apporter toutes sortes de suggestions puisque, en définitive, leur patron en fera à sa tête.

7.3.4 Les règles à suivre dans la délégation de l'autorité

Pour que la délégation de l'autorité soit efficace, il importe de suivre certaines règles[12]. Premièrement, il faut que les objectifs soient clairement définis. Le supérieur doit ainsi avoir une idée précise des résultats recherchés. Ses subordonnés devraient participer à l'élaboration des objectifs et approuver les normes d'évaluation du rendement. Deuxièmement, il faut que le subordonné comprenne bien les tâches qu'on lui confie, qu'il connaisse l'étendue de ses pouvoirs et soit prêt à rendre compte des résultats. Troisièmement, le gestionnaire et ses subordonnés doivent travailler en équipe. Le gestionnaire devrait jouer le rôle d'un « entraîneur » et amener ses subordonnés à améliorer leurs aptitudes en les renseignant constamment. Il importe qu'il soit toujours prêt à les aider et qu'il soit au courant de ce qui se passe. Quatrièmement, le gestionnaire doit toujours veiller à ce que l'on mène à bien tout objectif ainsi que les opérations qui s'y rattachent. Il convient non seulement qu'il incite ses subordonnés à achever leur travail, mais aussi qu'il les assiste, ce qui est plus important encore. Cinquièmement, les gestionnaires devraient offrir à leurs subordonnés des programmes de formation: un subordonné ne peut en effet prendre plus de pouvoir et de responsabilités que s'il a les compétences requises pour communiquer avec autrui et prendre des décisions. Il y a donc lieu d'instaurer des programmes de formation qui aideront chacun à développer ses forces. Enfin, le gestionnaire devrait remettre périodiquement à ses subordonnés un rapport d'évaluation de leur travail (c'est le cas chez Wal-Mart, par exemple). Ce genre de rapport permet de confronter les résultats enregistrés aux normes et aux objectifs fixés et de prendre, le cas échéant, des mesures propres à corriger la situation.

Témoignage

Jean-Paul Gagné, éditeur, le journal *Les Affaires*

La structure matricielle permet un fonctionnement efficace au journal *Les Affaires*

WWW
www.lesaffaires.com/

« La mission du journal *Les Affaires* est de demeurer la plus importante publication traitant du milieu des affaires au Québec. Le journal sert deux clientèles nous dit Jean-Paul Gagné. Premièrement, les lecteurs, c'est-à-dire, les entrepreneurs, les gestionnaires, les investisseurs et les décideurs, à qui il fournit de l'information pertinente pour suivre l'actualité économique, financière, et prendre des décisions d'affaires, de gestion et de placement. Deuxièmement, les annonceurs, à qui il fournit un auditoire de qualité de gens d'affaires, de décideurs et d'investisseurs.

« Le journal est dirigé par un directeur général (éditeur dans le jargon journalistique) et comprend quatre services principaux: la rédaction, la vente de publicité, la diffusion (abonnés et kiosques) et la production. L'impression est impartie à deux directeurs de service (le rédacteur en chef et le directeur des ventes publicitaires) dépendant directement de l'éditeur. Par contre, celui-ci est un client interne pour les directeurs de la diffusion et de la production. Le premier relève directement du directeur général de la diffusion pour l'ensemble des magazines de Médias Transcontinental et le second, du directeur du Centre de production partagé, qui prépare les pages de tous les magazines de Médias Transcontinental à Montréal, explique M. Gagné.

« La structure de gestion du journal est matricielle : ainsi, des lignes continues relient l'éditeur au rédacteur en chef et au directeur de la publicité, et des lignes en pointillé le relient aux services de la diffusion et de la production, ainsi qu'aux autres services de soutien (finances et comptabilité, technologie, ressources humaines, marketing et promotion, communications) de Médias Transcontinental. L'efficacité de fonctionnement de l'organisation repose sur des interrelations soutenues entre les responsables des différents services et leurs équipes. Le travail d'équipe est une réalité quotidienne, mais il s'exerce dans le respect des rôles de chacun. Par exemple, la planification des dossiers spéciaux est faite en collaboration avec les services de la rédaction (pour le contenu) et des ventes (pour l'évaluation du marché potentiel), mais, en aucun cas, les représentants publicitaires n'interviennent dans le contenu de ces dossiers. »

4

OBJECTIF 7.4

Expliquer comment les différentes unités d'une organisation peuvent être regroupées (structures hiérarchique, d'état-major et fonctionnelle), et préciser la nature et l'importance de la centralisation et de la décentralisation.

7.4 LE REGROUPEMENT DES UNITÉS ORGANISATIONNELLES

Examinons maintenant le mécanisme d'élaboration des structures organisationnelles et les notions liées à l'organisation et aux structures organisationnelles qui ont été décrites au début de ce chapitre, ainsi que la manière d'exercer l'autorité dans les structures organisationnelles.

La **structure verticale** d'une organisation met en évidence les liens existant entre le supérieur et ses subordonnés, et entre les unités organisationnelles des divers niveaux hiérarchiques (voir la figure 7.3, à la page 257). Pour qu'elle soit efficace, il importe d'établir une bonne coordination à tous les échelons. Cette structure est hiérarchique, tout comme l'autorité qui s'y rattache. Elle résulte de l'application du principe hiérarchique, ou principe de l'échelle des pouvoirs, en vertu duquel il doit exister une chaîne de commandement et une voie de communication bien définies et ininterrompues entre les cadres supérieurs et leurs subordonnés.

La structure verticale obéit au **principe de l'unité de commandement**, selon lequel chaque subordonné ne doit dépendre que d'un supérieur. Si un employé devait exécuter les ordres de plus d'un supérieur, il en résulterait probablement de la confusion.

L'éventail de subordination indique le nombre d'individus qui doivent dépendre directement d'une même personne, c'est-à-dire la proportion supérieur/subordonnés. L'éventail de subordination est en rapport direct avec le nombre d'échelons hiérarchiques que comporte un organigramme. En effet, plus une organisation s'étend en hauteur, plus l'éventail de subordination est restreint. À l'inverse, plus elle se développe horizontalement, plus l'éventail de subordination est large. L'organigramme d'une organisation horizontale comporte peu de niveaux hiérarchiques et celui d'une organisation verticale en comprend plusieurs.

La figure 7.7 présente deux types d'organigrammes. Dans le premier (A), l'éventail de subordination comporte six éléments et seulement deux niveaux hiérarchiques. Dans le second (B), l'éventail de subordination comporte deux éléments et trois échelons. Dans les deux cas, six personnes dépendent d'un même cadre supérieur. S'il désire restreindre l'éventail de subordination, le dirigeant peut créer des niveaux hiérarchiques intermédiaires.

Il n'existe pas d'éventail de subordination standard. Certains cadres peuvent s'acquitter parfaitement de leurs fonctions avec 15 personnes sous leur autorité, alors que d'autres doivent se limiter à 5. Selon plusieurs études et selon certains dirigeants d'entreprise, l'éventail de subordination est fonction des éléments suivants :

- les compétences que doivent posséder les employés pour accomplir leur travail ;
- la similitude des tâches réalisées par les différents membres d'une équipe d'exécutants ;
- la complexité des tâches que doit exécuter cette équipe ;
- la clarté des règles, des normes et des règlements établis ;
- la compétence du gestionnaire à la tête de l'équipe ;
- la fréquence à laquelle de nouveaux problèmes se manifestent dans l'organisation ;
- les relations entre les membres de l'équipe ;
- le degré d'indépendance des employés ;
- l'étendue de la planification nécessaire pour réaliser le travail ;
- l'étendue des pouvoirs pouvant être délégués ;
- le type de savoir technique mis à contribution ;

Figure 7.7
La relation existant entre l'éventail de subordination et la structure organisationnelle

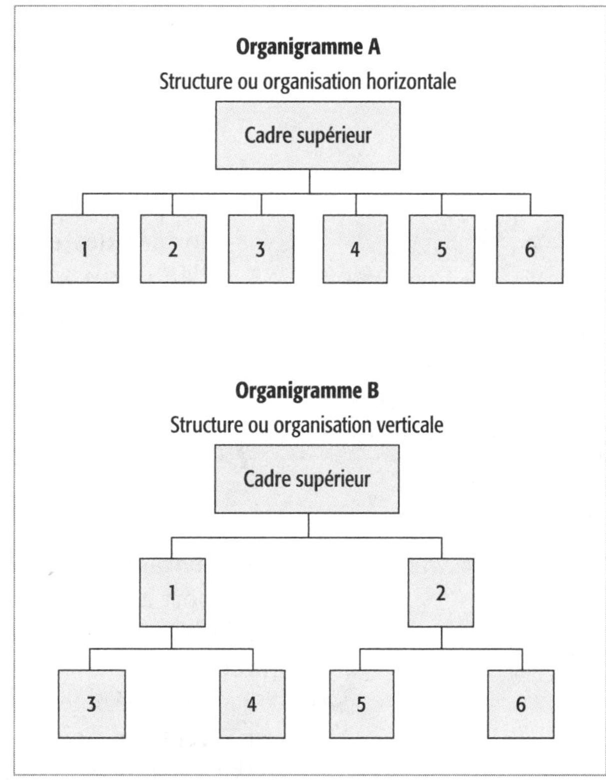

4

- le lieu de travail du cadre et de son équipe;
- le taux de rotation du personnel;
- le type de relation du cadre avec ses employés[13].

Certains experts soutiennent qu'un éventail large a pour effet de stimuler la productivité et le zèle des employés. Plusieurs raisons expliquent la vague croissante des organisations horizontales:

- les gestionnaires ont un plus grand nombre de subordonnés, il y a donc une plus grande délégation de l'autorité aux cadres inférieurs, qui ont alors à prendre des décisions;
- les subalternes ont plus de pouvoirs, ils sont donc davantage maîtres de leur conduite, ce qui a pour effet de consolider leur moral et d'accroître leur rendement;
- les cadres supérieurs s'arment de prudence au moment de la sélection des gestionnaires subalternes, car les pouvoirs qu'ils leur transmettent sont plus étendus;
- la réduction du nombre de niveaux hiérarchiques améliore la communication entre les cadres inférieurs et supérieurs;
- la réduction du nombre d'échelons hiérarchiques contribue à accroître la coopération entre les cadres des différents niveaux hiérarchiques et donc à créer un bon climat de travail.

Dans *Le prix de l'excellence*, Thomas Peters et Robert Waterman rapportent qu'au début des années 1980, les Américains ont accueilli favorablement la thèse voulant qu'un supérieur ne puisse avoir sous son autorité immédiate plus de cinq à sept personnes. Selon Peters et Waterman, cette thèse est erronée. Toujours selon ces auteurs, les sociétés japonaises et américaines se distinguaient alors surtout par le nombre d'échelons intermédiaires. Il y avait 5 niveaux hiérarchiques entre le président et les cadres inférieurs chez Toyota, contre plus de 15 chez Ford[14].

Après avoir lu les trois prochaines sous-sections, vous devriez pouvoir:

- définir les types de structures organisationnelles et le type d'autorité qui se rattachent au concept de hiérarchie, d'état-major et de fonction;
- donner des exemples concrets de structures, de postes et de types d'autorité;
- distinguer une structure organisationnelle centralisée d'une structure organisationnelle décentralisée.

7.4.1 Les types de structures organisationnelles et l'autorité

Les paragraphes qui suivent traitent de trois types de concepts ayant un rapport avec l'autorité exercée dans une organisation: 1) les concepts liés à la hiérarchie; 2) les concepts liés à l'état-major; 3) les concepts liés à la fonction.

Nous dégagerons les ressemblances et les différences entre ces différents concepts du point de vue (1) du type de structure organisationnelle, (2) du type de poste occupé et (3) du type d'autorité exercé.

A. Les notions liées à la hiérarchie 

Le terme « hiérarchique » peut être associé aux mots « structure », « poste » et « autorité ».

Les membres d'une organisation qui exécutent des tâches essentielles à la réalisation de la mission de celle-ci constituent ce que l'on appelle la **structure hiérarchique**. Dans une école, par exemple, le directeur et les enseignants occupent des **postes hiérarchiques** parce qu'ils accomplissent la mission première d'un établissement d'enseignement, qui est de transmettre des connaissances.

L'**autorité hiérarchique** se définit comme le pouvoir exercé directement par un cadre sur ses subordonnés. Comme nous l'avons déjà vu, elle confère le pouvoir de prendre des décisions et de commander à d'autres personnes. Ainsi que le montre le schéma ci-contre, le directeur d'une école dispose d'une pleine autorité sur les enseignants, et il est, par conséquent, investi du droit de leur donner directement des ordres et d'exiger leur obéissance (ce que traduit la flèche). C'est ce que l'on appelle l'« autorité hiérarchique ». Suivant le principe de l'échelle des pouvoirs, cette autorité suit la voie hiérarchique principale.

Schéma 7.1

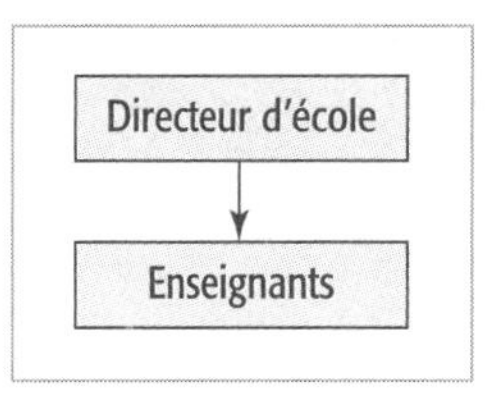

La structure hiérarchique est une application du concept d'unité de commandement et du principe de l'échelle des pouvoirs : un supérieur directement responsable des actes de ses subordonnés immédiats a le pouvoir légitime de leur donner un ordre direct.

Les principaux avantages de la structure hiérarchique sont les suivants :

- cette structure est simple ;
- elle assure une bonne communication ;
- elle permet une définition claire et précise des responsabilités ;
- chaque membre de l'organisation est responsable d'une opération.

Voici, par contre, les principaux inconvénients de cette structure :

- les cadres sont responsables de différentes tâches ou fonctions ;
- elle entraîne souvent une charge de travail excessive ;
- elle amène souvent les cadres hiérarchiques à négliger des tâches importantes.

B. Les notions liées à l'état-major 

Le terme « état-major » peut, lui aussi, être associé aux mots « structure », « poste » et « autorité ».

La **structure d'état-major** est une structure constituée de personnes chargées d'exécuter des tâches non directement liées à la mission organisationnelle. Reprenons l'exemple de l'école. Les bibliothécaires occupent des **postes d'état-major**, car ils n'accomplissent pas de tâches directement liées à la mission première de l'école. Ils fournissent des services au directeur et aux enseignants. Comme le montre le schéma ci-contre, étant donné qu'ils remplissent des postes d'état-major, les bibliothécaires jouissent de l'**autorité d'état-major** (ce que traduisent les flèches en pointillé), c'est-à-dire qu'ils peuvent conseiller le directeur et

Schéma 7.2

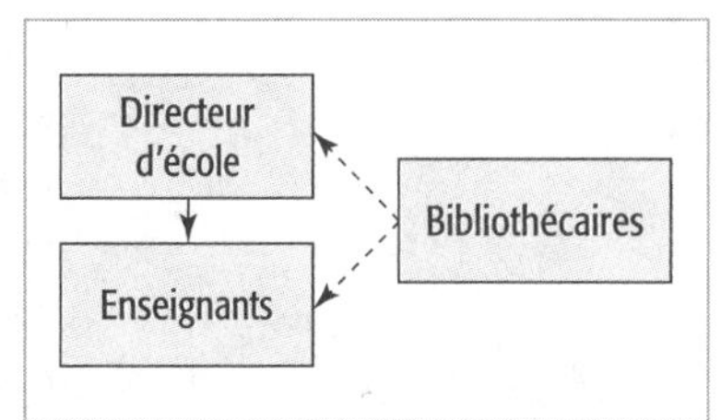

4

les enseignants ou leur faire des suggestions au sujet des lignes de conduite relatives à la bibliothèque. Évidemment, dans la structure même de la bibliothèque (bien qu'elle soit par ailleurs considérée comme une structure d'état-major), le bibliothécaire en chef exerce une autorité hiérarchique sur les autres bibliothécaires.

La structure hiérarchique fonctionne très bien dans une petite organisation. Toutefois, lorsqu'une entreprise prend de l'expansion, ses cadres hiérarchiques sont appelés à accomplir des tâches très variées et ont alors besoin d'aide. C'est pourquoi dans la plupart des organisations de moyenne ou de grande taille, d'autres postes viennent s'ajouter aux postes hiérarchiques. Ceux qui sont nantis de ces postes non hiérarchiques ont pour fonction principale de fournir des conseils ou des services aux cadres faisant partie de la structure hiérarchique. Ces aides, conseillers ou spécialistes occupent donc des postes d'état-major. Lorsqu'on les intègre dans une hiérarchie, on obtient une **structure hiérarchique et d'état-major**. La structure d'état-major fait ainsi partie d'une structure hiérarchique.

Il importe de comprendre que la mission et les objectifs d'une organisation influent grandement sur le classement des différents postes (postes hiérarchiques ou postes d'état-major). Chez BCE, par exemple, les gardiens de sécurité font partie de la structure d'état-major, car cette entreprise a pour mission de fournir des services de télécommunications et non de sécurité. Les gardiens de sécurité occupent par ailleurs des postes hiérarchiques chez Pinkerton, une entreprise ayant pour mission d'offrir des services de protection. On peut faire la même distinction pour un comptable. Ainsi, celui-ci occupe un poste d'état-major chez BCE ou chez Rona, car il est chargé d'assister les cadres faisant partie de la structure hiérarchique, mais il fait partie de la structure hiérarchique chez Raymond, Chabot, Martin, Paré ou chez Samson Bélair/Deloitte & Touche, entreprises-conseils en matières financières. De même, le Service des ressources humaines est considéré comme une unité de type état-major dans la structure organisationnelle de l'entreprise, mais est considéré à un autre point de vue comme une unité hiérarchique puisqu'il a pour mission de recruter, de sélectionner et de former des employés.

WWW
www.ci-pinkerton.com/

La figure 7.3 (voir la page 257) montre que le vice-président aux finances peut offrir ses conseils au vice-président à la commercialisation et aux cadres (directeurs et directeurs régionaux) relativement à la préparation des budgets, aux prévisions financières, etc. Bien que les directeurs relèvent tous d'un seul supérieur (le vice-président à la commercialisation), on leur laisse le soin de s'adresser eux-mêmes au vice-président aux finances pour obtenir des avis ou des conseils.

Les membres de l'état-major peuvent, par leurs conseils, influencer les décisions prises par les cadres hiérarchiques. Cependant, ils n'ont pas à rendre compte des conséquences de ces décisions, bien qu'ils aient la responsabilité, dans une certaine mesure, de veiller à ce que les cadres hiérarchiques fassent les meilleurs choix possible. Prenons l'exemple d'un directeur régional qui désire engager un représentant commercial. Le vice-président aux ressources humaines gérera toutes les opérations relatives à l'affichage du poste, à la sélection préliminaire des candidats, à l'administration des différents tests et même à la réalisation des entrevues. Ce faisant, il guidera le responsable du Service des ventes dans le choix du meilleur candidat. La décision finale reviendra cependant au directeur régional. Comme le montre cet exemple, les membres de l'état-major accomplissent une fonction de soutien. Ils fournissent aux cadres hiérarchiques des conseils et des services.

On peut répartir en quatre catégories les membres de l'état-major, selon que leur rôle se rapporte au personnel, au conseil, au service ou au contrôle.

L'**état-major personnel** est formé par les adjoints qui libèrent les cadres hiérarchiques de certaines tâches courantes. Ses membres exécutent le plus souvent des tâches administratives et n'ont aucune responsabilité de supervision. Dans le secteur public, le sous-ministre ou sous-ministre adjoint a sous son autorité un ou plusieurs adjoints qui s'occupent de dépouiller son volumineux courrier, d'obtenir des fonctionnaires les renseignements dont il a besoin et de filtrer les appels téléphoniques.

L'**état-major conseil** a essentiellement pour fonction de conseiller les cadres hiérarchiques. Lorsque l'un d'entre eux fait face à un problème épineux, il peut demander à des membres de cet état-major d'analyser la situation et de lui faire des suggestions. Il arrive ainsi qu'un cadre hiérarchique fasse appel aux spécialistes des services juridiques avant de signer un contrat important ou que le P.-D. G. consulte le Service des relations publiques avant de faire une déclaration publique importante.

L'**état-major de service** fournit, comme son nom l'indique, des services spécialisés aux cadres hiérarchiques. Il regroupe en général les services des ressources humaines, de l'approvisionnement et de l'administration. Le Service des ressources humaines peut seconder un cadre au moment de la présélection des candidats à un poste vacant, de la réalisation d'entrevues ou de l'administration de tests d'aptitudes. De même, le Service de l'approvisionnement aide les services de la commercialisation, des finances et de la production au moment de la sélection et de l'achat de fournitures de bureau, de tables de travail, de classeurs ou de matériel informatique. Au lieu de doter chaque service d'un agent d'approvisionnement, on confie tous les achats de l'entreprise à une seule unité administrative, le Service d'approvisionnement. Celui-ci fait donc partie de l'état-major de service et fournit en permanence des services spécialisés aux personnes occupant un poste hiérarchique.

L'**état-major de contrôle**, enfin, est chargé d'examiner les opérations d'une organisation. Sa tâche principale consiste à s'assurer que tout le monde suit la politique, les marches à suivre, les normes et les plans établis. Le Service de vérification constitue l'une des principales unités faisant partie de l'état-major de contrôle. Ainsi, lorsque le vice-président aux finances veut s'assurer que le Service du crédit est efficace, il fait appel au vérificateur interne. Celui-ci examine le travail effectué par les commis de ce service. Il peut évaluer, par exemple, le temps qu'il leur faut pour prendre contact avec les clients qui ont un compte en souffrance ou vérifier si les délais de règlement qu'ils accordent à certains d'entre eux sont conformes à la politique en vigueur.

Les principaux avantages de la structure hiérarchique et d'état-major sont les suivants :

- cette structure respecte le principe de la division du travail ;

- elle permet aux cadres hiérarchiques d'être conseillés par des spécialistes;
- elle assure le maintien de la chaîne de commandement;
- elle permet d'incorporer des spécialistes dans l'organisation;
- elle constitue un bon outil de formation des cadres.

Cette structure présente aussi des inconvénients notables:

- elle peut susciter des frictions entre les personnes qui font partie de la structure hiérarchique et celles qui forment l'état-major;
- elle peut provoquer de la confusion lorsque les rôles et les fonctions ne sont pas clairement définis;
- elle occasionne des coûts importants qu'on appelle souvent des « frais généraux » ou des « coûts indirects »;
- les consultations qu'elle entraîne ont pour effet de prolonger le processus décisionnel.

C. Les notions liées à la fonction

Le terme « fonctionnel » peut, lui aussi, être associé aux mots « structure », « poste » et « autorité ».

Schéma 7.3

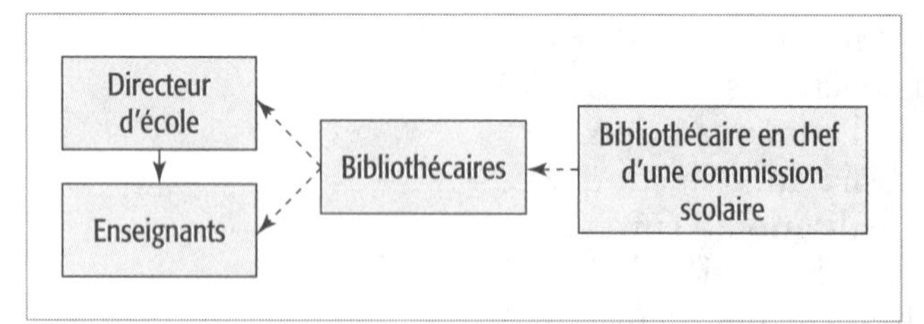

La **structure fonctionnelle** peut se définir comme l'ensemble des spécialistes d'une organisation qui exécutent des tâches analogues et non directement liées à la mission de l'organisation. Signalons ici qu'il existe un lien étroit entre la structure d'état-major et la structure fonctionnelle. Reprenons l'exemple de l'école. Comme le montre le schéma ci-contre, la personne responsable de l'ensemble des bibliothèques d'une commission scolaire (appelons-la le bibliothécaire en chef) et tous les bibliothécaires accomplissent le même genre de fonction et font donc partie d'une structure fonctionnelle (fonction de bibliothécaire). Ces personnes occupent donc des postes liés à cette même fonction, c'est-à-dire des postes fonctionnels. Le bibliothécaire en chef a le pouvoir de donner directement des ordres aux autres bibliothécaires (comme le montre la flèche en pointillé). À l'intérieur de cette structure fonctionnelle, le bibliothécaire en chef exerce donc une autorité fonctionnelle, c'est-à-dire qu'il peut donner des ordres à des spécialistes (bibliothécaires) qui exercent à peu près les mêmes fonctions.

Les principaux avantages de la structure fonctionnelle sont les suivants:

- elle respecte le principe de la division du travail, elle augmente le rendement et fournit l'occasion de mettre à profit un ordre déterminé de connaissances;
- elle permet de décharger les cadres hiérarchiques de certaines tâches particulières;
- elle permet aux cadres hiérarchiques d'avoir juste le nombre suffisant de tâches à exécuter.

La structure fonctionnelle a aussi ses inconvénients:

- un employé a trop de patrons, ce qui provoque de la confusion;

- la discipline est beaucoup plus difficile à maintenir du fait qu'un employé a plusieurs patrons;
- elle favorise la centralisation de l'organisation.

7.4.2 Exemples concrets de structures, de postes et de types d'autorité

La figure 7.8 présente l'organigramme d'une organisation qui a pour mission de fabriquer et de commercialiser des produits, et de vendre des services. Cette figure illustre une structure comportant à la fois des postes hiérarchiques et des postes d'état-major. Ainsi, le vice-président à la commercialisation occupe un poste hiérarchique et fait partie de la structure hiérarchique (mission de l'organisation). Il a aussi le pouvoir de donner directement des ordres à tous les membres de son unité organisationnelle. La liaison hiérarchique est représentée dans la figure par un trait gras vertical.

Il y a aussi deux autres divisions, l'une responsable des finances et l'autre, de l'administration. Le vice-président à l'administration occupe un poste d'état-major, puisqu'il agit comme conseiller auprès du P.-D. G. et des autres cadres de l'entreprise. Dans la figure, les postes d'état-major figurent dans de grands rectangles tramés. Les personnes faisant partie des unités chargées des finances et de l'administration ne participent pas à la fabrication des produits ou à la vente des services. Leur rôle premier est plutôt de fournir des services et de donner des conseils à l'unité responsable de la production (cette structure organisationnelle n'est pas représentée dans la figure) et de

Figure 7.8
Les relations entre les structures, les postes et les divers types d'autorité

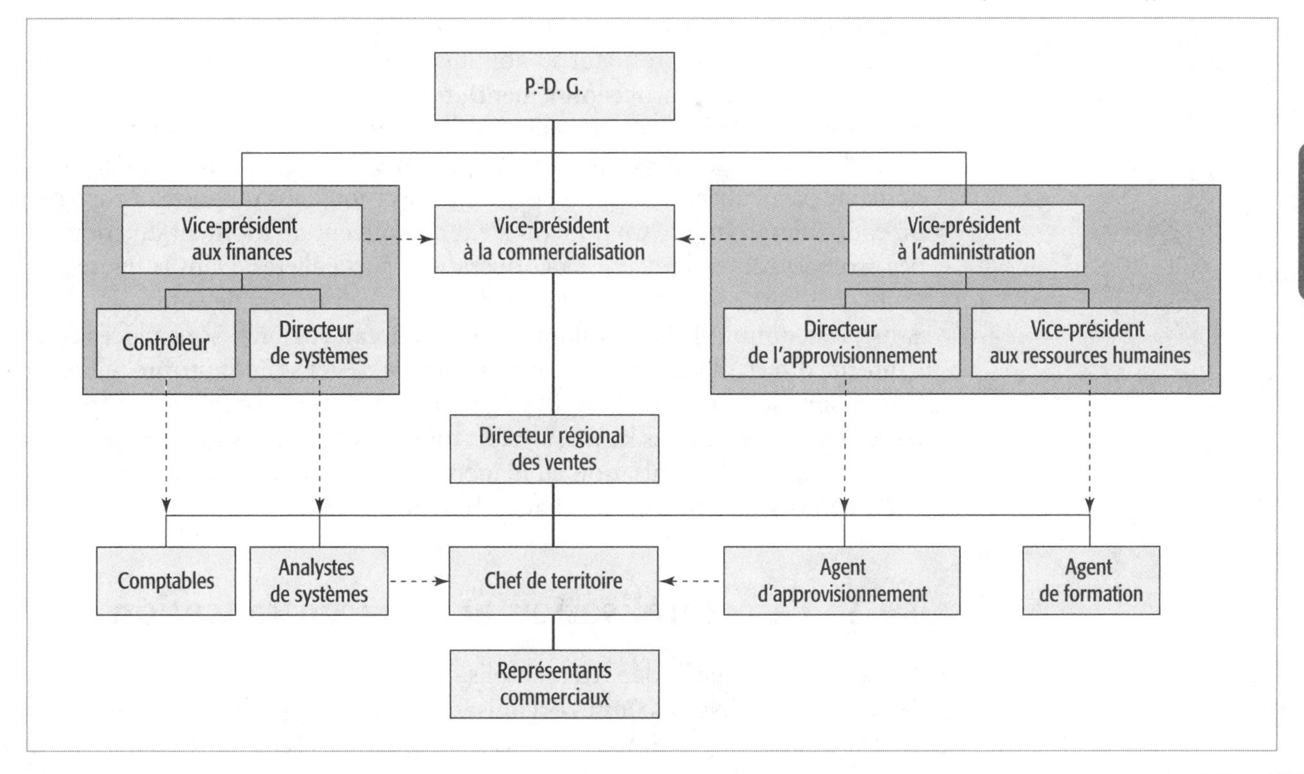

la commercialisation. Ces unités d'état-major sont pourvues d'une autorité hiérarchique. Par exemple, le vice-président à l'administration a le pouvoir de donner directement des ordres à tous les employés travaillant dans son unité organisationnelle.

F.W. Taylor a été le premier à décrire une structure fonctionnelle en mettant en évidence les problèmes inhérents à une structure organisationnelle purement hiérarchique. Il est hors de doute que, si le vice-président à la commercialisation, le directeur régional des ventes et le chef de territoire désignés dans la figure 7.8 (voir la page 277) devaient se charger de toutes les fonctions, ils seraient obligés de se familiariser avec presque toutes les opérations effectuées dans l'organisation, comme la vente, la publicité, l'analyse des ventes, la comptabilité de coût de revient, l'analyse de systèmes et l'approvisionnement. Les cadres du Service de la commercialisation devraient-ils être des as et remplir toutes ces fonctions ou devraient-ils plutôt se décharger sur des spécialistes ? Si son organisation fait couramment appel à des spécialistes, le directeur régional des ventes peut utiliser les compétences d'un comptable, d'un analyste de systèmes, d'un agent de formation, d'un agent d'approvisionnement, etc., qui sont placés sous son autorité. Les personnes qui occupent des postes d'état-major (par exemple, le vice-président aux finances et l'agent d'approvisionnement) agissent comme conseillers auprès du vice-président à la commercialisation et du chef de territoire. Cette relation est représentée dans la figure par des flèches horizontales en pointillé.

Les spécialistes auxquels fait appel une organisation sont placés sous l'autorité immédiate d'un directeur régional des ventes (autorité hiérarchique), mais, sur le plan fonctionnel, ils dépendent d'un expert dans le domaine qui travaille au siège social. Ces experts (par exemple, le vice-président aux finances, le contrôleur et les comptables), de même que les experts en administration (vice-président à l'administration, directeur de l'approvisionnement et agent d'approvisionnement), font partie d'une structure fonctionnelle. Certains détiennent une autorité fonctionnelle qui peut s'opposer aux types d'autorité désignés dans l'organigramme (pouvoir de décision dans un domaine particulier). Ils ont un pouvoir de décision dans un poste occupé par un cadre hiérarchique. Ce pouvoir s'exerce souvent au moment du contrôle des procédés, des politiques ou des opérations particulières. Dans la figure 7.8, les flèches verticales en pointillé représentent ce rapport de subordination. Ainsi, les comptables travaillant dans un bureau régional sont placés sous l'autorité directe d'un directeur régional des ventes et sous l'autorité indirecte (fonctionnelle) du contrôleur au siège social. En effet, comme le contrôleur est responsable de toutes les mesures, de toutes les marches à suivre et de toutes les pratiques de l'organisation en matière de comptabilité, il aura des ordres à donner aux comptables de chaque bureau régional.

7.4.3 La centralisation et la décentralisation

Nous avons vu que la départementalisation consiste à répartir un ensemble de tâches entre diverses unités organisationnelles. Lorsqu'ils aménagent leur organisation, les gestionnaires doivent également déterminer dans quelle mesure il leur faut déléguer leur pouvoir décisionnel à la base de manière à obtenir une structure répondant à leurs besoins. Il est certain que la délégation de l'autorité influe sur la structure d'une organisation. On associe la centralisation ou la décentralisation de l'autorité à la philosophie de gestion, qui détermine le ou les centres de décision à l'intérieur d'une organisation.

Une structure dans laquelle les cadres supérieurs gardent tous leurs pouvoirs est une structure centralisée. On a affaire à une structure décentralisée lorsque les dirigeants délèguent leurs pouvoirs aux cadres intermédiaires et inférieurs. Une **structure organisationnelle centralisée** se caractérise ainsi par l'absence de délégation, et une **structure organisationnelle décentralisée**, par la transmission de certains pouvoirs aux subordonnés.

On peut définir la **décentralisation** comme le processus par lequel les dirigeants d'une organisation délèguent leur pouvoir décisionnel aux cadres subordonnés. Il faut noter qu'aucune organisation ne peut être totalement centralisée ou décentralisée. Si l'organisation était totalement centralisée, le rôle joué par les cadres intermédiaires et inférieurs n'aurait plus guère d'importance. Celle-ci n'aurait besoin que de commis très bien rémunérés qui se chargeraient de mettre en œuvre les décisions prises par la direction. Si l'organisation était complètement décentralisée, elle se priverait d'un leadership solide et la coordination, par conséquent, serait presque impossible à établir. Il s'agit donc de déterminer le degré optimal de décentralisation. La figure 7.9 représente le continuum de la centralisation et de la décentralisation organisationnelles, qui marque l'étendue de la délégation de l'autorité aux cadres inférieurs.

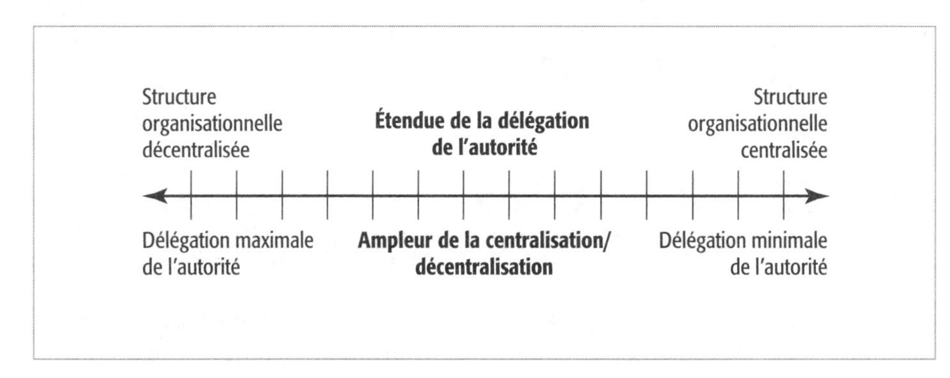

Figure 7.9
Le continuum de la centralisation et de la décentralisation organisationnelles

Divers éléments amènent les gestionnaires à centraliser ou à décentraliser le pouvoir décisionnel au sein d'une organisation. Examinons-les[15].

- La culture organisationnelle influe largement sur le choix de déléguer ou non l'autorité.
- Certains éléments extérieurs, comme les réglementations, la politique fiscale et les règles de recrutement, déterminent dans quelle mesure il convient de décentraliser la prise de décision. Ainsi, les organisations soumises à une réglementation complexe choisiront de centraliser leur processus décisionnel afin de satisfaire à toutes les exigences qu'on leur impose.
- Des conditions économiques difficiles peuvent également obliger les dirigeants d'une organisation à centraliser le processus décisionnel.

- La taille de l'organisation peut aussi influencer ceux qui prennent des décisions. Les petites organisations n'ont guère besoin de décentraliser leur processus décisionnel, puisque tous leurs dirigeants travaillent dans une même région et peuvent facilement prendre toutes les décisions. À mesure que l'organisation grossit, le besoin de décentraliser se fait sentir de plus en plus.
- Les cadres supérieurs qui veulent s'assurer que tout le personnel de l'entreprise suivra la politique générale choisissent de centraliser le processus décisionnel. C'est ce que font des entreprises franchisées comme McDonald's, Pizza Hut et Home Depot.
- Le degré de compétence des gestionnaires pèse d'un grand poids dans la décision de centraliser ou non le processus décisionnel. Les dirigeants d'une organisation qui possède une équipe de gestionnaires motivés et expérimentés auront tendance à déléguer leur pouvoir décisionnel aux cadres inférieurs. Il serait par ailleurs difficile de demander aux cadres subalternes de prendre des décisions si l'organisation est depuis longtemps centralisée.
- Si leur système d'information de gestion est efficace, les cadres supérieurs peuvent prendre la plupart des décisions.
- Les facteurs de risque influent énormément sur le degré de centralisation d'une organisation. En effet, plus une décision est périlleuse, plus elle dépendra d'un processus centralisé. Il incombe au président d'une entreprise ou à ses proches conseillers de prendre toute décision qui pourrait être lourde de conséquences pour l'organisation.
- Même les plus chauds partisans de la décentralisation tiennent à exercer un contrôle sur les finances de leur entreprise.

OBJECTIF 7.5
Décrire les nouvelles structures intra-organisationnelles.

7.5 LES STRUCTURES INTRA-ORGANISATIONNELLES

Les gestionnaires recourent aujourd'hui à des structures intra-organisationnelles pour accroître le rendement de leur organisation et la rendre plus innovatrice, pour augmenter sa capacité de s'adapter aux fluctuations de la demande et à l'évolution des besoins des consommateurs, pour tirer le meilleur parti possible des technologies de l'information et mieux se défendre contre la concurrence sur les marchés mondiaux[16]. On peut définir une **structure intra-organisationnelle** comme un regroupement d'activités qui s'effectuent dans une entreprise dans le but de transformer, d'une façon efficace et économique, des intrants en des extrants afin de satisfaire les besoins de leurs clients.

Après avoir lu les cinq prochaines sous-sections, vous devriez pouvoir :

- définir le fonctionnement de la structure matricielle ;
- expliquer ce que l'on entend par équipe « interfonctions » ;
- définir ce qu'est une équipe pilote ;

- expliquer en quoi la structure organisationnelle « intraprise » est avantageuse;
- définir ce que l'on entend par l'expression « structure par réseaux ».

7.5.1 La structure matricielle

La **structure matricielle** relie les diverses activités d'une fonction (commercialisation, production, finances ou ressources humaines) à un ensemble de produits ou de projets particuliers. Lorsqu'une organisation prend de l'extension, il devient nécessaire d'accroître le nombre des rapports de subordination. Toutefois, les dirigeants de certaines organisations préfèrent adopter une structure flexible et optent en conséquence pour une structure matricielle[17].

Voici un exemple simple qui illustre la notion de structure matricielle. Dans une université, une personne, appelée « maître des réceptions », organise des réceptions (projets) pour le compte de diverses facultés (voir la figure 7.10). Le maître des réceptions doit mettre sur pied une centaine d'événements par année. Pour l'aider dans sa tâche, il fait appel à un certain nombre d'étudiants qui doivent remplir l'une ou l'autre des quatre fonctions spécialisées rattachées à la tenue de ces événements (en s'occupant de la bière, du vin, de la musique ou de la nourriture). Le maître des réceptions peut structurer son organisation de deux façons. Il peut d'abord, selon une manière d'agir traditionnelle, constituer une équipe de quatre étudiants dans chaque faculté. Si l'université comprend 15 facultés, il devra engager 60 étudiants. Il peut aussi créer une structure matricielle. Il recrutera alors deux spécialistes pour chacune des fonctions et leur demandera de se déplacer d'une faculté à l'autre, selon les besoins. Si, par exemple, la Faculté des sciences administratives désire donner une réception et y servir du vin et de la nourriture, le maître des réceptions y enverra deux étudiants. De même, si la Faculté de médecine demande qu'on serve de la bière et qu'on joue de la musique au cours de sa réception, deux autres étudiants seront chargés de s'en occuper, et ainsi de suite pour les réceptions qui viendraient s'ajouter. Comme le montre la figure 7.10, la structure matricielle réduit le nombre

Figure 7.10
Un exemple de structure matricielle

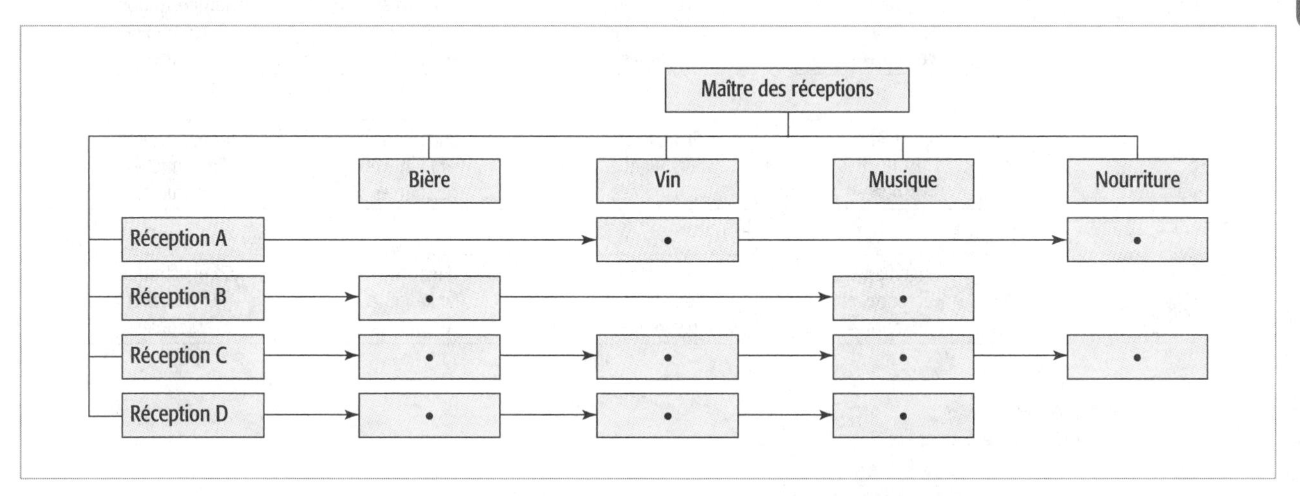

d'étudiants dont a besoin le maître des réceptions pour fournir des services dans les nombreuses soirées qui se tiennent sur le campus.

Des hôpitaux, des établissements financiers, des laboratoires gouvernementaux et des entreprises multinationales ont recours à une structure matricielle pour réaliser certains projets ou programmes[18]. Une fois le projet défini, on charge une équipe de travailleurs ayant des connaissances spécialisées de le réaliser. Prenons, par exemple, une organisation qui offre cinq produits et fait appel pour chacun d'entre eux aux services d'ingénieurs, de vendeurs, d'assistants techniques et d'adjoints administratifs différents. Son dirigeant peut lui donner soit une structure de type traditionnel (hiérarchique et d'état-major), soit une structure matricielle. La figure 7.11 développe cette seconde possibilité, où une équipe se charge de chaque projet ou de chaque programme (projets A, B et C). Si l'organisation décidait de fabriquer un nouveau produit, elle pourrait alors demander à deux ou plusieurs spécialistes attachés à diverses fonctions (ingénierie, production, finances et administration) de le mettre au point pendant une durée déterminée. Après qu'ils auraient mené ce projet à terme, les spécialistes retourneraient à leurs occupations habituelles.

Le P.-D. G. de l'organisation décrite par la figure 7.11 a sous son autorité quatre vice-présidents responsables chacun d'une fonction (ingénierie, production, finances ou administration) et se propose de réaliser trois projets. Pour les mettre en œuvre, il a nommé trois directeurs de projet qui ont le pouvoir de gérer les fonctions en question. Chacun de ces directeurs est assisté d'ingénieurs, de spécialistes de la production et de l'administration ainsi que d'experts financiers.

Figure 7.11
L'organisation matricielle

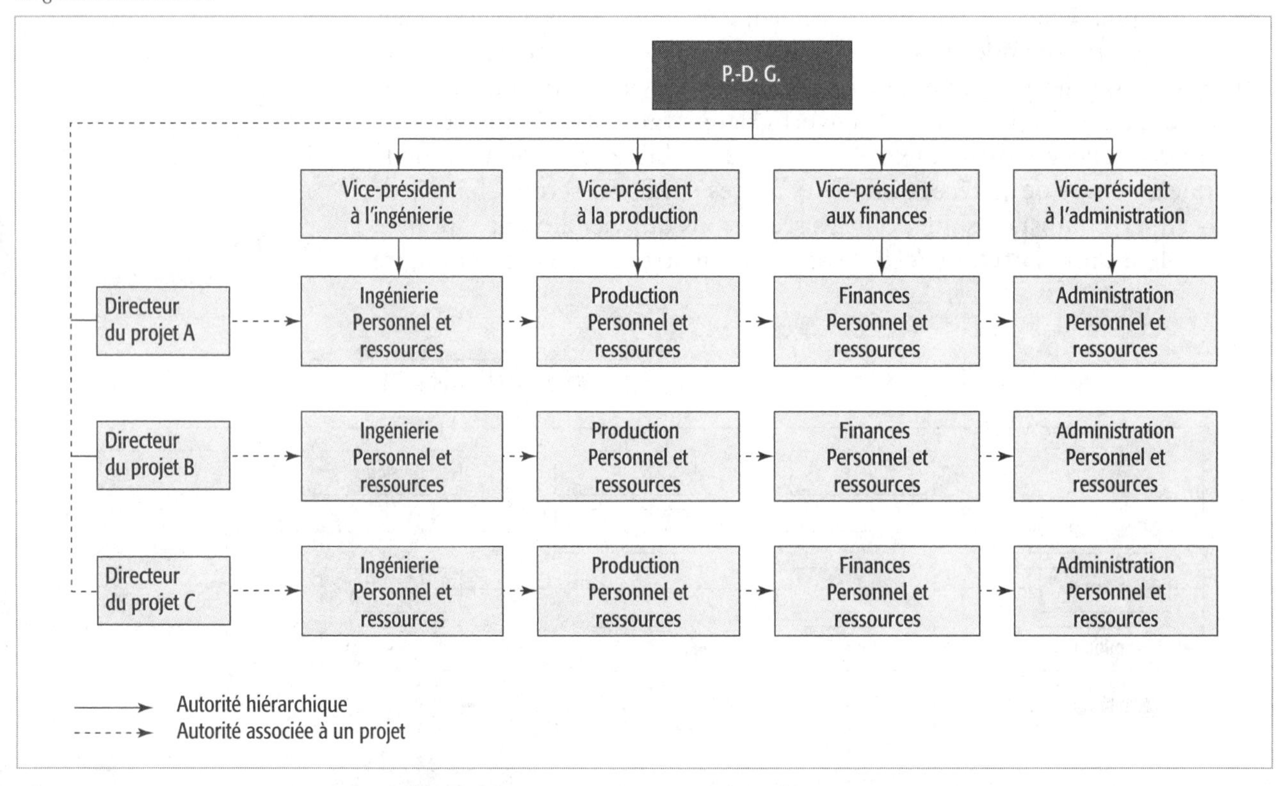

L'organisation matricielle est difficile à établir, en particulier pour une organisation internationale[19]. Les gestionnaires voient l'organisation matricielle non pas comme une structure, mais plutôt comme un processus. En d'autres termes, ils jugent que la structure matricielle formelle représente l'anatomie de leur organisation et qu'ils doivent s'occuper de l'aspect physiologique de celle-ci, c'est-à-dire des relations permettant à l'information de circuler, ainsi que de son aspect psychologique, c'est-à-dire des normes, des valeurs et des attitudes qui déterminent la façon de penser et d'agir des individus[20].

La structure matricielle permet à l'organisation d'augmenter sa flexibilité et de s'adapter rapidement à des situations nouvelles. En outre, elle favorise la coopération entre les diverses unités et met en valeur les relations interpersonnelles, et les rôles décisionnels et informationnels. Toutefois, sa mise en place est coûteuse et elle crée une double voie hiérarchique qui prête à confusion et peut provoquer des divergences d'intérêts entre les fonctions ou les divisions concernées.

7.5.2 L'équipe « interfonctions »

L'**équipe « interfonctions »** est un groupe formé de 5 à 15 personnes qui travaillent ensemble quotidiennement, définissent leurs propres objectifs, établissent leurs calendriers de travail, assurent la dotation de leur équipe et évaluent elles-mêmes la qualité de leur travail. Elle constitue l'une des plus importantes innovations introduites dans le milieu des affaires au cours des 10 dernières années. Elle a pour but d'accroître la productivité et de favoriser la créativité. La revue *Fortune* a accueilli favorablement le concept de l'équipe « interfonctions » en affirmant que c'était probablement « la plus importante acquisition des années 1990 au chapitre de la productivité »[21]. Par exemple, l'une des deux usines de Kruger à Trois-Rivières a battu un record de productivité, atteignant une moyenne de 2 035 tonnes de papier par jour. Tel que l'a mentionné le responsable du Service de l'approvisionnement, « On a fait ça avec les mêmes machines. Ce sont nos employés qui sont devenus plus efficaces alors que l'entreprise avait instauré un changement de culture pour que ses employés soient plus indépendants. Les dirigeants tiennent compte des idées de leurs employés, car ils détiennent souvent la clé pour perfectionner les façons de faire et les procédés[22]. »

www.kruger.com/

Des équipes de travail bien dirigées peuvent en effet accroître la productivité, améliorer la qualité, favoriser l'adaptation au changement ainsi que l'innovation. En règle générale, les 5 à 15 personnes qui composent cette équipe réalisent toujours ensemble des tâches variées, telles que la transmission de commandes de matières premières, l'organisation des activités, la répartition des responsabilités, l'établissement du calendrier de travail, la sélection des personnes à inclure dans le groupe et la définition du type de leadership à exercer. En somme, ces équipes jouissent d'un pouvoir de décision et elles ont l'avantage d'avoir une certaine autonomie.

7.5.3 L'équipe pilote

L'**équipe pilote** est une petite unité peu structurée faisant partie d'une organisation, mais libre de tout lien avec la bureaucratie, la politique, les rapports de subordination, les structures et les activités courantes de cette organisation. Lorsque les dirigeants d'une grande organisation créent de telles équipes, ils tiennent à ce que leurs membres puissent agir comme des entrepreneurs. Ils les isolent donc des activités principales de l'organisation (les plaçant ainsi sur une sorte d'îlot) afin de protéger leur autonomie. Les équipes pilotes ont pour but de favoriser l'esprit d'entreprise à l'intérieur des grandes sociétés commerciales.

On forme des équipes pilotes en vue d'offrir un nouveau produit au cours d'une période donnée (il s'agit là de l'objectif premier). Les individus appelés à en faire partie sont reconnus pour leur esprit novateur et leur capacité à prendre des risques. Ils savent qu'on ne les punira pas s'ils commettent une erreur. Ces employés peuvent par contre obtenir une généreuse récompense si leur projet réussit. Dans *Le prix de l'excellence*, Thomas Peters et Robert Waterman qualifient les équipes pilotes de « charrettes » et affirment qu'elles dérogent souvent à la politique en matière de rapports hiérarchiques[23]. L'appellation de ces équipes peut varier d'une entreprise à une autre : par exemple, on parle de « duels de rendement » chez IBM, de « chefs des opérations » chez United Airlines, de « programmes des collaborateurs individuels » chez 3M et Texas Instruments. Chez General Electric, la créativité et l'initiative vont de pair ; les employés sont invités à prêter l'oreille aux idées neuves et à les développer en mettant en place de nouvelles unités organisationnelles. Chez IBM, on encourage même les mouches du coche et les marginaux[24].

7.5.4 Les intrapreneurs

www.intrapreneur.com/

Le terme **intrapreneur** (créé à partir du substantif « entrepreneur ») s'applique aux gestionnaires qui, à l'intérieur d'une organisation, conçoivent des produits ou des services nouveaux[25]. À l'instar d'un entrepreneur, l'intrapreneur élabore et fait avancer certains projets dans une grande organisation. On tire avantage de l'esprit d'« intraprise » à l'intérieur d'organisations très décentralisées où chaque division (appelée parfois « unité sectorielle stratégique ») se voit confier le mandat d'innover et de mettre au point de nouveaux produits, et elle reçoit en même temps les ressources nécessaires à la conduite des opérations. Les intrapreneurs agissent à peu près de la même manière que les propriétaires de petites entreprises. Les grandes sociétés commerciales qui encouragent l'esprit d'intraprise savent amener les employés qui veulent devenir intrapreneurs à développer leurs idées. Elles sont de plus en plus en mesure d'attirer à elles les candidats qui ont des talents d'entrepreneur.

Pour que l'esprit d'intraprise puisse s'établir, il faut que la direction lève les obstacles bureaucratiques et récompense les individus pour leurs réalisations (comme on le fait dans les équipes pilotes). L'esprit d'intraprise ne peut donner des fruits que si les cadres supérieurs l'encouragent, que si la structure établie permet de réagir promptement et que si les personnes recrutées ont l'esprit d'entreprise.

7.5.5 La structure par réseaux

Un **réseau** se définit comme un ensemble d'organisations reliées entre elles par des voies de communication électroniques et qui accomplissent conjointement diverses opérations se rapportant à la production, à l'ingénierie, à la vente, etc. La mondialisation est l'un des principaux facteurs qui incitent les dirigeants d'entreprise à se tourner vers ce type de structure organisationnelle.

Évolution et transition — La structure organisationnelle

Tel que le présente la figure 7.12, la structure organisationnelle traditionnelle peut être caractérisée comme plutôt verticale et rigide alors que la communication s'effectue du haut vers le bas et que les unités organisationnelles qui répondent à un cadre supérieur sont « cloisonnées », sous forme de silo. Les communications entre les unités organisationnelles sont plutôt rares et même presque interdites. Le côté droit de la figure présente la structure moderne et la fonction organisation continuera d'évoluer à trois niveaux.

Les structures. L'organisation traditionnelle continuera à disparaître pour qu'elle puisse accorder la priorité à ses clients afin que toutes les décisions prises par les gestionnaires et les employés soient centrées sur les besoins de la clientèle. Elles s'adapteront à la culture des dirigeants d'entreprise, poursuivront leur croissance, seront plus complexes, moins

Figure 7.12
La structure organisationnelle – Évolution et transition

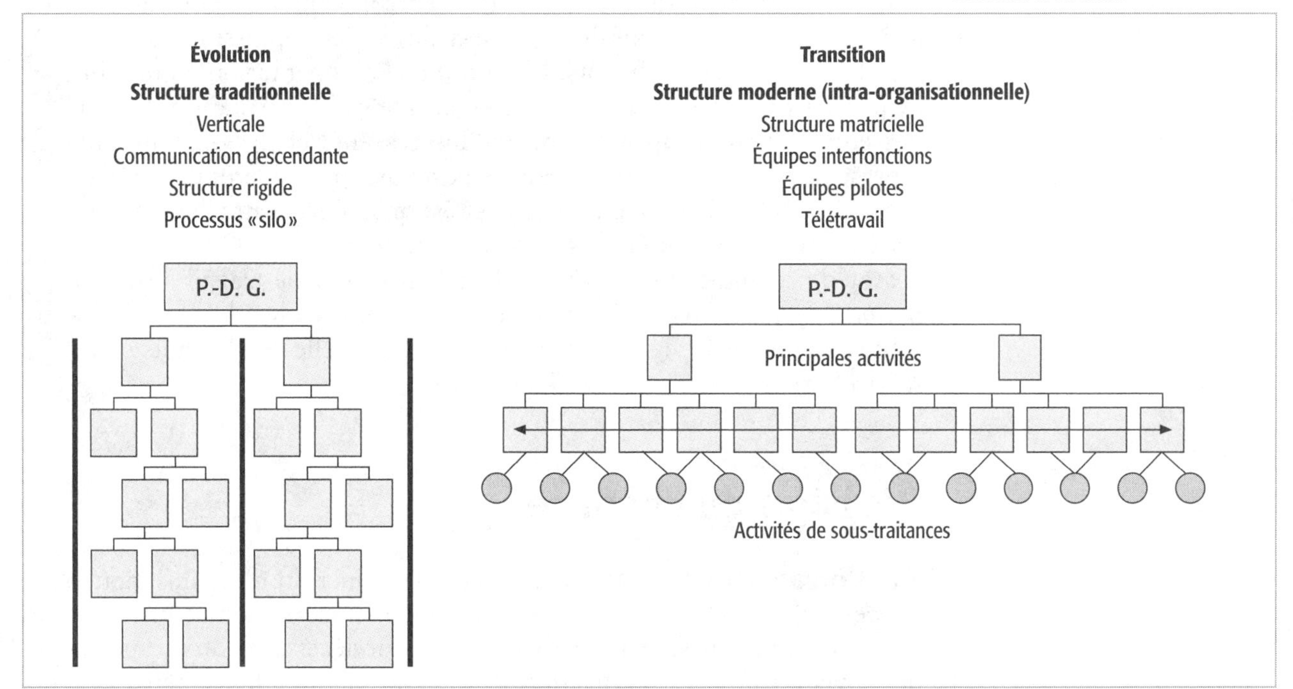

rigides et s'ajusteront rapidement à différentes circonstances. De nouvelles techniques pour relier, intégrer et coordonner les unités organisationnelles seront développées. Comme nous le verrons au chapitre suivant, « Les structures organisationnelles et le changement », nous observerons de plus en plus les *structures interorganisationnelles* qui comprennent les activités effectuées entre différentes entreprises afin de transformer les intrants en extrants qui ont pour but de créer une valeur ajoutée pour leurs clients. Tel que le présente le côté droit de la figure 7.12 (voir la page 285), la communication s'effectuera entre les unités organisationnelles, c'est-à-dire d'une façon horizontale. La figure montre aussi qu'il existe dans l'entreprise les principales unités organisationnelles telles que la commercialisation, la production, la recherche et le développement alors que les autres unités (cases ombrées) sont des unités externes avec lesquelles l'entreprise transige continuellement pour des services particuliers (distribution, publicité, comptabilité). Le prochain chapitre examinera trois formes d'organisations : les alliances stratégiques, la structure modulaire et virtuelle ainsi que l'organisation décloisonnée.

L'autorité. Parallèlement aux nouvelles structures organisationnelles (moins de niveaux hiérarchiques), l'autorité sera déléguée ; plus de décisions seront prises par les gestionnaires des niveaux intermédiaire et inférieur (comme dans le cas de Kruger à Trois-Rivières). L'exemple de l'usine de General Electric de Durham, en Caroline du Nord (voir la soussection 4.3.2, à la page 149), qui fonctionne avec des équipes semi-autonomes, une autorité déléguée et où les employés peuvent prendre des décisions est un modèle pouvant être efficace[26].

Ses procédés. On enrichira les postes et on développera des techniques qui favorisent le travail d'équipe. Il est certain qu'il y aura une tendance à modifier les organisations trop stables et trop « rigides » pour qu'elles acquièrent plus de « flexibilité », c'est-à-dire qu'elles puissent s'adapter rapidement aux changements. Étant donné l'augmentation du nombre de professionnels et d'experts possédant une solide formation, le désir des employés d'occuper des postes intéressants et de jouer un rôle représentant un défi, les travailleurs eux-mêmes participeront à la répartition des tâches, des fonctions et des responsabilités rattachées à leurs activités. Ils seront intéressés à décider de leur avenir. On assistera à l'essor d'organisations virtuelles, du télétravail et de travail structuré par équipes, lesquels seront des instruments plus recherchés et améliorant la qualité de la vie au travail aussi bien que celle des produits et des services.

Révision du chapitre

7.1 L'organisation et ses structures. La fonction d'organisation est le processus par lequel on combine et on dispose systématiquement les ressources humaines, matérielles, etc., qui sont nécessaires aux responsables des diverses unités organisationnelles pour réaliser leurs plans et leurs objectifs. Une organisation bien structurée repose sur l'application des concepts d'objectif, de spécialisation, de coordination, d'autorité, de responsabilité, de définition, de concordance entre l'autorité et la responsabilité, d'éventail de subordination et de continuité. Pour aménager une organisation, il faut: 1) définir les objectifs et les plans à réaliser; 2) définir les principales tâches à accomplir; 3) les décomposer en sous-tâches; 4) répartir les ressources; 5) évaluer l'efficacité de la nouvelle structure. Un organigramme est un graphique qui représente les relations existant entre les individus et les groupes au sein d'une organisation. On distingue deux grandes catégories de structures: la structure mécaniste, qui correspond à une organisation bureaucratique, et la structure organique, plus flexible et plus fluide.

7.2 La départementalisation. La départementalisation consiste à structurer une organisation de manière à mieux répondre aux besoins des clients. La départementalisation peut faire appel à une structure basée sur les fonctions (commercialisation, production, ressources humaines, finances, etc.) ou une structure divisionnaire. La départementalisation divisionnaire peut donc concerner: les gammes de produits, le territoire, la clientèle, les procédés ou l'équipement, les chaînes de distribution ou les services.

7.3 L'autorité dans l'organisation. L'autorité est le pouvoir légitime de donner des ordres à d'autres personnes. Un cadre qui jouit d'une certaine autorité influence habituellement les actions de ses subordonnés. La source véritable de son pouvoir réside dans le fait que ses subordonnés reconnaissent son autorité. Parfois, il est difficile de déléguer l'autorité parce que certains cadres s'y opposent ou parce que les employés refusent d'assumer de nouveaux pouvoirs. On peut toutefois améliorer les choses en établissant des objectifs clairement définis, et en s'assurant que chaque subordonné a une idée claire et précise des tâches qu'on lui confie.

7.4 Le regroupement des unités organisationnelles. L'autorité hiérarchique confère à un individu le pouvoir de donner directement des ordres à ses subordonnés. L'autorité d'état-major est exercée par des personnes dont les fonctions ne concernent pas directement la mission ou les objectifs premiers de l'organisation. Ces personnes offrent plutôt des conseils et des services aux cadres hiérarchiques. Enfin, l'autorité fonctionnelle est l'apanage de spécialistes chargés de diriger des experts dans le même domaine et qui sont placés sous l'autorité d'autres cadres. La mise en place de nouveaux modes d'organisation suppose une décentralisation de l'autorité et l'obligation pour les individus de rendre compte de leurs actions. Lorsque les dirigeants d'une entreprise délèguent leur autorité à des subordonnés, ils favorisent sans doute une structure organisationnelle décentralisée.

7.5 Les structures intra-organisationnelles. Aujourd'hui, les gestionnaires recourent à des structures intra-organisationnelles pour accroître le rendement de leur organisation et la rendre plus innovatrice, pour augmenter sa capacité de s'adapter aux fluctuations de la demande et à l'évolution des besoins de leurs clients. Les structures intra-organisationnelles comprennent: la structure matricielle, les équipes « interfonctions », les équipes pilotes, les intrapreneurs et les structures par réseaux.

Concepts clés

Autorité (*autority*) page 266
Autorité d'état-major (*staff authority*) page 273
Autorité hiérarchique (*line authority*) page 273
Décentralisation (*decentralization*) page 279
Départementalisation (*departmentation*) page 260
Départementalisation combinée (*combined departmentation*) page 265
Départementalisation basée sur la clientèle (*customer departmentation*) page 264
Départementalisation basée sur les chaînes de distribution (*channel of distribution departmentation*) page 264
Départementalisation basée sur les procédés ou l'équipement (*process or equipment departmentation*) page 264
Départementalisation basée sur les services (*service departmentation*) page 265
Départementalisation divisionnaire (*divisional departmentation*) page 261
Départementalisation fonctionnelle (*functional departmentation*) page 261
Départementalisation géographique (*geographic departmentation*) page 263
Départementalisation par gammes de produits (*product departmentation*) page 263
Équipe « interfonctions » (*cross-functional teams*) page 283
Équipe pilote (*new venture team*) page 284
État-major conseil (*advisory staff*) page 275
État-major de contrôle (*control staff*) page 275
État-major de service (*service staff*) page 275
État-major personnel (*personal staff*) page 275
Éventail de subordination (*span of management*) page 271
Fonction d'organisation (*organizational function*) page 253
Intrapreneur (*intrapreneurship*) page 284
Organigramme (*organizational chart*) page 257
Poste d'état-major (*staff position*) page 273
Poste hiérarchique (*line position*) page 273
Principe de l'unité de commandement (*unity of command*) page 271
Réseau (*network*) page 285
Structure d'état-major (*staff organization*) page 273
Structure fonctionnelle (*functional structure*) page 276
Structure hiérarchique (*line structure*) page 273
Structure hiérarchique et d'état-major (*line and staff organizational structure*) page 274
Structure intra-organisationnelle (*intraorganizational structure*) page 280
Structure matricielle (*matrix organization*) page 281
Structure mécaniste (*mechanistic organization*) page 258
Structure organique (*organic structure*) page 258
Structure organisationnelle (*organizational structure*) page 253
Structure organisationnelle centralisée (*centralized organizational structure*) page 279
Structure organisationnelle décentralisée (*decentralized organizational structure*) page 279
Structure verticale (*vertical structure*) page 270

Développer vos compétences en gestion

Questions de révision

1. Décrivez la fonction d'organisation. (page 253)
2. Rapprochez le concept de définition et le concept d'objectif, et discutez-les. (pages 254 et 255)
3. Quelle différence y a-t-il entre la responsabilité et l'autorité? (pages 254 et 255)
4. Qu'entend-on par l'expression «éventail de subordination»? (pages 254 et 255)
5. Énumérez les étapes du processus d'aménagement d'une organisation. (page 255)
6. Quelle est la fonction d'un organigramme? (page 257)
7. Qu'est-ce qui distingue la départementalisation fonctionnelle de la départementalisation divisionnaire? (page 261)
8. Qu'est-ce que l'autorité? Expliquez la notion d'acceptation de l'autorité. (page 266)
9. Pourquoi la délégation de l'autorité est-elle importante et quels en sont les avantages? (page 267)
10. Selon vous, pourquoi certains cadres ne délèguent-ils pas leur autorité? (page 268)
11. Selon vous, pourquoi des cadres intermédiaires ou inférieurs refusent-ils de se voir confier certains pouvoirs? (page 269)
12. Comment peut-on améliorer la délégation de l'autorité? (page 269)
13. Quel est le rôle principal des individus travaillant à l'intérieur d'une structure hiérarchique? Donnez quelques exemples. (page 273)
14. Une organisation peut-elle avoir un état-major, mais aucune structure hiérarchique? Expliquez votre réponse. (page 274)
15. Décrivez les divers types de rôles ou de fonctions que remplissent les personnes occupant un poste d'état-major. (page 275)
16. Expliquez les deux expressions suivantes: «structure fonctionnelle» et «autorité fonctionnelle». (page 276)
17. Énumérez les principaux inconvénients d'une structure fonctionnelle. (page 276)
18. Que signifie l'expression «organisation centralisée»? (page 279)
19. En quoi consiste une structure matricielle? Expliquez son utilité. (page 281)
20. Qu'entend-on par les expressions «équipe interfonctions» et «équipe pilote». (pages 283 et 284)

Sujets de discussion

1. Quel est le lien entre la planification et le processus d'organisation?
2. Que pensez-vous de l'affirmation suivant laquelle on doit confier la responsabilité d'une tâche à deux personnes plutôt qu'à une seule afin qu'elle soit accomplie plus efficacement?
3. Selon vous, qu'est-ce qui explique la popularité actuelle de la structure fonctionnelle?
4. Quelles structures se révéleront les plus efficaces à l'avenir, les structures centralisées ou les structures décentralisées?

Naviguer dans Internet

www.alcan.com

- **Exercice pratique: Alcan inc.**

Visitez le site Web d'Alcan inc. (www.alcan.com) et cliquez sur «À propos d'Alcan» puis sur «Structure de la compagnie» pour ensuite visiter les pages suivantes:

- Alcan inc.;
- organigrammes de différentes unités organisationnelles (bureau du président, services financiers, ressources humaines, etc.);
- groupes d'exploitation;
- les plus récents communiqués et discours afin de prendre connaissance des nouvelles orientations d'Alcan.

Répondez aux questions suivantes.

1. Quels sont la mission et les objectifs d'Alcan?
2. Faites le lien entre les concepts de l'organisation que vous avez étudiés dans ce chapitre et la structure organisationnelle d'Alcan.
3. D'après vous, quelle approche les dirigeants d'Alcan utilisent-ils pour gérer leur structure organisationnelle (départementalisation, décentralisation, délégation de l'autorité, etc.).

- **Recherche sur le thème «Organisation»**

Cherchez le site Web d'une entreprise montrant comment la structure organisationnelle a été modifiée durant les quelques dernières années afin de l'adapter à son environnement, de mettre en œuvre ses stratégies et de la rendre efficace.

EXERCICE

La Société Collibrec

Jeannine Vaillancourt, vice-présidente directrice de la Société Collibrec, a récemment demandé à une firme d'experts-conseils d'examiner la structure de son organisation, d'en évaluer l'efficacité et de déterminer s'il convient de la modifier. Elle résuma la situation aux représentants de l'entreprise de la façon suivante : « Nous avons connu assez de succès au cours des cinq dernières années, mais je crois que notre structure actuelle nous crée des difficultés importantes sur le plan de la communication et de la délégation de l'autorité. »

Jeannine Vaillancourt décrivit ensuite à ses interlocuteurs la structure organisationnelle de la Société Collibrec : « Nous n'avons pas d'organigramme officiel, mais les choses se présentent à peu près comme suit. J'assume les fonctions de vice-présidente et directrice responsable de la recherche et du développement, des ressources humaines et des finances. Un de mes amis de longue date occupe un poste de même niveau que le mien, celui de directeur général adjoint chargé de la commercialisation et de la production. Il a deux assistants.

« Premièrement, le vice-président à la commercialisation a sous ses ordres le directeur des ventes nationales. Je m'occupe personnellement des ventes à l'étranger avec l'aide d'un chef. Le vice-président à la commercialisation a également sous son autorité le responsable de la mise au point des produits, le directeur général des ventes, le chef du Service de la publicité, le responsable de la planification des produits et le directeur des activités de terrain. Le chef du Service de la recherche commerciale relève directement du responsable de la mise au point des produits.

« Deuxièmement, il y a le vice-président à la production, de qui dépendent le responsable des brevets d'invention, le directeur médical, la directrice des relations avec le personnel et le chef de la production. À l'intérieur de cette structure, l'ingénieur de l'usine relève du directeur médical, tandis que le responsable du contrôle de la qualité est sous l'autorité directe du chef de la production. Quant au directeur des achats, il rend des comptes aussi bien au vice-président à la commercialisation qu'au vice-président à la production.

« De plus, j'ai moi-même trois assistants, soit un vice-président à la recherche et au développement, un vice-président aux ressources humaines et une vice-présidente aux finances. Le premier d'entre eux est responsable de l'ingénieur en chef et d'un assistant technique. Le vice-président aux ressources humaines a sous son autorité un conseiller juridique et ses deux adjoints, ainsi que les directeurs de la dotation et de la formation. Le contrôleur et le chef comptable relèvent quant à eux de la vice-présidente aux finances. »

Questions

1. Quels sont les principaux problèmes organisationnels de la Société Collibrec ?
2. Dressez un organigramme en vous servant des indications fournies par Jeannine Vaillancourt.
3. Quelles modifications suggéreriez-vous d'apporter à cet organigramme ? Trouvez un nouvel organigramme qui tient compte de vos suggestions.

4

Étude de cas

▶ ENTREPRISE

Centre hospitalier Montfort

Le docteur David Saint-Cyr travaille au Centre hospitalier Monfort depuis quatre ans. Diplômé de l'une des universités les plus prestigieuses du pays, il est considéré comme l'un des spécialistes les plus prometteurs dans son domaine. Il est en outre bien connu dans la communauté et figure au nombre des amis de Pierre McDermott, le directeur général du centre hospitalier.

Un dimanche, alors qu'il parlait de golf avec Pierre McDermott à l'issue d'un tournoi, le docteur Saint-Cyr changea brusquement de sujet et fit une déclaration surprenante :

« Je t'avoue, dit-il à son ami, que j'aime beaucoup cette ville et la qualité des services offerts au Centre hospitalier Montfort. Mais je ne peux comprendre l'attitude de certaines infirmières, et en particulier celle de Jeannette Garneau. Cette infirmière se mêle toujours de ce qui ne la regarde pas au lieu de s'occuper de son travail, qui est d'assister lorsque j'opère. Tiens, juste pour te donner un exemple, vendredi, j'ai fait trois opérations dans la salle 6A, où travaille Mme Garneau, et, dans chaque cas, elle m'a fait remarquer que nous avions dépassé le temps qui nous était alloué. Je sais que le centre hospitalier a un budget limité et qu'il y a toujours plusieurs chirurgiens qui attendent qu'une salle d'opération se libère. Mais, pour être tout à fait honnête avec toi, je n'ai pas besoin qu'on me rappelle mes responsabilités lorsque je prends une demi-heure de plus que prévu pour une opération. Jeannette Garneau m'agace encore plus lorsqu'elle critique certains procédés que j'emploie. Il m'arrive d'utiliser des moyens peu orthodoxes pour gagner du temps, et chaque fois que je m'écarte un tout petit peu des règles établies, Mme Garneau se met dans tous ses états et n'arrête pas de me faire des commentaires. On dirait que c'est devenu une habitude chez elle. Vendredi, j'ai eu une prise de bec avec elle et je lui ai dit de se mêler de ce qui la regarde. Nous nous sommes querellés pendant cinq minutes dans la salle d'opération, et nous avons recommencé plus tard à l'extérieur. J'ai mis un terme à la dispute au bout de quelques minutes en indiquant à Mme Garneau que je ne voulais plus d'elle dans la salle d'opération. Comme je sais que tu entendras bientôt parler de cet incident, j'ai préféré t'expliquer moi-même la situation. »

Pierre McDermott se garda de faire un commentaire, bien que les propos de son ami l'aient visiblement rempli d'inquiétude. À son arrivée au bureau le lendemain, on lui dit que Mme Lin, la directrice des services infirmiers, désirait le rencontrer. Son adjointe lui indiqua que Mme Lin avait l'air plutôt troublée et qu'elle voulait le voir le plus tôt possible. Devinant ce dont elle voulait l'entretenir, Pierre McDermott accepta de la recevoir tout de suite. Aussitôt entrée dans son bureau, Mme Lin protesta contre l'attitude insultante du docteur Saint-Cyr et son manque de professionnalisme et de diplomatie.

« Le docteur Saint-Cyr a épuisé ma patience, déclara-t-elle par la suite. J'ai reçu de nombreuses plaintes de différents membres de mon personnel au sujet de son attitude maniérée et de sa conduite insouciante en salle d'opération. Mme Garneau, qui compte plus de 20 années de service et qui est sans conteste l'infirmière la plus respectée et la plus expérimentée de l'hôpital, est venue me voir au cours de la fin de semaine pour me dire que le docteur Saint-Cyr continuait à manquer de professionnalisme en salle d'opération. Elle a tenté poliment de lui faire comprendre qu'il devait s'en tenir à l'horaire fixé et que tout le monde doit suivre scrupuleusement la marche qui a été établie pour certains types d'interventions. Le docteur Saint-Cyr semble toutefois ne tenir aucun compte des remarques du personnel infirmier. Il n'est pourtant pas le seul médecin de l'hôpital. Tout le monde ici doit se plier au règlement et respecter l'horaire. Je tiens à vous prévenir que, si l'une des interventions du docteur Saint-Cyr tourne mal par sa faute, nous ne garderons pas le silence. Notre intégrité professionnelle passe avant tout. Vendredi dernier, le docteur Saint-Cyr a indiqué à Mme Garneau qu'il ne voulait plus de son aide, mais il n'est pas question que je m'incline devant sa volonté. Si une infirmière aussi compétente que Mme Garneau ne trouve pas grâce à ses yeux, que dira-t-il des autres ? J'aimerais que vous ayez une conversation avec le docteur Saint-Cyr et que vous lui expliquiez clairement les règlements du centre hospitalier. S'il ne s'amende pas, il n'y aura bientôt plus un seul membre de mon personnel qui acceptera de travailler avec lui. »

Les choses étaient encore plus sérieuses que ne l'avait cru Pierre McDermott. Il sait qu'il existe deux structures organisationnelles dans le centre hospitalier, l'une étant relative à l'administration et l'autre, aux questions professionnelles. Or, bien que distinctes l'une de l'autre, ces deux structures se chevauchent.

Comme le montre l'organigramme de la figure 7.13, toutes les questions d'ordre administratif relèvent de Pierre McDermott qui n'a de comptes à rendre qu'au conseil d'administration. Les employés du centre hospitalier se trouvent sous l'autorité directe de l'un ou l'autre des directeurs chargés des services infirmiers, des finances, des ressources humaines, des services médicaux et des ressources matérielles. Rémunéré à l'heure, le personnel de ces diverses unités organisationnelles a pour tâche d'aider les médecins à soigner les patients.

L'autre structure se rattache aux questions d'ordre professionnel (voir l'organigramme présenté à la figure 7.14 à la page suivante). Ainsi, un comité des lettres de créance examine les antécédents de tout

Figure 7.13
La structure à laquelle se rattachent les questions d'ordre administratif au Centre hospitalier Montfort

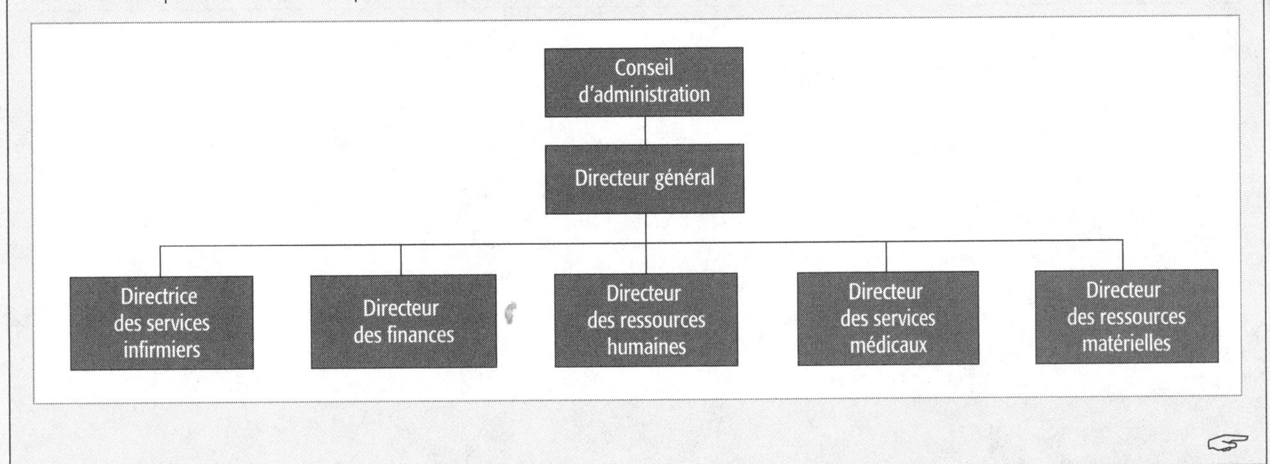

médecin qui désire exercer au centre hospitalier et recommande ensuite au comité médical d'accepter ou de refuser sa demande. Les médecins qui travaillent au Centre hospitalier Montfort ne font pas partie de ce comité, ils ont seulement le privilège d'y effectuer des interventions à titre d'invités. En règle générale, tout problème d'ordre médical ou professionnel est porté à l'attention du chef de service concerné. S'il est grave et ne peut être résolu par ce chef de service ou par le directeur général de l'hôpital, on avise le comité médical consultatif. Si celui-ci est incapable d'y remédier, on se tourne alors vers le conseil d'administration.

En l'occurrence, Pierre McDermott envisage de rencontrer le responsable des services médicaux (c'est-à-dire le chef du personnel médical) dans le but de résoudre le conflit opposant le docteur Saint-Cyr à Jeannine Garneau. Il lui faut arrêter une stratégie pour corriger le problème et aussi pour maintenir un bon climat de travail et de bonnes relations entre les membres du personnel du centre hospitalier.

Questions

1. Qu'aurait dû faire Mme Lin pour résoudre l'affaire qui concerne Jeannine Garneau ?
2. Que devrait dire Pierre McDermott au chef du personnel médical au cours de leur rencontre ?
3. Quelles règles administratives faudrait-il établir au Centre hospitalier Montfort pour éviter qu'une telle situation ne se reproduise ?

Figure 7.14
La structure à laquelle se rattachent les questions d'ordre professionnel au Centre hospitalier Montfort

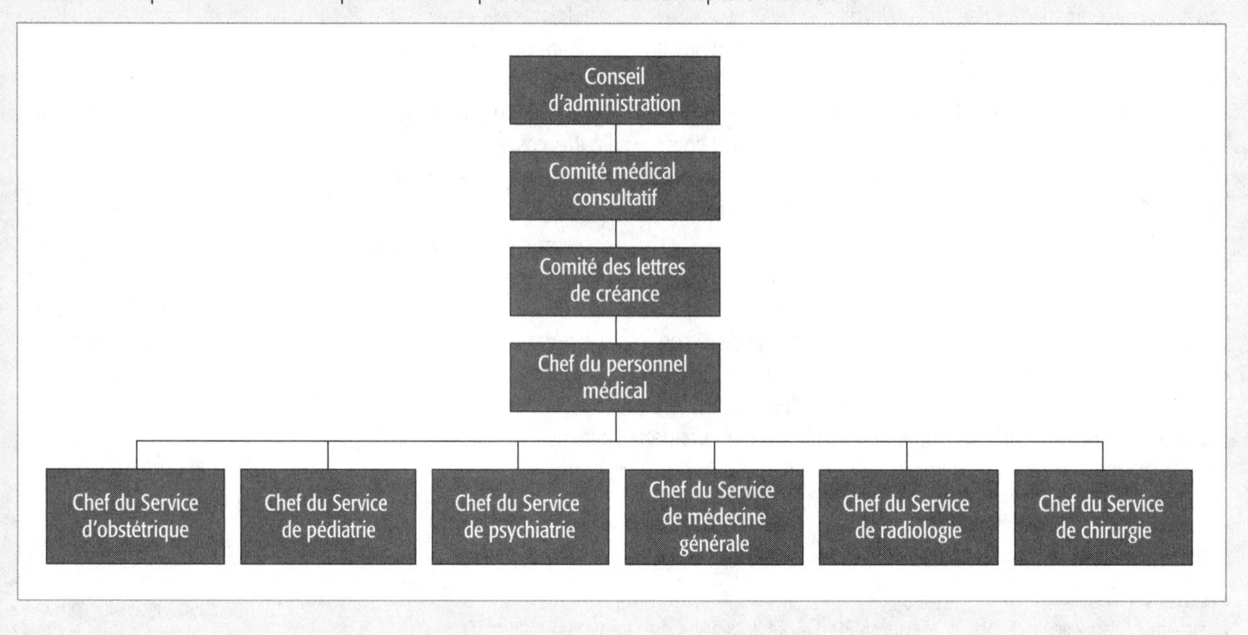

Étude de cas

EN MANCHETTE : LA MAISON DU PEINTRE[27]

Denis Lamontagne, Lionel Rogers, et Daniel Rogers de la Maison du Peintre

WWW

www.lamaisondupeintre.com

Avec ses revenus annuels de 11 M$, ses 7 succursales dans le Montréal métropolitain, ses 45 employés et ses 4 000 clients, la Maison du Peintre est le plus important détaillant de peinture indépendant au Québec pour les marchés de gros et de détail.

Bien sûr, elle est moins connue des particuliers que les géants Rona, Home Depot et Reno Dépôt. Mais qu'à cela ne tienne : son président fondateur, Lionel Rogers, affirme leur tenir tête en matière de prix grâce à son volume d'achat, en plus d'offrir des produits exclusifs haut de gamme, telle que la marque Sico Suprême, et l'expertise de son équipe. « Nous sommes un centre spécialisé. Très souvent, les gens ont besoin de conseils pour choisir la bonne peinture. Le prix d'un "gallon" n'est pas cher comparativement aux ressources requises pour refaire un ouvrage, si le produit utilisé au départ n'était pas le bon », explique M. Rogers.

Pour offrir les meilleurs conseils aux clients, les employés suivent une série de 15 sessions de formation de 2 jours à l'École des métiers de la construction. La Maison du Peintre est équipée pour vendre en grande quantité. Son entrepôt de 900 m^2 reçoit 12 000 litres de peinture chaque matin, pour desservir les peintres professionnels dès l'ouverture. « On offre l'expertise et un bon service, souligne Lionel Rogers. Quand un peintre professionnel appelle et dit : "Prépare-moi cette commande et mets ça sur mon compte, je vais passer dans deux heures", on peut le faire, même le livrer. Les grandes chaînes n'offrent pas ça », affirme-t-il.

Les peintres sont néanmoins très sensibles au prix. « Pour une différence de quelques sous le gallon, ils vont changer de fournisseur », souligne M. Rogers, qui a fondé la Maison du Peintre en 1971 avec son frère Michel.

Un partenariat exclusif

La Maison du Peintre mise beaucoup sur son partenariat avec le manufacturier Sico. D'une part, en sa qualité d'agent autorisé de Sico, c'est elle qui approvisionne les grossistes de Sico à partir de ses sept succursales. La Maison du Peintre réalise 70 % de son chiffre d'affaires grâce à cette entente. Sico y gagne, car au lieu de ne compter que sur son seul centre de distribution de Boucherville, elle peut s'appuyer sur plusieurs points de service répartis sur l'île de Montréal et offrir ainsi de meilleurs délais de livraison.

D'autre part, la Maison du Peintre a signé une entente d'exclusivité de sorte qu'elle ne vend plus que des produits Sico. En échange, son fournisseur lui a concédé l'exclusivité de la vente de sa ligne de produits haut de gamme. Pour cela, la Maison du Peintre a dû sacrifier la vente des produits Benjamin Moore qu'elle offrait depuis une quinzaine d'années. « C'était une grosse décision que de retirer la marque Benjamin Moore de nos tablettes. Elle nous rapportait quand même 1 M$ en ventes annuelles », dit M. Rogers. Cette décision a été facilitée par le fait que Benjamin Moore a ouvert ses propres magasins de vente au détail. « Nous étions à la croisée des chemins. Quand son fournisseur devient son plus gros concurrent, ce n'est pas sain », dit Daniel Rogers, fils du fondateur et vice-président de la Maison du Peintre.

Une croissance par acquisitions

Bien qu'elle n'ait pas de plans précis, la Maison du Peintre entend continuer à croître par acquisitions, en visant les petits magasins qui n'ont pas de relève familiale. « Nous voulons faire des acquisitions. Nous ne sommes pas assez patients pour recommencer à zéro », admet le président. Mais l'entreprise ne veut rien précipiter. Elle a d'ailleurs refusé des offres d'investissement de la Caisse de dépôt et placement et du Fonds de solidarité FTQ, car le fondateur trouvait trop agressifs les plans d'expansion proposés. Il a préféré conserver le contrôle de l'entreprise dans la famille. M. Rogers vient ainsi de passer le flambeau à son fils Daniel et à son beau-frère, Denis Lamontagne, qui s'occupe des achats depuis 25 ans.

La Maison du Peintre profite à plein de l'effervescence du secteur de la construction. « Ce sera encore une très bonne année. Quand les architectes sont très occupés, nous savons un an d'avance que ça sera une bonne année pour nous », dit Lionel Rogers. Celui-ci s'inquiète-t-il d'un éventuel ralentissement ? Pas vraiment, car lorsque la construction roule au ralenti, les grossistes investissent plutôt dans l'entretien et repeignent leurs installations. « Et au détail, les gens rénovent leur maison au lieu de déménager. Quand l'économie va moins bien, les gens redécorent plutôt que d'aller en vacances. On s'en sort toujours », se réjouit M. Rogers.

Questions

Quelles structures organisationnelles doit adopter M. Rogers afin de mettre en œuvre ses stratégies ? Pour répondre à cette question, faites le lien entre les notions essentielles de l'organisation et la structure organisationnelle proposée.

- En évaluant le type d'environnement de l'entreprise, quel devra être le choix de la structure (organique ou mécaniste) ? Pourquoi ?
- Quels types de départements devrait-il y avoir ?
- Quelle approche devra utiliser M. Rogers pour mettre en place une structure organisationnelle efficace ?

Chapitre 8

Les structures organisationnelles et le changement

Objectifs du chapitre

Après avoir lu ce chapitre, vous devriez pouvoir :

1. expliquer ce qu'est l'aménagement organisationnel et décrire les éléments situationnels qui influent sur le changement ;
2. décrire les différents types d'environnements, c'est-à-dire l'environnement stable et l'environnement changeant ;
3. décrire les différents types de changements et les raisons de lui résister, et comment on peut amener les gens à réagir favorablement au changement ;
4. traiter de l'effet des technologies de l'information sur les organisations de production et de services ;
5. expliquer comment les progrès technologique et technique ont un effet sur les organisations ;
6. expliquer comment il est possible d'apporter des changements organisationnels par le développement organisationnel ;
7. décrire les structures interorganisationnelles utilisées par les gestionnaires afin de rendre leurs organisations plus flexibles.

Défi lancé aux gestionnaires ☞ par Urgel Bourgie

Il n'y a qu'une façon de mourir, mais, en 2004, il y a 56 façons de faire le deuil d'un être cher. L'industrie funéraire change, revoit ses modèles d'entreprise et apprend à composer avec de nouveaux acteurs. Alors qu'il y a à peine 30 ans, les rituels entourant la mort étaient uniformes – trois jours d'exposition dans un petit salon funéraire de quartier, une procession en corbillard jusqu'à l'église, puis au cimetière, et l'enterrement dans un cercueil, placé à deux mètres sous terre –, la gamme des services et des produits de la mort s'est grandement élargie, à cause de l'athéisme et de la diversité culturelle, entre autres raisons.

Si vous le voulez, vous pouvez envoyer vos cendres dans l'espace. Si vous préférez les laisser dans une urne, vous aurez le choix d'une panoplie de matériaux (au bronze et au marbre s'ajoutent le verre, la céramique, le carton recyclé, etc.) et de fabricants : les Chinois (pour payer moins cher), les artisans québécois (pour l'amour du beau et une touche d'originalité). Vous avez la fibre écolo ? Choisissez un cercueil entièrement biodégradable. Vous refusez de vous séparer de l'être cher ? Prenez ses cendres et faites-vous-en une bague ! Le procédé, offert aux États-Unis, consiste à transformer les résidus de carbone provenant des cendres en une pierre qui peut être montée sur un alliage.

Salon funéraire Urgel Bourgie

Au salon funéraire, on vous offrira une réception avec cocktails et petits fours, accompagnés des services d'un pianiste. Un document vidéo ou PowerPoint sera diffusé à votre mémoire. Ou encore, on pourra organiser vos funérailles à la maison. Tout est possible, c'est « comme vous voulez » pour reprendre le slogan d'Urgel Bourgie[1].

www.urgelbourgie.com

Survol du chapitre

Nous avons vu au premier chapitre que les organisations évoluent à l'intérieur d'un système ouvert et qu'elles subissent ainsi l'effet des éléments internes et de leur environnement extérieur. Au chapitre 2, intitulé « Les environnements et les cultures organisationnelles », nous avons examiné les diverses composantes de l'environnement général et de l'environnement immédiat ayant un effet sur les organisations.

Au chapitre 7, intitulé « L'organisation, les structures organisationnelles et l'autorité », nous avons décrit l'organisation comme une entité plutôt « stable » ; toutefois, une telle vision ne reflète pas toujours la réalité. En effet, les dirigeants des entreprises du secteur funéraire doivent modifier de temps à autre leurs produits et services ainsi que leurs organisations pour demeurer concurrentiels sur les marchés. Compte tenu de l'évolution économique, technologique et sociale rapide que l'on observe actuellement au pays, diverses entreprises comme celles du secteur funéraire doivent sans cesse trouver des produits et des services nouveaux, ce qui oblige leurs dirigeants à adapter la structure de leur organisation.

Nous avons vu aussi au chapitre 7 que les entreprises abandonnent actuellement leur structure pyramidale en faveur de modes d'organisation nouveaux (les structures intra-organisationnelles comme les équipes pilotes, les structures par réseaux et les équipes interfonctions).

4

*La figure 8.1 illustre les principaux concepts présentés dans ce chapitre ainsi que les liens qui les unissent en matière d'**aménagement organisationnel**, qui peut se définir comme le processus de modification de la structure d'une organisation et les rapports d'autorité y existant, les relations entre les personnes et les groupes qui la composent ainsi que la manière d'y produire des biens et d'y fournir des services.*

La partie gauche de cette figure montre la structure pyramidale des organisations d'autrefois, qui se caractérisait par un ensemble de règles et de marches à suivre, une grande rigidité et une centralisation de l'autorité. Dans la partie opposée sont représentés les modes d'organisation plus contemporains présentés au chapitre 7 (structures intra-organisationnelles), comme la structure matricielle, les équipes interfonctions, les équipes pilotes, la structure par réseaux et l'esprit d'intraprise. Ce chapitre traite des structures interorganisationnelles telles que les alliances stratégiques, la structure modulaire, la structure virtuelle et la structure décloisonnée. Au centre de la figure, on remarque les éléments situationnels que doivent analyser les gestionnaires lorsqu'ils modifient la structure de leur organisation. Il s'agit des composantes de l'environnement extérieur, des éléments internes, de la taille et des technologies de l'information.

Pour bien s'adapter au changement, il faut, d'une part, discerner les actes stratégiques appropriés et, de l'autre, amener les personnes intéressées à vivre la transition avec enthousiasme. La première de ces activités tient d'un exercice intellectuel, alors que la seconde se rapporte plutôt aux relations humaines[2]. De ce fait, les gestionnaires recourent simultanément à l'aménagement organisationnel (exercice intellectuel) et au développement organisationnel (méthode associée aux relations humaines) pour transformer leur organisation en remplaçant la structure pyramidale par une structure contemporaine axée sur le processus. Nous reviendrons plus loin sur ces deux éléments.

Comme le montre la figure 8.1, l'ampleur des changements apportés à une organisation dépend des éléments situationnels, c'est-à-dire de la nature (stable ou changeante) de son environnement et du type de structure

Résumé

Figure 8.1
L'aménagement organisationnel

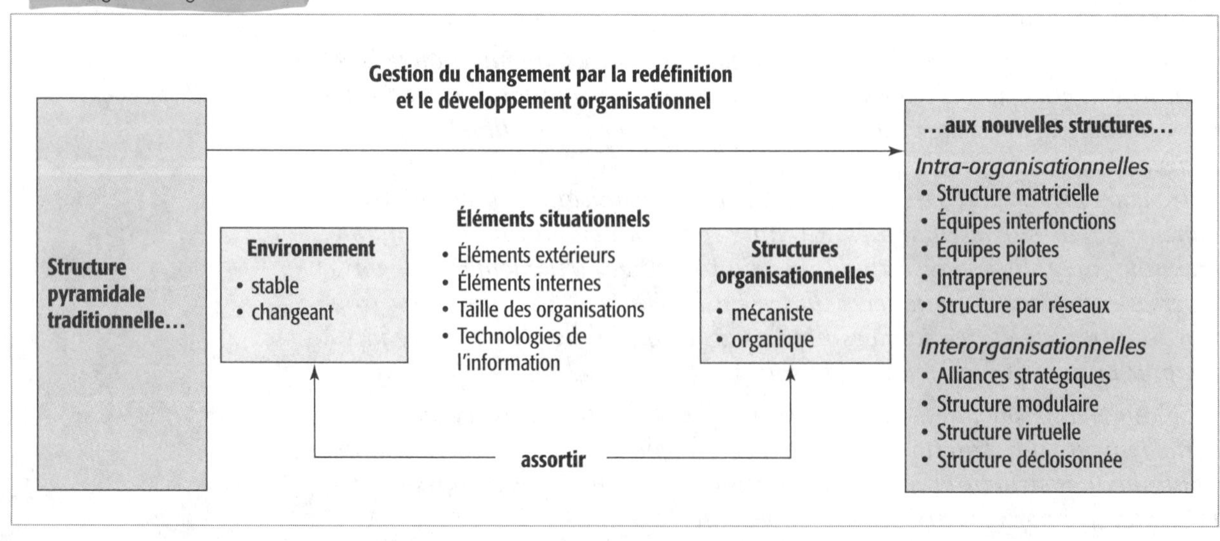

(mécaniste ou organique) qui s'y avère le plus efficace. Ainsi, les organisations mécanistes qui évoluent dans un environnement relativement stable (telles les entreprises de transformation des aliments ou de fabrication de chaussures) font certes l'objet de modifications moins importantes que celles qui évoluent dans les industries de pointe. En outre, certaines entreprises se révèlent plus efficaces avec une structure mécaniste (celles qui évoluent dans un environnement stable), tandis que d'autres y gagnent à posséder une structure organique (celles qui évoluent dans un environnement incertain). Il existe donc un lien direct entre les modifications apportées à la structure d'une organisation et l'environnement dans lequel elle se trouve.

Comment les entreprises du secteur funéraire peuvent-elles réagir de façon aussi audacieuse et aventureuse à l'évolution de leur environnement extérieur ? De quoi leurs dirigeants tiennent-ils compte lorsqu'ils décident de modifier leurs services et leur structure organisationnelle ? De quelle manière ces entreprises de petite et de grande envergure peuvent-elles adapter leurs employés aux nouvelles réalités économiques et technologiques ? Quel type de structure organisationnelle leur permettrait de livrer une concurrence efficace sur le marché ? Comment les entreprises peuvent-elles devenir plus innovatrices ? Comment leurs dirigeants peuvent-ils gérer ce processus de changement ?

Voici ce que met en évidence le présent chapitre, où il est question :

- *des éléments internes et des composantes de l'environnement extérieur dont les dirigeants d'entreprise tiennent compte lorsqu'ils effectuent un changement organisationnel ;*
- *de distinguer l'environnement stable de l'environnement changeant ;*
- *de décrire les différents types de changements et les raisons d'y résister ;*
- *de commenter sur l'effet des technologies de l'information sur les organisations de production et de services ;*
- *d'expliquer comment les progrès technologique et technique ont un effet sur les organisations ;*
- *d'expliquer les techniques utilisées afin d'apporter des changements organisationnels par le développement organisationnel ;*
- *de mettre en évidence les structures interorganisationnelles grandement utilisées de nos jours pour être en mesure de répondre aux besoins des consommateurs.*

4

8.1 LES ÉLÉMENTS INFLUANT SUR LE CHANGEMENT ORGANISATIONNEL

OBJECTIF 8.1

Expliquer ce qu'est l'aménagement organisationnel et décrire les éléments situationnels qui influent sur le changement.

Comme l'indique la figure 8.1, le type de structure le plus approprié varie selon les composantes de l'environnement extérieur, les éléments internes, la taille de l'organisation et les technologies de l'information.

Après avoir lu les quatre prochaines sous-sections, vous devriez pouvoir :

- décrire les composantes de l'environnement extérieur telles que les éléments économiques, les éléments sociaux, les éléments politiques, les technologies de l'information et la mondialisation ;

- décrire les éléments internes tels que les dirigeants, la culture organisationnelle et la gestion intégrale de la qualité;
- expliquer que la taille d'une organisation influe également sur le genre de structure qu'elle doit avoir;
- expliquer comment l'effet des technologies de l'information ont révolutionné la manière dont communiquent entre eux les individus.

8.1.1 Les composantes de l'environnement extérieur

Le chapitre 2 expliquait en détail la manière dont certaines composantes de l'environnement extérieur influent sur les organisations (voir la section 2.3 à la page 56). Ces éléments extérieurs peuvent amener les dirigeants d'entreprise à réduire ou à augmenter la taille d'un service particulier, à ajouter des divisions ou d'autres unités à leur organisation, à supprimer certains niveaux hiérarchiques ou à modifier leurs procédés de gestion et de production afin d'en améliorer le rendement et l'efficacité. La présente sous-section décrit brièvement les effets de certaines composantes de l'environnement extérieur en ce qui concerne l'aménagement organisationnel.

Les *éléments économiques* se traduisent par les variations de la demande, des taux d'intérêt, du niveau de chômage, etc. Dans un climat économique difficile, il arrive que les dirigeants d'entreprise réduisent leurs coûts, effectuent des mises à pied ou même centralisent leur organisation. Or, beaucoup d'économistes jugent que la récession du début des années 1980 et celle du début des années 1990 dépassaient en étendue et en profondeur tous les autres ralentissements survenus depuis la crise de 1929. C'est pourquoi on en vint à examiner de près les coûts d'exploitation des entreprises. De ce fait, les dirigeants commencèrent à réduire la taille de leurs organisations pour les rationaliser.

Les *éléments sociaux* interviennent dans les relations entre les personnes et les organisations. Deux d'entre eux influent plus particulièrement sur les organisations: le passage d'une économie axée sur la fabrication à une économie axée sur les services et l'élimination continue de postes dans les grandes entreprises. En effet, ces changements détermineront dans une large mesure l'emplacement des emplois futurs et la manière dont les gens accompliront leur travail. Aujourd'hui, un plus grand nombre d'entreprises choisissent de rétribuer des heures supplémentaires à leurs employés à temps plein ou d'obtenir les services de travailleurs à temps partiel qui n'exigent pas d'avantages sociaux (ou n'y ont droit qu'en proportion du nombre d'heures qu'ils effectuent) et qui peuvent être plus facilement remerciés.

Beaucoup de gens seront en effet appelés à devenir des experts-conseils, à exploiter leur propre entreprise, à travailler à la maison, à retourner aux études et à changer de carrière. Aujourd'hui, un tiers des 16,1 millions de travailleurs canadiens occupent des postes à temps partiel, travaillent à forfait ou lancent leur propre entreprise[3].

À l'avenir, les conditions économiques et sociales aboliront quasiment la sécurité d'emploi, de sorte que les gens devront:

- envisager leur carrière dans une perspective plus générale, le transfert des aptitudes étant plus facile;
- se familiariser avec les agences chargées de placer des cadres intérimaires;
- être préparés à utiliser les télécommunications;
- s'efforcer plus que jamais de rester en contact avec leurs collègues, leurs amis et leurs voisins, de même qu'avec les clients et les fournisseurs avec lesquels ils ont traité;
- actualiser sans cesse leurs aptitudes[4].

Les *éléments politiques*, d'autre part, ont trait aux décisions prises par les gouvernements dans le but de restructurer l'économie et son assise industrielle pour en accroître la compétitivité à l'échelle mondiale. Il arrive en effet que des gouvernements de divers paliers adoptent des stratégies devant permettre à des entreprises et certains secteurs d'activité de se tailler une place de chef de file mondial. La plupart des tarifs s'appliquant aux échanges commerciaux entre le Canada, les États-Unis, le Mexique et les pays d'Amérique du Sud disparaissent graduellement avec les accords de libre-échange. Ce phénomène a obligé les dirigeants d'entreprises canadiennes à réviser la structure de leurs coûts, à améliorer leurs capacités de production et à affiner leurs stratégies de commercialisation. Or, tous ces changements produiront un effet sur le mode de fonctionnement des entreprises canadiennes et sur la structure de leur organisation, car ils inciteront leurs dirigeants à les internationaliser.

Les *technologies de l'information* jouent également un rôle clé dans la restructuration des organisations. On les considère en effet comme le moyen indispensable permettant d'adopter de nouveaux modes de fonctionnement. Par le passé, les technologies de l'information servaient à automatiser les procédés existants et à réduire les coûts. De nos jours, cependant, on les utilise dans le but de redéfinir la manière dont les individus et les entreprises peuvent offrir un meilleur rendement. Les ordinateurs, par exemple, sont venus transformer complètement le milieu de travail des gestionnaires et des spécialistes. Diverses entreprises ont recours aux technologies de l'information pour échanger des données et des documents, modifier leurs listes de prix, passer des commandes et vérifier le niveau de leurs stocks. Les systèmes mis en place créent des liens plus étroits entre les différentes unités d'une organisation et même entre certaines entreprises et leurs fournisseurs et clients. On n'a qu'à penser à la puissance d'Internet et de ce qui va suivre dans les années à venir concernant la communication sans fil.

La *mondialisation* représente un autre phénomène qui influe sur les structures organisationnelles. En effet, grâce à l'internationalisation et à l'ouverture des économies, les entreprises cherchent des partenaires et forment des alliances. Pour ce faire, elles recourent aux technologies de l'information et à l'aménagement organisationnel. Les entreprises ne pourront désormais obtenir la synergie et les économies d'échelle les plus grandes possible qu'en reliant ou en intégrant étroitement leurs activités d'un pays à l'autre.

8.1.2 Les éléments internes

Il existe également des pressions internes qui incitent à modifier la structure d'une organisation. Les trois éléments internes les plus importants à cet égard sont les dirigeants, la culture d'une organisation et la gestion intégrale de la qualité.

Lorsque les *dirigeants* (cadres supérieurs) d'une organisation décident de modifier les priorités de celle-ci, leurs objectifs stratégiques, leurs politiques et leurs plans stratégiques pour relever de nouveaux défis, la structure de l'organisation est nécessairement appelée à changer. Il arrive que l'on recrute certains cadres supérieurs pour qu'ils donnent un coup de barre et améliorent la rentabilité d'une entreprise.

La *culture organisationnelle*, c'est-à-dire les individus, leurs valeurs et leur comportement, influe sensiblement sur la manière dont il convient de structurer une organisation. Certaines personnes font mieux leur travail à l'intérieur d'une structure bureaucratique, tandis que d'autres se montrent plus efficaces en présence d'une structure favorisant l'autonomie et l'autogestion. De ce fait, les dirigeants d'une organisation doivent structurer cette dernière de la manière la mieux adaptée aux attitudes et aux comportements de ses membres.

Les cadres supérieurs adoptent parfois une culture organisationnelle reflétant leur style de gestion. Il arrive également qu'une organisation se voie obligée de modifier sa culture sous l'effet de la concurrence ou d'autres éléments extérieurs. La prospérité des constructeurs de véhicules automobiles japonais, par exemple, s'explique dans une large mesure par leur style de gestion, qui a influencé la manière dont les cadres américains du même secteur dirigent leur organisation. Dans leur ouvrage intitulé *Le prix de l'excellence*, Thomas Peters et Robert Waterman déclarent que les entreprises se révèlent plus sensibles aux changements environnementaux et tentent davantage d'y adapter leur organisation lorsqu'elles ont une solide culture résolument axée sur le service à la clientèle[5].

De nos jours, cependant, beaucoup de dirigeants optent pour une méthode plus participative faisant en sorte que les cadres de tous les niveaux hiérarchiques et même les travailleurs à la chaîne participent au processus décisionnel. Les dirigeants de certaines organisations qui travaillent dans un environnement en évolution rapide remarquent en effet que les silos hiérarchiques liés chacun à une fonction ne favorisent pas le type de procédés de travail nécessaire pour créer des produits ou des services de la qualité voulue. Ils favorisent plutôt la *structure virtuelle*, un sujet que nous traiterons dans ce chapitre à la section 8.7, « Les structures interorganisationnelles ».

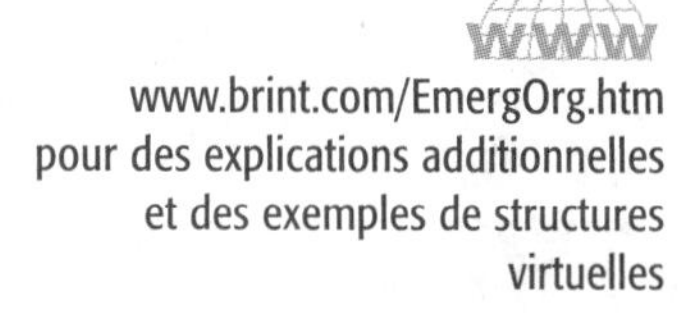

www.brint.com/EmergOrg.htm pour des explications additionnelles et des exemples de structures virtuelles

Dans un contexte de *gestion intégrale de la qualité*, les cadres supérieurs mettent l'accent sur l'intégration des structures institutionnelles, à l'intérieur desquelles des équipes interfonctions sont libres d'agir et de prendre leurs propres décisions. Toutefois, avant d'implanter un tel système interfonctions les gestionnaires allouent beaucoup d'argent à des programmes de formation et de perfectionnement pour aider leurs employés à modifier leurs habitudes de travail et pour leur fournir les outils leur permettant d'améliorer leurs aptitudes à la prise de décision et à la communication[6].

8.1.3 La taille des organisations

La taille d'une organisation influe également sur le genre de structure qu'elle doit avoir. On remarque en effet que les grandes sociétés comme la Société canadienne des postes et Hydro-Québec présentent une structure plus bureaucratique que les organisations de plus petite envergure axées sur l'esprit d'entreprise, comme Research in Motion.

Les grandes entreprises se distinguent des petites par divers aspects[7]. Premièrement, elles sont de nature plus complexe et s'accroissent lorsqu'on y instaure de nouvelles activités. On y ajoute plus d'unités organisationnelles en y créant de nouvelles fonctions ou de nouvelles divisions. Deuxièmement, les grandes organisations sont plus structurées. On doit en effet y implanter des règles, des politiques, des marches à suivre et des systèmes afin que toutes les unités organisationnelles collaborent entre elles. Troisièmement, elles se caractérisent par un processus décisionnel décentralisé. Lorsque la taille d'une organisation devient trop importante, on donne aux cadres intermédiaires et inférieurs, œuvrant aux opérations quotidiennes, le pouvoir de prendre des décisions afin de pouvoir réagir plus rapidement aux circonstances environnantes. Quatrièmement, les grandes entreprises ont besoin d'un plus petit nombre de cadres supérieurs lorsque les structures organisationnelles et les responsabilités y sont clairement définies et décentralisées. Cinquièmement, il leur faut, dans certains cas, un personnel de soutien plus nombreux afin d'assurer une coordination, une harmonisation et une communication efficaces entre les unités organisationnelles.

Les dirigeants de grandes organisations essaient toutefois de combiner les bénéfices que procure une grande organisation (dont les économies d'échelle) avec ceux que l'on associe aux petites entreprises (telle la capacité d'innover et de réagir au changement de manière rapide).

8.1.4 Les technologies de l'information

Les technologies de l'information ont révolutionné la manière de communiquer des individus, des groupes et des organisations. Elles ont un effet important sur les structures organisationnelles et représentent un des éléments clés de l'aménagement organisationnel. Celle-ci se distingue en effet des méthodes traditionnelles de rationalisation et d'organisation du travail par une utilisation ingénieuse des technologies de l'information, qui permettent aux organisations d'adopter de nouveaux modes de fonctionnement qu'il serait autrement impossible de mettre en pratique. Nous explorerons ce sujet plus en détail dans la section 8.4 intitulée « La technologie et les structures ».

8.2 LES TYPES D'ENVIRONNEMENTS

OBJECTIF 8.2

Décrire les différents types d'environnements, c'est-à-dire l'environnement stable et l'environnement changeant.

Les éléments environnementaux influent sur les organisations de diverses manières, les difficultés qu'éprouvent certaines d'entre elles à s'adapter résultant du rythme auquel elles se transforment. Comme l'indique la figure 8.2 (voir la page 302), une organisation peut avoir un environnement stable ou changeant.

Figure 8.2
La différence entre un environnement stable et un environnement changeant

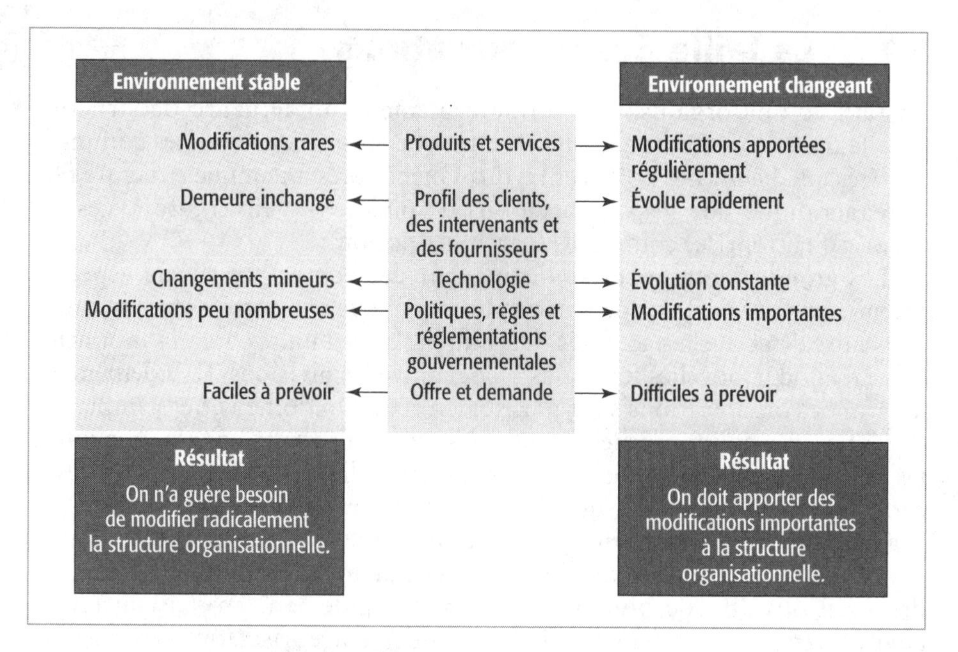

Après avoir lu les deux prochaines sous-sections, vous devriez pouvoir:

- décrire ce qui caractérise un environnement stable exerçant peu d'effets sur la structure des entreprises;
- expliquer ce qu'est un environnement changeant exerçant une pression sur les dirigeants pour qu'ils modifient rapidement leurs stratégies et structures organisationnelles.

8.2.1 Un environnement stable

Un **environnement stable** ne produit que des effets mineurs sur la structure d'une organisation. Parmi les entreprises qui se trouvent dans un tel environnement, on compte celles dans les secteurs de la bière, du lait, de l'électricité, du poisson, des articles de bureau, des pneus, des boissons gazeuses, de la peinture et des services de restauration rapide (voir la sous-section 7.1.5, « La structure mécaniste », à la page 258). Il survient bien sûr certains changements dans ces secteurs d'activités (manière d'emballer ou de distribuer les biens produits, par exemple), mais ils n'influent guère sur la structure des entreprises. De même, les organismes gouvernementaux — comme la Société canadienne d'hypothèques et de logement, Environnement Canada, Anciens Combattants Canada et le solliciteur général du Canada — n'ont pas à apporter des modifications rapides et profondes à la structure de leur organisation afin de s'adapter à un environnement en évolution.

Certaines personnes affirmeront peut-être que l'évolution des conditions économiques, la révision des priorités, l'ampleur de la dette de l'État et le phénomène de la réduction du personnel ont incité les gestionnaires du secteur public à revoir la structure de leur organisation. Elles auraient d'ailleurs raison de le faire. Toutefois, ces éléments environnementaux ne remettent pas en question l'existence des organismes gouvernementaux et les changements qu'ils entraînent peuvent être effectués sur une longue période.

8.2.2 Un environnement changeant

Les entreprises évoluant dans un **environnement changeant** ne cessent d'adapter leurs structures pour réagir avec rapidité et efficacité aux variations de la demande et à la progression des besoins des consommateurs. Elles vendent des produits tels que des ordinateurs, des logiciels, des appareils électroniques, des vêtements et du matériel de communication (voir la sous-section 7.1.5, intitulée « La structure mécaniste et la structure organique », à la page 258). Certaines entreprises, dont Microsoft Canada et Cognos, consacrent ainsi une part importante de leur budget à la recherche et au développement en raison du court cycle de vie de leurs produits. Les secteurs du transport aérien, des télécommunications et des services financiers ont par ailleurs subi des transformations profondes au cours des dernières années à la suite de la modification de leur politique et des réglementations gouvernementales (le transport aérien et les services financiers ayant fait l'objet d'une déréglementation). Le progrès technique exerce également une certaine pression sur l'industrie automobile au moyen de la robotisation. Ainsi, pour se trouver en meilleure position par rapport à leurs concurrents européens et japonais, les grands constructeurs multinationaux comme Ford, General Motors et Chrysler ont dû injecter des sommes importantes dans leurs installations de production.

Le secteur des télécommunications (autrefois celui du téléphone) se caractérisait auparavant par un environnement stable. Northern Telecom était alors le seul fabricant d'appareils téléphoniques au Canada. De nos jours, cette entreprise compte des rivaux de petite, de moyenne et de grande tailles. Les appareils d'autrefois avaient un style dépouillé ; ils étaient noirs et ne comportaient aucune option. Les choses ont cependant bien changé. Ainsi, Nortel évolue aujourd'hui dans un environnement technologique de pointe et doit sans cesse modifier ses produits pour éviter de se faire dépasser par ses concurrents. Cette entreprise fabrique maintenant des téléphones qui offrent toutes sortes d'options comme une sonnerie auxiliaire ou distinctive, une musique de fond, un afficheur, une horloge et un dateur, une fonction de mise en attente, un chronomètre indiquant la durée des appels et un dispositif de protection contre les interruptions accidentelles ainsi que les téléphones sans fil et les phototéléphones numériques.

Le secteur des télécommunications subit de nombreux changements suscités par les réglementations gouvernementales. Mentionnons aussi que de nouveaux concurrents comme Unitel et Rogers Communications se taillent actuellement une place sur le marché de l'interurbain, dont la valeur s'établit à 7,5 milliards de dollars, ce qui cause de sérieux maux de tête aux dirigeants de BCE et d'autres sociétés provinciales qui détenaient autrefois un monopole sur leur territoire respectif. Ces changements environnementaux exercent une pression sur les dirigeants de Nortel et de BCE, les incitant à rectifier leurs stratégies, leurs politiques et leurs structures organisationnelles.

OBJECTIF 8.3

Décrire les différents types de changements et les raisons de lui résister, et comment on peut amener les gens à réagir favorablement au changement.

8.3 LA GESTION DE L'AMÉNAGEMENT ORGANISATIONNEL

Cette section du chapitre porte sur la **gestion de l'aménagement organisationnel** qui représente essentiellement les stratégies utilisées par les gestionnaires pour adapter, le plus efficacement et rapidement possible, leur organisation aux changements internes et externes.

Après avoir lu les trois prochaines sous-sections, vous devriez pouvoir:

- décrire les types de changements observés à l'intérieur des organisations;
- expliquer les raisons pour lesquelles les employés s'opposent au changement;
- décrire un modèle que les gestionnaires peuvent adopter pour instaurer un changement.

8.3.1 Les types de changements

Comme nous venons de le voir, beaucoup de conditions contraignent les dirigeants d'une organisation à y apporter des modifications pour l'adapter à divers éléments extérieurs et internes. Les changements peuvent porter sur les stratégies, le savoir technique, les produits ou les services offerts, l'élément humain et le leadership.

Pour ce qui a trait aux changements *stratégiques*, il ressort des chapitres consacrés à la planification que les changements apportés à l'orientation d'une organisation (par exemple à l'énoncé de sa mission, à ses objectifs stratégiques ou à ses priorités) amènent à modifier la structure organisationnelle. Après avoir examiné les possibilités et les dangers recélés par l'environnement d'une organisation ainsi que les forces et les faiblesses de cette dernière, on en vient parfois à changer son orientation générale. Ce type d'analyse peut en effet obliger les dirigeants à revoir l'énoncé de leur mission, ce qui suscite parfois une révision de l'étendue des activités sur le plan des produits et des marchés[8]. Or, l'adoption d'une orientation générale différente entraîne ordinairement des conséquences dans l'ensemble de l'entreprise, dans l'une de ses composantes (unité sectorielle stratégique) ou dans l'une de ses fonctions (commercialisation, finances, production ou autres). En effet, lorsque les dirigeants décident d'appliquer une stratégie de croissance (expansion interne, fusion, intégration horizontale, diversification par conglomérat, intégration verticale, entreprise conjointe, par exemple), une stratégie de stabilité, une stratégie de retrait (retournement de la situation, désinvestissement, liquidation, par exemple) ou une stratégie combinée, ils doivent adapter la structure de leur organisation en conséquence.

Sur le plan du *savoir technique*, nous avons vu plus haut dans ce chapitre que le progrès technologique peut influer sur la manière dont les organisations communiquent entre elles et inciter les dirigeants à modifier la structure de l'entreprise et le type d'autorité déléguée aux cadres inférieurs. L'adoption d'une nouvelle technologie peut en effet susciter une transformation importante des activités en permettant à l'entreprise d'offrir des produits ou des services nouveaux ou améliorés, ou les deux à la fois, de réduire ses coûts d'exploitation, de changer la taille de ses usines et d'intégrer ses activités. Le progrès technologique se manifeste sur les plans de la production (notamment par la robotisation), de l'administration (la bureautique, par exemple) et de la communication (grâce aux technologies de l'information, etc.).

Pour ce qui touche les changements portant sur *les produits ou les services*, une entreprise peut acquérir un avantage sur le marché en accélérant son processus de mise au point, de production et de distribution de biens et de services. Par exemple, General Electric n'a plus besoin que de trois jours pour répondre à une demande de boîtes de disjoncteurs fabriquées sur commande, ce qui nécessitait autrefois trois semaines. Or, on ne peut réaliser de tels progrès que si l'on adopte un processus différent pour fabriquer les produits, ce qui exige des modifications structurales et l'amélioration de la communication entre les employés.

Dans une organisation, la mise en œuvre de stratégies, la modification des structures et l'adoption de nouvelles technologies influent sur l'attitude et le comportement de ses membres, c'est-à-dire sur l'évolution de *l'élément humain*. Ceux-ci peuvent se montrer indifférents, hostiles ou favorables à toute forme de changement. Par conséquent, les dirigeants doivent être sensibles à la réaction de leurs employés chaque fois qu'ils préparent une transformation. Lorsqu'on modifie la taille d'une organisation, par exemple, ses employés sont en général appelés à accomplir de nouvelles tâches, à communiquer plus fréquemment et différemment ainsi qu'à prendre plus de décisions. Il importe alors de les aider à vivre la transition pour faciliter l'abandon des anciennes structures et manières de procéder (par exemple, des structures centralisées) au profit de nouvelles méthodes comme celles des équipes interfonctions, des structures matricielles et, comme nous le verrons à la fin du chapitre, à la section 8.7, « Les structures interorganisationnelles », des structures modulaires, virtuelles et décloisonnées. Afin de s'assurer que leurs employés s'adaptent bien au changement, les dirigeants de toute organisation doivent donc allouer des sommes importantes à des programmes de formation et de développement, instaurer des processus qui facilitent la transition et, fait tout aussi important, agir à la manière d'entraîneurs, de coordonnateurs, de conciliateurs et de promoteurs du travail en équipe.

Il existe aussi des changements dans le *leadership*. Rien ne sert de modifier une organisation lorsque ses dirigeants ne font pas preuve d'un leadership solide. Pour que les employés d'une organisation adoptent la vision, la mission et les objectifs qui lui sont propres, il faut que ses dirigeants soient en mesure de les encourager à accomplir leur travail avec plus de dévouement et d'énergie. Le leadership joue ainsi un rôle clé, en particulier lorsqu'on doit « transformer » les employés en les conscientisant à l'importance de leurs tâches et en les aidant à étendre leur horizon au-delà de leurs intérêts personnels pour mener la mission de l'entreprise à bien[9]. Il devient important d'exercer un leadership solide lorsqu'il faut, d'abord, adapter la culture d'une organisation à l'évolution de son environnement, puis coordonner et harmoniser ses activités internes[10]. Une culture organisationnelle qui reflète les valeurs et les croyances des employés peut faciliter ou entraver la mise en œuvre des stratégies de l'entreprise.

4

8.3.2 La résistance au changement

Même si les dirigeants d'une entreprise veulent modifier les structures organisationnelles afin d'améliorer leur rendement et d'offrir un meilleur service à leurs clients, il y aura toujours des personnes qui s'y opposeront. Il existe plusieurs raisons qui amènent les employés à s'opposer au changement, les plus importantes étant l'incertitude, l'intérêt personnel, les différences de perception et la crainte d'une perte de prestige[11].

L'*incertitude* est la principale cause de résistance. Sitôt que l'on parle d'un changement organisationnel, les employés deviennent inquiets et nerveux. Ils se demandent quelle sera leur place à l'intérieur de la nouvelle structure, à qui ils devront rendre des comptes et quel genre de travail ils auront à effectuer.

Mentionnons aussi l'*intérêt personnel*. En théorie, les individus doivent tous travailler à la réussite de l'organisation et viser des objectifs communs. Lorsqu'on songe à remanier une organisation, toutefois, la réaction la plus fréquente des employés consiste à protéger leurs propres intérêts en essayant de conserver le pouvoir, l'autorité, le salaire, les avantages sociaux, le prestige et la sécurité dont ils jouissent, de même que le respect que leur témoignent leurs collègues en raison de leurs compétences techniques et professionnelles[12].

Les *différences de perception* est un phénomène qui survient lorsque les cadres de différents niveaux hiérarchiques n'envisagent pas les événements de la même façon que ceux qui apportent les modifications. Il découle souvent d'une mauvaise transmission de l'information ou de la diffusion de renseignements incomplets à l'intérieur de l'organisation. Les cadres inférieurs et les exécutants ne connaissent alors qu'une partie des faits.

Lorsque les personnes *craignent de perdre leur prestige*, elles deviennent très craintives lorsque leur organisation fait l'objet d'un remaniement. La perspective de devoir composer avec des structures, des relations et des supérieurs nouveaux semble en effet les effrayer. Ils préfèrent ainsi le *statu quo*. Pour certaines personnes, en plus de perdre le prestige, le changement organisationnel peut engendrer une perte d'autorité et de responsabilités. Il se traduit pour certains individus par de nouvelles fonctions, par une description de poste différente les obligeant à changer leurs habitudes et à tisser de nouvelles relations de travail. Lorsqu'on modifie une organisation, il en résulte aussi des changements physiques (telle l'occupation d'un nouveau bureau) et la mutation de certains employés d'un poste à un autre poste.

8.3.3 Un modèle utilisé pour apporter des changements

De quelles façons les dirigeants peuvent-ils apporter des changements ? Certains attendent les signes leur indiquant ce qu'ils doivent changer et apportent des modifications une à une, réagissant donc à des situations. D'autres se montrent plus proactifs, élaborant des plans afin d'adapter leur organisation à son environnement futur et de réagir aux possibilités et aux dangers qu'il recèlera.

Examinons maintenant le modèle proactif de Kurt Lewin, présenté par la figure 8.3, que les gestionnaires peuvent utiliser pour composer avec le changement. Ce modèle suppose que sa réalisation passe par trois étapes: la sensibilisation (dégel), son instauration, puis sa stabilisation[13].

www.a2zpsychology.com/ARTICLES/KURT_LEWIN'S_CHANGE_THEORY.HTM

Figure 8.3
Les trois étapes du modèle de Lewin pour apporter un changement

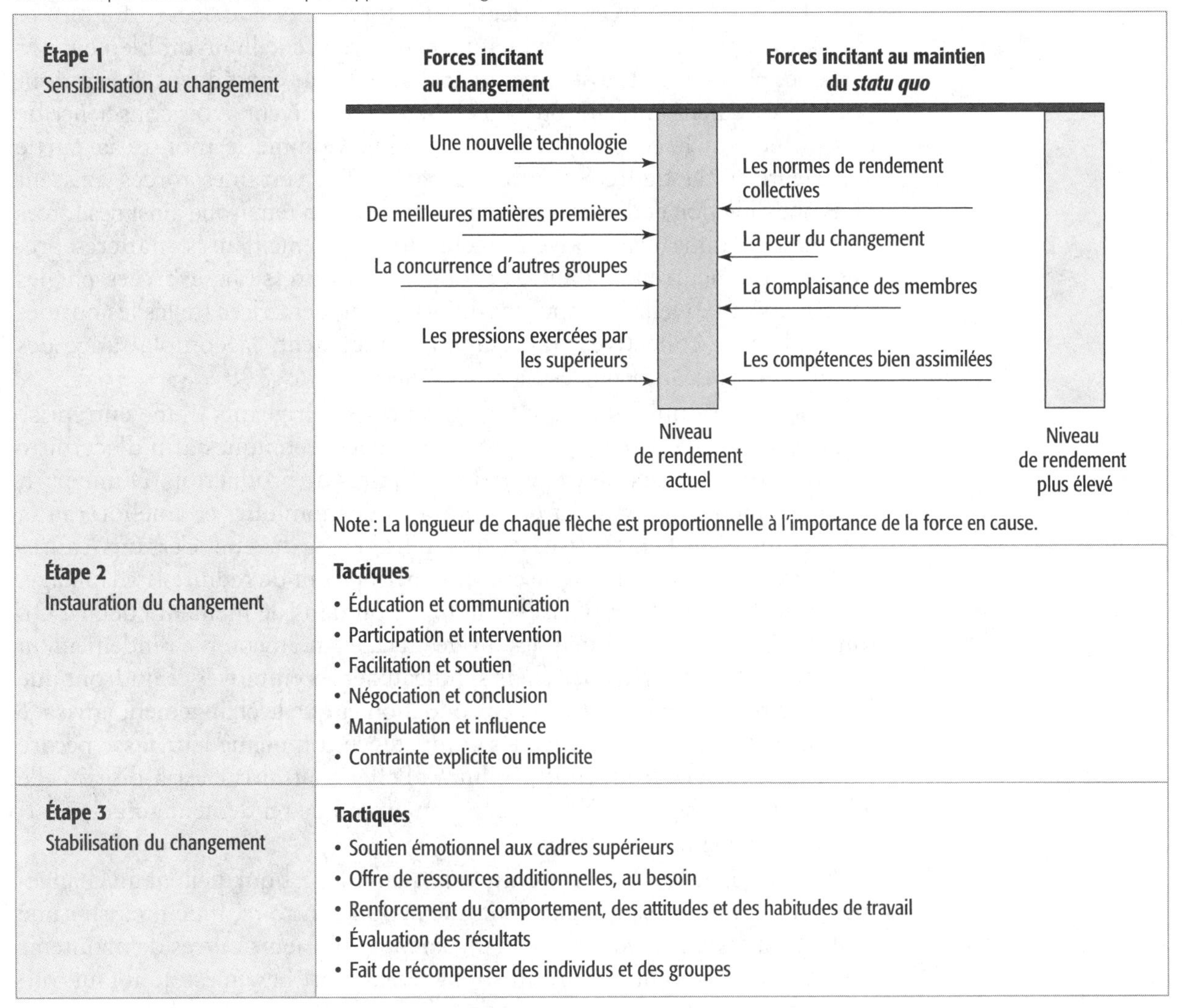

A. La sensibilisation au changement

Au cours de la première étape, celle de la sensibilisation au changement ou de la reprise des activités, les cadres prennent conscience que leurs méthodes de gestion et d'exploitation actuelles ne sont plus efficaces. Ils reconnaissent alors qu'ils doivent changer leur façon de faire en analysant la situation. Diverses circonstances peuvent montrer la nécessité d'un changement, parmi lesquelles de piètres résultats d'exploitation, l'évolution de l'environnement, la découverte d'un problème, l'insatisfaction des employés, l'existence d'un déséquilibre dans l'organisation et le désir de mettre à profit des occasions nouvelles. Tout en sachant qu'il leur faut apporter des modifications, les gestionnaires reconnaissent que ce sont les employés qui devront composer avec celles-ci. Or, le changement est source d'inquiétude, de stress et de conflits. C'est pourquoi il importe d'expliquer aux employés ce qui arriverait dans le cas d'une renonciation aux modifications proposées.

Kurt Lewin fut le premier à énoncer la **théorie du champ de forces équilibrées**, qui repose sur l'hypothèse que tout comportement résulte d'un équilibre entre des forces motrices et des forces modératrices[14]. En termes simples, on peut dire que tout changement sera accueilli favorablement par certaines personnes et hostilement par d'autres. Par conséquent, les gestionnaires qui veulent faire adopter un changement doivent avoir conscience de ce qui incite à l'accepter ou à s'y opposer. Comme le montre la partie supérieure de la figure 8.3 (voir la page 307), certaines forces agissent dans une direction et d'autres, en sens contraire. On remarque ainsi des forces motrices (comme une nouvelle technologie, de meilleures matières premières, la concurrence d'autres groupes et les pressions exercées par les supérieurs) auxquelles s'opposent des forces modératrices (telles les normes de rendement collectives, la peur du changement, la complaisance des membres et les compétences bien assimilées).

Voici un exemple illustrant ce concept. Les dirigeants d'une entreprise veulent mettre en place de nouveaux procédés techniques afin d'accroître la productivité et de réduire les coûts unitaires de production. D'une part, ce changement engendrerait des avantages économiques et améliorerait la compétitivité de l'entreprise, ce qui milite en sa faveur. Certains cadres déclareront que la technologie en cause permettrait de réduire le gaspillage, d'accroître la qualité et d'assurer la livraison dans de meilleurs délais. Or, tous ces éléments inciteraient les dirigeants à en augmenter le rendement au maximum. D'autre part, les chefs syndicaux et les employés craindront que l'on ait à rehausser les normes de production et que le changement envisagé les oblige à acquérir de nouvelles compétences ou même leur fasse perdre leur emploi. Or, cette attitude produirait l'effet contraire, c'est-à-dire qu'elle amènerait les dirigeants à maintenir son niveau de rendement actuel, c'est-à-dire à privilégier le *statu quo*.

Bien que la figure 8.3 ne montre que quatre forces qui incitent au changement et quatre autres qui exercent une action contraire, il peut exister une foule de raisons d'effectuer un changement et plusieurs autres de maintenir le *statu quo*. Le point important souligné par Kurt Lewin est qu'il faut toujours établir un programme précis afin d'éliminer le plus grand nombre possible de préoccupations chez les individus qui s'opposent au changement et de renforcer les éléments qui militent en faveur de celui-ci.

B. L'instauration du changement

La deuxième étape du processus fait intervenir un mouvement vers le changement. Comme le montre la partie centrale de la figure 8.3, on amène les transformations voulues en modifiant le comportement des employés. Un bon moyen de susciter un changement consiste à présenter une vision de la position qu'une entreprise devrait atteindre à l'avenir. Il devient alors nécessaire de modifier les stratégies, le comportement et les attitudes, les méthodes de travail et les moyens techniques utilisés. Or, on y parvient en démontrant un leadership efficace (vision claire, communication de l'orientation de l'entreprise, énoncés des valeurs institutionnelles, style de leadership transformationnel, etc.).

Toutefois, pour instaurer avec succès tout changement, les gestionnaires doivent composer avec la réaction normale des employés, qui sera de s'y opposer. La meilleure façon de procéder est de reconnaître le plus tôt possible l'opposition au changement et de remédier à chaque situation avant que les obstacles à l'intérieur de l'organisation ne deviennent insurmontables. Voici une brève description des moyens les plus utilisés pour vaincre la résistance au changement[15].

L'*éducation* et la *communication* s'avèrent utiles lorsque les employés manifestent le besoin de connaître la nature de la transformation en cours. Réaménage-t-on la structure de l'organisation ? Regroupe-t-on certaines unités ? Va-t-on adopter une nouvelle technologie ou instaurer des méthodes de travail différentes ? L'information transmise devrait indiquer non seulement la nature du changement, mais aussi les raisons qui le motivent. On peut la diffuser au moyen de présentations faites à des groupes, de courtes notes de service, de rapports détaillés et d'entretiens individuels. Cette méthode entraîne une dépense de temps considérable, mais nécessaire pour venir à bout de la résistance au changement.

La *participation* et l'*intervention* représentent des moyens efficaces lorsque les dirigeants sollicitent l'appui et l'engagement de tous ses membres. On demande alors aux employés de faire connaître leurs idées, leurs opinions et leurs suggestions au cours de discussions de groupe. Ces rencontres sont importantes, car les employés y soulèvent fréquemment des questions clés susceptibles d'avoir échappé à l'attention des cadres. Une telle manière de procéder procure de bons résultats parce que les membres prennent une part active au processus d'aménagement organisationnel et peuvent avoir plus à cœur les changements à venir.

La *facilitation* et le *soutien* donnent par ailleurs de bons résultats lorsque certains groupes d'individus acceptent difficilement le changement. Il convient alors d'apporter un soutien émotionnel aux employés au cours du processus de transformation, afin de leur faciliter les choses et d'apaiser leur stress, leur inquiétude ainsi que leur crainte. Pour ce faire, on utilise l'écoute active, on réagit aux doléances des employés et on donne à ces derniers la formation qui leur permettra d'améliorer leurs compétences afin de mieux s'adapter à un nouveau poste ou à des méthodes de travail différentes. Après que l'on aura décentralisé l'autorité et créé des équipes interfonctions, par exemple, les employés voudront savoir comment fonctionne ce type de groupes et acquérir les compétences nécessaires pour améliorer leur capacité à communiquer et à prendre des décisions.

La *négociation* et la *conclusion* d'un accord représentent une démarche valable lorsqu'on a besoin de la collaboration des employés et que seule la négociation permet d'obtenir leur appui. Par exemple, si l'on désirait adopter une nouvelle structure réduisant le pouvoir d'un service quelconque, on pourrait offrir à son responsable certains avantages pour l'amener à accepter ce changement. On effectuerait ainsi une sorte d'échange en proposant à un employé ou à un groupe des avantages spéciaux tels que des primes, la reconnaissance ou un poste convoité. Cette méthode comporte toutefois un inconvénient : d'autres individus ou groupes pourraient apprendre ces démarches et accuser la direction de favoritisme.

La *manipulation* et l'*influence* se révèlent efficaces lorsque toutes les méthodes citées précédemment demeurent sans effet. Les dirigeants s'en remettent alors à une information et à des rapports obscurs ou fallacieux ainsi qu'à une suite d'événements détournés pour atteindre leur objectif par la manipulation. Cette méthode est relativement rapide et peu coûteuse, mais elle peut créer des ennuis si les individus en cause s'aperçoivent qu'ils ont été manipulés. En pareil cas, la direction risque, notamment, de perdre sa crédibilité.

La *contrainte explicite* ou *implicite*, enfin, se révèle efficace lorsqu'il faut apporter rapidement un changement et que les principaux intéressés jouissent d'un grand pouvoir. On peut dans ce cas offrir à ces personnes un rôle convoité à l'intérieur de l'organisation, en les nommant, par exemple, membres d'un important comité. Une autre possibilité consisterait à les obliger à accepter la transformation désirée et à les menacer de représailles advenant leur refus d'appuyer le programme en question. Les dirigeants pourraient en effet punir les individus s'opposant au changement ou menacer de le faire. Bien que cette manière de procéder exige peu de temps, elle s'avère risquée parce que les gens auront tendance à se rebeller et à faire tout en leur pouvoir afin d'empêcher la réalisation du changement.

C. La stabilisation du changement

Comme le montre la partie inférieure de la figure 8.3 (voir la page 307), une dernière étape, celle de la stabilisation du changement, exige que l'on renforce le comportement, les attitudes, les habitudes de travail et le niveau de rendement nouvellement instaurés. Au cours de cette étape, on offre un soutien émotionnel et des ressources additionnelles aux cadres et aux employés (si cela est nécessaire) pour rendre la transition stable. Il s'agit là d'une étape importante, et les cadres supérieurs devraient toujours appuyer et récompenser les individus et les groupes qui accueillent le changement à bras ouverts. La stabilisation du changement touche les tactiques associées aux relations humaines qui portent sur le développement organisationnel. Ce sujet et les techniques du développement organisationnel seront examinés à la section 8.6.

Témoignage

Anne-Marie Bergeron, propriétaire, Allegro

Allegro se réinvente pour s'adapter à son environnement

WWW
www.bang-on.ca/

« C'est un voyage en Europe au début des années 1980, particulièrement en Angleterre, en France et en Allemagne qui m'a incitée à ouvrir une friperie portant le nom Allegro au marché By, à Ottawa nous explique Anne-Marie Bergeron. Les vêtements de style rétro, connu sous le nom de *nouvelle vague* ou de *punk*, s'inspiraient de la mode des années 1950 et 1960. À cette époque, c'était une mode populaire pour ma clientèle cible (les étudiants des écoles secondaires et des universités, les musiciens et les artistes).

« Mon magasin était situé près des cafés, des clubs, des bars, des universités, un endroit fréquenté par les « jeunes ». Je savais que, pour survivre dans ce secteur, il fallait que je m'adapte rapidement aux exigences de mes clients et choisir un endroit stratégique. Durant les dix premières années, j'ai occupé quatre différents locaux dans le même quartier de la ville (toujours au marché By). Mon objectif, c'était d'être plus visible et accessible au grand public. En plus, je devais transformer, de façon graduelle, l'image de mon magasin. Plutôt que vendre des vêtements d'occasion provenant de grossistes qui se spécialisaient dans des vêtements style rétro, je commençais à introduire de nouvelles gammes de produits comme les chaussures Doc Marten d'Angleterre, des bijoux et des t-shirts.

« À cause d'une pénurie de marchandises de style purement rétro, c'est au début des années 1990 que je me suis lancée dans la vente de vêtements de style *grunge* (jeans, pantalons de velours côtelé, chemises à carreaux style bûcheron, manteau de cuir). Je continuais, toutefois d'acheter cette marchandise des mêmes fournisseurs que l'on appelle *rag houses* ou *wipers*.

« Quelques années plus tard, avec l'ouverture de magasins à plus grande surface (Value Village, Phase 2) qui était environ 20 fois plus grand que mon magasin, la concurrence (particulièrement au niveau des prix) devenait de plus en plus féroce. Aussi, la marchandise provenant des *rag houses* et des *wipers* devenait encore de plus en plus difficile à trouver. Aussi, mes clients s'orientaient vers un style différent. Je devais donc, encore une fois, m'adapter à la réalité, et c'est vers les années 1998 (sous l'influence de la mode californienne) que je me lançais dans la vente de produits différents (Emily, Paul Frank, Kitchen Orange, Three Stones) qui étaient la nouvelle vague de designers canadiens.

« C'est au début des années 2000 que je me détachais complètement de la mode rétro pour vendre seulement des vêtements neufs. Pour la mode, je m'inspirais grandement des foires de Las Vegas et des fournisseurs de New York. Récemment, j'introduisais chez Allegro des t-shirts personnalisés provenant du fournisseur Bang-On de Vancouver. C'est une mode que l'on peut caractériser comme ayant du flair et qui répond bien aux besoins de ma clientèle. L'introduction de cette nouvelle gamme de produits fut un grand succès et pour cette raison, j'ai décidé d'ouvrir deux autres boutiques à Toronto, l'une rue Queen et l'autre, rue Young.

« Donc, tout va très bien, jusqu'à la prochaine vague où je devrai encore une fois me réinventer, si nécessaire, afin de m'adapter aux conditions du marché ! »

8.4 LA TECHNOLOGIE ET LES STRUCTURES

Objectif 8.4

Traiter de l'effet des technologies de l'information sur les organisations de production et de services.

Les changements organisationnels se réalisent dans différents types d'organisations. Aussi, il est nécessaire de mettre en évidence l'importance de la technologie en tant que variable situationnelle qui influe sur l'aménagement organisationnel[16]. Examinons donc les différents types de technologies que les gestionnaires doivent prendre en considération pour effectuer des changements organisationnels. Le savoir technique a un effet sur les organisations aussi bien de production que de services.

Après avoir lu les trois prochaines sous-sections, vous devriez pouvoir:

- décrire les technologies de la production de biens utilisées dans les usines de fabrication;
- expliquer ce que l'on entend par les technologies de la production de services, en particulier, les technologies associées aux services prévisibles et celles associées aux services spécialisés;
- décrire ce que l'on entend par interdépendance technologique (commune, séquentielle ou réciproque).

8.4.1 Les technologies de la production de biens

Durant les dernières décennies, le progrès technique a transformé les usines de fabrication. Ainsi, le matériel et l'outillage qui servaient autrefois à construire des automobiles et des camions ont cédé la place à des robots et à des systèmes de conception assistée par ordinateur (CAO). Quant aux robots, il s'agit de machines programmables pouvant exécuter diverses tâches grâce à la manipulation programmée de matières et d'outils.

8.4.2 Les technologies de la production de services

Les technologies nouvelles ont énormément influé sur les organisations de services comme les entreprises aériennes, les hôtels, les hôpitaux, les banques, les compagnies d'assurances, les restaurants, les détaillants, les grossistes et toutes sortes d'entreprises de divertissement ainsi que de transport.

On peut distinguer un service d'un produit de plusieurs façons. En premier lieu, un produit est tangible, mais un service ne l'est pas. En deuxième lieu, un produit occupe de l'espace, mais non un service. En troisième lieu, un produit existe sitôt qu'il a été fabriqué, alors qu'un service ne prend forme qu'au moment où un consommateur l'utilise. En quatrième lieu, on peut contrôler la qualité d'un produit en le pesant, en le soumettant à des tests, en le mesurant et en l'assujettissant à des normes techniques précises. On ne peut toutefois évaluer la qualité d'un service qu'en observant la réaction des gens qui l'utilisent et en leur demandant dans quelle mesure ils en sont satisfaits. En dernier lieu, on fabrique un produit dans une usine, à l'écart de ses utilisateurs finals (les consommateurs), tandis qu'on ne peut fournir un service qu'en ayant un contact direct et immédiat avec les personnes auxquelles on l'offre (les clients).

On peut répartir les technologies servant à la production de services en deux grandes catégories: les technologies associées aux services prévisibles et celles associées aux services spécialisés.

Les **technologies associées aux services prévisibles** conviennent aux organisations capables d'évaluer avec une certaine précision les besoins de leurs clients. Elles sont relativement simples et donnent des résultats avantageux dans un environnement plutôt stable. Les organisations qui les utilisent sont les magasins (tels que Wal-Mart, Sears et Canadian Tire), les banques (comme la Banque de Montréal et la Banque Royale), les sociétés de transport (telles que CN et Air Canada), les restaurants (comme Le Keg et Café du Musée), les chaînes de restauration rapide (telles que McDonald's, Wendy's et Pizza Hut) et les postes d'essence (comme ceux d'Esso et de Shell). Ces entreprises ont pour but d'offrir des services et doivent s'assurer que leurs clients sont satisfaits. On y note une brève interaction entre le fournisseur du service et la personne qui se le procure. C'est le cas, par exemple, entre un agent de bord et les passagers d'un avion : l'agent de bord sait ce que les passagers attendent après avoir eu un bref contact avec eux.

Les **technologies associées aux services spécialisés** sont l'apanage d'organisations qui offrent des services plus complexes et qui évoluent dans un environnement incertain. Les problèmes qui se posent à ces organisations n'ont pas un caractère habituel : chacun d'entre eux doit être résolu séparément. Parmi les organisations ayant recours à ce type de technologies, on note les entreprises de courtage (dont BMO Nesbitt Burns et Financière Banque Royale), les firmes d'experts-conseils (dont Deloitte & Touche, KPMG SRL et Raymond Chabot Grant Thornton), les cabinets d'architectes, les hôpitaux et les universités.

8.4.3 L'interdépendance technologique 

La technologie peut améliorer la productivité, le rendement et les résultats économiques des entreprises de production, de même que la prestation de service par les entreprises de services. Elle influe énormément sur l'aménagement des organisations. Les divers moyens techniques qu'utilisent celles-ci créent un effet différent sur l'interdépendance de leurs unités. Pour être à même de transformer des matières premières en produits finis et de fournir des services à ses clients au moyen d'unités distinctes mais interdépendantes, toute organisation doit assurer la bonne coordination de ses membres et de ses composantes. Comme le montre la figure 8.4, l'interdépendance technologique peut être commune, séquentielle ou réciproque[17].

On observe une **interdépendance commune** lorsque les diverses unités d'une organisation fonctionnent côte à côte sans vraiment être reliées entre

Figure 8.4
Les types d'interdépendance technologique

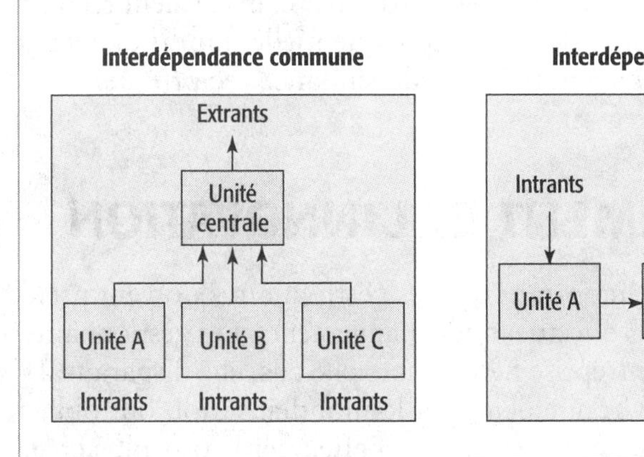

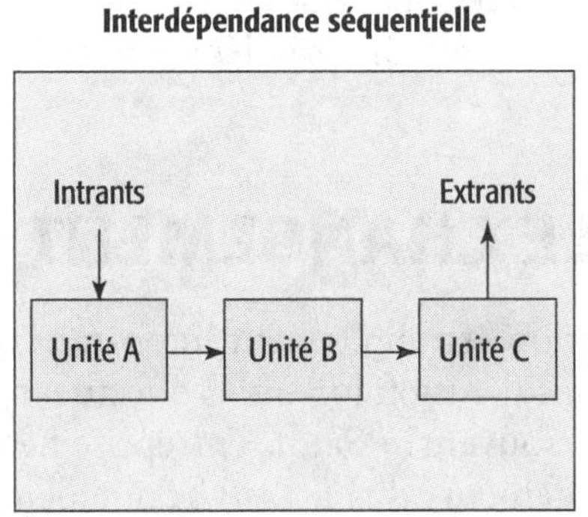

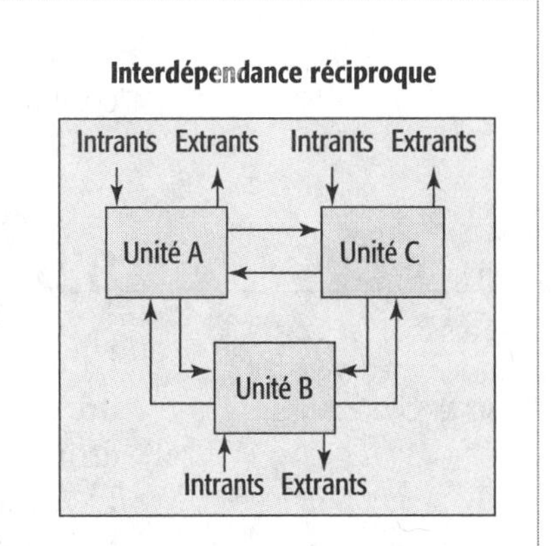

elles. Dans la figure 8.4 (voir la page 313), trois unités travaillant de manière indépendante produisent chacune des ressources qui contribuent à la réalisation des objectifs généraux de l'entreprise. Songeons ici à un magasin de la chaîne Canadian Tire qui compte plusieurs rayons où l'on vend des produits divers (accessoires pour automobiles, jouets, quincaillerie, articles ménagers, etc.) et différentes unités offrant des services distincts (réparation de véhicules, retour de marchandises, etc.). Nul doute que le personnel de chaque rayon a besoin de connaissances et d'aptitudes différentes, et parvient à effectuer son travail indépendamment aussi longtemps que chaque employé du magasin vise le même objectif premier, soit donner pleine satisfaction aux clients. Certaines des normes s'appliquant à la qualité du service à la grandeur de l'entreprise pourraient être liées au décor, à la propreté, à l'expertise et à la fourniture.

L'**interdépendance séquentielle** revêt de l'importance lorsque diverses unités organisationnelles collaborent dans le but de fabriquer un produit ou d'offrir un service. Ainsi, en observant la figure 8.4, on peut voir que l'unité A transforme les intrants obtenus de fournisseurs en des extrants qu'utilise ensuite l'unité B comme intrants. La même chose se reproduit d'une unité à l'autre jusqu'à ce que l'on en arrive au bien ou au service final. Prenons ici le cas d'une entreprise fabriquant des bureaux. Le Service du découpage se procure du bois de certains fournisseurs (intrant), puis le taille pour obtenir diverses pièces respectant des exigences précises (extrants). Il achemine ensuite ces morceaux de bois à un atelier (intrants) où on les assemble pour en faire des bureaux (extrants). Ceux-ci sont à leur tour transférés vers un atelier de finition (intrants). Les bureaux peints qui sortent de cet atelier (extrants) sont envoyés au Service d'emballage puis à celui de l'expédition. Ce processus exige la planification et la coordination des activités des divers services concernés. Il importe ici d'établir des calendriers pour s'assurer que tout se déroule bien et suivant un ordre logique.

On parle enfin d'**interdépendance réciproque** lorsque les individus et les unités qui forment une organisation entretiennent des liens continus. L'information et les ressources (intrants et extrants) circulent alors dans un sens et dans l'autre jusqu'à ce que l'on obtienne le bien ou le service final (voir la figure 8.4 à la page 313). C'est ce type d'interdépendance qui a permis aux constructeurs de véhicules automobiles japonais de maintenir leurs coûts à un plus bas niveau que ceux de leurs concurrents nord-américains. Les constructeurs de véhicules automobiles nord-américains avaient recours à une méthode fondée sur l'interdépendance séquentielle, tandis que leurs concurrents japonais privilégiaient une interdépendance réciproque.

OBJECTIF 8.5

Expliquer comment les progrès technologique et technique ont un effet sur les organisations.

8.5 LE CHANGEMENT ET L'INNOVATION

L'innovation est un élément important que les gestionnaires doivent prendre en considération lorsqu'ils effectuent des changements. Les gestionnaires affirment souvent: « Si une entreprise ne se renouvelle pas, elle disparaîtra. » Les changements dus à l'environnement et à la mondialisation ont obligé les gestionnaires à trouver de nouvelles façons d'effectuer le travail, à créer de nouveaux produits et à offrir des services efficaces, et à soumettre leur exploitation à une nouvelle technologie. Les deux éléments indispensables à la réussite des entreprises modernes sont la créativité et l'innovation.

La *créativité* est considérée comme l'art de regrouper différentes idées d'une façon unique ou comme l'art d'établir des liens entre différentes idées. La créativité est une ressource indispensable pour les organisations modernes qui veulent conquérir les marchés internationaux. Les entreprises créatrices sont capables de répondre promptement aux besoins du marché.

L'*innovation* est le processus par lequel on utilise une nouvelle idée dans le but de la convertir en un produit unique ou pour effectuer un travail d'une façon différente. Nous l'avons mentionné au premier chapitre, l'innovation est l'art de canaliser les nouvelles idées pour créer des nouveaux produits ou offrir des services essentiels. Lorsque les gestionnaires sont en mesure de rendre leur organisation plus créatrice, ils sont aussi en mesure de promouvoir l'innovation.

Après avoir lu les deux prochaines sous-sections, vous devriez pouvoir :

- décrire comment il est possible de promouvoir l'innovation dans une organisation ;
- expliquer les principales variables pour promouvoir l'innovation (structurelles, culturelles et ressources humaines).

8.5.1 La promotion de l'innovation

En utilisant les différents modèles de prise de décisions en groupe présentés au chapitre 4, à la sous-section 4.3.2 (par exemple, la méthode Ringi, le remue-méninges, la méthode synectique, la méthode Delphi, à la page 149), les gestionnaires peuvent transformer des intrants (par exemple des ressources, des idées, des procédés) en des extrants (produits, services). Ce processus de gestion (système ouvert) a été décrit à l'annexe au chapitre 1, à la sous-section A.1.5.2 (voir la figure A.1.2, à la page 560). Dans une entreprise, les intrants ne sont pas suffisants pour promouvoir la créativité. Il est important pour une organisation que l'environnement de travail stimule l'innovation.

8.5.2 Les variables importantes pour promouvoir l'innovation

Plusieurs recherches démontrent qu'il existe trois types de variables structurelles qui aident à promouvoir l'innovation[18] : les structures organisationnelles, les variables culturelles et les variables humaines.

D'abord, notons que les *structures organisationnelles* doivent être organiques, c'est-à-dire souples et peu formelles. Ce type de structures permet aux employés et aux unités organisationnelles de communiquer rapidement et aisément. Ensuite, l'organisation doit disposer de ressources suffisantes pour permettre aux employés de se procurer le matériel nécessaire pour effectuer leur travail. Une entreprise d'esprit innovateur permet aussi aux employés de commettre certaines erreurs sans craindre d'être punis.

Il doit donc exister un climat de confiance. Finalement, on doit pouvoir compter sur un réseau de communication efficace à tous les niveaux. Les entreprises innovatrices utilisent des structures organisationnelles organiques et une approche de gestion propre aux petites et moyennes entreprises. D'après une étude effectuée par l'Institut de la statistique du Québec et le ministère du Développement économique, de l'Innovation et de l'Exportation, voici ce que pratiquent les entreprises les plus innovantes : être collé aux besoins des clients, gérer avec vision le développement de nouveaux produits et utiliser des équipes multifonctionnelles[19].

Les *variables culturelles* jouent aussi un rôle important. Les entreprises créatrices et innovatrices manifestent une culture identique[20]. Elles encouragent les employés à prendre des risques, soutiennent la recherche, célèbrent les succès (et même les erreurs). Les entreprises possédant une culture favorable à la créativité et à l'innovation sont celles qui, notamment :

- acceptent l'ambiguïté ;
- tolèrent les idées dites « absurdes » (elles amènent parfois à l'innovation) ;
- exercent un contrôle limité (par exemple, absence de règles, de procédures, de politiques) ;
- soutiennent le facteur de risque ;
- tolèrent les conflits ;
- mettent l'accent sur les résultats plutôt que sur les moyens ;
- réagissent rapidement au changement.

Les *variables humaines* ont aussi leur importance. Les organisations innovatrices investissent beaucoup d'argent et de temps dans la formation et le développement de leurs employés. Aussi, elles considèrent la sécurité d'emploi comme indispensable pour encourager ces derniers à affronter le changement. Lorsqu'une personne ou un groupe de personnes suggèrent de nouvelles idées, les dirigeants leur offrent leur appui pour les encourager à réaliser un produit ou un service qui répondra aux besoins du marché. Plusieurs études révèlent que les employés qui travaillent dans des organisations innovatrices ont en commun certaines caractéristiques telles que la confiance, la persévérance, l'énergie et l'aptitude à prendre des risques.

OBJECTIF 8.6

Expliquer comment il est possible d'apporter des changements organisationnels par le développement organisationnel.

8.6 LE DÉVELOPPEMENT ORGANISATIONNEL

Nous avons mentionné à plusieurs reprises à quel point il est important pour les personnes travaillant dans une organisation d'accueillir le changement. Cette section examine l'approche que peuvent utiliser les dirigeants pour amener les personnes à changer leur comportement de manière à réagir favorablement au changement. Cette approche est le développement organisationnel.

Le **développement organisationnel** (DO) est le processus par lequel on amène les employés à changer ou à s'adapter à de nouvelles structures dans une organisation. Dépendant des sciences comportementales, ce processus influe sur les croyances, les attitudes et la manière d'agir des employés pour rendre l'organisation efficace à long terme. Comme il a été indiqué dans les pages précédentes, le fait de modifier la structure d'une organisation n'est pas nécessairement un gage de réussite. Il faut aussi que les individus concernés se montrent réceptifs à ce changement. Or, le développement organisationnel permet de remplir cette condition lorsqu'on y recourt d'une manière appropriée.

www.orgdct.com/what_is_od.htm pour des explications additionnelles sur le développement organisationnel

Wendell French et Cecil Bell Jr. envisagent le développement organisationnel comme un effort à long terme visant à améliorer le processus de résolution de problèmes et le processus de renouvellement dans une organisation. Ce développement peut se réaliser grâce à une gestion plus efficace et plus coopérative de la culture organisationnelle, en mettant l'accent sur la culture des équipes de travail structurées, à l'aide d'un agent de changement ou d'un catalyseur, et grâce à l'application de la théorie et des techniques liées aux sciences appliquées du comportement, parmi lesquelles on trouve la recherche-action[21].

Certains problèmes peuvent empêcher la réalisation d'un changement, par exemple un manque de coopération, de communication ou de confiance, de mauvaises attitudes et des conflits interpersonnels[22]. La théorie et la pratique du développement organisationnel reposent sur l'hypothèse que les employés d'une organisation ont à cœur de s'améliorer, de se développer et de jouer un rôle actif au sein de groupes. Il importe donc pour les gestionnaires de les aider à acquérir les compétences et les attitudes qui leur permettront de développer leurs aptitudes en matière de communication et de relations interpersonnelles.

8.6.1 Les techniques du développement organisationnel

Voyons maintenant quelques-unes des techniques les plus utilisées afin d'amener un changement[23].

La *rétroaction d'enquête*, tout d'abord, a pour but d'analyser la situation d'une organisation en s'intéressant à ses forces, à ses faiblesses, à la reconnaissance des problèmes, au niveau de rendement, au comportement des employés, etc. On recueille l'information nécessaire au moyen de questionnaires d'enquête, d'entrevues (individuelles ou de groupe) ou d'observations. Les données obtenues revêtent beaucoup d'importance, car on s'y appuiera pour apporter des modifications.

La *promotion du travail en équipe* entraîne l'élaboration de méthodes visant à améliorer la cohésion et le rendement des groupes. Grâce à la formation et au perfectionnement, les membres de toute équipe peuvent apprendre comment améliorer la structure de leur groupe et leur degré de satisfaction personnelle en développant leurs aptitudes dans les domaines du leadership, de la communication et de la résolution des conflits[24].

Les *activités éducatives et formatives* visent à développer les compétences, les connaissances et les aptitudes des employés. Elles prennent diverses formes allant des cours magistraux aux séances de formation en groupe, aussi appelées séances de sensibilisation. Celles-ci ont pour but d'amener les employés à prendre davantage conscience d'eux-mêmes et des autres. Après avoir partagé leurs sentiments au cours de telles rencontres, les employés peuvent mieux comprendre leurs attitudes et leur comportement, ce qui leur permet d'agir plus efficacement en tant que groupe et de résoudre leurs conflits interpersonnels.

Le *développement intergroupe* porte sur la relation existant entre les groupes qui travaillent ensemble. On y recourt afin de rendre les membres d'un groupe plus aptes à résoudre leurs conflits, à coordonner et à intégrer leurs activités à celles d'autres groupes, et à trouver de meilleurs moyens d'entretenir des rapports collectifs avec ces derniers. Le but recherché est d'aider les groupes à reconnaître la source véritable de leurs problèmes et à découvrir les solutions qui leur permettront d'agir à la manière d'une équipe.

Les *activités de planification professionnelle et personnelle* aident les gens à prendre conscience de leurs forces et de leurs faiblesses, de même qu'à élaborer des stratégies pour mieux se concentrer sur leurs objectifs personnels et professionnels.

La *méthode de développement faisant appel à une grille*, enfin, met l'accent sur le lien entre le style de leadership et les activités nécessaires pour accroître l'efficacité d'une organisation. La populaire grille de gestion élaborée par Robert Blake et Jane Mouton fait ressortir cinq styles de leadership que peuvent adopter les gestionnaires afin de composer avec les impératifs de la production et de l'élément humain[25]. Elle s'applique davantage à la mise en œuvre d'un changement qui concerne une organisation dans son ensemble. Nous en traiterons plus en détail au chapitre 11, à la sous-section 11.3.2 D, à la page 435, consacré au leadership.

WWW
www.nwlink.com/~donclark/leader/bm_model.html pour une explication additionnelle de la grille de gestion

Cette grille (voir la figure 11.6, à la page 435) permet essentiellement d'évaluer les styles de leadership en vue de former les gestionnaires à se comporter presque idéalement. Selon Blake et Mouton, deux variables influent sur le comportement des gestionnaires, soit l'intérêt qu'ils portent à l'aspect humain, c'est-à-dire aux besoins des gens, et l'intérêt qu'ils portent à la production, ou à l'obtention de résultats et à l'atteinte des objectifs.

La grille met en évidence 81 combinaisons possibles de ces deux variables, en attribuant 9 valeurs différentes à chacune. Elle permet ainsi à un cadre de cerner son propre style de gestion pour ensuite acquérir, grâce à une formation appropriée, celui que dénote la combinaison 9,9. Si ce gestionnaire accorde, par exemple, trop d'importance à la production au détriment des personnes, il devra suivre des cours de relations humaines. S'il manifeste un intérêt marqué pour l'aspect humain et un détachement de la production, il faudrait lui apprendre à mieux établir des objectifs. On utilise la grille de gestion pour amener les cadres à modifier leur style, à s'attaquer aux problèmes organisationnels plutôt que personnels et à obtenir de leurs collègues l'appui dont ils ont besoin.

Voici une brève description des diverses étapes d'un programme faisant appel à la grille de gestion. La réalisation de celui-ci peut s'échelonner sur une période de trois à cinq ans.

Première étape: la formation. Il s'agit ici de sensibiliser les gens au principe de la grille de gestion. Robert Blake et Jane Mouton affirment que l'intérêt accordé à la production et celui porté à l'aspect humain ne sont pas mutuellement exclusifs, mais plutôt complémentaires. La grille qu'ils ont élaborée a pour but de faire ressortir l'importance de ces deux variables. Au cours de cette étape initiale, on assure la formation des cadres à l'intérieur de groupes de cinq à neuf personnes. L'objectif est d'amener chaque cadre à évaluer son style de gestion, à acquérir des méthodes de travail en équipe, à prendre conscience des avantages de la communication et à améliorer ses aptitudes en matière de résolution de problèmes.

Deuxième étape : l'approche de groupe. Les gestionnaires doivent mettre en pratique ce qu'ils ont appris au cours de la première étape en l'appliquant à l'intérieur de leur propre unité organisationnelle et en prêtant une attention particulière aux méthodes de travail en équipe. Chaque cadre discute alors des problèmes organisationnels liés à son unité, les analyse et y applique une solution.

Troisième étape : l'amélioration des relations intergroupes. À ce stade, les participants doivent appliquer les méthodes apprises au cours des étapes antérieures, et ce, en collaborant avec d'autres groupes de l'organisation. On met ici l'accent sur l'interaction, la coopération et la coordination. Ce faisant, on veut amener les cadres à ne plus aborder un problème en croyant qu'il y aura toujours des gagnants et des perdants, mais plutôt en ayant la conviction qu'ils peuvent le résoudre à l'avantage de chacun en adoptant une méthode conjointe pour y trouver une solution.

Quatrième étape : l'établissement d'objectifs. Cette étape a pour but d'inciter les cadres à établir des objectifs pour leur unité respective et pour l'ensemble de leur entreprise, ainsi qu'à résoudre les problèmes généraux de cette dernière. Elle privilégie la recherche, l'analyse technique, la discussion et la révision.

Cinquième étape : l'application de la stratégie. Cette étape prévoit l'élaboration de moyens efficaces pour aider les gestionnaires à appliquer les procédés de développement organisationnel à l'intérieur de leur unité respective. Elle peut s'échelonner sur plusieurs années. Les cadres de divers niveaux hiérarchiques s'efforcent alors d'atteindre les objectifs fixés à l'étape précédente.

Sixième étape : l'évaluation du programme. À cette étape, les gestionnaires évaluent les résultats obtenus au cours des cinq étapes antérieures et déterminent quels aspects de leur organisation ils doivent améliorer. Ils doivent se préoccuper avant tout de consolider les changements positifs et de discerner d'autres secteurs où des modifications s'imposent.

4

8.7 LES STRUCTURES INTERORGANISATIONNELLES

OBJECTIF 8.7

Décrire les structures interorganisationnelles utilisées par les gestionnaires afin de rendre leurs organisations plus flexibles.

Les **structures interorganisationnelles** comprennent des réseaux d'activités entre différentes entreprises dans le but de transformer efficacement des intrants en extrants afin de satisfaire les besoins de leurs clients.

Après avoir lu les quatre prochaines sous-sections, vous devriez pouvoir :

- décrire ce qu'est une alliance stratégique ;
- expliquer pourquoi une structure modulaire est reliée par différentes organisations indépendantes ;

- expliquer le concept de la structure virtuelle qui comprend plusieurs organisations partageant certaines compétences (ressources humaines, technologies, mise en marché, etc.);
- définir comment une structure organisationnelle décloisonnée permet à différentes unités organisationnelles de transiger plus rapidement.

8.7.1 Les alliances stratégiques

L'**alliance stratégique** se définit comme un accord de coopération entre des entreprises, mais sans toutefois aller jusqu'à une fusion ou à une association pleine et entière[26]. Les entreprises qui concluent ce type d'entente évoluent dans le même secteur, mais dans des pays différents. Tout en gardant leur indépendance sur le plan de la propriété, elles peuvent s'engager à partager leurs connaissances techniques au moyen de leurs activités de recherche et de développement, à utiliser conjointement leurs installations de production, à vendre chacune les produits de l'autre ou à unir leurs efforts pour fabriquer des composantes ou assembler des produits finis.

Les entreprises forgent des alliances stratégiques, notamment pour:

- bénéficier d'économies d'échelle en matière de production ou de commercialisation (c'est-à-dire pour réaliser des économies);
- combler certaines lacunes de savoir-faire technique et d'expertise dans le domaine de la fabrication;
- accéder à certains marchés (par la mise en commun de leurs installations de distribution et de leur réseau de marchands)[27].

En établissant des alliances stratégiques, ces entreprises reconnaissent qu'elles n'ont pas toutes les compétences individuelles qui leur permettraient d'être des chefs de file dans leur domaine respectif. Une fois regroupées, les entreprises mettent à profit les compétences distinctives (forces motrices) de chacune, ce qui permet à l'alliance de dominer économiquement et d'utiliser au mieux les ressources humaines, matérielles et financières dont elles disposent. Dans ces alliances stratégiques, chacun des contractants se concentre sur les opérations où il excelle et il laisse de côté les opérations qu'il juge secondaires. Ainsi, sur une petite échelle, certaines entreprises vont mettre à pied des employés et céder à une autre organisation les services où leur compétence est limitée. L'exemple le plus connu de ce genre de cession est constitué par les services informatiques confiés à des sous-traitants.

Tel que mentionné au chapitre 6 (voir la sous-section 6.4.1 B, à la page 224), Novartis AG, le géant pharmaceutique suisse, discutait en 2005 avec plusieurs sociétés de biotechnologie québécoises en vue de créer des alliances ou d'acheter les droits sur les molécules qu'elles mettent au point[28].

8.7.2 La structure modulaire

Tel que le présente la figure 8.5, une organisation possédant une **structure modulaire** réalise à l'intérieur les activités primaires telles que la commercialisation, les ressources humaines et les achats puisqu'elle peut les effectuer

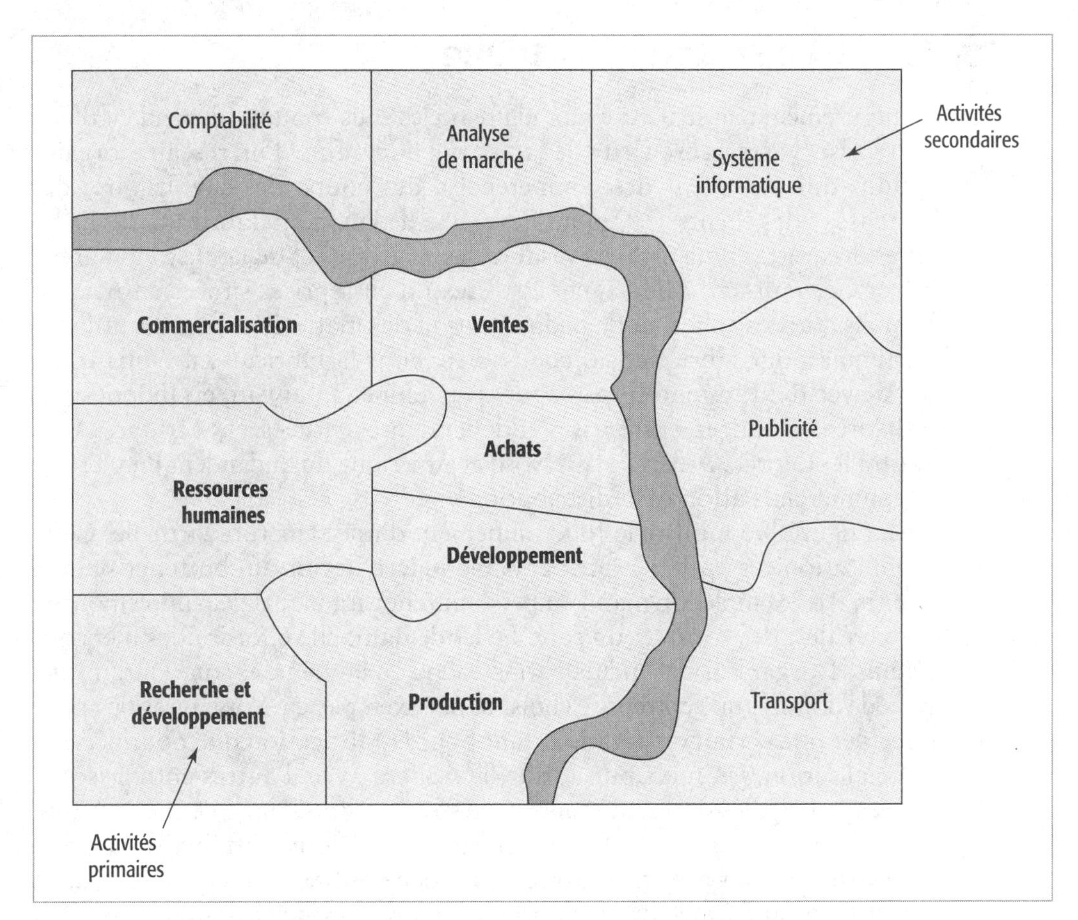

Figure 8.5
La structure modulaire

d'une façon plus économique, plus rapide et plus efficace. Toutes les autres activités, qualifiées de secondaires, sont effectuées par des organisations qui se spécialisent en comptabilité, en publicité et en transport. Le terme « modulaire » est utilisé pour démontrer qu'un service offert par une organisation de l'extérieur peut être soit ajouté, soit supprimé selon les besoins. Par exemple, en 2005, Steve Jobs annonçait qu'Apple abandonnait l'architecture PowerPC, mise au point avec IBM et Motorola et utilisée depuis 1990, afin de convertir les ordinateurs Macintosh aux microprocesseurs Intel, utilisés par les systèmes employant *Windows*, le logiciel de Microsoft[29].

www.microsoft.com/

La structure modulaire offre plusieurs avantages. Premièrement, un avantage économique. Les activités secondaires peuvent être effectuées par des organisations possédant des compétences particulières et fournissant les services à des coûts moindres que ceux d'une entreprise à structure organisationnelle traditionnelle. Par exemple, près de 70 % des pièces utilisées par les fabricants d'automobiles sont fournies par des sous-traitants. Deuxièmement, la sous-traitance permet aux deux partenaires de se spécialiser dans des domaines d'activités capables de remplir efficacement et économiquement leur rôle. Pour bénéficier de ces avantages, les organisations modulaires doivent travailler étroitement avec leurs associés. Les principaux inconvénients de la structure modulaire sont ceux-ci : elle n'a pas le contrôle total des activités données en sous-traitance, et une entreprise affiliée pourrait fournir les mêmes produits et services à des concurrents.

8.7.3 La structure virtuelle

www.puma.com/

Contrairement à la structure modulaire où les sous-traitants dépendent d'une entreprise, la **structure virtuelle** fait partie intégrante d'un réseau d'organisations qui partagent des compétences, des coûts, des savoir-faire, des marchés et des clients[30]. Prenons l'exemple de Puma, un fabricant de chaussures de sport. Puma est responsable des stratégies et de la mise en marché à Herzogenaurach, Allemagne. Un réseau d'entreprises situées en Asie est responsable des achats et de la distribution des matières premières utilisées par Puma pour fabriquer ses chaussures. Pour la fabrication, Puma traite aussi avec d'autres entreprises situées en Chine, à Taïwan, en Indonésie et en Corée. D'autres entreprises indépendantes situées en Afrique, Asie, Australie, Europe, Amérique du Nord et Amérique du Sud aident Puma pour la commercialisation et la distribution[31].

La figure 8.6 montre le fonctionnement d'une structure virtuelle. Cette organisation ressemble à une personne placée devant un buffet et prête à choisir. Par exemple, un matin, la personne choisira un jus de pamplemousse, des céréales, des rôties et un café. Le lendemain, elle choisira des mets différents. L'organisation virtuelle fonctionne de la même façon. Durant une période donnée, une entreprise choisira, par exemple, cinq organisations pour effectuer une certaine opération, tant pour la fabrication que pour la commercialisation. Un mois plus tard, elle traitera avec d'autres entreprises.

Les principales différences entre une structure modulaire et une structure virtuelle sont les suivantes. Premièrement, les relations d'affaires de la structure virtuelle sont plus transitoires (approche buffet) alors que celles de la structure modulaire sont plus durables (morceaux de casse-tête reliés l'un à l'autre). Deuxièmement, les relations d'affaires de la structure virtuelle sont moins durables que celles de la structure modulaire. Les relations d'affaires de la structure virtuelle sont constamment en évolution ; elles sont fondées sur les compétences et le savoir-faire nécessaires pour effectuer une activité particulière ou pour vendre et distribuer un certain produit ou service.

Les principaux avantages de la structure virtuelle sont les suivants. D'abord, les coûts d'exploitation sont partagés grâce à la synergie entre la fabrication et la commercialisation. Aussi, les organisations membres de cette forme d'alliance apportent certaines compétences dans des domaines particuliers. Conjointement, elles peuvent offrir à leurs clients des meilleurs produits et services à tous points de vue. Le désavantage est le même que celui

Figure 8.6
La structure virtuelle

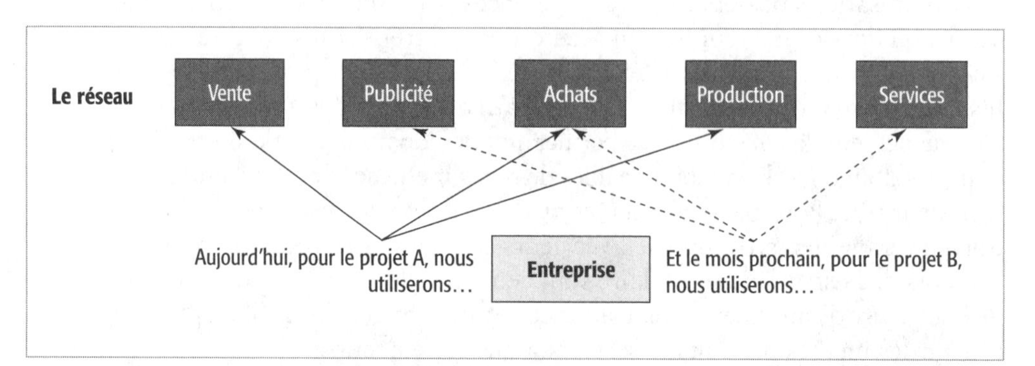

de la structure modulaire, c'est-à-dire lorsque l'entreprise transmet un travail en sous-traitance, il lui est difficile de contrôler efficacement la qualité des activités des entreprises membres du réseau.

8.7.4 La structure décloisonnée 

www.ge.com/en/

En 1989, Jack Welch, P.-D. G. de General Electric utilisa l'expression « structure décloisonnée » dans sa lettre annuelle aux actionnaires : « Notre rêve, dans les années 1990, est de créer une **structure décloisonnée** alors que nous nous dégagerons des barrières qui séparent les unités organisationnelles à l'intérieur et nos partenaires à l'extérieur[32]. » Essentiellement, une structure décloisonnée fait disparaître les frontières pour enfin améliorer les relations verticales, horizontales, externes et géographiques[33].

Pour Jack Welch, le décloisonnement a été une stratégie déterminante pour que son entreprise atteigne un taux de rentabilité, de productivité et un degré d'efficacité élevés. Toutefois, la stratégie ne s'arrêta pas seulement à éliminer le gaspillage bureaucratique. Pour lui, le décloisonnement reposait sur une prémisse fondamentale : la libération totale du lieu de travail. Les employés ne doivent donc pas se faire dire « quoi faire » mais plutôt « avoir le pouvoir d'agir et d'être responsable ». Pour réaliser cet objectif, les employés devront donc prendre des décisions et avoir accès à l'information nécessaire pour être en mesure de les prendre[34].

Évolution et transition — L'aménagement organisationnel

L'aménagement organisationnel n'est pas un concept nouveau. Il y a cinquante ans, les gestionnaires modifiaient leurs organisations pour les rendre plus efficaces, pour améliorer la productivité et pour répondre le mieux possible aux besoins de leurs clients. Tel que le présente la figure A.1.2 en annexe du chapitre 1 (voir la page 560), les organisations d'autrefois agissaient en tant « qu'agent transformateur » en utilisant des intrants de l'environnement externe pour les transformer en produits et services (extrants). Les gestionnaires de ces organisations étaient responsables chacun d'un groupe d'activités et les liens entre eux étaient plutôt formels, rigides et impersonnels. L'environnement externe influait grandement sur les organisations.

Comme le montre la figure 8.7 (voir la page 324), l'organisation d'aujourd'hui fonctionne aussi dans un environnement ouvert. Toutefois, il existe deux principales différences. Premièrement, dans l'environnement interne, il n'existe pas de « silos hiérarchiques », nous voyons plutôt une structure décloisonnée. La communication est rapide, la structure est décentralisée et les employés ont accès à l'information afin de prendre des décisions. Mais cela n'entraîne pas une absence de gestionnaires

4

responsables d'unités organisationnelles ou la disparition du lien entre les cadres intermédiaires et les cadres supérieurs. Donc, ce qui différencie cette structure de celle des années passées ce sont sa rapidité, sa flexibilité et sa capacité de réagir promptement plutôt que les rapports « patrons et employés » où la notion « qui doit se rapporter à qui » était importante. Le lien hiérarchique des nouvelles structures organisationnelles n'est donc pas considéré comme important. De préférence, les gestionnaires et les employés se posent la question suivante: Qui possède l'information nécessaire pour que je puisse prendre une bonne décision? Deuxièmement, comme l'indique la figure 8.7, l'environnement externe de l'organisation — représenté par une ligne en pointillé — est perméable. Encore ici, les barrières qui séparaient l'organisation de son environnement sont éliminées (organismes de réglementation, fournisseurs, clients, concurrents, etc.).

Les gestionnaires responsables de cette structure décloisonnée visent plutôt les résultats que les relations entre unités organisationnelles et ils utilisent par conséquent les connaissances des employés, leurs compétences et leurs habiletés.

Les principaux avantages de cette forme de structure organisationnelle sont les suivants:

- la distance entre les unités organisationnelles ou les entreprises n'empêche pas d'effectuer le travail, les rencontres, la collaboration ou les conférences;
- le taux de la productivité organisationnelle est grandement amélioré;
- les frais généraux sont réduits;
- le travail peut être distribué dans différentes zones géographiques;
- les organisations peuvent se concentrer sur les tâches qu'elles peuvent accomplir le mieux.

Figure 8.7
L'aménagement organisationnel: évolution et transition

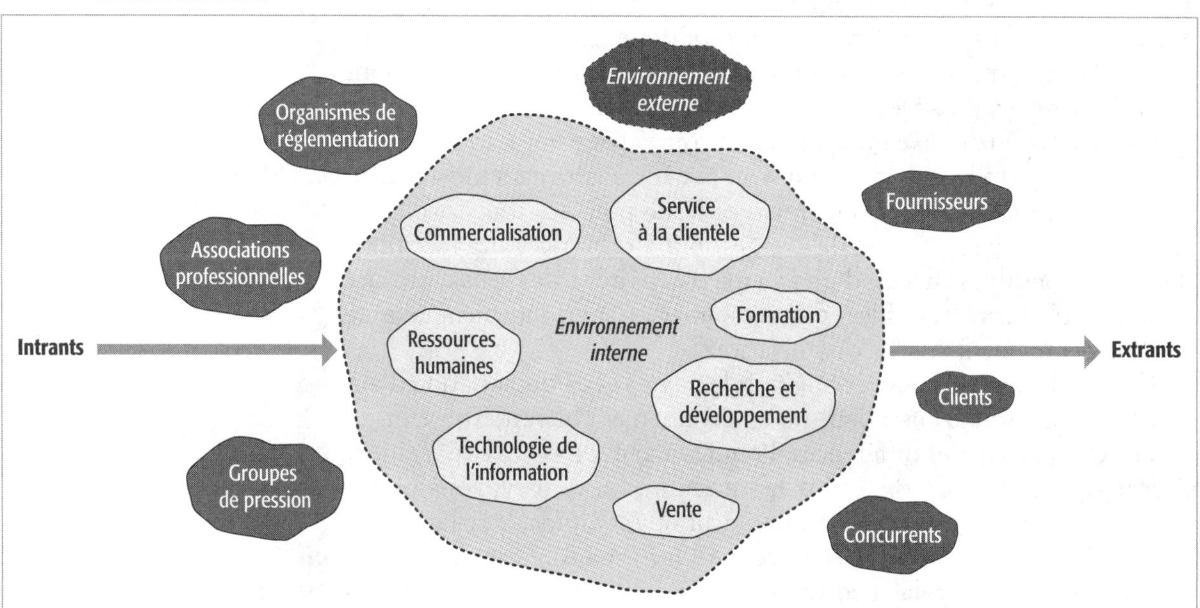

Révision du chapitre

8.1 Les éléments influant sur le changement organisationnel. Les composantes de l'environnement qui influent sur l'aménagement organisationnel sont les éléments extérieurs (éléments économiques, éléments sociaux, éléments politiques, technologies de l'information et mondialisation), les éléments internes (dirigeants, culture organisationnelle) et la taille des organisations. L'aménagement organisationnel engendre la modification des rapports d'autorité.

8.2 Les types d'environnements. Toute organisation évolue à l'intérieur d'un environnement stable ou changeant. Un *environnement stable* n'influe guère sur la structure d'une organisation. Par contre, un *environnement changeant* l'oblige à modifier constamment sa structure pour bien réagir à l'évolution des besoins de ses clients.

8.3 La gestion de l'aménagement organisationnel. On peut apporter des modifications à divers éléments, par exemple: les stratégies, les structures, le savoir technique, les produits ou les services offerts, l'élément humain et le leadership. Divers éléments incitent les membres d'une organisation à s'opposer au changement: l'incertitude, l'intérêt personnel, les différences de perception et la crainte d'une perte d'emploi. Il existe plusieurs moyens pour vaincre la résistance au changement: l'éducation et la communication, la participation et l'intervention, la facilitation et le soutien, la négociation et la conclusion, la manipulation et l'influence de même que la contrainte explicite ou implicite. Kurt Lewin a proposé un processus du changement en trois étapes: la sensibilisation, l'instauration et la stabilisation.

8.4 La technologie et les structures. Le progrès technique et la technologie ont eu un effet sur les organisations de production et de services. Les moyens techniques variés qu'utilisent les organisations influent différemment sur l'interdépendance de leurs unités. L'interdépendance technologique peut être *commune* (lorsque les unités d'une organisation fonctionnent côte à côte sans vraiment être reliées entre elles), *séquentielle* (lorsque diverses unités organisationnelles collaborent pour fabriquer un produit ou offrir un service) ou *réciproque* (lorsque les individus et les unités qui forment une organisation entretiennent des liens continus).

8.5 Le changement et l'innovation. L'innovation est un élément important que les dirigeants d'entreprise doivent prendre en considération lorsqu'ils effectuent des changements. Les variables importantes pour la promotion de l'innovation sont les variables culturelles et les ressources humaines.

8.6 Le développement organisationnel. Le développement organisationnel (DO) est une méthode liée aux sciences du comportement que l'on utilise pour instaurer des changements visant à accroître l'efficacité d'une organisation à long terme. Il vise surtout à rendre les gens plus réceptifs au changement. Il existe de nombreux procédés de développement organisationnel. L'un des plus populaires se rattache à la grille de gestion, que l'on doit à Robert Blake et à Jane Mouton.

8.7 Les structures interorganisationnelles. Les structures interorganisationnelles qui permettent aux gestionnaires de s'adapter rapidement à leur environnement incluent les alliances stratégiques, la structure modulaire, la structure virtuelle et la structure décloisonnée.

Concepts clés

Alliance stratégique (*strategic alliance*) page 320

Aménagement organisationnel (*organizational change*) page 296

Développement organisationnel (*organizational development*) page 316

Environnement changeant (*changing environment*) page 303

Environnement stable (*stable environment*) page 302

Gestion de l'aménagement organisationnel (*managing organizational change*) page 304

Interdépendance commune (*pooled interdependence*) page 313

Interdépendance réciproque (*reciprocal interdependence*) page 314

Interdépendance séquentielle (*sequential interdependence*) page 314

Structure décloisonnée (*boundaryless organization*) page 323

Structure interorganisationnelle (*interorganizationnel structure*) page 319

Structure modulaire (*modular organization*) page 320

Structure virtuelle (*virtual organization*) page 322

Technologie associée aux services prévisibles (*technological predictable services*) page 312

Technologie associée aux services spécialisés (*technological specialized services*) page 313

Théorie du champ de forces équilibrées (*forced field theory*) page 308

Développer vos compétences en gestion

Questions de révision

1. Qu'est-ce que l'aménagement organisationnel? (page 296)
2. Énumérez les principales composantes de l'environnement extérieur qui incitent les gestionnaires à remanier leur organisation. (page 298)
3. Expliquez de quelle manière la culture organisationnelle peut amener les gestionnaires à modifier leur organisation. (page 300)
4. Établissez une distinction entre un environnement stable et un environnement changeant. (page 302)
5. Que pensez-vous des différents types de changements que l'on peut trouver dans une organisation? (page 304)
6. Selon vous, pourquoi les gens s'opposent-ils au changement? (page 306)
7. Expliquez dans vos mots comment le modèle des forces engendrant une stabilité, élaboré par Kurt Lewin, peut aider à effectuer des changements dans une organisation. (page 307)
8. Qu'est-ce qu'on entend par la «théorie du champs des forces équilibrées»? (page 308)
9. Décrivez les meilleures tactiques visant à apporter des changements au sein d'une organisation. (page 308)
10. Dans quelle mesure la technologie influe-t-elle sur le choix de la structure d'une organisation? (page 311)
11. Distinguez entre les technologies servant à la production de biens et celles servant à la production de services. (page 312)
12. Expliquez la différence qui existe entre la créativité et l'innovation. (page 315)
13. Quelles techniques peuvent utiliser les dirigeants pour promouvoir l'innovation? (page 315)
14. Qu'est-ce que le développement organisationnel (DO)? (page 316)
15. Expliquez en quoi consiste la grille de gestion de Blake et Mouton. (page 318)
16. Pourquoi les entreprises forment-elles des alliances stratégiques? (page 320)
17. Expliquez la différence entre la «structure virtuelle» et la «structure modulaire». (page 320)
18. Qu'entend-on par l'expression «structure décloisonnée»? (page 323)

Sujets de discussion

1. De quelle façon pourriez-vous modifier la structure d'une organisation et pourquoi est-ce si difficile d'y parvenir?
2. À votre avis, pourquoi le développement organisationnel a-t-il autant d'importance de nos jours?

Naviguer dans Internet

www.aircanada.ca

- **Exercice pratique: Air Canada**

Visiter le site Web d'Air Canada (www.aircanada.ca) et cliquer sur «À propos d'Air Canada» pour ensuite consulter les sections suivantes:

- Groupe Air Canada;
- Centre des médias;
- Relations avec les investisseurs.

Répondez aux questions suivantes.

1. Quels éléments internes et externes influent sur la structure organisationnelle d'Air Canada?
2. Air Canada œuvre-t-elle dans un environnement stable ou changeant? Dites pourquoi.
3. Quelles relations fonctionnelles, stratégiques, administratives ou opérationnelles existent-elles entre Air Canada et ses partenaires?

- **Recherche sur le thème «L'organisation et son environnement»**

Cherchez le site Web d'une entreprise et faites le lien entre ses activités et les concepts suivants présentés dans le chapitre:

- les éléments qui influent sur le changement organisationnel de l'entreprise;
- la description du type d'environnement dans lequel l'entreprise évolue;
- les différentes alliances entre l'entreprise et ses partenaires en tant qu'alliances stratégiques, structure modulaire, structure virtuelle et structure décloisonnée.

4

EXERCICE

La résistance au changement

Songez à une situation dans laquelle vous avez observé une transformation importante. Expliquez ensuite de quelle manière vous auriez effectué ce changement à l'aide du modèle élaboré par Kurt Lewin.

Étude de cas

▶ ENTREPRISE

Emco inc.

La Société Emco inc. offre des produits de consommation au Canada et aux États-Unis par l'entremise de son personnel de vente. Depuis 10 ans qu'il y occupe le poste de vice-président aux ventes, Jacques Guertin n'a jamais cessé de vanter le rendement de son organisation, qui résulte en grande partie d'un bon moral et d'un fort esprit d'équipe. Sitôt qu'il prit la tête de la Division des ventes, Jacques Guertin y instaura un système de communication qu'il qualifie de « sans pareil ». Tous les représentants commerciaux se réunissent chaque mois avec leurs supérieurs immédiats (chefs de territoire). À cette occasion, ils examinent les résultats du mois précédent en s'intéressant, entre autres, aux possibilités et aux problèmes observés, de même qu'à la politique et aux directives nouvelles ou révisées de l'entreprise. Leur attention se porte ensuite sur les objectifs et les plans de travail pour les mois à venir. Les chefs de territoire participent également au même type de réunions en compagnie des directeurs régionaux.

Ceux-ci transmettent l'information recueillie à Jacques Guertin lors de rencontres bimestrielles. Au cours de ces réunions, ils font part à ce dernier des résultats obtenus par chacun d'eux et s'entretiennent avec lui des questions importantes soulevées par des représentants commerciaux. Jacques Guertin et ses directeurs régionaux profitent également de l'occasion pour comparer leurs résultats avec ceux du secteur dans son ensemble et pour examiner les stratégies de leurs concurrents afin de déterminer la façon de réagir à leurs nouveaux produits et de stimulation des ventes. Dès son adoption, ce système fit l'unanimité. Du vice-président aux représentants commerciaux, tout le monde en était satisfait, car il donnait à chacun la possibilité de rencontrer ses « copains », de faire connaître ses préoccupations et d'obtenir une rétroaction tant de ses collègues que de ses supérieurs. Ce système en vint donc rapidement à s'implanter dans les mœurs.

Il y a bientôt un an, Jacques Guertin acheta un puissant système informatique capable de le renseigner instantanément sur tout ce qui se passe dans la région desservie par l'un ou l'autre de ses représentants commerciaux. Un tel système d'information lui paraît très utile. Mordu d'informatique, Jacques Guertin se fait une joie de s'installer devant son ordinateur. Dès son arrivée au travail, chaque matin, il passe une demi-heure devant son ordinateur à étudier, notamment, les ventes enregistrées (par représentant, par territoire, par région, etc.), le niveau des stocks et les données budgétaires. Il téléphone ensuite à divers représentants ou chefs de territoire pour en savoir plus sur certains clients ou sur la solution qui a été apportée à un problème particulier.

Lors d'une réunion tenue récemment, Céline Lemay, directrice régionale des ventes, déclara à Jacques Guertin : « Certaines personnes commencent à se plaindre du fait que vous communiquez directement avec les représentants sans passer par la voie normale. Plusieurs cadres se demandent pourquoi vous ne vous adressez pas à eux. Pendant des années, nous avons eu un système de communication qui donnait, selon moi, de bons résultats. Les gens avaient la chance de se rencontrer et de s'entretenir en même temps de leurs problèmes. Mais on dirait que ce système est en train de s'effriter, et sa valeur est maintenant remise en cause. »

Jacques Guertin réagit à ces propos en disant : « J'ai pleinement conscience des inquiétudes que manifeste le personnel de vente. Comme vous le savez, nous avons depuis un an un système informatique qui permet au président et à tous les vice-présidents de prendre instantanément connaissance de nos résultats. Il arrive que le président m'appelle dès 8 h pour savoir comment vont les choses à tel ou tel endroit. J'ai donc besoin d'être toujours au courant de tout ce qui se passe. Je ne peux pas attendre notre prochaine rencontre bimestrielle pour me renseigner auprès de vous avant de répondre au président. Selon moi, notre personnel de vente doit s'adapter à ce nouveau mode de communication. Je sais que ce ne sera pas facile pour tout le monde, mais notre organisation doit aller de l'avant. Il m'apparaît encore important de tenir des rencontres habituelles, mais pour des raisons différentes. À mon avis, certains cadres s'inquiètent avant tout du fait que j'ai accès à une grande quantité de renseignements. Ils craignent que ce soit moi qui mette un jour plusieurs chefs de territoire au courant de quelque chose, non l'inverse. Nous savons tous que la connaissance est source de pouvoir. Croyez bien que j'ai l'intention d'user de ce pouvoir pour influer sur l'orientation de notre organisation. Je ne suis pas ici pour espionner les gens, mais plutôt pour les aider avec les moyens à ma disposition. »

Tous les chefs de territoire présents reconnaissaient l'importance de ce nouveau mode de communication et comprenaient la raison pour laquelle Jacques Guertin l'avait adopté. Cependant, ils redoutaient encore ses effets sur le moral des employés. Ils étaient convaincus que les représentants et les chefs de territoire consacreraient désormais plus de temps à recueillir de l'information qu'à réaliser des ventes, par crainte de recevoir un appel de Jacques Guertin. De fait, il était déjà arrivé plusieurs fois que le président appelle un chef de territoire pour découvrir la raison de la perte d'un gros client.

Cette nouvelle façon de procéder est aujourd'hui en passe de s'implanter dans les mœurs chez Emco inc. On se demande toutefois si elle n'aura pas des effets importants sur les ventes enregistrées, le moral des employés et les communications au sein de l'entreprise.

Questions

1. Examinez la manière dont le système d'information de gestion mis en place a influé sur la circulation de l'information dans l'entreprise.
2. Dressez une liste des principaux éléments qui expliquent pourquoi les cadres de la Division des ventes s'inquiètent de l'adoption de ce nouveau mode de communication.
3. Quelles conséquences ce nouveau système d'information de gestion entraînera-t-il sur les rencontres à l'intérieur de la Division des ventes ?
4. Qu'aurait dû faire Jacques Guertin avant d'installer ce système informatique, pour éviter de bouleverser les membres de son organisation ?
5. Que devrait-il faire maintenant pour remédier à la situation ?

Étude de cas

▶ EN MANCHETTE : SOCIÉTÉ NATIONALE DE FERRAILLES[35]

Bernard et Jean-Guy Hamelin de l'entreprise SNF

www.snf.ca

En 1973, sept ans avant que l'expression « développement durable » n'apparaisse pour la première fois dans un texte de l'Organisation des Nations Unies (ONU), les frères Hamelin avaient déjà une solution pour atténuer l'impact de la croissance économique sur l'environnement. Ils commençaient alors à recycler des résidus métalliques laissés à l'abandon dans la nature pour ensuite les revendre à des entreprises, et créaient la Société nationale de ferrailles (SNF).

Devenue un leader de l'industrie du recyclage au Canada, SNF poursuit sa croissance, principalement à son siège social, à Laval, où l'usine de recyclage de métaux ferreux (par exemple du fer) et non ferreux (comme du nickel) doublera sa capacité de production d'ici 18 mois. L'entreprise vient d'acheter un nouveau déchiqueteur au coût de 31 M$, un projet rendu possible grâce à l'injection, en janvier, de 9 M$ du Fonds de solidarité FTQ dans le capital-actions de la société.

En 1999, le Fonds FTQ avait déjà investi 16 M$ dans SNF, ce qui porte sa contribution totale à 25 M$. « Le Fonds joue un rôle important dans notre développement », souligne Jean-Guy Hamelin, président et chef de la direction de l'entreprise, interviewé en compagnie de son frère Bernard, vice-président aux achats et aux ventes de métaux ferreux. L'entreprise a le vent dans les voiles. En 2004, son chiffre d'affaires s'est élevé à 275 M$ et, cette année, il pourrait atteindre 325 M$, un bond de près de 20 %. Par ailleurs, SNF pourrait aussi se lancer dans le recyclage des composants d'ordinateurs. « On pense à ce segment », dit Jean-Guy Hamelin.

Un réseau de 3 000 fournisseurs

La société de Laval achète toutes sortes de rebuts de métaux auprès d'un réseau de 3 000 fournisseurs, des cimetières de voitures aux commerçants en passant par les chantiers de démolition. Les métaux sont par la suite acheminés à son usine lavaloise et ses filiales, dont Québec Métal Recyclé, à Saint-Augustin-de-Desmaures, Industriel Métal, à Jonquière, et Cacouna Métal à Gros-Cacouna. L'entreprise a aussi des activités au Nouveau-Brunswick et en Nouvelle-Écosse.

Les métaux recyclés sont vendus à des fonderies et à des aciéries en Amérique du Nord, en Europe et en Asie, pour être réutilisés dans différents produits. La concurrence est vive dans l'industrie du recyclage. Au Canada, ce secteur compte plus de 2 800 entreprises de diverses tailles, selon Ressources naturelles Canada. En 2000, près de 80 % des exportations étaient acheminées sur le marché américain. Et 90 % des importations de métaux recyclés proviennent des États-Unis.

Plus d'un million de tonnes de métaux

Pour SNF, le secteur des métaux ferreux représente un volume annuel d'un million de tonnes, tandis que celui des métaux non ferreux s'établit à 70 000 tonnes. Ce dernier secteur est beaucoup moins important en volume, « mais il rapporte presque 10 fois plus la tonne que la vente de métaux ferreux », précise Bernard Hamelin. SNF recycle tous les types de métaux non ferreux, dont le cuivre, le laiton, le bronze, les aciers inoxydables et le plomb. Contrairement à ce qu'on pourrait croire, SNF ne profite pas vraiment de l'augmentation du prix des matières premières, attribuable à la croissance soutenue en Asie, principalement en Chine. « Nos prix de vente augmentent, mais aussi nos coûts d'acquisition », fait remarquer Bernard Hamelin.

Les premiers pas de SNF furent modestes, très modestes même. Au début des années 1970, les deux frères se sont mis à ramasser les résidus de ferraille, à temps partiel, après leurs heures de travail. « On les empilait sur le terrain de la maison de nos parents », se rappelle en riant Jean-Guy Hamelin. Les Hamelin se sont alors rapidement aperçus qu'il y avait de l'argent à faire en vendant des métaux recyclés aux entreprises. On connaît la suite...

Questions

1. Faites le lien entre les différentes notions clés (ainsi que leur importance relative) en rapport avec la structure organisationnelle de la société SNF (voir le tableau 7.1 à la page 254).
2. En vous référant à la figure 8.1 (voir la page 296), de quelle façon la société SNF peut-elle s'adapter d'une façon efficace à son environnement?
3. La société œuvre-t-elle dans un secteur « stable » ou « changeant »? Justifiez votre réponse.
4. En vous référant à la figure 8.4 (voir la page 313), expliquez le type d'interdépendance technologique de la société SNF.
5. Quelles structures intra-organisationnelles (voir la section 7.5 du chapitre 7, à la page 280) et interorganisationnelles (voir la section 8.7, à la page 319) doit utiliser l'entreprise SNF pour accroître son rendement, son efficacité et sa capacité d'innover afin de s'adapter aux fluctuations de la demande et à l'évolution des besoins de ses clients.

PARTIE

5

LA GESTION DES INDIVIDUS, DES GROUPES ET DES ÉQUIPES

Chapitre 9

La gestion des individus et des groupes

Chapitre 10

La motivation, mobilisatrice d'énergie

Chapitre 11

Le leadership et l'exercice de l'influence

www.vezinadufault.com

En 2005, l'entreprise montréalaise Vézina, Dufault inc. s'est classée au premier rang du défi Meilleurs Employeurs 2005 dans la catégorie 50 à 199 employés. L'un de ses cofondateurs affirme : « Les 59 collaborateurs sont heureux ici. » La preuve, le taux de fidélisation du personnel, qui était de 95,1 % en 2002, a grimpé à 100 % en 2003 et en 2004. » La recette gagnante de cette entreprise est simple. Il faut faire bouger les choses, mobiliser les troupes et s'assurer qu'elles soient motivées et intéressées à effectuer leur travail avec passion[1, a]*.*

Voici ce que les dirigeants de Vézina, Dufault inc. sont capables de réaliser et qui explique leur succès. Au chapitre 9, « La gestion des individus et des groupes », nous examinerons comment promouvoir le travail d'équipe, ainsi que la gestion des conflits et du stress.

Au chapitre 10, « La motivation, mobilisatrice d'énergie », nous montrerons les méthodes utilisées par les bons leaders pour amener les individus et les équipes à donner le meilleur d'eux-mêmes.

Au chapitre 11, « Le leadership et l'exercice de l'influence », nous examinerons les éléments clés du leadership et les différentes manières d'envisager le leadership.

Chapitre 9
La gestion des individus et des groupes

Objectifs du chapitre

Après avoir lu ce chapitre, vous devriez pouvoir:

1. définir le terme « groupe », indiquer la différence entre un groupe formel et un groupe informel, expliquer chaque phase de la formation et de l'évolution d'un groupe, et décrire les divers éléments qui influent sur son efficacité;
2. montrer l'importance du travail en équipe, et promouvoir et valoriser l'esprit d'équipe;
3. montrer l'importance de la culture organisationnelle pour la gestion des groupes et des équipes;
4. différencier les types de conflits et les manières de les gérer;
5. définir le stress et décrire ses effets au travail de même que les principales façons de le gérer.

Défi lancé aux gestionnaires ☞ par Bell Helicopter

Bell Helicopter attache une importance toute particulière à sa culture d'entreprise axée sur une communication franche et ouverte. La filiale à part entière de la société américaine Textron, forte de 1 400 employés, a ainsi mis récemment sur pied un comité des avantages sociaux dont le mandat est de consulter les employés sur les programmes révisés en 2001. Ce comité est composé de huit membres : sept employés de Bell Helicopter et un conseiller principal de Mercer, consultant en ressources humaines. Celui-ci a pour mission de comparer les avantages sociaux de Bell Helicopter avec ceux des autres entreprises du secteur de l'aéronautique au Québec. Il est aussi chargé d'organiser des groupes de discussion visant à recueillir les commentaires des employés. Les recommandations de Mercer seront prochainement étudiées de près par la direction. « Nous préférons bien connaître les besoins des employés, pour pouvoir prendre des décisions judicieuses », explique Louis Fortin, vice-président aux ressources humaines, de Bell Helicopter.

La consultation des employés est une priorité pour l'entreprise de Mirabel. Ainsi, cinq équipes de consultation ont été mises sur pied, leurs membres étant élus par leurs pairs pour un mandat de deux ans. Ces équipes concernent les employés d'usine, les employés de bureau, les superviseurs de l'usine, les superviseurs de bureau et les directeurs. « Nos employés ne sont pas syndiqués et nous voulions les faire participer au processus de prise de décision », poursuit-il.

Une culture organisationnelle exemplaire chez BellHelicopter

Jacques Saint-Laurent, le président de Bell Helicopter, prêche par l'exemple. Le premier mardi de chaque mois, appelé le « mardi de la communication », il consulte les deux chefs de chacune des cinq équipes pour s'informer des préoccupations des employés. De plus, il organise chaque année une vingtaine de lunchs avec des groupes d'une vingtaine d'employés, afin de mieux connaître chacun. Enfin, il tient pendant l'année sept rencontres avec 200 employés, pour leur présenter les résultats et les priorités de l'entreprise : chaque rencontre comporte une période de questions et de réponses.

Résultat : le taux de roulement du personnel est inférieur à 2 %. « La fidélité des employés est exemplaire, souligne Louis Fortin. J'ai d'ailleurs une anecdote à cet égard. En 2001, après avoir dû mettre à pied temporairement 350 personnes en raison de la crise qui frappait le secteur de l'aéronautique, nous avons eu la joie de constater que seulement une demi-douzaine d'entre elles ont refusé de revenir quand nous les avons rappelées[1. b)]. »

www.bellhelicopter.textron.com

Survol du chapitre

Tel que nous l'avons vu au chapitre 5, à la sous-section 5.4.1, « Les étapes de la planification », il est important pour une organisation désirant réussir la mise en œuvre de ses stratégies (voir l'étape 4 à la figure 5.7, à la page 189) de mettre en place une structure organisationnelle et un leadership efficace. Comme nous le mentionnons dans ce chapitre, « il est impossible de réaliser les objectifs et les plans établis si le style de leadership et le travail laissent à désirer. Même les plans les plus raffinés échoueront si les dirigeants n'adoptent pas le style de leadership qui convient et ne créent pas un climat propice à la réalisation des objectifs et des plans. Les cadres supérieurs doivent également créer un climat qui soit propice à la réalisation de la mission, des objectifs et des divers plans. Ce climat favorable représente en quelque sorte la culture de l'organisation. » N'est-ce pas le cas de Bell Helicopter ? Un leadership efficace suppose la manière dont la culture organisationnelle favorise le travail d'équipe, l'importance du travail en équipe et de reconnaître les besoins des employés. Le leadership doit prendre différents moyens pour accroître la motivation et adopter un style qui lui permet de transformer les membres d'une organisation en les rendant plus conscients de l'importance de leurs tâches et en les aidant à étendre leur horizon au-delà de leurs intérêts personnels afin de mener la mission de l'organisation à bien.

WWW
www.tact.fse.ulaval.ca/fr/html/sites/guide2.html
couvre une variété de sujets : la pertinence, le rôle des membres, les rencontres, etc.

Cette cinquième partie du manuel comprend trois chapitres. Ce chapitre étudie cinq éléments à considérer pour accroître la productivité d'une organisation : les groupes de travail, la promotion du travail en équipe, l'importance de la culture organisationnelle, la gestion des conflits et du stress.

Le chapitre 10, « La motivation, mobilisatrice d'énergie », explore les raisons pour lesquelles les employés aiment leur travail et la manière dont les gestionnaires peuvent les amener à donner le meilleur d'eux-mêmes. Nous étudierons donc les différentes théories de motivation telles que les théories axées sur le contenu, les théories axées sur le processus, les théories de renforcement et les nouvelles méthodes utilisées par les entreprises en vue d'améliorer la satisfaction, le moral et la productivité de leurs employés.

Le chapitre 11, « Le leadership et l'exercice de l'influence », explique le genre d'aptitudes que les dirigeants doivent posséder en matière de leadership. Nous étudierons donc la source du pouvoir et les raisons de son importance ainsi que les différents styles de leaderships et les théories les plus populaires, et en particulier l'importance grandissante du leadership transformationnel.

Même si les dirigeants de Bell Helicopter élaborent des plans stratégiques et opérationnels, et mettent en place une structure organisationnelle efficace, c'est-à-dire souple et productive, ils doivent aussi s'assurer que les individus et les groupes sont motivés, et qu'ils peuvent travailler en équipe afin d'atteindre les objectifs de l'entreprise. Ce sont là des questions dont nous traiterons dans cette partie, « La gestion des individus, des groupes et des équipes ».

Figure 9.1
L'amélioration de la productivité par la promotion du travail en équipe

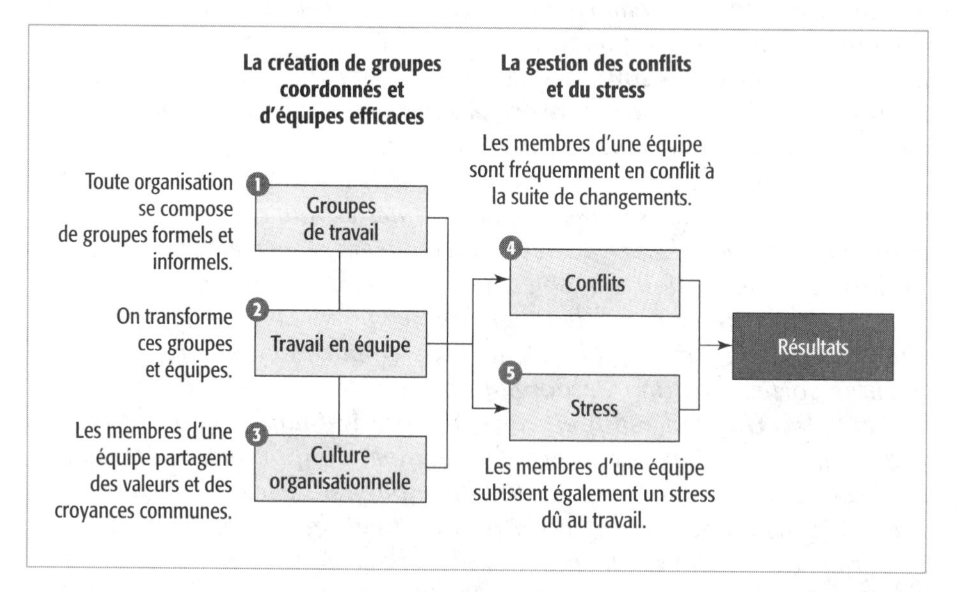

5

Comme l'indique la figure 9.1, les éléments que nous traiterons dans ce chapitre sont :
- *la nature des groupes, leur formation et les éléments qui les rendent efficaces ;*
- *l'importance du travail en équipe, de sa promotion et des personnes dotées d'un esprit d'équipe ;*
- *la manière dont la culture organisationnelle favorise le travail en équipe ;*
- *les différentes sources de conflits et les moyens de les résoudre ;*
- *la nature du stress et la façon de le gérer.*

9.1 LES GROUPES AU TRAVAIL

OBJECTIF 9.1

Définir le terme « groupe », indiquer la différence entre un groupe formel et un groupe informel, expliquer chaque phase de la formation et de l'évolution d'un groupe, et décrire les divers éléments qui influent sur son efficacité.

Dans la quatrième partie de cet ouvrage, intitulée « La gestion de la structure organisationnelle », nous avons examiné, entre autres, les structures hiérarchique, d'état-major, matricielle et fonctionnelle ainsi que les nouvelles structures intra-organisationnelles (structure matricielle, équipes interfonctions, équipes pilotes, intrapreneurs et structure par réseaux) et interorganisationnelles (alliances stratégiques, structure modulaire, structure virtuelle et structure décloisonnée). Or, toutes ces structures mettent en scène des groupes. Voyons tout d'abord ce qu'est un groupe.

Après avoir lu les sept prochaines sous-sections, vous devriez pouvoir :
- décrire ce qu'est un groupe ;
- faire la distinction entre les groupes formels et les groupes informels ;
- montrer comment les groupes informels apparaissent ;
- décrire les différentes étapes de l'évolution d'un groupe ;
- expliquer comment un groupe peut être efficace ;
- résumer les activités des membres d'un groupe ;
- expliquer le fonctionnement d'un groupe.

9.1.1 Qu'est-ce qu'un groupe ?

La plupart des gens appartiennent à plusieurs groupes, qu'il s'agisse d'une chorale, d'un organisme sans but lucratif, d'un comité de parents ou d'une association étudiante. Un **groupe** peut être défini comme un tout formé de deux ou plusieurs individus entretenant des liens continus, personnels et significatifs[2].

Dans une entreprise, certains groupes existent à l'intérieur de la structure organisationnelle établie, alors que d'autres voient le jour d'une manière plus ou moins spontanée (groupes informels). Il y a une trentaine d'années, le chercheur Edgar Schein a décrit de façon plus explicite ce qu'est un groupe : « Un ensemble formé d'un nombre quelconque de personnes qui : 1) interagissent ; 2) ont psychologiquement conscience les unes des autres ; et 3) se considèrent comme un groupe[3]. » En fait, les groupes ont toujours

www.onepine.info/pschein.htm d'Edgar Schein fait des liens intéressants avec plusieurs sites traitant des groupes, de la motivation et du leadership

5

existé. Dès notre naissance, nous faisons partie d'un groupe, la famille, puis l'école, nous formons des groupes d'amis, des équipes de travail. Tous les jours, nous évoluons au sein de groupes et, étonnamment, nous nous définissons par rapport aux groupes auxquels nous appartenons. Qui n'a pas entendu: « Je suis un Tremblay du Lac-Saint-Jean » (une famille); ou encore: « Je travaille chez Bombardier » (une organisation). En fait, chacun de nous fait partie d'un groupe et influence ce groupe.

9.1.2 Les types de groupes

Nous comprenons tous ce qu'est un groupe. Toutefois, il en existe divers types dans les organisations: des groupes formel et informel.

A. Les groupes formels

Un **groupe formel**, ou organisé, se compose d'individus œuvrant ensemble à la réalisation d'un objectif commun. Il comprend un patron ou un cadre (chef, directeur ou vice-président responsable des activités du groupe) et des employés (subordonnés) placés sous son autorité directe. Le groupe formel est une unité organisationnelle structurée et composée d'individus travaillant dans un même but. Il peut être une division, un service, une section, etc.

Figure 9.2
Les groupes et leurs « chevilles d'assemblage » dans une organisation

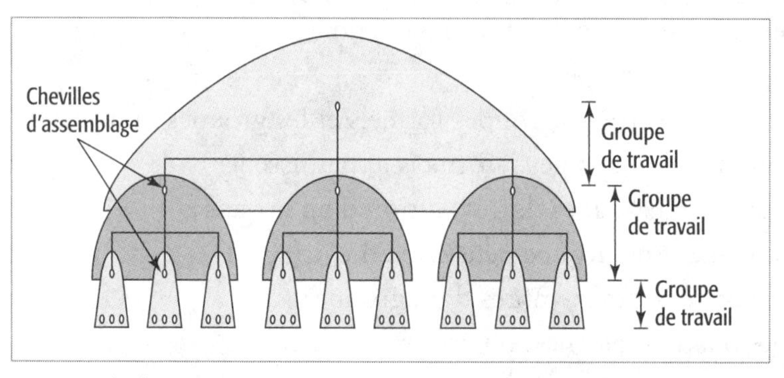

Source: Rensis Likert, *New Patterns of Management,* New York, McGraw-Hill, 1961, p. 104.

WWW
www.accel-team.com/human_relations/hrels_04_likert.html fait des liens intéressants avec plusieurs chercheurs

En 1961, Rensis Likert a publié un ouvrage intitulé *New Patterns of Management*, dans lequel il décrit la manière dont il faut coordonner, harmoniser et unir les groupes formels pour qu'ils collaborent efficacement[4]. La figure 9.2 présente le modèle de Likert, où toute organisation apparaît comme un ensemble de groupes différents qui travaillent de concert et sont liés les uns aux autres par des gestionnaires. Chacun de ces cadres fait partie de deux groupes formels qu'il a la responsabilité de relier entre eux.

Il s'agit là d'un modèle qui favorise la gestion participative. D'après Likert, un gestionnaire doit, pour constituer une « cheville d'assemblage » efficace: 1) prêter attention à l'intérêt particulier de chacun de ses subordonnés; et 2) les inciter à travailler en équipe. Tous les membres d'un groupe (cadre et subordonnés) doivent adopter une attitude positive, appliquer une méthode fondée sur la collaboration et partager des besoins, des valeurs et des champs d'intérêt communs. Comme le montre la figure 9.2, les gestionnaires sont le trait d'union entre leur supérieur immédiat et leurs subordonnés. Dans toute organisation, ils appartiennent à deux groupes formels : l'un comprenant leur supérieur et leurs pairs, et l'autre, leurs subordonnés immédiats.

B. Les groupes informels

Lorsque diverses personnes interagissent volontairement ou spontanément, elles constituent un **groupe informel**. Ces personnes se regroupent le plus souvent parce qu'elles ont un point en commun du fait de leurs contacts quotidiens, de leurs interactions ou de leurs affinités. Ce sont des unités sans structure, indépendantes des lois et des règlements de l'organisation. Elles veulent ainsi satisfaire leurs propres besoins, qui peuvent consister à soutenir les objectifs de l'organisation ou à s'y opposer, ou encore à demeurer neutres[5].

Les deux types de groupes informels les plus répandus sont les groupes d'intérêts et les groupes d'amis. Un **groupe d'intérêts**, aussi appelé « groupe de pression », défend souvent des intérêts particuliers auprès des politiciens et des médias, et réunit des individus qui consacrent leurs efforts à un même objectif (comme les milliers de personnes qui ont contesté le jugement de la Cour suprême du Canada concernant le droit des Québécois de souscrire une assurance médicale privée pour tous les soins dont ils ont besoin, y compris ceux de base). Après que ces personnes ont résolu leur problème ou mené leur projet à terme, le groupe peut se dissoudre. Un **groupe d'amis** se compose d'individus ayant des affinités ou des attirances mutuelles. Ses membres peuvent, par exemple, se passionner pour une même activité (comme la course d'automobiles, le bridge ou le racquetball), avoir grandi dans la même région, soutenir le même parti politique ou être à peu près du même âge. Les groupes d'amis se forment dans le but de satisfaire un besoin social commun bien particulier.

Le célèbre chercheur Fred Fiedler distinguait des groupes interagissant, des groupes travaillant en parallèle et des groupes se contrariant (voir le tableau 9.1, à la page 338)[6]. Cette classification, qui remonte à une trentaine d'années, se révèle moins valable de nos jours, en particulier en raison de la tendance actuelle à structurer les organisations en équipes interfonctions et de l'importance croissante accordée à la responsabilité des employés face aux décisions qui les concernent. Les groupes, par l'interaction, collaborent dans le but de fabriquer un produit ou de fournir un service. On les qualifie aujourd'hui d'équipes interfonctions. Tout comme au cours d'un match de football, il importe de bien coordonner leur travail. Le rôle de leurs gestionnaires consiste essentiellement à assurer cette coordination et à faire en sorte que les groupes collaborateurs réalisent les objectifs organisationnels. Dans le cas, par contre, des groupes travaillant en parallèle, les membres d'une même organisation travaillent d'une manière indépendante à la réalisation d'objectifs communs. Les groupes se contrariant travaillent ensemble, mais visent des objectifs qui diffèrent, d'où la probabilité de conflits et la nécessité pour les cadres d'y remédier.

www.business.com/directory/management/management_theory/contingency_and_system_theory/fiedler,_fred/
pour une description de différentes recherches effectuées par Fred Fiedler

Tableau 9.1
Les groupes dans les organisations

Éléments de comparaison	TYPES DE GROUPES		
	Groupes interagissant les uns avec les autres	**Groupes travaillant en parallèle**	**Groupes se contrariant**
Nécessité d'une coordination au sein du groupe	Grande	Modérée	Faible
Rivalité entre les membres du groupe	Faible	Modérée	Grande
Mesure dans laquelle les membres du groupe partagent les mêmes objectifs	Grande	Modérée	Faible

Source : Adapté de Fred E. Feidler, *A Theory of Leadership Effectiveness*, New York, McGraw-Hill, 1987, p. 21.

Comme le montre le tableau 9.1, il faut distinguer ces trois derniers types de groupes en ce qui a trait :

- au genre de coordination que doivent assurer leurs cadres pour en accroître la cohésion ;
- à la concurrence qu'ils se livrent ;
- à l'importance qu'ils accordent au partage des mêmes objectifs.

9.1.3 Pourquoi les groupes informels apparaissent-ils ?

Diverses raisons peuvent amener des individus à former un groupe. Regardons-en quelques-unes de plus près, soit la proximité, la possibilité d'entretenir des relations, l'attirance interpersonnelle et l'intérêt commun[7].

La *proximité* contribue grandement à la formation de groupes. Un enfant, par exemple, se lie d'amitié avec de jeunes voisins qu'il peut facilement retrouver à l'heure du jeu. De même, un travailleur noue fréquemment des relations plus étroites avec les personnes qui occupent un bureau ou un poste de travail tout près du sien. Certaines études ont montré que la proximité physique joue un rôle clé dans le choix des amis.

La *possibilité d'entretenir des relations* existe lorsque les membres de différentes unités organisationnelles travaillent ensemble. Prenons l'exemple d'un analyste du Service de la comptabilité qui aide les responsables de diverses unités organisationnelles (comme les directeurs de l'approvisionnement, de la publicité et des ventes) à préparer leurs budgets et à en assurer le suivi. Ses fonctions l'amènent à rencontrer fréquemment ces gestionnaires et augmentent ses chances de créer avec eux un groupe informel.

L'*attirance interpersonnelle* naît d'une similitude des valeurs, des goûts, des champs d'intérêt et des antécédents professionnels. Deux individus attirés l'un vers l'autre se ressemblent de par leur personnalité, présentent les mêmes valeurs, etc. En somme, ils ont des « atomes crochus ». Cet aspect est très important. En effet, même lorsque des employés ont de fréquents contacts, ils ne formeront guère un groupe d'amis si leur personnalité, leurs valeurs ou leurs attitudes diffèrent.

L'*intérêt commun* est lié aux réactions émotionnelles, en particulier lorsque survient un problème. Par exemple, si plusieurs employés travaillaient dans des conditions désagréables, ils pourraient alors se regrouper pour discuter de ce problème en vue d'améliorer et de réduire leur degré de tension, d'inquiétude ou de frustration. Ils visent alors à combler des besoins physiques, émotifs ou économiques en faisant front commun.

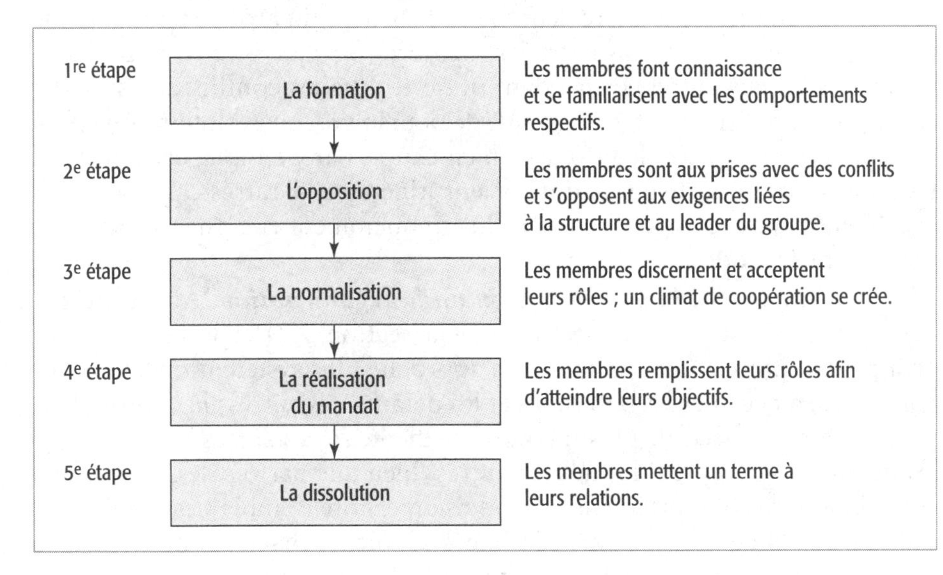

Figure 9.3
Les étapes de l'évolution d'un groupe

9.1.4 L'évolution d'un groupe

Qu'un groupe soit formel ou informel, ses membres ne tissent pas instantanément des liens étroits. D'après certains chercheurs, une bonne équipe de travail ne se forme pas en l'espace de quelques semaines ou simplement après que ses membres ont travaillé ensemble à un ou deux projets; un laps de temps de trois à cinq ans peut être nécessaire pour créer une véritable cohésion[8]. Les principales étapes de l'évolution d'un groupe sont représentées par la figure 9.3: la formation, l'opposition, la normalisation, la réalisation du mandat et la dissolution[9].

Première étape: la formation. Cette première étape implique que les membres se rencontrent, que chacun analyse le comportement des autres, leurs pratiques et leurs manies afin de déterminer ce qui est ou non acceptable et cherche à se familiariser avec les objectifs du groupe. De même, ils tentent de cerner les forces et les faiblesses de chacun, l'influence que chacun exerce sur les autres et le rôle de leur leader. Les sentiments ne sont pour ainsi dire pas en cause, et les membres travaillent selon les méthodes établies par le leader sans avoir participé à leur planification. Voici l'exemple d'un groupe qui organise une excursion en canot pour la première fois: avant même le départ, les membres discutent de la manière d'entreprendre ce voyage, etc. Ainsi, tous se présentent, apprennent à se connaître, définissent des normes et des objectifs généraux qui les guideront dans leurs actions futures.

Deuxième étape: l'opposition ou l'instabilité. Au cours de cette deuxième étape, des conflits et des frictions surviennent entre les membres. Chacun apprend à mieux connaître le comportement des autres et expérimente des interactions. La tension commence à monter; certains membres tentent d'exercer une influence sur les autres ou même d'agir en leaders, ce qui ne plaît pas nécessairement à tous. Il arrive même que des membres remettent en question l'autorité de leur chef et envisagent de quitter le groupe. Si l'on ne fait rien pour détendre l'atmosphère, certaines personnes éprouveront de l'amertume et du ressentiment. Le leader du groupe tentera peut-être d'atténuer les frictions entre les membres puisque à cette étape on se soucie plutôt des autres. Cependant, il ne réglera les conflits que superficiellement afin de permettre au groupe de poursuivre son évolution. Au cours de la première journée de l'excursion en canot, par exemple, certains participants essaieront de faire adopter leur itinéraire, d'autres chercheront à accélérer le rythme ou à se reposer plus fréquemment et d'autres encore se plaindront de l'odeur de la cigarette.

Troisième étape: la normalisation ou la régularisation. À cette étape, des normes s'instaurent (sujet traité à la section 9.2) et la cohésion du groupe se renforce. On applique une approche plus systématique. Chacun commence à accepter les habitudes et les défauts des autres: la coopération prime. Le travail se fait plus méthodiquement, et des signes attestent que les membres s'acceptent les uns les autres, bien que parfois des régressions temporaires de comportement se produisent encore (semblables à celles qui ont marqué la deuxième étape). Même si le rôle de chacun commence à se dessiner, l'étape de l'opposition n'est pas nécessairement terminée. En effet, si une personne ne remplit pas le rôle qu'on lui a attribué, les autres membres du groupe pourraient bien la sermonner. Au cours de cette troisième étape, les participants harmonisent graduellement leurs activités. Il se crée un certain climat de confiance et de franchise, qui peut remonter le moral et encourager les efforts visant à promouvoir le travail en équipe. C'est une étape longue où les individus interagissent, où ils désirent la cohésion et la cohérence. Reprenons ici l'exemple de l'excursion en canot. Les membres du groupe peuvent accepter que l'un d'entre eux agisse à titre de guide. Toutefois, si cette personne accomplit mal sa tâche, les autres pourraient lui en retirer la responsabilité pour la confier à quelqu'un d'autre. Or, il est évident que pareil geste risque fort d'engendrer des conflits interpersonnels au sein du groupe.

Quatrième étape: la réalisation du mandat. Au cours de cette étape, les participants en arrivent à aimer travailler ensemble et s'appliquent à résoudre leurs problèmes communs. C'est une étape de « performance ». Tous les membres du groupe se mettent à remplir leurs fonctions respectives et à interagir d'une manière plus naturelle. Les principes fondamentaux du groupe sont établis par consensus, appliqués, remis en question et revus au besoin. Chacun accomplit son rôle, on communique et on échange dorénavant d'une manière normale, spontanée et instinctive. Ensemble, les membres accomplissent désormais le mandat du groupe ou résolvent le problème pour lequel le groupe a été créé. Ils sont en mesure de discuter librement de leurs tâches et de leurs responsabilités respectives sans craindre d'être blâmés. À ce stade, ils tentent sincèrement d'en venir à un consensus sur les questions importantes et veulent renoncer aux querelles et aux intrigues à l'intérieur du groupe. Les participants à l'excursion, par exemple, pourront alors profiter de leur voyage, de la nature, du grand air et des plaisirs du canotage. Parvenus à cette étape, les membres d'un groupe constituent une équipe efficace et présentent les caractéristiques énumérées ci-dessous:

- ils connaissent la raison d'être de leur groupe;
- ils ont appris à fournir de l'aide et à en obtenir;
- ils se font mutuellement confiance et s'ouvrent les uns aux autres;
- ils acceptent l'existence de conflits et composent avec ceux-ci;
- ils s'en tiennent à une démarche établie pour prendre toute décision;
- ils réussissent à manifester leur liberté tout en sachant qu'ils font partie du groupe[10].

À cette étape, une entreprise atteint un bon niveau de performance; c'est le stade du rayonnement. Le groupe est conscient de sa performance et devient synergique et généreux envers sa communauté sociale ou d'affaires.

Cinquième étape: la dissolution. Durant cette dernière étape, les membres cessent d'interagir et mettent un terme à leurs relations d'une manière planifiée ou abrupte. Dans l'un ou l'autre cas, les membres du groupe reconnaissent leurs réalisations individuelles et collectives, et peuvent aussi se témoigner de l'affection. Ainsi, dans notre exemple, au retour de leur excursion, les participants discuteront du plaisir qu'ils ont eu et des réalisations de chacun avant de se séparer.

9.1.5 L'efficacité d'un groupe

Divers éléments favorisent l'harmonie dans le travail en groupe, soit les normes du groupe, le nombre de ses membres, les attentes de ces derniers quant à leurs rôles, la cohésion du groupe ainsi que la position ou le statut de ses membres.

A. Les normes du groupe

Le terme **norme** désigne une règle de conduite établie par les membres d'un groupe pour y assurer le maintien uniforme d'un comportement voulu[11]. Tous les membres sont tenus d'accepter, de respecter et d'appliquer les normes adoptées par le groupe. Prenons l'exemple des travailleurs d'une usine de production, rémunérés selon l'amélioration de leur productivité et la quantité d'unités qu'ils fabriquent. Ces employés se fixeront des normes relatives à la ponctualité, à l'absentéisme, au taux de productivité, au professionnalisme et au degré d'acceptation de l'inconduite. Ils pourraient même décider de la fraternisation des membres du groupe. Ces normes seront tributaires de la culture organisationnelle de leur unité. Par exemple, des contraintes religieuses peuvent limiter le degré de fraternisation.

Les normes d'un groupe jouent un rôle clé, car elles contribuent à améliorer plus efficacement la collaboration entre les membres. Elles augmentent la cohésion du groupe et l'enthousiasme des membres à travailler ensemble. Tout gestionnaire responsable d'un groupe doit, par conséquent, se familiariser avec ses normes, reconnaître celles que tous les membres acceptent (normes pivots) et celles qu'ils jugent secondaires, c'est-à-dire souhaitables mais non essentielles (normes pertinentes). Il a pour tâches d'observer et d'évaluer le degré d'observance ou de non-observance de ces normes.

Voici quelques exemples typiques de normes que les membres d'un groupe acceptent et jugent favorables au bien-être d'une organisation:

- ayez soin de bien accomplir votre travail;
- faites tout votre possible pour aider les clients;
- adoptez une attitude souriante et montrez-vous attentifs à leurs besoins;
- aidez vos collègues lorsqu'ils éprouvent des difficultés;
- soyez prudents;
- participez;
- innovez, faites-nous connaître vos idées.

Voici, à l'inverse, certaines règles défavorables ou nuisibles au bien-être d'une organisation:

- évitez de travailler trop vite ou le patron vous demandera d'en faire plus;
- abstenez-vous de parler lorsque le patron est tout près;
- défendez vos collègues en présence du patron, et ce, même s'ils ont tort;
- prenez votre temps pour revenir au travail après les pauses-café;
- rappelez-vous que la direction cherche toujours à exploiter les travailleurs.

B. Le nombre de membres du groupe

Plusieurs études effectuées sur le lien entre la taille d'un groupe et son efficacité révèlent que plus les membres d'un groupe sont nombreux, moins ils ont à cœur d'y jouer un rôle actif et plus ils se sentent menacés. Cette conclusion ne surprend pas puisque le nombre des interactions diminue à mesure que la taille d'un groupe augmente et réduit le degré de cordialité, de familiarité et d'intimité entre les membres. Un groupe de grande taille éprouvera aussi plus de difficultés à être solidaire pour atteindre un but collectif.

Le mandat d'un groupe détermine grandement le nombre de ses membres. Ainsi, une équipe formée dans le but de prendre des décisions novatrices aura idéalement de trois à neuf membres[12]. Un groupe de travail doit, de préférence, en compter un nombre impair afin d'éviter l'égalité des voix s'il faut voter. Au-dessus de neuf personnes, la formation de sous-équipes peut s'avérer nécessaire. Lorsque la taille d'une équipe augmente, il peut en résulter les effets suivants:

- le gestionnaire responsable devient plus occupé et adopte une attitude plus distante envers ses subordonnés;
- le processus décisionnel suivi par le groupe se structure davantage;

- l'atmosphère dans le groupe est moins cordiale, et les interactions deviennent moins personnelles (les risques de formation de clans augmentent);
- les règles et les marches à suivre du groupe acquièrent un caractère plus officiel[13].

C. Les attentes des membres quant à leurs rôles

Chacun des employés d'une unité organisationnelle joue un rôle bien défini. On entend ici par **rôle** le comportement que les membres d'un groupe attendent d'un individu dans une fonction donnée. Un employé du Service de la comptabilité, par exemple, doit exécuter certaines tâches bien précises, comme tenir les livres comptables et les écritures de journal, déterminer le coût de revient, faire le report d'écritures et analyser des documents financiers. En revanche, le directeur du service a un rôle différent. Il lui revient de planifier, d'organiser et de diriger le travail des membres de son personnel. De plus, il doit jouer les rôles de négociateur, de diffuseur d'information, de décideur et de symbole. Bien entendu, chaque employé remplira son rôle selon sa propre personnalité et la dynamique du groupe.

Le terme **attente** est au cœur de la définition des rôles. Imaginons une personne qui se joint à une organisation en tant qu'analyste financier. Les membres du Service de la comptabilité s'attendent à ce que ce nouvel employé soit capable d'évaluer les projets d'investissement à l'aide d'instruments sophistiqués, comme le taux de rendement interne, l'analyse des risques et l'indice de rentabilité. Sitôt qu'elle entre en fonction, la nouvelle recrue communique avec ses collègues, qui lui transmettent alors certains signaux. Le nouvel employé les perçoit et peut en déduire les attentes des autres à son égard. Il effectue ensuite son travail, analyse les divers projets d'investissement et remporte ou non un succès. Les membres du groupe comparent alors le rôle réel qu'il joue avec celui qu'ils attendaient.

Chaque étape est importante. En cas d'échec de l'une d'entre elles, l'employé en cause pourrait se trouver dans une situation difficile, attribuable à l'ambiguïté des rôles, à un conflit de rôles ou à une surcharge de travail.

L'*ambiguïté* du rôle s'explique par une définition imprécise des tâches ou des activités que doit accomplir un employé. En effet, devant une description incompréhensible de son poste, un employé se demandera s'il fait bien ce qu'on attend de lui. Imaginons un comité de cinq personnes chargé d'organiser un voyage de deux jours auquel participeront 100 étudiants. Les membres de ce comité seront frustrés et indécis s'ils ignorent le rôle que chacun d'eux doit jouer dans la planification et l'organisation de ce voyage. Ainsi, ils devront d'abord nommer un responsable. Il leur faudra ensuite établir clairement les objectifs, les fonctions et l'emploi du temps de chaque membre ainsi que la manière de les intégrer au plan d'ensemble. Si la réalisation du projet exigeait l'exécution de plusieurs tâches différentes — comme faire des réservations (hôtel, transport et restaurants), annoncer le voyage, recueillir l'argent des participants, régler les factures et préparer un itinéraire —, chaque membre du comité devrait être mis au courant de ses responsabilités.

Un *conflit de rôles* peut survenir dans différentes situations. C'est le cas, par exemple: 1) lorsqu'un employé reçoit des instructions contradictoires de deux personnes pour un même travail; 2) lorsqu'on lui demande de faire des heures supplémentaires le soir alors qu'il a d'autres obligations (comme assister à un cours); 3) lorsqu'un supérieur lui donne des directives incompatibles avec ses ordres antérieurs; et 4) lorsqu'un supérieur lui assigne une tâche qu'il juge inutile ou insensée.

Une *surcharge de travail*, enfin, se produit lorsqu'on demande à un employé d'accomplir une tâche alors qu'il n'en a pas le temps ou qu'il ne possède pas les compétences requises.

D. La cohésion du groupe

La **cohésion** d'un groupe se définit par la loyauté, la solidarité ou la fierté de ses membres. Elle représente une force qui amène les membres d'un groupe à collaborer efficacement, à demeurer au sein du groupe et à agir d'une manière compatible. En somme, la cohésion incite les membres à déployer des efforts pour atteindre leurs objectifs collectifs. Elle les incite à travailler en harmonie comme un tout intégré. Plus la cohésion est grande, plus il est probable que le groupe pourra satisfaire les besoins de chaque participant. Lorsque les membres partagent les mêmes valeurs et les mêmes champs d'intérêt, ils tissent des liens encore plus étroits. La cohésion d'un groupe se bâtit, entre autres choses, sur l'attirance interpersonnelle, le nombre de membres, la possibilité d'entretenir des liens, la recherche d'objectifs communs, les pressions venant de l'extérieur et la proximité des tâches à effectuer.

Le tableau 9.2 suggère comment un groupe peut être cohérent et établir des normes de rendement élevées.

Tableau 9.2
Les mesures à prendre pour assurer la cohésion d'un groupe et établir des normes de rendement élevées

1. Recruter des membres ayant des attitudes, des valeurs et des antécédents similaires.
2. Appliquer des normes élevées d'accès et de socialisation.
3. Limiter la taille du groupe.
4. Aider le groupe à remporter du succès et à faire connaître ses réussites.
5. Adopter un style de leadership participatif.
6. Présenter au groupe un défi ayant une origine extérieure.
7. Associer les récompenses offertes au rendement collectif.
Source: B. Lott, et A. Lott, « Group Cohesiveness as Interpersonal Attraction: A Review of Relationships With Antecedent and Consequent Variables », *Psychological Bulletin*, octobre 1965, p. 259-309.

E. La position ou le statut des membres du groupe

La position ou le statut se rattache au poste, au titre, au bureau, aux diplômes, aux compétences ou à l'ancienneté d'un membre par rapport aux autres. Reconnaître l'importance du statut de chacun au sein d'une organisation permet de bien évaluer le comportement des individus. Les personnes qui occupent une position élevée peuvent davantage influencer les autres membres d'un groupe et ses décisions. Ainsi, le P.-D. G. de BCE, de Bombardier ou d'Air Canada jouit d'un statut bien différent de celui d'un cadre intermédiaire ou inférieur.

Dans une entreprise multinationale, la position d'un cadre se voit à la superficie de son bureau, à l'épaisseur de la moquette ainsi qu'à la présence ou à l'absence d'un adjoint administratif et de certains avantages comme un chauffeur, une limousine ou un bar dans son bureau. Le statut d'une personne varie non seulement selon son travail, mais aussi selon son âge, ses diplômes, ses compétences et son expérience.

9.1.6 Les activités des membres d'un groupe

Les trois grandes catégories d'activités des membres d'un groupe sont celles liées à la tâche, à l'entretien de la vie du groupe et aux activités individuelles[14].

Les **activités liées à la tâche** englobent toutes les initiatives prises au cours de la réalisation d'un projet, d'un programme ou d'une fonction pour atteindre les objectifs établis. Ces activités doivent permettre au groupe de réaliser ses buts et elles sont axées sur les résultats. Pour réaliser la mission de l'organisation, un gestionnaire doit s'assurer que le groupe choisi remplit ses fonctions, c'est-à-dire que les tâches qu'il a confiées au groupe soient accomplies. Le gestionnaire doit innover, renseigner, interpréter les idées et les avis, synthétiser l'information, puis s'assurer que le mandat est compris par le groupe.

Les **activités liées à l'entretien de la vie du groupe** visent à préserver ou à accroître la cohésion et l'harmonie. Elles encouragent le travail en équipe. Leur but premier est d'améliorer les relations entre les membres et de rendre le groupe plus productif, plus efficace et plus intéressant. Ces activités contribuent en outre à la longévité du groupe. Pour réaliser la mission de l'organisation, un gestionnaire doit s'assurer que les membres du groupe se soutiennent et soient solidaires dans la gestion de leurs réactions sur les plans de l'interaction, de la motivation, du leadership et de la communication. Il doit concilier les opinions et régler les conflits, faciliter la circulation de l'information, encourager, s'assurer d'une bonne coopération et alléger l'atmosphère.

Les **activités individuelles,** enfin, sont entreprises par un membre pour satisfaire un besoin ou un désir personnel. Comme elles ne visent ni la réalisation de la tâche ni l'entretien de la vie du groupe, ces activités peuvent perturber, s'avérer improductives et même paralyser le fonctionnement du groupe. Elles dénotent en outre une certaine insatisfaction parmi les membres.

Le tableau 9.3 à la page 346 fournit plusieurs exemples de ces trois types d'activités.

Pour bien remplir son rôle, tout gestionnaire doit distinguer ces divers types d'activités. En effet, dans le cas où un groupe se préoccuperait trop de la réalisation de sa tâche au détriment de l'entretien de la vie collective, il pourrait devenir moins productif. S'il consacrait par ailleurs trop de temps à des activités liées au maintien de son existence, il risquerait de ne pas atteindre ses objectifs. Enfin, si une trop grande place est accordée aux activités individuelles au sein du groupe, le gestionnaire pourrait devoir les restreindre. Il importe pour le gestionnaire d'assurer un équilibre entre les activités liées à la tâche et celles liées à l'entretien de la vie collective, afin d'améliorer la productivité du groupe et de l'aider à atteindre ses objectifs.

Tableau 9.3
Les activités liées à la tâche, les activités liées à l'entretien de la vie du groupe et les activités individuelles

Les activités liées à la tâche
- Démarrer: en suggérant des tâches, des objectifs et des buts, en cernant les problèmes et en y proposant des solutions.
- Récapituler: en résumant les idées énoncées par les membres du groupe, en participant à la formulation d'une décision et en aidant à synthétiser plusieurs points de vue afin d'en arriver à une conclusion logique.
- Faire la lumière: en interprétant les idées et les opinions émises par les autres membres, en définissant certains termes et en clarifiant les mandats, les points de vue et les suggestions.
- Renseigner: en apportant des faits, des opinions et des conseils.
- Vérifier: en s'assurant que les membres du groupe ont bien compris les idées, les opinions et les suggestions formulées ainsi que les décisions prises.

Les activités liées à l'entretien de la vie du groupe
- Faciliter la circulation de l'information et des idées: en aidant les membres à exprimer leur point de vue et en s'assurant que toute information ou opinion est transmise d'une manière appropriée.
- Enrayer les tensions: en offrant des suggestions lorsqu'un conflit éclate et en amenant les membres à se détendre en utilisant l'humour.
- Vérifier s'il y a un consensus: en déterminant si le groupe est près d'en arriver à une décision et en analysant les conséquences possibles du résultat final.
- Encourager les autres: en se montrant amical, sympathique, agréable, complaisant, sensible et chaleureux.
- Préserver l'harmonie: en remédiant aux désaccords ou aux différences d'opinions qui se manifestent au sein du groupe, en réduisant l'ampleur des tensions et des inquiétudes ainsi qu'en aidant chaque membre à comprendre le point de vue des autres.

Les activités individuelles
- Faire obstruction: en s'opposant sans cesse aux idées des autres et en détournant la conversation à des fins personnelles.
- Jouer au bouffon: en plaisantant, en racontant des histoires ou en imitant les autres, ce qui les dérange inutilement.
- Se montrer agressif: en minimisant l'importance des autres ou de leur travail, en attaquant leurs valeurs et leurs principes fondamentaux ainsi qu'en faisant preuve d'hostilité à leur égard.
- Se désister: en adoptant une attitude indifférente ou passive, en rêvassant et en parlant d'autre chose lorsqu'un sujet important fait l'objet d'une discussion.
- Chercher l'attention: en s'efforçant d'attirer l'attention des autres sur des éléments qui n'ont rien à voir avec la tâche à accomplir.
- Imposer sa domination: en manipulant les autres pour satisfaire ses propres besoins, en interrompant leurs conversations et en les traitant avec condescendance.

9.1.7 Le fonctionnement d'un groupe

WWW
www.bookrags.com/biography/george-caspar-homans/

Il y a une quarantaine d'années, George Homans a élaboré un modèle de comportement des groupes au travail, toujours très pertinent aujourd'hui[15]. Comme l'indique la figure 9.4, ce modèle comporte trois éléments distincts mais étroitement liés, soit les intrants, la dynamique du groupe (ou son comportement) et les extrants (conséquences ou résultats). Nous examinerons tout d'abord la nature de ces éléments pour voir ensuite comment on peut appliquer le modèle de George Homans à une organisation.

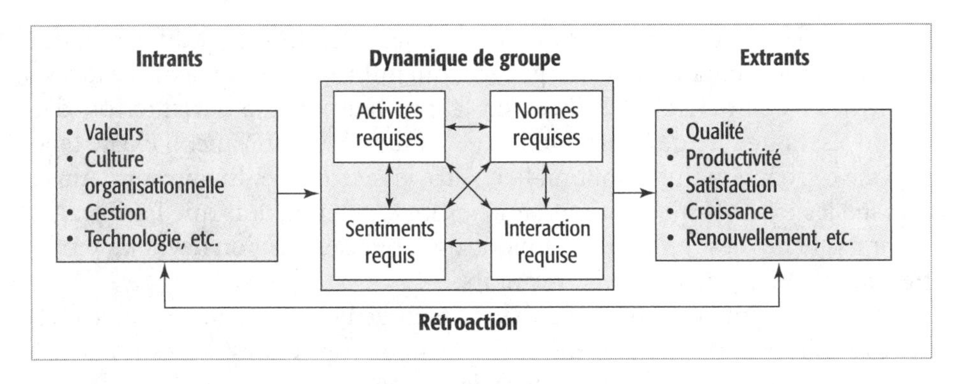

Figure 9.4
Le processus de fonctionnement d'un groupe

A. Les intrants

La première composante du modèle regroupe les **intrants** (qui font partie du système externe) ou les influences extérieures agissant sur la dynamique du groupe ou le comportement de ses membres. Les intrants englobent des éléments comme les activités, les structures (taille de l'équipe, caractéristiques des membres, ressources disponibles, technologie, information, etc.) ainsi que les valeurs et les normes organisationnelles que partagent les employés. Ces intrants influent sur la manière dont un groupe interagit ou se comporte.

B. La dynamique de groupe

Le deuxième élément est la dynamique de groupe ou son système interne, lequel fait intervenir des activités, des normes, une interaction et des sentiments.

Les *activités* sont le plus souvent liées à la tâche. Elles peuvent consister à réaliser un projet, utiliser un ordinateur, dresser un budget, rédiger un rapport ou préparer une présentation.

Les *normes* sont autant de règles de conduite qui se rapportent, entre autres, à la manière d'effectuer le travail et à l'atmosphère qui l'environne. Les normes d'un groupe sont importantes pour déterminer son degré d'efficacité. Prenons l'exemple d'une entreprise où l'on vient d'établir une norme de rendement particulière. Le groupe peut l'accepter ou la rejeter. S'il l'accepte, les membres du groupe la respecteront. Plus ceux-ci reconnaissent l'ampleur de la punition ou de la récompense associée à cette norme, plus ils déploieront d'efforts pour s'y conformer.

L'*interaction* entre les membres se rattache aux activités axées sur l'entretien de la vie du groupe. Elle implique que les participants se montrent chaleureux, fassent l'éloge des autres, les acceptent, encouragent chacun à jouer un rôle actif et dissipent les mésententes et les tensions.

Les *sentiments*, enfin, traduisent le climat émotionnel du groupe. Plus la confiance, la franchise, la liberté et l'harmonie règnent, plus les membres du groupe sont efficaces et productifs[16].

C. Les extrants

Le dernier élément du modèle se compose des **extrants**. Ceux-ci font également partie du système externe et représentent les conséquences ou les résultats engendrés par le groupe. Ils témoignent donc de la réalisation des objectifs.

Le modèle proposé a pour but d'évaluer les effets d'une modification des intrants sur le comportement du groupe, qui influe inévitablement sur le rendement de celui-ci, c'est-à-dire sur la productivité, la satisfaction des employés, la qualité de la production et le taux d'absentéisme. Il existe bien sûr une rétroaction qui établit un lien entre les extrants et les intrants. Ainsi, lorsque les extrants ne sont pas satisfaisants, on en déduit que les intrants n'ont pas l'effet désiré sur la dynamique du groupe et que l'on devra les modifier pour obtenir de meilleurs résultats.

WWW
www.viasystems.com/ présente le profil de l'entreprise Circo Craft, qui porte maintenant le nom de Viasystems Canada, inc.

Appliquons maintenant le modèle de George Homans à un exemple réel, celui de Circo Craft[17]. Cette entreprise avait des difficultés de gestion à une certaine époque. Elle a en effet enregistré une perte de 1,3 million de dollars en 1990, puis une autre perte de 5,8 millions de dollars l'année suivante. Après avoir atteint un sommet de 91 millions de dollars en 1988, son chiffre d'affaires a diminué jusqu'à 80 millions de dollars en 1991.

L'année suivante, soit en 1992, Hans-Karl Muhlegg et Dwayne Poteet ont décidé de modifier les *intrants* de leur organisation. Pour ce faire, ils ont:

- réduit leur personnel de 1 043 à 750 employés;
- diminué le nombre de leurs fournisseurs;
- remercié la moitié de leur personnel cadre;
- changé les rôles de leurs cadres pour en faire non plus des administrateurs, mais plutôt des coordonnateurs, des entraîneurs et des facilitateurs;
- rendu les techniciens et les opérateurs de leur entreprise plus responsables de leurs actions en leur confiant presque toutes les décisions courantes;
- fourni à tous leurs employés 100 heures de formation en classe;
- instauré un régime de primes pour récompenser les employés qui atteignent leurs objectifs;
- commencé à effectuer une vérification trimestrielle portant sur 87 éléments, dont le délai de fabrication ainsi que le nombre des unités défectueuses et des renvois de marchandise par les clients.

Tous ces changements ont produit un effet positif sur la dynamique de groupe. Les employés accomplissaient de nouvelles activités (comme prendre des décisions), se pliaient à des normes différentes (liées, entre autres, au délai de fabrication et à la qualité de la production), interagissaient davantage (en devenant, par exemple, des équipiers) et se témoignaient des sentiments différents (comme le respect, la confiance et la franchise).

Une telle transformation ne s'est pas faite sans difficultés. Certaines personnes se sont opposées à l'idée de donner un pouvoir décisionnel aux employés (nous reviendrons sur ce sujet à la section 9.4 intitulée « La gestion des conflits », à la page 353).

Les modifications apportées aux intrants ont eu un effet considérable sur la dynamique de groupe. Les *extrants* ou les résultats étaient tout à fait différents. Voici ce que l'on a observé:

- les besoins des clients faisaient l'objet d'une plus grande attention;
- les unités produites avaient un faible taux de défectuosité;
- la cote des actions de l'entreprise est passée de 1,45 $ à 3,90 $, et les analystes prévoyaient qu'elle atteindrait 7 $;

- l'entreprise a enregistré un bénéfice de 1,6 million de dollars au cours du premier semestre de 1992 (alors qu'elle avait subi une perte de 2,4 millions de dollars durant la même période de l'année précédente);
- le délai de fabrication a diminué de 52 %.

Les mesures prises chez Circo Craft allaient bien au-delà d'un simple redressement de la production. En effet, Hans-Karl Muhlegg et Dwayne Poteet ont redéfini leur entreprise, et ils ont scruté tous les procédés à la loupe pour réaliser des gains importants en matière de coûts, de qualité, de service, de rapidité, etc.[18].

Témoignage

Pierre de Varennes, président, Royal LePage Performance Realty

Chez Royal LePage, le travail d'équipe et les valeurs partagées sont un mode de vie

WWW
www.royallepage.ca

« Il y a 13 ans, je gérais ma première succursale avec 9 employés et un chiffre d'affaires de 450 000 $ par année. Aujourd'hui avec une équipe de plus de 238 employés, nous négocions au-delà de 4 500 transactions par année et réalisons un chiffre d'affaires de 25,5 millions de dollars. Nous sommes une des plus grosses franchises immobilières au Canada et fiers d'avoir le plus bas taux de roulement d'employés et parmi le plus haut revenu de ventes moyen par employé.

« Notre clef de succès a été de connaître et de communiquer nos valeurs "corporatives" (respect de l'individu, honnêteté, intégrité, professionnalisme, souci des autres et le tout dans un environnement humble), et de s'assurer que les gens recrutés croyaient en l'importance de son application. Développer le travail d'équipe, c'est comme être capitaine d'un bateau. Il faut premièrement mettre le bon équipage à bord, écarter les récalcitrants et placer les membres d'équipage au poste approprié selon leurs talents et habiletés. En créant un environnement où la communication est ouverte et honnête, les idées peuvent être critiquées avec respect, et les meilleures de celles-ci sont toujours implantées. Il faut éviter un climat de dictature, primer l'ouverture d'esprit avec une écoute active, inviter les idées… à ce moment-là, nous bénéficions de synergie !

« Avec des objectifs clairs et définis, se développent une discipline et une complicité parmi les employés pour atteindre les buts. Tout le monde doit se sentir important et valorisé dans ses rôles et nous nous devons de reconnaître leur contribution. L'application de nos valeurs dans les moments critiques, c'est ce qui démontre notre intégrité et développe la loyauté chez nos employés. Par exemple, nous avons remercié l'une de nos meilleures agentes, car elle agissait à l'encontre de nos valeurs partagées en introduisant des annonces que l'on pouvait qualifier de "perfides". Cette mésaventure a eu pour effet de consolider la loyauté de nos employés et nous avons été appréciés pour notre intégrité. Ce type de décision, souvent très difficile, s'avère essentiel afin de maintenir le cap selon la mission et la philosophie de gestion de l'entreprise. »

9.2 LA PROMOTION DU TRAVAIL EN ÉQUIPE

OBJECTIF 9.2

Montrer l'importance du travail en équipe, et promouvoir et valoriser l'esprit d'équipe.

Dans cet ouvrage, nous avons maintes fois utilisé le mot « équipe » pour désigner un groupe organisationnel. Nous avons également mentionné le travail en équipe et sa promotion, l'esprit d'équipe, les équipes interfonctions, les équipes autogérées et les équipes de projet. Les organisations n'ont pas nécessairement besoin de groupes, mais plutôt d'équipes.

Après avoir lu les trois prochaines sous-sections, vous devriez pouvoir :

- décrire une équipe ;
- distinguer les différents types d'équipes ;
- expliquer comment accroître l'efficacité d'une équipe.

9.2.1 Qu'est-ce qu'une équipe ?

Nous avons indiqué à la section 9.1 (voir la page 335) qu'un groupe se compose de deux ou plusieurs individus, et que son organisation est structurée ou non. Le fonctionnement d'une équipe est différent. En effet, une **équipe** comprend elle aussi un certain nombre de personnes, mais celles-ci ont formé une alliance dans le but de collaborer à la réalisation d'un objectif commun. Les dirigeants de Circo Craft, par exemple, ont réussi à faire de leur groupe d'employés une équipe dont les membres unissent leurs efforts pour fournir un meilleur service aux clients et améliorer le rendement de l'entreprise. Dans cet ouvrage, une équipe représente un groupe d'individus qui participent au processus décisionnel, qui influe sur la manière de réaliser les objectifs établis et qui, souvent, fixent eux-mêmes plusieurs de ces buts[19].

www.kaneandassociates.com/tool3.htm décrit la différence entre un groupe et une équipe de travail

Figure 9.5
Le continuum de l'ampleur du travail en équipe

Le travail en équipe de faible ampleur			Le travail en équipe d'ampleur moyenne			Le travail en équipe de grande ampleur
1	2	3	4	5	6	7
Équipe de golf Département d'une université			Équipe de baseball Service de la commercialisation			Équipe de hockey Service de la production

Source : Adapté de William G. Dyer, *Team Building*, 2e éd., Reading (Massachusetts), Addison-Wesley, 1987, p. 24

9.2.2 Les types d'équipes

Toutes les équipes regroupent des individus appelés à collaborer pour réaliser leurs objectifs communs, mais chacune exige un degré de collaboration différent[20]. La figure 9.5 présente divers types d'équipes se distinguant les unes des autres par le degré de collaboration requis. Les golfeurs et les professeurs d'un département universitaire, par exemple, doivent respecter une certaine stratégie, mais ils travaillent essentiellement d'une manière individuelle.

Les membres d'une équipe de baseball ou d'un service de la comptabilité doivent, par contre, accorder un peu plus d'importance au travail en équipe. En effet, chaque joueur d'une équipe de baseball exécute ses tâches et n'échange guère avec les autres joueurs, à l'exception du lanceur et du receveur. Il en va de même à l'intérieur d'une organisation. Ainsi, les responsables des ventes, de l'ingénierie et de la recherche élaboreront ensemble une stratégie pour unir leurs efforts et s'entendre sur les objectifs à réaliser. Cependant, une fois ces buts établis, ils n'ont plus à collaborer d'une manière aussi étroite.

Les individus faisant partie d'une équipe de hockey, de basket-ball ou de production doivent, quant à eux, collaborer très étroitement. En effet, de par leur nature, ces équipes exigent de leurs membres des interactions constantes les uns avec les autres pour exécuter leurs tâches individuelles et collectives de manière à atteindre leurs objectifs. Au hockey, par exemple, lorsqu'un ailier n'accomplit pas bien son travail, c'est toute son équipe qui en souffre. De même, à l'intérieur d'un service de la production, tous les employés prenant part au processus de fabrication dépendent les uns des autres.

De bons équipiers sont les meilleurs atouts devant un problème à résoudre. En effet, ils se préoccupent de la résolution du problème au lieu de rejeter la faute sur quelqu'un d'autre. En outre, ils se rendent la tâche plus facile en recrutant des personnes sûres d'elles, créatives et capables d'agir[21].

Les équipes organisationnelles se divisent en trois catégories : les équipes de résolution de problèmes, les équipes créées dans un but particulier et les équipes autogérées. Les **équipes de résolution de problèmes** ont pour mandat de formuler des recommandations sur la manière d'améliorer la qualité du travail, de réduire les frais d'exploitation et de rendre l'environnement de travail plus agréable. Elles se composent en général de 25 à 30 personnes qui doivent réorganiser le travail ou suggérer des modifications à la structure organisationnelle. Ces équipes s'apparentent aux cercles de qualité mis sur pied au début des années 1980, lesquels :

- résolvaient les problèmes observés dans un secteur de travail ;
- contribuaient à améliorer les aptitudes des membres d'une équipe à résoudre tout problème ;
- stimulaient des idées nouvelles au sein de l'organisation[22].

Les **équipes créées dans un but particulier** regroupent de 5 à 20 employés issus de différents services et dont la principale tâche est d'instaurer de nouveaux procédés de travail. Elles peuvent comprendre des cadres de deux ou trois niveaux hiérarchiques. Il arrive aussi que leurs membres rencontrent les clients et les fournisseurs de l'organisation pour chercher divers moyens d'innover en matière de produits et de services. Les personnes faisant partie de ce type d'équipes jouissent de pouvoirs plus étendus que les membres d'une équipe de résolution de problèmes.

Les **équipes autogérées** comptent ordinairement de 5 à 15 membres qui travaillent ensemble d'une manière continue. Elles doivent principalement élaborer des objectifs, établir des calendriers de travail, assurer la rotation des tâches et même désigner leurs membres.

5

9.2.3 Comment accroître l'efficacité d'une équipe

www.teamtechnology.co.uk/tt/h-articl/tb-basic.htm définit une équipe et explique comment elle peut être organisée pour être efficace

Toute organisation est formée de groupes qui agissent en interrelation et en fonction des objectifs organisationnels. Ceux-ci répondent à des impératifs d'efficacité, d'économie et de rendement, mais ils visent avant tout à combler des besoins exprimés par des individus ou des groupes. L'effort, les aptitudes et les connaissances de même que les stratégies axées sur le rendement sont trois éléments clés qui déterminent l'efficacité d'une équipe[23].

L'*effort* représente ici la quantité d'énergie qu'un individu consacre à une tâche ou à une fonction et le plaisir qu'il en retire. Plus l'emploi valorise et enrichit, plus l'effort au travail de cette personne sera important.

Les *aptitudes* et les *connaissances* varient suivant la composition du groupe. L'efficacité d'une équipe est proportionnelle à la compétence des employés à accomplir leurs tâches, à leur capacité à communiquer entre eux et à leur aptitude à résoudre les problèmes. Les employés se serviront de leurs capacités et de leurs aptitudes dans la mesure où les résultats attendus seront significatifs à leurs yeux[24]. Chez Circo Craft, par exemple, Hans-Karl Muhlegg a élaboré un programme d'au moins 100 heures de formation obligatoire par année pour tous ses employés. Cette moyenne représente plus de 10 fois celle observée dans le secteur de la fabrication au Canada et aux États-Unis, et plus du double de celle observée au Japon[25].

Les *stratégies axées sur le rendement* établissent des normes, visent des buts élevés pour les employés, que l'on encourage par des récompenses. L'un des procédés les plus anciens, les plus importants et les plus efficaces pour motiver des employés consiste à associer les récompenses et la reconnaissance à leur effort ou à leur rendement, ou aux deux à la fois[26]. C'est exactement ce que Circo Craft a fait. L'entreprise a en effet distribué 1 million de dollars aux employés qui avaient dépassé les objectifs établis pour la réduction du délai de fabrication, et pour le nombre d'unités défectueuses et de renvois de marchandise par les clients[27].

Quelles sont donc les conditions nécessaires à un gestionnaire pour qu'il devienne efficace dans sa direction d'une équipe de travail ? Un article de la revue *Les Affaires* en mentionne trois : la confiance mutuelle, l'information et la reconnaissance[28]. La *confiance mutuelle* permet de développer un environnement de travail axé sur l'efficacité de l'équipe. Une *information*

Tableau 9.4
Les qualités à cultiver pour diriger une équipe de travail

• Définir un objectif commun pour son équipe.
• Faire connaître clairement les responsabilités et l'autorité accordées à chaque membre de l'équipe.
• Encourager son équipe à concentrer son énergie sur les besoins des clientèles interne et externe.
• Faciliter la communication et encourager la diversité des opinions.
• Former l'équipe de résolution de problèmes et de gestion de conflits.
• S'assurer que les ressources, les équipements et le soutien nécessaires sont adéquats.
• Encourager fortement l'initiative et la créativité.
• Réagir positivement lorsque le rendement n'est pas à la hauteur et fournir de l'aide selon les besoins.
• Implanter des stratégies pour développer la compétence, la motivation et l'autonomie de l'équipe.
• Reconnaître les réalisations et les améliorations qu'elle a apportées à la performance de l'équipe et lui attribuer les succès.
Source : France Veillet, « Les qualités à cultiver pour diriger une équipe de travail », *Les Affaires*, 19 avril 2003, p. 34.

5

exacte et ponctuelle permet aux membres de l'équipe d'atteindre leurs objectifs. La *reconnaissance du rendement*, qu'elle soit témoignée par une mention spéciale au cours d'une rencontre de groupe ou un simple courriel de remerciements, a toujours un effet très positif sur le moral. Le tableau 9.4 présente les qualités qu'un gestionnaire doit cultiver pour diriger une équipe de travail d'une façon efficace.

9.3 LA CULTURE ORGANISATIONNELLE

OBJECTIF 9.3

Montrer l'importance de la culture organisationnelle pour la gestion des groupes et des équipes.

L'examen de l'infrastructure qui donne lieu à des normes de groupe, à des interactions, à des sentiments, à des valeurs, à des activités et à des processus nous amène à traiter du concept de culture organisationnelle. Comme nous l'avons vu au chapitre 2, la culture d'une organisation peut être envisagée comme la personnalité de celle-ci, comme son style propre[29] (voir la sous-section 2.2.4, à la page 50). D'une façon plus précise, il s'agit d'un ensemble complexe de valeurs, de croyances, de prémisses et de symboles qui définissent la manière dont une organisation réalise ses activités[30].

WWW

www.tnellen.com/ted/tc/schein.html

Comme le montre la figure 9.1 à la page 334, la culture organisationnelle joue un rôle important si une organisation veut améliorer sa productivité par la promotion du travail en équipe. Toute organisation met un certain temps à acquérir une personnalité, et celle-ci amène parfois des difficultés aux dirigeants, qui peuvent devoir définir une nouvelle manière de procéder. C'est d'ailleurs ce que Circo Craft a vécu. Cette entreprise a transformé une personnalité organisationnelle fondée sur un style de gestion autoritaire en une autre de nature plus démocratique, en confiant la prise de décision aux techniciens et aux opérateurs.

9.4 LA GESTION DES CONFLITS

OBJECTIF 9.4

Différencier les types de conflits et les manières de les gérer.

Jusqu'à présent, nous avons examiné le fonctionnement et l'évolution d'un groupe ainsi que le comportement de ses membres. Quand les membres d'un groupe ne s'entendent pas entre eux, ou sont en désaccord avec la direction ou les objectifs de leur organisation, il se produit un déséquilibre, et le comportement collectif s'en trouve perturbé.

Un groupe peut à l'occasion résister au changement ou même saboter un programme ou un projet lorsqu'il a une opinion très différente de celle de la direction. Il arrive alors que ses membres nuisent à la productivité, diminuent la qualité des services, font des suggestions trompeuses à leur supérieur, s'absentent plus fréquemment et même endommagent le matériel. De tels actes dénotent du mécontentement et représentent parfois un avertissement lancé au supérieur immédiat ou à la direction.

www.ctic.purdue.edu/KYW/Brochures/ManageConflict.html
un guide sur la gestion des conflits

Le comportement d'un individu ou d'un groupe peut être troublé au cours d'un conflit. On appelle **conflit** une situation dans laquelle des personnes, des équipes, des services ou des organisations s'opposent[31]. Un conflit se manifeste lorsqu'un individu, ou une unité organisationnelle, risque de perdre quelque chose ou se voit empêché de réaliser un gain. Imaginons, par exemple, deux enfants qui veulent regarder la télévision, mais qui ne peuvent s'entendre sur l'émission à choisir. Il s'agit là d'une situation de conflit typique, car l'un des enfants obtiendra ce qu'il désire au détriment de l'autre. Des émotions comme la crainte, l'angoisse, la méfiance et la tension sont à l'origine des conflits.

Il existe diverses manières d'envisager le rôle des conflits dans une organisation. Les tenants du point de vue traditionnel déclarent qu'il faut éviter les conflits à l'intérieur d'une organisation parce qu'ils ne peuvent provoquer que des effets négatifs. Ils les associent à la violence, à la destruction et à l'irrationalité. Jugeant les conflits néfastes, ces personnes soutiennent que l'on doit tout faire pour les éviter, par exemple, en appliquant de bons principes de gestion.

Les personnes qui adoptent un point de vue axé sur le comportement affirment par ailleurs que l'on doit accepter les conflits parce qu'ils sont naturels et qu'aucune organisation ne peut y échapper. D'après elles, il est impossible d'éliminer toutes les frictions, et celles-ci peuvent au contraire être bénéfiques à une organisation. Cependant, elles insistent sur la nécessité d'apprendre à gérer les conflits. La gestion des conflits se traduit par l'intervention des cadres pour accroître ou réduire l'ampleur des tensions évidentes[32].

Les partisans de l'approche interactionniste croient, pour leur part, qu'il faut non seulement accepter les conflits, mais les encourager parce que les membres d'un groupe trop tranquille peuvent devenir apathiques, insensibles et indifférents. Selon eux, l'absence de conflits peut nuire à une organisation, en particulier lorsqu'il lui faut composer avec le changement et l'innovation. Les cadres qui considèrent les conflits d'une manière positive jugent nécessaire d'atteindre des objectifs individuels et organisationnels[33].

Après avoir lu les trois prochaines sous-sections, vous devriez pouvoir :

- décrire les différents types de conflits ;
- expliquer les diverses causes de conflits ;
- énumérer les moyens utilisés pour enrayer les conflits.

9.4.1 Les types de conflits

On distingue cinq types de conflits : les conflits personnels, les conflits intrapersonnels, les conflits interpersonnels, les conflits entre un individu et son groupe, et les conflits intergroupes.

Un **conflit personnel** (ou conflit de rôles) survient lorsqu'un employé reçoit des directives contradictoires de son patron. Imaginons un jeune comptable qui vient d'obtenir un emploi. Au moment de son entrée en fonction, son supérieur immédiat lui dit de prêter attention aux erreurs et de réviser tout rapport au moins trois fois avant de le remettre. Un mois plus tard, ce même supérieur lui reproche de ne pas être assez productif et de consacrer trop de temps à réviser ses rapports. Le jeune comptable devient alors perplexe parce qu'il a reçu des instructions ambiguës.

Un **conflit intrapersonnel** survient lorsqu'un individu se heurte à des facteurs internes liés à des pulsions et à des motivations. Prenons l'exemple du jeune comptable devant travailler à deux dossiers, l'un plaisant et stimulant, et l'autre, fastidieux, mais urgent et prioritaire. Lequel choisira-t-il ? Des motivations internes interféreront avec le choix obligé.

Un **conflit interpersonnel** oppose deux individus (soit deux collègues, soit un patron et l'un de ses subalternes). Prenons l'exemple d'une organisation où la directrice de la publicité juge les activités de son service prioritaires et s'efforce d'obtenir une plus grande part du budget d'exploitation. Le responsable des ventes accorde toutefois plus d'importance à d'autres éléments et croit que son unité devrait recevoir des fonds additionnels. Un conflit surgira entre ces deux cadres parce qu'ils essaient chacun d'accaparer une plus grande portion de l'enveloppe budgétaire.

Un **conflit entre un individu et son groupe** résulte d'une incompatibilité entre les normes de conduite d'un membre et celles des autres. Une querelle pourrait ainsi éclater si l'une des normes du groupe consistait à ne pas travailler trop rapidement et que l'un de ses membres fournissait un rendement maximal pour se faire remarquer par son supérieur.

Enfin, un **conflit intergroupes** se manifeste lorsque différentes unités organisationnelles ne s'entendent pas sur un point. Il met le plus souvent aux prises une unité hiérarchique (comme le Service des ventes) et une unité d'état-major (comme le Service de la comptabilité). Par exemple, à la suite d'une étude poussée, un spécialiste de l'unité responsable des analyses économiques suggère de hausser le prix de vente des produits A et B. Or, le directeur des ventes s'élève contre une telle mesure et propose même de réduire le prix de ces articles. L'expérience et la formation très différentes de ces deux personnes sont à l'origine de ce désaccord. Voici un autre exemple d'un conflit intergroupes. Un cadre du Service des ventes demande un emballage particulier et une campagne de publicité intensive afin de conquérir un segment particulier du marché. Les responsables des finances s'opposent à ce projet par peur de compromettre la rentabilité de l'entreprise et parce qu'ils jugent l'emballage actuel conforme aux exigences du marché.

9.4.2 Les causes de conflits

Diverses raisons peuvent engendrer des frictions. Ainsi, beaucoup de conflits résultent d'une *incompatibilité des objectifs* poursuivis par différents groupes. Nous avons abordé ce sujet antérieurement, mais donnons ici quelques exemples additionnels.

- Les responsables du Service du crédit veulent limiter le crédit alors que le Service des ventes soutient qu'il faut au contraire augmenter la marge de crédit accordée aux clients pour accroître la rentabilité de l'entreprise.
- Le Service de la production choisit de réduire la quantité de ses stocks pour diminuer ses frais d'exploitation, mais les responsables de la commercialisation se plaignent que les clients n'apprécient pas les longs délais de livraison.

- Le Service de la comptabilité désire informatiser son système alors que, d'après les responsables des finances, il serait plus économique de conserver le matériel en place.

Des *ressources limitées* peuvent également susciter un conflit. Elles sont d'ailleurs la cause de nombreuses disputes de ménage. Les deux conjoints ne disposent que de X $. Pourtant, l'un espère conserver pour lui X $ + Y $ et l'autre, X $ + Z $, après avoir assumé leurs dépenses communes, comme les versements sur un prêt hypothécaire, les assurances, la nourriture et l'électricité. Les organisations possèdent elles aussi des ressources limitées. Il ne faut donc pas s'étonner des tensions lorsque 50 cadres rivalisent pour obtenir une part du budget d'exploitation pour le matériel, le personnel et les biens d'équipement.

Une *divergence des valeurs ou des croyances* engendre fréquemment un désaccord entre des individus ou des groupes. En effet, les différences observées en ce qui concerne les perceptions, l'expérience, les préjugés, la personnalité et les attitudes témoignent de la diversité des perceptions chez les individus. Ce qu'une personne juge acceptable peut sembler incorrect à une autre. Ainsi, les gens n'ont pas tous la même opinion au sujet de la nomination d'une femme à la tête d'une entreprise ou de celle d'un anglophone à un poste de vice-président à la commercialisation. De même, l'élection à la mairie d'une personne issue d'une minorité visible peut causer des frictions. Certains se réjouiront de sa nomination ou de son élection, mais d'autres s'y opposeront avec force en raison de préjugés fermement enracinés, d'un parti pris ou d'une attitude bornée.

Les *relations organisationnelles* constituent une autre source de mésentente. Prenons l'exemple d'un comptable qui travaille dans une usine et qui relève d'un directeur. Étant donné la structure de l'organisation, ce comptable se trouve également sous l'autorité de certains cadres au siège social, comme le chef comptable, l'analyste des prix, l'analyste financier et le responsable des comptes clients. Il lui faut donc satisfaire les besoins de plusieurs autorités. Or, lorsque celles-ci exigent trop de lui, le comptable de l'usine est contraint de favoriser les demandes de l'une d'entre elles au détriment des autres et provoque ainsi des frictions.

Tout *chevauchement des responsabilités* peut aussi donner lieu à un conflit entre des individus ou des groupes. Citons l'exemple d'une entreprise qui veut lancer un nouveau produit et compte en vendre 100 000 unités au cours de la première année. Les responsables des ventes, du marketing, de la publicité, de la distribution et du Service à la clientèle seront chargés de réaliser ce projet. Si, à la fin de l'année, seulement 80 000 unités du nouveau produit sont vendues, les dirigeants de chacun des services concernés rejetteront la faute sur les autres et les accuseront d'avoir mal accompli leur travail.

Une *mauvaise communication* représente un autre facteur de désaccord souvent mentionné. Ainsi, un supérieur n'indique pas toujours clairement à ses subalternes les tâches qu'ils doivent exécuter ou les exigences à respecter en matière de temps ou de qualité. Il est donc fréquent d'entendre : « Ce n'est pas ce que je vous ai demandé de faire » ou « Si vous m'aviez dit exactement ce que vous vouliez, j'aurais compris ».

L'*interdépendance des tâches* peut aussi être une cause de conflit, qu'elle soit séquentielle, réciproque ou d'intérêt commun. Par exemple, pour terminer la réparation d'un véhicule dans les délais fixés, un mécanicien qui a besoin d'une pièce doit attendre le Service des pièces pour l'obtenir.

La *rémunération individuelle* par opposition à celle d'un groupe peut aussi être une source de conflit. Par exemple, un joueur de hockey payé en fonction du nombre de buts marqués à la fin de la saison va-t-il être incité à faire une passe à son coéquipier mieux placé près du but ?

9.4.3 Les moyens d'enrayer les conflits

Il est quasi impossible d'éliminer toute friction. Cependant, lorsqu'un gestionnaire s'aperçoit qu'un conflit s'intensifie, il doit remédier à la situation. Il peut recourir à divers procédés concernant soit les structures, soit les relations interpersonnelles.

www.mapnp.org/library/grp_skll/grp_cnfl/grp_cnfl.htm suggère des moyens d'enrayer les conflits

A. Les procédés structuraux

La *clarification des rôles et des responsabilités* représente un premier moyen d'enrayer les conflits. Tout supérieur peut en effet réduire de beaucoup les risques de mésentente par des entretiens avec ses subordonnés sur les tâches à accomplir pour atteindre les objectifs établis. Il importe que chaque employé connaisse la nature exacte des tâches et des responsabilités qu'on exige de lui, et de l'autorité dont il dépend, et qu'on obtienne son assentiment vis-à-vis de celles-ci. La gestion par objectifs (voir le chapitre 5, à la sous-section 5.3.6, à la page 186) constitue un outil efficace pour clarifier les rôles, les responsabilités et les attentes des employés avant d'entreprendre un travail, un projet ou un programme donnés.

L'*amélioration de la communication* entre les unités organisationnelles qui collaborent permet aussi de limiter les désaccords. Les responsables de ces unités doivent s'entendre sur ce qui doit être fait, par qui, quand et de quelle manière. S'ils participent à l'élaboration des objectifs, ces cadres peuvent aisément définir les responsabilités et le rôle précis de chaque employé impliqué dans la réalisation d'un programme donné. Ce point revêt une importance particulière pour les unités offrant des services complémentaires et lorsque la promotion du travail en équipe s'avère essentielle pour améliorer le service à la clientèle. Il en va de même lorsqu'une unité organisationnelle (comme le Service informatique ou une autre composante de l'état-major) fournit des services à d'autres unités (de type hiérarchique, par exemple, comme le Service de la production ou celui de la commercialisation).

La *transformation de la culture organisationnelle* constitue, sur le plan des structures, un troisième moyen de réduire les antagonismes (voir le chapitre 2, à la sous-section 2.2.4 C « Comment gérer la culture organisationnelle », à la page 55). Il s'agit pour les cadres supérieurs de modifier les valeurs et les croyances fondamentales de l'organisation. Le succès remporté par les gestionnaires japonais résulte notamment de l'adoption d'un code de conduite précis. Beaucoup de dirigeants d'entreprise nord-américains ont découvert l'importance de la culture organisationnelle et consacrent aujourd'hui beaucoup de temps et d'argent à modifier la culture de leur organisation.

La *modification des structures organisationnelles* fournit un quatrième moyen d'éviter les dissensions lorsqu'elle clarifie davantage les rôles, les responsabilités, l'autorité et les communications. Les structures créées peuvent être centralisées ou décentralisées. La décentralisation aide à accroître l'autonomie des unités organisationnelles et les amène à rivaliser davantage entre elles. Or, une plus grande compétition réduit les tensions. Lorsqu'une équipe de hockey en affronte une autre, par exemple, ses membres n'ont qu'un objectif en tête, remporter la victoire, et non pas miner leur propre organisation. De plus, récompenser tous les membres d'une équipe lorsqu'elle atteint son objectif (au lieu d'accorder de l'importance aux réalisations individuelles) soutient en général l'effort collectif et réduit l'ampleur des conflits interpersonnels.

B. Les procédés relationnels[34]

La figure 9.6 présente cinq méthodes interpersonnelles qui réduisent l'ampleur des conflits dans une organisation : l'évitement, la conciliation, le compromis, la contrainte et la collaboration. Le psychologue et formateur Darrell Johnson de la firme montréalaise Galilée donne l'exemple de quelqu'un qui agit comme une tortue, un ourson, un renard, un tigre ou un hibou[35]. On y remarque, en ordonnée, le *degré de coopération* et, en abscisse, le *degré d'autorité* qu'exerce une personne pour conduire une discussion.

La première de ces méthodes s'appelle l'**évitement** et consiste pour un gestionnaire à ne pas imposer son autorité ou à ne pas s'affirmer. Il s'agit là d'une solution temporaire, car les délais peuvent accroître les frustrations. L'exemple est la *tortue* qui évite un obstacle et ignore le conflit dans l'espoir qu'il disparaisse. Elle cache les problèmes sous le tapis ou elle entreprend des démarches très lentes dans le but de noyer le poisson. Elle évite la confrontation directe. Un supérieur recourt à cette situation lorsqu'il :

Figure 9.6
Les méthodes de résolution des conflits

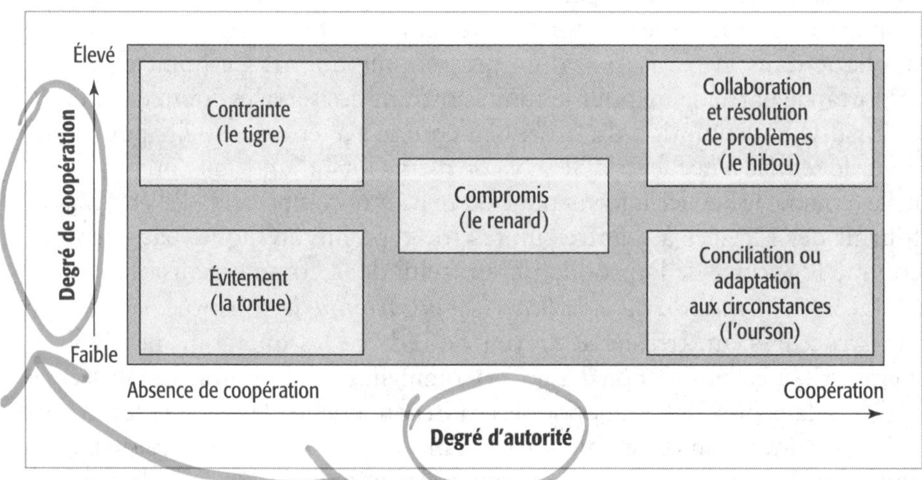

Source : Adapté de K.W. Thomas, « Conflict and Conflict Management », dans M.D. Dunnette, *Handbook of Industrial and Organizational Psychology*, Chicago, Rand McNally, 1976, p. 900.

- évite de prendre position afin de ne pas susciter une mésentente ou de l'aggraver;
- demeure neutre, jugeant la situation trop anodine pour s'en mêler;
- désire attendre afin d'avoir plus d'information;
- désire laisser aux individus en désaccord le temps de se calmer et d'en arriver à envisager les faits objectivement.

Le deuxième procédé de cette catégorie est la **conciliation**, ou l'adaptation aux circonstances. Une personne tente alors de faire disparaître les divergences d'opinions entre les individus qui s'affrontent en apportant sa coopération, sa participation et sa contribution, mais sans exercer aucune autorité. Cette méthode favorise la solidarité et permet de réconcilier, dans une certaine mesure, des points de vue divergents. Elle aide en outre à mettre l'accent sur ce qui semble à l'avantage des deux parties. C'est comme l'*ourson* qui se soumet à la volonté de l'autre. Il cherche à s'accommoder avec lui, à s'adapter à lui. Il lâche prise.

Ce procédé s'avère efficace lorsque l'une des personnes en conflit réalise son tort et l'importance des enjeux pour l'autre. Un individu peut utiliser cette stratégie lorsqu'il s'attend à des négociations importantes à l'avenir avec les personnes ou les groupes en cause, pour préserver l'harmonie, créer un climat de confiance et établir une certaine crédibilité. Il est important de mettre l'accent sur des éléments qui réunissent et de trouver des solutions qui conviennent aux autres membres.

La troisième méthode possible repose sur le **compromis**. Elle implique que l'une des parties accepte dans une certaine mesure le point de vue de l'autre pour en arriver à une solution jugée satisfaisante ou acceptable à défaut d'être optimale. Dans certains cas, on fait appel à un arbitre au cours des négociations. La méthode du compromis ne donne ni un vainqueur ni un perdant. Elle fait des gagnants à des degrés divers. En outre, cette méthode permet d'atteindre les objectifs sans que les relations en souffrent trop. C'est comme le *renard* qui négocie, favorise les échanges de bons procédés et cherche le compromis acceptable.

Elle se révèle particulièrement efficace dans notre société pluraliste où maints groupes de pression luttent pour certains droits fondamentaux. À l'intérieur d'une entreprise, on y recourt lorsque l'une ou l'autre partie ne considèrent pas les enjeux trop importants et qu'elles sont toutes deux disposées à faire certains sacrifices pour demeurer en bons termes. Les compromis accentuent l'équité et aident à créer un sentiment de coopération où aucune des deux parties n'use trop d'autorité.

Le quatrième procédé s'appuie sur la **contrainte**, la concurrence ou l'exercice de l'autorité. Un supérieur (autorité officielle) recourt à ce procédé pour obliger les deux parties à accepter une entente. Il impose donc une solution, qu'elle plaise ou non. C'est comme le *tigre* qui force la soumission. Il crée des situations de gagnant ou de perdant et utilise son pouvoir pour arriver à ses fins.

Cette méthode peut susciter la colère d'une des parties, car elle détermine en général un gagnant et un perdant. L'État s'en sert souvent lorsqu'un syndicat et une entreprise n'arrivent pas à s'entendre. La méthode est efficace lorsqu'il faut remédier rapidement à un problème. Le supérieur se montre alors non coopératif et autoritaire.

La cinquième méthode est la **collaboration** et la résolution de problèmes. Les deux parties manifestent un certain degré de coopération et d'autorité, chacune s'efforçant de répondre aux exigences de l'autre. Cette méthode ne vise pas à faire un vainqueur, mais plutôt à parvenir à une solution satisfaisante aux yeux de tous. C'est comme le *hibou* qui pèse les problèmes, partage les idées et l'information, crée des situations de gagnant-gagnant et essaie de résoudre le conflit, qu'il considère comme un défi enrichissant.

Elle se révèle efficace lorsque les deux parties défendent des intérêts beaucoup trop importants pour accepter des compromis. Les solutions axées sur la collaboration peuvent exiger beaucoup de temps, ainsi que des compétences et des attitudes particulières; les deux parties doivent alors s'engager à résoudre leur problème.

OBJECTIF 9.5

Définir le stress et décrire ses effets au travail de même que les principales façons de le gérer.

9.5 LA GESTION DU STRESS

Comme nous l'avons vu à la section 9.4, les membres d'une organisation doivent sans cesse composer avec des problèmes, des conflits, des changements, des pressions, des exigences particulières et des ambiguïtés. De ce fait, une majorité de Canadiens sont aujourd'hui stressés au travail.

Divers types de situations engendrent une certaine tension chez les employés d'une organisation; c'est ce que l'on appelle un « stress dû au travail ». On peut décrire le **stress** comme les réactions psychologique, physique et émotionnelle d'une personne devant des exigences excessives qu'elle a peine à satisfaire[36]. Un nouvel employé frais émoulu de l'université qui doit faire une présentation devant un groupe de cadres pour la première fois peut ressentir un certain stress. Lorsque les employés d'une organisation apprennent que l'on réduira le personnel sur une certaine période, ils peuvent aussi ressentir un certain stress. Nul doute, par exemple, que la récession du début des années 1980 et celle du début des années 1990 ont provoqué une hausse du taux d'anxiété chez de nombreux travailleurs.

Il existe toutefois des situations qui provoquent un stress positif. Ainsi, un stress positif, ou **eustress**, est jugé bénéfique, car il stimule les organisations et les individus. Selon le docteur Jean-Pierre Hogue, spécialiste en psychologie industrielle : « Le stress c'est de l'énergie. C'est une force qui émerge de l'interaction de l'individu et de son environnement. Ce n'est pas dommageable. C'est comme l'eau. Si elle est bien canalisée, elle produit de l'électricité, sinon elle provoque des inondations. Le stress est donc l'énergie vitale de l'être humain. Quand il est bien utilisé, il amène une valeur ajoutée[37]. » Songeons à un étudiant qui écoute avec attention en classe et se prépare bien à ses examens pour obtenir de bonnes notes. Il subit peut-être un stress, mais un stress qui l'amènera à des résultats positifs. Le même phénomène s'applique à un athlète qui s'entraîne en vue des Jeux olympiques ou à des hockeyeurs dont on exige le maximum en prévision des séries éliminatoires. Tous ces individus se trouvent dans une situation stressante, mais l'effort qu'ils fournissent sera jugé positif. Les employés d'une organisation déploient eux aussi des efforts pour offrir le service le plus satisfaisant possible à leurs clients et réaliser les objectifs établis. Ils travaillent dans des conditions stressantes qui amèneront assurément des résultats bénéfiques. Les gestionnaires envisagent fréquemment ce type de stress comme un élément de motivation qui se traduit par un meilleur rendement. L'absence de stress rendrait sans doute pitoyable le fonctionnement d'une organisation et l'empêcherait d'obtenir un rendement élevé. En outre, les individus soumis à un stress positif maîtrisent en général leurs actions.

Par opposition, le stress négatif, aussi nommé **détresse**, est une expérience désagréable, car il a un effet destructeur et perturbateur aussi bien sur les individus que sur les organisations. Le stress peut constituer un élément positif lorsqu'il est de faible importance. Toutefois, lorsqu'il s'intensifie, il peut entraîner un découragement et même un effondrement physique et émotionnel. Des conditions de travail très stressantes risquent d'entraîner moins de productivité et même des erreurs fatales. On note un stress négatif important au sein des organisations lorsqu'on fait appel, par exemple, à des briseurs de grève pour remplacer des employés en débrayage.

Après avoir lu les quatre prochaines sous-sections, vous devriez pouvoir:

- décrire les différentes causes du stress appelées « stresseurs » ou « agents stressants » ;
- expliquer comment le stress peut engendrer divers troubles physiologiques;
- expliquer la gestion du stress sur les plans individuel et organisationnel;
- montrer comment la gestion du temps peut aider à réduire son degré de stress.

9.5.1 Les causes du stress

Le stress résulte de facteurs appelés **stresseurs**, ou *agents stressants*, qui imposent à un individu certaines exigences qu'il ressent d'une manière consciente ou inconsciente[38]. La chaleur, par exemple, est un agent stressant qui amène une personne à transpirer. De même, la possibilité de perdre son emploi (agent stressant) rendra un individu anxieux et tendu. Les cadres sont tenus de bien connaître les causes du stress à l'intérieur d'une organisation pour le gérer d'une manière efficace. Une étude réalisée en 2002 pour le compte de l'Association professionnelle des cadres de la fonction publique du Canada montre les résultats sur leur santé:

- 95 % des cadres éprouvent des troubles de sommeil et dorment en moyenne 6,6 heures par nuit;
- 15 % souffrent de tendances dépressives;
- 53 % signalent des hauts degrés de stress, deux fois celui des Canadiens moyens;
- 19 % ont des problèmes musculo-squelettiques liés à la tension[39].

On distingue des agents stressants internes et des agents stressants externes[40].

5

Les *agents stressants intra-organisationnels* se manifestent à l'égard des individus, des groupes ou de l'organisation dans son ensemble. Ils comprennent, entre autres, les surcharges de travail, les conflits de rôles, les rôles ambigus, les conflits entre un individu et son groupe, l'incompatibilité sur le plan du statut, le climat organisationnel et les styles de gestion. Un sondage effectué en 2003 auprès des membres de la Centrale des syndicats du Québec qui regroupe 2 000 enseignants, professionnels et travailleurs de la santé mentionne les cinq motifs les plus fréquents incitant une personne à s'inscrire à un programme d'aide aux employés :

- 18,0 %, une surcharge de travail ;
- 16,8 %, des problèmes liés au vécu amoureux ;
- 12,6 %, des problèmes avec les patrons ;
- 8,9 %, la difficulté à s'adapter au travail ;
- 8,6 %, des problèmes avec les collègues[41].

Les *agents stressants extra-organisationnels* ont, quant à eux, un caractère plus personnel. Les difficultés familiales ou financières, une incertitude politique, un manque de mobilité ou une piètre qualité de vie en sont des exemples.

Tous ces facteurs provoquent un stress lié au travail, à la vie professionnelle et à la vie privée. Cependant, certains individus composent mieux avec le stress que d'autres étant donné les facteurs suivants :

- l'hérédité, qui fournit à certains une plus grande résistance au stress ;
- le niveau de scolarité, qui augmente la capacité à gérer le stress ;
- l'activité physique, qui permet à certaines personnes de se détendre ;
- les vacances, qui donnent l'occasion de séjourner dans un environnement calme.

9.5.2 Les effets du stress

Le stress peut causer divers troubles physiologiques et certains problèmes de comportement. Un chercheur a réparti les effets du stress en cinq grandes catégories.

WWW
www.stressbusting.co.uk présente différentes techniques visant à réduire le stress

1. Les *effets subjectifs* : dépression, fatigue, sentiment de culpabilité, irritabilité, humeur changeante, faible estime de soi, tension, ennui.
2. Les *effets sur le comportement* : accès émotifs, abus de nourriture et d'alcool, rire nerveux, excès de sommeil.
3. Les *effets cognitifs* : pertes de mémoire fréquentes, blocages psychologiques, difficulté à accepter les critiques, les refus, incapacité à prendre des décisions.
4. Les *effets physiologiques* : augmentation du rythme cardiaque et de la tension artérielle, accroissement du taux de glucose dans le sang, sueurs, dilatation des pupilles, troubles respiratoires et digestifs.
5. Les *effets organisationnels* : absentéisme, faible productivité, taux élevé d'accidents, augmentation du taux de renouvellement du personnel, baisse de la qualité du travail, insatisfaction des individus quant à leur emploi[42].

Un stress excessif et prolongé peut entraîner une dépression d'épuisement. Certains individus éprouveront au début un stress positif, ou eustress, qui aura un effet bénéfique sur leur productivité et leurs activités professionnelles. Toutefois, une augmentation continue du stress peut diminuer l'efficacité et le rendement[43]. La dépression d'épuisement résulte souvent de l'action combinée d'agents stressants internes et externes. Tel que le mentionne Raymond David, psychologue et consultant auprès de professionnels, « l'addition de toutes sources de stress fait en sorte qu'on est sur l'adrénaline constamment et c'est une condition anormale. Ça mène au *burnout*, à l'épuisement physique chronique et à la dépression. Il est même intimement relié aux ulcères d'estomac, aux maux de tête et à l'hypertension. Le cancer ? On n'est pas sûr, mais on s'en doute[44]. » Toute personne qui en souffre traverse généralement trois phases successives caractérisées par les symptômes suivants :

- phase 1 : confusion, perplexité et apparence de frustration ;
- phase 2 : frustration intense et colère ;
- phase 3 : apathie, retrait et désespoir[45].

9.5.3 Comment composer avec le stress

Il est possible de gérer le stress sur les plans individuel et organisationnel.

www.mindtools.com/smpage.html présente des outils sur la gestion du stress et du temps

A. La gestion individuelle du stress

Le fait d'être capable de composer avec le stress permet d'éviter une dépression d'épuisement et des problèmes de santé. Voici quelques règles que chacun devrait appliquer.

Avoir des valeurs bien définies. On doit éviter de se laisser entraîner par les autres dans des activités que nous n'aimons pas, mais plutôt s'adonner à des activités qui nous plaisent.

Prendre le temps de se détendre. Certaines personnes font simplement des exercices de respiration plusieurs fois par jour et réussissent à réduire la tension accumulée.

Faire régulièrement de l'exercice. D'autres pratiquent plusieurs fois par semaine des sports comme le tennis, la natation ou la bicyclette (en suivant toujours les conseils de leur médecin).

S'accorder des loisirs. Un grand nombre de personnes ont besoin de prendre des vacances pour éviter une dépression d'épuisement.

Bien se nourrir et conserver un poids raisonnable. Consommer, par exemple, moins d'aliments riches en cholestérol et en gras et plus de fruits, de légumes et de poisson améliore notre santé.

Éviter de s'embrouiller inutilement les idées. On doit maintenir sa consommation d'alcool, de nicotine et de caféine à un faible niveau[46].

B. La gestion organisationnelle du stress

Lorsque les gestionnaires connaissent bien les facteurs de stress à l'intérieur d'une organisation, ils peuvent mieux y faire face. Nous avons examiné plusieurs des moyens qui s'offrent à eux pour contrer le stress à la section 9.4 intitulée « La gestion des conflits » (voir la page 353). On peut en effet composer avec le stress en modifiant les structures organisationnelles et en améliorant les relations interpersonnelles.

9.5.4 La gestion du temps et la diminution du stress

Nous avons défini à la sous-section 9.5.3 plusieurs façons de composer avec le stress, aussi bien sur le plan individuel que sur le plan organisationnel. Il existe toutefois un outil de gestion qui permet à un individu d'alléger grandement son stress : la **gestion du temps**. On peut définir la gestion du temps comme une façon intelligente (bonne utilisation de ses ressources) de travailler afin d'utiliser son temps à de bonnes fins (être efficace). Très souvent, des personnes se trouvent dans des situations déstabilisantes qui découlent de mauvais choix[47].

WWW
www.lentreprise.com/dossier/78.html présente des techniques de gestion du temps

L'attitude face à la notion du temps varie considérablement d'une personne à l'autre. Certaines personnes considèrent le temps comme une ressource rare et précieuse alors que d'autres le considèrent comme une ressource inépuisable et illimitée. La façon dont une personne envisage la notion du temps ou son attitude devant son utilité peut jouer un rôle important dans la façon dont elle disposera de cette ressource. Si une personne désire gérer son temps intelligemment afin de réaliser ses projets personnels ou professionnels, elle doit examiner son emploi du temps, les buts qu'elle veut atteindre et surtout sa méthode de travail. Une personne qui gère bien son temps bénéficie d'un avantage important : la capacité de maîtriser les événements plutôt que d'être à leur merci. En d'autres mots, un individu est « au-dessus de ses affaires » quand il gère bien son temps. Il évite ainsi la panique et le stress. Voici d'autres avantages :

- être capable de mieux gérer ses activités et son travail ;
- avoir un meilleur équilibre entre le travail, sa vie personnelle et ses loisirs ;
- élaborer une approche de travail « proactive » plutôt que « réactive » ;
- résoudre les problèmes lorsqu'ils surviennent plutôt que les laisser s'accumuler ;
- accomplir les tâches importantes à temps au détriment des activités moins urgentes ;
- prendre le temps d'écouter les autres ;
- avoir la réputation d'être une personne « organisée » ;
- réduire le stress et la tension ;
- arriver à l'heure aux rencontres et aux réunions.

La figure 9.7 présente les étapes importantes à suivre pour bien utiliser son temps, réduire au maximum son stress et en faire un allié plutôt qu'un ennemi. La figure 9.8 montre l'application de ces étapes.

Étape 1 — Le diagnostic de la situation. Pour corriger une situation ou un problème, la première étape consiste à faire un diagnostic de la situation afin de découvrir la source réelle du problème. Pour analyser la situation sous l'angle de la gestion du temps, il faut tout d'abord énumérer ses

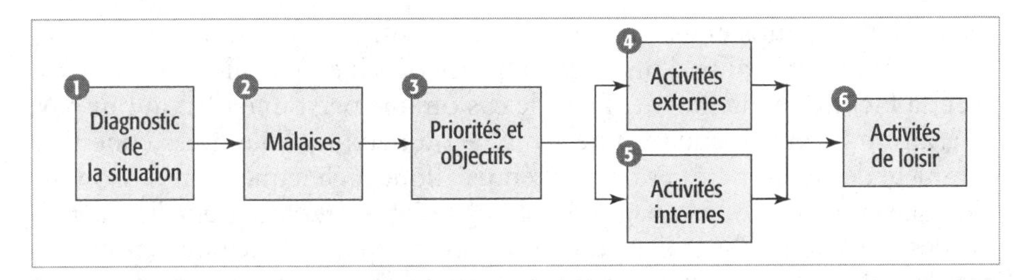

Figure 9.7
Étapes à suivre pour bien gérer son temps

Figure 9.8
Diagnostic de la gestion du temps

Activités	Étape 1 : Le diagnostic		Étape 2 : Les malaises		Étape 3 : Les priorités et les objectifs
	Temps réel		Temps idéal		
	Nombre de minutes	Pourcentage de temps	Nombre de minutes	Pourcentage de temps	
Périodes en classe					
Périodes d'étude					
Travail en équipe					
Activités sportives					
Loisirs					
Repas					
Transport					
Passe-temps					
Repos					
Internet					
Télévision					
Téléphone					
Travail					
Activités scolaires (comités)					
Total					

Étape 4 : Les activités externes

- Suis-je influencé facilement par les autres sur la façon d'utiliser mon temps ?
- Lorsque je travaille en groupe, les tâches de chaque membre du groupe sont-elles clairement définies ?
- Y a-t-il beaucoup de perte de temps au cours de nos rencontres de groupe ? Que dois-je faire pour régler le problème ?
- Les membres du groupe sont-ils bien préparés en vue de nos rencontres ? Que dois-je faire pour régler le problème ?
- Me dérange-t-on au cours de mes périodes d'étude ? Que dois-je faire pour ne plus être dérangé ?
- Lorsque je suis responsable d'un projet ou d'un groupe de travail, est-ce que je m'y prends de la bonne façon pour clarifier les rôles de chacun ? Est-ce que je communique bien mes idées, mes priorités, mes objectifs ?
- Est-ce que je sais déléguer les tâches à réaliser à ceux qui travaillent avec moi ? Est-ce que je leur donne une bonne rétroaction ?
- Est-ce que je limite le nombre de minutes passées au téléphone avec mes amis ?
- Suis-je capable de terminer un travail ou un projet sans être dérangé par les autres ?
- Est-ce que je rends tous mes appels téléphoniques ?

Étape 5 : Les activités internes

- Est-ce que j'utilise efficacement un agenda ? Est-ce que je comprends toutes ses composantes ?
- Est-ce que je planifie d'avance mes activités pour la prochaine semaine, le prochain mois ?
- Est-ce que je m'arrête cinq minutes le matin pour examiner mes activités de la journée et les réviser, au besoin ?
- Est-ce que je m'alloue quelques minutes de liberté pour éviter la panique ?
- Est-ce que j'ai élaboré un plan de contingence qui me permettra d'abandonner une activité ? Qui dois-je aviser si je me trouve dans une situation de crise ?
- Ai-je préparé une liste de priorités ?
- Ai-je bien analysé les tâches et les fonctions que je dois réaliser ? Y a-t-il des conflits entre les tâches ou les priorités ?
- Est-ce que j'utilise bien mon temps au téléphone ? Est-ce que je réponds à mon courrier électronique ?
- Ai-je un bon système de classement des dossiers dans mon ordinateur ?
- Y a-t-il un moment propice dans la journée pour étudier, pour faire mes appels téléphoniques et pour répondre à mes courriels ?
- Est-ce que j'arrive à mes réunions à temps et bien préparé ?

activités et le temps consacré à chacune d'elles. Il s'agit donc de déterminer si le temps est utilisé d'une façon efficace ou s'il est gaspillé. L'usage d'un agenda facilite ce diagnostic. Dans le cas où une personne n'en aurait pas, il serait important, pendant une semaine ou deux, qu'elle dresse une liste complète de ses activités et note le temps alloué à chacune d'elles. Comme l'indique la figure 9.8, à la page 365, il s'agit d'abord d'établir une liste détaillée des activités obligatoires d'une semaine typique (périodes en classe, périodes d'étude, activités sportives, périodes de loisir, etc.), et d'inscrire ensuite vis-à-vis de chaque activité le nombre de minutes et le pourcentage de temps alloués à chacune. Ce diagnostic est assez facile à faire avec un logiciel comme Excel.

Étape 2 — Les malaises. À la deuxième étape, on passe à l'analyse des activités pour déterminer si le temps est bien utilisé. À cette étape, la personne évalue si elle alloue trop de temps à une activité au détriment d'une autre et juge si la répartition du temps est « raisonnable ». Il est important de faire la distinction entre les « facteurs externes » et les « facteurs internes » qui, dans les deux cas, occasionnent des problèmes de temps. Les *facteurs externes* sont ceux sur lesquels une personne n'a aucun pouvoir. Par exemple, des activités imposées par d'autres, comme les travaux demandés par un professeur, les tâches exigées par un employeur ou celles du président d'un comité d'école dont vous êtes membre. Les *facteurs internes* sont ceux dont une personne est maître. Il peut s'agir, par exemple, de naviguer dans Internet, de regarder la télévision ou de s'adonner à des activités sportives. L'analyse de la liste d'activités et du temps alloué pour chacune permet de juger si le temps est bien géré ou s'il peut être diminué ou même éliminé dans certains cas afin de réaliser ses priorités courantes et ses objectifs.

Étape 3 — Les priorités et les objectifs. Une bonne gestion de son temps exige de cibler les objectifs et les priorités qui nous tiennent à cœur. Cette réflexion est une étape critique si une personne désire réellement allouer son temps à des activités qu'elle juge importantes (c'est de l'efficacité). Pour objectif, un étudiant peut se fixer d'atteindre une moyenne de 85 % pour tous ses cours. Il peut aussi déterminer un objectif pour chacun de ses cours. Comme priorités, l'étudiant peut dresser une liste d'activités urgentes durant une période donnée, une journée, une semaine ou un mois. Il peut aussi définir les priorités suivantes: rédiger un rapport pour une certaine date, étudier en vue d'un examen ou même organiser une rencontre avec des membres d'un comité.

En résumé, nous avons déterminé la liste de nos activités, le temps dont nous disposons pour leur réalisation, ainsi que nos priorités et nos objectifs. Les deux prochaines étapes se concentrent sur la « façon » d'effectuer le travail et posent deux questions: Le travail s'effectue-t-il d'une façon intelligente ? Si la réponse est non, il convient de se demander s'il est possible de mieux travailler pour accomplir « plus en moins de temps ».

Étape 4 — Les activités externes. Cette étape examine la façon de réagir à des situations qui surviennent et sur lesquelles l'étudiant, par exemple, n'a aucun pouvoir. La figure 9.8, à la page 365, présente à un étudiant une liste de questions servant à évaluer ses possibilités de mieux réagir aux activités externes.

Étape 5 — Les activités internes. Cette étape montre comment acquérir une méthode de travail plus efficace pour une activité ou un projet (par exemple, comment planifier, comment élaborer des priorités, etc.). La figure 9.8, à la page 365, présente également une liste de questions qui permettront à l'étudiant d'évaluer s'il lui est possible de mieux réagir aux activités internes.

Étape 6 — Les activités de loisir. Les objectifs du processus de gestion du temps visent non seulement un usage intelligent, bien ciblé et responsable du temps, mais aussi la réduction maximale du stress. Une charge de travail trop lourde durant une longue période peut, tôt ou tard, occasionner une réduction du taux de productivité et provoquer des déséquilibres stressants. Pour cette raison, il est important de consacrer du temps durant la journée ou la semaine (dix minutes ou une heure, par exemple) à des loisirs, à des exercices physiques ou à des sports.

Évolution et transition — Les équipes de travail

Depuis les cinquante dernières années, il y a eu des changements fondamentaux dans la gestion des équipes de travail et la façon dont ces équipes sont gérées. Comme le montre la figure 9.9, il existait au début des années 1960 des groupes formels et l'on décrivait les gestionnaires

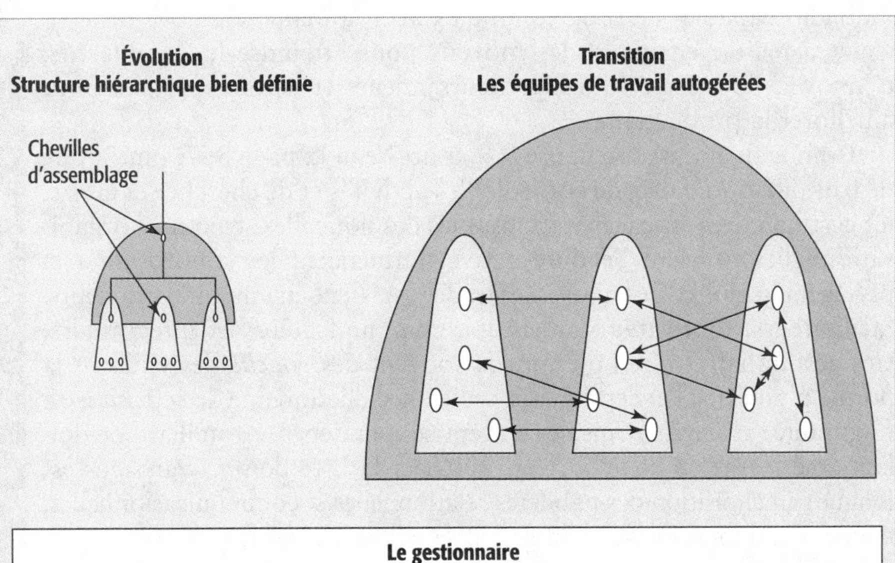

Le gestionnaire	
Anciennes approches	*Nouvelles approches*
• Dit quoi faire.	• Écoute.
• Absorbe l'énergie.	• Alimente l'énergie.
• Vise une orientation générale.	• Vise un but précis.
• Absorbe l'information.	• Fournit l'information.
• Contrôle.	• Influence.
• Oriente verticalement.	• Oriente horizontalement.
• Valorise les ressemblances.	• Valorise les différences.
• Cherche la gloire.	• Partage la gloire.

Figure 9.9
Équipes de travail – Évolution et transition

comme des coordonnateurs, des « créateurs d'harmonie », des collaborateurs et des unificateurs. Les gestionnaires responsables de ces unités organisationnelles jouaient donc un rôle important dans la promotion du travail d'équipe. Toutefois, comme le présente le côté gauche de la figure 9.9 à la page 367, le gestionnaire était responsable d'un petit groupe de personnes et les relations entre les membres de ce groupe se faisaient plutôt « formellement ». En plus, les membres qui travaillaient pour un gestionnaire transigeaient avec d'autres membres qui se rapportaient à d'autres gestionnaires de la même façon, c'est-à-dire, « officiellement et formellement ». Les lignes de communication étaient bien définies, les rôles et les responsabilités, bien clairs. Le « patron » prêtait attention à l'intérêt particulier de chacun de ses subordonnés et les incitait à travailler en équipe.

Tel que nous l'avons mentionné aux chapitres 7 et 8 (voir la figure 8.1, à la page 296), les nouvelles structures organisationnelles sont caractérisées comme étant intra-organisationnelles (structure matricielle, équipes interfonctions, équipes pilotes, intrapreneurs, structure par réseaux) et interorganisationnelles (alliances stratégiques, structure modulaire, structure virtuelle et structure décloisonnée). Ce type d'unités organisationnelles fait donc appel à des gestionnaires et des employés capables d'utiliser une approche « instinctive » et de s'adapter aux effets du hasard et aux situations inattendues. Pour bien gérer ces équipes de travail, ces gestionnaires doivent considérer leurs employés comme des individus capables de progresser, d'exercer la maîtrise de soi, de s'engager à mettre en œuvre les moyens pour atteindre leurs objectifs, d'innover, de créer et d'utiliser leurs talents et leurs expertises pour améliorer la productivité.

Comme le montre la figure 9.9, à droite, à la page 367, plutôt que de leur dire quoi faire, de contrôler les activités et de chercher la gloire, les gestionnaires efficaces responsables des nouvelles structures organisationnelles utilisent l'écoute active, influencent les subordonnés et partagent la gloire. Ces nouveaux leaders agissent en tant qu'entraîneurs, facilitateurs, motivateurs, mentors, communicateurs et intégrateurs. Ces gestionnaires que l'on appelle souvent des *coachs* deviendront la norme plutôt que l'exception. La croissance du domaine de *coaching* est fulgurante : aux États-Unis, les entreprises ont dépensé 1 milliard de dollars américains en *coaching*, en 2003, et la liste de ses avantages est longue : amélioration des habiletés relationnelles et communicationnelles, meilleure adaptation au changement, meilleure performance sous pression, leadership, meilleure connaissance de soi, contribution plus riche à l'entreprise[48]. Cette approche permet aux employés de différentes unités organisationnelles d'élaborer leurs propres objectifs et plans, et d'effectuer leur propre contrôle. Ce leader devra donc être capable :

- d'expliquer clairement la mission et les grandes orientations de l'entreprise :
- de participer et d'expliquer comment gérer les conflits personnels et organisationnels ;

- de préciser les besoins de formation et de perfectionnement de ses subordonnés;
- de demeurer neutre lorsqu'il y a des conflits entre les individus et les groupes, et de communiquer dans les « deux sens» :
- d'agir en tant que leader, médiateur et arbitre;
- de promouvoir la confiance mutuelle et le respect;
- de transmettre effectivement ses compétences dans des domaines spécialisés;
- de montrer comment établir les priorités et organiser les idées pour produire des résultats concrets;
- de montrer comment partager l'information, les compétences, la responsabilité et l'imputabilité.

Révision du chapitre

9.1 Les groupes au travail. Toute organisation comprend des groupes formels et des groupes informels. Un *groupe formel*, ou organisé, représente une unité organisationnelle composée d'individus qui travaillent ensemble à la réalisation d'un objectif commun. Les groupes de commandement, les comités et les groupes de travail ou d'étude sont tous de type formel. Quant à lui, un *groupe informel* se compose d'individus qui interagissent spontanément et volontairement. Diverses raisons incitent les gens à constituer des groupes informels: la proximité, la possibilité d'entretenir des liens, l'attirance interpersonnelle et l'intérêt commun. L'évolution d'un groupe passe par cinq étapes, à savoir: la formation, l'opposition, la normalisation, la réalisation du mandat et la dissolution. Par ailleurs, l'efficacité d'un groupe varie selon ses normes, le nombre de ses membres, les attentes de ces derniers quant à leurs rôles, la cohésion du groupe et la position ou le statut des personnes qui le composent. George Homans a élaboré un modèle du fonctionnement d'un groupe au travail qui comporte trois éléments: des intrants, une dynamique de groupe et des extrants.

9.2 La promotion du travail en équipe. Une équipe regroupe des individus qui travaillent de concert à réaliser un objectif commun. On distingue des équipes de résolution de problèmes, des équipes créées dans un but particulier et des équipes autogérées. L'efficacité d'une équipe repose sur l'effort, les aptitudes et les connaissances de même que sur les stratégies axées sur le rendement.

9.3 La culture organisationnelle. Pour être efficace, un gestionnaire doit comprendre le fonctionnement de l'environnement interne de son organisation. Toute organisation a une personnalité propre que l'on nomme « culture organisationnelle ». Celle-ci présente certaines caractéristiques importantes concernant l'autonomie individuelle, la structure, le soutien, l'identité, la récompense associée aux résultats ainsi que la tolérance à l'égard des conflits et des risques.

9.4 La gestion des conflits. Un conflit survient lorsqu'il existe un désaccord ou une opposition entre deux ou plusieurs individus ou groupes. On distingue des conflits personnels, des conflits interpersonnels, des conflits entre un individu et son groupe de même que des conflits intergroupes. Les facteurs le plus souvent à l'origine de ces frictions sont l'incompatibilité des objectifs, des ressources limitées, une divergence des valeurs et des croyances, l'état des relations organisationnelles, un chevauchement des responsabilités ou une mauvaise communication. On peut réduire l'ampleur des conflits par certains procédés qui touchent soit les structures (telles la clarification des rôles et des responsabilités, l'amélioration de la communication et la transformation de la culture organisationnelle), soit les relations interpersonnelles (comme l'évitement, la conciliation, le compromis, la contrainte et la collaboration).

9.5 La gestion du stress. Les conflits, les ambiguïtés, les pressions, les exigences particulières et les changements observés à l'intérieur des organisations créent une tension chez leurs membres. C'est ce que l'on appelle le stress dû au travail. Il faut distinguer le *stress positif*, ou eustress, qui a des effets bénéfiques sur les organisations, du *stress négatif*, ou détresse, qui s'avère néfaste. Les éléments qui engendrent un stress portent le nom d'agents stressants, ou stresseurs. Ils se manifestent à l'intérieur d'une organisation (agents intra-organisationnels) ou à l'extérieur de celle-ci (comme les difficultés familiales ou financières et l'incertitude politique). La gestion du temps est un outil de gestion qui permet à un individu d'alléger grandement son stress. Elle comporte six étapes : le diagnostic de la situation, l'analyse des activités pour déterminer si le temps est bien utilisé, l'identification des priorités et des objectifs, la façon de réagir devant des situations externes et internes, et l'art de bien utiliser son temps.

Concepts clés

Activités individuelles (*individual activities*) page 345
Activités liées à l'entretien de la vie du groupe (*group maintenance activities*) page 345
Activités liées à la tâche (*task-related activities*) page 345
Attente (*expectations*) page 343
Cohésion (*cohesion*) page 344
Collaboration (*collaboration*) page 360
Compromis (*compromise*) page 359
Conciliation (*accommodating*) page 359
Conflit (*conflict*) page 353
Conflit entre un individu et son groupe (*individual-group conflict*) page 355
Conflit intergroupes (*intergroup conflict*) page 355
Conflit interpersonnel (*interpersonal conflict*) page 355
Conflit intrapersonnel (*intra-individual conflict*) page 355
Conflit personnel (*personal conflict*) page 354
Contrainte (*force*) page 359
Détresse (*distress*) page 361
Équipe (*team*) page 350
Équipe autogérée (*self-managed team*) page 351
Équipe créée dans un but particulier (*special-purpose team*) page 351
Équipe de résolution de problèmes (*problem-solving team*) page 351
Eustress (*eustress*) page 360
Évitement (*avoidance*) page 358
Extrants (*outputs*) page 347
Gestion du temps (*time management*) page 364
Groupe (*group*) page 335
Groupe d'amis (*friendship group*) page 337
Groupe d'intérêts (*interest group*) page 337
Groupe formel (*formal group*) page 336
Groupe informel (*informal group*) page 337
Intrants (*inputs*) page 347
Norme (*norm*) page 341
Rôle (*role*) page 343
Stress (*stress*) page 360
Stresseur (*stressor*) page 361

Développer vos compétences en gestion

Questions de révision

1. Qu'est-ce qu'un groupe ? page 335
2. Quelle différence y a-t-il entre un groupe formel et un groupe informel ? page 336
3. Expliquez le modèle des « chevilles d'assemblage » de Rensis Likert. page 336
4. Nommez les principales étapes de l'évolution d'un groupe avec un exemple personnel à l'appui.
   a) Décrivez la manière dont un groupe évolue. page 339
   b) Expliquez pourquoi un groupe demeure stagnant. page 340
5. Qu'est-ce qui permet à un groupe de bien fonctionner ? Traitez des facteurs qui rendent un groupe efficace. page 341
6. Que signifie le terme « rôle » dans le contexte d'un groupe ? Expliquez l'importance de la notion de rôle. page 343
7. Quel lien y a-t-il entre une activité liée à la tâche, celle liée à l'entretien de la vie du groupe et celle à caractère individuel ? page 345
8. Pourquoi les activités liées à l'entretien de la vie du groupe ont-elles une grande importance ? page 345
9. Expliquez dans vos mots le processus de fonctionnement des groupes au travail tel que le décrit George Homans. page 346
10. Quelle différence y a-t-il entre un groupe et une équipe ? pages 348 à 350
11. Qu'est-ce que la culture organisationnelle ? page 353
12. Que signifie le terme « conflit » ? Quelles sont les principales causes de conflit ? page 353
13. Traitez de deux moyens de gérer les conflits. page 357
14. Indiquez en quoi l'eustress se distingue de la détresse. page 360
15. Nommez différentes causes de stress. page 361
16. Quels sont les effets du stress sur les individus et les organisations ? page 362
17. Comment peut-on gérer le stress ? page 363
18. Comment la gestion du temps peut-elle permettre de réduire le stress ? page 364
19. Quelle approche utiliseriez-vous pour bien gérer votre temps ? page 364

Sujets de discussion

1. De quelle manière peut-on modifier la culture d'une organisation ?
2. Pourquoi les cadres doivent-ils savoir comment gérer un groupe ?

Naviguer dans Internet

www.cn.ca

- **Exercice pratique : La Compagnie des chemins de fer nationaux du Canada**

Visiter le site Web de la Compagnie des chemins de fer nationaux du Canada (www.cn.ca) et cliquer sur « À propos du CN » pour ensuite visiter les sections suivantes :

- Information sur la compagnie (Code de conduite et Gens du CN) ;
- Carrières (Cherchez et postulez un emploi, Recrutement universitaire, Notre offre et La diversité.

Répondez aux questions suivantes.

1. Quels sont les énoncés des valeurs et le code de conduite de l'entreprise ?
2. Que pensez-vous du profil des employés qui travaillent au CN ?
3. Croyez-vous que l'entreprise encourage le travail d'équipe ? Dites pourquoi.
4. Qu'est-ce qui vous inciterait à postuler un emploi chez CN ?

- **Recherche sur le thème « Culture organisationnelle et travail d'équipe »**

Cherchez le site Web d'une entreprise et faites le lien entre les activités et les concepts suivants qui ont été présentés dans le chapitre :

- la promotion du travail en équipe ;
- la culture organisationnelle ;
- les valeurs de l'entreprise.

5

EXERCICE

Groupe Sogetto

Il y a sept mois, René Dagenais, le P.-D. G. du Groupe Sogetto, a rencontré à plusieurs reprises Brigitte Cloutier, une spécialiste en recherche opérationnelle. Durant l'un de leurs entretiens privés, René Dagenais a expliqué à Brigitte Cloutier son projet de créer une unité de recherche opérationnelle à l'intérieur de son entreprise. Le rôle de cette nouvelle unité restait cependant à préciser. René Dagenais a indiqué que le ou la responsable de cette unité en établirait dans une large mesure le mandat et les règles de fonctionnement. À la suite de ces rencontres, Brigitte Cloutier a accepté de signer un contrat de travail d'une durée de trois ans, qui lui assurait la rémunération la plus élevée de l'entreprise à l'exception de celle du président. En outre, ce contrat stipulait que Brigitte Cloutier aurait toute latitude pour organiser son unité et recevrait un budget annuel d'environ 3 500 000$.

René Dagenais prévoyait que cette nouvelle unité collaborerait étroitement avec le Service de la production. Il a donc choisi de la placer sous l'autorité directe du vice-président à la production. Il jugeait qu'il avait pris la meilleure décision même si un conflit de personnalités pouvait survenir. Après quelques semaines, le vice-président à la production a déclaré que Brigitte Cloutier était une théoricienne qui passait trop de temps dans les nuages et que son travail n'apportait rien de concret à l'entreprise. En outre, certaines de ses études touchaient non seulement la production, mais aussi la commercialisation et les finances.

Après quelques discussions animées avec le vice-président à la production, Brigitte Cloutier a rencontré René Dagenais. « Une organisation, lui a-t-elle expliqué, devrait fonctionner comme un tout, et le Groupe Sogetto ne fait pas exception à la règle. La division d'une entreprise en plusieurs unités distinctes, telles que la production, les finances, la commercialisation, etc., crée de graves problèmes de coordination. »

Quelque temps plus tard, René Dagenais a suggéré que l'unité de Brigitte Cloutier relève du vice-président aux finances et à l'administration, et que Brigitte collabore étroitement avec le directeur du Service de l'informatique. Il sentait alors que Brigitte s'entendrait bien avec ce vice-président et que le directeur du Service de l'informatique profiterait de l'expertise de Brigitte Cloutier dans plusieurs projets importants. On n'utilisait à cette époque que 60 % des capacités du Service de l'informatique. Brigitte Cloutier a accepté cette mutation avec un peu d'inquiétude. Elle craignait pour sa crédibilité et son statut.

Quelques semaines ont passé et un grave conflit est survenu entre Brigitte Cloutier et Sylvain Jolicœur, le directeur du Service de l'informatique. Celui-ci n'appréciait pas la façon de procéder de Brigitte et a même demandé au président de faire un choix entre les deux. Sylvain reprochait à Brigitte de monopoliser le matériel informatique, d'accorder une telle importance à ses projets qu'elle accaparait les membres du service et de critiquer sans cesse leur travail.

Après un examen de la situation avec le vice-président aux finances et à l'administration, René Dagenais a décidé de muter une fois encore Brigitte Cloutier à une nouvelle unité indépendante de recherche opérationnelle qui relèverait directement de lui. Brigitte était ravie de cette solution. Elle continuerait ainsi à travailler à divers projets profitables, selon elle, à l'entreprise.

Quelques mois plus tard, cependant, Brigitte Cloutier a conclu qu'elle n'avait pas sa place au sein de l'organisation. Elle a donc décidé de chercher un autre emploi et de quitter l'entreprise sans causer trop de remous. Brigitte Cloutier semble n'avoir rien apporté de positif au Groupe Sogetto au cours de son emploi, et René Dagenais a peut-être fait une dépense inutile en l'engageant.

Questions

1. Selon vous, pourquoi existait-il un conflit au sein de cette organisation ?
2. Si l'on avait fait appel à vous en tant qu'expert-conseil, qu'auriez-vous recommandé pour remédier à la situation ?

Étude de cas

▶ ENTREPRISE

Une note discordante

Il y a 10 ans, un paroissien a décidé de fonder une chorale pour la messe dominicale et d'autres cérémonies religieuses. Il a alors recruté une vingtaine de membres qui habitaient tous dans la paroisse et exerçaient pour la plupart une profession. Pour beaucoup d'entre eux, faire partie de la chorale représentait un moyen de se détendre et de rencontrer d'autres personnes. Cette activité ne représentait ni pression ni stress pour eux. Par ailleurs, les paroissiens appréciaient beaucoup la chorale.

Quelques années plus tard, un nouveau directeur a pris la responsabilité du groupe. Fort de plusieurs années d'expérience, il possédait une compétence indéniable et a su gagner le respect de tous. Ainsi, le nombre des membres a doublé au cours des trois années suivantes, et la chorale s'est mise à donner des concerts à l'extérieur de la paroisse, notamment dans des résidences pour personnes âgées et des hôpitaux. Petit à petit, la chorale se transformait en une organisation structurée à caractère professionnel. Les répétitions se tenaient dorénavant une fois par semaine. En cours de route, la chorale a toutefois perdu certains de ses premiers membres, qui ont dû la quitter à cause de leurs obligations personnelles.

Le groupe acquit rapidement une renommée bien méritée et des personnes de l'extérieur de la paroisse s'y sont jointes. Six ans après avoir vu le jour, la chorale comptait 80 membres. Elle donnait une douzaine de concerts et de récitals par année (notamment à Montréal, à Québec, à Timmins et à Chicoutimi), et le plus important avait lieu au Centre national des arts à Ottawa. Voici une liste partielle des événements auxquels la chorale participait à cette époque :

- le Festival franco-ontarien,
- le Festival des canots,
- la fête du Club Richelieu international,
- le Congrès des bibliothécaires,
- la fête du Canada sur la colline parlementaire.

Le groupe avait également d'autres activités, telles que :

- participer à des ateliers en compagnie d'autres chorales (parfois durant une fin de semaine complète) ;
- se produire à des émissions télévisées ;
- enregistrer des disques compacts.

Compte tenu de l'augmentation du nombre des engagements et le besoin grandissant de professionnalisme, le directeur de la chorale a jugé nécessaire de former plusieurs comités, à savoir :

- un conseil d'administration devant comprendre un président, un vice-président, un secrétaire, un trésorier et trois conseillers ;
- un comité responsable des concerts ;
- un comité responsable de la publicité ;
- un comité responsable de la vente des billets ;
- un comité responsable de l'organisation des voyages et des tournées.

Les répétitions et les concerts exigeaient toujours plus de temps et d'énergie. Plusieurs membres ont donc dû quitter la chorale même s'ils adoraient en faire partie. Le taux de renouvellement des membres était alors élevé, environ 20 % par année.

Certaines personnes se sont retirées du groupe pour d'autres raisons, comme un manque de discipline, un conflit de personnalités ou une divergence d'opinions. Les nouveaux membres voulaient apporter des changements qui ne plaisaient pas aux autres, et plusieurs clans puissants exerçaient leur domination.

Les membres du conseil d'administration eux-mêmes n'arrivaient pas à s'entendre. Certains étaient d'avis que les activités de la chorale devaient fournir à chacun une occasion de se détendre et de rencontrer d'autres personnes. Ils affirmaient également que personne n'avait besoin d'assister à toutes les répétitions. D'autres membres du conseil envisageaient, au contraire, leur groupe comme une organisation professionnelle et soutenaient que chacun devait se plier aux mêmes règles.

Bien des membres n'appréciaient guère que des choristes arrivent en retard aux répétitions, racontent des histoires durant les exercices de chant, se moquent des autres, etc. Certains d'entre eux craignaient que la chorale ne soit pas au mieux de sa forme le jour de son important concert au Centre national des arts. En revanche, d'autres ne manifestaient aucune inquiétude, sûrs de la réputation de leur groupe, même si parfois le temps leur manquait pour les répétitions. D'après ces membres, on n'aurait qu'à prolonger les répétitions ou à en accroître le nombre en cas de besoin.

Perplexes, certains membres de la chorale et de son conseil d'administration en étaient venus à remettre en question la mission de leur groupe.

Questions

1. Faites une évaluation critique de l'évolution de cette chorale.
2. Énumérez les principales causes du taux élevé de renouvellement de ses membres.
3. Faites une étude comparative de la chorale à ses débuts et à la fin de la période décrite relativement :
   a) aux règles (de conduite) ;
   b) aux rôles ;
   c) à la cohésion du groupe ;
   d) au statut des membres.

Étude de cas

▶ EN MANCHETTE : LA GÉNÉRATION Y[49]

La génération Y

www.lorealparis.ca/

Assis à son bureau, le président de L'Oréal Canada tombe des nues : à peine vient-il d'accorder une belle promotion à un jeune de 26 ans qu'il apprend que celui-ci veut prendre six mois de congé de paternité ! Décidément, les jeunes diplômés qui entrent sur le marché du travail sont différents des générations précédentes. « Et pour la première fois, ces différences présentent un réel défi à l'entreprise » dit Martial Lalancette, vice-président aux ressources humaines, de L'Oréal Canada.

On parle ici des jeunes nés, *grosso modo*, entre 1972 et 1990. Qu'on les appelle les Y, les millénaires, les Nexus, ou encore la génération Internet, ce sont eux qui succéderont aux baby-boomers quand ceux-ci quitteront leur emploi. Enfants, ils ont été élevés en rois. Leurs parents, souvent séparés, les ont très tôt exposés à une foule de défis stimulants. Ils savent négocier – et obtenir ce qu'ils veulent – depuis qu'ils ont l'âge de deux ans. Ils se sont rarement fait dire non.

Ils sont capables de faire plusieurs choses simultanément. « Comme travailler et clavarder en même temps ! » lance Alain Samson, consultant en ressources humaines. Leur maîtrise des technologies est déconcertante. Le changement, au lieu de leur faire peur, est leur *modus operandi*. Leur devise : diversité, mobilité et rapidité. Ce contexte sociologique fait d'eux une nouvelle espèce d'employés ayant leurs propres valeurs de travail et des relations particulières avec les autres générations.

Ils révolutionneront le marché du travail

Plusieurs experts interrogés par le journal *Les Affaires* disent carrément que ces jeunes chamboulent les règles des organisations. Ils représentent, dans le contexte d'une pénurie de la main-d'œuvre, une véritable révolution à laquelle tous les employeurs – que ce soit les PME, la grande entreprise ou les institutions – devront s'adapter.

Sans parler des superviseurs immédiats qui devront les gérer… Au travail, ces jeunes n'ont pas conscience de la hiérarchie, puisqu'ils sont habitués à traiter d'égal à égal avec tout le monde, au premier chef leurs parents. La notion de patron s'envole ! Et l'ancienneté ? Aucune importance. Ce qui compte, c'est la compétence. « Ce n'est pas parce que tu es le patron d'un Y qu'il va te respecter », prévient Léo Drolet, vice-président à la gestion de la main-d'œuvre à la Fédération des caisses populaires Desjardins. D'ailleurs, selon les Y, la rémunération d'un employé ne devrait pas dépendre de son ancienneté ni du nombre d'heures consacrées à un travail, mais plutôt du résultat.

La qualité de vie avant tout

Cette génération est plus qualifiée que celle de ses prédécesseurs, selon Anne Bourhis, professeure de HEC à Montréal. Mais les employeurs ne peuvent plus s'attendre à ce que les Y fassent des heures supplémentaires les fins de semaine. Il n'en est pas question : l'équilibre travail-vie privée, souvent rompu par les baby-boomers, et parfois par la génération X, devient non négociable chez les Y. « Leurs parents étaient des bourreaux de travail et ils en ont souffert, explique Michel Delisle, directeur des ressources humaines de RSM Richter à Montréal. Les Y veulent une qualité de vie. »

Et cela peut vouloir dire de prendre du temps pour voir son fils grandir, ou escalader une montagne au Pérou, au lieu d'apprendre à la dure en vue de grimper les échelons. Comme leurs parents les ont consultés sur tout – de la couleur des rideaux au choix de l'auto en passant par le contenu de leur assiette –, ces jeunes s'attendent maintenant à ce que leurs employeurs les fassent participer aux processus de décision, peu importe leur rang. En plus, ils réclament une rétroaction instantanée sur leur travail. Pas question d'attendre l'évaluation annuelle. « Je les appelle la génération de la gratification immédiate, dit Lili de Grandpré, associée chez Cencéo. Ils sont très impatients. »

Les Y ont leurs contradictions, comme le souligna la Société-conseil Aon dans une présentation faite pour L'Oréal Canada : « Ils réclament l'autonomie, mais ont un grand besoin de validation ; ils prônent la liberté d'expression, mais manquent de sens politique ; ils veulent une réussite rapide, mais refusent de faire des sacrifices. » Constamment à la recherche de défis, se croyant compétents même s'ils ont encore la couche aux fesses, les Y seront-ils loyaux à leur organisation ? Pas du tout, répondent en chœur nos experts. Ils ont vu leurs parents se tuer au travail et perdre quand même leur poste. Par contre, ils sont loyaux envers leurs collègues. « Chiants », ces Y ? « Ils sont chiants ou ils sont sains : cela dépend de comment vous les prenez, répond Martial Lalancette. C'est une très belle génération. Ils ont confiance en eux. Soit que vous les subissiez, soit que vous appreniez à tirer le maximum de leurs talents. »

Question

À l'aide des concepts de gestion (les groupes formels, l'évolution d'un groupe, l'efficacité d'un groupe, le fonctionnement d'un groupe, la promotion du travail en équipe et la gestion des conflits) examinés dans ce chapitre, donnez des exemples précis de moyens pour tirer le maximum des talents des employés de la génération Y.

Chapitre 10

La motivation, mobilisatrice d'énergie

Objectifs du chapitre

Après avoir lu ce chapitre, vous devriez pouvoir:

1. expliquer la nature, l'importance et les caractéristiques de la motivation, la manière dont elle s'exerce et les principaux éléments qui entrent en jeu dans l'action de motiver;
2. expliquer les principales théories de la motivation axées sur le contenu;
3. définir les théories de la motivation axées sur le processus;
4. définir les théories du renforcement;
5. définir les méthodes de motivation les plus courantes.

Défi lancé aux gestionnaires ☞ par Lauzon – Planchers de bois exclusifs

Lauzon est aujourd'hui le plus important fabricant de planchers de bois franc du Canada, avec un chiffre d'affaires de 200 millions de dollars et 1 100 employés. L'usine de Papineauville, qui porte un nom bien à elle – Lauzon Planchers de bois exclusifs – a participé au Défi Meilleurs Employeurs. C'est dans cette usine que David Lauzon a conservé l'habitude de se promener et de tendre l'oreille, toujours à l'affût de ce qui s'y passe afin de mesurer le moral des troupes. Cette pratique lui a montré une chose : « Le problème n'est jamais sur le plancher » affirme David Lauzon. En fait, son succès dépend des valeurs sur lesquelles il a bâti son affaire : honnêteté, intégrité, respect des employés, bonne communication, écoute, participation et leadership. Peu d'entreprises manufacturières réussissent à décrocher une place parmi les meilleurs employeurs. Si David Lauzon y est parvenu, c'est qu'il a mis un soin méticuleux à s'entourer de collaborateurs qui partagent ses valeurs et sont en mesure de les transmettre à tout le personnel de l'usine.

Des équipes de travail motivées chez Lauzon

Pour les employés, cela se traduit par des salaires et des avantages sociaux supérieurs à la moyenne de l'industrie. Les employés reçoivent des primes en fonction des résultats de l'entreprise et de leur équipe, selon des critères comme la sécurité, la qualité, la productivité et l'assiduité ; l'année dernière, les salaires ont été bonifiés en moyenne de 10 %. Mais ce qui réjouit David Lauzon, c'est surtout l'esprit de camaraderie qui règne dans ses usines[1].

www.lauzonltd.com

Survol du chapitre

David Lauzon a compris ce qui fait agir les gens. Il sait comment motiver ses employés et les aider à se développer, et comment les garder dans son organisation. Il reconnaît en outre que les bénéfices ne priment pas sur tout et qu'il n'est possible d'en obtenir que si l'on traite les employés avec respect, franchise, attention et dignité.

L'objectif de ce chapitre est de décrire comment les entreprises modernes parviennent à motiver les individus et d'expliquer les différentes méthodes employées par les gestionnaires pour amener les individus et les groupes à donner le meilleur d'eux-mêmes. Le leadership est sans doute la plus exigeante des fonctions de la gestion, car il consiste à faire exécuter le travail. Le bon leadership conduit les individus à vouloir exécuter les tâches qui leur sont assignées et à reléguer au second plan le caractère d'obligation. Le leadership fait appel à des méthodes issues des sciences du comportement et propres à favoriser l'épanouissement personnel ainsi que le rendement. L'un des premiers rôles du gestionnaire est donc de créer un milieu de travail qui encourage les employés à participer à la prise de décision et à s'autodiriger.

Or, pour ce faire, il lui faut découvrir les éléments qui apportent une motivation aux individus ou aux groupes. Certains employés sont animés par le désir d'obtenir un certain pouvoir et un certain poste ; d'autres accordent plus d'importance au maintien de bonnes relations avec leurs collègues et à un environnement humain. Afin de réussir à motiver ses employés, un gestionnaire doit comprendre leurs besoins fondamentaux et savoir comment les satisfaire.

Les individus agissent sous l'influence d'éléments divers qui peuvent être de nature interne (comme l'estime de soi, le sentiment d'avoir accompli quelque chose et le plaisir retiré du travail) ou externe (comme les primes, l'avancement, les éloges, les hausses de salaire ou l'évitement d'une punition). Les partisans de l'école classique mettaient l'accent sur les récompenses extrinsèques en tant qu'éléments motivateurs, alors que ceux de l'école des relations humaines leur préféraient les récompenses intrinsèques. Les entreprises doivent accorder de l'importance à la motivation afin de relever les défis qu'implique la mondialisation de la concurrence, d'améliorer la productivité, de réduire leurs coûts et de lier la satisfaction de leurs employés à celle de leurs clients. Les principaux éléments auxquels les gestionnaires peuvent s'intéresser pour stimuler davantage leurs employés se rapportent aux différences individuelles, aux caractéristiques de l'emploi et aux pratiques de l'organisation.

Ce chapitre présente diverses théories de la motivation axées respectivement sur le contenu, le processus et le renforcement. Le tableau 10.1 (voir la page 378) montre un bref aperçu des principales théories de chacune de ces catégories.

Les théories de la motivation axées sur le contenu tentent d'expliquer les éléments qui incitent un individu à se comporter d'une manière positive. Les plus populaires sont la théorie de la hiérarchie des besoins de Maslow, la théorie des deux types de facteurs de Herzberg, la théorie ESC d'Alderfer, la théorie de l'accomplissement ainsi que le modèle d'enrichissement et de restructuration des tâches de Hackman et Oldham.

Les théories de la motivation axées sur le processus portent sur la manière dont les buts qui inspirent un individu amènent ce dernier à adopter, à maintenir, à réorienter puis à abandonner un certain comportement. Les plus importantes sont les théories du résultat escompté mises de l'avant par Victor Vroom ainsi que par Lyman Porter et Edward Lawler, de même que la théorie de l'équité.

La théorie du renforcement élaborée par B.F. Skinner affirme que les gens exécutent certaines tâches pour obtenir une récompense (renforcement positif) ou pour éviter une punition (renforcement négatif).

Pour améliorer la motivation, les gestionnaires se tournent principalement vers la modification du comportement organisationnel, les programmes de qualité de la vie au travail et le réaménagement des horaires de travail.

Ce chapitre explore les raisons pour lesquelles les employés aiment leur travail et la manière dont les gestionnaires peuvent les amener à donner le meilleur d'eux-mêmes. Voici ce que met en évidence ce chapitre, où il est question :

- *de la nature de la motivation et les différents intérêts qui incitent les gens à agir ;*
- *des besoins fondamentaux de l'individu, lesquels font l'objet des théories axées sur le contenu ;*

- *des divers procédés ou méthodes par lesquels les gestionnaires peuvent amener les employés à fournir un meilleur rendement (théories axées sur le processus);*
- *des divers moyens propres à renforcer la motivation (théories du renforcement);*
- *des méthodes utilisées par les entreprises en vue d'améliorer la satisfaction, le moral et la productivité de leurs employés.*

Tableau 10.1
Les diverses théories de la motivation

THÉORIES	PRINCIPAUX THÉORICIENS	PRINCIPES FONDAMENTAUX
Théories préliminaires		
École classique	Frederick W. Taylor	Les employés sont stimulés par les gains financiers ou économiques.
École des relations humaines	Elton Mayo	Les éléments sociaux liés au travail doivent retenir l'attention. Il faut donner aux employés le sentiment d'être importants, les tenir informés et les laisser se diriger et se contrôler eux-mêmes.
Théories de la motivation axées sur le contenu		
Théorie de la hiérarchie des besoins	Abraham H. Maslow	Les gens cherchent sans cesse à combler différents besoins qui se manifestent selon un certain ordre déterminé.
Théorie des deux types de facteurs	Frederick Herzberg	Les employés sont influencés par deux types de facteurs, les uns provoquant l'insatisfaction (facteurs d'hygiène) et les autres, la satisfaction (facteurs de motivation).
Théorie ESC	Clayton Alderfer	Les employés agissent sous l'impulsion de besoins liés au maintien de l'existence, de besoins de socialisation et de besoins de croissance.
Théorie de l'accomplissement	David C. McClelland	Les individus sont motivés par l'accomplissement, l'affiliation et le pouvoir.
Modèle d'enrichissement et de restructuration des tâches	Richard Hackman et Greg Oldham	Il faut modifier les caractéristiques d'un emploi pour le rendre plus enrichissant et plus stimulant.
Théories de la motivation axées sur le processus		
Théorie du résultat escompté	Victor H. Vroom	Les employés sont motivés par la récompense qu'ils s'attendent à obtenir.
	Lyman Porter et Edward E. Lawler III	Leur modèle s'inscrit dans le sillage de la théorie de Vroom et met l'accent sur les « réactions » ou les « résultats » escomptés.
Théorie de l'équité	J. Stacey Adams	Les employés comparent leur situation à celle des autres pour s'assurer qu'on les traite d'une manière juste et équitable.
Théorie du renforcement	B.F. Skinner	Le renforcement (positif ou négatif) conditionne le comportement.
Méthodes récemment conçues		
Modification du comportement organisationnel		Il faut récompenser le comportement qui correspond à ce qui est souhaité.
Programmes de qualité de la vie au travail		On doit accroître le bien-être et la satisfaction des employés.
Réaménagement des horaires de travail		Il convient d'adapter les horaires de travail aux besoins des employés.

10.1 LA MOTIVATION ET LA PRODUCTIVITÉ

OBJECTIF 10.1

Expliquer la nature, l'importance et les caractéristiques de la motivation, la manière dont elle s'exerce et les principaux éléments qui entrent en jeu dans l'action de motiver.

Le concept de motivation est lié à l'influence que l'on peut exercer sur les autres. Il importe de savoir ce qui pousse les individus à agir. Le gestionnaire incapable de définir l'intérêt que cherchent les gens dans leur travail ne pourra pas raviver les énergies de ses employés et les faire travailler ensemble à la mission de l'entreprise.

Comme les individus cherchent de multiples intérêts, nous traiterons ici des facteurs dynamiques essentiels qui orientent l'action vers un but déterminé. Nous définirons d'abord la nature de la motivation, l'évolution des méthodes de motivation depuis le début du XXe siècle et, enfin, nous expliquerons l'importance de la motivation en milieu de travail et les facteurs qui s'y rattachent.

Après avoir lu les quatre prochaines sous-sections, vous devriez pouvoir:

- définir ce qu'est la motivation;
- retracer l'évolution des méthodes de motivation;
- expliquer pourquoi les gestionnaires s'intéressent à la motivation;
- décrire les différents facteurs qui orientent l'action des individus.

10.1.1 La nature de la motivation

Le terme « motivation » dérive du verbe latin *movere*, qui signifie « mouvoir » ou « mettre en mouvement ». Pour pouvoir mettre les individus en mouvement dans une organisation, le gestionnaire doit connaître les motifs de leurs actions. Les individus peuvent être motivés par des facteurs externes (comme une promotion, une prime ou une hausse de salaire) ou par des facteurs internes (comme la satisfaction et le prestige).

On peut définir la **motivation** comme l'ensemble des facteurs dynamiques (besoins, désirs, aspirations, sentiments, etc.) qui orientent l'action d'un individu vers un but déterminé[2]. Il s'agit essentiellement d'une force qui détermine, canalise et soutient les actions d'un individu. Savoir motiver les gens, c'est stimuler leur intérêt de manière à les faire agir en fonction d'un but donné.

Les spécialistes du comportement humain s'entendent pour dire qu'un besoin non satisfait détermine une certaine action. Un individu motivé produit ainsi une action qui est en lien avec un besoin. Prenons l'exemple d'un individu qui vient de courir un marathon par une chaude journée d'été. Il est vraisemblable qu'il aura une soif intense (besoin) et qu'il s'empressera de trouver de l'eau (pulsion) pour se désaltérer (satisfaction du besoin particulier). La figure 10.1, à la page 380, décrit ce processus. Ce modèle élémentaire de la motivation se fonde sur le besoin ressenti, le comportement et les actions. Il suggère que tout comportement humain a une cause et vise un but.

La figure 10.1 établit un lien linéaire entre le besoin ressenti, le comportement et l'action. Les dirigeants d'une organisation peuvent donner aux membres des **récompenses extrinsèques** (gratification, promotion, etc.). Un employé désireux d'obtenir une hausse de salaire agira de manière à être

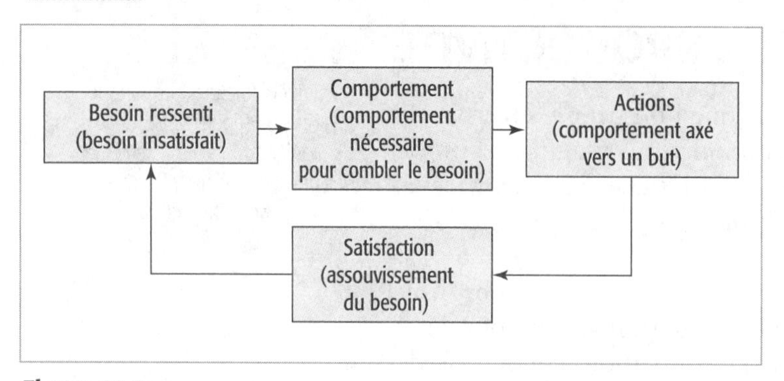

Figure 10.1
Le modèle élémentaire de la motivation

digne de recevoir une récompense extrinsèque et, pour cela, il évitera toute sanction. Il existe aussi des **récompenses intrinsèques**, des gratifications qu'un individu se donne à lui-même (satisfaction du travail accompli, fierté, etc.). L'individu motivé par la recherche d'un sentiment de bien-être désire ce genre de récompense.

Tant les récompenses intrinsèques que les récompenses extrinsèques peuvent satisfaire les désirs des gens. Évidemment, les organisations peuvent leur attribuer des récompenses extrinsèques, mais non des récompenses intrinsèques. Il importe au gestionnaire de comprendre qu'il ne peut pas changer la nature de l'individu. Il peut toutefois influencer son comportement en changeant ses conditions de travail, le contenu de ses tâches et en amenant les membres de son groupe à modifier leur attitude à son égard.

10.1.2 La motivation : d'hier à aujourd'hui

Les gestionnaires s'intéressent depuis toujours à la productivité et à la motivation. Celle-ci étant étroitement liée à la productivité et au rendement, on cherche sans cesse des moyens d'accroître la satisfaction des employés. Les théoriciens ont consacré plusieurs études à la motivation ; celles-ci traitaient surtout des récompenses extrinsèques. Par la suite, des chercheurs travaillant dans le domaine des relations humaines ont soutenu au contraire que les récompenses intrinsèques avaient une plus grande importance. Retraçons brièvement l'histoire de ces deux écoles de pensée.

A. L'école classique

www.accel-team.com/scientific/

Ainsi que nous l'avons expliqué à l'annexe au chapitre 1, les théoriciens de l'école classique, en particulier Frederick W. Taylor, F. Gilbreth, L. Gilbreth et Henry L. Gantt, ont élaboré des systèmes qui faisaient dépendre la rémunération du rendement. Parmi ces mesures, mentionnons la rémunération à la pièce de Taylor, les normes de rendement de F. Gilbreth et L. Gilbreth, et le régime de primes de Gantt. Les partisans de l'école classique se sont surtout intéressés aux récompenses extrinsèques.

B. L'école des relations humaines

WWW
www.accel-team.com/motivation/hawthorne_02.html

Au milieu des années 1920, des chercheurs de l'usine Hawthorne de la Western Electric ont étudié le lien entre la productivité des travailleurs et l'environnement physique. Ils ont examiné, en particulier, les effets sur la productivité de l'éclairage, des périodes de repos et des relations des travailleurs entre eux de même qu'avec leurs supérieurs. Leurs recherches ont montré que les récompenses pécuniaires n'étaient pas le seul facteur qui incitait les travailleurs à produire davantage. Lorsqu'on traite les employés comme des êtres humains et non pas comme de simples pièces d'équipement, leur satisfaction et leur productivité augmentent.

Les chercheurs de l'école des relations humaines affirmaient que la productivité dépendait de l'identification au groupe, d'un sentiment de cohésion et de soutien résultant de l'interaction des travailleurs. De plus, leurs études révèlent que les relations entre un supérieur et ses subordonnés influencent également l'esprit d'équipe. De nos jours, délaissant les récompenses extérieures, les gestionnaires tirent avantage des récompenses qui proviennent du travail lui-même (comme le sentiment d'avoir réalisé quelque chose, le plaisir d'être créatif et le défi personnel à relever) et qui couronnent les efforts de l'individu[3]. La créativité et l'innovation dans les entreprises viennent des employés, et ceux-ci ne peuvent être créatifs et innovateurs que si on leur en donne la possibilité et si on crée un climat propice à la création. C'est là la principale conclusion du colloque du Groupement des chefs d'entreprise du Québec qui avait pour thème « Innover pour se démarquer » et auquel ont participé quelque 500 présidents et cadres de PME. Selon le président de Poulies Maska, de Sainte-Claire, « l'innovation était au cœur de la culture de son entreprise » et la survie de celle-ci tenait aux changements apportés à la fois au modèle d'entreprise, à l'utilisation de l'équipement et au mode de gestion[4].

C. L'école moderne

Les contributions de l'école classique et de l'école des relations humaines ont conduit les théoriciens à tenter de déterminer avec précision ce qui rend les individus heureux et productifs dans les organisations. La section 10.5 du chapitre traite des moyens employés actuellement par les gestionnaires pour accroître la motivation et la productivité de leurs employés. Les moyens en question consistent dans la modification du comportement organisationnel, dans l'instauration de programmes de qualité de la vie au travail, dans l'adoption du travail partagé et dans le réaménagement des horaires de travail. Les entreprises telles que Cascades inc., KPMG LLP, IBM Canada ltd., Toyota Motor Manufacturing, MBNA Canada Bank, Shell Canada et Dofasco inc. exploitent ces moyens. Ces grandes entreprises sont réputées pour l'excellence des conditions de travail offertes à leurs employés[5].

10.1.3 Les raisons de placer la motivation au premier rang

La plupart des gestionnaires s'accordent pour dire que les employés motivés sont plus productifs, peuvent accomplir de plus grandes choses et contribuent davantage à la réalisation des objectifs de l'organisation. Ils s'efforcent, par conséquent, de définir avec exactitude les besoins réels des employés de manière à pouvoir, le cas échéant, y répondre et à aider ces derniers à mieux faire leur travail. Les employés veulent-ils, par exemple, recevoir une formation plus poussée ? Acquérir un plus grand pouvoir décisionnel ? Obtenir plus d'information ? Disposer de plus de matériel et d'équipement ? Les gestionnaires incapables de déceler les besoins de leurs employés et de déterminer ce qui les motive ne peuvent absolument pas les amener à accroître leur rendement. Il est donc important qu'ils sachent que pour changer le comportement d'un individu, ils doivent s'attacher à satisfaire certains de ses besoins essentiels.

Une main-d'œuvre motivée et productive est essentielle non seulement pour une entreprise donnée, mais pour le Canada dans son ensemble. Celui-ci est en quelque sorte une grande entreprise qui fait concurrence à d'autres pays. Plus la productivité et le rendement des entreprises canadiennes seront élevés, plus notre pays verra s'accroître ses ventes à l'étranger, et plus il aura de chances d'occuper une plus grande part du marché mondial. Les citoyens canadiens encaisseront alors des bénéfices économiques et sociaux.

Voyons maintenant les raisons qui expliquent pourquoi on attache beaucoup d'importance à la motivation des employés.

A. La mondialisation de la concurrence

On s'emploie actuellement à éliminer les obstacles matériels et techniques des échanges. Les pays européens (Union européenne) et les pays nord-américains (ALENA) forment maintenant un seul marché, et tout porte à croire que l'on va continuer d'abolir les barrières commerciales. Or, une concurrence étendue à l'échelle planétaire obligera les entreprises canadiennes à mener une lutte obstinée partout dans le monde. Beaucoup d'entreprises ont déployé à l'échelle mondiale une stratégie qui repose sur la standardisation, l'uniformité et le maintien de faibles coûts d'exploitation. La règle veut maintenant que les normes de l'entreprise puissent s'appliquer partout.

Au début des années 1990, Industrie Canada et le Business Council on National Issues ont demandé à Michael Porter, professeur à la Harvard Business School, de déterminer si les entreprises canadiennes soutenaient la concurrence sur les marchés mondiaux et de suggérer diverses mesures pour améliorer leur compétitivité. Dans son rapport, Michael Porter recommanda aux entreprises canadiennes d'élaborer des stratégies de portée mondiale, et de s'appuyer sur les exportations et l'investissement étranger pour s'établir sur les marchés de l'extérieur[6]. Sans une main-d'œuvre motivée, les entreprises canadiennes ne peuvent escompter le succès sur les marchés internationaux.

B. L'amélioration de la productivité

Des études ont établi qu'au début des années 1980 les travailleurs japonais étaient plus productifs que leurs homologues nord-américains. Au cours des années 1980, leur forte productivité a donné aux entreprises japonaises un avantage sur leurs concurrents d'envergure mondiale. En 2004, Statistique Canada révéla que la productivité du travail n'avait pas bougé au Canada, alors qu'elle s'était accrue de 4 % aux États-Unis. En 2003, la productivité au Canada avait progressé d'un maigre 0,2 % comparativement à un gain de 4,5 % pour le puissant voisin. En 2002, la productivité au Canada et aux États-Unis avait augmenté de 2,6 % et 4,3 % respectivement, alors que, l'année précédente, les gains avaient été de 1,7 % et 2,5 %[7]. Pour plusieurs, ce sont des chiffres inquiétants, car si le Canada persiste dans cette voie, la prospérité canadienne restera bien inférieure à celle des Américains. Pour que les entreprises canadiennes puissent jouer un rôle de premier plan sur les marchés mondiaux, leurs gestionnaires devront donc accroître la satisfaction des employés et renforcer leur moral.

C. La réduction des coûts

Une entreprise en mesure d'offrir des produits de qualité à faibles coûts par rapport à l'ensemble de son secteur d'activité peut avoir une longueur d'avance sur la concurrence. Or, un des moyens d'y parvenir consiste à employer une main-d'œuvre motivée. Des employés motivés prennent leur travail plus à cœur, sont plus disposés à donner un coup de collier en temps voulu et sont à la fois plus créatifs et plus innovateurs. C'est par la coopération entre les cadres et les employés, et entre la direction et les travailleurs, que les entreprises parviennent à accroître la motivation et la productivité.

Des recherches menées récemment concluent qu'il convient de considérer les employés comme des associés, et de les rémunérer en fonction de leur rendement individuel et de celui de l'entreprise. Cela suppose que les entreprises investissent davantage dans la formation de leurs employés, car c'est là le meilleur moyen de développer leur créativité et leur esprit d'innovation, et d'intensifier leur rendement. Une fois leur formation reçue, les employés devraient rendre compte de leurs acquisitions en démontrant une amélioration du rendement et être rémunérés en fonction de leur efficacité.

Si les entreprises veulent réduire leurs coûts, elles doivent associer la rémunération au rendement. Afin d'obtenir un rendement remarquable, elles pourraient instaurer diverses mesures propres à stimuler les employés, telles que des régimes de primes, des régimes d'intéressement, des régimes d'achat d'actions et même la participation aux bénéfices.

D. Le lien entre la satisfaction des employés et celle des clients

La **gestion intégrale de la qualité** est un mode d'organisation dans lequel tous les employés sont responsables de la qualité. La qualité totale est le maître mot dans toute entreprise redéfinie. La gestion intégrale de la qualité a pour but d'assurer la satisfaction des clients. L'esprit d'initiative et l'application au travail des employés jouent un rôle déterminant dans ce mode de gestion. Une étude menée en 2003 auprès de 1 300 gestionnaires travaillant dans différents pays (78 bureaux) a révélé que les deux premières priorités des organisations étaient d'avoir chez elles des individus talentueux et de les amener à fournir à leurs clients des services de qualité supérieure[8].

www.mapnp.org/library/quality/tqm/tqm.htm
donne une brève description de la gestion intégrale de la qualité

Au Japon, il est usuel de voir les employés participer à l'amélioration des processus de production. La plupart des entreprises japonaises ont adopté le concept de gestion *kaïzen*, ou amélioration continue, lequel est presque un mode de vie. Le *kaïzen* a pour but d'éliminer le gaspillage, d'abréger les délais de fabrication, de satisfaire les clients et d'assurer en même temps un développement durable sur tous les plans[9]. L'entreprise Moderco de Boucherville, fabricant de cloisons mobiles, commença a utiliser la méthode *kaïzen* en 1998. C'est après une brève évaluation de l'usine de 2 300 mètres carrés, en utilisant la méthode *kaïzen*, que le P.-D. G. réalisa qu'il y avait assez d'espace pour tripler ses ventes. Avant l'application de la méthode *kaïzen*, l'entreprise avait 44 employés répartis en 4 équipes ayant pour objectif de construire en un temps limité le maximum de bateaux prêts à facturer.

www.moderco.com

www.toyotageorgetown.com/terms.asp décrit l'application de différentes approches touchant la qualité totale chez Toyota incluant la méthode *kaïzen*

L'étude démontra que l'entreprise pouvait laisser 8 personnes sur 10 à ne rien faire la moitié du temps et doubler la production[10].

De même, de nouveaux modes de gestion tournés vers l'approche client sont apparus. Plusieurs d'entre eux sont orientés vers la satisfaction des besoins du client. Tout le monde connaît le principe de l'art de vendre: Le client a toujours raison. Certes, cela est encore plus vrai avec ces nouveaux modes. Le terme « client » désigne ici non seulement les clients des entreprises commerciales, mais aussi le personnel de l'organisation. Les employés de l'organisation doivent travailler conjointement à la réalisation d'un objectif précis: la satisfaction des besoins du client. Le rôle du gestionnaire est de s'assurer que les employés sont motivés à répondre aux besoins exprimés par les clients et que tous travaillent simultanément, ou à la suite les uns des autres, à rendre le service ou le produit le plus parfait possible. Pour le gestionnaire, ce mode de gestion implique de réexaminer des pratiques de gestion établies et la mobilisation du personnel en vue de satisfaire les clients.

10.1.4 Les facteurs de motivation

Qu'est-ce qui compte pour les gens ? L'argent ? Un bureau de grande dimension ? Une situation prestigieuse ? Un emploi qui les satisfait pleinement ? La reconnaissance de leurs mérites ? De même, qu'est-ce qui incite des individus à escalader le mont Everest, à participer aux Jeux olympiques, à faire du bénévolat, à vouloir devenir premier ministre, à entreprendre des études universitaires à l'âge de 60 ans ? Pourquoi un diplômé d'université veut-il être actuaire dans une compagnie d'assurances alors qu'un autre désire occuper un poste de vérificateur dans un cabinet de comptables agréés ? Toutes ces questions montrent que les gens n'agissent pas tous pour les mêmes motifs.

De multiples facteurs distincts peuvent influer sur la motivation des employés. On peut toutefois ranger ces éléments dans trois catégories[11] principales: les différences individuelles, les caractéristiques de l'emploi et les pratiques de l'organisation (voir la figure 10.2).

Figure 10.2
Les facteurs influant sur la motivation

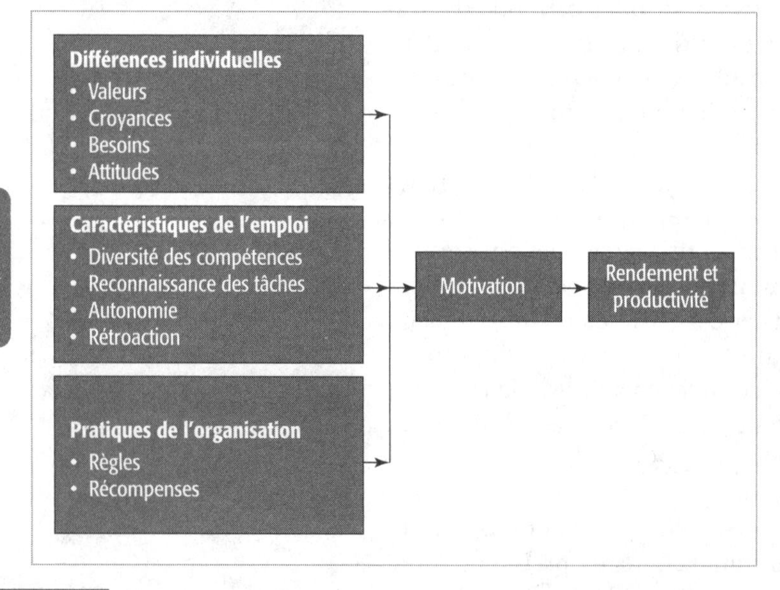

A. Les différences individuelles

Les différences individuelles concernent les besoins, les valeurs et les croyances que les gens manifestent au travail. La motivation dépend des besoins de l'individu. Ces besoins peuvent être l'argent, une certaine sécurité, un défi à relever, etc. Les gestionnaires doivent, par conséquent, se garder de traiter tout le monde de la même façon. Par exemple, nous pouvons nous efforcer de satisfaire les clients parce que cela nous procure une certaine joie intérieure, parce que nous craignons de voir un client mécontent se plaindre de nous à notre supérieur ou parce que nous désirons obtenir une promotion.

B. Les caractéristiques de l'emploi

Les contraintes et les défis auxquels doit faire face l'employé sont fonction de la nature de son travail. Plus celui-ci est stimulant, plus il faut d'aptitudes et de compétences pour l'accomplir, et plus il peut être aisé pour les gestionnaires de motiver la personne qui l'exécute. La possibilité pour un individu d'accomplir une tâche du début à la fin et la valeur qu'il lui reconnaît, l'autonomie qu'on lui octroie et l'appréciation favorable de son travail sont autant d'éléments de nature à le stimuler. Si les employés voient que leur travail est utile, s'ils s'en sentent responsables et si on les informe des résultats de leur travail, il y a de fortes chances pour qu'ils soient satisfaits et motivés à le poursuivre et à l'améliorer.

Il existe une différence, par exemple, entre un ouvrier travaillant à la chaîne et un ébéniste. Imaginons une chaîne de fabrication de bureaux. Chaque employé n'est qu'un maillon de la chaîne et ne participe qu'à une seule opération, comme l'assemblage de certaines pièces ou leur finition. Un même individu peut ainsi peindre une douzaine de bureaux par jour, une tâche répétitive qui exige peu d'aptitudes et risque de devenir ennuyeuse. Il est possible que rien ne vienne le stimuler. Pour sa part, l'ébéniste peut contribuer à la conception du bureau et s'occuper de toutes les étapes de fabrication. Étant donné les différences de nature entre les deux emplois, un gestionnaire arrivera plus facilement à accroître la motivation de l'ébéniste que celle de l'ouvrier.

C. Les pratiques de l'organisation

Les pratiques de l'organisation englobent les règles, les normes, les coutumes, la ligne de conduite en matière de relations humaines et le système de récompenses. Elles correspondent en somme à la culture de l'organisation, c'est-à-dire à la manière dont celle-ci fait les choses. Qu'est-ce qui importe le plus pour une organisation: les marches à suivre établies ou la créativité de ses employés? L'organisation est-elle centralisée ou décentralisée? Y rémunère-t-on les employés en fonction de leur rendement? Les organisations ont chacune une personnalité distincte, et celle-ci détermine le rendement et la productivité des employés. En règle générale, les cadres supérieurs créent dans une large mesure, comme nous l'avons vu au chapitre 2 (voir la sous-section 2.2.4. B, à la page 53), la culture de leur entreprise, qui peut influer sur la productivité.

D. L'harmonisation des différences

Les gestionnaires doivent se soucier d'harmoniser les différences de personnalités, les contenus des différentes tâches et les pratiques de l'organisation. La création d'équipes leur permet de traiter concurremment ces trois éléments. Lorsqu'ils forment des équipes, les gestionnaires doivent s'assurer, par exemple, que les individus ont la formation et les compétences nécessaires pour fonctionner en groupe. Une équipe peut, par ailleurs, s'occuper d'un plus grand nombre de tâches qu'une seule personne. Dans le travail en équipe, il est plus aisé pour les cadres d'appliquer les règles et de distribuer les récompenses que dans le travail individuel.

Nous allons maintenant examiner diverses théories de la motivation axées respectivement sur le contenu et le processus, et la théorie du renforcement (voir le tableau 10.1 à la page 378).

OBJECTIF 10.2

Expliquer les principales théories de la motivation axées sur le contenu.

10.2 LES THÉORIES DE LA MOTIVATION AXÉES SUR LE CONTENU

Les **théories de la motivation axées sur le contenu** tentent de répondre à une question fondamentale : Qu'est-ce qui motive un individu à agir d'une certaine manière ? Elles mettent l'accent sur la compréhension des besoins, des désirs et des motifs fondamentaux (éléments internes) qui déterminent les individus à accomplir une tâche donnée ainsi que sur les mesures que les gestionnaires peuvent prendre pour récompenser les employés (éléments externes). Les principales théories de la motivation axées sur le contenu sont la théorie de la hiérarchie des besoins de Maslow, la théorie des deux types de facteurs de Herzberg, la théorie ESC d'Alderfer, la théorie de l'accomplissement, et le modèle d'enrichissement et de restructuration des tâches de Hackman et Oldham.

Après avoir lu les cinq prochaines sous-sections, vous devriez pouvoir :

- décrire la théorie de la motivation centrée sur les besoins humains classés selon leur importance ;
- expliquer la théorie des deux facteurs et discerner les facteurs qui suscitent la satisfaction de ceux qui suscitent l'insatisfaction ;
- décrire la théorie ESC, qui répartit les besoins en trois types ;
- montrer comment les individus peuvent être motivés par le besoin d'accomplissement, d'estime et de pouvoir ;
- expliquer comment l'enrichissement des tâches peut aider à motiver les individus.

10.2.1 La théorie de la hiérarchie des besoins

www.ship.edu/~cgboeree/maslow.html

L'une des théories de la motivation les plus connues est celle de la hiérarchie des besoins, conçue par le psychologue Abraham Maslow[12]. La **théorie de la hiérarchie des besoins** repose sur deux principes. Le premier est que les besoins se subordonnent les uns aux autres, depuis les besoins essentiels ou primaires (besoins physiques, besoins de sécurité) jusqu'aux besoins secondaires (besoins sociaux, besoins d'estime et besoins de se réaliser). La satisfaction d'un besoin inférieur conditionne celle d'un besoin supérieur. Le second principe est que, après avoir pourvu à un besoin primaire (celui de s'affilier à un groupe ou de bénéficier d'une bonne rémunération, par exemple), un individu s'efforcera de répondre à un besoin d'un niveau plus élevé (comme de jouir de l'estime de ses amis et de ses supérieurs ou d'exécuter un travail attrayant). La figure 10.3 présente la hiérarchie des besoins :

besoins physiques, besoins de sécurité, besoins sociaux, besoins d'estime et besoins de réalisation de soi.

Les *besoins physiologiques* et *biologiques* sont les plus fondamentaux et se rapportent aux premières nécessités comme la nourriture, le gîte, le sommeil, l'exercice, le repos et le vêtement. Ce n'est qu'une fois ces besoins comblés ou du moins convenablement assurés que ceux de l'échelon suivant peuvent être satisfaits.

Viennent ensuite les *besoins de sécurité*, c'est-à-dire les besoins d'être protégé contre les maux ou les agressions physiques et les vicissitudes économiques (telles une perte de revenus ou une mise à pied). Les êtres humains ont besoin d'être à l'abri des dangers, des menaces ou des privations. Ils s'efforcent donc de faire valoir leur ancienneté dans leur emploi, souscrivent à divers types d'assurances et ont recours à l'épargne. Après qu'ils ont pourvu à ces besoins, ils s'emploient à satisfaire leurs besoins sociaux.

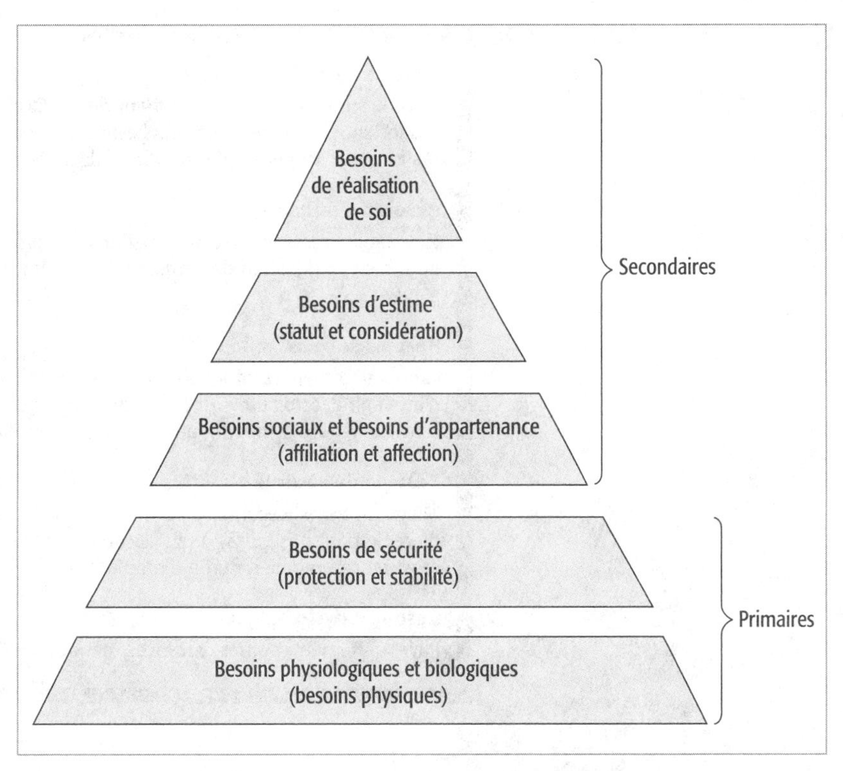

Figure 10.3
La théorie de la hiérarchie des besoins d'Abraham Maslow

Les *besoins sociaux*, ou besoins d'appartenance, correspondent au désir d'échapper à la solitude, d'être aimé, de nouer des liens d'amitié et d'être en la compagnie d'autres personnes bref, de faire partie d'un groupe. Il est dans la nature de l'être humain d'aimer et de vouloir être aimé. Après qu'il a satisfait ces besoins, il en surgit d'autres, d'un ordre plus élevé, les besoins d'estime.

Les *besoins d'estime* correspondent à l'exigence d'être respecté et de se sentir bien dans sa peau. La satisfaction de ces besoins comporte deux aspects : un aspect interne, relatif à la valorisation et au plaisir que les actions accomplies procurent à l'individu, et un aspect externe, lié à la reconnaissance, à l'estime et au respect obtenus d'autrui. Se manifestent ensuite les besoins de réalisation de soi.

Les *besoins de réalisation de soi*, ou d'actualisation de soi, occupent le rang le plus élevé. Ils concernent la recherche de la réalisation de toutes ses possibilités, l'épanouissement personnel.

Le tableau 10.2 à la page 388 présente un certain nombre de moyens susceptibles d'aider les gestionnaires à motiver leurs employés et basés sur l'échelle des besoins conçue par Abraham Maslow.

On a souvent reproché à la théorie de Maslow d'offrir une vision simpliste de la motivation des êtres humains[13]. Nombreux sont ceux qui affirment que les besoins ne se succèdent pas dans un ordre déterminé et que les individus ne passent pas nécessairement d'un niveau de besoins à un autre de façon

Tableau 10.2
Des exemples de moyens propres à pourvoir aux besoins des employés

Besoins de réalisation de soi
Travaux stimulants, développement des aptitudes, enrichissement des tâches, activités faisant appel à la créativité et à l'esprit d'innovation, utilisation des compétences, réalisations, flexibilité, participation à la prise de décision, autonomie.

Besoins d'estime
Titres, reconnaissance, éloges, distinctions, promotions, hommage rendu à l'« employé du mois », délégation de l'autorité, rémunération au mérite, évaluation du rendement élevé.

Besoins sociaux
Groupes formels et informels, clubs, activités commanditées par l'entreprise, possibilités d'interagir avec d'autres (local où les employés se rassemblent pour les repas, les pauses-café), collègues sympathiques, supérieur conciliant.

Besoins de sécurité
Milieu de travail sécuritaire, régime d'assurances, indemnités de départ, système de règlement des griefs, droits accordés en vertu de l'ancienneté, admissibilité à l'assurance-emploi, sécurité d'emploi.

Besoins physiologiques
Paye, traitement, primes, vacances, périodes de repos, pauses pour le repas, air sain, eau.

méthodique. Il n'en demeure pas moins que cette théorie marque une date importante dans l'histoire de la gestion. Elle a en effet amené les gestionnaires à prendre conscience que leurs employés ont des besoins multiples et variés. De plus, elle les a incités à s'occuper des besoins d'ordre inférieur avant ceux d'un ordre plus élevé.

De nos jours, les besoins primaires des employés (besoins physiologiques et besoins de sécurité) sont relativement bien satisfaits. Les organisations ont cependant plus de difficulté à combler les besoins secondaires, c'est-à-dire les besoins sociaux ainsi que les besoins d'estime et de réalisation de soi. Actuellement, beaucoup d'entreprises s'occupent d'instaurer des programmes portant sur la croissance personnelle.

10.2.2 La théorie des deux types de facteurs

WWW
www.businessballs.com/herzberg.htm

Vers la fin des années 1950, Frederick Herzberg élabora avec des collègues la **théorie des deux types de facteurs**[14]. Ses recherches initiales se sont appuyées sur des entrevues réalisées auprès de 200 ingénieurs et comptables au service d'un important fabricant de peinture établi dans la région de Pittsburgh. Les personnes interrogées devaient répondre à deux questions concernant leur travail, la façon dont elles étaient supervisées, leurs réalisations, leur croissance personnelle, leurs responsabilités et les possibilités qui s'offraient à elles.

- Pouvez-vous décrire avec précision les éléments de votre travail qui vous donnent le plus de satisfaction ?
- Pouvez-vous décrire avec précision les éléments de votre travail qui suscitent chez vous le plus d'insatisfaction ?

Herzberg en arriva à la conclusion que certains éléments ont un effet positif sur le rendement d'un individu et la satisfaction au travail, tandis que d'autres ont un effet négatif et rendent une personne insatisfaite de son emploi. Se fondant sur les réponses obtenues, il répartit ces éléments en deux catégories : les facteurs d'hygiène (négatifs) et les facteurs de motivation (positifs). De là, il émit l'hypothèse que la motivation des employés passe par deux étapes.

La première étape consiste à éliminer les effets négatifs, c'est-à-dire les **facteurs d'hygiène** pour arriver à ce que les gens cessent d'être mécontents de leur milieu de travail et de leur emploi. Ainsi, une entreprise doit s'attendre à ce que ses employés soient insatisfaits si elle ne leur offre pas des salaires convenables, si elle n'établit pas une ligne de conduite et un système de gestion appropriés à sa situation, si sa supervision est inefficace et si les bonnes conditions de travail et les relations interpersonnelles laissent grandement à désirer. Frederick Herzberg appelle ces éléments étroitement liés à l'environnement et au travail même des « facteurs d'hygiène » ou de « conditionnement ». Ses études montrent que ces éléments ne rendent pas en eux-mêmes le travail plus intéressant ou valorisant, mais qu'ils engendrent une certaine insatisfaction lorsqu'ils sont absents, ce qui nuit au moral, à la productivité et au rendement. Herzberg affirme qu'il ne sert à rien d'essayer de motiver les employés si leur travail ou leur environnement leur déplaisent.

Une fois supprimés les facteurs d'insatisfaction au travail, l'entreprise peut passer à l'étape suivante : chercher des éléments susceptibles de motiver ses employés, c'est-à-dire des **facteurs de motivation**. C'est à cette étape que l'on peut stimuler les individus en leur offrant de plus grandes possibilités de s'accomplir, des témoignages d'appréciation de leur travail, de nouvelles responsabilités, de l'avancement, etc. Frederick Herzberg a appelé ces éléments des « facteurs de motivation ». Ceux-ci ont un effet positif sur le moral et le rendement. La figure 10.4 à la page 390 présente certains résultats de la recherche de Herzberg.

La théorie de Herzberg a été critiquée pour différentes raisons. La plus importante est qu'on ne peut l'appliquer à toutes les situations d'une manière uniforme. Ainsi, le salaire représente peut-être un puissant facteur de motivation pour un employé des postes, mais sans doute moins pour un graphiste. Certaines thèses de Frederick Herzberg ont été retenues par Hackman et Oldham dans leur modèle d'enrichissement des tâches. Elles ont également amené les gestionnaires à prendre conscience de l'importance des récompenses extrinsèques (facteurs d'hygiène) et intrinsèques (facteurs de motivation).

Comme nous l'avons déjà dit, les notions de motivation au travail et d'enrichissement des tâches développées dans la théorie des deux types de facteurs ont suscité beaucoup d'intérêt. Frederick Herzberg affirme qu'il ne sert à rien de faire passer les employés d'un poste à un autre ou de leur assigner plus de tâches pour les motiver si on ne leur attribue pas en même temps de nouvelles responsabilités. Selon Herzberg, il faut, pour motiver les employés, leur déléguer une certaine autorité et leur faire sentir qu'ils ont plus de responsabilités.

Figure 10.4 La théorie des deux types de facteurs

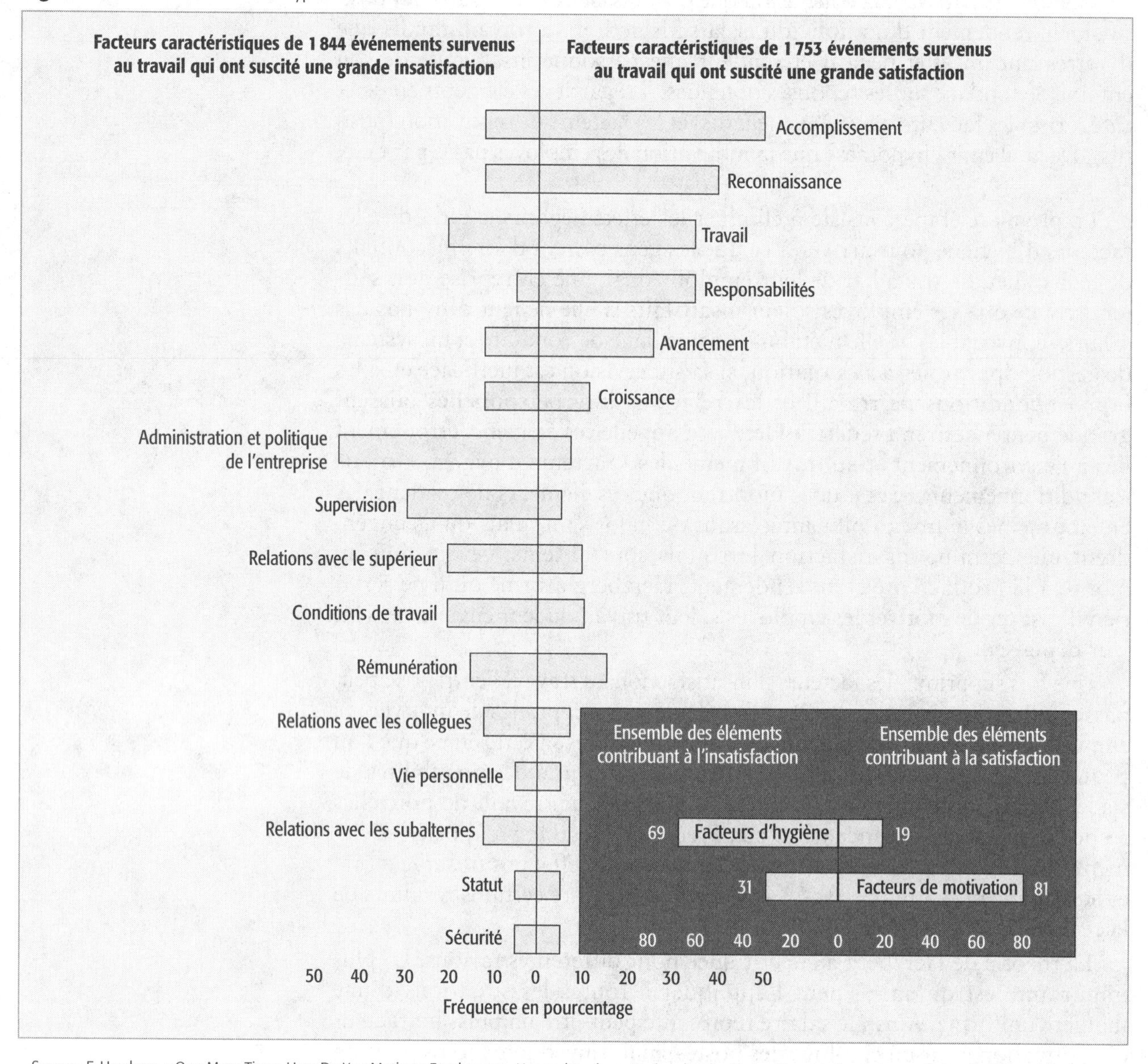

Source : F. Herzberg, « One More Time : How Do You Motivate Employees », *Harvard Business Review,* janvier-février. Reproduit avec la permission de *Harvard Business Review.* Copyright © 1968 par la Harvard Business School Publishing Corporation ; tous droits réservés.

Voici quelques moyens permettant d'enrichir le travail de l'individu :

- réduire le contrôle afin de donner aux employés davantage de liberté d'action, mais garder certains indicateurs de rendement ;
- accorder plus de place à l'initiative personnelle ;
- accroître le pouvoir de l'individu ;
- laisser les employés libres d'exécuter une tâche à leur manière ;
- assigner aux employés des tâches plus stimulantes.

Les facteurs de motivation se rattachent aux besoins supérieurs définis par Maslow (besoins d'estime et de réalisation de soi), lesquels touchent la reconnaissance, l'avancement, la possibilité de croissance, les responsabilités et le fait d'aimer son travail.

Le tableau 10.3 énumère les facteurs d'hygiène et de motivation définis par Herzberg.

Tableau 10.3
Les facteurs d'hygiène et les facteurs de motivation selon Herzberg

LES FACTEURS D'HYGIÈNE OU DE CONDITIONNEMENT	LES FACTEURS DE MOTIVATION
• La politique et le mode d'administration de l'entreprise	• L'accomplissement
• La supervision	• La reconnaissance
• Les relations interpersonnelles	• Les responsabilités
• Les conditions de travail	• L'avancement
• Le salaire et les avantages sociaux	• Le travail
• Le statut lié à l'emploi	• La croissance personnelle

La méthode de l'habilitation des employés qui, comme nous l'avons vu, consiste pour un supérieur à partager son autorité, son contrôle et son influence avec ses subordonnés, met l'accent sur l'*enrichissement des tâches,* lequel consiste à redéfinir les fonctions des employés de manière à leur faire assumer plus de responsabilités dans la planification, la conception et l'évaluation de leurs propres tâches. Cette approche allège la charge de travail des gestionnaires et dynamise davantage les fonctions de leurs subordonnés.

Le travail de Herzberg remonte déjà à 50 ans, mais les facteurs d'insatisfaction et de motivation sont encore les mêmes aujourd'hui. À titre d'exemple, dans un sondage réalisé par CROP à la fin de 1998 auprès de 600 personnes, seulement 36 % des répondants ont dit être satisfaits de la façon dont la direction traitait leurs suggestions. Le sondage révèle également que 52 % des travailleurs québécois éprouvaient un sentiment d'appartenance à l'égard de leur entreprise, mais que seulement 30 % de ces travailleurs se disaient très motivés à contribuer à la réalisation des objectifs de celle-ci. Le tableau 10.4 donne des détails sur les résultats de l'étude. Il montre la proportion des employés qui avaient des attentes par rapport à la possibilité d'avancement, à la participation aux décisions et à la prise en considération de leurs suggestions, ainsi que la proportion des employés satisfaits de chacune de ces attentes[15].

Tableau 10.4
Les attentes des employés

ATTENTES	PROPORTION DES EMPLOYÉS ACCORDANT DE L'IMPORTANCE À… (%)	PROPORTION DES EMPLOYÉS SATISFAITS DE… (%)	ÉCART (%)
Possibilité d'avancement	78	29	49
Participation aux décisions	71	30	41
Valorisation des suggestions	76	36	40
Façon dont on est valorisé	81	42	39
Attribution des postes	75	37	38
Qualité du climat de travail	87	50	37
Évaluation du rendement	81	45	36
Implantation des idées des employés	72	36	36
Information sur les objectifs	71	35	36
Modes de formation	77	42	35
Appréciation du supérieur immédiat	84	50	34
Salaire	81	47	34
Qualité des relations de travail	85	52	33
Encadrement	79	48	31

Source : Michel de Smet, « Les employeurs comblent mal les attentes des employés », *Les Affaires,* 28 août 1999, p. 31. Sondage de CROP effectué auprès de 600 personnes.

10.2.3 La théorie ESC

WWW
www.envisionsoftware.com/articles/ERG_Theory.html qui explique la théorie d'Alderfer

Un chercheur du nom de Clayton Alderfer modifia la hiérarchie des besoins d'Abraham Maslow et en ramena le nombre de niveaux à trois. Il construisit ainsi la théorie des besoins liés au maintien de la vie, des besoins de socialisation et des besoins de croissance, ou **théorie ESC**[16]. Comme le montre la figure 10.5, les *besoins liés au maintien de l'existence* occupent le niveau inférieur et englobent tous les besoins d'ordre matériel. Ils correspondent aux besoins physiologiques et aux besoins de sécurité matérielle définis par Maslow. Certains facteurs d'hygiène de Herzberg, tels le salaire et les conditions de travail, se rangent dans cette catégorie de besoins.

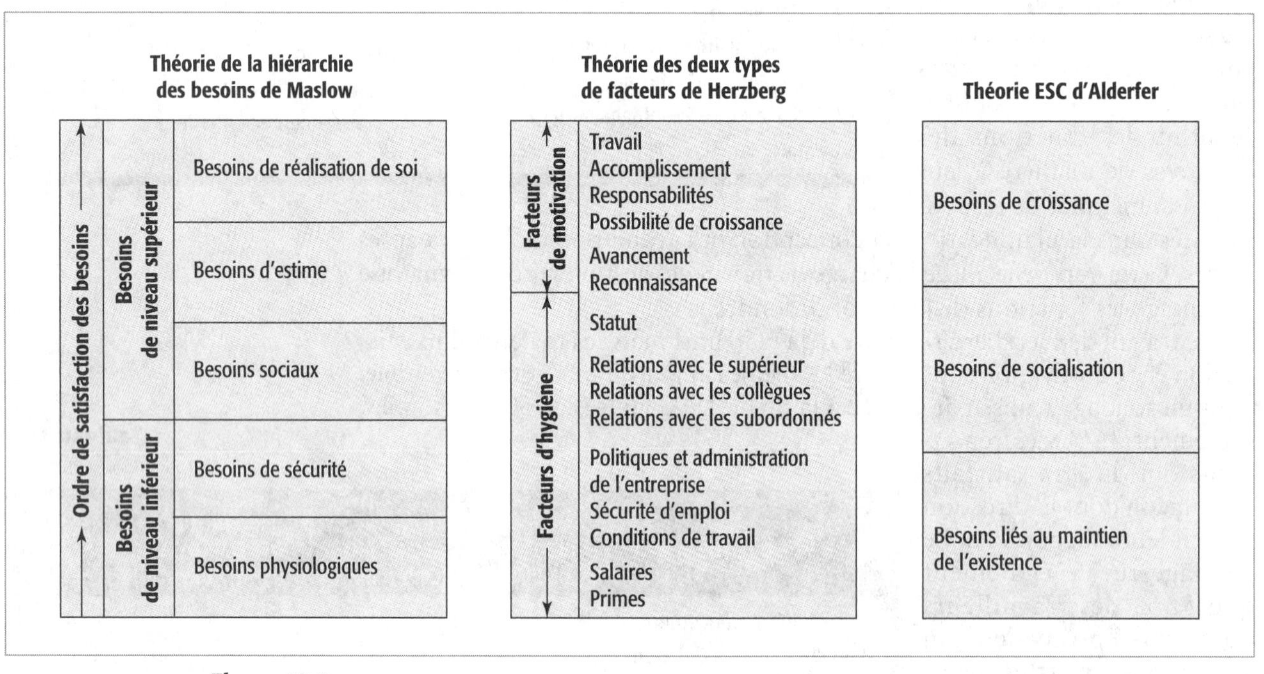

Figure 10.5
Les théories de Maslow, de Herzberg et d'Alderfer

Viennent ensuite les *besoins de socialisation*, qui correspondent aux besoins sociaux et aux besoins d'estime décrits par Maslow. Ces besoins concernent, entre autres, les relations avec les collègues, les subordonnés et les supérieurs. Ils ont aussi un rapport avec certains facteurs de conditionnement (telles les relations interpersonnelles et la supervision) et certains facteurs de motivation (tels l'avancement et la reconnaissance) définis par Herzberg.

Tout en haut de l'échelle se situent les *besoins de croissance*, correspondant à un sentiment qui porte l'individu à augmenter ses capacités en accomplissant certains types d'actions. Ces besoins occupent le sommet de la hiérarchie établie par Abraham Maslow (besoins d'estime et de réalisation de soi). Certains facteurs de motivation définis par Herzberg, comme la possibilité de croissance, l'accomplissement et le travail, sont liés à ces besoins.

Selon Maslow, comme l'individu satisfait ses besoins dans un ordre déterminé, il peut monter seulement un échelon à la fois. Pour Alderfer, l'ensemble des besoins forme plutôt un continuum et il est possible de sauter certaines étapes. Si l'individu se voit incapable de se hisser à un niveau supérieur, il peut régresser par frustration et recourir à des compensations d'ordre matériel.

10.2.4 La théorie de l'accomplissement

La **théorie de l'accomplissement** se rapporte surtout à la motivation et au rendement des gestionnaires. Elle distingue trois types de besoins : les besoins d'affiliation, de pouvoir et d'accomplissement. David C. McClelland, psychologue de l'université Harvard, participa à la construction de cette théorie, qui se fonde sur l'étroite dépendance qui unit les besoins individuels et le milieu. Ses recherches l'ont amené à conclure que les êtres humains cherchent à combler trois types de besoins[17].

www.accel-team.com/human_relations/hrels_06_mcclelland.html

Le *besoin d'accomplissement*, tout d'abord, correspond à un sentiment irrésistible qui porte à cheminer vers un but particulier avec le désir d'abattre tous les obstacles. Les individus qui éprouvent ce besoin cherchent constamment à se dépasser et poursuivent des buts ambitieux. Selon McClelland, ces personnes veulent assumer plus de responsabilités, se fixent des objectifs difficiles à réaliser, ont besoin d'avoir une rétroaction immédiate et prennent leur travail à cœur. Ce sont le plus souvent des entrepreneurs laborieux, capables d'une très grande discipline pour satisfaire le besoin d'accomplissement qu'ils ressentent. Ces entrepreneurs aiment savoir ce que les autres pensent de leurs réalisations.

Le *besoin d'affiliation* a un rapport avec le sentiment qui porte à établir des liens étroits avec d'autres personnes. Il correspond aux besoins sociaux de la théorie d'Abraham Maslow. Selon McClelland, les individus ayant un vif besoin d'affiliation ont plus de chances de réussir et tendent à élargir le cercle de leurs amis. Ils cherchent la compagnie d'autres personnes et s'affilient volontiers à des groupes.

Le *besoin de pouvoir*, enfin, correspond au désir d'influencer et de diriger les autres. Les personnes qui comblent ce besoin remportent plus de succès que les autres, sont assidues au travail, aiment la compétition et occupent en général un poste de gestionnaire.

Ces trois types de besoins entraînent des comportements différents. Le besoin d'affiliation incite un individu à vouloir en fréquenter d'autres et à obtenir leur approbation. Le besoin de pouvoir incite une personne à diriger et à influencer les autres. Quant au besoin d'accomplissement ou de réussite, il porte l'individu à travailler pour atteindre les objectifs fixés.

D'après la théorie de l'accomplissement, les gens sont prêts à assumer plus de responsabilités, ils tiennent à savoir ce que l'on pense de leur rendement et ils s'efforcent d'accomplir leur travail à la perfection et d'améliorer leur rendement. Voici les principales conclusions qu'il est possible de dégager de cette théorie :

- le *désir d'accomplissement* représente un élément clé pour les entrepreneurs, les vendeurs et tous ceux qui se fondent exclusivement sur leurs propres capacités et leur volonté de réussir ;
- le *pouvoir* revêt de l'importance pour les gestionnaires qui veulent que leurs subordonnés exploitent leurs talents et développent leurs aptitudes ;
- l'*affiliation* est jugée essentielle pour le personnel d'exécution.

10.2.5 L'enrichissement et la restructuration des tâches

Les **modèles basés sur l'enrichissement et la restructuration des tâches** s'inspirent des recherches de Frederick Herzberg et portent sur le réaménagement du travail d'un même emploi en vue de le rendre plus signifiant et plus stimulant. Le modèle le plus utilisé aujourd'hui a été élaboré par J. Richard Hackman et Greg Oldham[18]. Il repose sur l'hypothèse que le rendement des employés dépend de trois facteurs psychologiques déterminés (voir la figure 10.6).

Figure 10.6
Les facteurs psychologiques influant sur la motivation

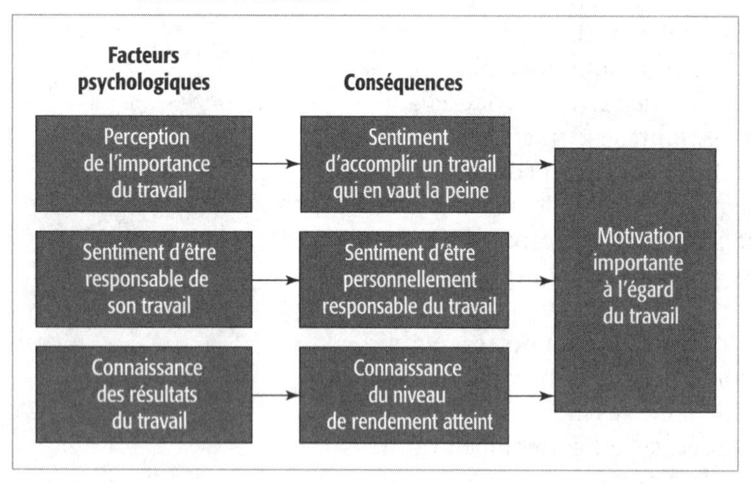

Source : Adapté de J.R. Hackman, et G.R. Oldham, *Work Redesign*, Reading (Massachusetts), Addison-Wesley, 1980, p. 73.

Le premier facteur, la *perception de l'importance du travail*, concerne la valeur que les gens accordent à leur travail. Considérons ici le cas de Cascades. Il y a quelques années, cette entreprise a redistribué près de 38 millions de dollars à ses employés, sur un bénéfice net de 58 millions de dollars. Chaque employé a ainsi reçu une somme d'environ 3 000 $. La cagnotte varie suivant le rendement des usines. Cette pratique incite les employés à travailler mieux et davantage. Sachant quel est le volume de la production, les travailleurs peuvent déterminer combien ils recevront[19].

Le deuxième de ces facteurs est le *sentiment d'être responsable de son travail*. Lorsque les employés se sentent personnellement responsables de la qualité de leur travail, ils sont beaucoup plus motivés que s'ils devaient se contenter de suivre les règles établies. Ainsi, un sondage réalisé auprès de 1 000 travailleurs canadiens montre que les employés reconnus à leur juste valeur aiment davantage leur travail et attirent les récompenses. Loyaux et dévoués, ils ont un meilleur rendement. Ils vendent plus, produisent plus et sont moins portés à quitter l'entreprise. Ils savent ajuster leur rendement selon les circonstances[20].

WWW
www.marscafe.com/php/hr2/jds_quiz.php3 traite de la théorie d'enrichissement de Hackman et Oldham

Le dernier facteur est la *connaissance des résultats du travail*, qui est liée à l'appréciation des efforts de l'employé. On suppose que, si l'on informe les gens du résultat de leur travail, ils travailleront de meilleur cœur. Par contre, si l'on s'abstient de le faire, ils perdront tout intérêt. Selon un sondage mené auprès de 688 employés des secteurs public et privé et portant sur leurs 138 dirigeants, l'une des plus grandes faiblesses des gestionnaires serait de ne pas donner de rétroaction régulièrement et de ne pas fournir de critiques constructives. Les employés aimeraient savoir ce que leurs supérieurs pensent de leur comportement et de leurs capacités[21].

La figure 10.7 résume le modèle d'enrichissement des tâches. On est amené à conclure qu'un emploi bien aménagé peut accroître la motivation, le rendement et la satisfaction liée au travail, réduire les taux d'absentéisme et de roulement du personnel.

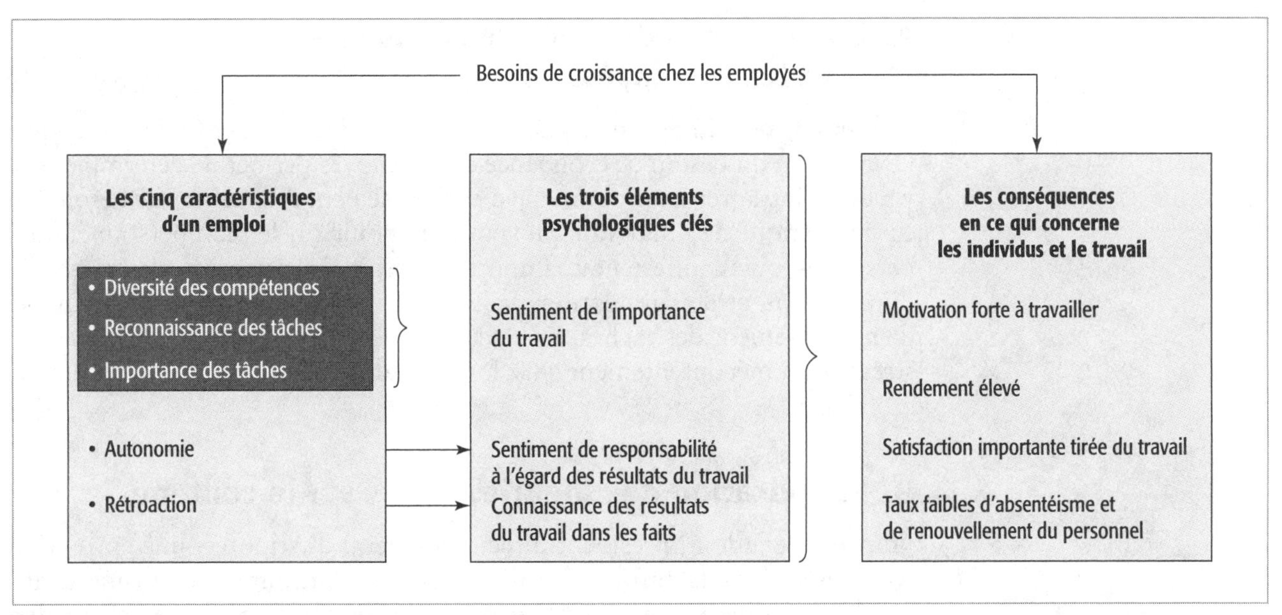

Source : Adapté de J.R. Hackman, et G.R. Oldham, *Work Redesign*, Reading (Massachusetts), Addison-Wesley, 1980, p. 83.

Figure 10.7
Le modèle d'enrichissement des tâches de Hackman et Oldham

L'enrichissement des tâches permet d'améliorer le travail d'un individu et d'accroître la satisfaction qu'il en retire. Comme le montre la figure 10.7, cinq éléments sont à considérer dans le réaménagement d'un emploi : la diversité des compétences, la reconnaissance et l'importance des tâches, l'autonomie et la rétroaction.

La *diversité des compétences* concerne le nombre de tâches assignées à une personne et les capacités nécessaires pour les accomplir.

La *reconnaissance des tâches* se rapporte à la capacité d'un employé de s'occuper des diverses tâches que comporte un travail donné (songeons ici à l'exemple de l'ouvrier travaillant à la chaîne et de l'ébéniste).

L'*importance des tâches* fait référence à l'importance des effets qu'un employé exerce par son travail sur les objectifs de l'entreprise ou bien sur les activités des employés ou de l'ensemble de l'organisation.

Chacun de ces trois éléments influe sur la valeur qu'un individu accorde à son travail. Ainsi, les personnes qui s'estiment négligées par leurs supérieurs considéreront leur travail comme inutile et peu profitable. La formulation d'une orientation et d'objectifs est un autre élément de motivation. Dans *Le manager-minute*, Kenneth Blanchard et Spencer Johnson indiquent que des objectifs-minute peuvent contribuer à donner un sens et un but au travail des gens[22].

L'*autonomie* suppose la délégation de pouvoirs et l'autorisation donnée aux gens de prendre des décisions. Elle repose essentiellement sur l'habilitation des employés. L'autonomie permet aux employés de se sentir plus responsables de leurs actions.

La *rétroaction*, enfin, consiste à faire part aux employés de son appréciation du travail accompli. Elle renseigne les individus sur le résultat de leurs efforts. Les entreprises très novatrices, contrairement à celles où l'on innove peu, tendent à recourir à ce procédé[23]. Kenneth Blanchard et Spencer Johnson expliquent aussi la manière de faire des compliments-minute[24].

A. L'importance du désir de croissance chez les employés

L'un des principaux éléments de la théorie de Hackman et Oldham est que l'évaluation du besoin de croissance des employés permet de déterminer s'il y a lieu d'instaurer un programme d'enrichissement des tâches. Ce besoin est caractéristique de l'individu qui veut s'épanouir sur le plan personnel. Les personnes, qui manifestent un important besoin de croissance, de créativité, d'innovation et de stimulation, accueillent favorablement un programme d'enrichissement des tâches. En revanche, celui-ci ne peut qu'entraîner du stress et du mécontentement chez les individus qui ont un faible besoin de croissance.

B. L'application des théories axées sur le contenu

François Beaudoin, président-directeur général d'Armotec, une entreprise spécialisée dans la fabrication d'accessoires d'armoires de cuisine et de meubles, indique que, dans son organisation, le taux de rétention des employés est élevé depuis les sept dernières années. M. Beaudoin donne quelques indications sur ses techniques de motivation et de rétention de la main-d'œuvre : « Nous offrons une flexibilité d'emploi à nos travailleurs et travailleuses qui ne se retrouve pas ailleurs. Par exemple, certains employés, adeptes du camping, m'ont demandé de prendre des fins de semaine de quatre jours réparties dans l'année au lieu de prendre deux semaines de vacances consécutives. Ça ne change rien pour l'entreprise et ça rend service aux gens. Alors, pourquoi pas ? » M. Beaudoin explique qu'il sollicite les suggestions de ses employés, qu'elles sont examinées avec soin et parfois adoptées sur-le-champ par les chefs de service. « Les employés sont les mieux placés pour améliorer la productivité, pourquoi ne pas les écouter ? Je n'engage pas quelqu'un juste pour ses bras, je l'engage aussi pour sa tête. Comme chef d'entreprise, il faut être flexible, à l'écoute de ses employés, et faire circuler l'information sur ce qui se passe dans l'entreprise. Il n'y a rien de pire que la machine à rumeurs pour ruiner un climat de travail agréable[25]. »

Témoignage

Paul Shimon, directeur des ventes, Bel-Air Lexus Toyota

La motivation pour un service hors pair chez Bel-Air Lexus Toyota

WWW
www.belairlexustoyota.com/

Bel-Air Lexus Toyota est ce concessionnaire d'automobiles établi dans la région d'Ottawa-Gatineau qui ne cesse d'accroître le nombre de clients satisfaits. « Chez Bel-Air Lexus Toyota, nous sommes fiers de nos produits, services et employés, dit Paul Shimon. Voici trois éléments clés qui ont grandement contribué à notre croissance et succès. Toyota Canada est responsable de produire des automobiles de qualité alors que nous sommes responsables d'offrir un service hors pair et d'assurer le bien-être de nos employés.

« Puisque le service à la clientèle est un travail d'équipe, nous l'encourageons. Dans mon bureau, un écriteau décrit le travail d'équipe comme suit : Être ensemble, c'est le début. Rester ensemble, c'est le progrès. Travailler ensemble, c'est le succès.

« Nous savons que la motivation est mobilisatrice d'énergie et qu'elle joue un rôle important chez nos employés, qu'ils soient réceptionnistes, préposés au service ou vendeurs. Ce sont eux qui établissent un contact direct et quotidien avec nos clients ; il est donc essentiel qu'ils soient heureux, souriants et plaisants. Un employé qui démontre ces particularités est sans doute quelqu'un qui se sent apprécié, estimé et respecté ; voici donc comment nous agissons avec nos employés.

« Notre approche n'est pas de dire à nos employés "quoi faire" et "comment le faire". Plutôt, nous leur fournissons les outils de travail que nous considérons essentiels afin qu'ils puissent travailler avec cœur et enthousiasme. Nous demandons leurs opinions concernant la meilleure façon d'effectuer un travail ou une tâche et nous les écoutons activement. Chez Bel-Air Lexus Toyota, il n'y a pas de "boss" ; nous sommes tous égaux. C'est une approche simple mais efficace qui apporte de véritables bénéfices tant pour nos employés que pour notre entreprise. »

10.3 LES THÉORIES DE LA MOTIVATION AXÉES SUR LE PROCESSUS

OBJECTIF 10.3

Définir les théories de la motivation axées sur le processus.

À la différence des théories axées sur le contenu, qui portent essentiellement sur les besoins et les désirs à l'origine du comportement, les **théories de la motivation axées sur le processus** considèrent les buts auxquels un individu rapporte sa conduite. Les théories de la motivation le plus souvent utilisées sont celles du résultat escompté et de l'équité.

Après avoir lu les deux prochaines sous-sections, vous devriez pouvoir :

- décrire la théorie du résultat escompté, reposant sur l'idée que l'individu travaillera du mieux possible s'il croit que ses efforts seront récompensés ;
- expliquer la théorie de l'équité, selon laquelle les individus règlent leurs actions sur des principes de justice et d'équité sociale.

5

10.3.1 Les théories du résultat escompté

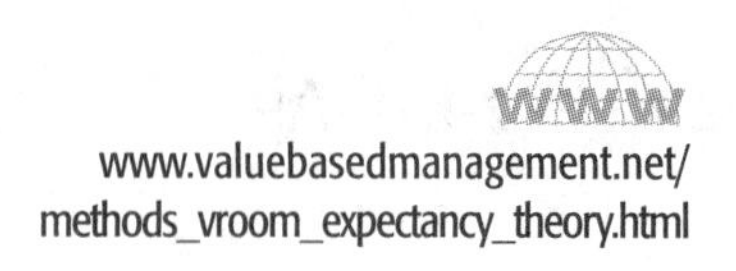

www.valuebasedmanagement.net/methods_vroom_expectancy_theory.html

Les deux **théories du résultat escompté** le plus souvent appliquées sont l'œuvre de Victor Vroom ainsi que de Lyman Porter et Edward Lawler. Selon ces théories, l'individu s'efforce d'atteindre un niveau de rendement donné parce qu'il juge que l'effort en vaut la peine.

A. La théorie de Vroom

La **théorie du résultat escompté selon Victor Vroom** est sans doute celle qui a le plus contribué à répandre l'usage de la notion de motivation[26]. Elle repose sur l'idée que l'individu s'appliquera au travail s'il croit fermement qu'au terme de ses efforts il obtiendra un bien vivement désiré. En quelque sorte, cette théorie a un rapport avec la question suivante : Les récompenses ou les bénéfices escomptés justifient-ils l'effort fourni ? Comme le montre la figure 10.8, la théorie de Vroom fait intervenir les trois éléments suivants :

1. le lien entre l'effort et le rendement ;
2. le lien entre le rendement et la récompense ;
3. la valeur des résultats.

Le lien entre l'effort et le rendement. L'individu doit tout d'abord croire qu'il possède les aptitudes et les capacités requises pour accomplir sa tâche et qu'il sera capable d'atteindre un niveau de rendement donné moyennant une certaine somme de travail. Il y a un rapport entre les résultats attendus et la quantité d'efforts que l'on est prêt à accomplir pour les produire. Par exemple, un étudiant en comptabilité désireux d'obtenir une note plus élevée de 10 % à l'examen peut se demander s'il doit mettre davantage de temps et d'efforts (par exemple, 20 % de plus que d'habitude) dans la révision de ses notes de comptabilité. S'il juge que le surcroît d'effort en vaut la peine, il sera porté à le fournir.

Le lien entre le rendement et la récompense. L'individu peut juger qu'un niveau de rendement donné lui procurera la récompense (organisationnelle ou personnelle) qu'il désire. S'il estime qu'on ne tiendra pas compte de son rendement et que celui-ci ne lui apportera aucune récompense, il ne

Figure 10.8
La théorie du résultat escompté selon Victor Vroom

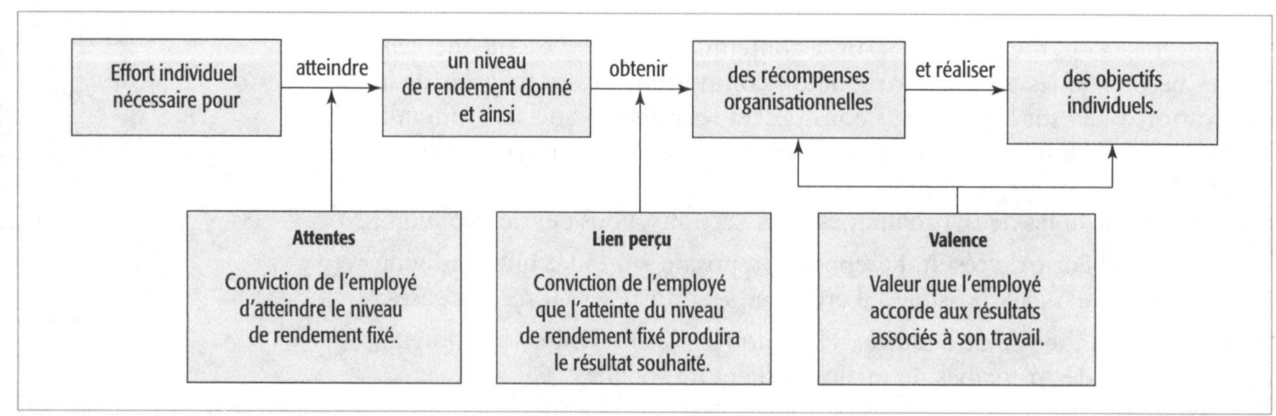

sera sans doute pas disposé à investir beaucoup d'efforts. Les organisations suivent ce principe lorsqu'elles récompensent leurs employés pour leur rendement. Un individu acceptera de fournir un effort supplémentaire s'il voit un lien direct entre son rendement et une récompense ou un résultat souhaité. Supposons, par exemple, que les parents d'un étudiant promettent de lui payer un voyage d'une semaine à Hawaï s'il augmente sa moyenne de 10 %. Si l'étudiant croit que ses parents lui ont fait une promesse en l'air, il ne sera guère motivé à travailler davantage. Toutefois, si ses parents ont déjà acheté son billet d'avion et libellé un chèque à son intention, il redoublera assurément d'efforts.

La valeur des résultats. On considère ici la valeur positive ou négative qu'accorde une personne à une récompense donnée. Elle désigne la puissance d'attraction d'un résultat particulier. Comme les individus ont des besoins différents, ils ne cherchent pas tous le même genre de récompense. Un employé peut ainsi se demander s'il vaut la peine de travailler plus pour obtenir une augmentation de salaire ou pour conquérir l'estime de son patron. Si la récompense en cause ne lui plaît pas vraiment, il ne sera pas porté à redoubler d'efforts et son rendement pourrait demeurer ce qu'il est. Si l'étudiant de notre exemple désire ardemment passer une semaine à Hawaï, il travaillera sans doute avec plus d'énergie. Par contre, si un tel voyage le laisse froid, il ne fournira aucun effort supplémentaire. S'il accorde peu de valeur aux trois éléments que nous avons décrits, l'étudiant ne s'appliquera pas davantage au travail et sa note d'examen laissera à désirer. On peut exprimer le lien entre ces trois éléments au moyen de l'équation suivante :

$$\text{motivation} = \begin{array}{l}\text{conviction qu'un effort}\\ \text{accru se traduit par une}\\ \text{récompense plus grande}\end{array} \times \begin{array}{l}\text{valeur que l'individu accorde}\\ \text{aux récompenses qu'il peut}\\ \text{obtenir par ses efforts.}\end{array}$$

La théorie du résultat escompté défendue par Vroom s'appuie sur les trois principes suivants.

1. Chaque individu a des besoins qui lui sont propres, et la récompense qu'on lui offre doit leur correspondre.
2. Un supérieur doit, s'il veut parvenir à motiver ses employés, leur démontrer clairement qu'il existe un lien direct entre le rendement et la récompense. Il peut, par exemple, s'engager à attribuer une prime à un employé si celui-ci obtient un résultat donné et, par la suite, la lui refuser si le rendement est médiocre.
3. Le supérieur doit définir clairement ses exigences, de préférence réalistes, et persuader ses employés qu'ils peuvent atteindre le niveau de rendement exigé s'ils ne s'épargnent aucun effort.

B. Le modèle théorique de Porter et Lawler[27]

Le **modèle théorique de Porter et Lawler** procède de la théorie du résultat escompté selon Victor Vroom. Lyman Porter et Edward Lawler postulent qu'il existe un lien direct entre la satisfaction et le rendement. Selon eux, la motivation représente une « force » sur laquelle influe la récompense désirée, et il y a un lien entre l'effort et celle-ci.

Selon Porter et Lawler, le rendement dépend de plusieurs facteurs tels que l'effort, les capacités d'un individu ainsi que la manière dont celui-ci perçoit son rôle. La figure 10.9 décrit les liens existant entre les différents facteurs définis par ces auteurs. On peut en tirer les cinq conclusions suivantes (les numéros et les lettres qui figurent entre parenthèses dans le texte suivant se rapportent à cette figure).

Figure 10.9
Le modèle de Porter et Lawler

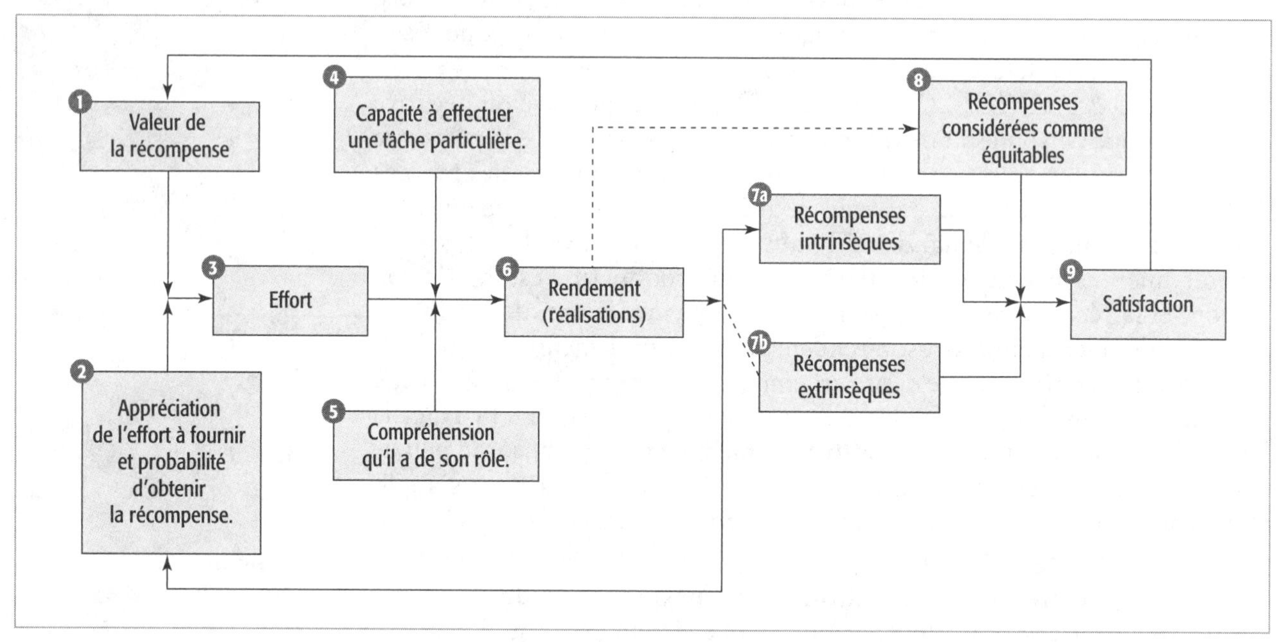

Source : L.W. Porter, et E.E. Lawler III, *Managerial Attitudes and Performance,* Homewood (Illinois), Richard D. Irwin, 1968, p. 165.

1. Le rendement d'un individu (6) dépend de trois facteurs, à savoir : sa capacité (4), la compréhension de son rôle (5) et l'effort requis (3).
2. L'effort (3) varie en fonction de la valeur associée à la récompense (1), de l'appréciation de l'effort à fournir et de la probabilité d'obtenir la récompense souhaitée (2).
3. La réussite apporte des récompenses intrinsèques (7a), comme le sentiment d'avoir accompli quelque chose et d'avoir acquis une compétence ainsi que l'estime de soi, et des récompenses extrinsèques (7b), comme une promotion ou une situation plus élevée dans la hiérarchie. Le pointillé entre le rendement et les récompenses extrinsèques indique qu'il n'y a pas nécessairement de rapport direct entre le rendement d'un individu et la récompense qu'il s'attend à recevoir de son supérieur, car l'obtention de cette dernière ne représente qu'une possibilité, non une certitude.
4. Le pointillé qui relie le rendement aux récompenses considérées comme équitables (8) traduit l'idée que les gens apprécient l'équité d'une récompense obtenue de différentes façons.
5. La satisfaction (9) provient du sentiment d'équité (8) et des récompenses intrinsèques et extrinsèques (7a et 7b). La valeur réelle des récompenses dépend aussi de l'ardeur de l'individu à travailler à l'avenir, à la suite de la satisfaction éprouvée.

10.3.2 La théorie de l'équité

La **théorie de l'équité** a été bâtie par J. Stacey Adams. Selon lui, les gens suivent des principes de justice et d'équité sociales[28]. Tout individu souhaite en effet être traité de façon juste et équitable, y compris dans les récompenses qu'il reçoit. Ainsi, un employé comparera ses efforts et leurs résultats (contributions et réalisations) avec ceux des autres et voudra être traité d'une manière équitable par rapport à eux.

www.businessballs.com/adamsequitytheory.htm

Toute personne s'estimera satisfaite si la récompense reçue équivaut pour elle à celle de ses collègues, la somme de travail demeurant par ailleurs la même. En revanche, si elle note une disproportion ou une inégalité, elle se jugera lésée.

On peut expliquer la théorie de l'équité à l'aide de la formule suivante :

$$\frac{\text{extrants (soi-même)}}{\text{intrants (soi-même)}} = \frac{\text{extrants (les autres)}}{\text{intrants (les autres)}}.$$

Les intrants (contributions) et les extrants (gains) sont présentés au tableau 10.5.

Tableau 10.5
Les intrants et les extrants selon la théorie de l'équité d'Adams

INTRANTS	EXTRANTS
• Temps	• Salaire
• Effort au travail	• Reconnaissance
• Expérience	• Promotion
• Études	• Avantages sociaux
• Aptitudes	• Réalisations
• Formation	• Satisfaction
• Loyauté	• Conditions de travail
• Compétences	• Statut

La récompense obtenue par un individu se définit non seulement par son contenu, mais aussi par son caractère équitable. Comme les gens ne travaillent pas en vase clos, chacun se compare aux autres lorsqu'il rapporte la récompense obtenue pour les efforts déployés. Si un employé obtient une récompense proportionnelle au travail fourni, le principe de justice est respecté. Dans le cas contraire, la situation est inéquitable et l'individu se jugera trop ou insuffisamment récompensé.

Les employés établissent ce genre de comparaison en tenant compte de trois éléments : les autres, le système et l'aspect personnel. Les *autres*, ce sont ici les personnes qui occupent un emploi analogue. Il peut s'agir d'amis, de parents, de voisins exerçant la même profession. D'autres personnes auront parlé à l'employé de la situation de ses collègues, ou bien des journaux ou des revues professionnelles l'auront renseigné sur le sujet. Ici, le *système* est constitué par la politique et les marches à suivre qui s'y rapportent. Quant à l'*aspect personnel*, il se rapporte aux intrants et aux extrants propres à une situation, lesquels peuvent être différents de ceux que l'individu a expérimentés par le passé.

Si une personne est insatisfaite de sa situation, si elle est tendue ou si elle remarque des inégalités de traitement, elle adoptera un ou plusieurs des comportements suivants :

- elle fournira plus ou moins d'intrants au travail pour compenser l'inégalité ;
- elle réclamera des extrants de plus ou moins grande importance afin d'aplanir l'inégalité (telles une hausse de salaire ou une récompense) ;
- elle faussera la perspective par simple rationalisation, en se disant, par exemple, qu'elle ne gagne pas autant que les autres, mais que ses responsabilités sont moindres et qu'elle subit une moins grande pression ;
- elle tentera d'amener d'autres individus à modifier leurs intrants ou leurs extrants, ou les deux à la fois ;
- elle changera le terme de comparaison, si l'inégalité demeure constante, c'est-à-dire qu'elle comparera sa situation avec celle d'une nouvelle personne ;
- elle quittera son emploi.

OBJECTIF 10.4

Définir les théories du renforcement.

10.4 LES THÉORIES DU RENFORCEMENT

Les théories axées sur le contenu et le processus correspondent à une explication cognitive du comportement visant à déterminer la raison pour laquelle les gens prennent tel moyen plutôt que tel autre pour satisfaire leurs besoins. Elles affirment que les buts d'un individu déterminent ses actions. Les **théories du renforcement** considèrent que le comportement s'explique par l'environnement, que les êtres humains cherchent le plaisir, tentent d'éviter la douleur et s'efforcent de reconnaître les actions qui leur fourniront à peu de frais le plus de satisfactions possible.

On associe fréquemment les théories du renforcement ou du conditionnement opérant au nom de B.F. Skinner[29]. L'idée maîtresse de ces théories est que toute personne qui cherche le plaisir exécute certaines tâches dans le but d'obtenir une récompense (renforcement positif) et s'acquitte de certaines autres uniquement pour éviter une punition (renforcement négatif).

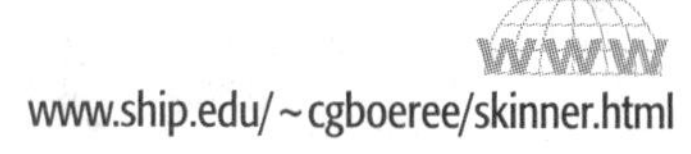

www.ship.edu/~cgboeree/skinner.html

Figure 10.10
La théorie du renforcement de Skinner

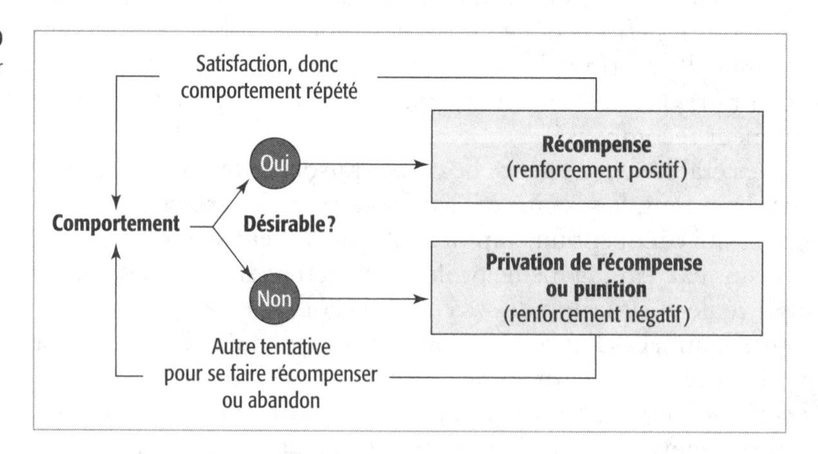

Lorsqu'un individu se voit récompensé pour une action donnée, il a tendance à répéter celle-ci jusqu'à ce qu'elle devienne pour lui une habitude (voir la figure 10.10).

Pour Skinner, le comportement est lié à trois éléments :

1. le *stimulus*, c'est-à-dire l'environnement ou le contexte dans lequel le comportement se situe ;
2. la *réaction*, c'est-à-dire le comportement même ;
3. le *renforcement*, c'est-à-dire la récompense donnée lorsque le comportement est de nature positive.

Prenons l'exemple d'un vendeur qui reçoit une prime de 500 $ lorsqu'il dépasse son objectif de 10 %. La conséquence positive (prime) devient le stimulus, puisque, comme il associe un rendement supérieur à une récompense, le vendeur dépassera de nouveau son objectif pour avoir une autre prime. Un renforcement continu peut donc avoir pour effet d'accroître le rendement. Par contre, si le vendeur n'est pas récompensé de ses efforts, il sera moins porté à refaire la même chose. Il y a donc plus de chances que l'on répète un comportement lorsqu'il a des suites positives (renforcement positif). À l'inverse, il est peu probable qu'une personne adopte un comportement s'il entraîne des conséquences négatives ou une punition (renforcement négatif). C'est ce que montre la figure 10.10.

Selon Kenneth Blanchard et Robert Lorber, la plupart des gens croient que ce sont les éléments activateurs qui ont le plus d'effet sur le comportement. Pourtant, ceux-ci (l'élaboration d'objectifs, par exemple) expliquent seulement de 15 % à 25 % de l'effet qui se produit sur le comportement, la portion restante de 75 % à 85 % se rapportant aux conséquences (éloges, réprimandes, etc.)[30].

Il y a **renforcement positif** lorsqu'un individu mène une tâche à bien et reçoit une récompense extrinsèque (prime) ou intrinsèque (satisfaction ou sentiment d'avoir accompli quelque chose). Cette association entre le comportement et la conséquence peut inciter l'individu à continuer de bien faire son travail en vue de recevoir d'autres gratifications. Ne procède-t-on pas de la même manière dans le dressage des animaux ? Un chien, par exemple, exécutera un tour d'adresse pour recevoir un biscuit ou une caresse. Son dresseur le récompensera parce qu'il sait que le chien s'attend à obtenir un biscuit ou une caresse lorsqu'il accomplit son tour d'adresse.

Le **renforcement négatif** diffère du renforcement positif en ce qu'il amène une personne à réagir ou à se comporter d'une certaine manière pour éviter des conséquences désagréables. On observe ce type de renforcement, par exemple, lorsqu'un individu trouve le moyen d'éviter que son patron le réprimande ou lui adresse un regard désapprobateur, ce moyen consistant simplement à continuer à rédiger de bons rapports. En rédigeant un bon rapport dans les délais fixés, cet employé échappe à la critique et au harcèlement de son supérieur. La punition va plus loin que le renforcement négatif, mais on l'utilise dans le même but, c'est-à-dire pour faire disparaître un comportement indésirable.

OBJECTIF 10.5

Définir les méthodes de motivation les plus courantes.

10.5 LA MOTIVATION : REGARD VERS L'AVENIR

De nos jours, les gestionnaires tentent de perfectionner les théories classiques axées sur le contenu, le processus et le renforcement afin de rendre les tâches et le milieu de travail de leurs employés plus intéressants et plus satisfaisants. Les employés d'aujourd'hui ne se contentent plus d'un programme d'avantages sociaux, si fourni soit-il. Ils veulent se réaliser et obtenir un meilleur équilibre entre leur vie professionnelle et leur vie personnelle. Les procédés le plus fréquemment utilisés par les entreprises sont la modification du comportement organisationnel, les programmes de qualité de la vie au travail et le réaménagement des horaires de travail.

Après avoir lu les trois prochaines sous-sections, vous devriez pouvoir :

- expliquer ce qu'est la modification du comportement organisationnel qui suppose la possibilité de changer le comportement d'une personne en lui donnant les récompenses qui lui conviennent ;
- expliquer comment les programmes de qualité de la vie au travail peuvent créer un climat favorisant le bien-être et la satisfaction des employés ;
- expliquer en quoi le réaménagement des horaires de travail peut améliorer la qualité de la vie au travail.

10.5.1 La modification du comportement organisationnel

La **modification du comportement organisationnel** constitue une application de la théorie du renforcement de Skinner à la conduite des travailleurs. Elle suppose que les employés accomplissent leur travail de manière à se procurer une satisfaction et que l'on peut changer leur comportement en recourant aux récompenses. Ce procédé repose sur l'hypothèse que les individus sont motivés par des éléments extérieurs plutôt que par des pulsions internes. Le tableau 10.6 présente différentes approches de motivation utilisées par les meilleurs employeurs du Québec. Les employeurs retenus ont pris part à un concours ouvert à toutes les entreprises de 50 employés ou plus au Québec. Le choix du groupe d'employeurs d'élite est fondé sur les 10 critères suivants : l'engagement, l'environnement de travail, le leadership et l'efficacité de l'organisation, la supervision, le processus décisionnel, la communication, la gestion du rendement, le développement professionnel et l'apprentissage, la rétribution et les avantages sociaux, et l'organisation en tant que citoyen[31].

On procède souvent par tâtonnements dans la recherche de l'élément de renforcement le plus efficace. Comme les employés ont des besoins différents, le gestionnaire doit trouver la récompense qui convient le mieux à chacun d'eux. En règle générale, toutefois, on recourt aux éloges et à la reconnaissance pour créer un renforcement. Le processus de modification du comportement organisationnel amène les employés à adopter la conduite souhaitée par la direction. Il est cependant assez difficile de le mettre en marche. Dans *The Leadership Challenge*, James Kouzes et Barry Posner décrivent sept stratégies qui, selon eux, permettent de reconnaître les réalisations des employés et, par la suite, de choisir l'élément de renforcement le plus approprié (voir le tableau 10.7 à la page 406)[32].

Tableau 10.6
Ce que les employés apprécient chez leur employeur

ENTREPRISES ET NOMBRE D'EMPLOYÉS	CE QUE LES EMPLOYÉS APPRÉCIENT
3-Soft (104)	Notre organisation respecte les employés et nous encourage à poursuivre nos rêves et à atteindre nos buts.
AGTI Services-conseils (164)	L'équilibre réel entre le travail et la vie personnelle, tout en ne sacrifiant pas la qualité du service. Le système de valeurs de l'entreprise.
Algorithme Pharma (147)	La flexibilité des horaires, qui aide à concilier vie professionnelle et vie familiale. La vie sociale bien organisée à l'intérieur de l'entreprise.
Demers Baulne S.E.N.C. (73)	Le dynamisme, l'ouverture sur la qualité des relations interpersonnelles, les valeurs très fortes : respect, solidarité et professionnalisme.
D.L.G.L. (92)	La confiance et le respect de la direction ainsi que les horaires sont les éléments qui font grandir ma fidélité envers cette entreprise.
L. Bilodeau et fils (105)	La possibilité d'avoir un horaire flexible. Bon équipement pour travailler. Dimension humaine de l'entreprise.
Château Frontenac (466)	La fierté de chacun à assurer un service à la clientèle dépassant non seulement les attentes de celle-ci, mais les normes de l'industrie.
Fairmont Tremblant (240)	Une organisation encourageant la participation des employés, laissant beaucoup de place à la créativité et à l'exploitation de nos forces personnelles.
Novartis (499)	La compétitivité, le respect des valeurs humaines, le développement des employés.
La Capitale assurances générales (609)	La permission de nous dépasser et des séances de formation qui répondent à nos besoins spécifiques.
CIMA (644)	La participation aux décisions et ce qui favorise l'accomplissement personnel des employés dans leur travail.
Tembec (3033)	Notre mission est claire et tout est extrêmement bien communiqué, afin de créer un fort sentiment d'appartenance et de responsabilité.

Source : Daniel Germain, Catherine Roux, Frédéric Denoncourt, Valérie Vézina et Mélanie Larouche, « Palmarès des meilleurs employeurs du Québec », *Affaires Plus,* Octobre 2003, p. 65.

5

Tableau 10.7
Les sept stratégies permettant de distinguer les réalisations des employés

1. Établir des normes de rendement rigoureuses et mesurables.	Il faut instaurer des normes rigoureuses, les faire connaître à tout le personnel et les lier directement à ce qui revêt de l'importance pour la prospérité de l'entreprise.
2. Instaurer un processus rationnel pour récompenser le rendement d'une manière systématique.	On doit établir des moyens d'évaluer quotidiennement le rendement et de récompenser régulièrement les employés pour leurs réalisations.
3. Se montrer créatif en ce qui concerne les récompenses à offrir.	Comme les gens ne sont pas tous stimulés par les mêmes récompenses, les gestionnaires doivent savoir ce qu'ils apprécieront (par exemple, recevoir le titre d'employé du mois, être invité à un dîner ou voir sa photographie insérée dans le rapport annuel).
4. Permettre aux autres de participer à l'élaboration du système de récompenses.	Lorsque les employés participent à la conception du système de récompenses, celui-ci leur appartient et ils sont alors plus susceptibles d'atteindre des normes de rendement.
5. Reconnaître publiquement les réalisations.	On doit faire connaître aux autres les réalisations d'une personne.
6. Chercher et trouver des individus qui font bien les choses.	Lorsqu'on donne une récompense à un individu, il faut s'assurer qu'il sait pourquoi on la lui accorde, afin qu'il puisse l'associer à son comportement.
7. Agir comme entraîneur.	Tout comme dans le monde du sport, le gestionnaire devrait toujours être à la disposition des membres de son équipe, parler avec eux de leur travail et de leur rendement.

Source : James M. Kouzes, et Barry Z. Posner, *The Leadership Challenge*, San Francisco, Jossey-Bass, 1995, p. 271-84.

10.5.2 Les programmes de qualité de la vie au travail

Les organisations recourent à des **programmes de qualité de la vie au travail** (QVT) pour créer un milieu de travail qui accroît le bien-être et la satisfaction de leurs employés. Ces programmes visent à combler un large éventail de besoins, que l'on peut rattacher aux huit éléments suivants :

1. une rémunération équitable ;
2. un milieu de travail sécuritaire et sain ;
3. un emploi permettant à l'individu de développer ses capacités ;
4. une occasion de s'épanouir sur le plan personnel et de jouir d'une certaine sécurité ;
5. un environnement social préservant l'identité personnelle, procurant une existence à l'abri des préjugés, un sentiment d'appartenance à un groupe et offrant la possibilité de monter dans l'échelle sociale ;
6. une protection du droit à la vie privée ;
7. des responsabilités professionnelles empiétant le moins possible sur les besoins liés aux loisirs et à la famille ;

8. une conduite attestant que l'organisation assume ses responsabilités sociales (en s'occupant, par exemple, de problèmes sociaux et environnementaux)[33].

10.5.3 Le réaménagement des horaires de travail

Assez répandu de nos jours, le réaménagement des horaires de la journée et de la semaine de travail permet d'accroître la qualité de la vie au travail ainsi que la satisfaction des employés. Les horaires flexibles et les programmes de travail partagé sont les deux mesures le plus souvent utilisées.

Les **horaires flexibles**, ou souples, permettent aux employés de choisir leurs heures d'arrivée et de départ à l'intérieur d'une plage mobile. Presque 60 % des entreprises canadiennes offrent à leurs employés des horaires flexibles. D'après une recherche effectuée par Mercer Human Resource Consulting, 47,5 % des employeurs estiment que les horaires flexibles sont une « méthode efficace » pour attirer et retenir les employés[34].

Les **programmes de travail partagé** constituent un autre moyen d'accroître la satisfaction que les individus tirent de leur travail. Comme les horaires flexibles et le travail à temps partiel, ils sont appelés à devenir populaires, car ils conviennent aux besoins des gens. Deux individus pourraient ainsi travailler chacun deux jours et demi par semaine ou cinq personnes pourraient n'accomplir chacune qu'une seule journée de travail par semaine. Les programmes de travail partagé profitent aussi bien aux employeurs qu'à leurs employés. Certaines personnes préfèrent travailler à temps partiel parce que cela répond mieux à leurs convenances; elles prennent alors leur travail plus à cœur et se montrent plus loyales envers leur entreprise.

Évolution et transition

La motivation

Ce n'est pas d'hier que les dirigeants d'entreprises nord-américaines essaient de trouver des solutions pour améliorer la productivité et la motivation. Tel que le montre la figure 10.11 à la page 408, depuis le début du siècle, en effet, la gestion nord-américaine a connu cinq vagues en matière de gestion.

La *première vague* en matière de gestion est apparue au début du siècle avec l'école classique, basée sur l'approche scientifique et logique. À cette époque, certains chercheurs affirmaient que l'ordre, la logique et le bon sens représentaient les éléments clés de l'efficacité, de la productivité et de la motivation. La *deuxième vague* débuta vers les années 1930 et fut une réaction à la première. Ses partisans soutenaient la thèse que les travailleurs ne devaient pas être considérés comme des agents de production uniquement motivés par des stimulants économiques, mais par une certaine considération humaine dans le travail. Le pendule oscilla alors vers une approche humaniste. La *troisième vague* préconisait des modèles mathématiques pour résoudre les problèmes complexes, aussi les entreprises commencèrent à se servir des ordinateurs, de la recherche opérationnelle et des modèles de simulation. La *quatrième vague* a commencé au début des années 1960, alors que les dirigeants d'entreprise étaient à la recherche de moyens pour gérer les organisations dans leur globalité et en tant qu'unités. Les idées en vogue à ce moment-là concernaient les styles de leadership, les systèmes de gestion et les procédés de gestion. L'enjeu était donc de trouver un style de gestion le plus approprié. La *cinquième vague* (celle que l'on vit encore aujourd'hui) prit forme au début des années 1980. Les gestionnaires nord-américains réalisèrent qu'ils perdaient du terrain au détriment du Japon, de l'Allemagne et même de l'Angleterre, et les chercheurs déterminèrent les méthodes de gestion comme la cause du succès des entreprises étrangères. La leçon était claire: les organisations performantes ont des valeurs et des normes précises et partagées par tous les employés en matière d'innovation, de qualité et de modes de travail. L'identité d'entreprise ou « culture organisationnelle » semblait l'élément clé qui garantissait l'efficacité, la productivité et la motivation. Ce sont donc les valeurs d'une organisation qui agissent comme force motrice pour motiver les employés. Ces valeurs comprennent, par exemple, l'intégrité, l'honnêteté, le respect des employés, l'écoute, la bonne communication, la participation, le leadership, la transparence et la franchise.

La révolution qui a donné naissance au nouveau management est tellement puissante de nos jours que certains auteurs suggèrent même de faire disparaître les termes « gestion », « gérer » et « management » du vocabulaire de la gestion, car ils considèrent que ces mots dénotent le pouvoir, la manipulation, le dirigisme, la coordination, le contrôle, l'organisation, la domination, la dévaluation à outrance de l'employé et la réduction de son statut. Ils suggèrent de les remplacer par le terme « leadership » qui signifie plutôt conseiller, servir, utiliser la synergie, motiver, animer, promouvoir la créativité, inciter, inspirer, communiquer et stimuler.

Figure 10.11
La motivation: évolution et transition

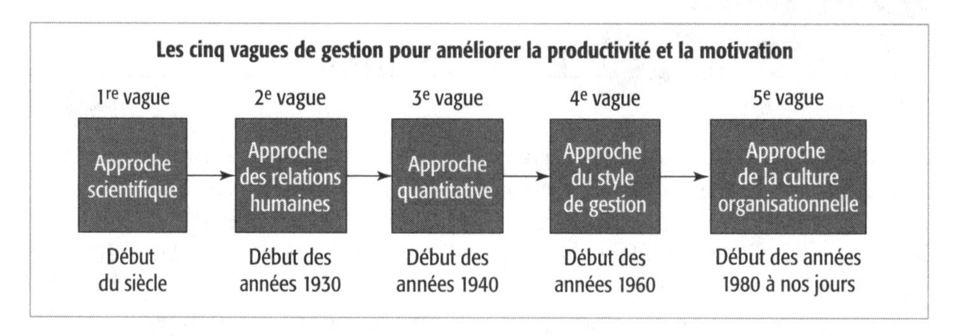

Révision du chapitre

10.1 La motivation et la productivité. Les individus agissent sous l'influence d'éléments divers qui peuvent être de nature interne (comme l'estime de soi, le sentiment d'avoir accompli quelque chose et le plaisir tiré du travail) ou externe (comme les primes, l'avancement, les éloges, les hausses de salaire ou l'évitement d'une punition). Les théoriciens de l'école classique considéraient les récompenses extrinsèques comme les plus susceptibles de motiver l'individu, alors que ceux de l'école des relations humaines leur préféraient les récompenses intrinsèques. Les entreprises doivent reconnaître l'importance de la motivation si elles veulent soutenir la concurrence à l'échelle mondiale, améliorer leur productivité, réduire leurs coûts et satisfaire à la fois leurs employés et leurs clients. Les principaux éléments auxquels les gestionnaires peuvent recourir pour stimuler leurs employés se rapportent aux différences individuelles, aux caractéristiques de l'emploi et aux pratiques de l'organisation.

10.2 Les théories de la motivation axées sur le contenu. Ces théories tentent de définir les éléments qui motivent un individu à se comporter d'une manière positive. Les plus populaires sont la théorie de la hiérarchie des besoins de Maslow, la théorie des deux types de facteurs de Herzberg, la théorie ESC d'Alderfer, la théorie de l'accomplissement ainsi que le modèle d'enrichissement et de restructuration des tâches de Hackman et Oldham.

10.3 Les théories de la motivation axées sur le processus. Ces théories mettent au premier plan les buts auxquels un individu rapporte sa conduite. Les plus importantes sont les théories du résultat escompté construites par Victor Vroom ainsi que Lyman Porter et Edward Lawler, et la théorie de l'équité.

10.4 Les théories du renforcement. Élaborées par B.F. Skinner, elles soutiennent que les gens exécutent certaines tâches pour obtenir une récompense (renforcement positif) ou pour éviter une punition (renforcement négatif).

10.5 La motivation : regard vers l'avenir. Pour accroître la motivation, les gestionnaires ont principalement recours à la modification du comportement organisationnel, aux programmes de qualité de la vie au travail et au réaménagement des horaires de travail.

▶▶▶ Concepts clés

Facteur de motivation (*motivation factors*) page 389
Facteur d'hygiène (*maintenance factors*) page 389
Gestion intégrale de la qualité (*total quality management*) page 383
Horaire flexible (*flextime programs*) page 407
Modèle basé sur l'enrichissement et la restructuration des tâches (*job-enrichment and redesign models*) page 394
Modèle théorique de Porter et Lawler (*Porter-Lawler extension model*) page 399
Modification du comportement organisationnel (*modified organizational behaviour*) page 404
Motivation (*motivation*) page 379
Programme de qualité de la vie au travail (*quality of work life program*) page 406
Programme de travail partagé (*workshare programs*) page 407
Récompense extrinsèque (*extrinsic rewards*) page 379
Récompense intrinsèque (*intrinsic rewards*) page 380
Renforcement négatif (*negative reinforcement*) page 403
Renforcement positif (*positive reinforcement*) page 403
Théorie de l'accomplissement (*achievement motivation theory*) page 393
Théorie de la hiérarchie des besoins (*hierarchy of needs theory*) page 386
Théorie de l'équité (*equity theory model*) page 401
Théorie des deux types de facteurs (*two-factors motivational-hygiene model*) page 388
Théorie du résultat escompté selon Victor Vroom (*Vroom's expectancy theory*) page 398
Théorie ESC (*existence-relatedness-growth (ERG) theory*) page 392
Théorie de la motivation axée sur le contenu (*content theories of motivation*) page 386
Théorie de la motivation axée sur le processus (*process theories of motivation*) page 397
Théorie du renforcement (*reinforcement theories*) page 402
Théorie du résultat escompté (*expectancy theories*) page 398

Développer vos compétences en gestion

Questions de révision

1. Qu'est-ce que la motivation? page 379
2. À l'aide d'un modèle de motivation, décrivez comment un individu peut être motivé. page 379
3. Expliquez la motivation du point de vue de l'école classique, puis du point de vue de l'école des relations humaines. page 380
4. Pourquoi la motivation a-t-elle une grande importance? page 381
5. Décrivez les différents facteurs liés à la motivation en rapport avec les différences individuelles, les caractéristiques de l'emploi et les pratiques de l'organisation. page 384
6. En quoi les théories de la motivation axées sur le contenu se distinguent-elles de celles axées sur le processus? page 386
7. Expliquez la théorie de la hiérarchie des besoins d'Abraham Maslow. page 386
8. Quelle est la différence entre les facteurs d'hygiène et les facteurs de motivation définis par Frederick Herzberg? page 388
9. Expliquez ce que l'on entend par l'enrichissement des tâches. page 391
10. Décrivez la théorie de l'accomplissement bâtie par David C. McClelland. page 393
11. Décrivez le modèle d'enrichissement et de restructuration des tâches proposé par Hackman et Oldham. page 394
12. Expliquez les deux théories de la motivation suivantes:
    a) la théorie du résultat escompté selon Victor Vroom; page 398
    b) le modèle théorique de Porter et Lawler. page 399
13. Quel but J. Stacey Adams poursuivait-il en élaborant sa théorie de l'équité? page 401
14. Expliquez les concepts de renforcement positif et de renforcement négatif dont il est question dans les théories du renforcement. page 403
15. Définissez les concepts suivants:
    a) modification du comportement organisationnel; page 404
    b) programme de qualité de la vie au travail; page 406
    c) réaménagement des horaires de travail. page 407

Sujets de discussion

1. Comment les valeurs et les croyances d'un individu peuvent-elles influer sur sa motivation?
2. Selon vous, est-il plus difficile de motiver les employés d'une organisation de nos jours qu'il y a 30 ans? Justifiez votre réponse.

Naviguer dans Internet

www.postescanada.ca

- **Exercice pratique: Société canadienne des postes**

Visiter le site Web de la Société canadienne des postes (www.postescanada.ca) et cliquer sur « Emplois à Postes Canada » pour ensuite consulter les sections suivantes:

- Les avantages que nous offrons;
- Notre entreprise;
- Notre culture;
- L'importance de la diversité;
- Carrières pour les diplômés;
- Chances d'avancement;
- La valeur d'apprendre;
- Nos traditions.

Répondez aux questions suivantes.

1. Quelles approches la SCP utilise-t-elle pour motiver ses employés?
2. Établissez un lien entre les différentes théories de la motivation présentées dans ce chapitre et celles de la SCP.
3. Seriez-vous motivé si vous étiez employé à la SCP? Dites pourquoi.
4. Qu'est-ce qui vous inciterait à postuler à un emploi à la SCP?

- **Recherche sur le thème « La motivation »**

Cherchez le site Web d'une entreprise et établissez le lien entre les théories de la motivation présentées dans le chapitre et celles de cette entreprise. Croyez-vous que les différentes méthodes utilisées semblent motiver les employés? Dites pourquoi.

EXERCICE

Qu'est-ce qui vous motive ?

Dressez un tableau (matrice) indiquant la nature et l'ordre d'importance des éléments qui, selon vous, comptent le plus pour une personne : 1) qui vient d'obtenir son diplôme (ou son premier emploi) ; 2) qui a environ 40 ans ; 3) qui est proche de la retraite. Voici une liste typique à laquelle vous pouvez ajouter des éléments :

a) sécurité d'emploi ;
b) bonnes relations avec les collègues de travail ;
c) patron compréhensif ;
d) possibilité de croissance ;
e) salaire ;
f) avantages sociaux ;
g) milieu de travail sain ;
h) travail stimulant ;
i) reconnaissance et respect ;
j) bonnes conditions de travail.

Questions

1. Que ressort-il principalement de votre tableau ?

2. Pourquoi l'importance relative de ces divers facteurs de motivation varie-t-elle suivant les étapes de la vie ?

Étude de cas

▶ ENTREPRISE

Nadine Lebrun

Après avoir obtenu un baccalauréat en administration des affaires, Nadine Lebrun était entrée au service d'une petite entreprise de promotion immobilière ne comptant que 12 employés. Elle y avait été engagée comme adjointe administrative de Jérôme Nolin, le directeur et le propriétaire de l'entreprise, que ses employés décrivaient comme un homme d'affaires dur et exigeant qui travaillait de longues heures, et savait exactement ce qu'il voulait. Jérôme Nolin s'attendait à ce que tous les membres de son organisation travaillent avec autant d'ardeur que lui et laissent leur marque dans l'entreprise. Même si elle ne gagnait que 40 000 $, soit 5 000 $ de moins que le salaire initial de ses compagnons d'études, Nadine Lebrun appréciait son travail, son bureau personnel, ses collègues, le climat sympathique et les relations étroites entretenues avec les clients et les fournisseurs. Elle devait travailler de longues heures et finissait parfois tard le soir, mais elle ne s'en plaignait pas. En fait, elle se sentait privilégiée d'avoir un emploi qui lui procurait autant de plaisir et de satisfaction.

Au cours des deux premières années, le salaire de Nadine ne bougea pas et elle reçut une prime de 2 000 $ à Noël, comme les autres employés. M. Nolin répétait à ses employés que la récession avait porté un dur coup à son entreprise et que c'était la raison pour laquelle il ne pouvait hausser les salaires. Lorsque la situation s'améliorerait, tout le personnel obtiendrait une augmentation substantielle.

Même si elle aimait travailler pour cette petite entreprise, Nadine fut obligée d'admettre qu'elle perdait du terrain sur le plan économique et elle se mit donc à chercher un autre emploi. Elle fit parvenir son curriculum vitæ à une douzaine d'employeurs. Une grande entreprise canadienne ayant un poste à pourvoir à son siège social lui accorda une entrevue. Le salaire initial excédait de 13 000 $ ce que Nadine recevait.

Nadine rencontra donc Arlène Campbell, sa supérieure éventuelle. Celle-ci était entrée au service de l'entreprise six mois plus tôt pour prendre la tête d'un service nouvellement créé. Au terme de trois entrevues, Nadine ne savait toujours pas exactement quelles seraient ses tâches et ses responsabilités. Arlène Campbell lui montra la description de son poste, d'où il ressortait qu'elle devait surtout aider à établir la politique et les marches à suivre de l'entreprise, faire des recherches et des études, prendre part à certaines réunions et coordonner les activités du siège social et des divisions.

Au cours de l'une des entrevues, Arlène Campbell déclara : « Il s'agit d'un poste typique d'un siège social. Ici, on nous paie pour réfléchir et non pour réaliser des choses. Nous ressemblons à un poste de pompiers : lorsque nous recevons beaucoup de demandes des cadres supérieurs, nous devons bûcher ferme et travailler le soir et même les fins de semaine ; mais lorsqu'il n'y en a aucune, le temps peut paraître long. »

Il était clair pour Nadine que l'unité organisationnelle était encore jeune et que Mme Campbell et elle-même devraient, au cours des prochains mois, définir exactement les tâches et les responsabilités, et régler différentes questions en rapport avec son poste. Nadine accepta finalement de se joindre à cette grande entreprise.

☞

▶ ENTREPRISE (*suite*)

Ses deux premières semaines de travail furent un peu décevantes, car elle n'avait pas grand-chose à faire. Nadine se plaignait à ses amis que ses journées étaient interminables, qu'elle s'efforçait de se tenir occupée en parlant avec d'autres employés, en assistant à des réunions ou en lisant la documentation de l'entreprise. Elle commença à s'interroger sur son rôle et ses responsabilités à l'intérieur du service et de l'entreprise. Les seules choses qui lui plaisaient étaient son salaire plus élevé et le travail avec Arlène Campbell, avec qui elle s'entendait très bien.

Mme Campbell voyait bien que Nadine éprouvait des difficultés à s'adapter à son nouveau poste dans cette grande entreprise. Pour l'encourager, elle lui confia l'exécution de certains projets et lui promit qu'elle allait bientôt être plus occupée. Un jour, Nadine lui demanda s'il lui serait possible d'avoir un ordinateur pour sauvegarder de l'information susceptible de lui être utile plus tard. Arlène Campbell lui répondit qu'un comité était en train d'étudier la proposition d'achat de PC faite plusieurs mois plus tôt pour en rédiger une politique. Nadine lui demanda alors si elle pouvait acheter son propre ordinateur et l'installer au bureau. Mme Campbell l'en dissuada, alléguant que cela risquait de provoquer des frictions au travail. Cependant, elle mit son ordinateur à la disposition de Nadine.

Six semaines après, les choses n'avaient toujours pas changé. La charge de travail était toujours minime et Nadine éprouvait toujours des difficultés à s'adapter à son nouveau milieu. La jeune femme se demandait maintenant si elle avait bien fait de prendre un emploi dans une grande organisation. Elle s'inquiétait également de son avenir et se faisait mal à l'idée d'avoir à travailler encore 30 ou 35 ans dans de pareilles conditions.

Questions

1. Pourquoi Nadine Lebrun était-elle très motivée lorsqu'elle travaillait pour Jérôme Nolin?
2. Pourquoi n'est-elle pas heureuse de travailler dans cette grande entreprise? Son attitude est-elle justifiée? Pourquoi?
3. Arlène Campbell aurait-elle pu faire quelque chose pour éviter cette situation?
4. Pourrait-elle faire quelque chose, à l'heure actuelle, pour rendre le travail de Nadine plus intéressant?

Étude de cas

▶ EN MANCHETTE: LES BOIS DE PLANCHER PG[35]

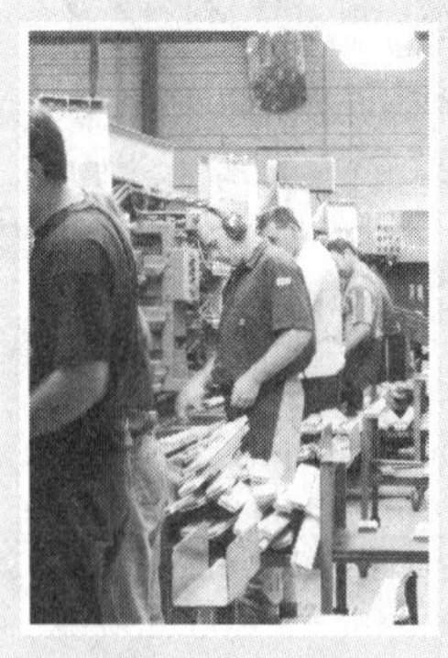

Employés dans une usine de bois de plancher.

www.pgflooring.com

En réduisant la semaine de travail de ses employés, Les Bois de plancher PG a presque réussi à doubler son rythme de production en trois ans. Par quel tour de force cette stratégie a-t-elle porté ses fruits? En fait, l'entreprise de Saint-Édouard-de-Lotbinière a dû réaménager son horaire de production pour faire face à une demande accrue de ses lamelles de plancher de bois franc. Elle a ainsi créé un troisième poste de travail, ce qui lui a permis d'embaucher du personnel supplémentaire. Son effectif est passé de 50 à 120 employés (si l'on inclut ceux de Bois Franc Model, une usine de vernissage détenue par Les Bois de plancher PG).

Du coup, la semaine de travail du personnel a été raccourcie d'environ quatre heures. Dans la foulée, Les Bois de plancher PG a réduit le temps de repas à 30 minutes. Pour compenser la perte de temps, elle a décidé d'offrir à très bas prix (2 $) un repas chaud à sa centaine d'employés à la cafétéria de l'entreprise.

« Ces changements ont été très bien reçus par les gens, soutient Julie Garneau, vice-présidente aux ressources humaines. Ils ont contribué à hausser la productivité et à réduire l'absentéisme. »

Avant que ces mesures soient implantées, en 2000, le niveau de production de l'usine était de 1 200 pieds mesure de planche (pmp) ou 110 mètres carrés de planchers couverts par heure. Il dépasse maintenant les 2 200 pmp (200 mètres carrés).

▶ ...EN MANCHETTE

Selon Mme Garneau, le nouvel horaire, en place depuis 2000, permet aux employés de mieux concilier travail et famille. Par ailleurs, le fait de servir des repas complets a eu un effet positif sur leur rendement. « Ils connaissent moins de baisses d'énergie au cours de la journée. De plus, on compte moins d'absences prolongées causées par une grippe ou un autre virus », affirme-t-elle.

Sans contremaître

Au cours des dernières années, les dirigeants de Les Bois de plancher PG ont mené plusieurs actions pour améliorer l'environnement de travail. Ils ont aboli les postes de contremaître. Chaque employé est maintenant responsable de mener sa tâche à bien.

« On croit beaucoup en l'autonomie des gens, explique Mme Garneau. Ils sont souvent mieux placés que nous pour savoir ce qu'il y a à faire. »

Dans l'usine, l'aspect de la sécurité est directement lié à la productivité. L'entreprise s'est notamment dotée d'un programme rigoureux d'entretien de la machinerie. Chaque année, elle réalise d'importants gains en santé et en sécurité (entre 25 000 $ et 30 000 $), qui sont réinvestis dans l'achat d'équipement pour faciliter la tâche des employés (tapis antifatigue, lunettes protectrices, etc.). Les employés ont également accès à des programmes de formation et de perfectionnement, et à du parrainage. Tous ces éléments influent positivement sur la motivation des travailleurs et ils contribuent à créer un sentiment d'appartenance, affirme Mme Garneau. « C'est une recette qui nous réussit bien. »

Question

Si vous étiez propriétaire de l'usine Les Bois de plancher PG, quelles autres mesures adopteriez-vous pour que le niveau de motivation et de productivité continue d'augmenter ?

5

Chapitre 11
Le leadership et l'exercice de l'influence

Objectifs du chapitre

Après avoir lu ce chapitre, vous devriez pouvoir :

1. expliquer la signification des termes « leadership », « pouvoir », « suiveur » et de l'expression « exercer une influence », et distinguer un gestionnaire leader d'un gestionnaire non-leader ;
2. décrire les divers styles de leadership ;
3. décrire brièvement les plus importantes théories du leadership portant sur les traits de caractère et le comportement, et expliquer les théories situationnelles et transformationnelles du leadership ;
4. confirmer que les femmes peuvent, aussi bien que les hommes, accéder à des postes de direction.

Défi lancé aux gestionnaires ☞ par D.L.G.L.

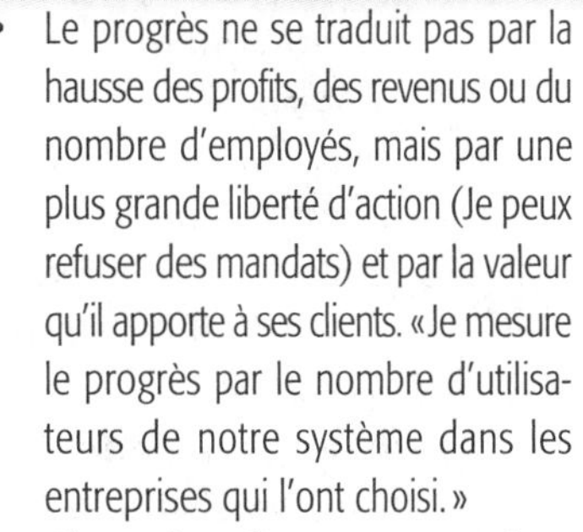

Jacques Guénette, président de D.L.G.L., une entreprise de 92 employés spécialisée dans la création de systèmes intégrés de gestion des ressources humaines et de la paie, a trouvé la recette infaillible pour former des équipes de travail efficaces. Pour lui, la gestion concerne ce qu'il y a de plus intangible : une solide culture d'entreprise basée sur la confiance, l'honnêteté, le respect mutuel, la liberté et l'initiative personnelle. Son style de gestion est simple : il mise entièrement sur ses employés. Il s'en occupe personnellement. Il sélectionne lui-même le personnel en se basant sur des critères un peu inhabituels : 1) la disposition au bonheur ; 2) l'équilibre (« Je ne veux pas de super-"achievers" ») ; 3) l'intelligence ; 4) l'enthousiasme. « Ce sont les qualités innées. Le reste, ça s'apprend », dit-il. Chaque nouvel employé est confié à un vétéran – un tuteur – qui se charge de le guider et de lui apprendre comment fonctionne l'entreprise. Ici, tous les employés connaissent le « livre ». C'est une sorte de constitution non écrite énonçant les principes d'action en matière de ressources humaines. Le « livre » n'est pas matériel, mais quand il veut apporter des éclaircissements concernant la philosophie de l'entreprise, le président précise dans le courriel adressé aux employés que le contenu devra être consigné dans le « livre ». Tout le monde comprend le message.

Pour comprendre comment cette entreprise peut atteindre de tels résultats, voici la philosophie de gestion de M. Guénette et son style de leadership.

- La structure de son entreprise n'est pas pyramidale, mais circulaire. Tous les employés s'évaluent entre eux (évaluation à 360° ou complète), personne n'est vraiment le patron de personne.
- Le progrès ne se traduit pas par la hausse des profits, des revenus ou du nombre d'employés, mais par une plus grande liberté d'action (Je peux refuser des mandats) et par la valeur qu'il apporte à ses clients. « Je mesure le progrès par le nombre d'utilisateurs de notre système dans les entreprises qui l'ont choisi. »
- Chaque jour, il consacre au moins une heure à communiquer par courriel avec tous les employés.
- Il s'assure que tous les employés partagent sa vision, ses objectifs et ses valeurs. Il s'occupe personnellement de tous les conflits qui pourraient opposer des employés. Il motive constamment ses troupes.
- Jacques Guénette adore son travail. Et il s'assure qu'il en est de même pour ses employés.
- Il a forgé une solide culture d'entreprise basée sur le respect mutuel, l'initiative personnelle, la liberté et, surtout, la confiance.
- Une part importante des profits de l'entreprise est redistribuée sous diverses formes à ses employés. Jacques Guénette s'apprête maintenant à leur céder une partie de la firme[1].

Bâtisse de l'entreprise D.L.G.L.

www.dlgl.com/PAGEPRINCIPALE.htm

Survol du chapitre

L'approche de gestion décrite par M. Guénette a permis à son entreprise d'occuper depuis les quelques dernières années le premier rang au palmarès des meilleurs employeurs au Québec dans la catégorie des 50 à 199 employés et a mérité, en 2004, le prix d'honneur de meilleur patron au Québec, catégorie de la petite entreprise. Comment son style de leadership motive-t-il ses employés à travailler pour que son entreprise atteigne un rendement inégalé ? Personne n'abuse des congés, les employés répartissent ensemble les tâches en prévision des absences, chaque employé est évalué par l'ensemble du groupe dont il fait partie, et il est impossible de gravir les échelons hiérarchiques en utilisant les autres[2].

5

Dans les années 1960, les organisations cherchaient des gestionnaires, non des administrateurs. Durant les deux décennies suivantes, elles engageaient des personnes qui avaient des talents de leader plutôt que de gestionnaire. Au milieu des années 1980, du fait de l'évolution rapide de l'environnement, elles ont jeté leur dévolu sur les leaders transformationnels[3]. *Sans risque de se tromper, il est possible de dire que les gestionnaires d'aujourd'hui possèdent tous la capacité de communiquer, d'entraîner et de guider, de former des équipes, de planifier et d'organiser, de se conformer aux règles éthiques, de persuader et de motiver leurs subordonnés*[4].

Ce chapitre traite quatre grands thèmes. Premièrement, nous étudierons l'influence et l'importance de l'autorité qui comprennent le pouvoir légitime, le pouvoir de la récompense et le pouvoir coercitif (pouvoir dû à la fonction) ainsi que le pouvoir lié à la compétence et le pouvoir charismatique (pouvoir personnel). Le deuxième thème traite des styles de leadership : le style autocratique, le style paternaliste, le style démocratique, le style collégial et le style nonchalant. Le troisième thème porte sur les théories de leadership. Comme le montre le tableau 11.1, on peut répartir les théories du leadership en quatre catégories : les théories axées sur les traits de caractère, les théories axées sur le comportement, les théories situationnelles et le modèle transformationnel. Le quatrième thème traite des femmes en tant que leaders et présente quelques statistiques concernant le pourcentage de femmes qui occupent des postes importants dans les entreprises canadiennes et québécoises, et confirme que les femmes peuvent, aussi bien que les hommes, accéder à des postes de direction.

À quoi la réussite des P.-D. G. des entreprises championnes est-elle due ? Quelles sont les qualités d'un bon leader ? Comment peut-on accéder à un poste de cadre supérieur ? Quel type de pouvoir les gestionnaires doivent-ils posséder pour diriger des milliers d'individus ? Ce chapitre tente de répondre à ces questions. Nous y examinerons notamment :

- *la nature du leadership ;*
- *les qualités essentielles du bon leader ;*
- *la source du pouvoir et les raisons de sa nécessité ;*
- *les différents styles de leadership ;*
- *les théories du leadership les plus connues ;*
- *l'intérêt du leadership situationnel ;*
- *l'importance grandissante du leadership transformationnel ;*
- *les femmes et le leadership.*

OBJECTIF 11.1

Expliquer la signification des termes « leadership », « pouvoir », « suiveur » et de l'expression « exercer une influence », et distinguer un gestionnaire leader d'un gestionnaire non-leader.

11.1 LA NATURE DU LEADERSHIP

Les leaders travaillent dans un environnement en constante évolution. L'efficacité de la méthode utilisée par le leader dans une situation particulière peut varier suivant les circonstances. Le leadership a ceci de commun avec la beauté qu'on le reconnaît sans peine, mais qu'on peut difficilement le définir[5]. Comme l'atteste Henry Mintzberg de l'Université McGill :

Tableau 11.1 Les théories relatives au leadership

THÉORIES	PRINCIPAUX TENANTS	PRINCIPES FONDAMENTAUX
Théories axées sur les traits de caractère	Ralph M. Stogdill E.E. Ghiselli	Le leader et le non-leader peuvent différer par le caractère.
Théories axées sur le comportement		Comment un leader devrait-il se comporter pour devenir efficace?
Théories X et Y	Douglas McGregor	Un gestionnaire se laisse guider par la manière dont il voit ses subordonnés.
Théorie des quatre systèmes	Rensis Likert	Il existe quatre styles de gestion élémentaires allant de la réalisation de la tâche au développement des relations humaines.
Théorie du continuum des styles de leadership	Robert Tannenbaum et Warren H. Schmidt	Le gestionnaire est influencé par ses antécédents, ses connaissances, ses valeurs et son expérience.
Grille de gestion	Robert R. Blake et Jane S. Mouton	Le gestionnaire peut s'intéresser à l'aspect humain ou à la production.
Théories situationnelles		Il faut tenir compte de plusieurs variables pour déterminer comment un leader devrait agir dans une situation donnée.
Théorie de la contingence	Fred E. Fiedler	Les trois variables situationnelles les plus importantes sont les relations entre le leader et les membres de son groupe, la structure des tâches et le pouvoir émanant de l'organisation.
Approche de l'intégration successive des buts personnels	Martin Evans et Robert House	Un leader doit montrer clairement la voie à suivre pour réaliser les buts fixés et fournir à ses subordonnés la possibilité d'obtenir une satisfaction personnelle.
Modèle décisionnel	Victor H. Vroom et Philip W. Yetton	L'accent est mis sur le taux de participation des subordonnés au processus décisionnel.
Modèle situationnel (théorie du cycle de vie)	Paul Hersey et Kenneth H. Blanchard	Le type de leadership à exercer varie selon le degré de maturité des individus et du groupe.
Modèle transformationnel		Il faut transformer une vision en réalité.

«Il est assez étonnant de constater que, en dépit de la grande quantité de travaux sur le sujet, les managers et les chercheurs ignorent encore pratiquement tout de l'essence du leadership, des raisons qui font que certaines personnes dirigent et que d'autres suivent. La notion de leadership demeure pour nous énigmatique; un mot fourre-tout comme *charisme* ne fait qu'attester notre ignorance[6].»

Certains auteurs définissent le leadership comme la fonction consistant à orienter et à influencer les autres et à les amener à réaliser des objectifs ambitieux. Pour d'autres, le leader est un entraîneur qui forme des individus en vue de se faire aider d'eux dans l'exécution de ses tâches. L'histoire montre que les leaders sont capables d'amener les autres à accomplir de grandes choses. Les P.-D. G. de Dell Computer, de General Electric, de Starbucks, de Wal-Mart et de Southwest Airlines sont autant de leaders. Placés à la tête des cinq grandes entreprises les plus admirées en Amérique du Nord, en 2004[7], ils ont su imposer leur vision originale et ambitieuse.

www.onepine.info/pminz.htm est un site qui fait le lien avec les principaux chercheurs qui ont le plus influencé les styles de gestion

Le **leadership** intervient lorsque le système de récompenses et de punitions, la vérification et le contrôle attentifs cèdent la place à l'innovation, à l'initiative individuelle et à l'ardeur à défendre ses convictions[8]. Par exemple, Bernard Lemaire, P.-D. G. de Cascades, fondateur de cette entreprise en 1963 avec son père et son frère Laurent, est considéré comme un équipier. L'entreprise a reçu deux fois le prix Mercuriade, décerné par la Chambre de commerce du Québec à l'entreprise qui s'est le plus distinguée. Bernard Lemaire a reçu la Légion d'honneur en France à titre d'entrepreneur québécois et a été nommé officier de l'Ordre du Canada, puis officier de l'Ordre du Québec. Il n'avait que 10 ans quand il a découvert ses aptitudes pour l'entrepreneuriat qui ont fait de lui un grand leader du milieu des affaires québécois. Son style de gestion est fondé principalement sur l'esprit d'entreprise, la participation des employés, le respect de l'élément humain, l'innovation et le souci de l'environnement[9].

WWW
wwww.cascades.com/cas/fr/4_0/4_0_1.jsp

La sous-section 10.1.3 B, à la page 382 du chapitre 10, « La motivation, mobilisatrice d'énergie », mentionne que la motivation joue un rôle important pour que les employés soient productifs et donnent un bon rendement. Les personnes clés qui motivent les employés sont les gestionnaires. Les gestionnaires canadiens sont-ils capables de bien gérer le rendement de leurs employés ? Selon l'enquête WorkCanada de Watson Wyatt effectuée en 2004 auprès de 3 000 employés considérés comme les plus performants par leurs employeurs, seulement 29 % de ces employés estiment que leur entreprise réussit bien à gérer, à motiver et à rétribuer le rendement supérieur. Autrement dit, moins d'un employé sur trois juge que son employeur encourage le rendement élevé. L'étude démontre que seulement deux employés sur cinq estiment avoir de bonnes occasions de perfectionnement et d'avancement ainsi que du soutien de la part de leurs gestionnaires pour développer leurs compétences. Voici quelques autres données de l'enquête :

WWW
wwww.watsonwyatt.com/
présente des résultats de recherche sur les ressources humaines

- 48 % des répondants estiment que leurs gestionnaires sont capables de bien gérer le changement ;
- 46 % sont satisfaits de leurs cadres supérieurs ;
- 49 % estiment que leurs employeurs recrutent des personnes ayant les compétences appropriées (57 % au Québec) ;
- 22 % considèrent que leur charge de travail est excessive ;
- 54 % des répondants préféreraient demeurer au service de leur entreprise, même si un emploi comparable était offert ailleurs[10].

Le leadership est-il inné ? Peut-on réellement espérer développer son leadership ? À ces questions, John C. Maxwell, éminent spécialiste du leadership, répond ceci dans son ouvrage *Les 21 lois irréfutables du leadership* : « ...un véritable leader est fait d'un savant mélange de talents qui peuvent s'apprendre ou s'affiner. » Selon lui, c'est plutôt cette capacité qui distingue le véritable leader[11].

WWW
www.leadershipnow.com/leadershop/johnmaxwell.html
permet la recherche d'information sur le leadership

Après avoir lu les six prochaines sous-sections, vous devriez pouvoir :

- expliquer la différence entre un gestionnaire leader et un gestionnaire non-leader ;
- décrire les qualités essentielles du bon leader ;

- décrire les différentes formes de pouvoir, que l'on peut répartir en deux catégories : le pouvoir dû à la fonction et le pouvoir personnel ;
- expliquer la façon dont un leader peut amener les autres à agir d'une certaine façon ;
- expliquer comment l'autorité permet à un leader de commander ;
- reconnaître l'importance du rôle des subordonnés en tant que suiveurs.

11.1.1 La différence entre un gestionnaire leader et un gestionnaire non-leader

Comme nous l'avons vu au premier chapitre, le gestionnaire définit des objectifs, des plans et des structures, recrute des employés, contrôle les opérations et prépare des budgets. Le leadership implique autre chose. Les termes « gestion » et « leadership » ne sont pas synonymes. Il y a en effet des gestionnaires qui n'ont pas toutes les qualités d'un leader et des leaders qui n'ont aucun talent de gestionnaire. Les cinq plus grands joueurs de l'histoire du hockey, Maurice Richard, Bobby Orr, Gordie Howe, Mario Lemieux et Wayne Gretzky avaient assurément des aptitudes et des capacités hors du commun[12]. Ils inspiraient et motivaient leurs coéquipiers. Toutefois, bien qu'ils fussent à certains égards des leaders, ils n'étaient pas nécessairement « tous » aptes à faire de bons entraîneurs ni de bons vice-présidents. Ces postes de gestion exigent des compétences en matière de planification, d'organisation, de dotation et de contrôle.

Le tableau 11.2 énumère les qualités respectives d'un leader et d'un gestionnaire. Un **gestionnaire non-leader** est un gestionnaire qui se borne à appliquer les règles et à tracer aux autres leur ligne de conduite. Il peut être chef de section, directeur de service ou vice-président. Il s'intéresse principalement aux systèmes et aux marches à suivre, aime la stabilité et se conforme aux codes établis.

Tableau 11.2
Comparaison entre le gestionnaire et le leader

LE GESTIONNAIRE…	LE LEADER…
• administre ;	• innove ;
• est conformiste ;	• est original ;
• assure le maintien de l'organisation ;	• fait progresser l'organisation ;
• s'intéresse surtout aux systèmes et aux structures ;	• s'intéresse surtout aux gens ;
• se fie au contrôle ;	• inspire la confiance ;
• envisage les choses à court terme ;	• envisage les choses à long terme ;
• se demande quand et comment ;	• se demande quoi et pourquoi ;
• fixe son attention sur le bénéfice net ;	• regarde l'avenir ;
• imite ;	• crée ;
• accepte le *statu quo* ;	• remet en question le *statu quo* ;
• marche au pas ;	• prend des décisions qui engagent sa responsabilité ;
• se contente de bien faire les choses.	• fait preuve d'initiative.

Source : Warren Bennis, *On Becoming a Leader*, Reading (Massachusetts), Addison-Wesley, 1989, p. 45. Reproduit avec la permission de Perseus Book Publishers, membre de Perseus Books, LLC.

5

On reconnaît un **gestionnaire leader** à sa capacité d'influencer le comportement des autres. Le leader sait inspirer confiance aux autres et veiller à leurs intérêts, renouveler les méthodes de travail, poser les bonnes questions et prendre des initiatives décisives. Il s'intéresse aux résultats. Sur le plan de la réalisation des objectifs, il amène ses subordonnés à accomplir leurs tâches en usant de son influence personnelle et de son pouvoir de persuasion. Il parvient à ses fins en se procurant le concours des autres.

Alexandre le Grand a marqué les esprits à jamais. Il a été une source d'inspiration des grands stratèges ou hommes politiques, de Jules César à Napoléon en passant par George Washington. Dans son ouvrage publié en 2003, *Alexander The Great's Art of Strategy*[13], l'auteur Partha Bose relève plusieurs qualités chez Alexandre qui doivent être aussi importantes pour tout gestionnaire, entrepreneur ou chef d'entreprise. Premièrement, la principale habileté d'Alexandre était d'imaginer l'avenir pour son pays et son peuple, d'imaginer l'avenir où plusieurs civilisations coexistent. En affaires, il est capital d'avoir des plans d'avenir (vision) et d'être capable de mener ses projets à terme contre vents et marées. Par exemple, quand Ted Turner a fondé CNN, en 1984, il anticipait le résultat des années à l'avance. À l'époque, personne ne voyait la pertinence d'avoir une source nationale d'informations. M. Turner a eu l'habilité d'imaginer le futur, comme Alexandre.

La deuxième grande qualité que doit posséder tout leader est de ne jamais demander à ses troupes – ou employés – ce qu'il n'est pas prêt à faire lui-même. Alexandre était toujours le premier à aller à la bataille, et il était là pour secourir ses soldats. Il menait ses hommes en donnant l'exemple. C'est un élément crucial du leadership.

Enfin, sa troisième force était sa capacité à comprendre et à assimiler une nouvelle culture, une nouvelle société, un nouveau peuple. Il n'a jamais imposé les pratiques macédoniennes aux Grecs, aux Égyptiens ni aux Perses. Selon Partha Bose, cet élément est central pour comprendre le succès de multinationales comme Nestlé, Unilever et Procter & Gamble. Elles réussissent pour les mêmes raisons; elles n'imposent pas leur mentalité dans les pays où elles exploitent une filiale. Elles conjuguent leur ambition mondiale avec les réalités locales[14].

11.1.2 Les qualités essentielles du bon leader

Nous avons vu au chapitre 1, à la page 16 (voir la sous-section 1.4.2, « Les compétences essentielles des gestionnaires liées aux différents échelons hiérarchiques »), que le gestionnaire doit posséder des capacités dans le domaine technique et des aptitudes pour les relations interpersonnelles, et qu'il doit avoir de la facilité à conceptualiser et à communiquer. Ces capacités sont aussi importantes aujourd'hui qu'il y a 20 ans. Les cégeps et les universités enseignent aux étudiants en gestion à :

- définir des objectifs, des politiques et des marches à suivre;
- motiver les gens, organiser et contrôler leurs activités;
- analyser une situation et formuler des plans stratégiques ou opérationnels;

- s'adapter au changement en concevant de nouvelles stratégies et en réorganisant l'entreprise;
- établir des politiques et de nouvelles marches à suivre;
- produire des résultats concrets et obtenir une croissance, une rentabilité et un rendement du capital investi satisfaisants[15].

Ces aptitudes ont bien servi les gestionnaires jusqu'à présent. Toutefois, les dirigeants d'entreprise devront en acquérir de nouvelles pour pouvoir répondre efficacement aux attentes et aux besoins sans cesse croissants des employés. Dans *Creating Excellence*, Craig R. Hickman et Michael A. Silva énumèrent six qualités dont devront faire preuve les leaders de demain:

- la perspicacité créative (poser les bonnes questions);
- la sensibilité (ménager la susceptibilité des autres);
- la capacité d'avoir une vision de l'avenir (capacité de se projeter dans l'avenir et d'imaginer une organisation parfaitement adaptée aux besoins futurs);
- la souplesse (faculté d'adaptation);
- l'aptitude à amener les gens à se concentrer sur un objectif (canaliser les efforts individuels ainsi que l'énergie et les ressources);
- la patience (s'intéresser au long terme)[16].

11.1.3 Les formes de pouvoir

Le **pouvoir** se définit comme la capacité d'influencer le comportement d'un individu ou d'un groupe. John R.P. French et Bertram H. Raven distinguent cinq formes de pouvoir[17], que l'on peut répartir en deux catégories: le pouvoir dû à la fonction et le pouvoir personnel (voir la figure 11.1). Ainsi, le pouvoir légitime, le pouvoir de la récompense et le pouvoir coercitif sont attachés à la fonction occupée, tandis que le pouvoir lié à la compétence et le pouvoir charismatique sont des formes de pouvoir personnel.

www.changingminds.org/explanations/power/french_and_raven.htm qui décrit en détail les formes de pouvoir

Le **pouvoir légitime** est l'autorité attachée à un poste et permettant d'imposer des règles aux individus. Son étendue varie généralement selon les fonctions occupées. Ainsi, le pouvoir légitime du P.-D. G. d'une entreprise

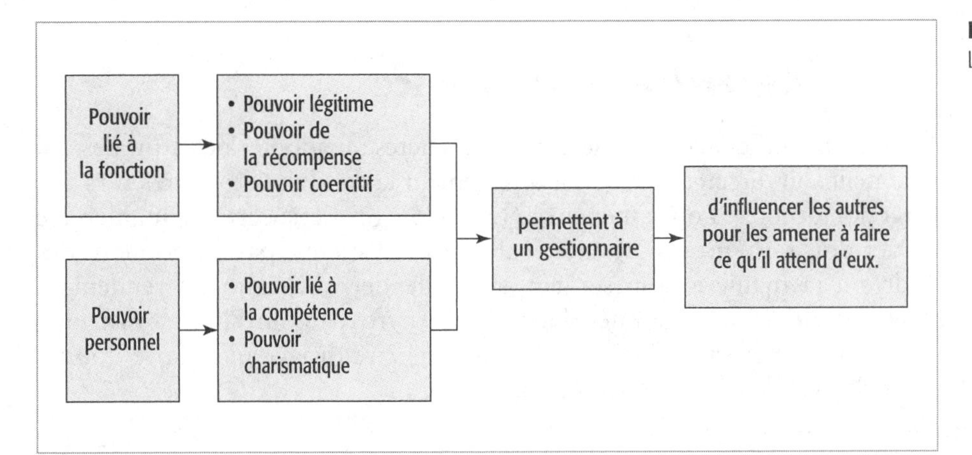

Figure 11.1
Les formes de pouvoir

dépasse celui des vice-présidents, et ceux-ci ont un pouvoir plus étendu que celui de leurs subordonnés. Il reflète l'autorité qui est déléguée, puisque tous les cadres exercent un certain pouvoir sur leurs subordonnés. Les policiers, les juges, les parents et les enseignants jouissent tous d'un certain pouvoir légitime qui les autorise à imposer leur volonté.

Le **pouvoir de la récompense** est la capacité de donner un bien matériel ou moral à un individu pour l'encourager à persévérer dans sa conduite. Ainsi, un patron peut accorder à l'un de ses employés une promotion, une prime, une hausse de salaire ou une occasion d'effectuer un travail stimulant. Il peut aussi le valoriser en le félicitant ou en approuvant la façon dont il a accompli une tâche donnée. Pour que ce pouvoir soit efficace, le subordonné doit reconnaître que son supérieur a le droit de l'exercer. Notons que le pouvoir de la récompense peut accroître le pouvoir légitime.

Le **pouvoir coercitif** se définit comme la capacité de contraindre un individu à adopter une conduite donnée. Ainsi, un supérieur exerce ce type de pouvoir lorsque, injustement, il refuse une hausse de salaire à un employé ou lui attribue des tâches rebutantes. C'est encore sous l'emprise de ce pouvoir que, sans raison, il rétrogradera un employé, l'évaluera négativement, lui écrira une lettre de recommandation peu flatteuse ou le congédiera. Contraire à l'éthique, le pouvoir coercitif agit aussi sur le plan psychologique. C'est le cas lorsqu'un supérieur humilie un subordonné ou évite de lui parler. Il est possible d'empêcher un individu d'accomplir certains actes en usant de son pouvoir coercitif. Le pouvoir de la récompense demeure le meilleur moyen d'inciter quelqu'un à bien faire son travail.

Le **pouvoir lié à la compétence** est la capacité d'influencer la conduite d'autrui, il provient de ses connaissances et de son expérience. Il dépend du crédit dont dispose la personne. Les médecins, les avocats, les ingénieurs, les comptables et les spécialistes en recherche opérationnelle, par exemple, détiennent tous un pouvoir lié à leur compétence.

Le **pouvoir charismatique**, enfin, est lié à la capacité d'exercer un ascendant sur les autres du fait de sa forte personnalité ou du prestige dont on jouit. Il se manifeste, par exemple, lorsqu'un cadre débutant est subjugué par son patron et affirme vouloir devenir comme lui. Ce type de pouvoir est l'apanage des leaders possédant une haute structure morale et une solide réputation.

11.1.4 L'exercice de l'influence

Exercer une influence, c'est accomplir des actes ou adopter des attitudes qui orientent soit directement, soit indirectement la conduite des autres vers une direction donnée. Pour amener quelqu'un à agir d'une certaine manière, le leader doit faire preuve de tact et d'adresse. Ce n'est pas en donnant des ordres à la manière d'un sergent que le leader obtiendra un rendement supérieur de ses subordonnés. La main-d'œuvre d'aujourd'hui est instruite, expérimentée et exigeante. Elle ne veut pas être dirigée ni se faire donner des ordres ; elle désire plutôt être guidée.

La capacité de communiquer est sans conteste l'une des qualités essentielles du bon leader. Une personne ne peut exercer une influence que si elle est capable de communiquer avec les autres[18]. Par exemple, Jocelyn Brasseur, président de PLB International, une entreprise de Boucherville spécialisée dans la fabrication de nourriture sèche pour chiens et chats (1st Choice, Pronature, Eurêka), réunit ses employés pour leur présenter les résultats financiers de l'entreprise. Il leur ouvre les livres pour leur révéler le chiffre d'affaires, le pourcentage de profits (qu'il soit élevé ou non), les investissements à venir, les objectifs à atteindre. « Avec l'information vient la formation », explique M. Brasseur et je profite de ces occasions pour expliquer la différence entre les ventes et les profits, comment sont réparties les dépenses entre nos différentes divisions, ce que les employés peuvent faire pour améliorer la rentabilité de l'entreprise[19].

Certains affirment d'ailleurs que la communication est au centre même de la gestion. Une bonne communication suppose que l'on exprime ses idées (vision, mission, valeurs et objectifs) de manière claire et ordonnée. Pour que les buts communs puissent se réaliser, le leader doit d'abord partager ses connaissances et son expérience, tel que le pratique Jocelyn Brasseur. Nous étudierons les méthodes de communication au chapitre 13, « La communication et la gestion de l'information ».

Les gestionnaires doivent communiquer constamment avec autrui : quand ils assistent à une réunion, s'entretiennent au téléphone avec un client ou un fournisseur, assistent les travailleurs à l'atelier, soumettent un candidat à une entrevue, adressent un compliment ou une réprimande à quelqu'un, etc. Selon une étude réalisée auprès de plus de 1 400 cadres, la gestion du rendement individuel constitue l'aspect le plus important de leur travail. Or, motiver leurs subordonnés, assurer la discipline, suivre l'évolution du rendement, fournir une rétroaction et améliorer la communication et la productivité individuelle sont autant de tâches essentielles de la gestion du rendement[20]. Ceux qui savent communiquer s'attirent le respect des autres et parviennent à les influencer. La communication est un puissant outil de gestion qu'il faut sans cesse améliorer.

11.1.5 L'autorité

Au chapitre 7 (voir la section 7.3 à la page 266, « L'autorité dans l'organisation »), nous avons défini l'**autorité** comme le droit légitime de commander, de prendre des décisions et d'agir. L'autorité permet à un cadre d'orienter les actions de ses subordonnés et de leur donner des ordres directs. L'étendue de l'autorité varie suivant le poste occupé et est indépendante de la personnalité de l'individu. Lorsqu'un cadre fait acte d'autorité, les subordonnés sont obligés de lui obéir. Tel que nous l'avons mentionné au chapitre 7, la source véritable de l'autorité réside dans le fait que celle-ci doit être acceptée par les subordonnés. Ainsi que l'affirme Chester I. Barnard, l'autorité d'un cadre n'est réelle que si ses subordonnés l'acceptent[21]. Cela nous amène à parler d'un autre point important : l'adhésion des suiveurs ou des subordonnés.

5

11.1.6 Les suiveurs

Le leader veut rallier les individus autour d'un but, les motiver et les aider à réaliser les objectifs et les plans de l'entreprise. Il n'arrivera cependant à rien si ses subordonnés ne sont pas prêts à se laisser diriger et s'ils ne lui font pas confiance. Ceux-ci peuvent accepter ou refuser de l'avoir comme leader. Un gestionnaire qui n'a pas leur appui ne peut pas exercer de leadership.

Plusieurs études se sont attachées à relever les qualités que les suiveurs cherchent le plus chez un leader. Voici ce qu'ont révélé trois d'entre elles. La première étude, commanditée par l'American Management Association, portait sur 225 valeurs, qualités et traits distinctifs suscitant le plus d'admiration chez 1 500 cadres. Les éléments le plus souvent mentionnés, par ordre d'importance, étaient l'intégrité (sincérité, fiabilité, force de caractère, convictions), la compétence (capacités, productivité, rendement) et les qualités de leader (source d'inspiration, esprit de décision, capacité de définir une orientation)[22].

Selon une autre étude, réalisée par l'American Telephone & Telegraph, les valeurs auxquelles les employés de cette entreprise accordaient le plus d'importance étaient l'honnêteté, la compétence, l'inspiration, le courage et un esprit tourné vers l'avenir[23].

La troisième étude, menée par la Santa Clara University auprès de 2 600 cadres supérieurs de plusieurs grandes entreprises, s'est étalée sur deux ans. Les personnes interrogées ont déclaré qu'elles admiraient les leaders honnêtes, compétents, tournés vers l'avenir, inspirants, intelligents, justes, ouverts, directs, imaginatifs et fiables[24].

OBJECTIF 11.2
Décrire les divers styles de leadership.

11.2 LES STYLES DE LEADERSHIP

Dans le domaine de la gestion, le **style de leadership** est la conduite habituelle d'un cadre à l'égard de ses subordonnés. Il témoigne de la manière dont un gestionnaire use de son pouvoir ou délègue son autorité.

Les manières d'agir des gestionnaires reflètent leur personnalité. Les personnes avec qui ils travaillent ont une formation, des valeurs et des aptitudes variées. En fait, il est difficile de dire quel style le leader devrait adopter dans telle ou telle situation. La conduite du leader dépend de son pouvoir, de la nature du travail de ses subordonnés et des relations qu'il entretient avec ces derniers. On peut considérer que les différents styles de leadership forment un continuum (voir la figure 11.2).

Figure 11.2
Le continuum des styles de leadership

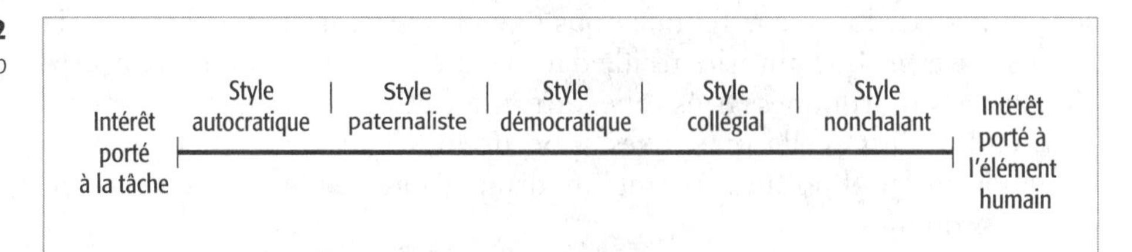

Dans la perspective classique, les divers styles de leadership se situent entre deux extrêmes, l'autocratie et le laisser-faire. On peut aussi les classer d'après le degré d'intérêt qu'un gestionnaire manifeste pour ses subordonnés et pour le travail à exécuter. Les styles de leadership s'inscrivent alors entre les deux pôles constitués par l'attention dirigée exclusivement vers l'aspect humain et par l'attention fixée uniquement sur la réalisation de la tâche. On distingue cinq styles de leadership : les styles autocratique, paternaliste, démocratique, collégial et nonchalant. Examinons brièvement chacun d'entre eux.

Après avoir lu les six prochaines sous-sections, vous devriez pouvoir :

- décrire le comportement d'un gestionnaire autocratique ;
- décrire comment le gestionnaire paternaliste s'y prend pour se faire obéir ;
- expliquer comment le style de gestion démocratique amène les subordonnés à prendre part au processus décisionnel ;
- expliquer le fonctionnement du style collégial ;
- dire pourquoi le gestionnaire qui a un style de gestion nonchalant n'a aucune influence sur ses subordonnés ;
- décrire les effets des trois styles de leadership sur le comportement du groupe.

11.2.1 Le style autocratique

Comme le montre le schéma ci-contre, un **gestionnaire autocratique** commande, prend toutes les décisions et exige de ses subordonnés qu'ils fassent leur travail exactement comme il le désire. Comme on peut le voir dans le schéma, ses subordonnés ne participent aucunement au processus décisionnel ; la communication se fait à sens unique, du haut vers le bas. Le gestionnaire autocratique n'a pas confiance en ses subordonnés, qu'il juge paresseux et sans ambition. Il manque également de confiance en lui. Ce gestionnaire croit devoir surveiller et contrôler tout ce que font ses subordonnés.

Schéma 11.1

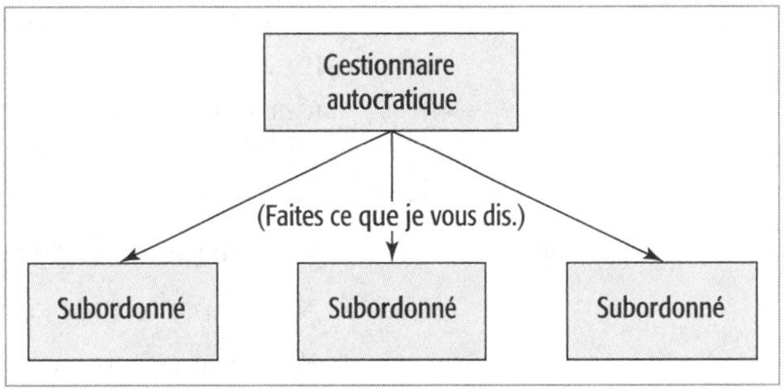

Ce type de gestionnaire n'hésite pas à réprimander ses subordonnés et même à les menacer pour qu'ils exécutent leur travail. Il centralise la prise de décision et refuse de déléguer son autorité. Pour s'assurer que le travail sera fait comme il le veut, il donne à ses subordonnés des instructions précises et leur impose ses méthodes et ses objectifs. Bref, il agit en dictateur.

Cette manière de procéder n'est pas des plus efficaces, mais elle est avantageuse dans certaines situations. Ainsi, les personnes non instruites, timorées et peu sûres d'elles aiment qu'on leur dise quoi faire et de quelle façon. Le style autocratique permet en outre à un gestionnaire de prendre des décisions rapides.

Schéma 11.2

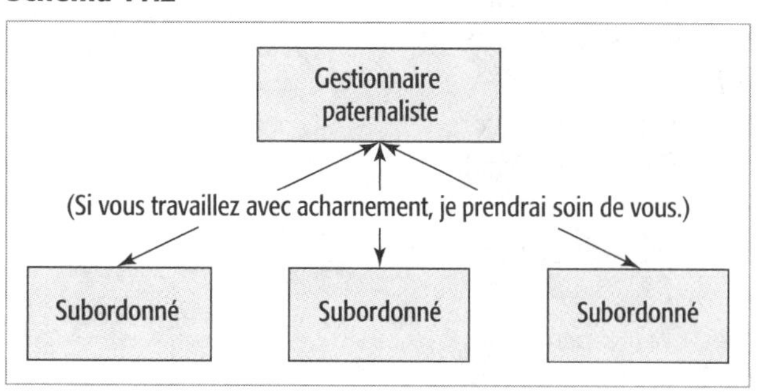

11.2.2 Le style paternaliste

Le style paternaliste se caractérise par une attitude bienveillante et paternelle. Le **gestionnaire paternaliste** se préoccupe avant tout de la tâche à réaliser, mais il offre à ses subordonnés un bon salaire, d'excellents avantages sociaux, de saines relations de travail et tout ce qui est susceptible d'améliorer leur situation financière. Il se montre généreux et souhaite procurer un sentiment de sécurité à ses employés. Bref, il est plein d'attention pour eux. Ce mode de gestion s'est répandu après la crise américaine de 1929 lorsque la sécurité était devenue une préoccupation constante. Un gestionnaire paternaliste témoigne une bienveillance condescendante à l'égard de ses subordonnés et leur impose une entière obéissance. Comme le montre le schéma ci-dessus, ce type de gestionnaire traite individuellement avec chacun de ses subordonnés, et ceux-ci ne négocient pas du tout entre eux.

Lorsque les syndicats et l'État ont commencé à s'intéresser au bien-être des travailleurs, le style paternaliste a perdu de son efficacité comme outil de motivation. Ce moyen de gestion satisfait les besoins matériels des employés, mais il a le désavantage d'opprimer leur liberté.

11.2.3 Le style démocratique

Le **gestionnaire démocrate** incite ses subordonnés à prendre part au processus décisionnel. Son style s'oppose diamétralement au style autocratique parce qu'il a confiance en ses subordonnés et les juge capables d'initiative et de jugement. Le gestionnaire véritablement démocrate évite d'imposer ses idées et discute avec ses subordonnés avant de prendre une décision. Il privilégie une communication bidirectionnelle.

Le gestionnaire démocrate :

- délègue son autorité à ses subordonnés ;
- fait participer ceux-ci à la prise de décision ;
- laisse les employés libres de faire le travail à leur façon.

Un gestionnaire démocrate ne perd pas son temps à vérifier ou à surveiller le travail ; il préfère servir d'agent de liaison et s'assurer que les efforts sont coordonnés et que chacun travaille à la réalisation de l'objectif commun. Ainsi que le montre le schéma présenté ci-contre, il veille à ce que ses subordonnés interagissent.

Schéma 11.3

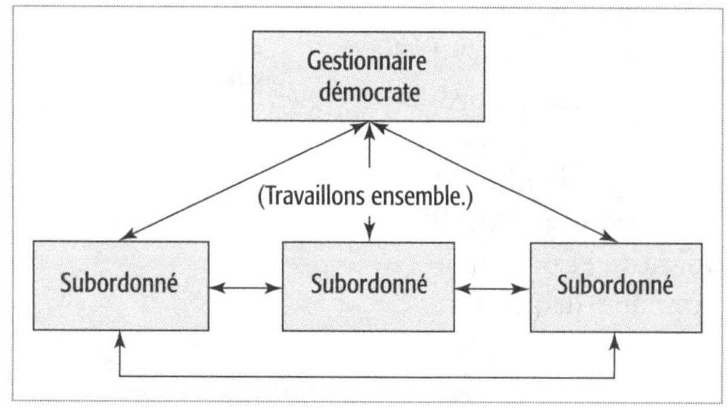

Le gestionnaire démocrate s'intéresse tout autant à l'aspect humain qu'à la tâche à accomplir et s'efforce de créer un climat de confiance. Il fait prévaloir le travail en équipe, favorise le développement personnel de ses subordonnés et leur apporte une aide morale. Le style démocratique donne de bons résultats dans certaines situations. Une méthode fondée sur la participation convient le mieux lorsque la structure organisationnelle est bien établie et que le travail à effectuer concerne la recherche, la vente ou le domaine artistique. Par contre, elle est moins efficace lorsque les opérations ont un caractère répétitif. Selon des études réalisées par P.R. Lawrence et J.W. Lorsch, elle peut même avoir un effet néfaste si le travail est routinier[25]. Le gestionnaire démocrate est persuadé que son subordonné a besoin d'être aidé, ce qui le pousse à se rallier au point de vue de ce dernier. Une telle manière d'envisager la gestion a eu des conséquences considérables sur les relations entre les gestionnaires et les subordonnés dans les organisations. Elle est à l'origine du **leadership altruiste**. Celui-ci est basé sur le principe que la meilleure façon d'encourager les gens à donner le meilleur d'eux-mêmes est de s'intéresser à eux. Pour être efficace, le gestionnaire altruiste doit savoir écouter, adopter une approche participative empathique, offrir aide et assistance à ses subordonnés, et considérer la personne dans son ensemble[26].

11.2.4 Le style collégial

Le **gestionnaire collégial** ressemble sur plusieurs points au gestionnaire démocrate. Le style collégial peut être efficace dans la direction du travail des scientifiques, des avocats, des médecins, des ingénieurs et d'autres spécialistes. L'autonomie, la loyauté, l'amitié et l'esprit d'équipe y occupent la première place. Les spécialistes n'aiment pas qu'on leur dise quoi faire; la mentalité autoritaire leur déplaît. Ils préfèrent travailler en groupe et ils savent que les membres de leur équipe apportent tous une contribution précieuse. Le schéma ci-contre montre que tous les membres de l'équipe sont considérés comme des collègues ou des « associés ».

Schéma 11.4

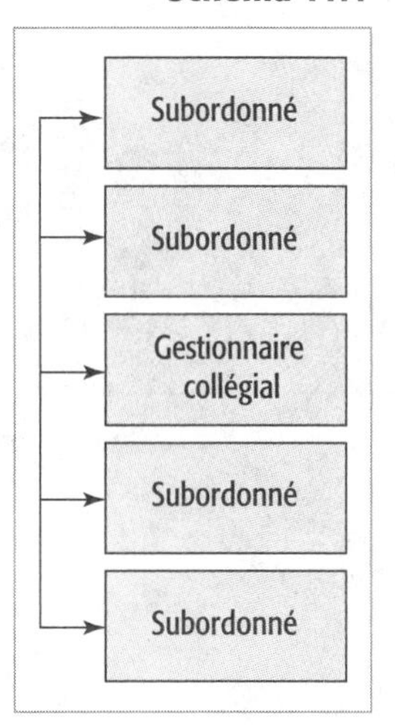

11.2.5 Le style nonchalant

Le **gestionnaire partisan du laisser-faire** est indifférent au travail à accomplir et à ses subordonnés. Il laisse à ces derniers le soin de déterminer ce qu'ils doivent faire et de quelle façon. Bref, il abdique ses responsabilités. De nombreux auteurs considèrent que ce type de gestionnaire est un « anti-leader », car il ne s'occupe pas de diriger le travail de ses subordonnés. Comme l'indique le schéma ci-contre, il laisse ces derniers s'organiser entre eux et n'intervient qu'à l'occasion.

Schéma 11.5

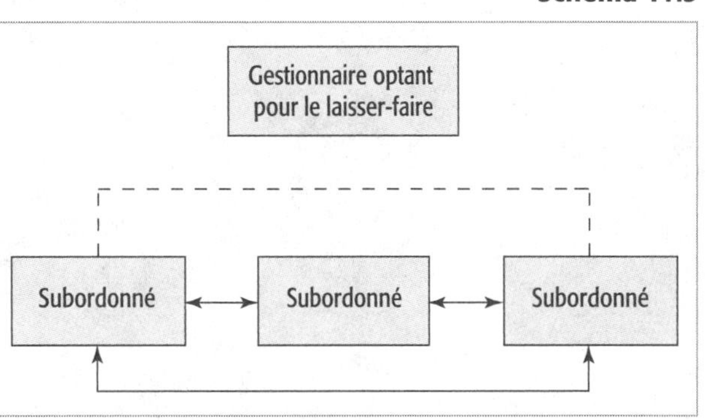

Ce type de gestionnaire croit qu'il est impossible d'obtenir un bon rendement de ses subordonnés du fait des conflits interpersonnels toujours présents. Il s'efforce d'éviter les situations de conflit ou les problèmes et de donner aux autres l'impression qu'il travaille avec acharnement.

11.2.6 Une expérience sur les divers styles de leadership

WWW
www.zpedia.org/Lewin,_Lippitt,_and_White
décrit l'étude portant sur les trois types de leaderships

À la fin des années 1930, on mena une expérience en vue de déterminer les effets de trois styles de leadership sur le comportement des groupes[27]. On plaça différents types de leaders dans des groupes d'enfants de 10 ans occupés à diverses activités telles que sculpter des pains de savon, réaliser des fresques et assembler des modèles réduits d'avions. Tous les participants provenaient du même milieu socio-économique.

Les leaders que l'on recruta pour réaliser cette expérience devaient changer de groupe toutes les six semaines. Comme ils avaient des styles distincts (autoritarisme, démocratie ou laisser-faire), ils appliquèrent des méthodes de supervision différentes. On observa le comportement des enfants en présence de chacun de ces leaders. De plus, on posa aux enfants des questions au sujet de ces personnes et on interrogea leurs parents pour connaître les effets qu'avaient eus les divers styles de leadership à la maison. Voici en résumé ce que révéla cette étude :

- le leadership autoritaire provoque de l'agressivité, de la tension, de l'hostilité et de la frustration chez les participants. Ils causèrent délibérément quelques dégâts dans la salle de jeux ;
- lorsque le leader démocrate s'absentait un moment de la pièce, les enfants continuaient à travailler, ce qui n'était pas le cas avec le leader de style autocratique ;
- bien que les leaders autoritaire et démocrate aient tous deux obtenu un bon rendement, les méthodes démocratiques occasionnèrent plus d'entrain, de bonne humeur et de plaisir chez les participants ;
- le surveillant qui avait opté pour le laisser-faire accordait trop de liberté aux enfants, et ceux-ci passèrent donc plus de temps à jouer qu'ils ne le firent en présence d'un leader démocrate ou autoritaire, ce qui nuisit au rendement ;
- le leader démocrate favorisa davantage la créativité, la réflexion et l'originalité que les deux autres leaders ;
- le laisser-faire entraîna l'apparition de leaders cachés.

Témoignage

Kathy Enright, vice-présidente, Mitel Networks

Chez Mitel Networks, les leaders doivent composer avec de nouvelles compétences

WWW
www.mitel.com

Leader du marché de la convergence voix, vidéo et données sur les réseaux à large bande, Mitel propose des solutions de communication de pointe qui s'adaptent facilement aux besoins spécifiques des entreprises tout en assurant convivialité et facilité d'utilisation. Les solutions Mitel concernent aussi bien des applications bureautiques intuitives que des passerelles applicatives et de service qui garantissent l'intégration et l'amélioration des processus concernant le métier. Mitel propose des solutions novatrices qui permettent aux entreprises d'optimiser leurs ressources et de migrer, à leur propre rythme, vers les atouts des communications IP. La société a implanté son siège social à Ottawa, Canada, et possède un réseau mondial de représentations, de partenaires et de revendeurs.

« Notre planification des ressources humaines est fondée sur un principe fondamental : pour faire face à l'environnement et au marché futur, nos gestionnaires doivent composer avec de "nouvelles compétences". Notre stratégie au niveau du développement organisationnel mise sur trois compétences essentielles : compétences des domaines clés de succès, compétences organisationnelles et compétences personnelles. Nos "leaders" qui pratiquent ces compétences distinctives permettront à Mitel de mettre en œuvre ses stratégies d'entreprise ; chez Mitel, nous admettons le fait que ce sont nos leaders qui sont "propriétaires" de notre réussite, affirme Kathy Enright.

« De nos jours, réaliser une performance extraordinaire que l'on peut caractériser comme "turbulente" nous oblige donc à nous questionner sur nos croyances traditionnelles au sujet des moyens les plus efficaces pour atteindre des résultats remarquables. En plus de réaliser une performance soutenue dans certains secteurs d'activité dans lesquels nous œuvrons, nous avons atteint une croissance accélérée, et cela continuera de même, dans d'autres secteurs. Afin d'atteindre nos buts dans tous nos secteurs d'activité, Mitel doit composer avec des leaders qui se questionnent d'une façon inhabituelle sur leur entreprise, leurs buts, leurs objectifs et leurs stratégies, et surtout capables de mettre en œuvre des programmes et des projets importants dans l'ensemble de l'entreprise.

« Il serait absurde de croire que "tous" les leaders chez Mitel doivent posséder "toutes" les connaissances, les compétences, les habilités et les attributs nécessaires pour être en mesure de fournir un rendement élevé dans leurs fonctions respectives. Il est évident qu'il faut beaucoup de temps pour que nos gestionnaires disposent des qualités de leadership, de nouvelles compétences et habilités pour être en mesure de mener une performance supérieure à bien. Les compétences de leadership que nous considérons comme "importantes" chez Mitel et que nous voulons implanter chez nos gestionnaires sont : l'orientation vers les résultats, la concentration sur le client, l'impact et l'influence, le leadership et l'instinct stratégique dans les affaires.

« Le plan des ressources humaines articule clairement les trois modèles visant les compétences du leadership – stratégie, mise en œuvre et chef d'équipe – conçus pour développer des programmes de formation individuels et déterminer les programmes pertinents à cette fin. Notre objectif est de réaliser une performance supérieure tout en s'assurant que Mitel possède aujourd'hui les meilleurs talents de leadership afin d'être en mesure de mettre en œuvre un plan de succession efficace pour les années à venir. »

11.3 LES THÉORIES DU LEADERSHIP

OBJECTIF 11.3

Décrire brièvement les plus importantes théories du leadership portant sur les traits de caractère et le comportement, et expliquer les théories situationnelles et transformationnelles du leadership.

Beaucoup de chercheurs ont tenté de déterminer les facteurs qui influent sur le comportement des gestionnaires. Comme il est impossible de présenter dans cet ouvrage les résultats de toutes les études, nous nous arrêterons aux plus connues et aux plus marquantes.

Comme le montre le tableau 11.1 à la page 417, on peut répartir les théories du leadership en quatre catégories : les théories axées sur les traits de caractère, les théories axées sur le comportement, les théories situationnelles et le modèle transformationnel.

Après avoir lu les quatre prochaines sous-sections, vous devriez pouvoir:

- expliquer en quoi les traits de caractère permettent de distinguer un leader d'un non-leader;
- expliquer quel doit être le comportement du gestionnaire qui veut obtenir de bons résultats;
- décrire les différents éléments qu'un gestionnaire peut prendre en compte lorsqu'il veut agir efficacement dans une organisation;
- définir ce que l'on entend par « leadership transformationnel » et énumérer les aptitudes requises d'un leader transformationnel.

11.3.1 Les théories axées sur les traits de caractère

Les premières études sur le leadership portaient sur la personnalité des leaders. On y rattache les **théories axées sur les traits de caractère**, également appelées les « théories des grands hommes » (bien qu'il puisse aussi exister de grandes femmes). Ces théories dressent un portrait-robot des leaders: elles supposent qu'ils ont des points en commun tels que l'intelligence, l'intégrité, la confiance en soi, une belle apparence, l'esprit d'initiative et un bon jugement. Ces théories se fondent sur l'hypothèse que les aptitudes en matière de leadership sont innées et non acquises. Les premières études portant sur les traits de personnalité des leaders ont été réalisées après la Seconde Guerre mondiale par Ralph M. Stogdill[28]. Celui-ci est peut-être le chercheur le plus connu dans ce domaine. Au cours de plus de 30 années de recherche, il a étudié plus de 300 gestionnaires ayant reçu diverses formations et travaillant dans divers secteurs (transports, fabrication, assurances, finances, services publics et communications).

Selon Stogdill, l'intelligence, le haut niveau de scolarité, le sens des responsabilités, l'indépendance et un rang élevé dans l'échelle sociale sont des facteurs qui favorisent l'apparition d'un bon leader[29]. Tiré d'un ouvrage publié par Stogdill en 1974, le tableau 11.3 énumère les principaux traits de caractère qui distinguent un bon leader.

Dans une étude publiée en 1963, E.E. Ghiselli a associé la capacité d'exercer un leadership avec des qualités telles que l'intelligence, l'esprit d'initiative, l'indépendance d'esprit et la confiance en soi[30].

Tableau 11.3
Les traits de caractère du bon leader

- Aptitudes sur les plans interpersonnel et social
- Compétence technique
- Capacité de superviser
- Leadership
- Entregent
- Intelligence
- Capacité de renforcer la cohésion du groupe
- Aptitude à la coordination
- Motivation
- Éloquence, prestance, assurance
- Capacité de venir en aide au groupe
- Capacité de respecter les normes de rendement
- Volonté d'assumer des responsabilités
- Équilibre affectif et maîtrise de soi
- Aptitude à exercer une autorité sur le groupe
- Enthousiasme et entrain
- Respect des principes éthiques et intégrité personnelle
- Facilité à communiquer
- Esprit de décision
- Énergie physique
- Expérience efficace
- Maturité psychologique
- Courage et dynamisme
- Capacité de prendre du recul
- Créativité, indépendance
- Capacité de satisfaire aux exigences du travail

Source: Ralph M. Stogdill, *Handbook of Leadership : A Survey of Theory and Research*, New York, Free Press, 1974, p. 81.

5

Une appréciation des théories axées sur les traits de caractère. Il va de soi qu'un individu possédant certains des traits énumérés est avantagé. Les théories axées sur les traits de caractère sont peu convaincantes. D'abord Napoléon, Jeanne d'Arc, Abraham Lincoln, Mahatma Gandhi, Mao Tsé-toung, Winston Churchill, Nelson Mandela, Martin Luther King et John F. Kennedy furent tous des leaders de grande envergure et, pourtant, il est difficile de dégager un trait qui leur soit commun. Voici quelques-unes des lacunes les plus évidentes de ces théories:

- elles considèrent exclusivement les traits de caractère et ne prennent pas en compte le comportement;
- elles ne tiennent pas compte du milieu de travail de l'individu et de sa situation particulière, lesquels influent grandement sur sa conduite;
- les traits de caractère mis en évidence ne sont pas communs à tous les leaders.

On ne peut pas évaluer avec précision l'importance relative de chacun des traits de caractère.

Les théories axées sur les traits de caractère présentent malgré tout un certain intérêt. Il est évident que les bons leaders ont certains traits en commun. Ils doivent, par exemple, être capables de prendre des responsabilités et de communiquer avec les membres de l'entreprise. Ils doivent aussi superviser le travail de leurs subordonnés, faire preuve d'intelligence, montrer de l'initiative et, bien évidemment, prendre des décisions. Toutes ces qualités ont de l'importance. Retenons des théories axées sur les traits de caractère qu'il n'est pas essentiel que les gestionnaires d'aujourd'hui aient tous les traits de caractère énumérés au tableau 11.3. Le lien entre l'un ou l'autre de ces traits et l'efficacité du leader n'est pas encore élucidé. Toutefois, lorsqu'on examine ces qualités d'une façon globale, on obtient une idée générale de ce dont un bon leader a besoin pour être efficace[31].

11.3.2 Les théories axées sur le comportement

Les **théories axées sur le comportement** ont été conçues à la même époque que les théories axées sur les traits de caractère. Leurs partisans affirmaient que les tenants de l'école classique et, en particulier, Taylor, F. Gilbreth, L. Gilbreth et Gantt, avaient tendance à considérer les gens comme des robots. Les études menées à l'usine Hawthorne (voir la sous-section A.1.3.2 à la page 555) ont fait connaître l'approche axée sur le comportement, fondée sur la thèse que le comportement est le facteur essentiel du leadership. Les études portant sur le comportement concluent que les gestionnaires doivent comprendre la conduite liée au leadership pour pouvoir jouer leur rôle efficacement.

5

A. Les théories X et Y

WWW
www.businessballs.com/mcgregor.htm

Dans *The Human Side of Enterprise*[32], Douglas McGregor a insisté sur la façon dont le supérieur considère ses subordonnés. Le style de leadership varie selon que les subordonnés sont jugés paresseux et incapables d'agir si on ne leur dit pas quoi faire ou, au contraire, prêts à travailler d'arrache-pied et à prendre des initiatives. McGregor a défini deux ensembles de jugements contraires à cet égard et leur a donné respectivement le nom de théorie X et de théorie Y.

Figure 11.3
Les croyances et les méthodes de gestion associées aux théories X et Y

Le gestionnaire adhérant à la **théorie X** croit:	Tout gestionnaire embrassant cette théorie conclut:
• que, fondamentalement, les employés n'aiment pas travailler et veulent simplement se croiser les bras; • qu'il lui faut donc contraindre les employés à travailler, les surveiller, les diriger et les menacer de punitions pour les amener à réaliser les objectifs de l'organisation; • que les employés veulent qu'on leur dise quoi faire, car ils n'aiment pas assumer des responsabilités, n'ont guère d'ambition et, surtout, cherchent la sécurité.	• qu'il devra prendre toutes les décisions; • qu'il devra surveiller les employés de près pour s'assurer qu'ils font bien leur travail; • qu'il devra les pousser à agir.
Le gestionnaire adhérant à la **théorie Y** croit:	Tout gestionnaire embrassant cette théorie conclut:
• qu'il est aussi normal de fournir un effort physique et mental au travail que de prendre part à une fête ou à une danse; • que les employés s'autodirigeront pour atteindre les objectifs de l'organisation; • que l'intérêt porté aux objectifs variera selon la récompense associée à leur réalisation; • que les employés accepteront leurs responsabilités et souhaiteront même en assumer davantage si l'on crée des conditions appropriées; • que les employés ont beaucoup d'imagination, d'ingéniosité et de créativité, des ressources que l'on peut mettre à profit pour résoudre les problèmes au sein de l'organisation.	• qu'il fera participer ses subordonnés à l'établissement des objectifs; • qu'il les soutiendra, au besoin; • qu'il les formera et leur fournira des conseils.

La figure 11.3 met en regard les perceptions liées à chacune des deux théories et la conduite correspondante du gestionnaire. Le gestionnaire embrassant la **théorie X** a un style de leadership autocratique parce qu'il croit que ses subordonnés veulent en faire le moins possible, manquent d'ambition et n'aiment pas leur travail. Il définit seul les objectifs et exige de ses subordonnés qu'ils les réalisent. Il commande, indique aux autres quoi faire et de quelle manière. Il en résulte que l'autorité est centralisée et que la communication est à sens unique (descendante). Le gestionnaire en question recourt aux menaces pour que ses subordonnés exécutent leur travail et, dans son évolution, il tient surtout compte de ce qu'ils n'ont pas réalisé.

Le gestionnaire qui adhère à la **théorie Y** recourt à une méthode démocratique parce qu'il croit que les employés qui s'investissent dans leur travail sont prêts à assumer plus de responsabilités et se préoccupent de la réussite de l'entreprise. Il adopte un style de leadership démocratique, faisant participer ses subordonnés à la prise de décision. La communication va dans tous les sens. Le gestionnaire délègue son autorité et récompense les efforts. Il écoute les membres de son équipe, agit comme un entraîneur ou une personne-ressource et évalue les employés en tenant compte de ce qu'ils ont accompli, ne s'attardant sur leurs erreurs qu'à des fins d'apprentissage.

Schéma 11.6

Théorie X		Théorie Y
Autocratie	← et non →	Démocratie
Intérêt centré sur la production	← et non →	Intérêt centré sur les subordonnés
Surveillance étroite	← et non →	Surveillance générale
Contrôle explicite	← et non →	Contrôle implicite
Direction	← et non →	Soutien
Structure	← et non →	Considération

Le schéma présenté ci-contre met en parallèle les styles de ces deux types de leaders.

B. La théorie des quatre systèmes

Désireux de clarifier et de simplifier le concept de leadership, Rensis Likert, ancien directeur de l'Institute of Social Research de l'université du Michigan, a réparti les styles de gestion en quatre systèmes élémentaires[33], sur un continuum. C'est ainsi qu'est née la **théorie des quatre systèmes** (voir la figure 11.4).

Figure 11.4 Les quatre systèmes de gestion selon Rensis Likert

	Système 1 Exploitation et autoritarisme	**Système 2** Bienveillance et autoritarisme	**Système 3** Consultation	**Système 4** Participation
Leadership	Les gestionnaires ne font pas confiance à leurs subordonnés.	Les gestionnaires ont une certaine confiance dans leurs subordonnés.	Les gestionnaires ont une grande confiance dans leurs subordonnés.	Les gestionnaires font totalement confiance à leurs subordonnés.
Communication	La communication est très limitée.	Il y a une certaine communication.	La communication est assez étendue.	La communication est grande.
Prise de décision	Les cadres supérieurs prennent les décisions.	Certaines décisions relèvent des cadres inférieurs, mais elles doivent être conformes à des directives précises.	La direction définit la politique, tandis que les cadres inférieurs se chargent des décisions concernant l'exploitation.	Les cadres de tous les niveaux participent à la prise de décision par un phénomène d'enchaînement.
Définition des objectifs	Les objectifs sont communiqués dans les directives.	Les employés ont peu l'occasion d'exprimer leur opinion.	Les employés sont encouragés à s'exprimer.	Tous prennent part à l'élaboration des objectifs.
Contrôle	Les cadres supérieurs assurent le contrôle.	Le contrôle relève surtout des cadres supérieurs.	Il y a un certain partage du contrôle.	Le contrôle est partagé entre tous les cadres.

Source : Adapté de Rensis Likert, *The Human Organization*, New York, McGraw-Hill, 1967, p. 197-211.

Le *système 1* se fonde sur l'exploitation et l'autoritarisme, le leader adoptant un style autocratique ou dictatorial. Ce type de gestionnaire a peu confiance en ses subordonnés et ne leur permet pas de prendre part au processus décisionnel. Il a recours à l'intimidation, à des récompenses et à des punitions pour les amener à faire leur travail. La communication est à sens unique, du haut vers le bas.

www.accel-team.com/human_relations/hrels_04_likert.html

Le *système 2* allie la bienveillance et l'autoritarisme ; le leader agit ici de manière paternaliste. Ce type de gestionnaire donne des ordres et prend toutes les décisions, mais il permet toutefois à ses subordonnés, dans une certaine mesure, d'exprimer leur opinion au sujet de ses ordres. Les subordonnés peuvent en outre déterminer eux-mêmes la manière d'exécuter leur travail à condition qu'ils respectent certaines directives et marches à suivre strictes. Ils se montrent en général prudents, car ce type de leader punit les employés non productifs.

Le *système 3* repose sur la consultation, le leader faisant confiance à ses subordonnés. Ce gestionnaire établit des objectifs et oriente le travail des membres de son équipe après les avoir consultés. Ceux-ci peuvent exécuter leurs tâches comme ils l'entendent. Le leader les assiste et les encourage à lui soumettre différentes questions. En général, il préfère les récompenser plutôt que les punir.

Le *système 4* met l'accent sur la participation, et c'est celui que favorise Rensis Likert. Le gestionnaire et ses subordonnés prennent les décisions ensemble, car il règne entre eux une confiance absolue. Le supérieur joue ici un rôle de conseiller. La communication se fait dans toutes les directions (verticalement, horizontalement et en diagonale). Comme il y a délégation de l'autorité, les décisions se prennent à tous les échelons. Pour motiver ses subordonnés, le gestionnaire recourt non seulement à des augmentations de salaire et à des gratifications, mais aussi à des encouragements et à des félicitations. L'évaluation s'appuie sur des normes de rendement.

C. La théorie du continuum des styles de leadership

www.businessballs.com/tannenbaum.htm

Robert Tannenbaum et Warren H. Schmidt ont été parmi les premiers à décrire les éléments particuliers qui influent sur le choix d'un style de leadership[34]. Leur **théorie du continuum des styles de leadership** (qui va d'une attitude centrée sur soi à une attitude centrée sur les subordonnés) est résumée sous forme de schéma dans la figure 11.5. À l'une des extrémités du continuum, le gestionnaire prend toutes les décisions pour ensuite les faire connaître au groupe, tandis qu'à l'autre il accorde à ses subordonnés la liberté d'agir et de décider eux-mêmes à condition qu'ils observent certaines directives générales. Selon Tannenbaum et Schmidt, trois éléments déterminent la manière dont un gestionnaire va exercer son leadership, soit:

1) les *caractéristiques du gestionnaire*, qui concernent son histoire personnelle, ses valeurs, ses croyances, ses connaissances, son expérience, sa formation scolaire et ses aspirations. Ainsi, le cadre qui croit qu'un individu doit jouir d'une certaine liberté pour être efficace permettra à ce dernier de prendre des décisions;
2) les *caractéristiques des subordonnés*, qui englobent leur histoire personnelle, leurs valeurs, leurs croyances, leurs connaissances, leur expérience, leur formation scolaire et leurs aspirations. Le cadre accordera une certaine marge de manœuvre à ses subordonnés s'il constate qu'ils veulent avoir plus de liberté d'action, qu'ils s'efforcent de réaliser les objectifs de l'organisation, qu'ils souhaitent prendre des décisions et ont déjà une expérience de la gestion participative;
3) les *éléments situationnels*, c'est-à-dire le climat, la culture et la taille de l'organisation, la nature de ses opérations, les buts du groupe, l'attitude de celui-ci à l'égard de l'autorité et les composantes de l'environnement.

Figure 11.5
Les styles de leadership

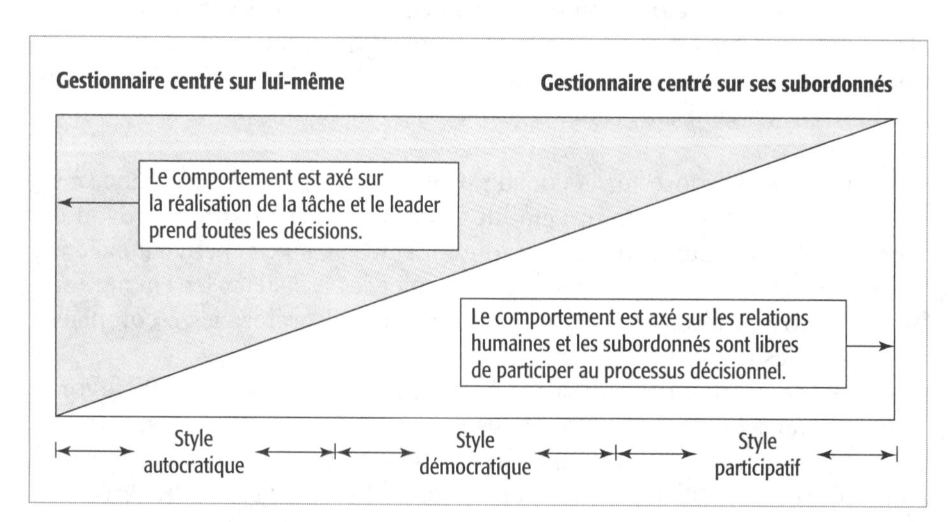

Selon la théorie de Tannenbaum et Schmidt, les gestionnaires adoptent le comportement privilégié par la direction. Ainsi, lorsque celle-ci met l'accent sur les aptitudes liées à la réalisation de la tâche, les cadres intermédiaires et inférieurs adoptent un style de leadership centré sur eux-mêmes. Si la direction accorde plus d'importance aux relations humaines, les cadres favorisent une approche centrée sur leurs subordonnés.

D. La grille de gestion

L'une des théories axées sur le comportement les plus populaires repose sur le concept de **grille de gestion** élaboré par Robert R. Blake et Jane S. Mouton[35]. Cette grille présente les divers styles de leadership susceptibles d'être employés dans la production requérant de la main-d'œuvre. Tous ces styles sont décrits d'une façon systématique, ce qui permet de distinguer leurs traits communs et leurs particularités, de déceler leurs points forts et leurs lacunes, et de séparer les bonnes méthodes de gestion d'avec les mauvaises. Ils sont représentés par un tableau appelé « grille de leadership » (voir la figure 11.6). L'axe vertical correspond à l'intérêt que le leader porte à l'aspect humain et l'axe horizontal, à l'intérêt qu'il prend à la production. Comme chacun de ces axes comporte neuf niveaux, il y a 81 manières de décrire un style de leadership.

WWW
www.nwlink.com/~donclark/leader/bm_model.html
fournit une explication additionnelle sur le modèle de leadership situationnel

Figure 11.6
La grille du leadership

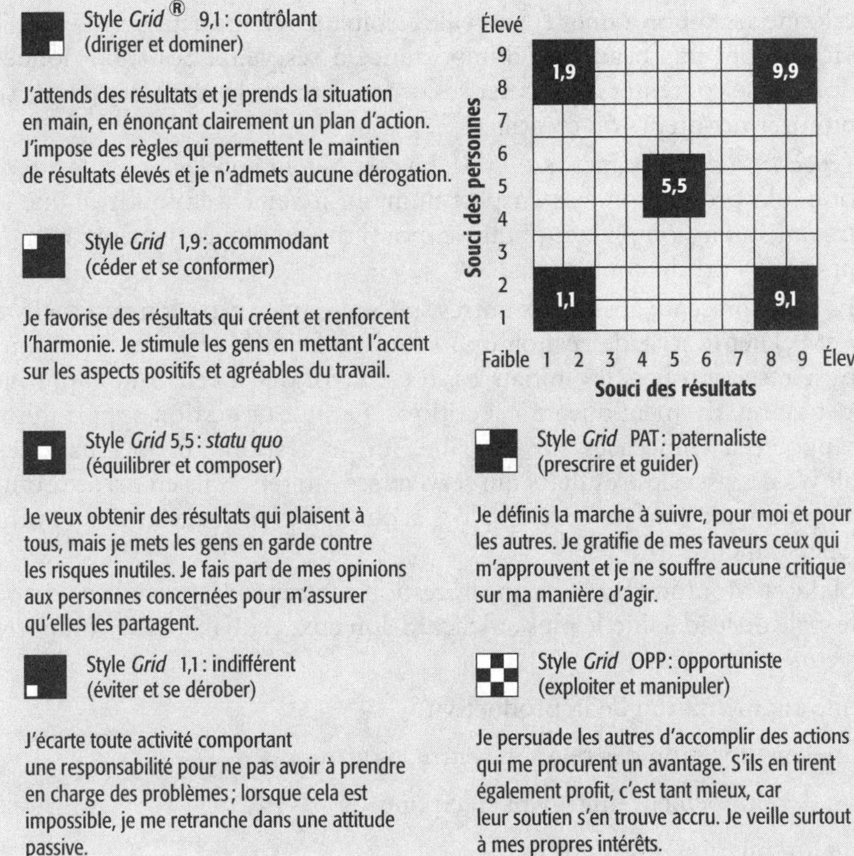

Style *Grid*® 9,1 : contrôlant
(diriger et dominer)
J'attends des résultats et je prends la situation en main, en énonçant clairement un plan d'action. J'impose des règles qui permettent le maintien de résultats élevés et je n'admets aucune dérogation.
Style *Grid* 1,9 : accommodant
(céder et se conformer)
Je favorise des résultats qui créent et renforcent l'harmonie. Je stimule les gens en mettant l'accent sur les aspects positifs et agréables du travail.
Style *Grid* 5,5 : *statu quo*
(équilibrer et composer)
Je veux obtenir des résultats qui plaisent à tous, mais je mets les gens en garde contre les risques inutiles. Je fais part de mes opinions aux personnes concernées pour m'assurer qu'elles les partagent.
Style *Grid* 1,1 : indifférent
(éviter et se dérober)
J'écarte toute activité comportant une responsabilité pour ne pas avoir à prendre en charge des problèmes ; lorsque cela est impossible, je me retranche dans une attitude passive.
Style *Grid* PAT : paternaliste
(prescrire et guider)
Je définis la marche à suivre, pour moi et pour les autres. Je gratifie de mes faveurs ceux qui m'approuvent et je ne souffre aucune critique sur ma manière d'agir.
Style *Grid* OPP : opportuniste
(exploiter et manipuler)
Je persuade les autres d'accomplir des actions qui me procurent un avantage. S'ils en tirent également profit, c'est tant mieux, car leur soutien s'en trouve accru. Je veille surtout à mes propres intérêts.

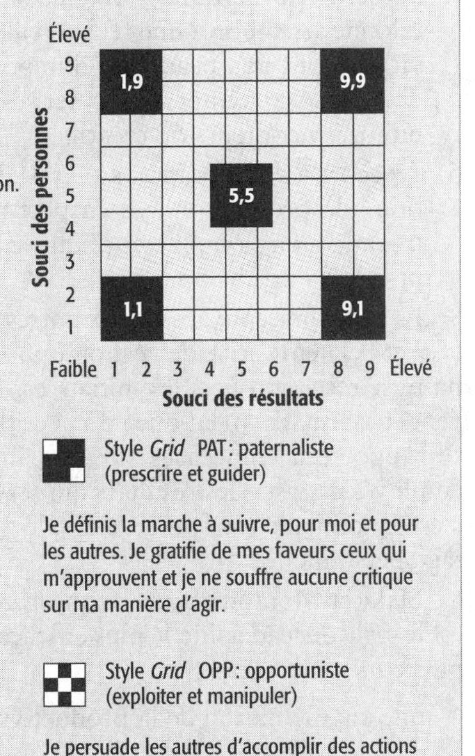

Source : Adaptée de Rachel McKee, et Bruce Calson, *The Power to Change*, Austin, Grid International Inc., 1999, p. 16, dans *Le pouvoir de changer*, traduction de Normand G. Laurence, et M.E. Jacquard, Austin, Grid International Inc. Utilisée avec permission.

La grille de gestion fait intervenir cinq styles de leadership correspondant aux formes de gestion suivantes.

1) *La gestion de type accommodant* (1,9). Le gestionnaire a une attitude tolérante et témoigne beaucoup d'intérêt à ses subordonnés. Ainsi, il est prêt à sacrifier la production pour préserver la bonne entente. Il se montre bienveillant et ne se préoccupe guère ou pas du tout de la production.
2) *La gestion de type indifférent* (1,1). Le gestionnaire se soucie peu de ses subordonnés et de la production. Ce style de gestion est le moins efficace, puisque le cadre ne prête attention ni au travail ni à l'aspect humain. Le gestionnaire se dérobe à ses responsabilités tout comme celui qui opte pour le laisser-faire.
3) *La gestion centrée sur le travail en équipe* (9,9) (ne figure pas dans la grille de la figure 11.6). Le gestionnaire s'intéresse à la fois à ses subordonnés et à la production. Il cherche à obtenir un niveau de production élevé et attend de ses subordonnés qu'ils l'aident à l'atteindre. Ce style de leadership est efficace. Le gestionnaire croit possibles la compréhension mutuelle et la réalisation de buts collectifs, et favorise la gestion participative.
4) *La gestion de type contrôlant* (9,1). Le gestionnaire se comporte en autocrate. Déterminé à obtenir le niveau de production qu'il a fixé, il talonne ses subordonnés et surveille étroitement leurs activités. Les individus n'ont pas beaucoup d'importance à ses yeux. Ses subordonnés doivent se contenter d'exécuter ses ordres, et il ne leur permet pas de se montrer novateurs ou créatifs.
5) *La gestion de type* statu quo (5,5). Le gestionnaire prête une égale attention à la production et à l'aspect humain. Il veille à la fois à ce que le travail soit accompli et à ce que le moral des employés demeure bon. Il pratique l'art du compromis.

La grille présente aussi deux autres styles: le style de gestion paternaliste (1,9 et 9,1) et le style de gestion opportuniste. Dans le premier, le gestionnaire se réserve toutes les initiatives. Il est favorable à ceux qui l'approuvent et est relativement ouvert à la critique. Le style de gestion opportuniste se rapporte à cinq cases sur la grille. Ici, le gestionnaire persuade les employés de viser des résultats qui servent ses intérêts. S'ils en tirent profit, c'est tant mieux, car leur aide est alors acquise. Il n'envisage que son avantage personnel.

Blake et Mouton affirment que la gestion centrée sur le travail en équipe est le style de leadership le plus efficace. Selon eux, cette méthode comporte plusieurs avantages:

- une augmentation de la productivité;
- une amélioration des relations entre les groupes;
- un développement du travail en équipe;
- un atténuation des frictions;
- une meilleure entente entre les gens;
- une augmentation de la créativité et de l'effort individuels.

E. Une appréciation des théories axées sur le comportement

Les théories axées sur le comportement ont fait ressortir l'importance pour les leaders d'adapter leur manière d'agir aux circonstances et ont montré que le comportement était leur élément déterminant dans l'exercice du leadership. Comme la conduite est ajustée selon chaque cas, le leader doit constamment moduler sa manière d'agir.

11.3.3 Les théories situationnelles

Selon Ralph M. Stogdill, l'analyse du leadership doit tenir compte non seulement du leader lui-même, mais aussi de la situation dans laquelle il se trouve[36]. Plusieurs chercheurs estiment que le choix du style de leadership repose sur trois éléments : le leader lui-même, les membres de son groupe et la nature de la situation. Celle-ci joue un rôle essentiel dans la détermination du comportement à adopter. Les **théories situationnelles** sont fondées sur l'idée qu'un gestionnaire doit agir de la manière qui convient le mieux à la situation. Examinons maintenant les principales théories situationnelles : la théorie de la contingence, le modèle de l'intégration successive des buts personnels, le modèle décisionnel de Vroom et Yetton, et le modèle situationnel de Hersey et Blanchard.

www.valuebasedmanagement.net/methods_contingency_theory.html donne une brève explication des différentes théories situationnelles incluant celles de Tannenbaum et Schmidt, de Fiedler, d'Evans et House ainsi que celle de Vroom et Yetton.

A. La théorie de la contingence

La **théorie de la contingence** a été conçue par Fred E. Fiedler[37], un chercheur spécialisé dans l'étude des variables situationnelles et des styles de leadership.

Les variables situationnelles. Les recherches de Fiedler démontrent que le leader autocrate et le leader démocrate peuvent connaître le succès. Pour rendre le leadership le plus efficace possible, on adapte le style du leader aux exigences de la situation.

Pour les besoins de sa recherche, Fiedler conçut un questionnaire destiné à déterminer si une personne s'intéresse davantage à l'accomplissement de la tâche qu'au développement des relations humaines. Ce questionnaire comprend 16 paires d'adjectifs de sens opposé. Voici quatre de ces paires :

Agréable	8	7	6	5	4	3	2	1	Désagréable
Amical	8	7	6	5	4	3	2	1	Hostile
Compréhensif	8	7	6	5	4	3	2	1	Intolérant
Serviable	8	7	6	5	4	3	2	1	Égoïste

Plus le nombre de points obtenu est élevé, plus la personne en question prête attention aux gens. Il est possible d'en déduire que son style est axé sur les relations humaines. À l'inverse, si le nombre de points est bas, on peut en conclure que le style du leader est axé sur la réalisation de la tâche.

Afin de définir avec précision le style d'un leader, on demande à celui-ci de penser aux gens avec qui il a travaillé par le passé et de décrire ceux qu'il a le moins appréciés. Si le portrait qu'il trace du collègue qu'il a le moins aimé est négatif et renferme des adjectifs tels que « antipathique », « querelleur » et « déplaisant », on lui attribue un nombre de points peu élevé et on en déduit qu'un style axé sur la réalisation de la tâche conviendrait mieux. En revanche, s'il emploie pour décrire ce même collègue des termes positifs comme « amical » et « coopératif », on lui accorde une note élevée, laquelle indique qu'il tire sa plus grande satisfaction des relations interpersonnelles et qu'il privilégie un style centré sur les relations humaines.

À la lumière de plusieurs études portant sur les interactions au sein de groupes, Fiedler conclut que l'efficacité du leadership dépend de trois facteurs, à savoir :

1) le pouvoir provenant d'une source organisationnelle ;
2) la structure des tâches ;
3) les relations entre le leader et les membres de son groupe.

Le *pouvoir provenant d'une source organisationnelle* correspond à l'influence qui découle d'un poste et à l'autorité détenue par son titulaire, laquelle lui permet d'offrir des promotions et des hausses de salaire, de recruter et de congédier des personnes, et de leur imposer des mesures disciplinaires. E. Etzioni est l'auteur de ce concept, aussi appelé le « pouvoir dû à la fonction ». Selon lui, le pouvoir émane de deux grandes sources, à savoir le poste qu'un individu occupe et la personnalité de ce dernier[38] (voir la figure 11.1 à la page 421).

La *structure des tâches* a un rapport avec le type de travail qu'exécutent les membres d'une unité organisationnelle. Certaines tâches sont très définies (comme celles d'un caissier de banque ou d'un commis aux comptes clients), tandis que d'autres le sont beaucoup moins (celles d'un chercheur ou d'un professeur, par exemple). Selon Fiedler, plus les tâches peuvent se définir aisément, plus on peut surveiller et responsabiliser les individus.

Les *relations entre un leader et les membres de son groupe* influent sur le degré de confiance et de respect que le leader peut s'attirer. Le leader qui entretient de bonnes relations avec ses subordonnés est plus facilement accepté de ces derniers et il accomplit plus aisément son travail.

Les styles de leadership. Selon Fiedler, il est plus facile de choisir un leader capable de conformer son attitude aux circonstances que d'adapter celles-ci à la manière de faire du leader. Ainsi, lorsque le climat organisationnel favorise l'établissement de bonnes relations entre un gestionnaire et ses subordonnés, lorsque les tâches ne sont pas très structurées et que le pouvoir confié est limité, il est préférable d'avoir un leader passif, tolérant et indulgent. Par ailleurs, si la situation se prête peu au développement des relations entre le gestionnaire et ses subordonnés, si la structure des tâches est mal définie et si le pouvoir organisationnel est peu étendu, on gagne à choisir un leader dynamique qui sait coordonner et gérer les opérations.

Fred Fiedler a étudié plus de 1200 groupes. La figure 11.7 résume les résultats de ses travaux. Elle présente huit situations différentes définies par les trois facteurs énoncés dans la théorie de la contingence, à savoir : 1) le pouvoir provenant d'une source organisationnelle ; 2) la structure des tâches ; 3) les relations entre le leader et les membres de son groupe. Par exemple, lorsqu'il est important que le gestionnaire et ses subordonnés aient de bonnes relations, que les tâches soient structurées et que le pouvoir confié soit étendu, il faut choisir un leader dont le style correspond à celui indiqué dans la première colonne. Par contre, si les relations entre un gestionnaire et son groupe sont ténues, si les tâches sont peu structurées et si le pouvoir organisationnel est limité, on doit opter pour un leader ayant le style décrit dans la huitième colonne. Selon la théorie de Fiedler, il existe toujours un mode de gestion bien adapté aux circonstances.

Comme le montre la figure 11.7, un leader qui dirige son attention sur l'exécution de la tâche est particulièrement efficace dans les situations 1, 2, 3 et 8, où les employés accomplissent un travail routinier. Un style de gestion axé sur les relations humaines convient toutefois mieux dans les situations 4, 5, 6 et 7, où le leader exerce une autorité légitime et a le pouvoir de récompenser ou de punir ses subordonnés.

Figure 11.7
Les résultats des travaux de Fiedler portant sur l'efficacité du leadership

Situations	1	2	3	4	5	6	7	8
Relations leader-membres	Bonnes	Bonnes	Bonnes	Bonnes	Ténues	Ténues	Ténues	Ténues
+								
Structure des tâches	Existante	Existante	Non existante	Non existante	Existante	Existante	Non existante	Non existante
+								
Pouvoir émanant de l'organisation	Considérable	Faible	Considérable	Faible	Considérable	Faible	Considérable	Faible
=								
Efficacité du style de leadership	Style axé sur la réalisation de la tâche	Style axé sur la réalisation de la tâche	Style axé sur la réalisation de la tâche	Style axé sur les relations humaines	Style axé sur les relations humaines	Style axé sur les relations humaines	Style axé sur les relations humaines	Style axé sur la réalisation de la tâche

☐ Style axé sur la réalisation de la tâche ▒ Style axé sur les relations humaines

B. Le modèle de l'intégration successive des buts personnels

Conçu par Martin Evans et Robert House, le **modèle de l'intégration successive des buts personnels** procède de la théorie du résultat escompté. Il suppose que la nature du travail influe grandement sur le comportement du leader et peut faire que celui-ci soit en mesure de s'intéresser à l'exécution de la tâche, au développement des relations humaines ou aux deux à la fois. En somme, ce modèle tient compte du lien entre l'effort et le rendement, du lien entre le rendement et les buts, et aussi de l'attrait de la récompense. Il s'appuie sur la définition de la voie à suivre, l'atteinte des objectifs et la satisfaction des besoins. On pose en principe qu'un leader doit :

- clarifier son rôle et ses responsabilités;
- faire participer ses subordonnés à la définition des objectifs;
- aider ses subordonnés dans leur travail, atténuer les frictions ou apaiser les conflits, éliminer tout obstacle qui se dresse devant les membres du groupe et renforcer la cohésion de celui-ci;
- aider ses subordonnés à réaliser leurs objectifs;
- préciser la nature des récompenses et s'attacher à satisfaire les besoins des membres de son groupe après que les objectifs ont été atteints.

Selon ce modèle, le rôle de leader consiste à aider ses subordonnés à réaliser leurs objectifs personnels ainsi que ceux de l'organisation, en leur indiquant de manière précise la voie à suivre (voir la figure 11.8). Deux éléments sont ici déterminants:

1. les traits de caractère des membres du groupe;
2. les exigences de la situation et celles de l'emploi.

L'approche de l'intégration successive des buts personnels met en jeu quatre styles de leadership.

1) Le *leadership axé sur la direction*, style qui convient lorsqu'un gestionnaire guide ses subordonnés et leur indique ce qu'il attend d'eux.
2) Le *leadership axé sur l'assistance* suppose que le gestionnaire se montre aimable et accessible, et qu'il se préoccupe du bien-être de ses subordonnés.
3) Le *leadership axé sur la participation* implique que le gestionnaire consulte ses subordonnés et sollicite des suggestions avant de prendre une décision.
4) Le *leadership axé sur les réalisations*, style convenant le mieux quand le gestionnaire doit définir avec précision des objectifs stimulants et s'attend à ce que ses subordonnés les réalisent.

Figure 11.8
Le modèle de l'intégration successive des buts personnels

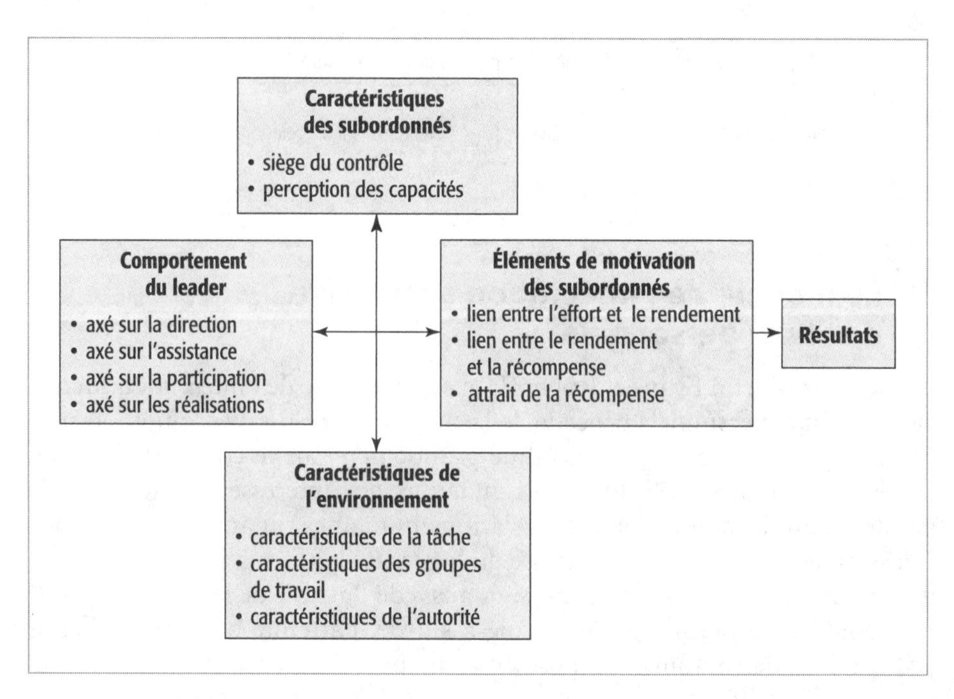

Ce modèle repose sur l'hypothèse que les leaders peuvent modifier leur style ou leur comportement afin de s'adapter à une situation particulière. Par exemple, lorsqu'un nouveau groupe se forme, son leader peut avoir à en définir clairement les rôles, les activités et la structure. Une fois cette première étape franchie, le leader tentera de renforcer la cohésion du groupe. Par la suite, il se peut qu'il ait à accroître la participation ou qu'il doive encourager ses subordonnés à fournir un rendement élevé. Voici en bref ce qui ressort du modèle de l'intégration successive des buts personnels en ce qui concerne le style de leadership à privilégier. Ainsi, tout leader devrait :

- adopter une méthode axée sur la direction, s'il fait face à une situation complexe ;
- assister ses subordonnés si les tâches et les buts sont bien définis ;
- favoriser la participation si ses subordonnés se fient uniquement à eux-mêmes lorsqu'ils prennent des décisions ;
- mettre l'accent sur les réalisations si ses subordonnés s'efforcent de donner un rendement élevé et témoignent une grande confiance à son endroit.

C. Le modèle décisionnel de Vroom et Yetton

Victor H. Vroom et Philip W. Yetton ont renouvelé la théorie de la contingence, et Arthur Jago l'a révisée en 1988. Le **modèle décisionnel de Vroom et Yetton** prévoit le partage des décisions à prendre entre le leader et ses subordonnés[39]. Les décisions peuvent être prises soit par le gestionnaire lui-même (autocratie), soit par voie de consultation, ou encore par les subordonnés, ceux-ci ayant toute latitude (démocratie). Ce modèle a été décrit au chapitre 4, à la sous-section « Le modèle de prise de décision en groupe » ; la figure 4.4 et le tableau 4.2 (voir la sous-section 4.3.1 à la page 147) en reproduisent les grandes lignes.

D. Le modèle situationnel de Hersey et Blanchard

Le **modèle situationnel de Paul Hersey et Kenneth H. Blanchard**[40] (appelé à l'origine la « théorie du cycle de vie ») repose sur l'idée que l'efficacité du leadership dépend de trois facteurs.

1) Le *niveau de préparation et d'empressement*, qui traduit la volonté et la capacité des subordonnés d'assumer plus de responsabilités et d'atteindre des objectifs ambitieux mais réalisables ainsi que leur désir de réussir.
2) La *conduite axée sur la tâche*, qui indique dans quelle mesure un leader veut organiser le travail des autres, définir leurs tâches et leur dire quoi faire, où, quand et comment.
3) La *conduite axée sur les relations humaines*, qui a un rapport avec l'aide fournie et la communication interpersonnelle.

Selon Hersey et Blanchard, le style de leadership (conduite axée sur la tâche et conduite axée sur les relations humaines) adopté par un gestionnaire dépend largement du degré de maturité de ses subordonnés. La situation de ce dernier est comparable à celle des parents, plus directifs lorsque leurs enfants sont jeunes et qui, à mesure que ceux-ci grandissent, interviennent de moins en moins.

www.changingminds.org/disciplines/leadership/styles/situational_leadership_hersey_blanchard.htm

5

La figure 11.9 résume sous forme de graphique la théorie de Hersey et Blanchard. Elle donne des indications sur la relation, le degré de préparation et d'empressement des subordonnés, et le style de leadership à adopter quand la conduite est axée sur la tâche et sur les relations humaines. La courbe représente le degré de préparation et d'empressement des subordonnés. Elle traverse de droite à gauche quatre styles de leadership se définissant comme une conduite :

1. très axée sur la tâche et les relations humaines ;
2. très axée sur la tâche et peu axée sur les relations humaines ;
3. peu axée sur la tâche et les relations humaines ;
4. très axée sur les relations humaines et peu sur la tâche.

On désigne ces quatre combinaisons, dans l'ordre, par S1 (direction), S2 (persuasion), S3 (participation) et S4 (délégation). Au bas de la figure est indiqué le degré de préparation et d'empressement des subordonnés, lequel peut varier de N1 à N4. À chaque niveau correspond un style défini de leadership. Un gestionnaire peut ainsi évaluer la maturité de ses subordonnés et choisir le style approprié à la situation.

Figure 11.9
Le modèle situationnel de Hersey et Blanchard

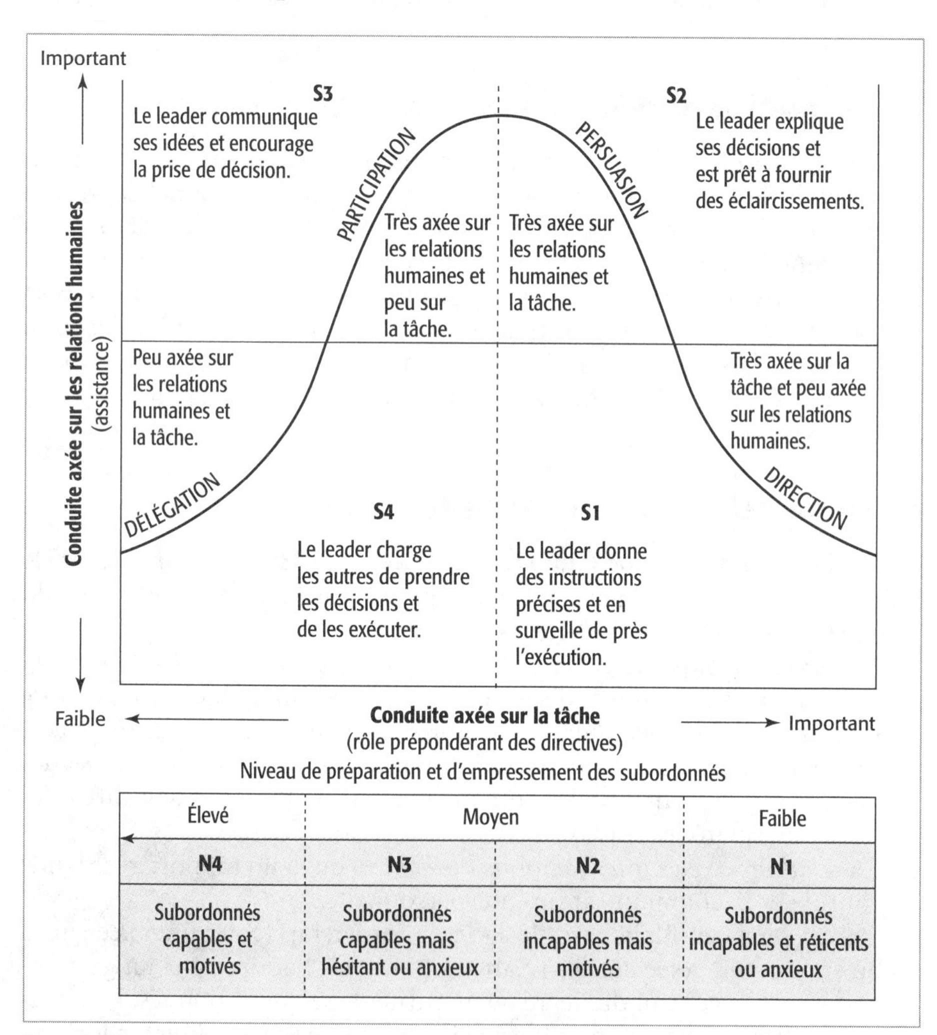

Source : Paul Hersey, et Kenneth H. Blanchard, *Management of Organizational Behavior : Utilizing Human Resources*, 6e éd., Englewood Cliffs (New Jersey), Prentice-Hall, 1993, p. 306. Reproduit avec la permission du Center for Leadership Studies, Escondido (Californie). Tous droits réservés.

Le niveau N1, par exemple, indique que les subordonnés ont de la difficulté à accomplir leurs tâches, de telle sorte qu'il faut les diriger avec soin. Leur leader optera donc pour le style S1 et leur dira quoi faire, mais les aidera peu. Le niveau N2 a un rapport avec les situations dans lesquelles les gens sont prêts à travailler, mais hésitent à assumer leurs tâches. Le style de leadership S2 est le plus indiqué dans ce cas, puisque le gestionnaire fournit alors des directives claires à ses subordonnés et leur prodigue des encouragements. Le niveau N3, par ailleurs, correspond à un degré de maturité plus élevé. Les subordonnés ont les capacités requises, mais manquent de confiance en eux. Leur supérieur adoptera donc le style S3 : il dirigera moins ses subordonnés, mais leur offrira de l'aide et des conseils, et nouera des liens solides avec eux. Le niveau N4, enfin, concerne des individus qui se dirigent et se motivent eux-mêmes, qui peuvent exécuter leurs tâches avec le minimum de supervision. Il correspond au style de leadership S4, dans lequel le gestionnaire confie une bonne partie de son travail à ses subordonnés et les laisse agir.

E. Une appréciation des théories situationnelles

Le tableau 11.4 à la page 444 décrit brièvement l'approche, les variables, les styles de leadership et les résultats auxquels aboutissent les quatre modèles situationnels définis plus haut. À l'instar des théories axées sur les traits de caractère, les théories situationnelles ont conduit les chercheurs à donner à leurs études une nouvelle direction qui paraît aujourd'hui être la bonne. Elles les ont obligés à écarter les réponses simplistes, à repousser l'idée qu'il existe quelque part un leader taillé sur mesure. En outre, elles les ont forcés à s'interroger sur leur efficacité en tant que leaders dans des situations précises.

11.3.4 La théorie du leadership transformationnel

Bon nombre d'auteurs croient que les dirigeants de l'avenir auront à élaborer un style de leadership qui amène l'organisation à devenir ce qu'elle doit être. On qualifie ce style de transformationnel.

A. La nature du leadership transformationnel

Selon le chercheur Bernard M. Bass, la plupart des leaders adoptent soit un style transactionnel, soit un style transformationnel. Le gestionnaire qui privilégie un **leadership transactionnel** maintient son organisation dans la voie qu'elle suit déjà, ce qui donne de faibles résultats. Il est attaché au passé. En revanche, celui qui exerce un **leadership transformationnel** amène ses subordonnés à se dévouer à un idéal, à envisager la réalité sous un angle nouveau. Bass affirme que le leader transformationnel devance l'avenir par ses procédés et son taux de rendement[41].

Le leader transformationnel « transforme » les membres de son organisation en les rendant plus conscients de l'importance de leurs tâches et en les aidant à transcender leurs intérêts personnels pour exécuter la mission de l'organisation. À la différence du leader transactionnel, qui vit dans le passé, il regarde vers l'avenir et tente d'introduire immédiatement des changements.

5

Tableau 11.4 Une comparaison des quatre modèles situationnels

MODÈLES	APPROCHES	VARIABLES SITUATIONNELLES	STYLES DE LEADERSHIP	RÉSULTATS
Théorie de la contingence de Fiedler	L'accent est mis sur l'importance de l'interaction des facteurs liés à l'environnement et des facteurs liés à la personnalité.	• Structure des tâches • Relations entre le leader et les membres du groupe • Pouvoir provenant de l'organisation.	• Style axé sur la réalisation de la tâche • Style axé sur les relations humaines	Le style du leader s'adaptera à la situation.
Approche de l'intégration successive des buts personnels d'Evans et House	Le gestionnaire indique à ses subordonnés la voie à suivre.	• Caractéristiques personnelles • Pressions exercées par l'environnement.	• Accent mis sur les réalisations. • Accent mis sur la direction. • Accent mis sur la participation. • Accent mis sur le soutien.	Un style de leadership axé sur le soutien ou la participation sera indiqué si les tâches à exécuter sont coutumières et simples, tandis qu'un leadership directif ou orienté vers les réalisations sera plus approprié si les tâches sont complexes.
Modèle décisionnel de Yetton et Vroom*	Le style de leadership est déterminé par la manière dont les décisions devraient se partager entre le leader et ses subordonnés.	• Il faut se poser huit questions au sujet du moment, de la qualité et de l'acceptation de la décision.	• Styles autocratiques I et II • Styles consultatifs I et II • Style collectif II (de groupe)	Le leader adoptera le style décisionnel qui s'accorde le mieux avec les réponses fournies aux huit questions posées.
Modèle situationnel de Hersey et Blanchard	Le leader évalue le degré de préparation et d'empressement des subordonnés.	• Niveau de préparation et d'empressement des subordonnés • Conduite du leader axée sur la tâche • Conduite du leader axée sur les relations humaines	• Délégation • Participation • Persuasion • Direction	Le leader s'efforcera d'adopter son style au degré de maturité de ses subordonnés.

* Pour une explication plus détaillée de ce modèle, voir la sous-section 4.3.1 à la page 147.

Notons que toutes les caractéristiques énumérées dans la section consacrée aux théories situationnelles s'appliquent aussi bien aux leaders transactionnels qu'aux leaders transformationnels. La conduite de ces deux types de leaders est plus ou moins axée sur la réalisation de la tâche et les relations humaines. Ces leaders amènent leurs subordonnés à intensifier leur rendement et à prendre part au processus décisionnel. Leurs visées peuvent toutefois différer grandement. Par exemple, un leader transactionnel et un leader transformationnel pourront tous deux confier des pouvoirs à un subordonné, mais pour des raisons différentes: dans le premier cas, ce sera pour le récompenser de son rendement, et dans le second, pour améliorer ses capacités[42].

B. Les qualités du leader transformationnel

Dans *Leaders: The Strategies for Taking Charge*, Warren Bennis et Burt Nanus distinguent quatre aptitudes essentielles pour exercer efficacement un leadership transformationnel[43]. Comme l'indique la figure 11.10, il s'agit de la capacité d'élaborer une vision, de la communiquer, de susciter la confiance et de se réaliser en ayant confiance en soi.

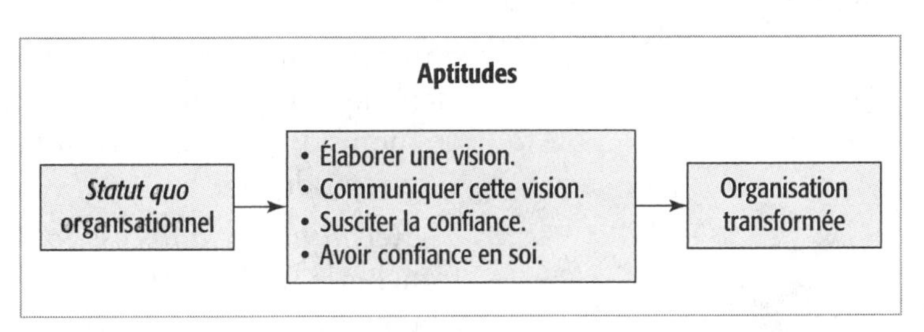

Figure 11.10
Les aptitudes liées au leadership transformationnel

www.pfdf.org/leaderbooks/l2l/spring99/bennis.html

www.kouzesposner.com/

Élaborer une vision séduisante. Les leaders transformationnels sont capables d'imaginer l'avenir. Ils en ont une vision, ce que James M. Kouzes et Barry Z. Posner appellent une « image idéale et unique de l'avenir »[44]. Le leader transformationnel peut définir un but ou un programme qui captivent l'imagination et amener ses subordonnés à les réaliser. La vision est importante parce qu'elle peut inspirer les individus et les stimuler à agir.

Faire partager sa vision aux autres. Le leader doit décrire sa vision de l'avenir à ses subordonnés de manière à susciter leur adhésion complète. Songeons ici au rêve décrit par Martin Luther King dans un discours que bon nombre d'experts en communication jugent des plus stimulants. À l'instar de Martin Luther King, un bon leader transformationnel rallie tout le monde à une cause commune, parle avec éloquence et pense véritablement tout ce qu'il dit[45].

Susciter la confiance. Le leader transformationnel doit gagner la confiance des gens. Celle-ci est essentielle au bon fonctionnement de l'organisation. Pour inspirer de la confiance, un leader doit non seulement rendre des comptes, mais aussi se montrer fiable. La confiance sert le travail, car elle contribue à l'établissement de rapports francs et honnêtes entre les individus[46]. Lorsqu'il y a des normes de rendement, les gens peuvent s'attendre à être évalués d'une manière juste et équitable[47].

Se réaliser en ayant confiance en soi. Le leader transformationnel se respecte, a confiance en lui et connaît ses points forts. Il compense ses faiblesses, s'applique consciencieusement à améliorer ses capacités, développe sans cesse ses talents et sait tirer un enseignement de ses échecs.

Voici quelques exemples de leaders transformationnels : Henry Ford, qui avait pour vision de produire des automobiles en série et à prix abordables ; le général George Patton, qui réforma la IIIe armée américaine ; Lee Iacocca, qui sauva Chrysler de la faillite et la remit sur la voie du succès ; Jan Carlzon, qui parvint à faire passer Scandinavian Air System (SAS) d'une perte de huit millions de dollars à un bénéfice de 71 millions de dollars en un peu plus d'un an[48]. On considère Jack Welch comme un leader transformationnel parce qu'il a su, grâce à des mesures radicales, faire passer la valeur boursière totale de Générale Électrique de 12 milliards de dollars en 1980 (ce qui en faisait alors la 11e société commerciale américaine en importance) à 375 milliards de dollars en 2004 (ce qui la place au 2e rang derrière Exxon Mobil)[49].

C. Le processus de transformation en trois étapes

Selon N.M. Tichy et M.A. Devanna, qui ont examiné la gestion de douze P.-D. G., la mise en œuvre du leadership transformationnel comporte trois étapes : 1) la reconnaissance de la nécessité d'un changement ; 2) l'élaboration d'une vision commune; et 3) l'institutionnalisation du changement[50]. Générale Électrique a suivi ce processus bien qu'elle ait donné à ces étapes des noms différents, à savoir la prise de conscience, l'élaboration d'une vision et le remodelage[51].

Reconnaître la nécessité d'un changement. La première étape que doit franchir le leader transformationnel consiste à reconnaître la nécessité d'un changement. IBM, Sears et General Motors, par exemple, ont eu beaucoup de difficulté à se réformer. En 1972, elles figuraient au nombre des plus grandes entreprises américaines concernant le rapport de la valeur boursière, laquelle s'établissait à 46,8 milliards de dollars pour IBM, à 23,2 milliards de dollars pour General Motors et à 18,2 milliards de dollars pour Sears Roebuck[52]. Elles comptaient en outre parmi les 20 premières sociétés commerciales du monde. En 2004, IBM se classait au 26e rang, General Motors, au 28e rang, et Sears, au 66e rang[53].

Dans *The Icarus Paradox*, Danny Miller affirme que plusieurs des organisations les plus prospères s'exposent à décliner parce qu'elles s'engagent sur une voie périlleuse où les attitudes, la politique et les événements sont autant de bombes à retardement qui peuvent anéantir tant les ventes que les bénéfices et même les réduire à la faillite. Ces organisations prennent l'habitude d'étendre et d'intensifier les stratégies auxquelles elles attribuent leur succès[54]. Peter F. Drucker, théoricien et expert-conseil dans le domaine de la gestion, affirme que toute organisation devrait tourner le dos au passé lorsqu'elle est florissante et non pas lorsqu'elle éprouve des difficultés[55].

N.M. Tichy et M.A. Devanna estiment que toute organisation devrait, pour éviter cette embûche, comparer ses résultats escomptés non seulement avec ceux qu'elle a obtenus l'année précédente, mais aussi avec ceux de concurrents répartis dans diverses parties du monde. Bref, les dirigeants devraient étudier les succès et les échecs d'autres entreprises. Tichy et Devanna leur conseillent également d'évaluer leurs résultats à l'aide d'indicateurs économiques comme le bénéfice par action, la part de marché et le rendement du capital investi ou de l'actif. Parmi les autres éléments à considérer figurent la satisfaction des clients, les nouveaux produits et la qualité des biens ou des services offerts par rapport à ceux des concurrents.

Élaborer une vision commune. Après avoir reconnu la nécessité d'un changement, le leader transformationnel doit se former une image de ce que son entreprise sera à l'avenir. Il lui faut ensuite amener les membres de son organisation à partager sa vision et les normes de rendement élevées qui doivent en faire partie. Les leaders transformationnels savent en effet exploiter au maximum les capacités du personnel de l'organisation et obtenir de celui-ci un rendement élevé. Ils doivent aussi donner l'exemple par leur assiduité au travail, par leur volonté de réussir et par la régularité de leurs efforts[56].

Institutionnaliser le changement. Pour que la situation évolue, le leader transformationnel doit s'assurer que l'on applique effectivement les réformes proposées. Il lui faut donc travailler avec un groupe partageant sa vision et prêt à abattre de la besogne. Selon le chercheur David A. Nadler, la mise en place d'un bon mécanisme de rétroaction est l'une des conditions essentielles pour provoquer des changements. Ainsi, au cours des périodes troubles de remaniement, les cadres supérieurs doivent élaborer divers mécanismes de rétroaction[57].

11.4 LES FEMMES ET LE LEADERSHIP

OBJECTIF 11.4

Confirmer que les femmes peuvent, aussi bien que les hommes, accéder à des postes de direction.

Auparavant, on associait le rôle de chef d'entreprise à un homme. On croyait à tort que les postes de leaders d'entreprise leur étaient réservés et que les femmes devaient jouer un rôle inférieur. Cette perception n'était certainement pas appuyée par une recherche scientifique. Il existe aujourd'hui des millions de postes de cadres occupés par des femmes, autant dans les entreprises privées que dans les entreprises publiques. En outre, plusieurs entreprises sont mises sur pied par des entrepreneures.

Durant les quelques dernières années, on a réalisé plusieurs études pour déterminer si le style de leadership des femmes était différent de celui des hommes. Les résultats de ces études révèlent que les femmes adoptent un style différent de celui de ces derniers. Leur approche est plus démocratique, plus participative et moins autoritaire que celle des hommes. Les femmes aiment encourager la participation et partager l'information. Elles sont intéressées à gérer au moyen de contacts personnels et de leurs habiletés en communications interpersonnelles[58]. Dans son ouvrage, *Le quotient féminin de l'entreprise*[59], Agnès Arcier distingue les qualités dites féminines (capacité d'écoute, recherche du consensus, pragmatisme, sens du partage, etc.) des qualités dites masculines (force, sens de la compétition, rationalité, etc.).

De 1981 à 2001, les chiffres concernant l'entrepreneuriat montrent un taux de croissance du nombre d'hommes entrepreneurs de 32 % au Québec et de 38 % au Canada alors que celui des femmes a été, respectivement, de 213 % et de 208 %. Toutefois, la proportion des femmes occupant des postes de direction dans les grandes sociétés commerciales demeure négligeable[60]. Le nombre des sociétés commerciales qui recrutent des administratrices augmente lui aussi, mais très lentement. En 2004, selon le palmarès FP500 du *Financial Post*, seulement 14,4 % des postes de principaux dirigeants des 500 plus grandes entreprises au pays étaient occupés par des femmes. Ce résultat représente une légère hausse par rapport à 14 % en 2002. Selon l'étude effectuée par Catalyst, une firme-conseil et de recherche qui assiste les entreprises intéressées à la promotion des femmes dans le milieu du travail, les femmes continuent à se heurter à des parois de verre qui les empêchent d'accéder à un poste de direction. Voici quelques statistiques[61] :

	2002	2004
Nombre de femmes P.-D. G.	13	19
Hauts salariés (%)	3,9	4,5
Haute direction (%)	6,7	7,1
Administrateurs (%)	11,2	11,2
Cadres principaux (%)	14,0	14,4
Cadres (%)	33,7	36,6
Population active (%)	46,1	46,6

5

La figure 11.11 présente quelques statistiques concernant la place des femmes dans le monde des affaires au Canada et aux États-Unis.

L'une des raisons de cette faible proportion de femmes occupant des postes importants dans les grandes sociétés est due en grande partie à la culture organisationnelle. Susan Black, vice-présidente de Catalyst, affirme « qu'il y a encore beaucoup de préjugés à l'encontre des femmes, notamment au sujet de leurs compétences et de leur capacité à assumer de telles fonctions ». Aux échelons inférieurs, bassin des candidates potentielles, les femmes œuvrent souvent dans des postes jugés moins stratégiques. En plus, les responsabilités familiales peuvent entraver leur ascension puisqu'elles assument encore la majorité des responsabilités familiales[62].

WWW
www.catalystwomen.org/

Faut-il en conclure que les femmes n'ont aucune aptitude en matière de leadership ? Pas du tout. Les manuels d'histoire prouvent que des femmes se sont distinguées à titre de leaders. Songeons, par exemple, à Florence Nightingale, à Jeanne-d'Arc, à l'ex-première ministre israélienne Golda Meir, à Jeanne Mance, à l'ex-première ministre britannique Margaret Thatcher et à l'ex-gouverneure générale du Canada Jeanne Sauvé. Plusieurs femmes occupèrent avec succès un poste de cadre dans le milieu des affaires parmi lesquelles : Meg Whitman, P.-D. G. de eBay ; Andrea Jung, présidente du conseil d'administration et P.-D. G. d'Avon Products ; Anne Mulcahy, présidente du conseil d'administration et P.-D. G. de Xerox ; Marjorie Magner, P.-D. G. de Global Consumer Group, Citigroup ; Oprah Winfrey, présidente du conseil d'administration, Harpo ; Anne Moore, P.-D. G., Time Warner[63]. Au Canada, les femmes reconnues par l'association torontoise Womens' Executive Network parmi les Top 100 Canada's Most

Figure 11.11
La place des femmes dans le monde des affaires

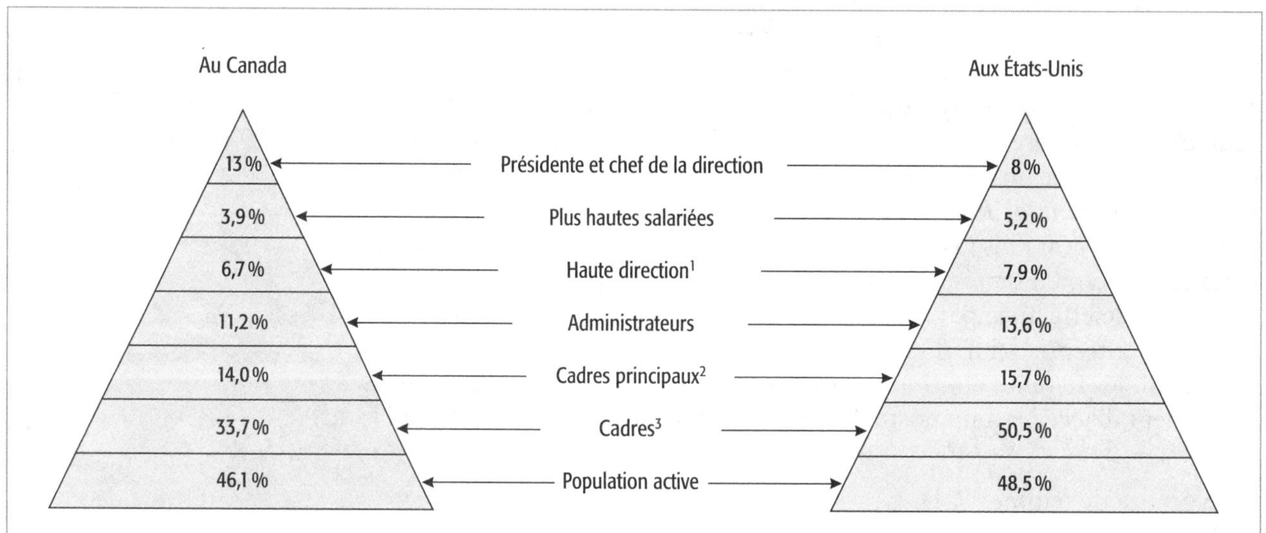

1. Président du conseil, président et chef de la direction, chef des opérations, président, vice-président principal.
2. Y inclus les membres de la haute direction jusqu'au directeur général.
3. Y inclus la haute direction, les cadres principaux et tous les cadres intermédiaires.

Source : Tiré de Pierre Théroux, « Les femmes de pouvoir sont encore rares », *Les Affaires*, 12 mars 2005, p. 5.

Powerful Women comprennent : Debrah Alexander, vice-présidente directrice, Banque de la Nouvelle-Écosse, Diane Bean, vice-présidente et directrice générale , Manuvie Financière ; Elizabetta Bigsby, première vice-présidente , Banque Royale du Canada ; Marylynne Campbell, vice-présidente, SNC-Lavalin Group inc. ; et Cynthia Carroll, P.-D. G., Alcan Primary Metal Group.

Même si les femmes ne représentent qu'une infime proportion des cadres, il faut retenir qu'elles ne sont aucunement inférieures aux hommes et possèdent les aptitudes requises en matière de leadership pour occuper un poste supérieur. Les aptitudes présentées dans ce chapitre concernent donc autant les femmes que les hommes.

www.wxnetwork.com/images/2004%20Award%20Winners.pdf pour la liste complète des femmes considérées comme les plus importantes au Canada

Évolution et transition — Le leadership

Dans son ouvrage, *Leadership,* Rudolph Giuliani, ancien maire de la ville de New York explique qu'il existe plusieurs façons de gérer une organisation. Ainsi, Franklin Roosevelt inspirait les foules par ses discours passionnants ; que dire aussi de Winston Churchill et de Douglas MacArthur, deux orateurs exceptionnels. Ronald Reagan était efficace grâce à son caractère fort, son authenticité et sa constance – les gens le suivaient parce qu'il leur inspirait une grande confiance[64].

Il n'y a donc pas un style de leadership particulier qu'un gestionnaire adopterait en toute occasion. Tel que la figure 11.12 le présente, depuis le début du siècle, nous avons vu apparaître différentes théories de leadership. D'abord, la théorie des traits de caractère indiquait que les leaders se différenciaient par le caractère, puis les théories axées sur le comportement suggéraient qu'un leader devrait se comporter d'une telle façon pour devenir efficace. Vers les années 1970, d'autres

Figure 11.12
Le leadership : évolution et transition

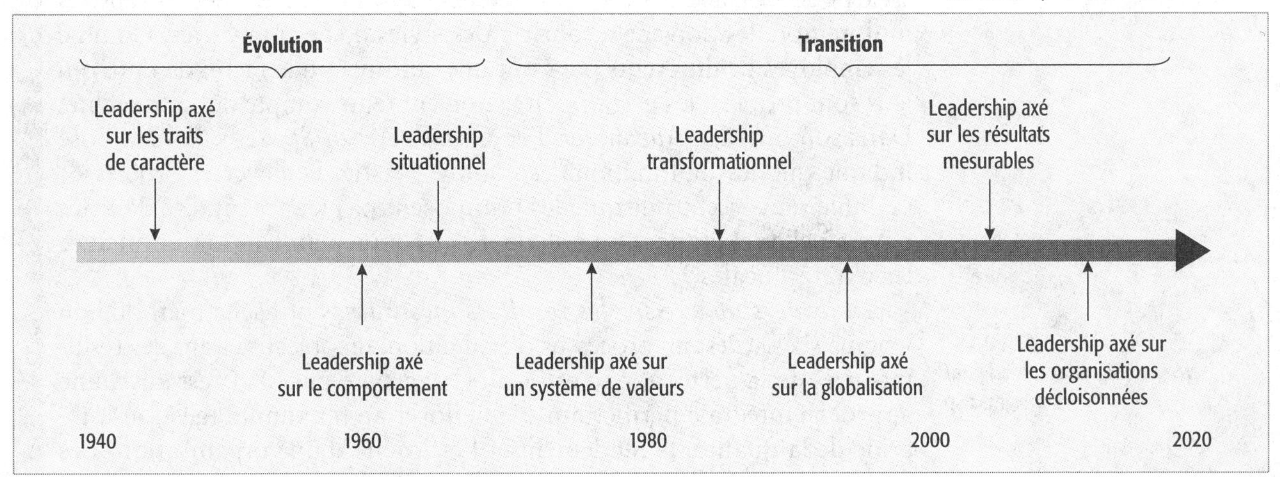

chercheurs indiquaient que les leaders devaient tenir compte de plusieurs variables pour déterminer comment ils devraient agir dans une situation particulière.

Le début des années 1980 a vu apparaître une gamme de styles de leadership qui peuvent rendre les dirigeants encore plus efficaces, et ces théories sont encore valides aujourd'hui. Ce sont les forces de l'environnement qui ont poussé les gestionnaires à adopter d'autres styles de leadership. La figure 11.12 montre, à la page 449, le leadership axé sur un système de valeurs, le leadership transformationnel, le leadership axé sur la globalisation, le leadership axé sur les résultats mesurables et le leadership axé sur les organisations décloisonnées.

Le *leadership axé sur un système de valeurs* repose sur les croyances et les normes d'une société ou d'une organisation. Vers le début des années 1980, les dirigeants d'entreprise devaient adopter une culture organisationnelle différente, car ils devaient faire face au défi japonais[65]. À ce moment-là, les dirigeants commencèrent à modifier leur approche et à introduire dans leur organisation des valeurs telles que la confiance, l'honnêteté, le désir d'aider les autres, le respect mutuel, l'initiative personnelle, la confiance, la transparence, etc. Comme on peut le constater dans une famille, les organisations qui ne possèdent ni valeurs ni normes communes auront de la difficulté à s'épanouir[66].

Le *leadership transformationnel* veut influencer les principaux changements de comportements, d'attitudes des membres de l'organisation et veut obtenir leur engagement à l'égard de la vision, de la mission, des objectifs et des stratégies de l'organisation[67]. Le leader transformationnel est capable de « transformer » les membres de son organisation en les rendant plus conscients de l'importance de leurs tâches et en les aidant à transcender leurs intérêts personnels pour exécuter la mission de l'organisation. Par exemple, les employés qui travaillent avec Robert Dutton de RONA et Alain Bouchard, d'Alimentation Couche-Tard, ont envie de travailler, car leurs leaders les conduisent à croire en ce qu'ils font et pas seulement à exécuter les tâches[68].

Puisque le monde se transforme en une société sans frontières, le *leadership axé sur la globalisation* incite les gestionnaires à adapter leur style de gestion à la culture de différents pays. Les leaders des entreprises multinationales doivent recourir à des styles de gestion variés. Comme les employés de différents pays ont une culture et une façon de faire qui leur sont propres, les gestionnaires doivent tenir compte de cette réalité. Dans son ouvrage *Alexander The Great's Art of Strategy*, Partha Bose indique que les multinationales comme Nestlé, Unilever et Procter & Gamble réussissent puisqu'elles n'imposent pas leur mentalité dans les pays où elles exploitent une filiale. Elles conjuguent leur ambition avec les réalités locales[69].

WWW
www.isixsigma.com/sixsigma/six_sigma.asp

Le *leadership axé sur les résultats mesurables* utilise la méthode du « sigma six ». C'est un processus d'évaluation, un objectif visant des résultats près de la perfection, c'est-à-dire, « zéro défaut »[70]. C'est aussi une approche intégrale permettant d'améliorer au maximum (gestion intégrale de la qualité) le rendement et l'efficacité d'une organisation. Les entreprises géantes qui ont adopté l'approche du « sigma six » sont, entre autres, Générale Électrique, Motorola, Allied Signal/Honeywell, Kodak, Bombardier, Dupont, Polaroid, Sony, Toshiba, Johnson & Johnson et Dow Chemical. L'approche « sigma six » comprend quatre étapes: mesurer, analyser, améliorer et contrôler. En 1996, Jack Welch, ancien P.-D. G. de Générale Électrique a introduit ce procédé en disant: « C'est la plus grande occasion pour la croissance, la rentabilité accrue, et la satisfaction individuelle des employés dans l'histoire de notre compagnie[71]. »

Le *leadership axé sur les organisations décloisonnées* est une approche consistant à lever les barrières séparant les unités organisationnelles internes et celles séparant l'organisation de ses partenaires externes. Cette approche démocratique permet aux employés de prendre des décisions et d'avoir accès à l'information nécessaire pour y parvenir. En 1989, Jack Welch utilisa cette approche chez Générale Électrique et en fit l'une des plus admirées en Amérique du Nord.

Révision du chapitre

11.1 La nature du leadership. La direction est le processus par lequel un gestionnaire utilise ses capacités en matière de leadership, de motivation et de communication pour amener ses subordonnés à réaliser les objectifs du groupe. Il faut distinguer entre le *gestionnaire leader* et le *gestionnaire non-leader*. Le second se borne à appliquer des règles et à bien faire les choses, alors que le premier inspire et influence ses subordonnés grâce à ses aptitudes de communication et aux bonnes initiatives qu'il s'efforce de prendre. Les qualités essentielles du bon leader sont une perspicacité créative, la sensibilité, la capacité d'élaborer une vision de l'avenir, la souplesse, la capacité d'amener les gens à se concentrer sur un objectif et la patience. Les notions de pouvoir, d'exercice de l'influence, d'autorité et de suiveur sont étroitement liées au concept de leadership. Le *pouvoir* est la capacité d'influencer le comportement d'un individu ou d'un groupe. Il peut provenir de deux sources, soit du poste occupé (pouvoir légitime, pouvoir de la récompense et pouvoir coercitif), soit des caractéristiques personnelles d'un individu (pouvoir lié à la compétence et pouvoir charismatique). L'*exercice d'une influence* implique que l'on prenne des initiatives ou que l'on donne l'exemple, ce qui orientera, directement ou non, la conduite des autres dans l'une ou l'autre direction. Quant à l'*autorité*, elle représente le droit légitime du titulaire d'un poste de commander d'autres individus. Enfin, les *suiveurs*, ou subordonnés, déterminent si une personne devrait être reconnue en tant que leader. On a effectué de nombreuses études pour mettre en évidence les qualités que les gens cherchent chez un leader. Ces caractéristiques sont, entre autres, l'intégrité, la compétence, l'inspiration, le courage et la capacité de définir une orientation.

11.2 Les styles de leadership. On distingue cinq styles de leadership : 1) le *style autocratique*, pratiqué par le gestionnaire qui prend toutes les décisions ; 2) le *style paternaliste*, caractérisant le gestionnaire qui garantit la sécurité financière de ses subordonnés à la condition qu'ils lui obéissent; 3) le *style démocratique*, employé par le gestionnaire qui fait participer ses subordonnés au processus décisionnel; 4) le *style collégial*, propre au leader qui considère ses subordonnés comme des collègues; 5) le *style nonchalant*, qui est celui du gestionnaire indifférent aussi bien au travail qu'à ses subordonnés.

11.3 Les théories du leadership. On peut répartir les théories du leadership en quatre catégories: 1) les *théories axées sur les traits de caractère* (ou théories des grands hommes), qui dressent un portrait-robot du bon leader; 2) les *théories axées sur le comportement*, selon lesquelles un leader n'a pas à adapter sa conduite à la situation pour être efficace; 3) les *théories situationnelles*, qui posent que seul le leader flexible et capable de modifier son style de gestion peut satisfaire aux exigences de la situation; 4) la *théorie du leadership transformationnel*, qui se rattache à la capacité de transformer une vision en réalité.

Les plus populaires des théories axées sur le comportement sont:

- les *théories X et Y* de Douglas McGregor, qui se rapportent à l'idée qu'un gestionnaire se forme grâce à ses subordonnés, la théorie X correspondant à une image négative et la théorie Y, à une image positive;
- la *théorie des quatre systèmes* de Rensis Likert, qui définit des systèmes de gestion fondés sur l'exploitation et l'autoritarisme, sur la bienveillance et l'autoritarisme bienveillant, sur la consultation et la participation;
- la *théorie du continuum des styles de leadership* de Robert Tannenbaum et Warren H. Schmidt, qui associe les caractéristiques du gestionnaire, celles de ses subordonnés et les divers types de situations;
- la *grille de gestion* de Robert R. Blake et Jane S. Mouton, qui établit un lien entre les styles de leadership et l'intérêt porté soit à l'aspect humain, soit à la production, soit aux deux à la fois. Cette théorie reconnaît différents styles de leadership: contrôlant, accommodant, *statu quo*, nonchalant, paternaliste et opportuniste.

Les principales théories situationnelles sont:

- la *théorie de la contingence* de Fred E. Fiedler, qui se fonde sur l'idée que l'efficacité d'un leader dépend du pouvoir provenant d'une source organisationnelle, de la structure des tâches et des relations entre ce leader et les membres de son groupe;
- l'*approche de l'intégration successive des buts personnels* de Martin Evans et Robert House, selon laquelle un leader doit montrer clairement la voie à suivre pour atteindre les objectifs, supprimer en tout ou en partie les obstacles qui empêchent leur réalisation et fournir à ses subordonnés la possibilité d'obtenir une satisfaction personnelle;
- le *modèle décisionnel* de Victor H. Vroom et Philip W. Yetton, selon lequel un gestionnaire peut améliorer la prise de décision, notamment en faisant participer ses subordonnés au processus décisionnel;
- le *modèle situationnel* de Paul Hersey et Kenneth H. Blanchard, qui repose sur l'idée que l'efficacité du leadership dépend de trois facteurs: le degré de maturité des subordonnés ou suiveurs, l'attitude du leader à l'égard de la tâche et son attitude à l'égard des relations humaines.

Les *leaders transformationnels* parviennent à orienter leur organisation vers un avenir où les procédés et le taux de rendement seront probablement tout autres. Ils sont capables d'élaborer une vision, de la communiquer, de susciter la confiance et, du fait de leur grande confiance en eux, de s'accomplir en tant qu'individus. Pour transformer une organisation, il faut tout d'abord reconnaître la nécessité d'un changement, puis élaborer une vision commune et, enfin, institutionnaliser le changement.

11.4 Les femmes et le leadership. Les femmes occupant des postes de direction sont moins nombreuses qu'elles ne devraient l'être en proportion de la main-d'œuvre féminine, mais cette situation ne signifie pas que les femmes manquent d'aptitudes en matière de leadership. Au contraire, celles occupant des postes de commande sont tout aussi efficaces et solides que leurs collègues masculins.

Concepts clés

Autorité (*authority*) page 423
Exercer une influence (*influencing*) page 422
Gestionnaire autocratique (*autocratic style*) page 425
Gestionnaire collégial (*collegial style*) page 427
Gestionnaire démocrate (*democratic style*) page 426
Gestionnaire leader (*manager-leader*) page 420
Gestionnaire non-leader (*manager-non-leader*) page 419
Gestionnaire partisan du laisser-faire (*laisser-faire style*) page 427
Gestionnaire paternaliste (*paternalistic style*) page 426
Grille de gestion (*managerial grid*) page 435
Leadership (*leadership*) page 418
Leadership altruiste (*altruistic leadership*) page 427
Leadership transactionnel (*transactional leadership*) page 443
Leadership transformationnel (*transformational leadership*) page 443
Modèle décisionnel de Vroom et Yetton (*leadership decision model*) page 441
Modèle de l'intégration successive des buts personnels (*path-goal model*) page 439
Modèle situationnel de Paul Hersey et Kenneth H. Blanchard (*situational leadership model*) page 441
Pouvoir (*power*) page 421
Pouvoir charismatique (*referent power*) page 422
Pouvoir coercitif (*coercive power*) page 422
Pouvoir de la compétence (*expert power*) page 422
Pouvoir de la récompense (*reward power*) page 422
Pouvoir légitime (*legitimate power*) page 421
Style de leadership (*leadership style*) page 424
Théorie axée sur le comportement (*behavioural theory*) page 431
Théorie axée sur les traits de caractère (*traitist theory*) page 430
Théorie de la contingence (*contingency theory*) page 437
Théorie des quatre systèmes (*four systems of management*) page 432
Théorie du continuum des styles de leadership (*leadership continuum*) page 434
Théorie situationnelle (*situational theory*) page 437
Théorie X (*theory X*) page 432
Théorie Y (*theory Y*) page 432

5

Développer vos compétences en gestion

Questions de révision

1. En quoi le gestionnaire leader diffère-t-il du gestionnaire non-leader? page 419
2. Montrez l'importance, pour un leader, de posséder les qualités suivantes:
   a) une perspicacité créative; page 421
   b) la capacité d'élaborer une vision; page 421
   c) la souplesse. page 421
3. Quelle différence y a-t-il entre le pouvoir provenant du poste occupé et le pouvoir personnel? page 421
4. Faites la distinction entre le pouvoir et l'exercice de l'influence. page 422
5. Énumérez les qualités que les gens recherchent chez un leader. page 424
6. Décrivez les cinq styles de leadership. page 424
7. Quel est le but poursuivi par les tenants des théories du leadership axées sur les traits de caractère? page 430
8. Expliquez les théories du leadership axées sur le comportement énumérées ci-dessous:
   a) la théorie X et la théorie Y de McGregor; page 431
   b) la théorie du continuum des styles de leadership de Tannenbaum et Schmidt; page 434
   c) la grille de gestion de Blake et Mouton. page 435
9. Décrivez dans vos mots la théorie de Fiedler. page 437
10. Quelle est l'utilité de la théorie de Fiedler aujourd'hui? page 439
11. Que poursuivaient Martin Evans et Robert House en élaborant le modèle de l'intégration successive des buts personnels? Quel lien peut-on établir entre cette approche et la théorie du résultat escompté présentée au chapitre 10 (voir la section 10.3 à la page 397)? page 439
12. Expliquez dans vos mots le modèle situationnel de Hersey et Blanchard. page 441
13. Quelle différence faites-vous entre un leader transactionnel et un leader transformationnel? page 443
14. Quelles sont les principales aptitudes du leader transformationnel? page 444
15. Quelle différence y a-t-il entre le style de leadership des femmes et celui des hommes? page 447

Sujets de discussion

1. Croyez-vous que les aptitudes en matière de leadership sont innées et doivent-elles être acquises? Justifiez votre réponse.
2. Comment deux leaders peuvent-ils être efficaces en adoptant chacun un style distinct?
3. Peut-on utiliser le style de leadership des Japonais dans le contexte nord-américain? Expliquez votre réponse.

Naviguer dans Internet

www.dlgl.com/PAGEPRINCIPALE.htm

- **Exercice pratique : La société D.L.G.L.**

Au Canada, plusieurs P.-D. G. exercent une influence positive tant au niveau de leur entreprise qu'au niveau de leur secteur. Jacques Guénette, P.-D. G. de D.L.G.L. est l'un d'entre eux. Visitez le site Web de la D.L.G.L. (www.dlgl.com/PAGEPRINCIPALE.htm) et cliquez sur « D.L.G.L. dans les nouvelles » pour ensuite lire quelques articles des années 2005, 2004 et 2003, et répondez aux questions suivantes.

1. Décrivez le style de leadership de Jacques Guénette.
2. D'après-vous, qu'est-ce qui a influencé le plus l'approche de leadership de M. Guénette?
3. Dites pourquoi M. Guénette adopte un style de leadership transformationnel.

- **Recherche sur le thème « Le leadership »**

Cherchez le site Web d'une entreprise qui informe sur sa mission, ses objectifs et valeurs ainsi que sur l'approche des cadres supérieurs en matière de gestion et leur style de leadership. Expliquez comment la mission, les objectifs et les valeurs de l'entreprise influent sur le style de leadership des gestionnaires.

EXERCICE

Choix d'un leader

Choisissez trois gestionnaires (leaders) avec lesquels vous avez déjà travaillé (dans un emploi à temps partiel ou un emploi d'été, dans des activités parascolaires, à titre de bénévole, etc.). Indiquez ce qui vous a plu et ce qui vous a déplu dans le style de gestion et la personnalité de chacun d'entre eux. Répondez ensuite aux questions suivantes.

1. Quels étaient les objectifs de chacun? Quel gestionnaire a été le plus efficace? Pourquoi?
2. Quel style de leadership a été ou aurait été le plus efficace dans chacune des organisations concernées?
3. Quel style de leadership avez-vous préféré? Pourquoi?
4. Le leader le plus efficace était-il celui que vous avez le plus apprécié? Pourquoi?

Étude de cas

▶ ENTREPRISE

Parteck ltée

Filiale en propriété exclusive d'un vaste conglomérat canadien, Parteck fabrique des produits grâce à des techniques de pointe et les vend sur le marché. L'entreprise emploie 150 personnes, dont 112 travaillent à la production, 22 à la commercialisation, 6 aux finances et 10 aux ressources humaines. Le schéma ci-dessous présente l'organigramme de l'entreprise.

Schéma 11.7

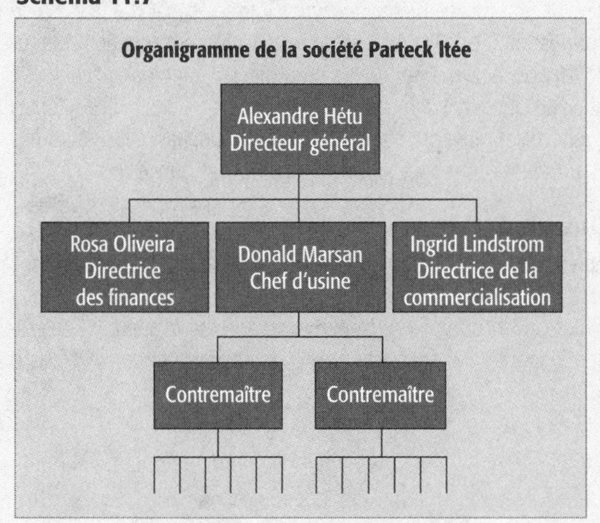

En août 2004, Donald Marsan a été nommé chef d'usine à la société Parteck. Entré au service de l'entreprise en 1987 comme machiniste, il est devenu chef de section deux ans plus tard, puis contremaître, en 1996. Lorsque le poste de chef d'usine est devenu vacant en juin 2004, Alexandre Hétu, le directeur général de la société, a rencontré une demi-douzaine de candidats de l'extérieur ainsi que les deux contremaîtres de l'usine. Après mûre réflexion, il a offert ce poste à Donald Marsan. Plusieurs éléments ont influencé sa décision. Donald Marsan comptait 17 années de service et avait toujours fourni un excellent rendement. Il était en outre estimé de ses collègues et de ses subordonnés. Enfin, il connaissait très bien les affaires de l'entreprise.

Un an après sa nomination, Donald Marsan n'était plus aussi productif. Au cours d'un déjeuner en compagnie de Benoît Caron, le directeur des ressources humaines, Alexandre Hétu lui a confié:

«Je ne sais vraiment pas ce qui est arrivé à Donald Marsan depuis qu'il est chef d'usine. Ça ne va pas du tout. La semaine dernière encore, je l'ai vu occupé à réparer une machine avec certains de ses anciens collègues. Durant la même journée, Ingrid Lindstrom m'a appelé pour m'informer qu'une commande avait été expédiée à un client avec six jours de retard. Nous avons failli perdre ce client, et ce n'est pas la première fois que cela se produit.

«Il y a trois mois, j'ai reçu du siège social des instructions précises devant nous permettre d'améliorer l'efficacité de l'usine et d'économiser 700 000 $ par année. Donald les a examinées en détail et en a parlé à plusieurs reprises avec ses contremaîtres. Pourtant, la semaine dernière, lorsque je lui ai demandé quand il apporterait les modifications suggérées, il m'a répondu qu'il les étudiait encore et qu'il n'était pas convaincu que ce serait la meilleure chose à faire. Les dirigeants du siège social veulent des résultats concrets. Si je ne peux pas compter sur Donald pour les obtenir, je devrai le remplacer. Je ne vois pas d'autre solution.»

Benoît Caron lui a fait remarquer que Donald Marsan était très intelligent, qu'il savait faire fonctionner l'usine et qu'il travaillait beaucoup et efficacement. Selon lui, ce serait une erreur de le remplacer.

Questions

1. Décrivez le style de leadership d'Alexandre Hétu et de Donald Marsan.
2. Donald Marsan et Alexandre Hétu devront-ils nécessairement changer leur style s'ils veulent être efficaces?
3. À la place de Benoît Caron, que feriez-vous?

Étude de cas

EN MANCHETTE : NISSAN[72]

Nissan s'affiche !

www.nissanmotors.com

Il y a cinq ans, Nissan était en sérieuse difficulté, presque au bord de la faillite. C'est alors qu'est arrivé un homme qui a permis à l'entreprise d'effectuer un redressement spectaculaire. Les Montréalais ont eu l'occasion de le rencontrer en personne samedi dernier, alors qu'il était de passage au Salon international de l'auto, dont il aura été l'une des grandes vedettes cette année.

D'ascendance libanaise, Carlos Ghosn (prononcez Gône) est né au Brésil, a étudié en France et habite maintenant à Tokyo, d'où il dirige Nissan. « Je suis un citoyen du monde dont les appartenances se sont additionnées », répond-il simplement quand on lui demande à quelle culture il s'identifie dorénavant. Il détient cependant la nationalité française, et Renault l'a nommé à la présidence de Nissan après en avoir acquis un bloc de contrôle en 1999.

C'était la première fois qu'un étranger accédait à la direction d'un grand constructeur automobile japonais. Pour Renault, le pari était risqué. Si Carlos Ghosn manquait son coup, ce n'est pas seulement Nissan qui était menacée de couler à pic. Dans les années 1990, le constructeur avait connu sept années déficitaires sur huit, et sa dette dépassait les 25 milliards de dollars (G$). De plus, Honda lui avait ravi le titre de troisième constructeur japonais. Aujourd'hui, Nissan est de retour au deuxième rang (derrière Toyota), et on salue l'audace et la détermination du nouveau P.-D. G. Cette année encore, *Business Week* l'a inscrit à son palmarès des meilleurs gestionnaires.

Le credo du grand manager

« L'essence du management, c'est de réussir à marier les contraires et de faire vivre harmonieusement les différences », dit Carlos Ghosn en commentant l'attitude qui a été la sienne durant ces quatre années pas toujours faciles. Pour survivre, Nissan devait passer par un régime minceur. « Il me fallait absolument motiver les troupes tout en procédant à la fermeture d'usines. Au bout de trois mois, les gens ont vu que mon plan était crédible et ils ont accepté de me suivre, des employés aux fournisseurs en passant par les banquiers et les consommateurs. » Et il ajoute : « Les vrais managers sont ceux qui transforment les réalités. »

Chose certaine, Carlos Ghosn a transformé Nissan. La marque était réputée fiable mais ennuyeuse. Il a engagé des designers de pointe qui ont permis, par exemple, le lancement de véhicules étonnants comme le Murano, et la revitalisation de la légendaire Z. Il a aussi repris l'offensive en présentant plusieurs nouveaux modèles : 23 en 2003 pour les marchés stratégiques de l'Europe, du Japon, du Mexique et de l'Amérique du Sud. Et il a remis de l'ordre dans la maison en insistant sur un strict contrôle des coûts. Résultat ? Nissan fait de nouveau des profits, qui se sont élevés à 6 G$ pour l'exercice financier 2002-2003. « Nissan n'a pas encore atteint son plein potentiel, dit-il. J'espère que nous aurons encore grandi avant que je prenne ma retraite. »

Une place pour le Québec ?

Pour y parvenir, Nissan devra faire encore meilleure figure aux États-Unis. M. Ghosn en est bien conscient, ce qui explique ses efforts redoublés au cours des dernières semaines. Avant Montréal, il s'est présenté au grand Salon de Détroit. « Une entreprise mondiale doit connaître le succès dans ce marché, le plus gros, le plus profitable, mais aussi le plus compétitif de la planète. »

Nissan possède déjà des usines d'assemblage au Mexique et aux États-Unis. On lui prête l'intention d'en ouvrir au Canada, qui compte pour 5 % de ses ventes en Amérique du Nord. Carlos Ghosn en veut davantage ; il associe même une future implantation au Canada à cette progression. Dans l'immédiat, ce sont les fournisseurs de pièces et de services d'ici qui pourraient en profiter. Quant à une éventuelle usine au Québec, il demeure stratégiquement prudent. « Les autorités québécoises nous ont approchés, et pourquoi pas ? Nous sommes assurément l'entreprise japonaise la plus francophile ! »

Question

Après sept années déficitaires sur huit, l'entreprise Nissan a réussi à faire de nouveau des profits. Si vous aviez à donner des conseils à Carlos Ghosn, que lui suggéreriez-vous concernant l'approche de gestion à adopter par ses gestionnaires pour que l'entreprise dépasse Toyota ?

PARTIE

6

LA GESTION DU CONTRÔLE ORGANISATIONNEL

Chapitre 12

Le contrôle organisationnel

Chapitre 13

La communication et la gestion de l'information

La fraude appréhendée commise par Norbourg Gestion d'actifs pourrait dépasser les 100 M$. Ce montant confirme l'ampleur de la perte que subiront malheureusement des milliers d'investisseurs québécois qui avaient confié leur épargne à cette firme. La firme mandatée par l'Autorité des marchés financiers (AMF) pour administrer Norbourg tout le long de l'enquête envisage la possibilité que les sommes investies par certains épargnants n'aient même pas été versées dans les fonds[1.a)].

Comment est-il possible de commettre un telle fraude au Québec alors qu'il existe des organismes comme l'AMF, des moyens de contrôle sophistiqués, des systèmes d'information de gestion efficaces et toutes sortes de réglementations provinciales ? Que doivent faire les autorités des marchés financiers pour que de telles malversations ne se répètent pas ? Au chapitre 12, « Le contrôle organisationnel », nous examinerons le contrôle en tant que fonction de gestion, désignerons les responsables du contrôle et étudierons les éléments à prendre en compte dans l'établissement d'un système de contrôle et les étapes à suivre pour mettre en place un système de contrôle efficace. L'annexe au chapitre 12 examine les différents outils de contrôle.

Au chapitre 13, « La communication et la gestion de l'information », nous examinerons deux grands thèmes. Le premier concerne la communication et le second porte sur la gestion de l'information et les systèmes d'information de gestion.

Chapitre 12
Le contrôle organisationnel

Objectifs du chapitre

Après avoir lu ce chapitre, vous devriez pouvoir:

1. expliquer le concept de contrôle et son importance;
2. énumérer les éléments à prendre en considération dans l'établissement d'un processus de contrôle efficace;
3. décrire les principales étapes du processus de contrôle;
4. distinguer les divers types de contrôle;
5. décrire les caractéristiques d'un bon système de contrôle;
6. expliquer pourquoi certains individus s'opposent aux systèmes de contrôle et comment les amener à les accepter;
7. décrire les différents outils de contrôle tels que le centre de responsabilité, la gestion par exceptions, le contrôle budgétaire, le contrôle financier, le contrôle des opérations et la vérification.

Défi lancé aux gestionnaires ☞ par Santé Canada

Les programmes fédéraux de prestations pharmaceutiques, par le truchement desquels Ottawa investit plus de 430 millions de dollars par an, se sont retrouvés sous la loupe du Bureau du vérificateur général du Canada. Selon son rapport, les ministères et les organismes fédéraux n'ont toujours pas saisi les « occasions connues » de réaliser des économies et de limiter les coûts des médicaments délivrés sur ordonnance payés à un million de Canadiens, aux anciens combattants, aux prisonniers des pénitenciers, en passant par les membres des forces armées, de la GRC et des Premières nations.

« Il en résulte que le gouvernement paye chaque année des dizaines de millions de dollars en trop pour les médicaments remboursables », avance Mme Fraser, la vérificatrice générale du Canada, soulignant au passage que les dépenses pharmaceutiques ont ainsi augmenté de 25 % au cours des deux dernières années. Dans le cas des médicaments utilisés pour traiter l'ulcère de l'estomac, par exemple, la vérification a révélé que trois programmes fédéraux de prestations pharmaceutiques ont versé un total de plus de 17 millions de dollars... au lieu de 4 millions de dollars. Parmi les abus observés, les vérificateurs remarquent que le nombre de bénéficiaires de Santé Canada, qui consomment au moins 50 médicaments au cours d'un trimestre, a presque triplé en cinq ans. De plus, des centaines de bénéficiaires ont obtenu au moins deux narcotiques grâce à des ordonnances multiples, délivrées dans certains cas par « plus d'une dizaine de médecins et de pharmaciens ». « C'est la troisième fois que nous soulevons ces questions auprès de Santé Canada, a déclaré Mme Fraser. C'est inacceptable qu'il n'y ait pas eu davantage d'action[1.b)]! »

Les prestations pharmaceutiques examinées à la loupe

WWW

www.hc-sc.gc.ca
pour la mission et les différents programmes administrés par Santé Canada

www.oag-bvg.gc.ca
pour consulter le dernier rapport annuel du Bureau du vérificateur général du Canada ainsi que certaines méthodes de vérification

Survol du chapitre

Pour quelles raisons les ministères et les organismes fédéraux ne semblent-ils pas suivre les politiques et les procédures écrites ? Pourquoi les gestionnaires de ces organisations ne semblent-ils pas intéressés à réaliser les économies et à limiter les coûts des médicaments délivrés sur ordonnance ? Que doivent faire les responsables des programmes fédéraux de prestations pharmaceutiques pour éviter les abus de médicaments ? Ce sont là quelques-unes des questions auxquelles tente de répondre ce chapitre.

Tel que nous l'avons vu au chapitre 5 (voir la sous-section 5.4.1, « Les étapes de planification » à la page 189), il est important pour une organisation désirant réussir la mise en œuvre de ses stratégies (voir l'étape 6 à la figure 5.7, à la page 189) que ses gestionnaires mettent en place diverses méthodes déterminant si les stratégies ont réussi. Les membres du conseil d'administration et les cadres supérieurs (le P.-D. G. et le comité de direction) doivent évaluer leur organisation en tenant compte des points de contrôle stratégiques afin d'apprécier son rendement.

La fonction de contrôle est la dernière du processus de gestion, mais elle a autant d'importance que les fonctions de planification, d'organisation et de leadership. En effet, il serait absurde de planifier l'avenir tout en refusant de connaître les résultats de son action. Pourquoi les gestionnaires se donneraient-ils la peine d'organiser le travail s'ils devaient ignorer les réalisations de leurs subordonnés ou l'efficacité des structures organisationnelles en place ? De même, pourquoi changeraient-ils leur style de leadership s'ils étaient assurés que le comportement de leurs subordonnés ne s'améliorerait pas ensuite ? La planification, l'organisation et le leadership ne mèneraient à rien si les gestionnaires et leurs subordonnés devaient toujours ignorer quel est leur rendement.

La sixième et dernière partie de cet ouvrage, « La gestion du contrôle organisationnel », comprend deux chapitres et une annexe. Ce chapitre explique le concept de contrôle et son importance ainsi que les principaux éléments à prendre en considération dans l'établissement d'un processus de contrôle. Il en décrit les principales étapes ainsi que les différents types de contrôle. La fin du chapitre et l'annexe décrivent les différents outils de contrôle tels que le centre de responsabilité, la gestion par exceptions, le contrôle budgétaire, le contrôle financier, le contrôle des opérations, la vérification, la technique d'évaluation et de révision des programmes, l'ordonnance des activités, l'analyse du seuil de rentabilité, les méthodes du choix d'investissement, la méthode de l'arbre de décision et la recherche opérationnelle.

Le chapitre 13 décrit le processus de la communication et explique en quoi consistent les canaux et les réseaux de la communication ainsi que les obstacles à la communication, et indique les moyens de les surmonter. La deuxième section du chapitre définit la nature de l'information de gestion et décrit l'utilisation des ordinateurs pour la recueillir. Elle explique aussi les différents systèmes d'information de gestion et en quoi l'informatique a transformé la collecte des données et la prise de décision en gestion.

La fonction de contrôle joue un rôle essentiel dans le processus de gestion parce qu'elle permet de garder les activités en main, c'est-à-dire de coordonner toutes les opérations de l'entreprise. En l'absence d'un contrôle, les opérations sont à la merci des événements.

Au chapitre 1, nous avons défini la gestion (voir la section 1.3 à la page 11) comme un processus comportant quatre fonctions liées entre elles (planification, organisation, leadership et contrôle). La figure 12.1 illustre le caractère dynamique de la gestion.

Figure 12.1
Le processus de gestion

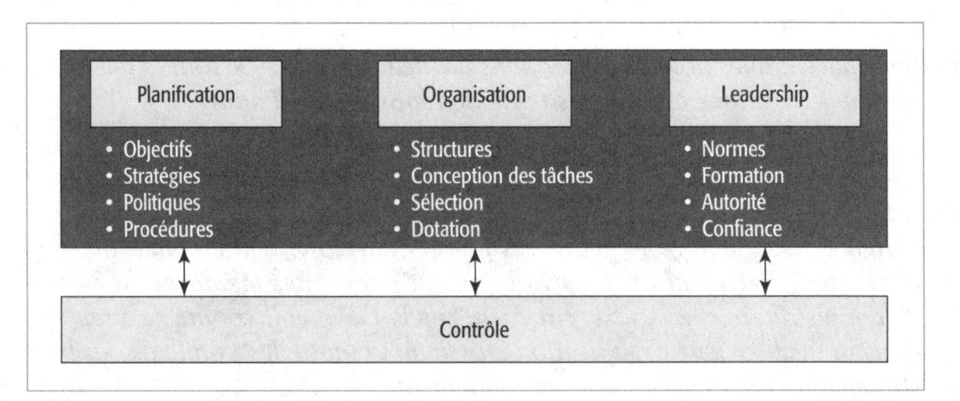

6

Comme le montre cette figure, la planification débouche sur une orientation au moyen d'objectifs et de plans, tandis que le contrôle, qui fait appel à des directives et à des procédures, permet d'établir si l'on s'est écarté de la ligne tracée. Le lien qui unit la planification et le contrôle est tellement étroit qu'on les appelle souvent les siamois de la gestion[2]. Nul doute que les gestionnaires de Santé Canada définissent des objectifs, des stratégies, des politiques, des plans opérationnels et des budgets de fonctionnement détaillés. Toutefois, comme l'indique le rapport de la vérificatrice générale sur la façon dont le Ministère administre les programmes de prestations pharmaceutiques, certains des objectifs et des plans n'ont pas été réalisés, et les budgets n'ont pas été suivis.

L'organisation et le contrôle sont également assujettis l'un à l'autre. Comme nous l'avons vu dans la quatrième partie de cet ouvrage, l'aménagement des structures organisationnelles et la dotation jouent un rôle clé dans la réalisation des objectifs et des plans d'un organisme. Or, les mécanismes de contrôle aident les gestionnaires à déterminer si la structure de l'organisation et la définition des tâches sont satisfaisantes, si la communication entre les unités et entre les individus est bonne, si le titulaire d'un poste a les aptitudes requises pour l'occuper et si chacun contribue à réaliser les plans.

Le leadership est lui aussi lié au contrôle, puisqu'il faut vérifier si les gestionnaires peuvent amener leurs subalternes à conserver ou à adopter le comportement permettant d'obtenir les résultats souhaités. Le contrôle aide à déterminer si les employés ont l'autorité nécessaire pour prendre des décisions, s'ils ont une formation et une expérience convenables, et si le style de leadership exercé permet de réaliser la mission et les objectifs de l'organisation. Selon une étude portant sur 688 employés des secteurs public et privé au sujet de leurs 138 dirigeants, les répondants ont généralement donné une bonne note à leurs patrons, mais tout en soulignant leurs principales faiblesses. Ils leur reprochaient de ne pas leur donner de rétroaction régulièrement et de ne pas les aider suffisamment à se développer[3]. Ce type d'étude fournit aux cadres supérieurs des indications sur le style de leadership à adopter. Autrefois, on considérait qu'exercer le contrôle équivalait à faire le gendarme. Les structures organisationnelles et les styles de leadership ont évolué de façon telle que le contrôle fait aujourd'hui partie intégrante du travail de gestion. Qui plus est, de nos jours, le contrôle doit non pas être imposé aux employés, mais plutôt exercé conjointement avec eux. Il doit en outre viser à rendre leur travail plus intéressant, plus valorisant et plus productif.

Pourquoi est-il donc si difficile pour Santé Canada de suivre les procédures établies afin de prévenir les abus pour payer les médicaments à un million de Canadiens, aux anciens combattants, aux prisonniers des pénitenciers, en passant par les membres des forces armées, de la GRC et des Premières nations ? Combien de rapports le Bureau du vérificateur du Canada doit-il produire pour que les responsables de ces programmes réalisent qu'il existe un problème réel dans leur administration ? Quels types de contrôle et de procédures doivent être mis en place par Santé Canada pour que les problèmes répertoriés par les vérificateurs soient éliminés ?

Voici ce que met en évidence le présent chapitre, où il est question:

- *de l'explication de la nature du contrôle, de la désignation des responsables du contrôle dans une organisation, de la distinction entre le contrôle bureaucratique et le contrôle organique ainsi que les raisons pour lesquelles il faut contrôler efficacement;*
- *des éléments à prendre en compte dans l'établissement d'un système de contrôle;*
- *de la manière de concevoir un système de contrôle permettant d'évaluer le rendement d'une organisation;*
- *des types de contrôle des organisations (préventif, continu et rétroactif);*
- *de la détermination des principales caractéristiques d'un bon système de contrôle;*
- *des raisons pour lesquelles certains individus s'opposent aux systèmes de contrôle et comment les amener à les accepter;*
- *des outils de contrôle tels que le contrôle budgétaire, le contrôle financier et le contrôle des opérations.*

OBJECTIF 12.1

Expliquer le concept de contrôle et son importance.

12.1 LE CONTRÔLE EN TANT QUE FONCTION DE GESTION

Comme nous l'avons vu au chapitre 9 à la sous-section 9.1.7 C, à la page 347, les dirigeants de Circo Craft (maintenant Viasystems Canada inc.) ont découvert qu'ils pouvaient accroître la productivité et la rentabilité de l'entreprise en travaillant main dans la main avec leurs employés, c'est-à-dire en les amenant à améliorer leurs capacités et en leur confiant plus de responsabilités[4]. Au lieu d'être des gendarmes (en effectuant un contrôle explicite), les gestionnaires fournissent maintenant plus de renseignements aux employés et mettent en place des mécanismes qui les aident à fixer leurs propres objectifs, à prendre eux-mêmes leurs décisions et à contrôler leurs activités (au moyen de l'autogestion ou de mesures implicites).

www.viasystems.com

Après avoir lu les quatre prochaines sous-sections, vous devriez pouvoir:

- expliquer ce qu'est la fonction de gestion de contrôle;
- désigner les principaux responsables de la fonction contrôle aux différents niveaux organisationnels;
- distinguer le contrôle bureaucratique du contrôle organique;
- expliquer pourquoi il est important de doter l'organisation d'un système de contrôle.

12.1.1 La définition du contrôle

Robert J. Mockler a donné une des définitions les plus complètes du **contrôle**: « Le contrôle représente un effort systématique visant à établir des normes de rendement liées aux objectifs de la planification, à concevoir un système

6

d'information rétroactif, à comparer les résultats obtenus avec les normes préétablies, à repérer tout écart éventuel, à en mesurer l'ampleur et à prendre les mesures nécessaires, le cas échéant, pour que l'on utilise toutes les ressources de l'organisation de la manière la plus judicieuse et la plus rentable en vue de réaliser les objectifs généraux[5]. »

Le contrôle est souvent mal perçu parce qu'on y associe une menace à la liberté et à l'autonomie individuelles[6]. Pourtant, les philosophes, les théologiens et les hommes d'affaires affirment que les notions de liberté et d'ordre ne sont pas opposées l'une à l'autre, mais interdépendantes[7]. Les gens ont sans doute raison de s'opposer au contrôle si celui-ci consiste à leur dire quoi faire et de quelle manière. Cependant, ils seront prêts à l'accepter s'ils ont l'information et les outils nécessaires pour surveiller eux-mêmes leur travail et prendre des décisions.

Un contrôle excessif peut nuire à l'organisation autant que le laisser-faire. On doit établir un équilibre entre les deux de manière à laisser les individus libres de prendre des décisions et, en même temps, leur proposer des méthodes propres à assurer la réalisation des objectifs généraux de l'organisation.

Grâce à l'informatique, les dirigeants et les employés disposent aujourd'hui de la même quantité de renseignements pour prendre leurs décisions. Chez Wal-Mart, par exemple, tant les cadres supérieurs que les gérants de succursale peuvent retrouver l'évolution des ventes et des stocks de n'importe quel article au cours des 65 semaines précédentes. Le système en place leur permet, par exemple, de savoir exactement combien de magnétoscopes ils ont achetés et vendus durant cette période. Chaque responsable d'une région, d'un district ou d'un magasin dispose de cette information. Comme le fait remarquer Sam Walton, « l'information donne un certain pouvoir et la quantité de données que nous obtenons au moyen de notre système informatique procure un avantage sur la concurrence[8] ».

Les systèmes et les outils de contrôle adoptés varient considérablement d'une organisation à une autre et d'un gestionnaire à un autre. Ainsi, le mécanisme de contrôle utilisé par le P.-D. G. d'une entreprise peut être différent de celui du directeur de la commercialisation ou du responsable d'une usine. De même, les rapports présentés au directeur du crédit et au responsable d'une usine ne renferment pas des renseignements de même nature. Nous reviendrons sur les divers types de systèmes et de rapports de contrôle à la section 12.7 du présent chapitre, intitulée « Les outils de contrôle ».

12.1.2 Les responsables du contrôle

Comme nous l'avons mentionné au chapitre 5, les objectifs et les plans sont définis aux différents niveaux de l'organisation (voir la sous-section 5.3.2, à la page 173, et la figure 5.2, à la page 168). Il en va de même du contrôle, comme le montre la figure 12.2 à la page 464. À chacun des niveaux correspond un type particulier de contrôle. On distingue ainsi la gouvernance, le contrôle stratégique, le contrôle tactique et le contrôle opérationnel.

Figure 12.2 Les responsables du contrôle

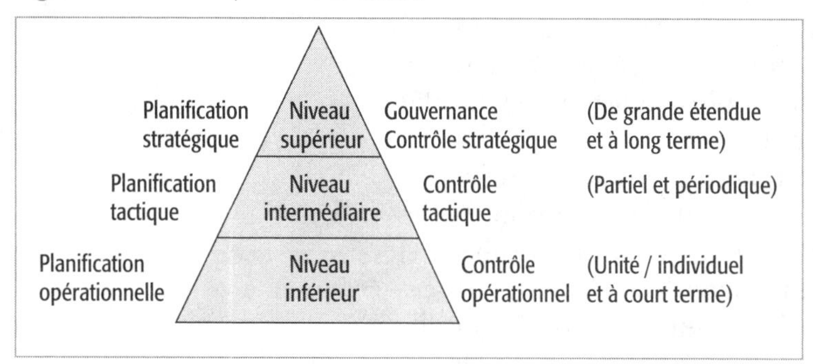

Source : Adapté de Peter Lorange, Michael F. Scott Morton et Sumantra Ghoshal, *Strategic Control Systems*, 1re éd., Saint Paul (Minn.), West Publishing Company, © 1986, p. 12. Reproduit avec la permission du South-Western College Publishing, une division de Thomson Learning.

A. La gouvernance

La loi relative à la constitution d'une société stipule que les administrateurs doivent être l'« autorité » dirigeante de l'entreprise, garantir sa survie et protéger les intérêts des actionnaires. Mais plusieurs investisseurs, vérificateurs externes et responsables d'organismes gouvernementaux commencent à remettre en question cette manière de voir. Ils se posent les questions suivantes : Les membres d'un conseil d'administration jouent-ils réellement le rôle défini par la loi ? Appliquent-ils les principes de saine gestion généralement reconnus ? Gouvernent-ils comme leur mandat l'exige ? Ces questions nous amènent à parler d'un terme devenu populaire durant les dernières années, celui de **gouvernance**. Ce terme désigne la responsabilité des membres du conseil d'administration (d'une entreprise commerciale, d'une coopérative, d'une organisation sans but lucratif, d'une société de la Couronne ou d'une agence gouvernementale) envers leurs interlocuteurs (internes et externes) d'assurer la saine gestion de leur entreprise et de protéger les intérêts des actionnaires et du grand public en général.

WWW
www.iog.ca/
Institut de la Gouvernance au Canada pour des sujets traitant de la gouvernance

Dans le domaine des entreprises privées, depuis les scandales financiers de Bre-X, de La Confédération et de Livent survenus au début des années 1990 et, plus récemment, ceux des sociétés Norbourg, Enron, Worldcom, Arthur Andersen, Parmalat et Martha Stewart, entre autres, la confiance des membres des conseils d'administration des sociétés canadiennes a été tellement ébranlée que 40 % des administrateurs interrogés dans le cadre d'un sondage remettent en question leur participation à des conseils d'administration[9]. Ces faillites ont laissé les investisseurs, les employés, les clients, les fournisseurs et le public dans un état de stupeur.

Beaucoup de gens croient que les décisions stratégiques approuvées par les membres du conseil d'administration conditionnent le succès de l'organisation. Mais les expériences des dernières années démontrent que ce n'est pas toujours le cas.

Lorsqu'une entreprise éprouve des difficultés, plusieurs pointent du doigt l'entreprise elle-même et non pas les membres du conseil d'administration. Il est difficile de prouver qu'il existe un lien étroit entre l'efficacité du conseil d'administration et la performance de l'entreprise, mais force est de constater qu'il est réel. À la suite des scandales financiers mentionnés plus haut, de nombreux organismes gouvernementaux, associations professionnelles et groupes de pression représentant les actionnaires ont tenté d'amener les entreprises à changer leurs pratiques en ce qui concerne les conseils d'administration. Aux États-Unis, la loi Sarbanes-Oxley a obligé les entreprises à resserrer de façon importante les méthodes d'action des conseils d'administration, la surveillance des comités de vérification et les mesures visant à assurer l'indépendance des vérificateurs externes. Au Canada, la création du Conseil canadien sur la reddition de comptes

WWW
www.cpab-ccrc.ca/
pour lire davantage sur le Conseil canadien sur la reddition de comptes (CCRC)

(CCRC) résulte de l'initiative des comptables agréés du Canada, des autorités canadiennes en valeurs mobilières et du Bureau du surintendant des institutions financières, un organisme fédéral ayant pour mandat d'établir des normes comptables et de s'assurer de leur application par les vérificateurs des états financiers des sociétés inscrites en Bourse.

Bon nombre d'actionnaires croient que le problème réside dans le déséquilibre entre le pouvoir du P.-D. G. et celui des membres d'un conseil d'administration. En effet, aux yeux de plusieurs, le P.-D. G., qui, du point de vue de la loi, doit pourtant répondre de ses actes devant le conseil d'administration, jouit d'un pouvoir absolu alors que les membres du conseil d'administration, élus par les actionnaires, ont de la peine à se faire entendre.

À cause des mesures prises par différentes institutions canadiennes et de l'insistance mise actuellement sur la « transparence », les lois sur la gouvernance auront des effets considérables sur la gestion des conseils d'administration. D'après l'Ordre des administrateurs agréés du Québec, les administrateurs devront répondre à l'obligation d'appliquer les « principes de saine gestion généralement reconnus ». Pour les aider à mesurer l'efficacité de leur gestion, cet organisme propose un autodiagnostic (voir le tableau 12.1 à la page 466). Le questionnaire permet d'évaluer si les fonctions de gestion (planification, organisation, leadership, contrôle et coordination) sont conformes aux principes de saine gestion (transparence, continuité, efficience, équilibre et équité), et il établit un lien avec les diverses fonctions d'entreprise (direction générale, finance, marketing, production, ressources humaines, etc.)[10].

WWW
www.adma.qc.ca/
pour lire davantage sur l'Ordre des administrateurs agréés du Québec

Depuis les cinq dernières années, la revue *Canadian Business* publie annuellement la liste des 25 conseils d'administration les plus efficaces et les 25 moins efficaces en matière de gouvernance au Canada. Voici le résultat des cinq meilleurs et des cinq pires[11].

	Rendement total des trois dernières années (en %)
Les meilleurs	
Banque de Montréal	56,9
Banque de Nouvelle Écosse	61,6
SNC-Lavalin Group inc.	117,7
Telus Corp.	123,7
Canadian Western Bank	95,4
Les pires	
Ivanhoe Energy inc.	8,5
Aastra Technologies ltd.	6,0
CHUM ltd.	9,0
Tundra Semiconductor Corp.	– 19,7
Hummingbird ltd.	– 13,5

Tableau 12.1 Questions servant à l'application d'une saine gestion

QUESTIONS	OUI	NON
1. Êtes-vous toujours en mesure d'expliquer les hypothèses qui ont servi à l'établissement des budgets? (planification et transparence)		
2. Avez-vous prévu des mécanismes de résolution des conflits entre actionnaires? (organisation et continuité)		
3. Avez-vous un processus fonctionnel pour rendre des comptes au comité de gestion de votre entreprise? (organisation, leadership et transparence)		
4. Ce processus assure-t-il un contrôle qui permet aux propriétaires, aux actionnaires et aux dirigeants de recevoir toute l'information pertinente sans qu'elle soit modifiée ou fallacieuse? (organisation, contrôle et transparence)		
5. Avez-vous une politique de divulgation des intérêts personnels? (organisation, contrôle et transparence)		
6. Existe-t-il dans votre entreprise un processus d'autorisation des comptes de dépenses? (organisation)		
7. Ces dépenses sont-elles toujours pertinentes par rapport aux activités de l'entreprise? (contrôle)		
8. Avez-vous pris soin de préparer et de former adéquatement votre relève pour une éventuelle passation des pouvoirs, de façon intérimaire ou permanente? (organisation et continuité)		
9. Avez-vous prévu et mis en place un processus permettant d'atteindre les objectifs en maximisant l'économie des ressources? (organisation, planification et efficience)		
10. Vous assurez-vous que les objectifs de l'entreprise sont réalistes et proportionnels aux ressources de l'entreprise? (planification, efficience et équilibre)		
11. Avez-vous mis en place une politique faisant en sorte que le milieu de travail soit exempt de sources d'embarras, de malaise, d'intimidation ou de harcèlement? (organisation et équité)		
12. Avez-vous des descriptions de tâches et des objectifs pour chacun des employés? (organisation et équité)		
13. Est-ce que les cadeaux reçus par vos dirigeants pourraient embarrasser vos administrateurs, vos propriétaires ou vos actionnaires s'ils étaient connus publiquement? (leadership)		
Accordez-vous deux points par réponse positive et voyez, à l'aide de la pondération suivante, où vous en êtes dans l'application des principes de saine gestion. **20 points et plus:** vous faites preuve d'une gestion saine. **De 14 à 18 points:** l'honneur est sauf, mais des correctifs devraient assurément être apportés pour assurer la survie de l'organisation. **Moins de 14 points:** à plus ou moins long terme, la survie de l'organisation pourrait être menacée.		

Source: Denis Gamache, «Votre gestion inspire-t-elle confiance?», *Commerce*, juin 2003, p. 47.

B. Le contrôle stratégique

Dans l'évaluation de leur organisation, les membres du conseil d'administration et les cadres supérieurs (P.-D. G. et comité de direction) se basent sur des points de **contrôle stratégique**. Ceux-ci leur servent à apprécier globalement le rendement de l'organisation, et ils s'appliquent aussi bien à l'environnement extérieur qu'aux activités internes. Les administrateurs et les dirigeants d'une entreprise surveillent ainsi les variations des facteurs économiques, sociaux, technologiques ou politiques qui influent normalement sur le fonctionnement de l'organisation. Ils s'intéressent, par exemple, aux possibilités extérieures dont l'entreprise pourrait tirer profit et aux dangers qui la menacent. Le contrôle stratégique implique également l'examen de l'environnement du secteur, examen qui a pour but de déceler les possibilités et les dangers particuliers liés à cet environnement.

Les mesures de contrôle appliquées à l'ensemble d'une organisation portent également sur les activités internes et sont de nature qualitative ou quantitative. Le *contrôle qualitatif* se rapporte à des questions générales: Remplissons-nous notre mission ? Avons-nous atteint nos objectifs d'ensemble ? Appliquons-nous efficacement nos stratégies ? Nos clients acceptent-ils bien nos produits et nos services ? Notre campagne de publicité est-elle fructueuse ? Avons-nous un bon système de planification ? Nos cadres accomplissent-ils bien leur travail ? Le moral du personnel est-il bon ? Bénéficions-nous d'une solide réputation sur le plan technique ? Prenons-nous un risque considérable en réalisant de grands projets d'investissement ?

Le *contrôle quantitatif* suppose des résultats plus précis. Il fait le lien entre les aspects quantifiables des objectifs d'une organisation et sa part du marché, son chiffre d'affaires, son produit d'exploitation, sa rentabilité et ses coûts. On peut ainsi rapprocher le taux de rentabilité obtenu (11 %) et celui que l'on visait (10 %), ou la part du marché conquise (13 %) et celle que l'on voulait obtenir (14 %).

La revue *Fortune* publie annuellement la liste des 10 entreprises les plus admirées et les moins admirées en Amérique du Nord. Elle évalue leur rendement en fonction des critères suivants: qualité des produits et des services, qualité de la gestion, caractère novateur, valeur à long terme, stabilité financière, engagement vis-à-vis de la communauté et de l'environnement, utilisation des biens et capacité d'attirer des individus talentueux, de les former et de les garder à leur service[12].

C. Le contrôle tactique ou organisationnel

Quel que soit leur échelon dans la hiérarchie, les gestionnaires responsables d'une unité organisationnelle ont à établir des objectifs, des normes et des plans, ce qui signifie qu'ils doivent effectuer un **contrôle tactique**. Ainsi, le directeur des comptes clients, le directeur de la production, le directeur du Service de la commercialisation ou tout autre cadre à la tête d'une division, d'un service ou d'une section définissent des objectifs, dressent des plans opérationnels ou des budgets et fixent des normes pour les opérations dont ils sont responsables.

D. Le contrôle opérationnel ou individuel

On favorise de plus en plus le **contrôle opérationnel**, même sur le plan individuel. Le contrôle opérationnel a pour but d'améliorer l'efficacité, de répondre aux besoins de la clientèle et de rendre l'organisation plus rationnelle et moins bureaucratique. Les concepts liés à la suppression d'échelons ainsi qu'à l'habilitation des employés et des cadres intermédiaires et inférieurs font ressortir l'importance de transférer l'autorité et le pouvoir décisionnel vers les personnes chargées des opérations courantes. L'habilitation permet à des équipes autogérées de fixer leurs propres objectifs et de contrôler elles-mêmes l'application des mesures qu'elles ont instaurées. De nos jours, les gestionnaires incitent ces équipes à établir leurs propres horaires de travail, à adopter des normes de qualité et même à choisir leurs membres.

Les procédés de gestion employés autrefois entraînaient la subordination des exécutants aux cadres. Avec les procédés actuels, les exécutants peuvent faire des choix et déterminer eux-mêmes la marche à suivre pour obtenir les résultats voulus. Étant donné leur formation, les membres des équipes autogérées sont capables de travailler de manière autonome et de coopérer les uns avec les autres. On leur donne en outre toute l'information nécessaire pour qu'ils soient en mesure de planifier et de diriger leur travail. Ainsi, chez Circo Craft, le plus grand fabricant de plaquettes de circuits imprimés au Canada, les directeurs d'usine et le personnel d'exécution gèrent les opérations en tenant compte de 87 éléments, parmi lesquels figurent le délai de fabrication, le nombre d'unités défectueuses et le nombre de retours de marchandise par les clients[13].

12.1.3 Le contrôle bureaucratique et le contrôle organique

Le contrôle peut être bureaucratique ou organique. Au chapitre 2, à la sous-section intitulée « La culture organisationnelle », nous avons vu comment la culture d'une organisation influe sur les méthodes, les moyens et les procédés de gestion utilisés par les cadres (voir le tableau 2.5, page 54).

Les gestionnaires qui exercent un **contrôle bureaucratique** (ou autocratique) ont recours à des règles et à des marches à suivre rigides, exercent leur autorité du haut vers le bas, formulent des instructions détaillées sur la manière d'exécuter le travail et mettent en place des méthodes visant à empêcher ou à corriger tout écart par rapport aux attentes.

Le **contrôle organique** permet aux employés de se prendre en main. Une culture organisationnelle de type organique se caractérise par des définitions de tâches plus extensives et des mesures de contrôle conçues et mises en œuvre par l'employé. Chez Circo Craft, par exemple, les techniciens et les opérateurs surveillent le fonctionnement de leur usine. Comme ils sont maintenant appelés à prendre 90 % des décisions quotidiennes qui les concernent, ils reçoivent la formation et l'information nécessaires pour assurer eux-mêmes le contrôle de leurs activités[14].

12.1.4 Les raisons qui rendent le contrôle nécessaire

Des mesures de contrôle appliquées correctement constituent un puissant outil de gestion. Voici les principales raisons qui rendent le contrôle nécessaire.

- *Les organisations ont aujourd'hui des structures complexes.* De nos jours, les organisations qui emploient des milliers de personnes dans diverses tâches sont légion. C'est pourquoi il faut actuellement, plus que par le passé, relier entre elles toutes les activités essentielles de l'organisation. Comme nous l'avons vu aux chapitres 7 et 8, les entreprises, de nos jours, favorisent des structures complexes (structures intraorganisationnelles et interorganisationnelles) telles que les équipes interfonctions, les réseaux, les alliances stratégiques, les structures par réseaux, virtuelles et décloisonnées (voir la figure 8.1 à la page 296). Les mécanismes de contrôle servent à vérifier que l'on a bien relié entre elles toutes les tâches concernées de manière à ce que les produits et les services fournis soient conformes aux normes et aux plans établis.

- *Les gestionnaires doivent composer avec des éléments incertains.* L'environnement dans lequel se trouvent aujourd'hui les organisations est en constante évolution. Les gestionnaires élaborent des plans en se basant sur des suppositions qui risquent d'être infirmées dans le mois qui suit. Une variation des taux d'intérêt, un nouveau produit lancé par un concurrent ou une modification des tarifs ou des contingents d'importation peuvent avoir un effet marqué sur les plans d'une entreprise. Les systèmes de contrôle permettent aux gestionnaires d'adapter rapidement leurs plans à la situation.
- *On délègue plus d'autorité à la base.* Comme nous l'avons indiqué plus haut, le concept d'équipe autogérée (habilitation des employés) et celui d'esprit d'intraprise entraînent un certain transfert de l'autorité aux cadres inférieurs et même aux exécutants. Les individus qui composent une équipe autogérée se voient confier la responsabilité de planifier et de contrôler eux-mêmes leurs actions. Comme les cadres inférieurs et les exécutants sont appelés à prendre rapidement des décisions importantes au moment opportun, les entreprises doivent aujourd'hui changer leur structure et se diviser en unités plus petites. Les cadres supérieurs veulent continuer d'assumer des responsabilités de gestion et également être tenus au courant de ce qui se passe dans l'organisation. Ils veulent surtout s'assurer que les équipes autogérées et les unités organisationnelles s'appliquent à réaliser les objectifs et à mettre en œuvre les stratégies d'ensemble de leur entreprise. Aujourd'hui, il importe encore plus que par le passé de doter l'ensemble de l'organisation de bons mécanismes de contrôle.
- *L'élément humain se heurte à certaines limites.* Il arrive que les employés interprètent différemment la politique, les plans et les buts, qu'ils ne parviennent pas à accomplir correctement leurs tâches et même qu'ils se montrent peu empressés à atteindre les objectifs de l'organisation ou à exécuter leur travail. La mauvaise volonté de certains cadres ou de certains exécutants peut affecter la réalisation des plans d'ensemble de l'organisation. Or, les outils de contrôle permettent à chacun de mesurer le travail accompli et d'évaluer ce qu'il reste à faire pour réaliser les objectifs et les plans d'ensemble. C'est ici qu'intervient le problème de la différence d'interprétation des objectifs : les cadres intermédiaires et inférieurs interprètent parfois ceux-ci d'une certaine manière même si les dirigeants les ont clairement définis. Il peut arriver, par exemple, qu'une ligne de conduite déterminée en matière de recrutement de membres de groupes minoritaires ne fasse pas l'unanimité dans l'entreprise. Grâce aux

systèmes de contrôle, on peut s'assurer que les lignes de conduite et les objectifs relatifs à cette question sont respectés dans les faits.

- *Il faut protéger les ressources de l'organisation.* Les outils de contrôle ont un effet dissuasif à l'égard des pertes de biens dues aux vols ou au gaspillage de matériel. Depuis l'époque des scandales financiers des sociétés Enron, WorldCom, Global Crossing, Adelphia et Tyco, des organismes gouvernementaux et des corporations professionnelles (par exemple, l'Agence nationale d'encadrement du secteur financier du Québec, l'Association canadienne des courtiers en valeurs mobilières) ont mis en place des mesures de contrôle énergiques pour protéger les ressources. Pour combattre les fraudes comptables et restaurer la confiance des investisseurs, on a créé le Conseil canadien sur la reddition de comptes (CCRC)[15].

WWW
www.canlii.org/qc/legis/loi/a-7.03/ présente les lois et règlements de l'Agence nationale d'encadrement du secteur financier du Québec

- *Il convient d'uniformiser la qualité des produits et des services offerts.* Un produit ou un service doit satisfaire aussi bien les attentes des consommateurs qu'aux normes gouvernementales. Or, les produits de consommation tels que les hamburgers de McDonald's, les pizzas de Pizza Hut, les boissons gazeuses de Coca-Cola et les analgésiques de Johnson & Johnson sont fabriqués par des personnes en différents lieux. Le contrôle permet de s'assurer que les ingrédients, le goût, l'apparence et la qualité de ces produits demeurent partout les mêmes.
- *Les organisations veulent établir un lien entre le rendement et les normes.* Nous avons indiqué plus haut que la planification et le contrôle sont étroitement liés. Après que les cadres et les exécutants ont défini des objectifs et des plans, ils rapportent leur rendement aux normes établies. Le contrôle permet ainsi aux individus d'évaluer leur rendement, et aux gestionnaires de leur fournir une rétroaction. Celle-ci renseigne les employés sur leur niveau de rendement. Grâce au contrôle, on peut aussi déterminer ce que doivent faire les employés pour améliorer la productivité ainsi que la qualité du travail ou du service fourni et pour mieux communiquer entre eux. Le contrôle sert donc à accroître le rendement collectif.
- *On doit motiver les employés.* Les gens s'attendent à obtenir une rétroaction; ils veulent être appréciés à leur juste valeur et voir leurs capacités reconnues. Comme il sert à rapporter le rendement aux objectifs, le contrôle conduit à récompenser les employés méritants. L'autonomie est la récompense à laquelle les employés créatifs attachent le plus de prix. À l'inverse, il n'y a rien de plus démoralisant pour les employés (surtout lorsqu'ils sont créatifs et acharnés au travail) qu'un gestionnaire cherchant constamment à occuper le devant de la scène ou s'appropriant les idées de ses subordonnés. Le fait de reconnaître leurs réalisations motive les employés.
- *On doit s'assurer que chacun prend ses responsabilités et assume son obligation de rendre des comptes.* Tout groupe ou individu ayant reçu certains pouvoirs et à qui on a octroyé des ressources doit rendre compte de leur utilisation et faire savoir s'il a ou non réalisé ses plans et ses objectifs.

12.2 LES ÉLÉMENTS INDISPENSABLES À UN SYSTÈME DE CONTRÔLE

OBJECTIF 12.2

Énumérer les éléments à prendre en considération dans l'établissement d'un processus de contrôle efficace.

Dans *Management*, James A.F. Stoner décrit six éléments dont il faut tenir compte lorsqu'on met en place un processus de contrôle[16] : 1) le choix de critères appropriés ; 2) le nombre de critères à utiliser ; 3) la participation des employés au choix des critères d'évaluation et des normes de rendement ; 4) l'application à chaque unité organisationnelle de critères qui lui conviennent ; 5) la fréquence des évaluations ; et 6) le besoin d'informer les employés des résultats obtenus.

1. ***Le choix de critères appropriés.*** Il est parfois difficile de définir les critères d'évaluation du rendement d'une organisation. Dans certaines circonstances, un cadre peut choisir un critère s'appliquant aux activités plutôt qu'au rendement. C'est le cas lorsque le directeur de la recherche et du développement s'intéresse au nombre de rapports produits, lequel ne reflète aucunement l'efficacité de son unité. Le nombre de découvertes réalisées constituerait ici un critère plus approprié. Parfois aussi, le directeur des ventes peut évaluer le rendement de ses représentants en fonction du nombre de clients qu'ils visitent chaque jour. Il considère donc la quantité de travail (nombre de visites), mais non les résultats obtenus (nombre de nouveaux contrats signés ou augmentation du volume des ventes). Or, il convient ici d'apprécier à la fois la quantité de travail fournie et les résultats.
2. ***Le nombre de critères à utiliser.*** Il ne suffit pas de choisir les critères d'évaluation du rendement avec soin, il faut aussi en réduire le nombre au minimum. Cette règle découle du principe de l'exception en vertu duquel tout contrôle est plus efficace si les gestionnaires se concentrent sur les exceptions, c'est-à-dire sur les écarts importants par rapport aux normes établies ou aux résultats escomptés. Le vice-président à l'administration pourrait ainsi évaluer le rendement du directeur du crédit en fonction du délai moyen de recouvrement et faire abstraction des critères s'appliquant aux tâches moins importantes accomplies par ses employés. On doit parfois renoncer à apprécier le rendement de chaque type d'opération, car la collecte et le traitement de l'information exigent beaucoup de temps et d'argent.
3. ***La participation des employés au choix des critères d'évaluation et des normes de rendement.*** Si les cadres effectuent un choix sans consulter leurs subordonnés responsables de l'exécution du travail, ceux-ci pourraient faire valoir que ce sont les normes de leur patron qui sont appliquées et non les leurs et que, par conséquent, c'est à lui de s'y conformer. Lorsque les subordonnés ne prennent pas une part active à l'établissement des objectifs, ils peuvent montrer moins d'empressement à respecter les normes fixées et aussi juger celles-ci irréalistes. On amène les employés à participer en adoptant des modes d'organisation tels que les équipes autogérées et les équipes interfonctions.
4. ***L'application à chaque unité organisationnelle de critères qui lui conviennent.*** Les critères doivent cadrer avec l'unité organisationnelle. Il serait

6

absurde d'appliquer les mêmes critères à toutes les unités d'une organisation, puisque, dans son choix, on doit tenir compte de la nature des activités de l'unité organisationnelle concernée. Ainsi, le directeur des ventes doit déterminer le nombre d'unités vendues ou évaluer la part du marché, alors que le responsable du crédit se préoccupe de connaître le délai moyen de recouvrement. Pour sa part, le directeur de la production veut être renseigné sur le coût de fabrication moyen. Quant au responsable de la dotation, il désire obtenir une information précise sur le taux de renouvellement de la main-d'œuvre et sur le nombre de jours qu'il faut en moyenne pour pourvoir un poste.

5. ***La fréquence des évaluations.*** Elle dépend de la nature des activités de l'unité organisationnelle. Certaines activités exigent un contrôle quotidien et d'autres, un contrôle hebdomadaire, mensuel ou annuel. Les produits fabriqués doivent être évalués à intervalles rapprochés (toutes les heures, par exemple), alors que le Service des ventes peut n'être soumis à un contrôle qu'une fois par mois.
6. ***Le besoin d'informer les employés des résultats obtenus.*** Il est important d'offrir régulièrement une rétroaction positive pour deux raisons. Premièrement, elle permet aux cadres de montrer aux exécutants qu'ils s'intéressent à leur rendement et qu'ils évaluent le travail accompli. Deuxièmement, elle leur donne la possibilité de remédier à un rendement insuffisant.

OBJECTIF 12.3

Décrire les principales étapes du processus de contrôle.

12.3 LE SYSTÈME DE CONTRÔLE

Avant de mettre en place un système de contrôle, on doit veiller à ce qu'il soit bien conçu. Comme le montre la figure 12.3, le processus de contrôle comprend six étapes.

Après avoir lu les six prochaines sous-sections, vous devriez pouvoir :

- expliquer pourquoi la conception du sous-système de contrôle est une étape essentielle dans l'établissement du système de gestion ;
- comprendre pourquoi de bons critères de rendement facilitent l'évaluation du rendement ;
- comprendre pourquoi il est important d'établir des normes de rendement ;
- décrire les différents rapports servant à évaluer le rendement ;
- expliquer pourquoi l'analyse de l'écart permet de déterminer la cause d'une situation favorable ou défavorable ;
- énumérer les différentes mesures que les gestionnaires peuvent prendre pour remédier à une situation.

12.3.1 La conception du sous-système

La première étape de l'établissement du processus de contrôle consiste à déterminer quel type de sous-système est le plus adapté au système de

Figure 12.3 Le processus de contrôle

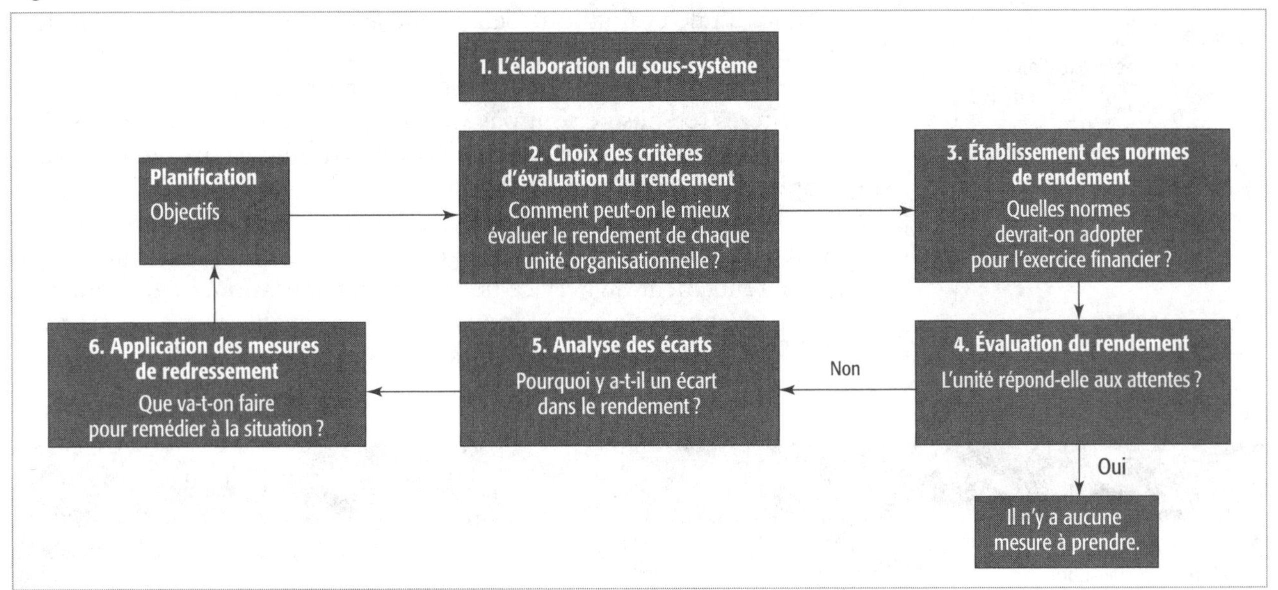

gestion. Il importe de créer un **sous-système de contrôle** en accord avec la culture de l'organisation et qui satisfasse tous ses membres, depuis les cadres supérieurs jusqu'aux exécutants. Les organisations à caractère assez bureaucratique pourraient opter pour un système de contrôle centralisé, alors qu'il conviendrait à celles qui sont basées sur des clans d'adopter un contrôle organique.

Ainsi que nous le verrons plus loin, les gestionnaires doivent se poser un certain nombre de questions essentielles : À quoi ce système doit-il servir ? Doit-il être orienté vers l'avenir (résoudre un problème avant qu'il ne se manifeste) ou éclaircir le passé (enregistrer l'information après qu'un fait ou un événement est survenu) ? Ou les deux à la fois ? Il est nécessaire que le système tienne compte de l'ampleur et de la qualité des intrants utiles aux gestionnaires, et du moment où il leur faut obtenir des renseignements pour analyser leurs activités et prendre des décisions. Au moment de la conception du sous-système, on doit aussi s'intéresser aux extrants, c'est-à-dire à l'information à présenter sous forme de rapports sortis d'imprimante ou par réseau informatisé.

12.3.2 Le choix des critères d'évaluation du rendement

La figure 12.3 illustre le lien étroit entre l'ensemble du processus de contrôle et les activités de planification. Comme les gestionnaires se sont fixé des objectifs à l'étape de la planification, ils sont en mesure de déterminer le type de critères à utiliser pour apprécier les réalisations. Le processus d'élaboration des **critères d'évaluation du rendement** permet de préciser la manière d'évaluer le rendement et l'efficacité des différentes unités organisationnelles. Il faut dégager les caractéristiques ou les éléments essentiels de chaque

WWW
www.it-cortex.com/Pareto_law.htm pour une explication de la loi de Pareto

unité relativement aux coûts et aux avantages et ensuite établir lesquels feront l'objet d'une évaluation. Cela suppose que les gestionnaires gardent à l'esprit le principe de la sélection (**loi de Pareto**), selon lequel un petit nombre d'activités peut engendrer la plus grande part des extrants.

Si les critères retenus ne sont pas valables, les cadres risquent d'avoir de la difficulté à mesurer le rendement de l'organisation. Le taux de rentabilité, par exemple, est le critère tout indiqué pour examiner les résultats d'une entreprise dans son ensemble. De même, le coût unitaire représente un bon critère pour évaluer le rendement du Service de la production, la part du marché ainsi que le rendement du Service de la commercialisation. Le tableau 12.2 présente des exemples de critères pouvant servir à évaluer le niveau de réalisation des objectifs au sein de diverses unités organisationnelles.

Tableau 12.2
Quelques exemples de critères d'évaluation du rendement dans diverses unités organisationnelles

UNITÉS ORGANISATIONNELLES	OBJECTIFS	CRITÈRES D'ÉVALUATION DU RENDEMENT
Service de la commercialisation	Mettre le produit A en vente dans l'Outaouais.	■ Nombre d'unités vendues dans l'Outaouais ■ Nombre de clients visités par jour et par vendeur
Service de la production	Améliorer la qualité des produits.	■ Taux d'unités défectueuses (en %)
Service du crédit	Se montrer plus exigeant dans le choix des clients auxquels on fait crédit.	■ Délai moyen de recouvrement (en jours)
Service de l'entretien	Réduire les charges d'exploitation.	■ Frais d'entretien au mètre carré (en $)
Service des ressources humaines	Fournir un meilleur service aux autres unités de l'organisation.	■ Délai moyen pour le recrutement du personnel • Cadres (nombre de jours) • Employés de bureau (nombre de jours)

On peut aussi recourir à des critères pour déterminer le rendement des activités d'un service (Service de la commercialisation ou de la production), d'une unité (unité responsable des ventes ou unité chargée du contrôle de la qualité). On établit également des critères pour apprécier le rendement des employés.

12.3.3 L'établissement des normes de rendement

Une fois que l'on a établi les critères d'évaluation, on doit déterminer avec précision les normes à respecter au cours d'une période donnée (quotidienne, hebdomadaire, mensuelle ou annuelle). *Grosso modo*, une **norme de rendement** est une valeur de référence utilisée comme critère d'évaluation du rendement. Les normes de rendement sont habituellement définies à l'étape de la planification. Elles serviront de points de repère pour juger les résultats obtenus.

Les normes de rendement se divisent en quatre grandes catégories ayant rapport au temps, à la production, au coût et à la qualité[17].

Les **normes de temps** portent sur le délai fixé pour l'accomplissement d'une tâche donnée. La satisfaction des clients d'une banque, par exemple, est fonction du temps mis par les caissiers à fournir les services. De même, la promptitude (ou la lenteur) avec laquelle une entreprise règle une plainte reçue d'un client est prise en compte dans l'évaluation de la qualité du service et du degré de satisfaction de la clientèle.

www.portailpme.fr/Qualite/Qualite_totale
pour un guide de l'entreprise visant la qualité totale

Les **normes de production** indiquent le nombre d'unités que doit produire un individu ou un groupe. Par exemple, les préposés aux réservations d'Air Canada savent combien d'appels ils peuvent prendre à l'heure ou combien de minutes il leur faut en moyenne pour renseigner un client. De même, la direction de Bell Canada connaît le nombre de demandes de services que ses techniciens peuvent satisfaire en une journée. Les conseillers en orientation d'une université connaissent le nombre d'étudiants qu'ils peuvent rencontrer en une journée.

Les **normes de coût** régissent l'affectation de fonds à la production de biens ou de services. Nul doute que les dirigeants des chaînes Holiday Inn et Westin savent combien leur coûte l'entretien quotidien des chambres de leurs hôtels. De même, les dirigeants de Bic ont sûrement une idée exacte des coûts de production de leurs différents stylos.

Les **normes de qualité** définissent le niveau de qualité à atteindre pour satisfaire les attentes de la clientèle. Le concept de gestion intégrale de la qualité est en lien avec ces normes. Celles-ci permettent de déterminer si les produits ou les services fournis possèdent la qualité exigée. Par exemple, une personne séjournant dans un hôtel de la chaîne Holiday Inn ou Journey's End s'attendra à un service différent de celui offert dans un hôtel Westin ou Quatre Saisons. De même, le propriétaire d'une Rolex s'attendra certainement à ce que sa montre soit de meilleure qualité qu'une Timex. Les organisations que nous venons de mentionner vendent des produits de qualité différente; ce qui importe pour elles, c'est de s'assurer que les normes de qualité correspondant aux attentes des clients ont été respectées. Les tableaux 12.3 et 12.4 fournissent des exemples de normes de rendement.

Tableau 12.3
Comparaison entre les normes fixées et les résultats obtenus (1)

CRITÈRES	NORMES FIXÉES	RÉSULTATS OBTENUS	ANALYSE DES ÉCARTS
Rentabilité (en %)	17,5	17,7	0,2
Part du marché (en %)	12,7	12,4	(0,3)
Coût unitaire (en $)	2,07	2,05	0,02
Nombre d'unités vendues	200 000	210 000	10 000
Nombre de tests effectués par jour et par technicien	6	6	–
Nombre de clients visités par jour et par vendeur	3	2,5	(0,5)
Nombre d'unités produites à l'heure	35	38	3

Tableau 12.4
Comparaison entre les normes fixées et les résultats obtenus (2)

CRITÈRES	RÉSULTATS OBTENUS	RÉSULTATS OBTENUS	ANALYSE DES ÉCARTS
Nombre d'unités vendues dans l'Outaouais	245 000	250 000	5 000
Nombre de clients visités par jour et par vendeur	3	3	–
Taux d'unités défectueuses (en %)	0,005	0,006	(0,001)
Délai moyen de recouvrement (en jours)	45	47	(2)
Charges d'entretien au mètre carré (en $)	0,75	0,70	0,05
Délai moyen pour le recrutement du personnel			
• Cadres (en jours)	50	50	–
• Employés de bureau (en jours)	25	27	(2)

L'importance des normes de rendement. Les normes de rendement sont importantes à plusieurs points de vue. Dans *Management Fundamentals*, Dessler énumère plusieurs raisons pour lesquelles il convient d'établir des normes de rendement bien précises à l'étape de la planification[18].

Des normes bien définies constituent un puissant *outil de motivation*. Ce sont les résultats qui motivent les gens et non pas le travail lui-même. Ainsi, une personne qui fréquente une université tire généralement sa motivation des notes obtenues ou du diplôme visé plutôt que du fait d'assister à des cours, d'étudier, de préparer des travaux ou de passer des examens. Les individus ont tendance à répéter un comportement s'il leur procure une récompense, à l'éviter s'il entraîne une punition et à le délaisser s'il ne produit ni l'un ni l'autre de ces résultats.

L'adoption de *normes raisonnables* est un élément clé de tout bon système de contrôle. Ainsi, à quoi sert-il de viser une note de 95 % dans un cours de finances si la matière s'accorde mal avec nos talents ou si elle nous plaît peu ? Il pourrait être plus réaliste dans ce cas de viser une note de 65 %. Une norme de rendement irréaliste peut décourager les employés au lieu de les motiver. Il arrive ainsi que les employés ne soient pas motivés lorsqu'une norme est trop difficile à atteindre ou, au contraire, lorsqu'il est trop facile de la respecter[19].

Les employés sont plus productifs lorsque les normes fixées sont réalistes mais élevées. Des études révèlent en effet que les individus qui se fixent sans cesse des normes de ce genre ont un meilleur rendement que les autres[20]. Par exemple, un étudiant qui obtient constamment une note de 70 % en mathématiques pourrait atteindre de meilleurs résultats s'il visait à décrocher une note de 75 %. S'il est vraiment motivé, il trouvera le temps et l'énergie nécessaires pour étudier, essaiera de nouvelles méthodes et même requerra l'aide de ses compagnons d'études.

Les objectifs doivent être précis. Il ne suffit pas toujours de demander à quelqu'un de faire son possible pour l'amener à donner un rendement élevé. « Faire son possible » ne veut pas dire la même chose pour tout le monde. Ainsi, au lieu d'indiquer à un représentant commercial de faire son possible, le directeur des ventes devrait lui demander d'accroître son rendement dans une certaine proportion, par exemple de 20 %. Cette manière de procéder sera sans doute efficace, car le cadre et son subordonné ont une idée exacte du rendement attendu.

Tout employé qui reçoit une rétroaction au sujet de son rendement a un meilleur moral et une attitude plus positive à l'égard de son travail. Les gens sont motivés à offrir un rendement élevé lorsqu'ils sont bien informés. Un étudiant qui reçoit des compliments après avoir obtenu 75 % à un examen sera sans doute plus stimulé par la suite que celui qui a décroché une note de 80 %, mais n'a reçu aucune rétroaction. De même, les employés consacrent en général plus de temps à des activités où leur rendement peut faire l'objet d'une évaluation. On peut donc, au moyen de normes de rendement, les amener à concentrer leurs efforts sur certaines activités plus importantes.

L'adoption de normes peut avoir pour effet d'améliorer davantage le rendement dans une unité organisationnelle où la motivation a fait défaut jusque-là que dans un groupe où l'on a toujours pris le travail très à cœur. Du fait que des normes ont été établies, les employés les moins motivés s'investissent davantage dans leur travail.

La gestion par objectifs est un bon outil pour fixer des buts, évaluer le rendement des employés et leur fournir une rétroaction (voir la sous-section 5.3.6 et la figure 5.6 à la page 186). Si elle est utilisée correctement, c'est-à-dire si l'on fait participer les employés à l'élaboration des normes (dans des équipes autogérées, par exemple), elle devient un moyen de contrôle efficace et susceptible de motiver les gens. Le travail en équipe est essentiel pour la survie de l'organisation. On doit donc obtenir la collaboration de chacun pour accroître le dévouement et les capacités des employés, résoudre les problèmes qui surgissent et réagir aux pressions exercées par l'environnement.

Les normes de rendement facilitent la gestion par exceptions. Un gestionnaire devrait se concentrer sur les situations ou les opérations vitales pour son organisation. Il n'a pas besoin de consacrer beaucoup de temps et d'énergie aux opérations qui vont bon train. Ainsi, le directeur des ventes qui assure la commercialisation de 10 produits et a 20 représentants sous son autorité pourrait s'abstenir d'évaluer le rendement de ces derniers si le chiffre d'affaires réalisé correspond à la norme établie. Nous reviendrons sur le concept de gestion par exceptions à la sous-section 12.7.2.

12.3.4 L'évaluation du rendement

L'évaluation du rendement peut se faire sur une fréquence quotidienne, hebdomadaire, mensuelle ou annuelle. Pour cette évaluation, les gestionnaires doivent chercher des renseignements dans quatre sources différentes: les rapports écrits, les documents produits par ordinateur, les exposés oraux et les observations personnelles.

Pour être à même de comparer les résultats avec les normes établies, les gestionnaires doivent analyser l'information. Les tableaux 12.3 et 12.4 (voir la page 475) indiquent la manière de rapporter les résultats obtenus aux normes établies. Dans le tableau 12.4, le directeur du crédit, par exemple, voulait ramener le délai de recouvrement à 45 jours; or, celui-ci n'a reculé qu'à 47 jours, ce qui veut dire que la norme fixée n'a pas été respectée. À l'inverse, le taux de rentabilité de l'entreprise (voir le tableau 12.3) a atteint 17,7 %, dépassant la norme établie par ses dirigeants, qui était de 17,5 %.

12.3.5 L'analyse des écarts

Il importe de chercher la cause de tout **écart** entre les résultats et les normes. On peut voir aux tableaux 12.3 et 12.4 que les chiffres obtenus pour chacun des points sont égaux, inférieurs ou supérieurs aux résultats visés.

Un écart négatif ne dénote pas nécessairement un piètre rendement. Ainsi, des coûts de production excédant de 100 000 $ les prévisions établies n'indiquent pas forcément qu'il y a un problème. Un examen minutieux pourrait bien montrer que le Service de la production a fabriqué plus d'unités que prévu pour répondre à la demande, ce qui a entraîné, par le fait même, une augmentation du bénéfice réalisé. De même, on pourrait de prime abord se féliciter que le Service de la commercialisation ait dépensé 100 000 $ de moins que ne l'avait prévu le budget. Après vérification, toutefois, il se pourrait que l'on découvre que cette « économie » s'est traduite par un chiffre d'affaires inférieur de 800 000 $ aux prévisions et par un bénéfice inférieur de 125 000 $ à l'objectif.

Voici un autre exemple démontrant à quel point il importe d'analyser avec soin tout écart. Le Service du crédit d'une entreprise a affecté 14 000 $ de plus que prévu à la rémunération de ses employés, car ceux-ci avaient fait des heures supplémentaires. Si le travail additionnel a permis de recouvrer plus rapidement les sommes dues et de ramener le délai de règlement des comptes clients de 50 à 45 jours, les bénéfices obtenus pourraient alors dépasser les 14 000 $ versés en heures supplémentaires.

Les gestionnaires doivent éviter de se contenter de prendre connaissance des écarts et de tirer aussitôt des conclusions au sujet du rendement de leur unité organisationnelle. Il leur faut plutôt tenter de découvrir les raisons de ces écarts et déterminer s'ils ont un effet positif ou négatif sur le rendement de leur entreprise dans son ensemble.

12.3.6 L'application de mesures destinées à remédier à toute situation défavorable

Une fois qu'ils ont défini les causes exactes des écarts observés, les gestionnaires doivent décider de la suite à donner à leur examen. Trois possibilités s'offrent à eux : maintenir le *statu quo*, remédier à la situation ou modifier les normes. Ils maintiendront le *statu quo* si les objectifs sont satisfaits ou si l'écart observé est négligeable. Ils peuvent décider de remédier à la situation s'ils ont noté de graves problèmes dans l'exploitation et s'ils veulent remettre les affaires sur la bonne voie. Ils modifieront les normes si celles-ci se sont révélées trop élevées ou si des transformations profondes surviennent dans l'environnement.

Témoignage

Josée Bergeron,
directrice, Postes Canada

Un contrôle exemplaire à Postes Canada

WWW
www.canadapost.ca/

« Le mandat de Postes Canada étant de servir plus de 30 millions de Canadiens sur un territoire de 100 millions de kilomètres carrés, l'entreprise a dû élaborer un centre innovateur de contrôle de gestion afin de coordonner et de surveiller le vaste système postal de son pays.

« La combinaison d'outils de télécommunication à la fine pointe de la technologie, de présentations vidéo et d'une technologie informatique fait du Centre national de contrôle (CNC) le système de surveillance du courrier le plus perfectionné au monde. Ses opérations se

déroulent 24 heures sur 24, sept jours sur sept, afin de contrôler le mouvement du courrier à l'échelle du pays. Depuis près de 20 ans, le CNC est le cœur de l'entreprise, un symbole d'innovation et d'efficacité dans la coordination et la surveillance du vaste système postal de notre pays. Visitez le site Web de Postes Canada pour voir comment le CNC réunit télécommunications, affichage vidéo et technologie informatique pour favoriser la livraison de 37 millions d'articles de courrier par jour.

«Le CNC effectue un suivi en temps réel des activités opérationnelles, des tendances et des incidents. Grâce à une planification et à des procédures efficaces, Postes Canada est en mesure de réagir rapidement et avec précision à toute situation, qu'il s'agisse d'envois de surface ou aériens, de pannes d'équipement et d'intempéries.

«Le Centre national de contrôle de Postes Canada est devenu un modèle pour les autres administrations postales et a attiré l'attention d'entreprises partout dans le monde. En tout temps, le Centre veille à offrir un service axé sur la clientèle en offrant un service de livraison fiable et efficace à tous les Canadiens, un article de courrier à la fois.»

12.4 LES TYPES DE CONTRÔLE

OBJECTIF 12.4

Distinguer les divers types de contrôle.

La plupart des systèmes de contrôle sont de type préventif, continu ou rétroactif (voir la figure 12.4).

Après avoir lu les trois prochaines sous-sections, vous devriez pouvoir:

- expliquer comment le contrôle préventif permet d'orienter les activités de telle manière qu'elles atteignent les résultats escomptés;
- expliquer comment le contrôle continu s'effectue au moment de l'étape de la mise en œuvre d'un processus d'activités;
- décrire les bases du contrôle rétroactif.

12.4.1 Le contrôle préventif

Le **contrôle préventif** (aussi appelé contrôle préliminaire, contrôle proactif ou contrôle de conduite) sert à orienter les activités de façon à produire les résultats escomptés. Il précède la mise en œuvre des plans. Ce type de contrôle est tourné vers l'avenir. Le gestionnaire qui l'adopte sait ce qu'il veut réaliser et emploie les moyens nécessaires pour y parvenir. Il n'a pas besoin d'avoir en main les résultats finaux pour reconnaître l'existence d'un problème et y remédier. Considérons par exemple un cuisinier qui désire essayer une recette de gâteau. Il suivra à la lettre la recette s'il veut réussir son gâteau. La recette elle-même peut être considérée comme un outil de contrôle préventif. Imaginons aussi un étudiant qui vient de passer un examen de mi-session. S'il veut terminer la session avec une moyenne de 80 %, mais ne

Figure 12.4
Les types de contrôle

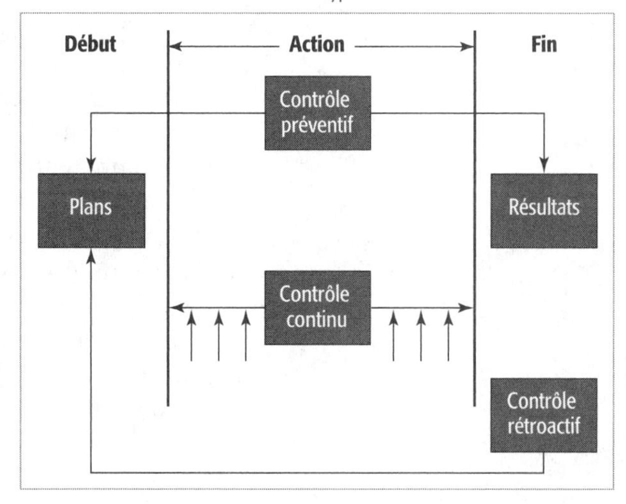

6

prévoit obtenir que 70 % à cet examen, il prendra immédiatement des dispositions pour corriger la situation et atteindre son objectif.

Voyons deux autres exemples qui illustrent, cette fois, la manière d'exercer un contrôle préventif dans le milieu des affaires. Lorsqu'une banque procède au recrutement de caissiers, le directeur des ressources humaines dresse la liste des aptitudes et des compétences que ces employés doivent posséder. Il veut ainsi s'assurer que les candidats retenus offriront le rendement voulu et que le taux de rotation du personnel demeurera bas. La description de poste aide à la sélection des candidats, ce qui en fait un outil de contrôle préventif. De même, les entreprises qui produisent des boissons gazeuses, du café, des stylos, des tablettes de chocolat ou des hamburgers fixent certaines normes de qualité et choisissent les matières premières ou les ingrédients avant le début de la production.

12.4.2 Le contrôle continu

Le **contrôle continu** s'effectue au cours de la mise en œuvre ou de la réalisation d'un processus. Il procède dans certains cas « par oui ou par non », c'est-à-dire que l'on peut poursuivre le processus ou l'interrompre pour trouver des moyens de corriger une situation défavorable. Par exemple, la personne qui souhaite acquérir une maison ne conclura la vente qu'après avoir donné son approbation à chacune des étapes (au moment de la visite, de la négociation du prix et des autres conditions et de l'emprunt hypothécaire). Tout refus de sa part annulera le processus.

Pour effectuer un contrôle continu, on peut aussi recourir à un mécanisme de « guidage » qui permet de combler graduellement un écart sans mettre fin au processus. Dans une usine d'automobiles, par exemple, on exerce un contrôle à chaque étape cruciale du processus d'assemblage. On s'assure de cette façon que chaque tâche a été accomplie selon les normes établies avant de passer à l'étape suivante. Ce système de contrôle permet de réduire les coûts de production inutiles (tels que ceux qu'entraînerait le démontage du tableau de bord à la suite d'une mauvaise installation du système électrique).

12.4.3 Le contrôle rétroactif

Le **contrôle rétroactif** (ou contrôle correctif) est axé sur les résultats antérieurs (à l'instar d'un thermostat). On dit qu'il est rétroactif parce que le gestionnaire n'apporte des correctifs qu'après avoir comparé les résultats avec les normes et décelé certains écarts, de sorte qu'il réagit à une situation donnée. Ainsi, la personne qui reçoit un relevé de compte de la banque indiquant un découvert remédiera immédiatement à la situation en allant faire un dépôt. Dans les organisations, les cadres disposent de rapports quotidiens, hebdomadaires et mensuels qui les renseignent sur les résultats obtenus et qui leur permettent, le cas échéant, de prendre les mesures nécessaires pour redresser la situation. Les bulletins, les rapports budgétaires et les rapports de vérification sont souvent mis à contribution dans le contrôle rétroactif.

Notons que les trois types de contrôle décrits ci-dessus ont pour but d'aider les gestionnaires à évaluer le rendement et de les guider dans le choix des mesures à prendre.

12.5 LES CARACTÉRISTIQUES D'UN BON SYSTÈME DE CONTRÔLE

OBJECTIF 12.5

Décrire les caractéristiques d'un bon système de contrôle.

Quel que soit le système adopté (préventif, continu ou rétroactif), il ne sera vraiment utile que s'il présente un certain nombre de caractéristiques précises. Voyons quelles sont ces caractéristiques[21].

Il met l'accent sur les éléments stratégiques. Les gestionnaires désirent avoir une information qui les aide à prendre leurs décisions. Certaines entreprises voudront ainsi établir des mesures de contrôle leur permettant d'évaluer le rendement du point de vue de la qualité de leurs produits, de l'utilisation de leurs avoirs, de leur situation financière et de leur part du marché. Les cadres choisiront d'apprécier les éléments les plus susceptibles de nuire aux résultats financiers de leur entreprise et au rendement de ses opérations. Dans un hôtel, par exemple, la qualité du service revêt beaucoup d'importance, de sorte que le système de contrôle devra fournir aux gestionnaires les renseignements nécessaires pour prendre une décision concernant cette dernière.

Il apporte une information exacte. L'information transmise doit refléter fidèlement la réalité. Des renseignements imprécis ne peuvent qu'induire les individus en erreur et les amener à faire un mauvais choix ou à ne prendre aucune décision. N'est-ce pas l'information exacte que les gestionnaires de Santé Canada doivent recevoir périodiquement (et non attendre après le rapport du vérificateur général du Canada) de tous les programmes pour le paiement des médicaments, pour s'assurer de l'efficacité de l'administration des programmes et qu'il n'existe pas d'abus ?

Il renseigne les gestionnaires au moment opportun. Cette caractéristique a un rapport avec le temps nécessaire pour transmettre aux cadres l'information leur permettant de prendre les mesures qui s'imposent. La longueur du délai à respecter varie selon la nature des activités. Il ne fait ainsi aucun doute que les contrôleurs du trafic aérien ont besoin d'obtenir des renseignements en quelques secondes pour aider les pilotes, alors qu'un directeur des ventes peut attendre l'information durant une journée ou une semaine. Tel que mentionné au chapitre 4 (voir la sous-section 4.1.2 C, à la page 133), la chaîne de magasins Wal-Mart a investi des centaines de millions de dollars dans la construction d'un système informatique et d'un réseau de communication par satellite permettant de communiquer le détail des opérations à l'intérieur de son organisation de façon ultra rapide. Ses gérants de succursale reçoivent ainsi toutes sortes de renseignements par satellite d'une manière on ne peut plus opportune, ce qui leur permet d'avoir en tout temps une idée précise de la situation[22].

Il fait ressortir les écarts importants. Grâce au mécanisme de contrôle, les gestionnaires peuvent gagner du temps en s'occupant uniquement des écarts importants, c'est-à-dire des opérations qui réclament une attention immédiate. Les rapports de contrôle devraient ainsi attirer l'attention des cadres sur les secteurs essentiels dans lesquels il faut appliquer sans délai des mesures pour remédier à une situation défavorable. Imaginons, par exemple, le cas d'une société pétrolière offrant une large gamme de produits : pétrole lampant, essence, lubrifiant, mazout, carburant diesel, etc. Les ventes d'essence et de mazout représentent 90 % de son chiffre d'affaires, et celles de pétrole lampant, seulement 0,5 %. Ainsi, si les ventes de pétrole lampant, d'essence et de mazout baissent respectivement de 25 %, de 5 % et de 6 %, il est probable que les gestionnaires s'appliqueront surtout à redresser la situation de l'essence et du mazout.

Il satisfait les vœux des gestionnaires. Certains cadres aiment effectuer le contrôle de leurs activités au moyen de diagrammes et de graphiques, et d'autres préfèrent utiliser des nombres. De même, certains gestionnaires cherchent à obtenir une grande quantité de données et de renseignements détaillés, tandis que d'autres souhaitent plutôt obtenir des résumés. Il importe donc de tenir compte des préférences des cadres pour ce qui est des méthodes et des modes de présentation des rapports. Le système de contrôle instauré doit refléter le style des gestionnaires. Ainsi, les cadres supérieurs qui s'efforcent sans cesse d'améliorer le rendement financier de leur entreprise voudront connaître tous les mois le bilan et l'état des résultats de chaque division. Le directeur de la production aimera être renseigné sur le coût des ressources humaines et des matières premières, sur les frais généraux, sur la qualité et le taux d'unités défectueuses pour chaque type de produit. Si l'information n'est pas utile aux cadres, le système de contrôle existant est inefficace.

Il fournit une information objective. Pour assurer un bon contrôle, il faut définir les buts de façon précise et objective. Les écarts n'ont pas la même signification pour tout le monde. Ainsi, selon le point de vue où l'on se place, le rendement peut paraître bon, décevant ou médiocre. Un énoncé précis des attentes, assorti de chiffres, devrait donc faire partie intégrante du mécanisme de contrôle.

Il est flexible. Les gestionnaires doivent avoir la possibilité de revoir leurs objectifs si des événements indépendants de leur volonté font obstacle à leurs plans. Il faut donc que le processus de contrôle soit flexible. Supposons qu'un directeur des ventes, se fondant sur un ensemble d'hypothèses, se fixe pour objectif d'accroître de 15 % les recettes enregistrées par certaines gammes de produits. Il lui faudra pouvoir modifier cet objectif au cours de l'étape de la mise en œuvre si le gouvernement change les droits de douane perçus sur les produits d'importation concurrents ou si des entreprises rivales lancent de nouveaux produits, baissent leurs prix ou mènent d'énergiques campagnes de publicité. Le cadre en question devra adopter un objectif plus réaliste, à moins que son entreprise ne soit en mesure d'appliquer des programmes susceptibles d'atteindre son objectif initial.

Il convient à la culture organisationnelle. Les dirigeants d'une organisation préconisant un style de gestion démocratique et accordant une grande liberté d'action aux cadres intermédiaires, inférieurs et aux exécutants peuvent laisser ces derniers évaluer eux-mêmes leur rendement (en exerçant un contrôle implicite). Par contre, s'ils préfèrent centraliser la prise de décision et avoir voix au chapitre en ce qui a trait à toutes les activités, il se peut qu'un contrôle rigide (explicite) convienne mieux à l'organisation. Le choix à faire dépend essentiellement de la culture de l'organisation, c'est-à-dire de la manière d'agir qui y est suivie habituellement. Dans une culture de type démocratique, les dirigeants d'entreprise ont tendance à communiquer tous les renseignements d'importance aux cadres intermédiaires et inférieurs, et même au personnel d'exécution.

Il est économique. Il devrait exister un équilibre entre le coût de mise en place du système de contrôle de gestion et des avantages qu'il procure. De nos jours, il arrive souvent que certaines entreprises produisent des rapports de contrôle informatiques relativement coûteux et fournissant aux cadres de l'information sans valeur pour eux. Il convient de faire reposer tout système de contrôle sur les deux principes suivants:

- le *principe de l'économie* (système le moins coûteux possible; faut-il, par exemple, rédiger les rapports à la main ou faire l'acquisition d'un matériel informatique très perfectionné pour traiter l'information de gestion?);
- le *principe du rendement* (système d'utilisation facile pour tous).

Il a un caractère proactif. Les rapports de contrôle doivent faire plus que mettre les problèmes en évidence. Il faut aussi qu'ils orientent vers des éléments de solution. Un bon système de contrôle indique qui est responsable de telle ou telle opération et où se situent les difficultés.

12.6 L'ÉLÉMENT HUMAIN

OBJECTIF 12.6

Expliquer pourquoi certains individus s'opposent aux systèmes de contrôle et comment les amener à les accepter.

Le système de contrôle nouvellement introduit risque de provoquer de la frustration, car certaines personnes peuvent avoir le sentiment qu'on veut les enfermer dans un comportement. Certains employés jugent parfois ce type de système trop rigide et croient qu'il ne leur laisse pas suffisamment de liberté dans leur travail. Ils craignent qu'on l'utilise pour leur dire quoi faire et comment.

Souvent, les gestionnaires et les exécutants considèrent le contrôle comme une activité exigeant beaucoup de temps, parce qu'ils sont obligés de fournir au système une multitude de données et de renseignements. Certains disent qu'ils sont au service du système bien plus que le contraire.

Lorsque les gens considèrent le contrôle comme une menace à leur sécurité d'emploi et comme une activité sans valeur, ils s'opposent au système en place et vont même jusqu'à le saboter. Par exemple, ils peuvent communiquer des données fausses pour masquer des erreurs ou un faible rendement. Dans d'autres cas, certains gonflent leur budget et demandent plus de crédits qu'il n'est nécessaire. Beaucoup d'individus agissent de la sorte pour se prémunir contre des réductions budgétaires arbitraires. Il arrive aussi que des cadres désireux de faire accepter un projet ou un programme présentent une évaluation optimiste des coûts afin d'amener le comité budgétaire à leur accorder les crédits demandés. D'autres fixent dans leurs budgets et leurs plans détaillés des normes relativement faciles à atteindre en vue de bien paraître en cas de réussite.

Les raisons pour lesquelles les gens n'aiment pas les systèmes de contrôle peuvent être nombreuses de même que les façons d'entraver le fonctionnement de ces derniers. Cependant, les gestionnaires ont à leur disposition plusieurs moyens pour faire admettre le contrôle. Le meilleur d'entre eux consiste à créer un système qui présente les caractéristiques décrites dans la section précédente (par exemple, donner une information exacte et objective en temps opportun).

On peut aussi prévenir la résistance en faisant participer les futurs utilisateurs du système à son élaboration. Étant donné qu'ils prennent part au processus d'élaboration, de planification et de contrôle, les individus seront moins enclins à s'opposer au système. Avant de mettre en place un système de contrôle, les cadres devraient préparer une liste de questions portant sur certains éléments essentiels comme le style de gestion, le système de récompenses, les secteurs clés où il faut évaluer le rendement et, enfin, le degré de participation des subordonnés à la prise de décision.

OBJECTIF 12.7

Décrire les différents outils de contrôle tels que le centre de responsabilité, la gestion par exceptions, le contrôle budgétaire, le contrôle financier, le contrôle des opérations et la vérification.

12.7 LES OUTILS DE CONTRÔLE

Nous examinerons maintenant les méthodes particulières des cadres pour assurer le contrôle des activités dont ils sont responsables. Nous étudierons tout d'abord deux concepts importants liés à la fonction de contrôle: le concept de centre de responsabilité et le concept de gestion par exceptions. Puis nous traiterons des différents types de budgets qu'établissent les gestionnaires pour répartir les ressources financières et non financières de leur organisation afin d'en évaluer le rendement et de vérifier si on les utilise correctement. L'annexe à ce chapitre, « Outils d'aide à la planification et au contrôle », donne des exemples supplémentaires d'outils de contrôle tels que le chemin critique, le diagramme de Gantt, le seuil de rentabilité et l'arbre de décision.

Après avoir lu les six prochaines sous-sections, vous devriez pouvoir:

- expliquer en quoi le concept de centre de responsabilité aide à évaluer le rendement des gestionnaires;
- décrire le processus de la gestion par exceptions;
- expliquer pourquoi le contrôle budgétaire constitue un élément clé du processus de planification et de contrôle, et définir les différents types de budgets;
- décrire le contrôle financier au moyen des états financiers et des ratios financiers;
- expliquer ce qu'est le contrôle des opérations;
- expliquer pourquoi la vérification ne sert qu'à des fins de contrôle.

12.7.1 Le concept de centre de responsabilité

Il importe de mettre en place un système de planification et de contrôle permettant aux gestionnaires d'évaluer le rendement de l'exploitation et des finances. Le concept de centre de responsabilité aide à définir avec précision la responsabilité des cadres et leur obligation de rendre des comptes sur la réalisation des objectifs et des plans. Si l'on veut que le cadre responsable de la mise en œuvre des objectifs, des plans et de l'utilisation des ressources rende compte de ses actions, il faut établir un mécanisme lui permettant de remplir son mandat.

www.frp.qut.edu.au/acct/segment1 donne des exemples de centres de responsabilité

Il existe un lien étroit entre la structure du système de contrôle de gestion et les centres de responsabilité. Le **centre de responsabilité** est une unité organisationnelle dans laquelle un cadre est responsable de tout ce qui se passe à l'intérieur de l'entité et doit rendre compte des activités de celle-ci. Cela suppose que, dans une organisation, tous les individus se voient attribuer une tâche, une fonction ou un objectif précis et qu'ils auront à en rendre compte. Tous les organigrammes figurant dans le présent ouvrage (en particulier dans la partie consacrée à l'organisation) et présentant une structure hiérarchique sont dirigés par des responsables de centre de responsabilité.

Comme le montre la figure 12.5, les cadres placés sous l'autorité d'un chef de division sont chargés d'atteindre certains objectifs précis. Par exemple, le directeur de la commercialisation lancerait d'ici le 30 octobre un programme coûtant 100 000 $, rapportant 4 millions de dollars et faisant vendre 150 000 unités. Sitôt obtenue l'allocation des crédits nécessaires à l'application du programme, le cadre devient responsable de sa réalisation et, surtout, doit rendre des comptes à son supérieur (le chef de division) de la réalisation de l'objectif et des plans fixés, et de l'utilisation des ressources allouées.

Le concept de centre de responsabilité aide à établir un contrôle de gestion efficace. Son application amène à évaluer chaque unité organisationnelle selon l'un ou l'autre des critères suivants :

- ses coûts ou ses frais (frais d'exploitation ou coûts unitaires en continu) ;
- ses extrants (unités produites ou produit d'exploitation) ;
- ses intrants (ressources ayant servi à produire les extrants) ;
- son rendement (rapport entre les extrants obtenus et les intrants utilisés pour les produire) ;
- son efficacité (degré de satisfaction des objectifs) ;
- divers types de ratios ou d'indices permettant d'apprécier les résultats obtenus sur le plan de l'exploitation et des finances.

Étant donné que le système d'information de gestion doit aider à recueillir des données permettant aux cadres de rendre compte des résultats obtenus en matière de coûts, de produits d'exploitation, de bénéfices et d'investissement, on peut comparer les centres de responsabilité à un système comptable. La comptabilité par centres de responsabilité apparaît ainsi comme un élément essentiel du système de gestion[23]. On peut répartir les centres de responsabilité en quatre grandes catégories : les centres de coûts, les centres de revenus, les centres de profit et les centres de rentabilité.

Figure 12.5
Le processus associé à la responsabilité et à l'imputabilité

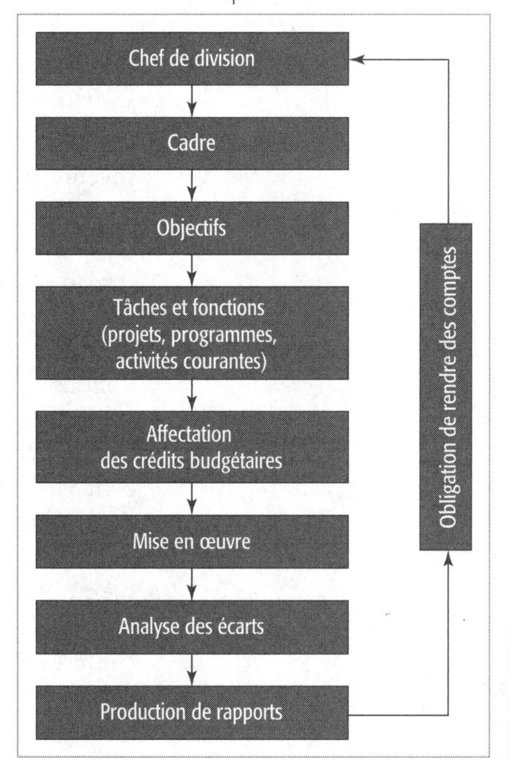

6

Les centres de coûts. Les **centres de coûts**, aussi appelés « centres de frais », permettent de déterminer la quantité d'intrants utilisés par une unité organisationnelle, c'est-à-dire les charges générées par la fabrication d'un produit ou la fourniture d'un service. On évalue le rendement du cadre responsable d'un centre de coûts à partir du rapport existant entre les dépenses engagées et le budget établi. Seuls les frais contractés entrent ici en ligne de compte. On attribue fréquemment un centre de coûts aux services de la comptabilité, des ressources humaines et des relations publiques ainsi qu'au Service juridique et au Service responsable du système d'information de gestion. De même, les organisations sans but lucratif, tels les hôpitaux, les écoles, les universités et les organismes gouvernementaux, présentent souvent une structure fondée sur des centres de coûts.

On distingue deux types de centres de coûts. Le premier type est constitué par des *centres de coûts préétablis* ou standards, où l'on peut évaluer les charges que devra assumer une unité pour fournir un service déterminé. On pourrait, par exemple, établir le coût moyen de la vérification des échantillons dans un laboratoire à 17,45 $ et les frais annuels d'entretien d'un immeuble à 35,85 $ le mètre carré.

Dans d'autres cas, par contre, il est impossible de faire une évaluation même approximative des ressources requises pour offrir un service. C'est pourquoi il existe aussi des *centres de coûts discrétionnaires*, dans lesquels on ne peut ni relier les intrants aux extrants d'une manière scientifique ni mesurer quantitativement le rendement des activités.

Les centres de revenus. Les **centres de revenus** permettent d'évaluer les résultats en examinant le produit généré par les ventes. Il n'est alors pas nécessaire de relier les intrants aux extrants. C'est en général à l'intérieur du Service des ventes que l'on trouve ce type de centre de responsabilité. On envisage ainsi l'unité responsable des ventes pour une région, un district ou un territoire donné comme un centre de revenus.

Les centres de profit. Les **centres de profit** permettent de combiner les revenus (extrants) avec les coûts (intrants). En défalquant les coûts des revenus, on obtient le bénéfice ou profit. Dans un centre de profit, il est possible d'établir la valeur financière aussi bien des intrants que des extrants. En outre, on y offre des services ou des produits à des clients de l'extérieur (ce qui correspond parfois à une portion importante de ses revenus) ou à d'autres unités organisationnelles. Lorsque certains biens ou services passent d'une unité à une autre, il faut que les états financiers de l'organisation tiennent compte de leur vente ou de leur achat par les divers centres de responsabilité concernés pour que l'on soit en mesure d'en évaluer le rendement.

Les centres de rentabilité. Les **centres de rentabilité** sont identiques aux centres de profit à ceci près que l'on tient compte des investissements pour déterminer le rendement de leurs activités. On compare ainsi le bénéfice réalisé avec les fonds investis pour obtenir une mesure économique d'ensemble appelée « rendement des investissements », « rendement de l'actif » ou « rendement du capital investi ». Dans un centre de rentabilité, la direction s'intéresse non seulement au calcul des bénéfices (extrants), mais aussi à leur rapport aux fonds investis (intrants).

12.7.2 La gestion par exceptions

La **gestion par exceptions** repose sur l'idée que le cadre chargé d'un centre de responsabilité doit prendre en compte uniquement les écarts importants entre les résultats obtenus et les objectifs. Elle se fonde ainsi sur le principe de l'exception, lequel suppose que les gestionnaires seraient surchargés d'information si on les renseignait sur toutes les opérations réalisées dans leur organisation ou sur tous les écarts enregistrés. Les cadres devraient plutôt se concentrer sur les activités nécessitant une attention particulière. Pour les contrôleurs de la navigation aérienne, par exemple, il faudrait établir un système de contrôle renseignant les dirigeants d'aéroport sur les heures supplémentaires travaillées. En effet, leur nombre atteint des proportions si exagérées qu'il mérite une étude.

Dans une usine, le taux d'unités défectueuses doit faire l'objet d'une surveillance continue. S'il est égal ou inférieur à la norme prescrite (0,2 %, par exemple), aucune action ne sera jugée nécessaire. En revanche, s'il dépasse la norme fixée, on devra en informer le cadre responsable. Une telle manière de procéder permet à ce gestionnaire de se concentrer sur les situations exceptionnelles.

La gestion par exceptions offre les avantages suivants :

- elle se traduit par une économie de temps pour les gestionnaires, qui n'ont pas à surveiller chacune des opérations dont ils ont la responsabilité ;
- elle exige que les cadres soient informés seulement des problèmes épineux, la responsabilité de toutes les autres activités continues normales étant déléguée à des subordonnés ;
- elle permet aux gestionnaires de concentrer leurs efforts sur les activités qui font problème ;
- elle réduit au minimum le nombre des décisions prises par les cadres supérieurs, leurs subordonnés se chargeant des problèmes de moindre importance ;
- elle permet aux cadres supérieurs de fixer leur attention sur des questions correspondant à leurs capacités et à leur compétence ;
- elle permet, en agissant tôt, d'éviter qu'un problème ne prenne des proportions démesurées ;
- elle améliore la communication entre les employés et les services, un avantage précieux, car la résolution d'un problème exige vraiment un effort collectif.

12.7.3 Le contrôle budgétaire

Comme le montre la figure 12.6 (voir la page 488), les gestionnaires emploient diverses méthodes de contrôle pour évaluer le rendement de leur unité. Les principales sont le contrôle budgétaire, le contrôle financier, le contrôle des opérations et la vérification.

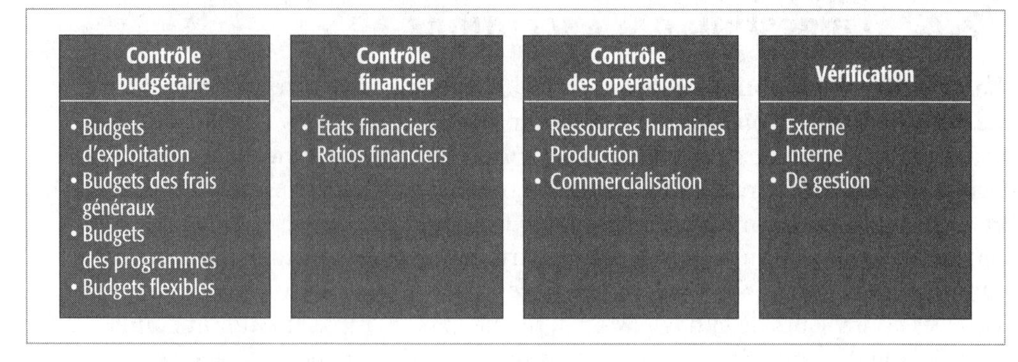

Figure 12.6 La manière dont les gestionnaires contrôlent leurs activités

Dans le contrôle budgétaire, l'élaboration des budgets représente un élément clé du processus de planification et de contrôle. Un **budget** est l'expression quantitative d'un plan d'action servant à évaluer les résultats. Une planification bien établie exige la détermination des priorités de l'organisation, la définition de ses objectifs et de ceux des services et des unités qui la composent, la définition de plans et de politiques, la formulation de stratégies visant divers marchés et produits ainsi que l'élaboration de procédures et de plans opérationnels détaillés. Accomplies isolément, ces diverses opérations ne mènent pas à grand-chose. Elles n'acquièrent de l'importance que si on les intègre à un processus de gestion faisant intervenir la répartition des ressources à prendre en compte dans l'évaluation du rendement. Les budgets expriment le résultat des activités de planification dans un langage commun à tous : celui de l'argent.

A. L'élaboration d'un budget

Il importe de souligner que l'élaboration des budgets ne constitue pas un élément isolé à l'intérieur du processus de gestion dans son ensemble. Cette activité découle en effet du processus par lequel les gestionnaires se fixent des objectifs, adoptent certaines stratégies et dressent des plans. L'élaboration des budgets amène essentiellement à répartir les ressources, à évaluer les résultats financiers des décisions de gestion et à établir les normes financières et les normes d'exploitation servant à évaluer le rendement organisationnel. Les cadres qui envisagent la préparation des budgets simplement comme une opération mécanique ou comme un rituel auquel obéissent chaque année des groupes de planification ou des comptables risquent de mal répartir leurs ressources et de ne pas évaluer convenablement leurs résultats d'exploitation.

B. Les responsables de l'élaboration des budgets

Les *cadres* se partagent la responsabilité de l'élaboration des budgets. Le *contrôleur* est chargé de fournir certaines directives sur la manière de préparer, de réviser et de traiter les budgets, et il doit incorporer ces derniers ainsi que les plans financiers dans le budget directeur (voir la figure 12.7). Chaque cadre (le directeur du secteur des ventes et de la commercialisation, par exemple) doit établir son propre budget en expliquant pourquoi il a besoin des crédits demandés et l'usage qu'il compte en faire.

Figure 12.7 Le lien entre les budgets et les états financiers prévisionnels

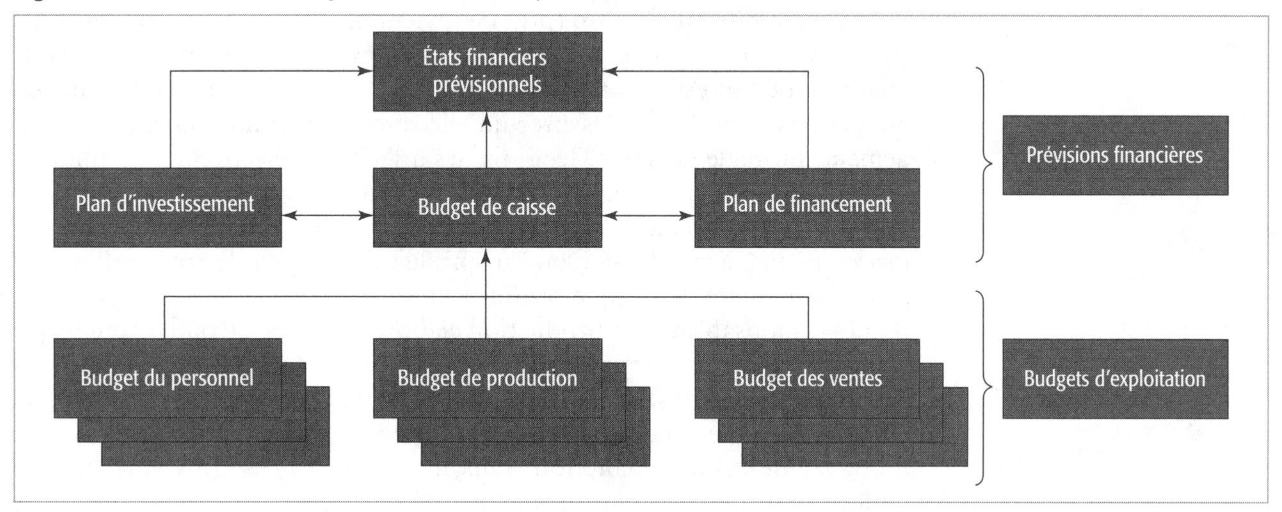

C. Les catégories de budgets

Comme ils ne prennent pas tous les mêmes types de décisions, les gestionnaires utilisent différentes méthodes pour élaborer leurs budgets. Le tableau 12.5 indique les différents types de budgets que préparent les cadres d'une organisation ainsi que leur objet. On peut répartir ces budgets en quatre grandes catégories : les budgets d'exploitation, les budgets complémentaires, les budgets intégrés et les budgets d'investissement. Examinons chacune de ces catégories.

Les budgets d'exploitation. Les **budgets d'exploitation** sont préparés par les gestionnaires responsables des centres de responsabilité ou unités organisationnelles. On peut faire appel à trois types de budgets pour établir un plan de profit. Ainsi, les responsables de la commercialisation utilisent un budget des ventes, ceux de la production, un budget variable ou flexible et ceux des unités auxiliaires, un budget traditionnel ou à base zéro.

Tableau 12.5
Les types de budgets et leur objet

TYPES DE BUDGETS	OBJET
Budget de production (d'exploitation)	Exigences liées à la production (matières premières, main-d'œuvre, énergie, etc.)
Budget de commercialisation	Programmes de vente et de publicité
Budget d'une succursale, d'une division ou d'une unité régionale	Centres de responsabilité
Budget de produits	Rendement du capital investi pour divers produits particuliers
Budget du personnel cadre	Budget spécialisé (rémunération et besoins en personnel)
Budget de caisse	Respect des engagements courants et obtention d'une marge de crédit
Budget consacré à la recherche et au développement	Stratégies sur lesquelles reposent le chiffre d'affaires et le produit d'exploitation futurs
Budget des investissements	Construction d'usines, expansion et modernisation des installations
États des résultats *pro forma*	Prévisions de bénéfice
Bilan *pro forma*	Prévisions relatives à la structure du capital

Les *budgets des ventes* sont réservés aux cadres de la commercialisation et ils revêtent beaucoup d'importance parce qu'on les utilise pour définir d'autres éléments du budget d'ensemble. En règle générale, ils indiquent le nombre d'unités que l'on s'attend à vendre et leur prix unitaire, ce qui permet de calculer le produit des ventes. On peut décomposer ce type de budget pour lui donner une fréquence mensuelle ou trimestrielle.

Les *budgets variables* ou flexibles s'appliquent à la production, où l'on utilise le coût de fabrication (prix de revient normalisé) pour comparer les résultats obtenus avec les prévisions et pour évaluer les écarts de prix et de quantité. Le but est non pas de vérifier que l'unité de production suit son budget, mais plutôt de s'assurer qu'elle respecte certaines normes de rendement. En règle générale, les frais liés à l'achat d'électricité, à l'amortissement, aux assurances et à divers autres postes sont fixes. Avec la méthode des coûts proportionnels (méthode du prix de revient complet), on peut toutefois les imputer à une division ou à un produit donné pour déterminer la marge bénéficiaire nette de chaque produit.

Les responsables de la production élaborent ce type de budget parce que leurs frais sont directement proportionnels au niveau de la production. Ils effectuent une analyse détaillée pour distinguer les coûts variables selon la quantité produite et pour déterminer le rapport entre ces deux éléments pour divers volumes de production. Puis ils inscrivent ces frais variables au budget pour que celui-ci reflète les charges prévues à différents niveaux de production.

Schéma 12.1

Dépenses de l'année antérieure	350 000 $	
Inflation	7 000	2 %
Nouvelles activités	10 500	3 %
Augmentation due au volume	14 000	4 %
Budget pour l'année à venir	381 500 $	9 %

Le *budget traditionnel* représente la somme des dépenses de l'année antérieure et des prévisions budgétaires pour l'année à venir, les dépenses prévues y étant exprimées en pourcentage par rapport à celles de l'année précédente. Le schéma ci-contre en est un exemple. La méthode budgétaire traditionnelle comporte plusieurs faiblesses. Par exemple, on peut difficilement relier le budget établi aux objectifs. De plus, il arrive que l'on approuve les activités de l'année précédente sans vraiment les examiner ni les justifier, que l'on perde de vue les priorités de l'entreprise ou que des dépenses exceptionnelles viennent gonfler les chiffres de l'année précédente.

Le *budget à base zéro* implique la justification de chaque dollar que l'on y inscrit. Contrairement à la méthode traditionnelle — suivant laquelle on incorpore automatiquement les dépenses de l'année antérieure aux prévisions et on n'examine que les dépenses additionnelles —, le budget à base zéro exige que l'on traite sur le même pied les dépenses autorisées l'année précédente et les nouvelles demandes reçues. On suppose que le cadre responsable d'un centre de responsabilité n'a précédemment engagé aucune dépense. Ce procédé s'apparente à celui de la redéfinition qui conduit un gestionnaire à se poser la question suivante : Compte tenu de ce que je sais et des moyens techniques actuels, de quoi cette entreprise aurait-elle l'air si je la rebâtissais à neuf ?

L'élaboration d'un budget à base zéro exige de la part des cadres responsables des centres de responsabilité qu'ils préparent des propositions budgétaires. On compare ensuite celles-ci entre elles pour déterminer comment les ressources limitées de l'entreprise seront réparties.

Les budgets complémentaires. Les **budgets complémentaires** présentent d'une façon plus détaillée le contenu des budgets d'exploitation. Ces budgets complémentaires en diffèrent, car les données financières y sont présentées autrement. On distingue les budgets de produits, les budgets par programmes, les budgets par postes de dépenses et les budgets de caisse.

Les *budgets de produits* permettent aux responsables de la commercialisation de mesurer le bénéfice associé à différents produits. Le schéma ci-contre montre des exemples de budgets pour trois produits. Ce type de budget renseigne sur les dépenses engagées par les différents services (distribution, publicité, etc.) et pour les divers produits. On peut ainsi avoir un aperçu de la rentabilité de chacun. Une entreprise peut aussi calculer le rendement du capital investi dans ses divers produits en évaluant pour chacun le total des investissements et du bénéfice (après imputation des frais généraux).

Schéma 12.2

	PRODUITS		
	A	B	C
Produit d'exploitation	500 000 $	770 000 $	1 300 000 $
Coût des marchandises vendues	250 000	300 000	600 000
Marge brute	250 000	470 000	700 000
Budget de la commercialisation			
Distribution	50 000	75 000	100 000
Publicité	25 000	40 000	70 000
Ventes	100 000	150 000	250 000
Service	50 000	40 000	100 000
Budget total	225 000 $	305 000 $	520 000 $
Marge nette	25 000 $	165 000 $	180 000 $

Les *budgets par programmes* servent avant tout aux organisations sans but lucratif, tels les organismes gouvernementaux. Ils reposent sur la rationalisation des choix budgétaires (RCB). Ils comportent cinq grandes étapes:

1) définir clairement les objectifs des activités ou l'importance des programmes;
2) analyser les avantages (ou les résultats) de chaque activité ou programme en tenant compte des objectifs;
3) évaluer le coût initial et les dépenses à engager pour chaque programme;
4) examiner les diverses options possibles;
5) élaborer un budget en se basant sur le résultat des étapes précédentes.

Le *budget par postes de dépenses* est le plus populaire et le plus connu. Les ressources y sont classées d'une façon particulière. On peut ainsi répartir les dépenses entre différents postes tels que salaires, fournitures, matériel, frais de déplacement et services publics. Le schéma ci-contre donne un exemple type de ce genre de budget.

Schéma 12.3

Salaires	200 000 $
Transport et communication	25 000
Information	12 550
Services professionnels	35 500
Location	10 000
Réparations et entretien	5 000
Services publics, matières et fournitures	32 000
Autres dépenses	20 000
Total	340 050 $

Les *budgets de caisse* sont utilisés pour la négociation d'une marge de crédit auprès d'un établissement bancaire. Ils indiquent, sur une fréquence mensuelle, les sommes disponibles et celles dont une entreprise estime avoir besoin. Comme on peut le voir au tableau 12.6 (voir la page 492), la préparation d'un budget de caisse se fait en deux étapes. D'abord, on calcule toutes les recettes (enregistrées par les ventes au comptant et les recouvrements) pour chacun des mois visés, et ensuite on détermine quels seront les débours pour chacun des postes de dépenses. La différence entre les recettes et les dépenses constituera soit un excédent, soit un déficit de caisse.

Plusieurs services doivent participer à la préparation du budget de caisse, ce qui nécessite un bon jugement. Le Service des ventes, par exemple, devra communiquer le chiffre d'affaires, alors que le directeur du crédit indiquera le pourcentage approximatif des ventes au comptant, à crédit ou contre paiement à terme (30, 60 ou 90 jours). Divers chefs de service renseigneront aussi sur les achats, les salaires, les frais de location, etc.

Tableau 12.6 Exemple de budget de caisse

	Mai	Juin	Juillet	Août	Septembre	Octobre	Novembre	Décembre
Produit d'exploitation	60000$	60000$	120000$	180000$	240000$	120000$	120000$	30000$
Recette								
1er mois (5%)	3000	3000	6000	9000	12000	6000	6000	1500
2e mois (80%)		48000	48000	96000	144000	192000	96000	96000
3e mois (15%)			9000	9000	18000	27000	36000	18000
Total	3000$	51000$	63000$	114000$	174000$	225000$	138000$	115500$
Achats	30000$	30000$	42000$	294000$	102000$	78000$	54000$	30000$
Débours (avec un décalage de un mois)		30000$	30000$	42000$	294000$	102000$	78000$	54000$
Recettes								
Recouvrements			63000$	114000$	174000$	225000$	138000$	115500$
Débours								
Achats			30000	42000	294000	102000	78000	54000
Salaires			9000	9000	9000	9000	9000	9000
Location			3000	3000	3000	3000	3000	3000
Frais divers			900	900	900	900	900	900
Impôts					21000			21000
Paiement proportionnel						60000		
Total des débours			42900$	54900$	327900$	174900$	90900$	87900$
Excédent (déficit) de caisse pour le mois			20100$	59100$	(153900)$	50100$	47100$	27600$
Encaisse au début du mois			45000	65100	124200	(29700)	20400	67500
Encaisse cumulative			65100	124200	(29700)	20400	67500	95100
Moins: encaisse minimale			30000	30000	30000	30000	30000	30000
Emprunt en cours			–	–	(59700)$	(9600)$	–	–

À l'aide de toute l'information reçue, le contrôleur déterminera ensuite le montant que l'entreprise devrait avoir en banque en permanence (encaisse au début du mois), celui qu'elle devrait placer dans des titres à court terme (excédent de caisse) et celui qu'elle devra obtenir de la banque sous la forme d'une marge de crédit (emprunt en cours).

Au moment de la préparation du budget de caisse mensuel, on n'a à prévoir que les débours et les recettes. Il faut cependant faire preuve de jugement et examiner les autres éléments en les associant à la gestion du fonds de roulement. Le budget de caisse n'est rien d'autre qu'un outil permettant de bien planifier l'acquisition de fonds et les placements à court terme.

Les budgets intégrés. Une fois que le contrôleur et ses subordonnés ont reçu toutes les prévisions de recettes et les budgets des divers cadres responsables de l'exploitation, ils peuvent dresser les **budgets intégrés**, c'est-à-dire, les états financiers prévisionnels (voir la partie supérieure de la figure 12.7). Nous y reviendrons plus loin.

Les budgets d'investissement. Les **budgets d'investissement** présentent les sommes qui doivent être allouées à des programmes de réduction des coûts, à des projets de recherche et de développement, à l'agrandissement d'installations de production, au remplacement de matériel désuet, à la mise en place d'un système informatique, à la construction d'un entrepôt ou même à l'acquisition d'une entreprise existante. Les investissements ou les immobilisations ont des avantages (rendement, bénéfices, économies) sur une période de plusieurs années. Les projets mentionnés dans un budget d'investissements revêtent beaucoup d'importance, car ils nécessitent en général des ressources financières considérables.

12.7.4 Le contrôle financier

Comme le montre la figure 12.7, les divers budgets sont finalement intégrés aux **états financiers**. Ils comprennent deux documents, le bilan et l'état des résultats, examinés par les gestionnaires de l'entreprise, ses propriétaires, ses bailleurs de fonds et autres groupes concernés, et ce, parce qu'ils permettent d'évaluer le rendement financier de l'organisation dans son ensemble. Les états financiers comparatifs mettent généralement en regard des données financières enregistrées au cours des années antérieures et font ressortir les principales tendances.

Tableau 12.7
Exemple de bilan

BILAN DE LA SOCIÉTÉ MICROTECH LTÉE		
ACTIF	**2006**	**2005**
Encaisse	22 000 $	18 000 $
Comptes clients	300 000	280 000
Stocks	218 000	185 000
Charges payées d'avance	60 000	55 000
Total de l'actif à court terme	600 000 $	538 000 $
Immobilisations (au prix coûtant)	1 340 000	1 050 000
Amortissement cumulé	140 000	100 000
Immobilisations (nettes)	1 200 000 $	950 000 $
Total de l'actif	1 800 000 $	1 488 000 $
PASSIF		
Comptes fournisseurs	195 000 $	175 000 $
Effets à payer	150 000	135 000
Charges constatées par régularisation	20 000	18 000
Impôts à payer	80 000	70 000
Total du passif à court terme	445 000 $	398 000 $
Dettes à long terme	800 000	600 000
Total du passif	1 245 000 $	998 000 $
AVOIR DES ACTIONNAIRES		
Actions ordinaires	300 000	285 000
Bénéfices non répartis	255 000	205 000
Total de l'avoir	555 000 $	490 000 $
Total du passif et de l'avoir	1 800 000 $	1 488 000 $

A. Les états financiers

Le bilan comparatif. Le **bilan** *pro forma* (voir le tableau 12.7) décrit la structure du capital d'une entreprise d'après son actif à court terme, ses immobilisations, son passif à court terme, ses dettes à long terme, ses capitaux propres (avoir des actionnaires) et la manière dont ces divers éléments seront répartis dans les années à venir. Pour déterminer si le rendement de l'entreprise augmentera, l'analyste établit à l'aide de divers ratios si l'exercice sera favorable.

L'état des résultats. L'**état des résultats** *pro forma* (voir le tableau 12.8, à la page 494) apporte un complément au bilan. On y trouve le produit, les charges d'exploitation et le bénéfice prévus.

B. Les ratios financiers

Les **ratios**, ou **indices financiers**, sont des rapports entre deux valeurs tirées des états financiers. Ils permettent d'évaluer avec justesse le rendement financier d'une entreprise. On s'en sert pour assurer le contrôle de divers éléments mentionnés dans les états financiers. Comme le montre le tableau 12.9 à la page 495, on peut regrouper les ratios tirés du bilan et de l'état des résultats

Tableau 12.8 Exemple d'état des résultats

ÉTAT DES RÉSULTATS DE LA SOCIÉTÉ MICROTECH LTÉE POUR L'EXERCICE TERMINÉ EN 2006		
1. Section des activités d'exploitation		
Produit d'exploitation net	2500000$	
Coût des marchandises vendues	1900000	
Bénéfice brut		**600000**
Charges d'exploitation		
Frais de vente	150000$	
Loyer	100000	
Frais d'administration	100000	
Amortissement	40000	
Total des charges d'exploitation		390000
Bénéfice d'exploitation		**210000$**
2. Section des activités autres que celles d'exploitation		
Autres produits	20000	
Autres charges (intérêts)	35000	15000
Bénéfice avant impôts		**195000$**
3. Section des propriétaires		
Impôts		97500
Bénéfice après impôts		**97500$**

ainsi que les ratios mixtes en quatre catégories. Ce tableau énumère 13 ratios permettant d'évaluer le rendement financier de MicroTech ltée pour l'exercice qui se terminera en 2006.

Les **ratios de liquidité** reflètent la capacité d'une entreprise à combler ses besoins futurs en trésorerie, c'est-à-dire à respecter ses engagements financiers à court terme. Ils concernent le lien entre le passif et l'actif à court terme présentés au bilan. Ces deux regroupements de comptes forment ensemble ce que l'on appelle souvent le « fonds de roulement ». Les données du tableau 12.7 indiquent que la Société MicroTech ltée a un fonds de roulement net de 155000$ (600000$ – 445000$). Cette valeur du fonds de roulement représente le montant dont MicroTech ltée a besoin pour fonctionner au jour le jour, c'est-à-dire pour acquitter à temps ses comptes fournisseurs, ses emprunts bancaires à court terme et ses frais d'exploitation hebdomadaires tels que les salaires et les charges sociales. Les deux plus importants ratios de liquidité sont le ratio de liquidité générale et le ratio de liquidité immédiate.

Les **ratios d'endettement** servent à évaluer la structure du capital, c'est-à-dire la proportion de capitaux qu'une entreprise emprunte à ses propriétaires et à des créanciers pour financer l'acquisition d'éléments d'actif. De même, dans l'achat d'une maison, une partie des capitaux provient des prêteurs sur hypothèque et l'autre, de la personne qui acquiert la propriété. Au cours de l'examen de l'endettement, on se pose en général deux questions. D'abord, comment les fonds obtenus de prêteurs et ceux des propriétaires devraient-ils se répartir ? Ensuite, l'emprunteur sera-t-il en mesure d'honorer son contrat de prêt, c'est-à-dire de verser chaque mois le capital à rembourser et les intérêts courus ? Les ratios d'endettement les plus utilisés sont le ratio dettes/total de l'actif et le ratio d'autonomie financière.

Les **ratios d'exploitation** permettent de déterminer si les gestionnaires d'une entreprise font une utilisation judicieuse des éléments d'actif. Aussi appelés parfois « ratios d'activité » ou « ratios de gestion », ils témoignent de l'efficacité avec laquelle une entreprise utilise ses éléments d'actif tels que les stocks, les comptes clients et les immobilisations. Les ratios d'exploitation les plus courants sont le délai moyen de recouvrement, le taux de rotation des stocks, des immobilisations et de l'actif.

Les **ratios de rentabilité** dégagent l'efficacité générale de l'exploitation d'une entreprise par la comparaison de ses bénéfices avec son produit d'exploitation, son actif et ses capitaux propres. Ils ont trait aux résultats nets et indiquent dans quelle mesure une entreprise parvient à enregistrer des bénéfices par rapport à son chiffre d'affaires, aux sommes investies dans ses éléments d'actif et à l'avoir des propriétaires. Ces ratios indiquent les niveaux

Tableau 12.9 Les ratios financiers de la Société MicroTech ltée pour l'année 2006

RATIOS DE LIQUIDITÉ

1. Ratio de liquidité générale

$$\frac{\text{Actif à court terme}}{\text{Passif à court terme}} = \frac{600\,000\,\$}{445\,000\,\$} = 1{,}35 \text{ fois}$$

2. Ratio de liquidité immédiate

$$\frac{\text{Actif disponible}}{\text{Passif à court terme}} = \frac{382\,000\,\$}{445\,000\,\$} = 0{,}86 \text{ fois}$$

RATIOS D'ENDETTEMENT

3. Ratio dettes/total de l'actif

$$\frac{\text{Total des dettes}}{\text{Total de l'actif}} = \frac{1\,245\,000\,\$}{1\,800\,000\,\$} = 69\,\%$$

4. Ratio d'autonomie financière

$$\frac{\text{Total des dettes}}{\text{Total des capitaux propres}} = \frac{1\,245\,000\,\$}{555\,000\,\$} = 2{,}24 \text{ fois}$$

5. Ratio d'autonomie financière

$$\frac{\text{Bénéfice avant impôts + intérêts débiteurs}}{\text{Intérêts débiteurs}} = \frac{195\,000\,\$ + 35\,000\,\$}{35\,000\,\$} = 6{,}57 \text{ fois}$$

RATIOS D'EXPLOITATION

6. Délai moyen de recouvrement

$$\frac{\text{Comptes clients}}{\text{Produit d'exploitation quotidien moyen}} = \frac{300\,000\,\$}{6\,849\,\$} = 44 \text{ jours}$$

7. Taux de rotation des stocks

$$\frac{\text{Coûts des marchandises vendues}}{\text{Stocks}} = \frac{1\,900\,000\,\$}{218\,000\,\$} = 8{,}7 \text{ fois}$$

8. Taux de rotation des immobilisations

$$\frac{\text{Produit d'exploitation}}{\text{Immobilisations}} = \frac{2\,500\,000\,\$}{1\,200\,000\,\$} = 2{,}1 \text{ fois}$$

9. Taux de rotation de l'actif

$$\frac{\text{Produit d'exploitation}}{\text{Total de l'actif}} = \frac{2\,500\,000\,\$}{1\,800\,000\,\$} = 1{,}4 \text{ fois}$$

RATIOS DE RENTABILITÉ

10. Marge bénéficiaire

$$\frac{\text{Bénéfice brut}}{\text{Produit d'exploitation}} = \frac{600\,000\,\$}{2\,500\,000\,\$} = 24\,\%$$

11. Rentabilité d'exploitation

$$\frac{\text{Bénéfice après impôts}}{\text{Produit d'exploitation}} = \frac{97\,500\,\$}{2\,500\,000\,\$} = 3{,}9\,\%$$

12. Rendement du total de l'actif

$$\frac{\text{Bénéfice après impôts}}{\text{Total de l'actif}} = \frac{97\,500\,\$}{1\,800\,000\,\$} = 5{,}4\,\%$$

13. Rendement des capitaux propres

$$\frac{\text{Bénéfice après impôts}}{\text{Capitaux propres}} = \frac{97\,500\,\$}{555\,000\,\$} = 17{,}6\,\%$$

d'efficacité et de rendement d'une entreprise. Ceux auxquels on s'intéresse le plus fréquemment sont la marge bénéficiaire, la rentabilité d'exploitation ainsi que le rendement du total de l'actif et des capitaux propres.

Le tableau 12.10 montre comment on peut utiliser des ratios de ce genre pour contrôler les résultats financiers.

Tableau 12.10
L'analyse des états financiers au moyen de ratios

RATIOS	NORMES FIXÉES	RÉSULTATS ATTEINTS	COMMENTAIRES
Ratio de liquidité générale (en %)	2,2	1,92	Les conditions économiques ont entraîné une baisse du chiffre d'affaires et retardé le recouvrement des comptes clients.
Délai moyen de recouvrement (en jours)	45	48	Trois importants clients doivent ensemble 140 000 $, mais on recevra 75 % de cette somme d'ici 15 jours.
Rotation des stocks (en nombre de fois)	16,5	14,2	La diminution des ventes a fait ralentir l'écoulement des stocks ; on réduira donc la production de 40 % au cours des deux prochains mois pour revenir à la norme fixée.
Rendement du total de l'actif (en %)	12,9	10,4	Le chiffre d'affaires a augmenté de 4 % alors que l'actif est resté stable.
Rentabilité de l'exploitation (en %)	6,5	6,2	Les frais de personnel et de publicité ont augmenté de 15 et 14 % respectivement, alors que le produit d'exploitation ne s'est accru que de 4 %.

12.7.5 Le contrôle des opérations

Le contrôle des opérations conduit à évaluer le rendement dans divers secteurs de l'organisation : ressources humaines, production, commercialisation, etc. On procède à un contrôle à chaque étape du processus de gestion des *ressources humaines*, lequel a fait l'objet d'un examen détaillé à l'annexe du chapitre 7, « La gestion des ressources humaines ». Ainsi, les démarches préliminaires comportent un contrôle préventif qui permet de recruter les bons candidats lorsqu'il s'agit de pourvoir des postes vacants. Au chapitre de la *production*, le contrôle a pour but d'aider les gestionnaires à mieux utiliser les ressources destinées aux activités de fabrication : matières premières, équipement, outillage et travailleurs. Par exemple, le contrôle des charges d'exploitation entraîne la comparaison des coûts réels de fabrication avec ceux prévus (coûts standards ou normalisés). En matière de *commercialisation*, une entreprise recourt à des outils de contrôle lorsqu'elle désire accroître sa part du marché, offrir des produits et des services de qualité, réduire ses frais de transport et en apprendre davantage sur les habitudes des consommateurs. Ainsi, lorsqu'un gestionnaire désire déterminer le degré de satisfaction et de fidélité de la clientèle, il procède à un contrôle.

12.7.6 La vérification

La **vérification** sert uniquement à des fins de contrôle. On la définit comme le processus par lequel une personne indépendante et compétente accumule de l'information quantitative portant sur une entité économique particulière et détermine ensuite sa conformité aux normes établies[24]. Le vérificateur indépendant, en général une firme de comptables agréés, examine les états financiers de l'entreprise. La vérification sert aussi à contrôler les activités d'une entreprise.

www.ccaf-fcvi.com/
pour le site Web de la Fondation canadienne pour la vérification intégrée qui informe sur la mission de l'organisation ainsi que sur ses activités et publications

Le vérificateur a pour tâche première d'évaluer objectivement les activités financières, comptables ou autres d'une entreprise. Il s'intéresse notamment aux registres, à la répartition des responsabilités, à la division du travail et à l'état des biens matériels. Il doit rapporter toute irrégularité à la direction, qui prendra alors les mesures nécessaires pour la corriger.

Voici les principaux moyens utilisés par un vérificateur pour apprécier le rendement financier et les activités d'exploitation d'une entreprise :

- l'*observation* des procédés comptables et du contrôle interne ;
- l'*inspection* des registres de l'entreprise, de ses titres, de ses documents justificatifs, etc. ;
- la *confirmation* par des tiers de certains éléments d'information (relevés bancaires, effets à recevoir, stocks, matériel, titres, etc.) ;
- la *comparaison* des états établis pour différents exercices financiers, laquelle vise à s'assurer que les principes suivis au cours du présent exercice sont en tout point conformes à ceux appliqués dans les années antérieures ;
- l'*analyse des données*, qui permet d'établir si la description des comptes et les données relatives à l'exploitation sont crédibles ;
- le *calcul* de certains éléments comme la valeur des stocks, l'amortissement, les impôts, les intérêts, etc. ;
- la *collecte* de renseignements sur les plans futurs de l'entreprise susceptibles d'avoir une incidence sur les éléments inscrits aux états financiers (comme l'acquisition de biens d'actif ou une modification importante des gammes de produits pouvant avoir une incidence sur le niveau des stocks).

Évolution et transition

Le contrôle

Le tableau 12.11 présente les pratiques, les approches et les procédés de contrôle que nous avons vu évoluer durant les cinquante dernières années et qui continueront à exister. Il se trouvera certainement des contrôles stratégique, tactique et opérationnel. Il y aura aussi des contrôles préventif, continu et rétroactif. Les outils de contrôle, présentés dans la première colonne du tableau (Évolution), touchent en grande partie les concepts de contrôle présentés dans ce chapitre. Toutefois, il en existe des dizaines d'autres pour évaluer la performance de différentes activités d'une organisation.

En raison de la complexité des organisations, de l'effet de la mondialisation, de l'évolution rapide des marchés et de l'importance grandissante de la collaboration entre les groupes, l'utilisation des outils de contrôle traditionnels pour évaluer l'efficacité et le rendement des organisations deviendra de plus en plus difficile. Les organisations modernes utiliseront donc des approches de contrôle apparues durant les quelques dernières années, telles que la budgétisation par résultats, le contrôle basé sur un système de valeurs, le contrôle de la qualité, le contrôle de la technologie de l'information (TI) et la gouvernance.

La budgétisation par résultats. Pour plusieurs entreprises, le budget traditionnel est un exercice lourd. Il est considéré comme un outil de surveillance axé principalement sur le contrôle des dépenses à partir des résultats de l'année précédente. Très souvent, l'exercice budgétaire à peine terminé, il arrive que le budget ne soit déjà plus à jour. Pour cette raison, plusieurs entreprises « innovatrices » cherchent une façon d'améliorer la performance future de l'entreprise et incorporent dans leurs budgets, des indicateurs tant au niveau du rendement que de l'efficacité. Cela permettra donc de responsabiliser davantage les gestionnaires à tous les échelons hiérarchiques et de les rendre responsables de leurs décisions. Nous inclurons donc dans les budgets futurs des normes liées aux mesures financières, à la clientèle, aux processus internes, aux employés et à l'innovation[25].

Tableau 12.11
Le contrôle : évolution et transition

ÉVOLUTION	TRANSITION	
	Outils	**Raisons**
Arbre de décision Budget	Budgétisation par résultats	Responsabilisation et imputabilité
Centres de responsabilité Chemin critique	Contrôle basé sur un système de valeurs ; contrôle organique	Participation et engagement
Contrôle continu Contrôle préventif	Contrôle de la qualité • ISO • Six Sigma	Services exigés par les clients
Contrôle rétroactif	Contrôle des TI	Fraudes
Diagramme de Gantt Seuil de rentabilité Vérification	Gouvernance	Transparence

Le contrôle basé sur un système de valeurs. Comme nous l'avons mentionné tout le long des différents chapitres, il existe des changements fondamentaux dans la culture organisationnelle. Le tableau 2.5 à la page 54 montre que les nouvelles cultures organisationnelles influencent la façon de gérer les fonctions des organisations. Le contrôle implicite (contrôle individuel ou autodirection) remplacera le contrôle explicite (du type policier). Ce contrôle est basé sur un système de valeurs et de croyances. Le premier est déjà pratiqué dans un grand nombre d'entreprises. Plusieurs études démontrent que la culture organisationnelle ou une gestion basée sur un système de valeurs sont essentielles à la gestion du changement[26]. Dans le futur, les systèmes de contrôle seront des outils de motivation et c'est en ce sens qu'ils deviendront des éléments positifs au sein des organisations et perdront leur côté répressif. Celles-ci seront en général plus autonomes et les gestionnaires auront le choix des moyens pour effectuer un suivi plus poussé de leurs unités organisationnelles. Ils pourront donc créer un environnement qui rendra leurs employés plus productifs.

Le contrôle de la qualité. Le processus de contrôle de la qualité permet à une entreprise de répondre pleinement aux exigences de ses clients. Cette approche reconnaît les normes de performance d'un produit ou d'un service exigé par les clients et l'application de mesures permettant de les atteindre à 100 % tout en augmentant la productivité et en réduisant les pertes matérielles et les coûts. Les deux outils de contrôle de la qualité les plus répandus sont les *normes ISO* et le *Six Sigma*. Les *normes ISO* ont été créées par l'Organisation internationale de normalisation dont l'activité principale est d'élaborer des normes techniques permettant l'échange de produits et de services entre entreprises de 91 pays.

www.iso.org/
pour une description des activités de l'ISO ainsi que les avantages des normes ISO pour une entreprise

Le *Six Sigma*, méthode basée sur des modèles statistiques, permet aux gestionnaires d'utiliser l'information pour améliorer leurs décisions sur la gestion de la qualité de leurs produits et services (efficacité) et pour améliorer leur rentabilité (rendement). Aujourd'hui, on emploie de plus en plus des méthodes quantitatives pour résoudre des problèmes complexes dans l'industrie, pour améliorer la qualité et réduire les coûts d'exploitation[27].

www.isixsigma.com
pour des renseignements détaillés au sujet du Six Sigma

La gestion des TI. La technologie de l'information est le processus de saisie de l'information, de sa mise en mémoire, de sa manipulation et de sa transmission. L'avancement rapide de la technologie de l'information, particulièrement grâce aux ordinateurs, a apporté des changements fondamentaux des systèmes d'information pour les gestionnaires et leurs organisations. Même cette technologie a eu des effets positifs, elle a également causé des problèmes sérieux. Les entreprises canadiennes doivent maintenant introduire dans leurs systèmes d'information un contrôle d'Internet pour se protéger contre des menaces informatiques qui pèsent chaque jour sur leurs infrastructures essentielles. Prenons l'exemple des commerces de détail. Selon un sondage de l'Association des restaurateurs du Québec, 27 % des restaurateurs auraient été victimes d'utilisation frauduleuse de cartes de crédit. Selon une autre étude du Conseil québécois du commerce de détail, de toutes les pertes causées par le vol dans les magasins dans une année (526 M$), le cinquième (ou 20 %) serait causé par des fraudes par cartes de crédit et de débit, d'usage de faux ou de chèques sans provision[28]. Le problème est tellement sérieux que même le gouvernement fédéral a annoncé la création du Centre canadien de réponse aux incidents cybernétiques, qui sera chargé de prévenir les menaces informatiques[29]. Aux États-Unis, le *Sarbanes-Oxley Act* oblige les entreprises à sécuriser totalement leur système informatique, puisqu'il est leur principal outil de gestion et de contrôle financier. Comme les dossiers de comptabilité sont quasiment tous électroniques, les systèmes informatiques doivent donc traiter les documents de façon adéquate, complète et fiable[30].

WWW
www.aicpa.org/info/sarbanes_oxley_summary.htm pour des renseignements au sujet de la loi Sarbanes-Oxley

La gouvernance. Tel que nous l'avons mentionné au début de ce chapitre, la gouvernance désigne la responsabilité des membres du conseil d'administration envers leurs interlocuteurs d'assurer la saine gestion de leur entreprise et de protéger les intérêts des actionnaires et du grand public en général. Plusieurs individus et organisations tablent donc sur la « transparence » pour les aider à mesurer l'efficacité de leur gestion. Aux États-Unis, les mesures du Sarbanes-Oxley Act ont été adoptées en juillet 2002 par le Congrès américain. Les principales mesures de cette loi misent sur les points suivants[31] :

- la *responsabilité*: les dirigeants d'entreprises cotées en Bourse aux États-Unis sont tenus responsables des irrégularités comptables volontaires (la peine maximale pour un délit peut atteindre 20 ans d'emprisonnement);
- la *fiabilité de l'information*: les entreprises doivent accroître la fiabilité de l'information et permettre à la Securities and Exchange Commission d'y accéder aisément;
- les *comités de vérification indépendants*: les entreprises doivent avoir mis en place des comités de vérification indépendants pour superviser le processus de vérification;
- la *surveillance des firmes comptables*: un nouvel organisme, le Public Company Accounting Oversight Board, supervise le travail et l'éthique des entreprises.
- le *renforcement des sanctions*: la sévérité des pénalités augmente. La peine maximale pour une fraude est de 25 ans d'emprisonnement.

Révision du chapitre

12.1 Le contrôle en tant que fonction de gestion. Le contrôle est la fonction de gestion ayant pour but d'évaluer le rendement, de comparer les résultats obtenus avec les objectifs et les plans établis, et de prendre, le cas échéant, les mesures appropriées. Il relève des membres du conseil d'administration, des cadres et du personnel d'exécution. Le contrôle, de nature bureaucratique ou organique, est une activité nécessaire, car : 1) les organisations sont aujourd'hui complexes; 2) les gestionnaires se heurtent souvent à des incertitudes; 3) on délègue plus d'autorité que par le passé aux cadres inférieurs et aux exécutants; 4) l'élément humain trouve ses limites; 5) il faut protéger les ressources de l'organisation; 6) il convient d'uniformiser la qualité des produits et des services offerts; 7) les organisations veulent établir un lien entre le rendement et les résultats; 8) il faut motiver les employés; et 9) on doit s'assurer que chacun prend ses responsabilités et respecte son obligation de rendre des comptes.

12.2 Les éléments indispensables à un système de contrôle. Six éléments sont essentiels à l'établissement d'un système de contrôle: 1) le choix de critères appropriés pour l'évaluation du rendement; 2) le nombre de critères (qui doit être limité au minimum); 3) la participation des employés au choix des critères d'évaluation et des normes de rendement; 4) l'application à chaque unité organisationnelle de critères pertinents; 5) la fréquence des évaluations (qui doit varier selon la nature des activités); et 6) la nécessité d'informer les employés des résultats obtenus.

12.3 Le système de contrôle. La mise en place d'un système de contrôle à l'intérieur de l'organisation comprend six étapes: 1) la conception du sous-système; 2) le choix des critères d'évaluation du rendement; 3) l'établissement des normes de rendement; 4) l'évaluation du rendement; 5) l'analyse des écarts; et 6) la mise en œuvre de mesures destinées à corriger toute situation boiteuse.

12.4 Les types de contrôle. On distingue trois types de contrôle. Le *contrôle préventif*, qui sert à orienter les activités de manière qu'elles produisent les résultats escomptés. Le *contrôle continu*, qui permet de surveiller les activités à l'étape de la mise en œuvre. Le *contrôle rétroactif*, qui intervient après que l'on a réalisé les plans et évalué les résultats obtenus.

12.5 Les caractéristiques d'un bon système de contrôle. Un bon système de contrôle se distingue par les caractéristiques suivantes: 1) il met l'accent sur les éléments stratégiques; 2) il apporte une information exacte; 3) il renseigne les gestionnaires au moment opportun; 4) il fait ressortir les écarts importants; 5) il satisfait les vœux des gestionnaires; 6) il fournit une information objective; 7) il est flexible; 8) il convient au climat organisationnel; 9) il est économique; et 10) il a un caractère proactif.

12.6 L'élément humain. Certaines personnes peuvent juger le système de contrôle trop rigide et affirmer qu'il ne leur laisse pas assez de liberté pour accomplir leur travail. Les gestionnaires doivent connaître les raisons qui poussent les employés à s'opposer au contrôle et agir de telle manière que ceux-ci y voient un avantage plutôt qu'une menace.

12.7 Les outils de contrôle. Un mécanisme de contrôle efficace permet d'évaluer le rendement. Pour bien l'apprécier, on a recours aux concepts de centre de responsabilité et de gestion par exceptions. On distingue quatre formes de contrôle: 1) le contrôle budgétaire; 2) le contrôle financier; 3) le contrôle des opérations (voir la figure 12.6 à la page 488); et 4) la vérification.

Concepts clés

Bilan (*balance sheet*) page 493
Budget (*budget*) page 488
Budget complémentaire (*complementary budget*) page 490
Budget d'exploitation (*operating budget*) page 489
Budget d'investissement (*capital budget*) page 492
Budget intégré (*comprehensive budget*) page 492
Centre de coûts (*cost center*) page 486
Centre de profit (*profit center*) page 486
Centre de rentabilité (*investment center*) page 486
Centre de responsabilité (*responsibility center*) page 485
Centre de revenus (*revenue center*) page 486
Contrôle (*control*), page 462
Contrôle bureaucratique (*bureaucratif control*) page 468
Contrôle continu (*screening control*) page 480
Contrôle opérationnel (*operational control*) page 467
Contrôle organique (*organic control*) page 468
Contrôle préventif (*preventive control*) page 479
Contrôle rétroactif (*feedback control*) page 480
Contrôle stratégique (*strategic control*) page 466
Contrôle tactique (*organizational control*) page 467
Critère d'évaluation du rendement (*performance indicator*) page 473
Écart (*variation*) page 477
État des résultats (*income statement*) page 493
État financier (*financial statement*) page 493
Gestion par exceptions (*management by exceptions*) page 487
Gouvernance (*governance*) page 464
Indice financier (*financial ratio*) page 493
Loi de Pareto (*Pareto's law*) page 474
Norme de coût (*cost standard*) page 475
Norme de production (*output standard*) page 475
Norme de qualité (*quality standard*) page 475
Norme de rendement (*performance standard*) page 474
Norme de temps (*time standard*) page 475
Ratio (*ratio*) page 493
Ratio d'endettement (*debt ratio*) page 494
Ratio d'exploitation (*management ratio*) page 494
Ratio de liquidité (*liquidity ratio*) page 494
Ratio de rentabilité (*profit ratio*) page 494
Ratio financier (*financial ratio*) page 493
Sous-système de contrôle (*sub-system*) page 473
Vérification (*auditing*) page 497

Développer vos compétences en gestion

Questions de révision

1. Pourquoi la fonction de contrôle a-t-elle de l'importance? page 460
2. Qui se charge du contrôle à l'intérieur d'une organisation? page 463
3. Qu'entend-on par le terme « gouvernance »? page 464
4. Faites la distinction entre contrôle bureaucratique et contrôle organique. page 468
5. Pourquoi est-il nécessaire d'exercer un contrôle? page 468
6. Quels éléments prendriez-vous en considération au moment d'établir un système de contrôle dans une organisation? page 471
7. Décrivez les différentes étapes du processus de contrôle. page 472
8. En quoi un critère d'évaluation du rendement diffère-t-il d'une norme de rendement? page 473
9. Expliquez pourquoi il importe d'adopter des normes de rendement. page 474
10. Quelle différence y a-t-il entre le contrôle préventif, le contrôle continu et le contrôle rétroactif? page 479
11. Énumérez les caractéristiques d'un bon système de contrôle. page 481
12. Selon vous, pourquoi certains individus n'aiment-ils pas les systèmes de contrôle? page 483
13. Définissez le concept de centre de responsabilité. page 484
14. Décrivez les divers types de centres de responsabilité. page 486
15. Quel est l'avantage de la gestion par exceptions? page 487
16. En quoi consiste l'élaboration des budgets? page 488
17. Qui est responsable de la préparation des budgets? page 488
18. Quelle différence y a-t-il entre un budget traditionnel et un budget à base zéro? page 490
19. Décrivez la nature et l'utilité:
    a) d'un budget par programmes; page 491
    b) d'un budget par postes de dépenses; page 491
    c) d'un budget de caisse. page 491
20. Qu'est-ce que l'on entend par l'expression « budgets complémentaires » page 490
21. Énumérez les différents types de ratios que l'on peut utiliser pour évaluer le rendement financier d'une entreprise. page 494
22. Pourquoi les sociétés commerciales devraient-elles faire appel aux services d'experts-comptables? page 497

Sujets de discussion

1. Distinguez entre le contrôle en tant que « travail de gendarme » et le contrôle en tant qu'« activité de guidage ».
2. Expliquez en quoi le contrôle est une activité qui peut relier entre elles les fonctions de planification, d'organisation et de leadership. Donnez des exemples pour illustrer vos propos.
3. Puisque les gestionnaires ne peuvent tout contrôler, quels éléments devraient-ils prendre en considération au moment de choisir les activités qui feront l'objet d'un contrôle?

Naviguer dans Internet

www.abitibiconsolidated.com

- **Exercice pratique: Abitibi-Consolidated**

Visitez le site Web de l'entreprise Abitibi-Consolidated et cliquez sur « Investisseurs » pour lire le dernier rapport annuel et répondez aux questions suivantes.

1. Les pratiques et les lignes directrices de régie d'entreprise d'Abitibi-Consolidated semblent-elles efficaces en matière de gouvernance et de contrôle interne? (voir la section « Énoncé sur les pratiques de régie d'entreprise »).
2. L'entreprise se conforme-t-elle aux lignes directrices concernant l'efficacité et la structure du conseil d'administration?
3. Analysez les états financiers de l'entreprise en utilisant les ratios:
    a) de liquidité;
    b) d'endettement;
    c) d'exploitation;
    d) de rentabilité.

- **Recherche sur les thèmes « La gouvernance » et « Les procédés de contrôle »**

Cherchez le site Web d'une entreprise qui renseigne sur sa gouvernance et ses systèmes de contrôle interne et externe. D'après vous, cette entreprise respecte-t-elle les lignes directrices de contrôle prescrites par les codes de conduite?

EXERCICE

Électro Maison inc.

La Société Électro Maison inc. vend des climatiseurs, des purificateurs d'air, des humidificateurs et des déshumidificateurs. Elle a en outre l'exclusivité, dans l'est du pays, de la distribution, de l'installation et du service après-vente des produits d'une entreprise nationale bien connue.

En septembre 2005, Jean Labelle, P.-D. G. d'Électro Maison inc., demanda à Robert Vézina, le directeur général des ventes, de préparer un budget mensuel des ventes pour l'année 2006. Il insista sur l'importance de ce budget en donnant les raisons suivantes :

- l'établissement d'un budget des ventes aide à fixer des objectifs particuliers pour chaque représentant et chaque gamme de produits ;
- la société doit indiquer ses besoins aux fabricants avec lesquels elle traite au moins six mois à l'avance pour que l'on soit certain de recevoir les quantités désirées en temps voulu ;
- le directeur de la banque avec laquelle on fait affaire doit être informé des besoins financiers mensuels de la société, puisque son établissement assure le financement à court terme des stocks et que ce gestionnaire veut savoir si l'entreprise sera en mesure de rembourser ses dettes à court terme.

Le bon fonctionnement de la société exige que l'on ait des stocks suffisants pour répondre à la demande lorsque celle-ci est forte. Il serait toutefois préjudiciable à l'entreprise de se retrouver avec une quantité importante de produits non écoulés à la fin de la saison.

À la suite de sa conversation avec Jean Labelle, Robert Vézina prit la décision de réunir ses quatre directeurs régionaux pour amorcer le processus. La rencontre eu lieu au début d'octobre. M. Vézina souligna alors l'importance d'établir un bon budget des ventes. Il fit également valoir que le budget devait s'appuyer sur des prévisions de ventes réalistes.

Ses quatre directeurs régionaux avaient alors sous leur autorité 16 représentants répartis de la manière suivante :

Région Nord : 4 représentants.
Région Est : 3 représentants.
Région Sud : 5 représentants.
Région Ouest : 4 représentants.

Au cours de la réunion, Robert Vézina informa les directeurs régionaux sur la demande prévue dans le secteur pour chaque gamme de produits, la part du marché que l'entreprise devait atteindre en 2005 et celle qu'il espérait lui voir occuper en 2006. Le schéma 12.4 présente ces données.

Robert Vézina montra également à ses directeurs régionaux une répartition mensuelle des ventes de chaque produit, qui reposait sur les données enregistrées au cours des cinq années précédentes.

Schéma 12.4

PART DU MARCHÉ

	Marché total 2006 (en unités)	Évaluation 2005 (%)	Objectif 2006 (%)
Climatiseurs	15 000	14	16
Purificateurs d'air	2 300	12	15
Humidificateurs	83 000	11	13
Déshumidificateurs	74 000	9	11

Voici le prix de vente unitaire moyen à inscrire au budget de 2006 pour chaque type de produit :

Climatiseurs	5 100 $	Purificateurs d'air	650 $
Humidificateurs	525 $	Déshumidificateurs	450 $

Avant de clore la réunion, Robert Vézina s'entretint avec les directeurs régionaux du concept d'objectif de vente. Il n'était pas dans la politique de l'entreprise de fixer un quota à chaque représentant. Robert Vézina et les directeurs régionaux décidèrent cependant d'un commun accord qu'ils établiraient des objectifs de vente en raison de la part du marché que l'on prévoyait occuper en 2006.

Question

1. À l'aide des renseignements fournis, dressez un budget des ventes pour chaque mois de l'année 2006. Que pensez-vous de la manière dont on a instauré le budget et les objectifs de vente ? Comment auriez-vous procédé dans cette situation ?

Schéma 12.5

RÉPARTITION MENSUELLE DES VENTES

	Climatiseurs (%)	Purificateurs d'air (%)	Humidificateurs (%)	Déshumidificateurs (%)
Janvier	–	3	1	–
Février	–	2	1	–
Mars	2	2	–	–
Avril	4	4	–	–
Mai	10	8	–	5
Juin	28	22	–	33
Juillet	44	33	–	56
Août	12	8	6	6
Septembre	–	6	12	–
Octobre	–	6	38	–
Novembre	–	4	28	–
Décembre	–	2	14	–
TOTAL	100	100	100	100

Étude de cas

▶ ENTREPRISE

La Société Immeubles Tondra

En 1990, la Société Immeubles Tondra se lança dans la construction d'immeubles dont les unités d'habitation étaient destinées à la vente ou à la location. Dix ans plus tard, son président, Jean Richer, se félicitait du succès remporté par son entreprise. Elle comprenait deux grandes divisions : l'une responsable des activités de construction et l'autre, de la gestion des biens immobiliers.

La gestion des biens immobiliers relevait de la chef de bureau, Béatrice Caron. Les divers aspects de la gestion des quelque 250 appartements et copropriétés étaient sous-traités à une entreprise locale spécialisée. La Société Martin, appartenant à Pierre Corbeil, devait ainsi s'occuper de : 1) la location des appartements ; 2) l'administration et l'entretien des immeubles. Sur le plan de la location, sa tâche consistait à maintenir le taux d'occupation le plus élevé possible. Quant à l'administration, la Société Martin devait percevoir les loyers et fournir chaque mois à Béatrice Caron un relevé indiquant la somme déposée à la banque après le prélèvement de la commission rémunérant ses services. Il lui revenait également d'assurer l'entretien des immeubles.

Béatrice Caron recevait un seul rapport mensuel, préparé par Pierre Corbeil. Y figuraient le montant du dépôt bancaire effectué ainsi que celui des factures présentées par divers entrepreneurs (électriciens, plombiers, etc.) réalisant les travaux de réparation. La Société Martin ne réglait pas elle-même ces factures. Elle les vérifiait pour ensuite les expédier aux comptables des Immeubles Tondra, chargés de les payer.

À l'occasion de la remise à Jean Richer des états financiers trimestriels de son entreprise, les vérificateurs externes exprimèrent des doutes au sujet du mode de gestion des biens immobiliers. Ils affirmèrent que la Société Martin jouissait d'une trop grande liberté relativement aux entrées et aux sorties de fonds. Ainsi, il n'y avait aucun moyen de savoir exactement combien versaient les locataires, à l'exception des bordereaux de dépôt. De même, les factures que la Société Martin recevait de divers entrepreneurs et transmettait aux Immeubles Tondra pour règlement n'étaient pas validées. Ce manque de contrôle laissait les vérificateurs perplexes. Ils suggérèrent à Jean Richer d'établir le plus tôt possible un système de contrôle complet.

Questions

1. Examinez la manière dont Béatrice Caron se charge de l'administration des activités de gestion des biens immobiliers.
2. À la place du vérificateur des Immeubles Tondra, quels systèmes de contrôle mettriez-vous en place pour vous assurer que le montant des loyers perçus est exact et que les factures à régler sont justifiées ?

6

Étude de cas

EN MANCHETTE, CHOCOLAT LAMONTAGNE[32]

Richard Lamontagne, P.-D. G. de Chocolat Lamontagne

www.lamontagne.ca/

Le nom Chocolat Lamontagne vous est sans doute inconnu. Pourtant, nombreux sont les Québécois qui ont déjà mangé ses tablettes ou ses amandes enrobées de chocolat, moyennant deux ou trois dollars... versés pour une bonne cause! Car l'entreprise de Sherbrooke, qui célèbre cette année son 25e anniversaire, est le plus important fabricant canadien de chocolat destiné aux campagnes de collecte de fonds. Depuis l'acquisition récente d'une division d'Hébert Candies, une entreprise du Massachusetts fondée en 1917, elle entend accroître sa présence aux États-Unis.

« Cette transaction s'inscrit dans le plan stratégique de développement de notre compagnie pour pénétrer le marché américain. Elle nous permettra d'accélérer de façon importante la démarche amorcée il y a sept ans pour y distribuer nos produits », souligne le président fondateur Richard Lamontagne. Chocolat Lamontagne, qui devient ainsi propriétaire de cette célèbre marque, a rapatrié tous les équipements de production à son usine de Sherbrooke, créant une quinzaine de nouveaux emplois. L'entreprise emploie 125 personnes à son usine, soit deux fois plus qu'il y a 5 ans, ainsi qu'une cinquantaine de représentants au Canada et aux États-Unis.

Des revenus en hausse de 25 %

Cette acquisition, évaluée à plus de 1 M$ US, l'aidera à vendre plus de 12 millions de tablettes de chocolat par an. Ce qui lui permettra, à court terme, d'additionner environ 4 M$ à son chiffre d'affaires, qui dépassait 20 M$ à l'exercice financier clos le 31 mai. Ce faisant, elle réalisera 25 % de son chiffre d'affaires aux États-Unis, comparativement à 15 % actuellement. Mais, l'entreprise n'entend pas s'arrêter là. Déjà présente dans plusieurs États américains, principalement à l'est du Mississippi et en Californie, l'entreprise pourra dorénavant étendre ses activités dans de nouveaux territoires.

« Nous avions déjà une bonne réputation aux États-Unis, et l'acquisition nous ouvre d'autres portes. Plusieurs distributeurs américains, qui font affaire avec des sociétés concurrentes, ont ainsi vu le sérieux et l'ampleur de notre compagnie et ont depuis pris contact avec nous », affirme M. Lamontagne. L'entreprise aspire ainsi à devenir l'un des chefs de file nord-américains de la fabrication de produits de chocolat pour les collectes de fonds. Sa principale concurrente est la société américaine World's Finest Chocolate, de Chicago, présente au Canada avec une usine en Ontario.

Un nouveau projet d'agrandissement

Richard Lamontagne a fondé l'entreprise en 1980, après avoir fait sa marque dans le domaine de la confiserie comme vice-président de Lowney's, à Sherbrooke. Après la fermeture de l'usine, à la fin des années 1970, M. Lamontagne a tenu à conserver les activités liées à la vente de tablettes de chocolat pour des campagnes d'autofinancement. En 1996, son unique rôle de distributeur s'est transformé lorsque la société a acheté l'une de ses concurrentes en faillite, Jean & Charles de Montréal. En plus d'un réseau de vente important, Chocolat Lamontagne acquérait aussi une usine de fabrication de chocolat œuvrant dans le même domaine. À la fin des années 1990, Chocolat Lamontagne déménageait son unité de production de Montréal à Sherbrooke et ses activités de distribution de Saint-Élie-d'Orford. Ces nouvelles installations occupent un bâtiment de 1 800 mètres carrés.

Elle s'approvisionne en chocolat auprès de l'Européenne Barry Callebaut, le leader mondial des fabricants de produits à base de cacao et de chocolat de qualité supérieure qui exploite une usine à Saint-Hyacinthe. Ses amandes proviennent de Californie. Bien connus des organismes de charité, des écoles et des clubs sportifs qui les vendent afin de financer des activités, les produits de Chocolat Lamontagne sont fabriqués sous trois formes : les tablettes de chocolat, les amandes et les noix de cajou enrobées et les bouchées individuelles, offertes en pur chocolat au lait, noir ou belge. « Les ventes sont partagées entre l'entreprise et les organismes, selon un ratio de 45 à 50 %. Comme ils sont laissés en consignation, nous reprenons tout ce qui n'a pas été vendu », explique M. Lamontagne. Chocolat Lamontagne offre aussi des conseils sur l'organisation d'une campagne de financement.

En 2000, elle a innové en obtenant la certification pour des produits sans traces d'arachides, puis en lançant une autre gamme de produits sans traces de noix. Ses chaînes de production comptent aussi, à plusieurs étapes, des détecteurs de particules de métal.

Questions

1. En vous référant à la figure 12.3 , élaborez un processus de contrôle qui pourrait être utile à M. Lamontagne.
2. Expliquez comment M. Lamontagne pourrait adapter les trois types de contrôle dans son entreprise.
3. Quelles normes de rendement pourraient être appliquées par M. Lamontagne aux différentes unités organisationnelles et aux différents échelons de son organisation ?

Chapitre 13

La communication et la gestion de l'information

Objectifs du chapitre

Après avoir lu ce chapitre, vous devriez pouvoir :

1. décrire le processus de la communication et expliquer en quoi consistent ses canaux et ses réseaux ;
2. déceler les obstacles à la communication et indiquer les moyens de les surmonter ;
3. définir la nature de l'information de gestion et décrire l'utilisation des ordinateurs pour la recueillir ;
4. expliquer ce que sont les systèmes d'information de gestion et en quoi l'informatique a transformé la collecte de données et la prise de décision en gestion.

Défi lancé aux gestionnaires ☞ par Abitibi-Consolidated

Abitibi-Consolidated a confirmé hier la fermeture définitive de son usine de Stephenville à Terre-Neuve ainsi que l'arrêt de la production à son établissement de Kenora, en Ontario. Le producteur de papier journal et de papier commercial espère ainsi diminuer ses coûts d'exploitation afin de renouer avec la rentabilité. L'abandon de l'usine de Stephenville, qui emploie près de 300 personnes, risque de créer beaucoup de remous à Terre-Neuve. Le gouvernement provincial avait fait de cet établissement l'un des moteurs de l'emploi dans cette région qui périclite depuis l'effondrement des pêches. Les travailleurs ont vivement réagi à l'annonce, demandant une réunion d'urgence avec le premier ministre Danny Williams. « Nous n'entendons nullement nous croiser les bras pendant que nos membres, leur famille et leur communauté se font dévaster. L'effet de la fermeture se fera sentir dans l'ensemble de la province de Terre-Neuve et du Labrador, et nous croyons que le gouvernement a un rôle clé à jouer pour trouver des solutions », a déclaré le vice-président du Syndicat canadien des communications, de l'énergie et du papier dans la région, Max Michaud. Lors d'une conférence de presse, John Weaver, P.-D. G. d'Abitibi-Consolidated faisait le point suivant : « Je comprends que ces décisions ont des conséquences sur les communautés, mais en même temps, nous devons travailler pour ramener notre compagnie à la rentabilité[1] ».

La communication chez Abitibi-Consolidated est-elle efficace ?

www.abitibiconsolidated.com

Survol du chapitre

Les dirigeants d'Abitibi-Consolidated ont eu à prendre une décision difficile. L'entreprise a réalisé une perte de 43 millions de dollars ou 0,09 $ par action au deuxième trimestre clos le 30 juin 2005, comparativement à 79 millions de dollars ou 0,18 $ par action à la période correspondante l'année précédente. Devant ces pertes, il est évident que des choix difficiles doivent être faits. Voici l'énoncé des valeurs de l'entreprise concernant l'intégrité et l'ouverture de la communication :

« Notre réputation nous tient à cœur et nous adhérerons aux normes de déontologie les plus élevées. Notre entreprise bâtira son intégrité en créant une atmosphère de confiance et de respect mutuels parmi le personnel, et entre notre société et ses autres principaux groupes intéressés. Tous ces groupes ont le droit de s'attendre à une communication franche de part et d'autre, dans toutes les conversations[2]. »

Ce chapitre traite de deux sujets distincts mais interdépendants : la communication et l'information. Une bonne communication est essentielle à l'intérieur d'une organisation, car elle permet aux individus et aux groupes de transmettre de l'information, d'éprouver de la satisfaction au travail et de s'acquitter pleinement de leurs fonctions. Selon des experts en gestion, l'absence du lieu de travail d'un employé peut être due à plusieurs causes : rôle mal compris, fonctions et responsabilités mal définies, poste de travail ou équipement inadéquat, conflits au sein de l'équipe de travail, comportement répréhensible d'un collègue, etc.[3].

La seconde partie du chapitre porte sur l'information. Pour que les gestionnaires puissent prendre des décisions judicieuses, il leur faut être bien informés. Les technologies de l'information actuelles leur permettent de recueillir, de traiter et de transmettre une multitude de données sur les ressources humaines, les résultats financiers et le rendement par service, par division ou par gamme de produits. Au cours des dernières années, les moyens de communication à l'intérieur de l'entreprise ont beaucoup évolué. Les entretiens de vive voix ont cédé la place aux conférences téléphoniques, aux boîtes vocales et au courrier électronique.

La fermeture de l'usine à Stephenville est un exemple classique de la façon de communiquer un message. Comment les dirigeants de l'entreprise doivent-ils communiquer la décision de fermer l'usine aux employés et à la communauté en général pour éviter le plus possible des répercussions? Dans son énoncé de valeurs concernant l'intégrité et la communication, l'entreprise formule des principes d'ouverture, d'intégrité, de confiance et de respect mutuels. L'entreprise adhère-t-elle à cet énoncé de valeurs? Quelles stratégies de communication doivent adopter les dirigeants, tant au niveau interne qu'externe pour que l'entreprise ne perdre pas la confiance et le respect des employés, des groupes intéressés et de la population?

Le présent chapitre tente de répondre à ces questions. Nous y examinerons notamment:

- *le processus de la communication et en quoi consistent ses canaux et ses réseaux;*
- *les obstacles à la communication et les moyens de les surmonter;*
- *la nature de l'information de gestion et l'utilisation des ordinateurs pour la recueillir;*
- *les systèmes d'information de gestion et en quoi l'informatique a transformé la collecte de données et la prise de décision en gestion.*

13.1 LA COMMUNICATION

OBJECTIF 13.1

Décrire le processus de la communication et expliquer en quoi consistent ses canaux et ses réseaux.

La communication joue le rôle d'un lubrifiant à l'intérieur de la « machine organisationnelle ». C'est grâce à la communication que les individus et les groupes formant une organisation peuvent collaborer, se transmettre de l'information, prendre des décisions, se motiver et atteindre les objectifs fixés.

Après avoir lu les cinq prochaines sous-sections, vous devriez pouvoir:

- définir ce qu'est la communication;
- décrire les différentes étapes du processus de communication;
- décrire les principaux canaux de communication interpersonnelle et de communication organisationnelle;
- décrire les différents réseaux de communication;
- expliquer comment les moyens électroniques actuels assurent la communication.

13.1.1 La nature de la communication

On peut définir la **communication** comme le processus par lequel une personne (émetteur) transmet un message à une autre personne (destinataire) et s'assure qu'il est bien compris. La communication se fait non seulement par la parole, mais aussi par les gestes et la mimique faciale. Un bon communicateur doit savoir écouter, écrire, parler et lire. La communication suppose la transmission et la compréhension des messages. Lorsque le destinataire comprend parfaitement le message que lui a adressé l'émetteur, l'échange est réussi.

Une étude menée auprès de 300 grandes entreprises du Québec révèle que les gestionnaires perdent près du quart de leur temps lorsqu'ils travaillent en équipe ou siègent à des comités et qu'ils perdent même jusqu'à la moitié de leur temps. Selon ce même sondage, 23 % des gestionnaires pensent que cette perte de temps est due principalement à une mauvaise gestion des tâches alors que 21 % estiment que c'est la répartition des responsabilités, qui comporte des tâches en double, qui explique le gaspillage du temps. Environ 19 % des gestionnaires ont indiqué que la perte de temps pouvait venir d'un manque d'information alors que 14 % ont évoqué une gestion incohérente du temps. Tous étaient d'accord pour dire qu'une définition inadéquate des responsabilités, l'absence d'échéanciers clairs, la faiblesse des leaders et une avalanche d'informations peu pertinentes étaient à l'origine du problème. Pour accroître la productivité du travail d'équipe, les experts jugent qu'il est nécessaire de tenir des réunions de travail qui vont droit au but[4].

La communication pose souvent problème dans les organisations actuelles, et ce, à tous les échelons. Selon une recherche menée en 2003 par Compas, les dirigeants d'entreprise croient que la formation dispensée par les collèges et les universités n'insiste pas assez sur l'éthique au travail et sur la nécessité de bien communiquer. Les dirigeants donnent une note de 50 % aux enseignants pour la communication écrite et une note de 55 % pour la communication orale[5].

Dans une organisation, la communication peut être formelle ou informelle. La communication est *formelle* lorsqu'elle procède d'une autorité en place, comme c'est le cas d'une instruction transmise par un gestionnaire à l'un de ses subordonnés. La communication *informelle* est dépourvue de caractère officiel. Ainsi, la conversation entre deux employés durant une pause-café peut être considérée comme une communication informelle.

On néglige fréquemment la communication, car on la considère comme facile. En fait, elle constitue probablement ce qui cause le plus de difficultés aux gestionnaires. Combien de fois n'entend-on pas des remarques comme celles-ci : « Ce n'est pas ce que je vous ai demandé », « Vous ne m'avez pas bien expliqué ce que vous vouliez » ou « Je croyais m'être bien fait comprendre » ?

La communication peut se faire :

- *oralement* (face à face, au téléphone, en groupe, à la télévision ou par un exposé) ;
- *par écrit* (au moyen de lettres, de notes de service, etc.) ;
- *d'une manière non verbale* (par le regard, les gestes, la mimique) ;

- *d'une manière symbolique* (à la vue des dimensions d'un bureau, de l'épaisseur de la moquette qui s'y trouve, de l'uniforme porté, etc.);
- *par des moyens mécaniques* (la lumière, le son, un instrument de musique, etc.);
- *par des moyens électroniques* (Internet, l'intranet, les téléconférences, etc.).

Lorsqu'on veut transmettre un message, il importe, entre autres, de choisir le bon moyen de communication. En effet, la communication exige du temps qui est l'une des ressources les plus précieuses du gestionnaire. Le cadre désireux de transmettre un message utilisera le moyen le plus économique en coût et en efficacité. Le coût renvoie au temps, à l'effort et à l'argent investis, alors que l'efficacité désigne la capacité d'être compris rapidement par le destinataire. Il importe d'évaluer les coûts et les avantages de chaque mode de communication. Ainsi, il serait absurde qu'un P.-D. G. rencontre individuellement tous les membres de son organisation pour leur faire part de la modification d'une politique ou d'une procédure. Une note de service conviendrait mieux en pareil cas, puisque le message n'a pas beaucoup d'importance et qu'aucun contact direct n'est nécessaire. Par contre, si l'on doit congédier un employé ayant une dizaine d'années de service, il serait plus approprié que son supérieur immédiat ou le directeur des ressources humaines l'en informe en personne.

13.1.2 Le processus de communication

Comme le montre la figure 13.1, le processus de communication fait intervenir six éléments fondamentaux.

1. Un émetteur (source ou encodeur).
2. Un message (verbal ou non verbal).
3. Un canal de communication (formel ou informel).
4. Un destinataire (récepteur ou décodeur).
5. Une rétroaction (verbale ou non verbale).
6. Une interprétation du message (décodage, des perceptions diverses).

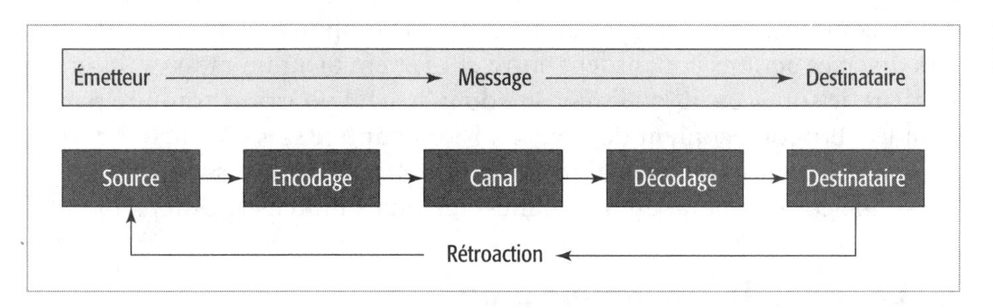

Figure 13.1
Le processus de communication

A. L'émetteur

C'est l'**émetteur** (ou source) qui déclenche le processus de communication en transmettant un message à une autre personne ou à un groupe. L'émetteur peut être un P.-D. G. qui souhaite informer ses représentants commerciaux des ventes réalisées au trimestre précédent, ou un directeur d'usine qui désire s'entretenir avec un employé de la manière d'accroître la productivité de ce dernier. L'émetteur transmet une idée à une ou plusieurs autres personnes.

L'**encodage** est le processus de production d'un message dans un langage écrit, oral ou non verbal. Le processus de communication suppose un système de signes, et l'émetteur choisit des signes que le destinataire est susceptible de comprendre. Les mots et les gestes constituent des signes. Dans la transmission d'un message, il faut s'assurer que les signes employés seront bien décodés. Les messages vaguement formulés, comportant des mots et des phrases vides de sens, utilisant un vocabulaire inadéquat ou un jargon, ont souvent des conséquences néfastes. Prenons l'exemple d'un directeur d'usine qui dit à ses employés : « Veillez à bien faire ce travail. » On peut interpréter ces mots de différentes façons. Le directeur veut-il que ses employés livrent une commande à temps ? qu'ils fabriquent un produit au plus bas coût possible ? qu'ils atteignent l'objectif du zéro défaut ? qu'ils maintiennent la proportion d'unités défectueuses à 0,5 % ou à 1 % ? Que signifie exactement l'expression « bien faire ce travail » ? En revanche, tout le monde comprendra le sens du geste d'un individu qui frappe son bureau du poing en parlant, car ce geste vient renforcer son message. Autre exemple : durant une partie de baseball, les entraîneurs font des signaux à leurs joueurs sur le terrain pour leur indiquer quoi faire. Ces gestes ne veulent rien dire pour les membres de l'équipe adverse ou les spectateurs. Au cours du processus de communication, le message ou le signal n'est connu que de l'émetteur jusqu'à ce qu'il ait été encodé.

B. Le message

Le **message** est une information transmise par un émetteur à un destinataire. Parfois aussi appelé « signal », le message peut être transmis par écrit, oralement ou de façon non verbale. On le communique sous une forme que le destinataire est susceptible de comprendre et qui est la plus adaptée aux circonstances. Ainsi, la personne qui accueille un ami à l'aéroport peut lui exprimer sa joie de le revoir en lui disant qu'elle est heureuse de son arrivée, en lui souriant, en lui serrant la main ou en combinant toutes ces actions. Les diverses actions concordent entre elles et envoient un message clair. La chaleur de son accueil (ou l'intensité du message) pourra se traduire par un simple « Bonjour, content de te revoir ! » ou par « Je suis tellement heureux de te revoir ! » accompagné d'une longue embrassade. Dans les deux cas, la personne communique un même message, mais l'intensité diffère.

C. Le canal de communication

Le **canal de communication** est le moyen utilisé par un émetteur pour transmettre un message. Le message et le canal sont si étroitement liés qu'il est parfois difficile de les distinguer. L'émetteur soucieux de bien communiquer son message choisira le canal le plus approprié. La nature et l'ampleur de l'information à transmettre influent énormément sur le choix du canal. Un cadre pourrait ainsi utiliser le téléphone ou le courrier électronique pour demander à un représentant commercial de prendre contact avec un client éventuel. Si, par contre, l'information à véhiculer est complexe et importante (comme une nouvelle stratégie nationale de promotion des ventes), une visite en personne ou une rencontre en groupe serait plus indiquée. L'émetteur doit utiliser son jugement dans le processus de communication et veiller à fournir une information utile, à employer le moyen qui convient et, enfin, à être compris du destinataire auquel il s'adresse.

La **richesse de l'information** peut se traduire en termes de quantité et de qualité de l'information transmise. Comme on peut le voir au tableau 13.1, cette capacité varie d'un canal à un autre. Elle est à son maximum dans un échange en personne et à son minimum lorsqu'il s'agit de documents officiels informatiques[6].

Dans la sous-section 13.1.3, nous examinerons les divers canaux de communication (verbaux, écrits, non verbaux et par moyens électroniques) et nous évaluerons leurs avantages et leurs inconvénients respectifs.

Tableau 13.1
L'efficacité des canaux de communication

CANAUX DE COMMUNICATION	RICHESSE DE L'INFORMATION
Échange en personne	À son maximum
Conversations téléphoniques	Grande
Communications écrites (lettres, notes de service) adressées à une personne en particulier	Moyenne
Documents écrits officiels (communiqués ou rapports)	Faible
Documents comptables officiels (rapports financiers)	À son minimum

D. Le destinataire

Le **destinataire** (ou décodeur) est l'individu ou le groupe à qui s'adresse un message. Un message peut avoir un ou plusieurs destinataires. Lorsqu'un cadre s'entretient de vive voix du travail à accomplir avec un subordonné, on a affaire à une communication verbale. Il arrive par ailleurs que le vice-président aux ressources humaines fasse parvenir une note de service (communication écrite) à tous les employés pour leur expliquer la nouvelle politique en matière de sécurité.

On appelle **décodage** le processus d'interprétation du message par le destinataire. Son interprétation dépend de la culture du destinataire, de sa personnalité, de son expérience et de ses préjugés. S'il se trouve sur la même longueur d'onde que l'émetteur, le destinataire saisira bien le contenu du message. Certains éléments extérieurs, comme le bruit d'une sirène ou l'arrivée inopinée d'une personne pendant une réunion, peuvent distraire l'attention et diminuer l'efficacité du processus de communication.

E. La rétroaction

Le terme **rétroaction** désigne le processus par lequel le destinataire répond au message reçu. La communication ayant pour but l'échange d'idées, l'émetteur recevra en retour un message exprimant l'accord, le désaccord ou l'indifférence. Cette rétroaction peut être verbale ou non verbale (un hochement de tête, par exemple). Le destinataire peut demander à l'émetteur de répéter son message pour être sûr de l'avoir bien compris. La rétroaction est essentielle pour vérifier si le message a été compris.

F. Les différences de perception

La perception joue aussi un rôle important dans la communication, puisqu'elle influe sur le sens donné à un message par son destinataire. On peut définir la **perception** comme le processus de sélection et d'organisation des stimuli provenant de l'environnement et conférant un sens au vécu. Il s'agit donc d'un filtre où passe l'information. Chacun interprète les signaux reçus d'une manière différente selon ses origines, ses valeurs, sa culture ou ses expériences. La perception est donc la manière dont un individu « observe » ou se représente son environnement.

Voici quelques éléments qui influeront sur la perception d'une personne, c'est-à-dire sa façon de voir les choses. On sait qu'une personne est assaillie par une foule de stimuli provenant de son environnement. Toutefois, puisqu'elle est incapable de les emmagasiner tous, elle en retiendra seulement quelques-uns, ceux de son environnement externe et de son environnement interne. Ces stimuli seront retenus par des filtres sensoriels, affectifs et langagiers. Par l'observation, le destinataire retiendra des expériences liées aux cinq sens, qui donneront une signification au vécu. Le choix de la sélection est la caractéristique première de la perception.

La perception et la sélection sont étroitement liées. La **sélection** désigne le choix opéré entre divers éléments de l'expérience.

Les principaux *facteurs externes* qui agissent sur la perception sont les suivants[7] :

- l'*intensité*, c'est-à-dire la force du stimulus perceptuel. Par exemple, on peut diffuser à haut volume un message publicitaire à la télévision pour être sûr d'être entendu des spectateurs. Ou encore un professeur peut attirer l'attention de ses élèves en frappant son bureau de la main. La combinaison de la parole et du bruit produit par la main provoque chez le destinataire un sentiment ou une émotion qui l'incite à réagir au message ;
- l'*aspect de l'environnement physique*. L'arrangement d'une pièce influe positivement ou négativement sur le comportement de l'individu. L'utilisation judicieuse de la couleur ainsi que la disposition du mobilier dans un espace de travail peuvent produire chez un employé des sensations agréables et le motiver davantage à travailler ;
- la *taille de l'objet*. Ainsi, un joueur de football de grande taille sera plus en évidence qu'un joueur de petite taille ;
- le *contraste*, c'est-à-dire une opposition entre deux stimuli. Souvent, les entreprises utilisent les couleurs et des symboles dans leurs messages publicitaires pour attirer l'attention des téléspectateurs ;
- la *nouveauté*, par son caractère inhabituel. Par exemple, lorsqu'on installe un nouveau panneau « Arrêt » à une intersection, on installe souvent, un peu avant d'arriver à cet endroit, un avertissement indiquant « Nouvelle signalisation » ;
- la *répétition*. Celle-ci permet à une personne de retenir un message et la porte à être plus attentive à ce qu'un autre dit. Par exemple, il est plus efficace de répéter un message publicitaire que de le faire passer seulement une fois ;

- le *mouvement*. Il agit grandement sur la perception puisque les objets en mouvement attirent plus le regard que les objets immobiles. Ainsi, un conférencier qui bouge capte mieux l'attention de ses auditeurs que celui qui demeure immobile ;
- la *position sociale*. Il n'est pas rare que les agences de publicité fassent appel à des athlètes de renom pour vendre des produits ;
- l'*ambiguïté*. Du fait qu'elle met en jeu des stimuli complexes, elle pousse l'individu à concentrer davantage son attention. Les prodiges d'un magicien en sont un exemple typique.

Les *facteurs internes* agissent également sur la perception d'une personne. Les principaux facteurs internes sont :

- l'*expérience et les connaissances*. Elles déterminent dans une large mesure le sens attribué aux perceptions. Considérons la partie gauche de la figure 13.2. Certaines personnes diront que la femme représentée a entre 20 et 30 ans, tandis que d'autres affirmeront qu'elle a 80 ans. Le cerveau opère un choix immédiatement et élimine automatiquement les autres possibilités. Ainsi, dans le dessin qui se trouve à droite, certains verront deux visages et d'autres, un vase. Il arrive également qu'une image fasse illusion, comme le montre le troisième élément de la figure 13.2. Les deux droites sont exactement de la même longueur, mais la droite *b* paraît plus longue. L'erreur de perception est due au fait que les deux droites se terminent par deux sortes de crochets ;

Figure 13.2
La communication et les perceptions

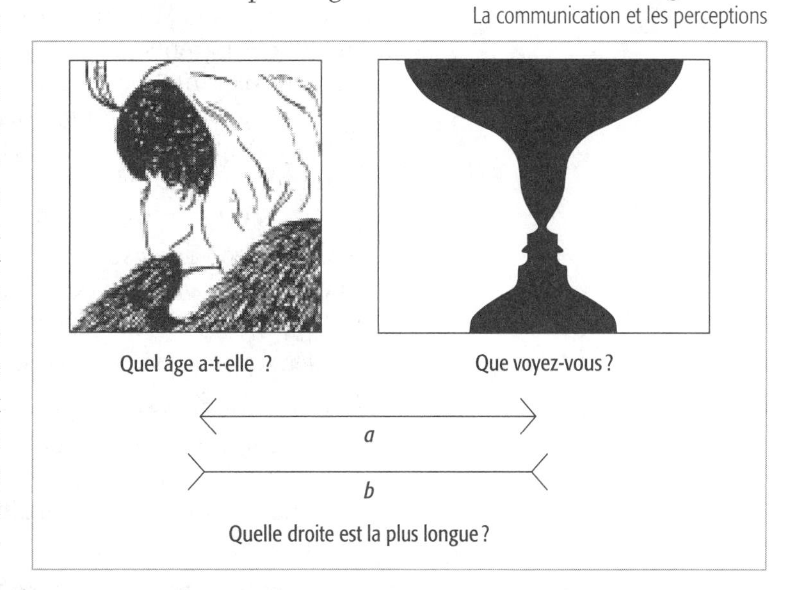

- les *attentes*. Comme chaque personne perçoit la réalité d'une façon différente, elle aura sa propre interprétation. Par exemple, les médias créent une image d'inefficacité et d'insatisfaction lorsqu'ils nous parlent des fonctionnaires ; on nous dit alors que leurs seuls intérêts sont la sécurité d'emploi, la paie et les possibilités d'avancement. Une étude scientifique démontre au contraire qu'ils s'investissent dans leur travail et qu'ils apprécient leur relative autonomie ainsi que les responsabilités qui leur sont confiées[8] ;
- la *motivation*. Elle joue un rôle important sur le plan de la perception puisqu'une personne perçoit ce qu'elle veut bien percevoir. Lorsque la motivation est très élevée, elle peut être faussée par l'imagination ou, dans des cas extrêmes, par des hallucinations. Une personne égarée dans le désert pendant quelques jours, par exemple, pourrait voir une oasis alors qu'il n'y en a aucune. Aussi, les besoins et les désirs influeront sur ce qu'un individu percevra et sur sa motivation première. Par exemple, un élève qui a peu dormi et qui n'a pas déjeuné sera très peu attentif en classe ;

- la *personnalité*. Une personne auditive et une personne visuelle, par exemple, sont réceptives à certains stimuli et moins à d'autres;
- la *culture*. Certains peuples peuvent considérer des événements comme offensifs, d'autres pas. Ne sommes-nous pas en présence de ce phénomène en ce qui concerne la guerre en Irak ? En effet, dans ce cas, les jugements et les sentiments sont très partagés ! Pour les uns, l'objectif du gouvernement américain était d'assurer la sécurité nationale et de libérer les Irakiens d'un dictateur, alors que pour les autres, les États-Unis voulaient simplement avoir accès au pétrole de l'Irak.

L'une des principales entraves à la communication est l'**intolérance**, c'est-à-dire le refus d'accepter les personnes appartenant à une autre culture ou adhérant à des idées différentes des siennes, etc.[9]. Plus on a des opinions bien arrêtées, plus on a tendance à être intolérant et plus on a de la difficulté à comprendre les autres et à faire face à des situations où d'autres individus sont présents[10]. L'attitude d'intolérance s'acquiert le plus souvent sous l'influence des parents, du milieu où l'on vit, et en particulier de l'école. Une personne intolérante tend à avoir un parti pris dans un conflit opposant des membres du groupe social majoritaire à ceux d'une minorité.

Comme le montre le tableau 13.2, les préjugés ont pour causes et pour conséquences le sentiment de supériorité et les stéréotypes. Pour entretenir ses préjugés, on a recours à différents moyens:

- la réaction de défense lorsqu'un fait ne correspond pas à un stéréotype; l'individu aura tendance à déformer la réalité pour éliminer la contradiction ou se protéger contre la menace;
- le « deux poids, deux mesures » ;
- les attitudes figées;
- la projection (mécanisme de défense qui sert à se libérer de ses sentiments de culpabilité ou d'échec en rejetant le tort sur autrui; par exemple, quelqu'un qui a peur considérera les autres comme dangereux et menaçants);

Tableau 13.2
Les éléments associés aux individus ayant des préjugés

Le sentiment de supériorité
L'individu se juge au-dessus des autres et plus important qu'eux.

Les stéréotypes
Les individus sont classés dans des catégories bien définies.

Le « deux poids, deux mesures »
Les membres d'un groupe minoritaire doivent prouver qu'ils sont deux fois plus compétents que les membres du groupe majoritaire ou dominant pour être acceptés par ceux-ci (on qualifie, par exemple, un homme de *déterminé* et une femme d'*entêtée*).

Les attitudes figées
On a tendance à toujours recourir aux mêmes méthodes avec certains types de personnes et de situations (on laisse, par exemple, les gens âgés de côté ou on donne plus de responsabilités aux individus qui se plaignent sans cesse).

L'effet de halo
On juge qu'un individu est totalement bon ou totalement mauvais (on distingue, par exemple, de « bons » et de « mauvais » groupes minoritaires).

Les plaisanteries dénigrantes
Elles se font aux dépens d'un groupe minoritaire (c'est le cas, par exemple, des plaisanteries sur les « Newfies »).

Source : George Manning, et Kent Curtis, *Communication : The Miracle of Dialogue*, Cincinnati (Ohio), South-Western Publishing Co., 1988, p. 124-131.

- l'effet de halo (par exemple, le fait d'ajouter une caractéristique à une liste déjà dressée peut changer l'impression qu'on s'est faite);
- les plaisanteries dénigrantes[11].

Tout parti pris amène les gens à opérer une sélection dans ce qu'ils perçoivent. Il importe donc d'être critique à l'égard de ses perceptions, d'éviter d'émettre des conclusions hâtives et de se demander si nos besoins et nos désirs influent sur notre manière de voir. Il faut alors examiner ce que nous ressentons, considérer les événements, apporter des interprétations objectives et, enfin, demander à l'émetteur s'il est d'accord avec ce que nous avons dit.

13.1.3 Les canaux de communication

Dans cette section, nous étudierons les différents modes de transmission des messages dans la communication interpersonnelle et dans la communication organisationnelle.

A. La communication interpersonnelle

La **communication interpersonnelle** est la transmission d'un message entre deux ou plusieurs personnes. C'est la plus courante, sinon la plus simple. Elle peut être orale, écrite ou non verbale.

La *communication orale* est possible entre deux personnes ou à l'intérieur d'un groupe. Son avantage est que l'émetteur peut obtenir une rétroaction immédiate du destinataire. Dans la communication orale, l'émetteur et le destinataire peuvent échanger directement leurs idées, et revoir leurs façons de faire ou leurs points de vue. Le tableau 13.3 décrit les avantages et les inconvénients de la communication orale.

Tableau 13.3
Les avantages et les inconvénients de la communication orale

LES AVANTAGES	LES INCONVÉNIENTS
• Elle assure une diffusion rapide de l'information et permet à l'émetteur de répondre promptement aux questions. • Elle donne à l'émetteur la possibilité d'évaluer le degré de réaction du destinataire. • Elle comporte un élément de participation qui favorise sans nul doute l'unification des efforts et elle est un moyen de motivation très efficace. • Elle consolide les relations entre un supérieur et ses subordonnés, et entre les membres de l'état-major et les cadres hiérarchiques.	• Elle s'avère coûteuse et nécessite beaucoup de temps. • Elle ne fournit aucun document officiel permanent. • Elle amène parfois l'émetteur à se montrer négligent dans la formulation et la transmission de son message.

La *communication écrite* représente peut-être le moyen le plus efficace pour transmettre de l'information. On peut y recourir dans les cas où des initiatives doivent bientôt être prises ou pour transmettre des renseignements de nature générale. Parmi les moyens les plus utilisés pour présenter de l'information par écrit, citons les lettres, les rapports (annuels, techniques, etc.), les notes de service, les bulletins d'informations aux employés. Le tableau 13.4 indique les avantages et les inconvénients de la communication écrite.

Tableau 13.4
Les avantages et les inconvénients de la communication écrite

LES AVANTAGES	LES INCONVÉNIENTS
• Elle fournit un document que l'on peut conserver. • Elle permet des communications plus soignées, car il est possible de corriger la formulation. • Elle peut être diffusée. • Elle permet d'interrompre la lecture du message et d'en relire des passages, favorisant ainsi une meilleure compréhension.	• Elle nécessite beaucoup de temps. • Elle peut donner lieu à plusieurs interprétations et le destinataire n'a pas toujours la possibilité de demander des éclaircissements. • Elle entraîne des coûts de production importants (ouvrages volumineux consacrés aux politiques, aux directives générales et aux procédures). • Elle exige une grande habileté du communicateur.

WWW
http://nonverbal.ucsc.edu//
pour des explications additionnelles sur la communication non verbale

La *communication non verbale* s'obtient par le moyen de signes, de gestes, de mouvements, de mimiques ou d'intonations. Comme l'ont montré les premiers chercheurs dans ce domaine (tels Albert Mehrabian et Ray L. Birdwhistell) ainsi que certains auteurs récents (dont Mark Knapp, Paul Ekman et Nancy Henley), la proportion de messages non verbaux qu'un individu transmet peut dépasser 50 %[12]. Des études révèlent, par exemple, que les individus au physique attrayant jouissent d'un énorme avantage dans le domaine des affaires et sur le plan des relations interpersonnelles parce qu'on les juge plus intelligents, plus sympathiques, plus intéressants et plus crédibles que les autres[13].

Selon une étude réalisée par Albert Mehrabian, la communication non verbale fait une plus grande impression sur le destinataire que le message lui-même. Mehrabian représente l'effet d'un message par la formule suivante :

effet d'un message = 0,07 (mots prononcés) +
0,38 (intonations) +
0,55 (expressions faciales)[14].

On peut donc recourir à la communication non verbale pour renforcer le message que l'on veut transmettre. La figure 13.3 montre 10 expressions faciales qui communiquent un message.

La communication non verbale se fait au moyen :

- du *décor*, soit les dimensions du bureau occupé, l'épaisseur et la couleur de la moquette ainsi que le style du mobilier ;
- d'*objets*, et notamment par des bijoux et des vêtements coûteux ;
- de *gestes*, comme une poignée de main, un froncement de sourcil ou un haussement d'épaules.

Un individu utilise souvent toute l'information dont il dispose, peu importe sa provenance, pour se faire une opinion d'autrui. Que l'on associe la communication non verbale à la présentation, à l'aspect extérieur ou au style, il ne faut jamais en sous-estimer l'importance[15]. Le tableau 13.5 présente 12 conseils pour avoir une bonne expression corporelle.

Figure 13.3 Expressions faciales communiquant un message

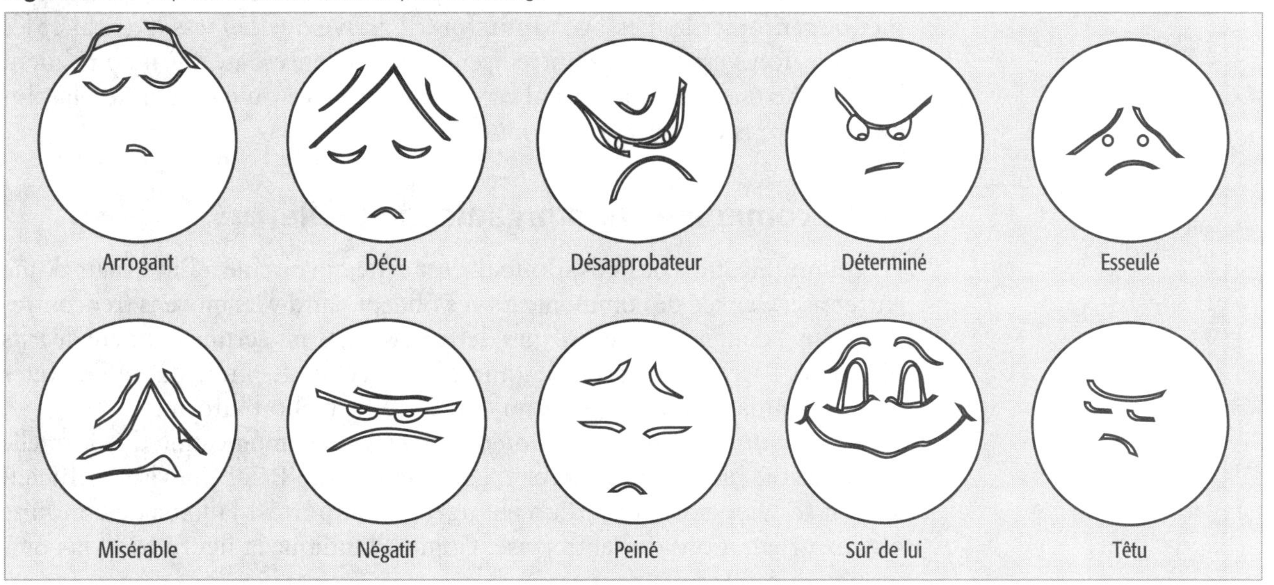

Tableau 13.5
Douze conseils pour avoir une bonne expression corporelle

1. Faire en sorte que les gestes et l'intonation de la voix concordent avec les paroles que l'on prononce, à moins que l'on ne veuille déconcerter les gens, auquel cas il faut bien peser les risques d'une telle attitude.
2. S'habiller en tenant compte du poste, du client ou du contrat que l'on vise.
3. Avoir une garde-robe d'allure professionnelle. On peut se sentir bien dans sa peau lorsqu'on a conscience d'être à son avantage.
4. Savoir ce qu'exprime son visage. L'expression faciale est sans doute l'élément non verbal le plus difficile à maîtriser, et c'est également celui qui révèle le plus l'attitude ou les sentiments du locuteur.
5. Garder à l'esprit qu'il n'y a pas de signaux non verbaux plus puissants, du point de vue de l'attrait social, que le sourire et le hochement de tête.
6. Se rappeler que le fait de demeurer inexpressif empêche d'obtenir la crédibilité et le pouvoir souhaités.
7. Établir dès le départ un contact visuel direct et s'en servir comme point de référence pour s'adapter par la suite.
8. Fixer le front ou la racine des cheveux de son auditeur si l'on a de la difficulté à le regarder dans les yeux.
9. Marcher d'un bon pas (ni trop vite ni trop lentement) et se tenir droit lorsqu'on est assis ou debout. On donne ainsi une plus grande impression de confiance en soi et on se sent plus sûr de soi.
10. Faire tout geste dans un but précis et le diriger vers son auditeur. Il faut éviter aussi bien les gestes étriqués que les gestes emphatiques et se garder de jouer, par exemple, avec une pièce de monnaie, un bracelet ou tout autre objet.
11. Établir son espace vital et réagir fermement si quelqu'un y pénètre.
12. Veiller à ne toucher les autres qu'avec circonspection et réagir avec force à tout contact déplacé. Tant pour les femmes que pour les hommes, la poignée de main convient dans la plupart des situations à caractère professionnel.

Source : Adapté de Janet G. Elsea, *First Impression, Best Impression*, New York, Simon and Schuster, 1984, p. 49-50.

Le principal avantage de la communication non verbale est qu'elle permet de renforcer le message. Toutefois, il arrive que le message oral et les signaux non verbaux se contredisent, ce qui représente un inconvénient sérieux. Le message non verbal est véridique parce qu'il met en jeu la plupart du temps une réaction spontanée.

B. La communication organisationnelle

La **communication organisationnelle** est celle qui circule à l'intérieur d'une entreprise. Ce type de communication s'obtient par divers moyens (rencontres de groupe, conférences, entrevues, lettres, etc.), dont certains ont été décrits plus haut. Précisons ici que la communication entre les individus et les unités d'une organisation peut avoir un caractère formel ou informel.

La communication formelle ou officielle. La **communication** dite **formelle** suit une voie hiérarchique établie. Par exemple, un P.-D. G. avisera officiellement ses vice-présidents d'un changement apporté à la ligne de conduite ou aux orientations de l'entreprise. Comme l'indique la figure 13.4, la communication officielle peut être :

- verticale descendante ;
- verticale ascendante ;
- horizontale ;
- en diagonale.

Figure 13.4
La circulation de l'information dans une organisation

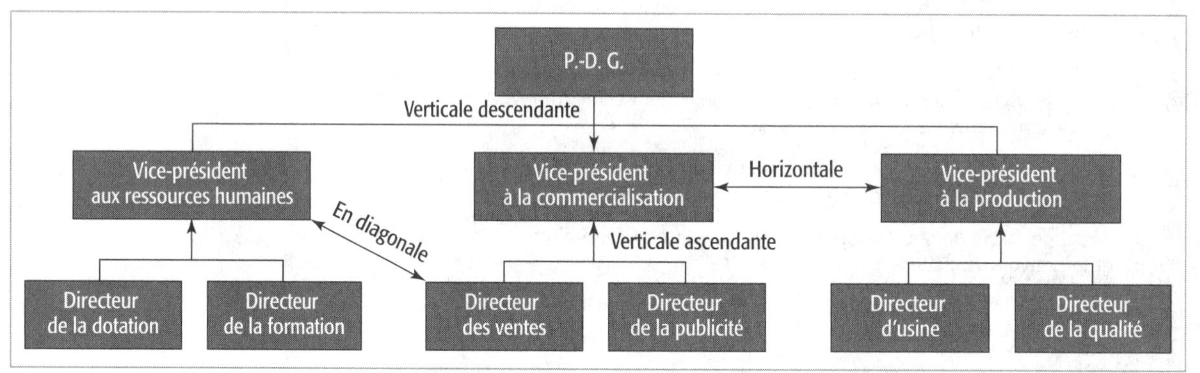

La **communication** est **verticale descendante** lorsque l'information est transmise de la direction aux cadres inférieurs, puis aux exécutants en suivant la voie hiérarchique. Ce mode de transmission est utilisé pour faire connaître les objectifs, les priorités, les directives, les politiques et les marches à suivre. De nos jours, on tend de plus en plus à aplatir la structure organisationnelle afin d'améliorer la qualité de la communication verticale descendante. On obtient cet aplanissement en réduisant les niveaux hiérarchiques de l'entreprise. L'information peut ainsi circuler plus rapidement et plus efficacement du haut vers le bas.

La communication verticale descendante se trouve entravée quand :

- un supérieur et son subalterne ne se font guère confiance ;
- l'organisation comporte trop de niveaux hiérarchiques ;

- le statut et le pouvoir d'un supérieur et d'un subordonné diffèrent;
- un employé cherche à s'élever dans la hiérarchie[16].

La **communication** est **verticale ascendante** lorsque l'information est acheminée des cadres inférieurs ou des exécutants vers la direction. L'usage de cette forme de communication dépend largement de la culture de l'entreprise. La transmission du bas vers le haut a pour but de fournir aux cadres supérieurs des renseignements de première main sur les conditions de l'exploitation, renseignements très utiles pour la prise de décision. Les principaux moyens utilisés pour assurer la communication verticale ascendante sont une gestion par objectifs (GPO), des boîtes à suggestions, une politique de liberté d'expression, des mécanismes de règlement des griefs, des sondages réalisés auprès des employés et des séances d'information en groupe associées, notamment, aux cercles de qualité.

Vu l'importance de la communication verticale ascendante, les cadres supérieurs estiment essentiel de lui créer un environnement propice. La communication verticale ascendante comporte les avantages suivants:

- elle permet à la direction de savoir si les cadres inférieurs et les exécutants ont compris ses messages;
- elle donne aux cadres inférieurs la possibilité de prendre part au processus décisionnel;
- elle fournit à chacun l'occasion d'exprimer son opinion ou ses inquiétudes au sujet des problèmes affrontés par l'organisation;
- elle permet parfois aux employés de se débonder et elle leur montre que quelqu'un partage leurs préoccupations.

La **communication horizontale** s'obtient lorsque l'information est transmise d'une unité organisationnelle à une autre, par exemple du Service des ressources humaines à celui des finances ou du Service de la production à celui de la commercialisation. Comme le montre la figure 13.4, cette forme de communication a lieu entre des individus situés sur le même échelon. Elle est essentielle à la planification et à la réalisation de programmes, de projets et de plans qui intéressent plusieurs unités. La promotion du travail en équipe est un concept de gestion faisant intervenir uniquement la communication horizontale. Elle permet en effet aux personnes travaillant dans des unités organisationnelles différentes et responsables de la production d'un bien ou de la fourniture d'un service d'avoir des contacts directs entre eux.

La **communication en diagonale** met en rapport des individus travaillant dans des unités organisationnelles différentes et n'occupant pas le même niveau hiérarchique. Il peut arriver, par exemple, qu'un représentant commercial s'entretienne avec le directeur du crédit de la situation d'un client. De même, le directeur des ventes peut vérifier auprès d'un agent d'approvisionnement si certains articles commandés ont été reçus.

La communication informelle. La **communication informelle** est présente, bien sûr, dans toute organisation. Elle est utile, car elle peut remplacer la communication formelle. En règle générale, la communication informelle:

- part de la base de l'organisation;
- échappe à l'emprise de la direction;
- revêt de l'importance pour les employés qui ont à régler une question précise.

www.lrims.com/grapevine.html explique comment il est possible de gérer le téléphone arabe

Le **téléphone arabe** désigne la transmission informelle de l'information à l'intérieur d'une organisation. Le téléphone arabe ne tient aucun compte du statut ou de l'autorité et il est fonction des rapports entre les différents employés de l'organisation. Par exemple, un employé du Service de la comptabilité peut appeler un autre employé travaillant au Service du contrôle de la qualité pour lui faire part des dernières nouvelles. Comme le fit remarquer un chercheur, l'information circule autour des fontaines, dans les corridors, dans les cafétérias et dans tous les endroits où les gens ont coutume de se rassembler[17].

Figure 13.5
Les quatre modèles d'échanges spontanés dans les organisations

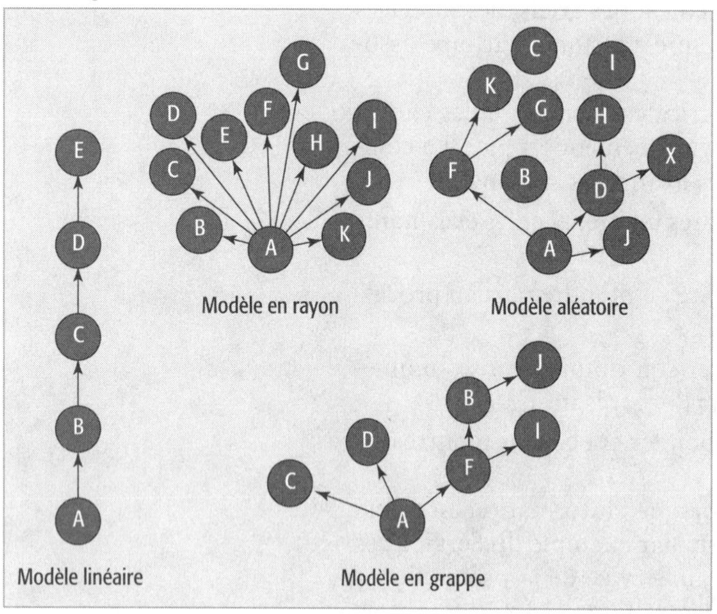

Source : Keith Davis, « Management Communication and the Grapevine », *Harvard Business Review*, septembre-octobre 1953

Comme le montre la figure 13.5, il existe quatre modèles de téléphone arabe ou d'échanges spontanés, soit :

1. le *modèle linéaire* où l'employé A transmet une information à l'employé B, qui en fait part à l'employé C, et ainsi de suite ;
2. le *modèle en rayon* où un employé apprend une nouvelle qu'il communique ensuite à tout le monde ;
3. le *modèle en grappe* où l'employé A transmet un message à un groupe de personnes qui le communiquent à leur tour à d'autres groupes ;
4. le *modèle aléatoire* où l'employé A parle d'un incident à une personne rencontrée par hasard, laquelle le rapporte ensuite à une autre personne également rencontrée par hasard[18].

13.1.4 Les réseaux de communication

Les communications verticales, horizontale et en diagonale forment un **réseau de communication**. Elles témoignent de la structure des voies de communication existant entre les divers groupes ou individus. Il existe différents types de réseaux de communication et ils ont chacun des caractéristiques particulières en ce qui concerne la vitesse, la précision et l'effet sur le moral des employés. La figure 13.6 indique ceux que l'on rencontre le plus souvent : les réseaux en forme de chaîne, en forme de Y, en forme de roue, en forme de cercle et le réseau toutes directions.

Le *réseau en forme de chaîne* se rapporte à une communication verticale descendante ou ascendante (comme lorsqu'un subordonné soumet un rapport à son supérieur). On dit qu'il est centralisé parce que l'information concerne seulement deux personnes.

Le *réseau en forme de Y* ne comporte qu'un seul élément à divers niveaux, mais il se ramifie au sommet (ou à la base pour une structure organisationnelle typique). Un gestionnaire communique ainsi directement avec deux personnes.

Le *réseau en forme de roue* est propre au cadre qui communique avec ses subordonnés (quatre dans la figure 13.6). Les subordonnés ne communiquent pas entre eux; l'information est toujours délivrée par une seule et même personne. Ce réseau est le plus centralisé de tous.

Le *réseau en forme de cercle* relie tous les membres d'une unité organisationnelle. La communication entre les subordonnés et leurs supérieurs est alors court-circuitée.

Le *réseau toutes directions* permet la libre communication entre tous les individus. Il est le plus décentralisé de tous, puisque tous les membres ont la possibilité d'interagir les uns avec les autres à leur gré.

Figure 13.6 Les réseaux de communication

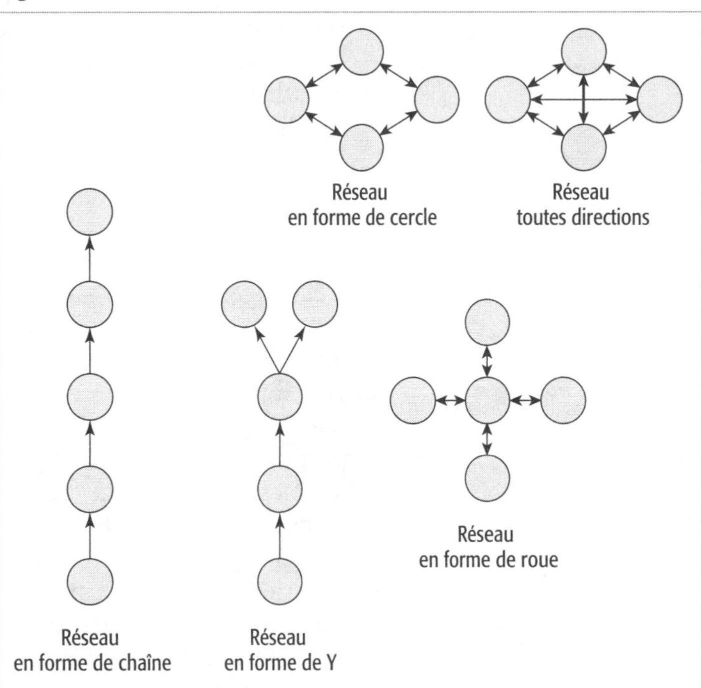

13.1.5 La communication par des moyens électroniques

La communication par des moyens électroniques suppose l'utilisation d'au moins un des outils suivants: télécopieur, ordinateur, télévision en circuit fermé, magnétoscope, répondeur téléphonique, téléphone cellulaire. Les moyens électroniques sont maintenant implantés dans le domaine des communications, et leur efficacité ne cesse de s'accroître. Internet, l'intranet, les téléconférences, le courrier électronique et le télétravail sont abondamment utilisés pour transmettre de l'information d'un employé à un autre parce qu'ils permettent de communiquer un message et de recevoir une réponse en un rien de temps. Les moyens de communication se sont multipliés, l'information circule librement et le gestionnaire en est inondé. Citons les pourriels qu'on reçoit chaque jour en abondance. Pour le gestionnaire, un des enjeux des années à venir sera, dans son environnement d'affaires, d'avoir rapidement accès à une information utile à la prise de décision, puisée à la source, triée en fonction de sa valeur ajoutée, obtenue à moindre coût et permettant de demeurer concurrentiel.

Internet, également appelé l'*autoroute électronique*, est un réseau télématique permettant aux membres d'une organisation de communiquer entre eux ou avec l'extérieur (les clients, les fournisseurs, le public, la main-d'œuvre, etc.) par l'intermédiaire du site Web et du courrier électronique. Environ les deux tiers des Canadiens ont accès à Internet et les trois quarts de la population adulte estiment qu'il est un moyen essentiel de communication[19]. Les gestionnaires utilisent Internet pour transmettre leurs messages. Ils peuvent utiliser le courriel pour indiquer à leurs fournisseurs quel est le niveau actuel des stocks ou pour informer d'autres personnes de l'avancement de leurs projets. Ils peuvent utiliser le site Web pour vendre leurs produits et leurs services, et fournir au public de l'information concernant l'entreprise. Ils peuvent même

WWW
www.agility.co.uk
fournit des renseignements
sur les intranets

s'en servir pour recruter du personnel. Le réseau Internet est précieux aussi pour obtenir de l'information sur différentes organisations, notamment sur la concurrence. Selon une étude effectuée en 2001, près de 57 % des PME canadiennes étaient branchées sur Internet et 28 % d'entre elles faisaient régulièrement des transactions sur le réseau[20].

Les progrès ultra-rapides de la technologie ont eu pour effet de rendre presque désuets certains appareils de communication apparus il y a une dizaine d'années (c'est le cas, par exemple, du télécopieur). L'**intranet** est un mode de communication qui permet aux employés d'une même organisation d'échanger de l'information entre eux, d'avoir immédiatement accès à toutes sortes de documents tels que l'annuaire du téléphone, les manuels de procédures, l'état des stocks et les comptes rendus des réunions. Les employés peuvent aussi obtenir des renseignements sur le niveau des ventes globales, par région, par territoire et par vendeur. Quant au courrier électronique, il fait partie intégrante de l'intranet; il permet de transmettre électroniquement différentes données d'une façon rapide, économique et efficace. Les messages sont transmis en quelques secondes à des personnes travaillant dans le même immeuble, ou encore à des milliers de kilomètres de l'endroit où l'on est. Le courrier électronique améliore les communications verticales et horizontale. Signalons aussi l'existence de la téléphonie sur protocole Internet ou téléphonie IP, qui est un système de télécommunications géré par Telus, BCE et Rogers, et qui transmettra la voix sur le réseau Internet. Cet outil informatique commencera à être commercialisé à grande échelle en 2005 et en 2006[21].

Le **télétravail** est une forme d'activité professionnelle exercée en dehors des bureaux de l'employeur, le plus souvent à domicile, et faisant appel, pour communiquer avec son entreprise, à un ordinateur, à un téléphone mobile, etc. Au Canada, environ 1,5 million de personnes travaillent de cette façon[22]. De nombreuses organisations qui donnent du travail à forfait trouvent le télétravail avantageux à plusieurs égards.

La **téléconférence** permet, grâce à l'utilisation d'appareils vidéo, de faire communiquer ensemble différentes personnes dans une organisation. C'est une excellente technique, économique à plusieurs points de vue. Ainsi, un P.-D. G. peut communiquer un message important par mode télévisuel à des milliers d'employés en un court laps de temps. L'entreprise peut aussi transmettre de l'information technique à des employés qui accomplissent le même travail à différents endroits dans le monde. La téléconférence est également utilisée pour débattre en groupe de sujets importants, comme une stratégie de promotion ou une stratégie de prix.

OBJECTIF 13.2

Déceler les obstacles à la communication et indiquer les moyens de les surmonter.

13.2 VERS UNE MEILLEURE COMMUNICATION

La communication est d'une importance considérable pour tous les membres d'une organisation. Elle peut toutefois se heurter à de nombreux obstacles. Pour être capables de les surmonter, les gestionnaires doivent d'abord s'attacher à bien les comprendre.

6

Dans cette section, nous décrirons les principaux obstacles à la communication organisationnelle et interpersonnelle, et nous indiquerons comment les surmonter.

Après avoir lu les trois prochaines sous-sections, vous devriez pouvoir :

- distinguer les principaux obstacles à la communication organisationnelle et interpersonnelle ;
- décrire les moyens dont disposent l'émetteur et le destinataire pour lever les obstacles à la communication ;
- expliquer les règles à suivre pour être un bon communicateur.

13.2.1 Les obstacles à la communication

Ainsi que le montre le tableau 13.6, les obstacles à la communication dans une organisation et entre les employés sont multiples.

Tableau 13.6
Les obstacles à la communication

OBSTACLES À LA COMMUNICATION ORGANISATIONNELLE	OBSTACLES À LA COMMUNICATION INTERPERSONNELLE
• Faiblesse de la structure organisationnelle • Disparité des objectifs • Différences de statut • Spécialisation du travail • Surcharge d'informations	**Obstacles liés à l'émetteur** • Formulation incorrecte du message • Choix inadéquat du moyen de communication • Intégrité douteuse de l'émetteur • Crainte **Obstacles liés au destinataire** • Inattention • Jugement hâtif • Vagabondage de l'esprit **Obstacles liés à l'émetteur et au destinataire** • Interprétation • Différences de perception • Différences de statut • Divergence d'intérêts

A. Les obstacles à la communication organisationnelle

La mauvaise communication organisationnelle peut être due à la faiblesse de la structure organisationnelle, à la disparité des objectifs, à des différences de statut, à la spécialisation du travail ou à une surcharge d'informations.

La faiblesse de la structure organisationnelle. La structure de l'organisation doit notamment assurer une bonne communication entre les individus et les groupes. Lorsqu'elle est mal conçue, les gens ont de la difficulté à communiquer entre eux. Ainsi, la communication peut être difficile à l'intérieur d'une organisation qui compte dix échelons au lieu de trois ou quatre. La suppression d'un certain nombre de niveaux permet non seulement de réduire les coûts, mais également d'améliorer la circulation de l'information à l'intérieur de l'organisation.

La disparité des objectifs. Il est évident que chaque service a ses propres objectifs. Ainsi, le responsable de la commercialisation vise à augmenter le chiffre des ventes et la part de marché de l'entreprise, et, pour ce faire, il doit consacrer plus de ressources humaines et financières à la publicité. Le directeur des finances se donne pour tâche d'accroître le bénéfice net en réduisant les coûts dans tous les secteurs, tandis que le directeur de la production désire disposer de machines plus perfectionnées pour accroître la qualité des produits fabriqués. Le responsable des ressources humaines souhaite, quant à lui, voir augmenter les crédits alloués à la formation. Tous ces objectifs sont valables, mais les gestionnaires se préoccupent surtout de leurs propres affaires, ce qui peut nuire à la circulation de l'information entre les services.

Les différences de statut. Le statut et le pouvoir sont étroitement liés. Plus le poste est élevé, plus le pouvoir est grand. Le statut peut nuire à la communication: plus un cadre occupe un poste élevé, plus il est enclin à faire abstraction des problèmes réels qu'affronte l'organisation. De même, on dit souvent que les politiciens ne sont pas au fait des difficultés vécues par leurs commettants, parce qu'ils sont trop éloignés de la réalité quotidienne.

La spécialisation du travail. Plus les gens sont spécialisés, plus il leur est difficile de communiquer entre eux. Imaginons la difficulté pour un comptable d'expliquer à un étudiant en arts plastiques l'importance de l'évolution de la situation financière ou, pour un étudiant en sciences politiques, de convaincre un futur gestionnaire de la nécessité pour une entreprise de consacrer la plus grande partie de ses bénéfices à l'achat d'équipements antipollution. Chacune de ces personnes a des intérêts qui lui sont propres. Dans une organisation, diverses unités spécialisées (commercialisation, comptabilité, ressources humaines, production, recherche opérationnelle, etc.) se côtoient. Ainsi, les comptables de l'entreprise peuvent s'adresser à différents services, comme ceux de la production, de l'ingénierie et de la commercialisation, pour obtenir des renseignements concernant la faisabilité d'un projet d'investissement. S'ils ne comprennent pas bien les aspects pratiques du projet et que les cadres de l'exploitation ne saisissent pas pourquoi ces comptables leur demandent de l'information, la décision prise finalement risque d'être mauvaise.

La surcharge d'informations. De nos jours, les gestionnaires ont à traiter une quantité effarante de données, de sorte qu'ils peuvent difficilement trouver le temps d'assimiler toute l'information reçue. Ils doivent donc distinguer l'essentiel de l'accessoire. En parcourant les documents reçus, ils s'aperçoivent parfois que certains éléments ont moins d'importance que ne le croyaient les employés d'autres services.

B. Les obstacles à la communication interpersonnelle

Il peut aussi exister des obstacles à la communication entre les individus. Examinons brièvement les plus courants d'entre eux.

Décrivons d'abord les quatre principaux obstacles provenant de l'émetteur.

La formulation incorrecte du message. Malgré une bonne transmission du signal, le destinataire aura de la difficulté à comprendre le message si celui-ci est vague ou obscur. Il arrive, par exemple, que le choix des mots et des phrases laisse à désirer, que le message soit incohérent et faussé ou que l'émetteur utilise un jargon indéchiffrable pour le destinataire.

Le choix inadéquat du moyen de communication. Il importe que le véhicule du message convienne à la situation. Par exemple, si l'on veut faire connaître une nouvelle ligne de conduite dans une organisation, la communication orale est peu satisfaisante. Une note de service serait plus indiquée, car elle éviterait toute déformation du message. Il convient également de définir par écrit les objectifs et les priorités de l'entreprise pour s'assurer que tous les cadres supérieurs en approuvent le contenu (qui ne doit laisser aucune place à l'interprétation), d'en remettre des exemplaires aux gestionnaires des autres niveaux au cours d'une réunion et de vérifier par la même occasion si chacun d'eux a bien compris.

L'intégrité douteuse de l'émetteur. Le manque d'intégrité de l'émetteur est un obstacle sérieux. Il arrive que les destinataires d'un message ne prennent pas l'émetteur malhonnête au sérieux, le ridiculisent ou ne fassent aucun cas de ce qu'il dit parce qu'il ne leur paraît pas responsable, crédible ou compétent dans le domaine en question. Cet émetteur a porté préjudice à la relation de confiance qui est à la base de toute communication. S'il a terni sa réputation par ses agissements, il doit en subir les conséquences et tenter, si c'est possible, de restaurer sa crédibilité. La communication verticale ascendante suppose de la part de la direction un engagement au moins moral à faire un usage judicieux des renseignements transmis. Si les employés croient que la transmission d'une mauvaise nouvelle entraînera des mesures disciplinaires ou une réprimande publique, ils se montreront réticents à la transmettre[23].

La crainte. Les gens peuvent s'empêcher d'être francs avec leurs supérieurs par crainte d'être punis[24].

Voyons maintenant les trois principaux obstacles provenant du destinataire.

L'inattention. Un individu peut être distrait pendant qu'on lui parle. Si le destinataire d'un message ne concentre pas son attention sur les propos de l'émetteur, certains points importants risquent de lui échapper. Il en est ainsi lorsqu'il cesse de s'intéresser au sujet, qu'il s'impatiente ou qu'il prend une attitude désinvolte. Dans beaucoup de cas, une personne peut donner l'impression d'écouter et avoir en réalité l'esprit ailleurs.

L'évaluation prématurée. Il arrive fréquemment que le destinataire n'écoute pas le message attentivement parce qu'il croit en connaître déjà le contenu. Souvent, les gens font comme s'ils mettaient leurs propres mots dans la bouche de l'émetteur et remplacent les conclusions de ce dernier par les leurs. Dans certains cas, le destinataire a déjà son opinion sur le sujet et ne manifeste aucun intérêt pour le message. Pensons, par exemple, au comité de direction qui a déjà décidé d'alléger un programme de stimulation des ventes et qui écoute uniquement par politesse les suggestions des employés.

Le vagabondage de l'esprit. Les gens laissent fréquemment errer leurs pensées, leur esprit étant sans cesse entraîné d'un objet à un autre. Leur attention est ainsi détournée par moments du sujet traité.

Certains éléments peuvent également créer des interférences entre l'émetteur et le destinataire. Ceux-ci sont alors incapables de communiquer efficacement, pour des raisons qui échappent à leur volonté. Voici les quatre sources d'interférences de ce genre les plus communes :

Le sens des mots. Certains mots n'ont pas la même signification pour tout le monde. Pour les dirigeants d'une entreprise, par exemple, le terme « productivité » signifie aussi améliorer le rendement et la compétitivité, réduire les coûts et accroître les ventes. Les employés peuvent, quant à eux, associer ce mot à de l'exploitation, à une plus grande charge de travail et à de la cupidité de la part de la direction de l'entreprise.

Les différences de perception. Les individus ont chacun leur manière d'envisager les choses, du fait de leur origine culturelle, de leur expérience et de leur éducation. Nous avons déjà étudié ce sujet à la sous-section 13.1.2 F intitulée « Les différences de perception » (voir la page 514).

Les différences de statut. Le statut représente un autre obstacle à la communication. Ainsi, dans une entreprise, il se peut que le vice-président à la commercialisation fasse peu de cas de l'opinion d'un représentant. Il peut juger que celui-ci n'a pas une vision d'ensemble des stratégies de l'entreprise et que ses suggestions ne méritent pas d'être retenues.

La divergence d'intérêts. Deux individus ou deux groupes peuvent défendre des intérêts opposés dans une affaire. C'est le cas, par exemple, lorsque le syndicat et la direction négocient une convention collective, que les dirigeants d'une entreprise discutent de la fermeture d'une usine avec des représentants du milieu et que des cadres d'une entreprise rencontrent des fonctionnaires pour s'entretenir avec eux de la réduction de la pollution. N'est-ce pas la situation de l'entreprise Abitibi-Consolidated concernant la fermeture de leur usine à Stephenville ?

13.2.2 Les moyens permettant de surmonter les obstacles à la communication

Nul doute qu'il existera toujours des obstacles à la communication dans les organisations quelle que soit la compétence des cadres. Ceux-ci ne peuvent faire plus que de gérer la communication et de faire disparaître le plus d'obstacles possible. Le tableau 13.7 énumère divers moyens que l'émetteur et le destinataire peuvent mettre en œuvre pour améliorer la communication.

A. Les moyens à la disposition de l'émetteur

L'émetteur dispose de cinq moyens de communiquer plus efficacement : la régularisation du débit de l'information, la rétroaction, l'utilisation de signaux non verbaux, l'utilisation d'un langage simple et la préservation de l'intégrité.

- La *régularisation du débit de l'information*, tout d'abord, suppose la mise en place d'un système qui évite les surcharges et assure la transmission ordonnée et méthodique de l'information. L'organisation doit établir des règles concernant la manière de transmettre l'information et la désignation des personnes qui doivent s'en charger. Il faut adopter un système de communication simple et réduire au minimum le volume de l'information transmise.
- La *rétroaction* permet de vérifier si le message a été bien compris. Elle peut être orale ou écrite selon ce que prescrit la situation. L'émetteur peut demander au destinataire s'il a bien compris ses paroles ou même les lui faire répéter. Il faut encourager le dialogue plutôt que le monologue.
- L'*utilisation de signes non verbaux* peut aussi aider à rendre le message plus compréhensible. On peut changer l'intonation de sa voix et faire des gestes pour souligner un point (93 % de l'effet du message provient de ces deux éléments); on peut aussi observer la réaction du destinataire pour vérifier s'il a saisi le message.
- L'*utilisation d'un langage simple* contribue à améliorer la communication. Il vaut mieux employer des mots d'usage courant que des mots savants et éviter les phrases filandreuses que personne ne comprend.
- La *préservation de l'intégrité* doit aussi faire partie des préoccupations de l'émetteur. Une personne crédible, honnête et respectée a plus de chances d'être écoutée et comprise. Elle n'a pas avantage à mentir, car si l'on découvre son mensonge, elle perdra sa crédibilité. Étant donné le haut risque couru et le peu d'avantages obtenus à court terme, le jeu n'en vaut pas la chandelle.

MOYENS À LA DISPOSITION DE L'ÉMETTEUR	MOYENS À LA DISPOSITION DU DESTINATAIRE
• Régulariser le débit de l'information. • Encourager la rétroaction. • Recourir à des signes non verbaux. • Utiliser un langage simple. • Préserver son intégrité.	• Essayer d'interrompre l'émetteur. • Écouter avec attention (voir le tableau 13.8 à la page 531), • Faire preuve d'empathie.

Tableau 13.7
Les moyens permettant de surmonter les obstacles à la communication

B. Les moyens à la disposition du destinataire

Le destinataire doit s'appliquer à bien écouter, c'est-à-dire éviter d'interrompre l'émetteur, s'attacher à suivre les propos de celui-ci, lui poser des questions, au besoin, et se montrer patient. Autrefois, l'enseignement de la communication portait sur la capacité à s'exprimer et l'on prêtait peu d'attention à la manière d'écouter. De nos jours, certaines entreprises offrent à leurs employés des cours sur « l'art de bien écouter »[25].

Certaines personnes n'aiment pas écouter. En fait, il est plus difficile d'écouter que de parler, car cela exige un plus gros effort intellectuel et une plus grande concentration. La capacité d'écoute n'est pas innée, elle s'acquiert. Elle suppose en outre une certaine dose d'empathie, qui consiste à s'identifier affectivement à son interlocuteur.

Des études ont révélé que les gens :

- utilisent à peine le quart de leur capacité d'écoute;
- utilisent à peine le dixième de leur capacité de mémorisation;
- oublient la moitié de ce qu'ils entendent dans les huit heures qui suivent;
- finissent par oublier 95 % de ce qu'ils ont entendu à moins qu'un fait ou un événement quelconque ne vienne raviver leur mémoire;

- déforment le peu qu'ils retiennent[26].

Il importe pour le destinataire d'écouter avec soin l'émetteur, d'éviter de porter un jugement hâtif ou d'interpréter ses propos. Voici un certain nombre de règles à suivre :

- *faire une distinction entre la personne et ce qu'elle dit*. On doit considérer les idées, non l'individu qui les émet ;
- *chercher une raison d'écouter*. Si l'on n'en trouve pas, il faut s'en fabriquer une et se dire que l'autre a besoin d'être écouté ;
- *éviter de porter un jugement sur l'habileté de l'émetteur*. On doit oublier les faiblesses de forme et de contenu du discours, et chercher plutôt à faire sentir à son interlocuteur qu'il communique bien ;
- *se montrer flexible*. Il importe d'adapter son écoute à l'évolution du discours de l'autre personne et d'accepter la manière dont elle s'exprime ;
- *rester calme*. Il ne faut pas réagir promptement devant une attitude répréhensible ou les préjugés de l'émetteur. On doit plutôt garder l'esprit ouvert et éviter l'emportement, qui peut empêcher la mémorisation des paroles et faire obstacle à une juste appréciation des propos de l'autre[27].

13.2.3 Les règles à suivre pour être un bon communicateur

Il faut non seulement améliorer la communication organisationnelle et interpersonnelle, mais encore se demander si l'on respecte les 10 « commandements » du bon communicateur. Voici en quoi consistent ces règles[28].

Clarifier ses idées avant de les exprimer. Plus on passe de temps à définir le problème ou ce que l'on veut faire connaître et à comprendre l'attitude des destinataires de son message, mieux on réussit à le transmettre.

Définir le but véritable de chaque message. Avant d'amorcer le processus de communication, il faut se demander quel est le but de son message. Veut-on obtenir des renseignements d'autres personnes, les informer d'une décision ou les persuader de faire telle ou telle chose ? Plus on prend le temps de définir le but, plus le message a des chances d'être clair.

Tenir compte de l'ensemble du contexte matériel et humain. Il n'y a pas que les mots qui donnent un sens au message. D'autres éléments peuvent aussi entrer en ligne de compte, tels que le moment choisi pour transmettre un message (Est-il le plus propice ?), les circonstances de la rencontre (Vaut-il mieux rencontrer la personne en particulier ou en groupe ?) et les coutumes qui ont cours (Quelles sont les méthodes de communication en usage ici ?). Il faut toujours adapter le processus de communication à l'environnement de l'organisation.

Consulter d'autres personnes au moment de l'élaboration d'un message. On gagne toujours à formuler un message avec l'aide d'individus qui attachent de l'importance à ce dernier. Si la personne aidante s'intéresse au message, elle aura à cœur d'en soigner le contenu.

Prêter attention au non-verbal. Il faut se préoccuper de tous les aspects de la communication non verbale. Le ton de la voix, l'expression faciale, le contact visuel et les gestes ont un effet appréciable sur le degré de réceptivité du destinataire à l'égard du message. On doit se rappeler que le destinataire est aussi sensible aux signes non verbaux qu'aux paroles.

S'efforcer de transmettre au destinataire quelque chose qui lui sera utile. Il importe d'avoir égard aux intérêts, aux besoins et au point de vue de l'autre. Le subordonné sera plus réceptif au message d'un supérieur s'il voit que celui-ci tient compte de son opinion et de ses intérêts.

Donner suite à la communication. On gagne toujours à poser des questions au destinataire pour l'amener à dire ce qu'il pense du message. On fera bien d'obtenir une rétroaction qui permettra de savoir si le message a été bien compris.

S'exprimer en tenant compte de l'avenir aussi bien que du présent. Tout message doit être en harmonie avec ce que l'on voudra transmettre ultérieurement. Ainsi, lorsqu'un individu accomplit une bonne ou une mauvaise action, il faut réagir sans délai. On ne doit pas remettre une communication à plus tard, surtout lorsqu'il y a un problème sérieux à résoudre. En tardant à régler sur-le-champ une situation désagréable, on court le risque de l'aggraver. Les auteurs de *Manager-minute* recommandent aux gestionnaires de formuler des compliments et des reproches-minute[29].

Avoir soin de conformer ses gestes à ses paroles. On communique avec plus d'éloquence par ses actes que par ses paroles. Il faut donc éviter d'accomplir des actions qui contredisent ses paroles.

Savoir écouter. Ce point a été traité à la sous-section 13.2.2 intitulée « Les moyens permettant de surmonter les obstacles à la communication » (voir la page 528). L'écoute apparaît comme l'un des aspects de la communication les plus négligés. Elle demande une certaine concentration, puisqu'il faut essayer de comprendre ce que l'autre dit et, surtout, être attentif à ce qu'il exprime de façon non verbale. Il importe de dégager du message les idées principales, d'apprécier les arguments et les preuves, et de montrer une certaine empathie à l'égard de l'autre de manière à mieux pénétrer ses pensées et ses sentiments. Le tableau 13.8 montre comment on peut accroître sa capacité d'écoute.

Tableau 13.8
Quelques suggestions pour bien écouter

1. **Éviter de parler**
   On ne peut pas bien écouter lorsqu'on parle.
2. **Mettre le locuteur à l'aise**
   Donner à l'autre le sentiment qu'il peut s'exprimer librement.
3. **Faire savoir au locuteur que l'on est disposé à l'écouter**
   Se tenir et agir d'une manière dénotant de l'intérêt.
   Ne pas lire son courrier pendant que quelqu'un parle.
   Écouter pour comprendre et non pour soulever des objections.
4. **Éviter les distractions**
   Ne pas griffonner, taper avec son crayon ou mêler les pages d'un document. Fermer la porte s'il y a trop de bruit.
5. **S'identifier au locuteur**
   Essayer de comprendre le point de vue de l'autre.
6. **Être patient**
   Laisser au locuteur le temps d'exprimer son point de vue.
   Ne pas l'interrompre. Éviter de se diriger vers la porte ou de s'éloigner pendant qu'il parle.
7. **Rester calme**
   Une personne en colère interprète mal le sens d'un message.
8. **Éviter les disputes et les critiques**
   Ce genre de choses met les gens sur la défensive, de telle sorte qu'ils renoncent à s'exprimer ou se fâchent.
   On y perd même lorsqu'on sort vainqueur d'une dispute.
9. **Poser des questions**
   En posant des questions, on encourage l'autre à parler, on lui montre que l'on s'intéresse à ce qu'il dit et on l'aide à développer ses idées.
10. **Éviter de parler**
    Il n'y a rien de plus important.
    On ne peut pas écouter efficacement lorsqu'on parle.
    - La nature a doté les gens de deux oreilles, mais d'une seule langue, ce qui prouve que l'on doit passer plus de temps à écouter qu'à parler.
    - Écouter requiert deux oreilles : l'une pour saisir le sens des propos et l'autre, pour comprendre les sentiments manifestés.
    - Les décideurs qui n'écoutent pas possèdent moins d'information pour faire les bons choix.

Source : K. Davis, *Human Behavior at Work : Organizational Behavior*, 6e éd., New York, McGraw-Hill, 1981.

6

Témoignage

Marcel Leclair, directeur exécutif, Société canadienne du sang

Des logiciels de pointe à la Société canadienne du sang aident les centres hospitaliers à répondre efficacement aux besoins de leurs patients.

WWW
www.bloodservices.ca/

« La Société canadienne du sang est propriétaire du système d'approvisionnement en sang et en contrôle tous les aspects. Elle recrute des donneurs, organise des collectes de sang, fractionne le sang en produits sanguins qui, chaque année, sont administrés à des centaines de milliers de patients. Pour assurer la qualité des produits, tous les prélèvements de sang sont soumis à des épreuves de dépistage de maladies transmissibles. De plus, le sang étant un produit biopharmaceutique, il doit être traité conformément aux normes établies par Santé Canada. Le budget d'exploitation de cette société est de 850 millions de dollars par année, et elle emploie 4 600 personnes dans ses 42 sites répartis dans chaque province canadienne (excluant le Québec).

« Du côté opérationnel, les processus de gestion des donneurs, du stock et du réseau de distribution sont complexes puisqu'il est nécessaire de maintenir un stock stable de chaque type de produit sanguin, dans chaque centre urbain du Canada et pour chaque groupe sanguin. Chaque étape de ces processus de gestion est réalisée grâce à des logiciels de pointe. Ils permettent de maintenir une banque de données contenant toute l'information pertinente sur chaque prélèvement. Cette information permet de savoir en permanence où se trouve chaque prélèvement, de connaître les résultats des tests de dépistage de maladies transmissibles et finalement de savoir à quel hôpital chaque produit sanguin a été distribué.

« En matière de gestion financière, cette société reçoit son financement des neuf provinces participantes. Chaque année, elle doit soumettre un plan stratégique de trois ans et négocier le financement. La gestion financière comprend aussi un processus de budgétisation interne qui permet de distribuer les fonds à chaque unité opérationnelle en fonction du plan stratégique. Ce processus est réalisé grâce à des méthodes modernes telles que la budgétisation par activités.

« En somme, les processus de gestion permettent à cette société de remplir son mandat de collecter, de produire et de distribuer des produits sanguins aux centres hospitaliers afin de répondre aux besoins des patients. »

OBJECTIF 13.3
Définir la nature de l'information de gestion et décrire l'utilisation des ordinateurs pour la recueillir.

13.3 LA GESTION DE L'INFORMATION

Dans cette partie du chapitre, nous examinerons la manière de rassembler les données et de traiter l'information de planification et de contrôle. Cette section définit la nature de l'information et la manière dont on la recueille, et met en évidence la nécessité de disposer de systèmes d'information de gestion.

Après avoir lu les quatre prochaines sous-sections, vous devriez pouvoir :

- distinguer une donnée d'une information ;
- expliquer comment on évalue la qualité de l'information ;
- caractériser les différentes sources d'information ;
- expliquer comment les ordinateurs servent à recueillir l'information.

13.3.1 Qu'est-ce que l'information?

Il existe une différence fondamentale entre une donnée et une information. Une **donnée** sert de base à l'établissement de faits et de statistiques, à une recherche ou à une thèse, et ne présente en soi aucune utilité. Les données peuvent être recueillies, organisées et utilisées à des fins d'analyse. N'est-ce pas la responsabilité de la Société canadienne du sang de maintenir une banque de données pour assurer un stock stable de chaque type de produit sanguin, dans chaque centre urbain du Canada et pour chaque groupe sanguin. Une organisation doit donc disposer de données fiables concernant ses ventes, ses coûts, ses stocks, ses comptes clients et ses comptes fournisseurs de façon à les mettre à la disposition des gestionnaires.

Des données organisées et traitées de manière à être utiles aux décideurs constituent l'**information**. C'est avec l'information que la Société canadienne du sang peut, en permanence, connaître les résultats des tests de dépistage de maladies transmissibles et savoir à quel hôpital chaque produit sanguin a été distribué pour que chacun puisse prendre des décisions. Les données peuvent se comparer à des matières premières. Des clous, du bois, de la colle et de la peinture, par exemple, n'ont de valeur que s'ils servent à la fabrication de produits finis tels que des bureaux ou des chaises. Les matières premières sont au produit fini ce que les données sont à l'information.

Le gestionnaire n'a que faire des données brutes, sauf lorsqu'elles ont été traitées pour leur conférer un sens. Le responsable des ventes, par exemple, voudra obtenir de l'information sur les tendances du marché et le nombre d'unités vendues, alors que le directeur d'usine s'intéressera, entre autres, au coût des matières premières, au délai de fabrication et au taux d'unités défectueuses.

13.3.2 L'évaluation de la valeur de l'information

La valeur de l'information varie suivant sa pertinence, sa qualité, son opportunité et son ampleur[30].

La *pertinence* indique le degré d'utilité de l'information fournie aux gestionnaires au moment de la planification, du contrôle et de la prise de décision. Ce qui a de l'intérêt pour le P.-D. G. d'une entreprise peut laisser indifférent le directeur des ressources humaines. Le P.-D. G. voudra sans doute obtenir de l'information sur l'ensemble de l'entreprise: ventes, prévisions relatives à l'évolution du marché, taux de rentabilité, sommes investies dans l'actif et dans le fonds de roulement et mouvements de caisse. Le directeur des ressources humaines, pour sa part, cherchera à se renseigner sur le nombre de postes créés, le nombre de demandes d'emploi reçues, le nombre d'entrevues réalisées, les coûts liés à la publication d'une offre d'emploi et le moral des employés. Plus l'information acheminée vers un gestionnaire est pertinente, plus elle a de la valeur pour ce dernier.

La *qualité* exprime l'exactitude et l'exhaustivité de l'information. Plus les renseignements sont précis, plus il sera facile au gestionnaire de prendre une décision. Le degré de qualité de l'information varie selon le type d'activités. Ainsi, il est évident que le lancement d'une navette spatiale nécessite une information d'une qualité ou d'une précision bien plus grandes que s'il s'agissait de fixer des objectifs de vente en fonction de prévisions établies pour cinq ans.

L'*opportunité* consiste à transmettre les renseignements aux gestionnaires au moment propice, c'est-à-dire avant qu'ils prennent une décision. Certains cadres ont besoin d'information chaque jour, d'autres, chaque semaine, et d'autres encore, chaque mois. Ainsi, le responsable des ventes et le responsable du crédit peuvent vouloir connaître respectivement le volume des ventes et le nombre de comptes impayés sur une base mensuelle, alors que le directeur de la production aura besoin de recevoir quotidiennement des renseignements sur les coûts et la qualité.

L'*ampleur de l'information* indique la quantité de renseignements dont les cadres et les employés ont besoin pour prendre leurs décisions. Il existe un lien direct entre la quantité d'information requise et la nature des décisions. Imaginons que les dirigeants d'une entreprise songent à bâtir une nouvelle usine. Avant de se prononcer sur la question, ils voudront se renseigner sur les ventes, le coût des matériaux, de la main-d'œuvre et du terrain, les coûts de construction, le type de matériaux requis, etc. Le directeur des ventes n'a besoin de connaître que la quantité de produits vendus par chaque représentant au cours du mois précédent par rapport à la même période de l'année précédente.

13.3.3 Les sources d'information

On distingue les sources d'information internes et les sources d'information externes. Les **données de source interne** sont recueillies à l'intérieur même d'une organisation. Elles sont à l'origine des chiffres qui figurent à l'état des résultats (relatifs, par exemple, au produit d'exploitation, au coût des biens vendus, aux frais de vente et de gestion, et à l'amortissement) et au bilan (chiffres concernant les comptes clients, les stocks, l'encaisse, les comptes fournisseurs, l'actif immobilisé et les dettes à long terme). Elles servent également à produire de l'information à caractère non financier comme le nombre d'unités vendues, le nombre d'unités produites par lot, la proportion d'unités défectueuses ainsi que le taux d'absentéisme et de renouvellement de la main-d'œuvre.

Les **données de source externe** proviennent de publications gouvernementales, de revues professionnelles, des périodiques ainsi que des sites Web. Après qu'elles ont été traitées, elles fournissent de l'information de nature financière sur le taux d'inflation, le coût des emprunts, le chômage ou la situation dans un secteur de l'industrie (par exemple, les initiatives des entreprises concurrentes, les nouveaux marchés et les variations de l'offre et de la demande).

13.3.4 L'utilisation d'ordinateurs pour la collecte de l'information

On peut recueillir, analyser et traiter une quantité importante de données et en tirer des renseignements précieux. Grâce aux techniques modernes, les gestionnaires peuvent aujourd'hui obtenir rapidement des renseignements précis et exhaustifs. Munies d'ordinateurs pouvant emmagasiner de multiples données, les relier ensemble et les trier, les organisations sont en mesure de transformer rapidement des données en une information pertinente.

Comme le montre la figure 13.7, le traitement des données fait intervenir cinq grands types de fonctions, liés respectivement à l'entrée, au stockage, au traitement, au contrôle et à la sortie.

Figure 13.7
Le lien entre les principales fonctions liées au traitement des données

13.4 LES SYSTÈMES D'INFORMATION DE GESTION

OBJECTIF 13.4
Expliquer ce que sont les systèmes d'information de gestion et en quoi l'informatique a transformé la collecte de données et la prise de décision en gestion.

À la section précédente, nous avons expliqué en quoi l'information se distingue des données et pourquoi elle constitue une ressource importante pour les gestionnaires. Nous allons maintenant voir comment on gère l'information au sein des organisations.

Après avoir lu les trois prochaines sous-sections, vous devriez pouvoir:

- expliquer la raison d'être des systèmes d'information de gestion;
- décrire brièvement les étapes de la conception et de la mise en place d'un système d'information de gestion;
- expliquer comment l'informatique a révolutionné les systèmes d'information de gestion.

13.4.1 La nature des systèmes d'information de gestion

On appelle **système d'information de gestion** un réseau structuré ayant pour but de recueillir des données et de fournir aux gestionnaires, en temps opportun, de l'information susceptible de les aider à accomplir leurs fonctions de planification, d'organisation et de contrôle (par exemple, les logiciels à la Société canadienne du sang qui aident les centres hospitaliers à répondre efficacement aux besoins de leurs patients). Pour mieux comprendre la nature et le rôle de ce système, attardons-nous à la signification des termes « système », « information » et « gestion ».

Le système. Un **système** est un ensemble d'éléments (divisions, services, fonctions, unités organisationnelles ou autres) organisés en vue d'optimiser la circulation de l'information. On peut, par exemple, relier l'information provenant du sous-système « ventes » à celle que produisent les sous-systèmes « production » et « finances » de manière à permettre aux gestionnaires d'avoir une vue exacte des activités de l'organisation.

L'information. Comme nous l'avons vu plus haut, l'information représente un ensemble de données ayant fait l'objet d'un traitement. Les gestionnaires veulent donc obtenir de l'information plutôt que des données. Au début, les ordinateurs étaient simplement de grosses calculatrices auxquelles on confiait le soin d'effectuer des opérations complexes à la place des êtres humains. De nos jours, ils peuvent non seulement traiter des données, mais aussi générer de l'information en un temps très court. Surtout, ils peuvent adapter cette information aux besoins des différentes catégories de cadres et tenir ces derniers au courant de tout ce qui se produit dans leurs secteurs d'activité. Ainsi, le directeur de la production peut avoir besoin d'être renseigné à toutes les heures sur les produits qui circulent dans l'usine. Pour sa part, le vice-président à la commercialisation a besoin de connaître l'évolution des différents produits sur les marchés régionaux au cours des deux dernières années, en vue de préparer l'année qui vient.

La gestion. La gestion regroupe toutes les tâches liées à la direction de l'unité organisationnelle, comme la planification, l'établissement de programmes et de budgets, l'organisation, l'ordonnancement et le contrôle. La prise de décision est un élément fondamental de l'activité du gestionnaire. Or, un système d'information de gestion lui permet d'obtenir en temps utile des renseignements qui l'aideront à prendre une décision éclairée.

13.4.2 Les étapes de la conception et de la mise en place d'un système d'information de gestion

La conception et la mise en place d'un système d'information de gestion efficace exigent beaucoup d'efforts. La figure 13.8 en montre les principales étapes. On doit en effet aménager avec soin chaque partie du système de manière qu'il serve le plus possible le gestionnaire. Décrivons brièvement les diverses étapes de la conception de ce système.

La définition des objectifs. Le premier travail consiste à s'assurer que le système permettra de remédier aux problèmes actuels en matière d'information et de répondre aux besoins de tous les gestionnaires. Les objectifs doivent être clairs et précis. Il ne convient pas de viser un but tel que celui de réduire les coûts ou de produire une information plus opportune et de meilleure qualité. Ce but est trop vaguement défini : il ne permet pas d'évaluer le rendement véritable du système et de déterminer dans quelle mesure il sera utile aux gestionnaires. Voici trois exemples d'objectifs précis :

1. *Approvisionnement.* À l'avantage du Service de la production, ramener à trois jours le délai d'attente précédant la signature d'un contrat ou la transmission d'une commande de matières premières.

2. *Finances*. Renseigner tous les gestionnaires cinq fois par mois sur l'état des résultats, le bilan et la provenance des capitaux ainsi que leur utilisation.
3. *Production*. Fournir hebdomadairement au directeur de l'usine la ventilation de tous les coûts (fixes et variables) pour chaque commande réalisée.

Figure 13.8
Les étapes de la conception et de la mise en place d'un système d'information de gestion

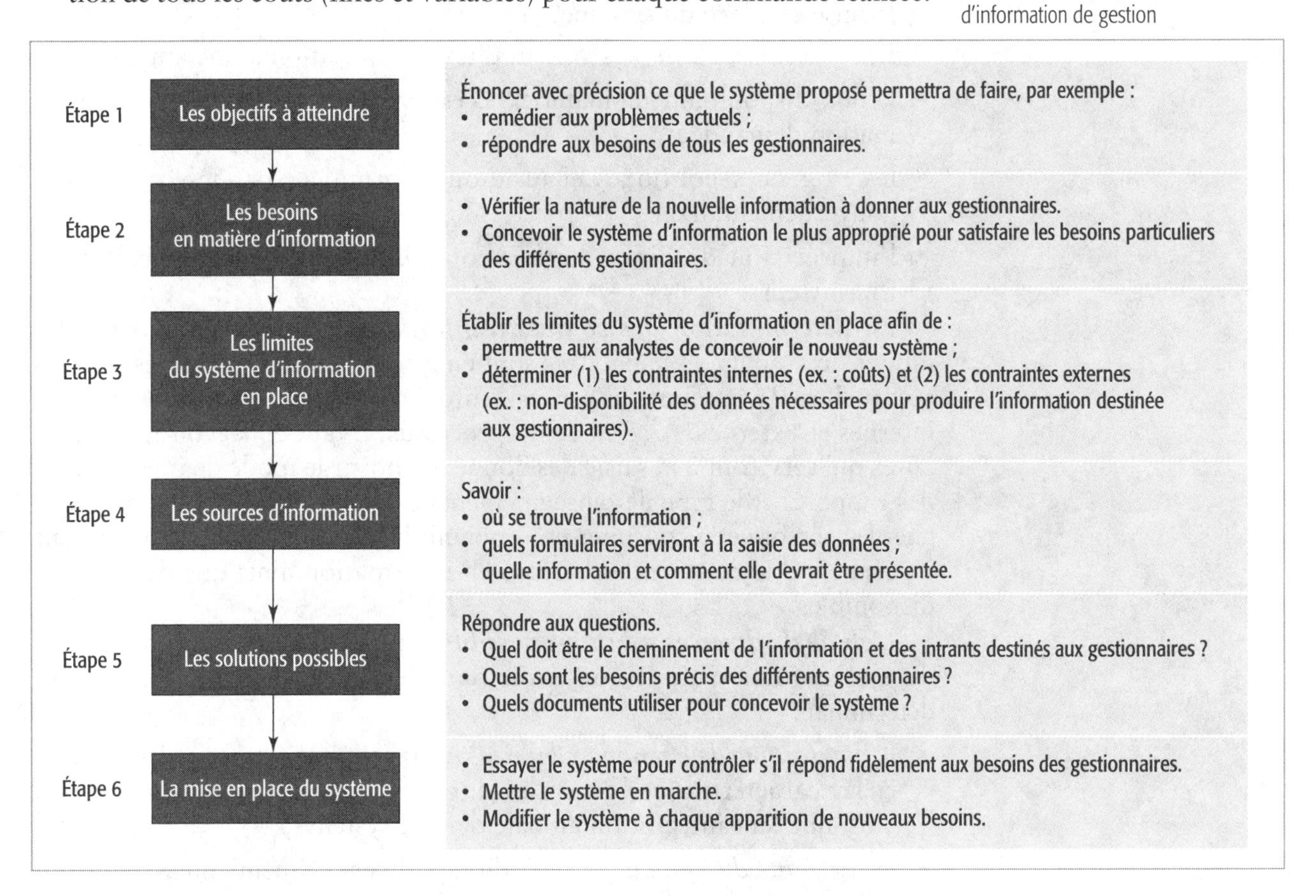

La définition des besoins en matière d'information. Après avoir énoncé des objectifs précis, il convient de préciser les besoins en matière d'information. À cette fin, on doit tout d'abord vérifier la nature des renseignements pouvant être fournis aux cadres et la nature de ceux qu'ils utilisent déjà. Il convient ensuite de déterminer avec les gestionnaires chargés de l'exploitation quel type d'information leur est le plus utile. Comme chacun est appelé à prendre des décisions différentes et a aussi ses propres besoins, le groupe de travail chargé de concevoir le système d'information de gestion (les analystes de systèmes) doit s'enquérir auprès des cadres de quelle information exactement ils ont besoin pour accomplir leurs tâches.

L'établissement des limites du système d'information en place. Il importe de préciser les limites du système d'information en place. Cette étape est cruciale pour deux raisons. Premièrement, elle permet aux analystes de systèmes de mesurer la liberté d'action dont ils jouiront au moment de concevoir un nouveau système. Deuxièmement, elle aide à déterminer de façon réaliste jusqu'à quel point la mise en place du système proposé est réalisable. Les contraintes qui s'exercent peuvent être soit internes, soit externes.

Les *contraintes internes* proviennent de l'organisation elle-même. Les principales sont :

- le coût de l'implantation du système;
- le manque d'employés (d'analystes de systèmes, par exemple) disponibles pour la réalisation du projet;
- les priorités de l'entreprise et le manque de soutien de la direction dans la mise en place du système.

Les *contraintes externes* varient d'une organisation à une autre:

- la non-disponibilité du matériel nécessaire pour générer le type d'information demandé;
- les exigences politiques et juridiques formulées par les organismes gouvernementaux;
- l'imprécision de l'information communiquée par les clients et les fournisseurs.

La détermination des sources d'information. Après avoir défini les limites du système, les analystes sont en mesure de déterminer les sources auxquelles il convient de puiser l'information. Celles-ci peuvent être internes et externes. À ce stade du processus, il faut concevoir les formulaires qui serviront à la saisie des données, choisir le mode de présentation des rapports et le type de renseignements qu'ils fourniront et, enfin, désigner les personnes à consulter pour obtenir les renseignements qui aideront à préparer une matrice des besoins en information ainsi que des sources disponibles.

L'étude de diverses solutions possibles. Il faut avoir une vision générale du système avant de le concevoir dans le détail. À cette fin, on doit déterminer:

- le *diagramme de cheminement de l'information*, c'est-à-dire les intrants et les caractéristiques générales du système; il définit les utilisateurs ainsi que leur intégration globale dans le système;
- les *extrants du système*, c'est-à-dire les divers éléments du système qui doivent répondre aux besoins des cadres de l'exploitation;
- les *documents nécessaires pour concevoir le système*, et en particulier une description des activités d'exploitation.

La mise en place du système. Elle peut se faire en deux étapes. Ainsi, les utilisateurs testent le fonctionnement du système et contrôlent s'il peut générer les rapports voulus. Ils en profitent alors pour faire les réglages. Ensuite, on passe à la seconde étape en inaugurant le système. Comme le type d'information requis par les cadres de l'exploitation varie sans cesse, on modifiera ultérieurement le système chaque fois que le besoin s'en fera sentir.

13.4.3 L'informatique et la gestion

L'informatique a transformé radicalement la manière d'envisager les systèmes d'information de gestion et de prendre des décisions. Ainsi, la plupart des entreprises utilisent aujourd'hui le traitement électronique des données et sont dotées d'un système d'information de gestion. Il offre comme principal avantage de traiter très rapidement une quantité considérable de renseignements. Dans ce système, l'ordinateur assure un lien entre la base de données de l'organisation et les décideurs. Bien que son installation soit coûteuse, le système informatique de gestion peut facilement accroître la productivité si l'on donne aux employés la formation voulue.

L'usage généralisé de l'informatique dans les organisations permet aux gestionnaires d'utiliser des renseignements relatifs aux opérations dont ils sont responsables. De nos jours, la plupart des cadres disposent d'un ordinateur dans leur bureau et peuvent ainsi évaluer immédiatement le rendement de leur unité. Ils n'ont plus à attendre la fin du mois pour avoir en main les résultats obtenus au cours des mois antérieurs. Grâce à l'informatique, ils ont en effet la possibilité de suivre l'évolution du rendement d'heure en heure. À tout moment, le gestionnaire peut obtenir de l'information sur les ventes et le niveau des stocks (par gamme de produits), sur les coûts (pour chaque article), etc.

Prenons l'exemple d'un magasin Canadian Tire. Son système d'information de gestion permet au directeur de connaître, pour chaque article, la quantité vendue au cours d'une journée, d'une semaine ou d'un mois donnés, ainsi que la quantité à commander. Cette information provient des données que les caissiers communiquent à l'ordinateur central chaque fois qu'ils enregistrent la vente d'un produit.

L'un des principaux avantages de l'informatique est que les décisions relatives à l'exploitation, qui relevaient auparavant d'un comité travaillant de concert avec les cadres supérieurs chargés d'examiner les rapports mensuels, sont maintenant décentralisées et confiées aux divisions et aux services. Les décisions se prennent à des niveaux plus bas, ce qui est un avantage.

L'informatique a eu une grande influence sur la prise de décision en gestion et sur les communications. Voici quelques exemples illustrant ce point.

Les systèmes d'information sur l'exploitation. Ils groupent les systèmes transactionnels qui traitent les données commerciales, les systèmes d'automatisation des procédés industriels et les systèmes bureautiques, dont les systèmes de communication. Grâce à l'informatique, les gestionnaires peuvent désormais communiquer plus rapidement. Ce sujet a été étudié à la sous-section 13.1.5, « La communication par des moyens électroniques », à la page 523.

Les systèmes d'information de gestion. Ces systèmes sont au nombre de trois : le système de production de rapports, le système d'aide à la décision et le système d'information pour cadres. Le *système de production de rapports* présente l'information traitée durant les opérations courantes dans un format préétabli, à l'aide duquel le système d'aide à la décision analysera les données et suggérera des opérations au gestionnaire.

Le *système de production de rapports* est un programme complexe qui permet aux gestionnaires d'analyser des données selon différents points de vue. Ce système a la capacité de regrouper des données de sources variées, de les trier et de les présenter sous forme graphique de manière à aider les cadres dans leur processus décisionnel. Par exemple, les feuilles de calcul, familières à la plupart des étudiants du niveau collégial ou universitaire, sont essentiellement des *systèmes d'aide à la décision*.

Enfin, le *système d'information pour cadres* fournira aux dirigeants une information « sur mesure » portant sur des facteurs critiques de succès et des indicateurs de gestion servant à mesurer la performance et à assurer le suivi de la stratégie d'entreprise. Les analyses prendront alors la forme d'un tableau de bord.

Les systèmes experts. Le système expert est un programme informatique permettant au gestionnaire d'accéder à une vaste quantité de renseignements sur des sujets particuliers. Ce système est en quelque sorte un spécialiste auquel on a recours en cas de besoin. Les systèmes experts possèdent certaines capacités en matière de résolution de problèmes dans un domaine particulier et peuvent orienter les cadres lorsqu'ils ont à faire un choix.

Évolution et transition

La communication et la gestion de l'information

Comme nous l'avons indiqué dans ce chapitre, la communication est le processus par lequel une information ou un message sont transmis entre des personnes (communication interpersonnelle) ou entre des groupes (communication organisationnelle). Les principaux canaux de communication sont la communication orale, la communication écrite et la communication non verbale. Ces principaux canaux de communication et la communication organisationnelle, tant formelle (verticales, horizontale, etc.) qu'informelle (téléphone arabe, en forme de chaîne, etc.), servent à transmettre l'information et continueront d'exister. L'évolution de ces modes de communication va se poursuivre longtemps.

Toutefois, les moyens électroniques, tels que les ordinateurs, les téléphones cellulaires, les réseaux sans fil, les sites Web, Internet, l'intranet, la téléconférence, ont rapidement changé la façon de communiquer et de gérer l'information (voir le tableau 13.9). Par exemple, le Blackberry de Research in Motion, appareil sans fil destiné à une clientèle d'affaires, permet de recevoir à l'extérieur les appels et les courriels destinés au bureau. Nous venons de voir apparaître sur le marché la messagerie instantanée qui permet d'envoyer en temps réel des messages d'ordinateur à ordinateur ou d'un appareil sans fil à un autre. Cette méthode de communiquer permet à un utilisateur de voir si la personne qu'il veut joindre est devant son ordinateur ou si son sans-fil est en fonction.

Dans une entreprise, il existe maintenant deux façons pour les employés et les gestionnaires de communiquer entre eux. Le système d'information pour gestionnaires (CIG) permet d'utiliser

Tableau 13.9
La communication et la gestion de l'information : évolution et transition

ÉVOLUTION	TRANSITION
Communication interpersonnelle : • orale • écrite • non verbale *Communication organisationnelle :* • verticales (descendante et ascendante) • horizontale • en diagonale *Communication informelle :* • téléphone arabe (ex. : linéaire, etc.) • réseaux de communication (ex. : en forme de chaîne, etc.)	• Ordinateurs • Téléphones cellulaires • Réseaux sans fil • Sites Web • Internet • Intranet • Téléconférence

des données de sources interne et externe afin d'évaluer et d'analyser la performance organisationnelle. Le but principal du CIG est de fournir aux gestionnaires une information précise, complète, importante et instantanée. L'intranet permet aux employés d'une même organisation d'échanger rapidement de l'information entre eux.

L'expansion du commerce électronique a transformé la façon de communiquer des messages importants. De plus en plus d'entreprises utilisent Internet pour:

- vendre leurs produits et services;
- élaborer leurs plans tout en utilisant de l'information sur leurs concurrents;
- communiquer avec leurs employés:
- communiquer avec la population en général;
- rendre des communiqués de presse;
- traiter avec leurs fournisseurs;
- effectuer des transactions avec leurs clients.

Révision du chapitre

13.1 La communication. L'un des rôles les plus importants des gestionnaires consiste à faire accepter des idées et à transmettre de l'information. On définit la communication comme le processus par lequel une personne (émetteur) transmet un message à une autre personne (destinataire). On distingue la communication interpersonnelle et la communication organisationnelle. La première peut être orale, écrite ou non verbale, tandis que la seconde s'effectue verticalement, d'une manière descendante ou ascendante, horizontalement ou en diagonale. La communication est formelle lorsqu'il existe un lien d'autorité officiel entre l'émetteur et le destinataire (c'est-à-dire lorsque le message suit la voie hiérarchique établie). La communication informelle consiste en des échanges spontanés entre des individus ou des groupes. Les organisations utilisent cinq types de réseaux de communication: les réseaux en forme de chaîne, en forme de Y, en forme de roue et en forme de cercle ainsi que le réseau toutes directions.

13.2 Vers une meilleure communication. Les obstacles les plus fréquents à la communication sont la formulation incorrecte du message, l'utilisation d'un moyen inadéquat, l'intégrité douteuse de l'émetteur, l'inattention et le jugement hâtif. Les difficultés terminologiques, les différences de perception et de statut ainsi que la divergence d'intérêts qui peuvent également créer des interférences. Les gestionnaires peuvent améliorer la communication en régularisant leur débit, en favorisant la rétroaction, en recourant à des signes non verbaux, en utilisant un langage simple et en préservant leur crédibilité.

13.3 La gestion de l'information. L'information est constituée de données que l'on a traitées afin qu'elles aient plus de valeur et qu'elles aident ainsi les gestionnaires à prendre de bonnes décisions. L'évaluation de l'information tient compte de sa pertinence, de sa qualité, de son opportunité et de son ampleur. On distingue des sources d'information internes (dans une organisation) et externes (à l'extérieur de celle-ci). De nos jours, on utilise très souvent des ordinateurs pour traiter l'information. Les principales fonctions du processus de traitement des données sont liées à l'entrée, au stockage, au traitement, au contrôle et à la sortie.

13.4 Les systèmes d'information de gestion. Il s'agit d'un réseau structuré ayant pour but de recueillir des données et de fournir aux gestionnaires, en temps opportun, une information les aidant à planifier, à organiser et à contrôler. La mise en place de ce système comporte les étapes suivantes: 1) déterminer les objectifs; 2) définir les besoins en matière d'information; 3) définir les limites du système; 4) recenser les sources d'information; 5) étudier les diverses solutions possibles; et 6) mettre le système en place. L'informatique permet d'améliorer la prise de décision en gestion ainsi que la communication interpersonnelle et la communication organisationnelle.

▶▶▶ Concepts clés

Canal de communication (*channel of communication*) page 512
Communication (*communication*) page 510
Communication en diagonale (*diagonal communication*) page 521
Communication formelle (*formal communication*) page 520
Communication horizontale (*horizontal communication*) page 521
Communication informelle (*informal communication*) page 521
Communication interpersonnelle (*interpersonal communication*) page 517
Communication organisationnelle (*organizational communication*) page 520
Communication verticale ascendante (*vertical upward communication*) page 521
Communication verticale descendante (*vertical downward communication*) page 520
Décodage (*decoding*) page 513
Destinataire (*receiver*) page 513
Donnée (*data*) page 533
Données de source externe (*external sources*) page 534
Données de source interne (*internal sources*) page 534
Émetteur (*sender*) page 511
Encodage (*encoding*) page 512
Information (*information*) page 533
Internet (*internet*) page 523
Intolérance (*intolerance*) page 516
Intranet (*intranet*) page 524
Message (*message*) page 512
Perception (*perception*) page 514
Réseau de communication (*communication network*) page 522
Rétroaction (feedback) page 513
Richesse de l'information (*information richness*) page 513
Sélection (*selective*) page 514
Système (*system*) page 536
Système d'information de gestion (*management information system*) page 535
Téléconférence (*teleconference*) page 524
Téléphone arabe (*grapevine communication*) page 522
Télétravail (*telecommuting*) page 524

Développer vos compétences en gestion

Questions de révision

1. Que signifie le terme «communication»? (page 510)
2. Expliquez les diverses étapes du processus de communication. (page 511)
3. Dans le processus de communication, quelle différence y a-t-il entre le message et le canal? (page 512)
4. Pourquoi la rétroaction a-t-elle beaucoup d'importance dans le processus de communication? (page 513)
5. Quelle différence y a-t-il entre la communication interpersonnelle et la communication organisationnelle? (page 517)
6. Qu'est-ce que la communication non verbale? Pourquoi revêt-elle une grande importance? (page 518)
7. Énumérez les différents types de canaux de communication formelle utilisés dans les organisations. (page 520)
8. Quelle est la différence entre l'intranet et Internet? (page 523)
9. Indiquez quels sont les principaux obstacles:
   a) à la communication organisationnelle; (page 525)
   b) à la communication interpersonnelle. (page 526)
10. Comment peut-on améliorer la communication interpersonnelle et la communication organisationnelle? (page 528)
11. Que signifie le terme «information»? (page 533)
12. Sur quels critères se base-t-on pour évaluer la qualité de l'information? (page 533)
13. Expliquez les principales fonctions associées au processus de traitement des données. (page 535)
14. Qu'est-ce qu'un système d'information de gestion? (page 535)
15. Décrivez les différentes étapes de la conception et de la mise en place d'un système d'information de gestion. (page 536)
16. En quoi l'informatique a-t-elle aidé les gestionnaires à améliorer la qualité de leurs décisions? (page 538)

Sujets de discussion

1. Iriez-vous jusqu'à dire que la gestion et la communication ne font qu'un? Expliquez votre point de vue.
2. Selon vous, les systèmes informatiques pourront-ils un jour se substituer au jugement des gestionnaires? Dites pourquoi.

Naviguer dans Internet

www.rona.ca

- **Exercice pratique: La communication chez Rona**

Plusieurs entreprises utilisent leur site Web pour communiquer avec leurs employés, leurs clients et la population en général. L'entreprise Rona en est un exemple. Visitez son site Web (www.rona.ca) pour mieux comprendre ses grandes activités et l'information qu'elle communique à ses employés, à ses clients et à la population.

1. L'entreprise est-elle efficace dans la façon de communiquer ses messages à différents groupes (par exemple, employés, futurs employés, clients, fournisseurs, population en général)? Dites pourquoi.
2. Pour quelles raisons l'information transmise par le biais du site Web peut-elle:
   - améliorer les relations avec les employés?
   - convaincre de futurs employés à venir travailler chez Rona?
   - convaincre les clients de l'avantage d'acheter leurs produits et services chez Rona?
   - convaincre la population que Rona est une entreprise admirable?

- **Recherche sur le thème «La communication»**

Cherchez deux sites Web d'entreprises œuvrant dans différents secteurs d'activité. Examinez ces sites et faites une analyse comparative de leur efficacité en matière de communication:

- aux employés;
- aux futurs employés;
- aux clients;
- aux fournisseurs;
- à la population en général.

EXERCICE

Le choix d'une stratégie de communication

On vient de vous élire à la tête du comité des étudiants de votre université, fréquentée par 19 000 personnes. Vous avez sous votre autorité cinq vice-présidents chargés respectivement des affaires sociales, des finances, des activités sportives, des relations publiques et des questions pédagogiques. Élaborez une stratégie de communication pour chacune des situations décrites ci-après, en expliquant les raisons de votre choix.

1. Le vice-président aux affaires sociales vous annonce que le premier ministre du Canada viendra prononcer un discours à votre université.
2. Le vice-président aux relations publiques vous informe que plusieurs directeurs des ressources humaines viendront à l'université rencontrer des diplômés dans le but de recruter des employés à temps plein pour leurs entreprises.
3. Une douzaine d'étudiants vous indiquent qu'ils sont mécontents d'un certain cours de finances. Selon eux, le professeur ne prépare jamais ses exposés et est incapable de bien enseigner sa matière. Ils estiment qu'ils perdent leur temps en assistant à ce cours et vous demandent de les aider à remédier à la situation.
4. L'un de vos vice-présidents est renvoyé de l'université pour avoir triché à un examen.

Étude de cas

▶ ENTREPRISE

Électro-Service

Un vendredi après-midi, Mme Chiang appela le Service de l'entretien et de la réparation d'Électro-Service, un magasin de matériel audiovisuel bien en vue. Voici les propos qu'elle échangea à cette occasion avec le préposé au service.

M. Pinard. – Électro-Service, bonjour. Jean à l'appareil. Puis-je vous être utile ?

Mme Chiang. – Bonjour. J'ai apporté mon magnétoscope chez vous il y a deux semaines pour le faire réparer et j'aimerais savoir quand il sera prêt.

M. P. – Pourriez-vous me donner le numéro de votre bon de commande, s'il vous plaît ?

Mme C. – Quel bon de commande ?

M. P. – Celui qu'on vous a remis lorsque vous nous avez laissé votre magnétoscope.

Mme C. – Un instant, je vais le chercher. (*Trois minutes s'écoulent, puis elle reprend le combiné.*) C'est le M-34435.

M. P. – Si vous voulez bien patienter un moment... Voilà, j'y suis. Il n'est pas encore prêt.

Mme C. – Savez-vous quand il le sera ?

M. P. – Je ne sais pas trop. Laissez-moi vérifier. (*Il s'absente et revient après plusieurs minutes.*) Oui, madame ? Il faudra encore quelques jours.

Mme C. – Je n'y comprends rien. Lorsque j'ai apporté mon magnétoscope à votre magasin, la personne au comptoir m'a dit qu'il serait prêt dans cinq jours, et deux semaines plus tard, j'attends encore !

M. P.– Je comprends, mais nous sommes très occupés. Nous avons deux postes de travail depuis un mois, et nous avons encore de la difficulté à répondre à la demande. Je suis désolé. Rappelez-nous dans trois jours. Il se pourrait que votre magnétoscope soit alors prêt.

Mme C. – Je n'ai pas vraiment le choix. (*Et elle raccroche.*)

M. Pinard tient ce type de conversation des douzaines de fois chaque jour. Plusieurs clients ont eu une prise de bec avec les préposés au service et sont allés jusqu'à dire qu'ils ne feraient plus affaire avec Électro-Service.

Questions

1. Comment décririez-vous l'échange entre Mme Chiang et M. Pinard ?
2. Quel genre de communication caractérise l'entreprise Électro-Service ?
3. Comment pourrait-on remédier à la situation ?
4. Dans un contexte d'approche client, c'est-à-dire dans un contexte où le client est roi et les relations avec les clients, un gage de succès, comment l'entreprise Électro-Service devrait-elle montrer à son interlocuteur qu'elle est à sa disposition ?
   a) En envoyant quelqu'un réparer l'appareil à son domicile ?
   b) En lui téléphonant ?
   c) En lui écrivant ?
   d) En communiquant avec lui par Internet ?

Étude de cas

▶ EN MANCHETTE : LES CENTRES HOSPITALIERS[31]

Une communication efficace peut permettre de cimenter le travail d'équipe

WWW

www.fondation-chvo.org/le_chvo.asp

« Il y a bien quelques médecins qui, pour des besoins ponctuels du Centre hospitalier des Vallées-de-l'Outaouais (CHVO), pratiquent dans les deux hôpitaux, mais ce sont des situations exceptionnelles », indique le directeur des services cliniques, le Dr Guy Morissette. Dans la très grande majorité des cas, des négociations entre les directeurs de service, les chefs de département et les deux regroupements de médecins doivent être tenues. À ce chapitre, la fusion tient plus de la légende urbaine que du fait accompli.

Cette situation perdure depuis que l'ancien directeur général du CHVO, Jean Bartkowiak, a effectué une pirouette administrative pour acheter la paix avec les médecins au moment de la mise sous tutelle de l'établissement. La *Loi sur la santé et les services sociaux* oblige chaque établissement hospitalier du Québec à avoir un conseil des médecins, dentistes et pharmaciens (CMDP). « Lorsque la Loi a été écrite, elle ne faisait pas allusion aux types de fusions d'établissements qu'on voit aujourd'hui dans le réseau de la santé », affirme le Dr Morissette.

Ce regroupement de spécialistes de la santé a entre autres responsabilités de s'assurer de la qualité des actes médicaux posés et d'élaborer les modalités d'un système de garde assurant la permanence et la disponibilité des médecins selon les besoins du centre hospitalier. « Nous avons tenté d'imposer aux médecins un seul CMDP pour tout l'établissement et nous avons fait face à un mur. Les médecins ne s'entendaient pas », rappelle le Dr Morissette.

M. Bartkowiak a donc trouvé un vide juridique dans la Loi lui permettant la création de deux conseils locaux de médecins, dentistes et pharmaciens (CLMDP). Ces regroupements ont les mêmes responsabilités que le CMDP, mais elles ne sont remplies que par l'établissement qui leur est propre, soit l'hôpital de Hull ou celui de Gatineau.

Cette situation permet aux vieilles querelles de clocher entre les deux corps médicaux de persister. « Avec un seul CMDP, les échanges d'effectifs médicaux sont fluides », explique le président du CLMDP de Hull, le Dr Gilles Aubé. « Actuellement, les échanges doivent être négociés au cas par cas. Habituellement les deux parties en arrivent à une entente, mais parfois les négociations ne donnent rien. »

« Au fil des ans, cette situation a amené certains problèmes, notamment en chirurgie générale et en anesthésie », précise le Dr Aubé. Le Dr Morissette ajoute la gynécologie à la liste.

À l'aube des grandes fusions dans le milieu de la santé et où la complémentarité entre les établissements est plus que jamais à la mode, des efforts sont entrepris pour corriger cette situation.

Le CHVO vient d'embaucher une chargée de projet dont la responsabilité est d'améliorer la complémentarité entre les deux établissements du CHVO. « Nous reconnaissons qu'il existe des lacunes à ce chapitre, mais il faut se donner le temps et les moyens de rapprocher les deux groupes », admet le Dr Morissette.

Pour la première fois en septembre dernier, les deux conseils de direction des CLMDP se sont rencontrés à la table du CMDP, jusque-là restée fantôme. Une deuxième réunion s'est tenue en décembre et une autre est prévue pour le mois de mars prochain.

Questions

1. À quoi les problèmes de communication dans les centres hospitaliers sont-ils dus ?
2. Qu'auriez-vous fait pour assurer une meilleure fusion des hôpitaux ?
3. Que suggéreriez-vous à la chargée de projet pour assurer une complémentarité efficace entre les deux établissements ?

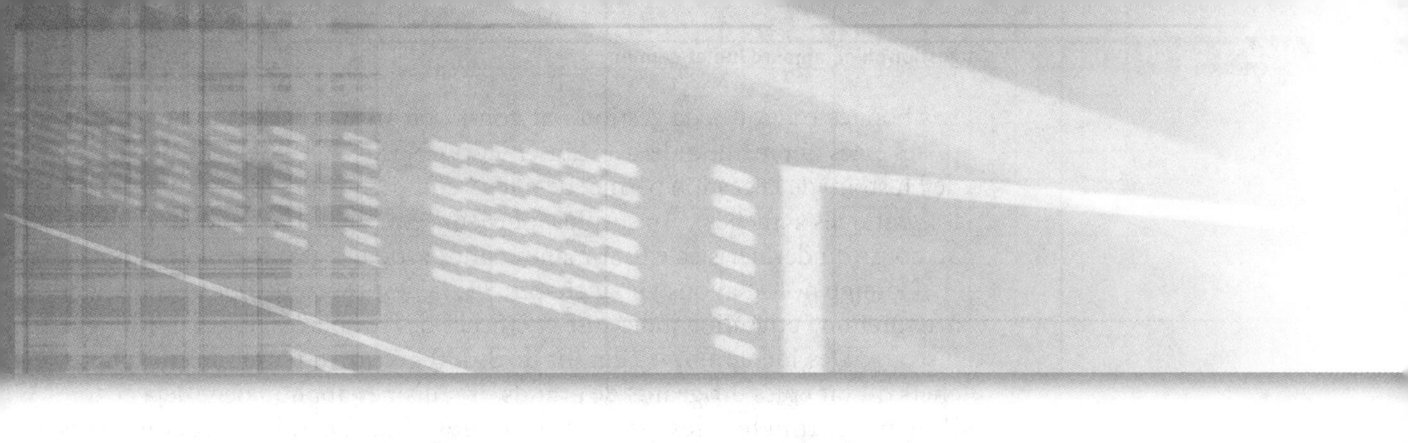

Annexe au chapitre 1

La gestion : hier, aujourd'hui et demain

Certains estiment qu'il est peu important d'étudier l'évolution de la pensée en matière de gestion. Ils avancent que les modes d'action et les idées qui avaient cours il y a vingt ou cinquante ans sont tout à fait dépassés. Du même souffle, ils déclarent que les théories héritées du passé sont abstraites et qu'elles ne peuvent avoir d'application pratique. En fait, la connaissance des diverses théories de la gestion et de son évolution est un atout pour les gestionnaires des petits ou des grands organismes. Il est vrai que leur environnement a beaucoup évolué, mais les difficultés que doivent surmonter les gestionnaires sur le plan de la productivité et de la motivation sont toujours les mêmes.

Prenons l'exemple de deux entreprises modernes, Wal-Mart et Eaton. Comment une entreprise telle que Wal-Mart s'y est-elle prise pour réaliser le plus gros chiffre d'affaires aux États-Unis en 2004 (estimé à 288 milliards de dollars)[1], et devenir l'une des sociétés les plus enviées en Amérique du Nord depuis 50 ans[2] ? D'autre part, comment se fait-il que Eaton, une entreprise fondée en 1869 et occupant, en 1950, presque 50 % de la part du marché des détaillants au Canada, ait déclaré faillite[3] ? Qu'est-ce qui a donc fait la différence entre le succès de l'une et la faillite de l'autre ? La différence réside en grande partie dans le degré d'efficacité de la gestion. Toutes les théories en matière de gestion, les classiques comme celles issues de l'école des relations humaines, des courants liés au processus de gestion ou de gestion des systèmes, ou encore des approches de gestion plus récentes telles que la gestion intégrale de la qualité, d'Internet et de l'éthique, jouent un rôle important dans la réussite de Wal-Mart et de bon nombre d'autres entreprises modernes.

L'étude de l'histoire de la gestion est essentielle pour deux raisons. Premièrement, elle permet d'apprécier l'influence des différents courants de pensée en matière de gestion, apparus au cours du XXe siècle, sur les activités des organisations modernes. Les entreprises prospères et les plus admirées ont tiré des leçons importantes du passé et elles ont su adapter leurs méthodes de gestion en fonction des exigences d'une société devenue plus complexe.

Les bonnes pratiques de gestion ont contribué au succès de plusieurs entreprises et les ont même aidées à réaliser leurs objectifs. Deuxièmement, l'étude de l'histoire de la gestion permet de mieux comprendre les idées qui inspirent les pratiques actuelles[4]. Au surplus, plusieurs concepts et techniques apparus au cours du dernier siècle font maintenant partie intégrante de la gestion.

Comme nous l'avons vu au chapitre 1, la gestion contribue grandement à assurer une utilisation judicieuse et efficace des ressources. Elle a une longue histoire. Des idéogrammes datant de 3 000 ans av. J.-C. montrent que les chefs d'État et les dirigeants de grands organismes appliquaient déjà ce que l'on peut appeler des principes de gestion. Certaines découvertes archéologiques nous ont en outre appris que les êtres humains vivaient déjà en groupes organisés dans les temps préhistoriques, ce qui suppose une certaine forme de gestion.

Environ 2 600 ans av. J.-C., le pharaon Khéops entreprit la construction de la célèbre pyramide qui porte son nom. Plus de 100 000 individus prirent part aux travaux, qui s'échelonnèrent sur 20 ans. La pyramide, d'une hauteur de 145 mètres, couvre une superficie de 20 000 m^2 et est constituée de 2,3 millions de blocs de pierre pesant chacun en moyenne 2 tonnes et soigneusement empilés les uns sur les autres[5]. Les Égyptiens ne seraient sûrement pas parvenus à l'édifier s'ils n'avaient utilisé aucune technique de gestion.

La Macédoine, sous le règne d'Alexandre le Grand (350 ans av. J.-C.), disposait d'impressionnants organismes, de même que l'Empire perse. Les Romains s'étaient dotés d'un appareil militaire très hiérarchisé, constitué de légions conduites par des généraux, des officiers et des chefs de division. Ces légions parcouraient de très longues distances pour livrer bataille. Dans un passé plus reculé, à Babylone, le Code d'Hammourabi servit à introduire des normes au chapitre des rétributions et des amendes.

Mentionnons aussi que les descriptions de postes existaient déjà en Chine, dans l'administration publique, 1 100 ans av. J.-C. On y avait clairement décrit les responsabilités et les tâches de chacun, du premier ministre jusqu'au simple employé[6]. En 120 av. J.-C., les personnes qui désiraient devenir fonctionnaires devaient passer des examens, et les postes à pourvoir étaient confiés aux candidats ayant obtenu les meilleurs résultats. C'est le premier ministre Kin-Sun Hung qui eut l'initiative d'imposer cette mesure, parce que beaucoup de Chinois ne savaient ni lire ni écrire et qu'il importait au premier chef que les fonctionnaires connaissent bien les textes juridiques. Plus tard, on raffina ces examens en répartissant les postes offerts en neuf catégories, et en précisant l'expérience et les qualités requises pour chacune d'entre elles. On choisissait donc les individus les plus compétents dans chaque catégorie[7].

WWW
www.adamsmith.org

Adam Smith (1723-1790) fit œuvre de défricheur en posant certains principes fondamentaux de gestion. En 1776, il publia *Recherches sur la nature et les causes de la richesse des nations*, ouvrage dans lequel il définit plusieurs concepts aujourd'hui couramment employés dans le domaine de la gestion. Citons, notamment, l'efficacité, la répartition du travail, la **spécialisation**, l'esprit démocratique, la motivation, la productivité et le rendement. Adam Smith affirme que la répartition du travail, ou spécialisation, permet d'accroître la productivité. De nos jours, toutes sortes d'entreprises comportent des fonctions spécialisées : production, ressources humaines, commercialisation, finances, comptabilité, systèmes d'information, etc.

Comme le montre la figure A.1.1, l'histoire de la pensée en gestion peut se diviser en cinq grandes époques : courant scientifique, école classique, école des relations humaines, sciences de la gestion et courant lié à l'intégration.

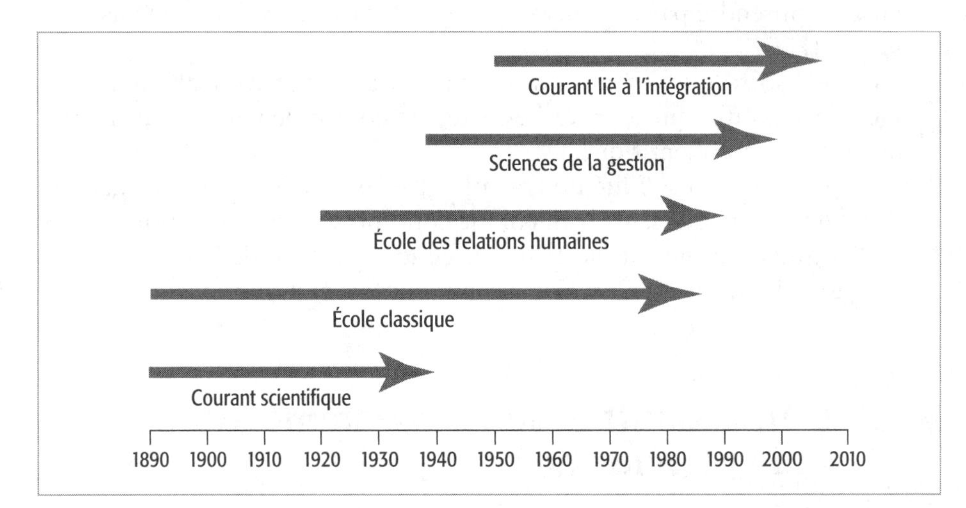

Figure A.1.1
Évolution de la pensée en matière de gestion

A.1.1 COURANT SCIENTIFIQUE

Les premières tentatives de **systématisation**, c'est-à-dire d'organisation méthodique de la description des tâches et des responsabilités, reposaient sur des bases conceptuelles qui, du fait de leur généralité, ne pouvaient fournir aux gestionnaires aucune idée précise concernant la façon d'accomplir le travail. Cela explique l'apparition du **courant de la gestion scientifique**, ou organisation scientifique du travail. Les théoriciens développant ce courant de pensée ont cherché avant tout des moyens d'accroître le rendement des activités de fabrication proprement dites et d'élaborer des moyens de motiver les travailleurs. Ils ont avancé l'idée que l'on pouvait rendre le travail plus efficace en ayant recours à l'observation, à la mesure et à la logique. Frederick W. Taylor, Henry Gantt, Frank Gilbreth et Lillian Gilbreth ont apporté la plus grande contribution au courant classique.

http://ollie.dcccd.edu/mgmt1374/book_contents/1overview/management_history/mgmt_history.htm
pour une vue d'ensemble de l'histoire de la gestion et de différents chercheurs

A.1.1.1 F. W. Taylor et l'analyse scientifique

Frederick W. Taylor (1856-1915), ingénieur mécanicien, est le premier grand représentant du courant scientifique. Il énonça l'idée selon laquelle les décisions relatives aux activités de production devaient non pas être prises de façon intuitive, mais résulter d'une analyse scientifique des tâches individuelles. Il publia deux ouvrages : *Shop Management*, en 1906, et *La direction scientifique des entreprises*, en 1911. Plus connu que le premier, son deuxième livre compte parmi les classiques dans le domaine de la gestion. Les quatre principes de direction du taylorisme se résument comme suit :

www.accel-team.com/scientific/scientific_02.html
pour une description détaillée du taylorisme

1. Décomposer chaque tâche en ses éléments constitutifs et établir scientifiquement la façon d'exécuter chacune de ces sous-tâches au lieu de s'en remettre aux méthodes empiriques.
2. Choisir scientifiquement les ouvriers les plus compétents et les former de telle manière qu'ils puissent bien accomplir leur tâche, au lieu de les laisser apprendre par eux-mêmes et exécuter leur travail comme ils l'entendent.
3. Faire en sorte que les dirigeants collaborent avec les travailleurs de façon à s'assurer que le travail est exécuté conformément aux principes de la direction scientifique.
4. Partager la responsabilité du travail entre les ouvriers et les dirigeants, de telle manière que les travailleurs se concentrent sur l'exécution du travail et que les dirigeants se chargent de le concevoir, de le superviser et d'établir des directives, au lieu de tout confier aux ouvriers[8].

A.1.1.2 H. L. Gantt et son diagramme de planification

WWW
www.ganttchart.com/ pour une description détaillée du diagramme de planification et de contrôle de Gantt

Henry L. Gantt (1861-1919), enseignant et ingénieur, s'intéressa aux systèmes et aux méthodes de contrôle en ordonnancement de la production. Laissant de côté le système de Taylor (où la quantité produite déterminait le salaire), il préconisa un régime de primes. Ainsi, les travailleurs étaient assurés de recevoir un salaire minimum, et ceux qui dépassaient les quantités fixées obtenaient une prime. Gantt recommanda d'utiliser le même système pour rémunérer les chefs de service et de leur verser une prime lorsqu'ils amenaient leurs employés à produire plus qu'il n'était exigé. Il est l'auteur du **diagramme de Gantt**, un outil de planification et de contrôle permettant d'optimiser l'utilisation des ressources mises à la disposition d'un gestionnaire. Cet outil de planification très populaire de nos jours sert à répartir les commandes entre différents groupes de travail et différentes machines de manière à organiser le travail de façon efficace.

A.1.1.3 F. Gilbreth et L. Gilbreth et les études du temps et des mouvements

WWW
wwww.accel-team.com/scientific/scientific_03.html pour une description détaillée de la théorie de F. Gilbreth et L. Gilbreth

Le couple formé par Frank Gilbreth et Lilian Gilbreth (1868-1924 et 1878-1972) contribua à développer l'approche scientifique de la gestion par les études du temps et des mouvements. Celles-ci visaient à déterminer la meilleure façon de réaliser une tâche précise, c'est-à-dire le nombre et l'enchaînement des gestes à faire ainsi que la manière la plus satisfaisante d'utiliser l'outillage et le matériel. Selon le couple Gilbreth, il existe un lien direct entre les mouvements et la fatigue; par conséquent, l'élimination de tout geste inutile diminue la fatigue des travailleurs.

La méthode de gestion scientifique de F. Gilbreth et L. Gilbreth consistait principalement à :

- déterminer la meilleure façon d'exécuter une tâche ;
- choisir les employés les mieux qualifiés pour l'accomplir ;
- fournir aux ouvriers l'outillage et le matériel leur permettant d'exécuter leur travail avec une vitesse et un rendement accrus ;
- rémunérer les ouvriers à la pièce ;
- séparer la planification du travail (confiée aux gestionnaires) de son exécution (confiée aux ouvriers)[9].

Les concepts de gestion élaborés par les théoriciens du courant scientifique sont aujourd'hui beaucoup employés. Ils permettent aux fabricants d'automobiles (Toyota, General Motors), d'ordinateurs (IBM, Dell), de téléviseurs (Sony, Panasonic) et d'autres biens de produire à faible coût.

A.1.2 ÉCOLE CLASSIQUE

Apparue au début du XIXe siècle, l'**école classique** soutenait que les entreprises devaient fonctionner suivant des principes rationnels et scientifiques. On lui rattache généralement deux grands courants qualifiés respectivement de bureaucratique et d'administratif.

A.1.2.1 M. Weber et le courant bureaucratique

Le **courant bureaucratique** se caractérise par l'application de règles, de règlements et de modes d'action déterminés, l'adoption d'un mode opératoire impersonnel et le partage formel des responsabilités et des pouvoirs. Il repose sur une idée toute simple : les gestionnaires doivent diriger l'organisation d'une façon systématique et logique, et se référer à un ensemble de règles pour prendre une décision d'une manière cohérente et impartiale.

Max Weber (1864-1920) est le plus célèbre théoricien de ce courant. Alors que les tenants des courants systématique et scientifique visaient surtout à rendre les usines plus productives, Weber insista sur des aspects plus généraux de la gestion liés au fonctionnement de l'ensemble d'un organisme. Pour lui, l'approche « bureaucratique » convenait le mieux à la gestion des organisations.

www.criticism.com/md/weber1.html pour une explication détaillée de l'approche bureaucratique

Selon Weber, une utilisation « efficace » des ressources organisationnelles contribue à la productivité. Cette argumentation se fonde sur le concept de structures bureaucratiques. Weber affirme que l'existence de règles et de marches à suivre rigoureuses et respectées à la lettre profite tant aux membres d'une organisation qu'à ses clients. Il veut ainsi corriger les abus de pouvoir des dirigeants d'entreprise. Il fixe des règles destinées à éliminer les sources d'inefficacité dans la gestion. Il pose ainsi les principes décrits au tableau A.1.1 (voir la page 552)[10].

Tableau A.1.1
Les principes du courant bureaucratique formulés par Weber

Principe	Description
Répartition du travail	Les postes, les tâches et les responsabilités doivent être clairement définis.
Structure hiérarchique	La relation entre un patron et ses subordonnés doit être définie avec précision, et l'autorité de chacun clairement délimitée. En un sens, ce principe définit l'identité des personnes ayant un pouvoir décisionnel aux différents échelons de l'organisation. Tout patron doit se faire obéir en raison de la position qu'il occupe.
Sélection du personnel	Le choix d'un nouvel employé demande de tenir compte de sa formation et de ses connaissances techniques, préalablement vérifiées à l'aide de tests.
Règles et règlements précis	Des règles et des règlements précis doivent assurer l'uniformité du travail et la normalisation des actions accomplies.
Caractère impersonnel des relations	Les relations entre les différents membres de l'organisme doivent être impersonnelles. L'adoption de règles et de règlements intérieurs permet d'éviter les conflits de personnalités.
Avancement	Les employés reçoivent un salaire à taux fixe et leur avancement est fonction de leur compétence et de leur ancienneté.

Les principes bureaucratiques sont encore d'application courante dans des organismes comme l'armée, les municipalités, les hôpitaux, les agences gouvernementales, les écoles, les universités, les collèges, les banques, les compagnies d'assurances et les sociétés de fiducie. Si les organismes qui appliquent aujourd'hui les principes bureaucratiques sont si nombreux, c'est parce que leur succès repose en grande partie sur la prompte exécution d'une énorme quantité de travail, ce qui n'est possible que si les employés suivent certaines règles et directives. Ainsi, les préposés aux cuisines chez Burger King ou chez Tim Horton, les employés affectés à la transformation des aliments chez Maple Leaf ou chez Béatrice, les caissiers de la Banque Nationale ainsi que les commis au Service des règlements à l'Assurance-vie Desjardins doivent exécuter des tâches précises pour l'accomplissement desquelles ils ont reçu une formation spéciale, et se conformer à un ensemble de règles et de directives détaillées.

A.1.2.2 H. Fayol et le courant administratif

À l'instar du courant bureaucratique, le **courant administratif** s'attache à élaborer une théorie applicable à l'ensemble de l'entreprise et considère les aspects les plus abstraits de la gestion tels que les principes, les systèmes, les structures et les fonctions de planification, d'organisation, de leadership et de contrôle. À la différence de la méthode de gestion bureaucratique, qui se préoccupe surtout des règles et des structures, la gestion administrative a pour objet le travail des gestionnaires.

Henri Fayol (1841-1925), industriel et cadre du secteur minier, a jeté les bases de la gestion administrative dans *Administration industrielle et générale*, publié en 1916. S'appuyant principalement sur sa propre expérience et sur un certain nombre de méthodes, Fayol distingue cinq fonctions de gestion.

1. *Prévoir*, c'est-à-dire envisager l'avenir et établir un plan d'action.
2. *Organiser*, c'est-à-dire fournir les ressources nécessaires à la réalisation du plan d'action et organiser les actions prévues dans ce plan.
3. *Commander*, c'est-à-dire donner des ordres aux subordonnés et tirer de ceux-ci le maximum, ou mener, sélectionner et évaluer les employés.
4. *Coordonner*, c'est-à-dire assurer l'unification, l'harmonisation et l'intégration des activités, et faire en sorte que les efforts de chacun tendent au même but et mènent à la résolution des problèmes.
5. *Contrôler*, c'est-à-dire veiller à ce que tout se déroule comme prévu et appliquer des correctifs en cas d'écart par rapport au plan d'action établi[11].

www.onepine.info/fayol.htm pour une description détaillée de la théorie de Fayol

Les théories administratives et de gestion formulées dans les manuels de gestion modernes, et notamment dans cet ouvrage, s'inspirent des premiers écrits de Fayol. Le tableau A.1.2 énumère les 14 principes de gestion définis dans *Administration industrielle et générale*.

Tableau A.1.2 Les 14 principes de gestion définis par Fayol

Principe	Description
Répartition du travail	Le travail est réparti entre les groupes et les unités administratives afin d'amorcer une plus grande spécialisation des tâches.
Autorité	L'autorité (ou droit de commander et de se faire obéir) doit toujours s'accompagner d'une responsabilité égale (obligation d'accomplir certaines tâches et de rendre compte à cet égard).
Discipline	L'usage judicieux des sanctions est indispensable afin d'encourager l'effort collectif.
Unité de leadership	Tout employé ne doit rendre compte qu'à un seul chef et ne recevoir des ordres que de celui-ci.
Unité de direction	Toutes les activités et tous les plans d'action des diverses unités administratives de l'organisation doivent viser un même but.
Subordination des intérêts particuliers à l'intérêt général	L'intérêt d'un travailleur ne doit pas l'emporter sur celui de l'ensemble de l'organisation, du groupe ou de l'unité dont il fait partie.
Rémunération	Les employés doivent recevoir un salaire équitable, établi selon les tâches qu'ils assument, et qui les incite à bien faire leur travail.
Centralisation	L'autorité ainsi que les différents pouvoirs doivent être concentrés aux plus hauts échelons hiérarchiques, car ce sont les cadres supérieurs qui donnent à l'organisme son orientation générale.
Hiérarchie	Une voie hiérarchique bien définie doit exister entre le président et l'employé.
Ordre	L'assurance du rendement exige une place pour chaque chose et chaque chose doit être à sa place. Cette règle vaut à la fois pour les ressources humaines et pour les ressources matérielles.
Équité	Les employés doivent être traités d'une manière juste et bienveillante.
Stabilité du personnel	Les dirigeants d'entreprise doivent s'attacher à former leurs employés pour qu'ils puissent accomplir au mieux leur travail et que le taux de rotation du personnel reste faible. Tout nouvel employé doit recevoir une formation. Un taux de rotation élevé de la main-d'œuvre entraîne un manque d'efficacité.
Initiative	Les gestionnaires doivent encourager les travailleurs à faire preuve d'initiative et leur permettre de faire valoir leurs idées et de les mettre en pratique.
Unité du personnel	La création d'un climat d'harmonie et d'unité au sein de l'entreprise afin que les membres forment une équipe solide.

A.1.3 ÉCOLE DES RELATIONS HUMAINES

De nombreux changements se sont opérés au cours des années 1920. L'individualisme a fait peu à peu place à la coopération, le « je » fut remplacé par le « nous ». L'école des relations humaines a témoigné de l'évolution des mentalités. Elle a élaboré la première théorie de gestion véritablement axée sur les relations de travail. Les années 1920 furent également marquées par l'apparition et la reconnaissance juridique de puissants syndicats, désormais considérés comme les représentants officiels des travailleurs. Appelés à négocier avec ces syndicats, les dirigeants d'entreprise durent améliorer leurs compétences en matière de relations humaines.

Les théoriciens de l'école classique traitaient les entreprises comme des machines et les travailleurs comme des pions. Les entreprises et les travailleurs se conformaient à l'autorité en place ainsi qu'à des règles strictes et n'agissaient que pour satisfaire des intérêts d'ordre pécuniaire. L'**école des relations humaines** accorde, quant à elle, plus d'importance aux personnes et au comportement collectif, en particulier aux besoins sociaux, aux motivations et aux ambitions des individus. C'est à Mary P. Follett, Elton Mayo, Abraham Maslow et Douglas McGregor que l'école des relations humaines doit le plus.

A.1.3.1 M. Parker-Follett et les principes en matière de coordination

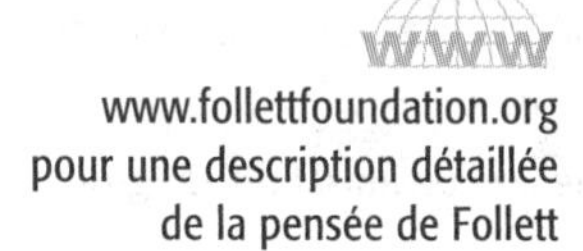

www.follettfoundation.org pour une description détaillée de la pensée de Follett

Mary Parker-Follett (1868-1933), philosophe sociale, accorde une grande importance aux comportements individuel et collectif au sein d'un organisme. Elle estime que le groupe est aussi important, sinon plus, que les individus qui le composent. Selon elle, seules les relations interpersonnelles peuvent accroître l'efficacité d'un employé. Cette thèse entraîne des effets sur la manière dont les gestionnaires doivent accomplir leurs tâches. Ainsi, le principal rôle du gestionnaire consiste à harmoniser, à intégrer et à coordonner les actions des individus et à assurer la cohésion du groupe formé par les employés.

S'appuyant sur son expérience en psychologie et en sociologie, Parker-Follett posa quatre principes en matière de coordination :

1. pour qu'une entreprise puisse coordonner efficacement ses activités, il lui faut consulter ses membres avant de prendre une décision (gestion participative) ;
2. pour bien coordonner un projet, on doit consulter les intéressés à l'étape initiale de la planification (c'est-à-dire lorsqu'on fait participer les employés à la prise de décision) ;
3. pour assurer une bonne coordination, on doit examiner tous les éléments qui se rattachent à une situation donnée, car une entreprise pourra atteindre ses objectifs à une condition : si la direction et les employés s'entendent bien ;
4. pour parvenir à ses fins, on doit coordonner les activités d'une manière continue[12].

A.1.3.2 E. Mayo et les recherches à l'usine Hawthorne

Elton Mayo (1880-1949), né en Australie, fit des études de médecine à Édimbourg, puis travailla sur la psychologie à l'université Harvard. Il s'intéressa au lien entre le degré de motivation des ouvriers, leur productivité et leur environnement physique (température ambiante, intensité de l'éclairage, etc.).

De 1924 à 1933, Mayo et certains de ses collègues effectuèrent des expériences à l'usine Hawthorne de la Western Electric dans l'Illinois[13]. Leurs travaux ont orienté la pensée en matière de gestion dans une nouvelle direction. Selon Mayo, dans les méthodes préconisées par les auteurs classiques, la rémunération purement pécuniaire des employés constituait le seul moyen d'accroître la productivité. Les recherches de Mayo montrent que les relations entre les travailleurs peuvent être un important facteur de motivation. Mayo s'intéressa en particulier aux relations interpersonnelles, aux attitudes des employés et aux relations à l'intérieur des groupes. Il mena plus de 20 000 entrevues afin de déterminer ce que les employés aimaient ou n'aimaient pas de leur milieu de travail. Il en ressortit que les employés réagissaient plus favorablement à la pression de leurs compagnons de travail qu'aux ordres de la direction ou même qu'à des incitations pécuniaires.

www.accel-team.com/motivation/hawthorne_02.html pour une explication détaillée des recherches à l'usine Hawthorne

Mayo et ses collaborateurs, Fritz Roethlisberger et William Dickson, réalisèrent sept grandes études à l'usine Hawthorne. Ils conduisirent des expériences portant sur l'intensité de l'éclairage, les périodes de repos, la durée de la journée ou de la semaine de travail et la consommation de soupe ou de café durant les pauses. Parmi leurs travaux les plus importants figurent des études sur l'éclairage réalisées de 1924 à 1927 et visant à mesurer les effets de l'intensité de l'éclairage sur la production, ainsi que des études sur les effets de la fatigue sur la productivité. Six ouvrières y participèrent. Leur travail consistait à assembler des relais dans un micro-atelier où l'on faisait varier les conditions de travail (durée des pauses ou de la journée de travail, par exemple).

Employant des méthodes de recherche scientifiques, Mayo et ses collaborateurs s'attachèrent à déterminer les conditions dans lesquelles l'environnement de travail procurait aux employés le meilleur taux de rendement. Ils constatèrent ainsi :

- que les employés aimaient travailler dans le micro-atelier ;
- qu'au cours de la période d'étude, les employés pouvaient travailler librement, sans crainte, par suite d'un changement heureux dans leurs rapports avec leurs superviseurs ;
- que les employés se rendaient compte qu'ils prenaient part à une étude importante ;
- que les employés avaient noué davantage de liens d'amitié entre eux.

Il ressort clairement des études menées à l'usine Hawthorne que les facteurs sociaux et humains influent beaucoup sur le rendement et la productivité. Ainsi, lorsque les employés étaient l'objet d'une attention particulière, leur productivité augmentait même si leurs conditions de travail changeaient. C'est ce que l'on a appelé l'**effet Hawthorne**.

A.1.3.3 A. Maslow et la théorie des besoins

WWW
www.ship.edu/~cgboeree/maslow.html pour une description détaillée des recherches de Mayo

Abraham Maslow (1908-1970) contribua grandement lui aussi à développer l'**approche des relations humaines**. Psychologue de formation, il se fit connaître surtout par ses écrits sur la « théorie des besoins ». S'appuyant sur une longue pratique, Maslow établit une hiérarchie des besoins: physiologiques, de sécurité, sociaux, d'estime et de réalisation de soi[14]. Il considère que tout individu s'efforce de satisfaire certains types de besoins et que ceux-ci doivent être d'abord comblés afin que ceux du niveau supérieur puissent l'être à leur tour. Les gestionnaires peuvent atteindre les objectifs de l'organisation simplement en éliminant les obstacles qui empêchent les individus d'être heureux et en leur fournissant le type de motivation qui favorise l'adoption du comportement souhaité.

Les principes de gestion liés aux relations humaines sont de plus en plus appréciés dans les entreprises modernes. Les plus prospères ont en effet compris qu'une bonne gestion repose en grande partie sur une utilisation efficace des ressources humaines. Elles reconnaissent que leurs employés sont leur principale force. Les principes reposant sur les relations humaines sont à l'origine de la pratique actuelle consistant à déléguer des pouvoirs aux employés, c'est-à-dire à leur laisser prendre des décisions. Les dirigeants d'entreprise partisans de la gestion intégrale de la qualité, tels que ceux de Bombardier, de la Banque Nationale, d'IBM ou de Microsoft, s'accordent pour dire qu'ils doivent exploiter au maximum le potentiel de leurs subordonnés s'ils veulent offrir des produits et des services de haute qualité. L'école des relations humaines a amené les gestionnaires à se préoccuper davantage des besoins de leurs subordonnés et à agir de façon plus démocratique.

A.1.3.4 D. McGregor et les théories X et Y

Certains chercheurs ont constaté que de bonnes relations de travail et des incitations pécuniaires ne suffisaient pas à elles seules à améliorer la productivité, la motivation et le degré de satisfaction des employés. Ils ont remis en cause les méthodes de gestion traditionnelles et ont entrepris de déterminer le type de relations qui devrait exister entre les individus, les groupes ainsi qu'entre les gestionnaires et leurs subordonnés. Ils cherchaient ainsi de meilleurs moyens d'accroître l'efficacité des individus et des entreprises. Leurs travaux sont à l'origine d'une **approche liée au comportement organisationnel** qui montre la façon dont les individus et les groupes accomplissent leur travail d'une manière qui leur procure de la satisfaction. Cette approche vise surtout à expliquer le comportement des individus à travers le prisme de la psychologie et de la sociologie.

WWW
www.lib.uwo.ca/business/dougmcgregor.html/ pour une explication détaillée de la théorie avancée par McGregor

Douglas McGregor (1906-1964) a travaillé pendant longtemps au Massachusetts Institute of Technology (MIT). Il s'est fait connaître grâce à ses théories dites X et Y, aujourd'hui célèbres. Dans *La dimension humaine de l'entreprise*, il affirme qu'il existe deux façons pour un gestionnaire de considérer ses subordonnés, lesquelles influent sur sa conduite à leur égard. Le gestionnaire peut déprécier ses subordonnés et les juger insignifiants, enclins à fuir les responsabilités et peu motivés (théorie X), et, par conséquent, agir d'une manière autocratique. Il peut aussi avoir une opinion favorable de ses subordonnés, les considérer comme des êtres intelligents, motivés à travailler et heureux de le faire (théorie Y), et donc avoir une attitude plus démocratique[15]. Selon McGregor, le style de leadership du gestionnaire varie donc suivant la façon dont il considère ses subordonnés.

A.1.4 SCIENCES DE LA GESTION

Les mathématiques, les statistiques, le génie civil et les disciplines connexes ont contribué à l'évolution des méthodes quantitatives. L'**approche liée aux méthodes quantitatives** utilise des modèles mathématiques pour optimiser l'utilisation des ressources d'une entreprise. Appelée aussi « recherche opérationnelle » ou « sciences de la gestion », elle permet d'analyser et de résoudre certains problèmes complexes.

L'approche quantitative a commencé à se répandre au cours de la Seconde Guerre mondiale, époque où la Grande-Bretagne cherchait à accroître l'efficacité de ses forces aériennes. Les Britanniques confièrent alors à une équipe de physiciens et de mathématiciens la tâche de déterminer le nombre d'appareils requis pour parer une attaque allemande massive. L'équipe a ainsi fait plusieurs découvertes techniques importantes, et la recherche opérationnelle est, par la suite, devenue courante dans ce domaine.

C'est avant tout pour résoudre des problèmes complexes qu'on élabora des méthodes quantitatives. Certains mécanismes de décision faisant appel à ces méthodes nécessitent l'emploi de modèles mathématiques et informatiques[16]. La programmation linéaire, par exemple, est couramment utilisée pour déterminer la meilleure manière de répartir les ressources. La méthode du chemin critique, quant à elle, permet de planifier de façon détaillée les diverses tâches à réaliser au cours d'une période donnée.

L'expression **sciences de la gestion** semble se rattacher au courant scientifique, représenté principalement par Taylor. Les deux courants diffèrent cependant sur un point essentiel. Tandis que la vision scientifique se concentre sur une gestion logique et rationnelle des entreprises pour améliorer le rendement et la productivité, les sciences de la gestion ont pour objet la résolution de problèmes complexes à l'aide de modèles mathématiques. On utilise les sciences de la gestion afin de déterminer le moyen le plus efficace d'administrer les ressources d'un organisme. La recherche opérationnelle est un outil de prise de décision employé à cette fin dans le domaine de la programmation linéaire, des modèles de simulation ou des jeux d'entreprise.

La *programmation linéaire* sert dans les situations où l'on vise à maximiser les bénéfices et où, toutefois, les ressources sont limitées. On peut aussi y recourir pour définir les tâches, établir les calendriers d'expédition, reconnaître les combinaisons optimales de produits, dresser soigneusement le programme de production, répartir les ressources énergétiques et contrôler les stocks.

Les *modèles de simulation* sont des modèles informatiques reproduisant les principales composantes d'un système (imitant la réalité) et servant à évaluer diverses options. On utilise ainsi des modèles de simulation pour préparer les astronautes à se déplacer dans l'espace. Un système informatique permet d'envisager toutes les situations dans lesquelles peuvent être placés les astronautes et de trouver la façon d'y faire face. Les modèles de simulation servent, entre autres, à déterminer :

- le mode de fonctionnement d'un grand aéroport ;
- le nombre de trains à mettre en circulation dans un réseau déterminé ;
- le plan d'aménagement d'une nouvelle usine.

Les *jeux d'entreprise* aident les gestionnaires à développer leurs aptitudes à décider. Les gestionnaires mettent sur pied des stratégies dans différents domaines (la fixation des prix, la publicité, la recherche et le développement, etc.), puis évaluent les effets de leurs décisions sur l'entreprise. On peut, par exemple, former quatre équipes et leur demander de se faire concurrence, comme dans la réalité. Chacune des équipes élabore ses propres stratégies en matière de publicité, de prix, de recherche et de développement. On soumet ensuite les décisions à un ordinateur qui en évalue les conséquences du point de vue de la part du marché, des résultats financiers et du rendement du capital investi.

A.1.5 COURANT LIÉ À L'INTÉGRATION

Nous avons examiné jusqu'ici quatre grands courants dans la pratique de la gestion : le courant scientifique, l'école classique, l'école des relations humaines et les sciences de la gestion. Des chercheurs et des théoriciens comme Lyndall Urwick se sont appliqués à intégrer et à faire la synthèse de ces différentes approches de gestion[17]. Les premières tentatives d'unification des concepts et des techniques de gestion remontent au début des années 1960. Les études et les recherches en vue de l'intégration ont depuis fait des progrès. Les principales écoles apparues au cours des dernières années sont le courant lié au processus de gestion, la théorie des systèmes de gestion et la théorie situationnelle.

A.1.5.1 H. Koontz et le courant lié au processus de gestion

Ainsi que nous l'avons mentionné au chapitre 1, la **gestion** constitue un **processus**. En effet, les efforts à faire pour atteindre les objectifs d'une entreprise ne sont pas limités. La gestion exige un effort soutenu dans les différentes activités. Les activités nécessaires au fonctionnement d'un organisme sont appelées « fonctions de gestion ». En 1961, Harold Koontz publia un article sur les théories de la gestion, dans lequel il affirmait que les fonctions et les rôles assignés aux gestionnaires en vertu de ces différentes théories prêtent facilement à confusion[18]. Selon Koontz, c'est le processus décrit par Henri Fayol qui apparaît le plus efficace. Ce dernier définit la gestion comme un processus comportant quatre fonctions distinctes, mais étroitement reliées entre elles : la planification, l'organisation, le leadership et le contrôle. Selon Koontz, le contrôle se rattache à la planification, ce qui explique que l'on parle d'un processus.

Tous les cadres ont recours au processus de gestion, depuis le chef d'usine jusqu'au président-directeur général d'une grande entreprise telle que la Société canadienne des postes ou BCE. Tous les gestionnaires de commerces de détail tels que Canadian Tire ou Wal-Mart dressent des plans annuels, planifient leurs ressources humaines et matérielles, participent avec leurs employés à la mise en œuvre des plans établis et analysent les résultats obtenus.

A.1.5.2 L. von Bertalanffy et la théorie des systèmes de gestion

www.isss.org/lumLVB.htm pour une explication de la théorie de von Bertalanffy

C'est à Ludwig von Bertalanffy, un savant qui a surtout travaillé dans le domaine de la physique et de la biologie, que l'on attribue la paternité de la **théorie générale des systèmes**[19]. Cette théorie repose sur l'idée que, pour comprendre le fonctionnement d'un tout, il est nécessaire d'examiner les liens existant entre les parties de ce tout. L'application à la gestion de la théorie des systèmes a conduit à la création des concepts de promotion du travail en équipe et de gestion intégrale de la qualité, qui permettent d'ordonner les unes aux autres les unités organisationnelles d'une entreprise.

Les principaux concepts se rattachant à la théorie des systèmes sont ceux de système ouvert et de système fermé, de rendement et d'efficacité, d'entropie, de sous-système, d'équifinalité et de synergie[20].

Les systèmes ouvert et fermé. Selon Bertalanffy, un système est ouvert ou fermé. Un **système fermé** ne subit nullement l'influence de son environnement extérieur (c'est le cas d'une montre). Un **système ouvert** est en relation constante avec l'environnement extérieur (comme la fleur, qui est sensible aux conditions atmosphériques). Or, toutes les entreprises, qu'elles soient publiques, privées, petites ou grandes, constituent un système ouvert puisqu'elles doivent aller chercher à l'extérieur des ressources (humaines, matérielles, financières, etc.) pour produire des biens et des services et que, de plus, tous les biens et les services produits (médicaments, services de santé, ordinateurs, etc.) ont un effet sur la société en général. C'est pourquoi le courant de gestion qui s'appuie sur la théorie des systèmes envisage toute entreprise d'une manière holistique (intrants, agent transformateur et extrants) et met l'accent sur les processus (voir la figure A.1.2, à la page 560).

Figure A.1.2
La gestion dans un système ouvert

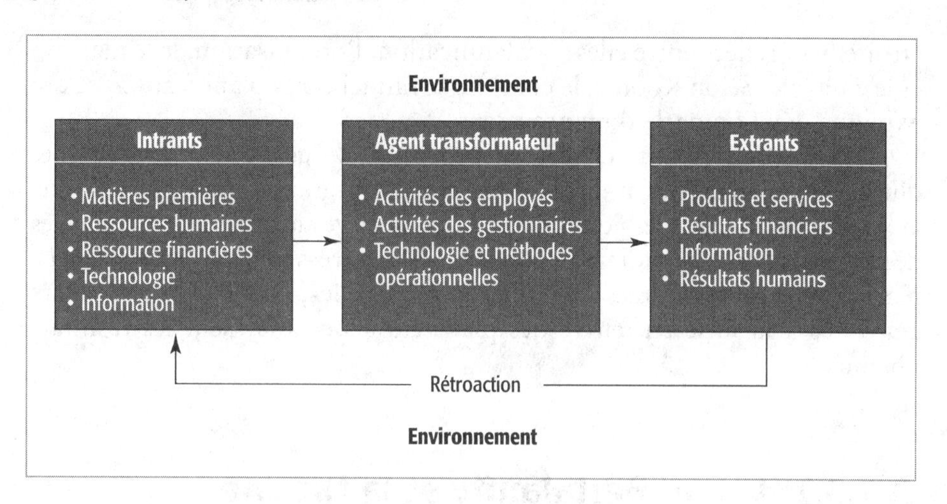

Le rendement et l'efficacité. Dans un système fermé, on se préoccupe uniquement de l'utilisation interne des ressources, c'est-à-dire de l'économie et du rendement. Les choses sont poussées plus loin dans un système ouvert puisqu'on considère les effets de l'entreprise sur la société, c'est-à-dire son efficacité. Le degré d'efficacité indique essentiellement dans quelle mesure les produits et les services offerts par l'entreprise répondent aux besoins de l'environnement extérieur, c'est-à-dire à ceux de la population en général, des clients, des groupes de pression, etc. (voir la sous-section 1.1.1, intitulée « L'efficacité et le rendement: objectifs essentiels des gestionnaires », à la page 5).

L'entropie. Le concept d'**entropie** concerne la tendance de certaines choses à se dégrader. Ainsi, une entreprise risque de disparaître si les gestionnaires ne s'occupent pas du tout de son environnement, c'est-à-dire de la manière dont les éléments extérieurs influent sur elle, et vice versa. Par exemple, si les dirigeants de McDonald's n'avaient pas modifié leurs méthodes de gestion, lancé de nouveaux produits et de nouveaux services et conquis d'autres marchés, l'entreprise ne serait pas aussi prospère qu'elle l'est maintenant. Tout récemment, McDonald's songeait à ouvrir des comptoirs pour permettre les commandes de nourriture par Internet[21].

Les sous-systèmes. Un **sous-système** est une division venant après le système. Le corps humain, par exemple, comporte divers sous-systèmes, dont le système nerveux, le système vasculaire et le système respiratoire. Chacun d'eux doit remplir son rôle de manière satisfaisante pour que l'ensemble de l'organisme fonctionne adéquatement.

L'équifinalité. Le concept d'**équifinalité** désigne la propriété selon laquelle des sous-systèmes peuvent concourir ensemble à la réalisation d'un objectif. Les gestionnaires peuvent ainsi chercher la manière la plus rentable de fournir un service ou de produire un bien. Ils ont souvent à choisir entre différentes stratégies celle qui leur permettra d'accroître leur part du marché ou leur bénéfice net.

La synergie. Le concept de **synergie** doit sa popularité à la théorie des systèmes. Il signifie essentiellement qu'un tout représente plus que la somme de ses parties (que $2 + 2 = 5$, par exemple).

A.1.5.3 Le courant lié à la théorie situationnelle

Les chercheurs font valoir qu'un gestionnaire efficace doit être capable de s'adapter aux différentes situations. Bon nombre d'auteurs ont élaboré leurs propres modèles situationnels, constitués chacun d'éléments différents. Selon Shetty et Carlisle, par exemple, quatre variables influent sur la structure d'une entreprise et sur le choix des méthodes à adopter : le gestionnaire, ses subordonnés, le travail et l'environnement[22].

La **théorie situationnelle** aide les gestionnaires d'aujourd'hui à analyser une situation donnée en vue de trouver la solution la plus convenable. L'environnement extérieur, le savoir technique et le profil des employés déterminent une situation et, par conséquent, les gestionnaires doivent les prendre en compte au moment de la décision. On ne peut donc recourir aux mêmes méthodes pour gérer un hôpital, une université et une entreprise de haute technologie. Le président de Petro Canada n'aurait donc pas la même approche de gestion que le président du Conseil du Trésor du Canada ou que celui de la Commission canadienne du blé s'il se retrouvait à la tête de la Banque Royale du Canada.

A.1.6 TENDANCES ACTUELLES

Les pratiques de gestion n'ont pas cessé d'évoluer depuis les années 1980. L'évolution constante de l'environnement économique, social, politique et international a obligé les gestionnaires à chercher d'autres méthodes que celles de l'école moderne. Le tableau A.1.3 (voir la page 562) décrit brièvement les théories et les outils de gestion apparus récemment. Tout le long de ce manuel, nous avons examiné plus en détail certaines de ces nouvelles tendances en matière de gestion.

Tableau A.1.3
Les théories et les outils de gestion récents

Analyse de la valeur	Analyse détaillée de la valeur créée à chaque cycle de production d'un bien ou d'un service et répartition des coûts totaux entre les différentes étapes de production ; recherche de solutions techniques ou organisationnelles susceptibles d'abaisser le coût de production.
Approche ABC	Outil de comptabilité analytique permettant de préciser la nature des coûts indirects et des frais généraux liés à tel produit ou à tel service afin de les répartir d'une façon plus équitable.
Étalonnage compétitif (*benchmarking*)	Processus permettant à une société de comparer ses modes d'exploitation à ceux des entreprises parmi les plus performantes (société exerçant la même activité ou faisant face à des problèmes similaires) en vue de l'acquisition d'un avantage stratégique et de l'amélioration de sa performance.
Technique des compétences clés	Technique permettant de déterminer le savoir-faire ou la technologie spécifique à l'entreprise, d'offrir une réelle valeur ajoutée au client, de répondre correctement aux exigences et d'offrir un avantage concurrentiel durable.
Formation d'équipes autonomes	Constitution de petits groupes de personnes ayant l'entière responsabilité d'un processus opérationnel.
Fidélisation de la clientèle	Opération mettant à contribution une technique de marketing et visant à établir une relation privilégiée avec ses clients en vue de s'assurer leur fidélité en détectant les causes principales d'insatisfaction.
Gestion des compétences	Approche s'appuyant sur les connaissances et les qualités professionnelles (y compris d'ordre comportemental) nécessaires pour occuper un poste.
Globalisation	Méthode par laquelle une société organise ses activités à l'échelle mondiale, particulièrement pour la commercialisation, et qui se caractérise par la responsabilité mondiale pour un produit donné d'une entité particulière établie dans un secteur géographique donné (par exemple l'Europe et l'Amérique).
Gestion par projet	Attribution à une équipe, formée de salariés venant de différentes unités, de la responsabilité de mener à bien un projet précis : création d'un nouveau modèle, résolution d'un problème de qualité, etc.
Organisation horizontale	Structure réduisant au minimum le nombre d'échelons hiérarchiques.
Qualité totale	Reconnaissance des normes de performance d'un produit ou d'un service exigées par les clients et application de mesures permettant de les atteindre à 100 % tout en augmentant la productivité, et en réduisant les pertes matérielles et les coûts.
Réingénierie	Approche dont le but principal est non pas de « ravaler » l'organisation, mais plutôt de la « rebâtir à neuf » après avoir spécifié les processus opérationnels essentiels pour satisfaire aux exigences des clients.
Gestion des risques	Approche permettant de prévoir, d'analyser et de valoriser les risques qui menacent le fonctionnement normal de la société, en vue de réduire au minimum et optimiser le ratio qualité-coût de nombreuses assurances souscrites (on vise a être assuré le mieux possible au moindre coût).

Tableau A.1.3 (*suite*)
Les théories et les outils de gestion récents

Temps d'accès au marché	Approche qui permet à une entreprise de donner au client ce qu'il veut au moment où il le veut ; elle doit donc supprimer le temps d'attente entre les diverses étapes d'un processus, ainsi que les opérations inutiles ou sans valeur ajoutée, et accélérer les prises de décisions.
Marketing associé	Technique servant à améliorer les relations entre un fabricant et ses distributeurs pour que tous deux puissent tirer profit d'une bonne collaboration.
Valeur actionnariale	Méthode d'allocations de ressources liant directement un service, une division ou un actif de l'entreprise à sa valorisation boursière.

Source : Adapté de *L'essentiel du management,* Paris, Prisma Presse, 1995, p. I-XIX.

Les gestionnaires se sont attachés à découvrir de nouvelles approches de gestion pour deux raisons. Premièrement, la culture organisationnelle japonaise, lors des années 1980, a rendu les employés plus motivés et l'entreprise plus productive et plus efficace, les a stimulés. Deuxièmement, bon nombre de chercheurs se sont employés à comparer les méthodes de gestion de différentes entreprises nord-américaines pour évaluer leur impact sur le plan de l'efficacité et du rendement organisationnel.

Concepts clés

Annexe au chapitre 5
Les plans auxiliaires

La figure A.5.1 montre comment les plans auxiliaires s'enchaînent aux autres éléments générés lors du processus de planification. Un **plan auxiliaire** est un plan détaillé destiné à aider les gestionnaires à dresser leurs plans stratégiques et opérationnels. Le plan auxiliaire peut être durable ou à application unique. Bien que ces plans apparaissent au bas de la figure, on ne les élabore pas nécessairement en tout dernier lieu. De fait, certains plans durables (tels

Figure A.5.1
Les plans auxiliaires

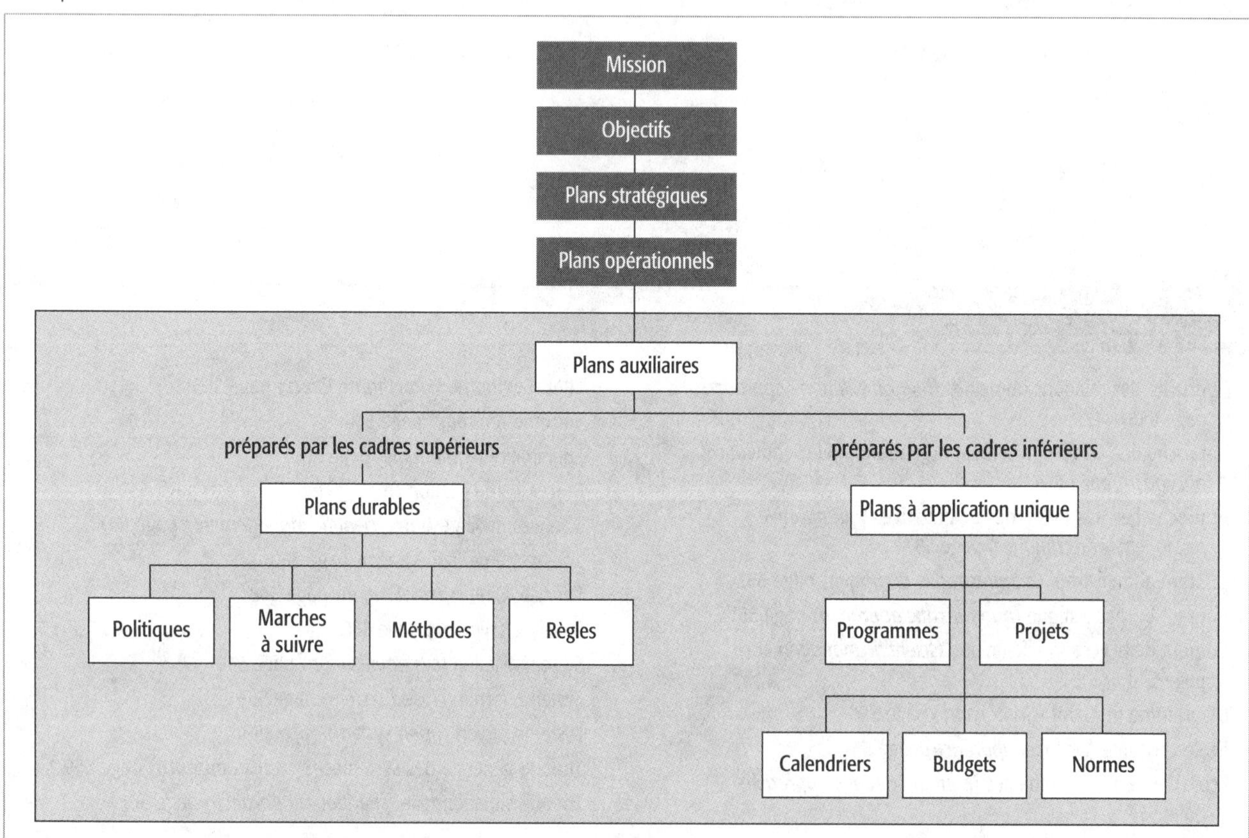

que politiques, marches à suivre, méthodes et règles) peuvent exister avant même que ne débute le cycle de la planification et servent à harmoniser les efforts des employés ou des cadres appelés à établir des plans, à rendre ces derniers plus conformes les uns aux autres et à affronter les situations prévisibles fréquentes. Il faut cependant noter que les plans à application unique (programmes, projets, calendriers, budgets et normes) s'intègrent en général aux plans opérationnels et portent sur des situations non répétitives.

A.5.1 LES PLANS DURABLES

Les **plans durables** servent à guider les individus appelés à élaborer d'autres plans. Ils prennent la forme de politiques, de marches à suivre, de méthodes et de règles (ou règlements). Comme le montre le tableau A.5.1, les cadres supérieurs se chargent d'élaborer les plans durables.

A.5.1.1 La politique

Une **politique** constitue un énoncé général ou une directive écrite qui facilite la prise de décision lors d'activités répétitives. La politique oriente les actions et les décisions des cadres inférieurs ainsi que celles des employés. Au lieu de s'appliquer à une situation unique, elle fournit des indications

Tableau A.5.1
La hiérarchie des objectifs des différents plans

TYPES DE PLANS	NIVEAUX HIÉRARCHIQUES	PORTÉE	DÉLAI DE RÉALISATION*
Objectifs stratégiques Plans stratégiques Plans durables • Politiques • Marches à suivre • Méthodes • Règles	Cadres supérieurs	Ensemble de l'entreprise	Cinq ans ou plus
Objectifs tactiques Plans tactiques	Cadres intermédiaires	Fonctions de l'entreprise	De un à cinq ans
Objectifs opérationnels Plans opérationnels Plans à application unique • Programmes • Projets • Calendriers • Budgets • Normes	Cadres inférieurs	Unités organisationnelles	Un an ou moins

* Le délai de réalisation peut varier d'un secteur à un autre. Ainsi, les plans à long terme peuvent s'étendre sur une période de 30 ans dans le secteur pétrolier, alors qu'ils ne durent parfois qu'une période de 2 à 24 mois dans l'industrie du vêtement.

3

utiles pour accomplir certaines activités à caractère répétitif. Dans une université, par exemple, diverses personnes sont appelées à prendre des décisions relatives à des milliers d'étudiants, et ce, du jour où ceux-ci présentent une demande d'admission jusqu'à celui où ils décrochent leur diplôme. Or, une politique leur facilite cette tâche dans les situations répétitives. Une des mesures adoptées par l'Université peut indiquer que tout candidat doit avoir obtenu une moyenne de 70 % au collégial et passer avec succès un examen de sélection pour être admis. Une autre stipule peut-être qu'un étudiant doit conserver une moyenne générale de 60 % et accumuler un minimum de 90 crédits pour recevoir un baccalauréat.

Tel que le montre le tableau A.5.1 à la page précédente, les cadres supérieurs (comité de gestion) se chargent le plus souvent d'établir les politiques d'une entreprise, qui sont ensuite transmises aux cadres intermédiaires et inférieurs par des mesures touchant un service, une division ou une fonction en particulier. Il devient plus facile pour les membres d'une entreprise d'en appliquer efficacement la politique générale lorsqu'on la transforme ainsi en des mesures plus précises.

Il arrive que l'on confonde les termes « politique » et « stratégie ». Or, ils ne sont pas synonymes. Une politique sert en effet à orienter la prise de décision, alors qu'une stratégie indique les « moyens » à utiliser pour atteindre un objectif, en décrivant la manière dont on répartira les ressources et la ligne de conduite que l'on adoptera. Certaines mesures d'une politique sont le fait des dirigeants de l'entreprise et s'appliquent à celle-ci dans son ensemble. D'autres sont établies par les cadres responsables de diverses fonctions. Le tableau A.5.2 fournit quelques exemples de politiques établies pour différentes fonctions d'une entreprise.

A.5.1.2 La marche à suivre

Il ne faut pas confondre la politique et la marche à suivre. En effet, une politique apporte des indications générales utiles lors de la prise de décision, tandis qu'une **marche à suivre** indique en détail, ou étape par étape, la façon d'accomplir une activité particulière.

Ce sont en général les personnes effectuant un travail répétitif (comme les commis d'un service du crédit ou les responsables de l'admission dans une université) qui respectent certaines marches à suivre. Ces personnes aident aussi bien les employés que les cadres à gagner du temps et économiser de l'énergie. En effet, un individu n'a pas à expliquer à ses subordonnés immédiats comment faire leur travail lorsque ceux-ci appliquent une marche à suivre (laquelle ne laisse aucune place à l'interprétation). Les employés se plient d'ordinaire aux instructions contenues dans le manuel des procédés et méthodes. L'équipage d'un avion qui s'apprête à atterrir doit ainsi respecter une marche à suivre établie, tout comme les personnes travaillant dans un immeuble de bureaux où l'on effectue un exercice d'évacuation. Il en va de même pour un commis lorsqu'il rembourse à un client le prix d'un bien défectueux. Les employés d'une centrale nucléaire doivent eux aussi se conformer à des instructions précises pour des raisons de sécurité.

Tableau A.5.2
Exemples de politiques se rapportant à certaines fonctions organisationnelles

Politique de commercialisation	1. Concentrer les efforts de vente au Québec, en Ontario, en Nouvelle-Écosse et au Manitoba. 2. Assurer la distribution des produits sans recourir à des entreprises de l'extérieur. 3. Adopter un budget de publicité et de vente ne dépassant pas 10 % du produit d'exploitation.
Politique de production	1. Décentraliser la production chaque fois que l'on peut profiter d'avantages économiques. 2. Effectuer la rotation des stocks quatre fois par année. 3. Obtenir des matières premières de fournisseurs canadiens lorsque ceux-ci offrent des prix, des services et une qualité comparables à ceux d'entreprises étrangères.
Politique financière	1. S'assurer que les projets d'investissement auront un rendement minimal de 25 %. 2. Verser des dividendes chaque trimestre. 3. Maintenir le ratio du fonds de roulement à 2 pour 1.
Politique de gestion des ressources humaines	1. Choisir un candidat dans l'entreprise pour combler tout poste vacant de cadre supérieur. 2. Offrir des salaires et des avantages sociaux comparables à ceux que l'on observe dans l'ensemble du secteur. 3. Faire en sorte que tout nouvel employé suive un programme d'orientation et de formation.

Voici un exemple plus détaillé d'une marche à suivre que l'on pourrait appliquer pour traiter les demandes d'admission, au moment des inscriptions à l'université :

1. classer toutes les demandes reçues par ordre alphabétique ;
2. expédier un accusé de réception à chaque candidat au plus tard cinq jours après avoir reçu sa demande ;
3. s'assurer que toute demande s'accompagne de deux lettres de référence et d'une copie du dernier relevé de notes du candidat ;
4. transmettre tout dossier complet à la personne responsable de l'admission à la faculté en cause.

Le tableau A.5.3 à la page suivante décrit une manière de recruter un représentant commercial. On remarque que différentes unités organisationnelles (ou services) doivent réaliser certaines étapes de ce processus. Ainsi, avant que l'on ne prenne une décision finale, des employés des services de la commercialisation, des ressources humaines, du crédit et de la santé devront effectuer les démarches indiquées au tableau A.5.3, lesquelles suivent un ordre logique.

A.5.1.3 La méthode

La **méthode** représente les moyens à utiliser pour accomplir tout travail d'une manière judicieuse ou rentable. Elle décrit par conséquent la façon la plus

Tableau A.5.3
Exemple d'une marche à suivre pour recruter un représentant commercial

ÉTAPES	SERVICES	MARCHE À SUIVRE	OBJECTIFS
1	Commercialisation	Faire parvenir une demande de dotation au Service des ressources humaines.	Définir le type de candidat recherché (ayant une expérience générale ou spécialisée, par exemple).
2	Ressources humaines	Établir la liste des candidats possibles à l'intérieur de l'entreprise; s'il n'y en a aucun, se tourner vers l'extérieur.	Déterminer s'il existe dans l'entreprise des personnes qui pourraient occuper le poste.
3	Ressources humaines et commercialisation	Étudier toutes les offres de service reçues.	Éliminer les candidats qui ne possèdent pas la formation ou l'expérience requises.
4	Ressources humaines	Prendre contact avec tous les candidats retenus.	Organiser une entrevue avec chacun d'entre eux.
5	Ressources humaines et commercialisation	Avoir un entretien préliminaire avec chaque candidat.	Vérifier l'intérêt des deux parties par le moyen d'une entrevue.
6	Ressources humaines	Faire passer des tests d'aptitudes et de personnalité à chaque candidat.	Déterminer si ces personnes répondent aux exigences minimales.
7	Crédit	Obtenir un rapport de crédit.	Vérifier la solvabilité et l'intégrité des candidats.
8	Santé	Faire passer un examen médical à chaque candidat.	Déterminer si ces personnes ont les capacités physiques nécessaires pour accomplir les tâches associées au poste en question.
9	Commercialisation	Effectuer une dernière entrevue.	Décider du choix d'un candidat et fixer la date où cette personne entrera en fonction.

économique d'exécuter une tâche particulière. Lorsqu'il définit la méthode à employer, tout gestionnaire doit tenir compte des objectifs à atteindre ainsi que du temps et des ressources nécessaires pour effectuer le travail en question.

À titre d'exemple, citons un professeur qui enseigne à 300 étudiants et qui a sous ses ordres 10 assistants responsables des travaux au laboratoire. Diverses méthodes s'offrent à lui pour assurer la correction des tests qu'il fait passer à la mi-session. Ce professeur pourrait ainsi:

1. effectuer lui-même tout le travail;
2. charger ses assistants de corriger les copies de l'examen des étudiants qui font partie de leurs groupes respectifs;
3. retenir les services d'un seul correcteur pour l'occasion;
4. établir un processus par lequel chaque assistant corrigerait la ou les mêmes questions sur toutes les copies.

Chacune de ces méthodes présente des avantages et des inconvénients. Le professeur en cause choisira celle qui offre un maximum d'économie, de rendement et d'efficacité.

La marche à suivre et la méthode vont de pair. En effet, une méthode indique le meilleur moyen d'accomplir un travail, tandis qu'une marche à suivre décrit les différentes tâches ou étapes que l'on doit réaliser pour l'effectuer.

A.5.1.4 La règle

Une **règle** se définit comme un énoncé qui indique précisément ce qu'il faut faire dans une situation particulière, tandis qu'un règlement constitue un ensemble de règles. Il s'agit de la forme de plans durables la plus simple, la plus explicite et la plus facile à comprendre ainsi qu'à appliquer. Les règles établissent ce que l'on doit faire ou ne pas faire dans une situation donnée. Elles servent de complément à la politique et aux marches à suivre pour ce qui est d'orienter les décisions. Voici quelques exemples de règles :

- il est interdit de fumer dans cette pièce ;
- il est interdit d'entrer dans cette pièce lorsque la lumière rouge est allumée ;
- tout employé doit porter un casque protecteur lorsqu'il se trouve dans l'usine ;
- nos bureaux sont ouverts de 8 h 30 à 17 h ;
- il est interdit de demander à un candidat sa date de naissance ou son état civil lors d'une entrevue d'emploi ;
- il est interdit de plonger dans la piscine.

A.5.2 LES PLANS À APPLICATION UNIQUE

Les **plans à application unique** aident à réaliser les objectifs de l'organisation ainsi qu'à mettre en œuvre les plans opérationnels pour atteindre un objectif particulier. On les prépare chaque année et on les incorpore aux plans opérationnels détaillés. Qu'elle décide de lancer un nouveau produit, d'agrandir ses installations de fabrication, de déménager son siège social ou de modifier sa structure organisationnelle, toute entreprise devra se conformer à un plan d'action pour réaliser son projet. À titre d'exemple, citons un cadre qui adopte un budget de 500 000 dollars pour réaliser un certain programme. Dès qu'il aura achevé sa réalisation et dépensé tous les fonds, ce gestionnaire devra préparer un nouveau budget s'il désire réaliser un nouveau programme.

Les plans à application unique prennent la forme notamment de programmes, de projets, de calendriers, de budgets et de normes. Comme le montre le tableau A.5.1 à la page 565, ces plans sont élaborés par les cadres inférieurs.

Figure A.5.2
Les composantes d'un programme

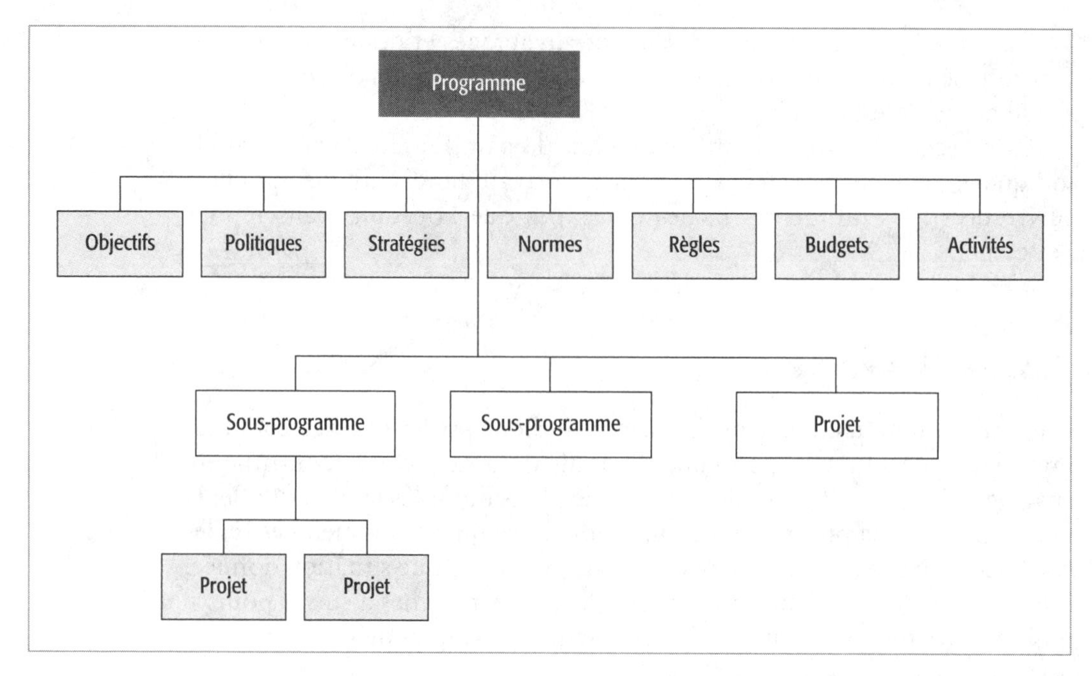

A.5.2.1 Le programme

Un **programme** représente la forme la plus large d'un plan à application unique. Il se compose d'un ensemble de sous-éléments tels que les objectifs, politiques, stratégies, marches à suivre, normes, règles, budgets et activités (voir la figure A.5.2).

On peut élaborer des programmes relativement simples ou très complexes. Par exemple, une entreprise de fabrication pourrait décider d'entreprendre un programme afin d'avoir son propre réseau de distribution au lieu de s'en remettre à des intermédiaires de l'extérieur. Or, un programme de ce genre peut devoir inclure des sous-programmes. L'un d'entre eux s'appliquerait peut-être à la livraison des matières premières des installations du fournisseur à celles de l'entreprise et un autre, à l'expédition des produits finis aux grossistes et aux détaillants.

Les programmes établis touchent le plus souvent la recherche et le développement, la commercialisation (lancement de nouveaux produits ou services), les ressources humaines (formation et perfectionnement des techniciens et des cadres) ainsi que la publicité et la stimulation des ventes. Dans le secteur public, presque tous les ministères offrent une multitude de programmes. Chaque programme comporte des objectifs, une politique, des marches à suivre, des budgets et des plans d'action détaillés qui lui sont propres.

A.5.2.2 Le projet

On appelle **projet** un plan détaillé qui fait d'ordinaire partie intégrante d'un programme (voir la figure A.5.2). Un projet s'apparente à un programme ou à un sous-programme de moindre envergure, car chacune des activités nécessaires à sa réalisation fait intervenir des étapes semblables. En règle générale, on établit un projet en déterminant qui sera responsable de le mener à bien, dans quel délai, à l'aide de quelles ressources et grâce à quel budget. Le but visé est d'assurer l'accomplissement d'une activité importante. Voici trois exemples de projets : l'installation de six caisses enregistreuses, l'informatisation d'un système comptable et la rédaction des marches à suivre par les cadres au cours du processus de planification stratégique.

A.5.2.3 Le calendrier

Un **calendrier** est un plan détaillé qui indique les différentes activités que l'on doit accomplir à l'intérieur d'une période donnée pour atteindre certains objectifs. Les agendas de bureau consultés chaque jour fournissent un exemple typique d'un calendrier. Ils rappellent aux gens ce qu'ils doivent faire et à quel moment. Leur utilité tient au fait qu'ils présentent toutes les tâches à exécuter, qu'ils en font ressortir le but, qu'ils indiquent à quel moment elles doivent avoir été accomplies et qu'ils permettent de reconnaître celles qui sont le plus urgentes et celles que l'on peut confier à d'autres personnes.

Le graphique de Gantt constitue lui aussi un calendrier. Il met en évidence les liens réciproques unissant les horaires de travail que doivent adopter différentes unités afin de traiter les commandes reçues. Lorsqu'on planifie les opérations, par exemple, on établit un calendrier détaillé pour chaque jour de la semaine ou du mois en déterminant avec précision la nature des biens que l'on produira, la quantité de ce que l'on fabriquera de même que la manière, le moment et l'endroit où l'on effectuera leur transformation. Pour ainsi organiser la production, on réalise dans l'ordre les étapes suivantes :

WWW
www.ganttchart.com
fournit une explication et
un exemple du graphique de Gantt

- répartir les commandes, le matériel et les ressources humaines entre les différents postes de travail ;
- établir l'ordre des tâches à accomplir ;
- préparer les calendriers de travail ;
- entreprendre le travail ;
- modifier les tâches si c'est nécessaire ;
- réviser les calendriers, au besoin.

A.5.2.4 Le budget

Un **budget** constitue un plan qui aide les gestionnaires à définir la répartition future des ressources entre divers projets, programmes ou activités. Il fournit une expression quantitative des besoins futurs au chapitre des ressources en indiquant leur valeur monétaire. Les budgets se rattachent à la structure organisationnelle. Ainsi, chaque cadre en prépare un pour la sienne (aussi appelée fréquemment centre de coûts ou centre de responsabilités). Il existe différents types de budgets, soit les budgets d'exploitation, les budgets complémentaires et les budgets intégrés, dont il sera question au chapitre 12 (voir la sous-section 12.7.3, « Le contrôle budgétaire », à la page 487).

A.5.2.5 Les normes

Les **normes** se définissent comme des valeurs de référence (ou des objectifs quantitatifs) qui servent à évaluer le rendement ou l'efficacité d'une unité organisationnelle. Elles indiquent ce qui est ou non acceptable. Toute norme se distingue par une limite de temps et un critère d'évaluation. Les normes de rendement englobent les mesures de productivité, les coefficients de travail et le coût unitaire. Suivent quelques exemples de normes :

1. taper 80 mots à la minute (coefficient de travail) sans faire plus de deux fautes tous les 200 mots (efficacité) ;
2. fabriquer 400 unités à l'heure (productivité) avec un taux maximal d'unités défectueuses de 0,2 % (efficacité) ;
3. traiter cinq demandes de crédit par heure/commis (productivité) en fournissant une réponse à tout client potentiel à l'intérieur d'un délai de deux semaines (efficacité) ;
4. effectuer 18 appels par jour (rendement) en maintenant un taux de succès minimal de 25 % (efficacité) ;
5. faire baisser le taux d'absentéisme à 2 % (efficacité) ;
6. maintenir le coût de nettoyage à 570 $ le mètre carré (coût unitaire).

Les normes s'avèrent utiles parce qu'elles fournissent :

1. une valeur de référence pour évaluer le rendement et l'efficacité (l'ampleur et la qualité du travail accompli) ;
2. un moyen de détecter rapidement les problèmes et d'éliminer ou de réduire tout écart indésirable (dans le cas où, par exemple, une attente moyenne de 30 secondes au téléphone engendrerait un certain mécontentement parmi la clientèle, on pourrait fixer une norme de 15 secondes) ;
3. un moyen de comparer un produit avec un autre ;
4. un moyen de contrôler différents types de coûts de fabrication associés à divers produits.

Il faut exprimer toute norme en termes précis : niveau de production, nombre d'unités produites au cours d'une période donnée, coûts de production unitaires ou revenu par employé. Les gestionnaires d'une organisation se doivent d'établir des normes au cours du processus de planification. C'est grâce à elles, en effet, que les cadres peuvent évaluer le rendement et l'efficacité de groupes et d'individus. Imaginons, par exemple, que le directeur de production d'une usine souhaite déterminer le coût total de production unitaire d'un bien particulier. En se basant sur son expérience, sur le résultat d'études du temps et des mouvements ainsi que sur de simples observations, ce cadre pourra établir le coût des matières et de la main-d'œuvre directe de même que les frais généraux assumés pour en arriver au coût total de production à l'unité.

▶▶▶ Concepts clés

3

Annexe au chapitre 7
La gestion des ressources humaines

Au chapitre 7, nous avons étudié les structures organisationnelles, la façon de regrouper des activités et des unités organisationnelles ainsi que l'importance de l'autorité et les différents types d'autorité exercés. Nous n'y avons cependant guère parlé du temps, de l'énergie et des ressources consacrés à la gestion des ressources humaines (GRH), aux programmes requis pour accroître le dévouement et la satisfaction des employés, et assurer leur engagement optimal.

Le premier volet de cette annexe présente l'*environnement général de la gestion des ressources humaines*, c'est-à-dire les objectifs, l'importance et l'encadrement juridique de la GRH ainsi que le changement social auquel elle doit s'adapter et les principales étapes de son processus. La fin de cette première section met en évidence les rôles que doivent remplir les responsables de la GRH dans la planification des ressources humaines. Elle englobe principalement l'analyse de postes, la préparation des descriptions de postes et les exigences des emplois.

Le deuxième volet répond à la question suivante: *Comment recrute-t-on et sélectionne-t-on le personnel?* Les activités liées à cette fonction permettent de répondre assidûment aux besoins d'une organisation par le recrutement des personnes appropriées ainsi que par l'actualisation des aptitudes et des compétences des employés en poste.

Le troisième volet traite la question suivante: *Comment forme-t-on le personnel?* Cette démarche consiste à faire acquérir aux employés les compétences qui leur permettront d'effectuer leur travail d'une manière satisfaisante. Elle comprend des activités de formation, de perfectionnement et d'évaluation du rendement.

Enfin, le quatrième volet considère la question suivante: *Comment conserve-t-on le personnel?* Ce thème concerne la rémunération, les avantages sociaux et le plan de carrière, de même que les mouvements de personnel à l'intérieur d'une organisation (promotions, mutations et cessations d'emploi).

A.7.1 L'ENVIRONNEMENT DE LA GESTION DES RESSOURCES HUMAINES

Cette première section explique les objectifs de la gestion des ressources humaines et désigne ses responsables.

A.7.1.1 Les objectifs de la gestion des ressources humaines

On peut définir la **gestion des ressources humaines** comme l'ensemble des activités qui aident à définir les objectifs stratégiques et opérationnels de l'entreprise et à satisfaire les besoins de ses employés. Les responsables du Service des ressources humaines doivent participer avec les cadres hiérarchiques à l'élaboration des objectifs stratégiques de leur organisation. Il leur faut également assurer la réalisation de ces objectifs en élaborant des stratégies adéquates en ce qui a trait aux ressources humaines, puis superviser l'application de ces stratégies. La gestion des ressources humaines vise par conséquent les objectifs suivants[1]:

1. amener des individus potentiellement qualifiés à demander un emploi;
2. faire en sorte que les bons employés demeurent dans l'organisation;
3. augmenter la motivation chez les employés;
4. aider les employés à se développer et à s'épanouir pleinement au sein de l'organisation;
5. accroître la productivité par l'aménagement et l'organisation du travail;
6. connaître les besoins en main-d'œuvre de l'entreprise;
7. améliorer la qualité de la vie au travail (QVT) en amenant les employés à adopter les comportements attendus et à apporter leur contribution dans l'organisation;
8. assurer le respect de toutes les exigences juridiques de la sélection, de la rémunération, de la santé et de la sécurité du travail, de l'équité en matière d'emploi et des droits des employés.

WWW
www.hr-guide.com propose des définitions d'une variété de sujets touchant la gestion des ressources humaines

4

A.7.1.2 L'importance de la gestion des ressources humaines

Le Service des ressources humaines est appelé à jouer un rôle primordial à l'intérieur d'une organisation, pour deux raisons. Premièrement, l'environnement juridique de la gestion des ressources humaines est devenu plus compliqué qu'auparavant. Deuxièmement, l'efficacité de la gestion des ressources humaines a une incidence directe sur l'amélioration de la productivité d'une organisation. Dans le contexte démographique canadien, où un grand nombre de baby-boomers prennent leur retraite pour être remplacés par une nouvelle génération de travailleurs, la gestion de la relève dans les organisations, qu'il s'agisse d'une PME ou d'une multinationale, s'avérera un facteur critique de survie. Dans les entreprises familiales, le danger réside dans le vieillissement des dirigeants. D'ici 5 ans, 196 000 entreprises connaîtront un changement de génération à la direction, alors que 30 % des entrepreneurs prendront leur retraite et que 50 % des patrons la prendront d'ici 10 ans[2]. Il sera donc important pour les dirigeants d'entreprise de bien planifier la gestion des ressources humaines afin de mettre au point des moyens pour attirer et retenir les employés les plus performants.

Pour ces raisons, l'organigramme de chaque grande organisation présente un responsable de la gestion des ressources humaines portant le titre de « vice-président aux ressources humaines » et rendant compte de ses réalisations directement au P.-D. G. Le principal rôle des responsables de la GRH est d'aider les cadres hiérarchiques à :

- concevoir des programmes de formation et de perfectionnement en vue d'améliorer la productivité (pour accroître la quantité de travail effectué et sa qualité) ;
- renoncer aux structures traditionnelles pour favoriser une plus grande participation des employés ;
- planifier les besoins de personnel ;
- fonctionner dans un environnement axé sur le travail en équipe ;
- se sensibiliser aux besoins des employés (grâce à une meilleure communication et à des services d'orientation personnelle) ;
- améliorer la collaboration entre le ou les syndicats et la direction ;
- trouver des méthodes pour accroître au maximum la flexibilité de leur organisation et de ses membres.

A.7.1.3 L'environnement juridique de la gestion des ressources humaines

Certains éléments extérieurs (lois et réglementations gouvernementales) ont un effet important sur le processus de gestion des ressources humaines. Les dirigeants d'une organisation doivent avoir conscience des contraintes de leur environnement extérieur sur le recrutement, la sélection, la rémunération, l'évaluation, la mutation ou le licenciement des employés. Par exemple, dans le cas d'un congédiement pour un motif disciplinaire (absentéisme important, insubordination, etc.), le fardeau de la preuve revient à l'employeur. Il doit incontestablement démontrer que les manquements de l'employé ont été répétitifs, ont donné lieu à des sanctions et, surtout, qu'une aide lui a été apportée afin qu'il corrige la situation. Par exemple, si le travailleur commet des fautes dans l'exécution de son travail, une formation d'appoint lui permettrait d'acquérir de nouvelles compétences. Un congédiement surprise ouvre la voie à une plainte du travailleur, qui ne comprend pas les reproches qu'on lui adresse[3].

Les principaux éléments qui régissent les activités liées aux ressources humaines sont les suivants : les lois et les réglementations en matière de travail ; les lois portant sur les droits de la personne ; les lois et les réglementations gouvernementales (par exemple, l'action positive, l'équité en matière d'emploi, l'égalité d'accès ou l'égalité des chances à l'emploi); et les conventions collectives.

Les lois et les réglementations en matière de travail. Le travail est de compétence aussi bien fédérale (*Code canadien du travail*) que provinciale (*Loi sur les normes du travail*). Les deux ordres de gouvernement ont pour politique:

- de permettre aux travailleurs de former un syndicat ou d'en devenir membres;
- de protéger les travailleurs contre les pratiques injustes en matière d'emploi;
- d'accorder le droit de grève aux travailleurs;
- de permettre aux employeurs de procéder à un lock-out lorsque les deux parties sont incapables d'arriver à une entente.

www.cnt.gouv.qc.ca/fr/lois/normes/index.asp
donne une interprétation des articles de lois et des règlements de la Commission des normes du travail du Québec

Le *Code canadien du travail* et les lois provinciales établissant des normes de travail régissent la durée du travail, le salaire minimum, les congés annuels payés, les jours fériés, les congés parentaux, la cessation d'emploi, les indemnités de départ, la saisie du salaire, les congés de maladie et de deuil (ou de décès), les congédiements injustes et le harcèlement sexuel.

Les lois portant sur les droits de la personne. D'autres lois fédérales et provinciales particulières régissent la sélection, l'emploi et le remplacement des travailleurs. Il en ressort essentiellement qu'aucun candidat à un emploi ne doit faire l'objet d'une discrimination en raison de sa race, de son âge, de sa couleur, de son sexe ou de son origine nationale ou ethnique. Le paragraphe a) de l'article 2 de la *Loi canadienne sur les droits de la personne* (1977) garantit en effet « le droit de tous les individus, dans la mesure compatible avec leurs devoirs et obligations au sein de la société, à l'égalité des chances d'épanouissement, indépendamment des considérations fondées sur la race, l'origine nationale ou ethnique, la couleur, la religion, l'âge, le sexe, l'état matrimonial, la situation de famille, l'état de personne graciée ou la déficience »[4].

www.cdpdj.qc.ca/
donne une interprétation portant sur les droits de la personne

En matière d'emploi, les lois portant sur les droits de la personne visent à empêcher que certains individus fassent l'objet d'un traitement différent — c'est-à-dire discriminatoire — du fait de leur religion, de leur sexe, de leur race, de leur état matrimonial ou de leur origine ethnique au moment où se prennent des décisions liées au recrutement, à la promotion et à la hausse du salaire. En milieu de travail, la discrimination résulte d'une distinction illégale entre certaines personnes à partir de caractéristiques qui n'ont rien à voir avec l'emploi ou le service en cause[5].

La Commission canadienne des droits de la personne jouit des pleins pouvoirs pour faire respecter la *Loi canadienne sur les droits de la personne*. Toute organisation qui contrevient à cette loi s'expose à des poursuites. Le concept d'égalité des chances représente le droit de toute personne d'améliorer sa situation professionnelle par son mérite, ses aptitudes et ses capacités, sans faire l'objet de pratiques discriminatoires. Les lois sur l'équité en matière d'emploi entraînent plusieurs conséquences pour le Service des ressources humaines. En voici quelques-unes:

- on ne peut pas inclure dans une description de poste des exigences non pertinentes ayant pour seul but d'amener l'exclusion de certaines personnes;

4

- on doit affirmer, dans les plans associés aux ressources humaines, l'engagement de l'entreprise en matière d'action positive ;
- on ne peut pas évaluer le rendement en fonction de critères discriminatoires à l'égard de certains employés ;
- on doit établir un processus de recrutement qui attire tous les candidats possibles et n'en exclut aucun ;
- on ne peut pas utiliser de mécanismes de sélection n'ayant aucun lien avec le poste à pourvoir ;
- on doit lier la rémunération au rendement, aux aptitudes et à l'ancienneté, et faire en sorte qu'elle ne présente pas un caractère discriminatoire à l'égard de certaines catégories d'individus ;
- on doit offrir à chacun la possibilité de recevoir une formation, sans tenir compte d'éléments non liés au travail[6].

www.pubgouv.com/travail/code cdn.htm présente le *Code canadien du travail*

Les lois et les réglementations gouvernementales. Les lois et les réglementations en vigueur déterminent en grande partie la politique de recrutement adoptée concernant les droits de la personne. La *Loi canadienne sur les droits de la personne*, par exemple, oblige les employeurs à traiter tous les candidats éventuels de la même façon. De plus, les lois établissant des normes de travail fournissent une certaine protection aux employés. Les droits de la personne en matière d'emploi touchent trois éléments.

www.femmes-politique-et-democratie.com/ecole_theme2.html pour une explication concernant les mesures d'actions positives

Le premier élément est l'*action positive*, c'est-à-dire l'application de mesures visant à compenser les effets de la discrimination. Une organisation peut ainsi créer des programmes de formation et de recrutement particuliers à l'intention des femmes et des membres de minorités visibles pour améliorer les possibilités d'emploi de ces catégories de personnes[7].

Le deuxième élément auquel on s'intéresse est l'*équité en matière d'emploi* pour les femmes, les membres de minorités visibles, les autochtones et les personnes handicapées[8]. La politique s'y rattachant garantit aux employés un traitement équitable en ce qui a trait au recrutement, à la formation, à la promotion, au congédiement et à tous les autres aspects de la gestion des ressources humaines. On cherche par les mesures d'équité en matière d'emploi à ce que le personnel de toute organisation se compare à la main-d'œuvre sur les marchés extérieurs.

Le troisième élément est l'*égalité d'accès ou l'égalité des chances à l'emploi*, qui se traduit par l'adoption « d'un processus détaillé et complet visant à assurer une représentation équitable de certains groupes en milieu de travail ainsi qu'à éviter les effets de toute discrimination intentionnelle et systématique »[9]. L'égalité des chances fait en sorte que chacun ait accès à tous les emplois disponibles.

Les conventions collectives. Le syndicalisme joue un rôle très important dans le processus de gestion des ressources humaines. En effet, comme les employés de la plupart des grandes entreprises sont représentés par un syndicat, les gestionnaires doivent respecter les conventions de travail signées. Les syndicats s'efforcent d'améliorer le bien-être économique et social de leurs membres. Ils négocient en leur nom un contrat de travail qui inclut en général des dispositions relatives à la gestion des ressources humaines. Les clauses d'une convention collective type portent sur les exigences des divers emplois, la rémunération, les méthodes de recrutement, l'ancienneté, les mutations, les promotions, les congédiements, les suspensions, la durée normale du travail, les heures supplémentaires, les avis de licenciement, le règlement des griefs et les conditions de travail. Au Québec, le taux de présence syndicale dans les organisations québécoises est plus élevé qu'en Ontario et aux États-Unis. Voici quelques statistiques[10] :

	Taux de présence syndicale		
	1999	2001	2003
Québec	39,8 %	40,7 %	41,4 %
Ontario	28,3 %	28,0 %	28,7 %
États-Unis	15,3 %	14,8 %	14,3 %

La raison du plus haut taux de présence syndicale dans la province de Québec est due principalement au processus d'accréditation. En vertu des lois américaines du travail, il y a obligatoirement un vote des salariés qui sanctionne l'accréditation du syndicat. L'accréditation est accordée quand la majorité des membres de l'unité s'exprime en faveur du syndicat. C'est différent au Québec. Le syndicat peut être reconnu sur-le-champ par la Commission des relations du travail — sans qu'il y ait de vote — lorsque plus de 50 % des salariés ont signé leur carte d'adhésion au moment du dépôt de la demande d'accréditation[11].

A.7.1.4 Le changement social touchant la gestion des ressources humaines

Plusieurs autres phénomènes qui touchent l'environnement juridique ont émergé durant la dernière décennie. Le harcèlement en est un exemple. Des études indiquent qu'il s'est aggravé dans certaines organisations depuis quelques années. Le harcèlement peut être défini comme « tout geste ou propos importuns qu'un individu trouve offensant ou humiliant »[12]. Une telle conduite peut empêcher une personne de bien faire son travail ou d'obtenir un service. Le harcèlement est un type de discrimination qui peut prendre différentes formes :

- des remarques ou des comportements discriminatoires ;
- un comportement choquant, embarrassant ou humiliant ;
- des paroles, des avances ou des gestes importuns à caractère sexuel ;
- l'intimidation, les menaces ou l'abus de pouvoir[13].

Un autre exemple de situations problématiques dans des organisations est la consommation grandissante d'alcool et de drogue. Les personnes aux prises avec un problème d'alcool ou de drogue sont protégées par les mêmes lois que les personnes handicapées. Le sida est une autre situation que doivent considérer les dirigeants d'entreprise, à la lumière des politiques établies par la Commission canadienne des droits de la personne et d'autres groupes[14].

4

A.7.1.5 Le processus de gestion des ressources humaines

Figure A.7.1
Le processus de gestion des ressources humaines

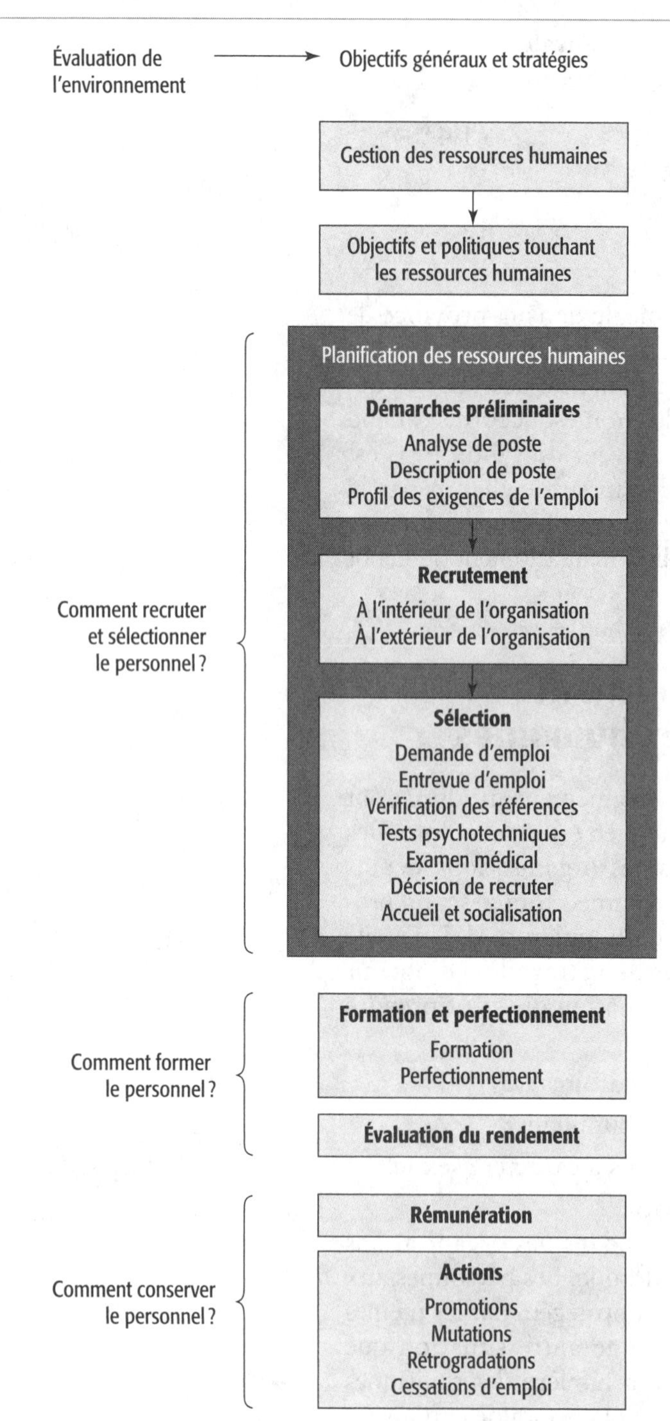

La figure A.7.1 montre que le processus de gestion des ressources humaines se rattache à celui de la gestion stratégique dans son ensemble et représente une activité continue. En effet, comme les organisations modifient régulièrement leurs objectifs, leurs stratégies, leurs plans, leurs politiques, leurs priorités, etc., les gestionnaires doivent veiller à toujours avoir à leur service les employés les mieux qualifiés et à en actualiser les aptitudes ainsi que les compétences par l'entremise de bons programmes de recrutement, de formation, de perfectionnement et d'évaluation du rendement.

Le **processus de gestion des ressources humaines** comporte ainsi des étapes logiques permettant de placer la personne la mieux qualifiée à chaque poste. Comme le montre la figure A.7.1, les trois principales activités de la gestion des ressources humaines qui seront présentées dans cette annexe peuvent être traduites par les trois questions suivantes.

Comment recrute-t-on et sélectionne-t-on le personnel? La première activité vise la planification des ressources humaines. Elle permet de répondre aux besoins d'une organisation en recrutant les personnes appropriées ainsi qu'en actualisant les aptitudes et les compétences des employés en poste. Il importe de lier la planification des ressources humaines aux stratégies d'ensemble de l'organisation, puisque les caractéristiques exigées des employés et la politique établie en matière de ressources humaines varient suivant la stratégie privilégiée par l'organisation.

Comment forme-t-on le personnel? Une fois qu'on a pourvu tous les postes, il faut assurer la formation et le perfectionnement. Il s'agit, dans le cas des nouveaux venus, de leur faire acquérir les capacités pratiques et les connaissances qui leur permettront d'effectuer leur travail d'une manière satisfaisante, et, dans le cas d'autres employés, de maintenir ou d'augmenter leur compétence professionnelle. La *formation* a pour but d'amener les employés à conserver et à améliorer leurs aptitudes et leurs compétences de manière à bien accomplir leurs tâches actuelles. Le *perfectionnement* vise, en revanche, à actualiser des aptitudes et des compétences plus générales chez les employés (en matière de leadership et de communication, par exemple) afin de les préparer à occuper d'autres postes à l'avenir. L'*évaluation du rendement* des employés est aussi une activité importante et, à ce titre, elle doit être réalisée périodiquement. Elle permet de porter un jugement constructif sur la contribution de l'employé dans l'organisation. L'évaluation du rendement est utilisée à des fins administratives (promotions, renvois, mutations) et favorise l'épanouissement des employés (en leur apportant une rétroaction qui renforce le comportement voulu) tout en permettant de vérifier et d'apprécier la quantité et la qualité du travail effectué.

Comment conserve-t-on le personnel? Une autre activité de la gestion des ressources humaines est de s'assurer que les employés demeurent au service de l'entreprise. Il est donc essentiel d'élaborer une politique de rémunération et d'avantages sociaux leur accordant une rémunération juste et équitable (un salaire égal pour un travail égal). La fonction de la rémunération fait en sorte que les avantages offerts (salaire de base, congés de maladie payés, assurance vie, vacances, etc.) assurent les services d'employés qualifiés et compétents. Les activités se rapportant aux mouvements de personnel à l'intérieur d'une organisation font aussi partie de cette fonction. C'est là qu'interviennent les promotions, les mutations et les cessations d'emploi.

A.7.1.6 À qui revient-il de gérer les ressources humaines?

Dans l'ensemble d'une organisation, le Service des ressources humaines fait partie de l'état-major. En effet, il aide et soutient les cadres qui occupent des postes de type hiérarchique. Les personnes qui travaillent dans le domaine de la gestion des ressources humaines ou qui s'occupent de l'*administration des ressources humaines* se répartissent en quatre grandes catégories: les employés de soutien, les techniciens et les professionnels, les cadres responsables des activités touchant les ressources humaines, et les cadres supérieurs responsables des ressources humaines.

La responsabilité de la *gestion des ressources humaines* dans une organisation se partage entre les cadres hiérarchiques — qui ont des employés sous leur autorité — et le personnel du Service des ressources humaines, qui, grâce à son expertise, les aide et les conseille sur les aspects techniques de l'administration des ressources humaines.

Les personnes occupant un poste hiérarchique ou d'état-major ont des rôles distincts, mais complémentaires. Ainsi, les cadres hiérarchiques remplissent un rôle décisionnel et les membres du Service des ressources humaines, un rôle de soutien. Le tableau A.7.1 (voir la page 582) met en évidence les fonctions en général remplies par les cadres hiérarchiques et le personnel du Service des ressources humaines concernant trois fonctions: le recrutement, la sélection et la formation. Comme on peut le constater, la gestion des ressources humaines relève principalement des cadres hiérarchiques, tandis que leur administration est la responsabilité du Service des ressources humaines.

4

	SERVICE DES RESSOURCES HUMAINES	CADRES HIÉRARCHIQUES
Recrutement	• Établit la marche à suivre au cours du recrutement. • Prépare les affiches de l'offre d'emploi. • Effectue les recherches auprès de différentes organisations pour trouver des candidats. • Vérifie les références.	• Préparent la demande et l'autorisation de dotation. • Participent à l'analyse des besoins de ressources.
Sélection	• Réalise des entretiens préliminaires. • Fait passer les tests d'aptitudes.	• Effectuent des entrevues. • Choisissent les candidats à recruter.
Formation	• Élabore les programmes de formation. • Engage les professeurs. • Évalue l'efficacité des programmes de formation.	• Contribuent à l'élaboration des programmes de formation. • Aident à déterminer les besoins de formation. • Agissent comme formateurs.

Tableau A.7.1
Les rôles respectifs du Service des ressources humaines et d'un cadre hiérarchique en matière de ressources humaines

A.7.2 COMMENT RECRUTER ET SÉLECTIONNER LE PERSONNEL

Prenant en considération les objectifs et les plans stratégiques de l'organisation ainsi que les facteurs environnementaux des ressources humaines, la première étape du processus de leur gestion est d'attirer les candidats intéressés dans l'entreprise. Ce processus comprend quatre activités: la planification, le recrutement, la sélection ainsi que l'accueil et la socialisation.

Figure A.7.2
La planification des ressources humaines

- Évaluation de l'environnement
- Élaboration des objectifs et des stratégies de l'organisation
- Élaboration des objectifs, des politiques et des stratégies du Service des ressources humaines

↓

Besoins futurs en matière de ressources humaines

↓

Disponibilité des ressources humaines dans l'organisation | Disponibilité des ressources humaines provenant de l'extérieur

↓

Analyse comparative des besoins internes et de la disponibilité des ressources humaines provenant de l'organisation

↓

Détermination du nombre de postes qui seront pourvus par des personnes de l'extérieur

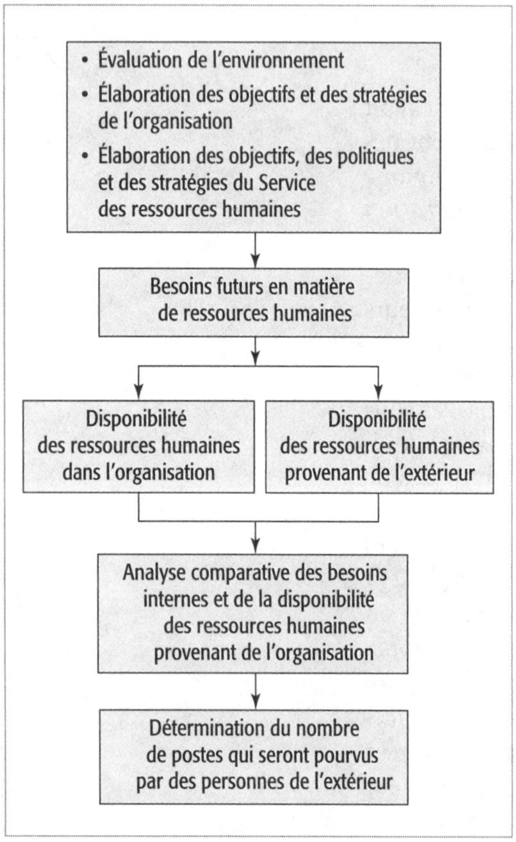

A.7.2.1 La planification

Le point de départ d'une gestion efficace des ressources humaines est la planification, qui consiste à bien en définir les besoins avant de passer aux étapes suivantes.

A. L'analyse des besoins et de la disponibilité

Comme le montre la figure A.7.2, la planification des ressources humaines comporte une analyse comparative des besoins futurs de ressources humaines (demande) et de la disponibilité des ressources (actuelle et future). Au départ, il s'agit de prévoir le nombre de personnes qu'il faudra pour occuper les postes qui seront créés au cours de la réalisation des objectifs et des plans de l'entreprise. Ensuite, il s'agit de faire l'inventaire du personnel et de déterminer le nombre de personnes disponibles (ressources internes) qui pourront répondre aux besoins particuliers de l'organisation et le nombre de personnes qui devront être embauchées.

B. Les démarches préliminaires

Après avoir évalué les besoins de ressources humaines et leur disponibilité, on aborde l'étape suivante, visant à une planification détaillée consistant à déterminer les postes à pourvoir dans l'organisation et à dresser la liste des aptitudes, des capacités, des compétences et des habiletés physiques requises pour accomplir le travail. À cette étape, on effectue les analyses de postes, on rédige des descriptions de postes, puis on définit les profils des exigences des emplois. La figure A.7.3 illustre le lien qui existe entre ces trois éléments.

L'analyse de poste. Au moment de l'**analyse de poste**, il faut examiner systématiquement toutes les activités liées à un poste particulier et préciser les aptitudes et les compétences requises pour l'occuper. Le spécialiste des ressources humaines chargé de faire une analyse de poste doit en premier lieu déterminer comment recueillir de l'information au sujet de l'emploi en cause.

www.paq.com
présente un questionnaire portant sur l'analyse de poste

La description de poste. Une **description de poste** est un document qui indique les objectifs d'un emploi, les tâches s'y rattachant, les aptitudes que doit posséder le titulaire, ses responsabilités et ses conditions de travail. La rédaction se fait à la suite de l'analyse de poste. On utilise les descriptions de postes pour la sélection des candidats, pour la formation et le perfectionnement ainsi que pour l'évaluation du rendement. Une bonne description de poste devrait indiquer :

- l'appellation de l'emploi ;
- le service auquel le poste est rattaché ;
- la date à laquelle remonte l'analyse de poste ;
- le nom du titulaire (optionnel) et celui de l'analyste ;
- le résumé des tâches ou les objectifs de l'emploi ;
- la supervision reçue et exercée ;
- les principales fonctions et responsabilités du titulaire ;
- les exigences de l'emploi ;
- le milieu de travail[15].

Le profil des exigences de l'emploi. Un **profil des exigences de l'emploi** accompagne la description de poste. Il indique les compétences et les aptitudes particulières requises pour bien accomplir un travail donné. Alors que la description de poste met l'accent sur l'emploi à occuper, le profil des exigences concerne surtout la personne qui aura à effectuer le travail. Il fait mention, par exemple, du niveau de scolarité, de la formation, de l'expérience, des aptitudes, des caractéristiques physiques, des traits de personnalité

Figure A.7.3
Les démarches préliminaires

Analyse de poste

Processus par lequel on recueille l'information nécessaire au sujet d'un poste.

Description de poste

Ce relevé des tâches, des responsabilités et des normes associées à un poste permet de connaître :
- l'appellation de l'emploi,
- le lieu de travail,
- le résumé des tâches,
- les responsabilités assumées, les machines, les outils et le matériel utilisés, les matières et les formulaires utilisés,
- la supervision fournie ou reçue,
- les conditions de travail,
- les dangers inhérents à l'emploi.

Profil des exigences de l'emploi

Cette liste des caractéristiques requises pour occuper un poste englobe des éléments liés aux aptitudes, aux connaissances et aux compétences, tels que :
- le niveau de scolarité,
- l'expérience,
- la formation,
- le jugement,
- l'esprit d'initiative,
- les capacités physiques,
- les habiletés physiques,
- le sens des responsabilités,
- les aptitudes à la communication,
- le caractère,
- les facultés sensorielles (vue, odorat, ouïe, etc.).

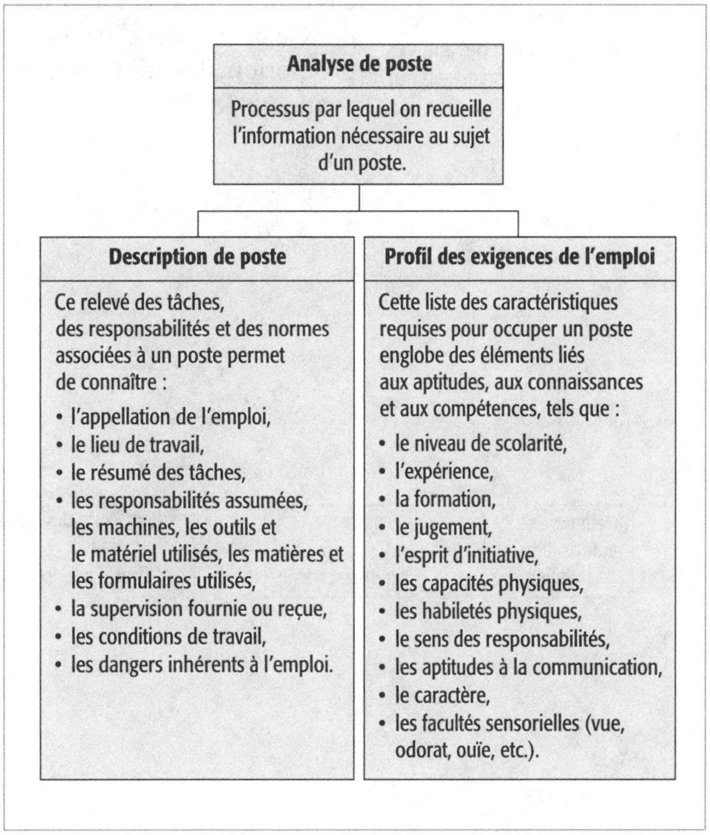

et des champs d'intérêt recherchés. Cette démarche préliminaire est importante pour l'employeur qui veut s'assurer que les personnes qui posent leur candidature pour un poste donné et pour l'ensemble de l'organisation satisfont aux exigences de l'emploi.

A.7.2.2 Le recrutement

Le **recrutement** consiste à chercher, à l'intérieur et à l'extérieur d'une organisation, des personnes aptes à y occuper un poste vacant. Il implique l'établissement d'un plan d'action, la préparation d'un message, le choix des sources et des méthodes de recrutement ainsi qu'une évaluation. Le recrutement est une activité essentielle dans une organisation qui souhaite améliorer son fonctionnement et sa productivité.

Comme l'indique la figure A.7.4, le processus de recrutement débute lorsque le cadre qui désire veiller à un poste particulier remplit un **formulaire de demande et d'autorisation de dotation.** Il s'agit d'un imprimé qui permet d'obtenir des renseignements au sujet des études, des antécédents et de l'expérience de travail d'un postulant. Imaginons que le chef du Service de l'approvisionnement souhaite engager un agent d'approvisionnement; son premier geste sera de remplir ce formulaire pour ensuite l'expédier à l'unité de dotation du Service des ressources humaines. Cette unité effectuera alors une recherche à l'intérieur et à l'extérieur de l'organisation.

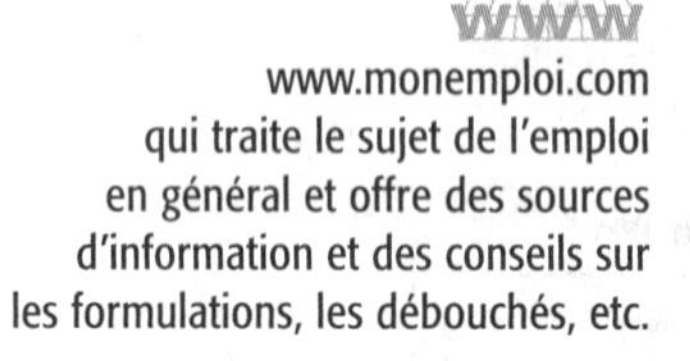

www.monemploi.com qui traite le sujet de l'emploi en général et offre des sources d'information et des conseils sur les formulations, les débouchés, etc.

Le recrutement à l'intérieur de l'organisation. Il est logique de chercher des candidats tout d'abord à l'intérieur même de l'organisation, c'est-à-dire dans le bassin actuel de son personnel. Qu'il s'agisse d'une mutation ou d'une promotion, les mouvements internes de personnel comportent plusieurs avantages:

Figure A.7.4
Le processus de recrutement

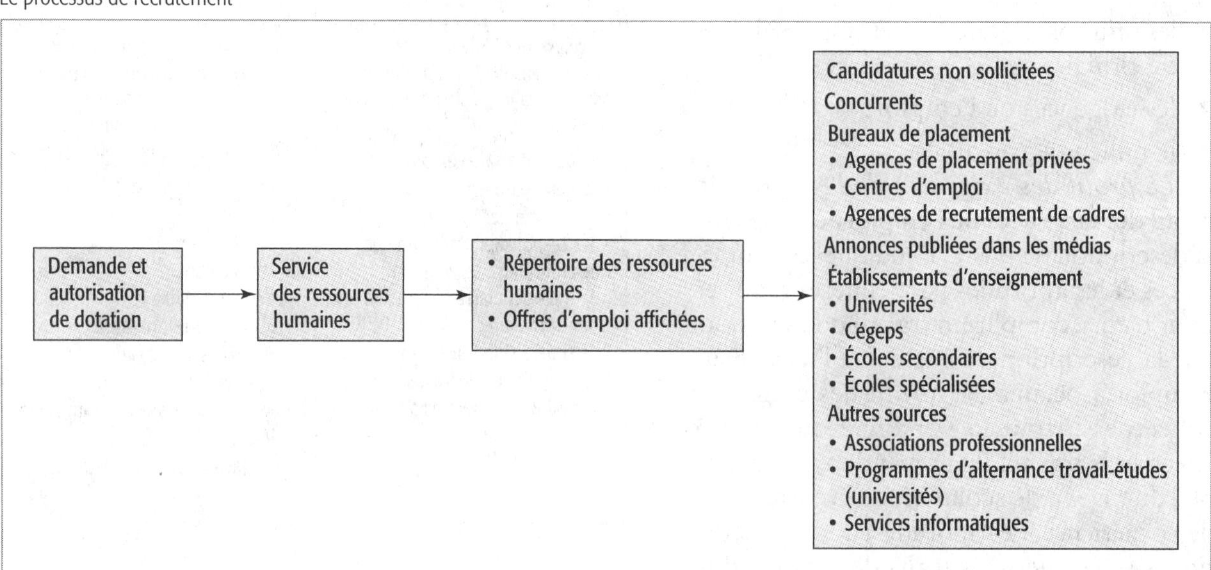

- ils améliorent le moral des employés;
- ils permettent de choisir parmi des individus dont on connaît déjà les forces et les faiblesses;
- ils encouragent les employés à faire plus d'efforts dans l'espoir d'obtenir de l'avancement;
- ils incitent les employés à demeurer au service de l'organisation, attirés par la possibilité de promotions;
- ils permettent de créer plusieurs nouveaux postes à l'intérieur de l'organisation;
- ils réduisent les coûts liés au recrutement.

Cette façon de procéder a toutefois comme principal inconvénient de ne pas apporter de sang neuf à l'organisation.

Le recrutement à l'extérieur de l'organisation. Lorsqu'un poste ne peut être pourvu par un membre de l'organisation, le Service des ressources humaines doit chercher des candidats à l'extérieur. Pour ce faire, il utilise divers moyens ou diverses sources: annonces dans les journaux, centres de formation, recommandations, bureaux de placement (privés ou publics), syndicats, cégeps et universités, candidatures spontanées, associations professionnelles, anciens employés, voire des personnes travaillant pour des organisations concurrentes, et les services informatiques.

www.latoiledesrecruteurs.com offre une liste de spécialistes en ressources humaines

www.speedjobbing.com consiste à réunir en terrain neutre des employeurs cherchant à pourvoir des postes

www.voicejob.com est un site sur lequel les employeurs peuvent rendre publiques leurs offres d'emploi

A.7.2.3 La sélection

L'étape suivante du processus de recrutement consiste à choisir le bon candidat pour pourvoir un poste vacant. On appelle **sélection** le fait d'établir des distinctions entre les postulants dans le but de reconnaître (et de choisir) le plus apte à accomplir avec succès le travail à exécuter[16]. Pour ce faire, on compare essentiellement ces exigences avec les aptitudes et les compétences des candidats. Imaginons que l'entraîneur d'une équipe de football soit à la recherche d'un demi défensif et qu'il reçoive des douzaines de demandes d'emploi de postulants aussi variés que des joueurs de hockey, de baseball et de soccer, des joueurs de football amateurs ainsi que des quarts-arrières, des receveurs et des demis défensifs professionnels. Dans un premier temps, cet entraîneur éliminera toutes les personnes qui ne répondent pas aux critères fixés et, dans un deuxième temps, il s'intéressera aux quelques candidats toujours en lice qui ont les aptitudes et les compétences requises.

www.emploiquebec.net offre de l'information générale, sur divers portails par exemple, et présente des offres d'emploi

Avant d'effectuer une sélection finale, cependant, toute entreprise doit recueillir de l'information. Un formulaire de demande d'emploi lui fournit certains renseignements à caractère général; la vérification des références, les entrevues et les tests psychotechniques lui permettent d'en obtenir d'autres de nature plus particulière.

Le tableau A.7.2 (voir la page 586) présente quelques types d'entrevues que peuvent utiliser des organisations (entrevue technique, entrevue behavioriste, tests et simulations) pour évaluer d'une façon plus efficace les meilleurs candidats. Le tableau A.7.3 (voir la page 586) présente des questions types susceptibles d'être posées au cours d'une entrevue. Elles concernent le comportement, une situation particulière, l'emploi et les connaissances techniques.

4

Entrevue technique

Pour certains postes, par exemple en ingénierie ou en informatique, le candidat sera appelé à passer un test technique. Le Services des ressources humaines, un éventuel collègue ou un gestionnaire sont généralement responsables de cette activité.

Entrevue behavioriste

De plus en plus utilisée par les intervieweurs, l'entrevue behavioriste consiste à demander au candidat de raconter des situations vécues. Elle permet d'analyser le comportement de la personne grâce à ses actions passées. Le candidat pourra donc parler de ses réussites et de ses échecs. Il devra les motiver, décrire ce qu'il en a retenu et, idéalement, expliquer comment il mettra en pratique la leçon dans une situation semblable.

Tests

Les tests psychométriques, qui consistent à répondre à un ou plusieurs questionnaires portant sur des situations autres que professionnelles, permettent à l'employeur de déterminer le profil psychosocial du candidat. Ces tests sont de plus en plus répandus. Les candidats peuvent aussi s'attendre à passer des tests de personnalité et parfois même des tests mathématiques.

Simulations

Certains employeurs placeront les candidats dans des situations presque réelles. Ainsi, des membres de l'équipe des ressources humaines simuleront être un collègue, un patron, un client ou un employé. Le candidat devra alors résoudre un problème.

Source : Marc-André Dumont, « La simulation aide à dénicher les meilleurs candidats », *Les Affaires,* 11 septembre 2004, p. 34.

Tableau A.7.2
Quelques types d'entrevues

Tableau A.7.3
Questions types lors d'une entrevue

Liées au comportement

- Comment organisez-vous votre journée de travail ?
- Qu'est-ce qui pourrait vous rendre plus efficace ?
- Quel est votre moyen de communication préféré ?
- Décrivez une situation où vous avez raté l'échéance prévue. Comment avez-vous corrigé la situation ?
- Donnez un exemple d'une situation où vous avez dû prendre une décision importante rapidement. Comment avez-vous procédé ? Quel a été le résultat ?
- Quelle a été votre plus grande réalisation professionnelle ? Votre pire erreur ?
- Comment quelqu'un avec qui vous avez déjà travaillé vous décrirait-il en quelques mots ?

Situationnelle

- Vous devez déposer demain un rapport mensuel, mais il vous manque de l'information de la part d'un collègue. Celui-ci vous dit qu'il ne peut pas vous la fournir avant la semaine prochaine. Comment réagissez-vous ?

Liées à l'emploi

- Que connaissez-vous de notre entreprise ?
- Qu'est-ce qui vous motive à postuler pour cet emploi ?
- Que cherchez-vous avant tout dans un tel poste ?

Techniques

- Connaissez-vous le logiciel *ABC* ?
- Savez-vous comment utiliser l'intranet ?
- Parlez-vous plus d'une langue ?

Source : France Veillet, « Recruter le candidat idéal en structurant vos entrevues », *Les Affaires,* 8 février 2003, p. 30.

Au cours du processus de sélection, deux éléments retiennent surtout l'attention: la validité et la fiabilité. Ainsi, pour garantir la **validité** du processus, on doit s'assurer que tous les outils utilisés au cours de celui-ci permettent d'évaluer avec précision les aptitudes, les compétences, le rendement et le potentiel véritables de tous les candidats envisagés. On comparera ensuite l'information obtenue avec la description du poste. Il importe également d'assurer la **fiabilité** des renseignements tirés de diverses sources. De fait, les instruments privilégiés doivent permettre une évaluation uniforme des aptitudes, des capacités et du talent des candidats. Il s'agit là d'un aspect très important pour les responsables de la dotation, qui ont à choisir entre plusieurs candidats. En effet, il leur serait difficile de prendre la bonne décision sur la foi de données non valides ou non fiables.

A.7.2.4 L'accueil et la socialisation

Après que le candidat répondant le mieux aux exigences du poste a été choisi et qu'il a accepté l'offre d'emploi, il est important pour le Service des ressources humaines d'élaborer un programme d'accueil et de socialisation qui permette au nouvel employé de s'intégrer à l'organisation d'une façon harmonieuse.

L'**accueil** représente l'étape au cours de laquelle on fait connaître à tout nouvel employé la philosophie, la politique, les règles et les marches à suivre adoptées au sein de l'organisation. Il marque le début de la **socialisation**, c'est-à-dire du processus par lequel on amène un employé à comprendre et à accepter la culture organisationnelle (les normes, les valeurs et les manières de faire adoptées par l'organisation). La période nécessaire à la socialisation peut être de un à plusieurs jours. Sa durée dépend sensiblement de la nature et de l'importance du poste nouvellement occupé ainsi que de la quantité d'information à communiquer et du nombre de contacts à établir et à entretenir. Il faut prêter une attention particulière à l'accueil, car les nouveaux arrivants ne tardent guère à se former une opinion (favorable ou défavorable) au contact d'une organisation.

Un programme d'accueil bien conçu peut amener un nouvel employé à s'enthousiasmer pour l'organisation et le poste qu'il doit occuper. Par opposition, un programme mal structuré risque fort de le troubler, de le frustrer et de refroidir ses ardeurs. L'établissement d'un programme d'accueil vise à faire en sorte que les employés récemment recrutés soient à l'aise dans leur nouveau milieu de travail et, surtout, à leur faire acquérir un sentiment d'appartenance, élément de première importance, particulièrement au sein des organisations de grande taille.

Au cours de la période d'accueil, le nouvel employé a la possibilité d'en apprendre davantage sur l'organisation et sur le poste qu'il y occupera. Il peut aussi rencontrer les différents cadres et employés avec lesquels il devra communiquer. Les trois mesures décrites ci-dessous faciliteront son adaptation.

1. Le cadre dont il relèvera lui fournira des renseignements sur la nature de son travail et pourra, notamment, examiner avec lui la description de son poste et lui expliquer plus en détail les tâches qu'il aura à accomplir.

2. Un membre du Service des ressources humaines sera en mesure de le renseigner sur l'histoire de l'entreprise, sa culture, ses valeurs et ses croyances, sa structure organisationnelle, ses produits et ses services, son secteur d'activité, ses principaux concurrents et l'importance du poste qu'il y occupera. Il peut aussi lui remettre des brochures et des dépliants publiés par l'entreprise, de même qu'un énoncé de la politique et du règlement relativement aux avantages sociaux, par exemple.
3. Une personne du Service des ressources humaines pourra également présenter au nouvel employé divers chefs de service et autres membres de l'organisation. Le but recherché est de lui faire connaître les personnes avec qui il pourrait avoir à traiter à l'avenir, de même que le rôle et les responsabilités de leurs services respectifs. On veut aussi, par la même occasion, insister sur l'importance d'établir de bonnes relations de travail.

A.7.3 COMMENT FORMER LE PERSONNEL

Une entreprise peut être très efficace dans le recrutement et la sélection de son personnel. Il n'en demeure pas moins que les nouveaux employés ont toujours besoin d'être formés pour répondre le plus possible aux exigences de leur poste. De là l'importance de la formation et du perfectionnement ainsi que de l'évaluation du rendement.

A.7.3.1 La formation et le perfectionnement

Après le recrutement et la sélection, l'étape suivante du processus de gestion des ressources humaines est celle de la formation et du perfectionnement. La **formation** représente le moyen par lequel on donne aux employés l'occasion d'actualiser les aptitudes associées à leurs fonctions pour qu'ils puissent s'adapter à l'évolution des caractéristiques de leur travail et bien l'effectuer. Le **perfectionnement** a une plus grande portée, puisqu'il vise à accroître les aptitudes des employés en matière de conceptualisation et de relations humaines afin de leur permettre de composer avec les changements qui devraient se produire à l'intérieur de l'organisation sur une certaine période.

La figure A.7.5 illustre les diverses étapes de l'élaboration d'un programme de formation.

Figure A.7.5
Les étapes du processus de formation

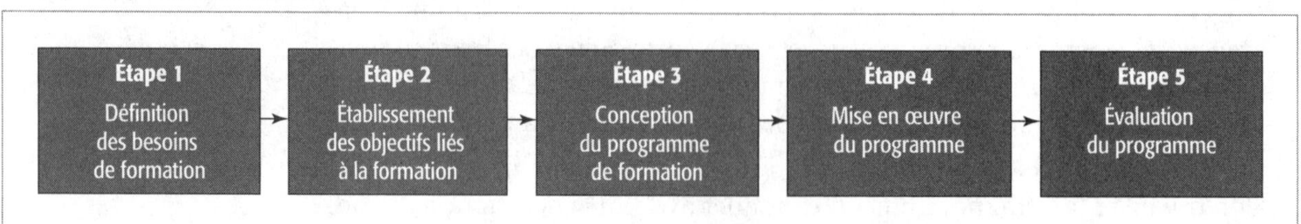

4

A.7.3.2 L'évaluation du rendement

L'**évaluation du rendement** est le processus par lequel on recueille, on analyse, on évalue puis on transmet de l'information sur le comportement d'un individu et les résultats qu'il obtient au cours de son travail. Elle devrait faire partie intégrante du processus de gestion. Cette activité consiste à examiner le rendement d'un employé et à vérifier dans quelle mesure il a contribué à l'atteinte des objectifs de l'entreprise[17].

On évalue le rendement à des fins administratives et dans l'intention de motiver les employés. Les formulaires d'évaluation, qui décrivent le rendement de chacun, sont conservés en vue d'être consultés au moment de la prise de décisions en matière de mutation, de promotion ou d'actualisation des aptitudes. L'évaluation du rendement permet aussi de motiver les employés en leur apportant une rétroaction au sujet de leurs forces et de leurs faiblesses. Lorsqu'on les évalue correctement, les employés sont à même d'apporter les correctifs nécessaires concernant leurs points faibles et ainsi d'améliorer leur rendement et leur productivité.

L'évaluation du rendement vise des objectifs liés:

- au *perfectionnement des cadres*: elle rend possible le perfectionnement des employés en permettant de distinguer et de préparer les individus auxquels on confiera des responsabilités additionnelles;
- à l'*appréciation du rendement*: elle aide à évaluer les réalisations d'un employé;
- à la *rétroaction*: elle met en évidence le type de rendement attendu d'un employé;
- à la *planification des ressources humaines*: elle fait en sorte que les responsables des ressources humaines planifient mieux les mouvements internes de personnel, et ce, en leur permettant de déterminer quels types d'aptitudes et de capacités existent déjà dans l'organisation;
- au *respect des exigences d'ordre juridique*: elle aiderait un employeur à défendre sa position dans l'éventualité d'une poursuite intentée contre lui par un employé;
- à la *communication*: elle fournit à un supérieur et à un subordonné l'occasion de s'entretenir des objectifs, des plans et de leur réalisation;
- à *l'idée que se font les cadres du travail effectué*: elle donne aux cadres une meilleure idée de ce que font leurs subordonnés[18].

A.7.4 COMMENT CONSERVER LE PERSONNEL

Une fois qu'on a engagé de nouveaux employés, il est important d'appliquer des politiques de gestion des ressources humaines qui les dissuadent de quitter l'organisation. Ces politiques concernent la rémunération et les avantages sociaux, le plan de carrière et le système de mouvement de personnel.

A.7.4.1 La rémunération et les avantages sociaux

La **rémunération** est la fonction par laquelle on accorde aux employés une compensation en échange de leur travail et les incitant à améliorer leur rendement. Les régimes de rémunération contribuent à attirer des candidats qualifiés et à encourager les employés à demeurer au service d'une organisation. Une rémunération inadéquate ne peut que nuire au moral des employés, accroître leur taux de renouvellement et réduire leur productivité.

On peut parler de rémunération directe ou indirecte. La *rémunération directe* comprend toutes les sommes versées aux employés sous la forme d'un salaire, qu'il s'agisse d'une paye ou d'un traitement. La paye représente une somme établie suivant un taux horaire ou la quantité de travail produite.

La *rémunération indirecte* englobe les avantages sociaux tels que régimes de retraite, assurance maladie et assurance vie, congés de maladie payés, caisses d'épargne, programmes de sécurité, prestations d'assurance maladie, prestations d'invalidité et prestations au survivant.

Les avantages sociaux offerts aux employés entraînent des coûts pour l'organisation. Ils peuvent s'élever jusqu'à 20 % des frais de personnel (un chiffre qui ne tient pas compte des sommes versées pour les congés).

Au cours des dernières années, des régimes de rémunération moins traditionnels tels que les régimes de participation aux bénéfices sont apparus. Ce mode de rémunération permet à un employé de recevoir un pourcentage des bénéfices de l'organisation en fonction, évidemment, de son rendement.

A.7.4.2 Le plan de carrière

Une autre façon de conserver les ressources humaines est d'élaborer un **plan de carrière** pour tous les employés. Un nouvel employé ne demeurera certainement pas au même poste tout le long de sa carrière. Au fil du temps, il changera d'occupation à l'intérieur de l'organisation. Lorsque les changements se font d'une façon structurée et ordonnée, les employés et l'organisation en bénéficient. Il est donc important d'élaborer un plan de carrière qui intéresse toutes les parties[19]. S'il est difficile de mettre au point un plan de carrière englobant 20 ou 30 années pour une personne qui vient tout juste de se joindre à une organisation, il reste qu'une planification sérieuse permet de déterminer les ambitions, les champs d'intérêt et les objectifs de différents individus et de les relier aux occasions qui se présenteront à l'avenir.

Un plan de carrière peut aussi faciliter la mise en œuvre d'un **plan de succession** mettant en évidence les personnes qui, dans l'organisation, ont les compétences nécessaires pour accéder à des postes supérieurs. Il importe donc de tenir un inventaire complet des qualifications de chaque cadre et de chaque employé de bureau. Si l'on connaît les aspirations et les qualifications des employés ainsi que les besoins de l'entreprise, il est possible de fusionner les deux et d'élaborer un plan de succession. Un tel plan permet de préciser les possibilités d'avancement de chaque employé et d'avoir une vue d'ensemble des ressources humaines disponibles. Un tableau de succession s'avère très utile, car il détermine le degré de compétence des employés en vue de la préparation des promotions éventuelles.

A.7.4.3 Les promotions, les mutations, les rétrogradations et les cessations d'emploi

Il survient inévitablement des mouvements de personnel à l'intérieur d'une organisation. En effet, certaines personnes font l'objet d'une promotion ou d'une rétrogradation, d'autres sont mutées et d'autres encore se voient mises à pied.

Une **promotion** signifie qu'un employé accède à un poste plus élevé, obtenant ainsi un meilleur salaire, de plus grandes responsabilités et un prestige accru. C'est en tenant compte du mérite, de l'ancienneté et de la capacité d'assumer plus de responsabilités que l'on accorde une promotion. Celle-ci constitue en général une récompense offerte à un employé qui se distingue par ses réalisations.

Une **mutation** est un déplacement horizontal vers un poste assorti de responsabilités du même niveau et d'un salaire le plus souvent identique. Elle peut amener un individu à changer de lieu de travail, d'une période de travail ou de type d'emploi. Une mutation peut avoir pour fonctions :

- de respecter les exigences en matière de production ;
- d'accéder aux désirs d'un employé ;
- de remédier à la situation lorsqu'un employé n'est pas heureux à un poste donné ;
- de déplacer un employé qui ne possède pas les aptitudes et les compétences pour effectuer son travail actuel.

Une **rétrogradation** est une mesure appliquée à un employé qui ne s'acquitte plus correctement de ses fonctions ou dont les compétences ne suffisent pas au niveau hiérarchique atteint. Au lieu de congédier l'employé, on le nomme à un poste inférieur, où son salaire et ses responsabilités seront moindres. Il arrive qu'un employé demande à être rétrogradé parce qu'il ne parvient plus à accomplir son travail ou parce qu'il a des ennuis de santé.

La **cessation d'emploi**, ou départ de l'organisation, prend diverses formes : démission, retraite, congédiement, licenciement ou mise à pied. Un employé *démissionne* lorsqu'il n'est plus intéressé par ce que lui offre une entreprise ou lorsqu'il a obtenu un poste ailleurs. Les personnes ayant atteint un certain âge (soit entre 55 et 60 ans) peuvent être invitées à prendre leur *retraite,* c'est-à-dire à quitter leur emploi. Il arrive aussi qu'un employeur prenne l'initiative de remercier un individu. Il s'agit d'un *congédiement* si ce renvoi s'explique par un mauvais rendement ou une conduite inacceptable, et d'un *licenciement* s'il résulte plutôt d'une diminution de la production, de l'adoption d'une nouvelle technologie, du déménagement d'une usine ou d'une fusion. Les *mises à pied,* quant à elles, représentent le plus souvent une perte d'emploi temporaire attribuable à un ralentissement des activités de production.

Concepts clés

Accueil (*orientation*) page 587
Analyse de poste (*job analysis*) page 583
Cessation d'emploi (*separation*) page 591
Description de poste (*job description*) page 583
Évaluation du rendement (*performance appraisal*) page 589
Fiabilité (*reliability*) page 587
Formation (*training*) page 588
Formulaire de demande et d'autorisation de dotation (*position replacement form*) page 584
Gestion des ressources humaines (*human resource management*) page 575
Mutation (*transfer*) page 591
Perfectionnement (*development*) page 588
Plan de carrière (*career plan*) page 590
Plan de succession (*succession plan*) page 590
Processus de gestion des ressources humaines (*human resource management process*) page 580
Profil des exigences de l'emploi (*job specification*) page 583
Promotion (*promotion*) page 591
Recrutement (*recruitment*) page 584
Rémunération (*compensation*) page 590
Rétrogradation (*demotion*) page 591
Sélection (*selection*) page 585
Socialisation (*socialization*) page 587
Validité (*validity*) page 587

Annexe au chapitre 12

Outils d'aide à la planification et au contrôle

Cette annexe décrit des outils d'aide à la décision, sur les plans de la planification et du contrôle. Comme nous l'avons mentionné au début du chapitre 12 (voir la figure 12.1 à la page 460), il existe un lien étroit entre la planification et le contrôle, et ce lien est tellement serré qu'on les appelle souvent les *siamois de la gestion*. Pour cette raison, les outils d'aide à la décision que nous examinerons dans cette annexe peuvent être utilisés pour les deux fonctions de gestion : la planification et le contrôle. Par exemple, nous traiterons dans cette annexe le réseau du chemin critique. Cet outil aide les gestionnaires à déterminer les étapes à suivre ainsi que les activités à réaliser, lors de la planification, pour mettre en place un projet particulier. Une fois les plans terminés, les gestionnaires doivent donc s'assurer que le projet se réalise dans les délais prévus et selon les coûts assignés au projet. Ils vont donc utiliser le réseau du chemin critique pour suivre de près le déroulement des différentes activités et le temps utilisé pour les réaliser.

Cette annexe décrit six outils d'aide à la planification et au contrôle :

- le concept de valeur espérée et la matrice des gains ;
- la technique d'évaluation et de révision des programmes (TERP) ;
- l'ordonnancement des activités ;
- l'analyse du seuil de rentabilité ;
- les méthodes de choix des investissements ;
- la méthode de l'arbre de décision ;
- la recherche opérationnelle.

A.12.1 LE CONCEPT DE VALEUR ESPÉRÉE ET LA MATRICE DES GAINS

Comme toute planification concerne l'avenir, la réalisation de l'objectif choisi comporte toujours un élément d'incertitude proportionnel au risque couru. Or, le **concept de valeur espérée** permet d'évaluer l'ampleur de ce risque grâce à une probabilité exprimée en pourcentage et qui indique dans quelle mesure on observera un événement ou un résultat particulier. En calculant les probabilités, on établit la valeur de différents résultats possibles d'une option, ce qui aide à déterminer sa valeur espérée, ou espérance mathématique.

Prenons l'exemple des dirigeants d'une entreprise qui veulent en accroître les bénéfices annuels de 100 000 $. Deux options s'offrent à eux pour y parvenir : soit faire plus de publicité, ce qui amènerait un bénéfice supplémentaire de 135 000 $, soit moderniser leurs installations de production, ce qui leur permettrait d'économiser 125 000 $ et d'accroître leurs bénéfices d'autant. Avant de faire son choix, le gestionnaire examinera la probabilité d'obtenir le résultat prévu dans chaque cas. Imaginons, par exemple, que le responsable de la commercialisation estime qu'il y a 70 chances sur 100 que la première option génère le bénéfice indiqué et que le responsable de la production juge qu'il y a 80 chances sur 100 que la seconde fasse de même. La valeur espérée de la première option (faire plus de publicité) s'établit donc à 94 500 $ (soit 135 000 $ × 0,70) et celle de la seconde (moderniser les installations de production) à 100 000 $ (soit 125 000 $ × 0,80). S'ils ne se fondent que sur ces calculs, les dirigeants de l'entreprise choisiront manifestement la seconde option. Voici le calcul :

Encadré A.12.1

	Bénéfice prévu	Probabilité d'obtenir ce résultat	Valeur espérée
Programme de publicité	135 000 $	0,70	94 500 $
Programme de modernisation	125 000 $	0,80	100 000 $

La **méthode de la matrice des gains** ressemble à celle de la valeur espérée, car on y utilise encore des probabilités afin de déterminer les résultats attendus. Dans les encadrés qui suivent, nous illustrons cette méthode qui présente les différentes options associées à une décision et les probabilités qui s'y rattachent. Prenons l'exemple d'un gestionnaire qui doit confier une tâche soit à Carole, soit à Suzanne. Il connaît bien le degré de compétence et de productivité de ces deux employées dans diverses situations. Comme le montrent les données suivantes, Carole doit travailler 50 heures pour accomplir une tâche lorsqu'elle est facile, 100 heures lorsque la tâche devient un peu plus difficile et 150 heures lorsque la tâche se révèle très ardue. Pour sa part, Suzanne a besoin de 70, 90 ou 130 heures pour venir à bout d'une tâche, suivant le degré de difficulté.

Encadré A.12.2

	Tâche facile	Tâche difficile	Tâche extrêmement difficile
Carole	50 heures	100 heures	150 heures
Suzanne	70 heures	90 heures	130 heures

La deuxième étape pour déterminer la matrice des gains consiste à évaluer la probabilité que ces deux employées effectuent le travail dans le délai prévu selon le degré de difficulté de la tâche à accomplir. Les probabilités obtenues sont présentées ci-dessous.

Encadré A.12.3

	Tâche facile	Tâche difficile	Tâche extrêmement difficile
Carole	0,25	0,60	0,15
Suzanne	0,20	0,60	0,20

Dans un dernier temps, on doit calculer la valeur espérée en additionnant le nombre d'heures pondéré associé à chaque situation. Comme le démontrent les calculs effectués, il sera préférable de confier le travail à Suzanne, car elle le terminera en 94 heures (14 + 54 + 26), alors que Carole aurait besoin de 95 heures (12,5 + 60 + 22,5) pour l'exécuter.

Encadré A.12.4

	Tâche facile	Tâche difficile	Tâche extrêmement difficile
Carole			
Nombre d'heures requis	50	100	150
Probabilités	0,25	0,60	0,15
Nombre d'heures pondéré	12,5	60,0	22,5
Valeur espérée (en heures)		95,0	
Suzanne			
Nombre d'heures requis	70	90	130
Probabilités	0,20	0,60	0,20
Nombre d'heures pondéré	14,0	54,0	26,0
Valeur espérée (en heures)		94,0	

A.12.2 LA TECHNIQUE D'ÉVALUATION ET DE RÉVISION DES PROGRAMMES (TERP)

wwww.netmba.com/operations/project/pert/

On recourt à la **technique d'évaluation et de révision des programmes** surtout dans le but de planifier et de contrôler la réalisation de projets complexes. Cette méthode fait appel à un réseau indiquant l'ordre des étapes nécessaires à la réalisation d'un projet. La figure A.12.1 présente un exemple typique de graphique mettant en évidence les relations entre les diverses activités nécessaires à l'exécution d'un projet — de la préparation des devis et du début de la construction d'une usine au démarrage de la production, dans le présent cas. Comme on peut le constater, il arrive qu'un gestionnaire ait à prendre des centaines de décisions concernant un même projet. Chaque étape ou activité requise se traduit en effet par une décision concernant le temps, le coût et les ressources nécessaires à sa réalisation. Or, toute décision au sujet d'une activité particulière peut influer sur les autres étapes du projet.

Figure A.12.1
Le réseau du chemin critique

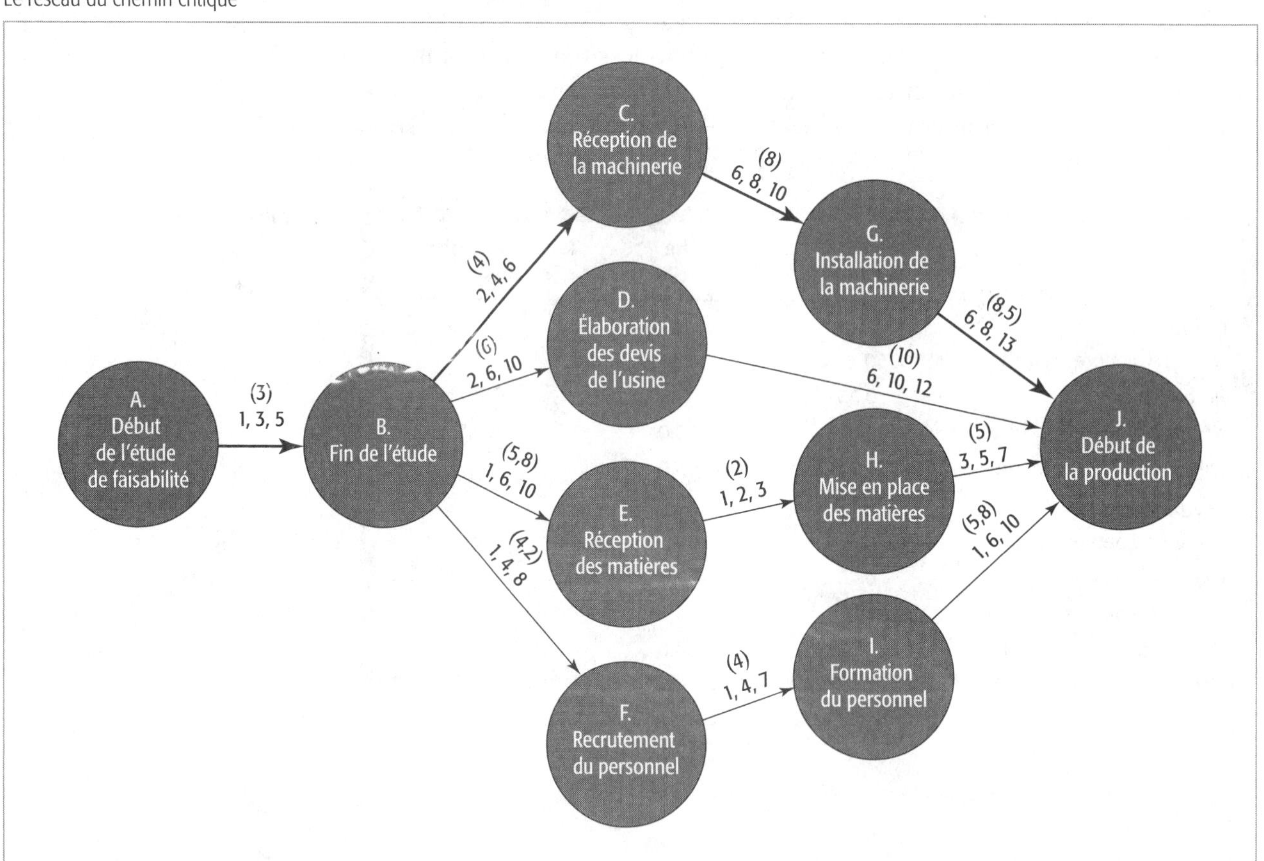

On estime le temps ou délai de réalisation de chaque activité dans la meilleure des situations, dans le pire des cas et dans les conditions les plus probables. Par la suite, on établit un modèle mathématique en calculant la moyenne de ces trois estimations :

1) le temps ou délai de réalisation optimal (To), si aucun problème grave ne se pose;
2) le temps ou délai de réalisation moyen (Tm), si le travail s'effectue dans des conditions normales (on attribue à cette valeur le coefficient de pondération 4 parce qu'il s'agit de la plus probable);
3) le temps ou délai de réalisation le pire (Tp), si des difficultés importantes surgissent.

En additionnant les délais estimatifs d'une activité (To, Tm, Tp), puis en divisant cette somme par 6 (soit 1 + 4 + 1), on obtient le temps de réalisation moyen espéré (Te) de cette étape du projet. On utilise la formule suivante pour déterminer le chemin critique représenté dans la figure A.12.1:

$$Te = \frac{To + 4\,(Tm) + Tp}{6}$$

Le calcul des différents chemins est décrit ci-dessous.

Encadré A.12.5

Réseau	Temps moyen (Tm)		Temps total (en semaines)
ABCGJ	3 + 4 + 8 + 8,5	=	23,5
ABDJ	3 + 6 + 10	=	19
ABEHJ	3 + 5,8 + 2 + 5	=	15,8
ABFIJ	3 + 4,2 + 4 + 5,8	=	17

Les flèches foncées reliant les activités A, B, C, G et J correspondent au chemin critique qui devrait permettre de terminer le projet en 23,5 semaines. Il s'agit en fait du chemin le plus long, c'est-à-dire de celui dont la réalisation exige le plus de temps. Les autres réseaux comportent un temps d'inactivité égal à la différence entre leur délai de réalisation et celui du chemin critique. Ainsi, à l'exception du chemin critique, tous les réseaux compris dans le calcul précédent se caractérisent par un temps d'inactivité tel que celui présenté ci-dessous.

Encadré A.12.6

Réseau	Chemin critique		Temps total		Temps inactif (en semaines)
ABCGJ	23,5	–	23,5	=	0 (critique)
ABDJ	23,5	–	19	=	4,5
ABEHJ	23,5	–	15,8	=	7,7
ABFIJ	23,5	–	17	=	6,5

A.12.3 L'ORDONNANCEMENT DES ACTIVITÉS

Vers le début du siècle, Henry Gantt, un disciple et un protégé de Frederick W. Taylor, mit au point un instrument de planification et de contrôle qui porte aujourd'hui son nom, le graphique de Gantt. Cet outil d'aide à la

www.ganttchart.com/

planification sert à l'ordonnancement des activités dans les usines de fabrication. Il permet avant tout d'établir le moment où il faut entreprendre une tâche, le temps dont on aura besoin pour l'exécuter et le moment où elle sera terminée.

Comme le montre la figure A.12.2, le **diagramme de Gantt** est un diagramme à bâtons illustrant l'ordre séquentiel et le moment du début et de la fin des activités requises. Dans l'exemple, on doit exécuter quatre ordres de travail portant respectivement les numéros 500, 501, 502 et 503. L'axe vertical du graphique comporte le numéro d'identification des huit opérations effectuées à l'usine, tandis que l'axe horizontal indique le temps nécessaire pour accomplir le travail exigé (du lundi au vendredi). Par exemple, le responsable décide que les activités de l'ordre de travail n° 500 débuteront le lundi à 8 h 30 et se poursuivront par intermittence jusqu'au vendredi à 15 h. Comme on peut le voir, l'exécution de cet ordre exigera la réalisation de quatre opérations : l'opération n° 1 le lundi, l'opération n° 5 le mardi, l'opération n° 7 le jeudi et l'opération n° 4 le vendredi.

Figure A.12.2
Le diagramme de Gantt

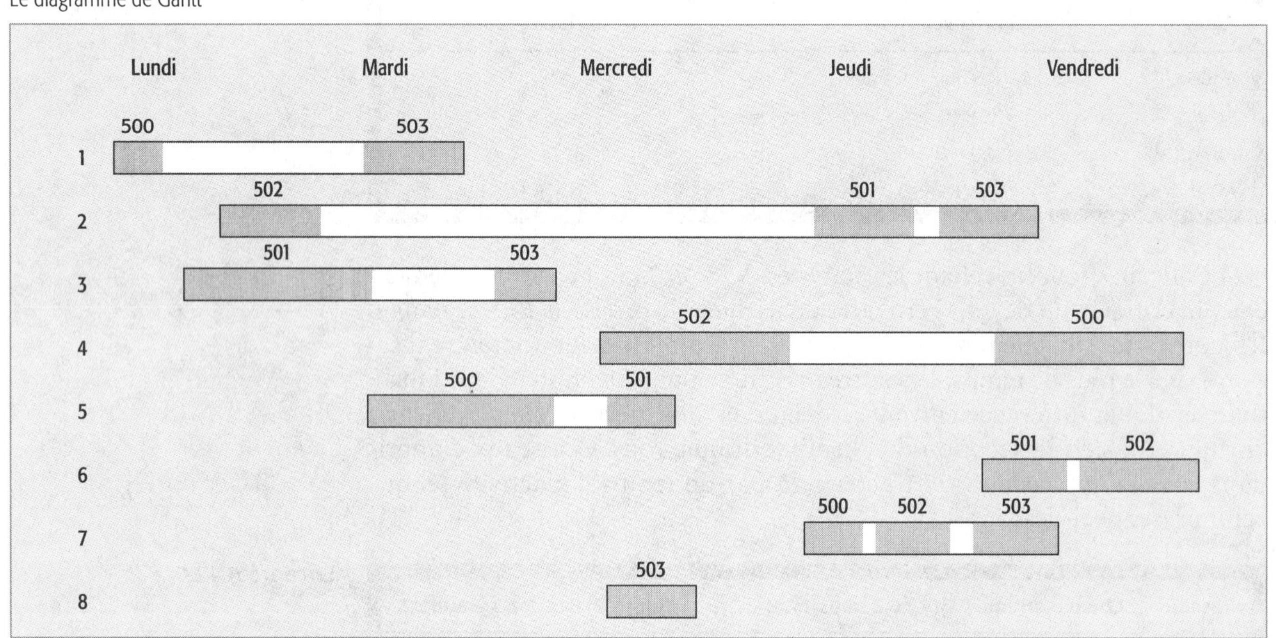

A.12.4 L'ANALYSE DU SEUIL DE RENTABILITÉ

www.tutor2u.net/business/production/breakeven.htm

L'**analyse du seuil de rentabilité** (aussi appelée l'analyse du point mort) se définit comme la somme des activités nécessaires pour générer le produit d'exploitation (revenu total) correspondant aux charges d'exploitation (coût total). Pour déterminer le seuil de rentabilité, il faut tenir compte de trois éléments : le prix de vente unitaire (P), le total des coûts fixes (F) et les coûts unitaires variables (V). Cette analyse permet de répondre à des questions telles que celles-ci : Faut-il construire une nouvelle usine ? Si oui, quelle quantité de marchandises devrait-on y produire ? Faut-il acquérir une nouvelle machine ? Dans l'affirmative, quelle puissance devrait-elle avoir ? En analysant le seuil de rentabilité, on peut en effet déterminer l'ampleur des bénéfices ou des pertes que susciterait une usine ou une machine en produisant différentes quantités. Cet outil sert également à calculer les bénéfices ou les pertes qu'engendrerait une variation donnée du prix, des coûts fixes ou des coûts variables.

Voyons tout d'abord ce que représentent les coûts fixes et les coûts variables.

Les **coûts fixes** sont constitués par tous les frais constants et à acquitter régulièrement, peu importe le niveau de production. Très souvent inévitables, ces charges doivent être couvertes pour exploiter une entreprise. Elles comprennent, entre autres, les frais de location, les intérêts versés sur un prêt hypothécaire, le coût des assurances contre les dommages matériels, l'impôt foncier, la rémunération du personnel de bureau, les frais d'amortissement, le coût des services de protection, les frais de téléphone et les honoraires.

Les **coûts variables** représentent toutes les dépenses en fonction directe de la quantité produite; elles augmentent lorsque celle-ci fait de même. Imaginons une entreprise qui fabrique 100 articles en utilisant une matière A au coût unitaire de 0,10 $ et une matière B au coût unitaire de 0,20 $, soit un coût variable total de 0,30 $. Dans le cas d'une production de 1 000 unités, ce coût serait de 300 $. Voici quelques exemples de charges variables : les commissions des vendeurs, le coût de la main-d'œuvre directe, le coût du matériel d'emballage, le coût de l'alimentation en électricité, la majoration pour heures supplémentaires, les frais de location d'équipement, le coût des matières et les frais de transport.

Si une entreprise n'avait aucun coût fixe, ses dirigeants parviendraient facilement à prendre toute décision en matière de bénéfices, car ils n'auraient pas à craindre d'enregistrer une perte. De fait, les gestionnaires d'une entreprise hypothétique de ce genre n'auraient pas besoin d'effectuer des calculs détaillés pour choisir le prix de leurs différents produits, ni d'évaluer la part de risque de leurs activités. Dans le cas où il n'y aurait rien à déduire des produits d'exploitation mis à part les coûts variables, on n'aurait guère de difficulté à établir d'avance le niveau des bénéfices. Un prix de vente unitaire de 8 $ et un coût variable de 3 $ l'unité, par exemple, se traduiraient par une marge bénéficiaire de 5 $ (soit 8 $ – 3 $). Ainsi, que l'entreprise vende 10 ou 10 000 articles, chacun d'entre eux lui apporterait un bénéfice de 5 $. Non seulement l'absence de coûts fixes faciliterait la planification, mais encore elle réduirait au minimum ou même tous les risques courus par l'entreprise. En fait, la probabilité que celle-ci subisse une perte serait quasi nulle.

Pour prendre une décision touchant les bénéfices que généreraient différentes quantités vendues d'un produit, il faut connaître toutes les interactions entre le volume, le prix, la combinaison de produits et les coûts du produit. On effectue une analyse coût-volume-profit, communément appelée l'analyse du seuil de rentabilité, afin de déterminer le comportement de ces diverses variables, les relations qui les unissent et l'effet qu'elles exercent sur le niveau des bénéfices. Ce type d'analyse permet aux gestionnaires de prévoir très à l'avance la variation des bénéfices qu'entraînera une modification des procédés d'exploitation.

Comme nous l'avons indiqué auparavant, le seuil de rentabilité représente le niveau auquel le produit d'exploitation d'une entreprise lui permet tout juste de ne pas subir une perte. En d'autres termes, il s'agit du niveau d'activité engendrant un bénéfice nul, c'est-à-dire un revenu total correspondant au coût total. Avant d'étudier la représentation graphique du seuil de rentabilité, voyons ce qu'est la marge sur coûts variables et examinons-en l'importance dans le contexte de l'analyse du seuil de rentabilité.

Chaque fois qu'une entreprise vend une unité d'un produit, le bénéfice qu'elle en retire l'aide à recouvrer ses frais fixes. Autrement dit, c'est l'excédent du produit d'exploitation d'une entreprise sur ses coûts variables qui lui permet d'acquitter ses charges fixes pour ensuite obtenir le bénéfice qu'elle recherche. Cet excédent porte le nom de **marge sur coûts variables** ou la marge bénéficiaire.

On peut déterminer le seuil de rentabilité à l'aide des données suivantes.

Quantité produite (en unités)	60 000
Prix de vente unitaire	15 $
Coûts variables à l'unité	10 $
Coûts fixes	200 000 $

Dans cet exemple, les résultats de l'entreprise se présentent comme suit.

Produit d'exploitation (60 000 unités × 15 $)	900 000 $
Coûts variables (60 000 unités × 10 $)	600 000
Marge sur coûts variables (5 $ l'unité)	300 000
Coûts fixes	200 000
Bénéfice	100 000 $

Le seuil de rentabilité (SR) exprimé en quantité se définit de la manière suivante :

$$\text{SR} = \frac{\text{coût fixe}}{\text{prix de vente unitaire} - \text{coûts variables unitaires}}.$$

(ou marge sur coûts variables unitaires)

En utilisant les données présentées ci-dessus, on obtient :

$$\text{SR} = \frac{200\,000\,\$}{15\,\$ - 10\,\$} = 40\,000 \text{ unités.}$$

Il existe deux manières de calculer le seuil de rentabilité exprimé en dollars (produit d'exploitation). D'une part, on peut tout simplement multiplier le nombre d'unités à produire par le prix de vente unitaire, ce qui donne 600 000 $ (40 000 unités × 15 $).

L'autre façon de procéder consiste à calculer le **ratio de marge bénéficiaire nette**, lequel traduit la relation entre la marge sur coûts variables et le prix de vente d'une unité. Dans notre exemple, le ratio de marge bénéficiaire nette s'établit à 0,333 (soit 5 $ ÷ 15 $). En divisant le total des coûts fixes par cette valeur, on en arrive au même résultat que précédemment, soit 600 000 $ (200 000 $ ÷ 0,333).

A.12.4.1 Le seuil de rentabilité selon un bénéfice recherché

Pour enregistrer un bénéfice de 150 000 $, l'entreprise qui nous sert d'exemple devra vendre 70 000 unités ou obtenir un produit d'exploitation de 1 050 000 $. On parvient à ce résultat de la manière suivante :

$$\frac{\text{coûts fixes + bénéfice recherché}}{\text{marge sur coûts variables unitaires}}$$

$$\frac{200\,000\,\$ + 150\,000\,\$}{5\,\$} = 70\,000 \text{ unités ou } 1\,050\,000\,\$ \ (70\,000 \times 15\,\$).$$

A.12.4.2 Le graphique du seuil de rentabilité

Le graphique du seuil de rentabilité permet de représenter d'une manière relativement simple les effets d'une variation des revenus (produit d'exploitation) ou des coûts sur la rentabilité. La figure A.12.3 fournit le graphique du seuil de rentabilité se rapportant à l'exemple qui précède. Le nombre d'unités vendues y apparaît en abscisse et le total des revenus et des coûts, en ordonnée.

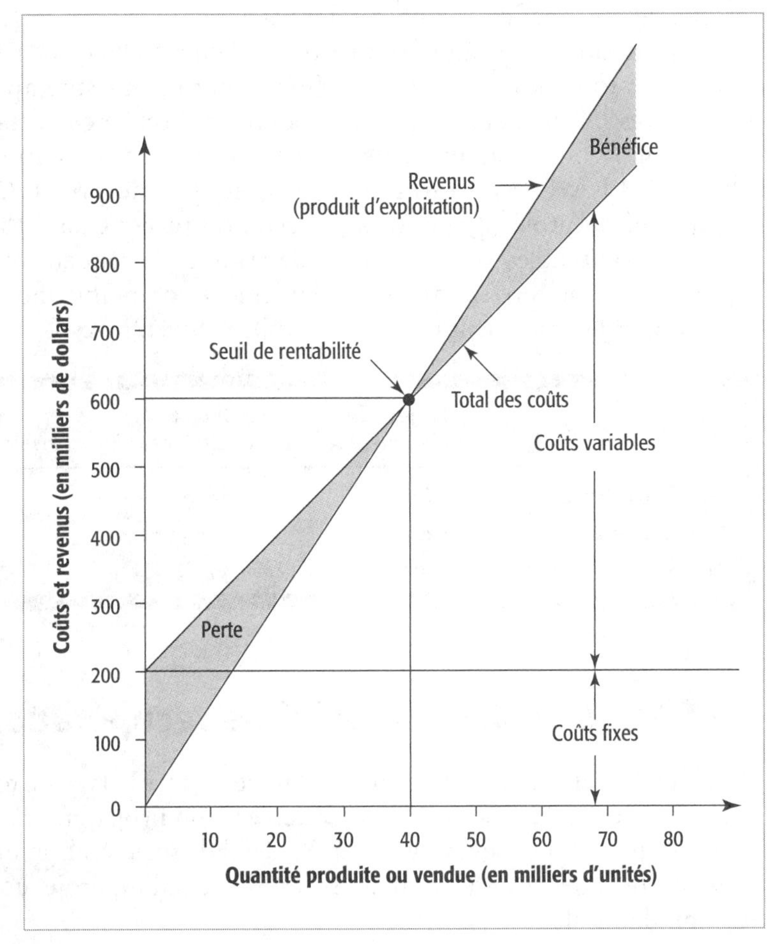

Figure A.12.3
Représentation du seuil de rentabilité

A.12.5 LES MÉTHODES DE CHOIX DES INVESTISSEMENTS

Lorsque les dirigeants d'une entreprise envisagent d'allouer une somme considérable à l'agrandissement, à la construction ou à la modernisation d'une usine, ils recourent à certaines méthodes d'analyse pour déterminer la rentabilité d'un tel projet d'investissement.

Tout projet d'investissement suppose des dépenses (coût initial du bâtiment, du matériel ou de l'outillage) et des recettes (bénéfices générés par les biens acquis tout le long de leur durée matérielle). La présente section examine deux types de méthodes qui servent au choix des investissements : les procédés comptables et le calcul du délai de récupération. Elle en indique la nature, l'utilité et le mode d'application.

A.12.5.1 Les procédés comptables

Les **procédés comptables** permettent de déterminer les résultats économiques d'un projet d'investissement grâce à certains renseignements tirés des états financiers. Ils fournissent le taux de rendement ou de rentabilité d'un projet d'investissement à un moment donné (année) en fonction d'une valeur comptable du bénéfice et du capital investi.

On peut sans peine établir le taux de rendement à l'aide de tels procédés, car on doit tout au plus diviser le bénéfice par une mesure appropriée du capital investi. Il existe plusieurs méthodes pour effectuer ce calcul, mais nous n'en examinerons ici qu'une seule. Dans l'exemple fourni dans le calcul au tableau A.12.1, le rendement comptable moyen du projet A s'établit à 24 %, celui du projet B, à 37,5 %, et celui du projet C, à 20 %. D'autres procédés comptables permettent de déterminer le rendement annuel du capital initial, ou moyen investi, le rendement comptable moyen du capital investi et le rendement moyen du capital moyen investi.

Tableau A.12.1
Le taux de rendement comptable

	Projet d'investissement A	Projet d'investissement B	Projet d'investissement C
Capital initial investi	5 000 $	8 000 $	10 000 $
Bénéfices réalisés	1 200 $	3 000 $	2 000 $
Taux de rendement	24 %	37,5 %	20 %

A.12.5.2 Le calcul du délai de récupération

Le **calcul du délai de récupération** sert à déterminer le laps de temps nécessaire pour récupérer les sommes consacrées à un projet grâce aux rentrées de fonds que celui-ci devrait générer. Le délai de récupération indique ainsi dans combien de temps le total des recettes tirées d'un projet correspondra au capital initialement investi.

Tout en aidant à choisir les projets à réaliser, la méthode du délai de récupération aide à évaluer le risque qu'ils comportent. En effet, il est évident que le risque couru augmente en proportion du temps nécessaire pour recouvrer le capital initial investi. Ce point revêt une importance toute particulière pour une entreprise exerçant ses activités dans un secteur où il faut tenir compte de l'obsolescence des produits et où l'on observe des progrès techniques soudains. Il est probable qu'une entreprise évoluant dans un secteur relativement stable acceptera des projets ayant un plus long délai de récupération. On peut envisager le délai de récupération comme un indice de la rentabilité. Tout projet auquel on attribue un court délai de récupération devrait en effet générer des recettes plus importantes à court terme. Toutefois, en raisonnant ainsi, on met l'accent sur les rentrées de fonds immédiates, au détriment parfois d'une croissance future des recettes.

Il existe différentes manières d'établir le délai de récupération. Les calculs à effectuer sont simples. Ainsi, une entreprise qui consacre 1,5 million de dollars à un projet devant générer des recettes annuelles de 500 000 $ tout le long de sa durée matérielle aura recouvré les fonds investis au bout de 3 ans. On arrive à ce résultat en utilisant la formule :

$$D = \frac{I}{RFN}$$

où D représente le délai de récupération, I, le capital initial investi, et RFN, les rentrées de fonds nettes. Il faut cependant noter que cette formule ne s'applique que si les rentrées de fonds annuelles se répartissent également ou si l'on en fait la moyenne. En reprenant l'exemple donné plus haut, on obtient :

$$D = \frac{1\,500\,000\,\$}{500\,000\,\$} = 3 \text{ ans}$$

Tableau A.12.2
Le calcul du délai de récupération

	Projet d'investissement A	Projet d'investissement B	Projet d'investissement C
Capital initial investi (en dollars)	5 000	8 000	10 000
Recettes (en dollars)			
1re année	1 200	3 000	2 000
2e année	1 200	3 000	2 000
3e année	1 200	3 000	2 000
4e année	1 200	3 000	2 000
5e année	1 200	3 000	2 000
Délai de récupération (en années)	4,2	2,7	5,0

Voyons maintenant l'exemple d'une entreprise qui étudie trois projets d'investissement. Comme l'indique le tableau A.12.2, le projet A entraînerait un coût initial de 5 000 $, le projet B, de 8 000 $, et le projet C, de 10 000 $. Les bénéfices associés à chacun de ces projets varient en outre considérablement. En calculant le délai de récupération, on découvre que le projet B s'avère le plus avantageux, car il permet de recouvrer le capital investi au bout de 2,7 ans. Par opposition, les projets A et C requièrent respectivement 4,2 ans et 5 ans pour en arriver à ce résultat.

A.12.6 LA MÉTHODE DE L'ARBRE DE DÉCISION

WWW
www.mindtools.com/pages/article/newTED04.htm

La **méthode de l'arbre de décision**, outil d'analyse quantitative, permet d'examiner un enchaînement de décisions. Il s'agit d'un des procédés mathématiques les plus efficaces pour faciliter la prise de décision en matière de projet d'investissement. Le recours à la logique symbolique permet aux gestionnaires de choisir l'option la plus avantageuse en considérant un certain nombre d'événements indépendants et imprévisibles. Cette méthode met en jeu trois éléments : la prise de décision, le calcul des probabilités et l'enchaînement des décisions.

A.12.6.1 La prise de décision

Comme nous l'avons vu antérieurement, la prise de décision représente le processus par lequel on choisit entre deux ou plusieurs options celle qui permettra le mieux d'atteindre un objectif donné. À l'exemple des autres décisions, celles qui touchent un projet d'investissement présentent en général un contexte déterminé, aléatoire ou incertain. La méthode de l'arbre de décision tient compte de la part de risque et aide à déterminer la probabilité que certaines variables importantes, comme le volume, le prix, le coût de la main-d'œuvre et le coût des biens d'actif, adoptent diverses valeurs. Elle prend aussi en considération les conditions potentielles dans l'environnement général et dans celui du secteur.

A.12.6.2 Le calcul des probabilités

Quant aux décisions ayant trait aux dépenses d'investissement, les **probabilités** indiquent dans quelle mesure on peut s'attendre à ce que certains événements surviennent. On évalue ainsi la probabilité que chaque variable importante adopte diverses valeurs pour déterminer les résultats optimaux. Voici un exemple illustrant l'utilisation des probabilités dans ce contexte, soit celui d'une entreprise dont la part du marché diminue. Pour remédier à cette situation, ses dirigeants étudient un projet d'investissement qui leur permettrait dans un même temps d'améliorer la qualité de leur produit et d'en modifier le prix. Il leur faut déterminer les revenus possibles et leur moyenne pondérée afin d'évaluer la rentabilité de ce projet.

Les responsables de la commercialisation savent que, si le prix unitaire demeure à son niveau actuel de 10 $, il y a peu de chances que la quantité vendue passe de 5 000 à 10 000 unités (probabilité de 0,10) et encore moins à 15 000 unités (probabilité de 0,05). En revanche, si l'on réduit ce prix de 2 $ ou même de 5 $, la probabilité que le volume des ventes augmente serait beaucoup plus forte. Cette baisse de prix aurait cependant un effet net sur le produit d'exploitation. Le tableau A.12.3 indique les valeurs obtenues.

Tableau A.12.3
Le calcul des revenus pondérés

	Revenus (produits d'exploitation)			Revenus pondérés
Quantité vendue (en unités)	5 000	10 000	15 000	
Prix courant (10$)	50 000$	100 000$	150 000$	60 000$
Probabilités	0,85	0,10	0,05	
Prix réduit à 8$	40 000$	80 000$	120 000$	80 000$
Probabilités	0,25	0,50	0,25	
Prix à 5$	25 000$	50 000$	75 000$	53 750$
Probabilités	0,15	0,55	0,30	

Les dirigeants de l'entreprise évaluent à 0,50 ou à 0,55 la probabilité que la quantité vendue augmente à 10 000 unités suivant que l'on réduise le prix de 2 $ ou de 5 $. Si l'on ne tient pas compte des coûts de fabrication, on découvre qu'une baisse du prix de 2 $ offre les meilleurs revenus pondérés, soit 80 000 $ [40 000 $ (0,25) + 80 000 $ (0,50) + 120 000 $ (0,25)]. En effet, une réduction de 5 $ ferait diminuer les bénéfices de l'entreprise, car l'accroissement du volume des ventes ne suffirait pas à compenser la baisse des revenus attribuable au prix unitaire moindre. On en établit le résultat pondéré à 53 750 $ [25 000 $ (0,15) + 50 000 $ (0,55) + 75 000 $ (0,30)].

A.12.6.3 L'enchaînement des décisions

De nos jours, la plupart des décisions prises dans le milieu des affaires sont envisagées séparément. Toutefois, certaines d'entre elles s'enchaînent les unes aux autres. Ainsi, les dirigeants d'une entreprise qui songent à acquérir une aciérie examineront les conséquences économiques de ce projet sans analyser les effets de leurs décisions ultérieures sur leur choix initial. Des vacanciers pourraient-ils partir en voyage sans avoir acheté leurs billets de retour ? Sûrement pas, à moins d'utiliser la voiture. Ils choisiront tout d'abord comment ils atteindront leur destination initiale, soit par avion, soit par train, soit en automobile. Puis, ils décideront combien de temps ils passeront en voyage et ils prépareront leur itinéraire. Leur première décision aura ainsi un effet sur toutes les autres. Dans le domaine des affaires, ce type de planification relève de l'analyse séquentielle d'une activité comportant plusieurs étapes.

A.12.6.4 Un exemple d'emploi de l'arbre de décision

Un arbre de décision fait ressortir les conséquences probables de plusieurs lignes de conduite. Cet outil s'avère tout particulièrement utile lorsqu'il existe beaucoup de points de décision s'accompagnant d'un nombre illimité d'options et de probabilités servant au calcul des résultats. Autrement dit, il permet de bien mettre en évidence le réseau de toutes les actions, et dans des situations bien plus complexes que celle que nous voyons ici.

Figure A.12.4 L'arbre de décision concernant le projet d'installer un stand à l'intérieur ou à l'extérieur

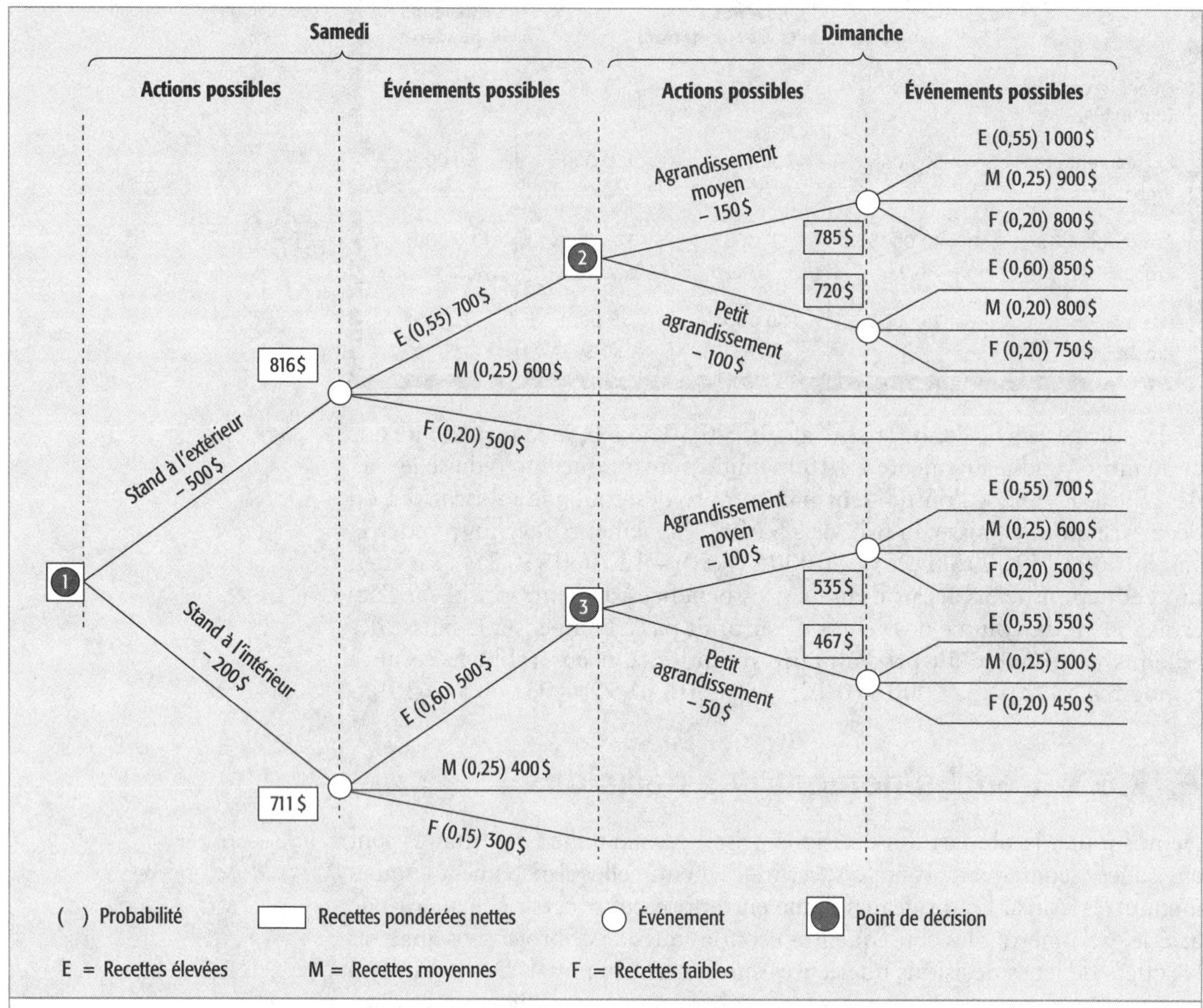

Notes :
- Les montants traduisent une dépense lorsqu'ils sont précédés d'un signe négatif.
- Les montants les plus élevés des recettes pondérées de la journée du dimanche sont utilisés pour calculer les recettes pondérées de la journée du samedi. Voici le calcul pour le stand à l'extérieur :

Événements possibles	Samedi	Dimanche	Total	Probabilités	Recettes pondérées
Recettes élevées	700 $	785 $	1 485 $	0,55	816 $
Recettes moyennes	600 $	600 $	1 200 $	0,25	300 $
Recettes faibles	500 $	500 $	1 000 $	0,20	200 $
					1 316 $
Investissement					500 $
Recettes pondérées nettes					816 $

L'exemple qui suit illustre un enchaînement de décisions prises en fonction de probabilités. Un commerçant envisage de louer un emplacement intérieur ou extérieur et d'y exploiter un stand durant la fin de semaine où se tiendra une fête communautaire. Comme l'indique la figure A.12.4 à la page 606, le coût initial d'un emplacement extérieur est de 500 $ et celui d'un emplacement intérieur, de 200 $. Les recettes enregistrées varieront suivant l'option choisie. Le volume des ventes pourra en outre être faible, moyen ou élevé selon le temps qu'il fera. Peu importe l'emplacement choisi, le commerçant réalisera beaucoup de ventes le samedi s'il fait beau, et il pourrait alors décider d'agrandir son stand.

En se basant sur son expérience personnelle et sur les propos échangés avec d'autres exploitants, le propriétaire du stand a évalué les recettes associées à ses deux principales options (s'installer à l'extérieur ou à l'intérieur), de même qu'aux autres choix qui s'offrent à lui (agrandir un peu ou moyennement). Comme on peut le voir en observant la figure A.12.4, agrandir un stand extérieur constitue la possibilité la plus intéressante. En effet, la décision n° 2 générerait des recettes de 785 $ ou 720 $ selon l'ampleur de l'agrandissement effectué, contre 535 $ ou 467 $ seulement pour la décision n° 3 (agrandir plus ou moins un stand intérieur). Le commerçant a ensuite utilisé ces montants pour calculer le résultat, ou les recettes pondérées nettes, concernant la décision n° 1. Il a ainsi découvert qu'il aurait avantage à installer un stand extérieur même si cela lui coûte initialement plus cher. En effet, un emplacement extérieur se traduit par des recettes pondérées nettes plus élevées (816 $) que celles obtenues par un emplacement intérieur (711 $).

A.12.7 LA RECHERCHE OPÉRATIONNELLE

La **recherche opérationnelle** propose plusieurs méthodes de prise de décision s'appuyant sur des modèles mathématiques de résolution de problèmes d'exploitation complexes. Elle vit le jour durant la Seconde Guerre mondiale lorsqu'on a réuni de grands spécialistes de l'aviation afin de résoudre certains problèmes complexes tels que déterminer le type d'appareil le plus efficace pour parer les attaques allemandes contre la Grande-Bretagne. On utilise les procédés de gestion offerts par la recherche opérationnelle en réalisant les étapes suivantes:

www.cors.ca/whator/corsf.htm

1) définir le problème;
2) élaborer un modèle mathématique représentant le système à l'étude;
3) concevoir une solution à partir de ce modèle;
4) vérifier la pertinence du modèle et celle de la solution que l'on en a tirée;
5) établir des moyens pour contrôler l'application de la solution;
6) appliquer la solution.

La recherche opérationnelle comporte plusieurs champs d'application: la programmation linéaire, la théorie des files d'attente, les modèles de simulation, les modèles de contrôle des stocks et les jeux d'entreprise.

A.12.7.1 La programmation linéaire

L'une des principales tâches d'un gestionnaire consiste à répartir des ressources (financières, physiques, matérielles et humaines) limitées en tenant compte de diverses options. Pour s'en acquitter, il lui faut employer des outils de prise de décision pouvant l'aider à maximiser les effets recherchés ou à réduire l'ampleur des résultats indésirables ou les deux à la fois, en se pliant à des contraintes d'exploitation. Or, la **programmation linéaire** est l'une des méthodes souvent adoptées en pareil cas. Elle s'applique dans les situations où l'on vise à maximiser les bénéfices en utilisant des ressources limitées. On peut aussi y recourir pour déterminer l'affectation du personnel, élaborer les calendriers d'expédition, reconnaître les combinaisons optimales de produits, établir judicieusement l'ordre des activités de production, répartir les ressources énergétiques, effectuer le contrôle des stocks et choisir l'emplacement d'un entrepôt. L'adjectif *linéaire* implique l'existence d'une relation directe entre deux variables, tandis que le terme *programmation* dénote la conception d'un modèle mathématique qui aide à utiliser au mieux des ressources limitées. On observe une *relation linéaire* entre deux variables lorsque tout changement de valeur de l'une entraîne une variation proportionnelle de l'autre.

A.12.7.2 La théorie des files d'attente

Afin de résoudre les problèmes correspondants, la **théorie des files d'attente** s'efforce d'équilibrer le nombre optimal de files d'attente nécessaire pour assurer le service à la clientèle et les coûts entraînés par la perte de clients attribuable au nombre limité de ces files.

Le but est de réduire au minimum les périodes où les employés n'ont rien à faire tout en fournissant un service adéquat à la clientèle. Dans un marché de grande surface, par exemple, il importe de connaître le nombre de préposés à la caisse qui permettra de bien servir les clients. En effet, s'il y a trop de préposés, on assumera des coûts inutiles en raison de temps morts. À l'inverse, un nombre insuffisant de préposés à la caisse pourrait susciter le mécontentement des clients et entraîner une perte de revenus.

On peut appliquer la théorie des files d'attente dans diverses organisations, par exemple dans:

- un aéroport, pour calculer le nombre optimal d'appareils;
- une usine, pour déterminer la quantité de matières premières requise aux divers postes de travail;
- un hôpital, pour assurer une utilisation maximale des chambres;
- une banque, pour savoir combien de guichets ouvrir;
- un service du ministère des Transports, pour établir le nombre de postes de péage à installer.

A.12.7.3 Les modèles de simulation

Une autre méthode de la recherche opérationnelle est le **modèle de simulation** qui consiste à élaborer un modèle informatique reproduisant les principales composantes d'un système (imitant la réalité) pour ensuite évaluer diverses options afin de choisir la meilleure. On utilise ainsi des modèles de simulation pour préparer les astronautes à se poser sur la Lune. Un système informatique étudie les diverses situations que pourraient devoir affronter les astronautes et la manière d'y réagir. On a programmé ce système pour qu'il reproduise de manière réaliste les actions individuelles et combinées des astronautes. Les modèles de simulation servent, entre autres choses, à déterminer :

- le mode de fonctionnement d'un grand aéroport ;
- le nombre de trains à mettre en circulation sur un réseau particulier ;
- le plan et l'aménagement d'une nouvelle usine.

A.12.7.4 Les modèles de contrôle des stocks

On recourt fréquemment à des modèles mathématiques pour établir le volume des stocks à conserver. Il importe ici d'équilibrer les coûts d'achat et les coûts de stockage des matières. Les **modèles de contrôle des stocks** ont pour but de réduire au minimum les coûts inutiles dus au volume des stocks. Ils aident les gestionnaires à déterminer le nombre d'unités à commander et à garder en stock. La programmation linéaire peut aussi servir à résoudre ce genre de problèmes, mais, dans les cas complexes, on emploie plutôt un modèle de simulation.

A.12.7.5 Les jeux d'entreprise

Les gestionnaires peuvent améliorer leurs aptitudes de décideur en participant à des **jeux d'entreprise**. Ils les aident à élaborer des stratégies portant sur différentes variables (tels le prix, la publicité, la recherche et le développement), puis à étudier les effets de leurs décisions sur leur entreprise hypothétique et ses concurrents. Par exemple, on formera quatre équipes concurrentes comme dans une situation réelle. Chacune conçoit ses propres stratégies en matière de publicité, de prix, de recherche et de développement. On communique ensuite leurs décisions à un ordinateur qui en détermine les conséquences sur la part du marché, les résultats financiers et le rendement du capital investi.

▶▶▶ Concepts clés

Analyse du seuil de rentabilité (*break-even analysis*) page 598
Calcul du délai de récupération (*payback method*) page 602
Concept de valeur espérée (*expected value concept*) page 594
Coût fixe (*fixed costs*) page 599
Coût variable (*variable costs*) page 599
Diagramme de Gantt (*Gantt chart*) page 598
Jeu d'entreprise (*game theory*) page 609
Marge sur coûts variables (*contribution margin*) page 600
Méthode de contrôle des stocks (*inventory models*) page 609
Méthode de l'arbre de décision (*decision tree analysis*) page 604
Méthode de la matrice des gains (*payoff matrix*) page 594
Modèle de simulation (*simulation model*) page 609
Probabilité (probabilities) page 604
Procédé comptable (*accounting methods*) page 602
Programmation linéaire (*linear programming*) page 608
Ratio de marge bénéficiaire nette (*profit-volume ratio*) page 600
Recherche opérationnelle (*operations research*) page 607
Technique d'évaluation et de révision des programmes (TERP) (*program evaluation and review technique, PERT*) page 596
Théorie des files d'attente (*queing line techniques*) page 608

NOTES

Chapitre 1

1. a) Hélène Roy, *50 Leaders,* PME, octobre 2005, p. 44.
   b) Associated Press – Genève, « Tsunami et dons humanitaires : entre les promesses et la réalité », *Le Droit,* 12 janvier 2005, p. 23.
2. Suzanne Dansereau, « L'art au service des leaders », *Les Affaires,* 22 janvier 2005.
3. « Les 500 plus grandes entreprises du Québec », *Revue Commerce / Les Affaires,* juin 2005, p. 94.
4. Peter F. Drucker, *The Effective Executive*, New York, Harper and Row, 1966, p. 1.
5. Presse Canadienne – Toronto, « Les réductions d'effectifs coûtent cher en soins de santé », *Le Droit*, 10 novembre 2004.
6. R.L. Katz, « Skills of an Effective Administrator », *Harvard Business Review*, septembre-octobre 1974, p. 90-102.
7. William G. Dyer, *Team Building : Issues and Alternatives*, 2e édition, Reading (Mass.), Addison-Wesley, 1987, p. 4.
8. Michel de Smet, « Les équipes de travail semi autonomes sont de plus en plus populaires », *Les Affaires*, 8 janvier 2000, p. 33.
9. Michel de Smet, « Les équipes virtuelles génèrent de nouveaux défis de gestion », *Les Affaires*, Éditions Guide, 2000, p. 9.
10. Henry Mintzberg, *Le manager au quotidien : les dix rôles du cadre*, Montréal, Agence d'Arc, 1984.
11. Jerry Useem, « In Corporate America : It's Cleanup Time », *Fortune*, 16 septembre 2002, p. 64.
12. Presse Canadienne, « Le scandale des commandites est choisi événement de l'année 2004 », *Le Droit*, 3 janvier 2005, p. 14.
13. Presse Canadienne – Toronto, « L'équipe de McGuinty a passé 2004 à tenter de faire oublier ses faux pas », *Le Droit*, 3 janvier 2005, p. 4.
14. Chris Cobb, « Integrity Rivals Health Care as Voters Issue », *Ottawa Citizen*, 17 octobre 2005, p. A1.
15. Presse Canadienne – Montréal, « Les Canadiens veulent que le respect des autres soit transmis en priorité », *Le Droit*, 30 août 2004, p. 2.
16. C. Howes, « Ethics as More Than Just a Course : More Companies Are Promoting Ethical Practices in Work », *National Post*, 28 octobre 2000, p. D4.
17. Rafael Aguayo, *Dr. Deming : The American Who Taught the Japanese About Quality*, New York, Fireside, 1990.
18. Deborah L. Duarte, et Nancy Tennant Snyder, *Mastering Virtual Teams*, San Francisco, Jossey-Bass, 1999, p. 16.
19. Stephen T. Margulis, « Bad News, Good News About Downsizing », *Managing Office Technology*, avril 1994, p. 23-24.
20. Presse Canadienne – Montréal, « Abitibi Consolidated ferme deux usines », *Le Droit*, 28 juillet 2005, p. 15.
21. La Presse – Montréal, « La Gaspésie écope encore », *Le Droit*, 5 août 2005, p. 21.
22. Tom Peters, *Re-Imagine : Business Excellence in a Disruptive Age*, New York, DK Publishing, Inc., 2003.
23. Suzanne Dansereau, « L'entreprise du futur sera mince, agile... et chaotique », *Les Affaires*, 25 septembre 2004, p. 27.
24. Pierre Théroux, « L'innovation est la clé face aux défis actuels de la gestion », *Les Affaires*, 8 janvier 2005, p. 25.
25. Jean-Paul Gagné, « De l'espace aux employés pour favoriser la créativité », *Les Affaires*, 31 mai 2003, p. 35.
26. Ces définitions sont basées sur Teresa M. Amabile, « A Model of Creativity and Innovation in Organizations », dans B.M. Staw, et L.L. Cummings (dir.), *Research in Organizational Behavior*, vol. 10, Greenwich (Conn.), JAI Press, 1988, p. 126.
27. Pour un ouvrage intéressant portant sur ce sujet, voir Thomas A. Stewart, *Intellectual Capital*, New York, Doubleday/Currency, 1997.
28. Brent Schlender, « Steve Jobs' Apple Gets Way Cooler », dans *Fortune*, 27 janvier 2000, p. 67 ; Devin Leonard, « Songs in the Key of Steve », *Fortune*, 12 mai 2003, p. 54 ; Pui-Wing Tam, et Cassel Bryan-Low, « iMac plays second fiddle to iPod », *Ottawa Citizen*, 2 septembre 2004.
29. Alain Duhamel, « Les exportateurs doivent davantage miser sur l'originalité », *Les Affaires*, 8 janvier 2005, p. 17.
30. Pierre Picard, « L'Université Laval dans le peloton de tête de la e-formation », *Les Affaires*, 22 janvier 2005, p. 43.
31. L.A. Hill, *Becoming a Manager : Mastery of a New Identity*, Boston, Harvard Business School Press, 1992.
32. François Normand, « Groupe Thibodeau pave la voie à la troisième génération », *Les Affaires*, 15 janvier 2005, p. 17.

Chapitre 2

1. André Dubuc, « Québec-Cartier a un plan d'avenir jusqu'en 2026 », *Les Affaires*, 29 janvier 2005, p. 36.
2. Brent Schlender, « Steve Job's Apple Gets Way Cooler », *Fortune*, 24 janvier 2000, p. 66 ; Devin Leonard, « Songs in the Key of Steve », *Fortune*, 12 mai 2003, p. 52.
3. Dominique Froment, « Fatigué des virus ? Apple veut vous convertir à son nouveau Mac mini », *Les Affaires*, 29 janvier 2005, p. 82.
4. Brent Schlender, « How Big Can Apple Get ? », *Fortune*, 21 février 2005, p. 67.
5. Ce concept fait l'objet d'une discussion intéressante dans C.K. Prahalad, et Gary Hamel, « The Core Competence of the Corporation », *Harvard Business Review*, vol. 90, n° 3, mai-juin 1990, p. 79-93.
6. Louis Lafortune, et Dominique La Haye, « L'idée de syndicat fait des progrès dans les Wal-Mart de Gatineau », *Le Droit*, 20 octobre 2004, p. 4.
7. S. Ronen, et O. Shenkar, « Cultering Countries on Attidudinal Dimensions : A Review and Synthesis », *Academy of Management Review*, 1985, n° 10, p. 435-454.
8. James M. Kouzes, et Barry Z. Posner, *The Leadership Challenge*, San Francisco, Jossey-Bass, 1995, p. 191, 245.
9. Jerry Useem, « America's Most Admired Companies », *Fortune*, 7 mars 2005, p. 67.
10. Terrence E. Deal, et Allen A. Kennedy, *Corporate Culture : The Rites and Rituals of Corporate Life*, Reading (Mass.), Addison-Wesley, 1982, p. 18.
11. Jay Barney, « Organizational Culture : Can It Be a Source of Sustained Competitive Advantage », *Academy of Management Review*, 1986, n° 11, p. 656-665.
12. *Ibid.*
13. Art McNeil, *The « I » of the Hurricane*, Toronto, Stoddart, 1987, p. 88.
14. Susan Smith Kuczmarski, et Thomas D. Kuczmarski, *Values-Based Leadership*, Englewood Cliffs (N.J.), Prentice-Hall, 1995, p. 8.
15. Jean-Paul Gagné, « La survie d'Air Canada repose sur un changement de culture », *Les Affaires*, 4 septembre 2004, p. 14.
16. J.P. Campbell, et autres, *Managerial Behavior, Performance and Effectiveness*, New York, McGraw-Hill, 1970, p. 390-393.
17. Ken Blanchard, et Michael O'Connor, *Managing by Values*, San Francisco, Berrett-Koehler, 1997.
18. Jeffrey Abrahams, *The Mission Statement Book*, San Francisco, Ten Speed Press, 1995, p. 33.
19. J.M. Kouzes, et B.Z. Posner, *The Leadership Challenge*, San Francisco, Jossey-Bass, 1995, p. 213.
20. Ken Blanchard, et Michael O'Connor, *op. cit.*, p. 60.

21. James M. Kouzes, et Barry Z. Posner, *op. cit.*, p. 209.
22. Lawrence R. Jauch, et William F. Glueck, *Business Policy and Strategic Management*, New York, McGraw-Hill, 1988, p. 5 et 108.
23. E. Romanelli, et M.L. Tushman, « Organizational Transformation as Punctuated Equilibrium : An Empirical Test », *Academy of Management Journal*, 1994, p. 1141-1166.
24. François Normand, « Groupe Thibodeau pave la voie à la troisième génération », *Les Affaires*, 15 janvier 2005, p. 17.
25. Roma Luciw, « Consumer Confidence on a Roll », *The Globe and Mail*, 4 juin 2003, p. B5.
26. Dennis Bueckert, Presse Canadienne, « La vente des véhicules énergivores pourrait être suspendue au Canada », *Le Droit*, 21 janvier 2005, p. 18.
27. La direction, « Lancement de l'Info-Courriel de Cyberpresse.ca », *Le Droit*, 21 juillet 2003, p. 22.
28. Éric Beauchesne, « Online shopping surges by 59 % over last year », *The Ottawa Citizen*, 28 janvier 2005, p. E4.
29. « 50 Corporate Knights – 2005 : Best Corporate Citizens », *Corporate Knights*, été 2005, p. 24.
30. Claude Forand, « Les fabricants de meubles attaqués par la concurrence chinoise », *Les Affaires*, 18 janvier 2003, p. 8.
31. Presse Canadienne, « Le Canada serait le meilleur pays du monde pour les affaires d'ici 2008 », *Le Droit*, 19 juillet 2003, p. A30.
32. René Vézina, « Productivité : le Canada est troisième », *Les Affaires*, 15 mai 2004, p. 4.
33. Clay Chandler, « Full Speed Ahead », *Fortune*, 7 février 2005, p. 78.
34. Presse Canadienne, « Les intervenants veulent des contrôles », *Le Droit*, 16 septembre 2004, p. 3.
35. Presse Canadienne – Toronto, « Le CRTC ordonne à Bell et Telus de réduire les tarifs imposés à leurs concurrents », *Le Droit*, 4 février 2005, p. 21.
36. J.D. Thompson, *Organizations in Action*, New York, McGraw-Hill, 1967.
37. Michael E. Porter, *Competitive Strategy : Techniques for Analyzing Industries and Competitors*, New York, Free Press, 1980.
38. Louis Lafortune, « Les mesures proposées par les libéraux ontariens », *Le Droit*, 16 juillet 2003, p. 6.
39. Associated Press – Toulouse, France, « L'Airbus A380 est révélé au public », *Le Droit*, 19 janvier 2005.
40. Kevin Marron, « Please, Mr. Postman : I like e-billing », *The Globe and Mail*, 3 juillet 2003, p. B11.
41. J. Galbraith, *Organization Design*, Reading (Mass.), Addison-Wesley, 1977.
42. C. Zeithml, et V. Zeithml, « Environmental Management : Revising the Marketing Perspective », *Journal of Marketing*, vol. 48, printemps 1984, p. 46-53.
43. Presse Canadienne – Montréal, « La partie s'annonce peut-être plus difficile pour Coors et Molson », *Le Droit*, 31 décembre 2005, p. 18.
44. Marina Strauss, « Sears Plans to Open its Own Bank », *The Globe and Mail*, 12 juillet 2003, p. B1.
45. AP, PC – New York, « Procter & Gamble achète Gillette », *Le Droit*, 29 janvier 2005, p. A49.
46. Dave Ebner, « Bell Canada, Microsoft Web Sites Click Together », *The Globe and Mail*, 17 juin 2003, p. B4.
47. Kevin Marron, « Debt Weighing on Grads », *The Globe and Mail*, 21 juillet 2003, p. B12.
48. Alvin Toffler, *Future Shock*, New York, Random House, 1970.
49. Peter F. Drucker, *Managing in Turbulent Times*, New York, Harper & Row, 1980, p. 153.
50. Katherine Macklen, « Showing the Love », *Maclean's*, 24 octobre 2005, p. 26.
51. Stéphane Martin, « Levée de boucliers contre les magasins Wal-Mart aux États-Unis », *Le Droit*, 11 février, 2005, p. 7 ; Presse Canadienne, « Wal-Mart s'attend à un boycott », *Le Droit*, 11 février, 2005, p. 7.
52. Adapté de Laurie Fowlie, « Snowbirds Flying Into Action Over U.S. Health Costs », *The Financial Post*, 13 avril 1992, p. 18.
53. Pierre Théroux, « 3-SOFT est passée d'un sous-sol au zénith », *Les Affaires*, 11 décembre 2004.

Chapitre 3

1. Associated Press – San Rafael, « McDonald's : 8,5 millions pour éviter un procès », *Le Droit*, 14 février 2005, p. 10.
2. Cora Daniels, « 50 Best Companies for Minorities », *Fortune*, 28 juin 2004, p. 136.
3. W.C. Frederick, K. Davis et J.E. Post, *Business and Society : Corporate Strategy*, Public Policy, Ethics, 6e éd., New York, McGraw-Hill, 1988, p. 52.
4. W.A. Dimna, « The Decline of Ethics », *Business and Ethics*, London (Ontario), University of Western Ontario, 1991, p. 10.
5. Sondage de KPMG sur l'éthique et la responsabilité sociale 2002, dans *Le leadership éthique*, Montréal, KPMG, 2002.
6. B.W. Becker, et P.E. Connor, « On the Status and Promise of Values Research », *Management Bibliographies and Reviews*, n° 12, 1986, p. 3-17.
7. Pour certaines définitions du terme « éthique », voir T.M. Garrett, et R.J. Klonoski, *Business Ethics*, 3e éd., Englewood Cliffs (N.J.), Prentice-Hall, 1993.
8. Martin Jolicoeur, « La rentrée scolaire coûte cher aux employeurs », *Le Droit*, 23 août 2003, p. 37.
9. Yan Barcelo, « Microsoft s'attaque de front au problème du piratage », *Les Affaires*, 30 octobre 2004.
10. Presse Canadienne – Montréal, « Les ordres professionnels protègent-ils le public ? », *Le Droit*, 10 novembre 2004.
11. *Contact Costco*, janvier-février 2003, vol. 16, n° 1, p. 19.
12. Jeffrey Gandz, « Ethics Come Out of the Closet », *Business and Ethics*, London (Ontario), University of Western Ontario, 1991, p. 9.
13. T.A.A. Heaps, « 50 Corporate Knights, 2003 », *Corporate Knights*, vol. 2, n° 1, 2003, p. 31.
14. G.F. Cavanagh, D.J. Moberg et M.G. Velasquez, « The Ethics of Organizational Behavior », *Academy of Management Review*, n° 5, 1981, p. 363-374 ; F.N. Brady, *Ethical Managing : Rules and Results*, New York, Macmillan, 1990.
15. W.M. Hoffman, et J.M. Moore, *Business Ethics : Readings and Cases in Corporate Morality*, New York, McGraw-Hill, 1990, p. 11.
16. J.S. Mill, *Utilitarianism*, Indianapolis (Indiana), Bobbs-Merrill, 1987 (1re édition, 1963).
17. M.G. Velasquez, *Business Ethics*, Englewood Cliffs (N.J.), Prentice-Hall, 1982, p. 14.
18. G.F. Cavanagh, D.J. Moberg et M.G. Velasquez, « Making Business Ethics Practical », *Business Ethics Quarterly*, 1995, 5(3), p. 399-418.
19. Susan Key, Frank Messina et Richard Turpin, « Keeping Employees Honest », *Ivey Business Quarterly*, hiver 1998, p. 69.
20. Brian Morton, « Honesty is most valued employee attribute », *The Ottawa Citizen*, 10 novembre 2004, p. F6.
21. Sondage de KPMG, *op. cit.*, p. 2.
22. D. Kirrane, « Managing Values : A Systematic Approach to Business Ethics », *Training and Development Journal*, novembre 1990, p. 53-60.
23. D.J. Cherrington, *The Work Ethics*, New York, AMACOM, 1980, p. 65-71.
24. E.H. Schein, *Organizational Culture and Leadership*, 2e éd., San Francisco, Jossey-Bass, 1992, p. 153.
25. K.L. Gregory, « Native-View Paradigm : Multiple Culture and Culture Conflicts in Organizations », *Administrative Science Quarterly*, septembre 1983, p. 359-376.
26. George P. Alexander, « Establishing Shared Values Through Management Training Programs », *Training and Development Journal*, février 1987, p. 45-47.
27. William Ouchi, *Théorie Z : faire face au défi japonais*, Paris, InterÉditions, 1982, p. 224-229.
28. G.P. Alexander, *art. cité*.
29. J.P. Kotter, et J.L. Heskett, *Corporate Culture and Performance*, New York, Free Press, 1992.
30. Jeffrey Gandz, *art. cité*, p. 14.
31. D.J. Cherrington, *op. cit.*, p. 65-71.
32. A.B. Carroll, *Business and Society : Ethics and Stakeholders Management*, Cincinnati, Southwestern Publishing, 1989, p. 60.

33. Voici deux sources intéressantes à ce sujet : Joseph Mansen, Jr., « The Social Attitudes of Management », dans Joseph W. McGuire, *Contemporary Management*, Englewood Cliffs, New Jersey, Prentice-Hall, 1974 ; K. Davis, W.C. Frederick, et R.L. Blomstrom, *Business and Society*, New York, McGraw-Hill, 1975.
34. Mathieu Boivin, « Le cirque des Shriners dans la mire de PETA », *Le Droit*, 7 août 2005, p. 15.
35. Milton Friedman, « The Social Responsibility of Business Is to Increase Its Profits », *New York Times Magazine*, 13 septembre 1970.
36. Associated Press – Bruxelles, « Coca-Cola accepte de mettre fin à des pratiques jugées déloyales par l'UE », *Le Droit*, 20 octobre 2004, p. 44.
37. François Normand, « Neuf PME sur dix s'occupent de conciliation travail-famille », *Les Affaires*, 2 octobre 2004, p. 33.
38. T.A.A. Heaps, *art. cité*, p. 33.
39. Jim Collins, « The 10 Greatest CEOs of All Time », *Fortune*, 21 juillet 2003, p. 62.
40. Jean-François Barbe, « La responsabilité sociale, enjeu du XXIe siècle », *Les Affaires*, 23 décembre 1999, p. 24.
41. René Vézina, « Les entreprises se préoccupent plus de l'environnement », *Les Affaires*, 31 juillet 2004, p. 13.
42. A.B. Carroll, « A Three-Dimensional Conceptual Model of Corporate Performance », *Academy of Management Review*, n° 4, 1979, p. 497-505.
43. Voir à ce sujet : Milton Friedman, « The Social Responsibility of Business Is to Increase Its Profits », dans D.C. Poff, et W.J. Waluchow (dir.), Scarborough, Prentice-Hall Canada, 1991, p. 41-45.
44. Allan Freeman, et Marina Strauss, « Wal-Mart – what's to hate ? », *The Globe and Mail*, 19 février 2005, p. F1.
45. Martin Jolicoeur, « Les normes environnementales peuvent générer des profits », *Les Affaires*, 22 mai 1999, p. 32.
46. Cora Daniels, « 50 Best Companies for Minorities », *Fortune*, 28 juin 2004, p. 136.
47. Marc Gunther, « Tree Huggers, Soy Lovers and Profits », *Fortune*, 23 juin 2003, p. 99.
48. Suzanne Dansereau, « Évaluer la responsabilité sociale », *Les Affaires*, 23 novembre 2002, p. 7.
49. Jean-Sébastien Trudel, « Mesurez et divulguez votre performance... sociale », *Les Affaires*, 14 août 2004, p. 23.
50. Marlene G. Fine, Fern L. Johnson et M. Sallyanne Ryan, « Cultural Diversity in the Workplace », *Public Personnel Management*, automne 1990, p. 305-319.
51. Steven H. Appelbaum, M. Dale Beckman, Louis E. Boone et David L. Kurtz, *Contemporary Canadian Business*, Toronto, Holt, Rinehard and Winston, 1984, p. 183.
52. J. Sack, et I. Poskanzer, *Labour Law Terms : A Dictionary of Canadian Labour Law*, Toronto, Lancaster Home, 1984, p. 23.
53. Canada, *Rapport de la Commission sur l'égalité en matière d'emploi* (juge Rosalie Silberman Abella, commissaire), Ottawa, Approvisionnements et Services Canada, 1984.
54. Canada, *The Employment Law Report*, 1989, p. 61.
55. G. Robinson, et K. Dechant, « Building a Case for Business Diversity », *Academy of Management Executive*, 1997, p. 3, 32-47.
56. Jean-Sébastien Trudel, « La gestion du risque passe par la responsabilité sociale », *Les Affaires*, 5 juin 2004, p. 27.
57. Mathieu Boivin, « Troisième alerte : le maire Lalonde blâme le *Citizen* », *Le Droit*, 19 février 2005, p. 5.
58. S.T. Fiske, et S.E. Taylor, *Social Cognition*, Reading, MA, Addison-Wesley, 1984.
59. Dominique Froment, « Près de 3 000 plaintes pour harcèlement psychologique par an », *Les Affaires*, 1er mai 2004, p. 13.
60. France Lajoie, « Il n'existe pas de profil type du harceleur au travail », *Les Affaires*, 28 septembre 2002, p. 58.
61. Lennie Copeland, « Making the Most of Cultural Differences at the Workplace », *Personnel*, juin 1988, p. 52-60.
62. Sylvie Lemieux, « Quand les meilleurs employeurs recrutent », *Les Affaires*, 22 janvier 2005, p. 36.
63. Anthony Carneval, et Susan Stone, « Diversity – Beyond the Golden Rule », *Training and Development*, octobre 1994, p. 22-30.
64. Dinesh D'Souza, « Multiculturalism 101 », *Policy Review*, printemps 1991, p. 22-30.
65. Taylor H. Cox, « The Multicultural Organization », *The Academy of Management Executive*, mai 1991, p. 34-47.
66. « La philosophie Cascades », *Les Affaires*, mai 2004, p. 3.
67. Sylvie Lemieux, « Mission : sortir les gens de l'exclusion », *Les Affaires*, 25 décembre 2004, p. 26.

Chapitre 4

1. a) Kathy Noël, « Qui a peur du grand méchant Lowe's ? », *Revue Commerce*, novembre 2005, p. 26.
   b) Patrice Gaudreault, « 3 millions $ pour réfléchir à l'avenir de deux ponts », *Le Droit*, 11 janvier 2005, p. 3.
2. C.A. O'Reilly, « Variations in Decision Makers' Use of Information : The Impact of Quality and Accessibility », *Academy of Management Journal*, 25, 1982, p. 756-771.
3. Patrice Gaudreault, *op. cit.*, p. 3.
4. Janice Revell, « Fortune 500 Largest U.S. Corporations », *Fortune*, 18 avril 2005, p. F1.
5. Sam Walton, et John Huey, *Sam Walton : Made in America*, New York, Doubleday, 1992, p. 241.
6. « Guide Techno – Les technologies de l'information », *Les Affaires Hors Série*, édition 2004, p. 29
7. G.P. Huber, *Managerial Decision Making*, Glenview (Ill.), Scott, Foresman, 1980.
8. Louis Lafortune, « Le Mouvement Desjardins regarde au-delà de l'Ontario », *Le Droit*, 1er février 2005, p. 20.
9. Voir K. MacCrimmon, et R. Taylor, « Decision Making and Problem Solving », dans Marvin Dunnette (dir.), *Handbook of Industrial and Organizational Psychology*, Chicago, Rand McNally, 1976, p. 1397-1454.
10. D.B. Hertz, et H. Thomas, « Decision and Risk Analysis in a New Product and Facilities Planning Problem », *Sloan Management Review*, hiver 1983, p. 17-31.
11. Jean-Luc Riverin, « Le journal électronique est la prochaine menace pour le journal », *Les Affaires*, 19 février 2005, p. 14.
12. Presse Canadienne – Calgary, « Le bœuf encore bloqué aux États-Unis », *Le Droit*, 3 mars, 2005.
13. Martin Jolicoeur, « La firme Global Wine & Spirits fait une nouvelle percée », *Les Affaires*, 21 juin 2003, p. 21.
14. Louis Lafortune, « Rona ne veut pas en rester là », *Le Droit*, 10 février 2005, p. 45.
15. Douglas Goold, « Four Seasons Marches on, Despite Ailing Industry », *The Globe and Mail*, 14 juillet 2003, p. B8.
16. J.M. Roach, « Simon Says : Decision Making Is a Satisfying Experience », *Management Review*, janvier 1979, p. 8-9.
17. C.E. Lindblom, « The Science of Muddling Through », *Public Administration Review*, mars-avril 1959, p. 140-141.
18. H.A. Simon, *Reason in Human Affairs*, Stanford (Calif.), Stanford University Press, 1983.
19. Presse Canadienne – Toronto, « General Motors s'apprête à annoncer un investissement de 2,5 milliards $ », *Le Droit*, 2 mars 2005, p. 31.
20. V.H. Vroom, et P.W. Yetton, *Leadership and Decision Making*, Pittsburgh (Penn.), University of Pittsburgh Press, 1973.
21. V.H. Vroom, et A.G. Jago, *The New Leadership : Managing Participation in Organization*, Englewood Cliffs (N.J.), Prentice-Hall, 1988.
22. V.H. Vroom, et A.G. Jago, *op. cit.*
23. Michel de Smet, « Les équipes de travail semi-autonomes sont performantes », *Les Affaires*, 9 octobre 2004, p. 45.
24. Daniel Germain, Isabelle Ducas et Marie-Eve Cousineau, « La chasse aux talents », *Affaires Plus*, octobre 2004, p. 56.
25. A.F. Osborn, *Applied Imagination*, New York, Scribner's, 1953.

26. W.J. Gordon, *Synectics*, New York, Collier Books, 1968. Une description de la méthode synectique est aussi fournie dans Eugene Raudsepp, *How to Create New Idea: For Fun and Profit*, Englewood Cliffs (N.J.), Prentice-Hall, 1982.
27. N.C. Dalkey, *The Delphi Method: An Experimental Study of Group Opinion*, Santa Monica (Calif.), Rand Corporation, 1969.
28. L. Delbeck, et A.H. Van de Ven, « A Group Process Model for Problem Identification and Program Planning », dans *Journal of Applied Behavioral Science*, vol. 64, n° 4, juillet-août 1971, p. 466-492.
29. C.R. Schwenk, « Devil's Advocacy and the Board: A Modest Proposal », *Business Horizons*, juillet-août 1989, p. 22-27.
30. R.O. Mason, « A Dialectical Approach to Strategic Planning », *Management Science*, vol. 15, 1969, p. B402-B414.
31. I.I. Mitroff, *Break-Away Thinking*, New York, Wiley, 1988.
32. A.C. Filley, R.J. House et S. Kerr, *Managerial Process and Organizational Behaviour*, 2e éd., Glenview (Ill.), Scott, Foresman, 1976, p. 223.
33. Presse Canadienne – Vancouver, « Bois d'œuvre: Ottawa demande le droit de taxer les exportations », *Le Droit*, 4 mars 2005, p. 21.
34. Charles Thériault, « Les défenseurs des moutons australiens manifestent », *Le Droit*, 2 mars 2005, p. 14.
35. Louis Lafortune, « Le conflit du taxi s'annonce long et difficile à Ottawa », *Le Droit*, 2 mars 2005, p. 11.
36. Patrick Duquette et Louis Lafortune, « Alertes à la bombe dans les deux Wal-Mart de Gatineau », *Le Droit*, 12 février 2005, p. 4.
37. Jean-François Parent, « Devenez créatif ! », *Affaires Plus*, novembre 2005, p. 38.
38. L.B. Mohr, « Determinants of Innovation in Organizations », *American Political Science Review*, vol. 63, n° 1, mars 1960.
39. Isabelle Damphousse, « Les entreprises créatives exportent davantage », *La Presse*, 19 octobre 2004, p. 3.
40. Gaël Le Corre-Laliberté, « Tourbières Berger profite de la mondialisation », *Les Affaires*, 19 février 2005, p. 21.

Chapitre 5

1. Konrad Yakabuski, « Beautiful Machine », *Report on Business*, septembre 2003, p. 50; La Presse Canadienne – Montréal, « *Star Académie* est l'émission la plus populaire au pays », *Le Droit*, 31 mai 2005, p. 21.
2. J. Bracker, et J. Pearson, « Planning and Financial Performance of Small Mature Firms », *Strategic Management Journal*, vol. 7, 1986, p. 503-522.
3. D.H. Gray, « Uses and Misuses of Strategic Planning », *Harvard Business Review*, janvier-février 1986, p. 89-97.
4. G.C. Sawyer, *Business Policy and Strategic Management*, New York, Harcourt Brace Jovanovich, 1990.
5. Dans le présent ouvrage, nous emploierons les termes « but » et « objectif » à la manière de synonymes servant tous deux à désigner une cible, un résultat final recherché ou une position à atteindre. Certains auteurs et dirigeants d'entreprise font une distinction entre ces deux termes. Ils appellent « objectif » un énoncé général des fins visées, et « but » un résultat précis et mesurable associé aux activités courantes. Une banque pourrait ainsi avoir pour objectif d'améliorer son service à la clientèle en répondant mieux et plus efficacement aux besoins de chacun. Son but pourrait alors consister à servir 450 clients par jour sans qu'aucun d'entre eux ait à attendre plus de 2 minutes et à traiter quotidiennement 500 états de compte en limitant la marge d'erreur à 0,5 %. D'autres auteurs et dirigeants d'entreprise adoptent cependant la position contraire; c'est pourquoi nous ne ferons ici aucune distinction entre les termes « but » et « objectif ».
6. Elaine Sigurdson, « What Makes for Success in School », *The Financial Post*, 6 février 1993, p. S-14; traduction libre.
7. James M. Kouzes et Barry Z. Posner, *The Leadership Challenge*, San Francisco (Californie), Jossey-Bass, 1995, p. 86.
8. Pour des exemples d'énoncés des valeurs et d'énoncés de la mission, voir Jeffrey Abrahams, *The Mission Statement Book*, San Francisco (Californie), Ten Speed Press, 1995.
9. William Ouchi, *Théorie Z: faire face au défi japonais*, Paris, InterÉditions, 1982, p. 224-229.
10. Craig R. Hickman, et Michael A. Silva, *Creating Excellence*, New York, A Plume Book, 1984, p. 151.
11. Warren Bennis, *On Becoming a Leader*, Reading (Massachusetts), Addison-Wesley, 1989, p. 39.
12. J.A. Pearce II, « The Company Mission as a Strategic Tool », *Sloan Management Review*, vol. 23, printemps 1982, p. 15.
13. Tom Peters, *Le chaos management*, Paris, InterÉditions, 1988.
14. Peter Drucker, *The Practice of Management*, New York, Harper and Row, 1954, p. 62-87.
15. George L. Morrisey, *Management by Objectives and Results for Business and Industry*, Reading, Massachusetts, Addison-Wesley, 1977.
16. Charles Perrow, « The Analysis of Goals in Complex Organizations », dans *American Sociological Review*, décembre 1961, p. 846-847.
17. William H. Davidow, et Bro Utal, *Total Customer Service*, New York, Harper & Row, 1989, p. 196-197.
18. Rom Zemke, et Dick Schaaf, *The Service Edge*, New York, NAL Books, 1989.
19. G.S. Odiorne, *Management by Objectives: A System of Managerial Leadership*, New York, Pitman, 1965, p. 55-56.
20. Pour en savoir plus sur les avantages de la GOP, lire Jack N. Kondrasuc, « Studies in MBO Effectiveness », *Academy of Management Review*, 1981, p. 419-430.
21. Pour en connaître plus sur ce sujet, voir G. Hamel et C.K. Pralahad, « Strategic Intent », *Harvard Business Review*, vol. 89, n° 3, mai-juin 1989, p. 65-76.
22. Ce concept fait l'objet d'une discussion intéressante dans C.K. Pralahad et G. Hamel, « The Core Competence of the Corporation », *Harvard Business Review*, vol. 90, n° 3, mai-juin 1990, p. 79-93.
23. A.A. Thompson, Jr., et A.J. Strickland III, *Strategic Management*, 6e éd., Homewood (Illinois), Irwin, 1992, p. 13.
24. M.E. Porter, *Competitive Strategy: Techniques for Analyzing Industries and Competitors*, New York, Free Press, 1980.
25. C. Lorenz, « Pioneers: The Anti-merger Specialists », *Financial Times*, 20 octobre 1981, p. 16.
26. Peter Wright, C.D. Pringle et M.J. Kroll, *Strategic Management: Text and Cases*, Boston, Allyn and Bacon, 1992.
27. Suzanne Dansereau, « Mackage habille les vedettes d'Hollywood », *Les Affaires*, 5 février 2005, p. 19.

Chapitre 6

1. Diane Bérard, « Boston Pizza se pointe au Québec », *Revue Commerce*, novembre 2005, p. 48; Suzanne Dansereau, « Boston Pizza vient se mesurer aux Rôtisseries Saint-Hubert », *Les Affaires*, 26 mars, 2005.
2. Henry Mintzberg, « Crafting Strategy », *Harvard Business Review*, vol. 65, n° 4, juillet-août 1987, p. 73.
3. L.R. Jauch, et W.F. Glueck, *Business Policy and Strategies Management*, New York, McGraw-Hill, 1988, p. 11, traduction libre.
4. Kenichi Ohmae, *The Mind of the Strategist*, New York, McGraw-Hill, 1982, p. 35.
5. *Ibid.*, p. 79.
6. Douglas Goold, « Four Seasons Marches On, Despite Ailing Industry », *The Globe and Mail*, 14 juillet 2003, p. B8.
7. Gary Hamel, et C.K. Prahalad, « Strategic Intent », *Harvard Business Review*, vol. 89, n° 3, mai-juin 1989, p. 63-76.
8. Jérôme Plantevin, « Bell se lance à son tour dans la téléphonie Internet résidentielle », *Les Affaires*, 9 avril 2005, p. 22.
9. François Normand, « Toyota est en voie de dépasser GM », *Les Affaires*, 19 mars 2005, p. 4.
10. Donald H. Thain, et David S.R. Leighton, « Improving Board Effectiveness by Evaluation Director Performance », *Business Quarterly*, vol. 57, n° 2, automne 1992, p. 29.
11. Arthur A. Thompson, Jr., et A.J. Strickland III, *Strategic Management*, 6e éd., Homewood (Illinois), Irwin, 1992, p. 7.

12. Jerry Useem, «America's Most Admired Companies», *Fortune*, 7 mars 2005, p. 68.
13. Le site Internet de Metro inc. est considéré comme étant l'un des cinq meilleurs sites Internet québécois. Voir Louis J. Duhamel, et Kathy Megyery, «Les 25 meilleurs sites Internet B2C québécois, *Commerce*, mai 2005, p. 35.
14. Presse Canadienne – Toronto, «285 nouveaux Canadian Tire», *Le Droit,* 7 janvier 2005, p. 26.
15. Pierre Picard, «Fruits & Passion multiplie les percées à l'étranger», *Les Affaires*, 9 avril 2005, p. 60.
16. Pierre Théroux, «Lorsque le mobilier de jardin se fait chic», *Les Affaires*, 30 avril 2005, p. 19.
17. Dominique Beauchamp, «Bell Canada sentira les effets de la téléphonie Internet», *Les Affaires*, 5 février 2005, p. 8.
18. Devin Leonard, «Songs in the Key of Steve», *Fortune*, 12 mai 2003, p. 54.
19. Jérôme Plantevin, «Ubisoft et Gameloft ouvriront deux studios à Québec», *Les Affaires*, 16 avril 2005, p. 26.
20. Marie-Josée Labrosse, «HP Canada donne des dents à sa stratégie PME», *Les Affaires*, 23 avril 2005, p. 35.
21. Yannick Clérouin, «Novartis magasine des molécules novatrices au Québec», *Les Affaires*, 16 avril 2005, p. 36.
22. Dominique Beauchamp, *op. cit.*, p. 8.
23. AP-PC, Wilmington, Delaware, «GM coupe 25 000 postes aux États-Unis et le Canada pourrait être touché», *Le Droit*, 8 juin 2005, p. 33.
24. Michael E. Porter, *Competitive Strategy: Techniques for Analyzing Industries and Competitors*, New York, Free Press, 1980.
25. *Ibid.*
26. Raymond E. Miles, et Charles C. Snow, *Organizational Strategy, Structure, and Process*, New York, McGraw-Hill, 1978.
27. Ce concept original fut élaboré par Bruce D. Henderson; voir Bruce D. Henderson, «The Experience Curve-Reviewed. IV. The Growth Share Matrix of the Product Portfolio», *Perspectives*, n° 135, Boston, Boston Consulting Group, 1973. Une excellente explication de l'utilisation du BCG lors d'une analyse stratégique du portefeuille apparaît au chapitre 7 de l'ouvrage suivant: Arnoldo C. Hax, et Nicolas S. Majluf, *Strategic Management: An Integrative Perspective*, Englewood Cliffs (New Jersey), Prentice-Hall, 1984.
28. Arthur A. Thompson, Jr., et A.J. Strickland III, *op. cit.*, p. 204-205.
29. Voici trois sources intéressantes à consulter au sujet de l'importance de la gestion stratégique: Henry Mintzberg, *Mintzberg on Management*, New York, Free Press, 1989; H. Mintzberg, «The Strategy Concept: Another Look at Why organizations Need Strategies», *California Management Review*, vol. 30, n° 1, automne 1987, p. 25-32; V. Ramanujam, et N. Venkatraman, «Planning and Performance, A New Look at an Old Question», *Business Horizons*, vol. 30, n° 3, mai-juin 1987, p. 19-25.
30. Lawrence R. Jauch, et William F. Glueck, *op. cit.*, p. 11.
31. Pierre Théroux, «Lorsque le mobilier de jardin se fait chic», *Les Affaires*, 30 avril 2005, p. 19.

Chapitre 7

1. Presse Canadienne – Toronto. «285 nouveaux Canadian Tire», *Le Droit*, 7 avril 2005, p. 26.
2. a) Tiré de Lili Marin, «La touche Sephora», *Revue Commerce*, novembre 2005, p. 58.
   b) Tiré de la *Revue Commerce*, «Les Plus Grandes Entreprises du Québec», juin 2005, p. 94.
3. T. Burns, et G.M. Stalker, *The Management of Innovation*, Londres, Tavistock, 1961.
4. M.E. Porter, *The Competitive Advantage of Nations*, New York, Free Press, 1990; M. Yassi-Ardekani, «Effects of Environmental Scarcity and Munificence on the Relationships of Context to Organizational Structure», *Academy of Management Journal*, n° 32, 1989, p. 131-156.
5. R. B. Duncan, «What is the Right Organizational Structure?», *Organizational Dynamics*, hiver 1979, p. 59-80.
6. J.R.Galbraith, et R.K. Kazanjian, *Strategy Implementation: Structure, System and Process*, 2e éd., MN: West, St. Paul, 1986.
7. R.H. Hall, *Organizations: Structure and Process*, Englewood Cliffs, N.J.: Pentice-Hall, 1972; et R. Miles, *Macro Organizational Behaviour*, Santa Monica, CA: Goodyear, 1980.
8. Henry Mintzberg, *Structure in Fives: Designing Effective Organizations*, Englewood Cliffs (N.J.), Prentice-Hall, 1983.
9. C.I. Barnard, *The Functions of the Executive*, Cambridge (Mass.), Harvard University Press, 1936.
10. G. Matthews, «Run Your Business or Build an Organization?», *Harvard Business Review*, mars-avril 1984, p. 34-44.
11. L.P. Jennergen, «Decentralization in Organizations», dans P.C. Nystrom, et W.H. Starbuck (dir.), *Handbook of Organizational Design*, New York, Oxford University Press, 1981, p. 39-59.
12. Voici trois études intéressantes traitant du processus de délégation de l'autorité: W.H. Newman, K.E. Warren et J.E. Schne, *The Process of Management Strategy, Action, Results,* 5e éd., Englewood Cliffs (N.J.), Prentice-Hall, 1982, p. 221; L.A. Allen, *The Professional Managers' Guide*, Palo Alto (Calif.), Louis A. Allen, 1981; J. Lagges, «The Role of Delegation in Improving Productivity», *Personnel Journal*, novembre 1979, p. 776-779.
13. Pour en savoir davantage sur le sujet, voir David Van Fleet, et A.G. Bedeian, «A History of the Span of Management», *Academy of Management Review*, vol. 3, 1977, p. 356-372; M. Keren, et D. Levhari, «The Optimum Span of Control in a Pure Hierarchy», *Management Science*, vol. 25, 1979, p. 1162-1172; D.D. Van Fleet, «Empirically Testing Span of Management Hypotheses», *International Journal of Management*, vol. 2, 1984, p. 5-10.
14. T.J. Peters, et R.H. Waterman, Jr., *Le prix de l'excellence*, Paris, InterÉdition, 1983, p. 84.
15. Pour une lecture intéressante sur le sujet, consultez Joanne Reid, «Creating Agile Organizations», *Ivey Business Quarterly*, automne 1998, p. 25.
16. Clay Car, *The Competitive Power of Constant Creativity*, New York, AMACOM, 1994, p. 8; M.L. Tushman, et C.A. O'Reilly III, *Winning Through Innovation,* Boston, Harvard Business School Press, 1997, p. 35.
17. S.M. Davis, et P.R. Lawrence, *Matrix*, Reading (Mass.), Addison-Wesley, 1977.
18. H. Kolodny, «Managing in a Matrix», *Business Horizons*, mars-avril 1981, p. 17-24.
19. C.A. Bartlett, et S. Ghoshal, «Matrix Management: Not a Structure, a Frame of Mind», *Harvard Business Review*, vol. 68, juillet-août 1990, p. 138-145.
20. *Ibid.*
21. Brian Dumaine, «Who Needs a Boss?», *Fortune,* 7 mai 1990, p. 52-60; traduction libre.
22. François Normand, «Comment adapter sa production à la concurrence mondiale», *Les Affaires*, 14 mai, 2005, p. 32.
23. T.J. Peters, et R.H. Waterman, Jr., *op. cit.*, p. 210-211, 229.
24. *Ibid.*, p. 210-211, 229.
25. Gifford Pinchot, *Intrapreneuring*, New York, Harper and Row, 1985, cité dans J.L. Pierce et J.W. Newstrom, *The Manager's Bookshelf*, New York, Harper and Row, 1988, p. 137.
26. Michel de Smet, «Les équipes de travail semi-autonomes sont performantes», *Les Affaires*, 9 octobre 2004, p. 45.
27. Marilou Pinard, «Une PME face aux géants», *Les Affaires*, 12 mars 2005, p. 21.

Chapitre 8

1. Suzanne Dansereau, «L'industrie funéraire doit s'adapter aux nouvelles valeurs», *Les Affaires*, 6 novembre 2004, p. 20.
2. John McCallum, «Managing in Turbulent Times», *Business Quarterly*, vol. 57, n° 2, automne 1992, p. 19.
3. Juliet O'Neil, «Why for many, Canada's "flexible" workforce means life Temp Lane», *Ottawa Citizen,* 5 novembre 2005, p. A1.
4. Ronald Henkoff, «Winning the New Career Game», *Fortune*, 12 juillet 1993, p. 46.
5. Thomas J. Peters, et Robert H. Waterman, Jr. *Le prix de l'excellence*, Paris, InterÉditions, 1993, p. 93.

6. Deborah L. Duarte, et Nancy Tennant Snyder, *Mastering Virtual Teams*, San Francisco, Jossey-Bass, 1999, p. 16.
7. D. Robey, *Designing Organizations*, 3e éd., Homewood (Illinois), Richard D. Irwin, 1987.
8. J.A. Pearce II, « The Company Mission as a Strategic Tool », *Sloan Management Review*, vol. 23, printemps 1982, p. 15.
9. B.M. Bass, *Leadership and Performance Beyond Expectations*, New York, Free Press, 1985.
10. E.H. Schein, *Organizational Culture and Leadership*, San Francisco, Jossey-Bass, 1985, p. 9.
11. J.P. Kotter, et L.A. Schlesinger, « Choosing Strategies for Change », *Harvard Business Review*, mars-avril 1979, p. 106-114.
12. R.J. Patti, « Organizational Resistance and Change : The View From Below », *Social Service Review*, septembre 1974, p. 371-372.
13. K. Lewin, « Group Decisions and Social Change », *Field Theory in Social Science*, New York, Harper and Row, 1951 ; T.M. Newcomb, et E.L. Hartely (dir.), *Readings in Social Psychology*, New York, Holt, Rinehart and Winston, 1958.
14. Kurt Lewin, *Field Theory in Social Science : Selected Theoretical Papers*, New York, Harper and Row, 1951.
15. Paul C. Nutt, « Tactics of Implementation », *Academy of Management Journal*, vol. 29, 1986, p. 230-261 ; J.P. Kotter, et L.A. Schlesinger, « Choosing Strategies for Change », *Harvard Business Review*, mars-avril 1979, p. 10.
16. J. Child, « Information Technology, Organization and Responses to Stategic Challenges », *California Management Review*, vol. 30, n° 1, 1988, p. 33-50.
17. J.D. Thompson, *Organizations in Action*, New York, McGraw-Hill, 1967.
18. Fariborz Damanpour, « Organizational Innovation : A Meta-Analysis of Effects of Determinants and Moderators », *Academy of Management Journal*, septembre 1991, p. 555-590 ; Shoukry D. Saleh, et Clement K. Wang, « The Management of Innovation : Strategy, Structure and Organizational Climate », *IEEE Transactions on Engineering Management*, février 1993, p. 14-22 ; Joseph F. Coates, et Jennifer Jarratt, « Workplace Creativity », *Employment Relations Today*, printemps 1994, p. 11-22.
19. Charles-Albert Ramsay, « Faciliter l'innovation grâce au travail d'équipe », *Les Affaires*, 2 juillet 2005, p. 6.
20. Teresa M. Amabile, « A Model of Creativity and Innovation in Organizations », *Creativity Research Journal*, n° 2, 1989, p. 147 ; Michael L. Tushman, et David Nadler, « Organizing for Innovation », *California Management Review*, printemps 1986, p. 74-92 ; Tim Stevens, « Creativity Killers », *Industry Week*, 23 janvier 1995, p. 63.
21. Wendell L. French, et Cecil H. Bell, Jr. *Organizational Development*, 6e éd., Prentice-Hall (New Jersey), Prentice-Hall, 1998.
22. R. Beckhard, *Organization Development : Strategies and Models*, Reading (Massachusetts), Addison-Wesley, 1969, p. 9-14.
23. Wendell L. French, et Cecil H. Bell, Jr., *op. cit.*
24. Voici une excellente source pour en apprendre davantage sur la promotion du travail en équipe : William G. Dyer, *Team Building : Issues and Alternatives*, 2e éd., Reading (Massachusetts), Addison-Wesley, 1987.
25. Robert Blake, et Jane Srygley Mouton, *The Managerial Grid III*, Houston (Texas), Gulf, 1985.
26. M.E. Porter, *The Competitive Advantage of Nations*, New York, Free Press, 1990, p. 65 ; Kenichi Ohmae, « The Global Logic of Strategic Alliances », *Harvard Business Review*, vol. 80, n° 2, mars-avril 1989, p. 143-154.
27. M.E. Porter, *op. cit.* p. 66.
28. Yannick Clérouin, « Novartis magasine des molécules novatrices au Québec », *Les Affaires*, 16 avril 2005, p. 36.
29. Associated Press, San Francisco, « Apple se convertit aux processeurs d'Intel », *Le Droit*, 7 juin 2005, p. 21.
30. Hedberg, Bo, *et al., Virtual Organizations and Beyond Discover Imaginary System*, New York, John Wiley, 1997.
31. H. Voss, « Virtual Organizations : The Future is Now », *Strategy & Leadership*, 17 juillet 1996.
32. Pour des lectures intéressantes à ce sujet, vous pouvez vous référer à : Robert Slater, *Jack Welch and the GE Way*, New York, McGraw-Hill, 1999, (particulièrement le chapitre 13) ; Jack Welch, et John A. Byrne, *Jack : Straight From the Gut*, New York, Warner Business Books, 2001, (particulièrement le chapitre 13).
33. R. Ashkenas, D. Ulrich, T. Jick et S. Kerr, *The Boundaryless Organization : Breaking the Chains of Organizational Structure*, San Francisco, Jossey-Bass, 1995.
34. Robert Slater, *Jack Welch and the GE Way*, New York, McGraw-Hill, 1999, p. 127.
35. François Normand, « SNF prouve que le développement durable est payant », *Les Affaires*, 2 avril 2005.

Chapitre 9

1. a) Marie-Ève Cousineau, « L'année de tous les défis », *Affaires Plus*, octobre 2005, p. 32
1. b) Pierre Picard, « Un gage de confiance », *Les Affaires Hors Série*, 2005, p. 21.
2. A. Fuhreman, S. Drewschler et G. Burlingame, « Conceptualizing Small Group Process », *Small Group Behavior*, n° 15, 1984, p. 427-440.
3. E.H. Schein, *Organizational Psychology*, Englewood Cliffs (N.J.), Prentice-Hall, 1965, p. 67.
4. Rensis Likert, *New Patterns of Management*, New York, McGraw-Hill, 1961.
5. K.K. Smith, « The Movement of Conflict in Organizations : The Joint Dynamics of Splitting and Triangulation », *Administrative Science Quarterly*, n° 34, 1989, p. 1-20.
6. Fred E. Fiedler, *A Theory of Leadership Effectiveness*, New York, McGraw-Hill, 1967.
7. M.A. Hitt, R.D. Middlemist et R.L. Mathis, *Effective Management*, New York, West Publishing, 1979, p. 294-297.
8. Kathy Noël, « Rien de tel qu'une navette spatiale pour cimenter l'équipe ! », *Les Affaires*, 5 juin 1999, p. 29.
9. B.W. Tuckman, et M.A.C. Jensen, « Stages of Small Group Development Revisited », *Group and Organization Studies*, 1977, p. 419-427.
10. W.L. French, et C.H. Bell, Jr., *Organization Development : Behavioral Science Interventions*, 6e éd., Englewood Cliffs (N.J.), Prentice-Hall, 1998 ; G.M. Parket, *Team Players and Team Work*, San Francisco, Jossey-Bass, 1990.
11. M.E. Shaw, *Group Dynamics : The Psychology of Small Group Behavior*, New York, McGraw-Hill, 1976, p. 168-177.
12. G.E. Manners, Jr., « Another Look at Group Size, Group Problem-Solving and Member Consensus », *Academy of Management Journal*, n° 18, 1975, p. 715-724.
13. R. Albanese, et D.D. Van Fleet, « Rational Behavior in Groups : The Free-Riding Tendency », *Academy of Management Journal*, n° 10, 1985, p. 244-255 ; A.P. Hare, « Group Size », *American Behavioral Scientist*, n° 24, 1981, p. 695-708.
14. Les paragraphes qui suivent s'inspirent de E.H. Schein, *Organizational Psychology*, 2e éd., Englewood Cliffs (N.J.), Prentice-Hall, 1970, p. 39-41, et de R. Likert, *op. cit.*, p. 166-169.
15. George C. Homans, *The Human Group*, 2e éd., New York, Harcourt Brace Jovanovich, 1974.
16. J.R. Gibb, *Trust : A New Theory of Personal and Organizational Development*, Los Angeles, Guild of Turors Press, 1978.
17. Alan D. Gray, « Striving to Improve », *The Montreal Gazette*, 16 novembre 1992, p. C-3-C.4. Note : même si l'article sur Circo Craft (l'entreprise a été achetée par Viasystems Canada, inc. en 1998) date d'une dizaine d'années, on y fera référence tout le long de cette sous-section du chapitre (page 350) étant donné que l'entreprise est un exemple classique du processus de fonctionnement de groupes et d'équipes dans une entreprise.
18. Michael Hammer, et James Champy, *Reengineering the Corporation*, New York, Harper Business, 1993, p. 32.
19. L. Hirschhorn, *Managing in the New Team Environment : Skills, Tools and Methods*, Reading (Mass.), Addison-Wesley, 1991.
20. William G. Dyer, *Team Building : Issues and Alternatives*, 2e éd., Reading (Mass.), Addison-Wesley, 1987, p. 24.

21. Charles Garfield, *Peak Performers*, New York, William Morrow and Co., 1986, p. 188.

22. William L. Mohr, et Harriet Mohr, *Quality Circles*, Reading (Mass.), Addison-Wesley, 1983, p. 39.

23. D. Nadler, J.R. Hackman et E.E. Lawler III, *Managing Organizational Behavior,* Boston, Little Brown, 1979.

24. Charles Garfield, *op. cit.*, p. 116.

25. Alan D. Gray, *art. cité*, p. C3.

26. W.B. Brown, et D.J. Moberg, *Organization Theory and Management*, New York, Wiley, 1980, p. 423-436.

27. Alan D. Gray, *art. cité*, p. C4.

28. France Veillet, « Les qualités à cultiver pour diriger une équipe de travail », *Les Affaires*, 19 avril 2003, p. 34.

29. Terrence E. Deal, et Allen A. Kennedy, *Corporate Culture : The Rites and Rituals of Corporate Life*, Reading (Mass.), Addison-Wesley, 1982, p. 18.

30. Jay Barney, « Organizational Culture : Can It Be a Source of Sustained Competitive Advantage ? », *Academy of Management Review*, n° 11, 1986, p. 656-665.

31. M.A. Rahim (dir.), *Theory and Research in Conflict Management*, Westport (Conn.), Praeger, 1990.

32. L.D. Brown, *Managing Conflict as Organizational Interfaces*, Reading (Mass.), Addison-Wesley, 1983.

33. D. Tjosvold, *The Conflict-Positive Organization : Stimulate Diversity and Create Unity*, Reading (Mass.), Addison-Wesley, 1991.

34. R.R. Blake, J.S. Mouton et H.A. Shepard, *Managing Inter-Group Conflict in Industry*, Houston, Gulf, 1964 ; M. Scherrif et autres, *Intergroup Conflict and Cooperation : The Bobbers Cave Experiment*, Tulsa, The University of Oklahoma Book Exchange, 1961 ; S.P. Robbins, *Managing Organizational Conflict : A Nontraditional Approach*, Englewood Cliffs (N.J.), Prentice-Hall, 1974, p. 11-14 ; K.W. Thomas, « Conflict and Conflict Management », dans M.D. Dunnette (dir.), *Handbook of Industrial and Organizational Psychology*, Chicago, Rand McNally, 1976.

35. Suzanne Dansereau, « Les cinq façons de gérer les conflits », *Les Affaires*, 24 mai 2003, p. 27.

36. Joseph E. McGrath, « Stress and Behavior in Organizations », dans M.D. Dunnette (dir.), *Handbook of Industrial and Organizational Psychology*, New York, Wiley, 1983, p. 1352.

37. Renée Claude Simard, « Savoir gérer son stress », *Les Affaires*, 19 octobre 2002, p. 41.

38. J.C. Quick, et J.D. Quick, *Organizational Stress and Preventive Management*, New York, McGraw-Hill, 1984.

39. Paul Gaboury, « La vie des gestionnaires rendue plus difficile », *Le Droit*, 13 février 2005, p. 14.

40. Michael T. Matteson, et John M. Ivancevich, « Organizational Stressors and Heart Disease : A Research Model », *Academy of Management Review*, octobre 1979, p. 350.

41. Suzanne Dansereau, « Des pratiques de gestion malsaines », *Les Affaires*, 26 février 2005, p. 6.

42. T. Cox, *Stress*, Baltimore (Md.), University Park Press, 1978.

43. Herbert Benson, et Robert L. Allen, « How Much Stress Is Too Much ?, *Harvard Business Review*, septembre-octobre 1980, p. 88.

44. Renée Claude Simard, *art. cité*, p. 41.

45. J.R. To Golembiewski, R. Munzenrider et D. Carter, « Phases of Progressive Burnout and Their Work Site Covariants : Critical Issues in OD Research and Praxis », *Journal of Applied Behavioral Science*, n° 19, 1983, p. 461-481.

46. R.S. Eliot, et D.L. Breo, *Is It Worth Dying For ?*, New York, Bantam Books, 1984.

47. Voici quelques ouvrages intéressants sur le sujet de la gestion du temps : David Allen, *Getting Things Done : The Art of Stress-free Productivity*, New York, Viking Press, 2002 ; Jason Jennings, et Laurence Haughton, *It's Not the Big That Eat the Small... It's the Fast That Eat the Slow*, New York, Harper Collins, 2001.

48. Suzanne Dansereau, « Les effets concrets du coaching », *Les Affaires*, 11 décembre 2004, p. 31.

49. Suzanne Dansereau, « La génération Y chamboule les règles », *Les Affaires*, 9 juillet 2005, p. 5.

Chapitre 10

1. Isabelle Ducas, « Défi Meilleurs Employeurs », *Affaires Plus,* octobre 2004, p. 58.

2. R.M. Steers, et L.W. Porter, *Motivation and Work Behaviour,* 3e éd., New York, McGraw-Hill, 1983.

3. A.R. Cohen, S.L. Fink, H. Gadon et R.D. Willits, *Effective Behavior in Organizations,* 3e éd., Homewood (Ill.), Irwin, 1984, p. 167.

4. Jean-Paul Gagné, « De l'espace aux employés pour favoriser la créativité », *Les Affaires*, 31 mai 2003, p. 35.

5. Katherine Macklem, « Canada's Top 100 Employers », *Macleans*, 11 octobre 2004, p. 22.

6. Harvey Enchin, « Canada Urged to Stop Living Off Fat of the Land », *The Globe and Mail*, 25 octobre 1991, p. B6.

7. Jean-Paul Gagné, « Notre productivité stagne, mais nos gouvernements l'oublient », *Les Affaires*, 26 mars 2005.

8. Wallace Immen, « It's Time to Focus on Staff : Survey », *The Globe and Mail*, 5 décembre 2003, p. C1.

9. Rafik Ikram, « Le *kaizen* favorise la participation du personnel », *Les Affaires*, 3 août 2002, p. 23.

10. Astrid Morchoine, « Michel Julien a fait 12 *kaïzen* et obtenu des résultats », *Les Affaires*, 30 octobre 2004, p. 14.

11. M.G. Evans, « Organizational Behavior : The Central Role of Motivation », *Journal of Management*, n° 12, 1986, p. 203-222.

12. A.H. Maslow, « A Theory of Human Motivation », *Psychological Review*, vol. 50, juillet 1943, p. 370-396.

13. M. Wahba, et L. Birdwell, « Maslow's Reconsidered : A Review of Research on the Need Hierarchy Theory », *Organizational Behavior and Human Performance*, vol. 15, 1976, p. 212-240.

14. F. Herzberg, B. Mausner et B.B. Snyderman, *The Motivation to Work*, New York, John Wiley & Sons, 1959.

15. Michel de Smet, « Les employeurs comblent mal les attentes des employés », *Les Affaires*, 28 août 1999, p. 31.

16. C.P. Alderer, *Existence, Relatedness and Growth : Human Needs in Organizational Settings*, New York, Free Press, 1972.

17. D.C. McClelland, « The Achieving Society », Princeton (N.J.), Van Nostrand, 1961, et « Business Drive and National Achievement », *Harvard Business Review*, juillet-août 1962, p. 89-112.

18. J.R. Hackman, et G.R. Oldham, *Work Redesign*, Reading (Mass.), Addison-Wesley, 1980.

19. Kathy Noël, « Le temps d'une dinde est résolu ! », *Les Affaires*, 20 mai 2000, p. 25.

20. Kathy Noël, « Les employés heureux font augmenter les profits », *Les Affaires*, 18 décembre 1999, p. 22.

21. Kathy Noël, « Les patrons ne donnent pas assez de feed-back, disent les employés », *Les Affaires*, 22 janvier 2000, p. 29.

22. Kenneth Blanchard, et Spencer Johnson, *Le manager-minute*, Paris et Montréal, Éditions France-Amérique, 1984.

23. R.M. Kanter, Exposé sur *The Change Masters*, Santa Clara University, 13 mars 1986.

24. Kenneth Blanchard, et Spencer Johnson, *op. cit.*, p. 44.

25. Patrick Mahony, « Quand les employeurs perdent le gros bout du bâton », *Les Affaires*, 14 juin 2003, p. 33.

26. Victor H. Vroom, *Work and Motivation*, New York, Wiley, 1964.

27. L.W. Porter, et E.E. Lawler III, *Managerial Attitudes and Performance*, Homewood (Ill.), Richard D. Irwin, 1968.

28. J. Stacey Adams, « Toward and Understanding of Inequity », *Journal of Abnormal and Social Psychology,* novembre 1963, p. 422-436 ; « Inequity in Social Exchange », dans Leonard Berkwitz (dir.), *Advances in Experimental Social Psychology*, vol. 2, New York, Academy Press, 1965, p. 267-299.

29. B.F. Skinner, *Science and Human Behavior*, New York, Free Press, 1953, et *Beyond Freedom and Dignity*, New York, Knopf, 1971.

30. Kenneth Blanchard, et Robert Lorber, *Putting the One Minute Manager to Work*, New York, William Morrow and Company, 1984.

31. Daniel Germain, Isabelle Ducas et Marie-Eve Cousineau, « Défi : Meilleurs Employeurs », *Affaires Plus*, octobre 2004, p. 45 ; Katherine Macklem, « Canada's Top 100 Employers », *Macleans*, 11 octobre 2004, p. 22.

32. J.M. Douzes, et B.Z. Posner, *The Leadership Challenge*, San Francisco, Jossey-Bass, 1995, p. 271-284.
33. D.A. Nadler, « Managing Organizational Change : An Integrative Approach », *Journal of Applied Behavioral Science*, vol. 17, 1981, p. 191-211.
34. Virginia Galt, « More Firms Offering Flex-Time Option », *The Globe and Mail*, 11 août 2003, p. B-1.
35. Sylvie Lemieux, « Chez Bois de plancher PG, on travaille moins mais mieux », *Les Affaires*, 10 janvier 2004, p. 37.

Chapitre 11

1. Daniel Germain, « D.L.G.L. Le collectivisme réinventé », *Affaires Plus*, octobre 2003, p. 72 ; Daniel Germain, « Anatonomie du meilleur boss au Québec », *Affaires Plus*, octobre 2004, p. 54.
2. Daniel Germain, « D.L.G.L. Le collectivisme réinventé », *Affaires Plus*, octobre 2003, p. 72.
3. « The Cultivation of Tomorrow's Leaders : Industry Fundamental Challenge to Management Education », *Newsline*, American Assembly of Collegiate Schools of Business, vol. 23, n° 3, printemps 1993, p. 1.
4. *Ibid.*
5. Warren Bennis, *On Becoming a Leader*, New York, Addison-Wesley, 1989, p. 1.
6. Henry Mintzberg, *Le management : voyage au cœur des organisations*, Paris et Montréal, Éditions d'Organisation et Agence d'Arc, 1990, p. 84.
7. Jerry Useem, « America's Most Admired Companies », *Fortune*, 7 mars 2005, p. 67.
8. J.M. Kouzes, et B.Z. Posner, *The Leadership Challenge*, San Francisco, Jossey-Bass, 1995, p. XVII.
9. Nathalie Vallerand, « Le leadership est-il un talent inné ou une qualité acquise ? », *Les Affaires*, 23 avril 2005.
10. Suzanne Dansereau, « Au Canada, la gestion du rendement laisse à désirer », *Les Affaires*, 5 février 2005, p. 31.
11. Johanne Maletto, « Le leadership, ça s'apprend », *Les Affaires*, 23 avril 2005, p. 44.
12. The Hockey News, *The Top 100 NHL Players of All Times*, Toronto, Transcontinental Sports Publication, 1997, p. 8.
13. Partha Bose, *Alexander the Great's Art of Strategy*, New York, Gotham Books, 2004.
14. François Normand, « Alexandre le Grand reste un modèle », *Les Affaires*, 27 novembre 2004, p. 49.
15. C.R. Hickman, et M.A. Silva, *Creating Excellence*, New York, Plume Book, 1984, p. 30.
16. *Ibid*, p. 31.
17. J.R.P. French, et B.H. Raven, « The Bases of Social Power », dans Dorwin Castwright (dir.), *Studies in Social Power*, Ann Arbor (Mich.), University of Michigan Press, 1959.
18. R.L. Dilenshneider, *Power and Influence*, New York, Prentice-Hall, 1990, p. 5.
19. Sylvie Lemieux, « Pas de secrets pour les employés », *Les Affaires*, 31 juillet 2004, p. 20.
20. A.I. Kraut, P.R. Pegrego, D.D. McKenna et M.D. Dunnette, « The Role of the Manager : What's Really Important in Different Management Jobs », *Academy of Management Executive*, n° 3, 1989, p. 286-293.
21. C.I. Barnard, *The Functions of the Executive*, Cambridge (Mass.), Harvard University Press, 1936.
22. J.M. Kouzes, et B.Z. Posner, *op. cit.*, p. 16.
23. W. Bennis, et B. Nanus, *Leaders : The Strategies for Taking Charge*, New York, Harper and Row, 1985.
24. J.M. Kouzes, et B.Z. Posner, *op. cit.*, p. 17.
25. P.R. Lawrence, et J.W. Lorsch, *Organization and Environment : Management Differentiation and Integration*, Homewood (Ill.), Richard D. Irwin, 1969.
26. Laurent Leduc, et Peter Jackson, « Le leadership altruiste », *CAmagazine*, avril 2002, p. 28.
27. K. Lewin, R. Lippitt et R.K. White, « Pattern of Aggressive Behavior in Experimentally Created "Social Climate" », *The Journal of Social Psychology*, mai 1989, p. 273.
28. R.M. Stogdill, « Personal Factors Associated With Leadership : A Survey of the Literature », *Journal of Applied Psychology*, janvier 1948, p. 35-71.
29. R.M. Stogdill, *art. cité*, p. 35-71.
30. E.E. Ghiselli, « Managerial Talent », *American Psychologist*, octobre 1963, p. 631-641.
31. M.W. McCall, Jr., et M.M. Lombardo, « What Makes a Top Executive », *Psychology Today*, février 1983, p. 26-31.
32. Douglas McGregor, *The Human Side of Enterprise*, New York, McGraw-Hill, 1960.
33. Rensis Likert, *New Patterns of Management*, New York, McGraw-Hill, 1967.
34. Robert Tannenbaum, et W.H. Schmidt, « How to Choose a Leadership Pattern », dans D. Lerner et H.D. Lassel (dir.), *The Policy Sciences*, Palo Alto (Calif.), Stanford University Press, 1951, p. 193-202.
35. R.R. Blake, et J.S. Mouton, *The Managerial Grid III*, Houston (Tex.), Gulf Publishing, 1985, p. 12.
36. R.M. Stogdill, *art. cité*, p. 5-71.
37. F.E. Fiedler, *A Theory of Leadership Effectiveness*, New York, McGraw-Hill, 1967.
38. E. Etzioni, *A Comparative Analysis of Complex Organizations*, Glenco (N.Y.), The Free Press, 1961.
39. V.H. Vroom, et P.W. Yetton, *Leadership and Decision Making*, Pittsburgh (Penn.), University of Pittsburgh Press, 1973.
40. Paul Hersey, et Kenneth H. Blanchard, *Management of Organizational Behaviour : Utilizing Human Resources*, 6e éd., Englewood Cliffs (N.J.), Prentice-Hall, 1993.
41. B.M. Bass, « Leadership : Good, Better, Best », *Organizational Dynamics*, vol. 13, hiver 1985, p. 26-40.
42. *Ibid*, p. 29.
43. Warren Bennis, et Burt Nanus, *Leaders : The Strategies for Taking Charge*, New York, Harper and Row, 1985.
44. J.M. Kouzes, et B.Z. Posner, *The Leadership Challenge*, San Francisco, Jossey-Bass, 1995, p. 85.
45. *Ibid.*, p. 113.
46. *Ibid.*, p. 151.
47. J.L. Badarocco, Jr., et R.R. Ellsworth, *Leadership and the Quest for Integrity*, Boston, Harvard Business School Press, 1989, p. 105.
48. K. Albrecht, et R. Zemke, *Service America*, Homewood (Ill.), Dow Jones-Irwin, 1985.
49. Janice Revell, « The Fortune 500 in 2004 », *Fortune*, 18 avril 2005, p. F-1.
50. N.M. Tichy, et M.A. Devanna, *The Transformational Leader*, New York, Wiley, 1986.
51. N.M. Tichy, « Revolutionize Your Company », *Fortune*, 13 décembre 1993, p. 115-118.
52. C.J. Loomis, « Dinosaurs », *Fortune*, 3 mai 1993, p. 37.
53. Janice Revell, *art. cité*, p. F-1.
54. Danny Miller, *The Icarus Paradox : How Exceptional Companies Bring About Their Own Downfall*, Delran (N.J.), Harper Business, 1990, p. 3.
55. P.F. Drucker, *Managing in Turbulent Times*, New York, Harper and Row, 1980, p. 44.
56. A.E. Pearson, « Six Basics for General Managers », *Harvard Business Review*, vol. 67, n° 4, juillet-août 1989, p. 96.
57. D.A. Nadler, « Managing Organizational Change : An Integrative Perspective », *Journal of Applied Behavioral Science*, vol. 17, 1981, p. 294.
58. Alice H. Eagly, et Blair T. Johnson, « Gender and Leadership Style : A Meta-Analysis », *Psychological Bulletin*, septembre 1990, p. 233-256 ; Judith B. Rosener, « Ways Women Lead », *Harvard Business Review*, novembre-décembre 1990, p. 119-125 ; Alice H. Eagly, Steven J. Karau et Blair T. Johnson, « Gender and Leadership Style Among School Principals : A Meta-Analysis », *Educational Administration Quarterly*, février 1992, p. 76-102.
59. Agnès Arcier, *Le quotient féminin de l'entreprise*, Village Mondial, 2002.
60. « Création d'un centre d'entrepreneuriat féminin », *Les Affaires*, Paris, 30 avril 2005, p. 22.
61. Pierre Théroux, « Toujours peu de femmes aux postes de haute direction », *Les Affaires*, 30 avril 2005, p. 22.
62. Pierre Théroux, « Les femmes de pouvoir sont encore rares », *Les Affaires*, 12 mars 2005, p. 5.
63. Ann Harrington, et Petra Bartosiewicz, « 50 Most Powerful Women », *Fortune*, octobre 18, 2004, p. 181.
64. Rudolph W. Giuliani, *Leadership*, New York, Miramax Books, 2002, p. xii.
65. William Ouchi, *Théorie Z : Faire face au défi japonais*, Paris, InterEditions, 1982.
66. Pour une lecture intéressante à ce sujet, voir Susan Smith Kuczmarski, et Thomas D. Kuczmarski, *Values-Based Leadership*, Englewood Cliffs, Prentice-Hall, N.J., 1995.
67. N.M. Tichy, et M.A. Devanna, *The Transformational Leader*, New York, Wiley, 1986.
68. Nathalie Vallerand, « Le leadership est-il un talent inné ou une qualité acquise ? », *Les Affaires*, 23 avril 2005, p. 44.

69. François Normand, « Alexandre le Grand reste un modèle », *Les Affaires*, 27 novembre 2004, p. 49.
70. Peter S. Pande, Robert P. Neuman et Roland R. Cavanagh, *The Six Sigma Way*, New York, McGraw-Hill, 2000, p. 77.
71. Robert Slater, *Jack Welch and the GE Way*, New York, MacGraw-Hill, 1999.
72. René Vézina, « Le président de Nissan vole la vedette au Salon de l'auto », *Les Affaires*, 17 janvier 2004, p. 20.

Chapitre 12

1. a) Yves Gingras, « Les pertes liées à Norbourg atteindront au moins 100 M$ », *Les Affaires*, 17 septembre 2005, p. 5.
   b) Patrice Gaudreault, « Des millions payés en trop pour les médicaments », *Le Droit*, 24 novembre 2004, p. 7.
2. D.C. Mosley, et P.H. Pietri, *Management : The Art of Working With and Through People*, Encino (Calif.), Dickenson Publishing, 1973, p. 29-43.
3. Kathy Noël, « Les patrons ne donnent pas de feedback, disent les employés », *Les Affaires*, 22 janvier 2000, p. 29.
4. A.D. Gray, « Striving to Improve », *The Montreal Gazette*, 16 novembre 1992, p. C3-C4.
5. R.J. Mockler, *The Management Control Process*, Englewood Cliffs (N.J.), Prentice-Hall, 1972, p. 2, traduction libre.
6. P.F. Drucker, *Management : Tasks, Practices, Responsibilities*, édition revue et abrégée, New York, Harper and Row, 1985.
7. E.E. Schumacher, *A Guide for the Perplexed*, New York, Harper and Row, 1977, p. 127.
8. Sam Walton, et John Huey, *Sam Walton : Made in America*, New York, Doubleday, 1992, p. 213 ; traduction libre.
9. Martin Jolicoeur, « Crise de confiance au sein des conseils d'administration », *Les Affaires*, 7 décembre 2003, p. 3.
10. Denis Gamache, « Votre gestion inspire-t-elle confiance », *Commerce*, juin 2003, p. 47.
11. John Gray, « A Higher Calling », *Canadian Business*, 15-28 août 2005, p. 42.
12. Anne Fisher, « America's Most Admired Companies », *Fortune*, 6 mars 2006, p. 65.
13. A.D. Gray, *art. cité*, p. C4.
14. A.D. Gray, *art. cité*, p. C3.
15. François Normand, « Fraudes comptables : le Canada tarde à prendre le train américain », *Les Affaires*, 10 août 2002, p. 3.
16. J.A.F. Stoner, *Management*, Englewood Cliffs (N.J.), Prentice-Hall, 1978, p. 578-582.
17. R. Wayne Mondy, Arthur Sharplin, R.E. Holmes et Edwin Flippo, *Management Concepts and Practice*, Boston, Allyn and Bacon, 1986, p. 416.
18. G. Dessler, *Management Fundamentals*, Reston (Va.), 1979, p. 409-411.
19. E.A. Locke, G.P. Lafilam et Miriam Erez, « The Determinants of Goal Commitment », *Academy of Management Review*, vol. 13, 1988, p. 23-39.
20. A.J. Mento, R.P. Steel et R.J. Karren, « A Meta-Analytic Study of the Effects of Goal Setting on Task Performance », *Organizational Behavior and Human Decision Processes*, vol. 39, 1987, p. 52-83.
21. Cette description s'inspire de W.H. Newman, *Constructive Control*, Englewood Cliffs (N.J.), Prentice-Hall, 1975 ; de H. Koontz, C. O'Donnel et H. Weihrich, *Management*, New York, McGraw-Hill, 1984 ; de K.A. Merchant, *Control in Business Organizations*, Boston (Mass.), Pitman, 1985 ; de J.A.F. Stoner, et R. Edward Freeman, *Management*, Englewood Cliffs (N.J.), Prentice-Hall, 1989.
22. Sam Walton, et John Huey, *art. cité*, p. 241.
23. L.N. Killough et W.R. Leininger, *Cost Accounting : Concepts and Techniques for Management*, New York, West Publishing, 1984, p. 204.
24. W. Morley Lemon, A.A. Arens et J.K. Loebbecke, *Auditing : An Integrated Approach*, 5e éd. canadienne, Scarborough (Ont.), Prentice-Hall Canada, 1993, p. 2.
25. Dominique Froment, « Le budget, une espèce en voie d'extinction », *Les Affaires*, 18 décembre 2004, p. 29.
26. Pour une lecture à ce sujet, voir Susan Smith Kuczmarski, et Thomas D. Kuczmarski, *Values-Based Leadership*, Englewoods Cliffs, Prentice-Hall, 1995.
27. Pour des lectures intéressantes à ce sujet, voir : Peter S. Pande, Robert P. Neuman, Roland R. Cavanagh, *The Six Sigma Way*, New York, McGraw-Hill, 2000 ; Michael L. George, *Lean Six Sigma*, New York, McGraw-Hill, 2002.
28. Martin Jolicoeur, « Les fraudes liées aux paiements explosent », *Les Affaires*, 16 octobre 2004, p. 5.
29. Patrice Gaudreaut, « Ottawa s'attaque aux menaces cybernétiques », *Le Droit*, 3 février 2005, p. 3.
30. Marc-André Dumont, « La loi Sarbanes-Oxley influence la gestion des TI », *Les Affaires*, 24 juillet 2004, p. 32.
31. *Ibid*, p. 32.
32. Pierre Théroux, « Chocolat Lamontagne s'offre une Américaine pour ses 25 ans », *Les Affaires*, 25 juin 2005, p. 17.

Chapitre 13

1. Presse Canadienne, « Abitibi-Consolidated ferme deux usines », *Le Droit*, 28 juillet 2005, p. 15.
2. Voir le site Web de l'entreprise (www.abitibiconsolidated.com) et cliquer sur Profil pour ensuite cliquer sur Vision et valeurs.
3. France Veillet, « Améliorer la présence au travail grâce à la communication », *Les Affaires*, 22 mars 2003.
4. Jean-François Barbe, « Comment maximiser le travail d'équipe », *Les Affaires*, 23 novembre 2002, p. 35.
5. Wojtek Dabrowki, « Colleges Get Minimum Pass for Work Ethic », *Financial Post*, 5 janvier 2004, p. FP2.
6. R.L. Daft, et R.H. Lengel, « Information Richness : A New Approach to Managerial Behavior and Organization Design », dans B.M. Staw, et L.L.Cummings (dir.), *Research in Organizational Behavior*, vol. 6, Greenwich (Conn.), JAI Pess, 1984, p. 191-233.
7. S.L. Dolan, E. Gosselin, J. Carrière et G. Lamoureux, *Psychologie du travail et comportement organisationnel*, 2e éd., Boucherville, Gaëtan Morin Éditeur, 2002, p. 50-62.
8. L. Dumont, « Les motivations au travail des agents de la fonction publique », *Psychologie du travail et nouveaux milieux de travail*, Acte du 41e Congrès international des psychologies du travail de langue française, Québec, Presses de l'Université du Québec, 1987, p. 360-367.
9. George Manning, et Kent Curtis, *Communication : The Miracle of Dialogue*, Cincinnati (Ohio), South-Western Publishing, 1988, p. 118.
10. Commonwealth of Kentucky, Department of Corrections, *Who's Prejudiced ?*, programme de perfectionnement du personnel, Greenfield (Mass.), Channing L. Bete, 1971, p. 12.
11. G. Manning, et K. Curtis, *op. cit.*, p. 124-131.
12. R.L. Birdshistell, *Kinessics and Context*, Philadelphie, University of Pennsylvania Press, 1970 ; A. Mehrabian, *Nonverbal Communication*, Chicago, Aldine-Atherton, 1972 ; P. Ekman, et W. Friesen, *Unmasking the Face*, Englewood Cliffs (N.J.), Prentice-Hall, 1974 ; M. Knapp, *Nonverbal Communication in Human Interaction*, 2e éd., New York, Holt, Rinehart and Winston, 1978.
13. E. Bersheid, et E. Walster, « Physical Attractiveness », dans L. Berkowitz (dir.), *Advances in Experimental and Social Psychology*, vol. 7, 1974, p. 158-215 ; W. Goldman et P. Lewis, « Good Looking People Are Likable, To ! », *Psychology Today*, juillet 1977, p. 27.
14. A. Mehrabian, « Communication Without Words », *Psychology Today*, septembre 1968, p. 53-55.
15. Janet G. Elsea, *First Impression, Best Impression*, New York, Simon and Schuster, 1984, p. 48.
16. L.P. Porter, et K.H. Robert, « Communication in Organizations », dans M.D. Dunnette (dir.), *Handbook of Industrial and Occupational Psychology*, 2e éd., New York, Wiley, 1983, p. 1553-1589.
17. Keith Davis, « Grapevine Communication Among Lower and Middle Managers », *Personnel Journal*, vol. 48, n° 4, avril 1969, p. 269-272.
18. Keith Davis, « Management Communication and the Grapevine », *Harvard Business Review*, janvier-février 1953, p. 43-49.
19. J. Osborne, « 2001 : The Internet, Faster, Higher, Stronger, Maby », *Broadcaster*, janvier 2001, p. 29.
20. B. Poussart, *Rapport d'enquête sur l'adoption du commerce électronique par les PME québécoises*, Institut de la statistique du Québec, mars 2001.
21. Jérôme Plantevin, « Ce que nous réserve l'année 2005 en techno », *Les Affaires*, 3 janvier 2004, p. 14.
22. « N. Southworth, « Informality Governs Most Telecommuters », *The Globe and Mail*, 4 avril 2001, p. B11.
23. G. Manning, et K. Curtis, *op. cit.*, p. 34.
24. *Ibid*, p. 34.

25. La source suivante traite de ce programme : « Developing Listening Skills at Sperry Corporation », *Management Review*, avril 1980, p. 40.
26. Larry Barket, *Listening Behaviour*, Englewood Cliffs (N.J.), Prentice-Hall, 1971.
27. J.G. Elsea, *op. cit.*, p. 112.
28. Ce qui suit est une version abrégée de « Ten Commandments of Good Communication », *Management Review*, vol. 44, New York, AMACOM (division de l'American Management Association), 1955, p. 704-705.
29. Kenneth Blanchard, et Spencer Johnson, *Le manager-minute*, Paris et Montréal, Édition France-Amérique, 1984.
30. Ce qui suit est inspiré de R.H. Gregory, et R.L. Van Horn, « Value and Cost of Information », dans J. Daniel Conger, et R.W. Knapp (dir.), *Systems Analysis Techniques*, New York, John Wiley & Sons, 1974, p. 473-489.
31. Mathieu Bélanger, « Les médecins de Gatineau et de Hull ne se parlent toujours pas », *Le Droit*, 24 janvier 2004, p. 3.

Annexe au chapitre 1

1. Janice Revell, « 500 Hundred Largest U.S. Corporations », *Fortune*, 18 avril 2005, p. F1.
2. Jerry Useem, « America's Most Admired Companies », *Fortune*, 7 mars 2005, p. 67.
3. Ann Kingston, « Rush Hour at Eaton's », *Report on Business Magazine*, mai 1996, p. 46-56 ; « Ian McGugan, Eaton's on the Brink », *Canadian Business*, mars 1996, p. 39-72.
4. « Why Business History? », *Audacity*, automne 1992, p. 7-15 ; Alan L. Wilkins, et Nigel J. Bristow, « For Successful Organization Culture, Honor Your Past », *The Academy of Management Executive*, août 1987, p. 221-227.
5. S.C. George, *The History of Management Thought*, Englewood Cliffs (N.J.), Prentice-Hall, 1968, p. 4-5.
6. U. Kuo-Chueng, *Ancient Chinese Political Theories*, Shanghai, Shanghai University Press, 1928.
7. A. Peawsky, *Administration*, New York, Knopf, 1949.
8. Frederick W. Taylor, *La direction scientifique des entreprises*, Paris, Dunod, 1912.
9. Frank B. Gilbreth, *Motion Study*, New York, D. Van Nostrand, 1991 ; Frank B. Gilbreth, et Lillian M. Gilbreth, *Fatigue Study*, New York, Sturgis and Walton, 1916.
10. Max Weber, *Theory of Social and Economic Organizations*, Oxford, Oxford University Press, 1921.
11. Henri Fayol, *Administration industrielle et générale*, Paris, Dunod, 1970, p. 5.
12. Mary Parket-Follett, *The New State*, Gloucester (Mass.), Peter Smith, 1918.
13. Elton Mayo, *The Human Problems of an Industrial Civilization*, New York, Macmillan, 1933 ; Friz Roethlisberger, et William J. Dickson, *Management and the Worker*, Cambridge (Mass.), Harvard University Press, 1939.
14. Abraham Maslow, « Theory of Human Motivation », *Psychological Review*, vol. 50, juillet 1943, p. 370-396.
15. D. McGregor, *La dimension humaine de l'entreprise*, Paris, Gauthier-Villars, coll. « Hommes et organisations », 1971.
16. H.M. Wagner, *Principles of Management Science*, Englewood Cliffs (N.J.), Prentice-Hall, 1970 ; R. Markland, *Topics in Management Science*, 2e éd., New York, Wiley, 1983.
17. L. Urwick, *The Elements of Administration*, New York, Harper and Row, 1944.
18. H. Koontz, « The Management Theory Jungle », *Journal of the Academy of Management*, décembre 1961, p. 174-188.
19. L. von Bertalanffy, « General System Theory : A New Approach to Unity of Science », *Human Biology*, décembre 1951, 302-361.
20. E.K. Freemont, et J.E. Rosezweig, « General Systems Theory : Applications for Organization and Management », *Academy of Management Journal*, décembre 1972, p. 447-465.
21. Deborah Cohen, « McDonalds' Tests Kiosk Ordering », *The Globe and Mail*, 10 juillet 2003, p. B9.
22. Y.K. Shetty, et H.M. Carlisle, « A Contingency Model of Organization Design », *California Management Review*, 1972, n° 15, p. 39-40.

Annexe au chapitre 7

1. Shimon L. Dolan, et Randall S. Schuler, *Human Resource Management*, Scarborough (Ontario), Nelson Canada, 1994, p. 8-9.
2. André Dubuc, « Plus l'entreprise familiale prend de l'âge, plus sa transmission risque de faire problème », *Les Affaires*, 31 juillet 2004, p. 5.
3. Sylvie Lemieux, « Plusieurs règles à respecter avant de congédier un employé », *Les Affaires*, 16 avril 2005, p. 37.
4. Texte officiel de la *Loi sur les droit de la personne*, article 2, paragraphe a).
5. J. Sack, et I. Poskanzer, *Labour Law Terms : A Dictionary of Canadian Labour Law*, Toronto, Lancaster Honse, 1984, p. 23.
6. Steven H. Appelbaum, M. Dale Beckman, Louis E. Boone, et David L. Kurtz, *Contemporary Canadian Business*, Toronto, Holt, Rinehard and Winston, 1984, p. 183.
7. J. Sack, et I. Poskanzer, *Labour Law Terms : A Dictionary of Canadian Labour Law*, Toronto, Lancaster Honse, 1984, p. 23.
8. Canada, *Rapport de la Commission sur l'égalité en matière d'emploi* (juge Rosalie Silberman Abella, Commissaire), Ottawa, Approvisionnements et Services Canada, 1984.
9. Canada, *The Employment Law Report*, 1989, p. 61.
10. Ministère du Travail du Québec, avril 2004.
11. André Dubuc, « Le Québec est un paradis pour les syndicalistes », *Les Affaires*, 14 août 2004, p. 5.
12. Commission canadienne des droits de la personne, *Le harcèlement*, Ottawa, Ministre des Approvisionnements et Services Canada, 1993, cat. HR21-43/1993.
13. Environnement Canada, *Le harcèlement en milieu de travail*, Direction des relations du travail.
14. Lori McDowell, *Human Rights in the Workplace : A practical Guide*, Scarborough (Ontario), Carswell, 1997, p. 7-58.
15. R.J. Plachy, « Writing Job Descriptions that Get Results », *Personnel*, octobre 1987, p. 56-63.
16. Thomas H. Stone, et Noah M. Meltz, *Human Resource Management in Canada*, 3e éd. Toronto, Dryden, 1993, p. 281.
17. Martin Yate, *Keeping the Best*, Holbrook (Mass.), Bob Adams, 1991, p. 177.
18. R.S. Schuler, « Personnel and Human Resource Management – Choices and Organizational Strategy », dans S.L. Dolan, et R.S. Schuler (dir.), *Canadian Readings in Personnel and Human Resource Management*, Saint Paul (Minn.), West Publishing, 1987, p. 264.
19. Robert H. Waterman, Judith Waterman et Betsy Collard, « Toward a Career-Resilient Workforce », *Harvard Business Review*, juillet-août 1994, p. 87-95.

DÉFINITIONS DES CONCEPTS CLÉS

Chapitre 1

Art : mise à profit de son expérience, de ses connaissances et de ses observations.

Avantage concurrentiel : capacité d'une entreprise à être supérieure aux autres grâce à une offre de biens et de services plus efficaces et d'un meilleur rendement.

Cadre inférieur : gestionnaire qui coordonne et dirige le travail de simple exécution et qui est directement responsable de la fabrication des produits et de la fourniture des services.

Cadre intermédiaire : gestionnaire qui a pour rôle d'élaborer des programmes conformes aux objectifs stratégiques de l'organisation et de les mettre en application.

Cadre supérieur : gestionnaire qui occupe un poste au plus haut niveau d'une organisation et qui en définit l'orientation générale.

Compétence : habiletés intellectuelles et motrices, et attitudes que doivent avoir les cadres pour remplir leurs fonctions et jouer pleinement leur rôle.

Compétence liée à la communication : capacité de recevoir et de transmettre de l'information.

Compétence liée à la conceptualisation : capacité d'envisager une organisation dans son ensemble et de manier des abstractions.

Compétence liée au domaine technique : capacité d'exécuter des tâches spécialisées.

Compétence liée aux relations interpersonnelles : capacité de former des équipes et d'influencer le comportement des autres.

Contrôle : comparaison des résultats aux objectifs et aux plans, ce qui permet d'apporter, au besoin, les corrections nécessaires.

Créativité : capacité d'utiliser ses propres forces pour trouver de nouvelles solutions d'un problème.

Dégraissement des effectifs : suppression de certains effectifs et de niveaux hiérarchiques en vue d'améliorer le rendement et la productivité d'une entreprise.

Diversité de la main-d'œuvre : hétérogénéité dans la composition des effectifs d'une organisation du point de vue du sexe, de la race et de l'ethnie.

Économie : choix des méthodes de travail les moins coûteuses pour réaliser les objectifs.

Efficacité : rapport entre les résultats et les objectifs.

Équipe interfonctions : groupe de travailleurs chargé de veiller sur toutes les étapes de la gestion d'un projet de manière à atteindre un objectif.

Éthique : science qui a pour objet l'établissement de normes de conduite.

Fidélisation de la clientèle : technique de marketing visant à établir une relation privilégiée avec ses clients en vue de s'assurer leur fidélité en décelant les causes principales et leur insatisfaction.

Fonction d'organisation : activité fonctionnelle ou d'exploitation d'une organisation.

Gestion : action de planifier, d'organiser, d'assumer le leadership et de contrôler les activités en vue d'atteindre les objectifs de l'organisation.

Globalisation : établissement de liens réciproques entre les économies nationales associé à une interdépendance croissante des producteurs, des fournisseurs, des consommateurs et des gouvernements des différents pays.

Habilitation des employés : partage de son autorité, de son contrôle et de son influence avec ses subordonnés.

Innovation : processus créatif consistant à mettre sur pied des produits, des services ou des procédés nouveaux.

Internet : réseau électronique qui permet à des individus utilisant des ordinateurs de communiquer entre eux suivant un protocole uniforme.

Leadership : exercice d'une influence positive sur les employés chargés d'accomplir un travail donné et de faire progresser les choses.

Organisation : action de définir la composition des groupes de travail et la manière de coordonner leurs activités.

Organisme : entité sociale composée de deux personnes ou plus qui poursuit certains buts, dispose de ressources et présente une structure définie ; aussi fonction organisationnelle.

Planification : formulation des objectifs et élaboration des plans d'action en vue de les réaliser.

Qualité totale : reconnaissance des normes de performance d'un produit ou d'un service exigées par les clients et l'application de mesures permettant de les atteindre à 100 % tout en augmentant la productivité et en réduisant les pertes matérielles et les coûts.

Rendement : comparaison des extrants avec les ressources mises à sa disposition pour les produire.

Rôle : série de tâches dévolues à un gestionnaire et en rapport avec sa position dans l'organisation.

Rôle décisionnel : ensemble d'activités qui conduisent à choisir un mode d'action devant servir à utiliser le mieux possible les ressources de l'organisation.

Rôle informationnel : activité importante relative à la collecte et à la diffusion de l'information.

Rôle lié aux relations interpersonnelles : activité importante ayant pour but d'assurer une communication efficace avec les membres de l'unité ou des autres unités.

Science : application méthodique et objective d'un ensemble de concepts et de techniques dans l'exercice des fonctions de gestion.

Utilité : synonyme de *valeurs ajoutée* (voir ce terme).

Utilité d'endroit : offre aux clients de produits et de services à des endroits bien situés.

Utilité de forme : transformation des matières premières en biens finis.

Utilité de possession : transfert d'un bien ou d'un service d'un vendeur à un client pour qu'il devienne la propriété de ce dernier.

Utilité de temps : offre des produits ou des services aux consommateurs au moment où ceux-ci en ont besoin.

Valeur ajoutée : transformation des matières premières en produits finis pour satisfaire les besoins de la clientèle.

Chapitre 2

Analyse de la situation : première étape du processus de planification consistant à analyser l'environnement interne et l'environnement général de l'entreprise ainsi que les conditions du secteur auquel elle appartient.

Changement de l'environnement : rythme auquel les changements se produisent dans l'environnement général et l'environnement immédiat.

Concurrent établi : organisation qui dispute à d'autres entreprises un même marché.

Consommateur : personne qui achète les produits fabriqués ou les services conçus par une organisation.

Culture organisationnelle : ensemble de valeurs et de traits caractéristiques d'une entreprise (langue, religion, situation sociale, etc.) communs aux membres de cette organisation.

Danger : élément de l'environnement externe qui menace la stabilité d'une organisation.

Degré de complexité de l'environnement : nombre de facteurs de l'environnement externe qui influencent une organisation.

Environnement complexe : environnement caractérisé par un grand nombre de facteurs externes.

Environnement de l'organisation : ensemble des éléments internes et externes d'un organisme qui influent de manière directe ou indirecte sur les décisions de ses gestionnaires.

Environnement dynamique : environnement qui change rapidement.

Environnement économique : ensemble des éléments externes ayant un effet direct sur le chiffre des ventes de produits ou de services d'une organisation.

Environnement éthique : ensemble des attitudes morales des individus et des groupes.

Environnement externe : ensemble des éléments extérieurs à l'organisation (environnement général, environnement immédiat et intervenants externes) influant sur les objectifs et les plans stratégiques.

Environnement général : ensemble des éléments externes (économique, social, etc.) ayant généralement une incidence indirecte sur toutes les organisations.

Environnement immédiat : ensemble des éléments de l'environnement d'une organisation qui influent directement sur certaines de ses opérations.

Environnement international : ensemble de facteurs qui incitent les entreprises à faire des affaires partout dans le monde et non pas uniquement à l'intérieur de leur pays.

Environnement interne : ensemble des éléments internes (fonctions de l'organisation, intervenants internes, culture organisationnelle) qui permettent aux membres et aux équipes de travail d'une entreprise d'œuvrer en harmonie.

Environnement politique et juridique : ensemble des facteurs liés aux politiques et aux programmes gouvernementaux qui influent sur le milieu des affaires et des entreprises.

Environnement simple : environnement caractérisé par un nombre limité de facteurs externes.

Environnement social : ensemble des valeurs morales et sociales, des coutumes et des caractéristiques démographiques propres à la société à laquelle appartient une entreprise.

Environnement stable : environnement qui change lentement.

Environnement technologique : ensemble de méthodes utilisées par les entreprises pour la transformation des matières premières en produits finis vendus sur les marchés nationaux et internationaux.

Faiblesse : action mal maîtrisée par l'entreprise ou qui la place dans une position désavantageuse.

Force : action bien maîtrisée par l'entreprise ou qui lui procure un avantage sur ses concurrents.

Fournisseur : organisation qui vend ses biens ou services à une autre entreprise.

Gestion de l'environnement : mise en œuvre de stratégies proactives en vue de modifier le contexte dans lequel évolue une entreprise.

Intervenant externe : groupe de personnes défendant des intérêts particuliers et se préoccupant de l'effet des décisions de gestion sur la cause qu'il sert, et qui peut infléchir la ligne de conduite des gestionnaires. Le groupe en question constitue un groupe de pression.

Intervenant interne : groupe en relation suivie avec une organisation et se préoccupant des décisions prises par les gestionnaires, susceptibles d'avoir des effets notables sur les objectifs et les plans.

Nouveau concurrent : nouveau vendeu qui essaie d'obtenir une part d'un marché.

Possibilité : acte ou événement possible qui fournit à une organisation l'occasion de se développer.

Produit ou service substitut : bien et service de remplacement qui peuvent également satisfaire les mêmes besoins d'un consommateur.

Richesse de l'environnement : environnement offrant soit l'abondance soit la pénurie des ressources critiques pour les organismes d'un secteur donné.

Société pluraliste : société composée de groupes autonomes ou semi-autonomes détenant chacun certains pouvoirs.

Stratégie commerciale : ensemble ordonné d'opérations qui permettent à une entreprise de redéfinir les limites de son environnement immédiat ou de s'allier avec une autre entreprise afin de modifier certains aspects de l'environnement ou même réduire les coûts et les risques.

Stratégies politiques : ensemble ordonné d'opérations qui permettent à une entreprise de faire valoir son point de vue sur diverses questions auprès des autorités politiques.

Théorie d'équilibre soudain : théorie montrant que certaines organisations évoluent durant une période prolongée dans un environnement stable (équilibré) suivi par des changements rapides et radicaux (périodes révolutionnaires) pour ensuite se retrouver dans un environnement stable.

Chapitre 3

Action positive : application de mesures visant à compenser les effets de la discrimination.

Bilan social : rapport indiquant le degré de sensibilité d'une entreprise aux préoccupations sociales et écologiques.

Code de déontologie : texte énonçant l'ensemble des règles morales régissant l'exécution des différentes opérations d'une entreprise ou de ses membres.

Croyance : conviction d'une personne.

Diagramme de Gantt : outil de planification permettant d'optimiser l'utilisation des ressources d'une entreprise en répartissant les commandes entre différents groupes de travail et différentes machines.

Discrimination : acte particulier, pouvant être favorable ou défavorable envers une personne selon le groupe auquel elle appartient.

Diversité : ressemblance ou différence entre plusieurs groupes dont les membres peuvent être caractérisés par l'âge, la race, le sexe, l'origine ethnique, la religion, l'orientation sexuelle, le handicap, le niveau de scolarité et le milieu socio-économique.

École prônant la justice : école qui défend la répartition équitable des ressources et des coûts entre les divers groupes sociaux.

École prônant les droits moraux : école qui recommande aux gestionnaires de respecter les droits et les privilèges fondamentaux définis dans la Constitution canadienne.

Entreprise multiculturelle : entreprise en mesure de tirer avantage de sa diversité et de faire face à toutes les situations liées à la diversité.

Éthique : ensemble des règles de conduite qui déterminent une personne à agir d'une façon donnée.

Éthique commerciale : ensemble de règles et de politiques morales qui s'imposent aux institutions et à la conduite dans le milieu des affaires.

Éthique du travail : ce concept réfère aux convictions qui animent un employé dans l'exécution de ses tâches quotidiennes.

Éthique organisationnelle : ensemble des règles de conduite internes définies par une entreprise.

Éthique personnelle : ensemble de règles de conduites que se fixe une personne.

Gestion de la diversité : procédé de gestion basé sur une main-d'œuvre diversifiée et capable de réduire au maximum les conflits nés de la diversité.

Harcèlement : geste ou propos inapproprié considéré comme indécent ou humiliant.

Intervenant primaire : groupe lié à une entreprise par une entente formelle, officielle ou contractuelle.

Intervenant secondaire : groupe indirectement lié à une entreprise et affecté par ses décisions
.

Lois et réglementations gouvernementales : ensemble de règles qui déterminent en grande partie la politique de recrutement adoptée concernant les droits de la personne.

Lois sur les droits de la personne : lois visant à empêcher que certains individus reçoivent un traitement discriminatoire en raison de leur religion, de leur sexe, de leur race, de leur état matrimonial ou de leur origine ethnique.

Mode de conduite axée sur l'interaction avec les intervenants : comportement consistant à discerner les préoccupations et les intérêts prioritaires des intervenants avant de prendre une décision.

Mode de conduite classique : comportement consistant à faire un usage économique et judicieux des ressources de la société dans la fabrication des produits et dans la fourniture des services.

Mode de conduite proactif : comportement consistant à prévoir les besoins et les préoccupations de la société, et à planifier des actions précises afin d'y répondre.

Mode de conduite réactif : comportement axé à la fois sur l'accomplissement des fonctions économiques et sur la satisfaction des exigences sociales.

Préjugé : croyance ou opinion préconçue se fondant sur une perception souvent inexacte.

Responsabilité discrétionnaire : charge du gestionnaire consistant à prendre des décisions qui concernent le bien-être économique et social de la population en général.

Responsabilité économique : obligation faite aux gestionnaires de maximiser les bénéfices des actionnaires.

Responsabilité légale : obligation faite aux gestionnaires de se conformer aux règles et aux règlements gouvernementaux.

Responsabilité morale : nécessité pour le gestionnaire de choisir ce qui est « bon » ou « approprié ».

Responsabilité sociale : obligation morale pour une entreprise d'aider à la résolution de problèmes sociaux ou de pourvoir à certains besoins de la société.

Stéréotype : opinion non réfléchie fondée sur l'appartenance à un groupe caractérisé par la race, l'âge, l'orientation sexuelle, etc.

Utilitarisme : doctrine montrant la nécessité de prendre en compte l'intérêt de tous les intervenants qui subiront les effets d'une décision, même si elle peut avantager certains groupes plus que d'autres.

Valeurs : normes, croyances ou convictions adoptées par une personne, qui influent sur la façon dont elle accomplit ses tâches quotidiennes.

Chapitre 4

Concept de satisfaction : théorie voulant que le décideur espère obtenir non pas les meilleurs résultats possibles mais les résultats les plus satisfaisants.

Créativité : capacité à former de nouvelles idées.

Décision : option que l'on choisit en vue de se rapprocher d'un but déterminé.

Décision adaptative : décision prise lorsque le problème à résoudre et les solutions possibles sont inhabituels et partiellement connus.

Décision courante : décision apportant une solution à des problèmes simples et récurrents, et respectant un ensemble de règles et de programmes.

Décision novatrice : décision prise en vue de résoudre un problème unique ou exceptionnel.

Décision opérationnelle : décision incombant aux cadres inférieurs et correspondant à une activité bien précise de l'organisme touchant la transformation des intrants (ressources) en extrants (produits ou services).

Décision stratégique : décision incombant aux cadres supérieurs et souvent influencée par l'environnement extérieur.

Décision tactique : décision incombant aux cadres intermédiaires et ayant essentiellement pour objet d'harmoniser les opérations de l'entreprise avec l'environnement extérieur.

Information en temps réel : renseignements qui représentent les conditions les plus récentes.

Innovation : processus qui consiste à appliquer les idées nouvelles.

Méthode de l'avocat du diable : méthode qui consiste à confier à l'un des membres du groupe le rôle de critiquer les hypothèses et les stratégies des autres.

Méthode de l'enquête dialectique : méthode consistant à envisager sous différents points de vue les questions relatives à la planification stratégique.

Méthode Delphi : méthode de discussion qui permet de recueillir de l'information sans divulguer la source, puis de la transmettre aux dirigeants de l'entreprise.

Méthode du groupe nominal : méthode servant à trouver des solutions novatrices.

Méthode du remue-méninges : méthode dans laquelle les participants formulent des solutions sans se laisser arrêter par les préjugés ou la censure.

Méthode Ringi : méthode dans laquelle la décision est prise par la base puis transmise de proche en proche jusqu'aux échelons supérieurs de la hiérarchie.

Méthode synectique : méthode selon laquelle seul le chef du groupe connaît la nature exacte du problème, de sorte que les participants prêtent attention à autre sujet.

Modèle comportemental : décision reposant sur l'hypothèse que la masse de renseignements à traiter au moment de décider excède les capacités du cerveau humain.

Modèle rationnel : prise de décision exigeant que le décideur parcoure une suite d'étapes logiques nécessitant chacune une analyse rigoureuse.

Problème : obstacle empêchant une entreprise de bien fonctionner ou d'atteindre son objectif.

Rationalité limitée : théorie suivant laquelle la capacité de traiter l'information est limitée.

Stratégie politique extérieure : type de stratégie important pour les gestionnaires, car ils doivent influencer par divers moyens (pressions, représentations et socialisation) des groupes ayant des priorités et des objectifs différents.

Stratégie politique intérieure : stratégie par laquelle un gestionnaire amène ses collègues à se prononcer en faveur ou contre certains modes d'action.

Symptôme : phénomène observable lié à un état ou à une évolution.

Univers aléatoire : ensemble de faits et d'événements dont on connaît les variantes, les avantages, les circonstances d'apparition, et relevant du calcul des probabilités.

Univers de la prise de décision : ensemble des conditions et des événements que les gestionnaires doivent analyser avant de prendre une décision.

Univers déterminé : ensemble formé par les options et les stratégies possibles ainsi que par des faits et des événements liés au problème à résoudre et sur lequel le gestionnaire dispose d'une information complète.

Univers incertain : ensemble de faits et d'événements sur lesquels le gestionnaire ne possède pas de renseignements lui permettant de déterminer les options possibles et auxquels il ne peut attribuer un coefficient de probabilité.

Chapitre 5

Activités continues : actions que répète sans cesse une unité organisationnelle.

Analyse de l'écart : analyse permettant d'évaluer si une entreprise a suffisamment de ressources pour atteindre ses buts, sinon, quelles ressources il lui faudrait acquérir.

Domaine clé de succès : les tâches les plus importantes réalisées au sein d'une unité organisationnelle.

Énoncé des valeurs : texte décrivant les croyances et les valeurs des membres d'une entreprise.

Gestion par objectifs (GPO) : procédé de gestion par lequel un supérieur et ses subordonnés se fixent ensemble des objectifs communs pour ensuite les réviser périodiquement.

Indicateur : élément mesurable dont on fera mention dans un objectif précis.

Mission : définition générale et invariable de la raison d'être d'une entreprise, qui précise les marchés et les produits sur lesquels elle entend concentrer ses activités.

Objectif : but, fin ou résultat que les gestionnaires d'une entreprise s'efforcent d'atteindre.

Objectif effectif : but lié à l'exploitation, portant sur les activités internes d'une entreprise et pouvant avoir un caractère stratégique, tactique ou opérationnel.

Objectif officiel : but qui découle de la mission d'une entreprise et que celle-ci indique dans sa charte, ses rapports annuels ou ses publications.

Objectif opérationnel : objectif se rapportant aux activités internes d'une entreprise et précisant les résultats à obtenir.

Objectif stratégique : objectif énoncé par écrit et donnant une orientation à l'entreprise relativement à ses produits, ses marchés, son savoir technique, sa méthode de vente et ses procédés de distribution.

Objectif tactique : objectif précis relatif à une division dirigée par un vice-président.

Plan : projet élaboré en vue de réaliser une série d'actions permettant d'atteindre un objectif.

Plan de rechange : plan pouvant remplacer rapidement le plan principal en cas de transformation importante des forces de l'environnement.

Plan opérationnel : plan détaillé par les cadres inférieurs en vue de déterminer la façon d'atteindre les objectifs fixés.

Plan stratégique : plan général dressé par les cadres supérieurs et indiquant la manière dont leur entreprise réalisera ses objectifs à long terme.

Plan tactique : plan indiquant la manière d'appliquer à court terme les grandes stratégies de l'entreprise.

Projet : activité particulière réalisée qu'une seule fois par une unité organisationnelle.

Stratégie : plan qui permet à une entreprise de s'adapter à ses environnements.

Style transactionnel : style de leadership basé sur un processus d'échange alors que les subordonnés sont récompensés pour un bon rendement et punis pour un rendement non satisfaisant.

Style transformationnel : style de gestion consistant à amener les subordonnés à participer à la réalisation de la mission et des objectifs de l'entreprise.

Vision : manière de concevoir une entreprise.

Chapitre 6

Décision stratégique : moyens que l'on se propose d'utiliser pour obtenir les résultats souhaités et se rattachant à trois éléments : les marchés, les produits ou services et la manière d'utiliser les ressources.

Esprit stratégique : aptitude permettant de reconnaître et de bien comprendre tous les éléments qui influent sur une situation donnée pour ensuite s'appliquer à les remodeler de la façon la plus avantageuse.

Modèle d'analyse de l'écart stratégique : modèle d'analyse stratégique permettant de déterminer s'il faut modifier les stratégies en place.

Modèle d'analyse du portefeuille : modèle d'analyse stratégique destiné aux entreprises qui possèdent plusieurs divisions, et qui veulent évaluer la part du marché et le taux de croissance d'une unité sectorielle stratégique.

Modèle d'analyse stratégique : outil aidant les dirigeants à choisir les stratégies les plus appropriées.

Modèle de comparaison de l'attrait des différents domaines d'activité : modèle d'analyse stratégique conçu pour les entreprises qui comprennent plusieurs divisions et qui considèrent l'unité sectorielle stratégique : 1) en fonction de son importance dans son secteur d'activité ; 2) par rapport aux autres unités sectorielles ; 3) en fonction de l'ensemble de l'entreprise.

Modèle de comparaison du degré de compétitivité des unités sectorielles : modèle d'analyse stratégique destiné aux entreprises comprenant plusieurs divisions, et qui aide à comparer les forces et la position concurrentielle de chaque unité avec celles des autres en vue d'évaluer ses chances de succès.

Modèle du cycle de vie des produits : modèle indiquant les différentes étapes de l'existence d'un bien ou d'un service telles que : lancement, croissance, maturité, déclin et disparition.

Planification stratégique : élaboration de plans par les cadres d'une organisation, visant à accroître son rendement et prenant en compte des variables extérieures.

Réflexion stratégique : processus permettant de déterminer comment toutes les composantes individuelles et collectives d'une organisation peuvent le mieux s'adapter à son environnement.

Restructuration du portefeuille : plan d'action qui implique une réorganisation de tous les domaines d'activité dans lesquels les dirigeants d'une entreprise souhaitent évoluer.

Stratégie combinée : plan d'action impliquant le produit de l'application simultanée ou successive de deux ou plusieurs des stratégies décrites précédemment.

Stratégie concurrentielle : plan d'action établi par une organisation qui doit se mesurer à ses concurrents dans un secteur donné.

Stratégie d'adaptation : plan d'action conduisant une entreprise à s'ajuster efficacement dans son secteur d'activité en utilisant l'une de quatre approches : prospective, défensive, analytique et réactive.

Stratégie d'ensemble : décisions prises par le P.-D. G. et le comité de gestion quant à l'efficacité du tout que forme une organisation.

Stratégie d'intégration : plan d'action ayant un effet vers l'amont, vers l'aval, sur le plan horizontal.

Stratégie de concentration : plan d'action conduisant une entreprise à s'intéresser aux besoins d'un segment précis du marché et offrant des produits ou des services soit différenciés, soit peu coûteux.

Stratégie de coopération : plan d'action conduisant deux entreprises à unir leurs forces par un accord de licence, une alliance, une association stratégique ou une entente de collaboration dans les domaines du savoir-faire technique ou de la recherche et du développement.

Stratégie de différenciation : plan d'action permettant à une entreprise de concurrencer les autres en différenciant ses produits ou ses services.

Stratégie de diversification : plan d'action concernant l'éventail de biens et de services produits par une entreprise et le nombre de marchés différents qu'elle dessert.

Stratégie de domination par les coûts : plan d'action conduisant une entreprise à réduire ses coûts pour vendre ses produits ou ses services à un prix moins élevé que celui de ses concurrents.

Stratégie de retrait : plan d'action adopté par une entreprise lorsqu'elle décide de réduire ses activités, de liquider une partie de ses éléments d'actif ou de se retirer de certains secteurs pour accroître sa productivité.

Stratégie fonctionnelle : plan d'action s'appliquant aux fonctions d'une unité sectorielle quant à la commercialisation, à la production, aux finances, aux ressources humaines ainsi qu'à la recherche et au développement.

Stratégie projetée : choix initialement fait par les dirigeants d'une organisation (ou modifié d'une manière quelconque) et visant à assurer la réalisation d'objectifs.

Stratégie réalisée : accomplissement d'une entreprise.

Stratégie sectorielle : plan d'action établi pour une seule entreprise, c'est-à-dire pour une unité évoluant dans un secteur particulier.

Unité stratégique sectorielle : division d'une entreprise qui évolue dans un secteur d'activité distinct.

Vision stratégique : capacité de se créer une image mentale précise de la situation dans laquelle les dirigeants aimeraient voir leur organisation.

Chapitre 7

Autorité : pouvoir légitime d'un gestionnaire pour agir et prendre des décisions portant sur les objectifs et les plans.

Autorité d'état-major : pouvoir qu'ont les personnes occupant des postes d'état-major d'adresser des conseils aux cadres hiérarchiques.

Autorité hiérarchique : pouvoir exercé directement par un cadre sur ses subordonnés.

Décentralisation : processus par lequel les dirigeants d'une organisation délèguent leur pouvoir décisionnel aux cadres subordonnés.

Départementalisation : regroupement des divers postes d'une organisation et des unités organisationnelles dans des unités en vue d'améliorer la gestion.

Départementalisation basée sur la clientèle : regroupement des divers postes d'une organisation afin que des unités organisationnelles s'occupent d'une clientèle précise.

Départementalisation basée sur les chaînes de distribution : regroupement des divers postes d'une organisation qui se fonde sur les catégories de clients, car elle vise également à satisfaire certaines clientèles.

Départementalisation basée sur les procédés ou l'équipement : regroupement des divers postes d'une organisation afin de disposer le matériel ou l'équipement de production de la manière la plus avantageuse sur le plan économique.

Départementalisation basée sur les services : regroupement des divers postes d'une organisation et des unités organisationnelles afin d'aménager les fonctions de cette organisation en se basant sur les services qui s'y rattachent.

Départementalisation combinée : regroupement des divers postes d'une organisation et des unités organisationnelles de différentes façons.

Départementalisation divisionnaire : forme de départementalisation convenant à une structure qui comporte des unités autonomes ayant des clientèles, des territoires ou des gammes de produits distincts.

Départementalisation fonctionnelle : forme de départementalisation faisant appel à une structure basée sur les fonctions (commercialisation, production, ressources humaines, finances, etc.).

Départementalisation géographique ou territoriale : rattachement des unités à une province, à une région, à un secteur ou à une ville.

Départementalisation par gammes de produits : regroupement des divers postes d'une organisation qui conduit à un groupement des activités suivant les gammes de produits ou de services offerts.

Équipe « interfonctions » : groupe formé de 5 à 15 personnes qui travaillent ensemble quotidiennement, définissent leurs propres objectifs, établissent leurs calendriers de travail, assurent la dotation de leur équipe et évaluent elles-mêmes la qualité de leur travail.

Équipe pilote : petite unité peu structurée faisant partie d'une organisation, mais libre de tout lien avec la bureaucratie, la politique, les rapports de subordination, les structures et les activités courantes de cette organisation.

État-major-conseil : état-major formé de personnes essentiellement chargées de conseiller les cadres hiérarchiques.

État-major de contrôle : état-major formé de personnes chargées d'examiner les opérations d'une organisation.

État-major de service : état-major formé de personnes chargées de fournir des services spécialisés aux cadres hiérarchiques.

État-major personnel : état-major formé par les adjoints qui libèrent les cadres hiérarchiques de certaines tâches courantes telles que les tâches administratives.

Éventail de subordination : nombre de personnes qui dépendent directement d'un même supérieur.

Fonction d'organisation : ensemble des opérations permettant de combiner et de distribuer de manière rationnelle les ressources humaines, matérielles et autres nécessaires à la réalisation des plans et des objectifs.

Intrapreneur : personne qui conçoit de nouveaux produits ou de nouveaux services dans une organisation.

Organigramme : représentation graphique des rapports de subordination existant entre les fonctions, les divisions, les services et les membres d'une organisation.

Poste d'état-major: poste qui ne comporte pas de tâches directement liées à la mission de l'entreprise.

Poste hiérarchique: poste comportant des tâches ayant pour but de réaliser la mission de l'organisation.

Principe de l'unité de commandement: principe selon lequel chaque subordonné ne doit dépendre que d'un seul supérieur.

Réseau: ensemble d'organisations reliées entre elles par des voies de communication électroniques et qui accomplissent conjointement diverses opérations se rapportant à la production, à l'ingénierie, à la vente, etc.

Structure d'état-major: structure organisationnelle constituée de personnes chargées d'exécuter des tâches non directement liées à la mission d'une organisation.

Structure fonctionnelle: ensemble formé par les spécialistes d'une organisation qui exécutent des tâches analogues et non directement liées à la mission de l'organisation.

Structure hiérarchique: ensemble des membres d'une organisation qui exécutent des tâches essentielles à la réalisation de la mission de celle-ci.

Structure hiérarchique et d'état-major: structure organisationnelle qui associe l'autorité hiérarchique et l'autorité de l'état-major.

Structure intra-organisationnelle: représente un regroupement d'activités qui s'effectuent dans une organisation dans le but de transformer, d'une façon efficace et économique, des intrants en des extrants afin de satisfaire les besoins des consommateurs.

Structure matricielle: mode d'organisation qui place les gens à la fois sous l'autorité de cadres responsables d'une fonction et sous celle de directeurs de projet.

Structure mécaniste: structure organisationnelle très bureaucratique dont le fonctionnement repose sur des règles et des marches à suivre rigoureuses, et sur des modes de communication impersonnels.

Structure organique: structure organisationnelle qui permet aux individus de contrôler eux-mêmes leurs activités.

Structure organisationnelle: cadre définissant les liaisons hiérarchiques entre les individus et entre les différentes unités de l'organisation.

Structure organisationnelle centralisée: structure organisationnelle où l'on délègue très peu de pouvoirs.

Structure organisationnelle décentralisée: structure organisationnelle où l'on confie un grand nombre de tâches aux subordonnés et où on leur délègue beaucoup de pouvoirs.

Structure verticale: structure qui met en évidence les liens existant entre le supérieur et ses subordonnés et entre les unités organisationnelles des divers niveaux hiérarchiques.

Chapitre 8

Alliance stratégique: association de deux ou plusieurs organisations interreliées par des voies de communication électroniques et accomplissant ensemble diverses opérations se rapportant à la production, à l'ingénierie, à la vente, etc.

Aménagement organisationnel: processus de modification de la structure d'une organisation et les rapports d'autorité y existant, les relations entre les personnes et les groupes qui la composent ainsi que la manière d'y produire des biens et d'y fournir des services.

Développement organisationnel: processus amenant les employés à changer ou à s'adapter aux nouvelles structures d'une organisation.

Environnement changeant: environnement produisant des effets majeurs sur une organisation.

Environnement stable: environnement ne produisant que des effets mineurs sur la structure d'une organisation.

Gestion de l'aménagement organisationnel: stratégies utilisées par les gestionnaires pour adapter, le plus efficacement et rapidement possible, leur organisation aux changements internes et externes.

Interdépendance commune: processus par lequel diverses unités d'une organisation fonctionnent côte à côte sans vraiment être reliées entre elles.

Interdépendance réciproque: processus important lorsque les individus et les unités qui forment une organisation entretiennent des liens continus.

Interdépendance séquentielle: processus important lorsque diverses unités organisationnelles collaborent dans le but de fabriquer un produit ou d'offrir un service.

Structure décloisonnée: organisation sans barrière séparant les unités organisationnelles intérieures et les partenaires extérieurs.

Structure interorganisationnelle: réseau d'activités entre différentes entreprises dans le but de transformer efficacement des intrants en extrants afin de satisfaire les besoins de leurs clients.

Structure modulaire: sous-traitance d'activités considérées comme secondaires par une organisation et pouvant être produites à l'extérieur plus économiquement et plus efficacement.

Structure virtuelle: organisation faisant partie intégrante d'un réseau d'organisations qui partagent des compétences, des coûts, des savoir-faire, des marchés et des clients.

Technologie associée aux services prévisibles: processus d'évaluation convenant aux organisations capables d'estimer avec une certaine précision les besoins de leurs clients.

Technologie associée aux services spécialisés: processus d'évaluation convenant aux organisations qui offrent des services complexes et qui évoluent dans un environnement incertain.

Théorie du champ de forces équilibrées: théorie de la résistance au changement reposant sur l'hypothèse que tout comportement résulte d'un équilibre entre des forces motrices et des forces modératrices.

Chapitre 9

Activités individuelles: activités visant à satisfaire un besoin ou un désir personnel.

Activités liées à l'entretien de la vie du groupe: activités visant à préserver ou à accroître la cohésion et l'harmonie.

Activités liées à la tâche: activités englobant toutes les initiatives prises pour atteindre les objectifs établis par le groupe.

Attentes: ce que les membres d'un groupe attendent d'un employé concernant la réalisation de son travail et ses capacités.

Cohésion: loyauté, solidarité ou fierté qui existent à l'intérieur d'un groupe.

Collaboration: situation dans laquelle deux parties manifestent un certain degré de coopération et d'autorité, chacune s'efforçant de répondre aux exigences de l'autre.

Compromis: situation dans laquelle l'une des parties accepte, dans une certaine mesure, le point de vue de l'autre pour en arriver à une solution jugée satisfaisante ou acceptable à défaut d'être optimale.

Conciliation: situation d'un gestionnaire qui tente de faire disparaître les divergences d'opinions entre des individus qui s'affrontent, pour atteindre l'harmonie.

Conflit: situation dans laquelle des personnes, des équipes, des services ou des organisations s'opposent.

Conflit entre un individu et son groupe : situation résultant d'une incompatibilité entre les normes de conduite d'un membre et celles des autres.

Conflit intergroupes : situation qui se manifeste lorsque différentes unités organisationnelles ne s'entendent pas sur un point.

Conflit interpersonnel : situation survenant lorsque deux individus (soit deux collègues, soit un patron et l'un de ses subalternes) s'opposent.

Conflit intrapersonnel : situation d'un individu qui se heurte à des facteurs internes liés à des pulsions et à des motivations.

Conflit personnel : situation d'un employé qui reçoit des directives contradictoires de son patron.

Contrainte : situation dans laquelle une personne oblige deux parties à accepter une entente.

Détresse : stress négatif apparaissant comme une expérience désagréable ayant un effet destructeur et perturbateur aussi bien sur les individus que sur les organisations.

Équipe : alliance d'individus ayant pour but de collaborer à la réalisation d'un objectif commun.

Équipe autogérée : groupe de personnes travaillant ensemble d'une manière continue.

Équipe créée dans un but particulier : employés issus de différents services et dont la principale tâche est d'instaurer de nouveaux procédés de travail.

Équipe de résolution de problèmes : groupe mandaté pour formuler des recommandations sur la manière d'améliorer la qualité du travail, de réduire les frais d'exploitation et de rendre l'environnement de travail plus agréable.

Eustress : stress positif jugé bénéfique, car il stimule les organisations et les individus.

Évitement : situation d'un gestionnaire qui n'impose pas son autorité et ne s'affirme pas.

Extrants : éléments du système externe qui représentent les conséquences ou les résultats engendrés par le groupe.

Gestion du temps : façon intelligente de travailler afin d'utiliser son temps efficacement.

Groupe : ensemble formé de deux ou plusieurs individus entretenant des liens continus, personnels et significatifs.

Groupe d'amis : individus possédant des affinités mutuelles ou attirés les uns vers les autres.

Groupe d'intérêts : personnes ayant des intérêts communs à défendre ou à promouvoir et qui créent leurs propres réseaux d'action et d'information.

Groupe formel : individus œuvrant ensemble à la réalisation d'un objectif commun.

Groupe informel : personnes qui interagissent volontairement ou spontanément à l'intérieur d'une organisation.

Intrants : éléments comme les activités, les structures ainsi que les valeurs et les normes organisationnelles partagées par les employés.

Norme : règle de conduite établie par les membres d'un groupe pour y assurer le maintien uniforme d'un comportement voulu.

Rôle : comportement que les membres d'un groupe attendent d'un individu.

Stress : réactions psychologique, physique et émotionnelle d'une personne devant des exigences excessives qu'elle a peine à satisfaire.

Stresseur : circonstance imposant à un individu certaines exigences qu'il ressent consciemment ou inconsciemment.

Chapitre 10

Facteurs d'hygiène : éléments contrariant dans l'exercice d'un emploi, comme le salaire et la ligne de conduite de l'entreprise.

Facteurs de motivation : éléments provoquant chez un individu un comportement donné.

Gestion intégrale de la qualité : mode d'organisation dans lequel tous les employés sont responsables de la qualité.

Horaires flexibles : programmes permettant aux employés de choisir leurs heures d'arrivée et de départ à l'intérieur d'une plage mobile.

Modèles basés sur l'enrichissement et la restructuration des tâches : théorie portant sur le réaménagement du travail d'un même emploi en vue de le rendre plus signifiant et plus stimulant.

Modèle théorique de Porter et Lawler : modèle fondé sur le principe qu'il existe un lien direct entre la satisfaction et le rendement.

Modification du comportement organisationnel : modèle supposant que les employés accomplissent leur travail de manière à se procurer une satisfaction et que l'on peut changer leur comportement en recourant aux récompenses.

Motivation : ensemble des facteurs dynamiques (besoins, désirs, aspirations, sentiments, etc.) qui orientent l'action d'un individu vers un but déterminé.

Programme de qualité de la vie au travail : programme établi pour créer un milieu de travail augmentant le bien-être et la satisfaction des employés.

Programmes de travail partagé : programmes de partage des heures de travail entre deux individus.

Récompenses extrinsèques : biens matériel ou moral que les dirigeants d'une organisation donnent aux employés pour combler leurs besoins.

Récompenses intrinsèques : gratification qu'un individu se donne à lui-même pour combler un besoin.

Renforcement négatif : stimulus qui amène une personne à réagir ou à se comporter d'une certaine manière pour éviter des conséquences désagréables.

Renforcement positif : présentation d'un stimulus qui vise à augmenter la fréquence d'un comportement désiré.

Théorie de l'accomplissement : théorie reconnaissant trois types de besoins : les besoins d'affiliation, de pouvoir et d'accomplissement.

Théorie de la hiérarchie des besoins : théorie classant les besoins (physiques, de sécurité, sociaux, d'estime et de réalisation de soi) en fonction de leur importance relative.

Théorie de l'équité : théorie suivant laquelle les gens suivent des principes de justice et d'équité sociales.

Théorie des deux types de facteurs : théorie distinguant les éléments qui contribuent à l'insatisfaction (facteurs d'hygiène) de ceux qui favorisent la satisfaction (facteurs de motivation).

Théorie du résultat escompté : théorie selon laquelle l'individu s'efforce d'atteindre un niveau de rendement donné parce qu'il juge que l'effort en vaut la peine.

Théorie du résultat escompté selon Victor Vroom : théorie dont l'idée maîtresse est que l'individu s'appliquera au travail s'il croit fermement qu'au terme de ses efforts il obtiendra un bien vivement désiré.

Théorie ESC : théorie distinguant trois types de besoins : les besoins liés au maintien de l'existence, les besoins de socialisation et les besoins de croissance.

Théories de la motivation axées sur le contenu : théories mettant l'accent sur la compréhension des besoins, des désirs et des motifs fondamentaux qui déterminent les individus à accomplir une tâche donnée.

Théories de la motivation axées sur le processus : théories suivant lesquelles les buts poursuivis par un individu déterminent sa conduite.

Théories du renforcement: théories suivant lesquelles les êtres humains cherchent le plaisir, tentent d'éviter la douleur et s'efforcent de reconnaître les actions qui leur fourniront à peu de frais le plus de satisfactions possible.

Chapitre 11

Autorité: droit légitime de commander, de prendre des décisions et d'agir.

Exercer une influence: accomplir des actes ou adopter des attitudes qui orientent soit directement, soit indirectement la conduite des autres dans une direction déterminée.

Gestionnaire altruiste: ce gestionnaire encourage ses subordonnés à donner le meilleur d'eux-mêmes et montre qu'il s'intéresse à eux.

Gestionnaire autocratique: gestionnaire qui prend toutes les décisions lui-même et ne consulte pas ses subordonnés.

Gestionnaire collégial: gestionnaire qui applique les méthodes démocratiques dans la gestion en groupe de certaines opérations.

Gestionnaire démocrate: gestionnaire qui incite ses subordonnés à prendre part au processus décisionnel.

Gestionnaire leader: gestionnaire capable d'influencer le comportement des autres.

Gestionnaire non-leader: gestionnaire se bornant à appliquer des règles et à tracer aux autres leur ligne de conduite.

Gestionnaire partisan du laisser-faire: gestionnaire indifférent au travail à accomplir et à ses subordonnés, et abandonnant à ces derniers le soin de déterminer ce qu'ils doivent faire et de quelle façon.

Gestionnaire paternaliste: gestionnaire qui témoigne une bienveillance condescendante à l'égard de ses subordonnés et qui leur impose une entière obéissance.

Grille de gestion: théorie établissant un lien entre les styles de leadership et l'intérêt porté à l'aspect humain et à la production.

Leadership: fonction consistant à élaborer une vision, à influencer les autres et à les amener à réaliser des objectifs ambitieux.

Leadership transactionnel: style de leadership maintenant l'organisation dans la voie qu'elle suit déjà, ce qui donne de faibles résultats.

Leadership transformationnel: capacité d'un gestionnaire à stimuler ses subordonnés, à les amener à poursuivre et à réaliser un idéal.

Modèle décisionnel de Vroom et Yetton: représentation du processus de décision dans lequel le leader et ses subordonnés prennent ensemble les décisions.

Modèle de l'intégration successive des buts personnels: théorie selon laquelle il importe de préciser clairement le rôle des divers membres d'une organisation et la manière dont ils seront récompensés en cas de rendement élevé.

Modèle situationnel de Paul Hersey et Kenneth H. Blanchard: théorie reposant sur l'idée que la coopération à l'intérieur d'une organisation dépend du degré de maturité des individus.

Pouvoir: capacité d'influencer le comportement d'un individu ou d'un groupe.

Pouvoir charismatique: capacité d'exercer un ascendant sur autrui en raison de la forte personnalité que l'on possède ou du prestige que l'on a.

Pouvoir coercitif: capacité de contraindre un individu à adopter une conduite donnée.

Pouvoir de la compétence: capacité d'influencer la conduite d'autrui, provenant de ses connaissances ou de son expérience.

Pouvoir de la récompense: capacité de donner un bien matériel ou moral à un individu afin de l'encourager à persévérer dans sa conduite.

Pouvoir légitime: autorité attachée à un poste et permettant d'imposer des règles aux individus.

Style de leadership: conduite habituelle d'un cadre à l'égard de ses subordonnés.

Théorie axée sur le comportement: théorie selon laquelle le gestionnaire doit comprendre la conduite liée au leadership pour pouvoir jouer son rôle efficacement.

Théorie axée sur les traits de caractère: théorie qui met au premier plan la personnalité du gestionnaire.

Théorie de la contingence: théorie selon laquelle le leader doit agir de la manière convenant le mieux à la situation et basée sur trois éléments: les relations leader-membres, la structure des tâches et le pouvoir de source organisationnelle du leader.

Théorie des quatre systèmes: théorie selon laquelle les styles de gestion forment un continuum qui va de l'autoritarisme à la participation.

Théorie du continuum des styles de leadership: théorie associant les caractéristiques du gestionnaire à celles des subordonnés ainsi que les divers types de situations.

Théorie situationnelle: théorie du leadership fondée sur l'idée que le gestionnaire doit adapter sa manière d'agir à la situation.

Théorie X: nom donné à la perception selon laquelle les subordonnés sont paresseux, aiment peu leur travail et ont besoin d'être dirigés. (Les cadres qui adhèrent à cette théorie ont un style de leadership autocratique.)

Théorie Y: nom donné à la perception selon laquelle les subordonnés aiment leur travail, montrent de l'initiative et veulent assumer plus de responsabilités. (Les gestionnaires qui cautionnent cette théorie ont un style de leadership démocratique.)

Chapitre 12

Bilan: état financier indiquant la structure du capital d'une entreprise d'après son actif, son passif et ses capitaux propres.

Budget: expression quantitative d'un plan d'action devant servir à l'évaluation des résultats.

Budget complémentaire: contenu détaillé des budgets d'exploitation, présentant les données financières de différentes façons.

Budget d'exploitation: budget préparé par les gestionnaires responsables des centres de responsabilité ou unités organisationnelles.

Budget d'investissement: somme allouée à des programmes de réduction des coûts, à des projets de recherche et de développement, à l'agrandissement d'installations de production, etc.

Budget intégré: consolidation des budgets d'exploitation sous forme d'états financiers prévisionnels.

Centre de coûts: processus d'évaluation permettant de déterminer la quantité d'intrants utilisés par une unité organisationnelle, c'est-à-dire les charges générées par la fabrication d'un produit ou la fourniture d'un service.

Centre de profit: processus d'évaluation permettant de combiner les revenus (extrants) et les coûts (intrants). En défalquant les coûts des revenus, on obtient le bénéfice ou profit.

Centre de rentabilité: processus d'évaluation permettant de tenir compte des investissements pour déterminer le rendement de leurs activités.

Centre de responsabilité: unité organisationnelle dans laquelle un cadre est responsable de tout ce qui se passe à l'intérieur de l'entité et doit rendre compte des activités de celle-ci.

Centre de revenus: processus d'évaluation permettant de déterminer les résultats par examen du produit généré par les ventes.

Contrôle : processus permettant au gestionnaire d'évaluer le rendement des opérations, de comparer les résultats obtenus avec les objectifs et, le cas échéant, de mettre en œuvre des mesures correctives.

Contrôle bureaucratique : contrôle mettant en œuvre des mesures formelles et rigides.

Contrôle continu : contrôle effectué au cours de la mise en œuvre ou de la réalisation d'un processus.

Contrôle opérationnel : contrôle exercé par les cadres inférieurs responsables d'une unité organisationnelle.

Contrôle organique : forme de contrôle par laquelle les employés s'occupent eux-mêmes de surveiller leur rendement.

Contrôle préventif : contrôle servant à orienter les activités de façon à produire les résultats escomptés.

Contrôle rétroactif : contrôle axé sur les résultats antérieurs.

Contrôle stratégique : contrôle exercé par les membres du conseil d'administration ou les cadres supérieurs et visant à évaluer les résultats de l'ensemble de l'organisation.

Contrôle tactique : contrôle exercé par les cadres intermédiaires responsables d'une unité organisationnelle.

Critère d'évaluation du rendement : élément servant de base à l'évaluation du rendement et de l'efficacité des différentes unités organisationnelles.

Écart : différence entre un résultat obtenu et une norme de rendement.

État des résultats : état financier présentant sommairement les produits et les charges enregistrés par une entreprise au cours d'une période donnée.

État financier : document présentant sommairement la situation ou les résultats financiers d'une entreprise à une date déterminée ou pour une période donnée.

Gestion par exceptions : mode de gestion reposant sur l'idée que le cadre chargé d'un centre de responsabilité doit prendre en compte uniquement les écarts importants entre les résultats obtenus et les objectifs.

Gouvernance : responsabilité des membres du conseil d'administration envers leurs interlocuteurs (internes et externes) d'assurer la saine gestion de leur entreprise et de protéger les intérêts des actionnaires et du grand public en général.

Loi de Pareto : loi selon laquelle un petit nombre d'activités peut engendrer la plus grande part des extrants.

Norme de coût : norme relative aux fonds à affecter à la production de biens ou de services.

Norme de production : norme indiquant le nombre d'unités que doit produire un individu ou un groupe.

Norme de qualité : norme définissant le niveau de qualité à atteindre pour satisfaire les attentes de la clientèle.

Norme de rendement : valeur de référence utilisée comme critère d'évaluation du rendement.

Norme de temps : norme relative au délai assigné pour l'accomplissement d'une tâche donnée.

Ratio d'endettement : ratio traduisant l'étendue de la dette d'une entreprise.

Ratio d'exploitation : ratio permettant de déterminer si une entreprise utilise efficacement ses ressources.

Ratio de liquidité : ratio reflétant la capacité d'une entreprise à combler ses besoins futurs en trésorerie, c'est-à-dire à respecter ses engagements financiers à court terme.

Ratio de rentabilité : ratio dégageant l'efficacité générale de la gestion telle que la traduisent la marge bénéficiaire et le rendement du total de l'actif et des capitaux propres.

Ratio financier : rapport entre deux valeurs tirées des états financiers.

Sous-système de contrôle : système de contrôle faisant partie du système de gestion.

Vérification : processus par lequel une personne indépendante et compétente accumule de l'information quantitative portant sur une entité économique particulière et détermine ensuite sa conformité aux normes établies.

Chapitre 13

Canal de communication : méthode ou voie utilisée par un émetteur pour transmettre un message au destinataire voulu.

Communication : processus par lequel une personne (émetteur) transmet un message à une autre personne (destinataire) en s'assurant qu'il est bien compris.

Communication en diagonale : communication entre des individus travaillant dans des unités organisationnelles différentes et n'occupant pas le même niveau hiérarchique.

Communication formelle : communication qui suit la voie hiérarchique établie.

Communication horizontale : communication transmise d'une unité organisationnelle à une autre.

Communication informelle : communication libre ou spontanée.

Communication interpersonnelle : communication entre deux ou plusieurs personnes.

Communication organisationnelle : communication ayant lieu à l'intérieur d'une organisation.

Communication verticale ascendante : communication transmise des cadres inférieurs ou des exécutants vers la direction.

Communication verticale descendante : communication transmise de la direction aux cadres inférieurs, puis aux exécutants en suivant la voie hiérarchique.

Décodage : étape du processus de communication où le destinataire interprète le message qui a été transmis.

Destinataire : personne à qui s'adresse un message.

Donnée : élément servant de base à l'établissement de faits et de statistiques, à une recherche ou à une thèse, et qui ne présente en soi aucune utilité.

Données de source externe : données provenant de publications gouvernementales, de revues professionnelles et de périodiques.

Données de source interne : données recueillies à l'intérieur même d'une organisation.

Émetteur : personne qui transmet un message.

Encodage : processus de production d'un message dans un langage écrit, oral ou non verbal.

Information : ensemble organisé de données devant servir aux décideurs.

Internet : réseau télématique permettant aux membres d'une organisation de communiquer entre eux ou avec l'extérieur par l'intermédiaire du site Web et du courrier électronique.

Intolérance : refus d'accepter les personnes appartenant à une autre culture ou adhérant à des idées différentes des siennes.

Intranet : mode de communication permettant aux employés d'une même organisation d'échanger de l'information entre eux.

Message : information transmise par un émetteur à un destinataire.

Perception : processus de sélection et d'organisation des stimuli provenant de l'environnement et conférant un sens au vécu.

Réseau de communication : ensemble des voies de communication reliant divers groupes ou individus à l'intérieur d'une organisation.

Rétroaction : étape du processus de communication où le destinataire répond au message reçu.

Richesse de l'information : quantité d'information pouvant être efficacement transmise par un canal de communication à la satisfaction de l'émetteur et du destinataire quant au contenu du message.

Sélection : choix opéré entre divers éléments de l'expérience.

Système : ensemble d'éléments ordonnés en vue d'optimiser la circulation de l'information.

Système d'information de gestion : réseau structuré ayant pour but de recueillir des données et de fournir aux gestionnaires, en temps opportun, de l'information susceptible de les aider à accomplir leurs fonctions.

Téléconférence : conférence à laquelle prennent part les employés d'une entreprise et réalisée à l'aide d'appareils vidéo.

Téléphone arabe : circulation rapide et informelle de l'information à l'intérieur d'une organisation.

Télétravail : activité professionnelle exercée en dehors des bureaux de l'employeur, le plus souvent à domicile, et faisant appel, pour communiquer avec son entreprise, à un ordinateur, à un téléphone mobile, etc.

Annexe au chapitre 1

Approche des relations humaines : méthode de gestion qui met au premier plan les besoins des membres d'une organisation.

Approche liée au comportement organisationnel : approche montrant la façon dont les individus et les groupes, dans une organisation, accomplissent leur travail de manière à en tirer de la satisfaction.

Approche liée aux méthodes quantitatives : approche de gestion utilisant des modèles mathématiques pour optimiser l'utilisation des ressources d'une organisation.

Courant administratif : méthode de gestion visant à élaborer une théorie applicable à l'ensemble d'un organisme, c'est-à-dire les aspects les plus généraux de la gestion comme les principes et les fonctions de planification, d'organisation, de leadership.

Courant bureaucratique : méthode de gestion caractérisée par l'application de règles et de règlements stricts et par la nature très rationnelle et impersonnelle des relations entre les membres de l'organisation.

Courant de la gestion scientifique : courant de pensée du XXe siècle qui favorisait une gestion rationnelle des entreprises en vue de l'augmentation du rendement et de la productivité.

Diagramme de Gantt : outil de planification permettant d'optimiser l'utilisation des ressources d'une entreprise en répartissant les commandes entre différents groupes de travail et différentes machines.

École classique : groupement de chercheurs en gestion soutenant que les organisations devaient fonctionner suivant des principes rationnels et méthodiques.

École des relations humaines : suite de théoriciens qui défendent la thèse suivant laquelle les employés répondent favorablement au contexte social dans leur milieu de travail.

Effet Hawthorne : effet consistant en une augmentation de la productivité lorsque les employés font l'objet d'une attention particulière, malgré un changement dans leurs conditions de travail.

Entropie : mouvement amenant la dégradation d'une chose.

Équifinalité : propriété en vertu de laquelle des sous-systèmes peuvent concourir ensemble à la réalisation d'un objectif.

Processus de gestion : opération consistant à planifier, à organiser, à diriger et à contrôler les activités des membres d'une organisation en vue de réaliser les objectifs de cette dernière.

Sciences de la gestion : ensemble de méthodes qui ont pour objet la résolution de problèmes de gestion complexes à l'aide de modèles mathématiques.

Sous-système : division venant après le système.

Spécialisation : processus par lequel on répartit les tâches entre les travailleurs de manière à ce qu'ils soient compétents dans des domaines déterminés.

Synergie : obtention d'un tout représentant plus que la somme de ses parties.

Systématisation : pensée en matière de gestion qui met au premier plan la description des tâches et des responsabilités.

Système fermé : système échappant totalement à l'influence de l'environnement extérieur.

Système ouvert : système en relation constante avec l'environnement extérieur.

Théorie générale des systèmes : théorie qui considère l'organisation comme un tout formé de parties solidaires et contribuant chacune de manière importante au fonctionnement de l'ensemble.

Théorie situationnelle : théorie relative au leadership et fondée sur l'idée qu'un gestionnaire doit agir de la manière la plus adaptée à la situation.

Annexe au chapitre 5

Budget : plan à application unique qui est l'expression quantitative d'un plan d'action et qui aide les gestionnaires à répartir les ressources à l'intérieur d'une période déterminée.

Calendrier : plan indiquant les différentes activités que l'on doit accomplir à l'intérieur d'une période donnée en vue d'atteindre certains objectifs.

Marche à suivre : plan durable décrivant en détail le mode d'action à suivre pour mener à bien une tâche ou un travail particulier.

Méthode : plan durable qui consiste en une procédure servant à exécuter un travail.

Norme : règle de conduite et valeur de référence qui permet une évaluation.

Plan auxiliaire : plan détaillé destiné à aider les gestionnaires à dresser leurs plans tactiques et opérationnels. Le plan auxiliaire peut être durable ou à application unique.

Plan durable : plan que l'on utilise de façon répétitive. Il peut prendre la forme d'une politique, d'une marche à suivre, d'une méthode ou d'une règle.

Plans à application unique : plan utilisé pour atteindre un objectif particulier. Le plan peut être, par exemple, un programme ou un budget.

Politique : plan durable défini par les cadres supérieurs et fournissant aux cadres intermédiaires et inférieurs des directives concernant la préparation des plans.

Programme : plan à application unique faisant intervenir de multiples activités interreliées et servant à atteindre un objectif.

Projet : plan à application unique constitué par une activité qu'un individu ou une unité organisationnelle ne réalise qu'une fois et qui présente un début et une fin.

Règle : plan durable qui indique ce qui doit être fait dans un cas déterminé.

Annexe au chapitre 7

Accueil : étape du processus de gestion des ressources humaines faisant connaître à tout nouvel employé la philosophie, la politique, les règles et les marches à suivre adoptées dans l'organisation.

Analyse de poste : examen systématique des exigences d'un emploi, qui vise à déterminer les fonctions, les rôles et les responsabilités en cause, et qui débouche sur la rédaction d'une description de poste.

Cessation d'emploi : démission, départ à la retraite, congédiement, licenciement ou mise à pied.

Description de poste : document indiquant les objectifs d'un emploi, les tâches s'y rattachant, les aptitudes que doit posséder le titulaire, ses responsabilités et ses conditions de travail.

Évaluation du rendement : processus par lequel on recueille, analyse, évalue et transmet de l'information sur le comportement d'un individu et les résultats qu'il obtient au cours de son travail.

Fiabilité : étape du processus de sélection qui permet une évaluation uniforme des aptitudes, des capacités et du talent des candidats.

Formation : processus par lequel on amène les employés à conserver et à améliorer leurs aptitudes et leurs compétences de manière à bien accomplir leurs tâches actuelles.

Formulaire de demande et d'autorisation de dotation : imprimé permettant d'obtenir des renseignements au sujet des études, des antécédents et de l'expérience de travail d'un postulant.

Gestion des ressources humaines : ensemble des activités qui aident à définir les objectifs stratégiques et opérationnels de l'entreprise, et à satisfaire les besoins de ses employés.

Mutation : déplacement horizontal vers un poste assorti de responsabilités du même niveau et d'un salaire le plus souvent identique.

Perfectionnement : processus qui vise à actualiser des aptitudes et des compétences plus générales chez les employés (en matière de leadership et de communication, par exemple) afin de les préparer à occuper d'autres postes à l'avenir.

Plan de carrière : cheminement professionnel d'un individu.

Plan de succession : processus facilitant la mise en œuvre d'un plan de succession et mettant en évidence les personnes qui, dans l'organisation, ont les compétences nécessaires pour accéder à des postes supérieurs.

Processus de gestion des ressources humaines : suite d'étapes logiques permettant d'avoir la personne la mieux qualifiée à chaque poste.

Profil des exigences de l'emploi : document indiquant les compétences et les aptitudes particulières requises pour bien accomplir un travail donné.

Promotion : nomination d'un individu à un poste plus élevé dans une organisation.

Recrutement : étape du processus de gestion des ressources humaines où l'on cherche, à l'intérieur et à l'extérieur de l'organisation, des personnes aptes à y occuper un poste vacant.

Rémunération : fonction qui consiste à accorder une compensation aux employés en échange de leur travail et les incitant à améliorer leur rendement.

Rétrogradation : mesure appliquée à un employé qui ne s'acquitte plus correctement de ses fonctions ou dont les compétences ne suffisent pas au niveau atteint.

Sélection : étape du processus de gestion des ressources humaines où l'on recrute le meilleur candidat pour occuper un poste particulier.

Socialisation : processus amenant un employé à comprendre et à accepter la culture de l'organisation, ses normes, ses valeurs et ses manières de procéder.

Validité : étape du processus de sélection assurant que tous les outils utilisés au cours de celui-ci permettent d'évaluer avec précision les aptitudes, les compétences, le rendement et le potentiel véritables de tous les candidats envisagés.

Annexe au chapitre 12

Analyse du seuil de rentabilité : niveau d'activité générant le produit d'exploitation (revenu total) correspondant aux charges d'exploitation (coût total).

Calcul du délai de récupération : méthode de choix d'investissement servant à déterminer le temps nécessaire pour récupérer les sommes consacrées à un projet grâce aux rentrées de fonds qu'il générerait.

Concept de valeur espérée : outil de planification permettant d'évaluer l'ampleur du risque grâce à une probabilité exprimée en pourcentage, et indiquant dans quelle mesure on observera un événement ou un résultat particulier.

Coût fixe : coût constitué par tous les frais constants à acquitter régulièrement, peu importe le niveau de production.

Coût variable : dépense qui varie directement selon la quantité produite.

Diagramme de Gantt : diagramme à bâtons illustrant l'ordre séquentiel et le moment du début et de la fin des activités requises.

Jeu d'entreprise : modèle d'apprentissage donnant aux participants la possibilité d'analyser et de prévoir les conséquences de leurs décisions respectives.

Marge sur coûts variables : excédent du produit d'exploitation d'une entreprise sur ses coûts variables qui lui permet d'acquitter ses charges fixes pour ensuite obtenir le bénéfice recherché.

Méthode de contrôle des stocks : modèle informatique permettant de connaître l'équilibre entre les coûts d'achat et les coûts de stockage des matières, et ayant pour but de réduire au minimum les coûts inutiles liés au volume des stocks.

Méthode de l'arbre de décision : méthode de choix d'investissement permettant d'examiner un enchaînement de décisions et de choisir l'option la plus avantageuse en considérant un certain nombre d'événements indépendants et imprévisibles.

Méthode de la matrice des gains : tableau indiquant les différentes options d'une décision et les probabilités correspondantes.

Modèle de simulation : modèle informatique reproduisant les principales composantes d'un système (imitant la réalité) pour ensuite évaluer diverses options afin de choisir la meilleure.

Probabilité : élément indiquant dans quelle mesure on peut s'attendre à ce que certains événements surviennent.

Procédé comptable : méthode de choix d'investissement permettant de déterminer les résultats économiques d'un projet d'investissement grâce à certains renseignements tirés des états financiers.

Programmation linéaire : modèle mathématique servant à reconnaître la meilleure solution, parmi plusieurs options, afin d'utiliser un minimum de ressources pour atteindre un but.

Ratio de marge bénéficiaire nette : lien entre la marge sur coûts variables et le prix de vente unitaire.

Recherche opérationnelle : outils fournissant plusieurs méthodes de prise de décisions s'appuyant sur des modèles mathématiques de résolution de problèmes d'exploitation complexes.

Technique d'évaluation et de révision des programmes (TERP) : méthode faisant appel à un réseau qui indique l'ordre des étapes nécessaires à la réalisation d'un projet.

DÉFINITION DES CONCEPTS CLÉS

Théorie des files d'attente : théorie dont l'application permet de résoudre les problèmes liés aux files d'attente, c'est-à-dire équilibrer le coût de la prestation d'un service par la perte de revenus possible si l'on n'accroît pas l'ampleur du service fourni.

INDEX DES AUTEURS

M

N

O

P

Q

R

S

INDEX GÉNÉRAL*

* Tous les termes composés en caractères gras font l'objet d'une définition à la section intitulée « Définition des concepts clés », placée à la fin de l'ouvrage.

Q

R

INDEX DES ENTREPRISES ET DES ORGANISMES

INDEX DES SITES WEB

Entreprises

Organismes

Individus

Sujets

A

B

C

D

E

F

G

I

L

M

N

O

P

Q

R